2024中国石油石化企业信息技术交流大会论文集

徐凤银　宋　宁　黄　凌　等◎编著

中国石化出版社
·北京·

图书在版编目(CIP)数据

2024 中国石油石化企业信息技术交流大会论文集 / 徐凤银，宋宁，黄凌编著 . —北京：中国石化出版社，2024. 4
ISBN 978-7-5114-7495-7

Ⅰ. ①2… Ⅱ. ①徐… ②宋… ③黄… Ⅲ. ①信息技术-应用-石油企业-工业企业管理-中国-文集 ②信息技术-应用-石油化工企业-工业企业管理-中国-文集 Ⅳ. ①F426. 22-39

中国国家版本馆 CIP 数据核字(2024)第 077059 号

中国石化出版社出版发行
地址:北京市东城区安定门外大街 58 号
邮编:100011 电话:(010)57512500
发行部电话:(010)57512575
http://www. sinopec-press. com
E-mail:press@ sinopec. com
北京鑫益晖印刷有限公司印刷
全国各地新华书店经销
*
880 毫米×1230 毫米 16 开本 47. 75 印张 1422 千字
2024 年 4 月第 1 版　2024 年 4 月第 1 次印刷
定价:260. 00 元

《2024 中国石油石化企业信息技术交流大会论文集》

编　委　会

序

数字化时代，技术发展日新月异，创新变革接踵而至，为经济与社会带来了众多新机遇。特别是以ChatGPT等大型模型为核心的技术应用，受到了学术界、产业界、工业界和政府部门的广泛关注，正引领着一场跨领域的社会变革。国家高度重视数字技术创新，今年1月31日，习近平总书记在中共中央政治局学习时指出，要围绕推进新型工业化和加快建设制造强国、质量强国、网络强国、数字中国和农业强国等战略任务，科学布局科技创新、产业创新。此外，数字化和智能化技术应用正推动传统产业转型升级，促进战略性新兴产业成长，推动我国经济实现高质量发展。

石油石化工业是我国重要的基础性、战略性、支撑性产业，是驱动战略性新兴产业发展、支撑我国建设世界科技强国的重要力量。当前，石油石化行业正处于转向低碳化、智能化和绿色化的关键转型期。这一行业的数字化转型不仅引入了新的管理、生产和商业模式，也为产业创新提供了无限可能性。在国家大力推动新质生产力发展背景下，石油化工行业数字化转型步伐不断加快，热情持续高涨。

为响应国家创新驱动发展战略，贯彻中国科协“科创中国”行动计划，充分发挥全国一级学会桥梁纽带作用和平台优势，中国石油学会组织召开了“2024中国石油石化企业信息技术交流大会暨油气产业数字化转型高峰论坛”旨在全面推动数字技术与石油化工产业链深度融合。会议不仅集中展示了数字化、智能化发展新理念、新方法和新趋势，还讨论了如何通过技术创新调整传统产业结构、发展新兴产业和提升企业治理能力等策略。此外，本次会议按照数字化与智能化管理、信息管理与数据分析、设备与工程技术进行了分类，并收录了多篇关于智能油田、智能化炼油、智慧管网等方面研究成果，体现了行业在数智化创新方面的技术进步和水平。

感谢中国石油学会会议组委会精心筛选和编纂的论文集，其主题突出、内容丰富、既有理论深度又具实践价值，学术性与实用性兼备，为数字化转型从业者提供了宝贵的参考资料。通过本书的发布和论文的分享，希望能激励更多石油化工企业投身数字化转型的浪潮中，为推动行业的高质量发展和新型工业化建设贡献更多智慧和力量。

方滨兴

中国工程院院士

2024年4月18日

序

数字化时代，技术发展日新月异，创新变革接踵而至，为经济与社会带来了众多新机遇。特别是以ChatGPT等大型模型为核心的技术应用，受到了学术界、产业界、工业界和政府部门的广泛关注，正引领着一场跨领域的社会变革。国家高度重视数字技术创新，今年1月31日，习近平总书记在中共中央政治局学习时指出，要围绕推进新型工业化和加快建设制造强国、质量强国、网络强国、数字中国和农业强国等战略任务，科学布局科技创新、产业创新。此外，数字化和智能化技术应用正推动传统产业转型升级，促进战略性新兴产业成长，推动我国经济实现高质量发展。

石油石化工业是我国重要的基础性、战略性、支撑性产业，是驱动战略性新兴产业发展、支撑我国建设世界科技强国的重要力量。当前，石油石化行业正处于转向低碳化、智能化和绿色化的关键转型期。这一行业的数字化转型不仅引入了新的管理、生产和商业模式，也为产业创新提供了无限可能性。在国家大力推动新质生产力发展背景下，石油化工行业数字化转型步伐不断加快，热情持续高涨。

为响应国家创新驱动发展战略，贯彻中国科协“科创中国”行动计划，充分发挥全国一级学会桥梁纽带作用和平台优势，中国石油学会组织召开了“2024中国石油石化企业信息技术交流大会暨油气产业数字化转型高峰论坛”旨在全面推动数字技术与石油化工产业链深度融合。会议不仅集中展示了数字化、智能化发展新理念、新方法和新趋势，还讨论了如何通过技术创新调整传统产业结构、发展新兴产业和提升企业治理能力等策略。此外，本次会议按照数字化与智能化管理、信息管理与数据分析、设备与工程技术进行了分类，并收录了多篇关于智能油田、智能化炼油、智慧管网等方面研究成果，体现了行业在数智化创新方面的技术进步和水平。

感谢中国石油学会会议组委会精心筛选和编纂的论文集，其主题突出、内容丰富、既有理论深度又具实践价值，学术性与实用性兼备，为数字化转型从业者提供了宝贵的参考资料。通过本书的发布和论文的分享，希望能激励更多石油化工企业投身数字化转型的浪潮中，为推动行业的高质量发展和新型工业化建设贡献更多智慧和力量。

方滨兴

中国工程院院士

2024 年 4 月 18 日

前　言

近年来，以大模型为代表的新一代人工智能蓬勃发展，“人工智能+”首次被写入政府工作报告，将数字技术创新热潮不断推向新的高度。数字技术与实体经济融合的深度和广度不断拓展，新产业、新业态、新模式竞相涌现，数字经济正在成为重组全球要素资源、重塑全球经济结构、改变全球竞争格局的关键力量。以习近平同志为核心的党中央高瞻远瞩，把发展数字经济上升为国家战略，提出加快建设网络强国、数字中国，作出推进新型工业化、发展新质生产力等系列战略部署。

石油石化行业是国家战略性支柱产业，一直以来都是信息化、数字化、智能化建设积极倡导者和践行者。围绕行业高质量发展需求，石油石化数字化转型以数据为核心，以平台为抓手，全方位、全链条推进企业质量变革、效率变革、动力变革，打造高效益的生产模式，实现管理流程简化优化、运营模式重组变革、业务运行敏捷高效，不断拓展产业链的价值创造空间，全新的产业协作、资源配置和价值创造体系正在形成。随着新一代人工智能技术快速发展和持续深入应用，石油石化行业智能化场景持续丰富，越来越多石油石化企业正在借助数字化转型、智能化发展的技术红利释放业务无限增长潜能。

当前，面对国家大力推动新型工业化、发展新质生产力等指导要求，石油石化企业深刻认识到，通过数字化转型构建石油石化产业新型工业化发展格局、助力国家“双碳”目标实现，是打造石油石化行业竞争新优势的关键。石油石化企业需要锚定智能化、绿色化、低碳化发展方向，牢牢把握数字技术变革和能源转型的难得机遇，充分发挥数智化在重塑要素资源、优化管理模式、推进治理体系和治理能力现代化等方面的创新驱动作用，不断加强数智技术攻关、科技创新成果应用、智能产品升级等，加快业务转型升级步伐，形成业务增长第二曲线，持续提升价值创造能力与市场竞争力。

“2024 中国石油石化企业信息技术交流大会暨油气产业数字化转型高峰论坛”是在“十四五”信息化规划进入关键之年、新型工业化推进不断走深入实之际召开的一次科技盛会，旨在抓住数字化这一引领时代变革的关键变量，加快提升数字技术赋能石油石化新型工业化能力，充分发挥数据要素的放大、叠加、倍增作用，进一步推进数字技术与实体经济融合，创新驱动石油石化行业高质量发展和绿色智能转型。来自国家政府机构、科研院所、能源行业和企业的专家学者济济一堂，重点围绕石油石化行业数字化转型新理念、新方法与新趋势，数智技术创新驱动传统产业结构调整、发展新兴产业、提升现代企业治理能力等策略路径展开深度交流，广泛分享智能油气田、智能炼化、智慧管网、智慧销售、智能工程等数字化转型成果，共同探索大模型、数字孪生、云原生等新技术落地应用场景，共同打造我国能源领域新型工业化发展的新引擎、新动能。

本次大会得到了国家有关部委、中国科学技术协会等上级部门以及中国石油、中国石化、中国海油、国家管网、国家能源、中国中化等能源央企的鼎力支持，得到广大石油石化企业以及能源行业企业的高度关注。各单位广大信息化、数字化从业者积极参与、踊跃投稿，共征集论文400余篇，中国石油学会学术交流部组织专家认真审核，择优收入130篇辑册成集并公开出版发行。全集共分三篇，分别为数字化与智能化管理篇、信息管理与数据分析篇、设备与工程技术篇，涵盖数智化发展的相关趋势、方法、技术、案例、安全等内容，主题突出，案例丰富，创新性强，全面展示了我国石油石化行业数字化转型、智能化发展的最新成果和智慧结晶。本大会论文集由徐凤银整体策划，宋宁、黄凌等负责审稿，徐凤银最终审定。

长风破浪会有时，直挂云帆济沧海。石油石化行业数字化转型、智能化发展面临千载难逢的战略机遇。相信在全行业同仁的共同努力和不懈奋斗下，数智化创新驱动能源转型、高质量发展的蓝图愿景一定能够实现，值得期待。

本书编委会

2024年4月

目　录

第一篇　数字化与智能化管理篇

第二篇 信息管理与数据分析篇

第三篇 设备与工程技术篇

第一篇　数字化与智能化管理篇

云计算、物联网、人工智能等为代表的新技术正加速与油气生产和管理技术深度融合，推动油气行业数智化转型发展，其业务涉及数据感知及传输，平台展示与控制，过程智能与决策，流程扁平与优化，系统完善与评价等内容。《数字化与智能化管理篇》总结和梳理了目前各单位数字化和智能化技术最新成果，该成果对油田企业坚定数智转型信心，加强数字化基建投入，加快智能化推进速度，提高单位运行效率，降低安全运行风险，推动油田企业智能化发展具有重要指导作用。

标识解析及区块链技术在石油天然气管网运行管理中应用方案

宗振宁[2]　王　婷[2]　于　康[1]　王　新[2]　徐彬彬[2]　陈鹏坤[2]　孙若宇[2]　谢凯鑫[2]

（1. 国家管网集团数字化部；2. 国家管网集团北京智网数科技术有限公司）

摘　要　油气管网企业全面数字化的进程中，积极探索应用新技术解决痛点明显的业务场景，探索和试点新的业务模式，兼顾业务质量的同时体验信息化带来的高效便利。同时，基于管网多年来数字化建设的技术积累，尝试结合对业务逻辑的研究开展垂直应用特点相关的区块链核心技术研究、产品开发和集成测试。在共识机制、智能合约、信息加密等核心领域形成自主知识产权体系，提高关键共性技术供给能力，推动相关技术跨行业、跨部门、跨地域的成果转化。加快推进区块链在存证、溯源、协作、价值转移等领域的应用试点，为基于区块链+标识解析的应用建设积累经验，提升技术能力和建设效率。

关键词　油气管网；工业互联网；标识解析；区块链

1　标识解析行业背景和情况

党中央、国务院高度重视工业互联网建设，并连续六年写入政府工作报告。各部委也陆续出台相关政策，支持工业互联网、工业互联网标识解析发展。工业互联网标识解析体系作为工业互联网新型基础设施的重要组成，是工业互联网的神经系统，在促进工业互联网跨系统、跨环节、跨地域互联互通等方面发挥着重要作用。

1.1　标识解析国内发展状况

在政策的推动下，近年来我国工业互联网标识解析体系从无到有、从小到大，取得了积极进展，具体体现在三个方面：

1）设施建设方面：我国工业互联网标识解析体系已经全面建成，北京、上海、广州、重庆、武汉五大国家顶级节点，以及南京、成都二个灾备节点全部上线。全国已上线二级节点 284 个，覆盖全国 31 个省、区、市和 40 个行业。

2）行业应用方面：接入企业节点数量已超过 25 万家，累计注册量突破 2600 亿，国家顶级节点日解析量 1.1 亿，主动标识载体已部署超过 2000 万枚，在产品追溯、质量管控、协同生产等方面得到了广泛应用。

3）管理服务方面：发布实施了《工业互联网标识管理办法》，引导标识体系规范发展。工信部已向国家顶级节点运行机构、根节点运行机构、注册管理机构颁发了许可，已累计发放 120 个标识注册服务机构的许可证。

1.2　标识解析体系组成

标识解析体系包含标识编码、标识解析系统、标识数据服务。标识编码是能够唯一识别物料、机器、产品等物理资源和工序、软件、模型、数据等虚拟资源的身份符号。标识解析系统是能够根据标识编码查询目标对象网络位置或者相关信息的系统。标识数据服务是能够借助标识编码资源和标识解析系统开展工业标识数据管理和数据共享共用服务。

二级节点主要功能：面向行业或区域提供标识编码注册、标识解析服务、标识业务管理、标识应用对接等。企业节点主要功能：面向特定企业提供标识编码注册、标识解析服务。

1.3　标识解析体系主要作用

标识可以让用户快速访问一件实体物品（产品、零部件、机器设备）和虚拟资产（模型、算法、工艺）在不同环节、不同位置、不同系统中的相关信息和数据，是实现全球供应链系统和企业生产系统精准对接、产品全生命周期管理和智能化服务的前提和基础（图 1）。

1）实现异构编码系统兼容：实现公有标识与私有标识、异构公有标识之间的兼容互通，解决传统标识在企业外不能读或读不懂的问题，破除信息传递壁垒，进而实现各类主体在更大范围、更深层次、更高水平的互联。

2）实现多源异构数据互操作：建立公共解

析服务、标准化数据模型等，可灵活定位并接入各类主体在不同环节、不同系统中的应用或数据库，促进不同行业、上下游企业之间数据关联、互操作与信息集成，提升数据利用能力。

3）实现产业链全面互联的入口：承载工业要素全生命周期的信息获取及数据交互功能，并通过建立统一架构、标准化接口等，降低企业接入门槛和使用成本。

4）打通共建共享链路：建立一套高效的公共服务基础设施和信息共享机制，建立综合性安全防护体系，实现数据安全传输和获取，通过多利益相关方在全生命周期中的合作，形成开放、引领、安全、可靠的产业生态系统。

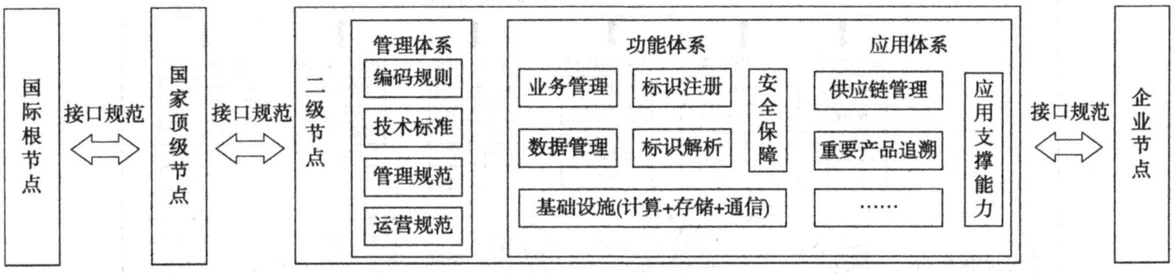

图1　标识解析体系

2　标识解析经典应用案例

2.1　全生命周期优化：统一编码标准实现信息关联

北汽福田汽车股份有限公司为提高汽车零部件的质量追溯效率，减少售后索赔争议，将标识解析体系引入售后服务环节(图2)。通过码注册、码关联、码查询等环节将零部件的生产、装配、维修等环节的信息关联起来，为售后服务提供准确的判断依据，避免非保车辆的故障件通过拆卸到在保车辆，而对非保车辆故障件进行赔偿问题，有效降低了索赔争议的发生和经济损失。

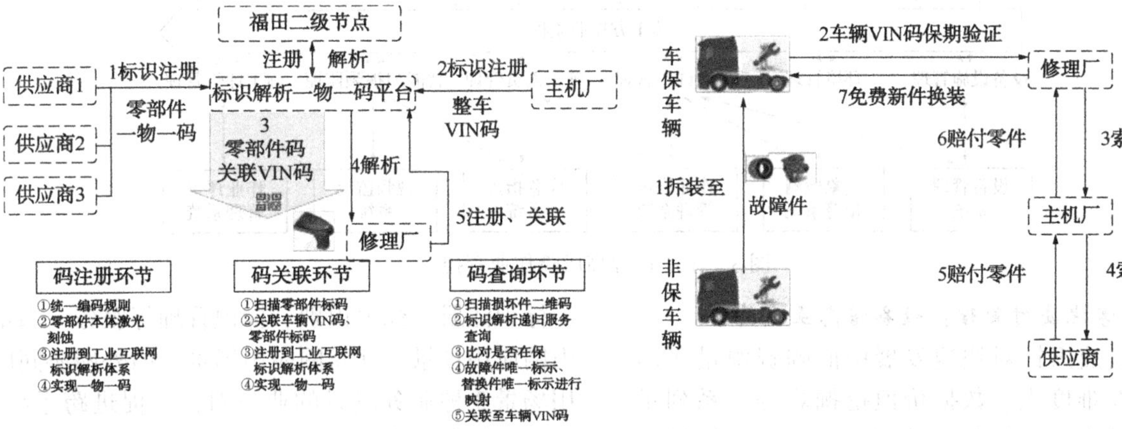

图2　标识解析体系在售后服务中的应用

2.2　智能化生产管控

海洋石油富岛有限公司针对高风险作业管控过程中存在的数据同步不及时、信息互传不通畅、风险识别不到位等痛点，建设了基于标识解析的生产过程高风险作业管控应用系统，依托作业票标识贯穿高风险作业全流程，与区域、人员、环境、设备等数据进行关联，实现数据的互联互通。同时结合人工智能技术，建立人员不安全行为智能分析模型，对施工区域中各类人员不安全行为进行识别、监测和管控，并将相关违规信息自动推送至作业监护、管理人员，实现了高风险作业全过程精细化、智能化管理(图3)。

2.3　供应链优化管理：多方企业供应链高效管理

集运行业存在数据分输、监管困难、集装箱空置率高和收费不透明等问题。标识解析二级节点为不同的用户组提供不同的授权解析机制，提供指定信息实时共享和信息追溯服务。货主通过扫描集装箱上的二维码获取平台授权并解析出该箱运输路径和实时状态。

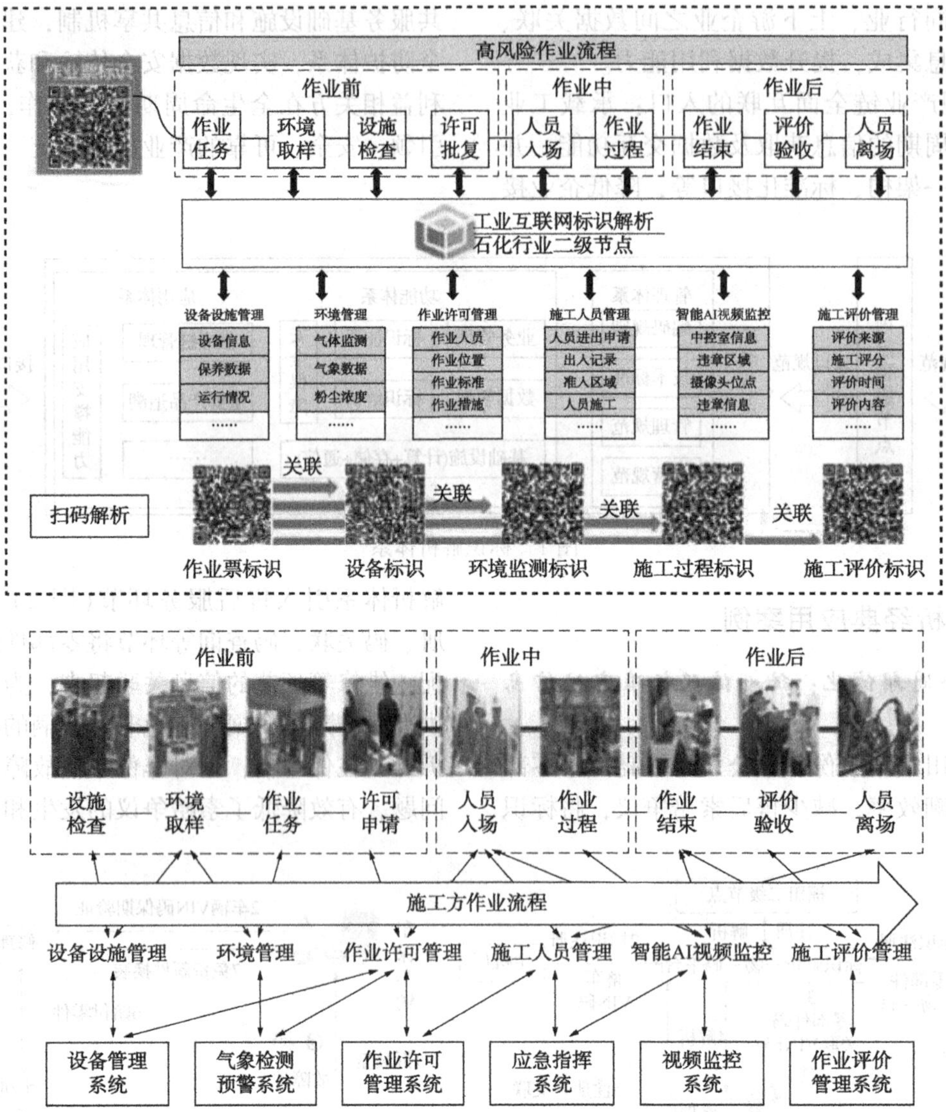

图 3　生产过程高风险作业管控

2.4　数字化交付管理：设备信息互通共享

长庆油田针对快速发展中面临资源量多面广、管控难度大、数据价值挖掘难等一系列难题，通过融入标识解析体系，依托二级解析节点，按照“一物一码、数字交付”建设理念，打通设备供应商协同录入、平台用户扫码一键转录，最终串联生产商、供应商、使用者、服务商形成新型供用体系(图 4)。

3　标识解析应用建设方案

油气储运行业标识解析二级节点平台会涉及大量业务场景和众多业务系统，每个业务系统和业务场景都有其特殊性。平台通过提供具备稳定性、可扩展性、可维护性、安全性、高效性的统一标识注册、标识识别、标识管理等服务。满足内网应用场景、互联网应用场景、内外网协同应用场景 3 种业务场景的业务对接。促进跨系统、跨企业的信息共享和信息利用，为未来的跨行业信息共享打下坚实的基础。

3.1　基于标识解析的通用数据服务

3.1.1　建设目标

通过标识解析技术，汇聚行业上下游数据、管网集团现有信息系统数据，在标识映射、标识关联的基础上，提供便捷数据访问入口，实现资产信息全面查询和分析，进一步发挥数据价值。

3.1.2　问题需求

(1) 数据分散在不同系统，资产编码、资产属性、运维情况、供应商信息、财务信息、管理信息等分布在 MDM、IMS、供应链管理、ERP 等系统中，且各系统在标识编码、数据标准等角度存在较大差异。

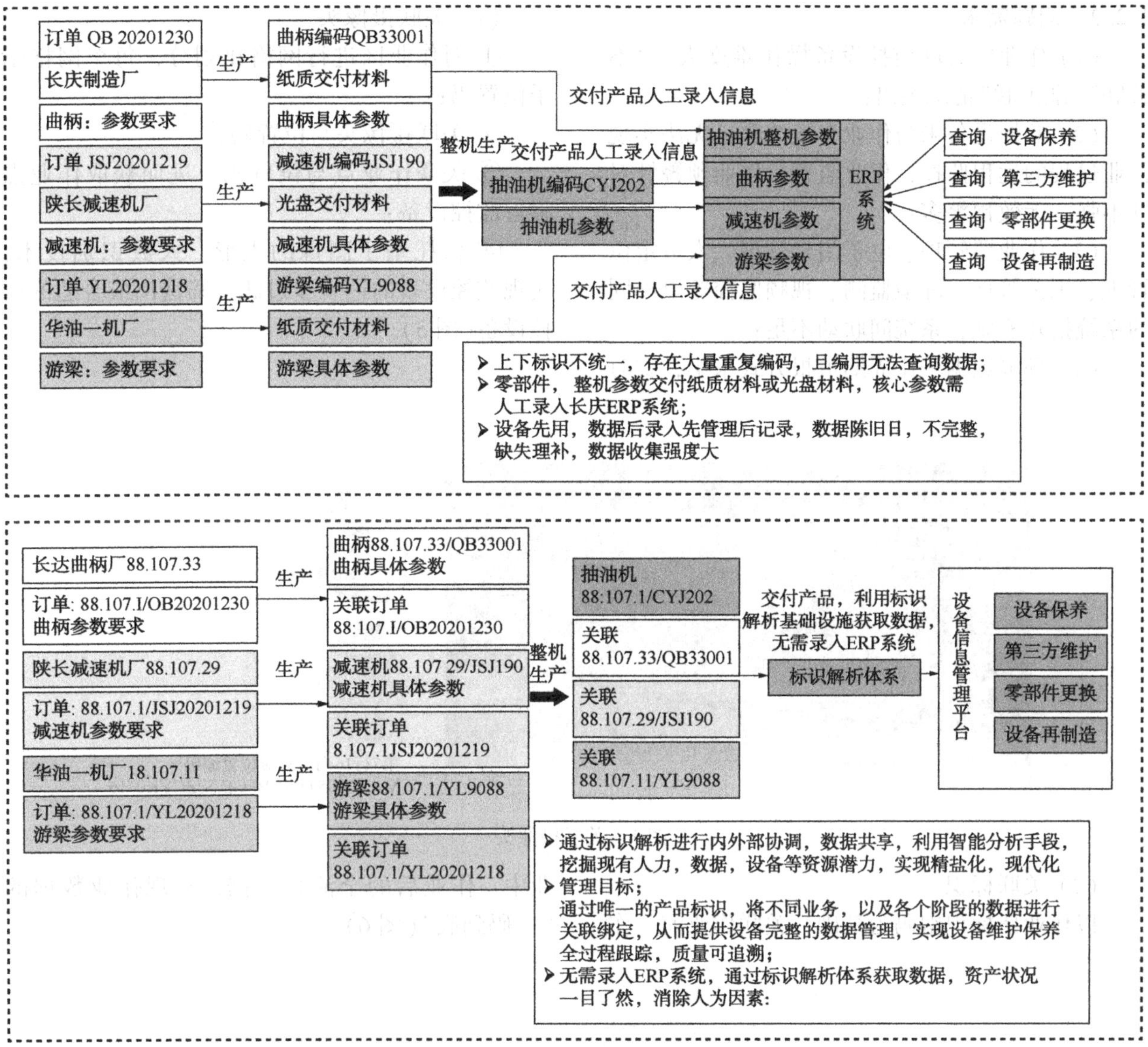

图4 设备信息互通共享

（2）信息协同和共享难，资产使用时，发生损坏、更换、转移等，无法在各个系统进行业务协同与信息共享，资产管理和评估难度大。

（3）数据价值有待进一步发挥，缺乏便捷的数据访问入口，无法实现资产信息全面查询和精准分析，数据价值未得到充分挖掘。

3.1.3 建设方案

（1）管网集团外部，供应商选择自建或使用公共标识解析企业节点，将设备出厂相关信息标识注册；管网集团依托二级节点平台的异构标识识别与解析技术，获取设备相关出厂信息，实现设备的数字化交付；

（2）管网集团内部，将各业务系统资产信息注册到各企业节点，通过二级节点平台的标识映射技术，实现企业内部资产信息关联，解决系统间“数据孤岛”、“一物多码”、“标识嵌套”等问题；

（3）通过“一码到底”，实现资产信息高度关联与协同，建立企业标识数据资源池；

（4）对资产数据进行处理、挖掘和展示，为资产管理和评估提供科学依据。

3.2 基于标识解析的高风险作业管控

3.2.1 建设目标

通过标识解析技术，串联作业票、电子门禁、人员信息、定位数据、工艺数据、环境监测数据、视频监控数据等，开发生产过程高风险作业管控相关服务，实现高风险作业过程分析预警、痕迹管理，完成高风险作业事中定向监控预警、事后追溯定责。

3.2.2　问题需求

（1）作业票关联监控设备操作难度大，“不关联”“乱关联”情况突出；

（2）监控设备未与作业有效关联，无法实现作业过程的远程监控，作业监管、作业预警针对性不强，无效预警多；

（3）作业票管理、电子门禁管理、人员定位管理、工艺管理、环境监测、视频监控等由不同的系统搭建实施，系统间联动不足；

（4）环境数据采用周期填报方式采集，实时性、自动化程度不高；

（5）未实现作业快照，作业过程难追溯。

3.2.3　建设方案

（1）关联摄像头

① 对作业区进行网格化划分，每个网格赋予位置码；

② 关联摄像头与位置码；

③ 关联作业点与位置码，进而获取作业点附近监控设备；

④ 依托基于图像的人形、人数识别技术，实现监控设备的进一步过滤，筛选出最合适的监控设备（图5）。

图5　关联摄像头

（2）关联标识

以作业票标识编码为基础，关联作业前、作业中、作业后的全流程数据，实现作业数据的“一码到底”（图6）。

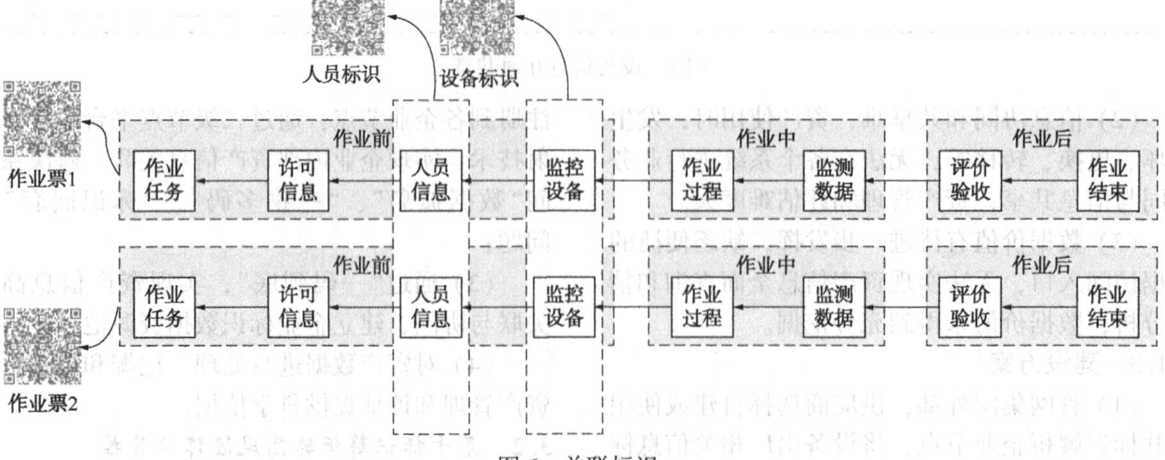

图6　关联标识

（3）作业快照及作业管控

① 在标识关联的基础上，从人员定位、作业环境监测、视频监控等角度结合气象及地灾数据，生成作业快照；

② 以作业快照为输入，结合预警规则，从安全措施确认、作业评价、危险动作识别等角度

实现预警预报；

③ 融合视频监控图像、作业快照、作业预警预报信息支撑作业预警、作业看板、作业追溯、数据服务等功能，实现高风险作业管控(图7)。

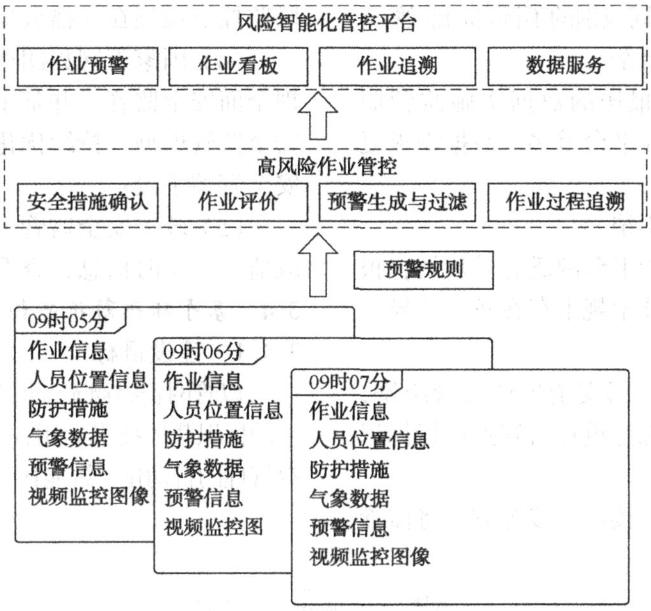

图7 风险作业管控

3.3 高后果区和重大危险源管控

3.3.1 建设目标

响应应急部关于“开展工业互联网+危化安全生产标识解析与服务”相关要求，为各环节企业、行业主管部门和安全监管部门提供更好的数据管理服务，实现基于标识解析的数据流动和信息共享(图8)。

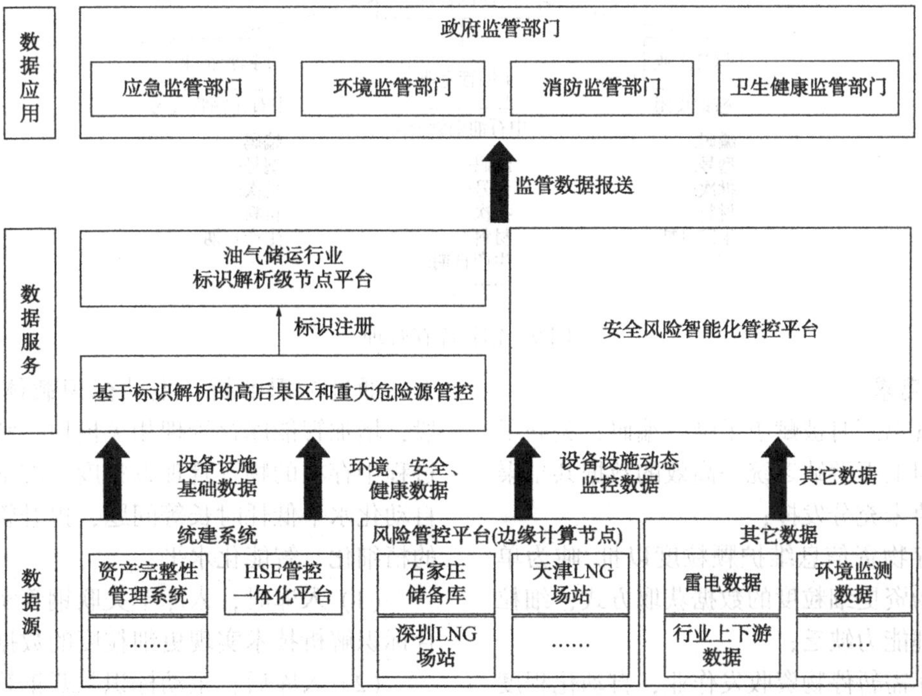

图8 高后果区和重大危险源管控

3.3.2　问题需求

（1）监管部门多

政府监管部门职责不同，关注的领域存在较大差异，企业生产过程受不同级别的不同部门监管。

（2）数据报送工作繁杂

监管平台依托企业报送的数据实施监管职责，但企业数据报送存在平台繁多、数据需求复杂等问题。

（3）报送技术规范不统一

政府监管部门的监管平台缺乏有效规划，报送数据在数据、接口等技术规上存在较大差异。

3.3.3　建设方案

（1）根据国家管网集团安全生产监管级别，对高后果区、重大危险源等重点监管点进行标识赋码；

（2）通过批量导入、接口对接等方式将监管点静态属性信息、动态监控指标信息注册到企业节点上；

（3）与国家管网集团视频监控平台对接，关联监控点视频在线播放地址到企业节点上；

（4）国家管网集团通过标识管理平台可以实现全面安全监管，并基于大数据分析技术，建立安全监管模型，持续优化高后果区和重大危险源安全管控手段；

（5）政府安全监管平台依托标识解析技术获取监管点实时信息，查看监管点实时监控视频。

3.4　基于标识解析的钢管库存管理

3.4.1　建设目标

以管网仓储物流管理系统为基础，将标识解析、主动标识载体技术运用在仓库管理过程中，提升库存管理的自动化、智能化、精细化水平(图9)。

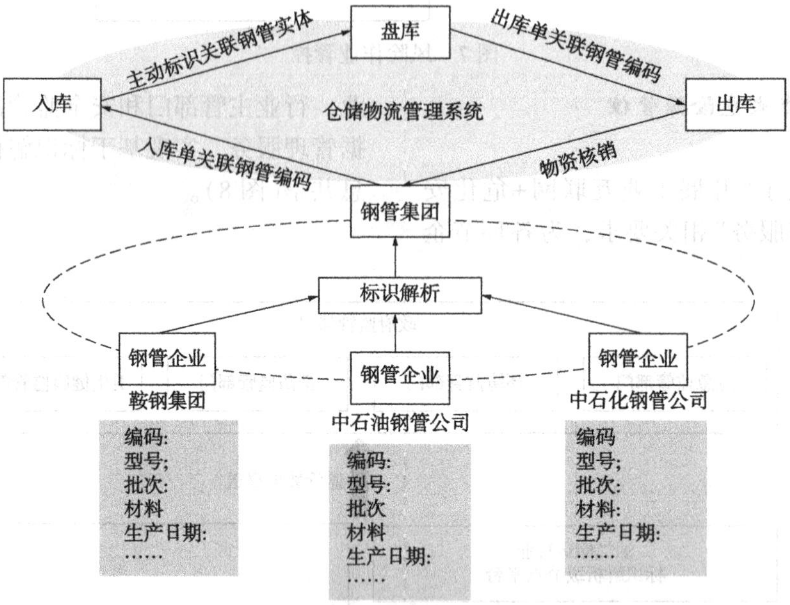

图9　钢管库存管理

3.4.2　问题需求

（1）钢管出厂时被赋予了唯一编码，关联了相关信息，但上下游缺乏统一高效的数据共享渠道，数据价值未充分发挥；

（2）库存物资信息维护颗粒度以批/吨为单位，缺乏对物资更细粒度的数据获取方式，细粒度的物资管理能力缺乏；

（3）盘库需暂停物资收发作业，自动化程度低、耗时长，对生产影响大。

3.4.3　建设方案

在国家管网现有仓储物流管理系统的基础上，通过标识解析、主动标识载体相关技术手段，增加智能库存管理相关模块，解决库存管理过程中存在的物资管理颗粒度不够细、盘库活动自动化水平低耗时长等问题，提升管网库存管理的精细化、智能化水平。

（1）入库时，入库单关联钢管实体编码，结合标识解析技术实现更细粒度的数据采集；

（2）入库后，主动标识关联钢管实体，结合rfid 等射频技术实现智能盘库；

（3）出库时，出库单关联钢管编码，实现库存的精细化管理。

3.5 环焊缝全生命周期数据对齐管理

3.5.1 建设目标

国家管网集团通过标识解析技术，开展集团内部管道环焊缝排查，对排查数据开展深入挖掘和数学统计分析，建立高强钢管道环焊缝裂纹(危害性缺陷)排查识别模型，形成环焊缝裂纹排查识别技术和失效影响分析技术。

3.5.2 问题需求

(1) 难以评估环焊缝的风险状态成，环焊缝承受输送内压力、焊接应力、环境应力、环境腐蚀等作用，易产生焊瘤、未焊透、咬边等焊接缺陷；

(2) 管道试压阶段和投产运行初期开裂和泄漏事故多发，环焊缝失效比例高，在70%以上，保障管道环焊缝的安全性尤为重要；

(3) 不同行业领域的管道工程所采用的数据标准存在不一致、不统一、不清晰。

3.5.3 建设方案

开发标识解析的焊缝全生命周期数据对齐、风险评估模型应用、风险因素敏感性分析等功能：

(1) 全生命周期数据对齐：从建设期到开挖验证阶段的管道基础数据、施工信息记录、内检测记录、地理环境以及无损检测等数据。从施工单位、管径、焊口缺陷类型、施工季节、开挖原因的角度统计分析焊口数据分布情况。

(2) 风险评估模型应用：确定算法类型，建立风险预测模型，实现焊口合格与否的预测。确定算法类型，建立风险预测模型，实现焊口合格与否的预测。

(3) 风险因素敏感性分析：基于所构建的环焊缝智能风险评价模型，改变研究变量的取值，计算所有样本在该变量某取值下相对应的焊口不合格的平均概率，即为该指标所对应的因子的局部灵敏度。

3.6 物联网设备数字身份认证及安全通信

3.6.1 建设目标

在国家管网集团与物联网设备制造商间建立安全可信的数据共享链路，用于物联网设备身份认证数据共享，促进管网集团网络安全和控制安全水平提升(图10)。

3.6.2 问题需求

(1) 身份认证

物联网设备通过物联网接入协议，远程接入到云端服务器：服务端需要验证设备的身份，保证来自设备的消息合法、可信任；设备端需要确认服务端的身份，保证来自服务端的命令合法可信任。

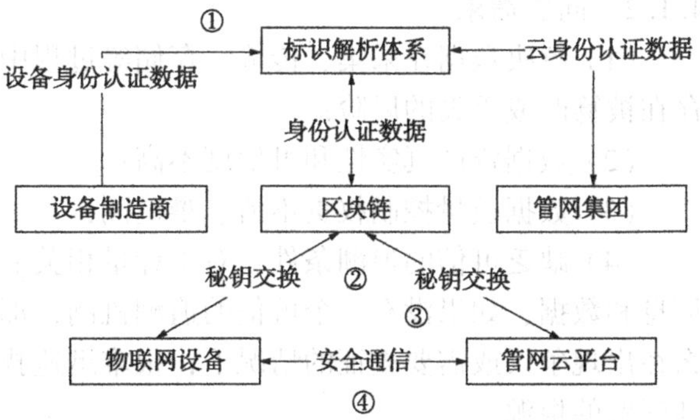

图10　物联网设备数字身份认证及安全通信

(2) 可信数据交换

物联网设备认证数据维护在制造商服务器，而设备接入时需与国家管网服务器间进行身份认证，国家管网云平台与制造商间需可信的数据交换链路，用于认证数据交换。

(3) 安全通信兼容

多厂家、多种类、大批量设备待接入物联网平台，物联网平台亟需普适、兼容的安全通讯策略，实现物联网设备低成本、高效、快速的接入平台。

3.6.3 建设方案

(1) 按照编码规则对管网云平台、物联网设备赋码，并将双方身份认证数据注册到标识解析节点上；

(2) 依托标识解析技术，实现设备制造商与管网集团间身份认证信息的共享；

(3) 结合区块链、密码技术，实现物联网设备、云平台间设备身份认证，建立数据可信安全通信链路；

(4) 云平台生成随机字符串作为通讯秘钥，依托上述可信安全通信链路发送给物联网设备；

(5) 物联网设备与云平台依托上述随机通讯秘钥实施端到端加密通讯。

4 标识解析+区块链应用建设方案

4.1 物联网设备数字身份认证及安全通信

4.1.1 建设目标

基于区块链的可信数据质量服务平台，通过充分融合标识解析与区块链的技术优势，可以确保数据的质量得到显著提升，同时实现安全监管。这种服务平台可以为上层应用提供安全、可信、可控的数据底座，从而帮助企业更好地满足业务需求。

4.1.2　问题需求

（1）解决数据在采集、传输、存储等过程中存在被篡改或丢失的风险；

（2）数据资产真实性和可信度不高；

（3）数据质量控制权责不清、难追溯；

（4）缺乏可信的追溯条件：对于计量相关的信息和数据，如果没有一个可信的追溯机制，那么在出现争议或需要查证的情况下，很难迅速找到问题的根源。

4.1.3　建设方案

（1）通过标识解析技术，使得数据的来源和去向能够被清晰地记录和追溯。利用区块链技术的不可篡改性和可追溯性，可以实现数据的真实性和完整性的落实；

（2）基于区块链的可信数据质量服务平台还具备强大的安全监管能力，实现了对数据质量的有效提升和安全监管。

（3）平台设计 4 大功能模块，包括数据全生命周期管理、数据资产管理、数据质量管理、数据服务管理。

标识解析 + 区块链应用建设方案如图 11 所示。

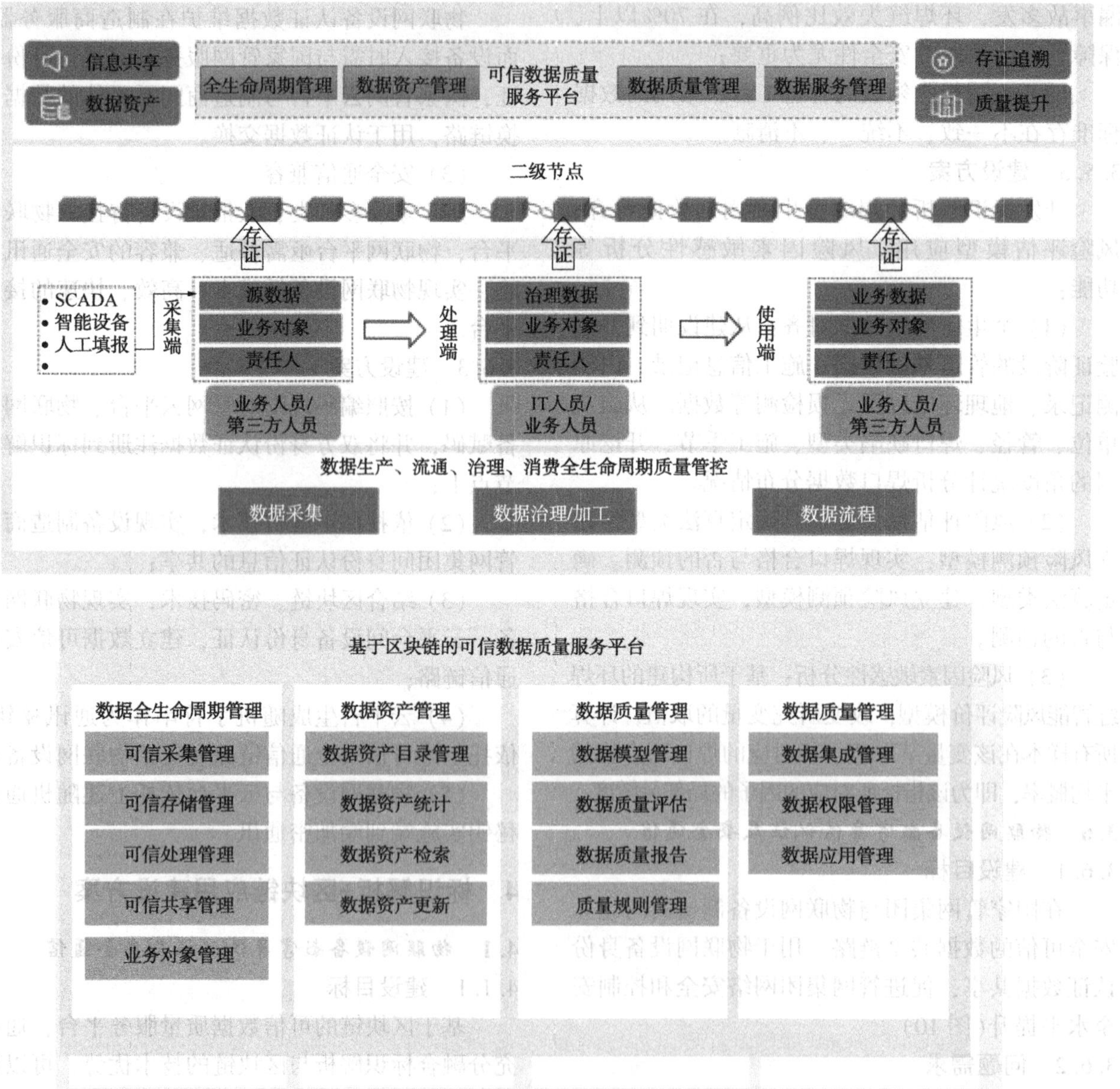

图 11　标识解析+区块链应用建设方案

4.2 基于“标识解析+区块链”的可信计量交易管理

4.2.1 建设目标

建设一个基于区块链技术的计量交接应用。该应用不仅结合了区块链的分布式、不可篡改的特性，还融入了数字身份管理、数字签名技术，以及智能合约，从而为参与交接的各方提供一个高度安全、可信的平台。

4.2.2 问题需求

（1）部分温度、压力、流量计等计量仪器没有第三方机构背书，仪器仪表数据可靠性无所考量；

（2）各企业部门所开发的流量计数据采集软件和计量交接软件可信性缺乏背书，系统软件存在被人篡改或修改的风险；

（3）计量设备、数据存在因人为因素或误操作被篡改或修改的风险；

（4）计量相关信息缺少可信追溯功能。

4.2.3 建设方案

（1）结合区块链的分布式、不可篡改的特性，设计相应功能模块确保交接过程中的所有数据、操作和信息都得到了有效的管理和记录，同时提供了强大的查询和统计工具，使得用户能够迅速获取到所需的信息，进而提高决策效率和准确性；

（2）通过数字身份管理，确保了每一个参与交接的实体都拥有一个真实、可信的数字身份，这使得整个交接过程更为规范和正式。结合数字签名和密钥管理，数据的完整性和保密性得到了有效保证，大大减少了数据被篡改或泄露的风险；

（3）计量交接场景共设计 4 大主要功能模块，包括计量交接报告管理、计量信息管理、数字身份管理、计量统计。实现了各方参与、数据共识、可信留痕的新型计量交接业务模式，促进了参与各方信任传导、数据融合与高效协同。

计量交基于区块链的可信计量交接接报告管理，如图 12 所示。

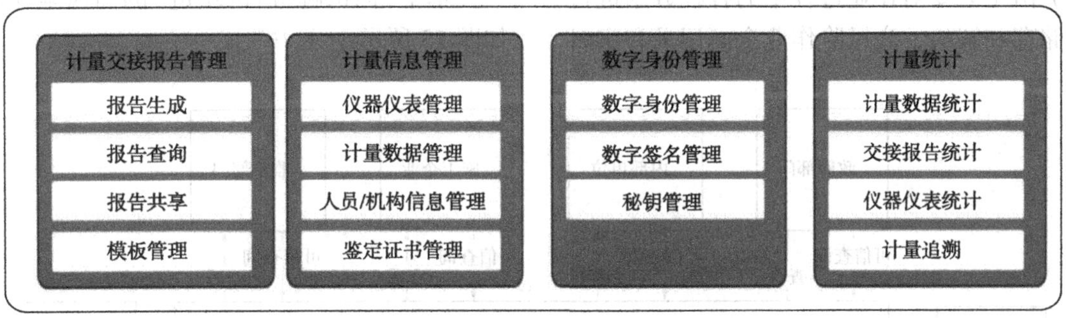

图 12 计量交基于区块链的可信计量交接接报告管理

4.3 基于“标识解析+区块链”的第三方施工管理

4.3.1 建设目标

建设第三方施工管理应用，最终面向集团统建系统群，由数据湖、通用能力应用系统统一采集，并做数据转换、映射。实现上报管理、第三方施工管理、施工信息管理和第三方施工统计分析等功能。

4.3.2 问题需求

（1）管网集团油气管道多数穿越复杂的环境，包括城镇、公路、铁路、河流等，面临着多样化的风险；

（2）在人口密集或者经济活动频繁的高后果区，第三方施工破坏成为威胁管道安全的首要因素；

（3）在经济发展的大背景下，各种工程建设和施工项目日益增多，管道安全管理逐年加大；

（4）在第三方施工管理业务中，存在信息共享滞后、业务协调难度大、事故溯源手段缺乏、责任归属判定难、企业联动效率低等问题。

4.3.3 建设方案

（1）为第三方施工参与方（国家管网集团、施工审批政府部门、施工单位、施工个体等）分配数字身份；为政府部门提供施工信息、审批信息、处置处罚信息填报、查询入口；为国家管网集团提供包括巡检、审批、作业过程管控、视频监控预警等信息上链存储入口；为施工审批政府部门、施工单位、施工个人利用隐私计算特性提供施工覆盖范围风险程度分析查询入口，并记录查询日志；构建第三方施工全流程画像，实现可追溯、不可篡改。

（2）第三方施工场景共设计 5 大功能模块，包括第三方施工项目管理、施工信息管理、施工统计、上报管理、系统管理。

4.4 基于"标识解析+区块链"的高风险作业管理

4.4.1 建设目标

主要依托油气储运行业二级节点，在国家管网集团各类多源异构数据实现标识注册、标识解析、标识管理的基础上，充分发挥标识解析在数据互联互通方面的优势，建设标识解析应用场景，利用区块链和物联网技术，实现可信网络管控体系的搭建，为高风险作业建立唯一的编码，编码在整个区块链节点中唯一标识出高风险作业数据，各个节点有效地识别和管理高风险作业数据。

4.4.2 问题需求

（1）由于需要对作业过程中的各种数据进行采集、储存和解析，高风险作业全面记录和实时监控较为困难；

（2）高风险作业过程的记录、监控数据易被人为篡改，不具备时间戳功能；

（3）高风险作业在开始作业前的危害辨识与作业风险分析，存在作业、监督和管理人员危害和风险分析业务水平不同，分析能力不一致，分析结果不全面等问题。

4.4.3 建设方案

（1）通过标识解析技术，实现高风险作业数据的安全存储和传输，同时利用区块链技术的加密算法和分布式存储优势，进一步增强数据的安全性。

（2）对作业过程中的各种数据进行采集、存储和解析，高风险作业需要对作业过程进行全面的记录和监控，确保作业的透明性和可追溯性，利用区块链技术的不可篡改性和时间戳功能，可以实现对作业过程的全面记录和监控，保证数据的真实性和完整性。

（3）场景设计包含 5 个功能模块：数字身份管理、作业安全监控、作业查看及追溯、作业过程分析预警、痕迹管理等工作。

基于"标识解析+区块链"的高风险作业管理如图 13 所示。

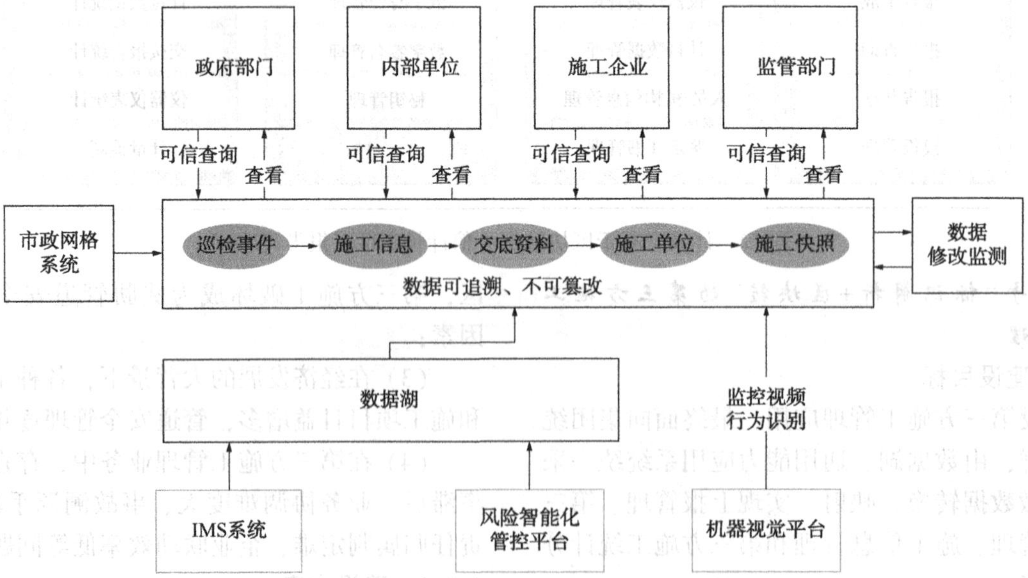

图 13　基于"标识解析+区块链"的高风险作业管理

5 结论

（1）标识解析和区块链技术在石油天然气管网运行管理中的应用方案具有巨大的潜力和优势。通过标识解析技术，可以实现对管网设备和资产的精准识别和管理，提高管网运行效率和安全性；而区块链技术则可以确保数据的安全性和不可篡改性，提高数据共享和透明度，减少信息不对称和风险。

（2）结合标识解析和区块链技术，可以构建一个高效、安全、可信的石油天然气管网管理系统。通过实时监测管网设备的运行状态和数据信息，及时发现问题并进行预防性维护，提高管网的稳定性和可靠性。

（3）在未来的研究和实践中，需要进一步完善标识解析和区块链技术在石油天然气管网管理中的应用方案。需要加强技术研发和创新，提高系统的智能化和自动化水平，以应对复杂多变的管网运行环境和需求。

（4）还需要注意加强标准化和规范化建设，确保标识解析和区块链技术在石油天然气管网管理中的应用方案符合行业标准和监管要求，保障数据安全和隐私保护，促进行业的健康发展和可持续运行。

参 考 文 献

[1] 李小龙，徐为．我国工业互联网标识解析产业发展趋势研究[J]．现代工业经济和信息化，2022(11)．

[2] 张善翔，吴寒，周巍．基于工业互联网标识解析的供应链全流程管控应用实践[J]．通信与信息技术，2024(01)．

基于工业互联网的油气管道生产领域数字化转型实践

宋　飞　贾立东　艾月乔　王春明　史　威

（国家管网集团北方管道有限责任公司）

摘　要　随着油气管道生产运营精益化管理需求的不断深入，在大数据、人工智能、工业互联网技术的持续迭代背景下，生产运行管理的数字化转型已成为数字化时代必须开展的管理模式变革。同时，生产运行时序数据、业务管理数据等来自多个系统的多元异构数据整合和数据价值挖掘问题，仍然面临严峻挑战。因此本文在分析当前油气管道生产运营管理痛点的基础上，提出了基于工业互联网及数据挖掘技术的生产业务数字化转型技术路线，并将其投入实际应用。

关键词　数字化　工业互联网　油气管道生产　物联网　大数据

随着大数据、人工智能、工业互联网技术的不断发展，目前油气管道行业对管道生产运行管理已逐步在周期性维检修、作业现场风险管控、生产运行监控、设备维护管理等诸多业务领域开展了一定程度的信息化建设与智能化探索。但随着生产运行管控、业务精益管理要求提升，当前油气管道生产领域面临的行业痛点主要包括三个方面。

痛点一是大部分系统建设停留在信息化阶段、数字化转型不足。目前油气管道行业内已普遍开展了生产系统及其他业务的信息化建设，不同程度地实现了由线下作业到线上作业的信息化转型。但是普遍存在多系统孤立、数据无法共享、数据缺少有效治理、数据与业务规则的关联性差、未充分服务业务办理及管理决策等关键难题。随着信息化的不断深入与业务管理精细化的持续提升，生产业务管理中对数据处理效率、数据联动多样化、数据分析智能化、数据显示个性化提出了更高要求。传统的信息化技术已不能满足当前生产业务管理实际需求。

痛点二是自动化设备故障事后处理，缺少事前故障趋势预警。自动化设备的健康状态关系到管线调控安全、经济效益。目前行业内管理模式为故障后维修，缺少健康状态远程诊断与预警。

痛点三是海量 SCADA 系统数据质量有待提升，数据价值未充分发挥。目前 SCADA 系统参数查看不变（目前只能在调控中心、调度室等指定地点查看），无法直接服务动火作业、管线投产等现场指挥决策，且系统报警数据质量有待提升，海量报警数据价值未充分发挥。

如何密切结合油气管道行业特点，将“工业互联网+”与油气管道安全生产紧密结合，提升科学技术的落地应用效果；实现业务数据互联互通，充分发挥数据价值；实现数据赋能生产运营、赋能管理决策，提升生产运行本质安全，是当前“工业互联网+安全生产”应用建设面临的关键问题和核心挑战。

1　数字化转型技术路线

1.1　顶层设计

针对油气管道生产运营在“检测、大修、运行、维护、管理”五大环节中存在的问题与难点，规划统一身份认证+统一防护+1 个数字化智能管控平台的顶层结构。

管控平台共 5 大环节，涉及 10 个功能模块，各环节的功能模块设计如下：

检测环节：针对油气管道仪表自动化通信系统周期性检测业务，建立年检模块。管理规则植入系统逻辑，自动完成检测统计分析。

大修环节：针对站场设备大修理业务、现场施工、动火作业建立智能风险管控模块，视频智能识别技术结合行业特点，实现作业风险精细化、智能化管控。

运行环节：针对油气管道运行建立 SCADA 系统监视模块、压缩机组监视模块、报警管理模块。深挖数据潜能，形成有效考核指标，提升风险干预及时性，促进运行维护水平提升。

维护环节：建立自动化远程诊断模块，实现自动化设备健康状态智能诊断与趋势预测。

管理环节：针对管理业务建立项目进度管理、故障隐患管理、运行分析、人才培训模块，自动完成核算统计、初级分析报告编制，减低人力时间成本。

顶层设计如图1所示。

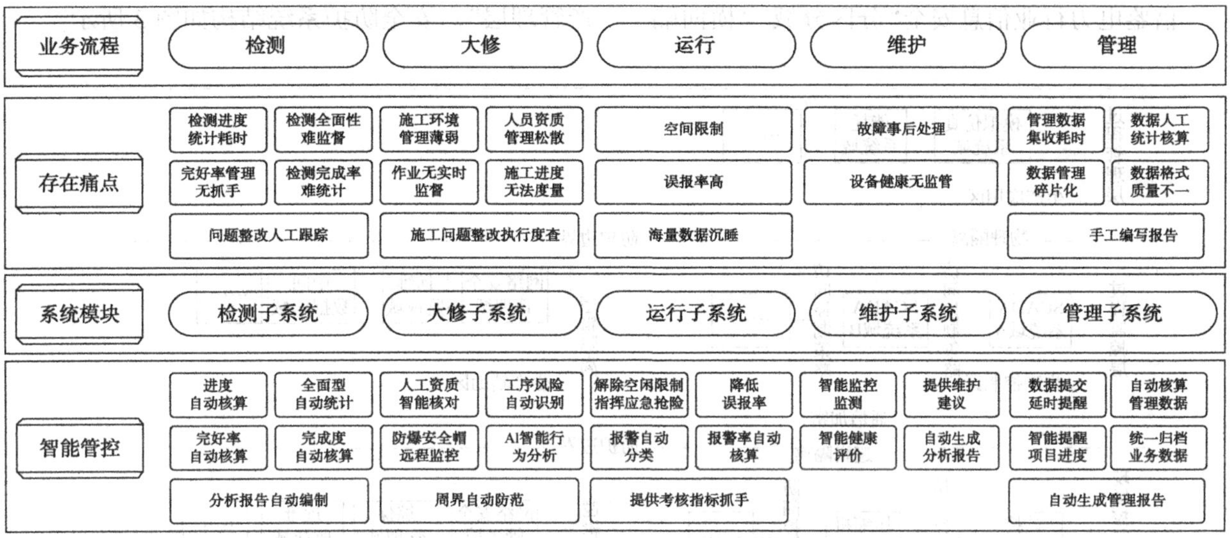

图1 顶层设计逻辑图

1.2 统一身份认证

建立统一身份认证机制，解决多个孤立系统间身份信息孤岛问题。所涉及的认证方式包括传统 session 认证、域身份认证和基于 token 的鉴权机制认证。用户信息加密方式涉及 MD5、对称性加密和单向 HASH 算法加密。

服务器将调用人员权限信息的开放接口对登录信息进行验证，并回传加密后的登录结果，登录程序对登录结果进行解密并在前端进行登录结果持久化。

统一身份认证系统技术架构图如图2所示。

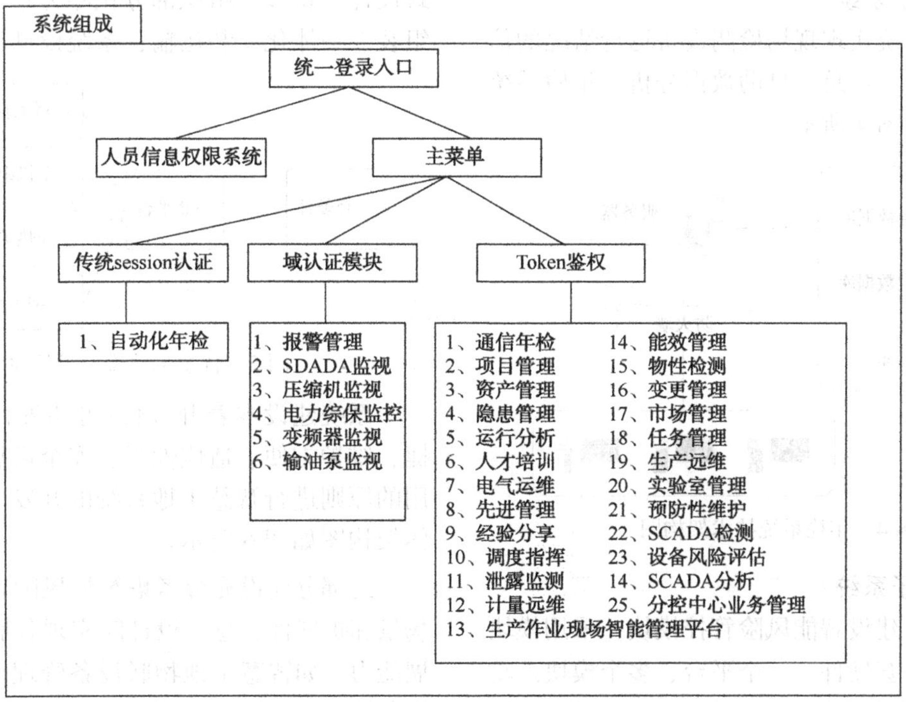

图2 统一身份认证系统技术架构图

统一身份认证系统可以大幅简化用户登录过程，提高工作效率，同时减轻用户信息管理工作，统一用户信息管理，实现高安全身份认证和管理，提升企业信息安全水平。

1.3　网络安全结构设计

借鉴电力行业信息安全“分区分域”“横向隔离”“纵向加密”的总体思路，结合油气管网网络架构和业务点，规划和明确油气管网工控网络安全整体架构和技术路线，架构横向分为“生产控制区”“生产辅助区”“生产应用区”，纵向分为“现场设备层”“现场控制层”“过程监控层”“生产管理层”。安全防护系统结构如图 3 所示。

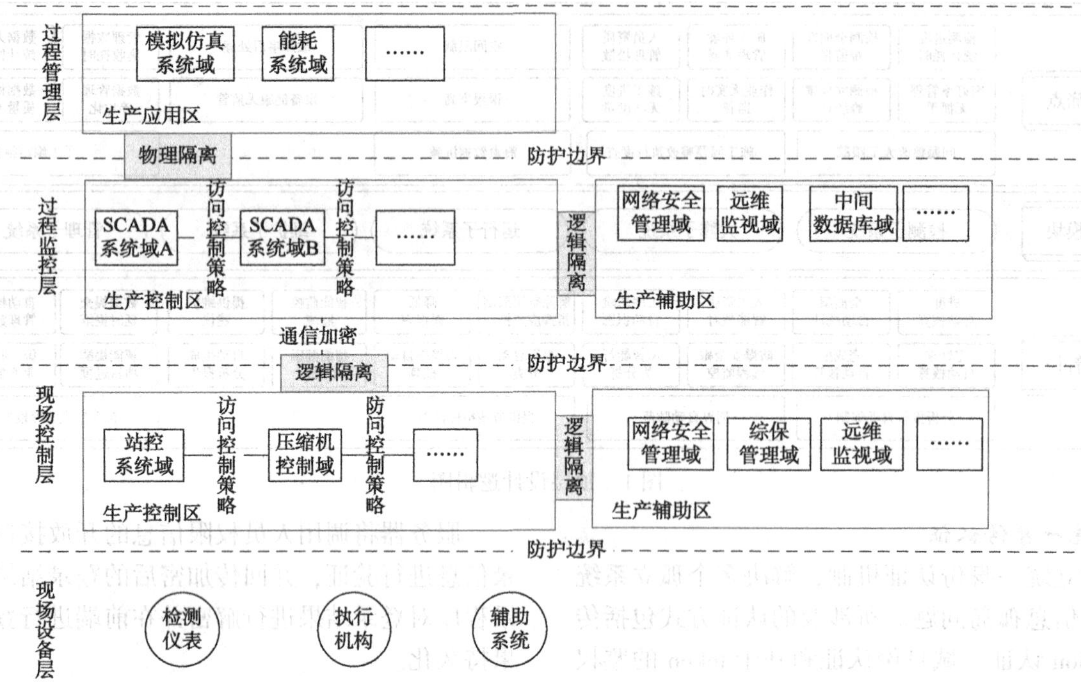

图 3　安全防护系统结构

1.4　技术路线

1.4.1　检测子系统

检测子系统实现现场检测设备运行情况的信息收集、整理、汇总、自助数据分析。年检系统技术架构图如图 4 所示。

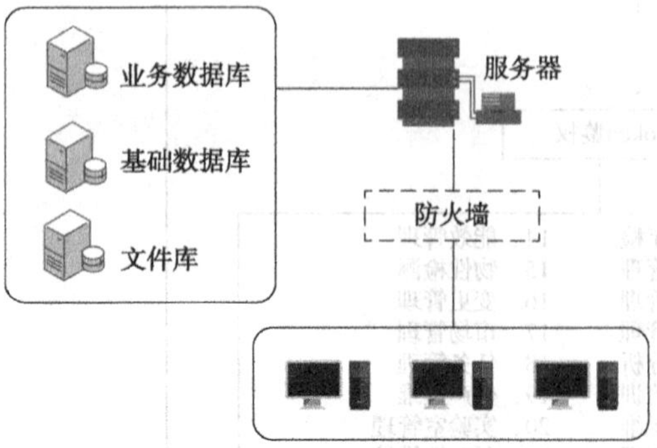

图 4　年检系统技术架构图

1.4.2　大修子系统

大修环节建设智能风险管控模块。采用模块化设计，即一套硬件、一个平台、多个模块。功能模块可根据需要自由选择和组合，操作简单、支持深入优化。硬件设备采用存储集装化、快装式设计，将多个组织部分化零为整，实现了快速组装、一体化安装运输，系统设计如图 5 所示。

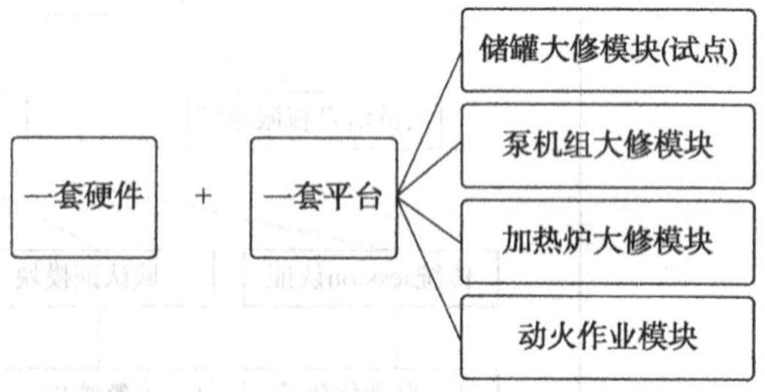

图 5　智慧工地模块设计模块

系统建设本着开放性/可拓展性强、使用便捷、维护方便、适应性强、安全可靠、可重复使用的原则进行智慧工地系统的开发。智慧工地总体架构图如图 6 所示。

此部分建设充分考虑智能风险管控规模应用场景和扩展性，总体设计时实现各服务的水平扩展能力，如智慧工地物联设备管理模块，支持多设备接入(人脸识别设备、扬尘监测设备、视频监控设备、可燃气体监测设备等)、数据解析、设备报文分析预警、设备数据存储等，不同的组件服务可部署到不同的服务器中，针对大并发业务支持多节点部署，保障系统稳定性。其余业务功能模块均采用分布式设计架构，可根据物理服务器资源及服务容量情况，将内组件独立部署到不同服务器，根据业务组件承载业务量不同实现资源动态调配，总体实现了较高的扩展性及稳定性。

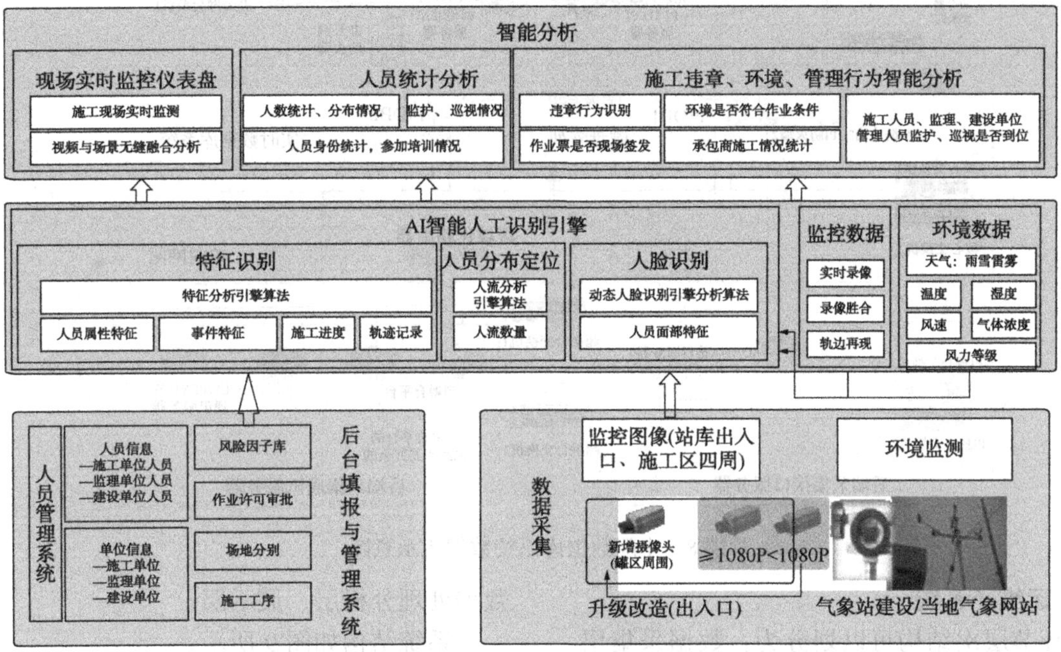

图6　智慧工地总体架构图

1.4.3　运行子系统

作为本解决方案对生产运行管理的核心系统，PI数据库系统由实时数据库系统、PIVision系统、资产框架系统组成。其中实时数据库系统负责采集区域化通讯服务器和SCADA系统中一级及二级管线的生产数据；PIVision系统负责对获取到生产数据(含报警)进行界面展示及数据查询；资产框架系统则负责对生产数据进行分析和统计，根据业务逻辑产生系统报警并进行考核，三者一起构成了综合数据平台。

PI数据库系统技术架构及数据流向如图7、图8所示。

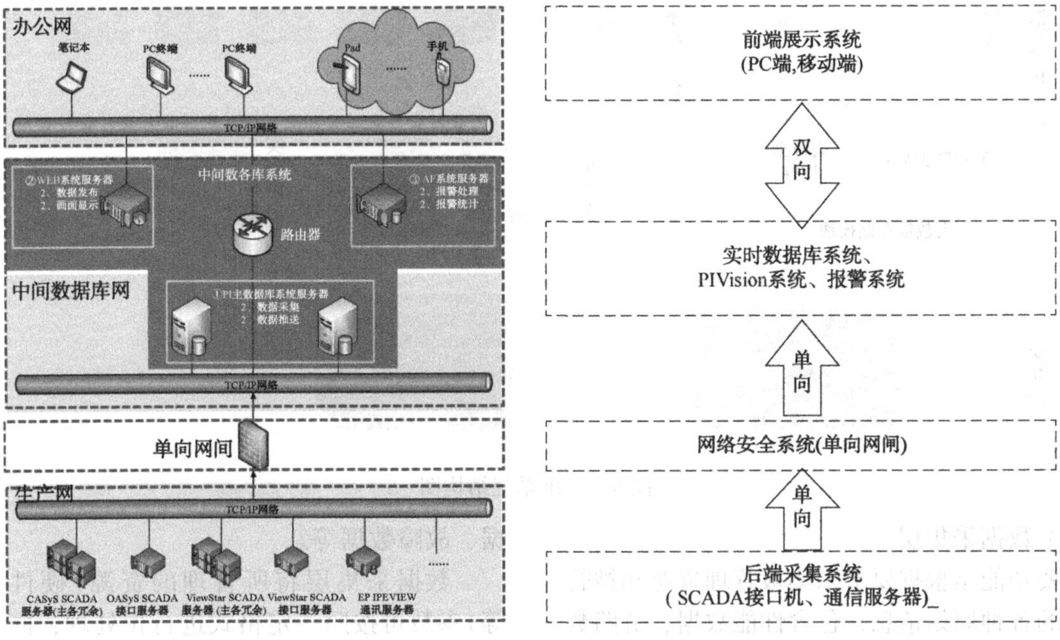

图7　中间数据库系统技术架构图

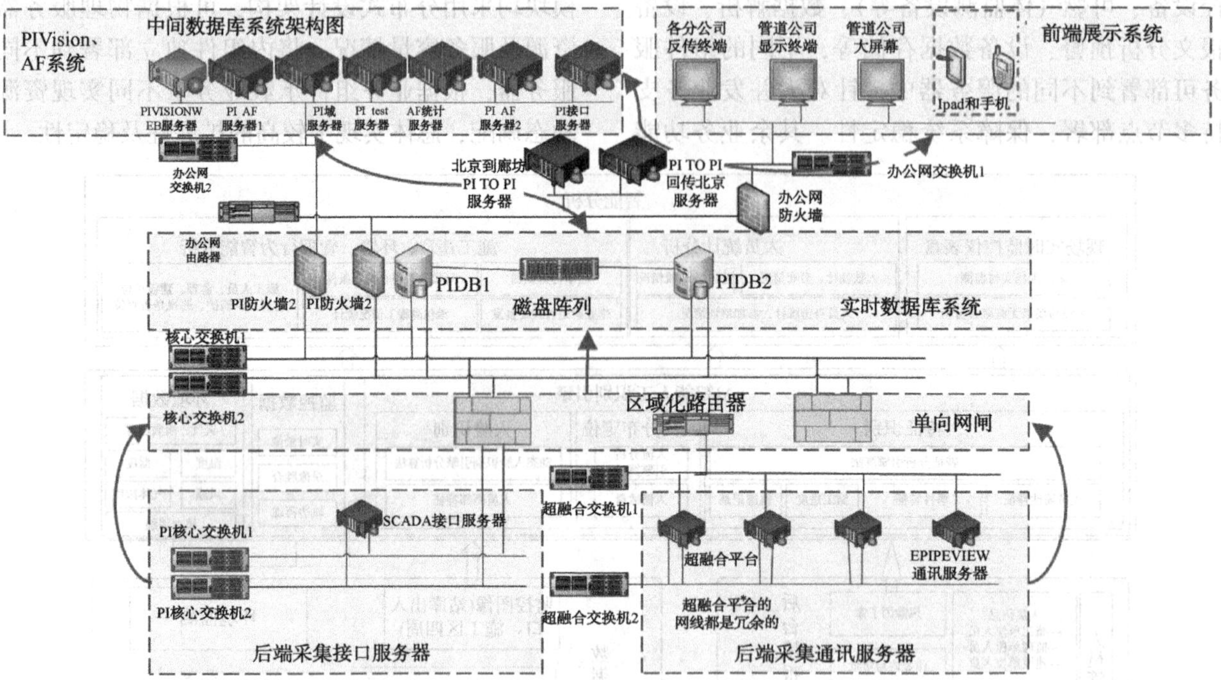

图 8　中间数据库系统数据流示意图

1.4.4　运维子系统

本环节层次结构可以划分为：数据采集层、数据处理分析层、展示层。

系统结构如图 9 所示。

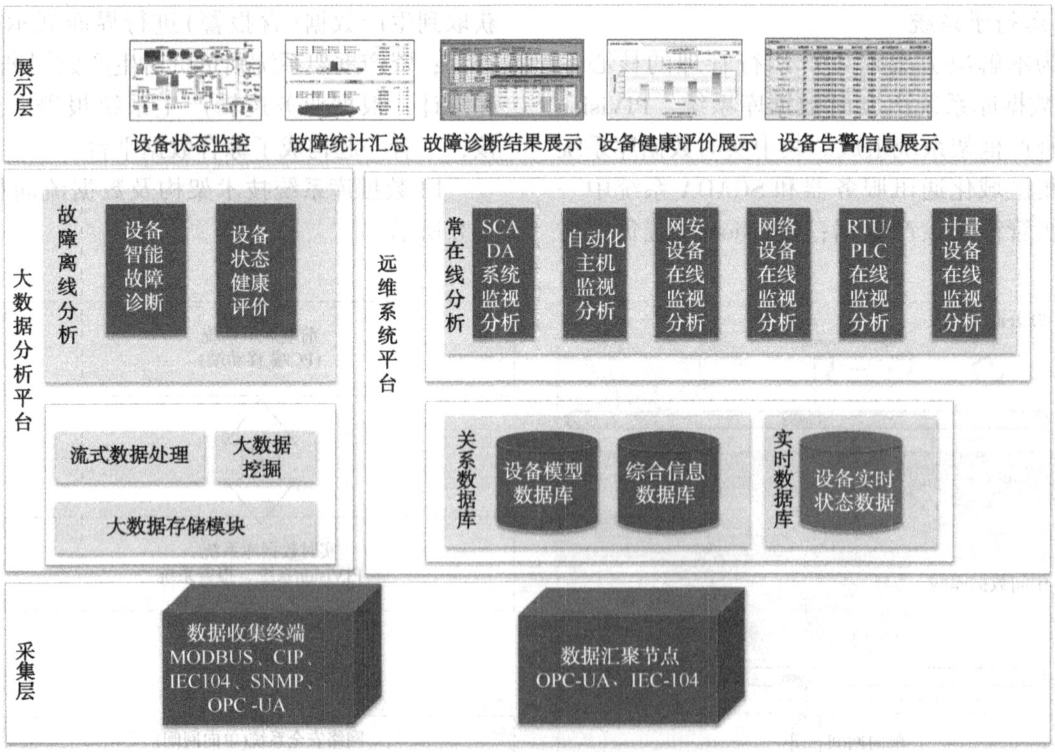

图 9　远维系统结构图

(1) 数据采集层

主要功能是根据要求采集被管理资源和被管理系统的各种原始信息，包含性能数据、链路数据、故障数据等。

数据采集层将所管理的资源（硬件、软件等）参数可按照一定格式进行预处理，同时要求遵循标准的通信协议进行输出或被访问。

(2) 数据处理分析层

数据处理分析层分为自动化系统数据处理和大数据分析两个部分，自动化系统数据处理对采集来的各类资源数据、性能数据、告警数据进行处理，形成对性能、配置、故障等的综合管理，实现对主机、网络、数据库、存储以及应用软件构成的应用系统等的同意监测和管理；大数据分析主要通过大数据存储、流式数据处理、大数据挖掘，进行设备智能故障诊断和设备状态健康评价。

(3) 展示层

所有应用功能完全统一呈现，提供图形化的管理界面，统一的用户认证和登陆界面。实现对被管资源的维护管理以及网管系统自身的管理，实现对被管资源的统一监测和管理，保障业务支撑系统的正常运行。

通过对站场端自动化设备的实时监测，对状态监测信息进行采集处理、分析归纳、展示利用和数据服务，实现站场端站内自动化设备的状态监测、自动化设备可视化综合管理，将全站状态监测数据实时上送到分控中心，响应远方命令，支持远方召唤服务，实现自动化设备的在线监测及集中管理。

在线监测网络如图 10 所示。

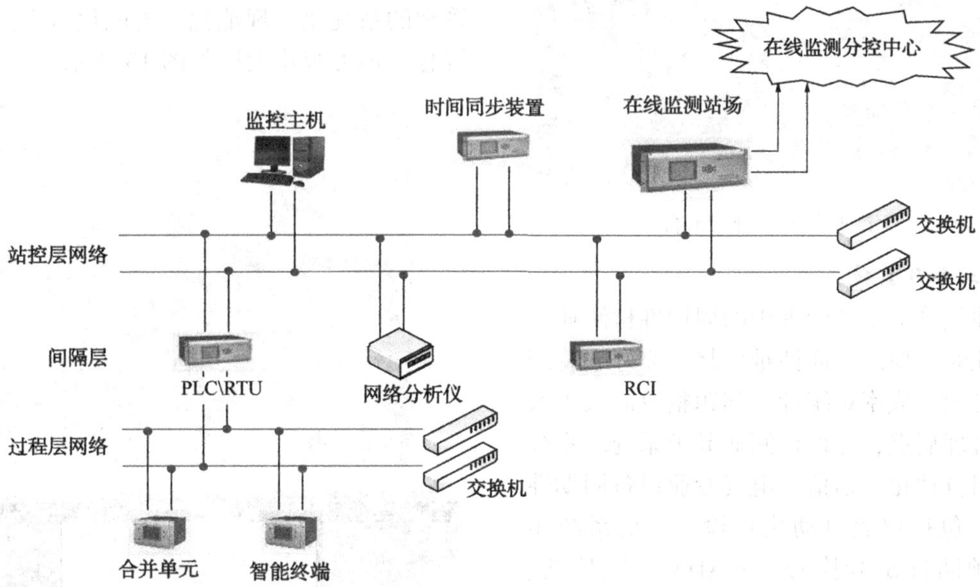

图 10　在线监测网络

自动化设备监控数据具有数量巨大、维度高、复杂度高、变化速度快等特性，而数据挖掘与机器学习技术通过挖掘数据的内在本质联系，建立数据关联模型。针对管网自动化设备监控数据的特征，通过聚类分析、深度神经网络、增量学习等手段，实现对设备健康信息的智能分析。

1.4.5　管理子系统

此部分针对生产具体业务，建立了项目管理、故障隐患管理、人才培训、运行分析、资产台账、调度指挥、市场管理、先进管理等 9 项业务管理模块。通过深入结合业务管理制度、企业体系文件、标准规范，业务模块自动分析并可视化展示，实现了数据赋能管理决策。

管理子系统结构如下：

管理环节子系统采用 JWT 认证，三层架构模式进行开发，包括数据展示层、业务逻辑层、数据访问层。

(1) 数据展示层

该展示层根据人的操作习惯和项目需求，合理分配页面布局，使数据得到更合适的展现形式，表格、折线图、柱状图、饼图等。

(2) 业务逻辑层

该层根据展示层的用户指令和业务需求，对数据层返回的数据进行逻辑处理，并返回给展示层。

(3) 数据访问层

该层根据逻辑层的操作指令，连接数据库，进行数据的增加、删除、修改、查询等操作，并将操作结果反馈给逻辑层。

2　实践成效

针对油气管道生产运营在“检测、维修、运行、维护、管理”五大业务环节中存在的问题与难点，开展需求架构分析。在此基础上，密切结合业务实际需要，建设完成了生产业务统一管理平台，如图 11 所示。平台建设有检测、大修、运行、维护、管理，5 个业务子系统，每个子系统解决对应的业务管理痛点，实现平台能力沉淀与数据共享。

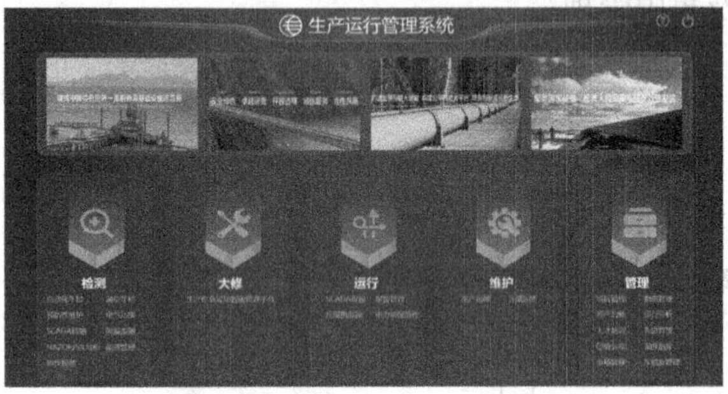

图 11　生产业务统一管理平台

2.1　检测业务子系统

针对油气管道生产管理中的周期性检测业务进度统计耗时、检测全面性难监督、完好率管理无抓手、检测完成率难统计、问题整改需人工跟踪等业务管理痛点，建设检测业务子系统。系统覆盖了公司自动化、通信、电气专业设备周期性检测业务，包括仪表自动化年检、通信系统年检、电气预防性试验检修、SCADA 系统检测、HAZOP/SIL 分析、泄漏监测、储油罐检测、站内管道检测、炉泵能效测试、原油物性检测等 10 类生产检测业务，完成了 38 个子模块，共计 205 项功能的开发，实现了检测类作业的全程线上管理。检测子系统-仪表自动化年检如图 12 所示。

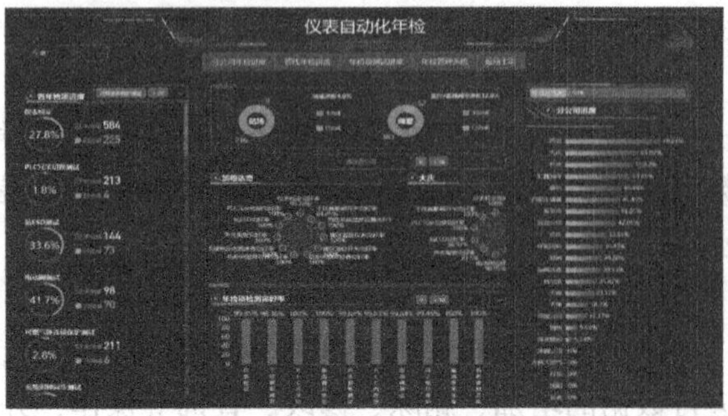

图 12　检测子系统-仪表自动化年检

2.2　大修子系统

为解决施工现场管控风险，尤其是承包商管理的突出问题，将视频智能识别与物联网应用相结合，针对现场人员、设备、环境等方面的管理，通过人工智能、无线网络技术以及视频监控等手段，实现对现场施工人员、设备、环境情况的实时定位、监控，及时发现违章、管理不到位等异常行为；实现对作业风险的事前监测、事中监控和事后监察，变被动式管理为主动式智能化管理，解决施工过程中出现的“人的不安全行为、设备的不安全状态、环境的不安全因素、管理人员的监管不到位”等难题，有效提高了施工现场风险管控质量及效率，实现了作业现场风险管理的系统化、规范化、智能化。大修子系统的智慧工地可视化大屏如图 13 所示。

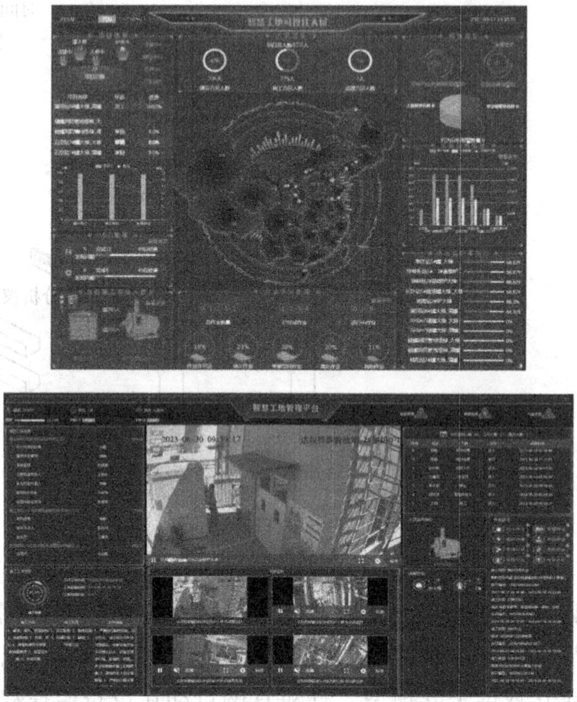

图 13　大修子系统-智慧工地可视化大屏

2.3　运行子系统

运行子系统针对 SCADA 生产运行数据、报警数据、变电所综合数据，压缩机组关键数据，建立资产数据分析点模型，进行实时集中监视，并对生产运行监视及报警管理同步部署了移动端。

移动端 SCADA 生产运行数据监视（见图 14），解除了地域限制，实时监视生产运行数据。在应急抢险决策指挥、新建管线投产、现场动火作业工艺条件确认等实地业务场景提供了强大数据支撑，有力规避了管道运行风险。

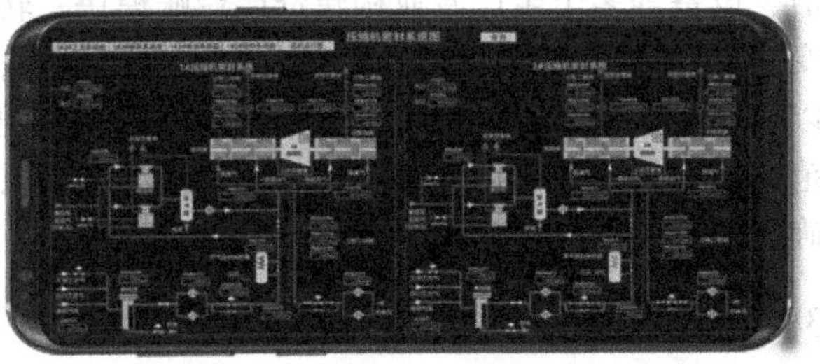

图 14　运行子系统--移动端生产运行数据监视

针对业内 9 大技术专业进行报警细分，有效解决了目前 SCADA 系统普遍存在的报警混乱、显示散乱、定位困难等问题。依托数据分析模型和资产管理架构，实现报警分类分级推送、自动分析统计、智能考核等功能，大幅提升了管理效率，运行子系统——报警管理如图 15 所示。

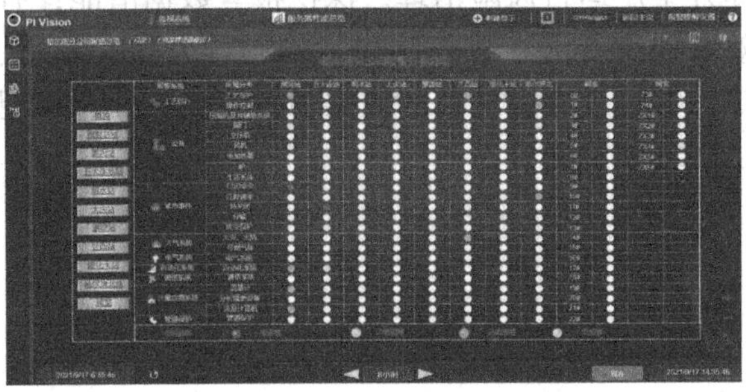

图 15　运行子系统——报警管理

2.4　维护子系统

该子系统采集站场自动化系统软硬件诊断数据，通过系统建模，利用数据挖掘和设备运行状态的关联分析，实现了各类设备运行信息实时动态在线监测，对设备故障进行分析、诊断、预警，运维子系统应用界面如图 16 所示。通过不断完善故障库，对故障报警的主动处置，对自动化系统及相关设备的预测性维护，实现了运维模式从“事后处置”到“事前防范”转变。

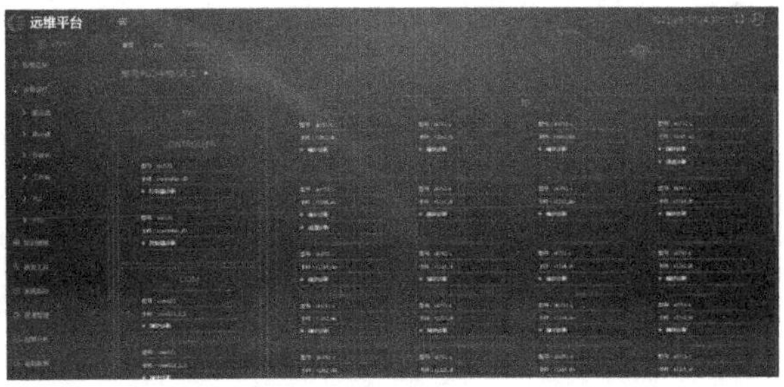

图 16　运维子系统应用界面

目前已完成 10 条输油气管道 433 台设备(服务器、交换机、工作站、路由器、PLC、流量计、流量计算机)，共计 7 万点的健康数据的监视，实现了对中俄东线等多条油气管道自动化主要设备运行健康状态的远程监视和故障诊断。

2.5　管理子系统

针对生产具体业务，建立了项目管理、故障隐患管理、人才培训、运行分析、资产台账、调度指挥、市场管理、先进管理等 8 项业务管理模块。通过深入结合业务管理制度、企业体系文件、标准规范，业务模块自动分析并可视化展示，实现了数据赋能管理决策。具体包括：

(1) 项目管理模块(图 17)，采用自助服务模式，可个性化设计表单，实现了项目按照专业、所属单位、完成状态等多维度状态监控，并实现了聚焦关键时间节点的精细化管理。目前已完成 13 个生产项目的动态跟踪管理。

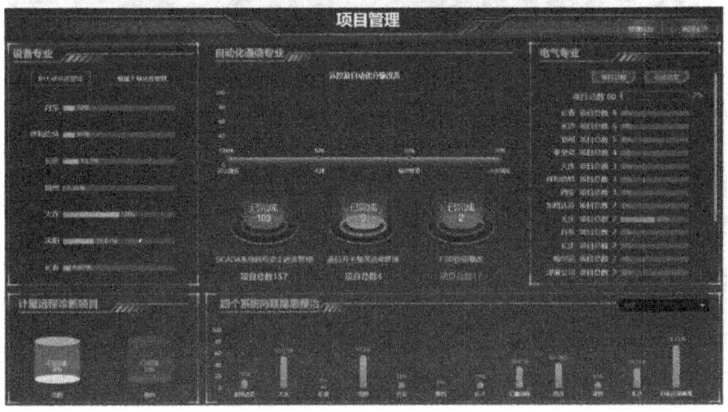

图 17　管理子系统—项目管理模块

(2) 隐患管理模块，建立故障隐患管理长效机制，实现故障隐患、异常事件的统筹管理及可视化，如图 18 所示。针对故障隐患管理零散问题，注重节点管控，实现了各专业故障隐患的规范化管理，并智能生成分析报告。

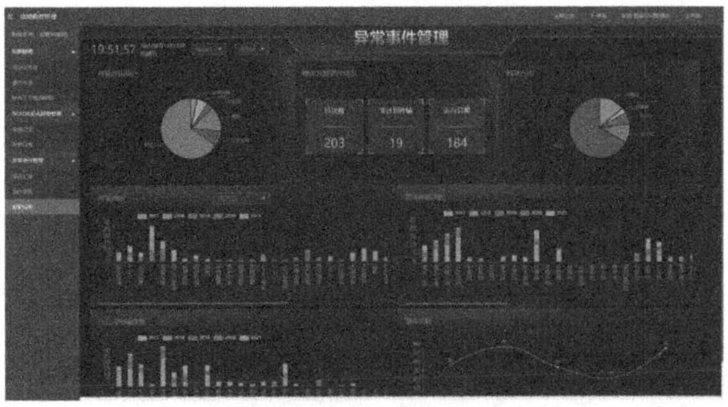

图 18　管理子系统—异常事件管理

(3) 人才培训模块(图 19)，构建“人才库+培训+考试”一体化模式，通过员工基础信息、日常运维能力信息与培训考试成绩数据结合分析，掌握企业专业人才技能水平分布，为合理制定培训方向提供数据依据。

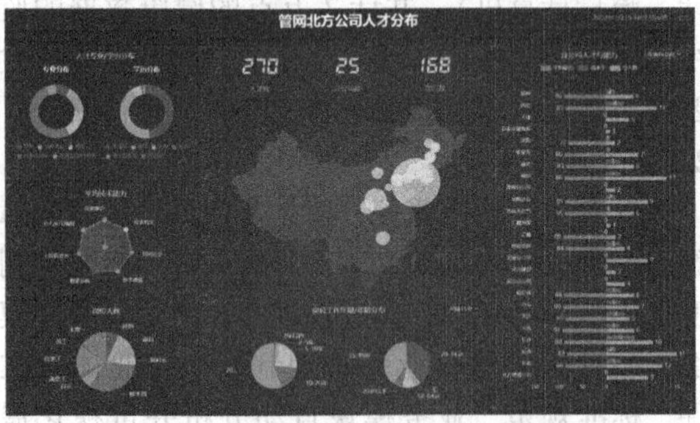

图 19　管理子系统—人才培训模块

(4) 运行分析模块(图 20)，实现自动化通信运行数据自动分析核算，实现 SCADA 系统、通信系统故障信息自动采集、汇总、形成分析报告。

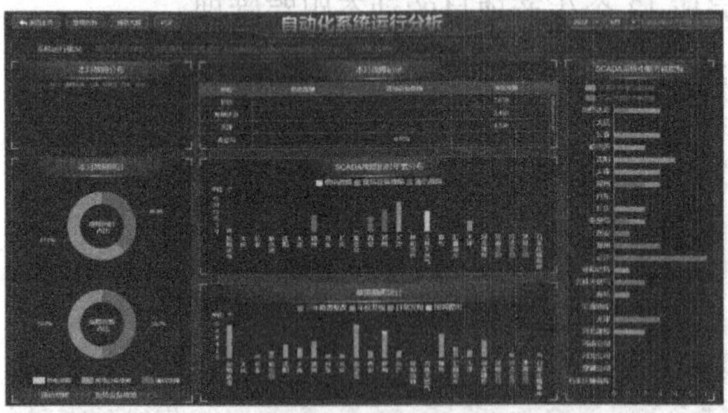

图 20　管理子系统—运行分析模块

(5) 资产台账模块，针对仪表、自动化、通信、设备等多个生产专业构建资产台账模块。转变根据业务人员经验确定资产属性的传统模式，以企业标准《国家管网资产完整性数据管理规范》为依据，采取标准+业务需求相结合的方式，确定资产属性，实现系统设计标准化。

3　结论

通过本文通过工业互联网技术开展多远异构数据的整合与数据挖掘，提出了油气管道生产领域的数字化转型技术路线并实践。通过统一作战平台的深度应用，推进了油气管道生产领域管理方式从定性向定量转变，数据核算、报告编制等业务工作效率大幅提升，实现数据驱动的生产管理高效运作。通过创新施工现场作业管控手段，提升生产运行风险治理。深挖报警数据潜能，有效发现设备潜在故障隐患。检测、大修、运行、维护、管理五大环节的数据动态智能交互、实现了管理效能提升。

油气田企业数智化生产指挥体系建设实践

梁玉磊　钱　程　杜　涛　贾国栋　杨星波　杜　亮　赵勇勇　闫炳芳

（中国石油塔里木油田公司）

摘　要　油气田企业生产运行业务链长，生产作业区域点多线长面广，生产工艺和产品复杂多样，生产安全风险高，传统的主要通过人工沟通、跟踪、分析、调度的生产指挥方式，管控效能无法满足企业高质量发展要求。随着信息技术的不断成熟和广泛应用，建立数智化生产指挥体系，成为提高生产指挥效能的必由之路。近年来，塔里木油田公司作为国家确定的国有企业数字化转型试点企业之一，深入探索实践数智化生产指挥体系建设，取得较好成效。本文以塔里木油田数智化生产指挥体系建设实践主要做法成效为例，重点介绍油气田企业如何通过前端（生产作业现场）、中端（油田顶层的智能运营中心，以及中间层级的专业和区域管控中心）数字化建设，促进生产指挥调度业务实现线上运转、提速提效，进而促进企业生产管理方式变革、管控效能提升。期望通过本文的介绍，为油气田企业乃至油气行业生产指挥数字化转型提供思路和方法。

关键词　生产指挥体系；数字化转型；智能运营中心

1　公司简介

塔里木油田公司成立于1989年，目前是我国最大超深油气田，是西气东输主力气源地和南疆首要气源地，也是新疆最大的油气田企业和中国石油最具发展潜力的地区公司，主要在塔里木盆地从事油气勘探、开发、销售以及新能源等业务，公司总部位于新疆巴音郭楞蒙古自治州库尔勒市，作业区域遍及南疆五地州，已累计发现和开发32个大中型油气田。塔里木盆地面积56万平方千米，是我国陆上油气增储上产潜力最大的盆地之一，但地质构造复杂多样，世界上公认的钻完井13项难度指标中有7项名列第一，世界上没有一个油气田与塔里木勘探开发难度相当。总体上，油田公司具有规模体量大、勘探开发难、风险管控难的特点。截至2023年底，油田公司已累计生产石油1.62亿吨、天然气4250亿立方米，油气当量突破5亿吨，向西气东输供气超3400亿立方米，向南疆供气超570亿立方米，为保障国家能源安全和促进国民经济发展作出重要贡献。

2　技术方案

2.1　总体设计

基于公司扁平化机构改革和数字化转型战略，围绕“生产调度中心、安全管控中心、应急指挥中心”定位，以“全业务实时感知，全过程监测预警，全方位调度管控，全链条进阶跃升”为总体目标，完善现场数字化基础设施，建设生产与应急指挥软件平台，支撑构建以智能运营中心为载体的跨专业跨层级协同工作平台，实现对各类业务基本生产单元和生产要素的全覆盖管控。

2.2　总体架构

按照信息采集、传输、存储、应用四层搭建架构，对生产油气产运储销、重点工程项目运行、生产保障、安全管控、突发事件应对处置等6方面68项业务（图1）开发应用，通过在线表单、信息汇集、监测预警、辅助分析等数字化赋能手段提升各项业务效能。

3　主要做法

3.1　完善生产现场数字化基础设施

按照“业务主导、信息统筹、应用为本、双轮驱动”工作方针，全面完善自动控制、动态监测、远程监控、通讯网络等数字化基础设施建设，推动生产自动化、业务信息化、管理集约化、决策智能化，实现“数字化代替人干活、削减安全风险、降低劳动强度、提升工作效率、推动提质增效”，为上层的专业管控中心、区域管控中心及顶层的油田智能运营中心实现对现场可视、可监、可调提供基础支撑。主要工作：一是对数据采集补充完善，提升数据采集覆盖率；二是开展自动化改造减少人工操作频繁工作，大幅降低劳动强度；三是通过油气生产物联网全覆盖，完善单井工况诊断，补强紧急放空、自控联锁，全面实现单井、中小站场无人值守；四是改造完善视频监控系统，对生产作业现场视讯监控系统进行补充、改造，对重点地面工程施工项目关键部位部署监控作为开工条件，现场监控视频全部接入油田音视讯平台，实现对生产作业现场集中监控；五是增配现代化监测设备，在传统固定监测设备基础上，每个大型场站配备1~2台巡检机器人、电气设备智能分析系统、气云成像等设备，5个片区每区配4台巡检无人机，多措并举消除监测盲区；六是完善改造数据传输通信系统，建成覆盖全探区的光传输骨干环网、办公网、无线通信网，构建高稳定传输网络，保障生产一线网络数据传输需求。生产现场数字化基础设施如图2所示。

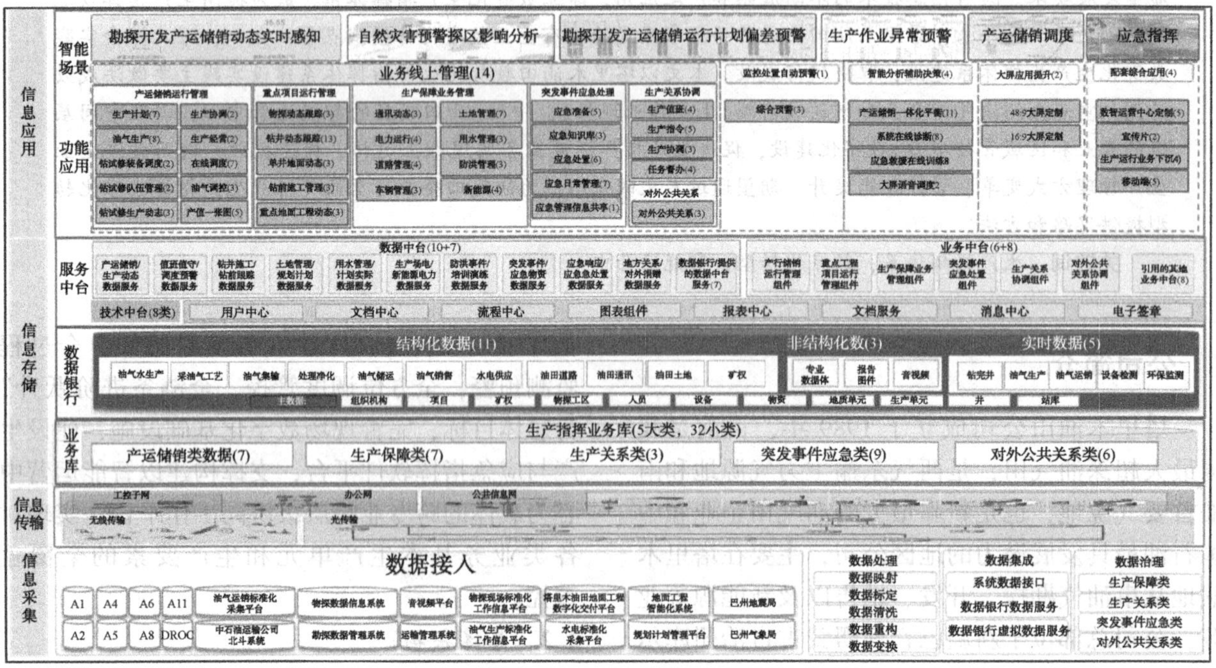

图1　油田数智化生产指挥体系数据架构图

单井监测控制　　机器人巡检　　红外热成像监测

图2　生产现场数字化基础设施

3.2　搭建数智化生产指挥软件平台

3.2.1　总体建设目标

构建形成"两级贯通（油田公司、二级单位）、三端协同（PC、大屏、移动端）"的数智化生产指挥体系，围绕"基础业务全面上线、监控处置自动预警、智能分析辅助决策"三个层面持续开展数智化建设，实现远程监控、组织、协调、调度和应急各项工作。

3.2.2　主要完成任务

一是面向生产指挥全业务，开发建设由各种业务功能模块构成的三端协同的智能生产与应急指挥平台，将生产运行业务全面转入线上运行。二是发挥智能生产与应急指挥平台顶端优势，全面打通各业务领域、层级之间壁垒，强化跨专业数据融合应用，应用范围从公司层面到基层现场全覆盖，实现对油田生产指挥一体化管控。三是督导采油气管理区数智运营中心建设，将智能生产与应急指挥平台模块积极下沉至各采油气管理区，助力各层面生产指挥调度工作全面提速提效。

3.2.3　主要建设情况

基于梦想云、数据湖，应用大数据分析及可视化集成等技术，集成汇集7类52套专业信息系统和数据银行各类型生产数据，根据塔里木油田6项主要生产运行业务(油气产运储销运行管理、重点工程项目运行管理、生产保障业务管理、生产关系协调、突发事件应对处置等)，塔里木油田生产运行管理部门、数字和信息化专业管理部门、信息系统承建方联合开展智能生产与应急指挥平台建设，建成了主平台(PC端)153个功能模块，大屏端10类应用场景以及移动端7个功能模块。

3.2.4　主要建设成效

3.2.4.1　智能生产与应急指挥平台(主平台)

PC端开发建成生产调度、组织协调、生产保障、应急管理等生产运行业务43个业务模块(图3)，将生产运行领域生产调度、生产保障、应急管理三大业务从“线下”搬到“线上”，助力油田生产动态掌控更全面、计划管理更高效、生产协调更流畅、应急管理更有力。

生产调度业务开发完成生产总况、产销一张图、在线调度、生产计划、油气生产、储运销售、重点项目、组织协调等模块，共计153个子菜单页面，方便把控油田生产各项工作的关键节点、强化跟踪督办，确保各项生产任务落地、年度生产目标完成。生产计划、任务督办赋能效果详见表1。

图3　智能生产与应急指挥平台主平台(PC端)功能界面

表1　生产调度部分业务赋能效果

序号	功能模块	对应业务	赋能效果
1	生产计划	油气产运储销运行管理	完成了78张生产图表的开发，实现了生产运行计划的线上上报、汇总、审核、下达，完全改变了以往生产单位通过传统EXCEL表格上报的方式，避免了效率低且容易填报错误等问题
2	任务督办	生产关系协调	可实现对油田公司生产例会安排的重点事项处置进展进行全过程跟踪，对于滞后项及时提醒催办，定期通报处置进展，通过程序规范了工作流程，与打电话等传统方式相比，答复速度更快、答复质量更高，有效保障了重点事项的闭环管理，确保件件有着落，事事有回音

生产保障业务开发完成用车管理、道路管理、电力运行、通信管理、综合预警、捐赠管理6个模块，共计108个子菜单页面，通过电路讯网一张图及时掌握电路讯主要运行态势，同时可将自然灾害信息精准推送并提示相关单位做好防范。用车管理、综合预警赋能效果详见表2。

应急管理业务开发完成应急资源、风险监测、应急处置、日常管理、知识库5个模块，共计54个子菜单页面。实现平时对应急相关报表“线上”填报、汇总，战时“线上”报送应急抢险相关信息并在大屏端显示，助力高效应急指挥。应急日常管理、应急处置赋能效果详见表3。

表2　生产保障部分业务赋能效果

序号	功能模块	对应业务	赋能效果
1	用车管理	生产保障业务管理	实现“线上”对从车辆管理、标价管理等运输要素管理，再到用车申请、调度派车管理、现场确认、承运商确认、用户确认、运单审核等运输业务全过程管控，提高运输业务各环节工作效率
2	综合预警	生产保障业务管理	实现气象预报、地震等自然灾害信息“线上”分层级推送至各级管理者，助力各级管理者精准掌握灾害影响情况，及时提醒提前做好应对准备，保障生产运行平稳

表3　应急管理部分业务赋能效果

序号	功能模块	对应业务	赋能效果
1	应急日常管理	应急管理日常工作	应急日常管理资料电子存档，到点提醒业务开展
2	应急处置	突发事件应对处置	步步引导应急响应行动；事件发展态势、应急资源调集状态、重点工作落实情况自动汇集发布；辅助决策信息一站式查询

3.2.4.2　智能生产与应急指挥平台(大屏端)

结合具体的应用需求，大屏端开发建设了10类应用场景(生产总况、物探动态、钻探动态、产能建设、油气生产、油气运销、生产保障、综合预警、在线调度、应急指挥)，既可直观呈现油田生产全景和现场实况，又可通过厂站逐级钻取、信息关联、视频交互等技术，为高效开展生产指标管理、阶段调产保供、重点施工协同、应急救援指挥等工作提供各方面信息支撑和辅助决策(图4)。

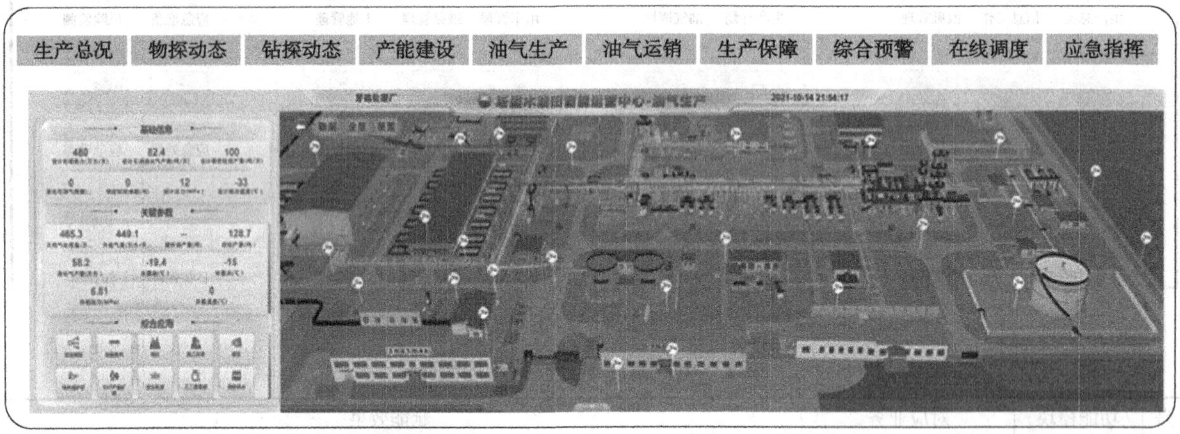

图4　智能生产与应急指挥平台(大屏端)功能界面

3.2.4.3　智能生产与应急指挥平台(移动端)

为进一步提升智能生产与应急指挥平台使用便捷性，针对生产值班、生产指令、生产协调、任务督办、生产异常、应急指挥、道路导航业务场景开发移动端功能，使得现场管理人员在作业现场就可对相关业务进行线上确认、审核、办理，确保各类业务均可及时在线上运行。

3.3　建设油田顶层数智化生产指挥中枢

依托智能生产与应急指挥平台强大的数智化支撑功能，建设油田智能运营中心(图5)，作为油田顶层数智化生产指挥中枢。油田智能运营中心与总调度室合署办公，从生产运行的角度来讲，智能运营中心是塔里木油田生产指挥中心和应急指挥中心，日常状态下负责做好值班值守、信息汇总等8个方面的工作，应急状态下融合指挥、联动支持等4个方面的工作，实行调度7×24小时联席坐班，6名主管全年不间断带班值班，百名备勤专家24小时轮班值班工作制度。从数字化转型功能发挥角度来讲，智能运营中心又是一个油田级共享支持和协同调度平台，同时也是塔里木油田数字化转型智能化发展的一个重要引擎。

图 5　塔里木油田智能运营中心实景图

3.4　完善中间层级专业或区域数智化管控中枢

（1）完善专业管控中心：钻完井远程管控支持中心，对油田所有正钻井实况进行监控、调度；油气运销调控中心，对长输管道、阀室、大型场站、压气站进行监控、调度；电力调控中心，对变电站以及电路线路进行监控、调度；运输调控中心，对货运、客运、特车状态进行监控、调度。

（2）建设区域管控中心：按照管理层级扁平化改革思路，出台采油气管理区数智运营中心建设模板，制定了三方面业务数字化运行机制。一是管理业务全面线上迁移，形成基于线上工作的标准化规范化业务流程，逐项解决流程运行中的堵点、断点，保障业务全流程在线高效运行。二是监控控制区域集中，监视控制大厅值班人员通过系统大屏端和 DCS 系统，全方位监测重要生产数据动态、关键指标完成情况、重点项目进度、井站过程参数等，全面掌握生产运行态势，及时发现异常并进行处置；三是调度指挥过程辅助，生产组织过程中，依托在线调度、油气调控等应用，高效跟踪、收集、传递生产动态信息；根据系统辅助分析信息、预警提示，及时进行生产调控；跟踪协调过程中，利用任务督办、生产协调等应用，随时掌握重要事项办理进度，督促工作落地、闭环销项；异常处置过程中，利用应急指挥功能模块，引导应急响应过程、跟踪事件态势、调度应急资源。

3.5　完善两级生产管控中心工作衔接机制

基于前述工作，构建形成较为完善的数智化生产指挥体系(图 6)，顶层是油田智能运营中心，负责勘探开发产运储销全链条运行调度和重点生产单元实时监控，通俗来说就是“可视、可监、可调”，但不直接控制。第二层级由 4 个专业管控中心、9 个采油气管理区数智运营中心构成，这 13 个管控中心进行本业务领域或区域生产要素的直接控制、全量监视和全过程跟踪。最终实现“全业务实时感知、全过程监测预警、全方位调度管控、全链条进阶跃升”的“四全”目标。

图 6　数智化生产指挥体系总体架构

油田智能运营中心与专业调控中心、采油气管理区数智运营中心是业务对口单位，也可以理解为上下级关系。智能运营中心向专业调控中心、数智运营中心发出相应的工作指令，落实到位后需向智能运营中心进行反馈；同时也会对专业调控中心、数智运营中心数智化建设情况进行定期的督导。而专业调控中心、数智运营中心若在本单位本领域相应的生产要素出现异常时需及时向智能运营中心汇报情况，紧急状态下智能运营中心需从油田层面协调资源组织解决相关问题。除此以外智能运营中心通过接入关键生产要素，可对从勘探开发产运储销全业务链的计划执行情况进行监控，同时对专业调控中心、数智运营中心关键生产要素全面感知监测。

3.6 推行数智化生产管控模式

基于生产现场数字化基础设施完善和生产指挥软件平台，充分依托专业管控中心和采油气区域管控中心的数据和功能支撑，不断深入推进数智化生产管控模式。主要工作：

一是推动生产指挥方式数字转型。指挥调度业务实行 100% 线上运作，冬季保供、重大施工、装置检修等重点调度管控全过程在线联动支持，产运储销平衡管理依托智能化辅助决策，高危作业集中式远程监督，生产指挥整体上从人工管理向“人工+机器”协同管理模式转变，从经验管理向数据驱动管理方式转变。

二是推动生产管控更加精细高效。管控范围纵向上由公司层面、二级单位下探到基层站队、重点单井、重点装置、重点作业，横向上对全业务链从面到点一站式掌控；对生产异常从基层上报转变为同步感知、主动干预；每名管理人员职责范围拓展，管理颗粒度更细。

三是推动生产管控更加精细高效。管控范围纵向上由公司层面、二级单位下探到基层站队、重点单井、重点装置、重点作业，横向上对全业务链从面到点一站式掌控；对生产异常从基层上报转变为同步感知、主动干预；每名管理人员职责范围拓展，管理颗粒度更细。

4 创新点

基于油田 GIS 平台实现井站二三维、电子沙盘等多种可视化技术一体化展示(图 7)的无缝切换。以油气生产为例，油田层级采用电子沙盘呈现油气生产各类数据指标，采油气管理区级采用二维 GIS 呈现场站、单井、管道分布，作业现场级采用三维模型呈现实时生产动态。

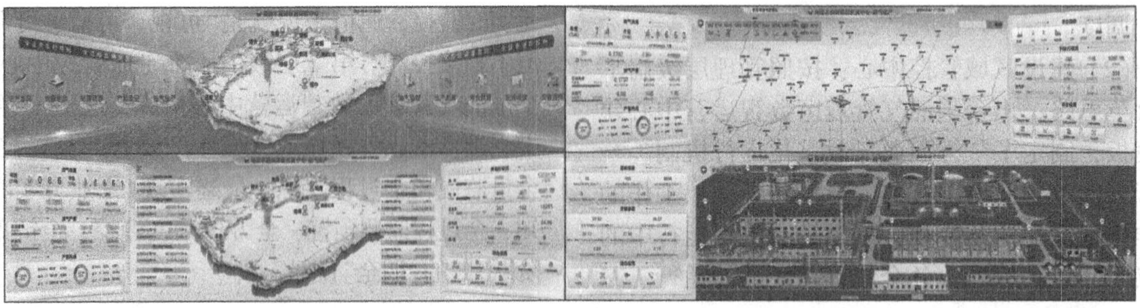

图 7　二三维、电子沙盘等多种可视化技术一体化展示

基于三维模型集成生产动态数据、设备动静态参数、装置实时状态、音视讯数据、人员巡检位置、研究成果等信息(图 8)。实现油田数智化建设前中后端的集中应用，可为员工培训、工艺改造、异常处置提供便捷的工艺档案查询、现场实景监视、方案模拟优化、远程协同支持提供支撑。

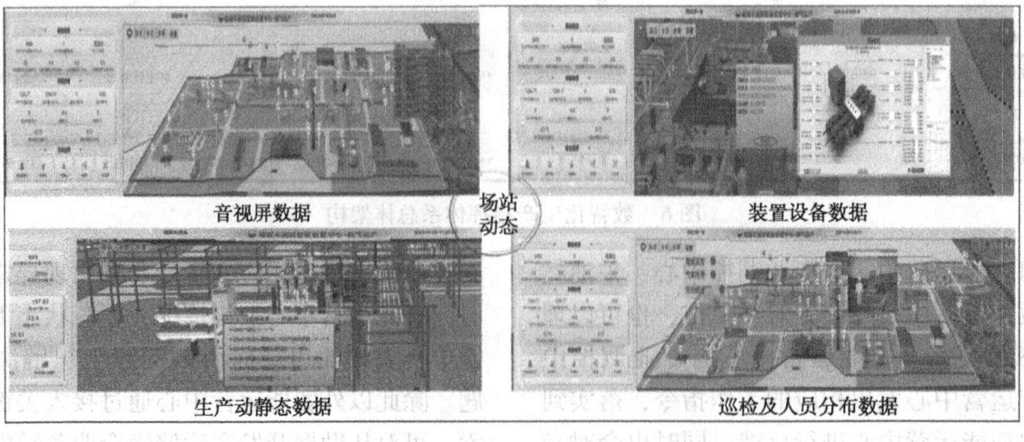

图 8　三维模型挂载各类动静态数据信息

应急动态信息跨系统跨终端实时汇集、自动发布。依托 PC、大屏、手机三端协同和各专业

系统数据关联挂接，实现现场事态发展、应急资源动态、重点任务落实、关联生产影响等信息实时汇集呈现，并以间隔20分钟的频次自动汇总发送给相关应急人员，解决了信息汇集慢、内容散等问题(图9)。

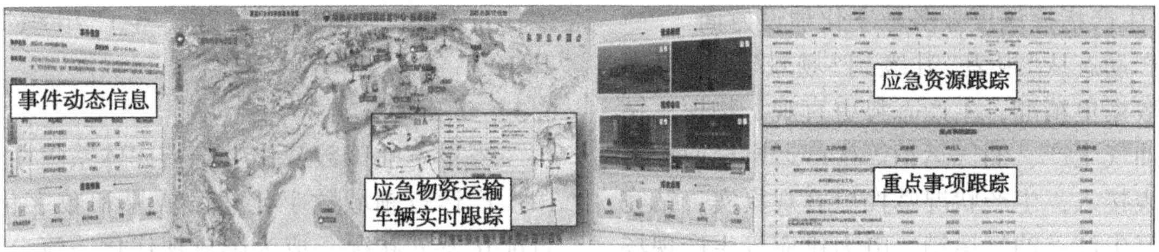

图9　应急指挥辅助决策支持

5　典型应用场景

集中式高效调度：通过在线表单、信息汇集、辅助分析、视讯联动等数字化赋能手段，智能运营中心发挥调控中枢作用，有力提升了计划执行符合率、生产调度及时率和重大施工组织效能。例如：计划上报汇总、分解下达、执行跟踪在线流程化运行，调控更精准，计划执行符合率提升10%；自动跟踪生产计划、调度指令、督办事项进展，汇总分析生产动态，生产调度及时率提升15%；重大施工多方协同，一体组织资源、技术支持，生产组织效能提升10%。

一体化产运储销平衡：基于产、运、储、销环节调控关键指标，通过油气调控产运储销模型在线生成油气调控方案，经人工审核后在线下达调控指令，通过监测相关位置流量计瞬时参数变动，自动跟踪指令执行情况，实现产运储销动态平衡管理，产销调整效率提升20%、一次到位率100%。

削减现场人员安全风险：通过自动化控制系统完善，中小场站全面实行无人值守、大型场站少人高效，现场作业人员暴露在风险区域、从事风险作业的频次和时长缩减80%以上；通过远程监督和智能分析告警，对8类人员不安全行为等现场隐患实时发现纠正，占所有发现隐患数量的20%。

强化生产运行安全管控：通过各种监测手段和机制，与现场同步感知异常，调度相关方及早处置，减少基层20%信息漏报，每次响应行动提前20分钟以上；对关键动设备通过在线诊断，实时感知健康度，提前安排预知性维修，减少突发异常90%以上。例如：利用“激光可燃气体检测仪+气云成像监测仪+机器人巡护+无人机巡检”四位一体陆空全天候泄漏监控体系，让泄漏无处遁形；对暴雨、冰雹、沙尘、暴雪、洪水、地震等各种灾害信息与生产作业点网格化关联，影响范围精准分析，告警精准推送。

全程全方位应急指挥支持：一站式集成日常值班备勤、资源管控、风险监控等管理功能，战时事态追踪、资源调度、远程会商等指挥辅助功能；战时所需信息高度集成，地理信息、生产关联、三维模型、现场监控等研判全信息一站式可视呈现，应急行动步步引导、动态信息自动汇集推送，保障应急处置稳妥高效。

6　效益分析

6.1　经济效益

通过数智化生产指挥体系建设，近两年优化节约用工约156人，每年节约成本4680万元；节省车辆使用费预计130余万元；减少机采井作业费用900余万元；降低抽油机能耗，年节省电费80余万元；及时远程调参提高泵效，预计年增油0.6万吨；提高单井生产时率，年增油2万余吨，合计每年创造经济效益上亿元，有力支持了公司少人高效发展模式，油田百万吨用工“三连降”、全员劳动生产率“三连升”，实现增产增效不增人。

6.2　管理效益

6.2.1　生产现场数字化建设方面

提升本质安全水平。通过数字化建设，无人值守站实现了井站间资料自动采集、油嘴自动调控、现场故障自动报警等功能，降低了安全隐患，安全环保水平不断提升。

提升基层员工幸福指数。数字化、智能化技术替代了大量现场重复性、危险性工作，员工告别过去劳动强度大、工作效率低，例如通过实施数字化巡检，单井巡检频次由原先的1次/天转为操作巡检，巡检工作量大幅减少70%。集中驻守、集体生活、正常轮休，生产生活条件持续改善，员工幸福指数显著提升。

6.2.2　生产指挥调度业务数字化建设方面

生产动态从“报表”升级到“场景”，信息不过滤、数据更精准，生产态势更直观。物探、钻完井、油气生产、油气运销等生产运行全业务链生产报表接入，生产状况掌控更客观真实；钻完井、油气生产、油气运销、电力供应等生产现场实时数据和监控视频接入，将生产现场“拉回”油田智能运营中心，远程管控成为现实；油气生产、运销、钻完井等核心业务生产动态，能够从油田宏观态势逐级“下钻”到单个生产现场，掌握生产动态更精细，生产分析更便捷、精准；油气生产与产能建设、钻完井、生产保障间的重点协调事项，线上闭环跟踪，主动发现、自主监控、高效协同。生产指挥整体效率提升15%。

管理手段从“线下”迁移到“线上”，工作流程化，管理向精细化转变，调度更高效，业务衔接更流畅。生产计划管理，由“报表上报、简报汇总”向“贯通前端、数字推送”转换；生产分析预警，由“问题汇总、被动响应”向“态势感知、异常预警”转换；生产调度指令，由“电话下达、人工记录”向“自动分发、闭环追溯”转换；重点协调事项，由“专题会议、问题督办”向“线上闭环、自主监控”转换；生产保障监管，由“台账管理、专题监管”向“线上管理、实时监管”转换；应急管理指挥，由“首会研判、现场指挥”向“随时研判、前后联动”转换。生产运行工作效率提升20%。

管理模式从“逐级”过渡到“贯通”，管控一体化、牵引更有力，生产组织更主动。生产运行方面，从“报表逐级上报、指令逐级下达”向“信息三级贯通、调控直击靶心”转变；应急指挥方面，从“事中应激式被动治理”向“应急管理系统化、救援指挥一体化”转变；牵引各领域业务转型方面，生产运行业务数字化转型既依赖各领域数字化转型进展，又有力推动各领域数字化转型工作责任落实和快速推进。生产组织效能提升10%。

6.3　社会效益

塔里木油田数智化生产指挥体系集中呈现油田生产运行领域数字化建设成果和数字化转型、智能化发展状况，成为彰显现代化一流公司形象的重要窗口。目前已形成创新成果3项、独家产品(组件)37项、软件著作4项、论文3篇、成熟业务转型经验做法总结14项，为石化化工行业数智化转型作出了成功示范，并提供了可以直接复用、借鉴的具体成果，对促进全行业提质提效具有重要意义。

7　经验总结

数字化项目建设中要坚持“业务主导、信息统筹”。业务部门要提升站位，找准业务痛点难点，根据业务发展需要开展提升转型规划，实现业务流程再造、工作标准化，在项目建设不同阶段充分发挥教练员、运动员、裁判员的作用；信息化管理部门要遵照数字化油田顶层设计和总体路线图施工图，整合业务部门需求，合并同类、剔除冗余，深度融合数字技术和专业技术，高质量地编制方案和设计，研发交付合格好用的产品。

好的数字化产品必须通过应用持续赋予“活力”和生命力。用户单位想用、敢用、会用数字产品，提出改进意见和建议，促进应用敏捷迭代升级，驱动数据业务化，提升信息化业务价值，逐步实现从“能用”向“好用”的转变，真正地利用信息化数字化技术赋能业务高质量发展。

塔里木油田石油钻井复杂事故智能报警模型研究与应用

古丽娜扎尔·阿力木　钟泽义　袁　静　刘　凤

（中国石油塔里木油田分公司油气数智技术中心）

摘　要　塔里木油田作为我国陆上第三大油气田和西气东输主力气源地，承担着保障国家能源安全的重要使命。随着近些年勘探开发逐步迈向超深领域，超深、高温、高压、高含硫的"一超三高"世界级难题使塔里木的勘探开发需要面对更大的风险和挑战。为转变风险管控模式，使钻井现场作业风险由被动事后处理转变为主动早期预警，塔里木油田完善提升视频监控、作业监测、异常报警等基础应用，研究引起故障复杂的原因，开展工程预警算法和模型研究。通过数据清洗，数据标签，数据特征提取等功能，在海量的实时数据基础上，利用大数据技术建立复杂事故预测模型，并通过人工智能让计算机推演大量案例，学习专家经验，形成一套与生产情况高度吻合的识别模型，实现了井漏、溢流、阻卡的自动报警。

关键词　井漏；溢流；人工智能；自动报警

塔里木油田作为我国陆上第三大油气田和西气东输主力气源地，承担着保障国家能源安全的重要使命。塔里木油田勘探开发面临自然环境恶劣、地质条件复杂、社会依托条件差、点多线长面广等挑战。随着近些年勘探开发逐步迈向超深领域，钻探的超深井数量占中国石油的90%，找到的超深层储量占全国四分之三，超深、高温、高压、高含硫的"一超三高"世界级难题使塔里木的勘探开发面临更大的风险和挑战。

塔里木"一超三高"的现状导致钻井过程中极易发生井漏、溢流、阻卡等安全事故。井漏、溢流、阻卡是钻井过程中常见的事故复杂，此类事故危害巨大，导致现场堵漏工程难度大、成功率低、成本高等，各生产单位一直采取各种措施力求避免此类问题。从溢流到井涌，只有一两分钟甚至几十秒，如果预测延迟或关井缓慢，溢流就可能会演变成强烈井涌甚至井喷，造成不可估量的损失。如何在第一时间发现溢流迹象，及时采取控制措施，争取宝贵的黄金时间就显得极其重要。

随着人工智能技术的快速跨越式发展，将人工智能技术应用于石油钻井工程，可以有效提高石油勘探开发现场的智能化水平，降低建设成本的支出和劳动强度，提高施工作业的安全性。基于此，塔里木油田分析了石油钻井施工作业工程事故的常见类型，探讨目前主流的石油钻井工程预警技术，实时优化钻完井方案，及时调整技术措施，研制出一套能实现复杂事故自动预警的系统，实现钻完井远程协调、联合诊断，为钻井生产安全高效提供数字化"助力"。

1　原理

本系统用于钻完井异常情况的发现汇报、情况核实、专家会诊、方案决策、过程跟踪及总结报告等作业过程，及时发现并精准处置施工异常，有效控制钻完井施工风险。实现了钻井现场井漏、溢流、阻卡等复杂情况由人工监测逐步向远程化、智能化预警转变，预防事故发生，降低作业风险、提高作业效率。

该系统数据吞吐量大，在中石油EISC应用，多线程并发计算400余口井，每天处理数据约3400万条。数据模型与业务机理模型深度融合，报警结果与井下异常符合性好。使用BS架构，全程可以无需专业技术操作和干预而实现全自动报警。

采用趋势分析，模拟专家的眼和脑，通过机器学习（XGBoost梯度森林算法）融合业务逻辑，对经过由业务专家挑选的正负样本进行学习，自动提炼图像特征进行训练。当模型在训练样本和测试样本中的准确度都有良好表现时，即完成模型训练，最后把模型应用到实际生产中，用程序化、自动化的工作代替重复的、复杂的人力劳动。为减少井漏误报，经过机器学习预测出来报警后，进一步严格判定缓慢渗漏的条件，实时跟踪出入口流量差值变化趋势，量化消除了泵排量不稳定带来的误报。为减少溢流误报，溢流停泵回看模型引入大钩高度参数，避免活动钻具导致出口流量的变化带来的误报。

2　研究方案

2.1　机理参数特征

分析井漏、溢流、阻卡钻录井参数变化特征（表 1、表 2、表 3），挑选井漏、溢流和阻卡特征典型的数据曲线（经过钻井日志记录验证），打时间戳，形成井漏、溢流和阻卡正样本，指导机器学习使用。井漏和溢流特征典型数据曲线如图 1、图 2 所示。

2.2　数据模型创建

将不同区块的近 6000 万条历史数据作为原始训练样本，并利用特征工程提取特征参数，重点对总池体积参数开展机器学习，同时结合机理机制，经过多次迭代优化使模型泛化能力不断提高，如图 3 所示。

3　业务模型

3.1　井漏逻辑分析

经过机器学习预测出来报警后，再通过业务规则进行过滤，以减少漏报和误报，井漏失返通过响应参数变化的组合匹配赋予不同的概率实施报警。下面对文中出现的参数进行解释。

表 1　井漏钻录井参数变化特征

参数 异常	监测工况	大钩负荷	大钩高度	立压	扭矩	泵冲速	钻时	排量（入口流量）	出口流量	总池体积	气测
井漏	钻进和循环	增大		下降（井漏严重）		不变或微增	减小	不变或微增	减小	减小	下降（漏速较大）

表 2　溢流钻录井参数变化特征

参数 异常	监测工况	大钩负荷	大钩高度	立压	扭矩	泵冲速	钻时	排量（入口流量）	出口流量	总池体积	气测
溢流	钻进和循环	缓慢增大（溢流较重）		先增（絮凝）后降		不变或微增	减小	不变或微增	增大	增大	增大

表 3　阻卡钻录井参数变化特征

参数 异常	监测工况	大钩负荷	大钩高度	立压	扭矩	泵冲速	钻时	排量（入口流量）	出口流量	总池体积	气测
阻卡	上提和下放钻具时	增大（上提）下放（减小）	限定在一定范围内	增大	增大/大幅波动				减小		

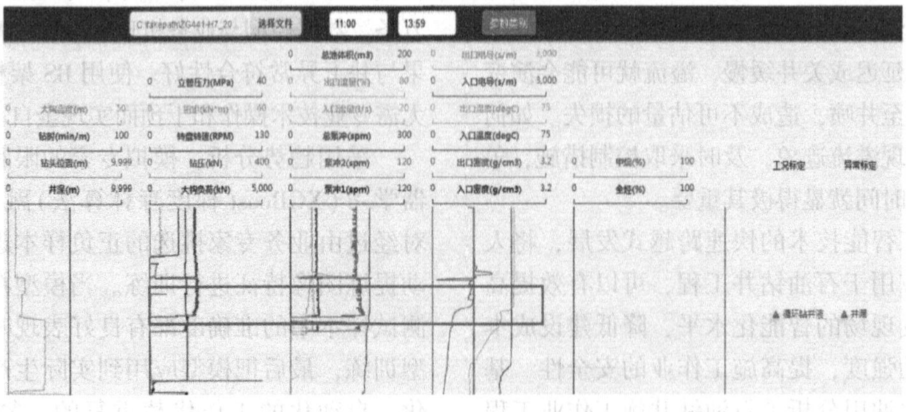

图 1　井漏特征典型数据曲线

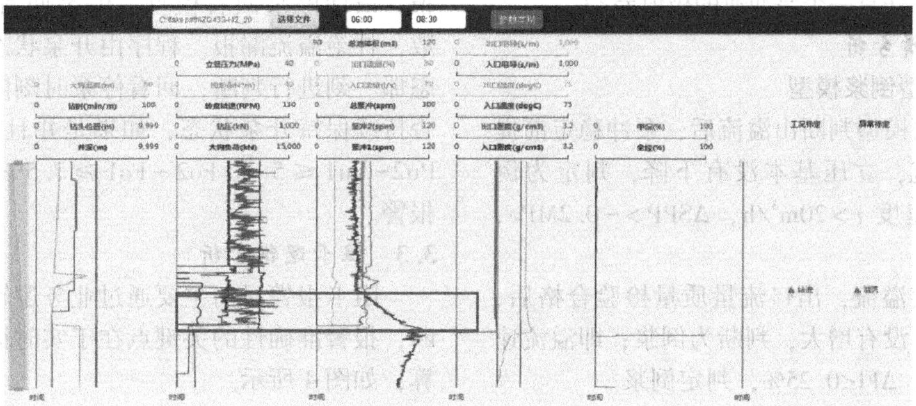

图 2　溢流特征典型数据曲线

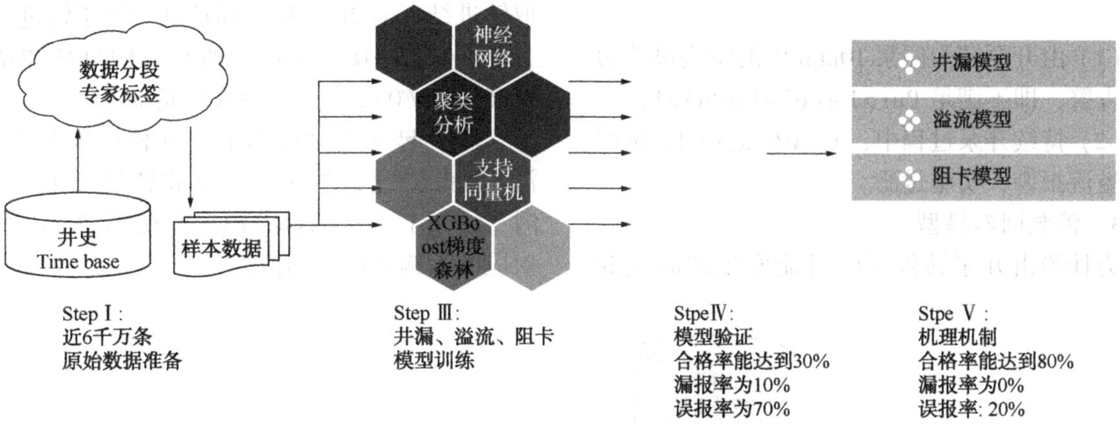

图 3　数据模型创建

Pu1：当前时间段的前 3min 总泵冲速的平均值；

Pu2：前 3min 结束时刻到出口流量最大值之间总泵冲速的平均值；

Fo1：当前时间段的前 3min 出口流量平均值；

Fo2：前 3min 结束时刻到出口流量最大值之间出口流量的平均值；

SSP1：当前时间段的前 3min 立压的平均值；

SSP2：前 3min 结束时刻到出口流量最大值之间立压的平均值。

3.1.1　井漏型倒浆模型

（1）将计算的漏速与入口流量对比，漏速大于入口流量的井漏报警直接判定为倒浆；

（2）当 0.6 * 入口流量<漏速<入口流量，立压基本没有下降时（泵冲稳定前提）判断为倒浆。

3.1.2　开泵或增加泵冲速后的过滤模型

（1）由停泵转为开泵 4min 内的井漏报警为开泵告警，即 Pu1 > 1 or Pu2 > 1 or Pu3 > 1 持续 4min；

（2）持续开泵过程中，对 ΔPu 总>15 时产生的井漏报警，实施过滤。

3.1.3　井漏失返判断模型

井漏失返通过响应参数变化的组合匹配赋予不同的概率实施报警。

（1）循环状态：泵冲速≥1，立压≥1MPa；

（2）泵冲稳定：5min 内数据，平均值：-3≤ΔPu1≤3，且近 1min 内总泵冲速平均数≥10；

（3）立压下降：近 1min 内立压平均数减去前 2min 内立压平均数≤-0.8MPa；

（4）出口流量下降：近 1min 内出口流量平均数减去前 4min 内出口流量平均数≤-5%；

（5）出口密度下降：近 1min 出口密度平均数减去前 1min 内出口密度平均数≤-0.2；

（6）总池体积下降：近 1min 的总池体积减去前 4min 内总池体积≤$-0.45m^3$；

同时满足 1、2、3、5 项，发生概率 60%；同时满足 1、2、5、6 项，发生概率 70%；同时满足 1、2、3、4、5 项，发生概率 80%；同时满足 1、2、3、4、5、6 项，发生概率 90%。添加限定条件：5min内，任意一个泵冲速的极值差<3。

3.2 溢流逻辑分析

3.2.1　溢流型倒浆模型

(1) 数据模型判断出溢流后，泵冲稳定前提下，较大溢流，立压基本没有下降，判定为倒浆；即溢流速度 $v>20m^3/h$，$\Delta SPP>-0.2MPa$，判定倒浆；

(2) 较大溢流，出口流量质量检验合格后，出口流量基本没有增大，判断为倒浆；即溢流速度 $v>20m^3/h$，$\Delta Fl<0.25\%$，判定倒浆。

3.2.2　停泵或减小泵冲速后过滤溢流报警

由开泵转为停泵4min内的溢流报警为停泵告警。

(1) 由开泵转为停泵10min内的溢流报警为停泵告警，即不满足Pu1>1orPu2>1orPu3>1；

(2) 持续开泵过程中，对ΔPu总<-15时产生的溢流报警，实施过滤。

3.2.3　停泵回看模型

为杜绝由开泵转停泵时可能发生的溢流漏报，设计停泵回看模型。停泵回看出口流量参数，杜绝溢流漏报。程序由开泵状态转为停泵状态那一刻进行判断，回看停泵时刻向前15min是否持续保持开泵状态，如果是并且满足此公式：Pu2-Pu1≤5且Fo2-Fo1≥7.5%，即为溢流报警。

3.3 阻卡逻辑分析

阻卡报警目前主要通过业务逻辑模型实时判断，报警准确性的关键点在于实时标准悬重的计算，如图4所示。

(1) 钻进结束时计算当前钻具标准悬重。井深-钻头位置<30m，由钻进转为其他工况时，获取钻进结束前2h数据，筛选其中处于钻进工况，且井深在(H-0.5)~H的所有大钩负荷和钻压，标准悬重 $F0$=avg(钻压+大钩负荷)。

(2) 起下钻时计算上一立柱标准悬重。井深-钻头位置≥30m时，下放钻具或上提钻具时，记录上一柱钻具大钩高度在5~25m之间所对应的大钩负荷平均值。

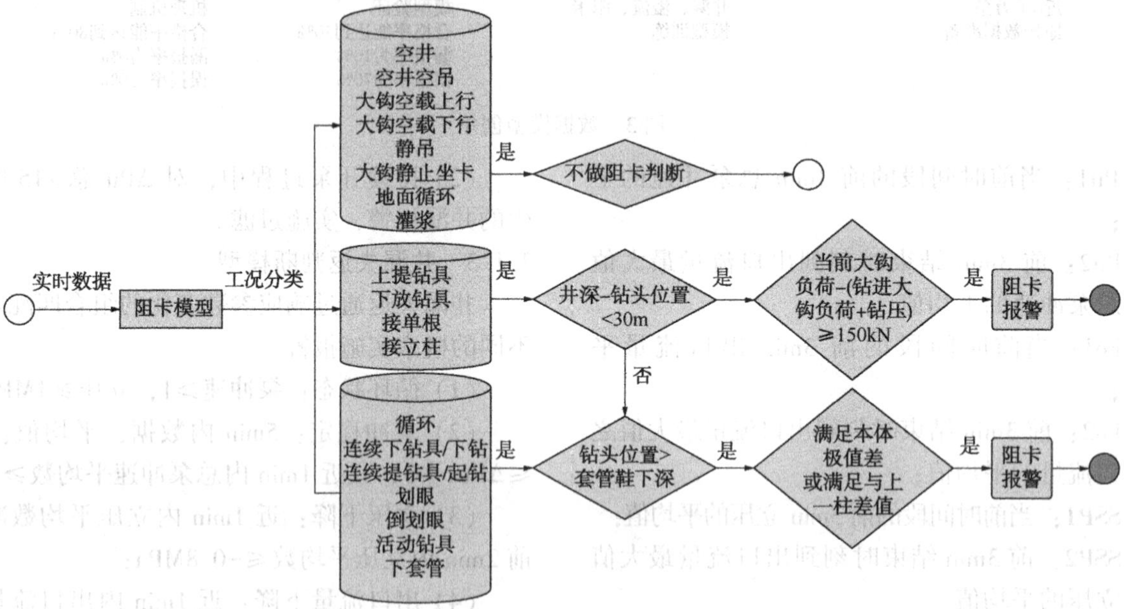

图4　阻卡业务逻辑

4　实例应用

塔里木油田复杂工况智能报警系统采用出口流量、入口流量、池体积、泵冲速、立压、出口密度等参数，覆盖钻进、循环、划眼、倒划眼、坐卡(钻进)等工况，实现溢流、井漏、阻卡报警，应用效果良好。2021年工程异常正确报警435起，避免事故复杂12起，有效率达到100%；2022年工程异常正确报警694起，避免事故复杂27起，有效率达到100%；2023年工程异常正确报警4448起，避免事故复杂119起，有效率达到100%。

(1) A井是塔里木油田重点勘探开发区块井，2023年3月20日，智能报警系统溢流预警成功，报警早且溢流监测全面。当日2：33顶驱划眼至井深2238.55m，录井联机员发现池体积上涨 1.2m³，出口流量由 20.7%上涨至 29.7%，气测值全烃由 2.70%上涨至 45%，甲烷由 2.05%上涨至 40.92%，立即汇报当班司钻，司钻立即上提钻具，钻具上行时在井段 2238～2225.33m 发生不同程度阻卡，2：38 司钻缓慢上提钻具至井深 2223m（钻杆旋塞提出钻台面），发出长鸣笛关井信号，2：41 关井成功；关井期间监测气测值全烃由 45%上升至 49.82%。2：43 关井两 min 后套压由 0 上升至 4.5MPa。其中，A 井综合曲线如图 5 所示。

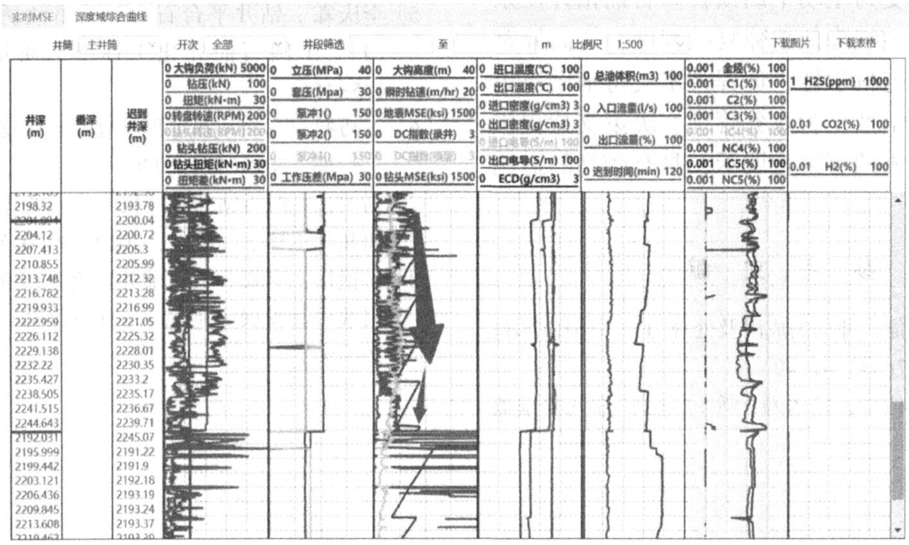

图 5　A 井综合曲线

（2）2022 年 12 月 12 日，智能报警系统成功对 B 井进行井漏预警。经分析，钻具放空微元分析捕捉到的高孔隙地层深度明显早于钻井现场的直观分析，钻井现场仅对长井段的放空有所发现，模型的预警优势显著，如图 6、图 7 所示。

预警类型	预警时间	井深	钻头位置	异常描述
井漏	2022-12-12 04:51:07	8189.99	8189.99	进程0 WEBHTL110021572：满深702预警时间:2022-12-12 04:50:51，井深8189.99m，钻头位置8189.99m，提示井漏风险。
井漏	2022-12-12 01:30:14	8180.57	8180.57	进程0 WEBHTL110021572：满深702预警时间:2022-12-12 01:29:511，井深8180.57m，钻头位置8180.57m，提示井漏风险。
井漏	2022-12-11 18:50:04	8163.46	8163.46	进程0 WEBHTL110021572：满深702预警时间:2022-12-11 18:49:511，井深8163.46m，钻头位置8163.46m，提示井漏风险。
井漏	2022-12-11 14:33:18	8149.01	8137.8	于2022-12-11 14:31:39停泵，于2022-12-11 14:33:16疑似发生井漏，停泵吐出速率：-0.9m3/h，停泵吐出量：-0.546m3。报警依据：rate，基准吐出量-0.546，吐出速率29.589。
井漏	2022-12-11 09:32:26	8126.99	8126.99	进程0 WEBHTL110021572：满深702预警时间:2022-12-11 09:31:51，井深8126.99m，钻头位置8126.99m，提示井漏风险。

图 6　B 井预警详情描述

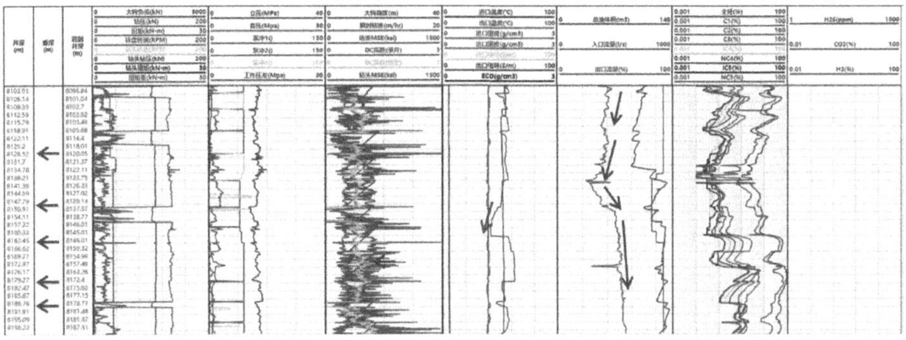
图 7　B 井钻井曲线

5 结束语

塔里木油田应用大数据、人工智能技术，实现随钻跟踪分析快速发现工程异常问题，提高异常报警、工程预警的准确率与及时性。复杂故障由被动处理转变为主动早期预警。石油钻井复杂事故智能报警系统降低故障复杂程度，提高异常处置的针对性与科学性、远程技术支持辅助决策的时效性和科学性，为业务管理、决策支持提供井筒和数据分析的可视化展示，具有较高的适用性和推广价值。

参 考 文 献

[1] 刘伟，雷万能．井漏的成因及处理[J]．中国西部科技，2008，7(8)：41-42.

[2] 岳炜杰，孙伟峰，戴永寿，等．“三高”油气井溢流监测方法研究[J]．石油钻采工艺，2013，35(4)：58-64.

[3] 李金洪．深度学习之 TensorFlow 工程化项目实战[M]．北京：电子工业出版社，2019.

[4] 张健．石油钻井工程事故的预警技术探析[J]．石油石化物资采购．2021，第 018 期．

[5] 李庆霖．钻井平台石油开采事故诱因评估及建议[J]．中国石油和化工标准与质量，2019(18)：155-156.

[6] 王巧鹏．石油钻井工程事故的预警技术研究[J]．化工管理，2018(17)：230.

[7] 刘熙光．浅析钻井井控技术措施的优化[J]．中国石油和化工标准与质量，2019，39(01)：212-213.

[8] 侯艳伟，李新．工程录井预警系统在钻井现场的应用效果及发展方向[J]．石油仪器，2013，27(3)：16-19.

海上油气田三维可视化数字孪生应用技术

吴　巍　刘　峥　高　阳　孙　键

（中海油能源发展装备技术有限公司设计研发中心技术中心）

摘　要　数字孪生是指物理空间中的对象在虚拟空间中的数字模型，该模型通过传感器随时获取真实物体的数据，并随之一起演变、成熟甚至衰老。通过构建物理实体所对应的数字孪生模型，进行可视化、调试、体验、分析与优化，从而提升物理实体性能和运行绩效的综合性技术策略，是企业推进数字化转型的核心战略举措之一。

关键词　数字孪生；三维引擎；数字化转型；三维可视化；一体化；可视化

1　实现数据整合和全业务链打通

数字孪生是数字化转型的重要内容。而作为构建和运行数字孪生业务应用的基础，数字孪生平台集成了多种技术的工具和套件，向上可以为各类应用开发提供服务接口，向下可以连接各类物理对象，有效降低企业应用数字孪生技术的开发成本和开发周期。

中海油数字孪生三维引擎（图1）作为中海油集团公司首个自主研发引擎软件，自2008年开始研发，经过不断优化架构、丰富功能、开放接口、增强集成能力，能够为大型资产设施提供所见即所得的可视化底座，服务于智能油气田全生命周期数字孪生建设，在物理设施与数字世界之间全面建立对象映射、仿真、可视化能力。

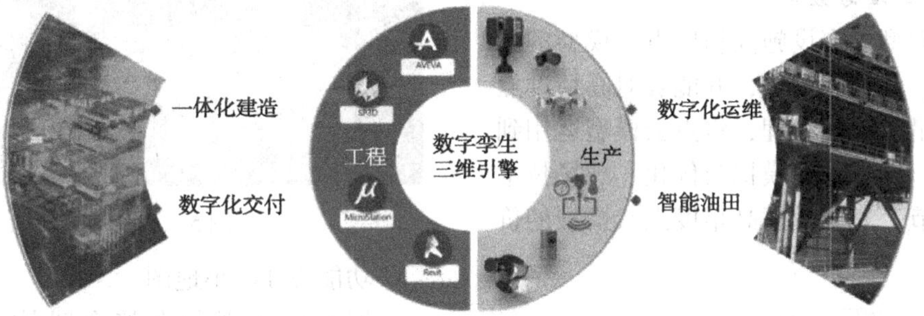

图1　数字孪生三维引擎

据悉，传统的三维数字技术在油气行业的应用，存在与现实状态缺乏深层次联动，进而在响应、交互、应用、展示等方面产生系列问题。中海油数字孪生三维引擎聚焦自有业务的深挖和生态圈的构建，建立集团级的数字孪生平台，实现数据的整合和全业务链的打通，为油气田的数字化、智能化建设在计算分析、虚拟现实联动、模拟仿真等方面提供更优质的数据及技术支持服务，为海上油气田的提质稳产保驾护航。

作为智能油田、海油云、数据湖、EDIS系统“能力”建设的关键组件，该技术已成功部署在海油云，承载了上百个大型海上设施的三维数据，在秦皇岛32-6智能油田、陵水17-2半潜式平台、陆丰FPSO12-3等不同类型的海上设施得到了成功应用，为实现“智能工程、智慧产业链、智能运维”提供有力支撑。

2　七大功能场景

中海油数字孪生三维引擎能够同时支持Web端或客户端应用，可提供三维云渲染或本地渲染能力，同时具备强大的原生功能、良好的可扩展性与灵活的适应性，全面支持国产麒麟操作系统、人大金仓数据库等国产软件平台，支持开发多种满足智能工程、智能运维等不同业务场景的应用、专业化工业软件。

2.1 多元数据解析融合

实现多格式、多来源模型的轻量化解析与优化，实现三维模型与一维二维数据的融合与联动可视化，支撑协同设计应用。

2.2 三维模型浏览审阅

三维引擎提供高保真、高流畅的三维模型浏览体验(图2)。在不依赖原设计工具的条件下，能够解析浏览多种三维模型格式(如 rvm，vue，3dxml，rvt 等)，同时提供丰富的三维模型审阅工具，支持多人协同审阅。

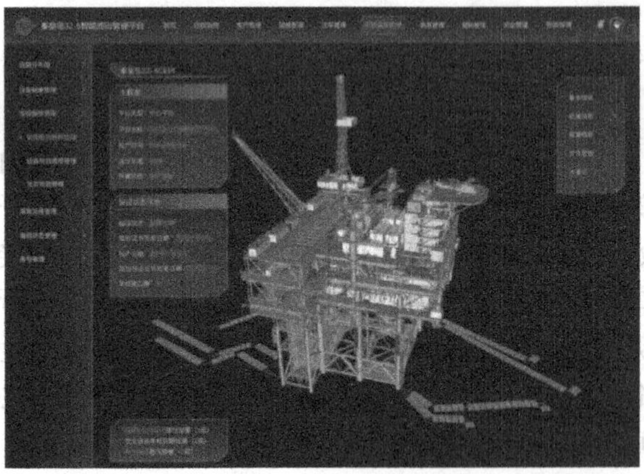

图2　三维模型浏览审阅

2.3 点云模型管理与应用

实现了对大型生产设施高精度点云模型的高性能在线处理、优化、浏览，并能够对高精度点云模型进行增量式回归管理，将点云模型运用到设计方案论证、施工方案模拟与优化、现场技术交底等业务环节，充分发挥高精度点云模型的价值(图3)。

图3　点云模型

2.4 数字化交付

基于海油数字化交付标准，开发数据采集工具，实现模型与数据、图纸的关联，支持数字化交付业务。

2.5 三维综合信息

通过将三维可视化与动静态数据相融合，构建了适应多种业务场景的综合信息驾驶舱(图4)，包括：4D 状态展示、工厂运行实时数据集成可视化、报警数据集成可视化、监控视频可视化融合、设施设备可视化台账等。

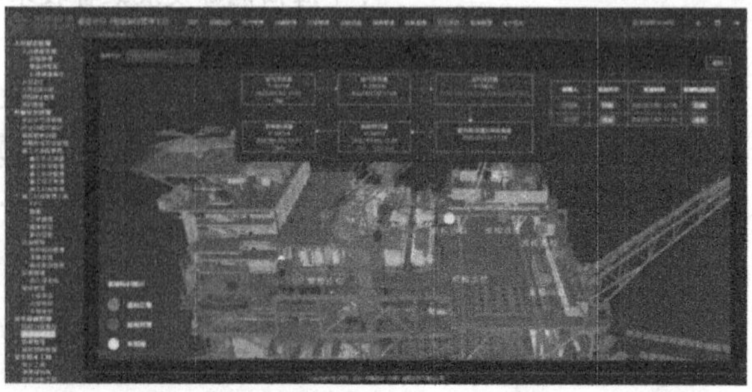

图4　三维综合信息

2.6 三维仿真模拟

通过将三维可视化与工艺、设备机理模型相融合，构建了多种三维仿真模拟应用，例如工艺流程三维模拟、三维虚实联动、三维设备拆解等(图5)。

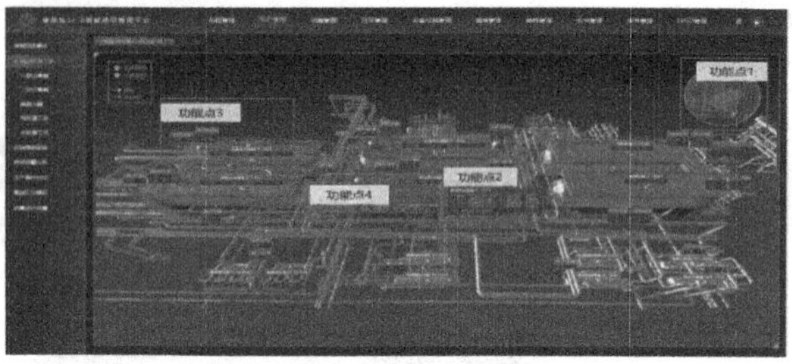

图5　三维仿真模拟

功能点1：小地图

展示目前视角在整个船体的位置和周边设备。

功能点2：流体模拟展示

点击油气水流向按钮，分别显示油气水三种流体的动态流向。

功能点3：实时/动态数据

在三维场景中展示实时、模拟和动态(化验数据)数据。

功能点4：内外部展示

点击后展示设备内部流体效果。

2.7 工业设计软件

基于三维引擎，可以开发更多专业化工业设计软件。例如三维智能管道深度加工设计工具，改变以往在二维图纸基础上手工拆管的方式，采用以三维的方式结合标准管段库实现智能化拆管，极大地提高了工作效率。

3　国产化解锁“卡脖子”技术

三维可视化工业软件技术是未来实体产业的数字化基石，是构建数字孪生体的核心要素，也是产品全生命周期管理的一项颠覆性技术。不论是油气行业、还是航空航天等行业，都会因三维可视化工业软件技术而发生革命性的变化。毫无疑问，三维可视化工业软件技术的出现是一场现代工业的新生产要素革命。三维可视化引擎通过组件化、微服务化、产品化的迭代发展，为智能工程、智慧工厂、智慧产业链生态建设赋能，是三维可视化工业软件技术的核心能力组件。

从数据流分析入手，将海上石油数据进行层次划分，使现有的各独立系统数据得到充分融合，从而实现数据可视化关键技术的提升。

根据《中国科技信息》的报道，目前，我国核心工业软件产业发展落后发达国家约 20 年，80%的工业软件被外企垄断。三维工业软件行业产品（如 CAD、CAM、CAE、PLM、仿真、数字孪生等细分领域）严重依赖进口。以本特利、达索、西门子、欧特克、施耐德电气等企业为代表的国外知名软件公司，在三维工业软件领域占据绝对统治地位，拥有多款面向不同行业、用途的三维工业软件（图 6），并以此为基础，逐步形成了数字孪生生态平台。

图 6　工业软件

工业软件是国内智能制造产业链中薄弱环节，工业软件“卡脖子”问题，直接关系到我国企业生存与发展以及产业链供应链安全稳定。大力发展工业软件，推动核心工业软件自主可控，既是我国建设“制造强国”的必由之路，也是提升产业国际竞争力的重要抓手，保障我国产业链供应链安全与韧性的根本所在。

中海油数字孪生三维引擎是中海油作为国有大型企业，在数字化转型、国产软件自主化、关键设备技术国产化的大背景下，摆脱对国外 CAD、PLM、数字孪生软件依赖，践行以应用为牵引，推动产业数字化升级，所研发的重要成果。它的成功产品化以及在中海油的成功应用，能够有力推动国内三维工业软件在海上大型重要设施领域的应用，促进中海油先进经验在全行业的推广应用。

未来，中海油能源发展装备技术有限公司计划将数字孪生三维引擎应用于设备设施防治一体化、设计建造一体化、智能建造基地、工业设计等领域，开拓更多应用场景，支持促进海上设施设计建造运维数字化转型升级，达成节能减排、降本增效、长远可持续发展目标。

参　考　文　献

[1] 刘永革，姚传进，付帅师，等．基于可视化实验的油藏数值模拟 5D 教学模式实践与认知[J]．教育教学论坛，2020(22)：388-390.

[2] 尚吉永．流程工业数字工厂技术与应用管理[M]．北京：人民邮电出版社，2019.

浅析 3D 超写实数字人在企业中的应用

赵　霈　廖晨博

（中国石油长庆油田公司数字和智能化事业部）

摘　要　随着科技的飞速发展和数字化时代的全面来临，3D 超写实数字人技术以其独特的魅力和巨大的潜力，正逐渐渗透到企业的各个领域中，引起了广泛的关注与热议。作为一种集成了计算机图形学、人工智能、动作捕捉等众多高科技元素的新兴技术，3D 超写实数字人不仅具备高度逼真的外观和动作，更能模拟真实人类的行为和表情，为企业带来前所未有的交互体验和服务模式。本文将全面而深入地探讨 3D 超写实数字人的技术背景、行业应用现状，并重点聚焦其在企业中的实际应用情况。通过详实的案例分析、数据对比以及专家观点引述，本文将揭示 3D 超写实数字人在企业中的应用价值、挑战及其未来发展趋势。

关键词　3D 超写实数字人；元宇宙；人工智能

1　引言

随着科技的飞速发展，3D 超写实数字人逐渐成为企业数字化转型的新宠。它们凭借高度逼真的外观和智能化的交互能力，为企业提供了全新的服务模式和客户体验。本文旨在探讨 3D 超写实数字人在企业中的应用，分析其技术特点、应用场景及带来的商业价值，以期为企业决策者提供有益的参考。

2　数字人的发展背景

2.1　1D 数字人：文字交流的先驱

1D 数字人作为数字技术的初步探索，主要以文本形式与用户进行交互。例如，早期的聊天机器人 ELIZA 和 PARRY，如图 1 所示，它们能够模拟人类的对话，通过预设的规则和模式来理解和回应用户的文本输入。这类数字人依赖于自然语言处理技术，为用户提供基本的问答服务，成为早期智能客服、聊天助手的代表。

2.2　2D 数字人：图形界面的引入

随着图形用户界面的普及，2D 数字人以更加直观和生动的形式出现。例如，在线游戏中的 NPC 角色或虚拟助手，如图 2 所示，它们以 2D 图像呈现，并通过预设的动画和声音与用户进行交互。这类数字人利用 2D 图形渲染和动画制作技术，提供了更加丰富和有趣的用户体验，在游戏、教育等领域得到广泛应用。

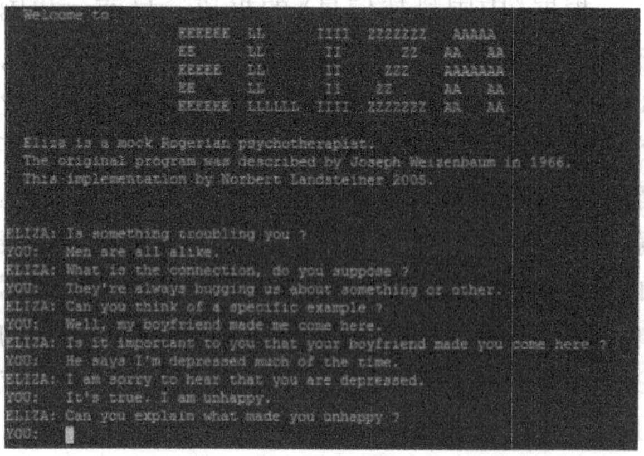

图 1　ELIZA 聊天机器人

图 2　游戏 NPC

2.3　CG 数字人：高度逼真的虚拟形象

CG 数字人利用计算机图形学技术生成具有高度逼真外观和动作的数字人物。如图 3 所示，在电影《阿凡达》中，纳美人角色完全由计算机生成，但却拥有与真实演员相似的外观和动作。这类数字人通过精细的 3D 建模、纹理贴图、光照渲染等技术，呈现出与真实世界无异的形象，为观众带来震撼的视觉效果，并在电影、游戏的特效制作中发挥着重要作用。

图3　电影《阿凡达》中的CG

2.4　3D超写实数字人：智能化交互的新纪元

3D超写实数字人作为目前技术发展的前沿，融合了3D建模、动作捕捉、人工智能等多种技术，呈现出高度逼真的3D形象，并具备智能化的交互能力。以央视新闻的数字人"小C"为例，它是一个具备高度智能化和逼真形象的3D超写实数字人。小C能够模拟真实主持人的动作、表情和语言，为用户提供新闻播报、信息查询等服务。通过先进的3D建模技术，小C的外观细节和动作表现达到了高度逼真的程度，几乎可以与真实人物相媲美。同时，结合人工智能技术，小C能够理解和回应用户的问题，提供个性化的信息推荐和交互体验。这种智能化的交互方式不仅提升了用户的使用体验，还展示了3D超写实数字人在新闻传媒领域的巨大潜力。小C的成功应用证明了3D超写实数字人在提供真实、智能服务方面的重要价值，也预示着未来数字人技术的更广泛应用和发展。

图4　央视新闻官方数字主播"小C"

3　3D超写实数字人的技术基础

3.1　计算机图形学与渲染技术

计算机图形学是构建3D超写实数字人的基石。借助专业的3D建模软件，如Blender、3ds Max等，艺术家们可以精心雕刻出每一个细节，从肌肤纹理到服饰纤维，赋予数字人以立体形态。随后，渲染技术便登场了，它利用Maya、V-Ray等软件中的高级渲染算法，模拟真实世界中的光影效果，为数字人披上华丽的"外衣"，使其在视觉上达到以假乱真的效果。

3.2　人工智能技术

人工智能为3D超写实数字人注入了"灵魂"。通过自然语言处理（NLP）技术，如利用TensorFlow、PyTorch等框架进行深度学习训练，数字人能够理解和回应人类的语言，实现智能对话。情感识别技术则让数字人更具"情商"，能够感知人类的情绪并作出恰当反应。此外，基于AI技术的动作和表情模拟，如使用OpenAI的GPT系列模型进行微调，使得数字人的举止更加自然流畅，仿佛拥有了真正的生命。

3.3　动作捕捉与表情模拟

为了实现数字人与真实人类之间的无缝对接，动作捕捉技术发挥着至关重要的作用。通过专业的动作捕捉设备，如OptiTrack、Xsens等，可以实时捕捉真实人类的动作数据，并将其精确映射到数字人身上。同时，表情模拟技术借助FaceWarehouse、Digital Domain等软件工具，对面部肌肉运动进行深入研究，为数字人打造出丰富细腻的表情库，使其能够传递出更加微妙的情感变化。

3.4　3D扫描技术

3D扫描技术，作为将真实世界细节转化为数字数据的重要手段，为3D超写实数字人的制作提供了高效且精确的方法。该技术能够捕捉人物表面的精细几何形状和纹理信息，包括肌肤的微妙起伏、衣物的纹理细节等。通过先进的3D扫描设备，如Artec Eva等，可以快速获取高质量的三维模型数据，从而避免了手动建模的繁琐过程，并显著提高了数字人的真实感和制作效率。此外，随着技术的不断发展，动态3D扫描技术也日益成熟，能够捕捉人物在运动状态下的形态变化，进一步增强了数字人的表现力和互动性。因此，3D扫描技术在3D超写实数字人的制作中发挥着至关重要的作用，为未来的数字人应用提供了更广阔的可能性。

4 数字人的制作流程

4.1 3D扫描与高精度建模

在数字人制作的初期阶段，高精度3D扫描技术发挥着至关重要的作用。通过运用先进的3D扫描设备，我们能够捕捉真实人物的细微面部特征、身体形态及肌肤纹理等关键信息。这些数据为后续的数字模型构建提供了坚实的数据基础。在获取扫描数据后，利用专业的3D建模软件对其进行精细化处理，包括拓扑优化、细节雕刻等步骤，以确保数字人模型在几何形态上达到高度逼真的效果。

4.2 纹理映射与材质制作

为了实现数字人外观的高度真实感，纹理映射与材质表现技术的运用至关重要。在此过程中，设计师需精心制作各类纹理贴图，如皮肤细节、衣物纹理、眼睛和头发的细微结构等，并将这些贴图精准地映射到数字人模型上。同时，通过模拟不同材质的光照和反射特性，调整材质参数，添加环境光遮蔽和次表面散射等高级渲染技术，使数字人的外观呈现出更加逼真、细腻的视觉效果。

4.3 骨骼绑定与蒙皮

骨骼绑定、蒙皮与动作驱动技术是数字人制作过程中的核心技术之一。通过为数字人模型创建一套符合人体运动学原理的骨骼系统，并将骨骼与模型表面进行精确绑定，实现了模型随骨骼运动的自然变形。在此基础上，运用蒙皮技术将模型表面与骨骼系统相关联，通过调整蒙皮权重等参数，实现了数字人动作的精细控制。此外，结合关键帧动画、运动捕捉和物理模拟等技术手段，为数字人赋予了丰富多样的动作表现。

4.4 实时渲染与集成

实时渲染技术是数字人制作过程中的最后一道关卡。通过运用高性能图形处理单元（GPU）和先进的实时渲染算法，我们能够在保证渲染质量的同时，实现数字人的实时互动和快速响应。此外，通过跨平台集成应用策略，将制作完成的数字人无缝地嵌入到虚拟现实、增强现实、视频游戏、社交媒体等多种应用场景中，为用户提供了更加丰富、沉浸式的互动体验。

5 3D超写实数字人在企业中的应用案例

随着3D超写实技术的不断进步，数字人已经成为许多企业重要的营销和服务工具。它们以其独特的优势和巨大的潜力，在多个领域创造出了显著的价值。我们将通过几个具体案例，深入探讨这些数字人在实际应用中的场景和所创造的价值。

5.1 蒙牛——虚拟品牌形象代言人“奶思”

蒙牛推出的虚拟品牌形象代言人“奶思”在多个实际营销场景中展现了其巨大价值。如图5所示，在广告宣传中，“奶思”以其高度逼真的3D形象和亲和力，与年轻消费者建立了深厚的情感联系，有效提升了品牌形象和认知度。同时，在社交媒体平台上，“奶思”积极参与互动，与粉丝进行实时交流，进一步增强了用户黏性和品牌忠诚度。通过“奶思”的广泛应用，蒙牛不仅实现了营销目标，还成功引领了乳制品行业的数字化转型潮流。

图5　蒙牛首位虚拟员工“奶思”

5.2 央视新闻——虚拟新闻主播“小C”

央视新闻的虚拟新闻主播“小C”在实际应用中展现了出色的播报能力和巨大的传播价值。在重大事件报道中，“小C”能够迅速、准确地传递信息，为观众提供及时、全面的新闻报道。同时，在日常新闻报道中，“小C”以其独特的3D形象和专业的播报风格，吸引了大量观众的关注，尤其是年轻观众。这不仅提升了央视新闻的收视率和影响力，还进一步巩固了其在新闻传媒领域的领先地位。通过“小C”的应用，央视新闻成功实现了新闻播报的数字化转型和创新升级。

图6　央视新闻数字主播“小C”

5.3　最高法——数字解读员“正义”

最高法推出的数字解读员“正义”在法律解读和普法教育方面发挥了重要作用，如图7所示。在实际应用中，“正义”通过深入浅出的方式为民众普及法律知识，解读复杂案例，使公众更加了解和理解法律条文和司法实践。同时，“正义”还针对不同群体的需求提供了个性化的法律解读服务，如为青少年提供法律教育视频、为老年人提供法律咨询服务等，进一步增强了法律宣传的针对性和有效性。通过“正义”的广泛应用，最高法不仅提高了公众的法律意识和素养，还进一步推动了法治社会的建设和发展。

图7　最高人民法院2023年两会司法工作报告数字解读员“正义”

6　数人在应用中存在的问题

6.1　技术成熟度不足

目前，数字人技术虽然取得了一定的进步，但整体上仍处于发展的早期阶段。这导致数字人在表情管理、感知互动等方面缺乏亲和力，其内核与真人相距甚远。此外，数字人制作成本高昂，制作周期较长，且效果无法保证，这限制了数字人在企业中的大规模应用。

6.2　隐私和安全问题

随着数字人技术的广泛应用，隐私和安全问题也日益凸显。数字人需要处理和存储大量的个人信息，如果这些信息不能得到很好的保护，可能会引发严重的安全问题。此外，数字人的不当使用或恶意攻击也可能对企业形象和业务造成损害。

6.3　法规与伦理挑战

数字人的发展还面临着法规和伦理的挑战。目前，关于数字人形象IP、故事IP、品牌IP的权利归属尚存法律空白，这可能导致内容违规、版权纠纷、肖像侵权等风险。此外，如何界定数字人的身份和权利、如何处理数字人与真实人类的关系等问题也需要进行深入的探讨和合理的规范。

7　结语

本文通过对数字人的发展背景、3D超写实数字人的技术基础、制作流程以及在企业应用中存在的问题进行了全面的探讨。数字人技术，尤其是3D超写实数字人，以其逼真的外观和交互性，正在逐渐成为企业新的服务和营销手段。然而，在实际应用过程中，我们也清晰地看到了这一技术面临的挑战，如技术瓶颈、高昂的制作成本、隐私安全、以及尚未完善的法规和伦理标准等。面对这些挑战，企业需要不断探索和创新，以期在保障用户体验和数据安全的同时，推动数字人技术的进一步发展。未来，随着技术的持续进步和市场需求的增长，我们有理由相信，3D超写实数字人将在企业应用中发挥更加重要的作用，为企业创造更多的价值。

参考文献

[1] 李昊，丁龙，宋佳．虚拟数字人在传媒领域应用探究[J]．新闻研究导刊，2022(016)．

[2] 央视网小C.《未来可C》第一期：嘉然聊虚拟偶像的心路历程 https://www.bilibili.com/video/BV1og411J7dQ/?spm_id_from=333.999.0.0&vd_source=703595fc979e6550e5321cc994ba19b3.

[3] 梁志立．AI虚拟主播技术的发展和应用分析[J]．电视技术，2021，045(002)：52-54，66．

[4] 郭晓芳，余日季．基于数字雕刻技术的次世代游戏角色模型设计与制作[J]．新媒体研究，2019，5(21)：5．

[5] 林小慧．超写实虚拟主播的技术演进分析与思考[J]．艺术科技，2022，35(19)：4．

[6] 曹欣怡，吴天琦．AI虚拟主播在新闻报道中的应用[J]．青年记者，2022(16)：3．

树立价值导向，推动变革管理，实现数字化转型行动下的石油化工企业高质量发展

陈永凯

（中国石化化工销售有限公司）

摘　要　传统石化企业的数字化转型逐渐走入深水区，在行业示范引领，政府政策支持，互联网技术进步等多重因素的影响下，传统企业的数字化转型正在逐步形成行业共识，企业为适应环境变化，必须不断推动自身变革，紧抓发展机遇，充分利用多种资源，实现数字化转型，推动数字化发展。本文研讨了数字化转型中的若干问题，提出了石化产业互联网与企业数字化转型的关系，流通企业数字化转型对行业升级的影响，以及企业数字化转型为什么，转什么，谁在转，怎么转，转型的方向和评价体系等问题，与石化行业从业者研讨如何通过数字化转型和企业变革推动企业的高质量发展。

关键词　数字化转型；产业互联网；石化流通行业；高质量发展

1　数字供应链构建与企业数字化转型的相关概念

在开展大宗石化产品流通企业数字化转型的问题研讨之前，我们首先要明确一些基本的概念和普遍做法，包括产业互联网与消费互联网的关系，数字化供应链与行业升级和新竞争力构建的关系，数字原生企业和传统企业的差别，传统企业开展数字化转型的主要方式等。

1.1　*产业互联网与消费互联网*

产业互联网被认为是消费互联网之后互联网产业发展的热点，正如消费互联网的发展历程一样，热点真正能够转化为趋势，成为影响到行业发展的重要且实际的因素，是需要时间的。从1994年中国正式接入到互联网以后，经过30多年的快速发展，借助于全球化和中国崛起的时代发展趋势，消费互联网在中国这块历史悠久的土地上生根发芽，迅猛发展，助推中国经济的强力发展，影响到我们每个人的生活。

由于消费互联网的发展成熟度较高，可以看到，一方面，产业互联网发展的部分发展理念和做法源自消费互联网，比如产业互联网交易管理的部分方式方法与消费互联网基本系统，都是围绕交易的各个环节开展，采用的技术很多来自于消费互联网沉淀下来的技术；另一方面，我们也可以把产业互联网理解为消费互联网的上游，产业互联网主要服务于生产制造行业的上游，而消费互联网处于下游，为产业互联网提供工业制成品的网络分销任务，两者之间通过BTOB的电商平台相衔接。

产业互联网发展一直被认为是互联网产业发展下一步的重要风口，中国的千千万万企业是这个发展趋势下的实践者，也是大趋势下的受影响者，不同的行业实践者，无数的探索，无数的成功和失败，都将成为中国互联网产业波澜壮阔的发展过程中有益的补充。

产业互联网的发展，离不开各企业的数字化转型，实践证明，如果没有大量的核心企业的实践推动，产业互联网只能停留在学术研究项目阶段，难以转化为真正的行业共同愿景。相对于电子，电信、钢铁等行业，石化产业内各企业自身的数字化程度较低，造成目前在产业互联网发展领域的相对滞后，目前仅仅部分头部企业开始引进互联网平台工具，探索行业数字化供应链的建设方案，整体上还处于一个亟待发展的阶段。

按照部分类别企业处于石化产业链中的位置区分，可以分为生产类企业和流通类企业，产业服务类企业等类型。不同类型的企业，数字化转型的工作重点是不同的，目前石化生产类企业更多立足于生产过程的自动化和智能化，在仓储管理等部分物流管理环节引入互联网技术，供应链计划优化部分环节采用自动化工具指导供应链运行。而流通类企业由于互联网技术融合电商业务的优势，同时可以借鉴国内成熟的BTOC平台技

术，以“缩短供应链交易、透明供给双方信息、减少交易环节、提高交易双方利润、互联社会化闲置资源”为要旨的化工 B2B 平台成为推动化工产业互联网化的先锋官。

1.2　数字供应链建设与行业升级

首先要厘清行业数字供应链和企业数字化转型的关系，企业作为行业供应链中的节点，在石化行业供应链的大图景下，不同规模，不同业务的企业互相连接，价值在供应链中不断传递，不同类型的企业发挥不同的作用，只有产业链的各个节点得到充分的发展，整个产业的数字化水平才能得到提高。

从供应链的发展趋势来看，全球化、专业化、数字化是近年发展的重要趋势，全球化保证了企业能够在全球范围内配置资源，从而能够实现成本最低；专业化是指在一个动态的供应链网络中，参与者都有不同的角色，分工协作，共同为一个目标进行专业化运营；数字化更多的是解决供应链运作中的效率问题，通过数字化的手段，提高供应链的响应能力和速度，从而实现企业运营的高效率，进而从高效率中获得高收益，推动企业高质量发展。

数字化的供应链对于行业升级同样非常重要。近年来，中国的新能源、电子，电动车行业迅猛发展，在全球确立了非常强大的竞争地位，为石化产业未来的发展带来许多可以借鉴的经验。这些行业发展的共同点是全球配置资源，供应链专业化分工，拥抱数字化。虽然全球化和专业化对产业竞争力提升起到关键作用，但是，这些行业也是数字化供应链的创新者和实践者，在公司的研发、设计、供应、生产、市场运作中，大量采用数字化新技术，拥抱数字化供应链，推动行业数字化平台，最终实现了行业的迅猛发展和竞争力提高，这些行业实践，为石油化工行业树立了标杆，成为建立行业数字化供应链的榜样。

1.3　传统企业与数字原生企业

互联网产业在中国 40 年的高速发展，带来中国企业形态的大变化，各种新型企业类型不断涌现，淘宝、京东、美团等平台型企业在实现自身发展的同时，借助平台催生出多种企业类型，部分企业因网而生，业务完全依赖于互联网运行，数字原生企业(Native Digital Enterprise)是指业务流程、交易和交互很大程度上由数字技术支持的组织，即企业在内、外部运营中均依赖数字技术获取竞争优势。相较传统企业，数字原生企业以数据为媒介，以软件系统为入口，颠覆了传统企业感知和调度物理世界资源的方式。

由于数字原生企业以数字化为依托，具备一些传统企业难以复制的特点，一是运营生态化，借助于平台，汇集围绕核心业务的各种生态资源，以客户需求、体验、忠诚度作为核心，构筑核心竞争力；二是业技融合化，生产、经营和内部管理业务广泛融合数字技术，运营方式完全数字化；三是数据价值化，企业以数据和算法为核心资产，从数据中获得价值；四是战略数字化，数字文化、数字营理念上升为企业核心战略。

在单个行业里面，传统企业与数字原生企业不可避免的开展同台竞技，各行业呈现出不同的竞争态势。在一些行业，数字原生企业显示的优势，对传统企业造成了很大的压力，数字原生企业具有强大的能力和潜力，对传统企业不断实施降维打击，获得了独特的市场地位，在互联网行业称之为对传统产业的“颠覆性改变”。比如淘宝、京东、拼多多对于传统商业零售行业的颠覆，蔚来、理想、小鹏等新能源造车新势力对于传统燃油车公司的颠覆性影响，这些行业的发展现状对于石油化工传统行业具有很大的启示，那就是如果企业不主动开展数字化转型，拥抱数字化技术，也许下一个被颠覆的企业就是你。

传统企业为应对数字化大潮，在变革方面主要有两种形式，一种是以互联网思维彻底改造传统行业的商业及运营模式，自诞生起生产、运营决策强依赖于数字技术和数据，业务表现出较强的互联网属性，体现为区别于传统行业一种全新的运行模式。比如滴滴打车业务，完全区别于传统的出租车业务公司，以互联网平台为基础，开发出有别于任何出租车公司的全新业务形态。另外一种为在传统企业内部建立新的负责数字化创新的部门或者子公司，推动传统企业的数字化转型，在传统商业模式和运营方式的基础上，利用数字化技术完成生产效能的提高，这种企业的核心任务是推动主体企业的数字化转型，以提供数字化管理工具，推动传统企业管理升级的方式，最终实现带动核心企业数字化转型。比如首汽推出的“首汽约车”业务，依靠首汽资源，推出线上预约业务，实现传统租车行业的线上化智能化管理。

2 数字化转型的驱动力

企业开展数字化转型，首先要解决的是为什么的问题，也就是动力的问题，除了行业发展要求，竞争态势，以及政府政策导向等外部驱动力外，笔者认为更重要的是企业要从自身内部寻找驱动力，内部驱动能够更加有效驱动企业的数字化转型行动，石化流通企业自身的动力更多来自于自身的效率和成本压力，持续改进运营的动力以及员工改变工作方式的压力。

2.1 宏观环境与趋势

2024年的政府工作报告中指出，要求持续深入推进数字经济创新发展。各级政府和企业都要制定支持数字经济高质量发展政策，积极推进数字产业化、产业数字化，促进数字技术和实体经济深度融合。深化大数据、人工智能等研发应用，开展"人工智能+"行动，打造具有国际竞争力的数字产业集群，这些政府层面的政策指导为我们利用人工智能发展赋能产业转型和升级发展指明了方向。

企业开展数字化转型的另外的重要原因是竞争需求，从产业的长期发展来看，中国产业的发展环境越来越开放，中国是全球化的强力支持者和大力推动者，中国企业经过多年竞争开放的洗礼，竞争力越来越强，在各产业发展中越来越自信，但是，随着中国的产业环境更加宽松，参与市场竞争的主体越来越多元化，随之带来的是各行业的竞争环境越来越残酷。

从大宗石化产品生产和流通行业的产业发展来看，其上游是油气开采行业，中游是炼化生产和销售，下游为流通和工业品生产、消费品生产行业，中下游目前已经呈现出国企与民企同台竞技的竞争态势，尤其是与消费品相连的下游，技术更加开放，市场化程度非常高，民企往往呈现出更加灵活的管理和强劲的市场竞争能力，企业如果没有在技术创新、产品创新、商务模式创新方面有足够的竞争力，必将在一轮轮的残酷竞争中不断失利退出(图1)。

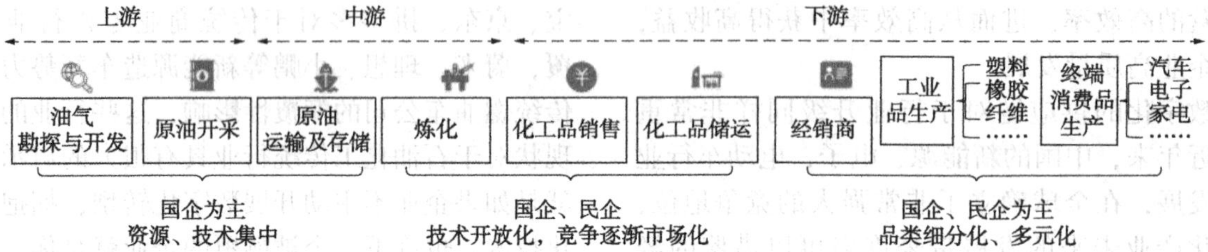

图1　大宗石化产品产业链构成和竞争态势

2.2 内部驱动力

(1) 效率和成本驱动力

面对激烈市场竞争，只有不断强化自己的核心竞争力，才能从容应对外部竞争压力，而对于大宗产品生产企业，规模优势和成本优势无疑是业内企业不懈追求的目标，企业的效率目标可以描述为：用最少的人，最少的投入办最多的事。由于数字化带来的流程效率提升，企业能够实现人力成本的不断降低，这是企业开展数字化转型的首要动力。以中国石化化工销售为例，在广泛采用标准接口与企业发货管理系统集成之前，发货效率为4天左右，而采用了标准接口实现电商平台和企业发货系统集成之后，发货效率提高到了2.8天左右，效率的提升效果非常明显。

(2) 员工改善工作方式的动力

现代企业员工处于新技术层出不穷的社会环境下，现代信息技术不断发展，手机终端，移动应用的普及，早已改变了社会运行和企业工作方式，企业的数字化部门往往面向来自业务部门的不断质疑，为什么在消费互联网带动交易模式快速发展变化的今天，现代化的技术手段仍然不能充分应用于生产方式的转变？这种来自于公司内部员工的压力，往往推动企业信息化部门不得不持续加大投入，不断引进新技术应用。

(3) 持续运营和改进的动力

在信息化高速发展的时代，无数行业案例研究说明，数字化与传统技术的结合，将带来企业的持续发展和不断成长，在传统企业内部，企业高层对于数字化对企业带来转变往往持有很大期望。

企业需要不断探索数字化技术在本企业广泛的推广应用，但是对于行业头部企业来说，出于企业规模大和各种历史的积累和沉淀，造成软件平台大且复杂，实现跨越式发展非常困难，只有通过不断的积累和迭代，才能够沉淀下来符合行业要求的平台和软件，这就要求行业应用软件在企业投用并实现效用前，不断进行个性化定制和开发迭代，对于软件的可配置性要求极高，需要有专业的技术服务队伍推动数字化转型开展。

3　数字化转型涉及的工作范畴

大型企业开展数字化转型工作，往往千头万绪，如果没有清晰的目标，工作思路和实现路径，往往会迷失在各种平台和概念之中，无法厘清现实的工作内容，也就是说首先要解决的问题是转什么的问题。从笔者来看，数字化转型涉及的工作范畴可以分为业务转型、管理提升、流程优化和技术转型四个方面的工作，简单说就是“转业务，转管理，转流程，转技术”四个方面。

在开展数字化转型的过程中，对于业务和技术两个重要的环节，企业必须两手都要抓，两手都要硬，偏废任何一方面的工作，都将带来转型过程中的各种问题，甚至带来转型的失败。

具体来说，以下四个方面的工作内容如下：

3.1　业务转型

企业要推动业务转型前，有必要从业务的视角开展业务价值链分析，在价值链分析的基础上，同时开展业务和产品的竞争力分析，市场拓展方式，客户服务方式分析等业务转型分析，进而明确业务数字化转型目标和工作内容。

业务分析的过程中，可以引入价值链分析的方法，对于企业创造价值的全过程环节逐一剖析，明确各业务单元，提出各业务单元的改进方向和改进措施，对于其中需要数字化转型的环节予以明确。见图2。

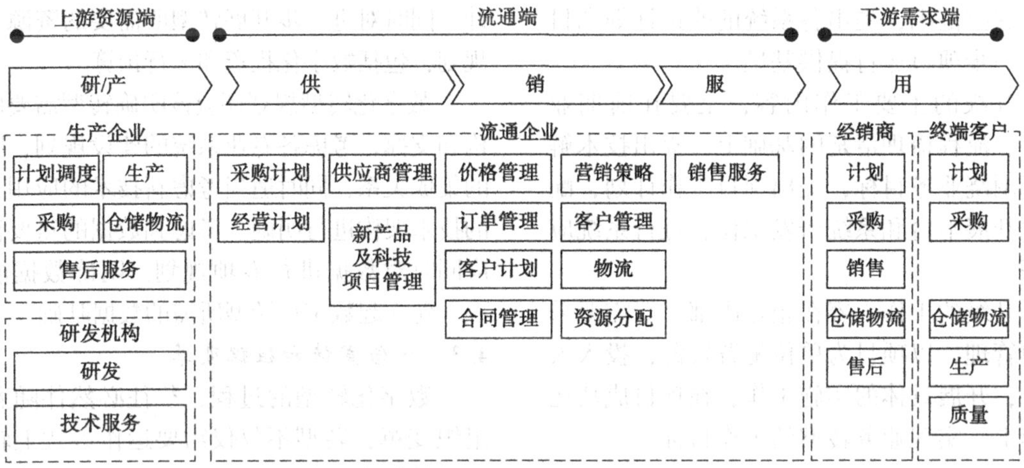

图2　典型石化企业端到端价值链业务构成图

企业的最终运营目标是价值传递，在价值传递的过程中，各环节通过各必要环节实现增值，最终客户通过购买行为实现价值实现。上图描述的价值链构成，涵盖了石化产品从资源端到客户端的主要业务环节，数字化转型的目标就是要围绕这些业务环节，不断提高各环节数字化水平，进而提高整个价值链的数字化水平。

在我们开展数字化转型的过程中，要时刻牢记，每一个相关的系统和技术都要围绕价值链的某一个环节开展，通过价值链的分析和转型目标的设计，我们可以确保数字化转型的目标不发生偏离。

3.2　管理提升

通过企业价值链的分析，我们可以看到，许多企业活动是以管理活动为基础的，这些管理活动是价值创造主流程的必要补充，比如价格管理，客户管理，计划管理等管理环节。企业能够顺畅运作，管理活动的效率和效果必须不断提高。

数字化转型的另外一个目标是不断改善管理方式，推动基于数字化的科学决策。管理过程犹如企业的大脑和神经，只有协调运作，企业才能够做到精确感知市场需求和内部资源动态，科学精准指挥决策。

3.3　流程优化

现代企业的运作基础是流程的数字化运行，流程遍布于企业的管理和业务活动中，不断优化流程，适应客户和市场需求，塑造灵活高效的流程管理体系，是企业开展数字化转型的重要目标。

数字化转型的重要工作内容是围绕流程优化目标开展的流程再造，各业务单元通过流程化，数字化的管理实现价值创造和运行优化。数字化转型的详细设计环节，就是要深入到流程的设计，对各业务流程进行梳理，提出流程改进的方向和建议，指导进一步的系统开发和构建。

3.4 技术升级

作为企业运行的技术支撑，信息化平台和系统是企业运行的物质基础，传统的信息化建设方式，往往是围绕着建系统开展的，各系统之间相互独立，集成关系复杂且混乱，经过多年的积累，企业往往积累了大量的系统，造成大量的运行管理问题。

作为开展技术升级的前置工作，进行系统资产梳理也是非常重要的工作。企业要定期开展现有系统和资产盘点，梳理出现有信息化资产对公司业务的支撑范围，提出各系统的改进计划和目标，为下一步项目运行提供基础。

技术升级的主要工作内容，是要在前期业务、管理、流程梳理清楚的基础上，提出技术解决方案，围绕业务目标，提出项目工作计划，配置资源，开展平台和系统研发工作，进行系统应用推广等。

技术升级的工作内容在企业内部一般需要采用项目制管理，以项目为单位配置资源，投入人力和物力，开展具体的实施工作，在项目成功运行的基础上，实现业务转型的工作目标。

4 数字化转型行动的工作步骤和重点

企业要开展数字化转型工作，如何做才能够推动数字化转型顺利开展，必须遵循一定的方法论，按照一定的原则开展工作。具体来说，可以按照“定战略、做规划、组织变革、定场景、推项目、做推广”六个步骤开展数字化转型工作，各项工作需要大量细致的工作，取得成效都需要一定的时间和资源支持，需要公司管理层坚定的决心和领导力。

4.1 业务战略牵引明确数字化转型目标

公司的数字化战略是公司的子战略，对于传统业务为主的公司，公司的整体业务战略由资源战略、业务发展战略、科技战略、国际化战略、数字化战略等部分有机组成，其中数字化战略是重要的子战略，必须服从于业务发展战略，并推动业务发展战略的形成。因此，在开展数字化转型工作之前，必须对公司的整体业务战略进行理解，并指导数字化战略的制定和实施。

4.2 厘清思路做规划

传统企业的数字化转型，不同于数字原生企业的发展，往往需要从传统业务中转身，突破原有的框架，改变传统的业务运行和管理现状。在开展数字化转型实践之前，需要企业首先要厘清数字化转型思路，开展数字化转型的专项规划工作。

数字化转型专项规划的目的就是要从业务发展规划转为数字化发展规划，要对企业的数字化业务和平台的现状和未来有清楚的认识和发展预期，并进一步提出数字化转型的目标，明确数字化支撑的业务场景，同时对支撑的业务平台进行应用架构和技术架构，一个完整的数字化转型规划，还应当对支撑数字化转型的组织和管理体系进行进一步的设计，同时对进一步开展转型所需要的资源条件进行规划，包括数字化投资和运行预算。

数字化转型规划还应该明确转型需要的技术架构和支撑，考虑各专业系统的建设规划，明确系统的集成关系，同时适当考虑新技术的应用，对平台的技术架构进行明确。考虑到数据的重要性，规划应同时对数据进行专项规划，明确数据能力提升点，建立起数字化转型所需的数据基础。

4.3 理念宣传和组织变革

数字化转型的过程，往往必然伴随着企业的组织变革，转型不仅仅需要运作方式上转变，往往还伴随着组织变革和管理体系的变革。在变革的过程中，必要的理念宣传和组织调整是必须的，这就需要组织开展必要的变革管理，只有把数字化管理的理念融入到日常的管理实践中，才能够保证推动数字化转型达到设定的成效。

数字化转型相关的组织变革，既要调整业务组织，同时也需要对数字化组织进行相应的调整，需要在组织层面推动数字化与业务的不断融合。数字化转型一定会带来业务运营方式的变动，同时创新的业务也将带来新组织的出现，这些变革都将对现有的业务组织带来冲击，需要注意业务组织调整带来的各种问题。

数字化组织在企业里面往往是企业的信息化管理部门，在数字化转型广泛深入过程中，企业的信息化部门也往往出现多种形式，比较常见的情况是对企业的数字化业务进行专业化重组，大型企业往往会组建专业的子公司对信息化建设进行专业化管理，同时也有一些以业务运营管理为主要业务的专业公司成立，负责传统业务与数字化业务的融合和运营。

4.4 构建应用场景

大型企业的业务复杂，平台功能多，将各系统和功能串联起来的，正是业务的应用场景。数字化应用场景的设计在数字化转型的过程中非常重要，起到了承上启下的作用。企业要开展数字化转型，需要花费大量的时间，调动足够的资源开展数字化应用场景的研讨，在研讨的过程中，需要业务专家和数字化专家充分融合，提出数字化应用场景的适用范围，改造目标，预期成效，管理支撑等，都需要在场景构建的过程中予以明确。

典型的石化流通企业场景(图3)，往往需要围绕客户需求，从企业的价值链各环节出发，从客户需求出发，涵盖新产品研发，产销协同计划，客户管理，价格管理，库存管理，交易管理等，物流运作，客户支付，交易模式，供应链集成，营销管理等各业务场景，同时对于数据赋能也需要进一步进行业务场景分析和构建。

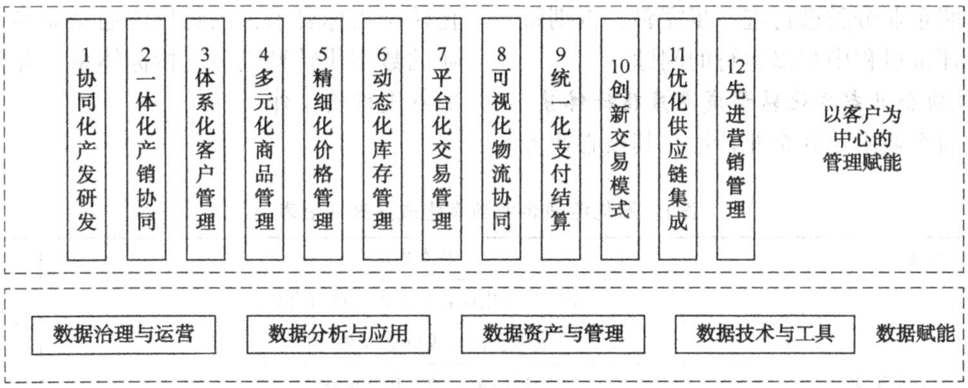

图3　典型石化流通企业数字化业务场景

4.5 推动项目开展，完善平台建设

对于大中型企业，数字场景的实现，不是一蹴而就的，往往需要长期的努力，这就需要企业进一步制定明确的实施路径，按照既定的目标，逐年编制项目实施计划，通过项目的实施，逐渐打造数字化平台，推动企业管理变革，才能够实现长远的数字化转型目标。

数字化转型的工作通过项目实施，需要制订可行的项目实施计划，通过整体项目计划和分项目说明书的管理方式，将各项目实施目标，投入预估，相关的平台和功能设计，相关的业务变革内容，进度安排等内容，进行统一安排，进而明确整体的费用预算和工作安排，这是企业推动数字化转型目标实施的必要手段，也是管理层安排资源投入的基础。

对于数字化项目，我们尤其需要注意的数字化转型的项目，绝不是仅仅技术平台的应用，在项目的实施计划中，必须同时列出业务变革的资源投入，包括业务变革内容和时间表，采取措施，推动业务变革持续开展，为技术平台的投用奠定基础。

4.6 试点先行，逐渐推广

对于大型集团性的企业来说，往往业务单元众多，管理范围广，想要达到管理变革的目的，想要一次性完成所有业务单元推广，往往困难很多，采用“试点先行，逐渐推广”的实施策略，往往是一个必须经过的过程。

在试点先行的过程中，要通过试点来验证新技术的可行性，就需要在选择试点的时候必须谨慎，要同时考虑试点业务的规模和难度，采用“由易入难”的策略，往往在初期更加容易见到成效。但是我们也要注意业务的特性和代表性，在选取试点业务的时候，尽量选择具有一定规模和代表性的业务，以确保后期推广的效果。

5 石化流通企业的数字化成熟度指标体系

由于数字化转型工作的复杂性，往往与企业的整体绩效提升相关，对于数字化转型成熟度的衡量成为一个管理难题。数字化成熟度指标体系应该以企业的价值创造业务活动为核心，指标体系应该以价值创造为导向，核心业务数字化成熟度高的企业，价值创造能力强，为开展数字化转型提供正向导引。

5.1　通用企业数字化转型成熟度衡量标准

在《企业数字化转型认知与实践》一书中，提出了一套数字化转型成熟度评价指标体系，即从转型五要素方法。五要素方法的核心是从企业的核心业务过程的数字化程度来评价企业的整体数字化转型，也就是从企业的决策方式、生产过程、产品交付、获客(销售)方式、员工素质五个方面对企业的数字化转型水平进行评价，针对这五个方面进一步设计了25项指标，并提出企业数字化转型的五个级别。由于企业类型的复杂性，数字化转型成熟度评价模型具有一定的通用性，需要按照企业分类进行进一步完善，否则就会出现实际评价过程中难以运行的问题。

5.2　石化流通企业数字化转型成熟度指标体系

石化流通企业由于其企业特性，其核心业务活动更多是围绕产品交付和营销管理的过程开展的，我们可以从企业的核心业务阶段出发，突出企业的核心业务，把企业的主要活动分为经营决策，产品销售和交付，物流运作，产品研发，客户服务，市场研究，风险管理七个核心业务过程，从这些核心活动的数字化水平出发，归纳出影响到企业数字化水平的6个核心要素，进而评价数字化成熟程度，从而得出流通企业的数字化转型成熟度指标。

参照通用的数字化转型成熟度评价要素表，笔者整理了石化流通企业的核心业务环节和数字化转型指标要求，供石化流通企业参考制订本企业的数字化转型成熟度指标体系，并开展数字化成熟度评价工作。

表1　石化流通企业数字化成熟度评估表

核心要素	基本指标	打分范围
一、经营决策数字化水平	企业数字化议题是否进入董事会会议	0~20
	董事会核心成员是否亲自推动	0~20
	管理决策的数字化智能化水平	0~20
	人财物风险管控系统是否完备	0~20
	是否有专门的数字化管理部门	0~20
二、产品销售和客户服务数字化水平	从合同到交付全流程数字化水平	0~20
	提供技术、金融增值服务的数字化水平	0~20
	资源计划编制的数字化水平	0~20
	与上游供应链链接数字化水平	0~20
三、物流运作数字化水平	商务平台与物流平台数字化集成水平	0~20
	物流计划安排数字化水平	0~20
	为客户提供数字化物流动态水平	0~20
	物流资源管理数字化水平	0~20
四、市场研究和新产品研发推广数字化水平	市场数据库建立和运营水平	0~20
	市场分析过程中数字化应用水平	0~20
	新产品研发需求收集和传递数字化水平	0~20
	新产品开发过程数字化管理水平	0~20
五、客户获取过程数字化水平	新客户的获取数字化水平	0~20
	客户行为记录、客户数据挖掘数字化水平	0~20
	客户分析数字化水平	0~20
	对客户的数字化营销活动水平	0~20
六、员工数字化素质水平	数字化专业人才在员工中的占比	0~20
	熟练使用数字化工具的员工比例	0~20
	每年参加数字化工具培训的员工占比	0~20
	能够在工作中主动使用数据的员工占比	0~20

5.3 数字化成熟度指标体系的应用

企业的数字化成熟度指标体系，是企业开展数字化转型行指标的衡量标尺，企业在开展数字化转型前，应该采用内部员工调查评价，外部机构评价等方式，对企业的数字化水平进行客观评价，同时应该注意定期的后评价，长期跟踪企业数字化水平的变动，通过企业数字化水平的评价，也可以找到企业数字化工作的弱项，组织资源，对弱项进行专项提升行动，补足短板，实现数字化水平的全面提高。

6 结语

石化企业作为传统企业具有一定的资源禀赋优势，但是资源禀赋并不一定会带来价值，有时反而会成为创新的障碍，从优势发展成为真正的价值，往往需要企业不断进行自我革命。数字化转型无疑对企业带来管理模式，商务模式，业务运营等多方面的创新，企业开展创新，要树立价值导向的理念，也就是围绕价值开展创新。无论是从传统业务中发现新价值，还是从新业务中创造价值，企业的组织架构，管理流程，运营管理都必须围绕新价值目标不断调整，才能实现新价值新优势。

企业的数字化转型，首先要解决为什么转型的问题，要明确内外部的驱动力，同时，要进一步明确对什么进行转型，数字化对企业的业务、管理、流程都会来来深刻影响，技术支撑作为必要的条件，也要开展转型。在明确目的和工作内容后，要对转型的工作路径进行设计，在转型的过程中，要注意与业务战略的结合问题，要制定数字化转型规划，要明确项目和资源投入，同时要注意采用试点先行的实施策略。

总之，数字化转型是石化企业提高竞争力，数字竞争优势的必由之路，也是石化行业高质量发展的重要内容，传统石化行业需要不断提高行业内企业的数字化管理水准，才能实现全行业的高质量发展。

参 考 文 献

[1] 李宏，孙道军．平台经济新战略[M]．中国经济出版社，2018. 8.

[2] 刘宁波．产业互联网大变局[M]．新华出版社，2019. 4.

[3] 李剑锋．企业数字化转型认知与实践[M]．中国经济出版社，2022. 3.

[4] 2023 数字化采购发展报告[M]．中国物流与采购联合会，2023. 4.

工业互联网标识解析在油气储运工程物资管理中的应用

刘　亮[1,2]　王学力[3]　孟祥海[1]　张一星[1]

（1. 国家管网集团工程技术创新有限公司；2. 南京大学计算机科学与技术系；3. 国家管网集团数字化部）

摘　要　油气储运行业目前已部署工业互联网标识解析二级节点，当前正大力推动应用建设，其中，工程物资作为行业上下游链接的关键，是标识解析发挥数据贯通价值的重要场景。针对油气储运行业当前在工程物资管理中存在的标准不统一、数据共享难、数据分散未关联等难点，利用工业互联网标识解析体系，从物资出厂阶段赋予其唯一的工业互联网标识编码，统一物资编码及分类标准，并以该标识编码为核心，贯通物资在设计、采购、工程建设、运营各阶段，推动实现一码到底，实现物资全生命周期状态及信息的追溯，打通企业间、系统间的数据壁垒，实现数据互联互通，为物资全生命周期管理提供支撑，提升油气储运行业工程物资管理能力与行业数字化转型水平，推动国家工业互联网标识体系的规模化应用。

关键词　标识解析；工程物资；油气储运；全生命周期；工业互联网

工业互联网是第四次工业革命的重要基石，是数字经济和实体经济深度融合的关键底座，是新型工业化的战略性基础设施。工业互联网标识解析体系作为工业互联网新型基础设施的重要组成，是串联一切的神经网络，其作用类似于互联网领域的域名解析系统（DNS），是工业互联网的重要纽带，其通过对人、机、物的全面互联，实现工业设计、研发、生产、销售、服务等产业要素的互联互通，提升协作效率，对促进工业数据的开放流动与聚合、推动工业资源的优化集成与自由调度、支撑工业集成创新应用具有重要意义。在数字经济建设与数字化转型的大背景下，我国高度重视工业互联网标识解析体系建设与发展，配套出台了一系列政策法规和标准规范，并于 2022 年 11 月随着“5+2”国家节点全部上线运行，全面建成了工业互联网标识解析体系，同时，鼓励企业建设标识解析二级节点，促进标识解析在工业领域的广泛应用。工业互联网标识解析二级节点通过对接国家顶级节点和企业节点，接入国家工业互联网标识解析体系，为各类用户提供灵活多样的标识编码注册和标识解析服务。截至目前，我国工业互联网标识解析体系建设及应用取得了明显成效，建成了 330 余个二级节点，实现累计注册量 4000 亿，应用企业达 40 万家，覆盖全国 46 个行业。同时，为推动标识解析的进一步深入发展，国家于 2024 年 1 月出台了《工业互联网标识解析体系“贯通”行动计划（2024—2026 年）》，提出到 2026 年，建成自主可控的标识解析体系，在制造业及经济社会重点领域初步实现规模应用。

油气储运行业是我国国民经济的重要组成，作为我国能源的大动脉，对于保障我国国家能源安全、调峰保供具有重要意义。目前，我国的油气储运行业已实现了管道成网运行、集中调控、自主运维的数字化管理服务的能力，但在数据治理方面同其他行业相比，在跨应用、跨领域的智能化协同管理与深度应用方面还存在差距，企业管理的数据质量较低，编码标准较为混乱，难以实现数据的流通与共享，从而导致难以有效的挖掘数据资产潜在价值。针对行业间数据流通、共享、上下游协同中存在的难点，提升行业间数据流转效率与协同水平，国家管网集团作为油气储运行业产业链“链长”，牵头部署并建设了油气储运行业工业互联网标识解析二级节点，并依托二级节点建设了工程物资标识编码管理应用，推动构建行业级标识解析应用生态，统一行业数据标准，为产业链上下游企业提供协同管理的支撑能力。在充分保证数据主权的前提下，以标识码为核心，进行数据跨企业、跨应用的信息共享和信息交易，帮助油气储运行业实现产业链的高效业务协同，从而提升行业间数字化转型水平。

1　油气储运工程物资管理痛点

油气储运包含油气管道、LNG 接收站、地下储气库等几个部分，行业产业链条长、产业链中小企业多，涉及的工程物资包括各类油气钻井和生产设备设施、油气输送管道、站场阀室工艺装备等，设备设施种类多、规格型号。因此，产业链存在数字化水平不一，企业间的数据标准、规范不统一，产业链协同、数据共享存在一定难点，具体主要表现在以下几个方面。

2.1　数据共享难

油气储运设备设施等工程物资全生命周期包括生产制造、工程建设、生产运营等多个阶段，不同阶段所涉及的经营主体不同，如物资的生产制造主要为钢管厂商、设备厂商等上游厂家，物资生产制造信息主要保存于企业内部的 MES、ERP 等系统；工程建设和生产运营往往由同一企业不同部门负责，物资的施工信息与运营信息一般保存于不同系统中，数据仍存在一定的对接与流通成本。同时，对于工程物资交付，目前存在产品交付方式不统一等情况，部分产品可能以纸质等形式交付，导致物资数据录入费时费力，物资数据标准混乱，产品交付效率低。

2.2　编码方式、标准不统一

在油气储运行业的工程项目管理业务过程中，各个阶段各个业务场景均有不同的编码标准与体系，如厂家出厂编码、工程实体编码、资产码、工艺位号编码等，由于管理维度与编码的角度不一致，存在“一物多码”的情况，不利于物资进行统一管理。同时，对于物资分类，由于油气储运工程物资涉及行业多，包括钢铁、石油、机械等多个行业，不同行业、不同厂家遵循的标准及规则存在不统一的情况，难以与油气储运工程建设与运营企业编码分类进行统一对应，部分私有编码信息查询难，不利于进行数据的共享交互。

2.3　数据分散、未关联

工程物资在各个业务阶段的数据分散在物资供应商和油气储运运营企业的多个系统中，由于编码及分类标准的不统一，导致部分数据未能实现全面互联与共享，难以构建物资数据关联映射的通道，如工程技术人员在进行工程设计时，无法实时、完整获取厂商相关产品信息，工程运维期间无法快速获取设计阶段、采购阶段的信息，数据离散分布的情况导致物资交付、工程设计等业务管理效率低下，设备维护保养难，难以实现物资全生命周期的追溯与管理，导致企业数据资产价值未能充分发挥。

2　基于标识解析的工程物资管理方案

基于标识解析的工程物资管理的整体设计如图 1 所示。

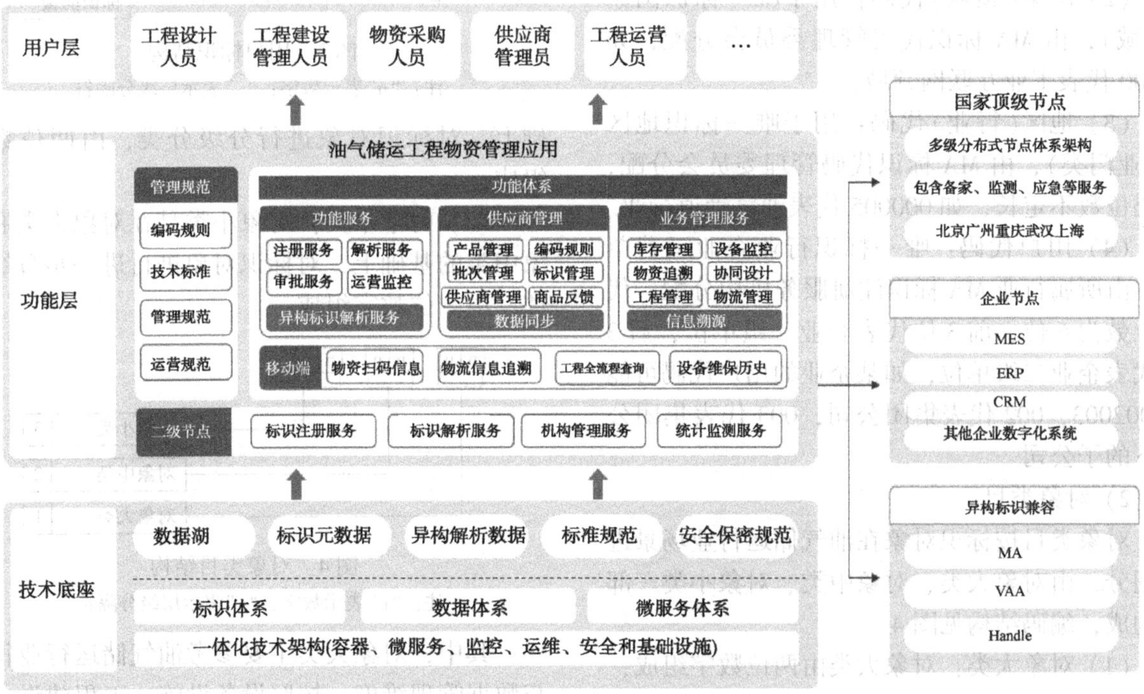

图 1　工程物资全流程管理应用设计

工程物资全流程管理应用的设计架构以容器化、微服务等技术为基础，油气储运数据湖等能力提供数据支撑，主体功能基于油气储运二级节点，结合编码、运营等管理规范，对外提供标识管理、审批、运营等功能服务，对供应商提供产品管理、编码管理等功能服务，帮助企业快速接入油气储运标识解析生态，通过统一编码标准打通工程物资交付过程中各环节的业务，构建设备监控、协同设计、物流管理、物资追溯等业务管理服务，帮助油气储运产业链上下游企业提升业务协同管理水平。

油气储运标识解析生态对接国家标识解析体系，保证服务的安全，工程物资全流程管理应用提供标准化协议，帮助企业快速接入应用，同时提供异构标识解析服务，助力实现跨体系的数据共享与交互。

具体建设思路分为编码设计、数据汇集、数据关联三个步骤。

2.1 编码设计

为解决数据标准、数据离散难关联的问题，首先需要统一行业编码标准，油气储运工业互联网标识编码采用 MA 标识编码方式。MA 标识编码由用户标识、对象类目和对象个体编码三部分组成，每个部分之间以“/”分隔，编码结构见图 2。

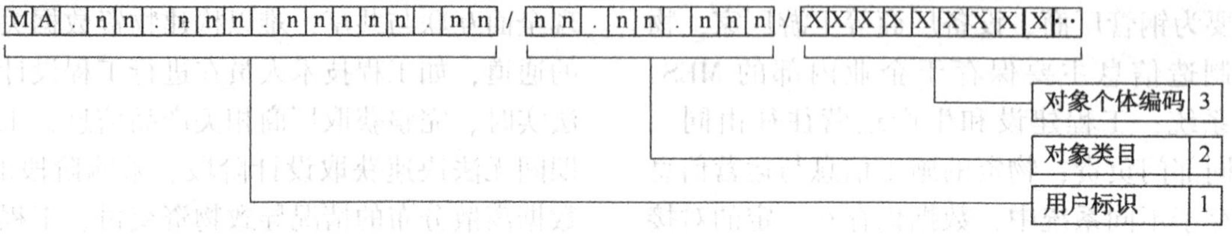

图 2　MA 标识编码结构

注：“X”表示字符；“n”表示数字；“/”表示层级分隔符；“.”表示层内分隔符。

1）用户标识

用户标识由标识前缀、国家(领域)代码、地区(行业)代码和用户代码构成，结构见图 3。

(1) 标识前缀：根标识符前缀“MA”，是 ISO、CEN、AIM 三大组织共认的全球代码。

(2) 国家(领域)代码：用于唯一标识国家(领域)，由 MA 标识代码管理委员会分配，如 10000 代表工业互联网领域。

(3) 地区(行业)代码：用于唯一标识地区(行业门类)，由 MA 标识代码管理委员会分配，代码位数不定长，如 000005 代表油气管道行业。

(4) 用户代码：唯一标识行业企业运营单元，由所属行业 MA 标识注册服务机构分配，代码位数为 6 位，前 3 位代表企业一级单位，后 3 位代表企业二级单位，如某企业的用户代码可能为 002003，002 代表集团公司，003 代表集团公司下的子公司。

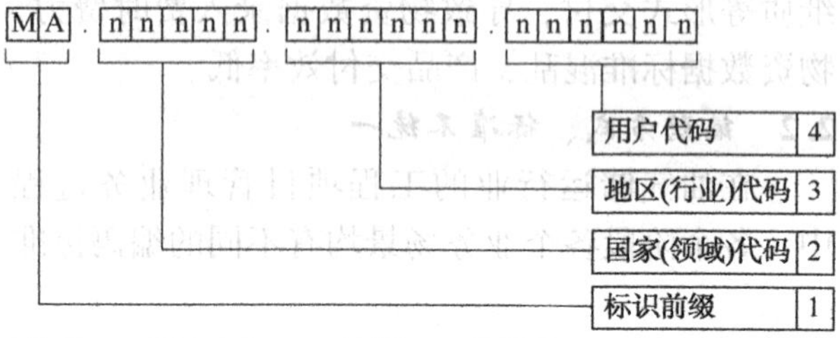

图 3　用户标识结构

注：“n”表示数字；“.”表示层级分隔符。

2）对象类目

对象类目按标识对象在油气储运行业场景进行划分，由对象大类、对象中类、对象小类三部分构成，编码结构见图 4。

(1) 对象大类：对象大类由两位数字组成；

(2) 对象中类：对象中类是在对象大类的基础上，对标识对象进行分级分类，由两位数字组成；

(3) 对象小类：对象小类是在对象大类和对象中类的基础上，对标识对象进行进一步分级分类，由 3 位数字组成。

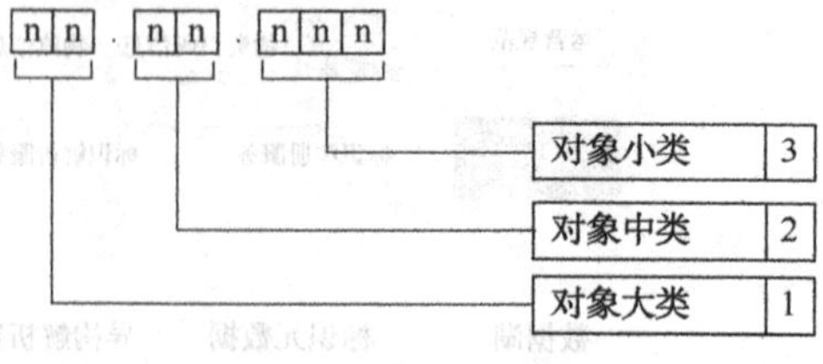

图 4　对象类目结构

注：“n”表示数字；“.”表示层级分隔符。

其中，对象大类主要参考油气储运行业特征与数据管理维度，按照设备设施、工程建设、生产运维、安全环保等大类进行划分，其中，工程物资属于设备设施大类，编码为08，对象中类如钢管物资，对应管线，编码为02，对象小类对应管线实物，编码为02，因此管道物资的对象类目编码为08.02.02。

3）对象个体编码

为充分考虑各物资厂商私有编码习惯，标识对象个体编码可采用工程物资厂商自定义编码，厂商可通过设置编码规则来确定物资个体编码方式，一般采用固定符号、日期、流水号进行，如可采用AB123456来代表某厂家钢管的管号。

2.2 数据汇集

工业互联网标识解析技术未来的发展路径将是多种体系长期共存，标识解析的服务网络将是核心关键已逐步达成共识，标识解析二级节点系统在电力、煤炭、家电、化纤等行业得到了广泛应用，有效解决了一物多码、信息孤岛等问题，实现多行业产品的全生命周期管理。

油气储运行业采用统一的MA编码标准，有了统一的数据标准基础，具备拉通整个工程物资管理全流程数据流的条件，但需要将各个供应商数据接入到油气储运标识解析生态体系中。由于供应商的数字化水平差异较大，甚至部分企业已经建设了其他异构标识体系的企业节点，因此针对可能存在异构标识解析场景的数据汇集流程如图5所示。

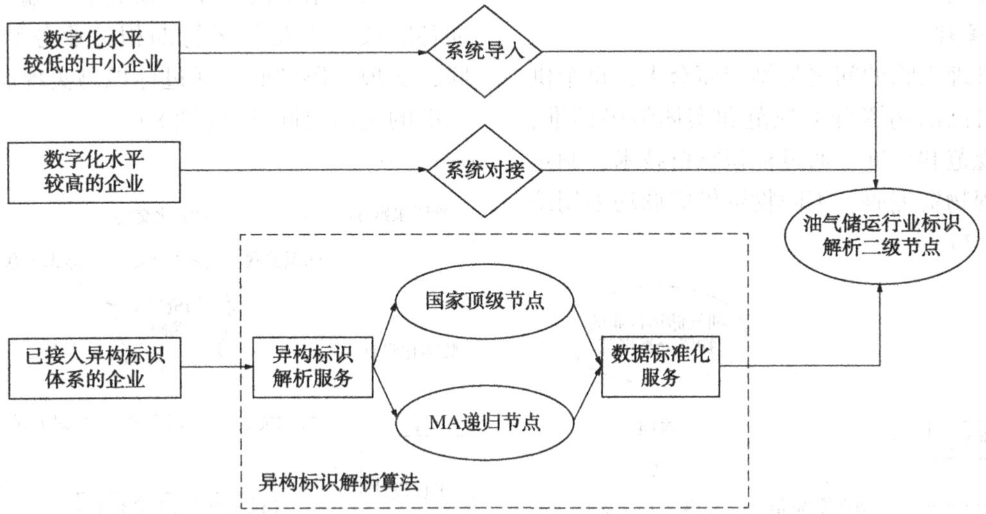

图5　数据汇集流程

针对数字化水平较低的中小企业，油气储运工程物资管理应用提供批量录入的方式进行导入数据，数字化水平较高的企业通过标准化协议进行接口对接，此外已经接入异构标识解析体系的企业，可以通过油气储运工程物资管理应用提供的异构标识解析算法来进行数据汇集。

2.3 数据关联

统一编码并完成物资数据汇聚之后，需要建立数据关联来串联工程设计、物资采购、工程运维等阶段的信息，真正实现工程物资协同的管理。首先需要给设计阶段图纸等对象、采购阶段采购单及物资等对象、工程运维阶段工程等对象进行赋码，然后建立物资与设计信息、采购信息、工程信息的一对多关联，如图6所示。

利用标识解析技术为每一根钢管赋唯一MA编码，关联物资的出厂编码、PBS位置编码、资产编码等，进行不同编码的多对一关联，统一关联到工程物资标识，实现统一编码，一码到底的效果。同时与工程标识、订单标识、资产标识等标识进行关联，实现不同业务数据相关链关联。工程管理人员通过扫描工程物资编码可以快速查询工程设计信息、物资采购信息以及工程项目信息。

3 应用场景及效果

工程物资全流程管理包括对外部打通供应商体系，对内打通不同业务系统，实现数据深度融合，发挥数据新价值。涉及的平台包括数字化设计、供应链管理、工程编码管理、资产完整性管理等。整体上业务链路较长，涉及的参与主体较多，编码及规范体系较多，在效率方面有较大的提升空间。

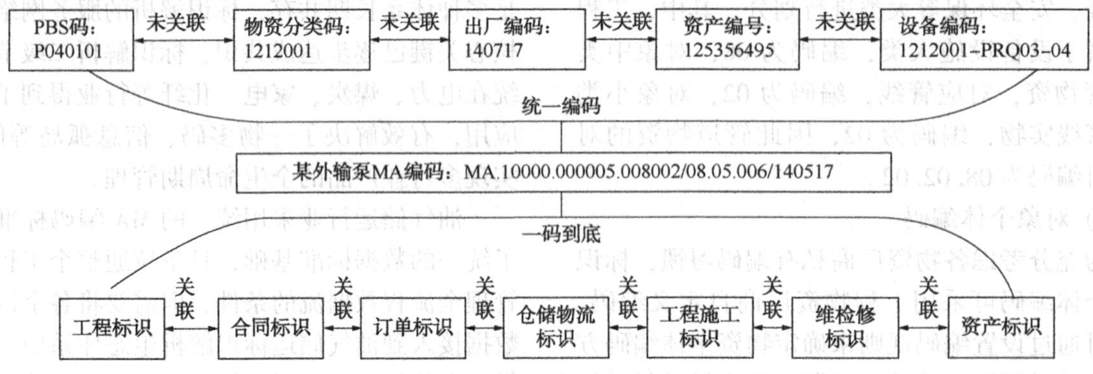

图 6　数据关联示意图

工程物资管理涉及业务流程包括概念设计、设计开发、生产制造、运维保障以及经营管理。针对工程物资的全流程管理相关业务，梳理了以下几个业务场景。

3.1　采购管理

采购管理面临的问题是供应商众多，每个供应商都有自己的物资分类规范和实体编码标准，为了统一规范和标准，通过标识解析技术，制定统一的工程物资编码，不同物资供应商均采用统一编码(图 7)。

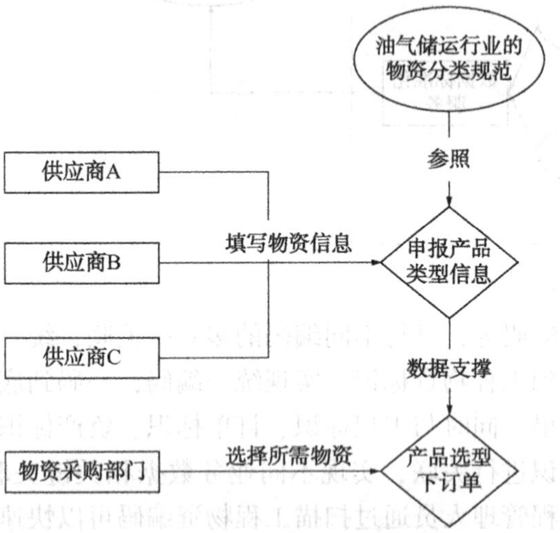

图 7　供应商工程物资类别对应

供应商可以根据自身物资产品情况录入所能提供产品类别，经过审批后配置工程物资的规格信息，之后为供应商供应物资分配统一编码，供油气储运行业运营企业筛选所需产品。

针对不同厂商产品编码、分类标准不统一的情况，通过与标识对象类目进行对应，实现物资分类的统一，并可持续赋能于工程设计、物资采购等典型业务场景中。

3.2　各业务协同

由于存在标准的不统一，数据未形成有效关联，物资采购、工程建设、工程设计、资产运营等业务未形成协同管理，信息获取的效率较低，管理成本较高。

在物资采购阶段生成物资唯一编码，将建设期各阶段、以及与运行期相关业务数据进行串联，实现一码到底，通过标识码实现业务链、数据链的全面协同共享(图 8)。

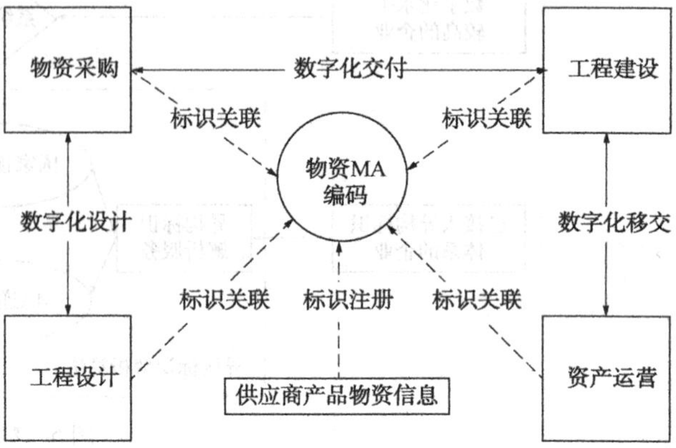

图 8　工程物资管理中的业务协同

业务协同可整体改善工程物资管理各个环节的管理水平，在工程设计设计阶段通过物资唯一编码获取供应链物资信息参数，从而提高设计效率，减少建设风险，在工程项目建设阶段，通过扫描识别物资编码，获取供应商信息，快速提取物资维保手册信息，在工程运维阶段，服务设备维保的场景，设备故障事件发生后可直接对接供应商，实现设备高效运维，资产完整性管理业务场景中可以通过资产唯一编码提取从供应商采购、工程设计、运维管理等所有阶段的历史信息，实现物资全流程精细化管理。

3.3　工程物资溯源

基于工业互联网标识解析技术，可以实现对工程物资从采购、生产、运输到使用全过程的精准追溯和高效管理，确保物资信息的准确性和完整性，提升油气储运行业的整体运营效率。

通过为工程物资分配唯一的标识码，如二维码、RFID 标签等，实现物资的精准识别和快速定位。标识字段信息可以包含工程物资的基本信息、生产批次、生产日期、供应商等关键信息。通过标识解析技术，记录工程物资在生产、运输和使用过程中的相关数据，如温度、压力、湿度等环境参数，以及物资的使用情况和维护记录等。工程物资数据通过唯一物资标识码相关联，确保工程物资信息的准确性和完整性。通过唯一标识码实现工程物资信息的快速查询和追溯。可以获取到物资的详细信息、生产历史、运输轨迹以及使用状态等，为相关业务决策提供有力支持。

通过工程物资编码，实现对工程物资信息的全面展示和透明化管理。精准追溯工程物资的来源、生产过程和使用情况，为工程物资管理提供数据支持，进而提高工程物资利用效率和管理水平(图 9)。

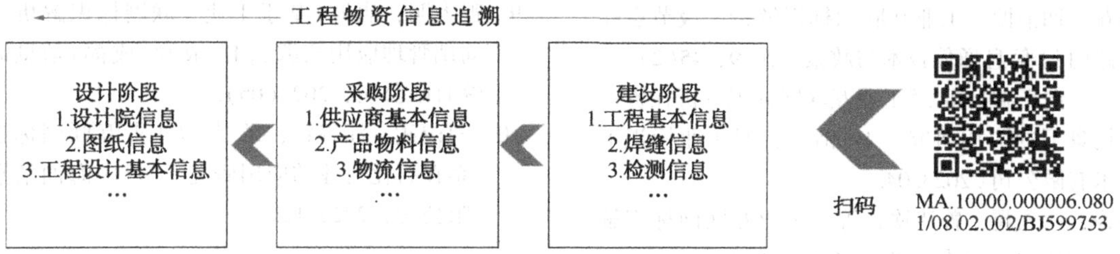

图 9　工程物资可溯源信息

3.4 质量回访

在油气储运行业，供应商供应的物资质量直接关系到生产运营的安全，同时供应商有需求根据物资使用的状态进行分析，从而定向优化产品工艺和设计，形成交付、改进的良性循环，因此物资供应企业需要对运营期间的物资进行质量回访。

为工程物资分配唯一的标识码，包含物资的基本信息、生产日期、批次号等关键数据。同时记录供应商供应物资在使用过程中的性能数据，如使用寿命、故障率等。通过解析标识码，供应商可以对物资信息进行查询和追溯获取到物资在运输和使用过程中的所有业务数据。基于工程物资使用数据，供应商可以对供应物资质量进行质量评估，包括物资的性能稳定性、可靠性等方面。评估结果将作为对供应商的重要评价指标，优化后续物资产品工艺。

通过工程物资编码，供应商可以更加准确地评价自身产品性能，为企业提供更加优质的产品。通过定期的质量回访，不断提升工程物资质量，进而提升整个油气储运系统的稳定性和可靠性(图 10)。

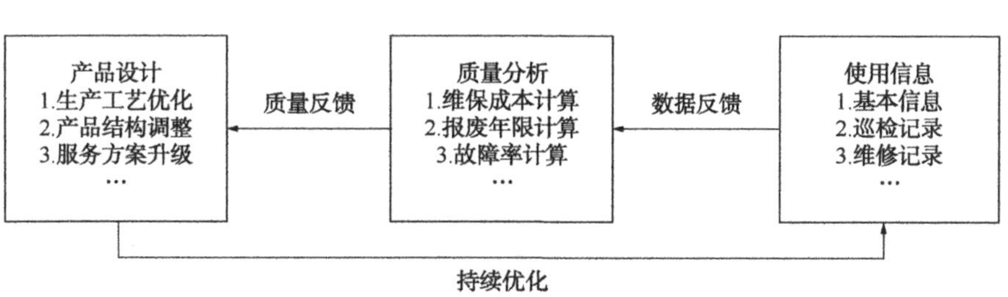

图 10　工程物资质量回访

4　总结与展望

利用标识解析技术实现各供应商产品统一编码管理，通过与外部其他标识解析节点对接，实现油气储运行业数据流通。打通数据壁垒，实现供应商产品数字化交付，提高产品交付效率。在工程建设过程中提高数据信息共享效率，通过多种工程物资标识场景建设，实现对工程物资应用的全生命周期管理，解决工程物资信息不透明，外部供应商编码规则繁杂，内部数据不流通的问题。通过标识解析技术应用，可以解决工程物资管理过程中的遇到的传统难题，实现了资源高效利用和管理效率大幅提升。利用油气储运二级节点为油气储运行业的企业提供灵活的标识编码注册和标识解析服务，促进油气储运行业工程物资灵活管理，加速产业聚集，推动标识产业生态培育。未来，在油气储运行业质量追溯、物流监管等其他场景领域继续寻找相关业务场景，将不同行业数据通过标识解析技术进行数据融合，深度挖掘油气储运行业数据价值，为全球能源供应安全和经济发展做出更大贡献。

参 考 文 献

[1] 李海花，期治博．工业互联网标识解析二级节点建设思路[J]．信息通信技术与政策，2019，45(2).

[2] 张小聪，俞正林，等.《工业互联网标识解析在资产追踪场景下的应用研究》[D]浙江吉时工业标识解析技术有限公司.2023.04.

[3] 任语铮，谢人超，曾诗钦，等．工业互联网标识解析体系综述[J]．通信学报，2019，40(11).

[4] 刁俊武，曹晓红．工业互联网技术发展及石化行业应用展望[J]．石油化工自动化，2021，57(6).

[5] 中华人民共和国工业和信息化部．工业互联网标识解析体系“贯通”行动计划(2024-2026 年)[Z].2024-01.

[6] MA 标识体系白皮书(2021 年).

[7] 孙羽佳.《石油石化行业工业互联网标识解析系统研究》[D]中国石油集团工程技术研究院信息中心，2022(01).

[8] 高旋等《基于工业互联网的标识解析二级节点创新应用模式》[D]广东省工业边缘智能创新中心，2022(11).

[9] 曾大明，唐波《基于工业互联网标识解析的全生命周期管理应用实践》[D]成渝(成都)信息通信研究院有限公司，2023(05).

[10] 刁俊武，汪谷银，邱斌.《工业互联网标识解析体系在石化行业的应用研究》[D]中海油信息科技有限公司，2022.12.

IT 一体化平台在石化行业中的应用

谭立君

（中石化共享服务公司）

摘　要　信息技术在国内国际上快速发展，石化行业具有产业链条长，产品种类繁多、涉及领域广、业务维度多的现状，同时国内国际市场变化多端，面临着数字化转型及绿色发展的挑战和机遇。随着信息化对企业业务经营发展的支撑作用越来越大，业务对信息化依赖度越来越高，应用系统的不可替代性以及对业务延续性的影响越来越明显，迫切需要建立起稳定、安全、高效的运维保障体系，确保企业业务及信息化发展战略的顺利实施。

IT 一体化平台可以作为实现企业信息化集中管理的关键工具，用以保障信息系统的业务连续性为目标，实现运维组织统一化、运维服务规范化、运行管控精益化、资源调度自动化、运维支撑集约化，完成企业数字化发展要求的信息化管理体系顶层设计，构建信息化“全业务、全流程、全数据、平台化”的数字化管理体系，为企业进行数据分析和决策支持。

本文旨在探讨 IT 一体化平台在企业信息系统中的角色、应用及其带来的变革。通过分析石化行业的特点和需求，阐述了 IT 一体化平台如何促进数据整合、流程优化、决策支持以及安全与环境管理，并通过案例分析展示 IT 一体化平台的实际效益。最后本文结合石化行业的特点，讨论实施过程中的挑战和未来的发展趋势，为信息化建设提供参考。

关键词　IT 一体化；信息化转型；数字化转型；效率优化；系统集成

石化行业是国民经济的基础行工业，对经济发展和国家能源安全有着及其重要的意义，属于技术创新密集型企业，业务维度多样化。信息技术的进步对石化行业的发展至关重要，新技术的应用可以提高生产效率，降低能耗和排放，促进行业的可持续发展。信息化是推动石化行业高质量发展的关键因素，也是实现行业智能化和绿色化的重要手段，推动数字化转型过程中可以进一步落实网络安全。IT 一体化平台的应用是促进企业的信息化顶层设计和统一规划，它可以通过整合各种信息资源和系统，提高行业的信息化运营效率和决策质量，主要应用在石化行业的数据整合分析、流程自动化、信息安全管理、智能应用支持、合规性管理等方面，促进行业的高质量发展，实现产业整体的信息化升级。

1　行业背景与挑战

石化行业正面临着数字化转型的机遇和挑战。在积极推进数字化转型过程中，企业通过采用数字化技术，如大数据、云计算、物联网和人工智能等信息化手段来优化生产流程、提高管理效率和增强市场竞争力。数字化、智能化是石化行业信息化的重要组成部分。企业正在探索和实践智能化发展的新理念，通过智能技术来提升业务自动化水平和生产过程的智能控制，以实现更高效、更安全的运营。集成应用方面石化行业的信息化已经从单机应用、分散建设发展到集中建设和集成应用，能够实现数据的集成和共享，为决策提供支持。与此同时石化企业正在进行共享服务的构建，这是迈向数字化油气田更高阶段的关键一步。共享服务的不断提升和迭代过程中逐渐提高资源的利用效率，降低成本，促进企业内部及与合作伙伴之间的信息流通和协作。目前石化行业的信息化建设取得了一定的进展，但仍面临着数据整合、信息安全、技术更新换代等挑战。数据孤岛问题：由于历史原因和技术限制，石化行业中存在大量分散的数据和信息资源，这些数据往往难以实现有效整合，导致信息无法共享和充分利用，这种数据孤岛现象严重影响了企业的决策效率和市场响应速度；流程效率问题：石化行业的生产流程复杂，涉及多个环节和部门，传统的工作方式和管理体系往往导致流程效率低下，不仅增加了运营成本，也降低了企业的整体竞争力；数字化转型压力：随着“双碳”目标的提出和能源消费升级的趋势，石化行业迫切需要通过数字化转型来实现高端化、智能化和绿色化的发展，这不仅要求企业投入巨大的资金和人力，还需要克服技术上的难题和文化上的阻力；工业信息安全问题：随着信息化水平的提高，石化企业也越来越依赖于信息系统和网络技术，这就使得工业信息安全问题日益突出，如何保护企业的核心技术和商业机密，防止数据泄露和网络攻击，成为石化行业必须面对的重要挑战，企业需要培养和引进具有信息技术背景的人才，以支撑信息化建设的持续发展。石化行业的信息化现状显示出企业在积极拥抱数字化转型的同时，也在不断探索数字化发展的新路径。

2 IT 一体化平台平台概述

IT 一体化平台能够将分散的 IT 资源集中管理，提高资源利用率，降低企业运营成本。通过统一的平台，简化流程，加快信息流通、信息共享，打破信息孤岛，提升整体工作效率。可以为企业提供了一个稳定的信息技术基础，使企业能够在此基础上进行创新和拓展新的业务模式。IT 一体化平台集中数据管理和分析可以使得企业能够更好地利用数据支持决策，提升竞争力，有助于企业统一管理和信息安全监控，确保企业基础设施及数据安全并符合相关法律法规的要求。

石化行业作为全球经济的基础产业，其复杂的生产流程、庞大的业务数据量以及对稳定性和安全性的高要求使得 IT 一体化平台的建设和应用显得尤为重要。通过构建一个从终端到平台的集数据采集、处理、分析和监控于一体的平台，企业能够实现信息基础设施资源的优化优配置，提高运营效率。进一步提升企业的 IT 能力和业务灵活性。

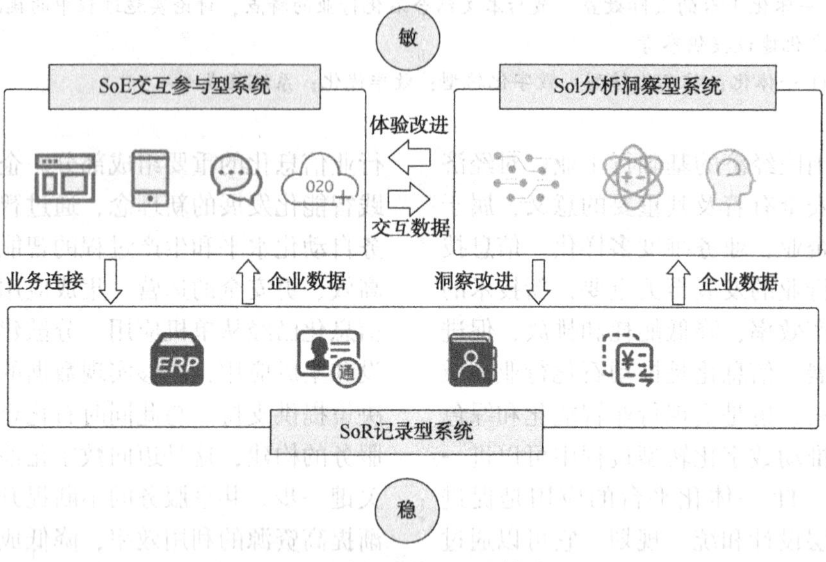

图 1　数字化转型发展模式

3 IT 一体化平台的应用

通过 IT 一体化平台有效进行数据整合是确保组织内所有相关方都能访问和理解数据的过程。

创建统一的数据模型：定义一个标准化的数据模型，确保所有的数据源遵循相同的结构和规则。这有助于简化数据整合过程并保持来自不同下属企业数据的一致性。

建立 CMDB 数据仓库：构建一个中央数据仓库来存储来自不同来源的数据。这允许企业保存大量的结构化和非结构化数据，并为分析和报告提供数据基础。

灵活性与可扩展性：一体化平台的设计使得企业能够灵活地调整和扩展业务流程，以适应市场变化和业务增长。实现系统间的集成，利用中间件如数据集成工具和应用程序接口，以支持不同系统之间的数据共享和流通。

强化数据治理，录入的数据使用提取、转换、加载工具可以清洗和转换数据，以消除重复项，纠正错误，并确保数据质量。确立数据治理框架，包括数据所有权、数据质量、数据安全性和合规性，以维护数据整合的质量和可信度。

协同工作增强：传统的组织中，业务部门与IT部门相互独立，沟通成本高、响应速度慢。IT一体化平台推动了业务IT一体化组织的形式，使业务与IT更紧密地协作，从而提高了企业内部横向的运作效率，促进了不同部门和团队之间的协同工作，提高了事件交付的速度和质量。

业务流程自动化：通过引入流程自动化工具企业能够实现跨系统的全流程流转，流程数据自动录入，过程中减少人为错误，提高流程的连贯性和效率。

使用大数据和智能机器人技术，运用大数据分析技术和人工智能算法来处理和分析整合后的数据，以获得更深入的业务洞察。

知识共享与管理：促进了知识的共享和管理，使得企业能够更好地利用内部知识资产，提高整体的知识管理水平。

合规性与风险管理：自动化流程有助于确保业务活动符合相关法规要求，同时监控和管理潜在风险，提高了企业的合规性和安全性。

IT一体化平台通过整合各种技术和流程，给企业信息化转型带来了全面的提升，不仅提高了效率和效益，还增强了企业的市场竞争力和创新能力，加速数字化转型。

4 决策支持与数据分析

利用IT一体化平台进行数据分析和决策支持，可以遵循以下步骤：

数据整合：首先，将来自不同来源和系统的数据整合到IT一体化平台中。这包括内部数据（如销售、财务、运营等）和外部数据（如市场趋势、竞争对手信息等）。

数据清洗和预处理：对收集到的数据进行清洗和预处理，以确保数据的准确性和一致性。这一步骤至关重要，因为后续的分析和决策将依赖于这些数据。

数据分析工具：利用IT一体化平台中的数据分析工具，对数据进行深入分析。这些工具可以帮助企业发现数据中的模式、趋势和关联性，为决策提供有价值的洞察。

可视化展示：将分析结果以图表、报表等形式直观地展示出来，使决策者能够快速理解数据背后的含义。可视化展示可以帮助决策者更容易地识别问题和机会。

实时监控与预警：IT一体化平台可以实时监控关键业务指标，并在达到预设阈值时发出预警。这有助于企业及时发现潜在问题，并采取相应的措施应对。

模型建立：根据历史数据和业务需求，建立预测模型或决策模型。这些模型可以帮助企业预测未来的市场趋势或客户需求，从而更好地规划业务发展。

决策支持：基于数据分析的结果和模型预测，为企业决策提供支持。这可能包括制定营销策略、优化供应链管理、调整产品定价等方面的决策。

持续优化：在实施决策后，持续收集反馈数据，评估决策的效果。根据反馈结果，不断优化数据分析模型和决策流程，以提高决策的准确性和效率。

综上，利用IT一体化平台进行数据分析和决策支持可以帮助企业更好地理解市场和客户需求，优化业务流程，提高决策效率和准确性。通过持续的数据收集、分析和优化，企业可以不断提升竞争力，实现可持续发展。

5 案例分享

中国石化作为全球大型石油和化工企业之一，中国石化在信息化建设方面走在了行业前列。面对数千个信息系统、上万台服务器、数十万台网络设备的庞大IT资产，以及随之而来的海量运维数据，中国石化意识到需要通过一体化运维管理平台来提升效率。中国石化构建了一个集中的IT运维管理平台，整合了监控、告警、分析等多项功能。采用了大数据技术对产生的海量运维数据进行存储、分析和展示。利用云计算资源，动态调整系统负载，保证业务连续性。在实施过程中也遇到了很多挑战，如何将分散在不同业务单位、地域的IT资源进行有效整合，如何处理和存储海量运维数据的技术挑战，如何保障业务的高可用性和灵活性。

一体化IT运维平台取得的成果：实现了统一的IT资源管理和调度，提高了资源利用率和管理效率；通过大数据分析，提升了故障预测和健康诊断的准确性，降低了系统风险；加强了业务的连续性和灵活性，支持快速响应业务变化需求。石化企业在实施一体化IT运维平台过程中，不仅解决了集中管理和运维效率的问题，还提高了整个企业的业务连续性和竞争力。通过采用先进的技术和管理方法，这些企业能够更好地应对日益复杂的 IT 环境和业务需求。

6　未来发展趋势

IT 一体化平台在石化行业中的应用已经成为推动行业发展的重要力量。通过实施 IT 一体化平台，石化企业不仅能够提升生产效率和管理效能，还能够在数字化时代维持竞争优势。然而，成功实施此类平台需要企业在技术选型、组织管理、人才培养和安全保障等方面进行全面考虑和精心规划。未来，随着技术的不断进步和市场需求的变化，IT 一体化平台将继续在石化行业中发挥更加重要的作用。

石化行业的未来发展预计会趋向于更加智能化、自动化和集成化。新技术如人工智能、物联网等将对平台的应用产生深远影响，在物联网技术中，通过数据整合与智能分析，石化企业能够实时收集来自传感器、设备和系统的海量数据。结合大数据分析和人工智能技术，企业能够从这些数据中提取有价值的洞察，优化生产流程，提高效率，降低成本，并在预测性维护、运营自动化、增强的客户服务、安全管理提升、供应链优化、能源管理与可持续发展方向取得明显进步。

综上所述，IT 一体化平台不仅是石化企业提升内部管理和运营效率的重要工具，也是企业应对外部挑战、抓住市场机遇的战略资产。未来 IT 一体化平台将在智能化、自动化和安全性方面取得显著进展。新技术的融入将不仅提高企业的运营效率和竞争力，还将帮助企业更好地适应数字化转型的趋势。

参　考　文　献

[1] 闫彩凤，郭淑娟．数字化转型赋能企业绿色创新战略[J]．财会月刊．2023(19)．

[2] 朱雪春，徐伟．数字化转型、跨界搜寻与绿色创新——组织环境文化的调节作用[J]．科技管理学报．2024(01)．

[3] 张泽南，钱欣钰，曹新伟．企业数字化转型的绿色创新效应研究：实质性创新还是策略性创新[J]．产业经济研究．2023(01)．

智慧油田智能运营中心的建设与应用

王金山　刘　鑫　余忠凯　尼加提·阿尤甫　古丽娜扎尔·阿力木

（中国石油塔里木油田公司油气数智技术中心）

摘　要　随着油气产业数字化转型、智能化发展进程的不断深入，油田对多部门协同科研办公、安全生产和应急处置的实时交互需求已迫在眉睫，通过引入人工智能、大数据、5G等现代信息通信关键技术，建设智能运营中心，在油气生产实时操控、钻完井远程管控的基础上，实现油气资源的优化配置和业务流程的高效协同，从而达到优化生产运行、提升运营效率的目标，为企业的决策指挥提供强有力支持。按照上述需求和总体思路，本文围绕智能运营中心的建设原则、技术路线、架构设计、系统选型、相关技术、主要应用等方面展开讨论，重点阐述了智慧油田智能运营中心建设过程中的集成性、可扩展性和可维护性等关键性问题，以适应复杂油气生产环境下多样性的生产运营需求。同时，本文通过对典型应用案例的分析例举，进一步阐述了智慧油田智能运营中心在油田实现生产高效管控、智能决策支撑和降低运营成本等方面发挥的不可替代作用。智慧油田智能运营中心的建设是一个系统工程，未来应持续加强技术研发和应用推广，通过多方协同合作和不断创新，进一步提高智能化管控水平和综合运营效益。

关键词　智能运营中心；集约化管控；远程指挥；交互展示；分布式显示控制

随着信息通信技术的不断进步和应用场景的不断拓展，油气行业的数智化发展愈加深入和广泛。目前，众多油气企业已经通过实施数据共享、加强业务协同以及推广智能化应用等手段，逐步迈向了智能油气田的发展阶段。数据共享和业务协同在油气行业中扮演着至关重要的角色。通过构建统一的智能运营中心，企业能够实现数据的整合与共享，打破信息孤岛，提高数据的利用效率和价值，加强企业内部各部门之间的沟通与协作。这不仅有助于优化生产流程、提升运营效率，还能实现资源的优化配置和业务流程的高效协同，为企业的决策提供有力支持。

1　现状及需求分析

当前，油田各生产业务领域数字化建设已不同程度取得阶段成效，各领域生产要素、环节逐步实现高效精准管控，有力提升本领域生产管理水平，但从数字化建设成果利用、油田生产运行管理效率提升等方面综合分析，还存在一些问题。主要体现在各业务领域生产调度机构分布在不同的场地，还处于分散作战模式，不能真正的发挥及时高效的协同作用；部分信息系统还处于信息聚合或单领域发挥作用的层面；各种信息数据、资源、应用跨领域综合利用不足，各信息系统之间壁垒问题仍未真正打破。

通过分析油田智能运营相关业务类别与业务场景的对应关系，需要通过建设智能运营中心的交互展示系统及场地环境来支撑业务最大化应用，如图1所示。

2　建设原则

（1）整体规划原则：整体规划交互展示系统及场地布局，做到场地布局合理规划，LED屏及配套设施功能满足需求。

（2）先进性原则：采用先进技术与模式，并与业务相结合，确保先进技术与模式应用的有效与适用。

（3）绿色智能原则：系统架构符合“高效率、高整合、低能耗、低占空、前瞻性”的绿色智能基础架构发展趋势。

（4）可扩展性原则：系统在结合项目实际情况的基础上，具备较高扩展性，能够方便、快速、稳定地升级、扩容功能，以满足油田业务的高速发展。

（5）可用性原则：从硬件设备冗余、网络链路冗余、应用容错等方面充分保证整体系统的可用性。

（6）安全性原则：遵循行业安全规范，设计安全的设备、安全的施工。

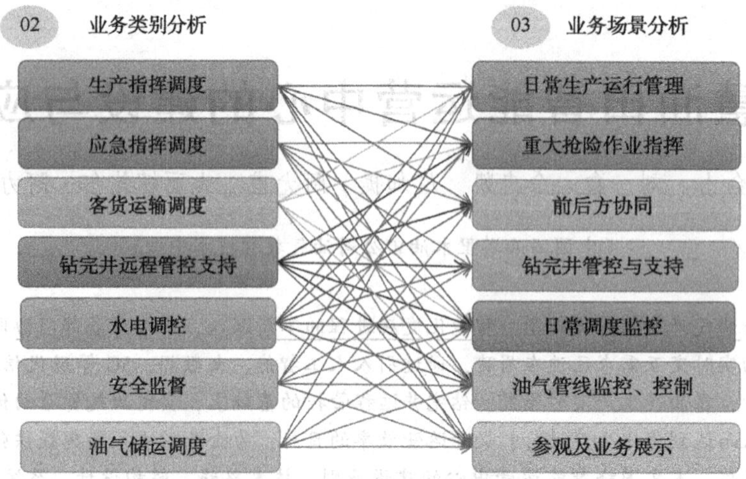

图 1　油田智能运营相关业务类别与业务场景对应关系图

3　技术路线

根据油田生产、保障相关业务运行实际，集中油田主要生产调度机构，构建构建以集约化管控为核心、数字化技术为依托，跨层级、跨专业的油田“1+N”统一监控、预警、调度的集约化联合调度机构，打破专业壁垒，发挥聚融效应。形成“智能运营+融合指挥”模式，提升生产组织效率和应急响应能力。实现全油田生产“可视、可监”，即“全业务实时感知、全过程监测预警、全方位调度管控、全链条进阶跃升”的四全目标。基于对业务类别、业务场景需求的分析，结合场地实际环境、通过分析总结，智能运营中心建设需要从场地环境和交互展示系统两个大的方面进行，如图 2 所示，从而达到支撑业务应用、协同支持共享、转变管理模式、对外展示窗口的作用。

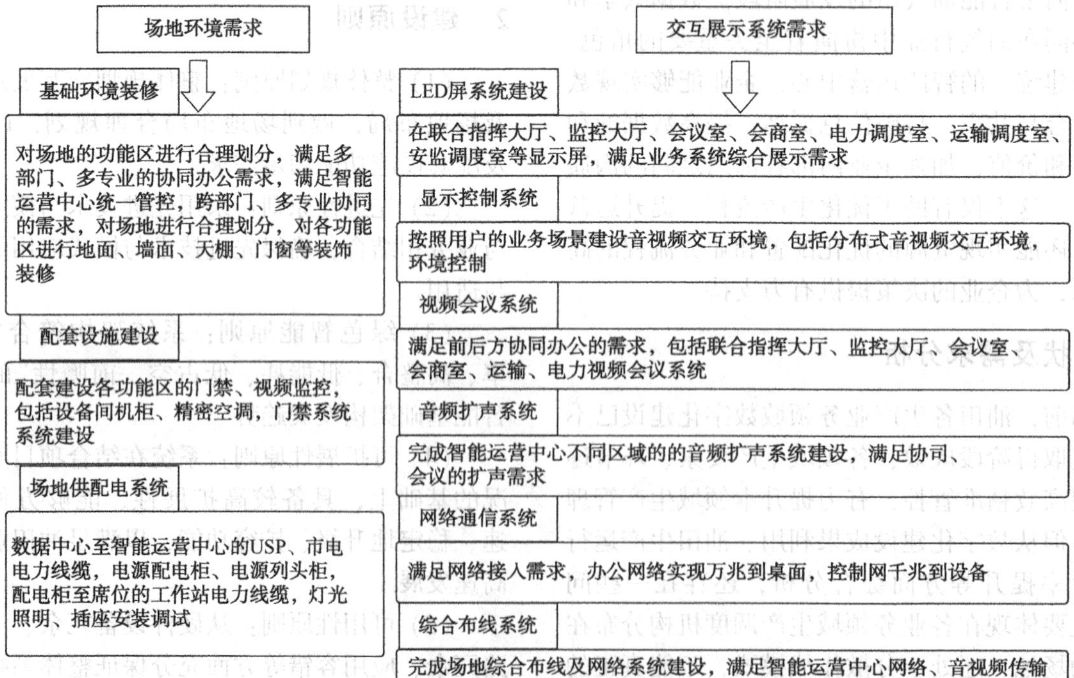

图 2　智能运营中心建设思路

技术功能以整体规划、适度超前为原则，在保证系统安全、稳定、可靠的前提下适度采前沿技术，确保技术先进性，能够方便、快速、稳定的升级及扩容功能，满足油田智能运营业务的高速发展，建设一个“高效率、高整合、低能耗、低占空、前瞻性”的绿色智能运营中心。

4　架构设计

4.1　整体场地建设

智能运营中心的场地建设以功能为本，满足智能运营中心的功能、技术和环境要求，其结构、布局、外观造型都应服从功能的需要，在此基础上运用声学设计、灯光设计、供电设计等不同工艺方式、实现功能的需求。充分运用建筑内部空间形态光影关系，在满足办公的同时符合场地的功能需求的同时，与整体环境向协调。

4.2　交互展示系统

交互展示及配套系统建设内容包含 LED 屏显示系统、显示控制交互系统、视频会议系统、音频交互系统、网络系统、门禁系统和综合布线 7 个方向的建设内容，各方面建设内容相辅相成，即可在各自功能区独立运行，也可作为一个整体对音视频信号跨区域推送显示，系统架构如图 3 所示。

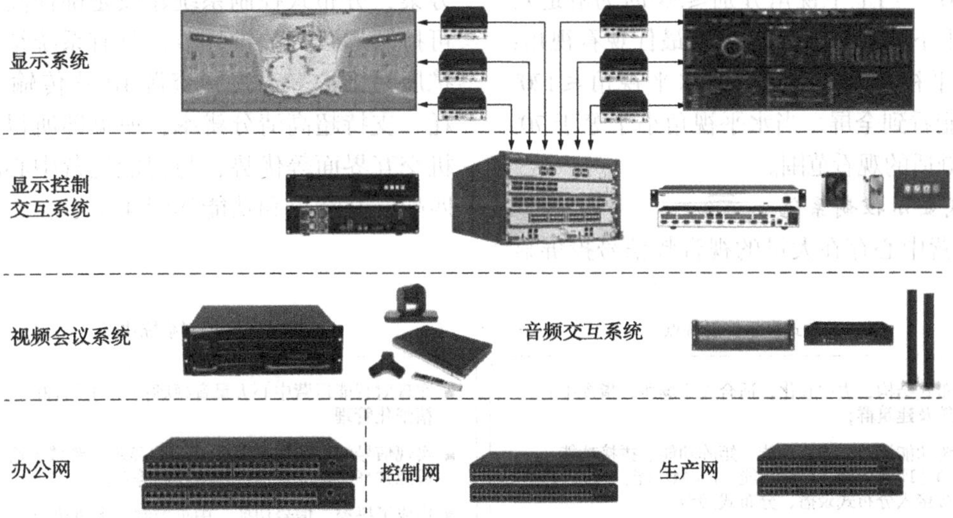

图 3　交互展示及配套系统架构图

5　系统选型

5.1　LED 显示系统

智能运营中心项目存在大量业务、数据的监控展示需求，且需要显示的信号丰富且复杂，各个基础应用系统信息和数据需要一个载体作为汇集中心，来对信息和数据进行集中显示和分析对比，以便在日常值班或紧急突发性事件发生时，运营人员可将信息和数据进行集中显示，实现资源互通互联，做出快速反应。

结合上述需求，一个大型的显示屏幕，即可将满足信息和数据进行集中显示。目前国内外大屏幕显示系统，主要分为 LCD、DLP、LED 三种产品，从显示技术的发展趋势和市场使用情况，LED 屏在使用寿命、拼缝、分辨率、维护成本等关键参数上优势明显，如表 1 所示，因此 LED 大屏更适合应用于智能运营中心的建设。

表 1　LCD、DLP、LED 关键参数对比表

关键参数	LCD	DLP	LED
亮度	较高	低	很高
对比度	≥2000∶1	≥2000∶1	≥5000∶1
寿命/h	≥8000	≥6000	≥10000
拼缝	0.5~0.8mm	0.8~3.5mm	无
分辨率	1920×1280	4K 以上	4K 以上
观看距离	较近	较远	较远
维护成本	较低	较高	较低

续表

关键参数	LCD	DLP	LED
显示光线柔和度	一般	柔和	一般
色彩鲜艳度	一般	一般	高
色彩还原度	一般	一般	高

在LED屏建设中，对人眼舒适观察视角的考虑至关重要。人眼视力为1.0时，观看LED屏时可以把2个像素点通过视觉误差合并为1个像素点，即可以观看到平滑图像时的最小距离。通过计算，P1.25LED屏最小视距为2.1m。人眼静态垂直视角为上60°下70°。当上下视角分别≤30°时为舒适观看视角，当上下视角分别≤15°时为最佳观看视角；人眼静态水平视角为120°，即当水平视角≤120°时，既满足能看到全屏。当水平视角小于等于70°时为人眼最舒适的观看范围。

5.2 分布式显示控制系统

智能运营中心存在大量的视音频信号投屏显示，实现对大量视音频信号的整合和精细化管理，实现信号的可视化管理、多窗口显示、跨域传输、资源共享、环境集中控制，需要建设一套安全高效、可靠稳定的显控交互系统。目前国内外大型指挥调度场所普遍使用的分布式显示控制方案，分布式控制系统建设是确保高效、安全和可持续运营的关键环节，具有系统结构简单，易扩展易维护、音视频资源IP化传输低延迟低损耗、支持超高清分辨率，所见即所得的可视化人机交互界面等优势，与智能运营中心的需求高度匹配，其特点和功能如图4所示。

分布式显示控制特点

- 分布式结构，去中心化，适合大型场所，指挥中心、建筑及建筑群；
- 系统功能涵盖：中控功能、矩阵功能、拼接功能、LED处理器功能、传输功能、KVM功能，可以直接接入分布式录播、分布式融台
- 系统以交换机为中心，骨干传输只需要布网线或光线即可
- 互联互通非常方便，只要接入网络，就可以完成接入
- 资源共享，分布式系统中只存在输入输出节点，全网输入源可传输到任意输出源
- 系统结构简单，输入节点(按信号源数量)+交换机(按系统规模配置)+输出节点(按显示设备数量)
- 系统扩容简单，增加节点即可完成扩容。
- 可直接接入IPC摄像头信号，无需额外设备
- 单节点的设备故障，只影响该节点，不影响系统整体运行
- 系统所有输入输出节点均支持4K高清传输，同时所有接入视频信号均可实时预览

分布式显示控制系统功能

- 实现对智能运营中心大量音视频信号的整合和精细化管理
- 实现信号的可视化管理、多窗口显示、跨域传输、资源共享、在线录播、环境控制等功能
- 集成了拼控、信号切换、中央控制等多块功能
- 支持显示终端任意拼接、漫游、开窗、叠加显示，可通过控制终端(一体机/平板电脑/PC)
- 实现对音视频信号的统一管理、统一调度
- 实现多个物理区域音视频信号互联互通，集中管控
- 可设置权限，实现不同区域的分级分权限管理

图4　分布式显示控制系统特点及功能

为满足可视化需求，系统需支持视频可视化预监、音频音量可视化显示、环境状态参数可视化显示、数据信息可视化显示、外接设备状态可视化显示。可视化音频控制，可以控制音量大小、切换静音模式、音频通道切换、实时声压大小展示、预案保存与调用。其控制内容包括添加和管控多种设备，支持视频设备、控制网关、音频设备、环境设备管理、IPC、IP电源控制器，对设备进行统一集中管控。实现可视化图像调度分区管理、工作站画面调度到LED屏，满足LED屏、监控坐席显示器的相互音视频交互。同时分布式控制系统应采用模块化、标准化的设计原则，以便于系统的扩展和维护。

5.3 视频会议系统

视频会议系统在现代企业中扮演着越来越重要的角色，它不仅是提升企业内部沟通协作效

率、加强远程管理和决策能力的重要举措，还为企业节省了大量成本。塔里木油田地处偏远，且其各分支机构广泛分布于南疆五地州，与油田本部之前的沟通方式较为单一，给会议召开带来诸多不便。

目前油田已建设基于 H. 323 协议的视频会议系统，在中心机房设立控制中心，配置多点控制单元(MCU)、DMA 服务器(网守)、资源管理服务器、会议管理平台、录播服务器，其系统组网图如图 5 所示。在本部和油田各分支机构设立会议室，配置高端视频会议终端和音视频集成设备。智能运营中心通过在本地部署硬件终端，接入油田已建视讯系统，完成视频会议系统建设，满足智能运营中心点调、会议等需求，且在应急事件或重大作业过程中，满足现场情况实时交互和调度指挥的需求。

5.4 音频交互系统

音频扩声的设计主要用于满足视频会议发言扩声、远端会场声音还原及其他各类音频播放的需求，系统由处理设备、发言设备、扩声设备等组成，选择合适的音频设备，确保设备性能满足系统要求，并具备良好的兼容性和稳定性。同时，合理配置设备数量和布局，确保音频信号的覆盖范围和质量，如图 6 所示。与分布式系统融合，进行统一控制、统一管理。同时由于采用了网络化的传输协议，整个音频扩声系统即可在各自功能区独立运行，也可作为一个整体将音频信号跨区域路由扩展。

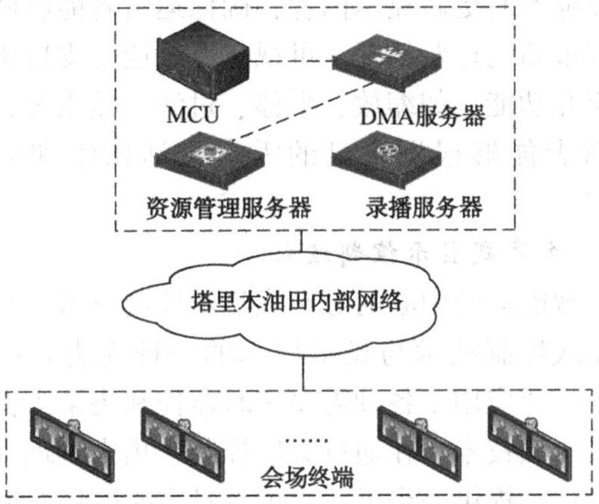

图 5　视频会议系统组网图

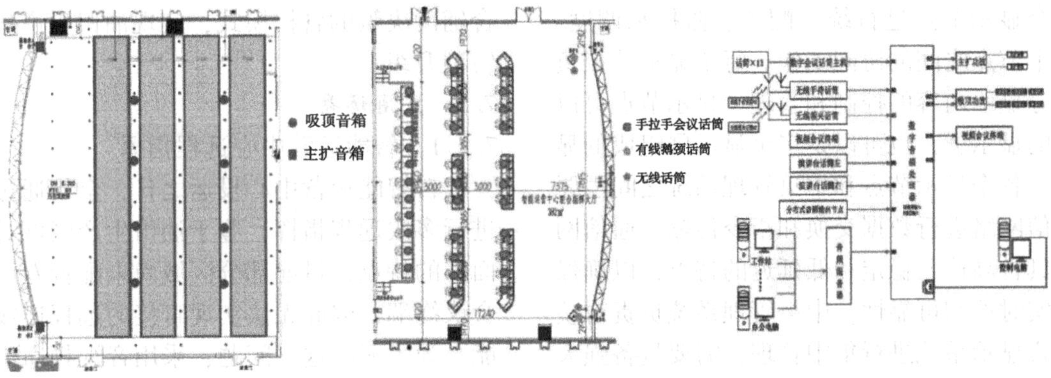

图 6　智能运营中心音频系统设计

5.5 网络通信系统

智能运营中心的网络建设主要包括办公网和控制网，办公网用于解决智能运营中心各区域业务工作站、办公电脑、视频会议和业务平台的对接。控制网满足工作站、视频会议、高分服务器、摄像机等音视频和控制信号接入需求，考虑到传输主要以音视频为主，设计千兆光纤到设备，实现无损压缩。办公网、控制网分别接入不同交换机，实现物理隔离。静电地板下敷设金属桥架，办公网采用布设两种线缆，分别为千兆六类网线和万兆光缆，现阶段使用六类非屏蔽网线，实现千兆到桌面，万兆光缆为未来的万兆到桌面做好准备；设计以设备间为中心，采用千兆单模光缆到每个分布式光纤节点，完成控制网的搭建。设备间按照业务类别，办公网、控制网采用不同机柜部署，网络系统后端配线采用交换机→配线架→用户网络信息点的方式。

6 相关技术

6.1 可视化技术

智能运营中心的可视化技术是一种集成了数据分析、图像处理、人机交互等多种技术的高级应用，通常用于实时监控、数据分析、决策支持等场景，它能够将复杂的数据和信息转化为直观、易于理解的图像，通过数据的可视化展示，帮助决策者快速识别趋势、异常和潜在问题，从而做出更明智的决策。可视化技术的实施主要经过需求分析、数据准备、设计布局、开发应用、部署和调试5个步骤。可视化技术能够整合来自不同数据源的信息，包括但不限于数据库、API接口、传感器等，为运营者提供全面的数据视图。通过高效的数据处理和渲染技术，可视化系统能够实时更新显示内容，确保运营者能够随时掌握最新的运营情况。可视化系统通常支持丰富的交互功能，如缩放、平移、过滤、搜索等，使运营者能够根据自己的需求灵活探索和分析数据。

6.2　分布式显示控制技术

智能运营中心的分布式显示控制技术是结合分布式控制技术与显示技术的一种先进解决方案，广泛应用于各种需要实时监控和决策支持的场景，该技术旨在通过分散控制、集中管理和高效显示，提供一个灵活、可靠且实时的运营监控和决策支持平台。虽然控制功能被分散，但整个系统仍然需要集中管理。通过中央管理系统，可以对各个显示节点进行统一配置、监控和调度，确保各个节点之间的协同工作。每个显示节点负责一部分显示内容的控制和管理。显示节点可以是独立的显示屏，也可以是多个显示屏组成的显示区域。各个显示节点和中央管理系统之间需要通过通信网络进行数据交换和指令传输。通信网络需要具备高速、稳定和低延迟的特点，以确保系统的实时性和可靠性。中央管理系统负责对整个分布式显示系统进行集中管理，需要具备强大的数据处理能力和通信能力，以便实现对各个显示节点的实时监控和调度。

6.3　大数据技术

智能运营中心的大数据技术是指利用大数据处理和分析技术，对海量的运营数据进行收集、存储、处理、分析和挖掘，以提供运营决策支持和优化运营效果的一种技术。大数据技术能够处理海量的运营数据，包括结构化数据和非结构化数据，通过流处理技术和实时数据库，实现对运营数据的实时分析和处理，提供实时的运营监控和预警。同时，通过机器学习、深度学习等算法，大数据技术能够对运营数据进行预测性分析，预测未来的运营趋势和问题，为运营决策提供支持。

7　主要应用

7.1　应用效果

智能运营中心主要承载了生产指挥、应急指挥、钻完井远程管控等方面应用，通过集成各类生产数据和可视化界面，运营人员可以直观地了解生产状态，实现对油气田生产过程的实时监控和指挥，及时发现并处理潜在问题，确保生产过程的顺利进行，如图7所示；通过构建统一的数据平台，实现各部门之间的数据共享和业务协同。这不仅提高了数据利用效率，还促进了各部门之间的沟通和合作，形成合力推动油田发展；通过引入数字化技术，智能运营中心可以将油田分散在各区域的井场、站场、管网、电网、讯网等设施变成一个“有围墙的工厂”，实现对这些设施的集中监控和调度，进一步提高生产效率和安全性。智能运营中心的投用进一步提升了业务的数字化、可视化、自动化、智能化水平，建立健全数据驱动、智能辅助的生产管控体系，以生产运行全业务链全面数字化、生产信息集约化为支撑，构建一体化联动生产指挥和多专业高度融合辅助决策的管控模式，实现油田生产运行管理转型升级。

7.2　应用场景

7.2.1　智能运营中心远程指挥

自智能运营中心投运之日，全年通过该平台进行多次远程指挥，鉴于油田生产区域具有点多面广的特点，目前部分区域尚未配置专门的视频会议终端，因此无法实现直接的远程连线指挥功能。为了解决这一问题，采用音视频通信融合技术，确保即便在没有视频会议终端的区域，也能通过融合通信的方式实现高效的远程指挥，从而确保油田生产的顺利进行和高效管理。如图8和图9所示，视频通信系统和音频通信系统之间通过SIP中继进行连接，并且视频通信系统支持H.323和SIP双协议，UC通信系统支持SIP协议。采用SIP中继技术，实现视频会议系统和UC系统对接。

7.2.2　智能运营中心远程调研

油田及地方各级领导，依托先进的智能运营中心，多次进行远程调研，深入了解了油田生产现场的实际情况。通过这种高效的远程沟通方式，领导们能够实时掌握生产进度、设备运行状况以及安全管理情况，为油田的可持续发展提供了有力支持。智能运营中心的远程调研功能不仅提升了决策效率，还加强了各级领导与生产现场之间的沟通与协作，为油田生产的稳步运行和不断优化奠定了坚实基础。

图 7　智能运营中心应用

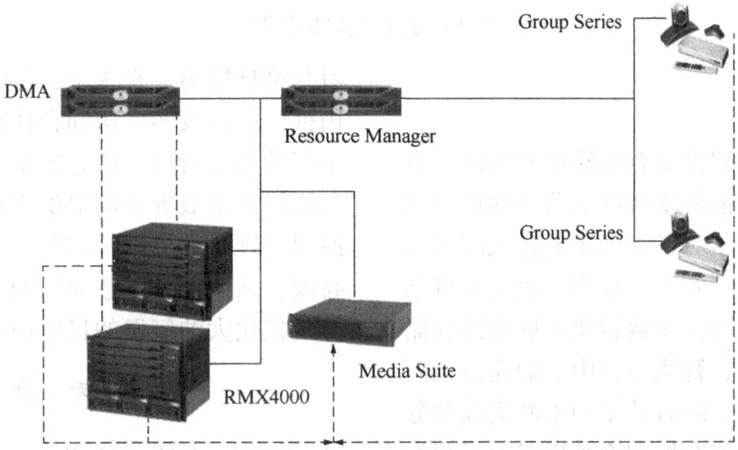

图 8　音视频融合硬件架构图

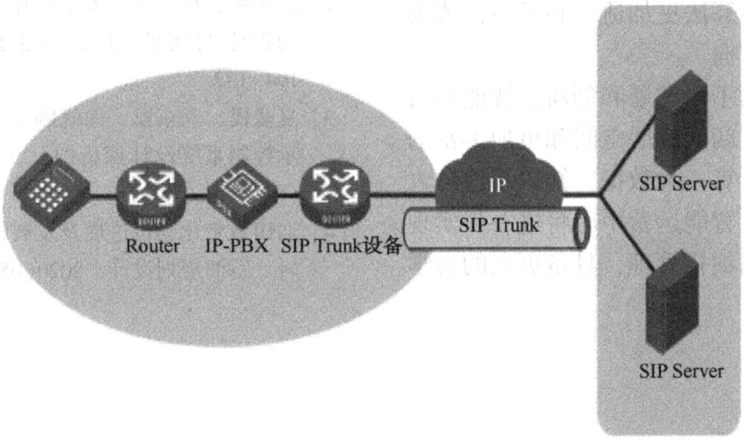

图 9　音视频融合原理图

现以某次远程调研为例，简述实现方式。视频连线使用油田现有视频会议系统，按照主会场+分会场(智能运营中心)的方式进行。主要进行两项工作：一是负责 A 地现场至 B 地现场的视频信号传输；二是配合智能运营中心调度 DROC 视频信号和数据。拓扑如图 10 所示，一是配置通讯链路和网络，开通 A 地至 B 地的专线；二是 A、B 两地分别准备视频会议终端、音频设备等调研所需设备；三是智能运营中心调取 B 地画面和生产数据并传送至 A 地。通过以上方式，实现远程调研。

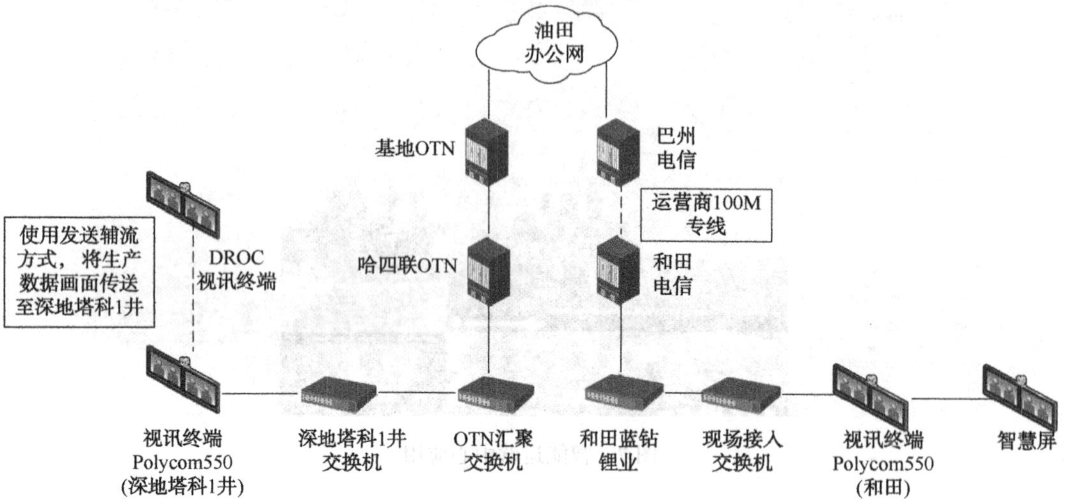

图 10　远程调研拓扑图

8　总结与展望

智能运营中心的建设是企业转型升级的必由之路，为油田带来了前所未有的运营效率提升和管理水平改进，实现了对各类资源的优化配置和实时监控，确保了生产安全，提高了决策的科学性和时效性。同时也为油田数智化发展做经验储备和模式探索。当然，智能运营中心的建设也面临着一些问题和挑战。随着数据的不断集成和分析，如何确保数据的安全性和隐私性成为了我们需要关注的重点。在面对复杂多变的油气田生产环境时，如何使智能算法更加适应和灵活，成为了我们需要研究的方向。

随着信息技术的不断发展和创新，智能运营中心也将迎来更加广阔的发展空间和更加丰富的功能应用。通过云计算、大数据、知识图谱与人工智能技术的推动，智能运营中心将进一步实现自动化、智能化和精细化管理，具备更强的自学习与推理能力。在未来，持续加强技术研发和应用推广，以及多方协同合作和不断创新，为油气生产的高效管控、应急抢险的智能决策、业财融合的提质增效等方面提供更有力的支撑。这将使油田管理迈向更加精细化、灵活化和精准化的新高度，从而催化智慧油田的快速发展，向世界一流现代化大油气田的目标稳步迈进。

参　考　文　献

[1] 谭兆清．长江云 TV 基于知识图谱技术的智能运营系统[J]．广播电视网络，2023，30(03)：106-108.

[2] 温小艳，付国庆．大型石化集团公司智能运营中心的探索与实践[J]．石化技术，2023，30(01)：194-197.

[3] 夏爱民，刘东亚，徐晓刚．基于流媒体的分布式显示控制系统设计探析[J]．现代信息科技，2020，4(05)：52-54.

[4] 油田数字化建设进展及发展趋势[J]．张丹丹；曹万岩．石油规划设计，2020(05).

油气生产企业数字化转型智能化发展探索与实践

程　鹏　范玉涛　胡欣宇　文远静　李　伟　何　伟

（中国石油塔里木油田公司）

摘　要　塔里木油田迪那采油气管理区在持续稳产上产与用工总量控制矛盾逐步增大、安全生产形势与日趋复杂的生产环境矛盾进一步升级的大背景下，针对工作区域面临的线长、点多、面广等管理困难，围绕“前端”生产自动化、“中端”运营数字化、“后端”场景智能化3个方面，不断探索数智革命新方法、新技术、新机制，有效支撑油气田快速建产和高效开发，扎实促进生产运行方式、经营管理模式、劳动组织架构三大变革，持续推动数智化业务与油田主业深度融合，走出了一条现代化油公司数字化转型智能化发展创新转型之路。

关键词　塔里木油田；生产自动化；运营数字化；场景智能化

近年来，信息技术的发展带动数字经济蓬勃发展，传统的生产模式、管理方式正在发生改变，数字经济成为发展最快、创新最活跃的领域。“十四五”规划和2035年远景目标纲要提出：“加快推动数字产业化”“推进产业数字化转型”，推动互联网、大数据、人工智能和实体经济深度融合。二十大报告也提出了建设“数字中国”的宏伟蓝图。

石油天然气行业在全球经济中占有重要地位，能源科技的发展将深刻影响未来能源格局。在能源行业转型加速的大环境下，各大石油公司将数字化转型智能化发展作为未来发展的战略方向，持续加大数字化投入力度，加速推进生产信息化建设。

迪那采油气管理区作为塔里木油田公司二级单位，成立于2019年1月20日，主要负责迪那、牙哈及周边油气田的开发生产管理工作。“十四五”以来，迪那采油气管理区紧紧围绕油田顶层设计，狠抓现场自动化改造、无人值守改造、智能化平台建设，建成生产指挥中心，走出了一条现代化油公司数字化转型智能化发展创新转型之路。

1　数字化转型智能化发展背景

2023年以前，迪那采油气管理区采气队、处理站均有独立的一套管理、技术、巡检操作、维修维护人员，组织机构、管理层级多，效率不高。现场巡检、问题发现主要依靠人工，生产报表仍为人工填写。高危关键作业仍然采取人员现场监督监护的方式管控作业人员行为。对采集数据的分析和判断效率较低，设备在线监测诊断、智能分析预警等预知性、预防性维护的手段不多。

各系统厂家、型号不统一，系统之间独立，存在条块分割、数据分析方法单一等技术障碍，不同系统无法互联互通，跨部门协同难度大。数据资源快速增长却难以共享，技术人员需要花费大量时间收集、整理、分析数据，影响了油气开发质量效率提升。

2　1数字化转型智能化发展探索

2.1　“前端”生产自动化

2.1.1　通讯网络

为解决场站、偏远井的数据传输问题，通过建成覆盖95%以上油气生产区域的光传输网络，形成工控网络、视频网络、办公网络，不同网络之间物理隔离，同一网络不同区域之间安装网闸、防火墙，做到“三网分离、层层保护”。与移动运营商合作，采取运营商建设、管理区租赁方式，实现油气生产区域手机信号全覆盖。构建APN专线网络，已开通200余张APN物联网卡，解决了手持终端、布控球数据上传难题，实现网络集中管理、统一运维。

2.1.2　场站无人值守

针对场站分散调度、管理效率低等问题，新增远传仪表及控制阀，实现远程倒井计量、自动联锁切断/放空、远程启停泵、远程启停加热炉，整合控制系统，在处理站主控室集中监控。7座中小场站全部实现无人值守，形成“无人值守、集中监控、定期巡检、应急联动”的智能化生产模式。传统管理方式与无人值守管理方式对比见表1。

表1　传统管理方式与无人值守管理方式对比

序号	传统管理方式	无人值守管理方式
1	24小时有人值守监控	无人值守，远程监控
2	每7天人工切换流程，计量一次产量	10分钟远程切换，自动计算产量
3	每2小时现场检查气井运行状态	实时判断气井运行状态，异常报警、推送
4	每2小时现场巡检，关键点参数抄录	视频巡检，参数自动记录
5	人工计量、记录，手动填写数据	电子报表在线自动生成
6	每2小时巡回检查，人工启停设备	设备状态在线监控，远程启停

2.1.3　数据采集

补充203块智能电表、55块UPS通讯卡、6台流量计、18台液位计、220台数字摄像头，实现电量、电压、UPS状态、流量计、液位、视频等数据实时采集，确保各类参数自动采集。

2.1.4　智能监测技术

压缩机、机泵、空冷器等关键动设备新增温度、振动等状态监测仪表配套后台诊断系统，实现设备工况实时监测，将动设备维护由计划性检修转变为预知性维修，延长使用寿命，降低维护费用。压缩机厂房、液化气球罐等高风险区域安装智能巡检机器人、红外成像气体泄漏检测仪，实现法兰连接处气体微小渗漏定点、定位检测及报警，提前发现关键设备、重大危险源泄漏隐患苗头。

2.2　“中端”运营数字化

2.2.1　生产指挥中心

利用油田OTN网络打通牙哈、迪那两地通讯，利旧现有工控操作站集中监视牙哈、迪那生产数据，整合两地视频集中监视，解决以往通过A11查看两地生产数据、视频，数据刷新不及时，视频中断频繁问题。升级软件实现牙哈、迪那无线对讲系统互联互通及人员定位。建成管理区生产指挥中心，实现“看得见、呼得通、调得动”，包含井站生产监控系统、管理区数字化生产管理系统、管理区安眼系统、DROC系统，实现生产过程监控、检修施工远程视频监视和生产组织调度及应急指挥等三位一体功能。生产监控模转变为“1(生产指挥中心)+2(牙哈处理站+迪那处理站)”转变，合并采气作业区、处理站，实现迪那、牙哈井站一体化集中管理运维。

2.2.2　安眼工程

通过布控球、固定摄像头远程监管低风险高危作业，并安装智能分析服务器，配置不戴安全帽、接打手机、不系安全带、吊臂下穿行等智能算法，识别人的不安全行为、物的不安全状态，解决监督人员不足问题，并在工程项目全面应用。通过远程视频监督，实现一人实时监督4~5项低风险高危作业，现场监督人员减少57%，远程监督发现较大隐患数量由6.4%提升至9.7%。解放出来的低风险作业监督人，集中在高风险作业现场监督，提升现场施工作业管控效能。

2.2.3　系统高级应用

新增控制系统卡件状态、液控柜参数长期不变、液压油泵频繁启停等监控程序，异常后报警并实时推送，全面提升安全系数。重要设备停机、关键工艺参数及可燃气体报警时，主岗需要手动调取视频检查现场是否出现异常，耗费大量时间。视频监控系统新增视频动环主机实现关键参数报警信号与摄像机联动功能，参数报警后关联视频自动置顶显示现场画面，便于快速查看现场，同时应用语音引擎，实现语音喊话自动调取视频，减少查找视频操作时间。

2.3　“后端”场景智能化

2.3.1　标准化信息平台

建成标准化信息平台，涵盖领导驾驶舱、一体化生产调度与应急指挥、井站一体化运维、油气藏地质研究、采油气技术支持、地面工艺技术支持、质量健康安全环保7大应用场景(图1)，45项一级业务，实现数据统一调取、报表自动生成、线上电子巡检、核心业务上线率100%，异常数据、报警、预警自动推送，从“人找数据”向“数据找人”转变。报表、档案自动生成，制定在线审批工作流，实现业务审批流转、报表档案的无纸化、数字化；系统对生产状态、设备、管网、井筒进行智能分析，技术人员定期人工分析，分析结果审批后通过线上直接传递给生产指挥中心调整工艺、设备、单井运行状态；日常生产信息、异常信息分类分级通过系统自动推送至各级人员，改变传统生产调度汇总模式。

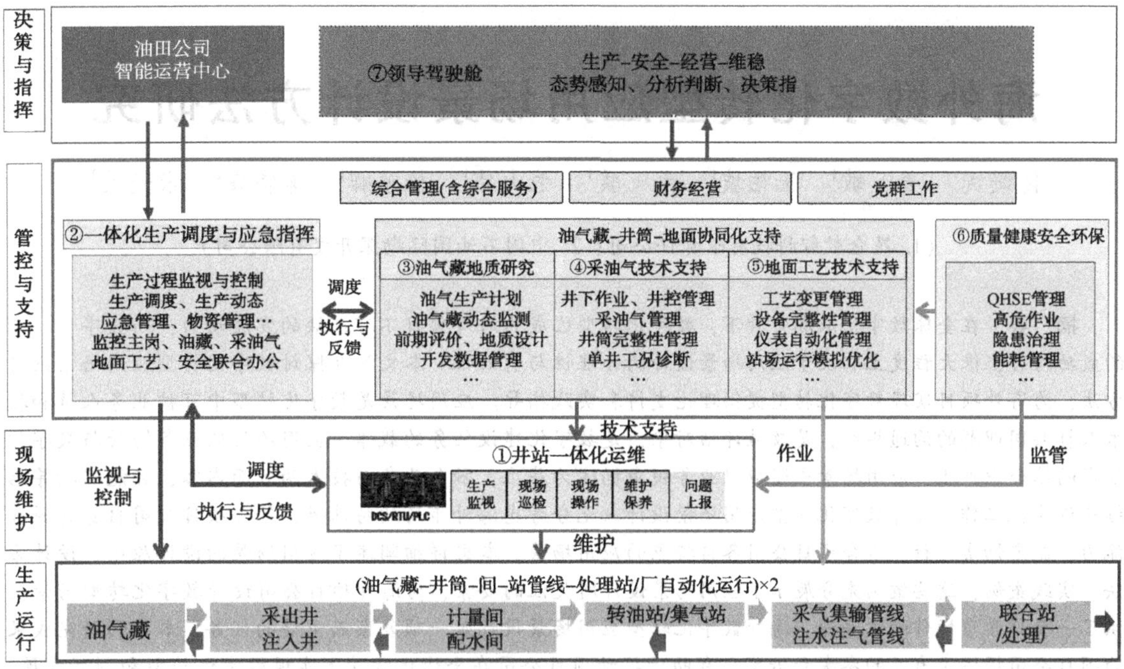

图1　标准化信息平台架构图

2.3.2　建章立制

完善管理配套，从转观念、提能力、配制度三个方面制定11项具体措施，开展全员宣贯，转变甲乙方员工固有观念，促使全员学数智化、懂数智化、用数智化，提升管理效率。

3　建设成效

迪那采油气管理区通过数字化转型、智能化发展工作的推进，提高了生产效率，压缩了管理层级，优化了组织架构，盘活了内部用工，取得了多方面的管理效益和经济效益，助力塔里木油田油气业务驶入数字化转型智能化发展快车道。

3.1　管理效益

3.1.1　管理效率提高

技术密集替代劳动力密集，大幅度提高了管理效率；通过压缩管理层级，劳动组织架构持续优化，支撑区域共享、全局管控运行方式，组织架构更加扁平高效；优化核心业务流程，各方面技术专业形成高效联动的有机整体，全局协同、系统调优，工作更加精准、高效。

3.1.2　本质安全提升

通过在线监测、远程启停、无人值守，使员工远离高温、高压、有毒有害等风险区域；通过远程集中监控实时掌握生产状况，开展生产优化与管理；对生产作业、管线运行、设备状态实时监控，确保安全环保受控运行；充分发挥视频、气体检测等新型智能化技术，对现场全方位监控。

3.1.3　工作方式变革

操作员工从枯燥、重复性的操作岗位解放出来，技术人员从繁杂的资料收集、整理和数据处理中解放出来，将更多精力投入到分析工作中，大幅提高工作质量和效率；技术人员不限时间的远程指导故障处置，身临其境。

3.2　经济效益

3.2.1　直接经济效益

优化减少承包商员工57人，降幅16%，减少费用408万元/年。

3.2.2　间接经济效益

各类岗位人员数据获取、整理的工作量大幅降低，智能应用有效辅助各项业务，工作效率和质量得到明显提升；组织架构持续优化，沟通、时间、协同、成本有效降低，有效提升油气生产本质安全，有效保障施工作业安全和环境保护。

参　考　文　献

[1] 李剑峰．油气工业数字化智能化发展趋势[J]．石油科技论坛，2023，42(3)：10-21.

[2] 胡建国，马建军，李秋实．长庆油气田数智化建设成果与实践[J]．石油科技论坛2023，42(3)：30-40.

[3] 甘振维，路智勇，李四海，等．江汉油田数字化转型探索与实践[J]．石油科技论坛2023，42(3)：41-47.

[4] 李剑锋．中国石化数字化转型发展的路径与策略[J]．中国石化，2019(11)：67-70.

海外数字化转型应用场景设计方法研究

佟媛媛[1]　姜　敏[1]　王柏坡[1]　毛　骏[1]　毛大伟[1]　杨慧卿[1]　陈晓巍[1]　张光荣[2]

（1. 昆仑数智科技有限责任公司；2. 中国石油国际勘探开发有限公司）

摘　要　在全球数字化浪潮背景下，数字化转型已成为海外项目不可或缺的发展动力，而数字化转型的成功与否，很大程度上取决于应用场景设计的合理性与有效性。本文旨在探讨数字化转型应用场景设计方法，为海外项目实现数字化转型提供理论支持和实践指导。应用场景是数字化转型中可被业务人员和技术人员共同理解的沟通枢纽，是效益评估对象，是数字化建设任务的载体。应用场景从业务场景与数字化技术的结合中产生，应用场景表述应以业务视角描述为基准，融合业务与技术两方面内容，且能够指导后续建设实施工作。海外数字化转型应用场景设计应充分考虑海外市场的特殊性，结合项目公司自身资源和能力，制定切实可行、适合项目公司各自特点的应用场景。本文详细阐述了应用场景的设计原则、设计方法、实践案例，这些案例充分展示了应用场景设计所关注的要素，为海外项目公司设计数字化转型场景提供了一套科学可操作的方法论。海外数字化转型应用场景设计是一项复杂而重要的任务，本文的研究成果为项目公司提供了有益的参考和借鉴，有助于推动项目公司在全球化背景下实现数字化转型和创新发展。未来，随着新技术的不断涌现和应用场景的不断拓展，数字化转型应用场景设计方法也将不断完善和创新。

关键词　海外数字化转型；应用场景设计；用户需求；数字化技术；案例研究

1　引言

随着信息技术的迅猛发展，数字化转型已成为全球企业发展的必然趋势。海外项目由于文化背景、经济环境、政策法规等方面的差异，使得数字化转型应用场景的设计更具挑战性和复杂性。因此，研究海外数字化转型应用场景的设计方法，对于推动海外项目实现数字化转型具有重要意义。

中国石油天然气集团有限公司（简称“集团公司”）大力推进数字化转型试点工作，在试点转型方案编制和评审工作要求中提出，各试点单位要明确定位和指导思想，确定重点发展方向，编制转型方案。在方案中应包括建设蓝图、分阶段实施路线图、应用场景、工作任务（效益量化、流程优化、模式转型、数据驱动、技术融合）、实施方案设计。其中应用场景是数字化转型中可被业务人员和技术人员共同理解的沟通枢纽，是效益评估对象，是数字化建设任务的载体，是工期排定、成本估算的依据，是转型方案编制的重点，也是难点。

2　海外数字化转型应用场景设计的原则

2.1　深入市场调研与需求分析

市场调研是海外数字化转型应用场景设计的关键环节。在进行海外数字化转型应用场景设计之前需要对项目公司目标市场进行深入的市场调研和需求分析。通过收集和分析目标市场的需求、行业趋势、竞争态势等信息，可以了解市场的真实需求和潜在机会，为应用场景设计提供有力的数据支持。通过调研，可以了解目标市场的消费者需求、行业趋势、技术发展状况、竞争态势等信息。调研方法包括问卷调查、访谈、观察等，旨在收集全面、准确的市场数据，为应用场景设计提供数据支持。

2.2　文化融合与场景构建

基于市场调研结果，结合项目公司的业务特点和战略目标，构建符合目标市场需求的数字化应用场景。场景构建需要考虑用户行为、业务流程、技术实现等多个方面，确保场景的实用性和可操作性。同时，通过模拟测试验证场景的可行性和有效性，发现潜在问题并进行优化改进。

在海外数字化转型应用场景设计中，文化融合与创新至关重要。不同国家和地区的文化背景和价值观存在差异，因此需要在设计中充分考虑目标市场的文化特点，避免文化冲突和误解。同时，结合项目公司的创新理念和技术优势，打造具有竞争力的数字化产品和服务，提升用户体验和市场竞争力。

2.3 技术选型与实现

技术是实现数字化转型应用场景的关键。项目公司需要根据应用场景的需求和特点，选择合适的技术进行实现。这包括云计算、大数据、人工智能、物联网等新兴技术的应用。在技术选型过程中，需要考虑技术的成熟度、稳定性、安全性等因素，确保应用场景的可靠运行和数据的安全保护。

2.4 用户体验优化与迭代

用户体验是数字化转型应用场景成功的关键因素之一。需要注重项目公司用户体验的优化和迭代，通过收集用户反馈和数据分析，不断改进应用场景的设计和功能，提升用户体验和满意度。同时，还需要关注市场的变化和趋势，及时调整和优化应用场景，以适应市场的变化。

海外数字化转型应用场景设计是一个持续迭代和优化的过程。在应用场景实施过程中，需要不断收集用户反馈和市场变化信息，对场景进行迭代优化和持续改进。通过不断优化和改进，提升应用场景的用户体验和市场竞争力，实现项目公司的长期发展目标。

综上所述，海外数字化转型应用场景设计是一个系统性、复杂性的工作，需要在市场调研、场景构建、文化融合、技术选型等多个方面进行深入研究和实践探索。通过科学的方法和有效的实践，可以成功设计出符合海外市场需求的数字化转型应用场景，推动项目公司实现国际化战略和可持续发展。

3 海外数字化转型应用场景设计方法

3.1 业务场景到应用场景

业务场景是在特定的条件和环境下，业务人员沿着业务流程向着价值目标所走过的完整路径。

数字化应用场景是在旧业务场景中，通过引入数字和信息化技术，建设数字化生产运营平台，对业务进行赋能，提升业务能力，解决业务痛点，推动业务模式变革，形成的新应用场景(图1)。

图1　数字化应用场景流程

应用场景的作用是应用场景是数字化转型中可被业务人员和技术人员共同理解的沟通枢纽，是效益评估对象，是数字化建设任务的载体，是工期排定、成本估算的依据。

3.2 应用场景全要素表述方法

应用场景从业务场景与数字化技术的结合中产生，应用场景表述应以业务视角描述为基准，融合业务与技术两方面内容，且能够指导后续建设实施工作。

应用场景的描述应采用“总-分-总”的形式，首先是所有应用场景总体框架和相关蓝图、路线图，然后对每类每个应用场景分别细化表述，最后汇总各应用场景的能力提升、模式变革、效益量化、成本估算等内容(图2、表1)。

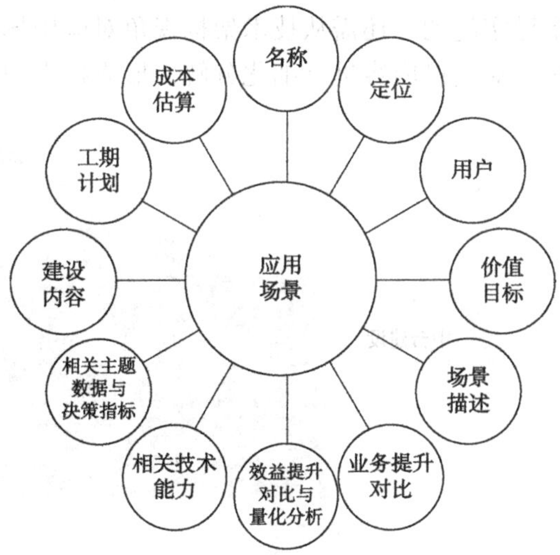

图2　应用场景全要素图

表1　应用场景全要素表

序号	要　素	表述规范	常见问题
1	名称	从业务视角给应用场景起名	不能是技术视角的某某平台、某某系统
2	定位	应用场景所属业务归类	缺少总体分类指导
3	用户	列出参与应用场景的干系人	组织、单位名称不规范
4	价值目标	应用场景应创造价值的分类或方向	应该端到端中价值端的收益，不能是局部环节的效益

续表

序号	要　素	表述规范	常见问题
5	应用场景描述	按照业务逻辑和业务活动顺序表述；要描述业务活动中用什么做什么实现什么	不能按照系统功能模块划分顺序表述；不能是功能是什么，能帮用户做什么
6	业务提升对比	要有旧场景痛点描述，将新场景与旧场景进行对比，重在能力提升与模式变革归纳	不能与效益提升分析混淆
7	效益提升对比与量化分析	要有旧场景收益描述，将新场景与旧场景进行对比，重在按价值指标进行量化分析并汇总	不能与业务提升对比混淆
8	相关技术能力	对应到技术能力目录，并具体化表述	只对到能力目录，没有按场景特点具象化
9	相关主题数据与决策指标	1 从业务定位涉及的数据标准规范中，列出相关主题数据域和决策指标域	未结合云数据架构和数据驱动思维
10	建设内容	进行“物联网建设、数据湖建设、中台建设、应用建设”四方面分解	未能分解，无法顺利过渡到实施阶段
11	工期计划	应用里程碑、工期计划	未与相关依赖项目统筹，使工期不切实际
12	成本估算	按甲方费用科目视角分解，标准、细化、完整	未按甲方费用科目视角分解，导致多项目无法汇总审报审批。或不完整、依据不充分、细化不到位

3.3　应用场景建设内容

仅从业务视角的应用场景描述上，是无法直接指导实施的。还需从技术架构视角对应用场景重构，对建设内容进行细化分解，形成技术视角的建设内容描述，以顺利过渡到实施、开发、集成阶段实现。

以下为试点项目联合公司部署架构供参考（图 3）。

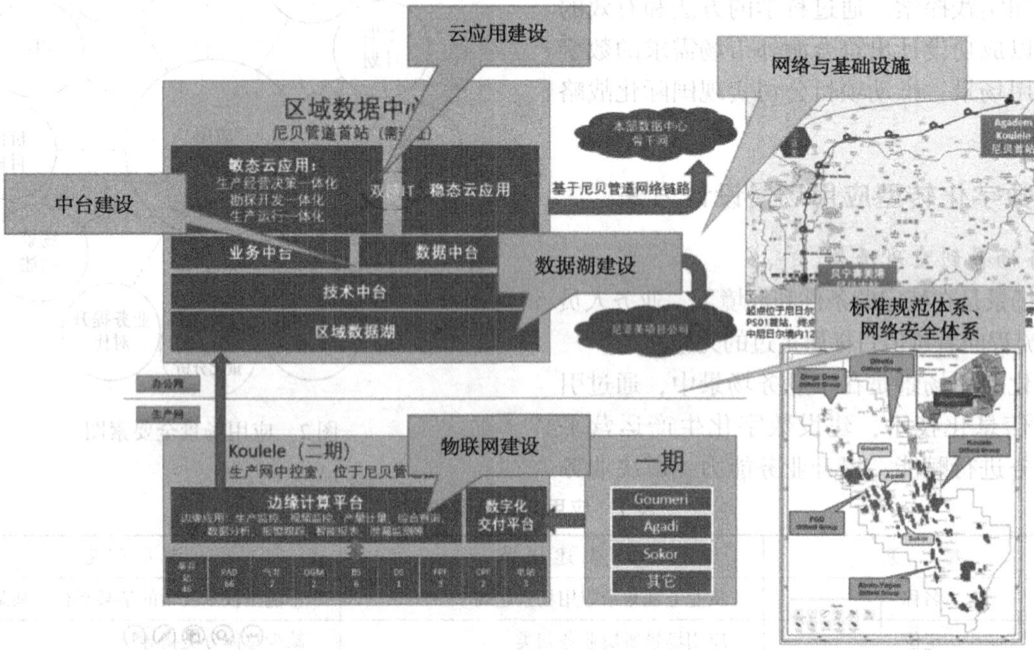

图 3　应用场景建设内容图

应用场景的建设内容从应用场景的第 1 到第 9 个要素，尤其是“场景描述、技术能力清单和相关数据”推导而来。除了网络基础设施、网络安全之外，按技术架构层面可划分为“物联网建设、数据湖建设、中台建设、云应用建设”。确定建设内容后，即可进行场景间建设内容的关联和依赖分析，进行形成工期计划，并可进行成本细化估算工作。

通过应用建设可使技术平台不再空洞，使应用生态不断发展壮大。每个应用场景建设内容包括如下一项或几项，并适当细化即可(表2)。

3.4 应用场景样例

应用场景样例见表3。

表2 应用场景建设内容表

分类	建设内容描述(需根据实际平台手册调整或扩充)
物联网建设	基于数字化交付平台的物联设备接入清单； 基于数字化交付平台的数据和服务需求清单； 物联网边缘侧数据模型清单； 物联网数字孪生体感知认知决策控制流概述； 边缘应用清单与功能描述
数据湖建设	入湖数据清单； 数据模型与决策指标清单； 数据流架构概述
中台建设	数据中台服务清单； 业务中台服务清单； 对于GIS、移动应用、数据库服务等技术中台专项服务需求清单； 数据算法清单； 智能模型清单
云应用建设	云应用清单与功能概述； 对技术中台、数据中台、业务中台的服务需求清单； 与包括数字化交付平台在内的各类系统集成需求清单

表3 应用场景样例表

序号	要　素	表述规范
1	名称	钻井实时智能决策与支持
2	定位	勘探开发一体化
3	用户	作业部、开发部
4	价值目标	通过将实时传输的随钻数据与油藏、地震模型结合进行综合分析，为现场作业提供智能决策与支持，不断优化施工设计方案。提高油藏储层评价质量和效率，提高油层钻遇率、降低钻井过程风险
5	应用场景描述	钻前融合物探及测井数据，建立三维地质模型，生成油藏储层评价模型； 以地质与油藏储层评价模型为背景，自动生成钻井轨迹，提高油层钻遇率； 钻中将钻井过程数据实时传输，通过智能模型实现风险自动预警，异常井况实时上报、智能处理； 钻后更新地质与储层评价模型，为新井部署提供意见及井身轨迹设计 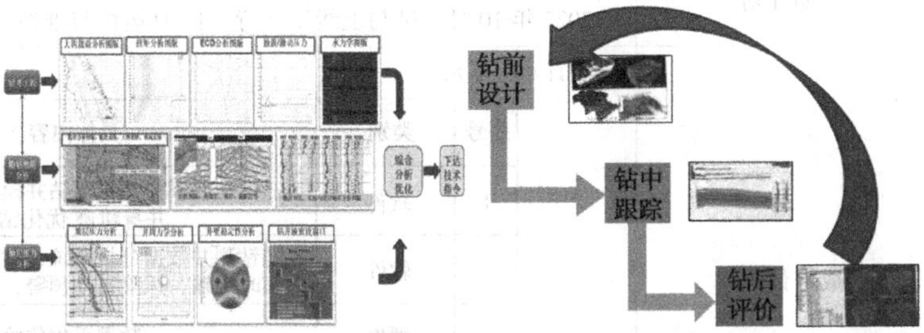
6	业务提升对比	提升钻井方案编制能力、提升井身轨迹实时调整能力，提升数据实时共享能力，提升随钻现场工人实时分析能力，提升风险预警和实时诊断能力。将决策模式从现场为主办公室为辅的正三角形转换办公室现场协作的矩形模式。共5个能力和1个模式

续表

<table>
<tr><th>序号</th><th>要　素</th><th>表 述 规 范</th></tr>
<tr><td>6</td><td>业务提升对比</td><td>
<table>
<tr><th>转型前</th><th>转型后</th><th>转型类型</th></tr>
<tr><td>钻井方案：
▶钻井方案个性化程序差
▶井身轨迹实时调整依据少

随钻数据：
▶随钻现场人工分析
▶依据经验判断井况状态

工程技术：
▶自动化程度较低</td><td>▶钻井参数、轨迹实时调整优化
▶随钻实时传输，自动分析，专家远程支持
▶风险自动预警
▶异常井况实时诊断，实时指导生产
▶逐步提升智能化自动化水平</td><td>▶钻后优化变为钻中优化

▶延迟走向实时
▶现场判断变成远程决策支持

▶人工经验变成智慧决策(工作模式上实现从以现场为主办公室为辅的正三角形到倒三角形再到矩形的转变)</td></tr>
</table>
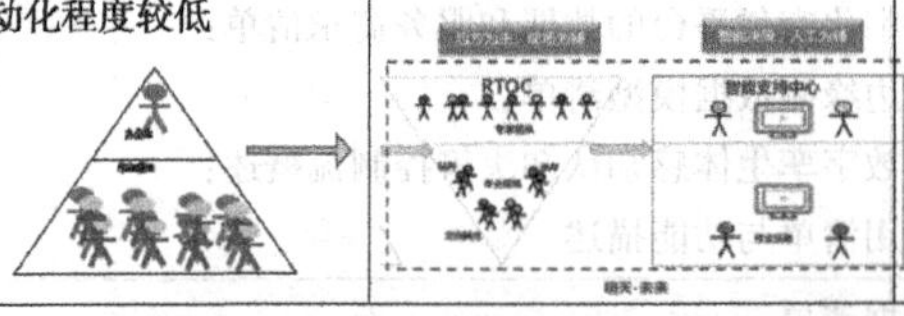

</td></tr>
<tr><td>7</td><td>效益提升对比
与量化分析</td><td>预计每年节省人工成本80万元人民币，更重要的是提高油藏钻遇率、降低钻井风险
<table>
<tr><th>转型前</th><th>转型后</th></tr>
<tr><td>方案：依据地质勘查、岩性分析、油藏储层评价、地层对比分析等方式人工制定方案，需要大量的人员从事人工分析工作</td><td>以地质与油藏储层评价模型进行数据模拟分析，提供新井部署意见，自动生成钻井轨迹，优化钻井方案。减少人力成本和设计成本</td></tr>
<tr><td>技术：现场人工分析，依据经验判断，各专业难以即时融合</td><td>实时传输，自动分析，智能诊断，远程指挥，降低风险，提高油藏钻遇率</td></tr>
<tr><td>人员：人员复杂、工种多</td><td>初期大量专家远程支持；最终达到少数专家远程支持和少量现场技术人员，极大的减少人力成本</td></tr>
</table>
</td></tr>
<tr><td>8</td><td>相关技术能力</td><td>钻井数字孪生体、远程操控技术、钻井实时感知、钻井全景视图展示、钻井风险事先预测、钻井模型计算与智慧决策</td></tr>
<tr><td>9</td><td>相关主题数据与决策指标</td><td>钻井工程、油藏地质，地震模型</td></tr>
<tr><td>10</td><td>建设内容</td><td>实际应对应用的功能模块、集成关系、数据流、控制流做展开描述。其中，边缘侧和云上应用划分还需业务和技术人员进一步完善，此处为样例参。
物联网建设：钻井设备设施接入清单、数据采集传输设备、数字化交付平台的接口需求、钻井数据感知分析控制流描述、随钻测井数据分析APP、测井数据实时传输APP、风险自动预警APP、异常上报APP
数据湖建设：钻井工程数据模型、油藏地质数据模型，地震模型。实现钻井数据入湖、治理、挖掘流程描述
中台建设：业务中台的井筒中心等；数据中台的井筒主数据服务等；技术中台的GIS、钻井分析边缘计算模型，三位地质模型、钻井模拟模型、钻井方案生成与优化模型等
云应用建设：三维地质与钻井模拟APP；钻井轨迹与钻井方案优化APP；钻井协同研究与指挥APP</td></tr>
<tr><td>11</td><td>工期计划</td><td>2021年10月规划与分析，12月设计与实施；
2022年10月测试与上线试运行，12月运行与维护</td></tr>
<tr><td>12</td><td>成本估算</td><td>合计×××万元
<table>
<tr><th>序号</th><th>类别</th><th>具体内容</th><th>费用
(万元人民币)</th></tr>
<tr><td>1</td><td>软件</td><td>三维地质模型模型与钻井模拟系统，自动生成井身轨迹,优化钻井方案</td><td></td></tr>
<tr><td>2</td><td>软件</td><td>随钻测井数据分析系统，钻井过程中测井数据实时传输，风险自动预警，异常井况实时上报</td><td></td></tr>
<tr><td>3</td><td>硬件</td><td>数据采集传输设备</td><td></td></tr>
<tr><td>4</td><td>安装</td><td>安装调试及材料费(设备安装服务，软件调试服务)</td><td></td></tr>
<tr><td>5</td><td>调试</td><td>设备调试，联调、培训和试验</td><td></td></tr>
</table>
</td></tr>
</table>

4　结语

本文通过对海外数字化转型应用场景设计方法的研究，总结出一套适用于海外市场的数字化应用场景设计方法。这些方法不仅有助于项目公司更好地适应海外市场环境，提升竞争力，还为未来数字化转型的发展提供了有益的参考和借鉴。未来，随着新技术的不断涌现和应用场景的不断拓展，数字化转型应用场景设计方法也将不断完善和创新。

参考文献

［1］陈明，李娜．海外企业数字化转型中的场景设计方法与实践研究［J］．国际商务研究，2022，(4)，78-86.

［2］王刚，刘阳．基于用户画像的海外数字化转型应用场景设计［J］．信息系统学报，2021，(3)，56-64.

人工智能在海外油气田的应用进展及前景展望

姜　敏[1]　毛　骏[1]　毛大伟[1]　杨慧卿[1]　佟媛媛[1]　左庆文[1]　陈晓巍[1]　张光荣[2]

(1. 昆仑数智科技有限责任公司；2. 中国石油国际勘探开发有限公司)

摘　要　人工智能在石油行业的应用能够显著提高效率和效益，助力企业在全球油气大环境下实现降本增效的目标。未来随着技术的不断进步和应用场景的拓展，人工智能有望在石油行业特别是中石油海外智能油气田建设中将发挥更大的作用。本文首先重点分析了海外勘探开发的特点，海外油气业务通常面临着更为复杂和多变的国际商务环境、合同模式、法规政策。这些差异使得传统的管理模式难以直接应用，因此需要更加灵活和智能的解决方案。利用 AI 技术，通过大数据分析和机器学习，能够迅速适应这些变化，提供定制化的管理策略。本文介绍了国际油公司利用人工智能技术取得的成果和效益，综述了人工智能技术在海外油气田勘探、开发、生产和管理等各个环节的应用现状，并展望了其未来的发展前景。通过深入分析人工智能技术在海外油气田各个领域的实际应用案例，揭示了人工智能技术在提高勘探效率、优化生产流程、提升安全管理水平等方面的巨大潜力。未来，随着人工智能技术的不断进步和应用场景的拓展，其在海外油气田领域的应用将更加广泛和深入。

关键词　人工智能；海外油气田；勘探开发；应用进展；前景展望

中国石油在全球五大合作区运营着 85 个油气合作项目，海外油气田为国家能源安全提供坚实保障，其开发与利用对于保障能源安全具有重要意义。然而，传统的油气田开发方法往往面临成本高、效率低、安全风险大等问题。随着人工智能技术的快速发展，其在海外油气田的应用逐渐展现出巨大的潜力。本文旨在探讨人工智能技术在海外油气田的应用进展，并展望其未来的发展前景。

1　海外油气田勘探开发的特点

海外勘探开发与国内不一样，不仅受资源条件制约，还受到国际环境、合同模式、股权比例、法规政策等因素影响。中国石油海外油气合作既要符合国际的管理体系需要，也具有中国特色。

1.1　海外勘探开发投资时效性强

通过油气田开发取得经济效益、确保项目可持续发展是海外勘探开发的首要任务。海外找油这一商业行为不能与保障国家能源安全完全划等号，相当数量的权益油需在当地卖掉，将油换成现金收入。石油公司到海外找油首先是一种投资行为，讲究以经济效益为中心，看重投资回报率。

1.2　海外项目合同到期要退出

海外油气项目一般是 5～10 年的勘探期或者 20～30 年的油气田开发期。合同到期后，当地政府要收回合作区块，或在满足政府一定条件下，项目得以延期。资源国对其认为“不合理”的油气田开发事项拥有否决权，事关投资项目的效益和成败。

1.3　海外项目有不同的合同模式和股权比例

海外项目合同模式主要包括矿税制、产品分成、服务合同和回购合同等 4 种，其中矿税制和产品分成占大多数比例，不同的合同模式作业特点不一样，中方有的是作业者，有的是非作业者。一般为了降低投资风险，会有几家合作伙伴在当地成立联合公司分担风险，股权比例的不同会影响中方的话语权。

海外业务通常面临着更为复杂和多变的市场环境、文化差异以及法律法规。这些差异使得传统的管理模式难以直接应用，因此需要更加灵活和智能的解决方案。而 AI 技术，通过大数据分析和机器学习，能够迅速适应这些变化，提供定制化的管理策略。

AI 在标准化生产流程方面有着天然的优势。通过深度学习和模式识别，AI 能够自动优化生产流程，减少人为干预和误差，提高生产效率。同时，AI 还可以实时监控生产过程中的各项数据，确保生产安全，及时发现并预防潜在风险。

AI 在提升生产安全方面也发挥着重要作用。

它可以分析历史数据，预测潜在的安全隐患，并提前采取预防措施。此外，AI 还可以通过智能监控和报警系统，实时响应生产过程中的异常情况，降低事故发生的概率。

2　人工智能的定义及发展历程

2.1　人工智能的定义

我国《人工智能标准化白皮书(2018 年)》中给出了人工智能的定义："人工智能(英语：Artificial Intelligence，缩写为 AI)是利用数字计算机或者由数字计算机控制的机器，模拟、延伸和扩展人类的智能，感知环境、获取知识并使用知识获得的最佳结果的理论、方法、技术和应用系统"。

人工智能是一个庞大的研究领域，包括机器学习、深度学习、神经网络、计算机视觉、自然语言处理等多个子领域。这些技术可以应用于各种领域，如医疗、交通、金融等，通过模拟人类的思维和行为方式，执行各种任务、处理复杂问题，并根据经验不断优化自身的性能。

2.2　人工智能的发展历程

人工智能诞生于 1956 年，已有半个多世纪的发展历程。人工智能技术的发展大致可以分为三个阶段。

第一阶段(1950—1980)，人工智能刚刚诞生，符号主义快速发展，但由于当时很多事物不能得到很好的表达，因此模型存在很大的局限性。此外，随着计算任务的复杂性的不断提高，算法、硬件、算力都成为人工智能进一步发展的阻力。

第二阶段(1980—2000)，专家系统在这个阶段得到快速的发展，数学模型也有了重大的突破，但由于专家系统在自学习能力、推理方面还存在严重不足，以及开发成本高昂等原因，人工智能的发展再次陷入瓶颈。

第三阶段(21 世纪至今)，随着互联网的兴起、大数据的积累、理论算法的突破、算力的大幅提升，人工智能在很多应用领域都取得了革命性的进展，进入了发展的繁荣时期。

3　人工智能在国外油公司的应用现状

3.1　英国石油(BP)公司利用人工智能改变老龄化油田生产效率

英国石油公司在美国怀俄明州的瓦姆赛特老油田钻探了数千口油井，在风高的沙漠中保持所有油井的清洁运行是一项挑战。即使经过多年来自动化和预防性维护的不断改进，部件仍然会断裂，油井也会定期"上膛"——在这里，在管道中积聚了太多的天然气，以至于气体不再冒出气泡，油井停止流动。抽水井抽水的过程会向空气中释放出一股甲烷——一种无组织的排放物。

英国石油(BP)公司与硅谷的初创公司 kelvin(Startups)合作，他们为数百口油井配备了传感器阵列，这些传感器收集大量数据并将其传输到超级计算机中，进行人工智能的机器学习，建立了一个"数字孪生"的场，精确定位了套件的每个位置。生产井场(pads)从多个井中收集油气量精确定位每一位套件的位置，并且整合了数十年的维护记录甚至天气数据。与该领域的激光雷达扫描相结合。用 AI 构建起井场优化模型(pad optimization model)。据报道：六个月内，BP 从概念到证明。它适用于各种类型的油井-柱塞、有杆泵，所有这些都适用。这些油井排出的甲烷减少了 74%，产量增长了 20%，而总成本下降了 22%。

3.2　道达尔石油公司利用 AI 模糊逻辑技术建立更精确的地质模型

2017 年 4 月，道达尔正式对外宣布和谷歌云部门签署框架协议，主动拥抱智能创新，联合发展石油工业领域的人工智能技术。油气勘探开发中地质数据的处理分析是道达尔此次人工智能技术率先应用的领域。在石油勘探开发中，搜集整理地质数据是至关重要的环节；目前，由于各种技术限制，大量的油气资源无法高效开采出来，迫切需要地质建模更加精细化。但是由于技术问题，如地质数据不全或建立的地质模型存在较大误差(如地质甜点分析、定位不准)，在严重情况下甚至使建立的地质模型无法使用，从而影响整个油田的开发。大量地质数据的采集处理是目前地质科学家和石油工程师都无法完全解决的难题；而人工智能的应用则具备解决该难题的巨大潜力。

人工智能当中的模糊逻辑技术(Fuzzy Logic)能够处理"不完备"和"不完美"的数据。利用模糊逻辑处理勘探地震数据，做出靠人力难以实现的预测，从而更精细地描述油田的地质模型。道达尔和谷歌合作开发了一套能够解释地层图像的人工智能程序，该程序能够利用计算机成像技术实现地震数据的机器学习，并利用自然语言处理技术自动分析数据文件，从而建立更加精确的地质模型。

3.3　雪佛龙(Chevron)利用AI自动生成异常油井的建议行动方案

雪佛龙开发了一系列油藏和生产相关应用系统(总称i-connect)，通过开放的数据标准和共有信息平台整合多种数据并进行应用，提高了其对油气田的感知能力和分析能力。I-DOT是i-connect中的一个应用，这项技术能够快速、及时、可视化地找到异常油井，根据油井的异常状况自动生成建议的行动方案，并辅助实时调整生产计划。

4　人工智能在海外油气田的应用进展

4.1　勘探阶段的应用

在勘探阶段，人工智能技术通过深度学习和大数据分析，提高了地质预测的精度和效率。通过对地震数据进行处理和分析，人工智能可以识别出潜在的储层，并为钻探位置的选择提供优化建议。此外，人工智能技术还可以根据历史数据和地质特征，预测油气藏的分布规律和储量，为勘探决策提供有力支持。

4.2　开发生产阶段的应用

在开发阶段，人工智能技术通过优化生产流程，提高了采收率和生产效率。通过对生产数据的实时监测和分析，人工智能可以预测设备的运行状态，及时发现并解决潜在问题，避免生产中断。同时，人工智能还可以根据油气藏的特性和生产目标，制定最优化的开采方案，提高采收率并延长油田寿命。

4.3　管理和安全方面的应用

人工智能技术在海外油气田的管理和安全方面也发挥着重要作用。通过实时监测和分析生产过程中的安全数据，人工智能可以帮助预防和控制潜在的安全风险。同时，人工智能还可以优化环保措施，降低生产过程中的环境影响。此外，人工智能技术还可以应用于油气田的供应链管理、人力资源管理和财务管理等方面，提高管理效率和降低运营成本。

5　人工智能在海外油气田的应用案例

NR油田应用案例：NR油田位于撒哈拉沙漠腹地，社会安全风险高，自然条件恶劣、油田生产设施分散、点多面广、人工巡检难、建设和运营均存在较大风险，亟需通过数字化转型，利用人工智能技术，全面提升勘探开发、生产运行、经营决策、HSSE等方面的管理水平。

(1) 钻井实时智能决策场景

NR油田建设钻井实时智能决策与支持场景及远程导向跟踪场景(图1)，将随钻数据与油藏、地震模型结合，进行综合智能分析，为现场作业提供智能决策与支持。NR-6井是NR油田的第一口水平井，该井首次使用了导向跟踪与决策场景，完井试油获得了高产，比常规定向井高出700桶/天，储层钻遇率达到90%以上。通过现场与后方的实时交流和数据共享，实现了多方协作、地质工程一体化的目标。

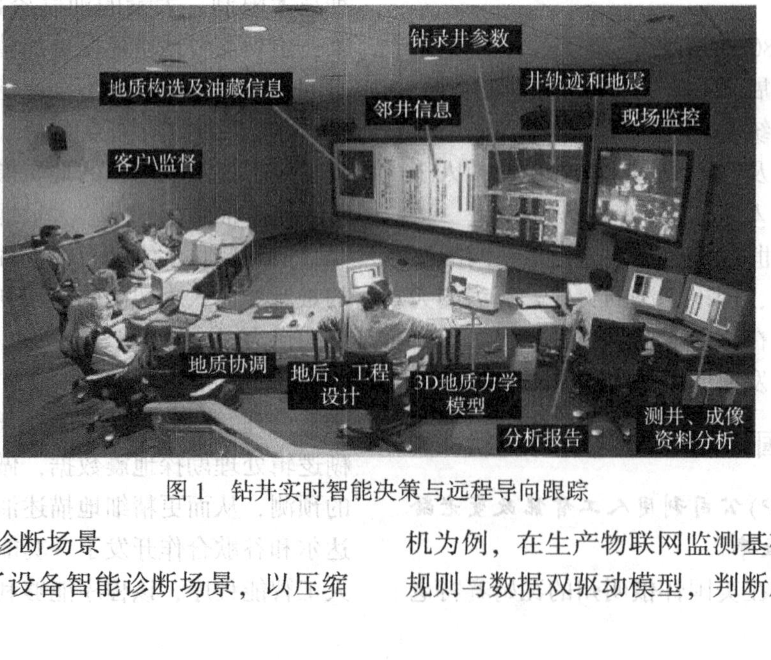

图1　钻井实时智能决策与远程导向跟踪

(2) 设备智能诊断场景

NR油田建设了设备智能诊断场景，以压缩机为例，在生产物联网监测基础上，基于其机理规则与数据双驱动模型，判断压缩机所处状态和未来发展趋势，通过提取运行的实时故障特征与知识库故障案例自动匹配，实现故障智能诊断（图2）。

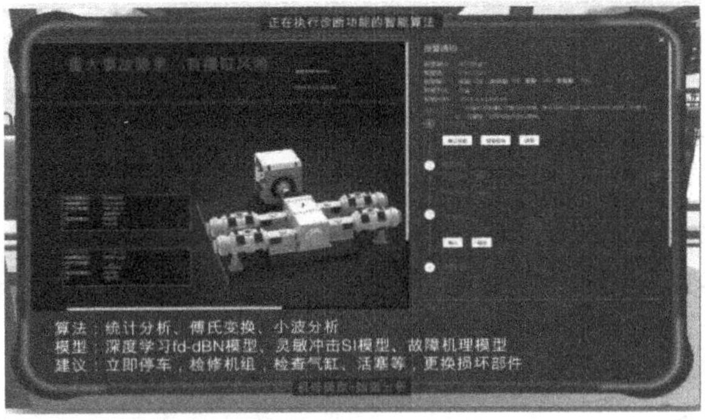

图2　往复式压缩机故障智能诊断

（3）智慧无人办公区

NR油田无人办公区的打造结合了RPA、CHATGPT等人工智能先进技术，用机器人代替员工7×24小时从事重复性高、程序性的、技术含量低的工作（图3）。

图3　智慧无人办公区

6　人工智能在海外油气田的前景展望

在海外油气田，人工智能技术可以应用到海外智能巡检、地面工程设计、生产优化、设备管理和维护、井筒管理、油藏管理、管网管理、能耗管控、QHSSE、统一运维、统一运营、指挥决策等场景。

6.1　人工智能在优化与预测方面将进一步深化

随着计算能力的提升和算法的优化，人工智能技术将在海外油气田领域实现更广泛的应用。未来，人工智能技术将更加精准地预测油气藏的分布和储量，提高勘探成功率；同时，通过优化生产流程和提高设备智能化水平，人工智能将进一步提高采收率和生产效率。

6.2　人工智能在可持续发展方面成为重要趋势

在全球能源转型和可持续发展的背景下，海外油气田的开发与利用将更加注重环保和可持续性。人工智能技术将在降低能耗、减少排放、提高资源利用率等方面发挥重要作用，推动海外油气田的可持续发展。

6.3　石油工业与人工智能跨界融合拓展应用领域

随着人工智能技术与物联网、大数据、云计算等技术的深度融合，海外油气田的应用领域将进一步拓展。未来，人工智能技术将与这些技术相结合，实现油气田开发全过程的智能化管理和优化，提高整体运营效率和竞争力。

7　结论

人工智能在海外油气田的应用已经取得了显著的进展，并在勘探、开发、生产和管理等各个环节展现出巨大的潜力。未来，随着技术的不断进步和应用场景的不断拓展，人工智能将为海外油气田的可持续发展提供有力支持。不过，虽然AI在提升海外企业生产效率和生产安全方面具有巨大潜力，但也需要注意到其可能带来的挑战，如数据安全和隐私保护问题、技术更新换代的成本投入等。因此，企业在应用AI技术时，需要综合考虑各种因素，制定合理的策略和规划。总之，人工智能是提升海外油气田企业生产效率和生产安全的有效工具，但也需要结合实际情况进行合理应用和优化。随着技术的不断进步和应用场景的不断拓展，相信AI将在未来为海外油气田企业带来更多的价值和机遇。

参考文献

［1］窦立荣．中国石油跨国油气勘探开发进展及建议［J］．石油科技论坛．2020年第39卷第2期：25-26.

［2］李阳．大数据及人工智能在油气田开发中的应用现状及展望［J］．中国石油大学学报（自然科学版）．2020年8月：4-5.

［3］林伯韬．人工智能在石油工业中的应用现状探讨［J］．石油科学通报．2019年12月第4卷第4期：406-407.

［4］https：//blog. csdn. net/Sunshine_ysc/article/details/108455019.

井筒数据库建设的探索设计

王旭升　鹿英平　董叶蓉　朱传坤　温　伟

（中石化华北石油工程有限公司）

摘　要　当前大数据、工业互联网等信息技术不断催生出新业态，石油石化行业也面临着数字化转型的新机遇，在油气勘探开发上游，随着油气井筒工程技术高效能化、可视化、数字化、智能化等变革，井筒工程数据已形成规模化效应，并成为油服企业重要资产，同时也面临着井筒数据库建设不完善、标准不统一、数据共享难、数据复用少等挑战。文章通过井筒数据库建设的探索设计，为油服企业井筒数据采集与综合、高效应用拓宽思路，也为数字化转型做好技术储备。

关键词　石油石化；油气井筒工程；数字化转型；数据库设计；数据应用

井筒专业数据在传统终端数据存储方面面临的诸多挑战，其数据类型除数值类型外，还包含文本、图形、图像等，传统表格无法全面有效的集中存储，另外数据较为分散，限制了数据共享，也制约着成果的进一步推广应用，同时数据主要通过邮箱或其他即时通讯软件流转，数据流转痕迹难追踪，在数据传输安全方面存在着较高的信息泄露风险。

伴随着数据库的快速兴起，其应用领域也不断扩大，在油气勘探开发领域，井筒数据库建设作为科研、生产等核心关键的应用载体，已成为油气田信息化建设重要组成部分，而井筒数据库数据资源的不断丰富，并经过系统化的数据整理，数据库的应用也越来越多、越来越深入到井筒工程全生命周期。

1　井筒数据库国内外研究现状

国外油服公司在数字化时代的石油上游行业设计领域，为应对未来十年及更远的技术发展在积极储备能量。哈里伯顿公司 2020 年发布了 4.0 数字化战略，其包括了地质研究 4.0、建井 4.0、油藏开发 4.0 和企业大数据 4.0 共四个板块，战略的设计规划中围绕行业“降本增效和增储上产”的重心目标，充分利用云、大数据、物联网和人工智能等数字化新技术实现技术赋能，为传统油气行业实现数字化转型提供技术支撑。斯伦贝谢基于“井工厂”发展战略，构建全天候作业支持中心，依托勘探钻井生产一体化的软件应用平台，整合勘探开发软件平台（Petrel）、井筒解释工具（Techlog）、生产运营软件平台（Avocet）、勘探开发知识库（Studio），实现了勘探、开发、钻井、生产工作流程一体化。

在国内，中国石油搭建业务云、电子商务云、科学计算云、勘探梦想云，发布了勘探开发梦想云平台，推进勘探开发智能化，其核心是“两统一、一通用”，即统一数据湖、统一技术平台、通用应用和标准规范体系。中国海油云 PaaS 平台侧重点更倾向于新技术的基础设施定义，海油云 PaaS 平台以微服务架构，提供对应用全生命周期管理能力，结合工具链，实现业务应用的快速迭代、持续集成和持续部署，通过容器化和服务治理平台，对微服务架构业务落地进行支撑，帮助实现应用云化、能力平台化、管理互联化。

2　井筒数据库建设思路

2.1　建设目标

依据行业或企业数据采集存储规范，建立自主可控的井筒数据库，可与已有工程数据库充分融合，专注于钻、录、测、试、压裂等井筒专业方向，通过逐步建设实现邻井数据对比分析、工程方案辅助设计、关键参数预警提示、相似井况数据提取调用等。

建设形成井筒大数据后，根据专业或管理需求，应用数理统计、机器学习及其他人工智能算法挖掘出数据间直接或潜在数据规律，逐步实现工程风险预警、辅助设计、随钻技术支持、专家决策等，实现井筒数据高效利用复用。

2.2　总体要求

井筒数据库需有较高拓展性，数据库容量支

持弹性拓展，可与相关数据库或系统通过 API 连接，实现数据联通互动，避免形成数据孤岛。为提高用户使用体验，可借鉴成熟井筒数据库功能及界面，完成架构、功能设计实施。具备数据采集导入、存储、导出、查找功能，同时访问系统的用户数量应高于企业技术人员数量，平台响应时间小于 3 秒。技术选型应支持国家信创规范，整体符合国家及企业网络安全基线要求。

2.3 配套系统开发要求

硬件环境：

（1）CPU 需求：CPU 内核数应在 2 个以上，主频率大于 2GHz。

（2）内存需求：内存容量应在 4G 以上。

（3）硬盘需求：硬盘容量应在 256G 以上。

软件环境：

（1）操作系统：32 位 Win7 及以上操作系统。

（2）数据库环境：人大金仓 V8R6 及以上。

2.4 需求分析

井筒数据库主要用于存储井筒工程中的工程参数、地层参数、测录井、生产动态数据等，并对钻井设计基本信息数据的提取、数据分析等工作。系统需具备如下功能：

（1）数据采存。在满足完整性约束的条件下，支持在线录入、自动化批量录入等将数据存入数据库表中。

（2）数据查询。支持数据库表中数据精准查询、模糊查询、筛选等。

（3）数据应用。支持在数据库中挖掘工程地质规律，反馈结果，如从钻完井设计中提取关键参数，根据固井相关专业算法，结合邻井复杂情况，生成并导出最新固井设计文档，适应钻完井设计频繁变化特点。

（4）角色用户管理。通过专业、部门等维护管理用户，可授予不同用户不同使用权限。

2.5 技术路线

依据《石油工程井筒源点数据标准》、Q/SH 1557《井筒工程关键设备数据采集规范》等，建立系统数据字典；通过数据库语句创建井筒数据库表；运用开发平台+前端语言完成系统界面开发；使用数据库连接语言完成前端与数据库的连接，实现数据交互。

井筒数据库建设技术路线如图 1 所示。

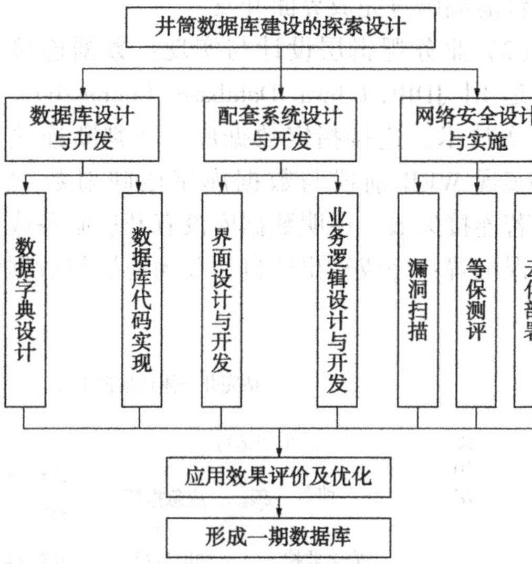

图 1 井筒数据库建设技术路线

3 井筒数据库建设方案

3.1 技术架构

井筒数据库技术架构包括数据层、服务层以及应用层，如图 2 所示。数据层主要是数据的储存，通过数据库操纵查询语句可获取这一层的数据；服务层主要包括全专业技术组件，用于对某专业一特定数据集进行处理并反馈结果，为应用层提供数据元；服务层主要为成果集，即对服务层的数据集进行整合形成综合技术解决方案或决策参考等，最终服务于上层井筒工程指挥中心。

3.2 数据库设计与开发

设计开发钻井、测井、录井、压裂、试油气等全专业数据库，支持规范数据存取，读写速度达秒级。

（1）数据字典建立：在本文井筒数据库设计中，逻辑模型用 E-R(实体-关系)图表示，依据上行各专业数据标准规范，结合人大金仓数据库的特点，一一构建出完整的表结构，如表 1 所示为井身结构设计表。

（2）数据库代码实现：通过人大金仓数据库创建语句，根据(1)设计数据字典即可完成数据库表建设。

3.3 配套系统设计与开发

实现界面与数据库正常读写交互，具备数据录入(导入)、更新、查询、统计分析等功能。

（1）界面设计与开发：规划各专业数据操作目录，根据数据应用需求设置筛选栏及输入框、按钮等其他动态组件，运用 HTML5、PHP 等开发平台前端语言完成界面开发。

(2) 业务逻辑层设计与实现：数据连接方面，运用 JDBC (Java Database Connectivity)、XML 等技术，连接指定数据库，并判断连接状态，实现 WEB 前段与数据库字段映射数据交互。若连接失败，说明数据库没有开启服务或连接错误配置；完成输出后自动关闭前端与数据库的连接。在流读写(导入导出)方面，运用开发平台+IO(Input/Output)流技术，执行具有数据查询与获取的 SQL 语句，将数据存入变量当中。在查询及图表展现方面，应用开发平台+DQL(Data Qurey Language 数据查询语句)+Echarts 等技术。

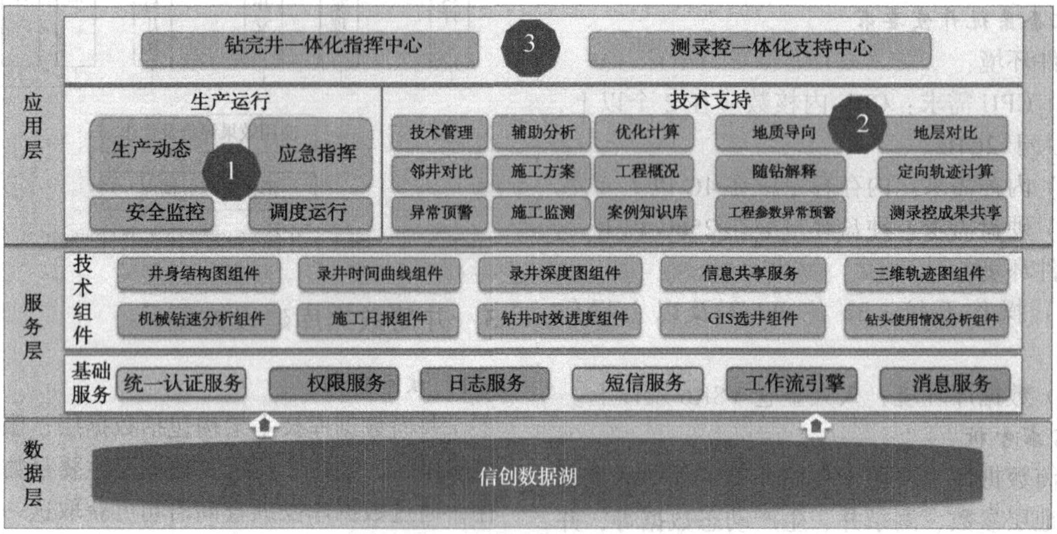

图 2　井筒数据库架构

表 1　井身结构设计(ZJ_JSJGSJ)

序号	数据项名称	数据项代码	类型	宽度	小数位	单位	主键	非空
1	井号代码	JHDM	VARCHAR2	40			Y	Y
2	井号	JH	VARCHAR2	40				
3	设计日期	SJRQ	DATE					Y
4	开次	KC	VARCHAR2	40				
5	开次编码	KCBM	VARCHAR2	10			Y	Y
6	序号	XH	NUMBER	2				
7	套管名称	TGMC	VARCHAR2	40				
8	套管名称编码	TGMCBM	VARCHAR2	10				Y
9	井段类型	JDLX	VARCHAR2	20				
10	井段类型编码	JDLXBM	VARCHAR2	10				Y
11	完钻深度	WZJS	NUMBER	7	2	m	Y	Y
12	套管顶深	TGDS	NUMBER	7	2	m		
13	套管底深	TGDS1	NUMBER	7	2	m		
14	井眼直径	JYZJ	NUMBER	5	2	mm		
15	套管外径	TGWJ	NUMBER	7	2	mm		
16	水泥返高	SNFG	NUMBER	7	2	m		
17	备注	BZ	VARCHAR2	1024				

3.4 网络安全设计与实施

实现网络安全在平台全生命周期的闭环管理，符合法律法规要求。

（1）“三同步”：坚持网络安全措施“同步规划、同步建设、同步运行”；制定测试用例（20口井井筒工程全生命周期数据）及漏洞扫描、配置检查、渗透测试等安全测评实施计划；上线前完成功能测试、集成测试、性能测试和安全测试等。

（2）上云上平台：基于企业私有云平台部署，结合云平台安全防护设备对井筒数据库进行安全策略梳理与配置；采用云平台 VPC、主机安全组服务对系统主机间云内流量策略梳理并配置。

（3）统一身份认证集成安全：通过集成企业统一身份认证系统，实现单位用户统一认证、帐户管理以及集成应用的单独登录功能；认证过程建立 SSL 保障凭证安全，并配置双因素认证。

4 结论

（1）通过汇总井筒工程全专业链分散数据成果，整合各系统数据，可实现一次采集的集成共享，减小采集工作量，逐步消灭数据孤岛。

（2）设计应用井筒数据库，形成统一数据采、存、管、用、服一体化体系，有助于油服企业的数字化转型。

（3）目前井筒数据库主要功能主要为查询和简单分析，图像、文档资料等利用价值更高，极具挖掘潜能，需要借鉴其他行业多学科融合经验。

参 考 文 献

[1] 张激扬，欧海晨，师国臣，等．油水井井筒数字化、智能化构建分析[J]．石油钻采工艺，2022，44(5)：569-573.

[2] 李荟，赵云敏．井筒信息动态处理及展示系统研究[J]．计算机工程与科学，2011，33(11)：123-127.

[3] 曾涛，袁园．国际油服公司数字化转型和智能化发展策略分析[J]．国际石油经济，2022，30(7)：36-43.

[4] 杜金虎，时付更，张仲宏，等．中国石油勘探开发梦想云研究与实践[J]．中国石油勘探，2020，25(1)：58-66.

[5] 杭州华三通信技术有限公司．中国海油云平台建设[J]．信息技术与标准化，2016(12)：17-20.

[6] 周军，石玉江，张娟，等．统一测井数据库建设与应用[J]．测井技术，2022，46(6)：757-761.

[7] 底青云，李守定，付长民，等．基于云端大数据的智能导向钻井技术方法[J]．工程地质学报，2021，29(1)：162-170.

[8] 胡贵，崔明月，陶冶，等．油气井筒工程数据平台技术进展及数据深度应用思考[J]．石油科技论坛，2021，40(5)：65-72.

[9] 陈立强，张彬奇，刘鹏飞，等．基于风险矩阵法的海洋钻井设计风险评价与控制措施[J]．石油工业技术监督，2023，39(4)：43-47.

[10] 钱浩东，张治发，王鹏．基于工程地质一体化数据库的钻头优选应用实践[J]．钻采工艺，2021，44(4)：15-18.

[11] 计美娜．A 公司信创业务发展战略研究[D]．燕山大学，2022.

天然气管网调控体系数字化转型展望与思考

杨　毅　王英国　刁洪涛　李国军　张　麟　孙晓波　秦　伟　虞维超　王　帅

（国家管网集团油气调控中心）

摘　要　本文通过对国家油气行业数字化转型改革和新形势的解读，梳理出天然气管网调控体系当前所面临的痛点和难点，分析天然气管网调控体系数字化转型的优势和必要，提出业务模式转型、技术转型、组织转型三大转型目标，提出流程变革与制程融合、数据管理与利用、软硬件升级改造、数字化转型人才培养等转型任务，并展望了未来天然气管网调控体系数字化转型成功的彼岸蓝图，为实施智能调控，推动智慧管网建设提供参考和借鉴。

关键词　天然气调控体系；数字化转型；流程变革；组织转型

1　天然气调控体系数字化转型形势

1.1　数字化转型是国家战略、时代大势

数字化转型是国家战略、时代大势（数字经济、数字中国），是国家管网践行“两个确立”、做到“两个维护”的政治要求。油气调控中心有着全集团得天独厚的人才队伍、技术优势及统揽全局的能力，作为国家管网生产调控运行的指挥大脑，是集团数字化转型天然的战略高地，更应是数字化转型的先锋和排头兵。

1.2　油气调控中心数字化转型优势

国家管网油气调控中心青年人才多，员工整体素质高，是管网指挥大脑，现有软硬件技术水平高，且转型痛点突出，改革成果容易凸显，对后期推动全管网的数字化转型，进一步扩大央企改革成果有非常好的推广及示范作用。油气调控中心可以以全国性的调控平台为基础，汇集全管网数字化转型各阶段的成果，同时结合调度大厅大屏展示系统，展示国家管网集团数字化转型及流程运行成效，让调控中心不止成为全管网的智慧大脑，更是价值创造及数字化转型成效的展示中心，助力集团成为央企数字化转型的急先锋和优班生。

油气调控中心是油气输送领域数字化转型天然的战略高地，既能承接总部管理职能又能直接指挥基层站场，调度人才队伍业务技术过硬，改革意识强烈。天然气管网数字化转型关键在生产运维领域，生产运维领域的数字化转型关键在天然气管网调控体系，未来将依托调控全局的优势，成为油气管网真正的数字化转型中心。

1.3　天然气调控体系数字化转型必要

油气调控中心管理着国家管网数万公里的天然气管道，不论是总里程还是管网运行复杂程度都是世界之最。其中，既有服务全国的西气东输、川气东送等主干管道，又有涩宁兰、兰银等这类服务少数民族聚集偏远地区的支线管道，管道所经地理政治经济环境各不相同；原属于中石油的、中石化的、中海油的管网，纵横交错，流程不一，管理及技术标准不一；各类安全隐患众多，全国一张网高效稳定安全运行风险和难度极大。流程的重新梳理，企业的数字化转型，迫在眉睫，非常必要。

另外，出于调控中心自身调控业务的发展，我们如果要真正成为国际一流调控中心，打造国家级的天然气调控平台，就必须进行数字化转型，这样才有能力达到真正的国际一流的水平。

2　天然气调控体系数字化转型面临的形势

（1）天然气管网调控运行对象区域管道公司发展不均衡，不同管道公司间生产运维领域管理现状差异大，规则尚未完全统一，管理水平不均衡给调控中心统一调控指挥带来挑战。

（2）天然气管网调控运行交叉握手环节多，涉及业务多、范围广，不只在生产运维领域，内部衔接、外部交叉握手环节数量多，需协调多部门各层级，协同效率亟待提升。

（3）天然气管网调控运行关键业务场景风险

高。调控运行实时关联着高风险场景，生产运行异常事件频发，异常事件处置已经成为调控运行常态，利用数字化技术提高应急处置能力非常迫切。

(4) 天然气管网调控体系信息化支撑作用还有提升空间。调度员主要依赖SCADA系统来实行对管网生产运行的监视与控制，依靠管道生产管理系统来汇集重要的生产数据，提炼成各类报表。目前，调度自动化系统相关功能模块能满足调度对管网生产运行最基础的监视与控制，但管网生产运行的实时优化更多的是依赖调度员运行经验积累，还远未达到智能控制的水平。随着天然气管网规模的不断增加，运行工况的复杂程度、维检修作业的协调量、调度操作指令和生产运行数据统计分析等工作量大幅增加，这种人工模式短板越来越凸显。

(5) 天然气管网生产运行数据治理与利用方面。调控中心时刻汇聚着海量的各类数据，某些数据仍然只能依靠人工查询与填报，数据准确性和综合利用效率有待提高，数据利用创造额外价值的程度还需继续加强。

3 天然气调控体系转型目标

3.1 天然气调控体系业务模式转型

业务转型是指要通过调控体系数字化变革来让生产运行在统一调度指挥的基础上，再实现管理的精细化和运行的最优化，来让天然气输送服务的运营指标实现提升。帮助提高油气输送效率，降低输送成本，利用数字化方式优化生产运行数据收集，优化调度决策模式，既考虑区域管道公司的业务需求，又站在集团公司层面，统揽全局，让天然气调控体系成为一公司、一张网的高效运行的指挥者。调控体系的业务转型需要把握方向，明确阶段目标和远期愿景，编制分阶段的明晰的数字化转型路线图；不止关注调控运行，要同时关注集团油气输送产业全价值链环节，以创造额外价值为驱动，而不是单单地搞数字化来推动转型。

3.2 天然气调控体系技术转型

天然气调控体系技术转型是指要搭建调控中心天然气调控体系数字化转型所需的调控体系支撑技术生态系统和工业物联网体系架构。工业物联网体系架构是支撑天然气调控体系数字化转型过程中的“骨骼”，如何把现有的SCADA系统与物联网技术融合是关键。调控中心时刻汇聚着全管网海量的各类数据，是真正的数据中心，调控中心的数据架构是确保“数据-信息-优化-增创”能够实现的“血液”，而整体调控体系技术架构的构建需要始终以数字化转型的最终目标为导向。调控体系支撑技术生态系统则是一个开放的可以涵盖外部丰富数字化创新能力和智慧的助友团，可以部署数字化技术的迭代创新以及新技术的引进，譬如调控运行仿真优化软件、调控运行数据利用开发、调度员培训系统等等支持系统的建设等。天然气调控体系技术转型需要健全的油气输送工业物联网架构下开展，并打造出主题明确的技术支撑系统合作伙伴生态圈(国产优先)，借力合作，取长补短，与区域管道公司一同才可良好发展。

3.3 天然气调控体系组织转型

天然气调控体系组织转型是指在调度员组织架构、运行机制、调度培养和调度文化上的深刻变革。要树立调度员适配变革管理的理念和行为，建设数字化转型知识学习的文化并使之可持续发展，推进数字化能力和人才梯队的建设，缩小调度员的调度水平和数字化能力差距，构建专业、灵活、敏捷型组织和调度团队，适应天然气管网业务的快速发展。

4 天然气调控体系数字化转型任务

4.1 天然气调控体系流程变革与制程融合

积极推动天然气调控体系流程变革，合理制定调控体系架构，全面梳理与调控运行相关的集团规章制度与流程文件，全面推广流程运行，做到制度与流程全面融合，科学度量流程运行效果，持续审视，不断优化迭代。调控体系的重构，最终要以落到具体业务流程为准。在调控体系重构过程中，通过流程优化，进一步理顺管理程序，提高管理效率，加强调控中心对全国天然气管网的统一指挥与调控，为提高全管网的输送效率打下坚实基础。

4.2 天然气调控体系数据管理与利用

油气调控中心时刻汇聚着全国天然气管网海量的各类数据，是真正的国家性的天然气数据中心。调控中心是一座金矿，这些数据就是金子，金子纯度越高价值越大。开展数据治理，建设天然气管网数据库，提高天然气调控体系数据互联共享力度，为管网内各业务部门提供数据共享服务，为管网外的政府机构、社会企事业单位提供数据开放服务。让油气调控中心成为全国天然气管网另一个价值创造的中心。

（1）天然气调控体系数据整合

天然气调控体系数据主要包括外部客户包括托运商申报的商务计划类数据、区域管道公司基层站场填报的生产运行数据，以及 SCADA 系统自动采集的现场设备设施的实时状态数据，相关的系统主要包括 SCADA 系统、管道生产管理系统(PPS)、开放服务及交易平台系统、压缩机动态效率监测系统等，这些数据源是在不同的硬件平台上，使用不同的操作系统。来源较多，将这些数据经过集成，改造成有用的信息，建立维度表跟数据表分离的结构化数据体系，使数据结构清晰，易于维护并存储到数据库中，汇集成天然气管网数据库，以便后期深度利用。

（2）天然气调控体系数据治理

天然气调控体系数据治理贯穿着管道生产运维领域数据采集、存储、应用和销毁整个生命周期全过程，还存在着数据时效性、准确性等等各类问题，需要系统性地开展数据治理工作，依托底层数据技术平台实现数据全生命周期的管理非常重要且必要。通过天然气调控体系数据治理，梳理数据资产，制定统一的数据标准和数据架构，提升天然气调控体系数据质量。

（3）天然气调控体系数据利用

开发天然气管网运行数据利用系统，加强数据利用。SCADA 系统更多的体现的是眼睛和手的作用，而天然气管网运行数据利用系统和仿真优化系统可以让以往大部分依赖经验的模式，有了数字化的助力。以往生产运行的大部分数据虽然有管道生产管理系统统计，但需要提炼和综合分析时往往都是人工再统计，不仅要花费大量的时间精力，有时还会出现遗漏。未来，我们可以开发“天然气数据利用系统”通过算法引擎，可以定时统计并推送最新的有特殊需求的运行数据，专项定制，实现从“人找数据”到“数据找人”的转变。油气调控中心实时收集着全管网海量的各类数据，数据规模大、种类多、实时更新快，如何迅速高效地从海量管网数据资源中获取重要信息是调控中心指挥决策的关键，更是集团主业发展的信息分析基础。未来我们可以在天然气数据利用开发的基础上，以特定的信息通信工具为前端窗口，每日向各业务部门、上下游用户(广义)，甚至科研机构精准推送油气输送生产运行关键指标、重点参数、重大作业和重大项目进展、异常事件、预警等重要信息，保障各层级领导及员工及时掌握一手数据和关键信息，提升管网生产运行系统整体效率。

过去生产运行数据都是 EXCEl 表格形式，现在可以把数据转化为调度员看得清、读得懂、易理解、能掌握的形式，通过天然气数据利用开发系统的技术架构的优化调整将管网生产运行数据分类归集整理，优化统计，转化输出为模式种类多样可视化的、定制化的图表，让生产运行指挥有了直观清晰的决策参考。在分析整体的运行数据指标的基础上，通过同期类比、理论指标比对、同类对照等方式，及时预警可能出现的危机情况，并推送给主要负责人同志，从而进一步掌握生产运行调整的主动权。建立开放式的以价值创造为核心的数据深度利用软件，提升数据资产开放利用能力，促进生产运维领域数据资产化管理的保值增值。

4.3 天然气调控体系软硬件升级改造

（1）在天然气站场设备远程控制方面，加强压缩机、关键阀门等重要设备设施自动化远程控制水平，大规模实现用户自动分输，逐步推广站场一键启停，全方位提高站场整体自动化控制能力，显著降低现场及调度员操作频次；

（2）在调控运行管控模式方面，研发自主可控的调控系统，建立数字化全新管控模式，实现全管网 24 小时无间隙监控，重点场景、特殊时间加强监控，不同参数分类监控。从管道项目建设投产到正常运营，强化全周期跟踪与管控，实现管理增效；

（3）在提高管道生产运行安全方面，通过建设实时监测、系统评估、异常预警、联动处置等安全能力，对管道运行状态实施全方位全时段的感知、风险预测和隐患治理跟踪，帮助管网提升本质安全水平；

(4) 在调控运行优化方面，研发自主可控的天然气管道在线仿真系统及天然气管网运行数据运用系统，推动建设一体化用能监管平台，实现生产运行方案在线模拟和自动优化、重点数据的分析利用与展示，以及用能的实时监管和能耗大数据分析，从当前“全人工靠经验电话指挥”的调控模式向“人工+自动处置+智能优化”方式演进，逐步实现智能调控。

4.4 天然气调控体系数字化转型人才培养

以流程变革为契机，积极开展天然气调控体系数字化转型相关知识培训工作，提高大家转型认识。运用流程思维，从流程角色岗位匹配角度剖析调度员岗位能力，探索天然气调度员能力培养和流程角色岗位匹配的管理新模式，通过通用能力共建，差异化能力专项定制，坚持两种能力统筹培养。改过去天然气调度员“各管各、各用各”的管理旧模式，开启天然气调度员“能力共建、人才共享”互为备用新模式，培养既精通调控运行业务又懂数字化相关知识的调度队伍及数字化使能人员，建立扁平化、灵活高效的调度员管理组织，合理配置调度员及其余技术支撑与保障岗位配比，真正打造能掌握数字化技术、具备调控高水平的调度铁军，提高天然气调控体系应对风险化解危机的能力。同时增强天然气调控体系调度员服务客户的意识，提高为内外部客户服务的水平，提升内外部客户满意度和社会效益。

5 调控中心数字化转型展望

5.1 利用数字化技术实现智能调控

油气调控中心作为管网的控制中枢，管理着数万公里管道、上千座站场，时刻汇聚着海量的数据，是重要的数据中心，数字化会让我们插上腾飞的翅膀。未来数字化打通管道和站场数据孤岛，多维度出发，构建全方位、多层次的管网综合信息管理系统，持续推进数据赋能，实现设备、人员高效连接。在业务流程固化、优化及再固化后，业务成熟度及效率都在较高水平后，结合调控体系相关配套系统的软硬件建设，加快实现智能感知、预测预警、优化决策、智能控制，让具备数字化知识的调度员在相关智能技术的辅助下实现一期智能化调控，减轻调度员负担；集中管控、分级管理，真正实现“无人操作、无人值守、无人看护、有人管理”，让“全国一张网”运营更安全高效。

5.2 建立适应变化的调控体系流程型组织

天然气调控体系流程变革的对象是业务流程，虽然不是直接的组织机构变革，但必然伴随着组织结构的变革，保持原有陈旧的组织结构而进行企业流程再造不可能达到预期的效果。流程变革涉及组织分工调整，业务流程的变动会牵涉到组织，牵涉到各部门的责权利与立场。流程变革只是基础和开始，组织和绩效变革才是真正的目标，如果没有后者的变革，流程变革注定无法实现端到端的拉通成功，最多也就是局部的端到端的流程，总体数字化转型也不会成功。当然，没有先期流程的变革，就没有组织和绩效改革的土壤。流程固化优化再固化后，对组织岗位尤其业务岗位开展角色再匹配，同时理顺部门责任，进一步开展组织结构变革，让调度人才的水源弄活。整个流程型组织变革是一个借假修真的过程，就是要借流程的假，最后修组织变革的真。流程变革只是途径和形式，真正的目的是进行组织变革。最终流程要落脚到组织，只有通过组织的变革，才能真正实现流程的落地。所以流程就是一个假，最终落组织的真。

数字化转型要打破旧势，流程变革其实是在松土，接受流程变革，意味着接受变化，再到拥抱变化，从思想上开始解放。以流程变革为切入点，借调控模式改革之势，同步开展组织机构改革，走出特色转型之路，彰显智慧与担当，进一步推动央企改革进程。

参 考 文 献

[1] 亓晋，王微，陈孟玺，等．工业互联网的概念、体系架构及关键技术[J]．物联网学报，2022，6(02)：38-49.

[2] 唐善华，杨金辉，徐春野，等．工业数据驱动技术在大型复杂天然气管网运行中的应用[J]．天然气工业，2021，41(09)：135-141.

[3] 吴信东，董丙冰，堵新政，等．数据治理技术[J]．软件学报，2019，30(09)：2830-2856.

[4] 王振声，陈朋超，王巨洪．中俄东线天然气管道智能化关键技术创新与思考[J]．油气储运，2020，39(07)：730-739.

[5] 李锴，李江，顾清林，等．西气东输智慧管网建设

实践[J]. 油气储运，2021，40(03)：241-248.

[6] 宫敬，徐波，张微波. 中俄东线智能化工艺运行基础与实现的思考[J]. 油气储运，2020，39(02)：130-139.

[7] 张对红，杨毅. 大型复杂天然气管网离线仿真软件国产化研发及应用[J]. 油气储运，2023，42(09)：1064-1072+1080.

[8] 唐善华，杨毅，张麟，等. 天然气管网智能调控初探[J]. 油气储运，2021，40(09)：991-996+1026.

[9] 高振宇，王浩潼，林聿明，等. 天然气管网智能调控的潜在应用场景探究[J]. 油气与新能源，2022，34(06)：65-70.

[10] 董绍华，张河苇. 基于大数据的全生命周期智能管网解决方案[J]. 油气储运，2017，36(01)：28-36.

[11] 张海峰，蔡永军，李柏松，等. 智慧管道站场设备状态监测关键技术[J]. 油气储运，2018，37(08)：841-849.

[12] 周登极，邢同胜，张麟，等. 大数据背景下天然气管网数据挖掘与应用[J]. 油气储运，2021，40(03)：271-276.

基于机器学习的凝析气藏露点压力预测

郭泽坤　赵力彬　陈　东　杨凤来

（中国石油塔里木油田分公司勘探开发研究院）

摘　要　快速准确预测凝析气藏露点压力对于凝析气藏开发方案编制及后期开发方案的调整至关重要。传统的凝析气藏露点压力预测方法包括实验法、状态方程法、经验公式法，但传统的露点压力预测方法存在一定的问题，如实验法实验测试成本较高、耗时耗力；经验公式法的普适性较差，泛化能力较弱；状态方程法需要进行各组分的二元系数拟合，求解收敛性存在一定的问题。因此考虑采用机器学习的方法来快速准确预测露点压力。此次研究首先收集了前人研究中的670组凝析气藏的气藏温度、摩尔分数（N_2、CO_2、H_2S、C_1、C_2、C_3、C_4、C_5、C_6、C_{7+}）、C_{7+}相对分子质量（MWC_{7+}）、C_{7+}相对密度（SGC_{7+}）和露点压力等数据，然后采用皮尔逊相关性分析筛选主控因素，将筛选出来的特征投入模型的训练，采用5折交叉验证的方式对训练集进行训练，最后采用不同的核函数来优化支持向量机模型，得到的结论如下：①C_{7+}相对分子质量（MWC_{7+}）、C_{7+}相对密度（SGC_{7+}）、气藏温度（T（℉））、摩尔分数（C_5、C_6、C_4、C_3、C_{7+}）与露点压力相关性较高；②与传统的线性回归相比，采用高斯核的支持向量机模型的预测精度大幅度提高，所得到的模型可以为新区快凝析气藏露点压力预测提供参考。

关键词　支持向量机；皮尔选相关性分析；露点压力预测；凝析气藏

凝析气藏在开发过程中，当地层压力下降至露点压力时就会出现反凝析现象，析出的凝析油会聚集于近井地带，阻碍气相的流动，导致气相相对渗透率降低，从而影响气井产能。因此，准确预测露点压力对于凝析气藏的高效开发十分重要。目前确定凝析气藏露点压力的方法主要有：实验法、经验公式法、状态方程法等。实验法主要采用定容衰竭或者恒质膨胀的方法测定露点压力，但是这种方法耗时时间长、实验测试成本高、实验的危害性较大；经验公式法是通过多变量回归建立露点压力与流体摩尔组成、气藏温度、C_{7+}分子量和相对密度的关系式，但是这种方法通常普适性较差，泛化能力较弱；状态方程法是把压降方程和物质平衡方程联立，推导出凝析气累产量与气藏视地层压力之间的关系式，根据2段斜率不同的直线交点确定露点压力，但该方法在预测过程中受限于不同馏分的表征方法与批分方式，露点压力的数值随状态方程和参数的选择而不同。因此，探讨一种高精度的露点压力预测方法是十分必要的。

支持向量机一种基于统计学习理论的机器学习方法，它在处理小样本，非线性等问题具有很好的效果，在石油领域，广泛应用于预测卡钻风险、渗透率、TOC 等方面，

鉴于研究区样本数量不多，且考虑支持向量机模型在处理小样本问题中的优势，此次研究采用支持向量机建立模型，并采用皮尔选相关性分析筛选主控因素，以求最大限度提高模型的预测精度。

1　方法与原理

模型的建立分四步进行（图1），依次是数据收集与处理，主控因素分析，模型的建立，模型的筛选与评价。

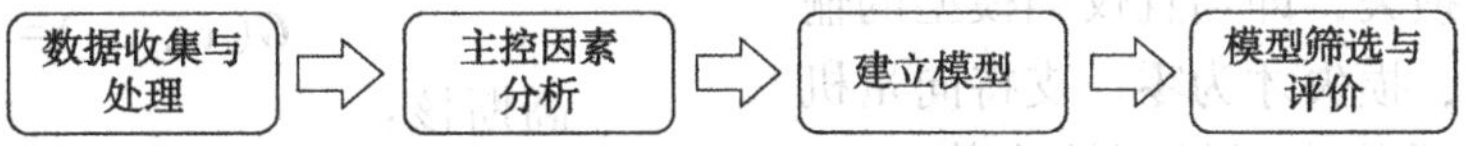

图1　研究步骤

1.1　数据收集与处理

此次研究选取公开发表的600余组凝析气藏露点压力数据对模型进行优化，模型选取摩尔分数（N_2、CO_2、H_2S、C_1、C_2、C_3、C_4、C_5、C_6、C_{7+}）、气藏温度（T（℉））、C_{7+}相对分子质量（MWC_{7+}）、C_{7+}相对密度（SGC_{7+}）作为自变量，

露点压力(PDew(psi))为因变量。对于此次收集的组分、温度等数据，不同变量之间的量纲不同，特征与特征之间取值区间差异较大，这会导致在后续建模模型中使用梯度下降法等算法时出现一些问题，因此，此次研究中拟采用 z-score 标准化数据式(1)，式(2)，式(3)，标准化后可以转化为均值为 0，标准差为 1 的正态分布数据，这样做可以提升数据之间的可比性。在此次研究中，所有机器学习模型均按照标准化后的数据进行训练与预测。

$$z_i = \frac{x_i - \mu}{\sigma} \tag{1}$$

$$\mu = \frac{1}{n}\sum_{i=1}^{N}(x_i) \tag{2}$$

$$\sigma \sqrt{\frac{1}{n}\sum_{i=1}^{n}(x_i - \mu)^2} \tag{3}$$

1.2 主控因素分析

Pearson 相关系数法用来衡量两个数据集合是否在一条线上。当两个变量都是正态连续变量，且两者之间呈线性关系时，这两个变量之间相关程度可以用积差相关系数表示。即

$$\rho = \frac{Cov(x,\ y)}{\sqrt{Var(x)Var(y)}} \tag{4}$$

其中，$Cov(x,\ y)$表示 x 与 y 之间的协方差，$Var(x)$表示 x 的方差，$Var(y)$表示 y 的方差。

相关系数的绝对值越大，相关性越强：相关系数越接近 1 或-1，相关度越强；相关系数越接近于 0，相关度越弱。通常情况下，相关系数的绝对值与相关程度的关系为：0.8~1.0，极强相关；0.6~0.8，强相关；0.4~0.6，中等程度相关；0.2~0.4，弱相关；0.0~0.2 极弱相关或无相关。

1.3 建立模型

模型的建立采用机器学习中的支持向量机回归算法，支持向量机回归的概念最早由 Vladimir Vapnik 于 1992 年提出，由于核函数的存在，该模型可以看作是一种非参数的模型。对于训练样本$(x,\ y)$，传统统计模型是基于模型的输出值与真实值的差来计算损失，即当且仅当模型的输出值与真实值相同时，损失才为零。支持向量机回归则不同，它是假设能容忍模型输出值$f(x)$与真实值 y 之间的偏差最多为 ϵ，即当两者的偏差大于 ϵ 时才计算损失(图 2)，这样，支持向量机的问题可以表示为：

$$f(x) = w^T x + b \tag{5}$$

$$\min_{w,\ b,\ \varepsilon_i,\ \widehat{\varepsilon_i}} \frac{1}{2}\|w\|^2 + C\sum_{i=1}^{m}(\varepsilon_i + \widehat{\varepsilon_i}) \tag{6}$$

$$\begin{aligned} s.t.\ & f(x_i) - y_i \leqslant \epsilon + \varepsilon_i, \\ & y_i - f(x_i) \leqslant \epsilon + \widehat{\varepsilon_i}, \\ & \varepsilon_i \geqslant 0,\ \widehat{\varepsilon_i} \geqslant 0,\ i = 1,\ 2,\ \cdots,\ m \end{aligned} \tag{7}$$

式中：C 为惩罚项，ε_i 和$\widehat{\varepsilon_i}$为松弛变量，ϵ 为不敏感参数

为了使其容易求解，使用拉格朗日函数可以将该问题转化为对偶问题，即

$$\begin{aligned} \max_{\alpha,\ \widehat{\alpha}} & \sum_{i=1}^{m} y_i(\widehat{\alpha_i} - \alpha_i) - \epsilon(\widehat{\alpha_i} + \alpha_i) \\ & - \frac{1}{2}\sum_{i=1}^{m}\sum_{j=1}^{m}(\widehat{\alpha_i} - \alpha_i)(\widehat{\alpha_j} - \alpha_j)x_i^T x_j \end{aligned} \tag{8}$$

$$\frac{s.t.\ \sum_{i=1}^{m}(\widehat{\alpha_i} - \alpha_i) = 0}{0 \leqslant \alpha_i,\ \widehat{\alpha_i} \leqslant C} \tag{9}$$

通过序列最小优化算法，分块算法等方法得到相应参数，并考虑使用核函数，得到的最终超平面方程为：

$$f(x) = \sum_{i=1}^{m}(\widehat{\alpha_i} - \alpha_i)\kappa(x,\ x_i) + b \tag{10}$$

其中 $\kappa(x,\ x_i) = \varphi(x_i)^T\varphi(x_j)$为核函数，可以将样本从原始空间映射到一个高维空间，使得样本在该特征空间中线性可分；$\widehat{\alpha_i}$ 和 α_i 为拉格朗日乘子向量

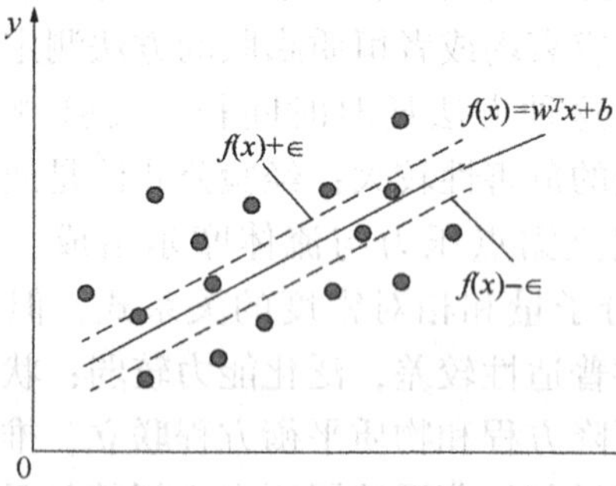

图 2　支持向量机回归示意图

在支持向量机中，核函数的选择直接决定着模型的最终性能，支持向量机中常见的核函数如下：

$$G(x_j,\ x_k) = x_j{}'x_k \tag{11}$$

高斯核：

$$G(x_j,\ x_k) = \exp(-\|x_j - x_k\|^2) \tag{12}$$

多项式核：

$$G(x_j,\ x_k) = (1 + x_j{}'x_k)^q \tag{13}$$

采用 python3.7 编程，将皮尔逊分析选出的

主控因素按放入模型中，并采用线性核，二次多项式核，三次多项式核，高斯核等不同的核函数得到不同的模型，每一个模型建立的过程如图3所示，为了防止过拟合，采用5折交叉验证的方法对训练集进行训练。5折交叉验证的方法是将数据集划分为5个大小相似的互斥子集，然后每次选择4个子集作为训练集，剩余的子集作为验证集，这样就可以获得5组测试集与验证集，因此可以进行5次训练和测试，最终得到这几次训练结果的均值。对于每一个模型，以最小化均方根误差为目标，采用网格寻优的方法对影响模型精度关键的惩罚参数 C 与核函数参数 g 进行优化，直到满足终止条件为止(图3)。

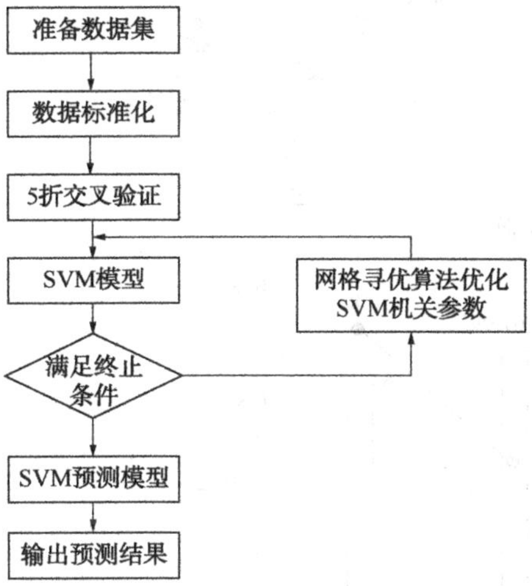

图3　支持向量机露点压力预测模型建模流程

1.4　模型筛选与评价

采用均方根误差与决定系数 R^2 为评价标准，均方根误差。均方根误差表示预测值与真实值偏差的平方和与样本个数 m 比值的平方根，即：

$$RMSE(X, h) = \sqrt{\frac{1}{m}\sum_{i=1}^{m}(h(x^{(i)}) - y^{(i)})^2} \tag{14}$$

决定系数 R^2 表示回归平方和比上总离差平方和，即：

$$R^2 = \frac{SSR}{SST} \tag{15}$$

对于采用不同个数的主控因素，不同核函数得到的模型，以均方根误差与决定系数为评价标准，选出最优模型。

2　实例研究

2.1　凝析气藏露点压力相关性分析

如图4所示，通过皮尔逊相关性分析，可以得出，与露点压力相关性最大的因素依次为：C_{7+} 相对分子质量（MWC_{7+}）、C_{7+} 相对密度（SGC_{7+}）、气藏温度（T(℉)）、C_5、C_6、C_4、C_3、C_{7+}、C_1、C_2、H_2S、N_2、CO_2，其中 C_{7+} 相对分子质量(MWC_{7+})、C_{7+} 相对密度(SGC_{7+})与露点压力的关联度大于0.6，远超其他参数的关联度。考虑到 C_1、C_2、H_2S、N_2、CO_2 等参数与露点压力的相关性小于0.2，几乎没有相关性，因此，将这几个特征去掉，使用 C_{7+} 相对分子质量(MWC_{7+})、C_{7+} 相对密度(SGC_{7+})、气藏温度(T(℉))、C_5、C_6、C_4、C_3、C_{7+} 建立模型。

2.2　支持向量机回归分析模型

将皮尔逊相关性分析筛选出来的变量 C_{7+} 相对分子质量(MWC_{7+})、C_{7+} 相对密度(SGC_{7+})、气藏温度(T(℉))、C_5、C_6、C_4、C_3、C_{7+} 作为自变量，露点压力作为因变量，采用5折交叉验证的方法训练模型，不同核函数得到的模型结果如图5所示。

从图5中可以看出，在测试集中，高斯核得到的模型拟合优度 R^2 为0.84，均方根误差仅为646.39，远远好于线性核、二次多项式核、三次多项式核得到的模型，同时也好于传统的线性回归模型，这表明高斯核在处理该问题具有更好的可靠性。因此，采用以高斯核为核函数的支持向量机模型作为最终模型。

3　讨论

最终得到的支持向量机回归预测模型包含8个特征，通过绘制残差分布图与预测值真实值交汇图，可以分析模型的有效性与可靠性。从残差分布图(图6)可以看出，残差对称均匀的分布在0值上下，且没有明显的特殊形式；从预测值实际值交汇图来看(图7)，预测值与真实值均匀的分布在完美预测线(黑色线)两侧。由此可见，模型具有较高的有效性与可靠性。

4　结论

(1) 通过皮尔逊相关性分析，C_{7+} 相对分子质量(MWC_{7+})、C_{7+} 相对密度(SGC_{7+})与露点压力的关联度大于0.6，远超其他参数。

(2) 支持向量机回归模型与传统的多元线性回归模型相比，模型的预测精度大幅度提高，采用高斯核的凝析气藏露点压力预测模型应用效果最好。

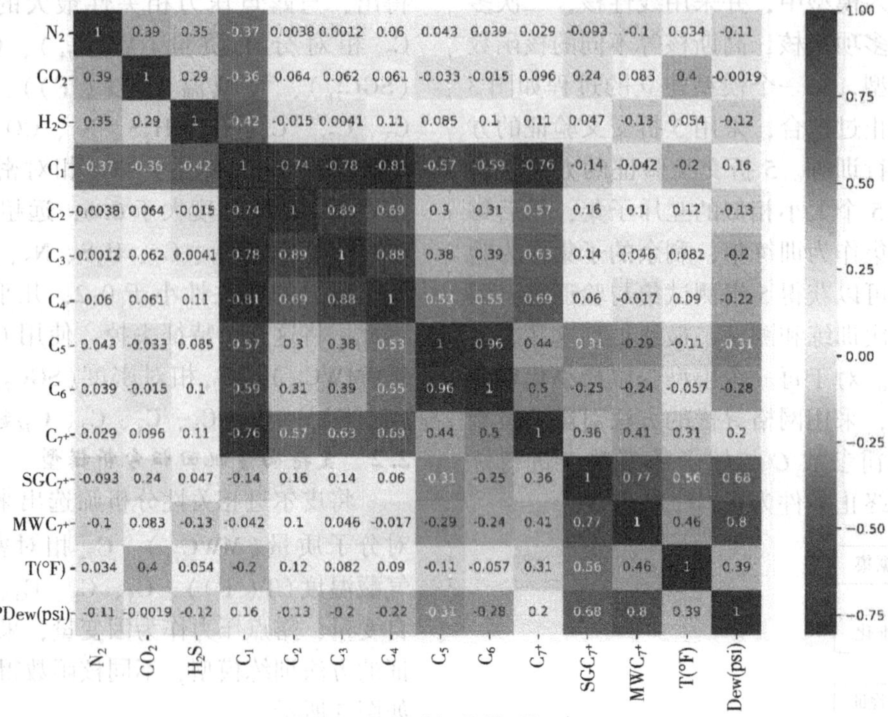

图 4　皮尔逊相关关系矩阵

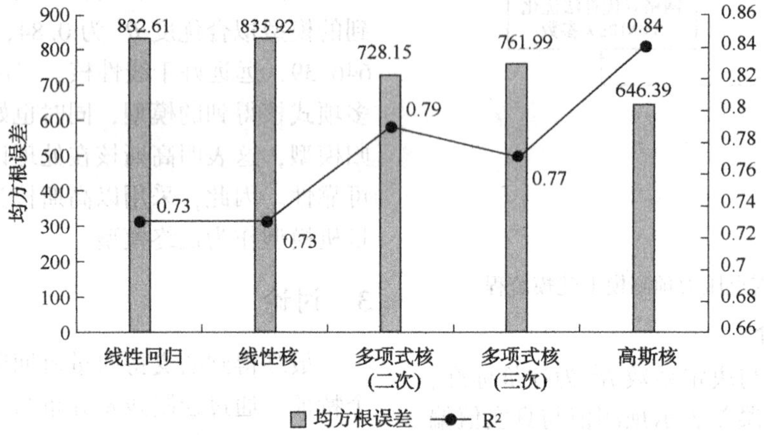

图 5　支持向量机模型评价

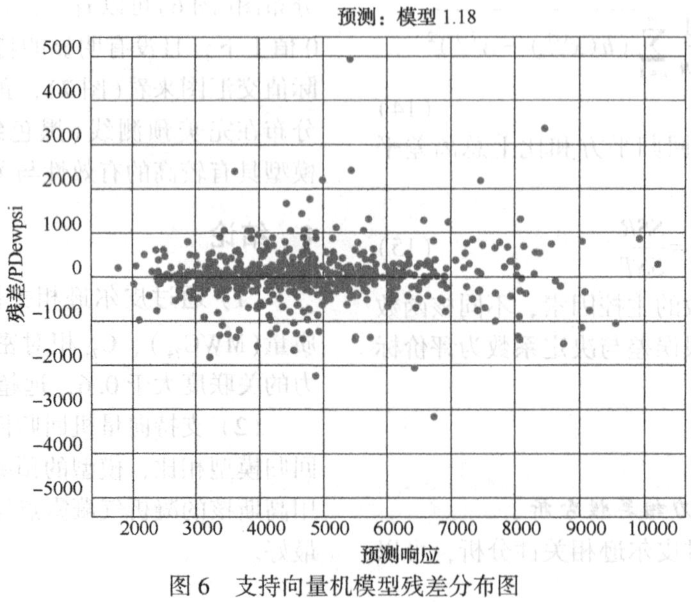

图 6　支持向量机模型残差分布图

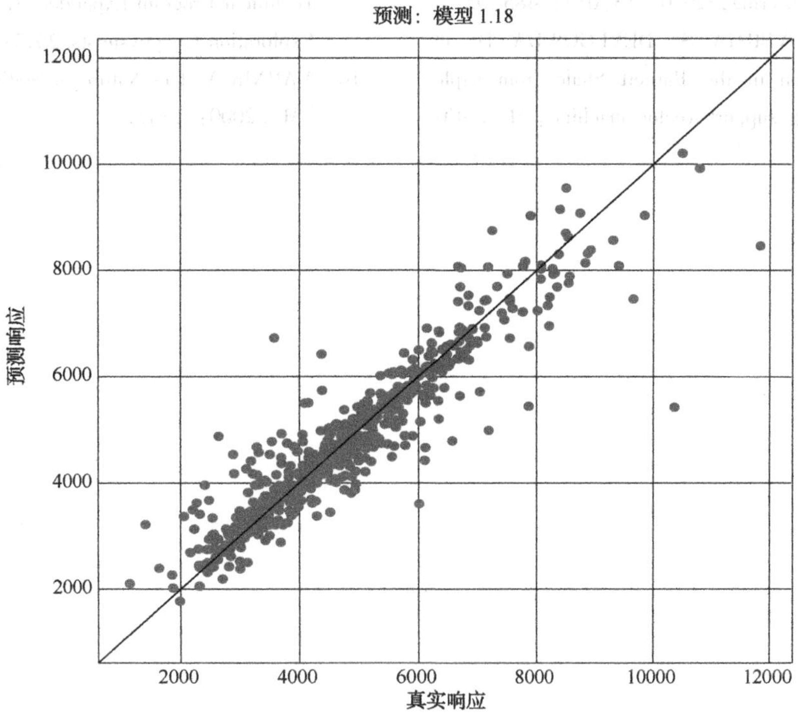

图 7　支持向量机模型真实值与预测值交汇图

参 考 文 献

[1] 黄鑫，张芮菡，张烈辉，等．基于多基因遗传编程的凝析气藏露点压力估算方法[J]．断块油气田，2021，28(06)：835-41.

[2] AHMADI M A，EBADI M. Evolving smart approach for determination dew point pressure through condensate gas reservoirs[J]. Fuel，2014，117：1074-84.

[3] AHMADI M A，EBADI M，YAZDANPANAH A. Robust intelligent tool for estimating dew point pressure in retrograded condensate gas reservoirs：application of particle swarm optimization[J]. Journal of Petroleum Science and Engineering，2014，123：7-19.

[4] ALI A，GUO L. Adaptive neuro-fuzzy approach for prediction of dewpoint pressure for gas condensate reservoirs[J]. Petroleum Science and Technology，2020，38(9)：673-81.

[5] DANESHFAR R，KEIVANIMEHR F，MOHAMMADI-KHANAPOSHTANI M，et al. A neural computing strategy to estimate dew - point pressure of gas condensate reservoirs[J]. Petroleum Science and Technology，2020，38(10)：706-12.

[6] GOUDA A，GOMAA S，ATTIA A，et al. Development of an artificial neural network model for predicting the dew point pressure of retrograde gas condensate[J]. Journal of Petroleum Science and Engineering，2022，208：109284.

[7] MIRZAIE M，ESFANDYARI H，TATAR A. Dew point pressure of gas condensates，modeling and a comprehensive review on literature data[J]. Journal of Petroleum Science and Engineering，2022，211：110072.

[8] 汪斌，孙博文，黄召庭，等．基于遗传算法的最小二乘支持向量机预测凝析气藏露点压力[J]．科学技术与工程，2020，20(16)：6452-8.

[9] 伍轶鸣，孙博文，成荣红，等．基于灰狼算法的LSSVM模型预测凝析气藏露点压力研究[J]．西安石油大学学报(自然科学版)，2020，35(02)：78-83+90.

[10] 孙博文，郭平，伍轶鸣，等．基于交替条件期望变换的凝析气藏露点压力预测模型[J]．油气藏评价与开发，2020，10(04)：107-12.

[11] 丁世飞，齐丙娟，谭红艳．支持向量机理论与算法研究综述[J]．电子科技大学学报，2011，40(01)：2-10.

[12] 顾亚祥，丁世飞．支持向量机研究进展[J]．计算机科学，2011，38(02)：14-7.

[13] CHAMKALANI A，PORDEL SHAHRI M，POORDAD S. Support vector machine model：a new methodology for stuck pipe prediction; proceedings of the SPE unconventional gas conference and exhibition，F，2013[C]. OnePetro.

[14] AL-ANAZI A，GATES I D. Support-vector regression for permeability prediction in a heterogeneous reservoir：A comparative study[J]. SPE Reservoir E-

valuation & Engineering, 2010, 13(03): 485-95.
[15] ZHAO * T, VERMA S, DEVEGOWDA D, et al. TOC estimation in the Barnett Shale from triple combo logs using support vector machine [M]. SEG Technical Program Expanded Abstracts 2015. Society of Exploration Geophysicists. 2015: 791-5.
[16] VAPNIK V. The Nature of Statistical Learning Theory [M]. 2000: 1-15.

云台扫描式激光气体探测器在油气站场的应用实践

周　晓　邹德鹏　高昌宝

（中国石油塔里木油田公司）

摘　要　本文介绍了云台扫描式激光气体探测器在油气安全生产过程中的应用实践，分类比较可燃气体泄漏检测技术优劣势，结合现场应用经验，总结分析如何提高气体泄漏预警能力，降低生产过程中的天然气泄露风险，保障安全生产，具有推广应用价值。

关键词　可燃气体泄露；激光气体探测器；安全生产

1　引言

天然气作为一种高效清洁能源，广泛受到人们的青睐，根据国家发展和改革委员会发布的全国天然气运行快报，2023 年全国天然气消费量 $3945.3\times10^8m^3$，同比增长 7.6%。在天然气开采与集输过程中，泄露事件因为多种因素总是难避免，因天然气站场具有设备多、流程复杂、密封点多等特点，因此其泄漏的概率偏大。一旦发生天然气泄漏，小则影响正常生产，大则引发爆炸、火灾等恶性事故，造成人员伤亡、污染环境，导致巨大经济损失。因此防泄漏是油气场站运维的重点内容之一，目前主要是以催化燃烧式固定式气体探测器为主，然而由于天然气比空气轻等物理性质，渗漏未到达一定程度，现有的气体探测器无法监测实时情况，对于微小渗漏则主要依靠人工巡检发现。基于激光吸收光谱技术的气体探测器具有灵敏度高、抗干扰能力强、报警迅速的特点，可弥补现有气体探测器的缺陷，提高本质安全生产水平。

2　传统气体泄漏检测技术

天然气站场可燃气体泄漏检测方式主要依靠固定式可燃气体探测器。常用的固定式气体探测器根据检测方式不同，可以分为点式、对射式两种。

2.1　点式可燃气体探测器

常用点式可燃气体探测器按照检测原理分为催化燃烧或红外吸收两种检测方式。

催化燃烧式气体探测器：

催化燃烧式气体探测器主要借助催化燃烧热效应进行气体泄漏监测。作为传统的点式气体探测器，因其性能稳定、价格便宜、安装方便，已被广泛应用于各种检测场所，如装置区、罐区、泵房、压缩机房、阀组区等；检测探头损耗较快，至少每半年定期维护，运维工作量较大、维护成本较高；室外安装时，其检测半径仅有10m，覆盖范围相对较小，若想实现全覆盖，设置数量庞大；且受温度变化等原因影响，有的探测器运行一段时间后，会出现零点漂移的现象。

红外吸收型气体探测器

红外吸收型可燃气体探测器主要借助可燃气体分子对特定红外光谱的的吸收特性进行浓度测量，进而计算得出检测的可燃气体体积分数。红外吸收型可燃气体探测器仅能对有限的碳氢化合物(烷烃或烯烃类)进行检测，无法检测氢气，且价格较高，需每年定期更换一次检测探头，维护成本较大；灵敏度较低，仅能检测到 0% LEL~100%LEL 的泄漏气体；同样，与催化燃烧式探测器安装要求相同，室外检测半径为 10m，若想实现全覆盖，需增加探测器设置数量。

当选用点式气体探测器进行检测时，只有在探测器布置点周围天然气达到一定浓度的时候，才能实现有效检测。由于天然气站露天工艺装置区面积大，发生气体泄漏后，可燃气体不易产生聚集，达到检测报警浓度时，天然气泄漏量较大，安全风险高。

2.2　对射式气体探测器

对射式气体探测器是通过气体的分子吸收光谱波长，对目标气体的浓度进行测量。目前主要有两种结构形式，一种为发射端和接收端均独立设置的结构形式，另一种为发射端和接收端一体化设计+反光板的结构形式。

对于采用发射端+接收端独立设置结构形式的探测器，要求两端设备之间的检测通道需要较高的对中精度，施工难度较大，但最大检测距离可达120m；采用发射端和接收端一体化+反光板结构形式时，施工难度较小，安装便捷，最大检测距离为100m。但无论采用哪种结构形式的探测器，均需保证检测路径通畅，不能存在遮挡物，只适用检测开阔区域和装置边界区域气体泄漏，不适用装置区气体检测；零点漂移时有发生，需定期校准，误报率、漏报率相对较高。

对射式气体探测器受天然气泄漏后气体云走向影响严重，必须保证检测路径内出现气体云才能激发探测器报警装置。根据现场应用测试和模拟计算结果可知，当测量>200×10^{-6}的天然气泄漏，探测器最大的横向覆盖距离为35m。

由于天然气站场露天工艺装置区面积大，且存在沙尘、雨雪、风等自然干扰，可燃气体不易产生聚集，容易产生误报或故障报警。以上几种检测方法往往受到环境以及场所的限制，不能进行全面的监测，与此同时相应的检测精度以及检测效果相对较差。

3　云台扫描式激光气体泄漏探测器应用

3.1　检测原理

云台扫描式激光气体探测器是基于可调谐激光光谱吸收（TDLAS）原理而研发的一款新型气体检测设备，是对特征气体浓度进行实时在线监测的仪器仪表设备。激光穿过的气体区域中存在被检测的特征气体，被测气体会对激光束进行吸收导致激光强度发生衰减，激光强度衰减的多少与被测气体分子含量成正比，分析激光强度的衰减信息就可以获得被测气体的浓度，其主要用于测量含有甲烷的特征气体的浓度。

3.2　与传统气体检测技术对比

相较于传统气体检测技术，云台扫描式激光气体探测器具有精度更高，响应速度更快，稳定性更好，寿命更长，不中毒，无零漂，覆盖范围广，且便于维护，无需频繁校准标定等特点；同时受雨天、沙尘等外部环境影响小，更加适用于天然气站场室外装置区气体泄漏检测。云台扫描式激光式可燃气体探测器与传统气体检测技术对比详见表1。

表1　云台扫描式激光气体泄漏检测技术与传统检测技术对比表

探测技术	催化燃烧/红外式	对射式	云台扫描式
安全性	小，点式区域	远距离检测	远距离检测
可靠性	受环境（湿度，温度，粉尘）影响大，易受其他气体干扰	受环境（湿度，温度，粉尘）影响大，易受其他气体干扰	不受周围环境影响 不受背景气体干扰
检测距离	需一定量的CH_4气体扩散到探头内才能检测到泄漏	最大监测距离100m	最大监测距离200m
检测方式	被动扩散式检测	线监测	线、面监测
响应时间	30s左右	小于10s	小于1s
灵敏度	500ppm	250ppm. m	5ppm. m
检测范围	0~100%LEL	0~100%LEL	0~100%LEL
使用寿命	1~2年	3~5年	5年以上
前期成本	成本低	成本较高	成本高
后期维护	半年（定期更换探头）	精度漂移，2年需要定位校准维护	性能稳定，无需频繁校准、标定

3.3　云台扫描式激光探测器在天然气站场中的应用

云台扫描式激光探测器具有预置点和巡检轨迹两种自动巡检方式。预置点巡检方式为探测器自动依次对各预置点进行定点检测，可设置定点检测的时长，预置点最大可设置为1000个，并能够通过软件手段有效控制机械传动误差，确保预置点与实际巡检点的一致性；巡检轨迹方式可以将轨迹设置为自由曲线，探测器自动、精确地沿轨迹进行连续检测。

云台扫描式激光探测器通过激光扫描技术与视频监控系统有机结合，将天然气站场工艺装置区内分散油气泄漏点光谱分析成像，将场站天然气泄漏量的大小，泄漏发生地点等，通过光谱与视频监控技术结合，利用高级算法，将现场的漏点画面呈现在监控视频上，实现控制区域24h不间断巡回或定区域检测。将其布置在较高位置，可实现蒸气云高度方向上的全覆盖。

实际应用测试发现，云台扫描式激光探测器响应时间<1s，在夜间、阴天和晴天下的探测极限距离差距较大。晴天正午探测极限距离>25m。阴天条件下探测极限距离>45m，约为100m左右，在该距离下示值存在较大的误差，约为20%左右；而50m以内的探测则示值误差小，约在5%以内，为保证探测器的测量精度及响应时间，最大探测半径应≤70m。

4 应用效果

通过在新疆某油气田近2两年应用实践证明，云台扫描式激光探测器与点式可燃气体探测器结合，能及时发现可燃气体泄漏、快速定位泄露位置。在某天然气站场通过使用云台扫描式激光探测器发现并及时处理过8次管线轻微气体泄漏，其中1个泄漏点无法用固定或便携可燃气体检测仪测出。

云台扫描式激光探测器具有较高灵敏度，可以发现微量气体泄漏，提醒运维人员更早采取相应的维护措施，大幅度缩短气体泄漏从发现到消除的处理时间；代替人工实现全天候电子巡检，配套管理措施优化，可减少现场巡检频次，减轻人员工作强度。

参 考 文 献

[1] 祝玉泉，乔利蜂，张启兴，等．基于TDLAS的城市天然气管道泄漏检测系统[J]．中国科学技术大学学报，2009，39，4.

[2] 王玉田，郭廷荣，王莉．吸收式光纤甲烷气体传感器的研究[J]．传感技术学报，2001，(1)：46-49.

[3] 向碧群，刘亮．基于J2EE的气体安全监控系统的设计[J]．重庆邮电大学学报(自然科学版)，2012，24(3)：383-386.

IPv6 技术在油田生产中的应用研究

徐　震　班　涛　王逸伦

（中国石油冀东油田公司）

摘　要　本研究探讨了 IPv6 在油田生产办公中的应用。通过分析其在石油行业中的优势，以及将其与其他通信协议结合的方法，本文提供一些建议来推动 IPv6 在油田生产中的广泛应用。此研究旨在提高油田生产的网络安全性、可靠性和可扩展性，为油田生产提供更好的支持。

关键词　IPv6；油气专网；网络安全性；可靠性；可扩展性

1　引言

随着信息技术的飞速发展，互联网已经在各个行业和领域得到广泛应用。而在油田生产领域，网络技术的应用也不断取得了突破性的进展。IPv6 作为下一代互联网协议，其强大的功能和优势已引起了广泛的关注和研究。本论文将探讨 IPv6 在油田生产中的应用，分析其背景与实际意义，并研究当前油气生产物联网专网的现状，同时重点介绍基于 IPv6 油气生产物联网的应用研究。

在当前全球能源紧缺和环境污染问题日益严重的背景下，油田生产作为能源产业的重要组成部分，对于提高能源采掘效率、确保能源供应安全和保护环境具有重要意义。然而，传统油气生产中存在着诸多问题，如网络安全性低、数据可靠性差、设备集成度不高等。因此，引入新的网络技术以提高油田生产的网络安全性、可靠性和可扩展性，成为当前油气生产领域亟需解决的问题。

IPv6 作为下一代互联网协议，相较于 IPv4 具有更为广阔的地址空间、更高的网络安全性和更强的兼容性等优势。引入 IPv6 技术，可以极大地提高油田生产网络的可靠性和稳定性，同时也能满足油田生产数据量庞大、传感器众多等特点，进而提高整个油田生产系统的效率和安全性。

2　IPv6 应用前景与实际意义

IPv6 是 Internet Protocol Version 6 的简称，它是下一代互联网协议，旨在取代目前广泛使用的 IPv4 协议。IPv6 具有更大的地址空间、更好的路由和寻址能力，以及更高的安全性和可靠性。在当前信息技术迅猛发展的背景下，IPv6 的应用已经成为了全球范围的研究和实践领域。

油田生产作为石油行业的核心环节，对信息通信技术有着很高的要求。然而，传统的 IPv4 协议在满足油田生产需求方面存在一些限制和局限性。首先，由于 IPv4 地址空间有限，无法满足油田生产中大规模设备的连接需求。其次，IPv4 协议的寻址和路由能力较弱，不利于在复杂的油田环境中构建强大的网络基础设施。此外，IPv4 面临着网络安全问题，例如地址欺骗、数据篡改等。

因此，引入 IPv6 协议作为油田生产的通信基础是十分必要的。首先，IPv6 拥有更大的地址空间，可以有效解决地址不足的问题，可以实现更广泛和复杂的物联网设备连接，满足油田生产中大规模设备的通信需求。其次，IPv6 协议具备更强的寻址和路由能力，可以有效构建油田生产中的物联网专网，为油田生产提供更稳定、可靠的数据传输通道。此外，IPv6 协议在安全性方面也有优势，例如支持 IPSec 协议实现数据加密和身份验证，可以有效抵御网络攻击和数据泄露。

基于以上优势，将 IPv6 应用于油田生产可以带来多重实际意义。首先，IPv6 技术的应用可以提高油田生产的网络安全性。由于 IPv6 协议支持 IPSec 协议，可以对数据进行加密和身份验证，有效保护油田生产中的敏感信息。其次，IPv6 的应用可以提高油田生产的可靠性和可扩展性。IPv6 具有更好的寻址和路由能力，可以构建强大的物联网专网，实现设备之间的高效通信和数据交换，提高油田生产的运行效率和响应能力。最后，IPv6 的应用也可以促进油田生产的创新和发展。IPv6 作为下一代互联网协议，具有更好的适应性和可塑性，可以支持新技术和新业务的快速发展，为油田生产提供更多的发展机遇。

综上所述，在当前信息技术快速发展的背景下，将 IPv6 引入油田生产具有重要意义。它可以提升油田生产的网络安全性、可靠性和可扩展性，为油田生产提供更好的支持，推动油田生产向智能化和数字化转型。因此，在未来的油田生产中，IPv6 的广泛应用将是必然的趋势。

3　当前油气生产专网的状况

油气生产专网是指为油气生产领域特定需求而设计的专用网络，用于连接和管理生产场景中的各种设备和传感器，实现数据的采集、传输和分析。当前，油气生产物联网专网处于快速发展阶段，取得了一系列显著的成果和进展。

首先，油气生产专网应用正在逐渐普及。许多油气生产企业已意识到物联网技术在提高生产效率、降低成本和提升安全可靠性方面的潜力。因此，它们积极投资部署物联网专网，并与相关领域的其他企业合作，推动物联网技术的应用和发展。

其次，油气生产专网正在实现集成和互联。传统上，油气生产中的各个环节和设备都相对独立，存在信息孤岛和数据不通畅的问题。而通过物联网技术的应用，各类设备和传感器可以实现互联互通，信息可以实时共享和交流，实现了油气生产过程的全面监控和数据集成。

此外，油气生产专网还加强了行业的安全控制和监测能力。油气生产领域的供应链和设备较为复杂，其中存在一些关键设备和环节，对企业的生产和运营具有重要影响。物联网专网可以实时监测这些设备和环节的状态，预测潜在风险，并采取相应的控制措施，从而提高安全性和可靠性。

总之，当前油气生产专网正朝着规模化、集成化和智能化的方向发展。这为油气生产企业带来了巨大的发展机遇和挑战。然而，目前仍存在一些问题和障碍，如技术标准的不统一、网络安全性的风险、设备兼容性等。因此，未来的研究和应用需要进一步突破这些难题，为油气生产物联网专网的建设和发展提供更好的支持。

4　基于 IPv6 油气生产专网的应用研究

4.1　专网组网的应用研究

专网组网是指将各个油气生产装置通过网络连接起来，形成一个统一的油气生产物联网专网系统。在这个系统中，每个装置都具备网络通信能力，可以实现设备之间的实时数据交互和信息共享。专网组网的应用研究是为了探索如何有效地搭建和管理油气生产物联网专网，以提高油田生产的效率和安全性。

在现有的油气生产系统中，专网组网已经被广泛应用。通过专网组网，油田生产装置之间可以直接进行实时数据交互，而无需通过传统的手动收集和传输方式。这样可以极大地提高数据获取的速度和准确性，有利于及时掌握油田生产装置的状态和运行情况。

专网组网技术的应用还可以实现多种功能。首先，它可以实现油田生产物联网系统的远程监测和控制。通过远程监测和控制，油田生产人员可以随时随地监控和操作油田生产装置，及时掌握生产情况，并采取相应的措施来调整工艺参数，确保油田生产的正常运行。

其次，专网组网还可以实现油田生产装置之间的协同工作。通过专网组网，油田生产装置之间可以进行信息共享和任务协调，可以实现油田生产过程中的资源共享和优化配置。这样可以提高油田生产的整体效益，减少生产成本，提高经济效益。

另外，专网组网还可以实现对油田生产装置的远程维护和诊断。通过远程维护和诊断，可以对油田生产装置进行故障诊断和排除，及时处理设备故障，避免生产停顿和损失。

专网组网的应用研究还需要解决一些关键问题。首先，必须确定专网组网的总体架构，包括网络拓扑结构和通信协议的选择。其次，需要研究如何合理地划分和分配 IPv6 网络地址，以满足油田生产系统中各个装置的通信需求。此外，还需要进行路由规划的应用研究，以确保数据在网络中的高效传输和快速到达目的地。

综上所述，专网组网的应用研究对于推动 IPv6 在油田生产中的广泛应用具有重要意义。通过专网组网，可以实现油田生产装置之间的实时数据交互和信息共享，提高油田生产的效率和安全性。未来的研究可以进一步探索专网组网的技术和方法，以满足油田生产的不断发展和创新需求。

4.2 IPv6油气生产专网总体架构的应用研究

在油气生产领域，建立高效可靠的物联网专网对于提升生产效率和管理水平至关重要。本节将针对IPv6在油气生产专网总体架构的应用进行研究。

首先，我们需要明确IPv6协议在油田生产中的优势。相较于传统的IPv4协议，IPv6具备更为庞大的地址空间，能够满足物联网设备数量的快速增长和扩展需求。同时，IPv6提供了更好的网络安全性，支持IPSec（Internet Protocol Security）协议，能够对数据进行加密和认证，保障油田生产数据的安全性和保密性。此外，IPv6还提供了更好的可靠性和稳定性，能够减少网络故障和延迟，提高数据传输的可靠性。

基于以上优势，我们可以设计并应用IPv6油气生产专网总体架构。首先，针对油气生产场景中的各类设备，我们需要进行网络拓扑规划和组网研究。通过合理安排设备间的连接方式和架构，能够有效提高网络的稳定性和传输效率。此外，我们还需要考虑设备的布置位置，基于网络拓扑规划，合理规划设备的部署位置，进一步提高网络的可扩展性和覆盖范围。

其次，IPv6网络地址的应用研究也是油气生产专网设计的重要方面。在IPv6协议中，通过其独特的地址分配方式，能够满足油田生产物联网设备众多的需求。我们需要研究如何科学有效地进行IPv6地址的分配，并遵循一定的原则，以提高地址分配的灵活性和可管理性。例如，可以考虑采用层次化的地址分配方式，将地址按照设备类型和功能进行划分，以提高地址的利用率和管理效率。

此外，路由规划也是IPv6油气生产专网设计中的重要一环。通过合理规划路由配置和路由协议的选择，能够提高网络的转发效率和数据传输稳定性。我们需要在设计过程中综合考虑网络拓扑、设备位置、流量负载等因素，制定优化的路由规划策略，并进行相关的仿真和验证，确保网络的正常运行。

综上所述，IPv6油气生产专网总体架构的应用研究对于提升油田生产的网络安全性、可靠性和可扩展性具有重要意义。通过科学合理地进行网络拓扑规划、IPv6地址的应用研究和路由规划，能够有效构建稳定高效的油气生产专网，为油田生产提供更好的支持。这将有助于推动IPv6在油田生产中的广泛应用，为油气行业的发展注入新的动力。

4.3 IPv6网络地址应用研究的原则

IPv6网络地址应用研究是基于IPv6油气生产物联网专网的应用研究的重要组成部分。本节将讨论IPv6网络地址应用的原则，以指导油田生产中IPv6的有效使用。

首先，IPv6网络地址应用研究的原则是确保地址资源的高效利用。由于IPv6地址空间庞大，确保地址资源的高效利用对于油气生产物联网专网至关重要。在设计网络地址分配策略时，可以考虑采用层次化的地址规划方案，按照不同区域、不同设备进行分配，避免地址浪费和冲突。例如，可以根据实际需求对油气生产中的各个单元进行划分，并为每个单元分配相应的地址空间，以确保每个单元都可以得到足够的地址资源。

其次，IPv6网络地址应用研究的原则是保证网络安全性。在油田生产中，物联网专网中的设备和系统面临着各种网络安全威胁。为了确保网络的安全性，可以采取一系列的措施来应对潜在的攻击和威胁。例如，可以采用网络隔离和访问控制的方法，限制对物联网专网的访问，同时设置安全设备和机制来监测和防范安全事件。此外，还可以采用加密和认证等技术手段，对数据进行加密和身份认证，保护网络通信的机密性和完整性。

另外，IPv6网络地址应用研究的原则是保证网络的可扩展性。随着油气生产规模的扩大和网络设备的增加，网络的可扩展性变得尤为重要。因此，在设计网络架构和地址分配方案时，需要考虑到网络的可扩展性。可以采用基于层次结构的网络架构，将网络划分为不同的层次，利用路由聚合的方式减小路由表的规模，提高网络的路由效率和可伸缩性。此外，还可以采用IPv6地址自动配置和动态路由协议等技术手段，简化网络的配置和管理，提高网络的可扩展性和灵活性。

4.4 路由规划应用研究

路由规划是IPv6油气生产物联网专网中至

关重要的一环，它涉及到数据包在网络中的传输路径选择以及网络的拓扑结构设计。本章将重点探讨 IPv6 在油田生产中的路由规划应用研究。

首先，需要对油气生产物联网专网的路由规划要求进行明确。在油气生产过程中，数据传输需要实现低时延、高带宽和可靠性。而且，由于油田地理环境复杂、油气生产设备分布广泛，所以路由路径需要具备灵活性和可扩展性。此外，为了提高网络的安全性，路由规划还需要考虑防御 DDoS 攻击等网络安全威胁的能力。

其次，针对上述路由规划要求，可以采用多种策略来实现。首先是基于链路状态信息的路由算法，如 OSPFv3、ISIS 等，它们能够根据网络中链路的实时状况来动态选择路径，从而提高网络的可靠性和可扩展性。其次是基于路径矢量的路由算法，如 BGP 等，它们能够根据路由跳数等信息来选择路径。此外，还可以采用基于 SDN 的路由规划方案，通过集中式控制器对网络进行管理和控制，从而提高网络的可编程性和灵活性。

4.5 IPv6 地址管理平台

IPv6 地址管理平台(图 1)，提供 IPv4/IPv6 地址从规划、申请、分配、检测、回收的全链条、全生命周期管理能力，有利于上下级单位 Ipv6 地址上下级联动管理，形成全景地图，打破网络孤岛，有效支撑网络双栈化升级改造。

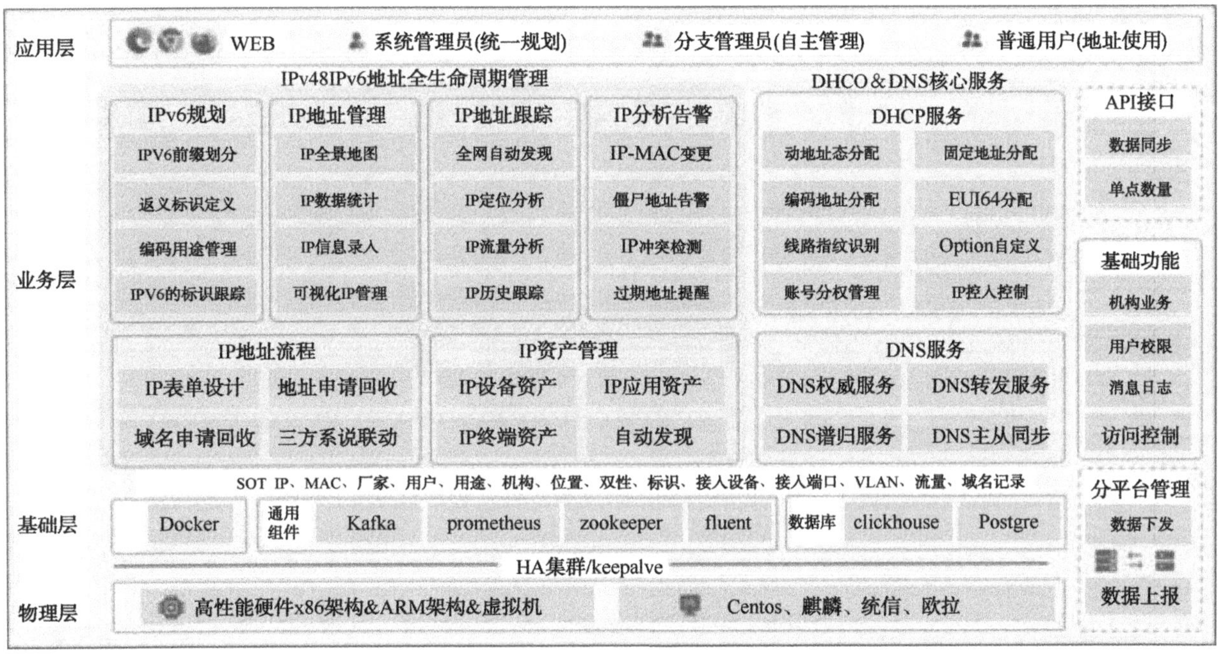

图 1　IPv6 地址管理平台

5　结语

本研究探讨了 IPv6 在油田生产中的应用，并通过具体的分析，阐述了其在石油行业中的优势以及与其他通信协议结合的方法。通过本文的研究，我们为推动 IPv6 在油田生产中的广泛应用提供了一些建议，旨在提高油田生产的网络安全性、可靠性和可扩展性，为油田生产提供更好的支持。

通过本研究，我们明确了 IPv6 在油田生产中的应用价值，并提出了一系列具体的应用方案。通过在油田生产中广泛应用 IPv6，可以有效提高网络安全性、可靠性和可扩展性，为油田生产提供更好的支持。希望本研究能够为相关领域的研究者和工程师提供一定的参考和借鉴，共同推动 IPv6 在油田生产中的广泛应用。

参 考 文 献

[1] 高天铸 . IPv6 过渡技术及其在智能家居网络方面的应用研究[J]. 2019.
[2] 李明霞 . IPv6 在油田工业互联网中的应用[J]. 信息周刊，2019.
[3] D Zhou，Q Shen，Y Wang，et al. Application of Intelligent Control Technology for Oilfield[D]. 2021.
[4] 姚军 . IPv6 在煤矿生产监测中的应用[J]. 中国教育网络，2021.
[5] 刘靓 . 浅谈嵌入式 TCP/IP 协议单片机技术在网络

通信中的应用[J]. 2020.
[6] J Yu, H Xu, X Liu. Analysis on Application of fracturing stimulation technology in Oilfield [D]. Iop Conference, 2021.
[7] 侯金泉，邹礼，倪锦萍 . IP 化组网技术在油田生产通信网络中的应用[J]. 石油知识，2020.
[8] et al Q Yang, K Gao, Production. Innovation and application of extended testing technology in an oilfield in Bohai Sea[D]. Well Testing, 2019.
[9] 刘普帮，魏璐，张倩茹 . 基于 IPv6 油气生产物联网专网的应用研究[J]. 信息记录材料，2020.
[10] 崔硕 . OP-15 复配体系在辽河油田稠油乳化降黏中的应用性能研究[J]. 2019.
[11] 翟溪林，邓芙蓉 . ipv6 在现代网络中的优势及应用[J]. 计算机产品与流通，2020.
[12] 杨斌 . IPv4 和 IPv6 共存策略及过渡技术探讨[J]. 通信管理与技术，2019.
[13] 张宏斌，孙熙 . IPv6 在现代物联网技术中的应用[J]. 信息周刊，2019.
[14] 樊纪刚 . 采油技术在油田开发生产中的应用[J]. 装备维修技术，2020.
[15] 乔泉熙 . 信息技术在油田采油生产中的应用[J]. 数字化用户，2019.

数字孪生在智能油气场站建设中的研究与应用

邓红梅　周梦雨

（中国石油冀东油田公司）

摘　要　本文通过对数字孪生技术的研究和应用情况介绍，为智能油气场站建设指明方向。主要内容包括：国内外数字化交付现状；数字化交付的目的和和意义；结构化数据、非结构化数据、二维三维模型交付技术以及数字孪生技术；数字化交付对地面工程建设的促进作用；数字化交付后数字工厂的建设设想等。

关键词　数字化交付；数字孪生；数字工厂；智能油气场站

近些年来，伴随着大数据、云计算、物联网、“互联网+”等新型信息技术的迅猛发展，理论模型建立，技术改革创新，软件硬件升级等全面推进，“工业 4.0”“中国制造 2025”等概念相继提出与深入践行，油气田建设领域全面进入数字化时代，油气的智能化开发、集输、处理以及工程建设的全生命周期管理，是油气田高效开发的核心和关键，构建数字孪生提升智能化管理水平成为企业数字化转型的一项重要举措，通过数字孪生实现生产过程建模与参数优化、工艺参数设计与仿真、系统状态监测与远程维护，提升智能化水平，助力数字化转型。

1　数字孪生概述

数字孪生技术是融合大数据、人工智能、仿真、虚拟现实和物联网等技术，目前正处于快速发展时期，在各行业备受关注，相继开展多种场景应用。石油行业也开展了深入研究与探索，特别是在数字化转型和智慧油气田建设关键时期，依照“描述-诊断-预测-决策”的趋势进行演化与发展，其“数据驱动、模型支撑、精准映射、智能决策”的技术特点，助力油气田建设期和运营期的智能化建设。

基于已有数据基础、数字化交付平台和物联网设施等，集成整合各类多源异构的动静态数据，将井和地面官网、场站等物理实体映射到数字模型，构建能够精细描述地面工程和生产运行动态的综合数字孪生体，同时通过交互实现物理实体和数字模型的双向数据流动，构建数字孪生耦合模型，进行场站的动态仿真、监测、分析、控制和预测，为一体化研究，智能运行、科学决策等提供智能化支撑。

数字孪生主要包括几个部分：一是数字孪生的源头，数化物理实体，即创建物理世界的数字化模型；二是“互动”阶段，利用物联网技术获得来自物理世界的数据和信息，实现实时互传信息数据和对物理实体的控制；三是基于明确机理预测，使数字孪生体拥有预测未来；四是基于不明确机理推测未来；五是多孪生体内部和之间的共享智慧、共同进化。

2　数字孪生现状

2.1　行业数字孪生现状

目前，随着数字技术的不断发展，数字孪生在石油行业的应用也越来越成熟。通过高精度建模和仿真技术，可以实现对石油勘探、开发、生产等全过程的模拟和预测，帮助企业更好地优化生产流程和降低成本。石油行业是一个数据密集型行业，拥有大量的勘探、开发、生产等数据资源。这些数据资源为数字孪生的应用提供了丰富的数据基础，使得数字孪生能够更加准确地模拟和预测石油生产过程。

数字孪生在石油行业的应用场景非常广泛，包括勘探、开发、生产、运营等各个环节。在勘探阶段，数字孪生可以通过模拟地下油藏的形态和分布，帮助企业确定最佳的勘探方案。在开发阶段，数字孪生可以模拟油田的生产过程，优化生产方案和提高采收率。在生产阶段，数字孪生可以实时监测生产过程，及时发现和解决生产中的问题。在运营阶段，数字孪生可以帮助企业实现智能化管理，提高运营效率和服务质量。

虽然数字孪生在石油行业的应用已经取得了

一定的成果，但仍然面临着一些挑战和机遇。一方面，数字孪生的应用需要大量的数据支持和高精度的建模技术，这对企业的技术水平和数据资源提出了更高的要求。另一方面，随着数字技术的不断发展，数字孪生的应用场景和范围也将不断扩大，为企业带来更多的机遇和挑战。

数字孪生在石油行业的应用已经取得了显著的成果，但仍需要不断地完善和优化。随着数字技术的不断发展和应用场景的不断扩大，数字孪生将为石油行业带来更多的机遇和挑战。

2.2 冀东油田数字孪生现状

冀东油田依托数字化交付及智能化建设项目推进数字孪生体建设，为核心叠加设计、采购、施工等各阶段数据，实现三维模型及其关联信息综合展示，并以此为基础完成了西部天然气处理厂基本处理流程和工艺单元详细工艺流程的三维演示视频制作，全方位展示井场、集气站以及天然气处理厂各工艺单元的三维动态生产流程，便于开展生产管控、日常巡检、应急演练以及技能培训等工作。

三维模型补充(正向)：根据工厂对象清单，对设计单位交付的设计模型进行模型的完整性校核；根据收集的设计、施工及供货商资料，进行缺失模型的构建工作；在 EZWALKER 中对模型颜色进行批量修改，并将修改好颜色的模型进行合并；导入数字化交付平台，进行三维模型配置，最终完成模型交付工作。正向三维模型补充及处理过程如图 1 所示。

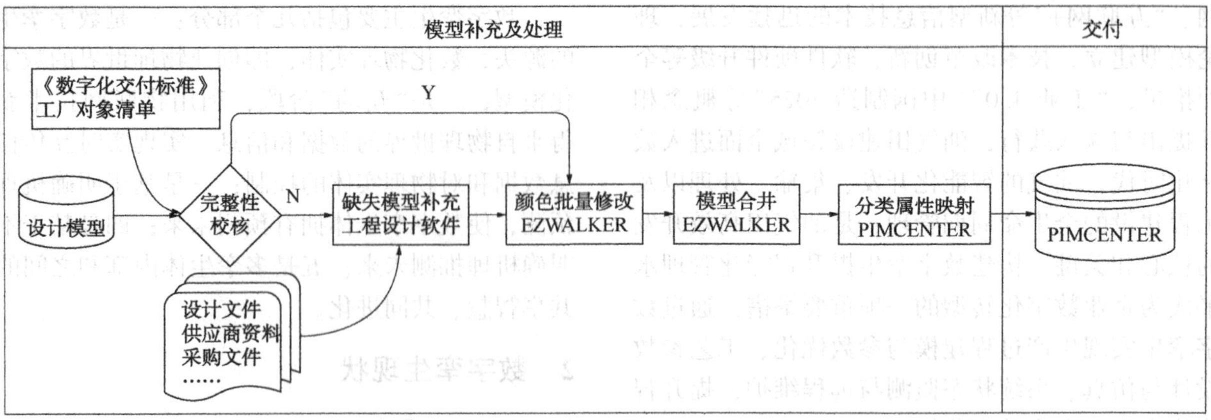

图 1　三维模型补充(正向)

三维模型补充(逆向)：对已建 4 座井场进行数字化重建工作，采用图纸资料及现场三维激光扫描辅助校核的方式进行模型构建工作。形成含管道等级的 4 座井场三维模型 1 套、点云原始工程文件 1 份(FARO SCENE)、.RCP 格式模型文件 1 份(RECAP 导出)。装置模型数字化重建流程如图 2 所示。

智能 PID 绘制：根据管道仪表工艺流程，使用 AutoCAD Plant3D 软件进行智能 PID 绘制，经过 EZWALKER 进行解析、转换后导入交付平台，进行三维模型和 PID 的关联。智能 PID 交付流程如图 3 所示。

文档整编及关联：对设计、采购、施工文档进行拆分、重命名、标准化处理，基于工厂对象清单建立文档与工厂对象位号的关联关系，完成后导入平台，实现文件与工厂对象的关联工作。文档处理及关联流程如图 4 所示。

3　数字孪生技术研究

油气场站数字孪生体建设包括建设期数字孪生体和运营期数字孪生体建设。

建设期数字孪生体主要是工程建设遵循全生命周期管理理念，开展数字孪生体构建工作，在建设期通过数字模型构建和数字化交付实现静态数字孪生体建设。静态数字孪生体涵盖统一工程项目管理平台，集成工程建设期所有数据资源，实现项目流程管控，消除“信息孤岛”，实现全生命周期数据递延；同时支撑工程信息模型建立，从工程设计阶段二、三维模型，同时融合设备模型、环境模型组成数字孪生体模型基础，包括模型渲染、模型解析与转换等，实现模型与数据和文档的关联，构建建设期静态数字孪生体，借助孪生体实现建设期施工现场可视化管控，辅助施工作业，提升施工进度、风险、成本等综合管控水平，有效提高施工质量和效率，缩短工期；为运营期提供基础数据，通过建造运维一体化数字孪生工程，实现施工管理和控制的信息化、集成化、可视化和智能化，助力油气田安全生产、降本增效、节能降耗。

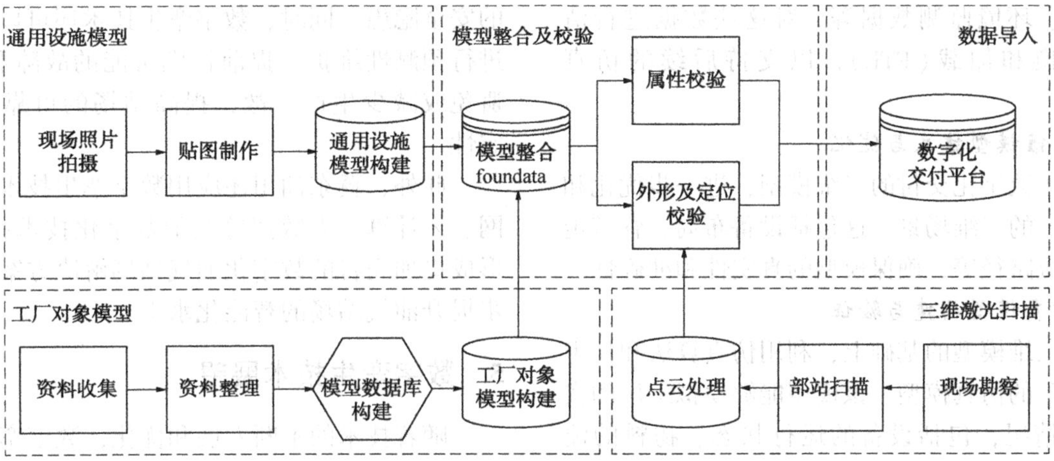

图 2　装置模型数字化重建流程

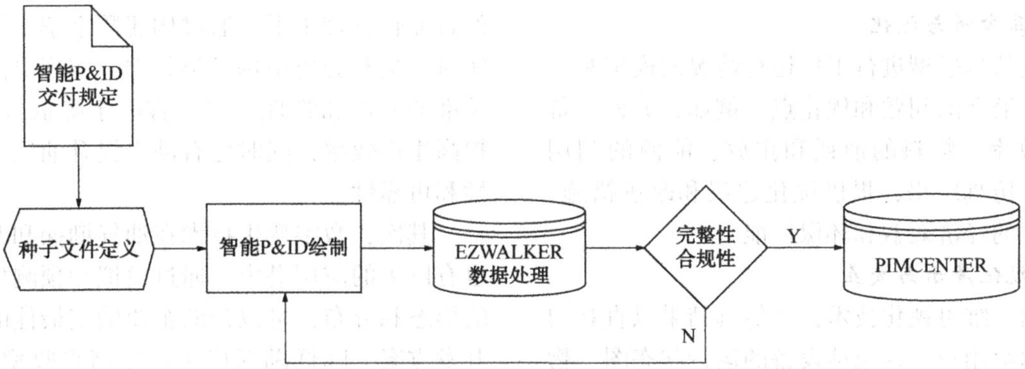

图 3　智能 PID 交付流程

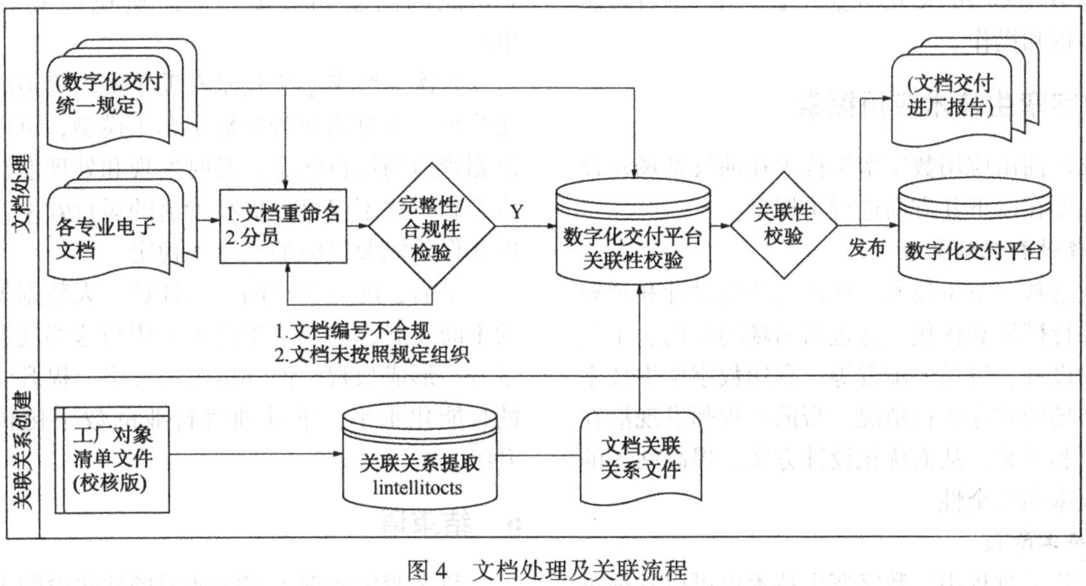

图 4　文档处理及关联流程

运营期数字孪生体构建主要是借助传感器等终端设备实现场站全面感知，并开展运营期智能化高级应用，包括运行数据集成展示、工艺仿真模拟、能耗管理、应急指挥、报警管理、人员定位、虚拟巡检等保障油气场站的智能化运营。

3.1 数据集成与处理

在数字化交付的基础上，利用数据集成技术将各种数据源进行整合，包括设备运行数据、工艺参数、环境监测数据等。对这些数据进行清洗、转换和加载（ETL），以支持后续的仿真分析。

3.2 三维模型建立与优化

基于数字化交付的三维模型，进一步优化和完善工厂的三维场景。这包括设备布局、管道走向、物流路径等，确保模型的真实性和准确性。

3.3 仿真模型构建与验证

在三维模型的基础上，利用仿真算法和技术构建工厂的仿真模型。该模型能够模拟工厂的实际运行情况，包括设备的运行状态、物料的流动、能源消耗等。同时，通过实验验证和校准仿真模型，确保其准确性和可靠性。

3.4 仿真分析与优化

通过仿真模型进行工厂运行情况的模拟和分析，识别潜在的问题和优化点。例如，分析设备的运行效率、物料的消耗和排放、能源的利用等。基于仿真结果，提供优化建议和改进措施，提高工厂的经济效益和环保性能。

3.5 可视化展示与交互

借助三维可视化技术，将仿真结果以直观的方式展示给用户。这包括设备的运行状态图、物料的流向图、能源消耗的统计图等。同时，提供用户与仿真模型的交互功能，方便用户进行定制化的分析和操作。

4 数字孪生技术应用探索

冀东油田应用数字孪生技术在油气站场建设中，主要在以下几方面进行了探索：

4.1 设计和规划阶段

通过数字孪生技术，在油气站场设计和规划阶段进行模拟和优化。这包括站场的布局、工艺流程的设计、设备的配置等。利用数字孪生技术模拟站场的实际运行情况，帮助工程师发现潜在的问题和冲突，从而优化设计方案，提高站场的运行效率和安全性。

4.2 施工阶段

在施工过程中，数字孪生技术也可以发挥重要作用。通过实时监测施工进度和质量，数字孪生技术可以帮助管理者及时发现和解决问题，确保施工质量和进度符合设计要求。

4.3 运营和维护阶段

在站场运营和维护阶段，数字孪生技术可以实时监测站场的运行状态，及时发现和处理潜在的安全隐患。同时，数字孪生技术还可以对设备进行预测性维护，提前识别可能的故障和问题，避免或减少生产事故，提高站场的可靠性和稳定性。

此外，冀东油田还应用数字孪生技术与物联网、云计算、大数据等其他数字化技术相结合，形成更加完善的数字化油气站场解决方案，进一步提升油气站场的智能化水平。

5 数字孪生技术展望

随着技术的不断发展和优化，数字孪生有望在油气田的多个方面发挥重要作用。

首先，数字孪生技术有望进一步提升油气田的智能化管理水平。通过构建数字孪生体，可以实时收集和分析站场各类数据，实现更高效、更精准的监控和管理。这将有助于降低人力成本，提高生产效率，同时也有助于提升油气田的安全性和可靠性。

其次，数字孪生技术在油气勘探和开发方面也有巨大的应用潜力。通过模拟和预测地下油藏的形态和分布，可以帮助企业确定最佳的勘探和开发方案，降低勘探成本，提高采收率。此外，数字孪生技术还可以实时监测钻井过程，提前识别可能的问题和故障，从而避免或减少生产事故。

再次，数字孪生技术有助于实现管道的数字化管理。通过构建管道数字孪生模型，可以实时监测管道的运行状态，及时发现和处理潜在的安全隐患。这不仅可以提高管道的运行效率，也有助于保障能源供应的安全和稳定。

最后，随着物联网、云计算、大数据等技术的不断发展，数字孪生技术有望与这些技术深度融合，形成数智化油气田解决方案，提升油气田的智能化水平，推动油气行业的数字化转型和升级。

6 结束语

数字孪生实现了智能油田场站建设的重要跨越，虽然是近年来出现的新模式，但很快成为智能油气场站建设的主流共识，是智能场站建设的基础，随着物联网、5G技术的数据采集与传输、人工智能算法技术的不断成熟，通过一体化仿真数字化工厂的构建，可以实现工厂的数字化、智能化和可视化，从而提高工厂的运行效率和管理水平，这将为油气田数字化转型和智慧油气田建设提供有力支撑。

参 考 文 献

[1] 李新锋．数字孪生技术在海上智能油田建设的研究与应用[J]．石化技术，2023(04).

[2] 曾颖，石峰，刘英．数字孪生技术在油气田业务中的应用现状及未来需求[J]．信息系统工程，2021(09).

[3] 孙红江．如何构建在役油气站场数字孪生体[J]．石化技术，2020(05).

[4] 胡耀义．智能油气田数字孪生体建设关键技术研究[J]．工程技术研究，2020(04).

苏里格气田南区上古计量改造及效果评价

王　庆　虎珍妮　袁　杰　王　彤

（中国石油长庆油田公司）

摘　要　本文通过分析苏里格气田南部某采气作业区上古气井在进行产量核实及气量异常判断时存在的突出问题，提出了低压集气模式进行干管气量计量的思路及改造办法，并根据实际工艺流程开展了两座集气站的上古干管计量流程改造。通过对实际运行效果进行评价分析，确定了干管计量的可行性及对下一步集气站上古工艺流程在建站时改造的重要意义。

关键词　上古计量；流程改造；效果评价

1　概况

1.1　作业区生产概况

苏里格气田南区目前共管辖集气站 5 座，管理气井 336 口。集气模式包含苏里格气田上古低压集气模式、靖边气田下古高压集气模式和下古中压集气模式。

目前包含低压集气模式集气站 5 座（苏南-11 站、苏南-12 站、苏南-13 站、苏南-15 站、苏南-16 站），低压气井 207 口，占全区总井数的 61.6%；包含中压集气模式集气站 2 座（苏南-13 站、苏南-15 站），中压气井 33 口，占全区总井数的 9.8%（表 1、图 1）。

作业区投产的 336 口气井，日均开井 214 口，平均套压 9.61MPa，日均产气量 $129.52\times10^4m^3/d$，日均产水 $151.85m^3/d$，平均水气比 $1.20m^3/10^4m^3$。

表 1　各集气模式井数统计表

序号	集气站	集气模式	井数/口
1	苏南-11 站	低压	38
2	苏南-12 站	低压	31
3	苏南-13 站	低压	31
		中压	18
		高压	22
4	苏南-15 站	低压	79
		中压	15
		高压	24
5	苏南-16 站	低压	28
		高压	50
合计		—	336

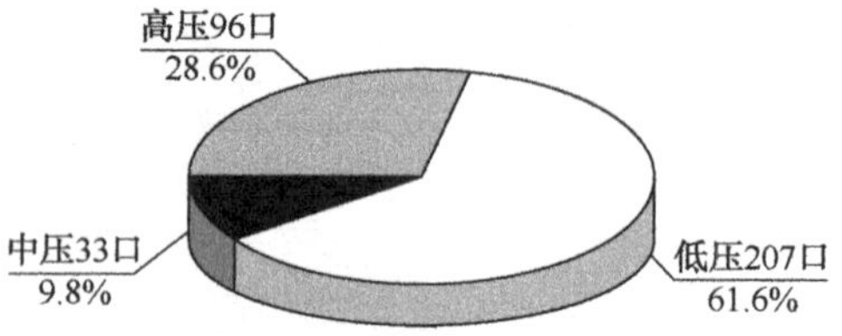

图 1　气井分集气模式饼状图

1.2　苏里格模式概况

苏里格气田在以低成本开发为指导思想上，形成了“井下节流、井口不加热、不注醇、中低压集气、井口带液计量、井间串接、常温分离、二级增压、集中处理”等地面工艺建设模式，同时在建设过程中，实施数字化管理。

由于大部分气井采用井间串接模式集气，多井共用 1 台流量计进行计量（2~4 口井不等），造成单井产量计量和核实较为困难。

2　低压模式气井计量现状

2.1　低压模式气井生产现状

低压模式气井共 207 口，日均开井 146 口，平均套压 7.31MPa，日均产气量 $63.32\times10^4m^3/d$，日均产水量 $51.72m^3/d$，井均日产气量 $0.43\times10^4m^3/d$，井均日产水 $1.84m^3/d$，平均水气比 $1.40m^3/10^4m^3$。

2.1.1　累计生产时间分布

气井平均生产时间 841d，多为生产时间超过 1 年的老井，其中生产时间超过 2 年的气井 136 口，占低压井数的 50.9%（图 2）。随着生产时间的增长，气井产量不断降低。

2.1.2　平均套压分布

气井平均套压 7.31MPa，其中套压小于

5MPa 的气井为 88 口，占低压井数的 42.9%，套压介于 5~10MPa 的气井为 78 口，占低压井数的 37.7%，套压大于 10MPa 的气井为 45 口，占低压井数的 21.7%。表明 80.6%的气井压力已经低于 10MPa(图 3)。

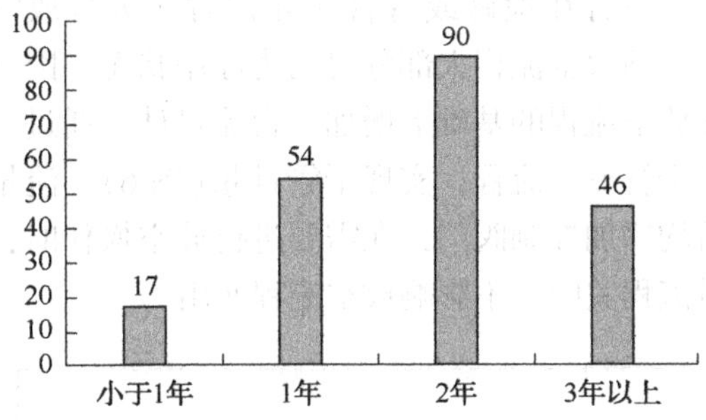

图 2　生产时间分布统计图

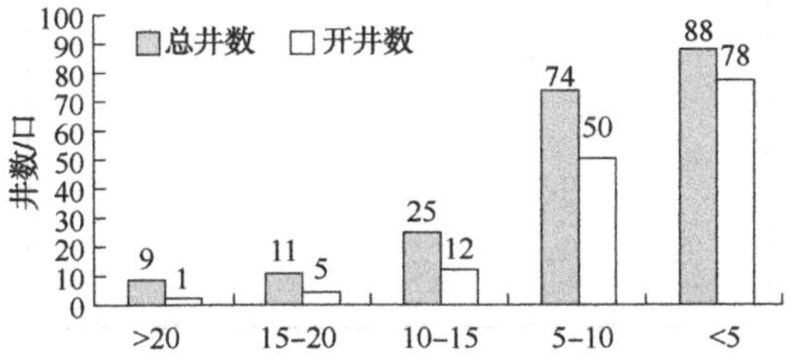

图 3　套压分布统计图

2.1.3　井均日产气量分布

低压模式气井井均日产气量为 $0.43\times10^4m^3/d$(不包含关井)，其中产量小于 $0.5\times10^4m^3/d$ 的气井为 109 口，占低压井数的 52.7%，长关井数 61 口，多为产能极低的长关井，占低压井数的 29.5%，产量大于 $1.0\times10^4m^3/d$ 气井仅有 10 口。表明低压气井大部分为低产低效气井(图 4)。

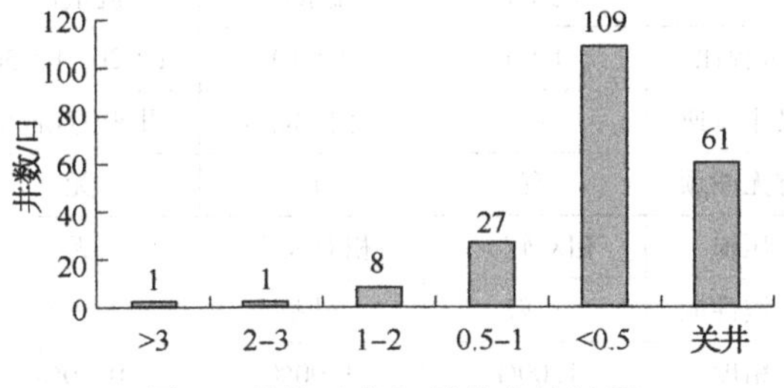

图 4　井均日产气量分布统计图

2.1.4　小结

根据对苏里格气田开发所取得的认识，上古气井大部分为低产低效气井。而通过以上对作业区所管辖的低压模式气井进行分析，表明气井符合苏里格气田生产实际，加之气井投产时间长，气井的压力和产量逐步下降，气井表现出低产低效的情况。而且为保证气井生产，已经使用了间歇生产、泡排、柱塞和速度管柱等排水采气措施辅助生产。

2.2　上古气井计量现状

低压上古集气模式的 207 口气井中，井口使用 1 台流量计的气井 74 口，剩余 133 口井共使用 49 台流量计。流量计主要为孔板流量计，共计 82 台，另一种为旋进漩涡流量计，共计 38 台(表 2)。

表 2　各集气模式井数统计表

集气站	流量计数量		井数	正常数量	正常井数
苏南 11 站	单独	15	15	7	7
	串接	8	23	4	13
苏南 12 站	单独	13	13	3	3
	串接	5	18	3	10
苏南 13 站	单独	8	8	8	8
	串接	10	23	7	18
苏南 15 站	单独	24	24	10	10
	串接	20	55	4	10
苏南 16 站	单独	14	14	8	8
	串接	6	14	4	9
合计		123	207	58	96

2.3　计量过程存在的问题

(1) 井口采用湿气计量，流量计均为单相流量计，对于产液量较大气井，计量误差偏大。

(2) 流量计量程均根据气井初期产量选择，而气井初期产量相对较高，孔板流量计和旋进旋涡流量计量程相对较窄。

随着生产时间不断增长，气井产量不断下降，部分流量计已经低于计量下限不能正常显示。

(3) 串接气井共用一台流量计，由于气井产能下降，存在多口气井同时生产流量计正常显示，单独 1 口气井生产时流量计低于计量下限，使用小量程流量计又会造成多井同时生产或开井初期，高于计量上限。

(4) 随着开展泡排、间歇生产、柱塞气举等排水采气措施，气井在关井一段时间后开井，导致气井之间存在压差，相互影响，经过实际情况验证，一个集气站气井流量计显示产量相加之和，高于实际集气站外输气量。

(5) 由于井间串接，集气站内只有外输计量，在气井产量出现异常时，无法对异常气井进行及时和准确的判断。

3　单量改造思路及实施情况

3.1　单量改造思路

传统的上古集气模式气井产量均为远传采集井口每台流量计数据后传输至远传平台。技术人员和资料员根据井口流量计数据对气井产量进行分配。

在实际生产过程中，在进行气井产量核实过程中，或集气站外输产量发生异常波动时，需要对集气站所辖全部气井的产量进行核实，从而判断出产量异常气井，但由2.3节所述原因，部分流量计因低于计量下限无法正常显示。无法对每一口气井产量进行核实，且由于作业区低产低效气井较多，此方法工作量也较大。在冬季生产过程中，气井极易发生冻堵情况，问题显得尤为突出。

在对各上古集气站工艺流程进行分析发现，无论集气站有多少口气井，进站干管一般只有8路，从而考虑是否能在进站干管上加装流量计，实现上古干管计量，通过判断确定存在气量异常的干管后，再对干管上串接的每一口井的气量进行核实，最终确定产量异常的气井。苏南-15站气井串接示意图如图5所示。

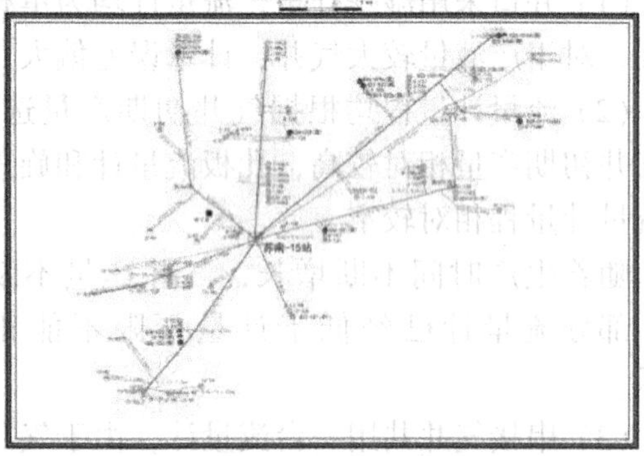

图5　苏南-15站气井串接示意图

3.2　单量改造方案确定

根据干管计量的思路，共提出两种改造方案。

方案一：在每一路干管加装流量计，从而实现对每一路干管的产量进行计量。该方案的优点是可以同时对每一路干管的产量进行监控，但方案改造实施费用高，工作量巨大。

方案二：参考下古计量流程，通过导换流程，实现对每一路干管的计量。该方案与方案一对比，操作流程相对繁琐，但改造费用低，且实际操作与下古单量操作方法类似，具有一定可操作性，从而确定采用方案二。

3.2.1　流程改造情况

通过现场调研，进站总机关可以通过导换流程实现采气管线放空，由于每一路干管都有多口气井串接，只有在检修或者管线异常时才进行放空操作，进站放空流程大部分时间为停用状态。因此考虑在放空流程的基础上增加一台流量计，通过导换每路干管放空流程，实现干管计量(图6)。流量计前后均增加控制阀门，在需要进行放空操作时，将计量流程关闭，不影响放空流程使用。

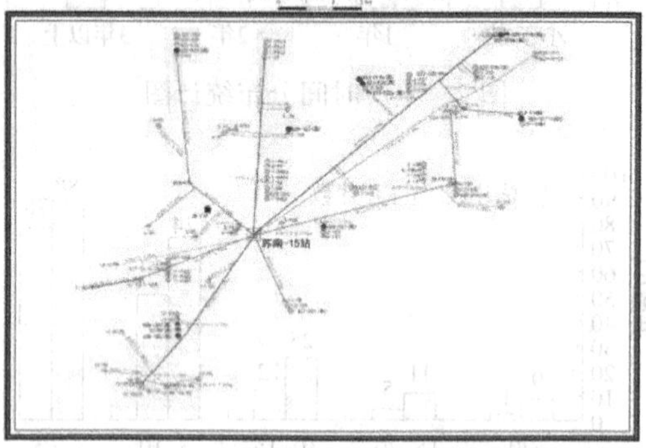

图6　上古单量改造示意图

3.2.2　流量计选型

作业区目前使用的流量计类型主要为孔板流量计和旋进旋涡流量计，同时2016年开展了两台超声波流量计的实验，均为井口使用，以下对三种不同类型的流量计进行对比(表3)。

表3　不同流量计性能对比

参数	孔板流量计	旋进旋涡流量计	超声波流量计
量程比	1∶4	1∶10	1∶20~1∶50
最小流速	—	大于3m/s	几乎为0m/s
有无缩颈	有	有	无
压损	相对较大	相对较大	无
抗震性能	一般	很差	无影响
精度	1.00%	1.00%	0.50%
安全性	小口径堵卡会造成憋压	小口径堵卡会造成憋压	不影响输气、不漏气
湿气	可计量	可计量	可计量
自诊断	无	无	有
双向流	无法计量	无法计量	可以计量

孔板流量计是目前使用量最多的流量计，该流量计量程比较小，前期多安装量程比为1：4的孔板，后期随着技术改进，量程比达到1：

10，但孔板流量计有较长的直管段长度要求，且孔板对腐蚀、磨损、结垢、脏污较为敏感，为保证计量准确性，需要定期对孔板进行清洗，因为孔板造成管线变径，异物堵塞易造成管线憋压，且流量计采用法兰连接，易产生跑、冒、滴、漏问题。(图7)

图7 孔板流量计及内部构造

旋进旋涡流量计(图8、图9)量程比相对较大，达到1∶10，对上下游直管段要求较低，但该流量计属流体振动式流量计，对于管道振动和电磁干扰较敏感，只能在振动较小、无电磁干扰的环境中使用。流量计上游为涡轮，管线有异物时容易堵塞并造成管线憋压。

图8 旋进旋涡流量计

图9 旋进旋涡流量计

气体超声波流量计为目前较新技术的流量计，该流量计测量范围宽、量程比达到1∶20～1∶50，测量准确度高、无压损及可动部件。管线中间无变径，同时可以进行双向流计量。

因为干管串接的井数不同，产气量波动范围较大，大量程为流量计选型的主要考虑因素。孔板流量计需要更换不同口径大小的孔板才能实现更改量程，旋进旋涡流量计量程相对较宽，但仍不满足干管气量变化的范围，要更改量程需要更换整个流量计，操作难度较大。最终确定选取测量准确度高，测量范围宽的超声波流量计。流量计可测量工、标况瞬时气量、累计气量、管线压力、气体温度等。

3.3 工艺可行性及安全性分析

3.3.1 工艺可行性分析

本次工艺改造，未对原有流程进行较大变更，在原有8路干管的流程上新增了一路，不同之处在于在两道阀门之间增加了一台可以用于计量的流量计，流量计选用的利用超声波测量，且未改变管线通径的超声波流量计。

(1) 在关闭计量流程时，不影响原有气井生产流量和放空流量程，操作方法无任何改变。

(2) 在使用计量流程时，放空针阀处于关闭状态，生产流程和放空流程为隔离状态，气体通过放空大梁经过计量流量后，重新汇入汇管后进入生产分离器，与原生产方式一致，未改变工艺流程。

3.3.2 安全性分析

安全方面，流量计上、下游均有控制阀门，且通过考克安装一个机械压力表，通过压力表和流量计可对管线压力进行监测，在流量计出现故障时，可通过关闭流量计上下游阀门，从压力表考克处进行放空泄压，安全处于受控状态。

3.4 单量改造实施情况

通过对集气站进行现场调研后，结合现场实际完成了苏南-13站上古和苏南-15站上古的干管计量流程改造。

3.4.1 苏南-15站改造情况

苏南-15站管辖上古气井79口，共有8路干管进站，8路干管均有气井接入，最少干管串接气井2口，最多干管串接气井17口，2016年11月首先实施了该集气站的计量流量改造(图10)。

该集气站改造实际使用材料有(压力等级均

图 10　苏南-15 站计量流程改造后

为 4.0MPa 或以上），DN50 流量计 1 台（量程 $0.2 \sim 15 \times 10^4 m^3$），*DN*40 闸板阀 2 个，*DN*40 三通 1 个，*DN*40 变 *DN*50 大小头 1 个，*DN*50 三通 2 个，*DN*50 管帽 2 个，*DN*50 变 *DN*80 三通 1 个，压力表考克和压力表各 1 个，管线和电缆线若干米。

3.4.2　苏南-13 站改造情况

苏南-13 站管辖上古气井 31 口，共有 8 路进站干管，有 2 路干管未接入气井，其余干管最少接入气井 1 口，最多串接气井 12 口。

该站上古流程是由原下古集气模式进行上、下古分离改造后实现的，故进站流程与下古进站模式一致，且第 8 路干管未使用，仅需要在第 8 路干管进站的电动球阀和进站闸阀之间加装流量计后，即可通过导换流程实现干管计量。改造过程中不需要站内动火，将两个阀门中间的短节拿出站外进行预置，然后安装好流量计（图 11）。

该集气站改造实际使用材料有（压力等级均为 4.0MPa 或以上），*DN*50 流量计 1 台（量程 $0.2 \sim 15 \times 10^4 m^3$），*DN*80 管帽 1 个（封进站管线入口），管线和电缆线若干米。

干管计量站控显示及历史趋势如图 12 所示。

图 11　苏南-13 站计量流程改造后

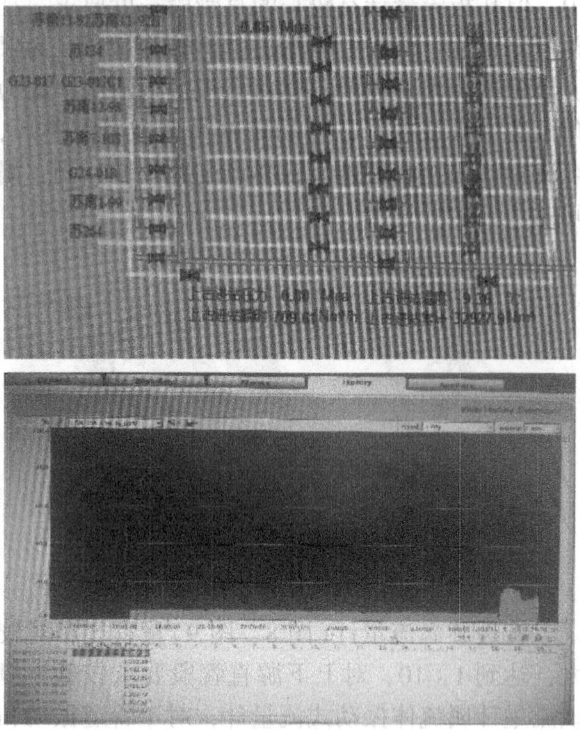

图 12　干管计量站控显示及历史趋势

4　单量改造运行效果评价

4.1　单量改造后可操作性评价

苏南-13 站上古流程保留下古进站的操作流程，在进行干管产量单量时，确认放空针阀关闭后，首先将流量计流程导通，缓慢将压力充至系统压力后，将需要计量的干管放空球阀打开，通过放空大梁导入计量流程，然后将进站电动球阀或进站闸阀任意关闭一个后，即可实现干管产量计量，操作简单便捷。

苏南-15 站为正常的上古进站流程，除上述站内的进站区外，在集气站外还有一个站外截断区（图 13）。每一路干管接入后，向上通过一个闸阀后（安全阀根部阀），汇入一根大梁连接一个安全阀，与放空相连，向下通过一个闸阀入地后，与进站区相连。在进行干管产量单量时，确认放空针阀关闭后，首先将流量计流程导通，缓慢将压力充至系统压力后，将需要计量的干管放空闸阀打开，通过放空大梁导入计量流程，然后将进站电动球阀关闭，然后去站外截断区把对应一路干管的安全阀根部阀关闭，即可实现干管产量计量，操作较苏南-13 站操作多一个步骤，总体操作也较为简单。

通过两座集气站改造后，干管单量运行一段时间，操作流程较为简单，与下古模式单量操作

图 13　苏南-15 站上古站外截断区

方法类似，在给集气站员工进行简单的培训后，均可以安全顺利的完成单量操作。

4.2　单量改造后工艺运行安全评价

在正常生产情况下，员工按照操作流程，以及切换流程时“先开后关”的原则进行操作时，无新增安全风险，在计量流程发生冻堵情况，可通过打开放空流程进行管线泄压。

苏南-13 站为下古流程改造，无站外截断区，员工操作失误，或先关后开、未将计量流程导通的同时将进站阀门关闭，有造成集气管线超压的风险。苏南-15 站操作时，将站外安全阀根部阀关闭或导单量时忘记打开，出现于如上述苏南-13 站操作失误的情况，也有造成管线超压的风险。以上原因均为人为因素造成的安全风险，非工艺本身。同时为防止以上危险发生，需要加强员工培训，按时进行巡检，杜绝此类事情发生。

4.3　单量改造后运行效果评价

通过本次上古干管计量流程的改造，实现了通过倒换流程对每一路干管的气量进行核实，并将流量数据接放站控系统，可以在值班室内对单量的干管气量、进站压力、气流温度进行监控，并查看历史趋势。

（1）超声波流量计计量范围比较宽，通过改造完成后的实际运行，每一路干管的气量均可以计量上，目前苏南-13 站各干管气量范围在 $0.2 \sim 5.0 \times 10^4 m^3/d$，苏南-15 站各干管气量范围在 $0.3 \sim 8.0 \times 10^4 m^3/d$，流量计运行稳定，干管单量运行效果较好。

（2）超声波流量计可以实现双向计量，在实际运行过程中也经常出现流量为负值，一种原因为干管压力低于系统压力，出现站内倒气现象，另一种原因为气井出液导致产量的波动，可通过观察历史趋势判断为何种原因。

4.4　实施单量改造后重要意义

（1）气井在正常生产过程中，通过核实每一路干管的产量，结合单井远传数据进行产气量的分配，保证干管单井产量之和等于核实出的干管产量，使上古气井产量分配更加合理，为动态分析提供可靠的数据。

（2）在进行泡排、间开或柱塞等排水采气措施时，通过对照开井时间，对比开井前后的气量变化，对措施井进行分析，确定措施井的产气量和实施效果，使气井管理能够更加精细。

（3）在冬季生产过程中，气井易发生冻堵，在集气站外输产量出现异常时，可以对每一路干管进行产量核实，通过确定气量下降的干管，再查找该干管出现异常的气井。使查找异常气井更有针对性，解决了以往出现异常将集气站所以上古井核查的问题。

5　下步重点工作及建议

5.1　下步重点工作

（1）完成苏南-16 站上古干管流程改造，并开展中压干管流程改造试验。

（2）继续做好上古干管单量的运行效果评价。更好的利用该流程使上古气井资料录取更加精确。

（3）与目前开展的撬装式井口气液两相计量装置相结合，改进计量流程，试验开展干管水量计量。研究解决上古气井产水量计量不准确的问题。

5.2　建议

该干管计量流程简单、实用，可操作性强。建议在进行新建上古集气站建设时，可考虑将此流程进行设计。

工业大模型赋能油气管网运维管理的研究

智　振

[中工互联(北京)科技集团有限公司]

摘　要　在数字化、信息化管理方面，国内油气管网运维管理正逐步向智能化、网络化转型，大模型技术的出现对油气管网运维领域将带来颠覆性的变革。

关键词　人工智能技术；油气管网；工业大模型；应用研究

1　油气产业发展背景与现实机遇

石油天然气作为一种重要的能源输送方式，在全球能源供应链中扮演着举足轻重的角色。随着全球化的进程不断深入，石油天然气产业的规模和技术要求也在不断升级。油气管道运输相比海运和陆运具有更高的安全性、成本效益和连续稳定性，是连接油气生产地与消费市场的关键纽带。

从历史角度来看，西方国家由于较早开始商业化开发石油和天然气资源，其油气管网建设及运维管理技术领先于其他国家。例如，北美区域拥有世界上最为复杂、发达的管网系统。这些系统的管理技术包括但不限于自动控制系统、泄露监测技术、管道健康监测及预防维护程序等。特别是在安全管理方面，西方国家通过引入严格的安全标准和法规以及先进的监测技术，确保了油气输送的安全性和可靠性。

相比之下，许多发展中国家的油气管网则较为落后。这些国家的管网通常规模较小，技术更新迭代慢，缺乏有效的风险评估和事故预防措施。国内管道事故时有发生，反映出在运维管理方面存在的明显短板。

近年来，随着技术的快速发展以及国家对能源基础设施的高度重视，中国在油气管网领域投入巨大，技术水平和管理经验日益提升。特别是在数字化、信息化管理方面，国内油气管网运维管理正逐步向智能化、网络化转型。在当下，人工智能特别是大模型技术的快速发展，为油气管网领域带来了新的挑战和机遇。

2　工业大模型的定义和内涵

2.1　工业大模型的定义

工业大模型的定义是以大语言大模型强大的泛化性、通用性和实用性为基础技术，以大语言大模型底座和工业大模型训练反馈的强化学习方法相结合，构成工业领域知识与大模型技术深度整合，面向工业产业链，从生产调度、设备管理、能源管理、安全环保、运行决策等多维度推动大模型技术与工业场景的应用需求深度融合，提供全流程、全要素、全场景的赋能，实现工业典型场景的关键能力提升，成为会思考的智能工厂，达成真正的具身人工智能的工业垂直领域大语言模型。

工业大模型进一步重构了人工智能在工业领域的开发范式，进入大模型主导的工业软件架构3.0时代，工业大模型实现了对传统工业人工智能技术的突破，并成为工业走向智能化的重要起点，将工业人工智能的发展由数据赋能升级到AI赋能，在工业领域形成“能力杠杆”+“业务飞轮”双重效应，最终迈向工业领域的全域人机共智。

2.2　工业大模型核心技术内涵

工业大模型的MaaS核心层主要能力为模型的构建、训练和参数微调。目前，Transformer架构在工业大模型领域占据主导地位，如BERT、GPT系列等。工业大模型包括NLP大模型、CV大模型、多模态大模型等。这些模型采用预训练和微调的策略，先在大量无标注数据上学习语言或图像的基本表示，然后针对特定任务进行微调。

大模型基础能力支撑：大模型提供自然语言处理、计算机视觉、跨模态等各类基础能力，作为 MaaS 核心层的底层能力。

算法生成和模型训练支撑：大模型平台通常提供高效的算法和强大的计算能力，可以处理海量的工业数据，并支持多种深度学习框架和模型训练工具，使得开发者可以更加便捷地构建和训练各种工业 AI 模型。

多种应用场景支撑：大模型平台可以支持多种工业应用场景，比如智能制造、工业互联网、工业安全、智能供应链等，使得开发者可以更加便捷地构建和部署各种工业 AI 应用。

模型管理和部署支撑：大模型平台可以提供模型管理和部署功能，可以帮助开发者管理和部署各种工业 AI 模型，并提供模型的版本控制和参数管理等功能。

MaaS 核心层提供基于大模型的 AI 开发平台、工具套件、大模型 API 等，将基于大模型的精调、大模型能力调用产品化，让更多 AI 应用型开发者或业务专家，可以零门槛或低门槛地将大模型应用于自己的业务中，以此全面释放大模型效能，助力开发者效率提升。

3　工业大模型在油气管网领域的关键能力

3.1　管网运行监测方向

工业大模型技术在许多方面都可以为油气管网运行监测管理提供支持：

数据处理能力强：工业大模型技术能够处理和分析海量数据，自动识别数据中的模式和异常，为决策提供依据；

学习能力和适应性：通过深度学习，工业大模型不断优化自身结构，适应新数据，不断提升模型的准确性和鲁棒性；

预测和模拟能力：利用历史数据训练出的模型能够对未来的运行状态进行预测，并对可能的风险进行模拟；

自动化水平高：工业大模型技术可以实现对油气管网运行监测管理流程的高度自动化，减少人为干预，降低错误率和成本；

易于集成和扩展：工业大模型可以与现有的监测系统集成，并且容易根据新的数据和需求进行扩展。

3.2　设备运维管理方向

工业大模型技术具备强大的数据处理能力：可以高效处理和分析大量的实时数据。例如，智能化故障诊断，利用深度学习等方法对历史故障数据进行学习，能够自动识别潜在故障模式。改善预测性维护，基于数据驱动的预测模型能够预测设备故障，提前采取维护措施；提高安全水平，实时监测和智能预警可以减少事故发生，提升整体的安全管理水平；成本效益分析，工业大模型技术可以帮助企业根据历史数据和市场动态做出更精准的成本效益分析。

3.3　管网应急指挥方向

工业大模型技术具备工业任务的深度学习能力，可以在油气管网应急管理中发挥以下优势：数据整合与分析：通过强大的数据处理能力，大模型可以有效整合来自管网监测系统的海量数据，并从中提取有用信息；预测模拟：利用历史数据训练的预测模型，能够预测事故发展趋势，辅助决策者评估风险，作出及时反应；智能决策支持：结合最新的机器学习算法，大模型能够提供基于不同情境的决策建议，优化资源配置和调度；虚拟训练环境：AI 模型可以构建近真实的虚拟应急反应环境，使得应急团队能够以较低成本进行高频率的训练和演练。

4　工业大模型技术在油气管网领域的应用场景

4.1　管网运行监测

在油气管网领域，运行监测管理是指采用相关技术和系统对油气输送管网进行实时监控，以确保其安全、高效和可靠的运行。这涉及到数据收集、处理、异常检测、风险评估、维护决策等多个环节。随着数字化转型的加速，大数据和人工智能技术，特别是工业大模型技术，在这一领域的应用逐渐突显重要性。

当前油气管网的运行监测管理面临以下主要问题：

数据量巨大且复杂：现代油气管网遍布广泛，产生的数据量极为庞大，并包含各种类型，如流量、压力、温度等参数，以及视频监控、传感器数据等；

实时性要求高：对于油气管网系统的监测来说，能否快速响应事故或异常状态至关重要，这要求监测系统具有高度的实时性；

预测难度大：由于影响油气管网的因素众多，如天气、设备老化、外部破坏等，使得发生故障的预测和预防相当困难；

维护成本高：有效的维护策略需要基于准确的数据分析，而当前的分析手段可能需要耗费较多人力物力。

工业大模型技术能够消化和分析庞大的监测数据，使用机器学习算法识别出数据中的规律和异常模式，降低了对专业知识的依赖。实时监测和响应：利用工业大模型的实时数据处理能力，可以实现对油气管网的实时监测，及时发现并响应异常情况，从而提高安全性；预测未来趋势：通过对过去和当前数据的深入分析，工业大模型能够预测未来的趋势，帮助运营商做出更加精确的维护和运营决策；自动化维护建议：工业大模型技术可以提供基于数据分析的自动化维护建议，减少人工介入，提高维护决策的效率和准确性；安全风险评估：工业大模型可以对安全风险进行量化评估，识别潜在风险点，帮助制定相应的预防措施，提升整体安全管理水平。

运用工业大模型技术后，油气管网的运行管理变得更加高效，能够快速地处理信息，实时反馈运行状态，提前预警可能出现的问题。自动化和智能化的运维减少了对人工的依赖，从而显著降低了操作成本。同时，预测性维护有助于避免代价高昂的紧急修复作业。通过实时监测、风险评估和预警，工业大模型技术极大提升了油气管网的安全水平，减少了事故发生的概率。凭借对大量数据的分析，运营商能够获得更加精确的业务洞察，从而做出更加明智的短期和长期决策。稳定且优化的供应链，以及减少的事故和故障，最终提升了终端用户的满意度和对供应商的信任度。

4.2 管网设备运维

油气管网领域的运维管理是指对油气管线及其相关设施进行的日常检查、维护保养、故障修复以及优化升级，确保管网系统安全、稳定与高效运作的一系列活动。这些活动包括但不限于数据监控、预测性维护、设备状态评估、资源调度以及紧急响应等。

当前油气管网运维管理面临的问题主要包括：

数据处理能力不足：油气管网系统产生的数据量巨大，从流量、温度到压力等参数，需要实时监测与分析。现有技术往往难以高效处理这些大规模数据；

故障诊断复杂性：管网设备种类繁多，故障模式复杂，需要专业知识去准确判断和处理，而人工诊断效率低下，且易受主观经验影响；

预测性维护挑战：传统维护方式依赖定期检查或等待故障发生后再处理，难以实现故障的预测和预防；

安全风险：油气管网关系到公共安全和环境保护，任何失误都可能导致严重后果；

成本控制：如何在保证安全和可靠性的同时，有效控制运维成本，是当前油气管网管理中的一个关键挑战。

工业大模型技术通过以下方式解决油气管网运维管理中的问题：

自动化数据分析：工业大模型技术通过集成各种传感器数据，自动化地进行数据清洗、特征提取和分析处理，能够快速识别出异常指标；

智能故障诊断：运用机器学习算法，尤其是深度学习，对历史故障数据进行建模和训练，构建故障诊断模型，实现对未来故障的预测和自动化诊断；

动态维护策略：结合预测模型和实时数据，工业大模型技术能够针对设备实际运行状态制定个性化的维护计划，从而转变为预测性维护模式；

增强安全监督：利用工业大模型技术的实时分析和预测功能，可以提前发现潜在的风险并启动预警，使得紧急情况的响应更加迅速和有效；

优化资源分配：AI 模型可以在分析历史维护记录和当前资源状态的基础上，为运维任务分配最优资源，提高效率同时降低成本。

工业大模型技术在油气管网运维管理中的应用，可以带来以下效果：

提升运维效率：自动化的数据处理和智能故障诊断显著提升了运维的工作效率，缩短了反应时间；

降低故障率：预测性维护可以在问题发生之前就采取措施，从而降低了设备故障率；

减少运营成本：通过优化资源分配和维护计划，工业大模型技术有助于控制和降低运营成本；

提升安全级别：通过实时监控和预警系统的建立，极大地提高了管网运行的安全性；

加强决策支持：数据驱动的洞察能力可以为管理层提供强有力的决策支持，助力企业迈向智能化运营。

4.3 管网应急指挥

油气管网是连接油气生产、处理和消费各环节的重要基础设施。在现代社会，油气管网不仅承载着巨大的经济价值，更关系到国家能源安全和社会稳定。因此，确保其高效、安全运营至关重要。应急指挥管理即为在发生紧急事件时，如泄漏、爆炸或自然灾害等，能够迅速做出响应，采取有效措施以防范和减轻事故带来的影响。

油气管网应急指挥管理面临着多方面的挑战：

信息化水平有待提升：当前的应急管理系统往往依赖于分散的数据源和传统的通信技术，难以实现快速有效的数据整合和信息共享；

预测与决策困难：传统方法在准确预测管网事故发展趋势和制定最优应急响应策略方面存在局限性；

资源调度效率低下：在应急情况下，资源（包括人员、设备、物资等）的调度往往不够迅速和精准，导致响应时间延长；

训练与演练成本高昂：实际操作中，对应急管理团队的培训和演练需要大量投入，且难以覆盖所有潜在的应急场景。

大模型技术通过以下方式解决油气管网应急指挥管理中的问题：

集成与优化信息流：通过一体化的数据平台，大模型技术可以将监测、报警和响应系统集成，实现信息的即时共享与处理，提升响应速度；

动态预测与评估：AI模型可根据不断更新的数据动态预测事故进展，并评估不同应急策略的效果，供指挥官参考；

自动化资源调度：利用优化算法，大模型能够自动计算并推荐最合理的资源调配方案，缩短响应时间，提高处理效率；

仿真训练与决策试验：构建高质量的模拟环境，使得应急团队能在无风险的情境中进行决策试验和技能训练。

通过引入大模型技术，我们可以期待以下应用效果：

响应时间显著缩短：快速有效的信息处理和资源调度能显著缩短事故响应时间；

决策质量提升：提供的预测信息和决策支持能帮助决策者做出更加准确和科学的决策；

应急能力增强：通过模拟训练，应急团队的反应能力和处置水平将得到有效提升；

成本效益提升：虽然初期需要较高的技术投入，但长远看，通过预防和减缓事故影响，将显著节省经济成本和避免潜在损失。

5 总结与展望

综上所述，大模型技术的发展为油气管网领域带来了前所未有的机遇，将推动该领域的数字化转型，提高安全性、效率和环境兼容性。然而，这一转型过程中也会面临技术、人才和政策方面的挑战，需要行业、科研机构和政府共同合作，制定相应的标准和策略，引导技术的健康发展。

参考文献

[1] 信通院：《人工智能白皮书2022年》，2022年.

利用大数据提高天然气输差管控水平

张巧堂

（中国石化东北油气分公司）

摘 要 随着天然气产业的快速发展，输差管理成为油气生产企业提升经济效益和生产效率的关键。本文介绍了东北油气分公司为应对这一挑战，采用信息化手段构建的天然气输差智能管理系统。该系统通过云架构模式软件设计、平台化软件复用、输差智能分析诊断以及组件化复用技术，结合专业算法和大数据，实现了天然气输差的智能诊断与优化。系统不仅提高了输差管理的精准度，还通过实时数据采集、分析和预警，有效降低了天然气损耗，提升了管理水平。

自系统上线以来，分公司的二级输差率已显著下降，实现了数据共享、信息互通和全员监督，为公司增加了显著的净收入。展望未来，系统将进一步完善，实现流量数据的实时传输，提升信息化水平，为东北油气分公司的高质量发展提供持续的科技支撑。

关键词 天然气输差管理；智能诊断；大数据；经济效益；可持续发展

1 问题背景

输差已成为企业考核评价生产经营管理水平的关键指标，直接影响油气生产企业的生产成本、经济效益，如何将输差控制在合理范围内，是企业管理面临的一大技术问题。

为加强对天然气输差的监控和预警，及时发现并解决输差异常，降低天然气运输损耗，实现全方位输差管控，提高企业的管理水平和经济效益，东北油气分公司利用信息化手段，进一步发挥信息化建设在油气生产运行管理中的重要支撑作用，提高油气生产过程中的生产运行效率和管理水平，提出建设天然气输差智能管理系统。

2 主要建设内容

通过建设一套天然气输差可视化、智能化管理应用系统，实现天然气产销各环节的输差精准计算，细化至一级输差和二级输差计算，实时掌控输差异常变化并及时处置，降低天然气损耗，提升工作效率，提高输差管理水平。

2.1 功能设计

天然气输差智能管理系统分为移动端和PC端，主要以移动端应用为主，包括输差展示、输差预警和输差分析三个功能模块，以展示为主，功能框架如图1所示。

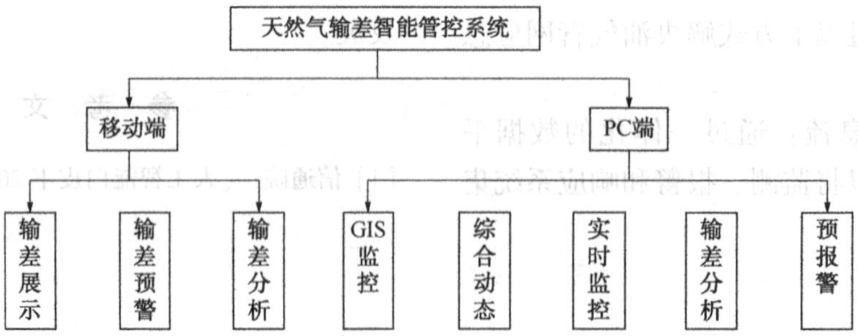

图1 功能框架图

2.1.1 梳理管网用户仪表拓扑关系模块

按照公司一二级输差、各采油气厂一级输差和销售中心二级输差要求，根据厂、站、管线等梳理不同的输差关系拓扑图。实时数据获取及应用流程如图2所示。

2.1.2 数据提取处理及推送模块

实时数据部署及推送模块可实现各场站实时数据的采集并同步更新至公司KingHistory工业

数据库中，为项目提供实时数据来源。

通过数据迁移、存储过程等技术实现 EPBW 的数据转存及应用，并基于输差分析模型、预警模型、信息推送等服务，实现数据的预处理，提高移动端数据获取效率等(图 3)。

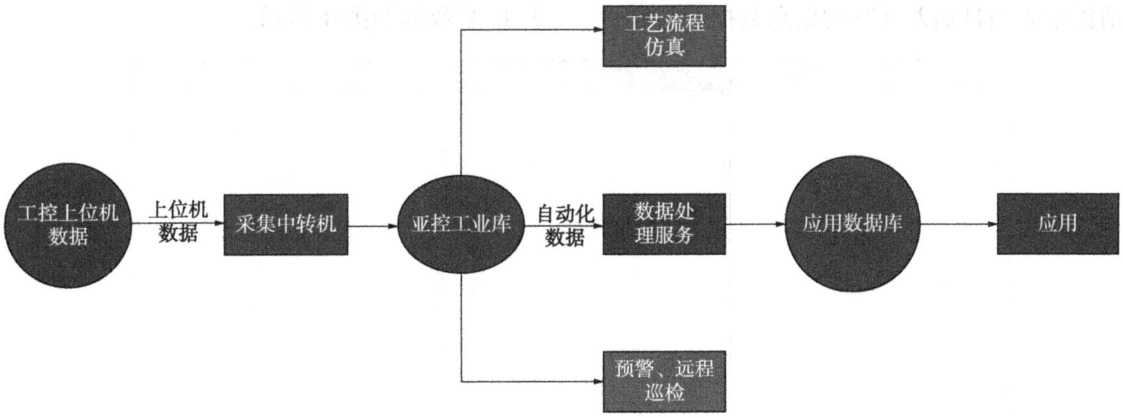

图 2　实时数据获取及应用流程

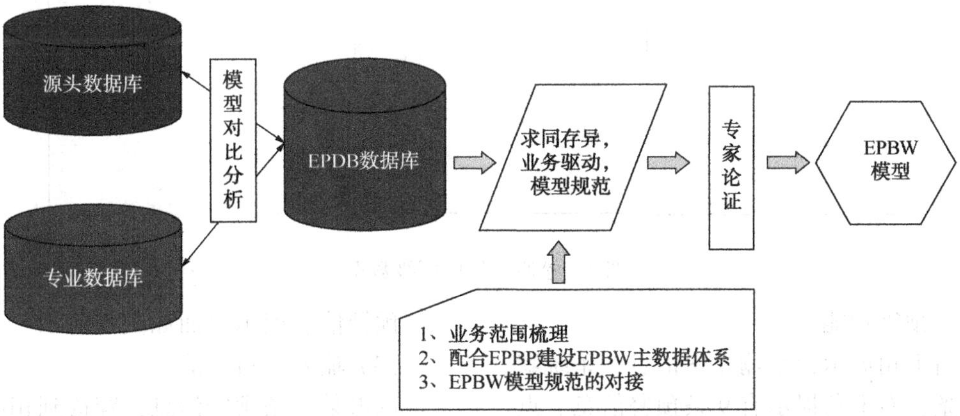

图 3　EPBP 数据迁移

2.1.3　移动端模块

移动端模块包括输差展示、输差预警、输差分析和短信提警 4 个功能。

(1) 输差展示功能

输差展示包括管网图和公司生产数据两种穿透方式。其中，管网图是按管网图上管道和站进行穿透展示，公司生产数据是按公司生产信息数据进行穿透展示。

① 首页展示内容

移动端首页展示包括管网图和地图模式两种方式，二者在首页上展示内容和穿透方式均相同。在右上角展示的是公司当日天然气生产信息和与昨日比变化信息；在天然气管网上展示的是管线输差率、站输差率和异常输差率的预警提示。

② 线输差主要信息展示

在首页上显示管道的线输差率，点击输差率值时展示这条管线当日计算输差率的主要数据和与昨日比数值的变化信息。

③ 线输差详细信息展示

点击管道图标时展示管线输差异常预警、仪表异常预警、管压异常变化预警的详细信息，展示当日输差率计算的详细数据和与昨日比数值的变化信息，以及仪表的实时数据。

④ 站输差主要信息展示

在首页上显示站输差率，点击输差率值，展示该站当日计算输差率的主要数据和与昨日比数值的变化信息。

⑤ 站输差详细信息展示

可以展示站输差异常预警、仪表异常预警、管压异常变化预警。点击站图标时，可展示该站当日一级输差计算的详细数据和与昨日比各项信息数据的变化信息，还可查看仪表的实时数据和任意一天的数据。

⑥ 公司生产信息数据展示

从输差首页中点击公司，进入公司及所有天然气生产销售单位输差率展示界面。该界面可展示公司以及松原采气厂、松原采油厂、四平采油厂和销售中心当日输差计算的信息数据和与昨日比数据的变化情况。

点击公司下某一个二级单位名称进入该单位的输差展示页面，可以实现层层穿透，直到单井实时数据，直观地展示阶段变化趋势。松原采气厂厂级数据如图 4 所示。

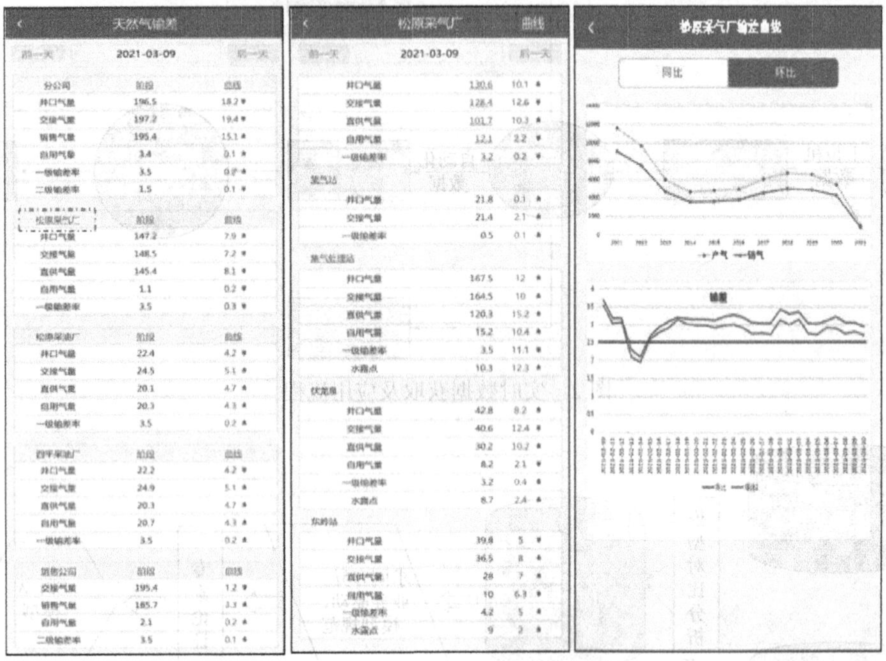

图 4　松原采气厂厂级数据

（2）输差预警功能

在首页右下角展示异常输差率信息，系统默认只显示 3 条，右上角提示有 9 条预警信息。点击数字“9”，自动展示 9 条详细预警信息和分析状态，还可以查看预警阈值设置。预警信息展示界面如图 5 所示。

（3）输差分析功能

点击某一条预警信息，穿透到相应的输差展示页面，可进行输差变化原因分析，提出处置意见，并保存提交(图 6)。

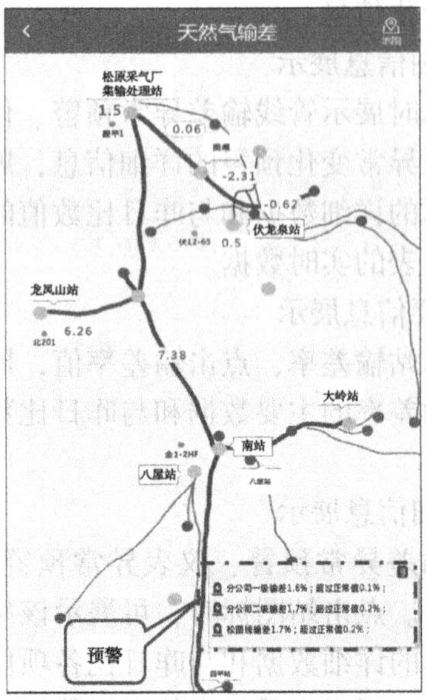

图 5　预警信息展示界面

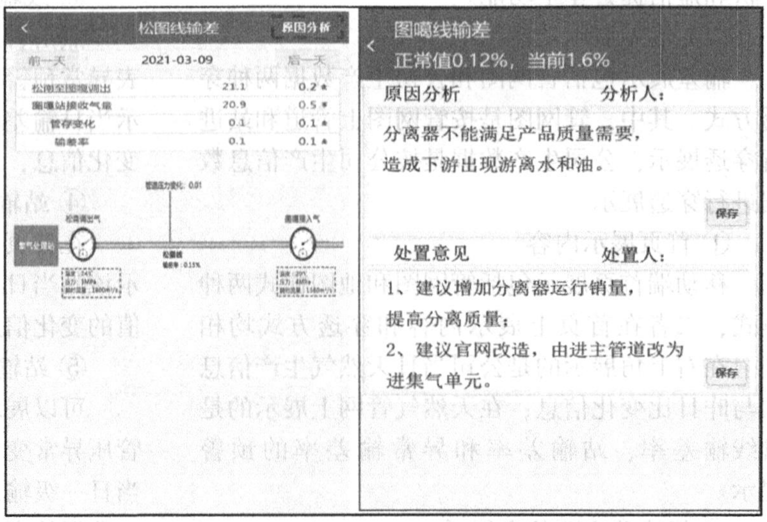

图 6　原因分析及处置

(4) 短信提醒功能

预警信息、预警分析和处置措施等均以短信的形式发送给相应的技术人员和分管领导(图7)。

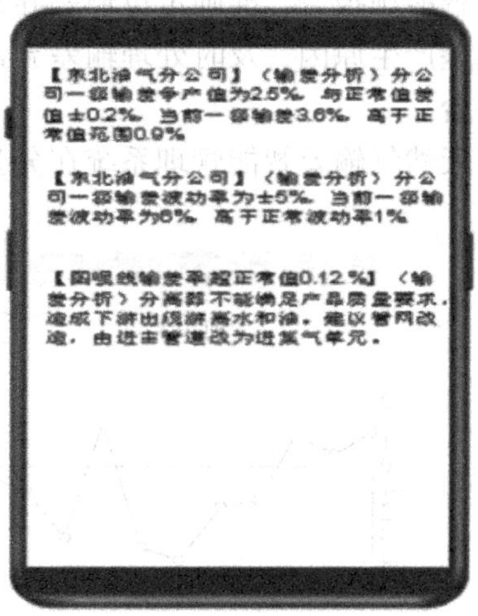

图7　短信提醒界面

2.2　应用架构

系统总体采用B/S架构模式，基于现有的综合业务协同办公平台进行开发，为输差智能管理系统各模块的开发提供了基础框架和安全化、规范化体系。系统架构分为基础设施层、数据层、模型及服务层和应用层四个层级(图8)。

2.3　关键技术

本项目采用的关键技术包括云架构模式软件设计技术、平台化软件复用技术、输差智能分析诊断技术和组件化复用技术等。

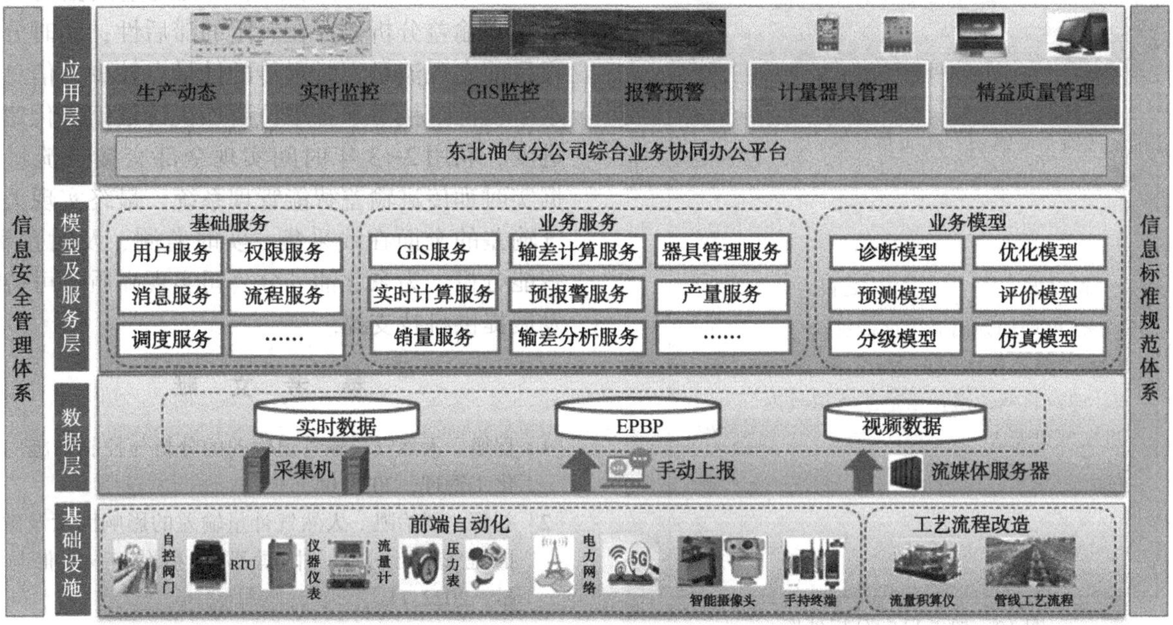

图8　系统架构图

2.4　部署方式

天然气输差智能管理应用系统采用云部署方式，借助云平台的扩展能力可灵活增加服务器性能，因此对于硬件无强制性要求，但云虚拟机的基本参数需要满足基本的部署要求，并根据业务应用情况，及时增加虚拟机配置。

2.5　系统应用情况

今年分公司天然气二级输差指标为1.5%，系统上线后为及时分析定位、处置异常输差提供了数据支撑，发现输差异常后各单位输差负责人将立即进行现场处理，并填写输差异常原因及处置情况，为相关人员了解输差实际情况提供了便利，实现了“数据共享，信息互通，全员监督”，输差管控水平大幅度提升。二级输差波动曲线如图9所示，输差异常分析处置如图10所示。

3　主要成效

(1) 输差智能管理系统的建设，为改变生产管理模式，由传统人工抄数上报逐步向自动采集上报模式转变打下了坚实基础。实现公司到管理区输差管理的纵向贯通、横向协同，保证输差计算的及时性和准确性，有效提升输差管控工作质量和处置效率。

(2) 输差智能管理系统的建设为完善公司计量管理体系，优化标准化、信息化工作流程，统一计量器具采购标准提供基础依据。同时，可为实现输差智能预报警，准确定位输差异常点、快速分析输差产生原因、及时处理输差异常状况提供服务平台。

（3）天然气输差智能管理系统在分公司降低输差率的管控措施中作为强有力的管控手段起到了关键性作用，作为公司天然气输差管理的有效手段，为后续其他油田的推广使用提供技术支撑。

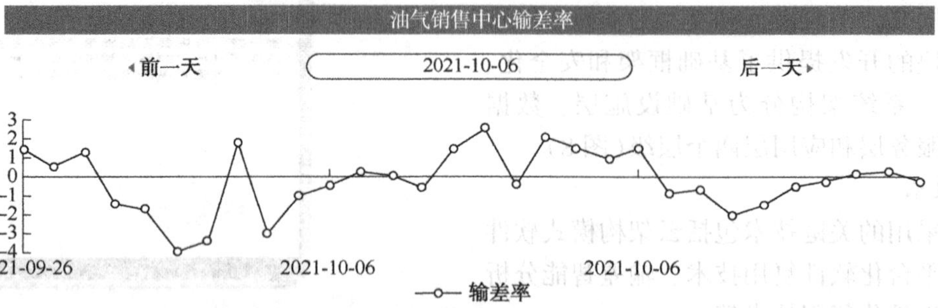

图 9　二级输差波动曲线

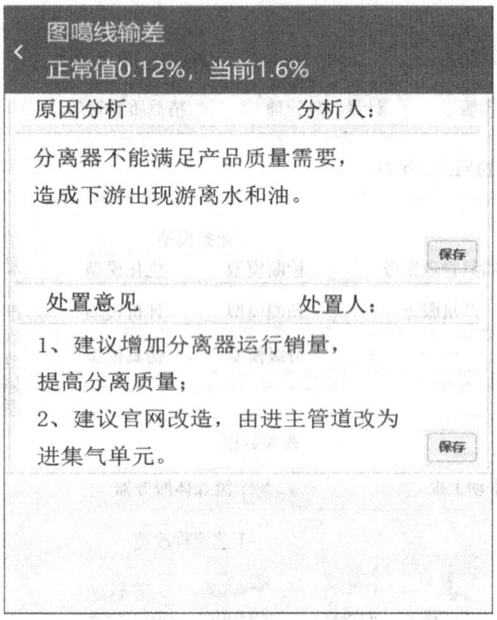

图 10　输差异常分析处置

4　下一步展望

目前天然气输差智能管理系统所采集数据为EPBP 数据库计量数据，未实现流量数据的实时传输，输差分析仍存在一定的滞后性；同时分公司目前实现流量实时远传的计量点较少，信息化水平较低。接下来各单位要加快计量信息化建设进度，利用 2−3 年时间实现全部交接点流量数据实时远传进输差智能管理系统，最终实现天然气输差的全面在线采集、实时监测、及时预警、智能分析，为东北油气分公司实现高质量可持续发展提供科技支撑。

参 考 文 献

[1] 程旭．天然气长输管道输差的分析与控制措施[J]．化工管理，2023.04.

[2] 刘辉，罗怡凯．天然气计量输差的影响因素及解决措施分析[J]．中国石油和化工标准与质量，2022.11.

[3] 张静．天燃气输差产生原因及管控要点分析[J]．现代国企研究，2018.06.

数字经济驱动下的石油钻探类公司的智能化发展规划与实践探讨

蔡 峥 黄 翔

（中国石油集团川庆钻探工程有限公司）

摘 要 随着数字经济的兴起，石油钻探行业正面临着一场智能化的转型浪潮。本文通过深入分析，探讨了数字经济如何推动石油钻探类公司进行智能化发展规划与实践，并评估了这一转型对行业未来的影响。文章以川庆钻探公司为例，展示了智能化发展在提高钻探效率、降低成本、增强安全生产以及促进商业模式创新方面的积极作用。石油钻探行业在全球能源需求增长的背景下显得尤为重要，而数字经济的融入为行业带来了新的变革机遇。尽管在智能化转型过程中存在技术融合不足、数据孤岛和系统繁杂等挑战，但通过集成大数据、云计算、物联网和人工智能等先进技术，石油钻探公司能够实现对钻探数据的实时采集、传输、分析和处理，从而显著提升作业效率和安全性。

川庆钻探公司在智能化发展中的成功经验为行业提供了宝贵的参考。公司通过制定科学的智能化发展规划，强化人才培养，推进业务与技术的深度融合，有效应对了智能化转型中的挑战。具体实践包括实施智能化钻探体系、优化钻探流程、提升数据安全与可靠性等措施，这些举措显著提高了钻探效率，降低了生产成本，增强了安全生产保障，并推动了商业模式和运营模式的创新。文章还探讨了智能化发展规划的制定与实施策略，强调了加强组织领导与协调、强化人才培养与引进、开展技术攻关与创新研发、注重数据安全与风险控制的重要性。

展望未来，随着技术的不断进步，智能化技术将在石油钻探行业的各个环节发挥更大作用，推动行业的转型升级和可持续发展。石油钻探类公司需要持续关注行业发展趋势，优化智能化发展规划，以适应市场环境和客户需求的变化。通过科学的规划和有效措施的实施，石油钻探类公司将迎来更广阔的发展空间和更加美好的未来。

关键词 数字经济；石油钻探；智能化发展；规划与实践；川庆钻探公司

1 引言

随着全球能源需求的持续增长，石油钻探行业作为能源产业链的重要一环，其发展与变革对整个经济体系具有深远的影响。近年来，数字经济以其独特的优势，正在逐步渗透到石油钻探行业的各个环节，为行业的智能化发展提供了强大的动力。

数字经济的快速发展为石油钻探行业带来了革命性的变化。根据普华永道的预测，到2025年，油气公司上游业务通过人工智能技术应用可节省1000亿至1万亿美元的资本和运营支出。这一预测凸显了智能化技术在降低成本和提高效率方面的潜力。

数字经济，作为一种基于数字计算技术的全新经济形态，其快速崛起不仅重塑了传统产业的生产方式，也深刻改变了商业模式和消费习惯。在石油钻探领域，数字经济的融入使得传统的钻探方式得到了革命性的提升。通过应用大数据、云计算、物联网、人工智能等先进技术，石油钻探类公司可以实现对钻探数据的实时采集、传输、分析和处理，提高钻探效率，降低生产成本，同时增强安全生产保障。

然而，尽管数字经济为石油钻探类公司带来了前所未有的发展机遇，但在实际推进过程中，仍面临着诸多挑战。由于石油钻探行业的特殊性，其智能化发展不仅需要先进的技术支持，还需要深入的业务理解和实践经验的积累。同时，由于不同公司之间的业务规模、技术水平和资源条件存在差异，因此在智能化发展的道路上，各公司需要结合自身实际情况，制定符合自身特点的智能化发展规划。

在这样的背景下，本文以石油钻探类公司为研究对象，以川庆钻探公司作为具体案例，深入探讨数字经济驱动下的石油钻探类公司的智能化发展规划与实践。通过对川庆钻探公司智能化发展经验的梳理和总结，提炼出其在智能化发展过程中的成功做法和有效策略，为其他同类公司提供有益的参考和借鉴。

具体来说，本文将围绕石油钻探类公司在智能化发展过程中的关键问题展开研究，包括如何构建智能化的钻探体系、如何优化钻探流程、如何提升数据安全性和可靠性等。同时，本文还将关注数字经济对石油钻探类公司商业模式和运营模式的创新影响，以及智能化发展对石油钻探行业长远发展的深远意义。

综上所述，本文旨在通过深入研究数字经济驱动下的石油钻探类公司的智能化发展规划与实践，为推动整个行业的智能化发展贡献智慧和力量。相信在数字经济的推动下，石油钻探类公司将迎来更加广阔的发展前景，为全球经济的持续繁荣做出更大的贡献。

2　石油钻探类公司智能化发展现状与挑战

在数字经济的浪潮中，石油钻探公司的智能化转型已成为推动行业升级的关键动力。特别是在“十三五”规划期间，川庆钻探公司等行业先行者积极采纳数字化战略，通过信息化建设取得了显著成就。然而，智能化发展的路途并非一帆风顺，这些公司仍需面对众多挑战。

首先，尽管在信息化基础设施建设上取得了进展，但信息技术与核心业务的深度整合尚未充分实现。在数字经济的背景下，数据已成为核心生产要素，但许多公司的信息系统集成了内部管理和数据处理，却未能充分挖掘数据潜力以促进业务创新和决策优化。因此，打破信息与业务之间的隔阂，实现两者的深度融合，是石油钻探公司亟需解决的问题。

其次，系统繁杂的问题依旧显著。历史遗留和技术标准差异导致许多公司构建了众多独立的信息系统，这些系统之间缺少统一的数据标准和接口规范，造成了严重的数据孤岛现象，阻碍了数据共享与流通。在数字化时代，数据的共享与流通对于业务协同和创新至关重要，因此，统一数据标准和规范，解决系统繁杂问题，是石油钻探公司智能化发展的紧迫任务。

此外，石油钻探公司在智能化技术的应用深度与广度上还有很大的提升空间。尽管一些公司开始尝试引入人工智能、大数据等前沿技术，但这些技术的应用往往局限于特定环节或场景，未能形成覆盖全公司的综合智能化应用体系。在数字化时代，智能化技术的应用需渗透至勘探、钻井、生产、管理等各个环节，因此，扩大智能化技术的应用范围和深度，推动全面智能化，是石油钻探公司面临的重要任务。

川庆钻探公司在智能化发展方面取得了显著成就，如在现有数字化信息平台和工程师平台等11个管理模块的基础上，新增了智能预警与处理、设备信息实时跟踪等功能模块，涵盖了40项大数据分析与工程计算模块，整体达到国际先进水平。这些措施显著提升了钻探效率，卡钻预警准确率达到95%，阻卡预警准确率达到80%。

为应对上述挑战，石油钻探公司需制定科学的智能化发展规划，并采取有效措施。首先，公司应加强与业务部门的沟通与协作，深入了解业务需求，推动信息技术与业务的深度融合。其次，公司应整合现有信息系统资源，建立统一的数据标准和规范，打破数据孤岛，实现数据共享与互通。此外，公司还需加大智能化技术研发投入，积极探索和引入新技术，推动全面智能化。同时，公司应注重培养和引进智能化技术人才，通过内部培训和外部合作，提升员工智能化素养和技术能力，为智能化发展提供坚实的人才支持。

总之，在数字经济时代，石油钻探公司的智能化发展面临诸多挑战。只有通过科学的规划和有效的措施，才能推动公司向更高水平的智能化迈进，实现行业的转型升级和可持续发展。

3　智能化发展规划的制定与实施

面对数字经济时代的挑战和机遇，石油钻探类公司需要制定切实可行的智能化发展规划，并付诸实施。本文将详细阐述智能化发展规划的制定过程和实施策略，以期为同类公司提供有益的参考。

以川庆公司为例，川庆公司在2024年公司“工作会、职代会、工代会”和会议闭幕会上的讲话以及工作报告中，科技创新被提及20次，数字赋能14次，这充分体现了新时期公司党委、公司面对工程技术业务新定位、新形势、新任务的重视。公司聚焦“两大突出矛盾”，始终将科技创新和数字化转型视为根本动力。这不仅体现了对科技和信息化工作在价值创造、业务转型方面的殷切期望，也使得全体员工普遍感受到了科技信息在建设世界一流工程技术服务企业中的重要性，以及肩负的责任。

3.1 智能化发展规划的制定

在制定智能化发展规划时，石油钻探类公司应充分考虑行业发展趋势、自身业务特点和技术实力等因素。具体而言，公司可以从以下几个方面入手：

（1）明确发展目标与定位

公司应明确智能化发展的总体目标和定位，包括提升钻探效率、降低生产成本、增强安全生产保障等方面。同时，公司还应根据自身业务规模和技术水平，确定在智能化发展过程中的具体定位和重点发展方向。

（2）分析业务需求与技术需求

公司应深入分析业务需求和技术需求，了解各部门在智能化发展过程中的具体需求和痛点。通过梳理业务流程、收集数据资源、开展技术调研等方式，为制定智能化发展规划提供有力的支撑。

（3）制定技术路线与实施方案

基于业务需求和技术需求的分析结果，公司应制定具体的技术路线和实施方案。这包括确定需要应用的智能化技术、建设相应的信息系统、优化业务流程等方面。同时，公司还应制定详细的时间表和里程碑计划，确保智能化发展规划的顺利实施。

3.2 智能化发展规划的实施策略

在制定好智能化发展规划后，石油钻探类公司需要采取有效的实施策略来推动规划的落地。以下是一些建议的实施策略：

（1）加强组织领导与协调

公司应成立专门的智能化发展领导小组或工作小组，负责统筹协调智能化发展规划的实施工作。通过明确职责分工、建立沟通机制等方式，确保各部门之间的协同配合和资源共享。

（2）强化人才培养与引进

智能化发展离不开高素质的人才支持。公司应加大人才培养和引进力度，通过内部培训、外部招聘等方式，吸引和留住具有智能化技术背景和业务经验的优秀人才。同时，公司还应建立激励机制，鼓励员工积极参与智能化发展的实践和创新活动。

（3）开展技术攻关与创新研发

针对智能化发展过程中遇到的技术难题和瓶颈问题，公司应积极开展技术攻关和创新研发工作。通过加强与高校、科研机构等合作伙伴的合作，引入新的智能化技术和解决方案，推动公司在智能化发展方面取得突破性进展。

（4）注重数据安全与风险控制

在推进智能化发展的过程中，公司应高度重视数据安全和风险控制工作。通过建立完善的数据安全管理制度和技术防护措施，确保数据的安全性和可靠性。同时，公司还应加强风险识别和评估工作，及时发现和解决潜在的安全风险和问题。

综上所述，制定切实可行的智能化发展规划并付诸实施是石油钻探类公司应对数字经济时代挑战的关键举措。通过明确发展目标与定位、分析业务需求与技术需求、制定技术路线与实施方案以及采取有效的实施策略等措施，公司可以推动智能化发展的顺利实施并取得显著成效。

4 智能化发展实践案例分析——以川庆钻探公司为例

川庆钻探公司，作为石油钻探行业的领军企业，其在智能化发展方面的成就尤为突出。本节将深入分析川庆钻探公司的智能化实践经验及其成果，旨在为同行业的其他公司提供借鉴和参考。

在“五大数智使命任务”的引领下，川庆钻探公司在深地川科1井的钻探作业中展现了数字化转型的强大力量。面对超深、超高温、异常高压等复杂钻探环境，公司组织专业团队，制定了五大数智化任务，为钻井作业的数字化转型和蜀地万米探索贡献了关键力量。

一是天鹰钻完井信息盒：作为井场的“神兵利器”，该信息盒通过实时采集1250项数据，为钻探作业提供了全过程透明化监控，确保了作业的精准性和安全性。

二是司钻领航仪：作为钻井工程师的超级助手，该仪器利用大数据分析进行钻井全过程动态模拟，实现了精准操作，确保钻井过程的安全高效。

三是EISC核心功能培育：开发了52个复杂预警模型，建成全数字井控、堵漏支持等16项工程技术模块，为万米深井的故障预防和提速提效提供了全面支持。

四是多专业协同共享：通过 EISC 系统的地质工作台，实现了钻井提速提效及安全钻井的成套解决方案，促进了工程与地质一体化的全面协同。

五是远程技术支持：构建了工程作业新模式，通过三级工作体系，实现了公司重点决策、单位具体细化、现场执行落实的有效协同。

川庆钻探公司的智能化实践不仅提升了生产效率，增强了对生产过程的控制和风险管理能力，而且在数字化钻井现场部署了 29 类 500 余个数据传感器和 15 台智能手持终端，建立了数字化协同工作室、数字化值班房和数字化司钻控制台，为智能化发展奠定了坚实基础。

4.1　川庆钻探公司智能化发展概况

近年来，川庆钻探公司积极响应数字经济时代的号召，大力推动智能化发展。公司通过制定科学的智能化发展规划并采取有效的实施策略，在信息化建设、技术应用和业务创新等方面取得了显著进展。目前，川庆钻探公司已建立了完善的信息化系统和技术平台，实现了对钻探数据的实时采集、传输、分析和处理等功能。同时，公司还积极探索和引入新的智能化技术，如人工智能、大数据等，推动钻探业务的智能化升级和转型。

4.2　川庆钻探公司智能化发展实践经验

在智能化发展的实践中，川庆钻探公司积累了丰富的经验。具体来说，主要体现在以下几个方面：

(1) 加强信息化建设与数据管理

川庆钻探公司注重信息化建设与数据管理的基础工作。公司建立了统一的信息管理系统和数据平台，实现了数据的集中存储和共享。同时，公司还加强对数据的采集、整理和分析工作，提高数据的质量和利用率。通过完善的信息系统和数据管理体系，川庆钻探公司有效支撑了钻探业务的智能化发展。

(2) 推进业务与技术的深度融合

川庆钻探公司注重业务与技术的深度融合。公司加强与业务部门的沟通与协作，深入了解业务需求并制定相应的技术方案。通过引入智能化技术优化业务流程、提高生产效率和质量等方面取得了显著成效。同时，公司还积极探索新的技术应用场景和模式，推动业务与技术的持续创新和发展。

(3) 强化人才培养与团队建设

川庆钻探公司重视人才培养与团队建设在智能化发展中的关键作用。公司积极引进和培养具有智能化技术背景和业务经验的优秀人才，建立了一支高素质、专业化的智能化发展团队。同时，公司还加强内部培训和知识分享机制建设，提升员工的智能化素养和技术能力。

4.3　川庆钻探公司智能化发展成果展示

通过实施智能化发展规划和采取有效的实践策略，川庆钻探公司取得了显著的智能化发展成果。具体来说，主要体现在以下几个方面：

(1) 钻探效率显著提升

通过应用智能化技术优化钻探流程和设备配置等方式，通过应用智能化技术，如实时数据分析和自动化控制系统，川庆钻探公司将钻探作业的效率提高了约 20%。例如，通过优化钻井参数和实时调整作业策略，钻井周期缩短了 15%，同时钻井成功率提升了 30%。引入的自动化设备减少了对人工操作的依赖，降低了人为错误，从而提高了作业的稳定性和可靠性。

(2) 安全生产水平大幅提高

川庆钻探公司注重智能化发展在安全生产方面的应用。智能化监控系统和预警机制的引入，使得安全事故的发生率降低了 25%。通过实时监控钻探现场的环境和设备状态，公司能够快速识别并响应潜在的安全风险。应急响应系统的智能化升级，提高了应急处理的速度，缩短了事故响应时间平均约 40%。

(3) 数据资源得到有效利用

川庆钻探公司建立了完善的数据管理和分析体系，实现了对钻探数据的全面采集、存储和分析。通过对数据的深入挖掘和分析，公司能够发现隐藏在数据中的有价值信息，为决策优化和业务创新提供了有力支持。同时，公司还加强了与其他企业的数据共享和合作，实现了数据资源的互利共赢。

(4) 商业模式和运营模式得到创新

智能化发展不仅推动了川庆钻探公司钻探业务的升级和转型，还促进了公司商业模式和运营模式的创新。通过引入智能化技术和服务，公司能够为客户提供更加个性化、高效的解决方案，提升了客户满意度和市场竞争力。同时，智能化发展还推动了公司内部管理的优化和流程再造，提高了公司的运营效率和管理水平。

综上所述，川庆钻探公司通过制定科学的智能化发展规划并采取有效的实践策略，在智能化发展方面取得了显著成果。这些成果不仅体现在钻探效率的提升、安全生产水平的提高和数据资源的有效利用等方面，还推动了公司商业模式和运营模式的创新。川庆钻探公司的成功经验为其他同类公司提供了有益的借鉴和参考，有助于推动整个石油钻探行业的智能化发展进程。

5 数字经济驱动下石油钻探类公司智能化发展的前景展望

随着数字经济的深入发展和技术创新的不断突破，石油钻探行业正处于一个智能化转型的关键时期。川庆钻探公司紧跟国家"网络强国"和"数字中国"的战略部署，秉承党的二十大精神，全面落实集团公司《数字化转型智能化发展的指导意见》，并以"1238"工作部署为行动指南，全力推进数字化转型和智能化发展。公司围绕"三大战略"，以构建智能井筒工程服务体系为目标，深化数字技术与工程技术业务的融合创新，驱动业务流程再造和管理模式变革，提升核心能力。

在未来，智能化技术将在石油钻探行业的各个环节发挥更加重要的作用，推动行业的转型升级和可持续发展。随着大数据、云计算、物联网等技术的深入应用，石油钻探类公司将能够实现对钻探数据的全面采集、传输和分析，从而提高钻探作业的精准度和效率，降低生产成本，提升公司的市场竞争力。同时，通过数据的深入挖掘和分析，公司还能够发现新的业务机会和创新点，推动业务的拓展和创新。

人工智能技术的应用将进一步推动石油钻探类公司的智能化发展。通过引入机器学习、深度学习等先进算法，公司可以实现对钻探过程的智能监控和预测，提高钻探作业的安全性和可靠性。此外，人工智能还可以帮助公司优化设备配置和维护计划，降低设备故障率，提高设备的利用率和寿命。

随着数字化和智能化的深入融合，石油钻探类公司将能够实现与其他行业的跨界合作和创新。通过与其他领域的合作伙伴共同开发新的技术和服务，公司可以为客户提供更加全面、高效的解决方案，满足市场的多样化需求。同时，跨界合作还将有助于推动石油钻探行业的技术创新和产业升级，为行业的长远发展注入新的动力。

然而，在前景广阔的同时，石油钻探类公司在智能化发展过程中也面临着诸多挑战和风险。因此，公司需要制定科学的智能化发展规划并加强组织实施力度，确保智能化发展的顺利实施和取得实效。同时，公司还应注重技术创新和人才培养等方面的工作，为智能化发展提供有力保障和支持。

6 结论

本文通过对数字经济驱动下石油钻探类公司的智能化发展规划与实践进行探讨和分析，深入阐述了智能化发展的重要性、挑战和前景。以川庆钻探公司为具体案例，展示了数字化转型在提升钻探效率、降低成本、增强安全生产和推动商业模式创新方面的重要作用。川庆钻探公司的实践证明，数字化转型是提升企业核心竞争力的关键。面对未来，川庆公司将继续提升项目管理、数据驱动和创新变革三项数字化建设能力，以实现数字化转型投资项目完成率100%和信息化自建系统纳管率100%。同时，公司将加强基础研究，推动工程技术作业生产组织方式和管理模式的变革，助力公司治理体系和治理能力现代化。尽管智能化发展过程中存在挑战，但通过科学的规划和有效的实施，石油钻探类公司将迎来更加广阔的发展空间。

通过制定科学的智能化发展规划并采取有效的实践策略，石油钻探类公司可以实现对钻探数据的全面采集和分析、优化钻探流程和设备配置、提高钻探效率和安全生产水平等目标。同时，智能化发展还将推动石油钻探行业的商业模式和运营模式的创新，为行业的长远发展注入新的动力。

然而，智能化发展是一个长期而复杂的过程，需要公司在技术创新、人才培养、数据安全等方面持续投入和努力。同时，公司还应密切关注行业发展趋势和技术动态，及时调整和优化智能化发展规划和策略，以适应不断变化的市场环境和客户需求。

总之，数字经济为石油钻探类公司的智能化发展提供了强大的动力和广阔的前景。通过制定科学的规划并采取有效的措施加以实施，石油钻探类公司将迎来更加广阔的发展空间和更加美好的未来。

参考文献

[1] 张华，刘洋．智能化石油钻探技术发展与应用研究[J]．石油机械，2022，50(10)：1-6.

[2] 李明，王刚．大数据分析在石油钻探智能化中的应用探讨[J]．中国石油和化工标准与质量，2023，43(3)：165-167.

[3] 王晓丽，赵亮．基于物联网的石油钻探设备智能监控系统设计[J]．自动化技术与应用，2021，40(6)：145-149.

[4] 陈杰，吴昊．智能化钻井技术在深层油气勘探中的应用[J]．石油钻探技术，2020，48(5)：56-61.

[5] 杨磊，张涛．石油钻探智能化管理平台的构建与实践[J]．石油科技论坛，2021，40(4)：13-17.

[6] 赵鹏，李涛．人工智能在石油钻探作业优化中的应用[J]．石油工程与建设，2022，48(2)：58-62.

[7] 刘刚，陈曦．基于云计算的石油钻探数据分析平台设计[J]．信息系统工程，2020，(5)：68-70.

[8] 黄强，王慧．石油钻探智能化发展趋势及关键技术探讨[J]．中国石油大学学报(自然科学版)，2021，45(6)：1-8.

基于数字孪生技术的带压作业自动化工艺应用

杨启果　刘莞婷　曾　成　童悦歆　罗　佳

（中国石油集团川庆钻探工程有限公司）

摘　要　为推动企业数字化转型工作，川庆钻探试修公司研究探索数字孪生技术，基于带压作业业务，建立了第一代带压作业数字孪生平台。通过采集现场作业数据，自动化模型研究，利用大数据分析模型算法，实现了带压作业数据精细化监控、自动化下管模拟、标准生产工艺展示、安全生产预报警等功能。本技术在运行中取得了良好的应用效果，可为国内油气田企业的数字孪生技术应用和数字化转型实施提供参考借鉴。

关键词　带压作业自动化；数字孪生；大数据模型；数字化建模；工艺展示

数字孪生技术作为一种新兴的数字化工具，在各个行业的应用日益广泛。本文基于试修带压作业自动化数字孪生项目，全面评估其应用效果，分析项目实施过程中的得失，为推动带压作业生产或类似项目的数字化转型提供理论支持和实践指导。

1　项目概述

1.1　项目背景

加快天然气开发是保障国家能源安全的重大需求，是国家“双碳”目标的现实选择。带压作业是保证气田绿色高效开发的革命性技术，但由于天然气易燃易爆、气井井口压力高等银色导致带压作业风险巨大，并严重制约了气井带压作业技术的快速发展。带压作业设备亟需实现智能化、操作无人化，这些技术的实现将显著提升作业安全性和作业时效。

近年来，国内外相关公司开展了带压作业装备的远程液压控制研究，这种模式尚处于研究与探索阶段，未真正投入作业生产。远程液压控制在一定程度减缓了操作平台上无人化作业的问题，但未从根本上对工程参数判断、风险识别、作业程序等进行识别和优化。缺少了这些工艺层面的识别和优化，带压作业设备的智能化只能是无萍之木，因此亟需开展带压作业机的数字化智能化转型，进行气井带压作业仿真智能化控制技术研究，这样才能从根本上实现带压作业设备的智能化、无人化操作。

1.2　项目目标

（1）设备建模精确到部件级别，包括地面控制室、带压作业机整机框架、桅杆与夹爪总成、猫道、油管清洗检测器、铁钻工、油管升降机构总成、动力源。设备建模精确到零件级别，包括举升机、游动卡瓦组、固定卡瓦组、环形防喷器、上闸板、下闸板。

（2）自动仿真模拟动作包括卡瓦运行模拟、举升机运行模拟、闸板运行模拟、平衡泄压运行模拟、上下油管上卸扣运行模拟、轻/重管柱运行模拟。

（3）一键作业自动控制仿真，包括数采参数自动计算（施工辅助方案制定）、手动输入编辑相关控制单元的压力、温度、扭矩等、能够调零校核回压值、自动上提下放油管、自动上卸扣油管、自动平衡泄压、动力系统的启停、ESD 紧急停车。

（4）现场带压作业机监测数据展示，本系统可对现场带压作业机实时数据进行读取和展示，具备实时对卡瓦关闭压力、储能器压力、环形防喷器关闭压力、上闸板关闭压力、下闸板关闭压力、液缸举升压力、液缸下压压力、绞车压力、转盘扭矩、液压钳压力、先导油压力、平衡四通压力、圈闭压力、套管压力等数据进行分析并进行预警或者报警提示。能够监测各设备及动力系统的运行状态。

（5）控制逻辑算法，本系统可通过软件逻辑判断模拟设备卡瓦控制、举升机控制、闸板控制、平衡泄压控制、上下油管上卸扣控制等。主要控制逻辑算法如下：①上工作闸板防喷器控制逻辑算法；②下工作闸板防喷器控制逻辑算法。

（6）模型库修正模块根据设备信息及测绘结果，使用仿真模型自定义建模，根据已有的设备编号对现有设备模型及关键部件再进行编号，所有零部件模型可以在设备模型中更换。支持导入以下 STEP、CAD、OBJ、FBX、3DS、STL、SLDPRT、SLDASM、XML 任意三种格式的文件进行模型修正或替换。

（7）大数据分析，系统根据历史数据自动分析设备的预磨损、损耗状态。

2 技术实现

项目考虑到应用场景的特点和需求，以及技术实现的可行性和成本效益等因素。使用了现场数据采集、数据分析和处理技术、模拟仿真技术、人工智能技术、大数据模型分析等技术。

2.1 技术路线

基于 B/S 架构开发仿真系统，利用 3DMAX 或三维建模技术建立现有带压作业相关设备仿真模型，设备建模收集设备的各种数据，包括设备信息、环境数据、运行流程等、损耗周期。使用三维建模软件 3D Max 进行三维模型的构建。设备模型可以作为组件灵活使用。

前后端均基于，开源框架为 SpringBoot、SpringSecurity、MyBatis、VUE2.0、VUEX、Jquery、HTML、中间件 Redis。

通讯方式我们均使用了居于 TCP 三次握手类型的通讯安全协议，进行系统数据交互。以及基于 HK 开放平台 SDK 开发的网页浏览器端单窗口多画面视频播放插件。

数据库方面由于带压实时数据量大，数据库基于横或纵向分表分库减轻单表单库的查询与新增压力，达到减轻中心数据库吞吐压力。

2.2 平台架构

项目实现功能包括实时数据孪生展示、自动化下管、设备损耗算法、标准工艺展示等。其中实时数据、设备模型为基础层，数据库、智能算法为服务层，孪生设计平台为展示层。

平台架构图如图 1 所示。

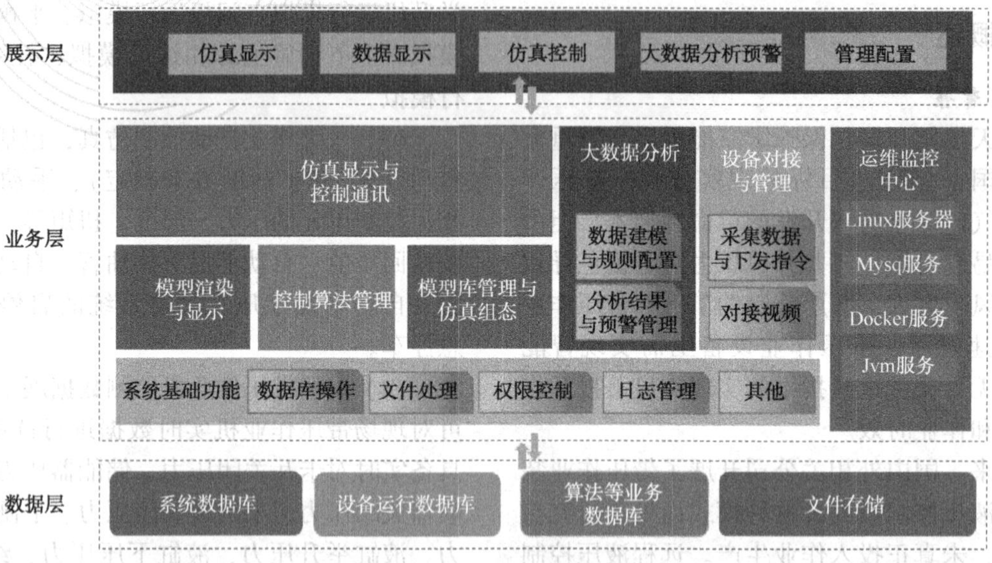

图 1　应用平台架构

3 项目实施过程

项目实施涉及项目的规划、组织、资源分配、风险管理等方面等多个方面，根据项目目标，组建专业队伍，制定详细的实施计划，包括项目的时间表、资源需求、人员配置等。详细实施内容如下：

3.1 精细化模型库

精细化模型库是孪生系统的基础和关键，以厂家提供的部分 SolidWorks 模型为基础，采用多人分工模式进行现场测量、自绘，完成整套带压作业机自动化模型设计(图 2~图 4)。

所有测绘工作完成后，对基本模型进行处理以达到 1∶1 复刻要求，具体通过以下几个方面：

（1）模型组装：在 SolidWorks 中创建一个新的组装文件(Assembly)，将需要的零件导入到组装文件中，使用各种约束(如配合关系、距离关系、角度关系等)将各个零件定位和固定在正确的位置。调整零件的位置和方向，确保它们按照设计要求正确组装在一起。在组装完成后，使用

Solidworks 中的碰撞检测等功能来确保组装的零件没有干涉。

(2) 模型拆解：根据项目要求将整装模型拆解为带压作业机整机框架、桅杆与夹爪总成、举升机、游动卡瓦组、固定卡瓦组、环形防喷器、上闸板、下闸板、猫道、油管清洗检测器、铁钻工、油管升降机构总成、动力源以及周边的环境(如地面、部分道路和建筑物等)。

(3) 模型转换：通过 SolidWorks 软件打开设备的模型，然后将其导出为通用的格式后再通过 3DMAX 软件来进行建模。

(4) 模型烘焙：三维模型的制作包括制作高模和低模两套模型，其中高模用于向低模烘焙细节信息，保证在较低的面数下模型的视觉效果，提升 3D 运行效率。将制作好的模型进行 UV 分解后导入绘制软件进行细节烘焙处理，包括光影信息和细节信息，然后按照参考照片等输入信息，绘制贴图制作 PBR 材质。

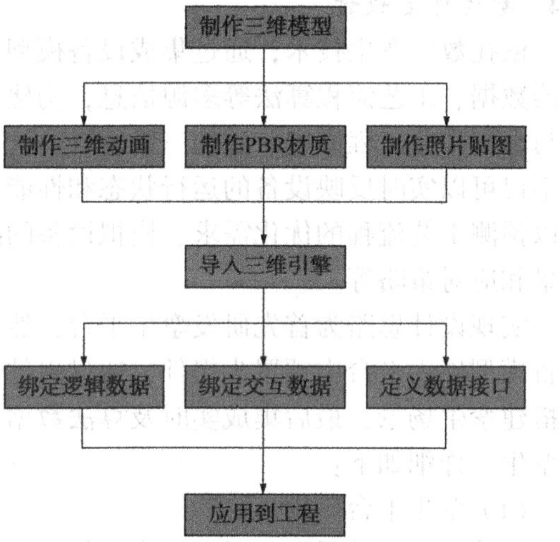

图 2　技术路线

图 3　上闸板防喷器及平衡四通模型

3.2　控制逻辑算法研究

利用 PID 对系统进行控制具有算法简单、易实现和稳定性好的特点，因此该控制方法常用在实际工程项目中。PID 控制系统主要由 PID 控制程序以及所需的被控对象组成，通过给定输入值并将输入值与输出值之间取偏差，将偏差按比例、积分和微分三种方式进行线性组合，从而得到控制量，实现对被控对象进行闭环控制，与开环控制相比，闭环控制在很大程度上提高了系统的控制精度。相关控制算法如下：

图 4　带压作业机整机框架

(1) 接单根位置精确控制

接单根可以分为三个步骤：对扣、引扣、上扣。本系统在全流程通过传感器及程序算法采集管柱的长度、重量、位置、上扣、卸扣的力矩等参数，利用 Matlab 中的 Simulink 模块进行仿真分析，通过自动控制方式精确定位管柱在各个步骤中所处的位置，从而实现接单根位置的精确控制。

通过接单根精确控制算法，完成液压钳抱住上油管，并开始旋转拧紧上油管，当力矩传感器检测到拧紧的力矩到达预设值后停止旋转并完成上扣过程。

(2) 输送油管精确控制

输送油管的基本流程为管柱抓取、管柱举升、挂管、管柱提升。本系统在全流程通过传感器及程序算法采集管柱的长度、重量、位置、等参数，利用 Matlab 中的 Simulink 模块进行仿真分析，通过自动控制方式精确定位管柱在各个步骤中所处的位置，从而实现输送油管的精确控制。

通过接单根精确控制算法，完成控制程序控制吊车将油管提升到预设位置，然后水平方向控制油管位移到对扣位置。通过安装于轨道及吊车伸缩臂上的接近开关来检查是否移动到位。

(3) 卡瓦动作精确控制

V 卡瓦代表卡瓦开关速度，P 卡瓦代表卡瓦开关压力，F 卡瓦代表卡瓦夹持力，v-p 之间的因子关系 $N1$，F-P 之间的因子关系 $N2$，压力值越大开关速度越大。

当卡瓦工作压力<200psi，卡瓦不动作；

当卡瓦工作压力在到 200psi 到 600psi，V 卡瓦 $=P*N1$；$F=P*N2$；

当卡瓦工作压力>600psi，报警系统启动，自动化暂停运行。

（4）举升机接箍位置精确识别与控制

接箍探测装置利用油管接箍通过该装置时干扰了激磁器和传感器构成的稳定磁场，触发传感器发出脉冲信号在通过信号转换器翻译后在显示软件中显示出接箍情况，该数据和举升下压系统和工作闸板防喷器控制系统结合后，在管柱下入时避免卡瓦或闸板夹持接箍。根据实际使用的设备模拟设备的运行。

P 举升机代表举升机运行压力、F 举升机代表举升机压力、V 举升机代表单位时间举升机运行速度，D 手柄代表手柄位移，$F=K1P$，$V=K2D$，H 代表举升高度，L 代表最大举升高度，T 代表时间间隔。

举升机运动算法：

当举升压力<2MPa 时，举升机无动作

当卡举升压力在 2~21MPa 范围内时，$H=V*T$

当举升压力>21MPa 时，报警系统启动，自动化暂停运行。

（5）环空密封动作精确控制

带压作业在压力低于 10MPa 使用环形密封管柱进行作业，环形使用设置 600psi 关闭压力（有管柱时才可关闭，空井筒或环形防喷器腔内无管柱禁止关闭环形），最大关闭压力 1100psi。

环形防喷器运动算法：

当井口压力<10MPa 时，环形防喷器处于工作状态；

当环形防喷器工作压力 600~1100psi 时，且检测到有管柱时，环形防喷器可正常工作；

当井口压力>10MPa 时，环形防喷器不能工作。

3.3 智能数据分析

大数据分析是通过使用各种技术和工具来收集、处理、解释和理解大量数据的过程，以便从中提取有用的信息和洞察力的过程。它涉及到大规模数据的收集、存储、处理和分析，以便为企业和组织提供更好的决策支持、产品和服务优化以及市场营销活动。大数据分析还包括机器学习、数据挖掘、自然语言处理、预测模型等技术应用。

大数据分析的主要步骤和方法包括以下几个方面：

数据收集和预处理：收集大量数据并对其进行清洗、转换和整合，以确保数据质量和一致性。

数据探索和可视化：通过数据可视化、探索性数据分析（EDA）等方法，对数据进行探索和分析，发现数据中的模式、趋势和异常值等信息。

数据建模和算法选择：选择适当的数据建模方法和算法，如机器学习、数据挖掘、深度学习等，对数据进行建模和分析。

模型评估和优化：对模型进行评估和优化，以提高模型的准确性和可靠性。

结果解释和应用：对分析结果进行解释和应用，以支持业务决策、产品优化、市场营销等活动。

3.4 数字孪生设计

依托数字孪生技术，通过集成设备模型、传感器数据、工艺流程算法等多源信息，构建出一个与真实作业流程高度一致的三维场景。这个场景不仅可以实时反映设备的运行状态和性能，还可以预测工艺流程的优化需求、模拟设备的故障场景和应对策略等。

实现设计思路为首先研发孪生平台，然后将设备模型导入平台中预置为组件，通过组件化操作搭建孪生场景，最后集成实时及算法数据，实现孪生。详细如下：

（1）孪生平台研发

搭建孪生设计平台，对现场带压作业机实时数据进行分析并进行预警或者报警提示、对视频进行读取和展示，通过平台对作业场景进行三维可视化设计，接入实时数据、运行场景渲染，呈现生产过程，集成优化控制算法，形成一个可仿真、可预测、可诊断的带压作业自动化数字孪生平台。

孪生平台采用 B/S 架构，操作界面交互友好，同时为了增强功能，支持及具备以下能力：

可导入 STEP、CAD、OBJ、FBX、3DS、STL、SLDPRT、SLDASM 和 XML 等格式，导入后的三维模型存在在设备模型库中；同时可将导入的三维模型进行设备编号，可构建仿真设备或对现有仿真设备及关键部件进行更换，实现对仿真设备的修改。

（2）设备管理

通过孪生平台导入创建完成的作业设备模型及产品参数，将设备模型绑定到相应队伍设备，同时根据现场使用数据，记录部件全生命周期。设备组装如图5所示。

	序号	产品分组	产品名称	通径(mm)	管子尺寸(mm)	承载(KG)	工作压力(MPa)	额定状态工作时间	型号	材质	模型	使用情况	操作
	1	远控房	远控1					100000			预览 导入	详情	编辑 删除
	2	远控房	管托及附件					100000			预览 导入	详情	编辑 删除
	3	动力源	柴油箱					100000			预览 导入	详情	编辑 删除
	4	动力源	柴油机电瓶1					100000			预览 导入	详情	编辑 删除
	5	动力源	分动箱					100000			预览 导入	详情	编辑 删除
	6	动力源	液压泵		s			100000			预览 导入	详情	编辑 删除
	7	动力源	蓄能器1					100000			预览 导入	详情	编辑 删除
	8	动力源	油箱及附件					100000			预览 导入	详情	编辑 删除

图5　设备组装

通过平台创建带压作业三维场景设备，场景集成实时数据、自动化算法、大数据模型算法成果，实现工艺流程监控、自动化模拟、及设备安全监控等功能。

3.5　硬件控制集成

为了扩展数字孪生应用场景范围，实现与自动控制系统实物进行集成，能够驱动三维精细化模型和自动控制系统硬件。具体集成步骤包括：

（1）通信协议

数字孪生系统使用标准Modbus协议与硬件进行通信。接收从硬件设备返回的数据，并根据协议规范进行解析和处理，将硬件设备的状态数据转换为数字孪生系统可用的数据格式，以便在系统中进行展示、分析或控制。

（2）一键关井集成测试

通信协议：

PLC型号：Siemens S7-200 smart；

通信协议：Modbus TCP，PROFINET；

PLC IP地址：192.168.0.180；

子网掩码：255.255.255.0；

通信端口：502。

PLC数据及数据定义见表1。

表1　PLC数据及数据定义

PLC数据	数据定义	备　注	上位机控制地址
V50.0	一键关井输入信号	0为关，1为开，如果需要解锁电磁阀需要先关闭V50.0后在逐步解锁，在V50.0打开状态不能进行其他电磁阀的解锁操作	V50.0
Q0.0	环形防喷器油缸启动	0为关，1为开	V50.1
Q0.1	上闸板油缸启动	0为关，1为开	V50.2
Q0.2	下闸板油缸启动	0为关，1为开	V50.3
Q0.3	固定承重卡瓦油缸启动	0为关，1为开	V50.4
Q0.4	固定防顶卡瓦油缸启动	0为关，1为开	V50.5
Q0.5	游动承重卡瓦油缸启动	0为关，1为开	V50.6
Q0.6	游动防顶卡瓦油缸启动	0为关，1为开	V50.7
Q0.7	卡瓦手柄阀启动	V50.0关闭以后Q0.7自动关闭	
Q1.0	闸板手柄启动	V50.0关闭以后Q1.0自动关闭	
Q1.1	平衡阀启动	0为关，1为开	V51.2
Q1.2	放喷阀油缸启动	0为关，1为开	V51.3

仿真系统控制见图6。

图6　仿真系统控制

4　应用效果

4.1　应用效果

（1）场景自动生成

使用人员可通过孪生平台进行模型导入，可导入STEP、CAD、OBJ、FBX、3DS、STL、SLDPRT、SLDASM和XML等格式，导入后的三维模型存在在设备模型库中；同时可将导入的三维模型进行设备编号，可构建仿真设备或对现有仿真设备及关键部件进行更换，实现对仿真设备的修改。

通过选择设备名称、编号等低代码方式，实现场景设备与数据之间的孪生，大大降低了操作与学习成本(图7)。

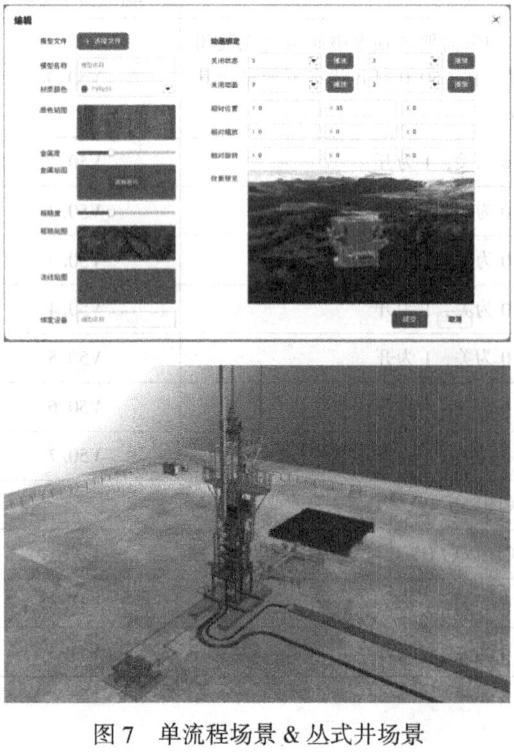

图7　单流程场景&丛式井场景

（2）工艺流程监控

完成工作闸板控制、平衡泄压控制、卡瓦控制、举升机控制、环空密封控制、控制实物、上下油管上卸扣测试，控制逻辑与现场设备功能、使用逻辑吻合度100%，并可通过软件逻辑判断仿真设备使用状态(图8)。

图8　作业自动化监控

所有运动部件的逻辑控制程序涵盖率100%、逻辑控制算法正确率100%，应急状态逻辑控制正确率100%。三维建模的尺寸比例1∶1复刻，仿真标准模型的材质、形状、颜色、纹理等与实际吻合度100%，模型精度要求≥Ⅲ级。

（3）作业数据实时算法

轻重管柱判断：轻管柱作业时，防顶卡瓦组需要关闭，固定防顶卡瓦和游动防顶卡瓦不能同时打开。下管柱时，游动防顶卡瓦关闭，固定防顶卡瓦打开，举升机带动游动卡瓦组向下移动。重管柱作业时，承重卡瓦组需要关闭，固定承重卡瓦和游动承重卡瓦不能同时打开。下管柱时，游动承重卡瓦关闭，固定承重卡瓦打开，举升机带动游动卡瓦组向下移动。

最大无支撑长度：根据现场采集数据，实时计算工程参数(如中和点)，准确率≥95%，异常状态下报警提示正确率≥98%。

中和点实时计算：结合不压井起油管作业工艺技术特点，采用零轴向应力截面(零轴向应力截面是指在工作状态下，油管不承受拉压应力的那一截面)确定中和点位置的方法(图9)。

$$L=\frac{7.854\times10^{-3}\rho_1 D^2}{m-7.854\times10^{-4}\rho_2 D^2+7.854\times10^{-4}\rho_3 d^2}$$

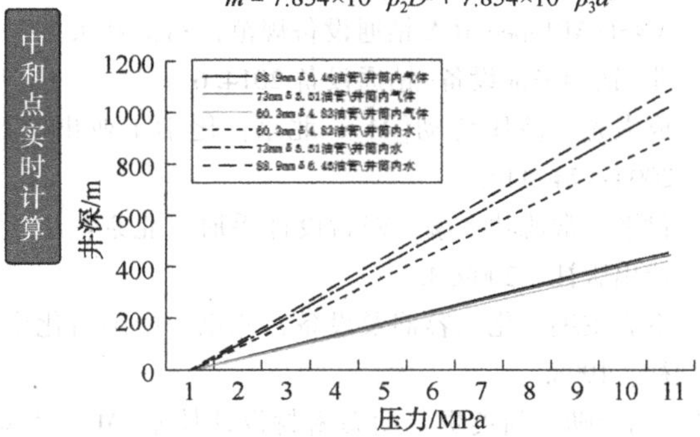

图 9　中和点实时计算

（4）参数异常预警

告警信息是针对系统收集与处理现场带压作业数据采集系统实时采集的压力、开关状态、高度等数据，进行分析与筛查后返回的超过预期值的一种数据告警信息。内容如图 10 所示。

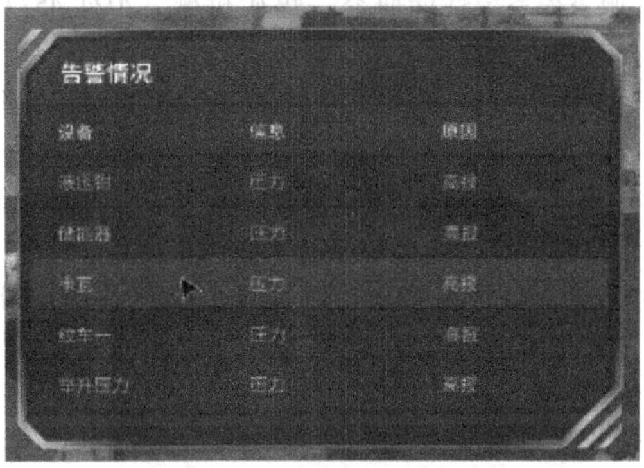

图 10　设备异常报警

（5）现场带压作业机监测数据

本系统可以对现场带压作业机实时数据、视频进行读取和展示（图 11），具备实时对卡瓦关闭压力、储能器压力、环形防喷器关闭压力、上闸板关闭压力、下闸板关闭压力、液缸举升压力、液缸下压压力、绞车压力、转盘扭矩、液压钳压力、先导油压力、平衡四通压力、圈闭压力、套管压力等数据进行分析并进行预警或者报警提示。具备监测各设备及动力系统的运行状态。具备实时对操作台视频、上闸板视频、下闸板视频、卡瓦视频、游动卡瓦视频等进行分析并进行预警或者报警提示。

本系统提供储存现场数据功能，打开任务管理界面，任务管理界面分为任务列表和任务数据两部分。在任务列表区域，任务列表区域显示已保存的任务列表，可按任务名称搜索任务数据。

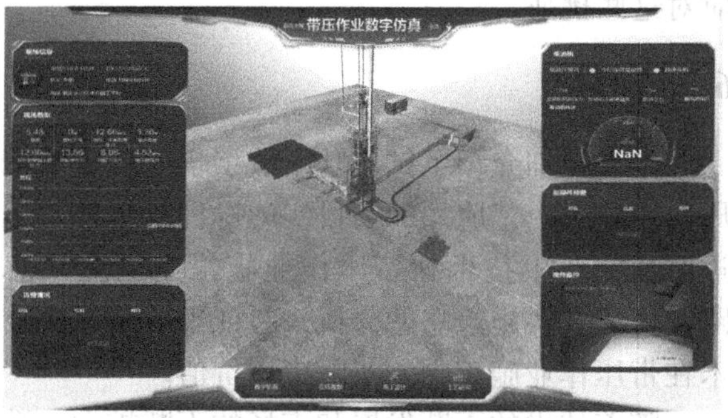

图 11　现场实时数据展示

4.2　案例分析

本应用在川庆钻探试修公司各带压作业平台应用，并取得了良好的效果。

5　面临的挑战与问题

随着数字化转型在石油行业的深入，模拟仿真技术在油气田工程施工等领域中的应用越来越多，仿真技术通过模拟真实的设备和部件运行过程，帮助作业单位优化设备及施工方案，提高生产效率，降低成本等方面取得显著效果。然而在应用过程中还存在一些挑战和问题。

（1）数据准确性和可靠性

模拟仿真技术中使用的数据需要具有高度的准确性和可靠性。由于实际生产过程中可能存在未知因素和误差，如果使用了不准确或不可靠的数据，则可能导致模拟仿真结果与实际情况存在差异，从而影响决策。

（2）技术应用难度较高

模拟仿真技术的应用需要具备一定的技术水平和经验。对于缺乏相关技术人员或实践经验的企业而言，可能面临一些技术应用难度的问题。

（3）需要大量数据支持

模拟仿真技术需要大量数据的支持才能提供准确的仿真结果。如果缺乏足够的数据支持，则可能导致分析不准确，从而影响决策。

总之，模拟仿真技术在工业领域中的应用具有显著的优势，如降低产品研发成本、提高设计质量、优化生产流程和提高效率等，但也存在一些挑战，如高昂的投入成本、数据准确性和可靠性问题、技术应用难度较高和需要大量数据支持等。因此，企业在使用模拟仿真技术时需要充分考虑这些挑战，并采取相应的措施来解决问题。例如，可以通过建立合适的数据支持系统、加强技术人员培训和引进外部专业服务机构等方式来应对这些挑战。

6 结语

本文详细介绍了试修基于数字孪生技术的带压作业施工工艺应用的项目实施过程及效果，通过对数字孪生技术在带压作业施工中的应用思路、优势及实施策略的分析，验证了数字孪生技术在带压作业施工中的实际应用价值。

随着技术的不断发展和市场的不断扩大，数字孪生技术在带压作业领域的应用将更加广泛和深入。首先降低产品研发成本，仿真技术可以通过模拟生产环境和产品行为，帮助企业预测并解决潜在的问题，尽早发现并纠正不良设计和制造方法，从而降低了产品研发成本。其次提高设计质量模拟仿真技术可以让设计者在虚拟环境中进行多种方案的试验和比较，快速调整设计和选择最佳方案，并进行有效评估。这样可以提高设计质量，减少因设计缺陷引起的成本和时间损失。还可以优化生产流程和提高效率模拟仿真技术可以模拟生产过程的各个环节，帮助企业分析和优化生产流程，提高生产效率和质量，并减少成本。并且提高安全性，模拟仿真技术可以帮助企业模拟潜在的灾害情况，并制定相应的应急预案。这样可以提高企业对安全问题的重视和处理能力，减少因意外事故造成的人员伤亡和经济损失。

参 考 文 献

[1] 高建强．全液压自动猫道提升系统研究[D]．吉林大学，2014
[2] 魏喜新，刘乃舜．液压技术手册．上海：上海科学技术出版社，2013，05.
[3] 成大先．机械设计手册(第5版)．第1卷[M]．北京：化学工业出版社，2007.11.
[4] 许福玲，陈尧明．液压与气压传动[M]．北京：机械工业出版社．2007.5.
[5] 史清春．不压井作业设备的研究设计[D]．西华大学，2011.
[6] ANSI/APISpec 16A 钻通设备规范，石油和天然气工业-钻和采油设备-钻通设备 2014.6
[7] 成大先．液压传动[M]．北京：化学工业出版社，2004：74-114.
[8] 付平，常德功主编．密封设计手册，北京：化学工业出版社，2009.4.
[9] 卓震主编．化工容器及设备，北京：中国石化出版社，1998.
[10] 刘夸勋，刘英贵．动态密封设计技术[M]．北京：中国标准出版社，1993，201-202.
[11] 中国石化集团公司井控培训教材编写组，钻井相关专业人员井控技术 IMI．东营：中国石油大学出版社．2013.
[12]《井下作业技术数据手册》编写组．井下作业技术数据手册[M]北京：石油工业出版社，2000.
[13] 刘克毅等，基于遗传算法前馈 PID 控制的电液伺服泵控系统性能研究．煤矿机械，2024.45(02)：37-41.
[14] 林磊，油井带压作业智能控制系统设计研究，2018，安徽理工大学．
[15] 张鹤睿，针对变工况过程的慢率智能 PID 控制器设计与实现，2022，中国石油大学(北京)．77.
[16] 辛晨，自整定 PID 控制器算法改进及比较研究，2022，沈阳理工大学．
[17] 孟祥伟，液压控制技术在带压作业系统中的应用研究，2010，大庆石油学院．82.
[18] 王楠，基于 Modbus 通信的空压机 PLC 联控系统设计．设备管理与维修，2023(21)：18-20.
[19] 王攀，一种 Modbus 通讯协议转换方法研究与实践．石化技术，2023.30(10)：第142-143，58.
[20] 刘岩，基于蓄能器的喷油系统压力控制与喷油效果研究，2022，西安理工大学．
[21] 顾明峰，带压作业机密闭切断装置设计及控制性能研究，2020，安徽理工大学．
[22] 王永康，油气田带压防喷作业智能控制系统优化研究，2019，安徽理工大学．

基于数字孪生技术的地面测试工艺生产应用

罗　佳　汤浩宇　杨小平　杨启果　杜君甫

（中国石油集团川庆钻探工程有限公司）

摘　要　为推动企业数字化转型工作，川庆钻探试修公司研究探索数字孪生技术，基于地面测试业务，建立了第一代地面测试作业数字孪生平台。通过采集现场作业数据，利用大数据分析模型算法，实现了地面测试工艺流程监控、设备三维精细化监控、生产工艺参数优化、安全生产预报警等功能。本技术在运行中取得了良好的应用效果，可为国内油气田企业的数字孪生技术应用和数字化转型实施提供参考借鉴。

关键词　地面测试；数字孪生；大数据模型；数字化建模；工艺参数优化

数字孪生技术作为一种新兴的数字化工具，在各个行业的应用日益广泛。本文基于试修地面测试工艺数字孪生项目，全面评估其应用效果，分析项目实施过程中的得失，为推动地面测试生产或类似项目的数字化转型提供理论支持和实践指导。

1　项目概述

1.1　项目背景

数字孪生概念是由 Grieves 在产品生命周期管理中提出的，目前已成为关注度极高的数字化转型技术之一。从 2017 年开始随着对数字孪生领域研究的爆发，各种数字孪生的应用技术研究成果开始大量出现。如今，数字孪生的应用正不断普及，在工业领域 13%的企业已经实施应用，62%的企业正在实施或计划实施数字孪生项目，自动化智能化成为行业发展趋势。

数字孪生技术作为一种研究方法论，针对每个领域的具体业务特点需要针对性处理，试油现场作业和生产管理过程中存在数据混乱、情况不明、决策滞后、协同不畅等管理问题，必须借助先进的信息化手段，促进管理模式的改革与提升，确保试油作业管理的信息可视化、数据完整性、决策及时性，实现对试油作业总体情况的有效管控和指导，提高生产运行管理水平。

1.2　项目目标

建设基于真三维实时渲染引擎的可视化应用开发集成平台，集成三维场景开发，数据图表生成，逻辑事件设定，多维数据接入，交付物运行等多种综合功能于一体，适用于不同的地面测试作业流程场景。

通过数字孪生技术应用，形成地面测试业务专用模型架构及算法，消除管理信息孤岛，实现工艺流程的监控、现场设备三维精细化监控、生产工艺参数优化、安全生产预报警、智能指导预测及培训仿真为一体的地面测试数字化运营管理。解决生产稳定性和安全性，减少复杂工况的产生频率。解决设备状态评估及智能运维，提高关键设备管控精度。

2　技术实现

项目考虑到应用场景的特点和需求，以及技术实现的可行性和成本效益等因素。使用了现场数据采集、数据分析和处理技术、虚拟现实、模拟仿真技术、人工智能技术、大数据模型分析等技术。

2.1　技术路线

孪生平台使用专业级三维实时图像引擎，集成三维场景，采用 B/S 架构，集成轻量化的三维组态工具，操作界面交互友好，方便上手操作创建孪生场景。

设备建模收集设备的各种数据，包括设备信息、环境数据、运行流程等。使用三维建模软件 3DMax 进行三维模型的构建。设备模型可以作为组件灵活使用。

平台支持图形低代码场景的创建，部署和运行管理，实现数据可视化、图形应用程序快速开发，提供地面测试工艺模型的一般框架和必要的建模基础构件。

2.2　平台架构

项目实现功能包括实时数据采集治理、设备模型组件化、数字孪生设计台、孪生数据服务、智能算法应用等。其中实时数据、设备模型为基础层，数据库、智能算法为服务层，孪生设计平台为应用层。

平台架构图如图 1 所示。

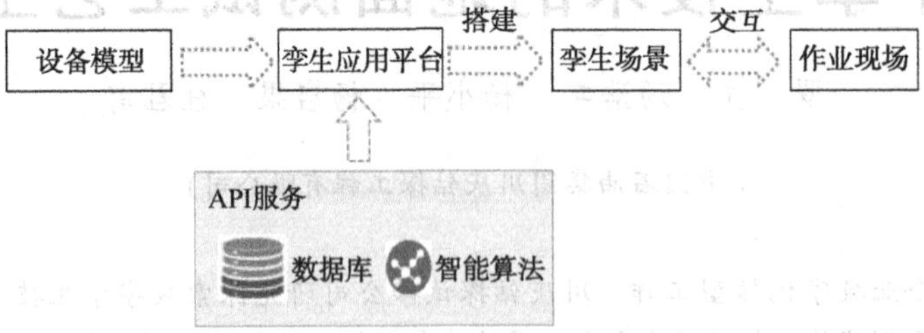

图 1　应用平台架构

3　项目实施过程

项目实施涉及项目的规划、组织、资源分配、风险管理等方面等多个方面，根据项目目标，组建专业队伍，制定详细的实施计划，包括项目的时间表、资源需求、人员配置等。详细实施内容如下：

3.1　数据采集治理

数据是系统运行的基础和关键，依托井场传感器等终端设备，实时采集数据，通过先进的网络通信和遥感技术，将数据传输至后方数据中心。

收集试油实时数据后，对数据进行治理与分析，具体通过以下三个方面：

（1）数据清洗：应用经典数据预处理方法结合试油专业理论，实现对原始数据重采样、缺失数据分析和处理、异常数据识别和处理、噪声数据平滑、数据归一化、时深对齐、多专业数据融合等处理。通过数据清洗，提升生产数据质量。

（2）产量分析：通过皮尔森方法、斯皮尔曼法、协防差等相关分析算法分析油气产量、分离效果与实时数据参数（上、下压力、温度、流量、产量等）的敏感性关系，展示相关系数矩阵及分析曲线，为生产优化方案优化提供大数据分析支撑。

通过多参数融合管理模型，获取生产数据压力、温度等单参数、多参数对产量的影响，实现产量、累计产量数据预测功能，指导生产人员进行实时的调整、优化（图 2）。

（3）安全预警：应用大数据机器学习技术对数据进行清洗、多维特征融合、相关性分析，通过 GA-BP 神经网络等机器学习方法训练生产优化及安全预测模型，为生产作业提供全面的分析和决策支持。

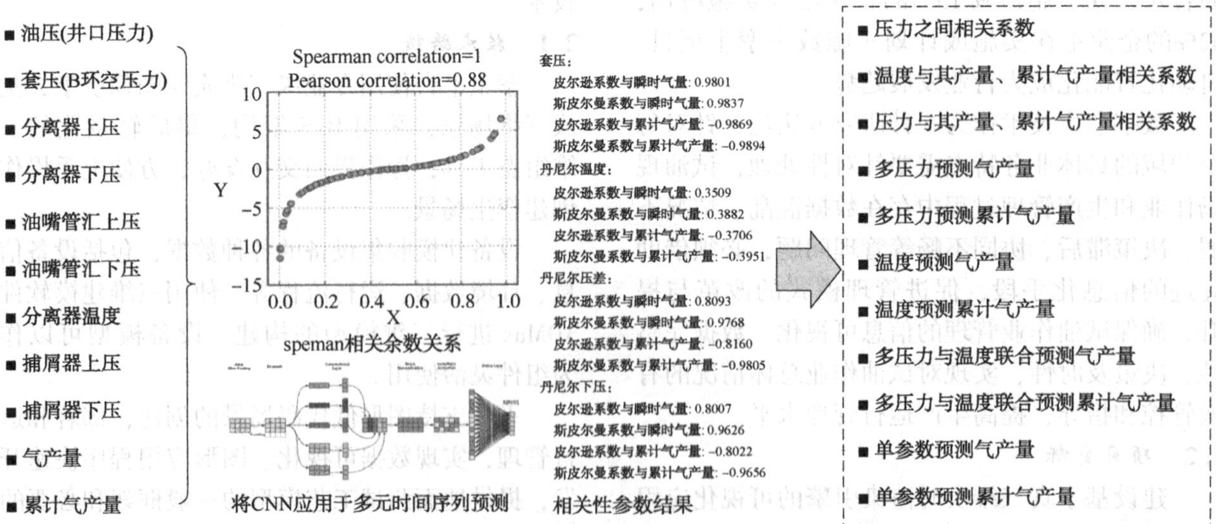

图 2　多元参数产量预测

3.2　智能算法研究

算法是对数据的操作和处理，从数据中提取有用的信息，体现数据的价值。针对地面测试工艺现状，利用机器学习、深度学习等智能控制算法多尺度融合现场工艺经验知识，建设三相分离器、油嘴和工况流程倒换最优工艺控制模型评估迭代；建设对现场环境及地面测试数据特征进行选择与提取，构建安全控制算法模型。

相关智能控制算法如下：

（1）分离器分离效果优化算法

基于分离器结构尺寸，混合来液流量等操作参数，采用Simulink控制算法原型仿真技术，基于经典PID控制，使用温度、压力、流量、液位等多个参数，计算三相分离器的液位和气压变化差异，建立三相分离器分离优化模型。

通过分离效果控制模型，用于评估实时分离效果，进行分离优化决策，为现场提供给出优化预测与指导建议。

（2）油嘴节流智控算法

根据油嘴节流产生汽蚀条件以及建立的气液混合物流过油嘴的能量平衡关系，通过Fluent仿真寻找多级节流各级最佳压强比，建立油嘴节流控制模型；通过节流控制模型提供节流方式决策，为现场节流设备提供建议；评价当前油嘴节流风险，给出每级油嘴节流开度决策指导。

（3）流程倒换算法

基于工况中油、气产量、砂量等数据进行流程自动倒换决策，获取不同工况下稳定运行和最优生产效果的策略，为现场生产提供指导建议。

（4）设备失效监测算法

基于地面测试设备的失效，分析运行流程和工况分布，通过经验数据和物理建模得到诊断数据集，采用CNN卷积神经网络算法，建立设备失效诊断模型；通过设备失效诊断模型监测工艺流程设备运行状况，分析运行流程和设备状态，为井场人员提供设备失效处理策略。

（5）气体扩散监测

基于工况有害气体等数据，对有害气体泄漏后的气体浓度分布扩散进行预测，为现场生产人员疏散逃生提供建议。

3.3 作业设备建模

设备模型是数字孪生的基础，是对真实物理设备的抽象表示，它包含了设备的结构、功能、性能等关键信息。主要用于在虚拟环境中对设备进行模拟、分析和优化。因此要对地面测试作业平台涉及到的各类设备进行建模操作，并在保证性能和精度的提前下将其动态三维组件化，为孪生可视化项目的开发，设计，运行，维护，提供丰富的组件来源。

地面测试工艺流程需要建模的设备包括：采油树、三相分离器、油嘴管汇、捕屑器、加热炉、除砂器、油液管线、放喷池等。

建模操作分为以下几个步骤：

（1）设备模型数据收集：收集与设备或系统相关的历史数据、实时监测数据以及其他相关信息。

（2）模型设计：选择合适的建模方法和工具，确定模型参数与变量，搭建模型。

（3）模型验证与集成：将模型部署到孪生平台，进行功能与性能测试(图3~图5)。

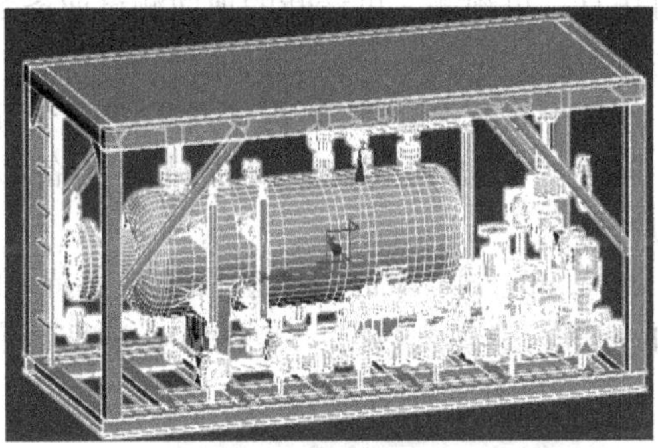

图3 三相分离器模型设计图

图4 阀门模型设计图

图5 管汇效果图

3.4 数字孪生设计

依托数字孪生技术，通过集成设备模型、传感器数据、生产优化算法等多源信息，构建出一个与真实作业流程高度一致的三维场景。这个场景不仅可以实时反映设备的运行状态和性能，还可以预测工艺流程的优化需求、模拟设备的故障场景和应对策略等。

实现设计思路为首先研发孪生平台，然后将设备模型导入平台中预置为组件，通过组件化操作搭建孪生场景，最后集成实时及算法数据，实现孪生。详细如下：

(1) 孪生平台研发

搭建孪生设计平台，通过平台对作业场景进行三维可视化设计，接入实时数据、运行场景渲染，呈现生产过程，集成优化控制算法，形成一个可仿真、可预测、可诊断的地面测试业务数字孪生平台。

孪生平台采用 B/S 架构，操作界面交互友好，同时为了增强功能，要支持及具备以下能力：

支持 glb，obj 等常用模型格式；支持 BIM，GeoJson 等行业模型数据；支持 LOD 渲染、模型排序渲染；具备完全的配色(材质效果)方案批量替换功能；具备 PBR 材质渲染能力；具备动态瓦片数据加载能力。

使用人员根据平台进行自定义场景创建时，可通过鼠标拖拽的方式将相应模型组件拖入至场景编辑器中，对场景进行三维可视化编辑操作。

场景设计还支持以下功能：

① 物体拖动、旋转、放大、缩小；

② 场景灯光设计，支持平行光、点光源、聚光灯、可编辑灯光颜色、范围、强度；

③ 天气变换、设备状态变更设定；

④ 自定义设备材质效果，包含颜色、粗糙度、金属度、自发光属性；

(2) 设备组件化

通过孪生平台导入创建完成的作业设备模型，将设备模型进行组件化，组件可以自定义数据显示，数据包含静态数据、动态数据，支持接口服务、WebSocket 等多种形式，方便接入现场实时数据(图 6)。

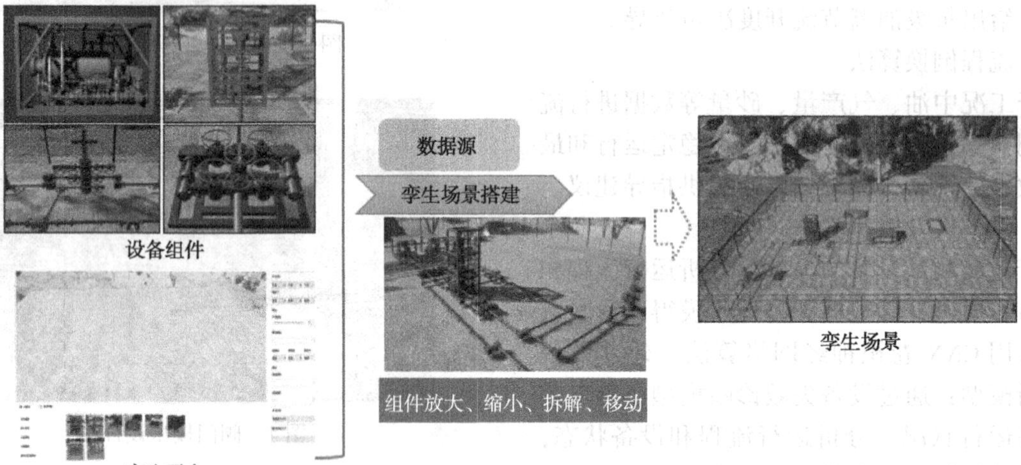

图 6　孪生场景创建

通过平台创建地面测试作业三维场景，场景集成实时数据、大数据模型算法成果，实现工艺流程监控、生产工艺参数优化及设备安全监控等功能。

3.5　仿真平台集成

为了扩展数字孪生应用场景范围，实现与自动控制系统物理仿真平台进行集成，能够驱动三维精细化模型和自动控制系统仿真平台的硬件。具体集成步骤包括：

(1) 接口与协议匹配

数字孪生系统和物理仿真平台之间建设特定的接口和协议进行通信。包括数据格式的转换、通信协议的匹配等，以确保双方能够准确、实时地交换信息。

(2) 系统交互与反馈

数字孪生系统的数据和模型发生变动时，要与物理仿真平台参数进行匹配，两者相互传递数据和指令，并且做到时效一致。

4　应用效果

4.1　应用效果

(1) 场景快速搭建

使用人员可通过孪生平台进行自定义场景创

建，通过鼠标拖拽的方式将相应模型组件拖入至场景编辑器中，快速对场景进行三维可视化编辑操作。

通过选择设备名称、编号等低代码方式，实现场景设备与数据之间的孪生，大大降低了操作与学习成本。

为了方便借鉴，系统提前预置单流程、丛式井以及不含硫、高含硫地面工艺设备流程等作为模板流程使用(图7)。

(2) 工艺流程监控

基于试油作业设备数字孪生模型，基于实时采集设备运行状态及运行数据，对地面测试关键工艺设备井口紧急截断装置、油嘴管汇、除砂器、热交换器、三相分离器、油气水计量、储液设施(罐、池)等进行可视化状态监测，显示设备运转参数及状态(图8)。

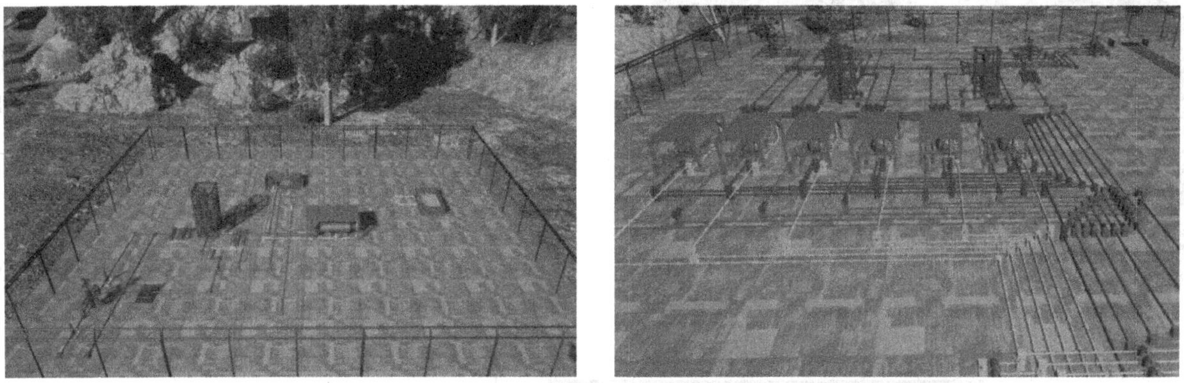

图7　单流程场景 & 丛式井场景

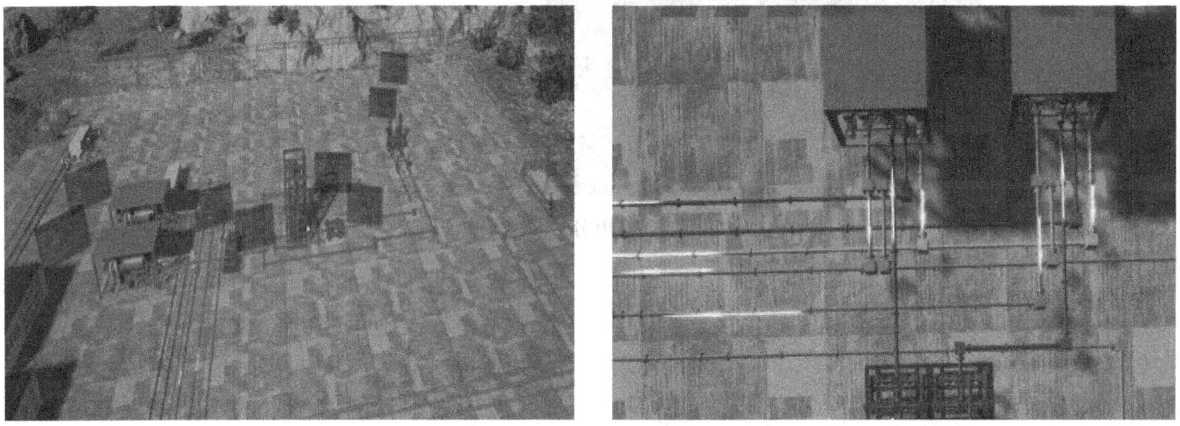

图8　作业流程监控及管液流向

地面测试业务三维模型逼真度达到95%以上，对作业场景中的设备外部工作状态和设备内部工作状态进行可视化逼真实时呈现，查看设备的详细构造及运转情况，三维呈现精细度CIM≥3级(图9)。

设备内部主要部件具体指：捕屑器中的五组控制阀门、砂筒；除砂器中各类控制阀门、旋流筒、沉砂罐、储砂罐；转向管汇和油嘴管汇的控制阀门组；热交换器的各类控制阀门、罐体内部主要结构和分离器的各类控制控制阀门、液位计、流量计、罐体内部与气液流动相关的结构等。

图9　精细呈现

(3) 参数异常预警

孪生场景集成设备失效智能算法结果，并向现场人员提供的设备运行状态实时监测及失效预测结果建议，结果在场景中集成预警展示，提高生产稳定性和安全性，减少复杂工况发生率30%(图10)。

图 10　设备异常报警

(4) 生产安全优化

孪生场景集成三相分离器优化算法，将分离效果分为优、良、中、差四个等级，并且根据分离结果提供分离优化决策，为现场提供给出优化预测与指导建议。同时算法会通过大数据质量追溯和根因分析，形成持续优化平台，提高工艺优化能力(图11)。

(5) 驱动物理仿真

数字孪生场景为物理仿真平台提供了丰富的数据源和模型支持，场景中的物理设备的各种参数、运行状态等信息可以被物理仿真平台所利用，使得仿真过程更加真实、准确。基于数字孪生的仿真平台可以进行各种优化实验，探索设备的最佳运行参数和配置，提高设备的效率和可靠性。

4.2　案例分析

本应用在川庆钻探试修公司各地面测试作业平台应用，并取得了良好的效果。

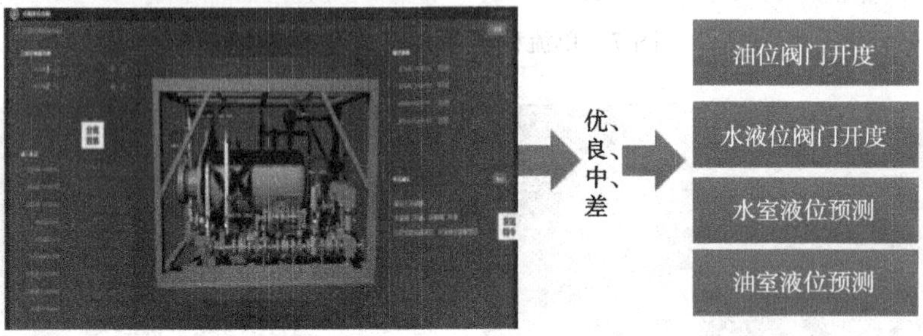

图 11　三相分离器优化

5　面临的挑战与问题

(1) 数据安全

数字孪生系统在应用过程中会产生和存储海量的生产管理数据、操作数据和系列外部数据等，这些数据的安全性需要得到保障，否则可能存在数据泄露的风险，据报道，2016 年能源行业被列为第二大易受网络攻击的行业，约 75% 的美国油气公司至少经历过一次网络安全相关事件。因为数据安全为重中之重。

(2) 多系统融合

孪生技术是一个多维系统的融合，需要涉及多个领域的专业知识，包括数据、模型和交互等，因此需要加强多系统融合的研究和应用。

6　结语

本文详细介绍了试修基于数字孪生技术的地面测试生产工艺应用的项目实施过程及效果，通过对数字孪生技术在地面测试生产中的应用思路、优势及实施策略的分析，验证了数字孪生技术在地面测试生产中的实际应用价值。

展望未来，随着技术的不断发展和市场的不断扩大，数字孪生技术在地面测试生产领域的应用将更加广泛和深入。同时，我们也需要关注数字化转型过程中可能面临的风险和挑战，不断完善和优化数字孪生技术的应用策略和方法。相信在不久的将来，数字孪生技术将成为地面测试生产领域的重要推动力，推动整个行业向更高效、更智能、更绿色的方向发展。

参　考　文　献

[1] 章瑞，马建军，马瑾．数字孪生在油田生产管理中的应用研究[J]．中国管理信息化，2023，26(14)：82-84.

[2] 陶飞，刘蔚然，刘检华，等．数字孪生及其应用探索[J]．计算机集成制造系统，2018，24(01)：

1-18.
[3] 李全. 数字孪生技术在石油化工安全生产的应用现状及挑战[J]. 中国石油和化工标准与质量，2024，44(02)：34-36.
[4] 刘大同，郭凯，王本宽，等. 数字孪生技术综述与展望[J]. 仪器仪表学报，2018，39(11)：1-10.
[5] 李欣，刘秀，万欣欣. 数字孪生应用及安全发展综述[J]. 系统仿真学报，2019，31(03)：385-392.
[6] 贺子珊，王海龙."数字孪生技术"在油田的应用现状及发展前景[J]. 石油化工自动化，2023，59(S1).
[7] 孙红江. 如何构建在役油气站场数字孪生体[J]. 石化技术. 2020，27(05)361-362.
[8] 滕卫卫，于会松，石峰，等，基于数字孪生的油气田地面工程应用研究[J]. 计算机仿真，2023，40(11)：74-76+318.
[9] 李昊，苏堪华，李猛，等. 数字孪生在油气工程领域的应用研究[J]. 重庆科技学院学报(自然科学版). 2022，24(05)：7-12.
[10] 陈岳飞，肖珍芳，方向. 数字孪生技术及其在石油化工行业的应用[J]. 天然气化工(C1 化学与化工)，2021，46(02)：25-30.
[11] 金镭，秦雪伦，江如意，等. 油气行业数字孪生研究述评与展望[J]. 世界石油工业，2022，29(05)：17-25.
[12] 余斌，朱伟佳. 石油化工行业数字孪生技术的应用探索[J]. 化工进展，2019，38(S1)：278-282.
[13] 曹万岩，张德发，等. 油田站场智能化运维应用场景展望[J]. 油气与新能源，2021，33(3)：65-68.

复杂报警数字化模型在石西的应用研究

郭宝灵

（中国石油新疆油田公司）

摘　要　石西油田在2019年建成了全新的实时数据云平台，打通了数据采集、存储与调用的通道，在国内率先实现了基于云平台的生产监控，也为石西油田进一步挖掘数据价值打下了基础。生产监控平台在减少一线用工、保障生产安全、提高生产效率等方面发挥了重大作用。近两年来随着生产规模扩大与数据分析的深入，生产监控管理在报警分析与预警管理方面提出了更高的要求，由此，通过研究实时计算、复杂报警管理等前沿技术，利用油田大数据进行趋势预警和辅助决策，提高监控报警的准确率与及时率，减少无效报警数。

关键词　油田；SCADA系统；复杂报警；模型；应用

1　前言

（1）石西油田作业区信息化建设起步早，自动化程度较高，在1998年即建设完成SCADA系统，并在2003年完成SCADA的国产化，2019年建成了全新的实时数据云平台，打通了数据采集、存储与调用的通道，在国内率先实现了基于云平台的生产监控，也为石西油田进一步挖掘数据价值打下了基础。但是随着生产监控对象的不断增多，监控范围的不断扩大，造成报警系统读取历史数据效率低下，影响生产监控及预警判断，造成SCADA出现大量无效报警。

（2）2021年经过对传统工业控制软件共性问题和石西油田SCADA系统个性问题的研究，同时对实时数据云平台和传统工业控制软件进行技术对比分析；以实时数据云平台为基础，优化智能报警的技术路线，将阈值报警按事件（工况）进行合并，建立多参数报警模型，使单参数报警融合，实现单参数趋势报警预警、多参数综合报警等从而减少报警量；实现对生产数据在线分析、智能预警报警的一体化系统，提高监控效率。

（3）2022和2023年对多参数复杂报警模型、管理界面、报警功能进行了优化。

2　复杂报警的研究

2.1　预警分析和模型研究

SCADA系统建立能够支持复杂报警逻辑的实时报警机制，其核心包括采集数据订阅、数据转发、流计算处理、数据存储、数据推送展示等环节。能够实现及时预警，满足报警管理的生产需要，提高监控效率。智能报警系统的技术介绍如下。

（1）基于流计算技术，实现了耦合复杂规则的实时报警计算

流计算技术是对生产数据连续采集并进行实时分析，以流水线方式执行任意数据程序。主要运用在数据采集订阅、数据转发、流计算处理、数据存储、数据推送展示等环节。研究该技术引擎，并在流计算技术基础上，建立预警模型，实现实时报警计算（图1）。

流计算模型定义需要通过实时采集的数据进行实时分析的模型，涉及的主要模型有：（1）趋势预警-数据趋势快速变化（2）趋势预警-数据趋势频繁波动（3）趋势预警-数据趋势数据突变（4）多参数综合预警-多对象多参数分析（5）多参数综合预警-单对象多参数分析。

（2）模型数据预处理功能

首先对于简单的处理规则，在诊断模型配置中直接作为模型里面的一项判断条件进行处理即可；对于复杂的、运算量比较大的处理规则，单独建立预处理任务进行专门的处理，处理后的结果再推送给诊断任务（图2）。

（3）批计算技术和模型

批计算技术对时效性要求不高、很多数据依赖于非实时数据的计算分析，涉及的主要模型包括：复杂度较高的模型或时效性要求不高的模型。面向报警规则配置人员，按照不同站点配置相关

的报警阈值及报警模型，并可灵活设置模型是否启用、报警级别、描述处理建议等报警配置信息。

(4) 报警融合技术

引用先进报警理念，基于监测参数之间的关联关系，将阈值报警按事件(工况)进行合并，建立多值报警参数预警模型，从而减少报警量，提高监控效率(图3)。

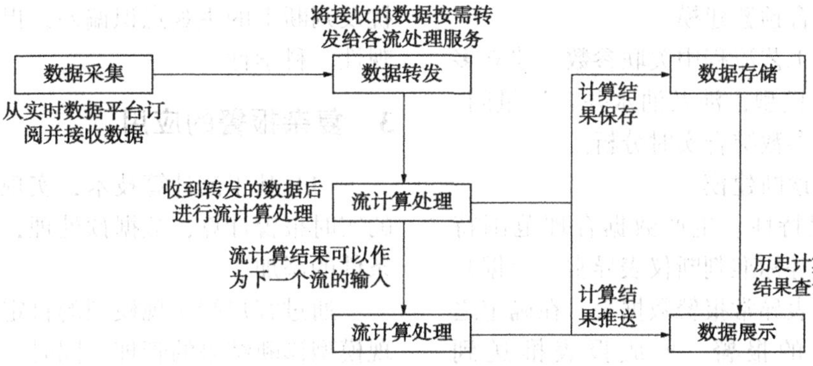

图1　流计算技术流程

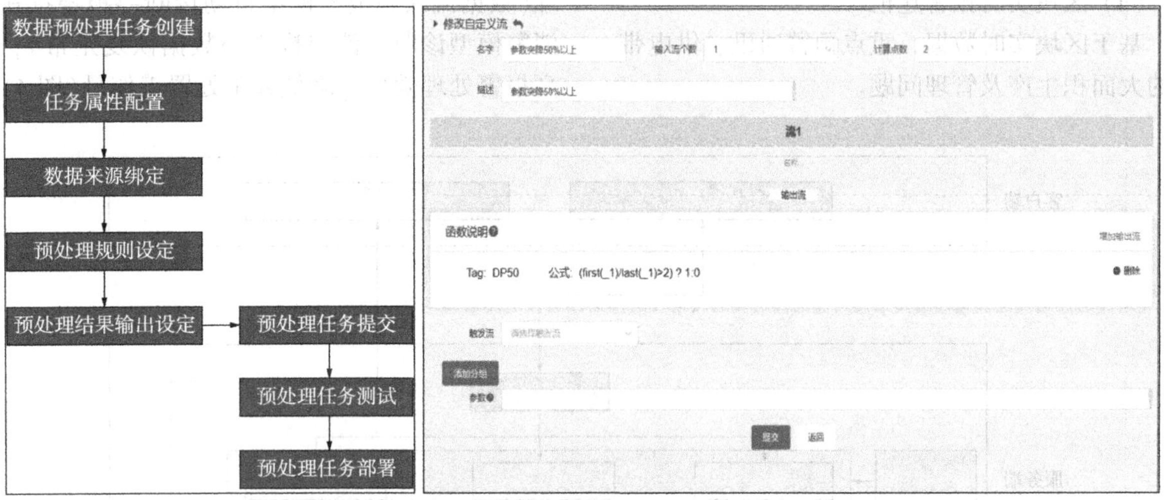

图2　模型数据处理

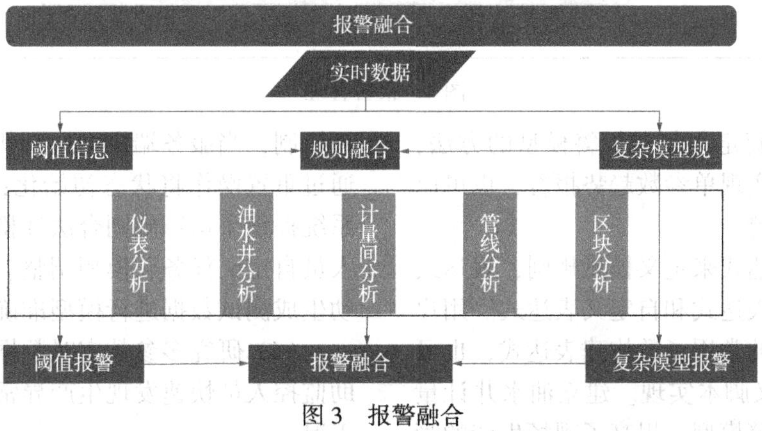

图3　报警融合

2.2　诊断模型设计技术

针对生产监控范围，诊断模型建模覆盖油井、水井、计量间、管线、区块等相关工艺流程，针对不同的工艺特征、不同的判定方法，进行诊断模型的提炼。

(1) 趋势预警建模

集成时序预测模型，添加趋势预警规则，涉及油水井、计量间、管线等生产对象重点参数，对参数长期趋势、周期性趋势及随机变化进行预测。趋势分析可细分为快速上升/下降、缓慢上升/下降，而快速变化、缓慢变化所体现的内在问题是不同的，需要根据实际工艺特征及问题进行针对性的建模。

(2) 多参数综合预警建模

综合分析生产工艺流程中关联参数，建立多参数综合预警业务模型，涉及油水井、计量间、管线等工艺环节多参数综合实时分析。

(3) 仪表异常诊断建模

根据仪表量程特性、生产数据合理范围特征、异常持续时间等标准判断仪表异常。根据判断的结果，形成仪表异常报警数据表，在确定之后关闭相应参数的报警，形成报表推送到DMS中。

(4) 区块实时预警建模

基于区块实时数据，重点预警通讯、供电带来的大面积生产及管理问题。

(5) 消警模型建模

对于上述(1)-(4)部分涉及的报警模型，若能够量化总结出可靠的消警判断规则，则需要建立相对应的模型消警机制，其目的是建立报警全生命周期自动管理流程，降低人为因素带来的干扰及判断上的主观意识偏差，提高报警管理的客观性、科学性。

3 复杂报警的应用

(1) 基于流计算技术，实现了耦合复杂规则的实时报警计算，数据预处理，及复杂报警前置条件的添加。

通过客户端实现模型的自定义管理，又可实现模型诊断结果的管理。同时，在报警管理中引入自动消警机制，可实现报警模型的自动闭环管理(数据流入→报警模型自动诊断→报警推送→消警模型诊断→消警推送→数据恢复正常)，提高报警处理效率，降低人工处置工作量(图4)。

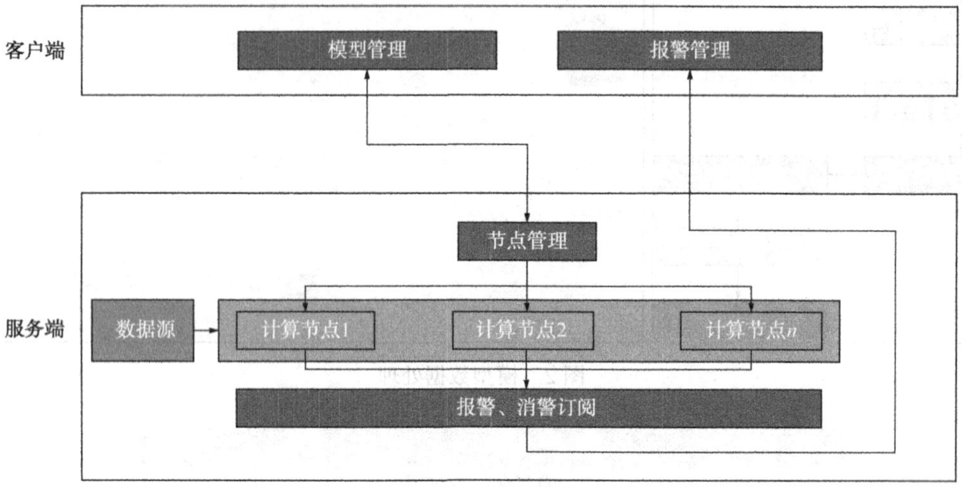

图4　报警管理

(2) 建立了一套定义复杂报警模型的方法，通过模型定义可以实现单参数趋势报警、也可以实现多参数综合报警。

系统引入了表达式来定义模型规则，表达式分为点表达式、列表达式和自定义表达式。用户可以使用系统提供的常用函数构建表达式，也可以通过 Grovy 自定义脚本实现。建立油水井计量站等多参数趋势预警模型，提高了现场生产的管控能力(图5)。

(3) 开发可视化的模型配置管理界面，支撑工况分析研究与论证，实现了模型定义及配置的过程。在模型配置过程中，应用了完善的容错处理机制，当服务端模型运行状态设置无效时，可通过重置操作将状态初始化；模型规则设置时，系统提供了运算规则合法性检查机制。实现维护人员自定义任务、模型调整、任务启停，支持自动生成测试数据进行模型准确性校验(图6)。

(4) 研究多参数实时数据综合分析模型，辅助监控人员快速发现生产异常，定位原因，诊断工况。

用故障模型算法建模技术将人工判断过程抽象为“原子”级算法的组合，实现人工经验的可量化。“原子”级算法包括趋势(斜率)、多点比较、历史比较、平均值等，再结合油区现场实际工况以常用函数表达式来定义模型规则，实现从数值报警到异常工况预警的转变。

点表达式对流的每一个数据进行计算，如果所有点计算结果为True，则返回True，否则为False。如Sum($1,$2,$3,$4)>75，表示每个点满足此条件。

列表表达式可以表示“某一段时间内，一个参数或多个参数之间进行判断分析”。比如连续10分钟（假如采集了100个点），温度上涨10℃，可以表示为“avg(last(_1,50))-avg(first(_1,50))>=10”，其中_1代表流1。

函数说明	
avg	平均值。仅支持列表参数。
cst	常量，直接返回参数。不支持列表参数。
dec	列表持续下降。仅支持列表参数。
inc	列表持续增长。仅支持列表参数。
div	除法，支持2个以上参数。不支持列表参数。
mul	乘法，支持2个以上参数。不支持列表参数。
first(_1)	列表前*n*个元素。仅支持列表参数。
last(_1)	列表最后*n*个元素。仅支持列表参数。
max	返回列表最大值。仅支持列表参数。
min	返回列表最小值。仅支持列表参数。
same	是否恒值，返回Boolean。仅支持列表参数。
sample	列表采样，隔*n*个返回一个数据。仅支持列表参数。
sublist	返回子列表。（左包含、右不包含）。仅支持列表参数。
sum	求和，支持2个以上参数。不支持列表参数。
sub	减法，支持2个以上参数。不支持列表参数。
isValid	是否有效值，返回Boolean，空或-999为无效值。不支持列表参数。
filter	返回符合条件的列表。仅支持列表参数。

图5　复杂报警模型

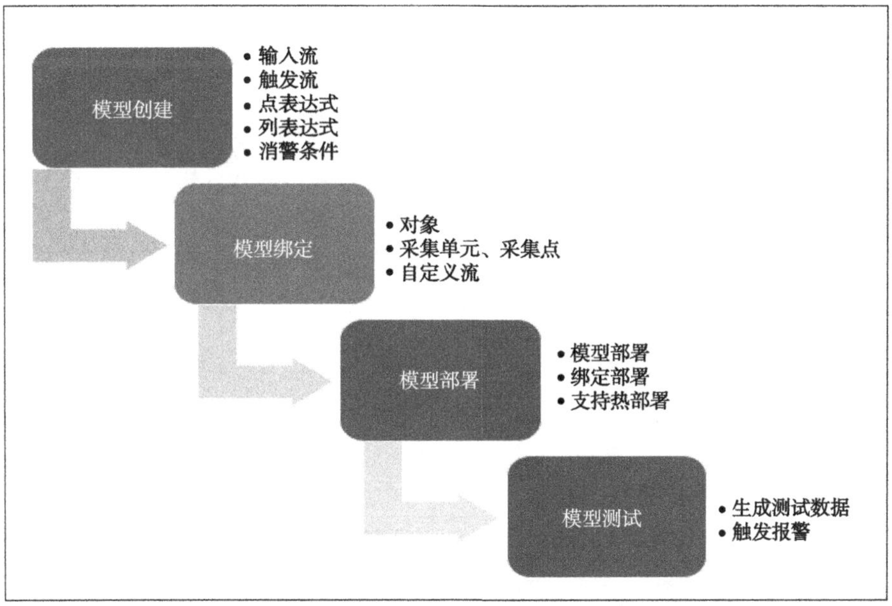

图6　可视化模型配置管理界面

（5）建立专家经验的模型库，促进监控精细化管理，提高了监控管理的广度、报警分析的深度和精细化管理。

通过搭建流计算引擎，研究了辅助生产监控的报警分析功能，建立了一套符合石西油田生产工艺特征的报警数据管理模式的诊断模型库，由单一的阈值报警向多参数复杂预警转变。目前已建立52余个预警模型，部署绑定9500余个，运行的计算流超过28000个。

由此，近两年通过研究实时计算、先进报警

管理等前沿技术，利用油田大数据进行趋势预测和辅助决策，提高了监控报警的准确率与及时率，从而解决上述问题。

4 在数字油田中前景

(1) 在实时数据平台基础上，利用数据趋势、多参数联动、物理建模等方法建立复杂规则的诊断模型，提前预判生产问题。

(2) 为优化监控岗位操作规程，提高分析判断问题起到了重要的支撑作用，使油田精细管理水平进一步提高。

(3) 智能报警管理模式，提高了响应及时性，缩短了隐患存在的时间，事故发生频率降低，形成有特色的安全环保领域隐患管理模式，具有广泛的推广应用价值。

5 结束语

SCADA 系统智能报警技术在油田应用中存在着巨大潜力，我们需要通过长期的摸索、总结，使它在数字油田建设中发挥更大的作用。采用正确的数学方法实现对趋势预警的智能管理，从而有效降低人工工作量和无效报警数，提高监控效率，更好地为油田服务。随着先进的计算机技术、工业控制技术、以及通信技术的迅猛发展和油田信息化进程的不断深入，油田监控系统逐步向自动化、智能化、远程化方向发展。

参 考 文 献

[1] 常彦荣，李允，彭炎，等. 油田生产产量监控体系及预警系统[J]. 西南石油学院学报，2006(03)：34-37+7.

[2] 马睿. 先进报警管理系统设计应用探讨[J]. 石油化工自动化，2015，51(04)：23-26.

[3] 胡静泓. 流程工业分布式智能报警管理系统的研究与开发[D]. 浙江大学，2015.

[4] 高国光，武平丽. 流程行业先进报警管理系统实施方案[J]. 仪器仪表用户，2019，26(07)：39-43.

油田物供业务结算数字化建模与实践

王　凡　徐　辉　郭　星　王　远　韩　辉　孙　娟

（中国石油新疆油田公司）

摘　要　新疆油田公司物资采购业务存有大量纸质单据，各单位线下传递盖章，大量人工重复录入和核对等导致工作效率低。利用OCR自动识别、RPA机器人、电子签章等可以实现采购业务关键路径上的数据自动流转。本文围绕新疆油田公司物资采购、仓储、运输和结算的管理制度，如何建立(采购订单、报关单、验收单等)纸质单据识别模型，优化物资采购流程，实现审批和数据的自动流转，实现无纸化结算；如何在提升系统流程执行效率的同时，降低大量线下的人工核对和流转，从而提高物资采购供应链的效能是本文探索和实践的核心。

关键词　OCR自动识别；RPA机器人；纸质单据识别模型；数据自动流转

人工智能Artificial Intelligence，英文缩写为AI。它是研究、开发用于模拟、延伸和扩展人的智能的理论、方法、技术及应用系统的一门新的技术科学。人工智能是计算机科学的一个分支，它企图了解智能的实质，并生产出一种新的能以与人类智能相似的方式做出反应的智能机器。

OCR全称是Optical Character Recognition，中文光学字符识别。主要技术是：把图像形状转变为文本字符。OCR支持各类纸质文件、证件识别、名片识别、车牌识别、票据类等印刷体识别，可以有效解决人工手动录入信息。

OCR技术在AI的支持下不断发展，实现了更高的识别准确率和更广泛的应用场景。

RPA(RoboticProcess Automation)机器人流程自动化，即：机器、流程、自动化，RPA是以机器人作为虚拟劳动力，依据预先设定的程序与现有用户系统进行交互并完成预期的任务。其中流程是指给机器人设定的用于完成用户任务的工作流程，由机器人根据流程自动完成用户任务。从目前的技术实践来看，现有的RPA还仅适用于高重复性、逻辑确定的任务。RPA能够代替或者协助人类在计算机、手机等数字化设备中完成重复性工作与任务。

RPA与OCR结合使用，通过OCR技术实现对文档中的文字的识别，然后利用RPA技术自动化处理这些文字数据，实现自动化的业务流程。

近年来随着AI技术的不断发展，国际国内的科技企业纷纷推出AI开放平台，提供专业API接口供广大开发者调用，其中OCR涉及到较多的算法和技术指标要求，且应用场景广泛，因此有开源或商业的API接口可以调用。本文将围绕新疆油田物资采购过程中的单据识别，来探索如何使用开源或商业的OCR的API接口来建立纸质单据识别模型。另外，结合新疆油田公司物资采购、仓储、运输和结算的管理制度，如何使用RPA实现审批和数据的自动流转的探索。

1　油田物资采购业务中纸质单据面临的突出问题与对策

新疆油田公司物资采购全链条业务流程中的预制发票业务，存在各专业科室业务人员多人多环节重复操作录入，且人工比对发票明细行项数据环节耗时长且较易出错的典型问题。

预制发票时通常需要在ERP录入发票信息，人工对比纸质发票数据与系统数据的一致性如物料名称，金额，数量等内容。系统中显示的订单信息应与纸质发票内容一致且余额为“0”，如系统录入信息与发票上的数据有差异时，业务人员需进行逐一调整；对余额不为“0”时，需要业务人员手动调整相应条目金额，确保系统余额为0。

这项工作在面对数量庞大的物料明细核对时非常繁琐：新疆油田物资采购业务年均预制发票明细约80000项，人工工作量95%以上。业务人员遇到项数较多的发票时(明细在十项以上的)，当进行到大半部分时因为其他原因被打乱或发现问题时，之前核对的数据均需要从头开始进行再次核对；如此往复，直到全部比对完毕才算完成此项工作。此类工作在结算暂估料、质检费等业务集中结算时，尤为突出。在上千条的账目核对过程中，还需要不断与供应商沟通确认收付数量等而不断的中断已经在确认中的单据情况。

通过 OCR 自动识别票据建模、结合 RPA 机器人、电子签章等可以实现采购业务关键路径上的数据自动流转，完成业务单据和结算流程的无纸化和自动化，以达到“数据多跑路、人员少跑路”的效果。

2 利用 OCR 自动识别和 RPA 机器人对纸质单据识别建模

2.1 物资采购中票据自动识别业务流程设计

基于新疆油田物资信息共享管理系统(自建系统)，建立发票比对信息数据库。引入 OCR 智能识别解决纸质发票人工核对，自动识别发票正确性，同时提取发票相关信息．引入 RPA 机器人流程自动化技术辅助业务人员自动录入比对。

通过 OCR＋RPA 相结合方式建立模型(图 1)，自动识别+自动录入对比。减少大量人工重复录入工作，提升预制发票环节工作效率，提升数据质量，为专业科室业务人员解决预制发票环节的难题，促进物资采购业务数智化转型。

2.2 OCR 自动识别与 RPA 流程自动化建模设计

基于新疆油田公司物资信息共享管理系统，引入 OCR 智能识别和 RPA 机器人流程自动化技术，为专业科室业务提供发票智能识别和 ERP 辅助写入、自动比对的解决方案，来实现发票与 ERP 系统采购订单信息的辅助录入及自动比对，减少人工大量录入工作，提升票据比对工作效率，提升数据准确率(图 2)。

2.3 OCR 自动识别

OCR 自动识别主要的系统流程和核心技术如图 3 所示。

图像预处理(接收高拍仪图像或者用户上传图片)主要是对原始图像进行必要的操作，提高接下来特征提取和分类的准确性。

深度学习模型的训练需要大量的标注数据，在本项目中，使用腾讯云 OCR API，训练过程包括以下步骤：

(1) 准备标注数据：收集大量图像样本，并对文字区域进行标注；

(2) 数据增强：通过图像变换、旋转、缩放等手段，扩大训练数据集；

(3) 模型训练：使用标注数据训练深度学习模型，如 CNN 或 LSTM；

(4) 模型评估：在验证集上评估模型的性能，如准确率(预测正确的结果占总样本的百分比)、精确率(在被所有预测为正的样本中实际为正样本的概率)、召回率(在实际为正的样本中被预测为正样本的概率)、F1 分数(同时考虑精确率和召回率，让两者同时达到最高，取得平衡)等；

(5) 超参数调优：通过调整模型的超参数，如学习率、批次大小等，优化模型性能。

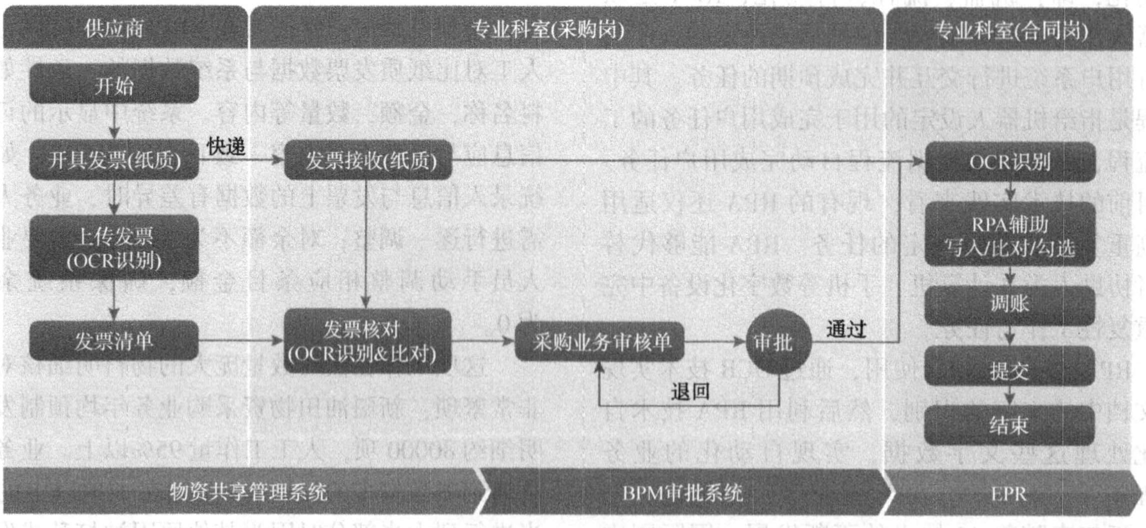

图 1　票据识别业务流程

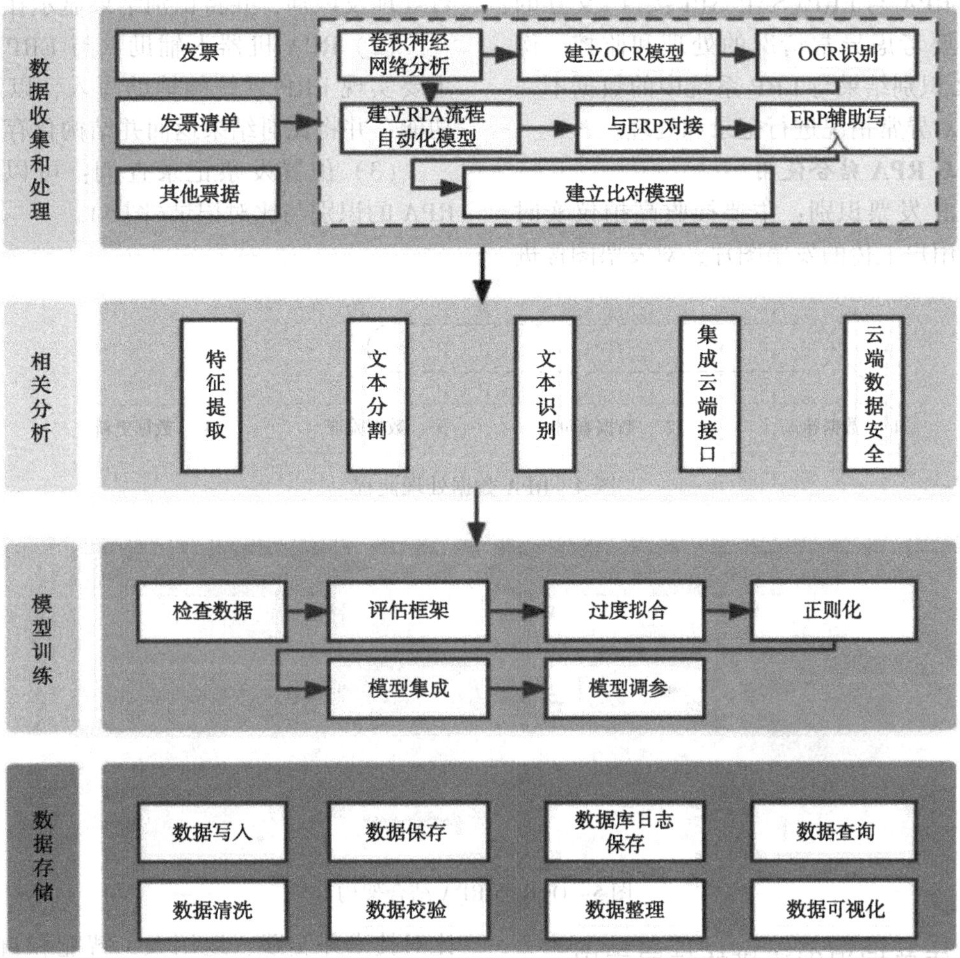

图 2　OCR 自动识别与 RPA 流程自动化架构

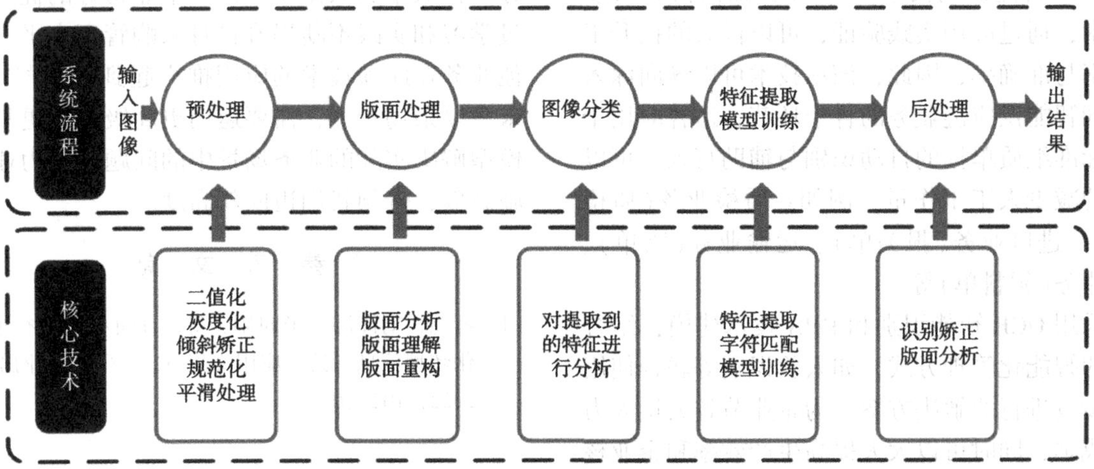

图 3　OCR 自动识别技术架构

2.4 RPA 数据自动流转

在与 ERP(调用 SAP API 接口)系统交互的过程中，通过 RPA 技术设计自动化流程，实现对业务操作的无缝衔接(图 4)。

① 数据导入：从 OCR 识别结果中提取关键信息，并将数据导入到 ERP 系统中；②数据查询：通过调用 ERP(SAP API 接口)，根据关键信息查询相关业务数据；③数据验证：将 OCR 识别结果与 ERP 系统中的数据进行比对，确保数据准确性；④数据更新：在确认数据无误后，通过 ERP(SAP API 接口)对系统中的数据进行更新。

在实现 RPA 与 ERP(SAP API 接口)交互的过程中，需要考虑异常情况的处理和监控。例如，当 OCR 识别结果与 ERP 系统中的数据不一致时，应该对异常情况进行记录和处理。

2.5　OCR 与 RPA 结合使用

(1) OCR 发票识别：主要接收高拍仪实时图像、或者用户上传的发票图片，对发票图像进行处理及识别，并将识别结果显示在页面中；

(2) RPA 机器人辅助：与 ERP 系统集成，主要实现 ERP 系统的辅助写入、以及自动比对功能，并将比对结果返回并结构化存入数据库。

(3) 预置发票记录查询：可以查询 OCR、RPA 的识别与比对记录(图 5)。

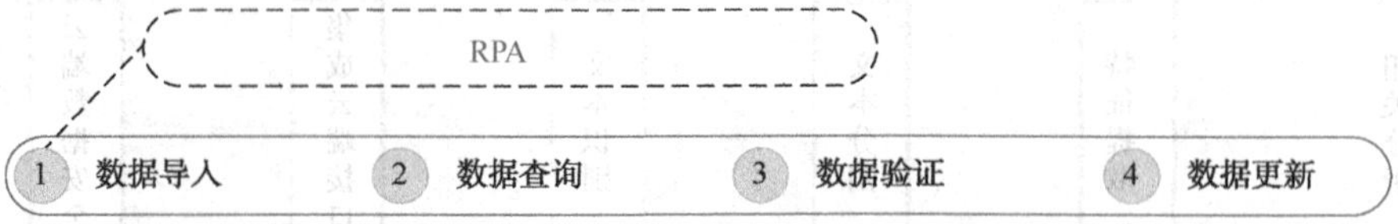

图 4　RPA 数据处理流程

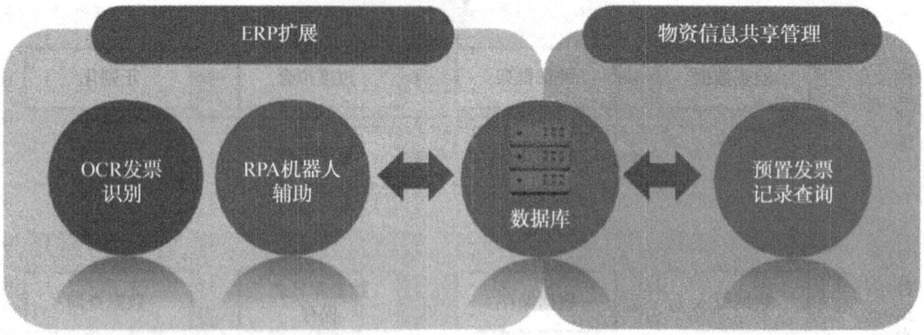

图 5　OCR 与 RPA 结合架构

3　基于纸质单据识别建模的扩展应用

OCR 智能识别技术与 RPA 机器人流程自动化技术，通过应用实践验证，可以极大的提升工作效率与准确率，因此，该项技术可以纵向深入扩展到智能供应链业务的各个环节，适合应用于各类标准纸质单据的自动识别与辅助写入，可以极大的减少人工工作量。例如：质检业务(质检报告)、进口业务(报关单)、运输业务(路单)、结算业务(领料单)等。

采用 OCR 智能识别和 RPA 技术建模，结合其他的智能化管理方式，如人脸识别等联合使用进一步改进行业解决方案，为企业节省大量人力物力成本，同时可以大大提高生产效率和企业核心竞争力。

4　结束语

通过研究 OCR+RPA 结合的票据识别和自动比对技术并实践，运用人工智能和自动化技术，以人为本解决工作中的实际问题，对物资采购业务工作效率和数据质量是一个非常好的促进，通过学习和实践不断提升自身采购管理水平，为其他业务在此项技术的应用推广起到“打样”作用。未来复杂场景下，需要运用更高级别、更复杂的模型解决实际的业务场景中的问题，助力业务实施高效，带领我们迈向新高度。

参　考　文　献

[1] 刁顺，刘江涛，张向阳，等. 石油和化工行业数字化转型信息新技术应用文集[C]. 石油工业出版社，2022，102-105.

采油厂物联网实训实验室建设研究

张 伟

（中国石油新疆油田公司）

摘 要 本文以F公司为例，研究采油厂物联网实训实验室建设。F公司依托物联网项目和新区物联网产能配套，初步实现前端物联网覆盖，并于2017年建成集采油、集输、热注等专业于一体的综合实训基地，包含室内和室外2部分。通过分析F公司现状，确定物联网实训实验室需满足3个方面的需求，一是理论讲解培训需求，二是实操演练培训需求，三是物联网技术研究需求。针对需求开展方案设计，主要包含实验室布局规划、培训项目规划和管理平台设计三个方面。

实验室布局规划包含场地规划、网络部署，其中场地规划分为室内布局与室外布局，室内场地主要用于模型展示、理论讲解、室内考评、人员管理、设备管理、模拟仿真等；室外场地主要用于管汇计量、抽油机调控、密闭集输调控等实操培训与练习。网络部署包含数据通信网络部署、视频监控网络部署，主要目的在于将室外的设备、传感器和培训操作情况与室内中控相连。培训项目规划主要根据F公司不同层级员工专业实验和实训要求，制定操作工技能培训和物联网技术培训两大类培训内容。操作工技能培训主要包括自动化仪器仪表原理、拆装、故障判断，物联网基础知识等方面；物联网技术培训主要包括控制系统基础理论、网络基础知识、程序开发与调试、数据分析、故障诊断等方面。管理平台设计包含系统架构搭建、应用功能开发。系统架构自下而上共分为基础设施层、数据层、基础支撑层、应用层，为平台提供硬件和操作系统支持，存储人员信息、培训教材等数据；应用功能包含系统门户、培训中心、考核中心、评价反馈中心、系统管理等人机交互功能界面。

采油厂物联网实训实验室建成后可为员工提供全面、系统的油气生产物联网理论知识和实操技能培训，提高员工队伍在物联网运行管理、技术创新、操作应用等能力，并将其培养作为基础性和战略性工作，培育技能人才，强化技术力量，确保物联网系统发挥长效作用。

关键词 采油厂；物联网；实训实验室；理论；实操

1 前言

智慧油气田是下一代油气田行业发展的必然趋势，物联网技术已广泛应用于采油厂“注、采、输”各生产环节，各类物联网仪表设备的操作、维护已成为采油厂员工重要日常工作，为提升物联网管理水平，提高物联网运维质量，采油厂需建立集物联网功能开发、疑难故障排查、理论实操培训为一体的物联网实训实验室，加快物联网技术应用，加强技能人才培养，推进采油厂“数字化转型、智能化发展”。

2 现状调研

F公司依托物联网项目和新区物联网产能配套，初步实现前端物联网覆盖，油水井由现场值班点采用定期巡检管理，中小型站采用“有人值守”管理模式；市区建有生产指挥中心，负责全厂井、间、站的生产监控和调度；大型站场建有中控室，负责站内生产监控管理。物联网分析场景多、业务类型多，需要业务人员、信息技术人员高度协作，缺少既懂专业又懂信息技术的复合型人才。

F公司于2017年建成集采油、集输、热注等专业于一体的综合实训基地，包含室内和室外2部分。室内部分主要包括自动化教室、集输热注化验教室、电教室、多媒体教室、多功能教室、考评员室、待考间和材料库房等。室外部分主要包括热注设备设施用地、采油设备设施用地、集输设备设施用地、SAGD预留用地、自动化预留用地、预留用地等。

3 需求分析

一是理论讲解培训需求。需要建立线上培训平台，梳理存储全面系统的培训资料，针对操作员工、技术人员、管理人员等不同层级的学员设计科学合理的培训课程，并完善培训效果验证流程。

二是实操演练培训需求。需要仿真模型、虚拟环境、实物装置，实现理论学习+实物讲解+上手实操。

三是物联网技术研究需求。需要专业场地，为物联网新技术、新设备落地进行先导性试验；需专业检测维修工具，对生产现场出现的“疑难杂症”进行攻关；需仿真模拟环境根据工艺变更、工况改变，对 PID、联锁控制参数进行优化。

4 建设方案设计

研究内容：

① 场地划分，功能用途设计，设备设施、工具配置，仿真模拟环境搭建。

② 教材编制、课程设计。

③ 管理平台功能设计与开发。

研究目标：

建成一座可进行理论讲解、实操演练、物联网技术研究的物联网实训实验室。

4.1 总体建设方案设计

物联网实训实验室主要包含实验室布局规划、培训项目规划和管理平台设计三个方面（图 1）。

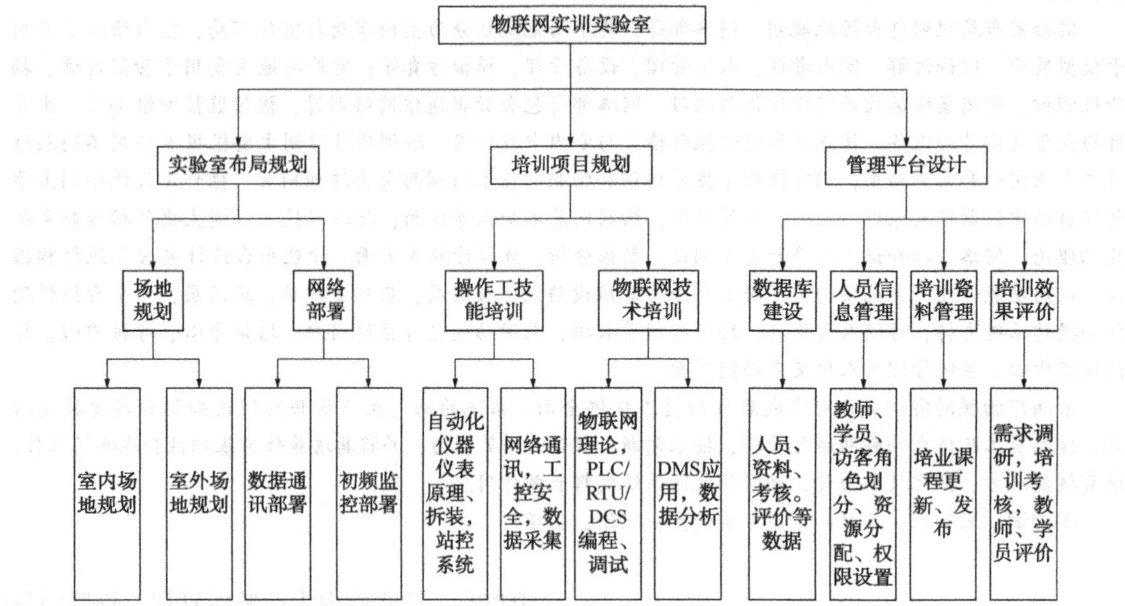

图 4.1　物联网实训实验室总体设计

4.2 实验室布局规划

4.2.1 室内场地布局规划

室内场地主要包含 3D 采油集输培训沙盘、中控室、考评室、虚拟仿真培训室、多功能培训室五个培训区域。

1）3D 采油集输培训沙盘。主要包含热注、采油和集输等工艺全流程的系统展示，方便学员直观系统地了解油田生产工艺流程。

2）中控室。连通室内外各培训平台，对学员、设备等信息进行统一管控，并作为部分监控操作培训的实操训练场地。

3）考评室。用于室内考评、学员培训注册登录、申请培训项目和部分理论课程授课。

4）虚拟仿真培训室。利用现代虚拟现实仿真技术，绘制工艺流程，让学员在虚拟仿真场景中进行人机交互操作。

硬件构成：①工艺仿真服务器用于运行客户化的模型。②控制仿真服务器能直接下装 DCS 的组态数据库，以确保动态仿真系统的控制方案与生产现场保持一致；实现虚拟 DCS 与工艺模型的连接，确保工艺变量与控制器输出的连接。③工程师站。实现 DCS 工程的控制及监控等组态，通过下载及发布实现 DCS 的运行，并可进行修改、维护、调试等操作功能。④DCS 操作员站。与生产现场 DCS 操作员站画面和操作功能一致，实现模型控制、快照设置、工况选择和时标设置。⑤就地操作员站（VR）。具备现场或就地设备的操控功能，实现 3D 实景模式漫游、关键模型内部结构可展示等功能。⑥大屏。将任意学员及教师机的操作画面投放到大屏上。

5）多功能培训室

多功能培训室主要以理论和实操相结合的

形式对员工开展仪器仪表拆装、多功能实验实训、自动化教学、物联网技术几方面能力的培训。

第一部分为仪器仪表拆装培训区，部署压力、温度、流量计等仪表，配置控制阀调校装置以及配套手操器和工具箱，用于开展仪器仪表构造原理以及检修技术培训。

第二部分为多功能实验实训区，用于开展电气元件、PLC 模块组装接线，自动化仪器仪表采集与控制回路搭建、调试等培训，同时可对现场生产中发现的“疑难杂症”进行排查、分析、研究、处置。

第三部分为公共学习讨论区，用于理论知识授课讲解和学员之间相互交流学习。

第四部分为物联网技术与实验实训平台，搭建具备供电、接线、信号输入输出等基础功能的平台，为物联网新技术、新设备的落地应用，开展先导性试验。

第五部分为自动化教学实训区域，用于开展对象特性测试、单回路控制、串级控制、前馈-反馈控制、比值控制、解耦控制等自动化控制实操演练与物联网新功能研发测试。

4.2.2　室外场地布局规划

室外培训场地主要维持原有培训功能基础上进行物联网升级，包括五个培训区域。

1）计量管汇物联网技术实训

主要培训员工计量工艺技术，包含多通阀倒井、分离器+平衡罐/分离器+流量计的计量、含水率检测等。

2）抽油机一体化控制技术实训

主要培训员工基本作业技术能力，包括调冲次、调冲程、换皮带、碰泵、调平衡、等，同时涵盖抽油机自动化、数字化控制技术培训。

3）密闭集输工艺技术实训

主要培训微正压油汽分离+蒸汽喷淋冷却+采出液高温密闭接转工艺技术，包括稠油蒸汽处理器液位控制，转油泵变频与超稠油蒸汽处理器液位连锁控制，蒸汽喷淋塔塔釜液位与油水分离器出口旁通管道调节阀连锁控制等。

4）机泵变频控制技术实训

主要培训员工采油集输工艺中各类机泵设备结构原理、拆装和维护保养，机泵设备的变频、矢量控制理论方法、故障诊断和运维规程等。

5）SAGD 采油技术实训

主要培训员工 SAGD（蒸汽辅助重力泄油）采油开采方式工艺技术，包括双水平井结构原理、生产调控等。

4.2.3　网络部署规划

包括数据通信和视频监控网络部署规划，主要目的在于将室外的设备、传感器和培训操作情况与室内中控相连。

1）数据通信网络部署

室外分区域部署无线网络节点，运用有线（TCP/IP、RS485）或者无线（ZigBee）通讯方式汇集对应培训区域物联网仪器仪表数据，各无线网络节点负责转发上传各设备运行数据、状态，同时接收转发服务器下发控制指令（图 2）。

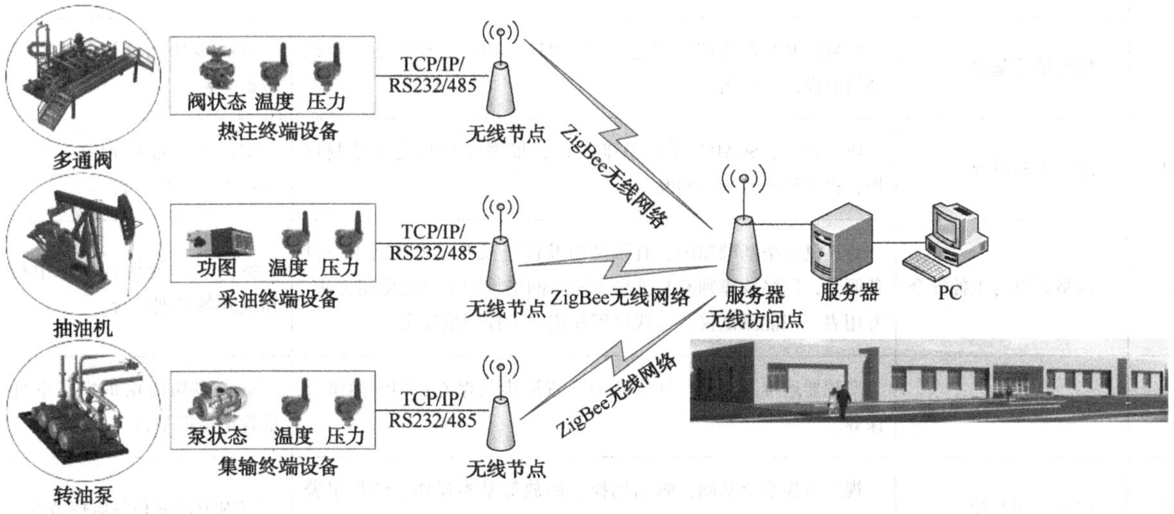

图 2　无线通信网络拓扑

2）视频监控网络部署

在室内外各培训区域布置监控点，接入拾音设备和喊话机，数据通过无线网桥在中控室汇总，接入网络视频录像机（NVR）进行储存管理，接入数字矩阵进行图像的输出显示（图 3）。

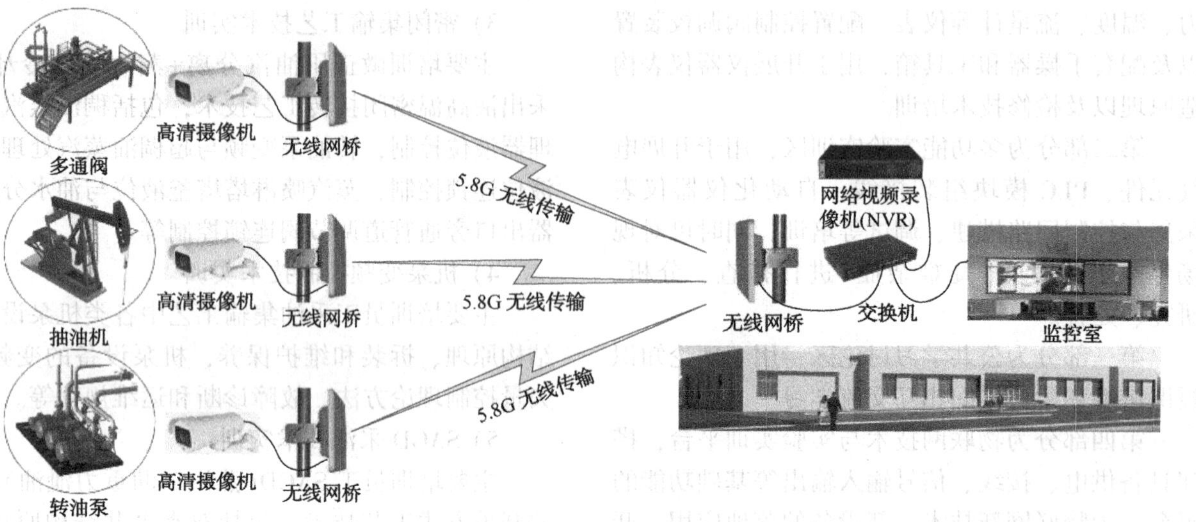

图 3　视频监控部署结构图

4.3　培训项目规划

培训项目规划主要根据 F 公司不同层级员工专业实验和实训要求，制定操作工技能培训和物联网技术培训两大类培训内容。

4.3.1　操作工技能培训

主要包括自动化仪器仪表原理、拆装、故障判断，物联网基础知识等方面（表 1）。

表 1　操作工技能培训

序号	培训名称	主要培训内容	培训区域
1	自动化仪器仪表原理、拆装和故障判断	压力、温度仪表调量程、拆装、接线以及故障检测方法；流量、液位计的结构原理、维护保养等知识；示功仪、一体化抽油机电控操作、运维规程；电控和气动阀基础和拆装。	室内多功能培训室、虚拟仿真培训室、室外计量管汇培训平台。
2	数据采集基础	数据采集卡的应用；各类现场现场总线；数据采集故障诊断。	室内多功能实验室、室外各培训平台 RTU 控制系统。
3	控制系统基础	经典控制和现代控制理论基础；RTU、PLC 基础知识；触摸屏组态设计与应用。	室内多功能培训室、室外各培训平台。
4	站库控制系统	DCS 系统、SCADA 系统基础知识；报警参数与连锁控制保护；报警处理与故障判断。	室内多功能培训室、中控室和室外各培训平台。
5	网络通讯与工控安全	计算机网络基础知识，有限网络及设备简介，无线网络及设备简介，网络故障判断与处理方法，网络维护工具及使用方法，万用表、回能测试仪、巡线仪等使用，工控网络安全。	室内多功能培训室、中控室和室外各培训平台。
6	自主化运维操作	变频器运维及保养；计量选通装置运维及保养；UPS 运维及保养。	室内多功能培训室、室外计量管汇培训平台等。
7	油区视频监控	视频监控系统基础，画面切换、回放等基本操作，监控报警与处理，监控数据调用及故障判断和处理。	室内中控室和各监控节点。

续表

序号	培训名称	主要培训内容	培训区域
8	案列分析与应急处置	某密闭站跑油事件案列分析与处理，某稠油处理站水处理增压泵停事件分析与处理，某增压泵频率误操作导致大面积停炉事件分析与处理，接转站跑油事件案列分析与处理，锅炉干烧事件案列分析与处理。	室内虚拟仿真培训室、考评室(机房)。

4.3.2 物联网技术培训

主要包括控制系统基础理论、网络基础知识、程序开发与调试、数据分析、故障诊断等方面(表2)。

4.4 管理平台设计

将人员信息、培训信息和培训考核评价体系等通过统一平台进行管理(图4)。

表2 物联网技术培训

序号	培训名称	主要培训内容	培训区域
1	油田自动化、数字化技术基础	国内外油气田在油气开采、集输、天然气处理等方面应用的自动化控制技术、通信技术及今后的发展趋势；数字化油田现状和发展趋势。	室内多功能培训室、考评室(机房)
2	物联网传感理论及网络组建	物联网传感理论及传感器选型，物联网网络组建理论，射频识别技术理论(RFID)，物联网综合案列。	室内多功能培训室
3	Android 系统开发基础	Android 开发基础和 Android 编程基础(Java、OOP 等)。	室内多功能培训室
4	控制器编程及调试	浙江中控 G3、G5 编程语言基础，西门子 SMART-1200 编程；北京安控 RTU 控制器编程；计算机与 PLC 网络通讯；触摸屏与 PLC 组态结合工程项目的编程调试应用；实操集合工程项目的系统编程和调试技术。	室内多功能培训室和室外各培训平台
5	分布式控制系统编程	DCS(浙江中控 ECS700、安控)及下位机程序：浙江中控 DCS 编程语言基础，北京安控 DCS 编程语言基础，实际操作结合工程项目的编程和调试系统技术。	室内多功能培训室
6	IFIX 组态应用	IFIX 组态软件：使用的脚本；实时、历史数据曲线建立报表的建立，建立过程数据库以及 SCADA 系统数据库，IFIX 对 SQL 数据库操作、IFIXDDE 通讯方式使用，组态软件的安全配置，上机操作，结合工程项目的编程和调试系统技术。	室内多功能培训室、虚拟仿真培训室和室外各培训平台
7	自动化设备故障诊断和分析	基于振动等实时采集数据的数据预处理技术；数据的特征提取技术；基于多数据、多尺度融合的自动化设备综合故障诊断。	室内多功能培训室、室外抽油机一体化电控和机泵变频培训平台
8	数据分析与应用基本方法	聚类、分类预测模型建立，时间序列分析预测方法，深度学习技术。	室内多功能培训室
9	数据管理系统(DMS)应用	DMS 系统功能架构讲解，DMS 系统功能新增扩展方法培训，DMS 系统使用及运行维护培训。报警辅助分析系统功能架构讲解，报警辅助分析系统与 SCADA 系统接口开发培训，新增报警预警模型培训，报警辅助分析系统使用及运维培训。	室内中控室、多功能培训室和室外各培训平台

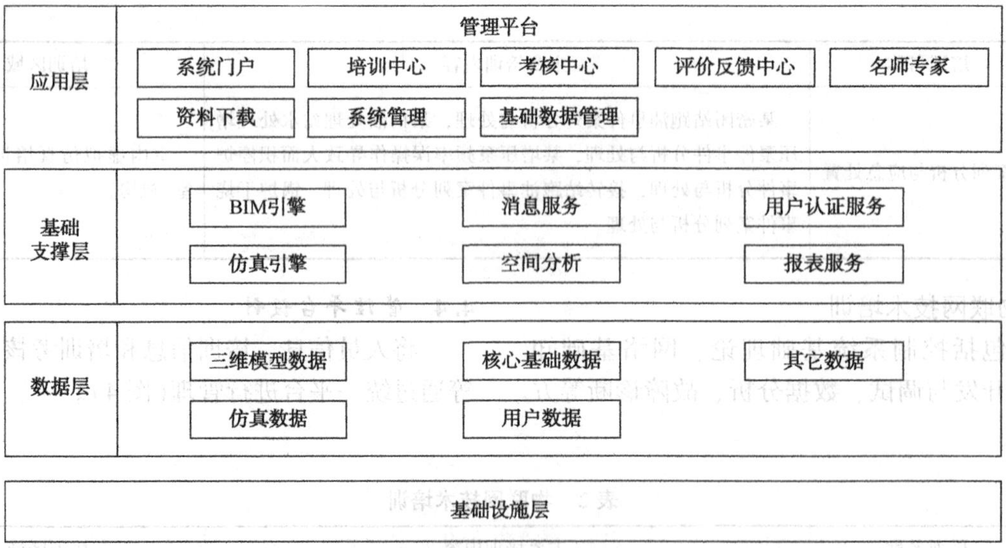

图4　管理平台系统总体架构

管理平台系统架构自下而上共分为基础设施层、数据层、基础支撑层、应用层。

基础设施层：为平台提供硬件和操作系统支持等，以及其他服务层所运行的服务管理，主要包括主机存储系统、操作系统、数据库、应用中间件等。

数据层：为各类业务应用提供数据支撑，主要包括轻量化BIM模型文件、仿真基础数据、用户数据、业务应用数据等。

基础支撑层：规范不同功能单元的接口和信息交换约定，建立松耦合、统一、通用的服务。该层将管理应用中有关公共功能BIM引擎、仿真引擎，核心基础数据，认证与授权、日志管理、报表服务、信息推送等功能以公用组件的形式集成到系统中。

应用层：系统门户，培训中心，考核中心，评价反馈中心等功能界面。

管理平台系统功能架构如图5所示。

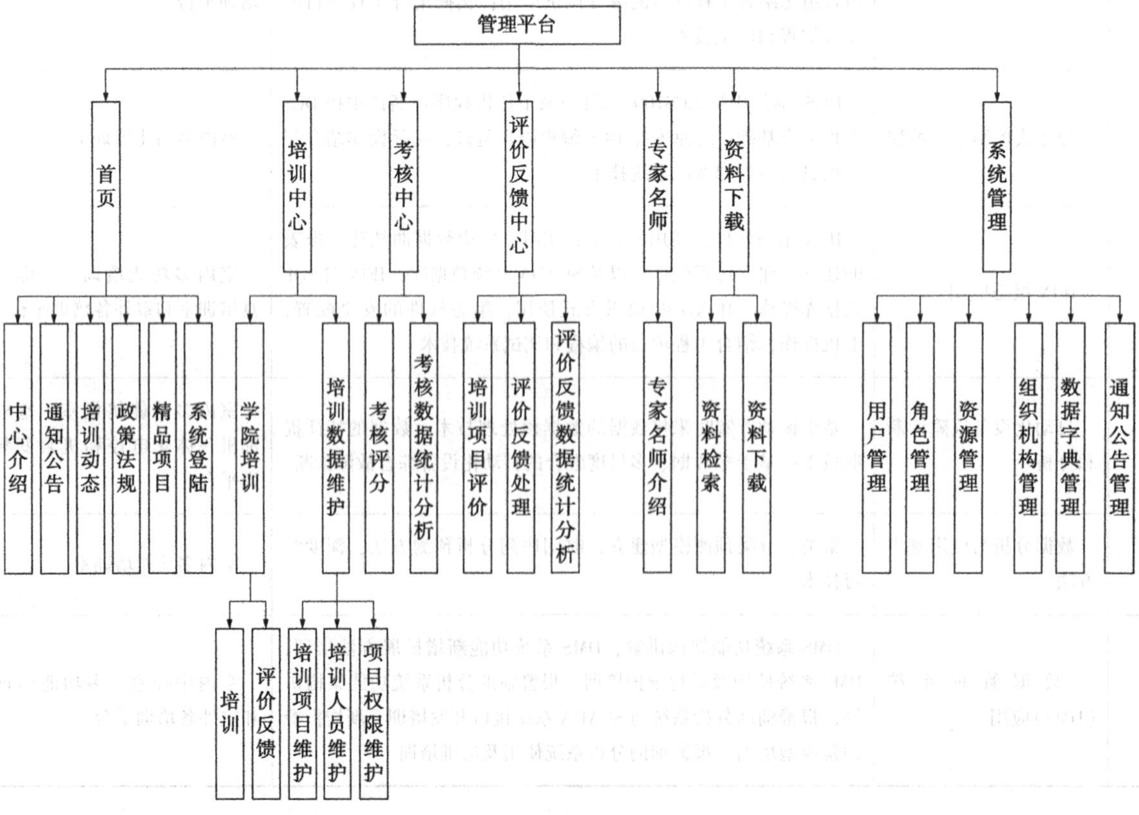

图5　管理平台系统功能架构

应用层具体功能：

1）门户网站

主要包含实训实验室简介、培训项目管理和发布、人员登录及信息管理、培训过程跟踪和考核评定等内容。

2）培训中心

主要包含培训课程体系，培训信息数据库，学员对培训过程的评价反馈。培训信息数据库包括：

（1）人员数据库

主要包含人员从属机构信息、人员绑定角色信息和角色绑定资源权限信息。管理人员、培训学员或者游客需要登录实训实验室管理平台进行身份认证，根据不同角色身份进行资源绑定，进行权限管理。

（2）培训课程数据库建设

主要是培训课程增删管理、培训信息发布、培训记录、培训考核以及评价。

（3）培训设备数据库建设

主要包含培训设备资源数据、操作记录、运行状态数据、历史数据和关联传感器设备实时数据以及历史数据的建设。

3）考核中心

记录培训学员在整个培训过程表现和最终对应课程的考核。

4）评价与反馈中心

主要包括培训项目评价、反馈处理和反馈数据统计分析。

5）专家名师

展示实训实验室师资队伍中骨干教师基本情况，可以由企业或高校专家教师共同构成。

6）资料下载

主要包含物联网实训实验室基本情况、培训教材、培训平台介绍和实训实验室相关管理文件、手册等资料。

7）系统管理

包括用户、角色、资源（权限）、组织机构、数据字典（数据关联性、检索）、通知公告等。

5 结论

采油厂物联网实训实验室建成后可为员工提供全面、系统的油气生产物联网理论知识和实操技能培训，提高员工队伍在物联网运行管理、技术创新、操作应用等能力，并将其培养作为基础性和战略性工作，培育技能人才，强化技术力量，确保物联网系统发挥长效作用。

参考文献

[1] 刘娜. 基于物联网技术的智能实验室建设研究[J]. 大众标准化，2021(21)：38-40.

[2] 付秀伟，付莉，赵广磊. 基于物联网技术的自动化专业开放实验室管理平台建设[J]. 物联网技术，2020，10(12)：114-115.

[3] 杨勇，李荣兵，王敏. 基于校企合作的物联网创新实训基地机制探究[J]. 江苏建筑职业技术学院学报，2018，18(03)：78-80.

[4] 张天平. 物联网实验室建设与探讨[J]. 湖北农机化，2020(18)：100-101.

[5] 李晓荣，刘志强. 物联网实训室建设项目建议方案[J]. 科技展望，2016，26(36)：8.

采油厂移动智慧办公平台的建设及应用

武　瑛　兰明菊　章　玲　宿建春　张　娜

（中国石油新疆油田公司）

摘　要　随着网络信息时代的到来，移动互联网技术迅速发展，便捷性与及时性的优点使得办公管理不局限于时间和地点以及空间的约束中，改变了传统的管理手段依靠时间和地点的限制的局面。移动办公可在提高工作效率、提升决策水平、促进提质增效方面发挥重要作用。随着物联网推广应用与移动互联网技术的快速发展，工业 App 在新一轮产业革命中的地位日渐突出。移动应用已成为油田生产信息“扁平化、透明化、流程化”管理的发展趋势。

该移动办公管理平台利用智能油田集成平台共享的资源体系，采用基于微服务架构和 H5 应用模式开发的移动应用开发技术路线，实现移动应用集成共享，多端统一入口和管理，遵循“PC、移动应用统一设计、统一开发、统一体验”的业务应用开发机制，逐步支撑勘探评价、开发生产等领域业务应用建设。系统平台的建设围绕采油厂“远程监控，智能预警，优化调控，决策辅助”的业务需求，按照“数据+平台+APP 应用”信息集约化、智能化的管理思路，将生产运行、调度指挥、安全环保、经营综合等信息统一整合。打破传统工作方式的“壁垒”，重拾碎片化的时间。采油厂应用人员可以在零星时间段、多种情景下应用移动端设备工作，查看企业信息、发起和审批流程、与同事互动沟通、展开讨论、待办日程、任务督办等，用数字化协同提升管理效能，提高各级生产指挥决策科学化水平，通过协同办公业务流程流转，带动强化各项规章制度深入落实，进一步提升业务合规的精细化管理。

关键词　移动管理 APP；数字化转型；业务应用整合；数字信息

1　引言

近年来，随着 HTML5 技术的产生和发展，移动中间件技术得到迅速发展，以混合模式开发的方式，渐渐成为企业移动应用开发的主流，混合模式移动应用引擎采用国际通用标准 HTML5 作为开发语言，支持一次开发多平台适配。我国经过多年的自主研发以及对外国技术的吸收，油田生产数据移动端化技术取得长足进步，近年以中国石油、中国石化、中国海油为代表的石油公司对油田生产数据移动端化建设的重视程度上升到一个新的高度。

中国石油于 2013 年建设移动应用平台并投入使用，央企中率先建设企业移动应用平台的。平台实现由集中建设到集成应用的新跨越、提高企业管理效率和管控能力。新疆油田“十四五”信息化发展规划中，对集成应用和云平台建设做了相关规划，通过业务的应用集成和信息共享，创新油田业务运营模式转型，提升生产经营决策水平。

2021 年新疆油田公司掌上新油移动平台上线使用，平台为解决新疆油田移动应用入口多、无统一移动应用管理和发布管理平台、无统一技术路线等问题，建成了掌上油田移动应用体系。该采油厂的移动办公管理平台利用智能油田集成平台共享的资源体系，采用基于微服务架构和 H5 应用模式开发的移动应用开发技术路线，实现移动应用集成共享，多端统一入口和管理，提高跨终端的办公效率，降低软件研发、运维升级成本。

2　现状分析及研究思路

2.1　现状分析

采油厂生产现场地域广，战线长，现场员工巡检路线长，劳动强度大，异常工况信息反馈不及时，容易引发次生生产事故。信息传递层级多、效率低。通过电话、口述等方式传递生产信息容易出错，存在描述不清楚的问题，延误现场处置时机及效率。油田作业中的任务派发、异常汇报等作业流程及现场管理中，主要靠纸质文件命令传达、人的口头传达以及 QQ 微信等外网通讯工具，办公地点主要局限在办公室内，都需要大量的手工化操作，往往对接不及时还容易出错。

近年来，各大油田在不断强化、完善数据源头采集的同时，更加注重利用真实的数据和信息技术优化运行、降低成本、提高效率。油田采油厂稠油生产关键环节已实现全流程数字化覆盖，在采油、集输、注汽三大工艺方面有7万余点监测数据。

目前，该采油厂正处于着数字化转型、智能化发展的关键阶段，但在办公业务领域信息化方面仍存在办公业务未实现线上流转、信息化支撑程度不高、已建信息系统“应用”和“数据”存在孤岛“孤”、数据分析利用不充分等方面问题。

① 该采油厂主要的应用系统有39套，涵盖生产、经营、安全、综合等各项业务，其中厂建系统10套，应用频率较高，大部分功能仅应用于PC端，容易受时间、地点、网络等因素的制约。

② 该采油厂前期已建设的经营办公平台，已对经营办公20多类业务实现了线上一体化管理，还需进一步通过移动端信息化支持，实现突破时间和地点的及时办公，提高工作效率。

③ 原有的生产移动APP初步形成了围绕生产曲线、新闻管理、油区地图等业务的生产数据移动查询平台，取得良好的应用效果，但业务覆盖度仍然不足，油田生产运行管理、无纸化办公、工单指令接发仍然依靠人工手动办理以及传统电话手段沟通，直观性差、效率低下，再加上人员紧缺，给生产运行管理、流程审核审批、工单派发带来极大的不便，办公业务资源池功能需要拓展。

需要按照新疆油田信息系统运行维护要求，充分利用现有移动端和数据资源，结合数字化转型信息技术，完善移动应用平台，最大程度地解放生产力、发展生产力，解决制约生产运行、经营管理的瓶颈。

2.2 研究思路

采油厂需要通过移动办公加速信息传递，减少员工在办公业务上损耗的精力，进一步提升效率，使员工将精力作用在油气生产场景中，同时充分利用好数据的价值，让数据多“跑路”，通过数据流转提升数据价值，带动数据在管理、决策中起到的作用，激发数据带来的效益最大化。在管理方面，通过协同办公业务流程流转，带动强化各项规章制度深入落实，进一步提升公司合规精细化管理，在过程中贯彻“一切成本且可控”的管理要求，通过信息化手段降低办公业务中产生的资源浪费和成本费用。

① 查询展示：在移动端实现各类资料和信息的查询，各级管理人员可以实时查询所需的业务信息，提高信息获取的及时性。

② 任务处置：在移动端实现调度指挥中各类任务工单的在线处置，执行人员可以随时随地填写处置情况。

③ 流程审批：在移动端实现生产运行、经营管理中各类任务的审批功能，提高流程流转的效率。

3 移动办公管理平台建设

3.1 平台总体设计

项目建设基于智能油田应用集成平台提供的用户权限、日志等基础服务、研发管理环境，移动中台提供的移动端后台服务、前端JS API完成应用开发，通过移动中台统一发布管理。应用层支持PC端以及移动端，采用Vue的前后端分离框架，通过H5页面集成掌上新油进行展现。服务层依托移动中台的支撑服务，搭建指挥调度服务、生产运行服务、智慧办公服务三大类应用，研发过程通过研发中台进行项目代码管理以及持续发布，系统部署采用Docker+Kubernetes的模式。

项目的数据架构包括数据应用层、数据访问层和数据存储层，数据架构图见图1。数据应用层包括各类业务的数据使用，包括数据展示、数据录入、统计图表、图片/文件上传以及离线数据。数据访问层主要满足应用层的数据访问，主要通过应用数据接口进行实现，包括生产运行数据服务、调度指挥服务、智慧办公服务以及文件服务。数据存储层包括生产运行数据库、生产指挥调度数据库、经营管理数据库，其中为了应用层生产运行数据的展示需要，系统对数据进行了处理加工进行存储，文件服务主要通过Minio对非结构化数据进行存储。

移动办公管理平台将采用智能油田2.0微服务架构，基于大数据展现、移动应用开发等先进技术进行开发。整个系统将基于SpringBoot和SpringCloud微服务框架开发，广泛使用组件技术，以应用层为依托，以国家信息化行业标准的业务规范和数据标准为设计依据，以移动端APP为操作界面，以共享数据为基础，通过掌上新油平台进行 APP 应用及升级，并创建消息提醒服务，对接智能油田平台消息接口，实现掌上新油消息的提醒和接收。

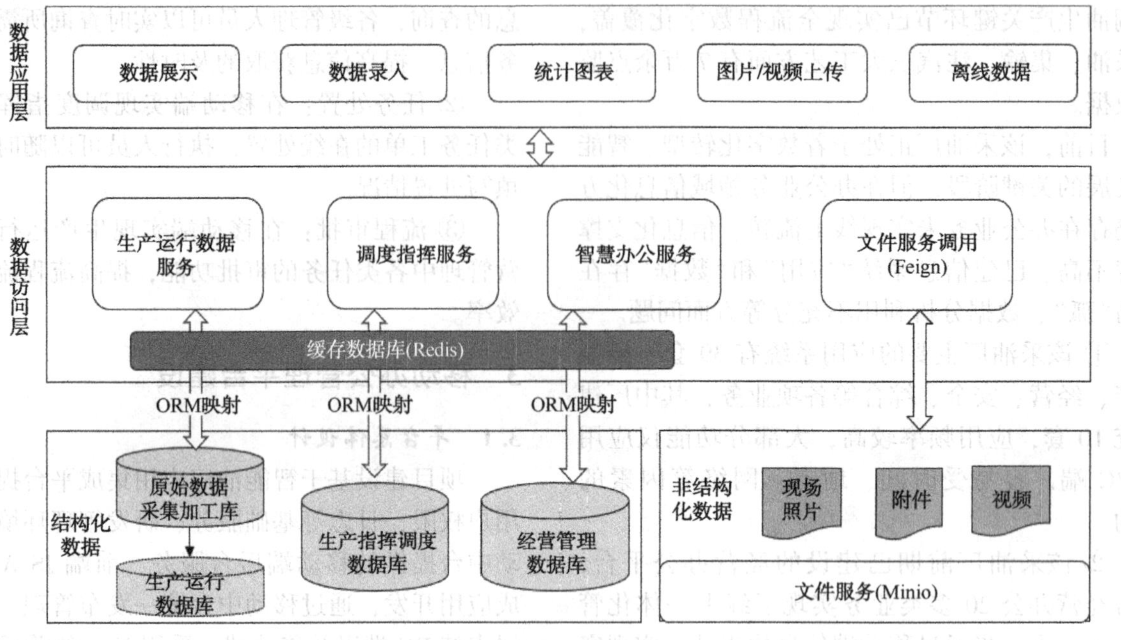

图 1　平台研究思路

3.2　研究内容

根据采油厂数字化转型发展规划、管理职能及业务需求，梳理移动平台核心业务场景，采用油田公司微服务应用集成平台和掌上新油平台提供的公共服务，采用统一的数据管理工具，建立融合调度指挥、宏观指标、监控数据、经营办公等数据和功能为一体的移动化管理平台，从“竖井式”向“扇形”结构转变，形成以信息为中心的移动共享云服务，实现经营管理、生产应用全面移动数字化，满足采油厂管理和运行的需要。平台功能架构见图 2。

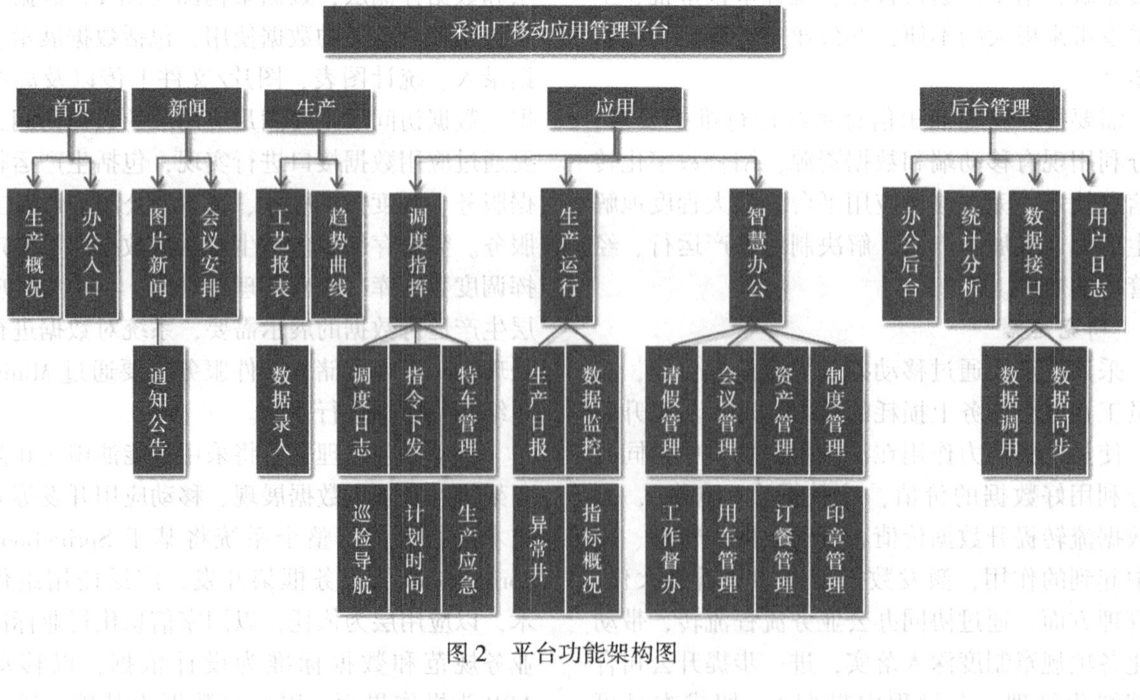

图 2　平台功能架构图

(1) 基于智能油田2.0平台、掌上新油进行平台建设。打通APP与相关系统数据接口，优化系统整体架构。

(2) 展示采油厂重点关注的生产信息和指标数据，完善动态数据、偏远井巡检数据录入等功能。

(3) 实现会议管理、请假管理、物资管理、订餐管理、用车管理等智慧办公在移动端应用功能。

(4) 调度指挥移动端应用，实现预警信息便捷查询，生产指令线上流转。

下面将生产运行管理、调度指挥管理、智慧办公管理功能进行逐一介绍。

3.3 生产运行管理

生产运行管理模块主要涵盖各生产工艺的生产数据报表，建立统一的数据存储共享模式，对各系统重点生产数据进行处理、流转、存储，实现数据的交互与共享，解决重点生产数据快速调用、便捷查询问题，有利于现场生产信息的及时获取和掌握。异构数据源的数据整合和集成的目的是为系统信息提供集成、统一、安全、快捷的信息查询、数据挖掘和决策支持服务。系统采用数据仓库集成模式，利用数据库互访技术将系统数据、自动化数据信息抽取到项目数据库，通过移动端采集到的数据再由项目数据库返回至各应用数据库，实现异构数据源集成与互通。

(1) 生产报表：按采油、供汽、集输三大工艺划分，以“报表+趋势”方式展示版块完成情况、旬度盘库数据、生产指标情况，每日采油、锅炉、处理站日报、井下作业日报等重点生产数据。

(2) 生产曲线：建立采油、集输、供汽、各站分线产量、干线分线计量等共计40余条曲线信息，直接对比近一周趋势，生产变化情况一目了然。

(3) 生产监控：通过数据调用服务，实时展示各生产数据系统库中动态数据，包含井、管汇、锅炉、水处理、分线计量、站库等各工艺节点参数，减轻巡检工作强度，各级用户统一调用查阅，及时获取掌握生产信息。

(4) 生产报警：针对各类生产参数，设置报警阈值，指标超过阈值后即进行提示提醒。

(5) 异常井：通过单井问题诊断系统识别诊断异常井，调用数据接口，将相应工单推送到相关用户的APP端，结合工单管理模块完成工单的闭环管理和信息留痕，及时对异常井采取措施，防止问题扩大化。

(6) 数据录入：通过打通API数据接口，实现日报数据、偏远井巡检数据、设备监测数据、重点工作信息等内容的APP端数据录入，支持手工录入和语音识别。

3.4 调度指挥管理

调度指挥管理模块主要包含指令流转、应急事件、计划时间、特车管理等功能，采用流程设计器提供图形化的操作模式，在工作流技术支持下定义指令下发、执行、反馈、管理等流程，移动端和PC端均可参与操作，实现了生产过程中工作组成员之间的指令信息传达与留痕。“掌上指令流转”为各级管理人员随时随地远程指挥提供新手段，大幅提高生产运行指挥工作效率。

基于Java的业务流程管理系统是市场上流行的开源工作流引擎，可以很好地支持主流数据库。现场生产保障包含日常管理及应急处突。日常生产过程中，运行人员对工艺设备巡检、维修维护是否到位难以跟踪掌控；处理应急突发事件时，指挥与执行人员随时沟通协同合作及其重要。因此，采用移动技术辅助提高现场班组的工作质量，大幅提高基层班组执行力与应急处理效率，是确保生产平稳运行的关键。

(1) 指令下发：对接生产调度指挥系统产生的调度指令，下达到相应用户的手机APP客户端，实现调度指令电子流程化闭环管理，全程管控可追溯。

(2) 生产、应急计划管理：将生产应急事件的发起、下发、处理全过程，通过数据接口在APP端进行应用和展示。

(3) 工单管理：巡检和维修人员日常工作以工单形式管理，从工单任务下发、接收工单、完成工单内容反馈全过程进行管控，并自动记录人员轨迹，汇总巡检和工单完成情况，进行可视化展示。

(4) 特车管理：提取安全系统中特车使用信息，关联油田公司车辆管理系统中相关车辆定位信息，通过地图在线查看采油厂特车使用情况，实现特种车辆实时监控管理。

(5) 油区巡检：通过手机定位功能调用和导航功能，实现油区设备定位导航、井区巡检打卡、数据定位录入、运维质量检查，有效管控现场班组工作落实情况，提高一线管理精细化水平，提升班组日常工作质量。

3.5 智慧办公管理

智慧办公管理模块主要实现采油厂经营管理一体化平台中10项办公应用的移动端建设，包括新闻通知、会议管理、重点工作督办、请假管理、印章管理、制度管理、资产管理、用车管理、订餐管理和健康管理。实现应用管理移动数字化，提高工作效率。

考虑到平台使用的高效性与稳定性，本平台开发时采用以HTML5技术为主的混合框架，通过HTML5和JavaScript构建程序，然后封装在细薄的原生容器里面，可通过容器来访问原生平台功能。有效的结合了HTML5和原生态开发模式的优点，既提高了系统开发性能及速度，又保证了应用的稳定性和跨平台的兼容性，在多人并发访问及使用系统时，保证数据访问性能及速度，提高系统的稳定性。

（1）新闻通知：自动地抓取油田公司、采油厂门户新闻、通知信息，通过数据重构，实现自动适应APP页面显示。提供多维度检索，按新闻标题、内容全文检索，按新闻发布日期快速定位。手势横向切换新闻类别，同时可展开分类，快速切换。

（2）会议管理：打通平台数据接口，自动地提取已审批会议信息，生成适应APP页面显示的会议数据表，提醒相关人员按时参会。功能包括会议申请、会议记录查询、详情查看、会议审批、会议通知等。

（3）重点工作督办：对年度重点工作、领导交办工作进度进行跟踪，在线录入、进度反馈、展示领导批示与完成情况，加强过程监督，确保重点事项按时按质完成。

（4）请假管理：对接PC端平台请假管理模块，员工可根据实际需求在线申请相应请假信息，查询批假进度，通过掌上新油提醒审批人及时处理。包括请假申请、请假记录查询、请假详情查看、审批功能。

（5）印章管理：对接PC端平台的印章管理功能，在APP端管理采油厂合同专用章，扫码登记用印信息，自动生成台账报表，可以按合同名称、承办部门、用印人员、用印时间等维度进行数据查询、分析，实现印章安全管理。

（6）制度管理：提取采油厂规章制度、安全须知等信息，按照单位组织树形式，分类展示内容，方便员工查看并熟知公司制度、安全管理等。提供关键字穿透式检索，便于各级用户快速定位，满足不同查看需求。

（7）资产管理：打造资产“身份证”，实现资产实物扫码信息共享，实时在线更新资产状态及资产图片，简化操作流程，进一步减少相关业务管理人员工作量。

（8）用车管理：对接PC经营平台与公司车辆管理平台，同步用车申请、审批信息及车辆定位信息，实现生产经营用车、公务用车统一、有序的调度管理。

（9）订餐管理：全新实现班组员工自主订餐模式，在线填报用餐地点、时间，根据食堂、班组送餐分类汇总，精准统计各餐点食物总量，减少资源浪费。

（10）健康管理：员工自行选取相应类别体检套餐，实现体检项目在线管理。在线监测重点人员健康数据信息，全面关注员工健康。包括个人体检计划新增、个人体检计划查看功能。

4 应用推广与效果分析

通过移动办公管理平台的建立，将生产运行、调度指挥、经营综合等信息统一整合，用数字化协同提升管理效能，将功能集约化管理，实现数据共享，形成覆盖各业务领域的协同办公系统。

① 实现采油厂井、间、站动态数据、生产日报、关键参数预警信息的便捷查询。决策管理人员可通过系统查看日产液油、注汽、分线、水平衡等全局数据，宏观指导生产；技术人员可查看生产井、重点井、潜力井产液趋势，判断生产效果，降低欠产概率；现场班组可通过系统推送的预警信息，及时发现处理异常，保障生产时率，信息查询效率提高50%以上；

② 拓展移动办公业务范围，打通各类应用系统信息壁垒，促进各环节有效衔接，通过数字化协同提升管理效能，提高工作效率20%以上；通过移动指令接收调产、点炉、焖开井等措施任务，现场执行完毕及时反馈，提高执行效率及管控力。应急处突时通过系统实现协同远程指挥，全面掌握现场实况，为生产恢复争取宝贵时间，提高应急指挥效率；

③ 基于平台信息数据的沉淀，通过精细化

分析，能够为不同管理领域提供决策支撑，为数据分析和知识沉淀提供数据支撑。巡检路线跟踪、数据定位录入、运维质量检查，语音交互对话，为强化管理过程、提高员工责任心提供平台，辅助提高班组管理质量，保护设备运转，生产时率平均提升3%以上。

5 结论

云计算、大数据、物联网、移动互联网等新一代信息技术，为产业转型升级与智能化建设提供了强大的驱动力。采油厂移动办公管理平台是借助智能手机、平板的移动设备作为载体，实现高效协同移动办公的手机办公应用，是继电脑无纸化办公、互联网远程化办公之后的新一代办公模式。

随着油田生产开发的不断深入，对于生产区块的实时跟踪、快速发现问题，督促开展挖潜增产工作，成为了油田开发生产管理的重要部分，使用移动办公管理平台能够第一时间获取油田生产变化信息。同时，移动办公平台可以协助各级员工有效利用碎片化时间，查看规章制度、发起和审批流程、落实待办日程、任务督办等，提高工作效率，实现“远程监控，智能预警，掌上办公，决策辅助”移动办公新模式，推动油田生产运行管理向移动端的演进，提升采油厂精细化管理水平，在油田高质量发展与数字化转型中发挥良好示范作用。

参 考 文 献

[1] 杨礼明. 油田企业移动办公平台的建设与应用[J]. 2013，6(256).
[2] 胡照宇，李崇晟，等. 风电场生产管理移动应用系统的研发[J]. 智能处理与应用，2021(07)，107-109
[3] 杨光平. 基于Android的移动流媒体实时传输系统设计与实现[D]. 西安：西安电子科技大学，2012.
[4] 顾春来. APP应用程序开发模式探究[J]. 2014，5-149.
[5] 代鲁. 移动办公平台助力智能油田建设[J]. 无线互联技术，2019(12)，155
[6] 刘大兴，朱迅. 基于智能移动终端的油田生产管理系统[J]. 2017，34：128-131.

基于无人值守机库的管道智能巡护应用

陈瑞瑞　夏　亮　卫　垚　朱范辉

（国家管网集团天津天然气管道有限责任公司）

摘　要　我国油气管道存在分布广、里程长、增速快、建设年代跨度大、安全事故多发等特点，作为经济命脉，管道运行期间安全巡护管理至关重要。随着科技的发展，视频监控、光纤预警、地灾预警等智能化手段已在部分区域落地运用，由于成本高、单一的系统准确度低等原因未能得到普及，仅在两高区域等重要管段进行了应用试点，常规管段仍采用传统的人工巡护模式，存在招工难、人力成本高、巡检效率低、难以应对突发状况等问题。近年，伴随低空经济快速发展，无人机在油气管道巡检中的运用逐渐增多，极大提升了管道巡检的效率，随着无人机和人工智能技术的快速发展，目前无人机巡检已经初步具备无人值守的能力，基于无人值守机库的巡护模式可大幅提高管道巡护频次，降低巡护成本，保障管道安全运行。

津华线管道全长113km，管道沿线经过大量村庄和农田地，在春耕秋收、夏季庄家长势茂盛时节存在管道机械破坏等隐患，传统的人工巡护效率低、频次低，难以满足管道的巡护要求，因此引入无人值守机库全覆盖的高频高效无人巡护模式，本文基于津华线油气管道无人值守机库巡护的实际项目，探讨无人值守机库的管道巡护模式，为管道无人值守巡护模式探索道路，并进一步为管道多智能系统联动、数据融合分析，管道综合智能巡护提供应用支撑。

关键词　管道巡护；无人机；无人值守；智能识别

1　引言

随着工业化的快速发展，管道运输在能源、化工等领域的应用越来越广泛。然而，由于管道通常穿越复杂地形和无人区域，管道安全面临着诸多挑战。传统的有人值守巡护模式存在人力成本高、难以应对突发状况等问题。因此，实现无人值守式的管道巡护模式具有重要的现实意义。

2　无人值守管道巡护模式

无人值守管道巡护模式整合管道沿线视频监控、光纤预警与无人值守机库系统，实时监控管道安全状况，快速发现并定位管道异常目标。无人值守系统需要各无人智能感知设备之间系统互通，实现多系统联动，设备数据之间融合分析，为管道提供精准的异常事件和处置决策信息，提升管道安全运行保障能力。主要包含以下系统：

视频监控系统：利用高清摄像头和远程传输技术，实现对管道重点管段的实时监控。通过视频分析技术，自动识别异常情况，如管道周边第三方施工、非法入侵等，并及时发出警报。

光纤震动预警系统：通过光纤传感器监测管道附近的振动，实时检测异常振动，如挖掘机施工、重物坠落等可能导致管道受损的事件。系统自动分析并预警，提高对潜在威胁的响应速度。

无人值守机库系统：支持无人机自动起降、自动巡检，完成管道第三方施工、打孔盗油等常规巡检，也可快速响应管道应急巡检，提升管道异常事件的应急响应能力。

通信与信息共享：建立高效的数据传输和通信系统，确保各个子系统之间的信息互通和共享。采用云计算技术，实现远程数据存储和处理，为管理人员提供实时、准确的管道状态信息。

本文主要针对津华线管道的实际场景，采用无人值守机库对全线113km管道进行覆盖，实现基于无人值守机库的管道巡护，提升管道安全运行能力。

3　无人值守机库智能巡护系统

在津华线113km引入无人值守机库作为技防手段，实现无人值守式的管道巡护模式，该系统预留视频监控系统、光纤震动预警系统的接口，可综合管理多源数据，旨在后续多智能系统融合联动后，解决单一技防措施应用效果不佳，无法实现高效、精准判断的难题，最终实现管道信息共享、数据互通，管道综合智能巡护体系。

3.1 系统组成

无人值守机库系统主要包括硬件系统、链路系统和软件系统，其中硬件系统包括无人值守机库、多旋翼无人机和专用载荷，软件系统包括智能识别算法和软件平台(图1)。主要用于油气管道、场站常规巡检，高后果区、高风险区重点巡检以及应急巡检等多个场景的无人值守巡检，无人机可自主起飞，自主完成管道巡检，实时直播巡检视频，实时诊断管道异常事件，并将异常事件推送至管理平台，方便管道管理人员快速进行管道异常事件处置。

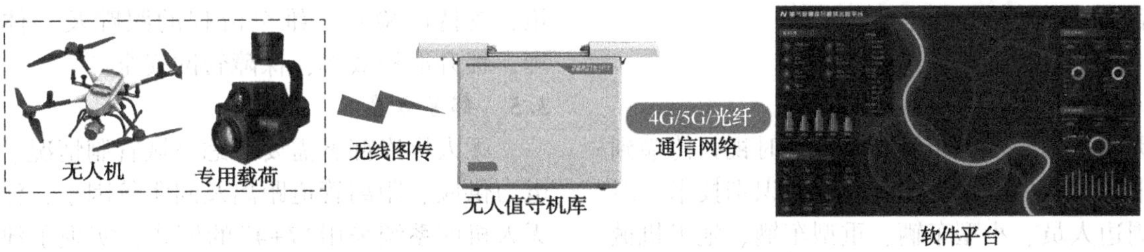

图1　无人值守机库智能巡检系统组成

3.2 硬件系统

3.2.1　无人值守机库

自动化无人机机库系统主要完成无人机的自主起飞和降落，无人机接收到飞行任务后，自主起降平台打开舱门，将无人机由舱内升起后，无人机依据地面遥控系统规划好的航线进行自主巡航，巡航飞行任务完成后，无人机自主降落至起降平台。主要技术参数见表1。

表1　主要技术参数

指标	参数
更换电池数量	3组
两架次飞行时间间隔	120s

3.2.2　多旋翼无人机

针对油气管网巡检场景，基于阀室的实际距离定制的长续航、大载重工业级油气管网巡检专用多旋翼无人机飞行平台，该平台可同时搭载多款油气管网巡检专用载荷进行巡检作业，支持仿地飞行、各油气管网场景的精细化巡检任务。

主要技术参数见表2。

表2　主要技术参数

指标	参数
动力类型	电动
最大载重	2.5kg
续航时间(标准载荷)	62min
最大飞行半径	15km
抗风能力	6级风

3.2.3　专用载荷

针对津华线的实际管道环境场景和无人机可飞行的高度，专门定制的油气管网无人机机载专用巡检双光载荷，该载荷是目前行业中最高分辨率的红外载荷，可采集高清可见光和红外油气管网环境数据，为后台智能算法识别提供一致性的高清数据支撑。

可见光机芯型选型。

表3　可见光机芯型选型

指标	参数
分辨率	1920*1080(FHD)
镜头	30倍增强光学变焦12倍数字变焦
变焦系统	自动/手动/直接
对焦距离	10(广角)~1200mm(长焦)

表4　红外机芯选型

指标	参数
分辨率	1280*1024
像元间距	12μm
工作温度	-40~+60℃

3.3 链路系统

链路系统主要完成无人机与无人机库之前的通信和机库与软件平台之间的通信，用于实时传输无人机平台的设备状态数据和巡检视频等信息。

1) 飞机与机库通信

通过高速的自组网无线图传/数传(2.4G/

5.8G 图数传)系统，可以在覆盖范围类实时观看无人机和自动机库之间的图像/数据传输，实现超视距控制飞行设备。

2) 机库与平台通信

通过 4G/5G 无线通讯模块或有线宽带，可实现机库与平台之间的图像和数据传输，将无人机视频、无人机姿态、机场状态、告警信息等推送至后端综合巡检服务平台。

3.4 软件系统

3.4.1 智能识别

无人机搭载双光相机，并将实时视频传输到软件平台，软件平台基于人工智能识别技术，对管道周边人员、小型车辆、重型车辆、施工机械等目标进行实时识别告警，给给出异常目标距离管道的距离(图 2)。

3.4.2 软件平台

油气管道智能巡检平台以管道态势及管网资产数据为基础，实现管道一段一策、一季一策的巡检策略(图 3)。系统通过将无人机巡检结果与摄像头、光纤预警、地灾预警等系统进行联动，结合人工智能实现了管道周边异常目标的精准识别和定位，结合大数据分析为用户提供辅助决策，支持巡检及运维全流程的跟踪及一体化管理，提升巡检效率，保障管网安全。

3.5 部署方案

无人机库部署需要考虑空域管制情况、沿线电力供应、距离管道距离及间距等因素，津华线无人机库系统采用“7+4”的模式，实现了津华线 113km 管道的全覆盖，其中 7 代表 7 个机库，4 代表 4 架无人机(图 4)。

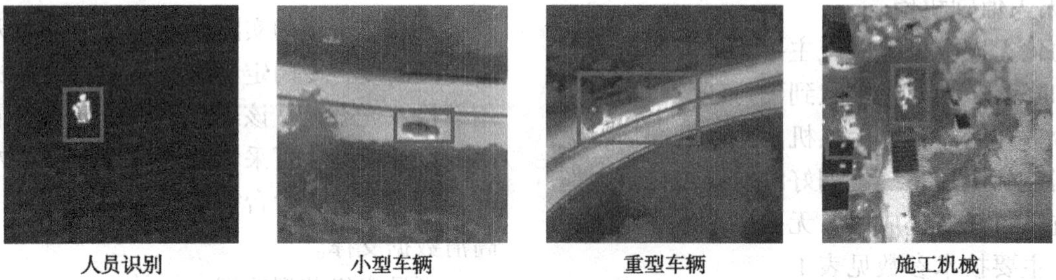

图 2　人工智能识别示例

图 3　油气管道智能巡检平台

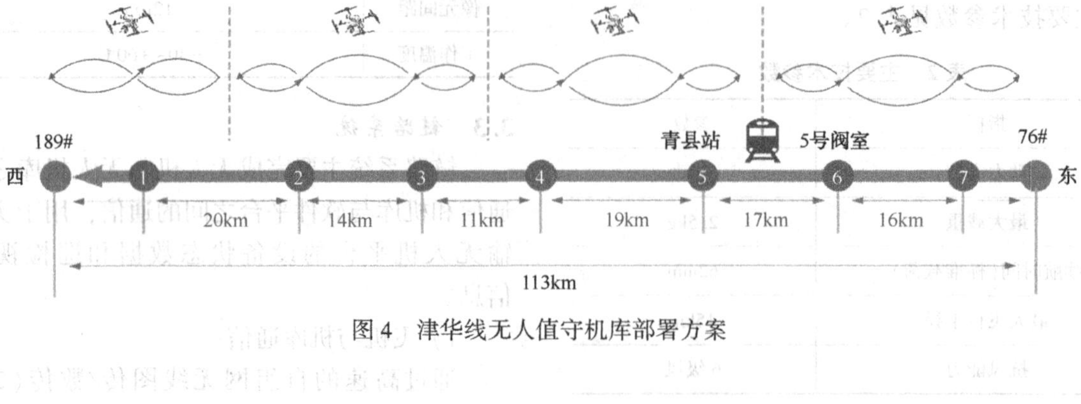

图 4　津华线无人值守机库部署方案

4　应用效果

4.1　图像效果

无人机搭载油气管道巡检专用高清载荷，该载荷红外分辨率是目前行业级载荷的4倍，可清楚的拍摄到管道沿线及隐藏在管道附近植被中的人员(图5)。

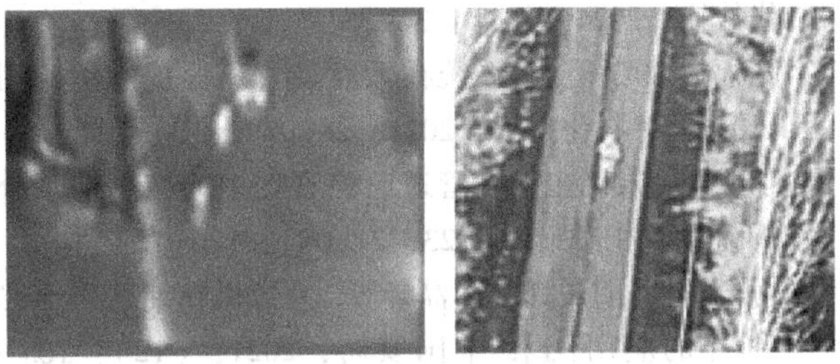

图5　140m时相同高度、相同速度下低分辨率和高分辨率图像对比

以下为飞行高度分别为100m、130m和150m时，飞行速度8m/s工况下的管道图像采集照片，从图片中可清楚的看到人员的形态和动作，该数据可满足人工智能算法的识别图像要求(图6)。

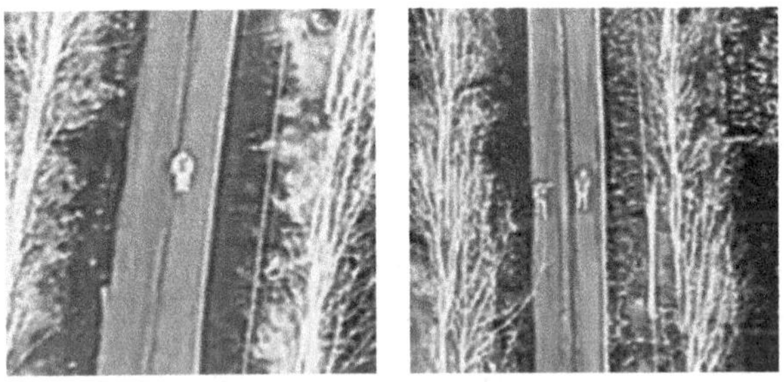

图6　130m高度分率红外载荷在8m/s、10m/s不同速度下的图像结果

在130m飞行高度，8m/s巡检速度下，模拟盗油分子不同姿态的图像效果(图7)。

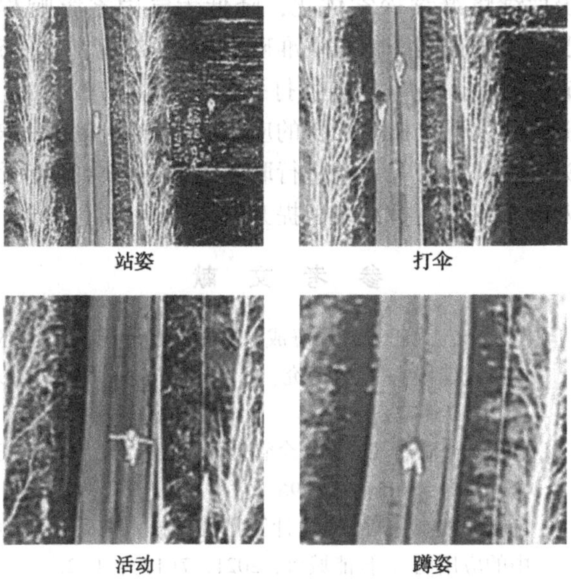

图7　130m飞行高度，8m/s巡检速度下，人员不同姿态的图像形态

4.2　巡护成果

津华线无人机库投用以来，累计发现异常目标异常目标2299处，其中施工机械200辆，小型车辆1174辆，重型机械749辆，人员51人，车辆4辆，非机动车116辆(图8)。

4.3　巡护效果

基于无人值守巡护系统，目前夜间巡护由原来的1次无人机巡检提升为3次无人值守巡检，管道巡护频次和覆盖率提升了200%，自该系统部署应用以来，未再出现对管道具有实质性隐患的事件，管道巡护的安全威慑能力提升，管道安全运行能力得到有效提升，随着进一步的管道巡护数据支撑，可考虑逐步有序减少人工巡护人员，降低管道总体巡护成本，提升管道安全运行能力。

图8　津华线管道异常目标识别结果

5　结语

津华线无人值守系统是全国首套最大规模油气管网无人值守机库巡护系统，通过该系统3个月的稳定运行，不管从巡检效率、巡护频次和巡护效果上，均有大幅提升，初步验证基于无人值守机库的管道无人巡护模式的可行性，因此无人机无人值守巡检具有一定的推广意义。该巡护系

统后续将继续探索优化，降低天气因素影响程度，提升夜间图像识别准确率，增强飞行质量与成像效果，进一步加强打孔盗油风险防控能力。随着无人值守机库巡护的应用成熟，逐步与摄像头、光纤预警等系统进行联动，构建综合智能无人值守管道巡护系统，提升管道安全运行能力。

参 考 文 献

[1] 苗永宁，武亚斌，纪海成. 原油长输管道智能化巡护系统建设与应用探究[J]. 石化技术，2022，29(01)：75-77+171.

[2] 寇健. 长输油气管道安全管理探讨[J]. 现代职业安全，2021，(05)：94-96.

[3] 雍鹏，宋鑫，胡卫东. 计算机视觉技术在管道巡检中的应用[J]. 智能城市，2021，7(17)：1-2.

[4] 马晓涛. 无人机油气管道巡线系统发展和应用策略研究[J]. 石化技术，2023，30(11)：230-232.

[5] 钱勇. 油气输送管道高后果区远程视频监控预警技术方案[J]. 长江信息通信，2022，35(01)：152-154.

[6] 刘国华. 天然气管道无线视频监控系统的设计与应用[J]. 网络安全和信息化，2021，(10)：78-80.

[7] 庄礼贤. 光纤预警系统在长输管道中的应用[J]. 现代传输，2024，(01)：36-39.

[8] 陈福权. 光纤预警系统在天然气管道保护中的应用研究[J]. 石化技术，2021，28(08)：100-101.

[9] 李凯. 无人机在油气管道巡检管理中的应用前景分析[J]. 科技资讯，2023，21(08)：126-129.

[10] 张羽翀，胡云鹏，孙磊峰等. 无人机在油气管道巡检中的应用[J]. 中国安防，2021，(12)：105-108.

石油石化企业供应链数字化转型路径研究
——以供应商风险管理为切入点

刘若雷　冯　妍　段碧清　赵文锐　任天鹏　栗泽阳　杜锁丞　刘　琳
曹嘉怡　张嘉勖　索　超

（中化环境控股有限公司）

摘　要　数字化转型已成为国家经济发展和现代化建设的核心战略之一，供应链是石油石化企业数字化转型的关键领域。石油石化企业供应链数字化转型是一项持续的全面系统工程，既受限于企业整体数字化水平也与企业的业务特点、管理模式及领导层战略重视程度密切相关，石油石化企业供应链数字化转型工作正面临战略目标不够清晰、基础相对薄弱、投入有限、底层系统、平台和管理模式调整难度较大的制约，迫切需要，以小切口、快见效的速赢项目来探明数字化转型路径并坚定战略层面的数字化转型决心。本文通过对石油石化企业供应商风险管理数字化核心问题的剖析，发现以满足监管为核心的驱动方式、以数字化部门为主导的建设方式、以基础设施"补课"为主的投入方式是当前数字化转型的关键制约，数据质量不高、数字化支撑能力不足是典型表现，结合当前企业数字化转型的实际情况，以速赢为原则，明确了供应商风险管理的数据、应用及平台建设数字化目标、及分三步走的转型路径，并提出以数据质量为核心的数据资源整合机制，以供应商履约风险管理、关联关系度量等模型深入应用为代表的数据要素价值释放方式，提出较为完善的数字化转型模式，对企业供应链数字化转型的目标、路径和重点任务全盘统筹并分阶段实施、稳妥推进有着重要借鉴意义。

关键词　数字化转型；供应商风险管理；数据质量；数据要素价值

1　引言

数字经济正成为中国经济高质量、可持续发展的重要支撑，数字化转型是发展新质生产力的重要路径之一，数字化转型被华为定义为：企业利用先进技术来优化或创建新的业务模式，以客户为中心，以数据为驱动，打破传统的组织效能边界和行业边界，提升企业竞争力，为企业创造新价值的过程。随着全球化的发展，供应链数字化正在变得越来越重要，我国"十四五"规划明确提出"提升产业链供应链现代化水平"，要求"分行业做好供应链战略设计和精准施策，形成具有更强创新力、更高附加值、更安全可靠的产业链供应链"。数字化是推动供应链高质量发展的主引擎。深化数据要素开发与利用、加快石油石化企业数字化转型，有助于提升企业供应链质量。供应链数字化的研究已经受到了学者们越来越多的关注，2019年以来，供应链数字化的研究演进趋势经历了起始、发展和深入三个阶段，从数字通讯引起的供应链管理变革，到供应链数字化的驱动因素、转型机制以及影响效果的全方位探讨，再到供应链各主体间的数字化协作供应链，数字化的相关研究成果数量实现快速增长，数字化转型正逐渐成为供应链管理领域的研究热点。

自2020年以来，在相关政策的推动下，石油石化企业供应链数字化转型速度加快，供应链管理数字化能力全面提升，整体步入集成融合、生态创新阶段。采购招标是石油石化企业供应链管理的核心环节和数字化建设的关键领域，供应商是石油石化企业采购活动和供应链的主要参与者，也是供应链风险的主要来源，供应链全链条数据与供应商行为、信息有着密切关联，同时，供应商风险也是石油石化企业重点防范、审计和监管重点关注的领域，因此，以供应商风险管理为切入点探索供应链数字化转型的路径与重点任务，具有典型意义。

2　数字化转型视角下的供应商风险管理问题剖析

供应商侧风险是石油石化企业供应链风险管控的重点和难点，石油石化企业供应链管理链条长、环节多、范围广，70%以上的风险与供应商有关，风险来源可能发端于内外部各个主体并多与供应商形成关联和融合，风险要素可能多种多样，风险可能在各个环节均有发生并向后续环节传导和放大，风险防控的难度较大。供应商有关的风险也是国资监管、审计巡视等关注的重点。石油石化企业由于供应商数量庞大、关系错综复杂、信息更新变化快，缺乏清晰的、统一的、系统性的管控机制、手段，对供应商风险管理的模式、机制、方法等未能建立体系化的认识和技术能力，事中管控的支撑能力较为缺乏，相关部门的管理职责无法落实到位，难以支撑供应商风险管理工作向采购全过程贯通的规模化、精细化、便捷化管理发展。

数字化转型视角下，石油石化企业供应商风险管理问题的成因主要为以下方面：

2.1　战略重视程度不足

从数字化转型视角分析，可以清晰地洞察数字化战略上的不足：一是驱动方式：当前石油石化企业数字化转型的方式主要以领导层驱动和监管驱动为主，在管理上缺少内生驱动，以满足监管为主，对各类风险的认知不够清晰和深入，供应商风险管理这种以数据要素价值为核心的内生需求在战略容易被忽视；二是建设方式：当前的供应链数字化转型工作以数字化管理部门为建设牵头方，业务部门在数字化工作中的作用未能有效发挥，数字化与供应链业务应用实际结合不够紧密，管理理念和要求未能在数字化转型中落地实现；三是投入方向，数字化投入以基础设施建设和招投标、供应链、供应商管理系统为主，功能主要以业务流程运转和管理为主，“补课”特征较为明显，“风险管理”作为深层次的应用需要未得到有效响应。

2.2　数据质量问题较为突出

从数据资源角度看，与风险有关的信息和数据产生于供应商生产经营活动全维度，也投射在石油石化企业的采购、履约全过程，因此，供应商风险管理涉及的数据从类型上看既有采购部门内部产生的数据、也有供应商提供的数据和司法行政机关等单位披露的公开数据；从范围上看，供应商风险管理涉及到的关键数据多达数十种，数据来源上千个；从数据类型看，既有线上产生的结构化数据，也包括各种非结构化和结构化数据。数据的采集、治理和管理难度较大、成本较高。石油石化企业普遍尚未缺少统一的供应商风险管理数据资源体系规划，也未能建立起完善的内外部数据获取和整合机制，数据质量问题较为突出。

石油石化企业采购和供应链业务系统产生的内部数据量较大，但仅有较少的企业实现了产品、物料、资产、组织、供应商、客户等数据的企业级标准化和多源异构数据的在线交换与集成共享；同时，在系统建设时考虑不足，关键信息缺少相应的标准化设计，投标文件、合同等各类过程文件中的价格、技术参数等关键信息抽取难度较大；供应商提供的数据较为详细、全面，因供应商在采购活动中天然倾向于通过欺诈获得收益，数据真实性需要验证但验证难度较大；外部数据有着获取和利用方便、规范性较好、无需改造现有系统的特点，但当前的外部数据提供方并不能保证数据的及时性、准确性，且无法提供数据的可信证明，难以满足石油石化企业招标采购依法依规和公开、透明的要求。

2.3　数字化支撑能力不足

从数字化应用角度看，随着石油石化企业供应链数字化转型的深入推进，在庞大的数据量下，非数字化的手段已无法全面深入供应链场景，难以准确评价收集到的专业的业务信息，以人工分析为主的专家经验模式已难以适应高度场景化、数字化的管理需要。

石油石化企业在供应商风险的来源、风险特征、数据表征、数字化识别机制、控制手段等方面研究不足，难以支撑供应商风险控制相关管理要求、制度与数字化的有效融合，同时，采购招标系统、供应商管理系统、供应链平台等相关数字化平台如何嵌入风险控制手段、风险管理如何与业务流程融合、风险管理如何闭环等均未形成有效的数字化应用机制，导致大部分企业尚未能够统筹建立覆盖供应商全生命周期、采购全过程关键环节的风险管理机制：在供应商准入、招标采购及合同选商等关键环节的风险管控模式不够清晰，关联关系、供应商重大风险指标覆盖面和精细化不足、风险的应对措施不够全面细致，在合同履约环节缺少必要的风险管控措施和提醒，一旦合同履约出现风险则因难以有效及时管控和压降，整体风险较高，且容易在供应链中有所体现，整体处于管不细、抓不全、用不足的状态。

受限于以上因素，石油石化企业供应商风险管理工作仍以人工查证、事后管控为主，效率和质量均难以满足实际应用需求，导致存在较多风险隐患，甚至造成履约风险和监管风险。重新定义供应商风险管理数字化战略目标，设计数字化转型路径和明确重点数字化任务，是构建供应商风险管理数字化能力的基础和关键。

3 供应商风险管理数字化转型机制构建

3.1 以低成本和速赢为导向的数字化转型目标和路径设计

3.1.1 转型目标设计

考虑到大多数石油石化企业供应链数字化转型仍需深入，供应链有关各业务系统尚未完全打通，数据质量整体不高，供应商全生命周期与采购全流程主要环节相互交叉或覆盖，可以实现大部分风险管理诉求的实际情况，针对大部分石油石化企业实际数字化投入有限、难以对其他系统做出较大改动的情况，为能够快速见效以作为供应链数字化转型的有益参考和树立战略信心的基础，提出以下数字化转型目标：

一是融合内外部数据，实现供应商信息统一管理；以风险信息整合为牵引，逐步实现内外部供应商信息、采购信息、履约信息等有价值信息的全面归集；二是一把尺子量到底，建立统一风险标准知识体系，面向监管、管理、执行建立统一风险标准，以不断提升数据应用能力，夯实风险识别、管控和处置能力；三是兼顾监管、管理、执行应用需要，建立统一风险管控体系，以采购策划、采购招标、合同履约等风险环节的各类履约风险、围标串标、欺诈风险管控为核心，开发服务功能，逐步实现数字化手段与业务流程、管理措施、监管要求的融合。

3.1.2 转型路径设计

供应商风险管理的数字化可按照以下路径开展：

第一阶段，以满足监管要求为核心，根据监管规则、典型案例研究监管方式，以供应商的主体风险、围标串标等重大风险为管控对象，在采购、合同履约环节开展监管；

第二阶段，实现风险管控机制与业务流程数字化融合；以供应商风险为核心，深入分析风险成因、风险关联和风险影响扩散路径，将采购人员、专家、代理等主体纳入关联风险管理范畴，并强化需求等源头管理；

第三阶段，实现风险预测、评估、干预智能化，形成贯穿采购全过程、供应商全生命周期的数字化创新管控机制。

3.2 面向供应链提升的供应商风险数据资源体系构建

需要面向供应链全过程各环节、各主体的数字化建设需求，整合供应商全生命周期数据，构建统一数据资源体系，通过构建供应商数据中台或数据共享中心的方式，将内外部数据整合至统一平台，统一平台向各个业务系统提供数据服务，成为全业务口径供应商主数据管理的关键数据支持来源：

3.2.1 以应用需要整合供应商风险数据源

针对石油石化企业供应商管理特点，结合供应链管理中的高发易发风险、国资监管和审计监管聚焦发现的典型问题和一线人员普遍反映的典型问题和应用需求，根据风险管理数据应用需要，以各类主数据和电子化平台为基础，整合内外部全流程和多维度数据，通过数据追溯方式来洞察典型问题的数据来源和数据内容，尽可能丰富数据资源体系。供应商风险数据类型和获取方式见表1。

表1 供应商风险数据类型和获取方式

数据类型	数据内容	获取方式
供应商提供	通过供应商统一注册和供应商评估、履约评价等，可要求供应商填报基础信息、联系方式信息、履约信息、能力信息等内部信息	系统填报、单独提交
内部系统数据	通过集团采购、合同、财务系统对接获取供应商在集团内部的采购、交易及合同信息，在采购过程中的参与行为信息、不良记录等信息	系统对接
现场数据	供应商检查评估、履约评价等工作中通过现场主动检查获得的各类尽职调查信息	系统或人工采集
公开信息	各类公开的有价值信息，包括市场监管登记信息、行政许可和处罚信息、司法诉讼信息、知识产权信息、公开的招标采购信息、同业公开的不良行为记录信息及其他有价值信息	采集或第三方购买

3.2.2 以管理闭环倒逼数据闭环

对石油石化企业采购、履约业务关键环节的业务控制点、管理控制点、数据获取点进行比对验证，实现数据闭环、业务闭环和管理闭环的相互验证，以满足业务管理要求为目标，识别出数据缺失、数据不准确、数据获取难度大等数据与业务需求不对应的数据断点，明确数据资源获取、管理和应用机制，推动以数据闭环支撑业务和管理闭环。

3.2.3　评估数据应用价值，综合考虑数据成本因素和获取难度分步推进

通过建立标准化规范化的数据规则，逐步积累数据资源，并对数据进行分类管理，在数据分类管理的基础上，采用规范、明确的方法评估数据应用价值并进行分级管理，为后续数据使用和建模提供支撑。供应商相关的内外部数据种类多，获取难度不一，投入成本差异大，因此可根据重要程度及紧迫性，综合考虑成本因素，逐步建立和完善供应商数据应用体系。数据评估指标及评估要素见表2。

表2　数据评估指标及评估要素

序号	评估指标	评估要素
1	数据价值	反映风险特征的直接程度
2	数据质量	完整、连续、可靠度
3	可获得性	能否合法、大规模、稳定、低成本获取

3.3　以关键模型研究和应用发挥数据要素驱动作用

当前面临的主要问题是风险识别规则不明确、不规范、不够量化，难以实现风险的标准化、平台化识别，有必要通过人工智能算法、大语言模型、知识图谱等开展风险模型研究，并实现对预设评价规则和新增规则的实时录入、解析和处理，从而建立基于规则的供应商风险管理模型体系，建立适应采购执行部门、管理部门、监管部门的统一风险识别标准，实现“一把尺子量到底”，同时，通过对风险进行量化、分级，并研究风险的应对处理方法，通过将风险管理模型和管控方式嵌入业务流程，支撑风险在管理上实现闭环，确保采购管理一线人员有能力识别风险、有制度支撑风险的处理应对，发挥数据要素驱动作用，从源头压降招标采购风险：

3.3.1　供应商履约风险评估和预测模型

根据供应商是否存在否决项风险及需要关注和干预的重大风险及先兆信号，动态生成风险等级，在招标采购、合同签约、合同履行等采购关键环节，对供应商是否存在重大风险进行评估，对供应商存在重大风险隐患并可能诱发严重后果的概率进行预测，并对是否需要处理和干预进行提示，及时识别和阻断风险。

3.3.2　关联关系模型

利用人工智能算法和知识图谱，建立关联关系度量模型。在招标、投标、评标过程中，以供应商、关系人、投标行为等为实体，以股权、任职、共现等关系为边，建立关系图谱，对同一项目不同投标人是否存在控制关系、股权和人员、联系方式等直接关联及历史关联、间接关联进行分析、分级并给出相应的处理指引，帮助采购人在招标采购过程中，对关联关系进行识别和处理。

在供应商全生命周期的数据资源整合的基础上，通过各个模型的数字化应用，打造了采购全过程、供应商全生命周期风险数字化管控新模式，以在采购全过程中动态开展供应商风险识别和监管、评价为机制，确保在招标采购中屡禁不止的供应商欺诈、围标串标风险在大数据下无所遁形，同时，通过供应商履约风险的动态监测分析对合同履约做到实时风险感知和干预，确保采购全流程、全要素、全主体的各级各类风险可控在控，探索出采购管理提质增效的新模式。

4　结语与展望

供应链数字化转型是持续、不断迭代和演进的过程，供应商风险管理作为供应链数字化转型的一个细分领域，本文基于不对现有系统做重大改造的前提下提出了数字化转型的路径和重点任务，为供应商管理乃至供应链数字化转型提供了有益的参考。但是显然也应注意到其转型深度不足的缺陷，未来有必要对供应链转型路径进行深入研究。

参　考　文　献

[1] 华为企业架构与变革管理部. 华为数字化转型之道[M]. 北京：机械工业出版社. 2022. 4.

[2] 何奕灿. 企业供应链建设采购数字化转型研究[J]. 物流与供应链. 2024(1).

[3] 王玉. 数据要素、行业竞争与企业供应链质量关系研究[J/OL]. 价格理论与实践. https://doi.org/10.19851/j.cnki.CN11-1010/F.2024.01.017.

[4] 张戈，孔婷. 基于文献计量法的供应链数字化研究热点及趋势分析[J/OL]. 物流科技(2024-03-01). https://link.cnki.net/urlid/10.1373.F.20240229.1055.002.

物联网技术在数字油田建设中的应用

王 诗 孟 强 王 磊 曾思瑶 王 秀

（中国石油辽河油田公司）

摘 要 在物联网技术日新月异的信息时代的背景下，油田企业必须通过信息技术改造传统的石油工业，才能够在大时代的浪潮之下立足，数字油田、智能油田建设是未来的发展趋势。作为辽河油田物联网建设的试点单位，通过A11物联网技术实现远程监控生产过程，运用智能设备进行生产动态智能调控，实现部分一线生产班站无人值守；在SAGD（蒸汽辅助重力泄油）井组数字化油田建设中，实现生产管理实时化、可视化，降低安全风险，节省人力物力，从而有效地提高生产效率和管理效率。本文首先对物联网技术进行简单介绍，接着谈论物联网技术在国内外各大石油企业的应用，最后对辽河油田特种油开发公司的数字油田建设进行一些探讨。

关键词 物联网技术；超稠油开发；SAGD监测；智能调控

随着科技的进步与发展，物联网技术已经在社会各行各业得到了广泛的应用。传统的石油工业已经渐渐跟不上时代的脚步了。为了使油田企业在新时代能够得到更好的发展，油田企业自身就必须要抓住“信息化”这个关键，来改造传统的石油工业。只有利用好物联网技术，油田企业才能实现从数字化油田向智能化的转变，才能够在新时代下具有广阔的发展空间。辽河油田特种油开发公司（以下简称特油公司）是一家年产量规模100万吨的采油单位，作为辽河油田物联网建设的试点单位，利用A11物联网技术，降低生产成本，降低工人劳动强度，提升油田数字化水平，在国际油价大起大落的复杂背景下，更显得尤为迫切。

1 物联网技术

所谓的物联网技术，简要的说就是通过互联网将物与物之间联系起来，实现人与物之间信息的传递，从而帮助油田企业能够对油田的建设发展实现远程的监控和管理。这对于油田企业的生产效率和管理效率都有极大的好处。物联网作为我国重要的一项新兴战略性产业已经引起了社会各界人士的广泛注视。

物联网技术是由多种先进技术结合的先进技术。通过这些先进技术实现了物与物，人与物之间信息的传递和控制。物联网技术从收集数据到各行各业的具体应用中类似于人类感知世界的过程。本文将物联网分为了三个层次。第一个层次：感知层。感知层相当于人体的感官。物联网通过对物体数据的采集，来帮助第二个层次网络层进行数据的处理分析。第二个层次网络层相当于人体的血管，专门负责整合感知层收集到的信息，并将信息传递到各个部门。第三个层次：应用层。该层次相当于人体的大脑，是物联网技术在实际应用中的具体表现。物联网技术通过符合企业现状的分析结果，帮助企业实现对油田的智能化控制与发展。

随着时代的发展，物联网技术已经在多个行业领域得到了广泛的应用。譬如城市管理、公共安全等，就连人们日常生活中的智能家电也是物联网技术的一大应用。因此未来的发展趋势必定是智能化的，而油田企业在未来也必定会由数字化转变为智能化的油田建设。

1.1 物联网技术在国内外的应用

自物联网这个概念被提出以来，国内外都已经对物联网技术在油田企业上面的应用进行了一些探究和实际应用。下面是物联网技术在国际上以及在国内对油田企业发展中的应用：

1.1.1 物联网技术在国际各大石油公司的应用

各个国家的油田企业针对物联网技术在油气田的开发生产制定了一系列的管理策略。比如英国的BP公司提出了“未来油田”项目的十年目标；埃克森美孚公司制定了五年IT战略计划；壳牌公司在油田计划中推行数字油田技术等等。尽管国际上的各个公司针对物联网技术的应用提出了各种计划，但是探究其根本都是数字化或者智能化的油田建设。而国际上的各大公司通过运用物联网技术，在油气田的开发生产中的成果也十分喜人。英国的 BP 公司在 2008 年提出的十年目标，在 2012 年时已经完成此目标的一半，相比较原计划整整提前了两年。由此可见物联网技术的应用将对油田企业的发展产生很有利的帮助。

1.1.2　物联网技术在中石油的应用

中石油根据国家“两化融合”的战略方针，对企业的改造和发展早就提出了明确的要求：以“信息化”作为现代化的动力。中石油通过应用物联网技术，抓住“信息化”这一关键，从而进行大力发展。经过一段时间的努力，中石油在技术水平上已经赶上了国际上的知名公司企业，各个油田根据自身的实际情况，以大庆油田、长庆油田为首的油田先后都实行了数字化油田的建设。这一发展战略帮助中石油在未来的发展中占据了有利形势。

2　物联网技术在辽河油田特种油开发公司的具体实践

随着时代的不断进步和发展，物联网技术必须要投入到油田企业的实际应用中才能帮助企业在新时代实现智能化的油田建设，从而实现更加良好的发展。以下是物联网技术在辽河油田建设数字油田、智慧油田中的具体实践。

2.1　建立数字化管理

上文提到过在物联网技术的应用中具有三个层次，而具体到实际运用中也可以大致分为三个部分：前端对应的是物联网的感知层次；中端对应的是物联网的网络层次；后端对应着的是物联网的应用层次。以下将具体谈论物联网技术在辽河油田特种油开发公司中建立的数字化管理：

（1）前端

前端相对应的是物联网的感知层。它是面向生产前线的重要层次。在油田的建设中，人们一般将现场单井等作为基本的生产单元，并以此作为发展的核心。通过前端，它可以完成一些对基本生产单元关键数据的采集、传输和控制的工作。通过对基本单元关键数据的收集，不仅使得油田企业的管理更加智能化和网络化，它还加强了企业对生产过程的监控力度，使得企业对油田的管理更加标准化，进而建立起以站控系统为核心的前端基本生产管理系统。油田企业在新时代的发展趋势必定是智能化的，因此这一措施对油田企业未来的发展有极大的好处。

（2）中端

中端对应的是物联网的网络层。在物联网技术投入到油田企业的油田建设发展中，中端作为网络层，起到了整合数据，并将数据信息在前端和后端之间传递的作用。它将基本单元——现场单井、站等基本单元，作为核心，在此基础之上建立起数据通路，该系统同时兼具了数据传输、视频传输、远程控制这三大功能。这使得企业对油田建设发展的远程控制能力得到了大大提升，从而实现优化生产运行能力和提高系统风险预警的能力。

（3）后端

后端对应着的是物联网的应用层。它的根本是以油气藏和地上地下相结合为核心。为了能够达到对油气藏的实时监督，它通过运用云计算技术建立了油气藏研究与决策支持系统，从而及时对开发生产的现场状况实现优化的目的。通过将物联网技术应用到油田企业的油田发展建设中来，不仅能够有效地提高生产效率，还实现了油田生产开发由数据化向智能化的转变——这一转变大大地降低了劳动强度，这对于安全保障方面的提升是巨大的。

2.2　各层次功能的实现

前端的主要功能是数据的采集和信息的传递。特油公司油气生产区域分布在远离城镇的地域，生态环境、交通状况也比较差。这对油气区的开发建设带来了很大的困难。针对油气区的地域特点，油田企业对油气区的开发建设应当确定以基本生产单元为核心和基础，从而确保安全生产。通过利用数据采集系统，将本地的实时数据和关系数据进行实时传输，使得油气生产管理系统和生产运行指挥系统能够实时地接收数据，从而能够确保基本生产单元的数据及时准确，保证基本生产单元的生产效率。除此之外，前端感知层还运用多项技术，实现 SAGD 实时监测，蒸汽驱智能调控，促进了数字油田的实现。这对于特油公司的人力成本降低有极大的好处。

3　A11 物联网技术在数字油田建设中的应用实践

特油公司目前 A11 物联网技术主要应用于油藏监测、地面监测，智能调控、视频监控、无人值守注汽站、采油站建设等方面，应用于蒸汽吞吐、SAGD、蒸汽驱等多种开发方式，通过近年来的大力建设，油田数字化程度已经走在辽河油田各采油单位的前列，得益于此，特油公司生产成本处于辽河油田各采油单位最低水平，盈利能力高居油田公司前列。下面对 A11 物联网技术的具体运行进行简要介绍。

3.1 SAGD 井组监测数字化，保证 SAGD 持续稳产

SAGD 是特油公司产量规模最大的开发方式，也是最早应用物联网技术的开发方式，目前 53 个 SAGD 井组地面、地下监测全部并入 A11 物联网系统，本系统集计算机技术、通信技术、数据采集技术及传感器技术于一体，通过高精度的数据采集器，获取安装在油井设备上的电流、电压、温度、压力、载荷、功图等数据，可以采用多种通信接口将其传输到测控中心，技术人员可以通过 WEB 方式实时浏览油井各类生产参数，实现对采油过程的全面监控。

SAGD 井组数字化油田建设项目是一个综合使用工业控制、实时数据库、网络通讯、软件开发、数据接口等现代技术手段对 SAGD 油田动态生产管理的平台，系统使用数据接口技术实现对不同控制系统的数据采集，应用光纤网络及 GPRS 网络进行数据传输，利用 ORACLE11 数据库平台进行数据存储，利用 Net 技术开发数据库发布系统，将分散的油井、独立的监控系统整合到统一的平台上，形成一个有机的整体。

超稠油开发始终与热量相伴，SAGD 开发在高温高压下连续注汽连续生产，汽窜、井喷等安全风险比一般油井大，光杆断裂就是一项重大安全隐患，如果光杆断裂不及时发现，将会造成停井、设备损坏的生产事故，不仅影响产量，也有可能因原油泄漏造成污染，影响井场周边生态环境安全。随着光杆断裂报警系统的应用，一旦再发生光杆断脱等异常状况，报警系统会及时启用，班站员工会第一时间得到警示，及时上报进行处理，保证油井生产时率。在日常管理中，已经实施的自动测液面技术，也在大大降低了工人的劳动强度。

SAGD 生产井地面实时监控系统现场图如图 1所示。

图 1　SAGD 生产井地面实时监控系统现场图

以前一线工人要想了解油井生产情况，只能亲自去井口查看，对于点多面广，油井分散的油气生产单位，日常巡井就是一项巨大的工作量，很多时间都耗费在了路上，有问题很可能未及时

发现。有了SAGD地面和井下实施监测系统(图2)，无论是一线工人，还是采油单位技术人员，都能实时了解SAGD开发井生产数据，及时根据油井生产动态进行工作参数调整，做到SAGD调控的及时准确。

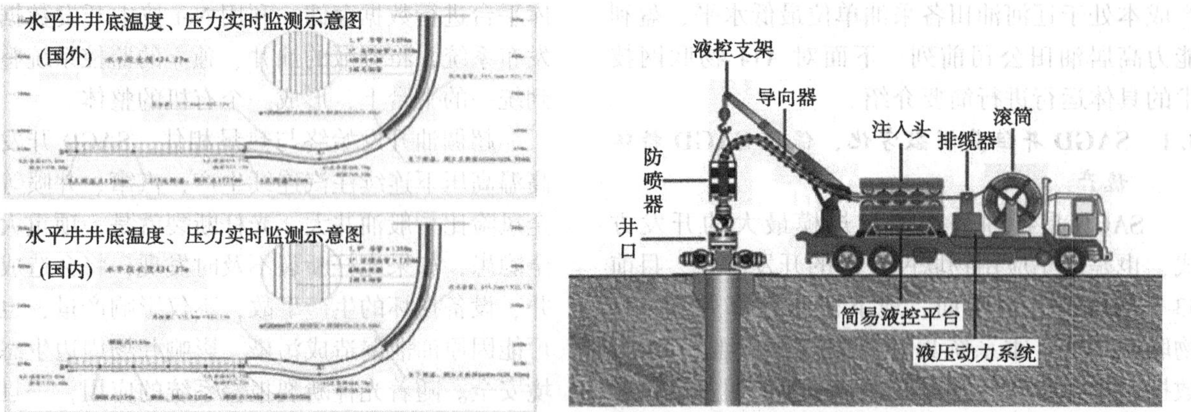

图2 SAGD水平井温度、压力实时监测系统示意图

分布式光纤测温系统在特油公司应用已有十余年时间，利用分布式光纤测温系统，技术人员可以严密监测蒸汽腔扩展范围，根据蒸汽腔发育情况实时动态调整注汽井及注汽量。利用热电偶测温测压系统，可以实时监测SAGD水平井井下油藏状态，在杜84-馆H71-1双水平SAGD井组十几次循环预热动态调控中，技术人员就是在电脑前通过井下温度、压力监测数据，判断油井生产状况，是抽喷还是闪蒸，还是正常生产。结合瞬时注汽量，井口温度，冲次，采出状况，不断调整动态参数，确保循环预热平稳进行，双水平井间尽快形成热连通。最终使该井成为特油公司又一口日产100t/d以上的SAGD生产井，是辽河油田超稠油开发的品牌工程，是物联网技术与SAGD调控相结合取得成功案例的典范。

3.2 *蒸汽驱调控智能化，助力蒸汽驱效果稳定*

蒸汽驱是特油公司重要的开发方式，目前部分蒸汽驱井组已经实现智能调控，数字化已经初步实现，向智能化迈进就是下一步的发展方向，特油公司探索了抽油机智能调控系统，目前已经在蒸汽驱井组得到应用，下面做简要介绍。

3.2.1 智能调控采油系统基本工作原理

抽油机智能调控采油技术是集自动化技术、通信技术和计算机信号处理技术相结合。主要是通过在线自动实时监测并录取油井油管与套管之间的环形空间内的动液面参数作为调控依据。预先设置固定合理的动液面参数后，通过实时监测动液面高度动态变化，对抽油机变频电动机进行自动变频控制调频，进而调节抽油杆带动抽油泵内活塞的上下往复冲次数。当监测到动液面超过设定值时，油层供液能力强，系统自动提频，上调冲次，加速排液；当监测到动液面低于设定值时，油层供液能力弱，系统自动降频，下调冲次，放缓排液。使抽油泵始终在理想的供液能力范围内高效排液工作。

3.2.2 智能调控应用效果分析

实施智能调控采油技术，对油井生产动态实时监测，依据动液面变化，自动智能变频调速，改变抽油杆冲次，实现抽油泵供排平衡，提高泵效。下面举例1口典型井智能调控采油效果跟踪情况

该井属井组中汽驱受效较好井，油层中深998m，泵深960m，泵径ϕ57mm，光杆冲程3m，安装智能调控系统前后生产中，测试动液面比较稳定，冲次、产液量和泵效变化显著。

通过安装智能调控系统后，设定自动控制动液面高度600m，阶段生产20d对比发现，实施后在线监测的动液面数据与实施前对比，误差不大，基本比较吻合，曲线显示比较平稳，动液面数据基本维持在500~550m之间波动，说明该井供液情况比较稳定，注采井间连通性较好，蒸汽驱替持续比较平稳有效。实施后自动监测动液面较高，泵沉没度在400m以上，供液能力充足，系统自动控制电机调频提速，抽油杆冲次从实施前的5次/min提高到6次/min，抽油泵排量增加，日产液量增加(图3、图4)，由实施前平均

23.6t/d 提高到 30.8t/d，日产液提高了 7.2t；泵效由实施前的平均 28.4%，提高到实施后的 31.1%，提高了 2.97%，日耗电量从 240kW・h 降到 191kW・h。

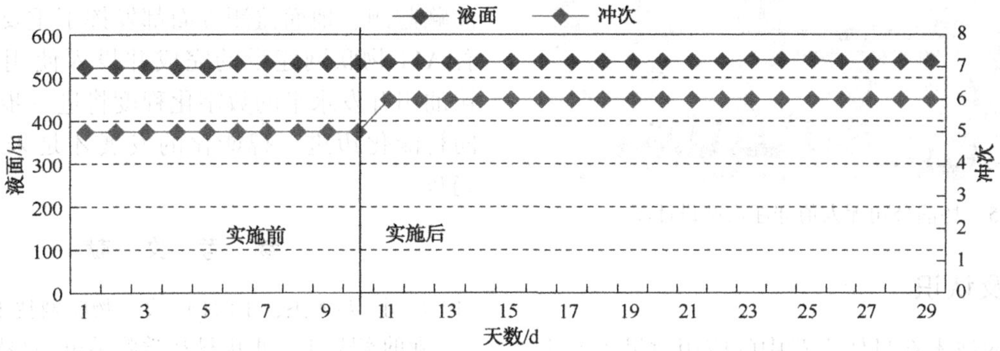

图 3　杜 32-51-37 井实施智能调控采油前后液面、冲次变化对比

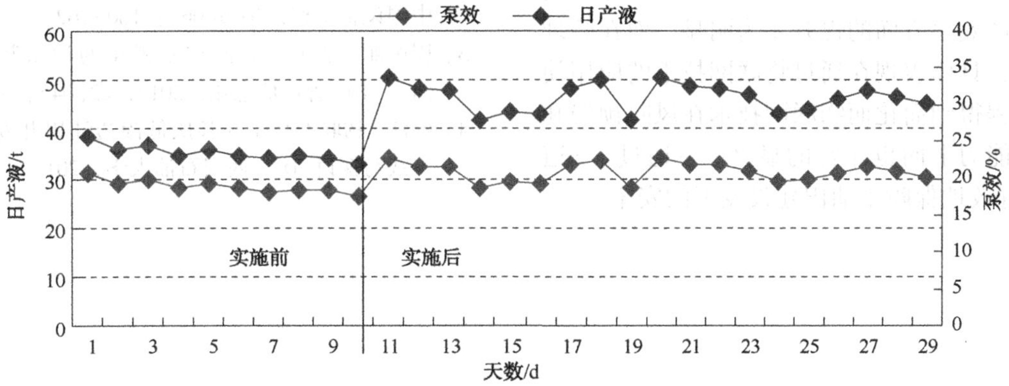

图 4　杜 32-51-37 井实施智能调控采油前后日产液、泵效变化对比

智能调控采油系统的示功图绘制监测功能，能够实时监测出杆断、管漏、卡泵等井况故障情况，一旦机采系统出现生产异常，自动报警，同时对故障进行诊断，并启动自动保护措施，保证生产安全。

智能调控采油系统可以自动在线实时监控抽油机等机采系统的工作动态，实现数字化高效管理，及时发现油井故障，使生产更安全，决策更准确，有效节省大量人力资源，提高工作效率。

3.3 班站生产数据采集自动化，实现注汽站、采油站无人值守

通过 A11 物联网建设全方位实施，生产数据实时采集并传输至公司内部网络上，在生产管理上，通过一定时间的探索，建成 1 座厂级生产调度中心，6 座作业区级生产监控中心，实现 1 座注汽站、1 座采油站的无人值守，只保留应急队伍随时处理突发状况，大型站场少人集中监控，通过减岗、换岗、外出劳务等方式，减少一线员工数量 100 余人，为公司降低了人工成本。预计物联网项目年经济效益达到 5000 万元以上。

特油公司一线生产区域位于饶阳河畔，距离入海口只有几十公里，每天七八月份主汛期，都面临上游洪水下泄以及天文大潮顶托导致的海水倒灌共同作用下的洪水威胁，2010 年的特大洪水就给辽河油田造成了重大损失。

在主汛期，一线班站员工除了日常巡井之外，还需要对特油公司负责的 7km 饶阳河大堤进行加密巡查，确保堤坝安全，费时费力，安全压力大。随着物联网技术逐渐应用，特油公司在堤坝重点部位安装了数十个视频摄像头。使得一线班站员工，调度室值班人员，公司安全管理人员可以实施监控水位变化和堤坝异常情况，及时有效的采取开启排涝泵、加固堤坝等应对措施。降低了工人的劳动强度，也使应对洪水的及时性大大提升。对于油气生产区域位于河畔的特油公司的来说，确保汛期安全环保不出问题，油田正常生产不受影响。

特油公司无人值守注汽站设计图见图 5。

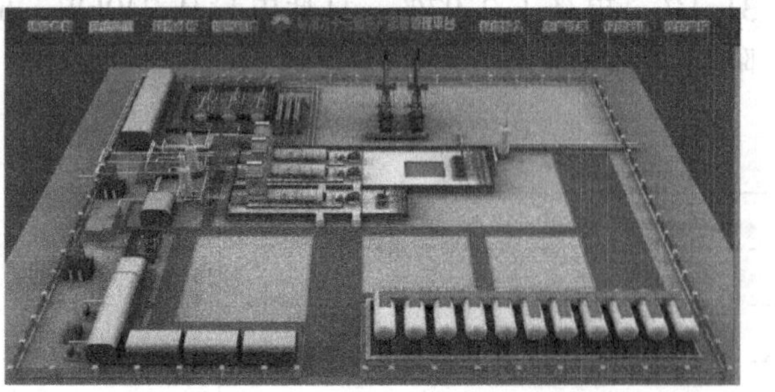

图 5　特油公司无人值守注汽站设计图

4　结论及认识

物联网技术在具体实践中的应用效果主要表现在生产管理效率以及风险预警和安全保障上。并且初步实现了注汽站、采油站的无人值守。这些对于生产效率方面的提升尤为明显。而在管理效率方面，具体表现在通过物联网技术的应用使得生产流程得到简化而物联网技术在风险预警和远程控制能力上面也非常的显著——通过“三道防线”，有效地保障了油田建设发展的安全。

在油田开发上，通过对油藏地下、地面生产数据实时跟踪，对于技术人员在 SAGD 和蒸汽驱开发中对油井的动态调控提供了巨大的便利，在油藏监测、地面监测方面都发挥了重要作用。随着 A11 物联网建设的完成并投入使用，特油公司油田开发水平的数字化程度将进一步提高，并向智能化迈进。智能化的发展才是未来的发展趋势。

参 考 文 献

[1] 魏明，吕永杰，王海国，等. 物联网技术在油田企业的实践[J]. 重庆科技学院学报(自然科学版)，2013，15(2)：154-158.

[2] 胡翔. 基于物联网技术的油田数字化建设分析[J]. 中国设备工程，2019(06)：160-162.

[3] 周彦丽. 基于物联网技术视角的油田数字化分析[J]. 中国管理信息化，2019，22(04)：67-68.

[4] 韩江. 物联网技术在长庆低渗透油田开发中的理论实践与探讨[D]. 西安石油大学，2015.

基于 MQTT 协议的油田物联网采集系统架构设计与实践

单旭光　母建飞　李广青　张　鑫

（延长油田股份有限公司）

摘　要　油田独特的环境造成各类的生产设备分布比较分散，点多、线长、面广，传统的油田物联网系统架构采用工业控制(SCADA)轮询模式，单井 RTU 将采集到的载荷、角位移、压力、流量等数据通过 MODBUS RTU 协议传输到井场 RTU，井场 RTU 负责数据的整合、处理和上传至采油队(作业区)SCADA 系统中，上级部门查询底层数据需要逐级询问，SCADA 系统轮询完所有的设备无疑会消耗大量的时间，无法保证监控数据的实时性和远程控制的精确性，因此采油厂需要部署几套甚至几十套 SCADA 系统才能满足生产需求，该系统的优点是性能稳定，安全性高，SCADA 系统诞生于上世纪 70 年代，经过四次迭代，广泛应用于油气生产企业；而基于 MQTT 协议新型物联网架构模式采用订阅+发布模式实现双向通讯，上下级部门设置不同用户权限，采用 MQTT 协议的油田物联网架构模式减少了井场主 RTU，设备层级少，运行节点少，建设和维护费用更低，操作简单，可远程配置管理，同时支持海量通讯，系统同时接入的设备达千万级，全厂乃至全油田范围内仅需一套，缺点是在油气生产场景应用案例少。基于此，我们在延长油田志丹采油厂朱家湾采油队三号站、双 100 井区分别建设了 SCADA 工控实验区和 MQTT 物联网实验区，通过试点建设对比，探索新型物联网在油田的应用实践，为延长油田的数字化转型提供技术支撑。

关键词　工业控制(SCADA)轮询；MQTT；订阅+发布；MODBUS RTU 协议

油田开发是一项多学科融合、技术密集型的系统工程，处理庞大的地质、工程数据，精确控制数以万计的设备无疑都需要借助计算机技术、自动化技术来实现，大部分油田都从上世纪 70 年代逐步投入开发，同一时间正是 SCADA 系统发展的黄金时期，从第一代基于专用计算机和专用操作系统的 SCADA、第二代基于通用计算机的 SCADA、第三代基于分布式计算机网络及关系型数据库的 SCADA，到目前第四代 SCADA 采用 Internet 技术、面向对象技术、神经网络技术以及 JAVA 技术等技术，两者的完美结合造就 SCADA 系统在油气生产企业的广泛应用，但油田实施数字化建设一般都依靠外协单位，导致存在以下几个方面的问题：一是系统架构不统一，有 B/S 架构、也有 C/S 架构；二是各外协单位之间标准不统一，平台不兼容，公司统一平台建设障碍重重；三是后期维护只能依靠外协单位，缺乏岗位制度约束，项目建设及运维相关技术资料缺失，导致设备上线率和完好率低，后期运维成本高。

MQTT 协议最早诞生于 1999 年的 IBM，是轻量、简单、开放和易于实现的通信协议，这些特点使它适用范围非常广泛，目前主要应用于智能家居或智慧城市系统、物流及交通管理系统、环境监控以及物联网数据采集及监控平台，在未来 MQTT 会进入到我们生活的各个方面，但是很少应用于油气生产场景，为牵住数字关键核心技术自主创新这个“牛鼻子”，切实降低后期的运维费用，更好的实现数字化赋能行业应用，聚焦技业管堵点，以基础管理现代化为基本前提，以“减员、提效、增安”为最终目的，为此启动了基于 MQTT 协议的油田新型物联网模式建设试点。

1　系统架构设计

结合物联网感知层、网络层、应用层三层架构，该系统分为油水井前端感知系统、数据传输系统和智能生产管理系统三大部分，油水井物联网终端采集各仪表设备的参数信息，数据传输系统采用 MQTT 协议，代理(Broker)服务器采用 EMQX，时序数据库采用 InfluxDB，关系型数据库采用 Sqlsever，通过油田生产专网上传至智能生产管理系统，管理系统对接收的数据进行处理和展示，发出操作指令。

油田工业物联网总体框架如图 1 所示。

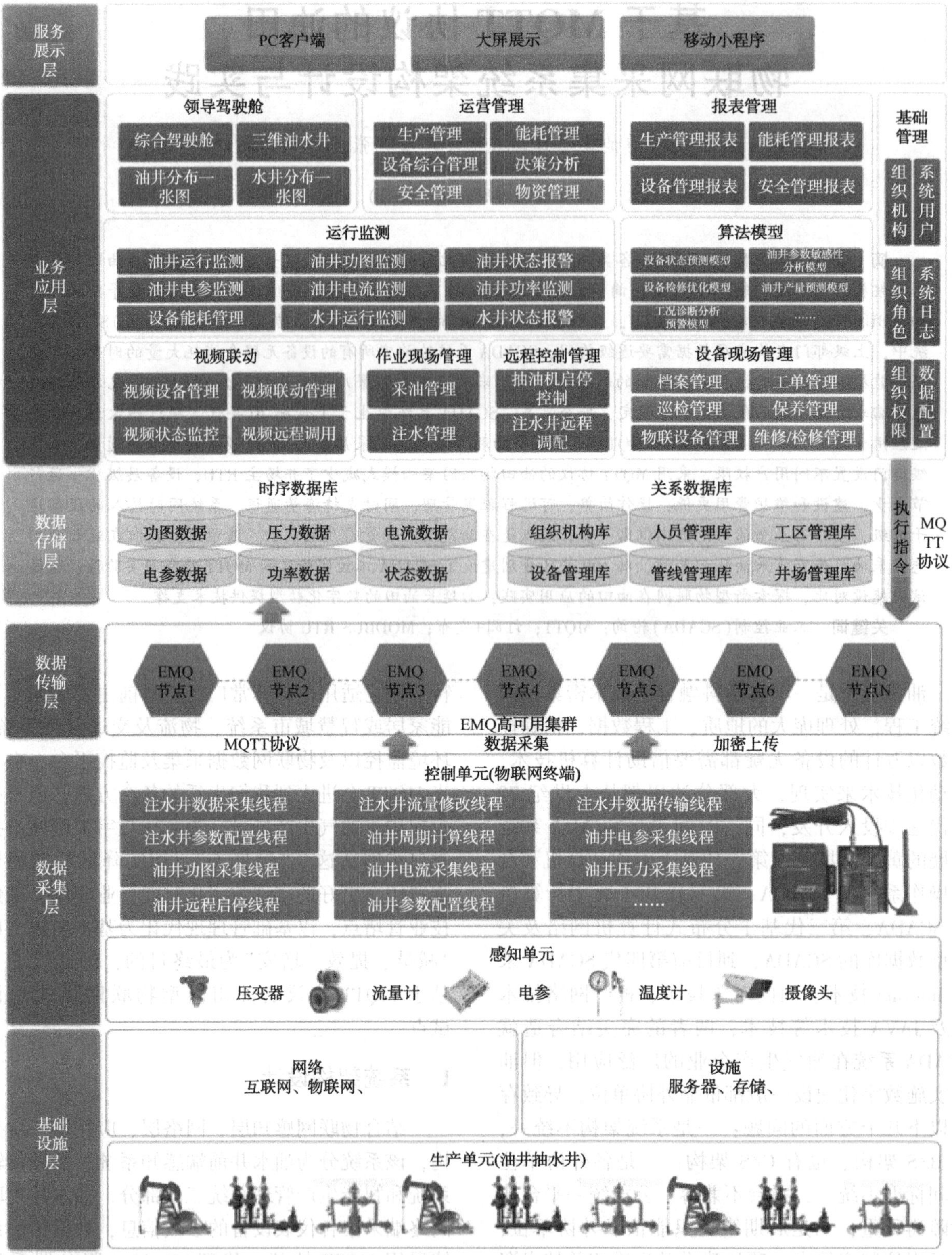

图 1　油田工业物联网总体框架

1.1　前端感知系统

前段感知系统指的是基础设施层和数据采集层，主要包括感知单元和控制单元。

感知单元主要是传感器，传感器由感应组件和转换组件组成，感应组件能直接感受被测量的量，转换组件则将感应组件输出量转换为适于传输和测量的电信号，根据被测量可以分为模拟量、脉冲量以及开关量，油井传感器包括载荷传感器、角位移传感器、油压变送器、动液面传感器、毫米波雷达液位计、三相电参模块，注水系统传感器包括流量计、分水器压力变送器、管压变送器、油套压无线压变、温度变送器、井场枪球一体摄像机以及智能巡检机器人等。

油井控制单元包括功图采集线程、远程启停线程、周期计算线程、电参采集线程、参数配置线程、压力采集线程等；注水井控制单元包括数据采集线程、参数配置、流量修改线程、数据传输系统等。

1.2 数据传输系统

数据传输系统主要包括数据传输层和数据存储层，传输层采用的是 MQTT 轻量级协议，数据储存层包括时序数据库和关系型数据库。

MQTT 协议是机器对机器(M2M)或者物联网(IoT)连接协议，是消息队列遥测传输。该协议构建于 TCP/IP 协议之上，广泛应用于车联网、工业物联网、智能家居、智慧城市、电力等行业。MQTT 是 AWS IoT Core、Azure IoT Hub、阿里云物联网平台等顶级云厂商物联网平台标准通信协议，是各个行业以及诸多网关协议上云的首选协议。MQTT 协议是基于发布订阅模式的轻量级协议，我们既可以让多个发布者向一个订阅者发布消息，也可以让多个订阅者同时接收一个发布者的消息。

MQTT 协议通讯传输图如图 2 所示。

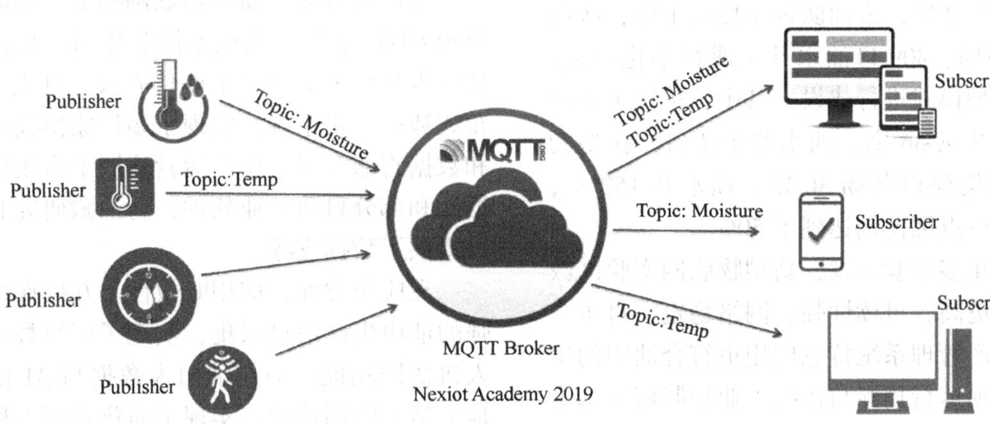

图 2　MQTT 协议通讯传输图

EMQX 是一款完全国产的 MQTT 协议服务器软件，目前市场份额国内第一，作为热门且成熟的 MQTT Broker，提供了随处运行、无限连接、任意集成的云原生分布式物联网接入平台，一体化的分布式 MQTT 消息服务和强大的 IoT 规则引擎，为高可靠、高性能的物联网实时数据移动、处理和集成提供动力，助力企业快速构建关键业务的 IoT 平台与应用。

InfluxDB 是一个开源的、高性能的时序型数据库，在时序型数据库 DB-Engines Ranking 上排名第一，是目前应用最为广泛的时序库(图 3)。

☐ include secondary database models　　41 systems in ranking, March 2023

Rank			DBMS	Database Model	Score		
Mar 2023	Feb 2023	Mar 2022			Mar 2023	Feb 2023	Mar 2022
1.	1.	1.	InfluxDB	Time Series, Multi-model	29.15	-0.29	-0.54
2.	2.	2.	Kdb	Time Series, Multi-model	8.03	+0.73	-0.98
3.	3.	3.	Prometheus	Time Series	7.33	+0.27	+1.00
4.	4.	4.	Graphite	Time Series	6.59	-0.16	+1.11
5.	5.	5.	TimescaleDB	Time Series, Multi-model	4.52	+0.02	+0.06
6.	6.	↑7.	RRDtool	Time Series	3.02	+0.02	+0.41
7.	7.	↑9.	DolphinDB	Time Series, Multi-model	2.69	-0.16	+1.16
8.	8.	↓6.	Apache Druid	Multi-model	2.63	+0.14	-0.63
9.	↑10.	↑15.	TDengine	Time Series, Multi-model	2.43	+0.02	+1.67
10.	↓9.	↓8.	OpenTSDB	Time Series	2.32	-0.12	+0.53

图 3　时序数据库排名 DB-Engines Ranking

1.3 智能生产管理系统

智能生产管理系统部署在业务应用层和服务展示层，主要包括采油井管理、注水井管理、能耗管理、原油储运、设备管理、系统管理以及生产综合看板，实现油水井各类数据的自动采集、油井远程启停、注水井的远程调配、工况智能诊断、检修全流程闭环管理、系统效率优化、原油储运跟踪、井场智能巡检等。

2 现场应用案例

志丹采油厂数字化试点区面积16km^2，共有注采井场72宗，油水井309口，日产油274t，年产油10×10^4t，平均单井日产油1.63t。

试点区数字化建设完成光缆架设89km，建设站级中控室2座，采油队级中控室1座，区内72宗生产井场、309口油水井完成数字化改造。试点区以两种模式进行建设，其中，传统工业控制模式建设井场36宗，油水井157口，新型物联网技术架构建设井场36宗，油水井152口，该种模式占试点区比例达到了50%。

通过一年多试验开发，新型物联网实验区数据传输效率更高，可读性强、网络稳定，自主开发的智能生产管理系统特色应用更符合油田的生产实际，各项运行指标与传统工业控制模式基本持平，规模化应用该模式，保守估算建设成本可减少1/5以上，同时后期维护费用更低。

2.1 建设成本降低

在井场设备方面，MQTT模式下不需要井场主RTU，相比传统工业控制模式可减少井场主RTU36个；在数据中心方面，MQTT协议不需要采油站级、队级服务器，全厂乃至全油田仅需一套服务器，且不需要分管理层级部署应用系统，而传统工业控制模式需要配备站级、队级乃至厂级SCADA系统，采用MQTT模式可节省几十套应用服务器。

2.2 后期运维成本降低

基于MQTT模式的物联网终端设备、智能生产管理系统均为自主研发，核心算法均有自主知识产权，运行维护完全可以由油田内部人员完成，且由于设备层级的减少，维护工作量也有一定的下降，传统模式物联网实验区月维修保养次数平均在51次，而新型物联网实验区月平均维修保养次数为35次，下降了31.37%。

3 创新点

基于MQTT的新型物联网架构模式是目前在国内石油行业第一个工业物联网应用实践，基于该项技术的油水井物联网系统架构团体标准已经在2023年12月27日发布，2024年1月27正式实施，该系统架构从技术、产品、应用三个方面创新取得了关键突破，技术水平先进，安全自主可控，是数字油田建设领域中的一次重要创新。

在技术方面，采用工业物联网技术取代传统工控技术，采用主动上报代替轮询问答模式，减少服务器负担和数据传输层级，用轻量级MQTT取代传统MODBUS TCP协议，提高了数据传输时效性和远程控制精确性。

在产品方面，新型物联网终端采用高性能工业级GD32芯片，实现主控芯片国产化，大幅降低成本且更灵活满足个性化需求。自主开发的分布式数据采集系统，实现了多厂家协议通用采集和数据直通互联。生产运营协同平台集成专业数据库和部分科研专业软件，为油藏研究和智能分析提供了数据支撑。

在应用方面，应用时效性及互操作性要求不强的油田生产信息采集，实现了厂级数据共享和人机协同功能，应用油田大数据与AI技术实现地上地下协同管理，实现了简化管理流程和提升油井采收率。

4 推广价值

本系统前端实现实时监控、数据采集，实现智能控制、智能预警的生产指挥系统，后端实现大数据驱动下的地质工程一体化智能油藏动态分析与优化决策系统，在石油行业和其他领域都具有广泛的可复制性，也可为其他产业提供借鉴和启示。

在区域方面，本系统具有很强的灵活性和可扩展性，适合不同区域不同油田的生产管理需求。例如，延长油田10万多口油水井的数字化覆盖率仅为10%，本案例单口油井数字化建设成本仅为传统模式的88.5%，可推动油田低成本数字化转型发展。

在行业方面，本系统是一套低成本和自适应性强的工业物联网体系，自主嵌入性开发具有较好灵活性，还可应用于化工、矿山和制造业等多个行业。例如，在金属冶炼行业，该系统可以监测设备温度、压力和电流等参数，有效避免了生产过程中的故障和停机时间，提高生产效率和质量。

在领域方面，随着全球能源形势变化和科学技术发展，信息化、智能化已成为企业提高核心竞争力的重要手段。在智能制造、智能交通、智能建筑等领域具有很大借鉴意义。例如，在智能制造领域，该系统可应用于机器设备的远程监测和维护，提高制造业的效率和安全性。

5　结论和建议

通过两种模式的对比，基于 MQTT 的新型物联模式更符合油田的生产实际，在该架构下开发的各类应用更能满足油田开发的特色需求，主要具备以下优点：

（1）低成本组网，油水井终端实现直通互联。

（2）功能模块覆盖广，可满足各类数据采集、存储和传输。

（3）OTA 远程升级，可以通过网络远程下发配置与固件升级。

（4）兼容性强，可兼容各类协议，功能易拓展。

（5）集成性强，智能生产管理系统集成多种数据库及专业系统，为油藏研究、智能分析提供数据支撑。

参　考　文　献

[1] 吕元，夏振华，肖一帆. 基于 MQTT 的物联网终端的 PLC 远程工业控制[J]. 电脑知识与技术，1009-3044(2022)10-0113-03.

[2] 李颖. 基于物联网的油田井口设备管理系统的研究与实现[D]. 西安：西安石油大学，2018.

[3] 李尤. 基于边缘计算的工业物联网云平台架构的设计与实现[D]. 北京：北京邮电大学，2020.

[4] 陈雪雅，殷明明，张晓海，王琰琳. 基于云端架构的工业控制系统网络化的研究[J]. 电子科技，2019(02)：67-68.

[5] 王志坤. 光无线通信的无线监控系统的设计[D]. 武汉：华中科技大学，2019.

天然气管道工程监督智能化研究与探索

刘　洋

（中国石油天然气股份有限公司天然气销售分公司）

摘　要　为加强天然气管道工程监督管理工作，提升信息化管理水平。某天然气管道工程监督机构开展管理工作智能化的探索，通过建立信息工作平台，对天然气管道工程全流程的监督加强把控，将数据管理信息化，绩效管理体系化，简化了繁杂的监督管理工作，有效解决了行业痛点。在天然气管道工程监督的智能化管理工作方面，进行了有益的探索和尝试。

关键词　天然气管道工程；智能化；工程监督；信息化管理；互联网+

天然气作为能源的重要组成部分，在国民经济中发挥着巨大作用。但天然气属于易燃易爆介质，具有安全隐患大的特点。天然气管道运营公司承担着较大风险。近几十年来，天然气输送管道发生的泄漏事件屡屡发生，多次造成严重的安全、环保事故，人员伤亡和经济损失巨大。为了应对管道安全运行面临的压力，防范各类管道安全环保风险，实现管道安全平稳运行，各管道运营公司不断加强监督管理工作，并引入信息化、智能化技术，为管道安全运营开辟了新的研究方向。

1　天然气管道工程监督现状及存在问题

1.1　天然气管道工程监督主要工作内容

天然气管道工程是连接天然气生产、加工、分配、销售等诸环节的纽带，加强油气管道运输的质量监督管理工作，对保证能源的安全高效利用尤为重要。天然气管道工程监督工作主要是监督单位对所辖区域内，天然气管道工程开展监督协调。确保工程监督工作落到实处，确保区域内新建、改建、扩建工程项目的依法合规、质量、安全、进度等目标的实现，为区域内各单位天然气业务高质量发展做好监督保障。根据国家工程建设、工程监管相关法律法规，结合区域地域情况，按照域内监管对应地点、季节、工程进度等时空要点，对应法规等依据，制定监管标准和规范，建立各环节常见的检查清单，对各个环节开展监督检查。

1.2　评价指标体系

按照国家及行业相关标准规范，结合天然气管道工程项目建设的特点，对质量监督目标进行细化。

（1）各单位、项目部质量、安全管理体系100%建立。

（2）各岗位人员100%持证上岗，特殊工种按要求具备相关证件。

（3）管道焊接、补口、施压、埋深等实体工程数据符合设计要求。

（4）设计、施工、竣工等资料完备率100%。

（5）质量监督抽检、专项检查频率符合要求。

（6）安全、环保、质量事故零发生。

（7）物资管理完整，文件资料齐全率100%。

（8）特种设备、压力管道定期检验100%完成。

（9）计量、检验器具设备完好率100%且配置齐全。

1.3　现有监督管理存在问题分析

质量监督管理规划缺乏落地实效。首先，虽然管理单位已经建立了相对完善的质量管理组织机构，也明确了相关部门职责。但由于缺乏建立有效的质量保证体系保障，导致落实效率执行力度低下。其次，在做质量管理规划时，缺乏考虑到事前管理对油气管道项目的重要性，使质量目标与计划界面模糊不清。最后，在质量规划中，缺乏对质量控制的关键点的划分，计划难以落地执行，甚至导致质量问题出现。

物资采办控制手段和标准不足，质量监督体系难以全面覆盖。天然气管道工程中的设备与材料是工程质量的物质基础。一旦出现质量问题，容易具有数量大、批次性的特点，对施工质量安全影响较大。目前，对于主要材料设备相关部门可以做到严格监管，但对于管件、配套法兰、垫片、管托等小型材料监管缺失较多。而这些部件往往导致管线泄漏、爆炸、甚至发生火灾等发生。

施工质量细节有待提高。由于施工质量是工程质量的直接因素，也是天然气工程质量监督管理的核心工作。随着项目管理水平的提高，工程质量控制点不断丰富，体系不断完善。但由于受自然环境、人员素质、技术条件的影响，施工质量的细节有待提高。经现场检查，焊接缺陷都为细小缺陷，主要原因是由于焊接受环境影响较大，焊工熟练度参差不齐，导致了焊接质量有所波动；防腐质量问题由于操作人员对新工艺掌握不足，设备人员磨合相对缺乏；仪表与工艺管道的质量问题主要集中在标高和焊接质量问题上，主要是施工与设计衔接不够紧密所产生问题。

2　天然气管道工程质量监督发展趋势

2.1　国外技术应用情况

国外不同管道公司在管道智能化监督管理方面各有特色。

(1) 美国哥伦比亚管道集团

美国哥伦比亚管道集团是北美著名的天然气管道输送公司，运营超过 2.4×10^4km 的洲际天然气管道。自 2014 年 9 月始，哥伦比亚管道集团使用通用电气和埃森哲公司联合推出的全球首个基于工业互联网的“智能管道解决方案”运营管道。该方案帮助管道运营商实现资产完整性管理、运营效率及业务优化等方面的提升，做出更为科学的决策。

物联网技术全面应用。提出了物联网技术在智能管道领域的全面应用方案，建立了智能人员生命安全装备系统(ALSS)，在 WiFi 环境下持续监测有害气体，追踪人员位置状态；构建了地质灾害监测系统，持续监测管道变形情况；实现了管道威胁、泄漏等异常情况的持续监测；通过移动终端进行站队现场维修维护数据与工单处理，并可视频通话；基于无人机实现了管道路由监测与预警；物联网技术全面应用。基于上述成果，实现企业资产的信息化管理，并通过将各类数据集成到一个直观的绩效驾驶舱系统，实现对各类潜在突发事件的预知性反应及风险的识别与规避。

(2) 意大利 SNAM 公司

意大利 SNAM 公司建设了基于资产生命周期的智能管理系统。该智能系统是以业务为主导的解决方案，包含资产的设计管理、技术管理、维护管理、劳动力管理及文档管理 5 大模块，能够有效提高管道运行质量、效率、安全性。该系统集成了由压缩机、管道压力、远程水文、管道应变、站场泄漏、阴极保护、腐蚀、第三方破坏、无人机巡护、机器人巡检等在线监测系统构建的智能监测网络，能够通过调度算法将数据与可用人力资源、距离与位移联系起来，智能分配要运维活动的优化路径，并通过移动设备同步活动列表，推送、收发任务，从而指导作业活动的开展。

2.2　国内技术

目前，智能化、智慧化已经成为当前世界科技发展的主脉络，各行各业的发展从开始的积极融入这些元素，直到将其列为核心技术。我国在国家层面对智能化、智慧化的重视程度不断提高。天然气管道工程质量监督管理也在向着智能化方向不断迈进。

2016 年，国家发改委等部门联合下发《关于推进“互联网+”智慧能源发展的指导意见》，提出以“互联网+”为手段，以智能化为基础，促进能源与信息深度融合。“互联网+”智慧能源(简称能源互联网)是互联网与能源生产、传输、存储、消费以及能源市场深度融合的能源产业发展新形态，是推动油气管道行业迈向智能化的新的重要动力源。中国石油、中国石化、中国海油等中国管道的龙头企业都在实际项目中融入了智能化项目应用，助力油气管道管理的智能化、一体化发展。

3　质量监督智能化关键技术研发

天然气管道质量监督智能化项目在梳理现有业务的表单及流程的基础上，依托信息化的手段建成一套能够满足日常业务全周期操作及管理的数字化系统。通过该软件平台建设，为监督管理机构提供专业化的流程管理、工程项目监督和现场任务管理。在应用中能够减低现场员工的工作压力，同时满足机关相关部门的监管要求。

3.1　软件设计内容

系统整体架构及系统管理模块：搭建系统整体框架搭建，并包含组织机构管理、人员管理、权限管理等。

(1) 首页看板及数据分析功能：在首页中可

以查看检查计划完成情况统计、查看项目状态信息、各省问题统计情况等信息；在动态分析功能中完成了项目分类管理情况统计图、项目类型情况统计图、项目分省分部情况统计图、问题分省分部情况统计图、问题整改情况统计图表等功能。

(2) 工程监督项目管理：可以手工录入工程项目名称/主要内容/时间节点等项目信息，并自动生成项目台账将项目管理起来，可以根据项目类型进行项目查询。

(3) 工程监督项目考核：关联《工程建设项目管理千分检查考核表》，可对应项目进行打分评价，可在打分项下进行打分及相关信息录入、附件上传；打分项目根据打分情况显示不同颜色状态灯提示；根据打分情况自动判断并显示项目所处阶段；并生成项目考核列表，用于查询及管理。

(4) 工程监督省公司考核：关联《省公司考核表》，可对应项目进行打分评价，可在打分项下进行打分及相关信息录入、附件上传；打分项目根据打分情况显示不同颜色状态灯提示；并生成省公司考核列表，用于查询及管理。

(5) 问题追踪及问题整改：项目考核后，如有问题可自动生成该项目问题检查的问题追踪表；并可以完善其整改情况信息，形成闭环。

(6) 检查计划管理：可对项目制定检查计划，并生成检查计划列表。

(7) 考核资料导出功能：可打包项目考核中上传的相关附件信息，按照目录结构整体打包导出。

3.2 软件主要特点

(1) 业务标准化

按照工程监督管理程序，建立标准工程管理模板库、标准流程库、标准表单库、问题类型与处理办法标准库等，将监督工作变得可操作，可管控，可落地。

(2) 表单专业化

在监督管理标准化数据库的基础上，针对不同工程类型，形成具备管控过程合规效果的监督表格。角色管理用于管理人员角色信息，可以通过角色对人员进行快速赋予权限；岗位管理用于管理人员岗位信息(图 1)。

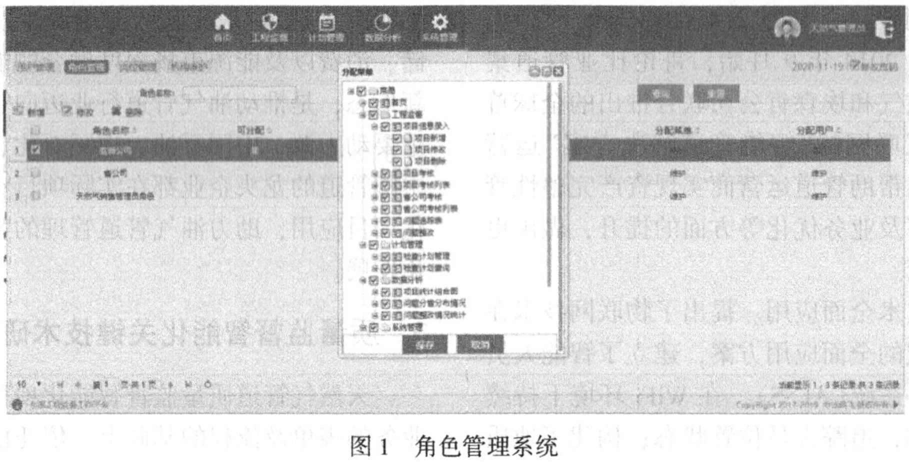

图 1　角色管理系统

(3) 操作规范化

在监督数据填报和提交时，提供标准规范、法律法规的引用，以便业务人员在填报时查询；提供操作提示、拍照要求、处罚依据等操作提示信息，规范监督人员行为(图 2)。

(4) 数据共享化

设计数据驾驶舱，量化考核评价体系，为各级领导提供决策支撑(图 3)。

4　实施效果

某天然气管道工程监督中心通过信息化平台的建设，使得考核打分标准统一化，数据透明化，信息来源多面化，进而可以多维度的深入了解各个分公司以及项目实施整改情况，从而有效的进行项目管理。系统上线后，已在江苏、安徽、上海等地区的分公司进行了试运行，根据现场反馈情况，基本达到原有预期效果。

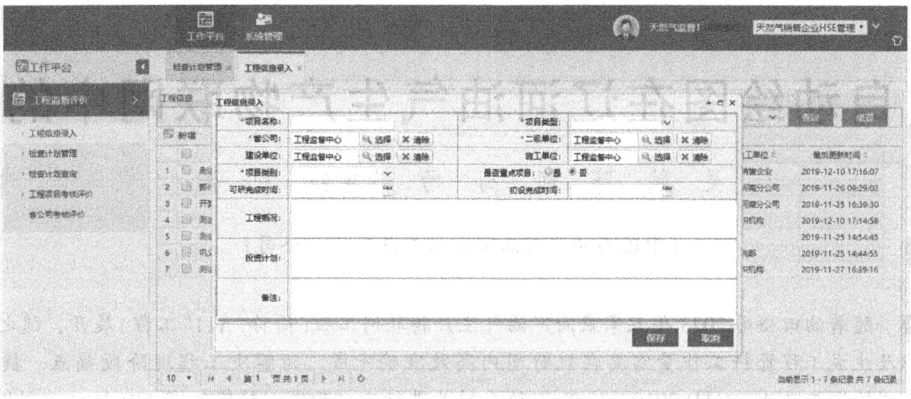

图 2 信息录入系统

图 3 考核评价管理系统

参 考 文 献

[1] 李柏松，等. 国内外油气管道运行管理现状与智能化趋势[J]. 油气储运，2019，38(3)：241-250.

[2] 钱建华，牛彻，杜威. 管道智能化管理的发展趋势及展望[J]. 油气储运，2021，40(2)：121-130.

[3] 姜昌亮. 中俄东线天然气管道工程管理与技术创新[J]. 油气储运，2020，39(2)：121-129.

CAD 自动绘图在辽河油气生产物联网中的应用

吴　越　陈　凯　高　杨　李艳钰　刘　洁

（中国石油辽河油田公司信息工程分公司）

摘　要　随着油田公司 2023 年五家采油厂油气生产物联网工程（简称“A11”工程）展开，随之产生大量现场踏勘以及生成工程资料工作量需要在短时间内高效准确完成。为解决工程现阶段痛点、提高绘图效率，基于常用绘图工具 AutoCAD 2019，使用 C#语言对其进行二次开发，封装现有 API 接口。利用现场踏勘图纸基本格式相同的特点，结合制图需求而开发一个自动绘图功能模块。可以帮助用户快速、准确的完成站场踏勘图的绘制，极大地提高工作效率及质量。

关键词　AutoCAD；AutoCAD 二次开发；C#；自动绘图；油气生产物联网

1　研究背景

辽河油田公司 2019 年启动油气生产物联网工程建设，即油气生产物联网工程（A11），该工程无论是在前期现场踏勘还是后期设计阶段都包含了大量的数据信息处理和图表绘制工作。随着油田公司 2023 年五家采油厂物联网工程展开，随之产生大量现场踏勘以及生成工程资料工作量。大量站场工程资料探勘以及汇编工作量繁多，过于复杂给工作人员修改方案带来了诸多的不便，人工绘制图纸工作费时费力，严重影响到工程的进度，特别是会导致企业最为看重的成本增加，目前急需一种能够满足经济利益的同时也能保障工程进展的方法，让施工过程中的参数信息处理和图表绘制更快捷准确。

因此，为提高人工绘图效率、保证工期内有效完成，信息工程公司在建设工期同步进行开发与试运行，开发一个根据实际踏勘数据自动生成 CAD 站场图纸的软件，提高绘图效率与施工精度，缩减工程绘图时间。

2　应用设计

为解决工程现阶段痛点，基于目前使用的 AutoCAD 2019，针对现场踏勘图纸基本格式相同的特点，并结合制图需求而开发。可以帮助用户在没有任何 CAD 绘图基础的情况下，也能快速、准确的完成站场踏勘图的绘制，极大地提高工作效率及质量。

2.1　总体技术方案

（1）研究课题的讨论与确定、系统需求调研分析，完成系统软件整体框架设计。

（2）搭建 AutoCAD 接口开发与集成、确定逻辑算法流程：通过对 AutoCAD 进行二次开发，实现 AutoCAD 接口集成，开发图纸自动生成功能模块。

（3）完成接口开发，标准化工程图纸自动生成代码及算法逻辑开发：针对站场的各类建筑物设定绘图标准，绘图过程中读取用户输入实际参数，比对图纸 $X-Y$ 轴相对位置，设置建筑物等偏移值，确定所绘制图纸建筑物位置以及具体参数，自动生成图纸，完成整体模块开发。

该自动绘图模块通过对 AutoCAD 2019 自带 API 接口进行封装，开发拓展模块数据接口，在 AutoCAD 内调用该模块进行自动绘图，用户需输入现场踏勘的实际参数，针对站场的各类建筑物设定绘图标准，其余计算、绘图工作由自开发 AutoCAD 功能模块自动完成，标准化程度高，提高整体绘图效率与准确率。

2.2　开发环境

系统环境：Windows10、Windows11

模块环境：AutoCAD 2019

AutoCAD 二次开发：C#

前端：C、C#

2.3　关键技术

（1）AutoCAD 接口开发与集成：通过对 AutoCAD 进行二次开发，实现 AutoCAD 接口集成，开发图纸自动生成功能模块。能够在 AutoCAD 内部通过命令行直接调用该模块。

（2）标准化工程图纸自动生成代码及算法逻辑开发：针对站场的各类建筑物设定绘图标准，

绘图过程中读取用户输入实际参数，比对图纸 $X-Y$ 轴相对位置，设置建筑物等偏移值，确定所绘制图纸建筑物位置以及具体参数，自动生成图纸。整个流程如图 1 所示。

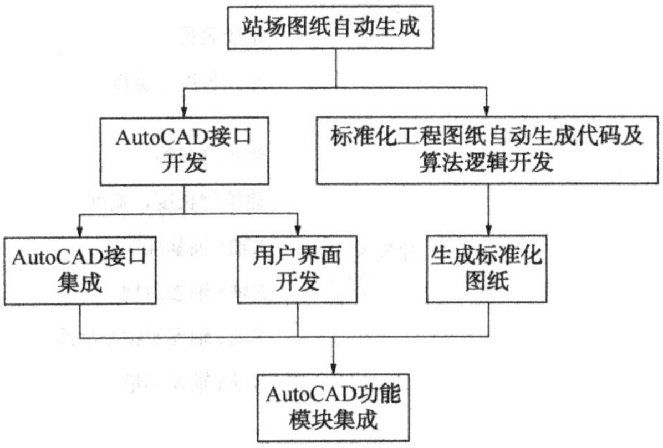

图 1　技术流程图(Technical flowchart)

3　模块功能介绍

3.1　命令接口

AutoCAD 本身具有的 ActiveX Automation 技术使开发者能够从 AutoCAD 的内部或外部以编程方式来操作 AutoCAD。使用 C#自开发接口对原有接口进行调用，实现自动绘图功能模块与 AutoCAD 的连接。

自开发调用接口：通过 AutoCAD 自带模块调用语句 NETLOAD，以 SHOWWPF 指令实现模块调用，同时设置 RESETTABLES 命令，清除操作端显示，提高模块运行效率。使用 C#自开发接口对原有接口进行调用，实现自动绘图功能模块与 AutoCAD 的连接(图 2)。

```
namespace AutoCAD. ConstructionHelper. Interface{
        public void Debugger( ){}
        [CommandMethod("SHOWWPF")]   //命令 SHOWWPF
        public void SHOWWPF( ){
            MainView dialog = new MainView( );
Autodesk. AutoCAD. ApplicationServices. Core. Application. ShowModalWindow(dialog);}
```

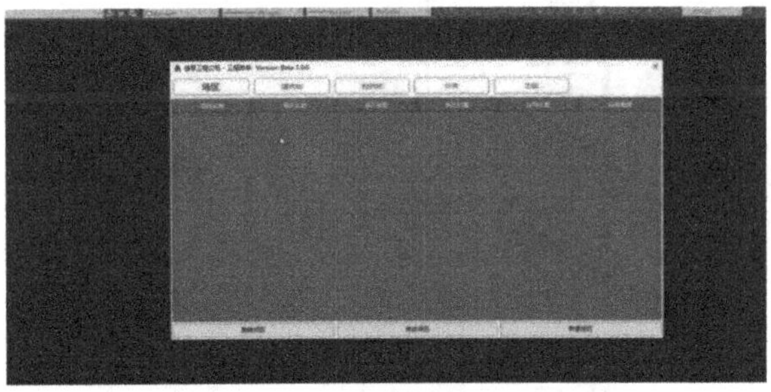

图 2　自动绘图模块界面展示
(Automatic drawing module interface)

3.2　数据录入设置

模块功能分析图如图 3 所示。

结合实际绘图需求，确定录入参数为场区、建筑物、构筑物、仪表以及功能。其中前四项为操作员录入数据，事先设置数据类，模块将对类遍历后进行 Foreach 循环，通过计算代码生成图纸。

设置用户录入界面，将录入的每个基本图元数据类进行封装，确定该图元在图纸上的位置，随录随导入，完成全部所需数据录入后点击“功能”--“生成图纸”，完成图纸生成(图 4)。

以下为“建筑物”录入面板数据类设置部分代码：

```
public class BuildingElement{
        public string Name { get; set;}//录入建筑物名称
        public string Length { get; set;}//录入建筑物长度
        public string Weight { get; set;}//录入建筑物宽度
        public string DeviationValueX { get; set;}//设置 X 轴偏移量
        public string DeviationValueY { get; set;}//设置 Y 轴偏移量}
```

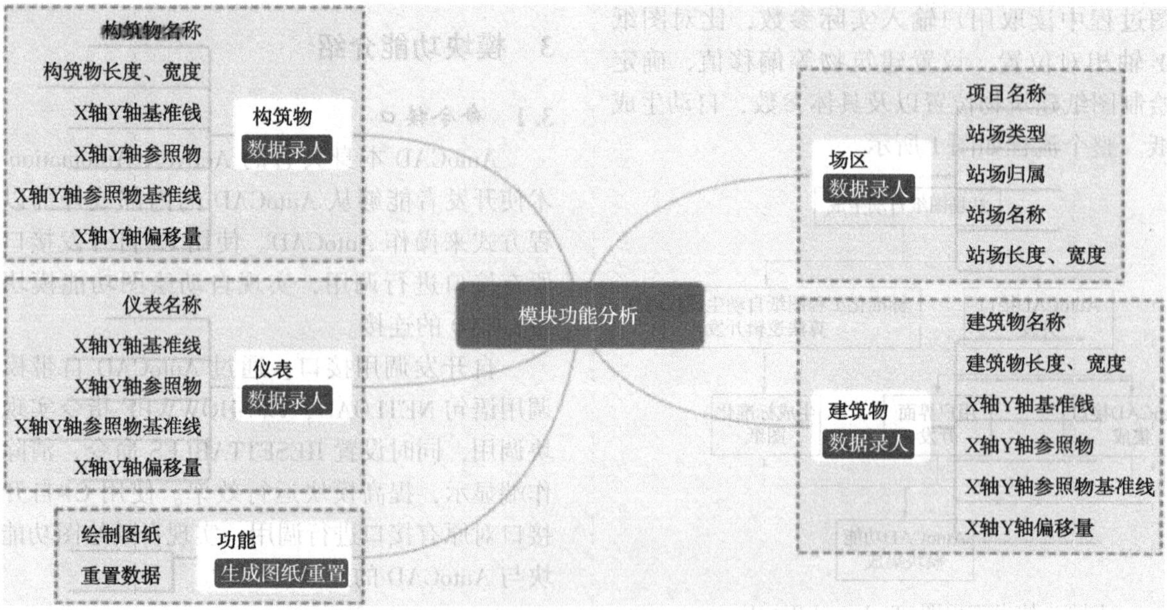

图 3　模块功能分析图(Module Function Analysis Diagram)

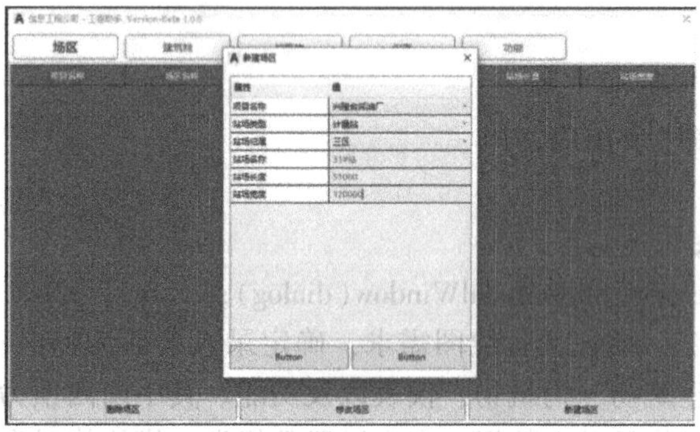

图 4　“建筑物”数据录入用户交互界面

(“Building” data input user interaction interface)

3.3　*X-Y* 轴偏移量计算

在完成图纸各图元数据录入后，将录入数据存储至数据集合中，通过功能模块设定的 *X-Y* 轴确定各个图元位于图纸上已 *X-Y* 轴原点为基准的相对位置，调用数据接口完成 AutoCAD 自动绘图，从而生成标准化图纸。

X-Y 轴偏移量计算是保证图纸准确度的重要算法，也是该功能模块实现自动生成的核心。用户需要根据站场情况确定坐标轴原点，在输入各个图元时确定基准线、偏移值等基本要素，即围绕原定坐标轴填入各图元(图 5)。

图 5　数据录入界面中的偏移量设定

(Offset setting in the data entry interface)

以下是部分偏移量计算代码(仅展示 *X* 轴)：

```
    private Point2d GetInsertPoint( InstrumentElement item)        //计算偏移{
    double deviationX = double. Parse( item. DeviationValueX) * Scale; //x 轴偏移量
    ( ReferenceSubstanceData referenceSubstance in ReferenceSubstancesDatas) {
            if( referenceSubstance. Name == item. ReferenceSubstanceX) {
                rsx = item. ReferenceSubstanceLineX = =
LineX. Left. GetEnumDescription( )
    referenceSubstance. Left: referenceSubstance. Right
            pointX = rsx + deviationX; }        }
                return new( pointX) ; }
```

3.4 图纸绘制

上述介绍数据录入与偏移量计算模块，该部分介绍将所有数据实现整合，统一汇集为一张图纸。在模块读取全部录入数据类后，对各类进行数据遍历操作，验证数据可行性。再进行 FOREACH 循环，调用偏移量计算公式，完成图元在图纸上的生成。遍历完所有录入数据类后，完成整张图纸流程绘制。以下是自动绘图模块部分代码：

```
private void DrawBuildings( ) {
        using Transactions tr = new( );
tr. Database. Clayer = tr. LayerTable[ ConstructionLayers. BuildingLayer. ToString( ) ] ;
foreach( BuildingElement item in Env. BuildingDatas) {    //FOREACH 循环
                    double length = double. Parse( item. Length) * Scale;
                    Point2d piont = GetInsertPoint( item) ;
ReferenceSubstancesDatas. Add( newReferenceSubstanceData( ) {
                        Type = TabItemsHeader. Buildings,
                        Top = piont. Y + weight, S
                        Right = piont. X + length,
                        Bottom = piont. Y,     } ) ;       }
```

4 应用效果

4.1 实施效果

该模块自 23 年初完成开发后投入使用，每份录入站场数据的图纸自动生成工程资料时间可小于 0.5 小时/份(原人工绘图所需时间约 1.5~3 小时)。同时配备导出功能，将 cad 绘图文件导出为 PDF 文件，使用常用办公软件即可打开(图 6)。

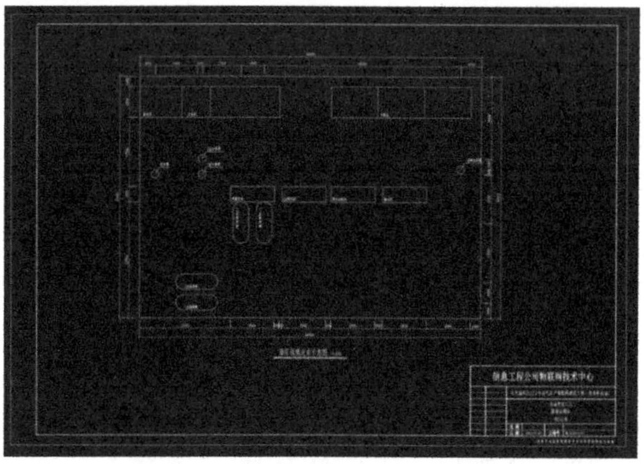

图 6　使用自动绘图生成的站场图纸

(Station yard drawings generated using automatic drawing)

4.2 同现有技术对比分析

4.2.1　技术方案对比

(1) 现有 AutoCAD 自动绘图技术：现有技术大多基于 Microsoft 中提供的大量控制 Word、Excel 文件的类、函数及属性，使用其自带的 VBA 语言编写的绘图程序。读取表格数据使用表格绘图法实现自动绘图。

(2) 该 AutoCAD 自动绘图应用：该应用不同于现有技术通过读取表格数据和通过命令行对变量进行复制，该模块直接开发用户交互面板，对图纸所含元素进行对象与数据分类，由用户直接在界面上输入数据，接口读取后直接生成图纸。第二，针对站场的各类建筑物设定绘图标准，比对图纸 $X-Y$ 轴相对位置，设置建筑物等偏移值，确定所绘制图纸建筑物位置以及具体参数，自动生成图纸。

4.2.2　预期效果对比

(1) 现有 AutoCAD 自动绘图技术：现有自动绘图技术使用表格绘图法，具有绘图速度快、精度高、技术通用性强的特点。但存在 2 点操作问题：第一，使用表格绘图法首先须允许表格使用宏，以便执行 VBA 代码获取命令流；第二，执行 Microsoft 内部命令时，不可随意增补或删减命令内容，任何多余或遗漏的分步命令都可能导致命令执错误或中断，对操作人员的专业性要求较高。通过读取表格中的模板数据，在设计条件读取、命令执行启动、表格封装处理等方面有待进一步深入和优化。

(2) 该 AutoCAD 自动绘图应用：操作灵活，极大程度地弥补了当下自动绘图流程的刻板操作，对操作人员无需具备专业性要求，推广面更大，实用性更强。该应用自完成测试后经历 3 个月使用期，共完成500余幅站场CAD图纸文件绘制工作，同现场踏勘实际情况对比数据准确率达到99%，相较于人工绘图操作1.5小时/幅，该应用能够实现10分钟以内出图，效率提高90%。

4.3 应用前景

经过调研，现有市面上暂无将使用C#对AutoCAD进行二次开发，通过开发接口调用软件实现自动绘图功能，该技术在油气田能源行业中处于行业领先地位。

该模块可用于基建工程中绘制场地平面图，内含流程、建筑物以及仪表分布绘制功能页面，可用于各基建工程设计、工艺流程绘图、仪表内部设计等批量的工业设计工作，加快图纸绘制工作，提高整体工程进度。

5 结语

为解决2023年油田物联网工程建设阶段所面临工作难点，该模块从开发到投入使用历时5个月，根据踏勘人员的数据支持、以往人工绘图经验以及现有设计图纸作为参考标准，利用现有技术对常用绘图工具AutoCAD进行二次开发，实现油田站场图纸标准化自动生成，开发难度大，开发周期适中。由于建立接口直接依托于绘图软件运行原因，该模块既能保留原有平台强大的绘图功能，使其生成的文件通用性更强、标准度更高，又能够全面兼容AutoCAD平台符合用户使用习惯，模块运行稳定，无后期维护工作量。可以直接投入用于油田物联网建设阶段的踏勘绘图工作中。

参考文献

[1] 赵祥岍，于洋，陈定超．基于VB的AutoCAD自动绘图技术在隧道工程中的应用[J]．山西建筑，2019，45(11)：193-194.

[2] 王斌．配电网规划设计CAD绘图软件的研究与开发[D]．南昌大学，2020.

[3] 张俏，王迪．复杂钢结构自动绘图与下料研究[J]．中国高新科技，2022，(03)：43-44.

[4] 张恒．专用机床主轴箱自动化设计系统的研究与开发[D]．西安工业大学，2019.

[5] 周伶俐．基于AutoCAD二次开发的转子轮槽半精铣刀波刃型线参数化绘制方法研究[J]．兵工自动化，2023，42(08)：10-14.

[6] 陶文东．基于AutoLISP的AutoCAD机械典型零件二次开发[J]．现代制造技术与装备，2023，59(07)：42-44.

[7] 李明月．数字化转型对中国国有企业高质量发展的影响研究[D]．吉林大学，2023.

[8] 任泽坤，刘欢，王舒迟，等．数字化转型背景下的油气勘探数据治理探讨[C]//西安石油大学，陕西省石油学会，北京振威展览有限公司．2023国际石油石化技术会议论文集．中国石油集团川庆钻探工程公司地质勘探开发研究院；中国石油集团川庆钻探工程公司钻采工程技术研究院；，2023：6.

高酸性气田互联网+安全生产模式探索与实践

蒙玉平　耿洪涛　杜拥军　冯继盛　高禄鹏　鲁利民

（中国石化中原油田分公司）

摘　要　普光气田天然气高含硫化氢（15%）和二氧化碳（8%），具有剧毒、腐蚀性强、地层压力高、气井产量高，同时地处复杂山地且人口密集，开发安全风险大、复杂山地施工风险高、救援难度大等特点，普光气田已实现10多年稳产高产开发，针对普光气田开发面临的气藏环境发生变化、设备老化、极端天气环境等因素带来的安全风险和隐患，通过研究与应用物联网、移动互联网、人工智能、5G等先进的信息通信技术来解决业务面临难点问题，实现信息技术与业务需求的深度融合，保障高含硫气田长周期安全生产。普光气田依托石化智云云平台，应用先进的物联网技术，实现工业控制类数据如温度、压力、H_2S泄露等数据实时采集、全面感知；应用云平台组件化开发模式，实现安全设施智能管控，承包商准入、作业现场管理、视频违章识别、安全检查、承包商评价考核全生命周期管理；利用二三维一体化GIS、5G技术，构建全气田三维可视化场景，绘制应急计划区域（EPZ）地图，集成融合通信、结构化流程化应急预案，智能匹配应急力量，实现作战方案一键接处警。通过努力探索互联网+安全生产模式，有效克服了气田开发安全风险高、应急疏散难度大、泄漏监测与安全控制难度大等难题，安全生产形势持续保持稳定，结果表明，互联网+安全生产的思路和方法行之有效，具有推广意义。

关键词　普光气田；互联网；安全生产；5G RFID；机器学习；人脸识别；智能化

普光气田位于四川达州，隶属中国石化中原油田，是中国目前发现的规模最大的海相整装高含硫气田，设计建成混合气产能110亿 m^3/年，建成亚洲第一、世界第二的天然气净化厂。普光气田实行“精干核心业务、强化管理监督、引入市场机制、推行项目管理、实行社会化服务”的管理模式，建立了“市场准入、公开竞标、合同约束、市场运作”的经营机制，形成了核心、保障、服务3层管理体系。

自2009年10月投产运行十多年来，普光气田已进入安全隐患易发周期，安全管控遇到的难题愈来愈多，安全形势越来越严峻。常规思路和方法难以有效解决面临的诸多挑战，亟需建立以互联网思维，通过数字化、网络化、智能化新技术应用，形成高含硫气田互联网+安全生产管理新模式，实现普光气田“安稳长满优运行”目标，破解发展瓶颈，助推增储增产、降本增效。

目前许多国内外油气田企业在互联网+安全生产融合创新方面不断进行探索，取得了一定成果和经验，但在高含硫化氢剧毒和高深、高压、复杂山地生产作业特定环境下，面临承包商安全管理难题、安防设施精准化管理难题、直接作业环节有效监护和监督难题、涉硫场所违章行为管控难题、复杂山地安全生产与应急指挥难题、高含硫气田环保难题等6个难点问题，在互联网+安全生产融合创新方面没有现成的经验模式可以复制，更没有统一的规范和标准。

1　建设目标

以中国石化安全生产战略为指针，以系统防控HSSE重大风险为主线，紧扣普光气田高含硫、复杂山地特点，面对安全形势越来越严峻的局面，按照“总体规划、分步实施、突出重点、步步见效”的思路，通过网络化、信息化、智能化技术研究与应用，建立违章识别、预测预警、业务优化、辅助决策一体化解决方案，提高生产运行监测能力，形成互联网+安全生产融合管理新模式，不断提升本质安全水平。

2　架构设计

2.1　业务架构设计

以风险管理为核心，以自动化和智能化设备、三维地理信息、站场与集输管网三维仿真模型为基础，综合应用气体泄漏在线监测、火气在线监测、环境在线监测、地质灾害在线监测、腐蚀在线监测、视频实时监控、周界防范、紧急疏散广播等安全环保信息，对气田安全生产中的危害识别、风险评估、消减措施、运行控制、监测监督、经验提升等进行全面过程控制和高效动态管理。利用大数据和评价模型，提高风险识别和预警预测的科学性和实用性；利用 FRID 和 PAD 物联网技术，实现直接作业环节全过程管控，并实现气田特种设备、空气呼吸器等物联网设备智能化管理和高效调度；通过大数据技术进行风险和事故原因分析，及时、准确、定量地发现气田安全生产中人、机、料、法、环的薄弱环节，准确预测未来安全风险趋势，提高 QHSE 决策能力，优化质量和能源管理。

普光气田“互联网+安全生产”管理业务整体架构如图 1 所示。

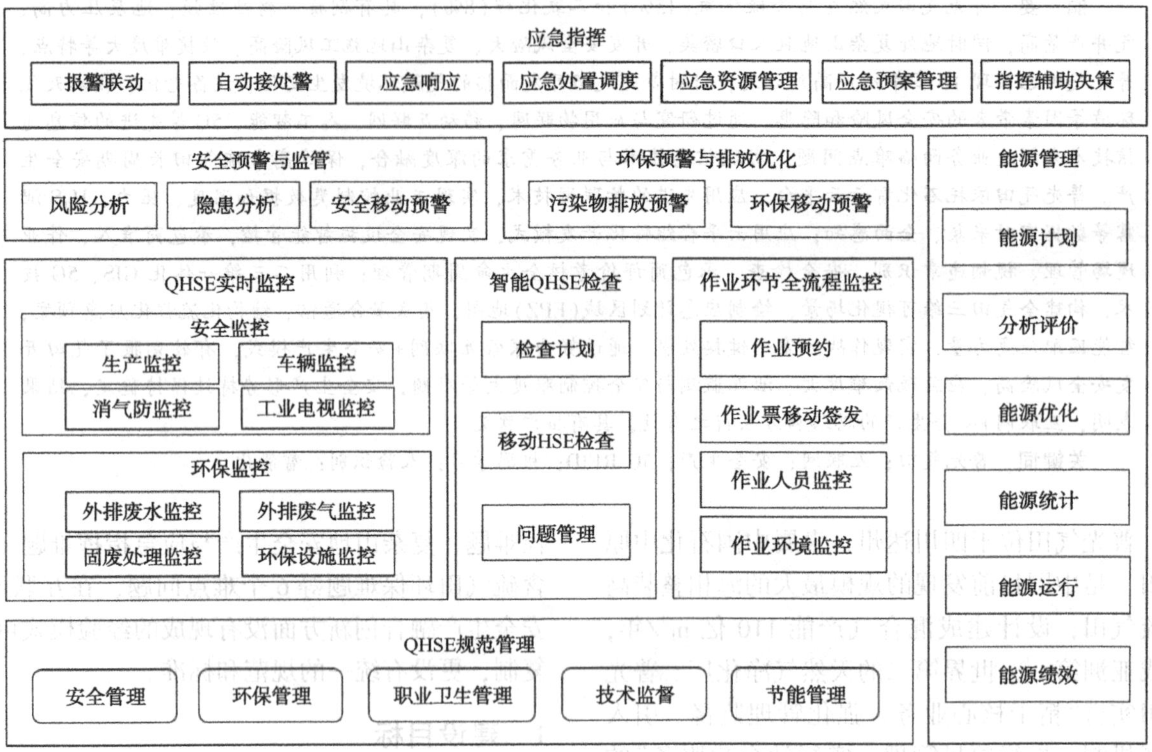

图 1　普光气田“互联网+安全生产”管理业务整体架构

2.2　技术架构设计

普光智能气田技术架构采用云计算技术架构。以石化智云工业互联网平台为基础，自下而上包括工业物联网+设备感知接入层、基础设施云服务层（IaaS）、平台云服务层（PaaS）、软件云服务层（SaaS）等四个层次，如图 2 所示。以平台为支撑，促进内外协同、跨界融合，实现跨企业的资源汇集、数据共享、协同创新，构建开放、共享、共创的工业互联网生态。

工业物联网+设备感知接入层以气田站场光缆网络、采气集输 SCADA 系统、天然气净化处理 DCS 系统为基础，利用信息传感设备和通信技术，实时采集状态、运行、监控、控制、生产等各种信息，实现气田生产的全面感知。

基础设施云服务层 IaaS（基础设施即服务）由计算资源、存储资源、网络资源共享服务组成。平台云服务层 PaaS（平台即服务）提供基础技术服务、公共服务、业务服务。基础技术服务借助于 DCOS 技术实现线性动态扩展、异地资源调度等方面的优异性能，提供物联网、大数据分析、资源调度、通用技术等服务，统一交付服务基于 SCRUM 流程和 DEVOPS 理念，实现自动化的应用程序构建、部署和交付流程，统一运营服务采用自动化运维、资源管理等技术实现统一的资源调度、应用管理、组件控制等；公共服务基于微服务架构提供用户服务、日志服务、权限服务等；业务服务通过面向微服务的组件编排技术，快速定制提供如勘探、开发等专业业务服务功能。软件云服务层 SaaS（软件即服务）通过 PaaS 层的平台服务，灵活构建面向气田勘探、开发、天然气生产、天然气净化、安全环保、经营管理、生产保障的业务应用软件。

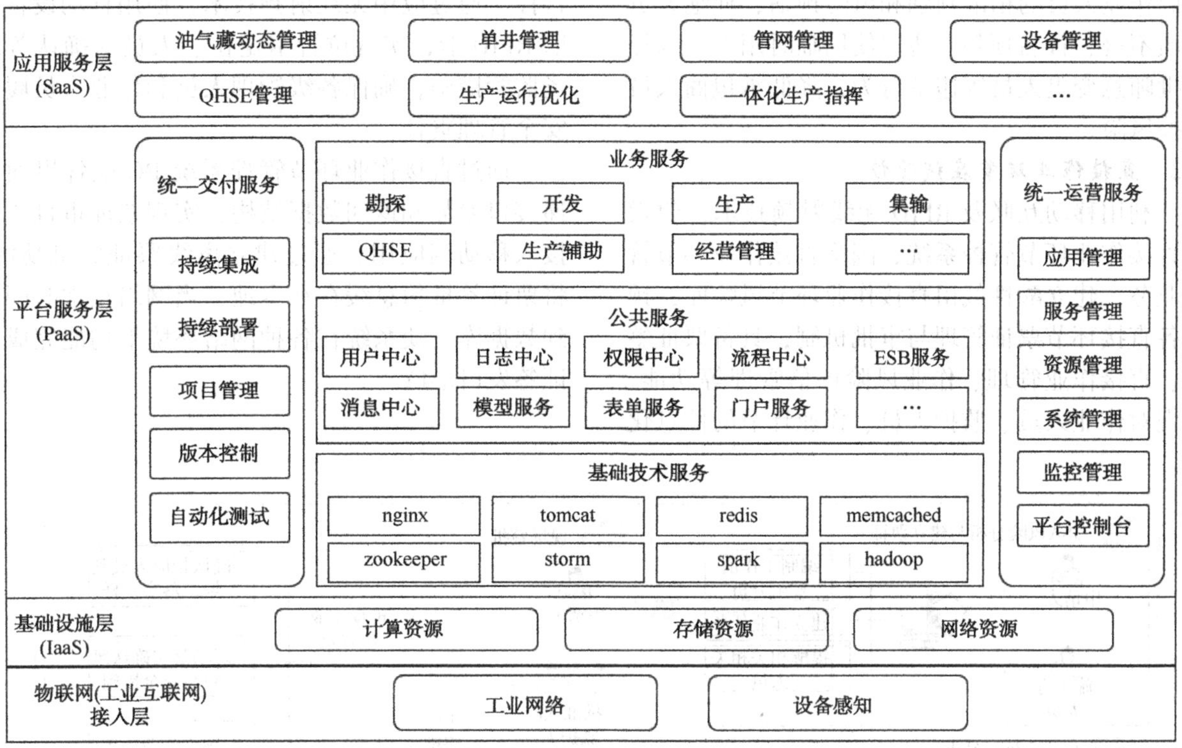

图 2 普光气田“互联网+安全生产”技术架构

3 方案实施与成效

3.1 承包商全生命周期管理

研究构建了承包商人员管理功能模块，实施信息集中、统一、协同、共享，确保掌握承包商信息、项目信息、人员信息全面、准确、及时，促进了承包商信息管理规范化、信息化、科学化；通过市场准入证、安全资格证的验证，实现了承包商准入管理；通过项目招标、监督矩阵，给承包商定级，实行了项目分类管理；利用承包商人员信息、项目信息，应用信息识别技术，在开工验收、施工管控、完工验收等环节，开展现场检查、项目结算，实现了承包商现场作业、现场检查的精确管控，提升了承包商安全管理精细度。

承包商管理流功能图如图 3 所示。

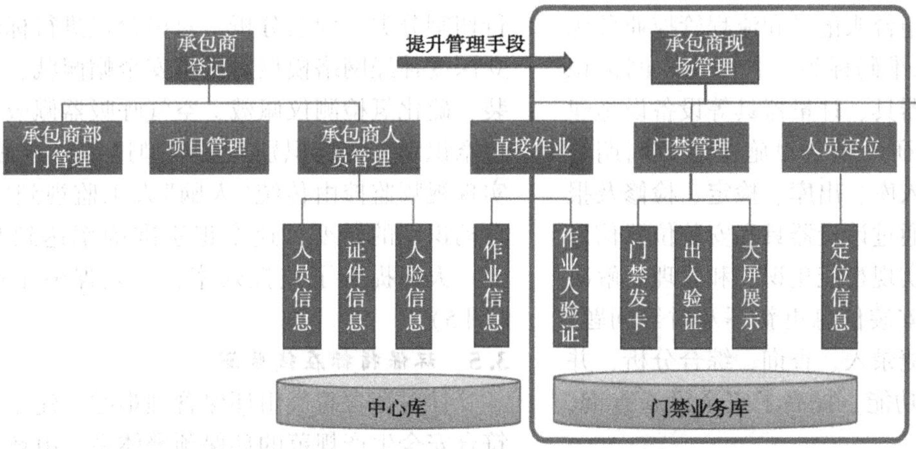

图 3 承包商管理流功能图

通过承包商资质证书、培训信息、职业禁忌等要素数字化，实现了承包商人员管控全覆盖。领导、安全管理人员取证率 100%、职业健康体检率、高危人员干预率 100%。现场人员智能识别，利用人脸智能识别技术，自动判别人员身份、健康状态、持证情况、违章记录，实现对承包商作业人员的精准判别和风险预估，杜绝人员资质不符、冒名顶替、违规使用临时用工、未经审批随意变更人员等违章行为，降低承包商人员管控风险。

3.2 直接作业环节在线管控

利用移动互联及RFID无线射频技术，建设了直接作业环节管控系统，围绕直接作业环节管控业务，建立酸性气田直接作业环节风险库，预制各直接环节票证管理与审批机制，具备票证签发、直接作业管理、作业风险评估管理等功能，实现对作业人员、监护人员、作业环节的信息化管控。通过应用无线射频技术，使用移动设备读取RFID卡，实现位置卡定位、人员卡确认等现场监管措施，确保各级管理人员和作业人员履行安全管理责任。

通过直接作业环节管控系统PC端各界面传递接口参数和返回数据结构，实现票证审批流程接入移动端应用，通过建立离线票证签批功能，将票证签批信息缓存在本地，当网络正常时同步到数据库。使系统在各种网络环境下均能完成票证签发(图4)。

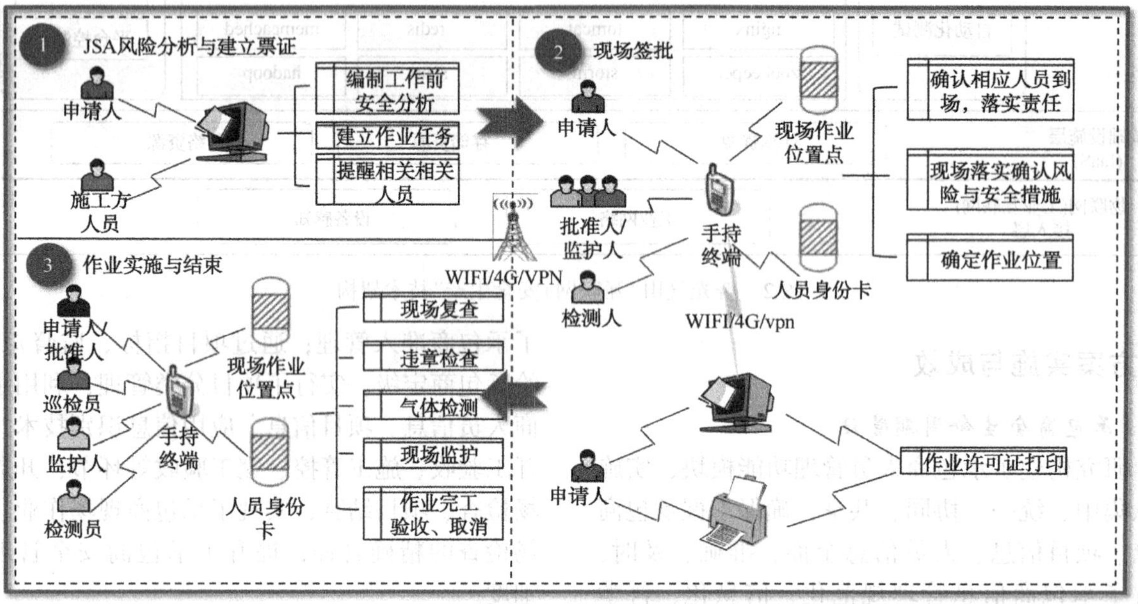

图4　直接作业环节过程管控

3.3 安全设施身份识别

为实现安全设施台账记录和流程管控业务优化，基于RFID、二维码标签，利用物联网标识解释技术，为气防器具、计量器具等设备设施建立电子“身份证”，研发设备设施全生命周期管控技术，实现器具入库、出库、检定、检修及报废全过程数字化；通过计量器具和安装位置信息实时交换和通信，实现智能化识别和管理。解决计量器具的检定、安装信息更新不及时等问题，实现器具信息的快捷录入、查询、综合分析，并具备临期待检预警功能。提高了安全设施查询、流程发起速度。

3.4 涉硫场所典型违章行为机器识别

人的不安全行为管控—视频智能分析。针对施工及作业现场大量视频监控，利用视频图像识别和人工智能分析技术，动态感知企业重点场所、关键部位、特殊岗位的安全隐患，对视频进行切割分类，像素分析，对风险点进行标注，建立深度神经网络模型对人员安全帽佩戴、人员工装、硫化氢检测仪佩戴、空气呼吸器佩戴等进行违章识别，智能识别人员典型违章与异常行为。实现视频监控由传统“人脑”人工监视到“电脑”自动识别的转变，违章识别准确率达到92%以上。大幅提升了监控效率，有效保障生产安全(图5)。

3.5 环保指标在线监测

针对高含硫气田环保管理难题，建立了一套符合安全生产规范的环保预警体系，由环保监控系统负责监控现场外排液、气的实时数据，自动判断排放趋势，针对超量排放进行预测，数据传输至生产部门以供决策。在紧急环保事故发生时，能够提示相应应急预案，紧急规避环保风险，预防灾难性环境事故发生。

实现气体排放在线监测。建立烟气排放连续监测系统，采用了红外分析仪与烟尘、温度、压力、流量、湿度及相关的辅助设备进行数据采集，将气体外排数据在 GIS 地图中进行展示，当气体排放指标超标时，系统做出提醒，形成应急处置图形化指导方式。

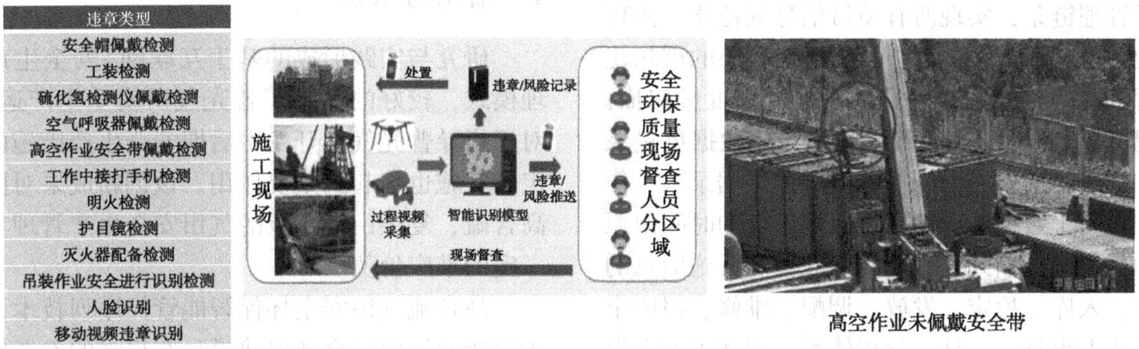

图 5　视频违章行为识别

实现工业用水在线检测。建立水体自动监控系统，对排放水体的 COD、氨氮、总磷进行在线分析，实现水体外排信息在 GIS 地图中的展示。一旦前端传感器检测到水质参数超过安全值域，系统将发送报警信息，控制外排水体超标。

3.6　复杂山地三维场景构建及地质灾害实时监测预警

构建复杂山地三维场景。建立普光气田 61km 集输管网、24 个集气站、12 列联合装置三维精细模型，集成生产数据、视频监控、无人机巡检实时视频、管线完整性管理、隐患风险管控、应急响应等模块，实现集输管线的数字化、可视化、智能化。

实现了海量高精度三维模型预加载、分级动态加载的提速。针对海量高精度三维模型加载慢问题，研发基于三维地理信息、三维精细建模、多源异构数据集成、应用系统开发与集成为一体的三维可视化平台，通过优化多层次细节处理技术、优化模型加载算法、采用基于网格索引技术的模型加载方法，实现三维模型预加载、分级动态加载，模型加载速度提高 60%。

实现管道地质灾害实时监测预警。针对川东北复杂山地地质灾害频发特点，建立管道地质灾害风险综合评价模型，集成“北斗+GPS”信号高精度解算技术，建立 26 个地灾监测站，通过卫星信号定位监测点坐标，24H 测量静态位移，实时监测坐标变化，自动评价风险级别、分级预警，成功预警 2 处地质灾害。实现管线周边地质灾害风险全方位监控。

3.7　生产安全控制与应急指挥智能联动

建成高含硫气田硫化氢、腐蚀、火气等多元监测体系，建成了硫化氢监测、可燃气体监测、腐蚀监测、火气检测、视频等监控 7 类生产安全监控系统；实现对集输、净化全方位的监控集成融合电话、集群对讲、视频会议、视频监控的融合通信平台融合行政电话、调度电话、集群对讲、视频会议、视频监控等 8 类不同频段、不同制式现场通讯系统，实现单号多路通话、文字转语音闭环追呼、音视频可视化联动，减少指挥调度层级；建立以地理信息为基础的上下贯通、横向协同的应急指挥信息化支持系统，实现对气田全方位的监测报警、一键快速接警和应急联动处置，基于 EPZ 地图在三维场景上部署力量、推送方案，实现作战方案一键启动，应急响应时间缩短 40%。

3.8　实施成效

根据气田硫化氢含量高、复杂山地施工风险大、救援难度大等特点，针对承包商安全管理、安防设施管理、直接作业环节高效监护和监督、涉硫场所违章行为管控、复杂山地安全生产与应急指挥、高含硫气田环保等 6 项难题，通过互联网+安全生产探索与实践，推进了业务优化提效，创新了违章识别方式，建立了预测预警机制，增强了应急决策能力，形成了高含硫气田互联网+安全生产管理新模式，提升了安全环保管理水平，实现普光气田安全生产零事故，连续多年获得四川省环保诚信企业。

一是推进了业务优化提效。实现对承包商、

分包商人员信息的及时、准确、全面掌握，系统共采集核实承包商信息 103 家，项目信息 234 条，人员信息 7074 个，证件 13433 份，推进了承包商人员与业务一体化管理体系的建立。通过承包商管理系统、招投标管理系统集成整合，加长了管理链条，实现所有项目信息规范化、流程化的动态管理，推进以项目管理为核心的市场化经营机制的建立。通过安全设施远程批量扫描，实现对普光气田 11000 余台安全设施数据批量录入、修改，实现线上管控，减少了数据录入工作量，提高了数据准确性，将数据录入的时间由原来的数小时压缩到了秒级。建立安全设施信息的检索、入库、检定、发放、调配、维修、报废全流程线上审批、统计、分析体系，创新了安全设施管理模式，实现了异地移动办公，提高了劳动生产效率。

二是创新违章识别方式。建立 11 种典型违章行为识别模型，通过视频监控系统，实现违章行为自动识别，安全风险识别率 100%、预防措施方案覆盖率 100%。通过 AI 人脸识别引擎及人脸识别服务，推进了现场督查、考核、直接作业管控的智能化管理机制的建立，有效落实中国石化直接作业环节“五必须”，直接作业环节受控率达 100%。无线射频识别距离由 0.3m 提升到 0.7m，识别率由 5s 内 80%提升到 1s 内 98%。利用无线射频技术实现现场作业票证办理。

三是建立了预测预警机制。建立了管道地质灾害风险综合评价模型和 26 个地灾监测站，实现管线周边地质灾害风险全方位监控，成功预警 2 处地质灾害。通过研发应用视频智能分析系统，实现对人员佩戴安防用品、气防器具、违章行为、异常倒地进行识别预警。通过应用模型筛选、自主学习技术，实现视频监控分类、检索，分析效率提升，报警信息自动推送。通过气田环境检测 24 个烟气排出口共 124 个气体排出点位、3 个水体排出口共 12 个水体排出点的实时动态监控预警。

四是增强了应急决策能力。构建气田三维可视化场景，绘制应急计划区域地图，集成融合通信、结构化流程化应急预案，智能匹配应急力量，实现应急方案 AI 部署、一键接处警，应急响应时间缩短 40%。根据全面感知的地理信息、红外、视频监控等信息，整合物资、队伍、预案等应急资源，建立生产运行、环境监测、应急响应、应急处置、应急指挥的一体化运行调度管控体系。

4　结论与认识

研究与实践形成的基于互联网+安全生产管理模式，较好的保障了普光气田安全生产运行，对于指导普光气田开发中后期安全生产措施的制定和实施也将起到重要作用。该创新成果对国内高含硫、复杂山地特点的气田安全生产管理具有一定的推广价值。

高含硫气田安全环保智能管控序列技术，对于智能油气田安全环保建设具有很强的参考作用和借鉴意义，同时在管线腐蚀预测预警、地质灾害监测预警、视频动作违章智能识别、快速高效应急处置救援等方面研究与应用，还有很多的不足和很大的提高空间。

参　考　文　献

[1] 王寿平，彭鑫岭，等. 普光智能气田整体架构设计与实施[J]. 天然气工业，2018，10(38)：38-46.

[2] 张庆生，蒙玉平，等. 普光智能气田移动开发服务平台关键技术与应用[J]. 天然气工业，2018，10(38)：52-57.

[3] 赵志峰，文虎，高炜欣等，长输管道完整性管理中的数据挖掘和知识决策[J]. 西安石油大学学报(自然科学版)，2016，31(4)：109-114.

[4] 刘德绪，王晓霖. 普光高含硫气田集输管道腐蚀风险评估与控制技术[J]. 油气田地面工程，2012(07).

[5] 苏国丰，刘二喜，朱明喜，等. 普光气田集输系统设备和管道腐蚀原因分析与防护[J]石油化工设备技术，2014，1：45-48.

[6] 董绍华，安宇，等. 基于大数据的管道系统数据分析模型及应用[J]油气储运，2015，34(10)：1027-1032.

[7] 钟斐艳，胡德芬，任玉清，徐建新，胡璐瑶. 生产信息化在油气田中的应用及效果评价[J]. 天然气工业，2017，37(11)：131-139.

[8] 李凌霞，李冰冰，王建. 物联网环境下智能应用的信息支持和决策技术研究[J]. 物联网技术，2017，7(10)：70-73.

以“深耕市场化、推进站级化”为特点的加油站阿米巴实践
——中国石油山东聊城销售分公司阿米巴经营实践案例

戴东庆 孙 雷 伍天兵 张新云 马 津

（中国石油山东聊城销售分公司）

摘 要 聊城公司全面贯彻新发展理念，认真落实上级公司决策部署，围绕“深耕市场化、推进站级化”，以“毛利最大化、费用最小化”为考评导向，求真务实探索站级阿米巴经营实践，催化加油站经营单元活力与能力，助力公司扭亏脱困实现高质量发展。

关键词 市场化；加油站；阿米巴；扭亏脱困；高质量发展

1 聊城公司阿米巴经营模式概述

聊城公司阿米巴经营模式可以概括为“1223工作法”。

1个中心：提质增效。

2个原则：毛利最大化、费用最小化。

2个配套机制：一是赋予巴长6项权利，包括价格营销决策权、用人决定权、站内考核权、二次分配权、费用使用权、考核评价权；二是在公司层面配套5项阿米巴推进机制，包括人才选聘机制、考核及薪酬机制、协同巴长机制、对标分析机制、监督检查机制。

3张报表：一是《阿米巴商圈作战图》，主要对阿米巴站点周边3km范围内的竞争对手、商圈客户进行全面跟踪和分析；二是《阿米巴量效跟踪表》，每天对站级的KPI进度、薪酬兑现情况进行实时跟踪，使加油站全面掌握阿米巴单元的经营状况；三是《营销活动分析评价表》，对每项营销活动的运行效果开展分析评价，重点推进收益较好的营销活动，优化调整收益较差的营销活动。

2 聊城公司阿米巴经营的具体方法

2.1 围绕1个中心：提质增效

阿米巴的经营理念是实现自主经营单元的利润最大化，与提质增效工作的主旨一脉相承，聊城公司以“二十四字”营销方针为纲领，发扬“客户就是江山、江山就是客户”的斗争精神，围绕提质增效目标，优化营销资源，坚持精准营销，强化业财融合，努力实现效益最大化。

2.2 坚持2个原则：毛利最大化、费用最小化

坚持“同算同干、动态调整”的营销决策机制，在出台每项营销方案前，业务、财务以毛利最大化为原则共同算账，确保事前算赢，同时选取站级巴长对方案内容进行充分讨论，实现“让听见炮火的人真正指挥战斗”。营销活动开展过程中，巴长每日对活动效果开展实时分析，跟踪客户体验、监控毛利变化，毛利未到达预期的阿米巴有权对活动进行终止或调整，避免效益流失。

在阿米巴费用管理方面，坚持“一切费用皆可降”和“用费用挣毛利”相结合的模式，在确保加油站正常运营以及员工、客户体验不降级的前提下，合理制定阿米巴单元的可控费用定额标准，站级巴长在定额范围内可自主使用费用。对客户体验好、毛利超预期的营销活动，巴长有权申请增加的促销费额度，保证阿米巴单元的创效活力，实现控费和增利的有机融合。

2.3 配套阿米巴推行的2项机制

2.3.1 充分赋予“巴长”6项权利，实现权、责、利匹配

（1）有序赋予“巴长”价格营销决策权

巴长结合本商圈的市场情况、竞争对手营销策略以及本站的毛利完成进度，一站一策制定本站的价格和营销政策，业务运作部及非油公司在分公司权限内全力保障政策匹配到位。站级巴长、机关协同巴长联合对价格和营销政策的执行

效果开展动态化分析，对毛利不达预期的活动公司有权终止或调整。

（2）充分赋予“巴长”用人决定权

聊城公司以“巴长”为中心，由“巴长”制定本站“巴员”选用标准，采用“双向选择”的方式组建阿米巴团队人选。“巴长”在编制定员范围内，可自主决定用工人数。公司人事部门做好服务支撑，协助“巴长”组织内部公开招聘，一旦员工应聘成功，原站经理无条件放人，不得阻拦。

（3）完全赋予“巴长”的站内考核权

公司与“巴长”签订年度业绩合同，“巴长”根据业绩合同将KPI指标分解至“巴员”及班组，同时制定本站的月度考核方案，“巴长”有权按照方案对员工的综合表现进行全面考核评价，考核结果作为薪酬二次分配、评先选优的依据。对考评不合格、违反劳动纪律等影响生产经营的员工，“巴长”有权将其退回至公司作待岗处理。

（4）完全赋予“巴长”站内总收入二次分配权

“巴长”按照多劳多得、鼓励先进的原则制定本站的二次分配方案，有权力对分配至阿米巴单元的所有奖金(包括油品提成、非油返利、专项奖励等)进行二次分配，公司不得干预。公司鼓励阿米巴单元一站一策，实行多元化、创新型的考核兑现模式，奖勤罚懒、公开透明，最大限度的调动员工的主动性。

（5）完全赋予“巴长”站内经营费用支配权

公司将年度变动费用预算分解下发至各阿米巴单元，主要包括促销费、宣传物料费、水费、电费等项目，巴长可根据加油站实际情况，在额度范围内有权自由支配使用，具体项目及内容不受公司约束。

（6）充分赋予“巴长”对机关服务的考核评价权

突出机关“价值创造”定位，机关岗位取薪从发管理薪酬向挣服务支撑薪酬转变，以站级服务支撑的结果和满意度评价作为取薪的重要指标。2020年三季度起，站经理对机关所有人员的服务基层的质量进行综合测评，机关岗位季度奖金30%与站经理的综合测评得分挂钩，评价结果作为机关岗位人员评先选优的重要依据。

2.3.2 建立机关层面的5项阿米巴运行推进机制

（1）建立“优进劣汰”式人才流动机制

出台《聊城公司阿米巴经营单元绩效考核方案》，对聊城公司所有阿米巴经营单元的“巴长”开展竞标择聘。竞聘范围从机关一般管理人员到加油站值班长，竞聘工作领导小组参考竞标人的“目标值”、工作计划及措施等内容开展打分评聘。对竞标择聘成功的“巴长”执行严格的履职标准：一个季度内指标考核得分低于70分的，重新竞标择聘；全年连续两个季度考核得分低于80分且在公司排名后5名的，重新竞标择聘。通过竞聘，2021年有7名站经理落聘，7名优秀员工成功晋级“巴长”，形成了能上能下、优进劣汰的阿米巴人才流动机制。

（2）建立以利润为核心的考核兑现机制

阿米巴单元的薪酬兑现模式由销量提成逐步向利润分成转变，引导加油站主动深入市场、钻研政策、事前算赢、精准营销，实现效益最大化。在加油站KPI考核层面，效益类指标权重由2020年的20%提升至2023年的50%。在加油站提成兑现层面，2020年，在5座阿米巴试点站将沿用多年吨油提成变更为“5级阶梯式利润分成”；通过在试点阶段总结经验、查找不足，2021年，在全部50座阿米巴站点推广使用“5档毛利分成+吨油提成”有机结合的薪酬兑现模式。阿米巴单元薪酬机制的改革创新，引导“巴长”在经营过程中以利润最大化为核心，增强站级主动核算意识，把有限的营销资源花在刀刃上，方能实现考核及薪酬兑现最大化。

（3）建立机关“协同巴长”机制

机关中层及一般管理人员全员参与站级经营，挂职协同巴长，协同巴长作为巴长助理，是帮助巴长管理阿米巴、核算阿米巴收益、策划营销决策的辅助岗位，负责协调解决加油站在经营过程中存在的问题，推进阿米巴模式高效运转。协同巴长月度绩效薪酬的20%与所协助阿米巴单元的KPI月度考核成绩挂钩，激励协同巴长实时关注加油站的业绩完成进度。协同巴长实行定期研讨机制，每周赴现场全方位了解加油站的客户开发进度、营销活动开展效果、绩效及薪酬预测情况，共同查找短板，制定改进措施，全力协助站级阿米巴完成业绩指标。

（4）建立阿米巴经营分析对标机制

公司定期公布阿米巴站点的油非销售进度、毛利完成进度、营销支出及可控费用使用情况、营销活动开展效果、竞争对手量价变化等关键信息，引导阿米巴站点开展全面对标，找差距，补短板。公司每月对阿米巴单项指标完成情况进行评比，晒成绩、发喜报，先进站点做经验交流分析，从对标营销理念、精准锁定客户、严格执行营销政策、优化服务话术等方面进行分享，落后站点借鉴经验，互促共提升。

(5) 建立阿米巴运行的监督检查机制

一是成立阿米巴推进评估小组，公司定期对站级阿米巴模式的推进情况开展综合评估，包括对阿米巴理念掌握情况、阿米巴报表核算质量及应用效果、阿米巴绩效考核得分开展多维度评价，对评估效果较差的阿米巴进行约谈及帮扶。二是建立阿米巴运行合规检查机制，以加油站风险分级防控为抓手，财务、业务、非油组建联合稽查团队，每月对阿米巴单元的合规运行情况开展全面检查，确保站级阿米巴模式的高效合规运转。

2.4 3张报表助力站级阿米巴经营有效落地

2.4.1 《阿米巴商圈作战图》

《阿米巴商圈作战图》能够全面、清晰的展示出加油站 3km 范围内的商圈、客户及竞争对手情况。从“固定客户及流动客户”“已开发客户及潜在客户”两个维度对客户进行细分，针对不同客户群体，结合客户消费习惯、价格偏好，“一客一策”制定客户开发与维护方案，提高开发成功率。巴长和巴员对商圈内的目标客户进行网络化分担管理，同时建立客户开发台账，动态跟踪开发进度，开展销项管理，确保开发不留死角。通过全面跟踪、对标作战图内竞争对手的价格及营销政策，做到“知己知彼”，可帮助巴工及时调整应对策略，迅速应对市场变化。

聊城光岳路技师学院加油站阿米巴商圈作站图如图 1 所示。

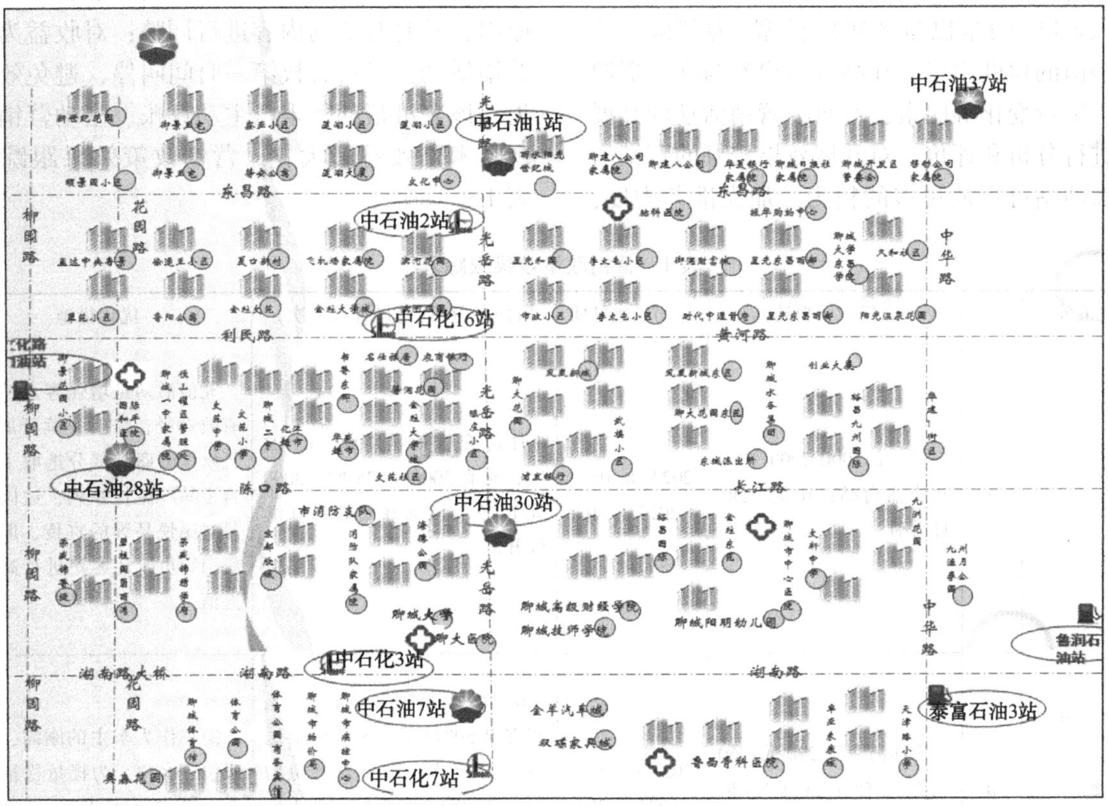

图 1　聊城光岳路技师学院加油站阿米巴商圈作站图

2.4.2 《阿米巴量效跟踪模型》

为指导阿米巴单元实时掌握每天的量利费、KPI 考核及薪酬预兑现情况，聊城公司近年来编制了多个站级核算模型，经过不断调整完善，2023 年升级为《站级阿米巴量效跟模型》。加油站只需手工录入销量、实收金额、营销支出等基础数据，即可自动计算出每天吨油营销支出、毛利、考核得分及薪酬兑现等核心数据，利用该模型，加油站切实学会了站在经营者的角度去主动算账、精准营销、提高收入，每位巴员的经营分析能力不断提升、客户开发的主动性逐步增强，切实树立了加油站主人翁意识。

聊城 30 站 2023 年 6 月份阿米巴量效跟踪模型如图 2 所示。

油品毛利指标(元)			156826	汽油销量指标（吨）	269	柴油销量指标（吨）	0	非油收入指标（元）	180200	油品总量完成进度	97%	汽油提成标准	38	KPI预计得分	100.81	已营业天数	30
油品毛利完成进度			98%	汽油销量完成进度	97%	柴油销量完成进度	0%	非油收入完成进度	124.00%	非油毛利完成进度	100.20%	柴油提成标准	0	月度油品提成	#######	本月总天数	30
营业日期	油品		汽油量效			柴油量效			汽油营销政策运行				柴油营销政策运行			非油收入	非油毛利
	销量（吨）	毛利（元）	销量	毛利额	吨油毛利	销量	毛利额	吨油毛利	加油卡折扣	油非互动	电子券	直降	加油卡折扣	油非互动	直降		
2023.06.01	7.3	3562	7.3	3562	487	0.0	0	#DIV/0!	344	2683	771		0	0		3935.31	
2023.06.02	7.7	4243	7.7	4243	553	0.0	0	#DIV/0!	268	2773	498		0	0		4336.23	
2023.06.03	8.2	3778	8.2	3778	462	0.0	0	#DIV/0!	415	2996	1091		0	0		7696.82	
2023.06.04	10.1	5967	10.1	5967	590	0.0	0	#DIV/0!	659	2758	1557		0	0		6592.12	
2023.06.05	7.9	4002	7.9	4002	508	0.0	0	#DIV/0!	307	2649	1054		0	0		6744.58	
2023.06.06	7.8	4690	7.8	4690	604	0.0	0	#DIV/0!	389	2588	827		0	0		15537.52	
2023.06.07	7.9	4023	7.9	4023	507	0.0	0	#DIV/0!	323	1961	1216		0	0		6747.29	
2023.06.08	7.3	5011	7.3	5011	685	0.0	0	#DIV/0!	1511	1328	531		0	0		5168.32	
2023.06.09	8.6	5569	8.6	5569	646	0.0	0	#DIV/0!	1339	1704	813		0	0		3319.28	
2023.06.10	10.3	5153	10.3	5153	501	0.0	0	#DIV/0!	508	2909	1743		0	0		8161.86	
2023.06.11	10.4	4499	10.4	4499	433	0.0	0	#DIV/0!	671	2030	2396		0	0		9223.84	
2023.06.12	8.7	5794	8.7	5794	662	0.0	0	#DIV/0!	709	1258	984		0	0		2438.79	
2023.06.13	6.9	4200	6.9	4200	608	0.0	0	#DIV/0!	332	1623	774		0	0		14138.76	
2023.06.14	5.0	3042	5.0	3042	613	0.0	0	#DIV/0!	83	1393	347		0	0		5329.02	
2023.06.15	8.5	4849	8.5	4849	572	0.0	0	#DIV/0!	427	2238	962		0	0		5707.93	
2023.06.16	9.2	5744	9.2	5744	627	0.0	0	#DIV/0!	455	2364	525		0	0		5528.21	
2023.06.17	8.8	5086	8.8	5086	578	0.0	0	#DIV/0!	475	1958	1079		0	0		3137.04	
2023.06.18	10.0	5606	10.0	5606	562	0.0	0	#DIV/0!	1487	2235	1672		0	0		3840.76	
2023.06.19	10.3	6382	10.3	6382	618	0.0	0	#DIV/0!	1458	2105	1300		0	0		10909.6	
2023.06.20	7.8	4594	7.8	4594	591	0.0	0	#DIV/0!	327	2193	745		0	0		3352.9	
2023.06.21	9.2	5079	9.2	5079	554	0.0	0	#DIV/0!	472	2390	1269		0	0		4020.65	
2023.06.22	11.6	6597	11.6	6597	570	0.0	0	#DIV/0!	317	2807	1755		0	0		5962.56	
2023.06.23	7.7	4754	7.7	4754	621	0.0	0	#DIV/0!	421	1695	904		0	0		15785.03	
2023.06.24	10.1	6147	10.1	6147	607	0.0	0	#DIV/0!	575	2652	1203		0	0		4054.43	

图 2　聊城 30 站 2023 年 6 月份阿米巴量效跟踪模型

2.4.3 《营销活动分析评价表》

该表以《阿米巴量效跟踪模型》为基础，从收支平衡的角度出发，并结合客户参与度、资源投入、销量变化等因素，对每项营销活动的开展效果进行分析和评价。对开展效果较好的营销活动，加油站可投放更多的精力，加大推荐力度；对开展效果不及预期的营销活动，巴长主动分析原因，及时对活动内容进行调整；对收益为负的营销活动，巴长有权第一时间叫停，避免效益流失。该表可帮助阿米巴主动算账、主动营销，实现阿米巴效益最大化。营销政策效果跟踪表见表 1。

表 1　营销政策效果跟踪表

营销政策分类		营销政策概述	活动起止日期	阶段性分析(每周开展一次)	优化措施
油非互动	A	充值 1000/2000/3000 赠非油商品；10 惠充值日活动	2023. 06. 01~2023. 6. 30	6 月份充值核销 1000 元 102 次，充值 2000 元 35 次，3000 元 14 次，活动开展效果好继续开展	充值活动是增强客户粘性的有效途径，需要持续开展，并且赠送的商品部分选取了我们自主品牌昆悦系列，这同时也是对昆悦品牌的宣传，但是需要引导员工让客户进行高额度充值
	B	汽油消费满 220 元/260 元赠送标准洗车/精护洗车	2023. 06. 01~2023. 6. 30	6 月份赠送洗车 2034 次，毛利支出 50748 元，5 月份赠送洗车 2320 次，由于 6 月份增加了满额赠总商品所以洗车数上减少，满足了客户的多元化需求	洗车作为车主的刚需，有效吸引了客户，为提量稳量起了至关重要的作用，需要持续开展
	C	92 汽油消费满 200 元；95 汽油消费满 220 元以上消费赠礼。夜间 92/95 满 200 以上消费赠礼	2023. 06. 01~2023. 6. 30	加油满赠商品受客户青睐，也是与社会站竞争的一个抓手，同时也能引导客户加满率	建议夜间 6：00 以后汽油消费 200 元赠送 4 瓶矿泉水，可以更改为 92 号满 220 元，95 号满 260 元赠送，提高加满率

续表

营销政策分类		营销政策概述	活动起止日期	阶段性分析(每周开展一次)	优化措施
电子券	A	充值1000/2000/3000/4000赠加油券，10惠充值日活动	2023.06.01~2023.6.30	6月份核销10元充值券52笔，20元充值券46笔，30元充值券46笔，40元充值券22笔，合计金额3700元	充值活动是增强客户粘性的有效途径，需要持续开展，但是需要引导员工让客户进行高额度充值
	B	周末抽奖10元/15元/20元/30元	2023.06.01~2023.6.30	周末合计利用券1092张，其中核销周末抢券10元411张，15元的266张，20元的295张，30元的98张，周末抽奖是基于之前的普惠更改为精准营销，较之前的会员日直降每月节约营销支出近8000元，吨油营销支出节约近30元	持续开展并加强宣传，提升客户体验
	C	齐鲁工会优惠券	2023.06.01~2023.6.30	齐鲁工惠优惠券核销73张，其中10元的46张，20元的16张，30元的11张	借助政府力量，有效的做好客户引流，需要持续开展
	D	新开卡赠送20元电子券	2023.06.01~2023.6.30	6月份开电子加油卡133张，充值143867元，单张充值额1082元，6月份核销20元开卡优惠券128张	开卡是增强客户粘性的有效途径，赠送电子券的活动需要持续开展，需要优化客户的充值额度，并且建议取消200元的充值健

3 聊城公司阿米巴经营实现的效果

3.1 转观念，换角色，提升了经营主动意识

加油站责权利更加清晰，员工从思想和身份上实现了向经营者的转变，树立了“人人都是经营者”的意识，全员争当“主角”，从“要我干”转变为“我要干”，客户开发和维护水平不断提升。各站在运用阿米巴经营模式过程中，提升了算账意识，更加注重“价、量、利、费、效”的有机平衡。

3.2 共命运，创效益，加速了提质增效进程

发挥机关“协同巴长”的作用，做好服务支撑，共同经营阿米巴，引导各级管理人员主动融入一线、各尽其能，从基层发现问题“反哺”机关解决问题，实现全体员工同频共振、同心共向，通过全员经营助力，上下协同，打破机关、片区党支部、加油站绩效壁垒，“引智进站”，实现“全员参与经营”，加速推进提质增效，双低站治理成效显著，18座双低站中12座超额完成提质增效指标，10座实现扭亏为盈(表2)。

表2　双低站治理情况

公司领导	加油站名称	所属支部	提质增效目标/万元	2022年利润/万元	累计完成/万元	进度比/万元	累计同比/万元	责任人	备注
王太成	聊城59站	东新在支部	-20	-36.1	-11.4	6.9	17.9	张纪岭	超额完成扭亏指标
伍天兵	聊城79站	冠临高支部	-33.4	-44.4	-7.7	22.9	25.1	张新云	超额完成扭亏指标
	聊城80站	冠临高支部	-24.4	-38.4	1.6	24	30.8	张新云	亏为盈
戴东庆	聊城13站	聊阳莘支部	-133.7	-175.8	-105.8	16.8	41.9	李俊涛	超额完成扭亏指标
	聊城101站	东新在支部	-120.5	-184.1	-87.2	23.2	45.2	屠兴泽	超额完成扭亏指标

续表

公司领导	加油站名称	所属支部	提质增效目标/万元	2022 年利润/万元	累计完成/万元	进度比/万元	累计同比/万元	责任人	备注
孙雷	聊城 86 站	冠临高支部	-69.9	-77	-46.5	17.6	7.8	杜培芝	超额完成扭亏指标
	聊城 31 站	冠临高支部	6.8	-49.8	25	18.8	55	杜培芝	扭亏为盈
	聊城 14 站	冠临高支部	-2.5	-54.9	31.1	33.4	63.6	杜培芝	扭亏为盈
王大成	聊城 78 站	东新在支部	-41.9	-45.2	-55.5	-17.1	-18.8	张纪岭	欠进度
	聊城 49 站	聊阳莘支部	-7.3	-32.6	8.8	15.5	31.3	刘贵周	扭亏为盈
	聊城 18 站	聊阳莘支部	5.1	-34.2	21.6	17	32.7	刘贵周	扭亏为盈
	聊城 65 站	东新在支部	0.4	-26.4	-2.2	-2.6	-4.7	张纪岭	欠进度
牛恩敬	聊城 69 站	东新茌支部	-32.8	-64.7	9.7	39.7	38.2	秦文凤	扭亏为盈
	聊城 29 站	东新茌支部	-9.5	-38.1	-8.2	0.6	30.9	秦文凤	超额完成扭亏指标
	聊城 82 站	冠临高支部	1.5	-66	72.1	70.7	110.9	秦文凤	扭亏为盈
伍天兵	聊城 38 站	冠临高支部	-13.5	-64.9	2.6	15	40.1	张新云	扭亏为盈
	聊城 51 站	聊阳莘支部	-22.7	-48.4	16.1	36.9	20.9	张新云	扭亏为盈
	聊城 43 站	聊阳莘支部	-3.3	-29.5	10.5	13.6	26.2	张新云	扭亏为盈
合计			-521.6	-1110.5	-125.2	352.9	595	—	—

3.3 变模式，高运转，“人人都是经营者”成为上下共识

在阿米巴经营模式下，加油站更加注重一客一议、精准营销，实现效益最大化，人人都是经营者，人人都在努力以最低营销支出实现最大销量，以最低运行成本保障油站高效运行，为阿米巴单元挣取“高”工资。各巴长晒成绩、晒进度、晒点子，形成比学赶帮超的对标氛围，经营模式由粗放向精准转变。2023 年 1-10 月实现账面利润 1890 万元，创三年新高，提前三个月完成扭亏脱困，油品量利双增，非油品业务稳中有进，销售结构和销售质量持续优化，经营成效同比好于主要竞争对手，特别是汽油实现 16 家地市公司唯一正增长(表 3)。

表 3　加油站在阿米巴经营模式下经营情况

指标类型	关键绩效指标		权重/%	计量单位	11 月指标	预计完成	预算比	完成率	得分
效益类	考核利润		20	万元	97	166	68	170.2%	26.0
	成品油毛利		13	万元	587	658	71	112.1%	14.6
	非油毛利		12	万元	78	84	6	108.1%	13.0
营运类	油品总销量	纯枪汽油	16	吨	3518	3506	-11	99.7%	15.9
		柴油销售	16	t	7672	8809	1137	114.8%	18.4
		合计	—	t	11190	12315	1126	110.1%	—
	吨油营销成本		5	t/人	494	449	-45	109.1%	5.5
	非油收入		13	万元	399	457	58	114.5%	14.9
	新能源项目	光伏发电	3.5	座数	1	1	0	100.0%	3.5
		充换电站	1.5	座数	3	3	0	100.0%	1.5
控制类	控制类考核		—	—	—	—	—	—	—
实际得分			100	—	—	—	—	113.20%	113.2
兑现得分			—	—	—	—	—	—	114.3

4　阿米巴经营探索中存在的困难与思考

4.1　实践面临的困难

（1）员工精力不够：目前聊城公司单站用工4人，其中3人（含）以下的站点18座，地方政府职能部门会议多、检查频繁，员工精力有限，站外拓客难度加大，营销政策落地效果有待提升；且加油站硬件设施老化严重，与社会站服务水平差距越来越大。

（2）巴长权限不够：受近几年公司连续亏损影响，分公司经营决策权限不足，例如目前加油站在非油自主订货、油品价格等方面的决策权并没有完全放开。

（3）竞争权限不够：分公司油品购进成本并未完全市场化，与社会站价差较大，目前聊城区域汽油价格和社会站差距达到2元/L，柴油价差在0.7元/L左右，受核算价差的制约，阿米巴站点缺乏充分的市场竞争权限。

（4）巴长流动性不够：近年来，受人员持续减少影响，巴长队伍无法实现有效流动，制约了参与巴长竞聘的积极性，且巴长营销能力参差不齐，自我策划营销方案能力不足。

4.2　有关下一步思考

阿米巴经营本质是一种经营管理哲学，其有益实施依赖于公司整体环境认同阿米巴、依赖于巴长的培养和认同、依赖于结合阿米巴单元的实际情况、依赖于短期利益与长期利益一致、依赖于局部利益与整体利益一致、依赖于守正和创新的一致、依赖于数智系统的支撑。结合聊城地区未来的成品油市场发展适时优化以下内容：

一是宜制定一区域一政策机制。成品油销售市场化竞争已经达到白热化，目前社会站成为了市场竞争主体，建议按照区域划分，给予真正贴近市场的政策空间，才能真正发挥阿米巴效应，下发足够的竞争权限。

二是宜培养巴长市场斗争意识。加强对巴长经营意识、营销水平、竞争意识的培训，使巴长清晰掌握阿米巴推工作中取得的成效和差距，明确后期努力方向，充分发挥巴长的主观能动性，灵活应对市场，推动阿米巴单元效益最大化。

三是宜健全适应阿米巴管理的组织。完善后组织应是处理整个公司经验数据的组织，从根基上支撑阿米巴的经营，能制定并维护阿米巴经营正常运行的基础制度和内部规章，能如实正确反映经营情况供决策，能横向纵向支撑横向阿米巴分立、合并等组合，能正确组织和管理公司各项生产要素。

四是宜设计合适的数智系统作为辅助阿米巴经营的有力工具。在实践中将阿米巴理念战略化、战略组织化、组织流程化、流程制度化、制度表单化、表单数字化、数字智能化。

五是宜突出党建引领作用。通过与党建“三基本”建设和“三基”工作有机融合，与基层党组织建设有机融合，充分发挥党支部的战斗堡垒作用，把稳阿米巴经营模式高质量推进的航向。

参考文献

[1] 稻盛和夫，著. 陈忠，译. 阿米巴经营[M]. 中国大百科全书出版社，2009.10：189.

[2] 廖国勤等合，著. 销售企业阿米巴经营应用提升手册[M]. 中国石油天然气股份有限公司销售分公司，2023.11：76.

[3] 李志华. 阿米巴经营的中国模式-员工自主经营管理理念和方法[M]. 企业管理出版社，2013.9：47.

[4] 李春佳. 阿米巴实战落地108招[M]. 中国商业出版社，2022.8：104.

[5] 王滨，张志鹏，国永珍. 阿米巴经营模式在加油站的应用初探[M]. 中国石油山东淄博销售分公司.

[6] 周军，陈星宇，金鲁民. 浅谈阿米巴战斗报表在成品油销售企业中的运用[M]. 中国石油江苏销售分公司.

基于大数据的数字油气田现状及发展研究

许文君　甘楠楠

（中国石油青海油田公司）

摘　要　随着我国改革开放的深入推进和社会主义市场经济的快速发展，社会各个领域呈现出蓬勃向上、欣欣向荣的发展态势，各产业类型也彰显出不容小觑的发展空间和潜力。油气田企业作为我国社会发展建设的重要部分，也展现着愈加良好的发展面貌。油气田企业是国家重要的能源生产基地，为全社会提供能源资源，随着信息技术的更新迭代，数字油气田顺应而生，智能化发展成为油气田企业的一个重要发展方向，而数字化是实现油气田企业智能化发展的必经途径。如何运用诸如第五代移动通信技术、物联网、大数据等信息技术，以提高油气田企业的开发效率、降低生产经营成本、保障人机安全和环境保护、实现油气田数字化建设、增强综合竞争力，这些都是油气田企业高质量发展必须考虑的问题。本文通过分析大数据数字油气田发展现状，详细阐述大数据在油气田数字化建设中的地位、重要性、发展现状及策略展望等几个方面，结合大数据技术在数字油气田发展中的必要性进行分析，提出一些关键技术在油气田企业的应用，如智能监控技术、数据融合技术等关键技术怎样实现油气田生产过程中及重要环节的生产数据全面采集、有效传输、分析、控制、数据体转换为图像等具体应用，进而利用信息技术实现油气田信息的有效管控等，以期为大数据背景下的数字油气田发展提供技术参考。

关键词　大数据；数字油气田；发展现状

数字油气田是指油气田的信息化、数字化建设和发展，特别是在新时期背景下，我国已经全面进入到大数据时代，数字油气田的产生以及发展在新时期背景下具有非常重要影响和作用。无论是在数据的生成还是处理方面，涉及数据量普遍比较大，但是要结合实际情况，对各种不同类型数据进行及时有效处理，这样才能够从中获取到相对比较高的收益。尤其是在数字油气田发展中，我国现有诸多公司对其自身的应用价值有更加深刻认识和了解，将数字油气田的建设以及优化放在首要位置上，目前取得的整体成效相对良好。

1　大数据对数字油气田发展的重要性

近年来社会经济的快速发展，我国已经全面进入到信息化时代，各种不同类型信息技术手段的应用在各领域中逐渐普及。特别是大数据时代背景下，其在互联网、金融以及医疗健康等诸多领域中都可以实现广泛应用，整体应用效果相对良好。石油工业一直以来都是推动国民经济发展的重要支柱性产业之一，普遍都是以各种不同类型新技术或者新方法应用在重要试验田，但是现阶段大数据技术在石油行业中的应用处于刚刚起步阶段。所以要结合目前石油工业的发展现状，对其展开有针对性的分析，这样才能够将大数据技术在实践中的应用作用和价值充分发挥出来。尤其是现阶段各种不同类型优质石油资源的开发力度一直在不断增加，我国目前现有资源的开采难度逐渐提升。石油资源品质逐渐朝着劣质化趋势转变和发展，各环节带来的污染问题相对比较严重。更为重要的是新时期背景下，利益成本竞争相对比较明显，但智能油气田的建设和发展能够对低油价等问题进行有效突破。

2　数字油气田在大数据背景下的发展现状

2.1　研究现状

目前我国已经全面进入到数字化以及网络化时代，人们对于数字油气田的研究力度一直在不断增加，进而出现诸多研究热点，这些热点对于数字油气田网络架构的实现具有非常重要影响和作用。结合数字油气田的整个研究历史展开深入分析时，无论是物联网技术或者信息化油气田等，在某种程度上都可以被看作是数字油气田在运作和发展中的重中之重。目前石油石化行业在发展过程中，对于数字油气田的整体研究力度一直在不断提升，油气田现代化建设和发展中，数字油气田在其中能够起到良好的基础性管理。数字油气田在研究时，主要是以智慧气田为基础，对于石油石化的发展势必会带来一系列影响。现阶段在整个数字油气田研究过程中，对于大数据以及信息化等各方面研究都被看作是重点项目。我国在数字油气田的研究方面与国外基本上可以保证同步状态，甚至部分研究与国外相比要更明显一些。比如我国中石油的 IT 发展规划等目前正处于不断实践当中，对数字油气田建设目标进行科学合理的构建和落实，同时在实践中对其进行有效推进。而多数国外企业目前在该方面仍然只是单纯停留在思想观念的角度上，并没有真正有效落实到实处。

在 21 世纪背景下，数字油气田在我国的整体发展形势相对良好，人们相继对现有诸多研究内容进行有效推进。对编程等相关工作进行全方位有效推进，数字油气田的专注度越来越高。对于数字油气田的专著发行量展开深入探究，目前我国在数字体验发展方面的整体投入力度相对比较大，现阶段国内已经有诸多石油石化企业逐渐将数字油气田放在首要位置上，将其作为企业自身在日常运营和发展中的重要方向，这样不仅能够保证企业在日常生产时的效率得到提升，而且能够实现其自身经济效益的稳定增长。目前部分企业已经逐渐开始对油气田生产信息化、应用数字化平台等进行科学合理的建设和利用。数字油气田在实践中会涉及到的专业相对比较多，包括计算机以及通信等。在现阶段数字油气田基础上，会逐渐延伸出来更多各种不同类型的交叉式学科，对于数字油气田自身会产生一系列的作用。特别是在 AI 以及大数据方面，所以必须要加强对现有专业的研究力度，保证其能够实现跨专业的有效融合。

2.2 建设现状

在 21 世纪以来，数字油气田在我国目前社会经济建设以及大环境背景下的整体发展形势相对良好。结合国内现有诸多企业展开深入探究，对其进行客观合理评价和分析。数字油气田本身可以被看作是新兴事物，无论是从理论到实践，或者从实验到普及等各个环节都具有非常重要影响和作用。现阶段我国在数字油气田的规划及建设方面，在经过长期时间发展，数字油气田已经逐渐朝着数字化趋势转变。数字化建设可以被看作是数字油气田在建设时的基础组成部分，尤其是部分公司在整个数据规划和建设过程中，可以针对现有诸多数据信息进行全方位有效治理，这样才能够推动逐渐朝着数字化趋势转变和发展。我国目前企业通常是 5~8 年，结合物联网以及数字化等各种不同类型技术手段，可以对初步示范进行全方位有效推进，促使其能够逐渐朝着规模化建设趋势转变和发展。大概有 80% 之上可以实现数字化管理的根本目的，这部分企业目前正在对数字油气田进行深入探究。数字与智能油气田的建设通常是以 3~5 年的时间，可以针对数字以及智能油藏进行更加深刻的认识和了解，在该基础上对其展开深入探究，目前在实践中其正处于不断尝试的重要阶段，并没有出现形成具有规模化特点的建设。

2.3 发展现状

我国最初提出的数字油气田经常会受到严重的质疑，在经过深入研究之后，其发展至今已经逐渐形成一定规模。大数据近年来的整体发展形势相对良好，油气田的数字化及信息化建设过程中，新产生出来的数据一直在不断增加，无形当中受到了企业的广泛关注和重视。必要情况下，要将其自身的作用和价值体现在数字油气田数据中心。数据中心在构建和实施过程中，可以将层级作为其中的标准要求，通过这种方式在其中的合理利用，石油数据中心当中涉及到的石油数据信息量相对比较大，这也是现阶段石油石化企业在日常运营和发展中必须要实现的数字化道路，其对于数字油气田的建设和发展具有实质性意义。

3 数字油气田在大数据背景下的发展策略

石油工业一直以来都是推动国民经济增长和发展的重要支柱型产业之一，是新技术、新工艺方法的重要试验田，但是目前大数据以及人工智能等技术等仍然处于刚刚起步的重要时期。目前油价进入到中低价格阶段，优质石油资源的开发力度不断加大，我国剩余储量的开采难度直线上升，石油的资源品位低劣、老油田高含水等问题越来越严重。尤其是在目前低成本竞争环境影响，必须要实现工业革命与石油企业之间的高度融合，实现大数据背景下智能油气田的建设和发展。智能油气田主要是将油气物流关系作为其中的主体组成部分，在自动化数据采集以及控制的同时，以管理转变或者是优化流程等方式，对现有决策生产体系进行不断完善和优化，以此来实现油藏管理、采油工艺以及生产运营的不断完善和优化。为实现该目标，在油气田开发以及应用中，要从多个角度着手，结合目前先进的技术手段，以此来保证数字油气田的稳定、可持续发展。

3.1 智能监控技术

3.1.1 智能监控

数字油气田监控系统在构建和实施过程中，其中会涉及到的环节以及组成部分相对比较多，包括报警联动以及图像采集等，可以被看作是大型油气田监控系统。结合目前我国数字油气田在建设和发展中的现状，对监控需求展开综合分析，智能监控系统在建设时，主要是指数字油气田在运营和发展中的重中之重，要对符合要求的监督管理系统进行科学合理的构建和落实。根据企业在日常管理中提出的一系列要求以及其发展特点，将核心设备中涉及到的各种不同类型数据采集作为基础，这样不仅能够实现及时有效的报警处理，而且能够满足其实际要求，为数据信息的安全性和稳定性提供保证。以视频方式对油气田进行监控，该系统在构建和实施过程中，主要是以前端、传输和监控3个模块相互组合成。前端系统在建设时，主要是对视频分析技术进行引进和利用，这样能够针对附近环境区域范围内的情况进行实时有效监控，保证检测以及跟踪的功能落实到实处。针对附近可疑车辆以及人员等进行仔细记录，以大数据分析等方式，可以针对信号进行及时报警处理。传输系统在构建和实施过程中，可以针对视频以及控制等进行指令的传送，前端传输系统实际应用过程中，要结合目前提出的一系列需求，对符合要求的传输数据进行选择和利用，在整个中心监控系统构建和实施过程中，主要是以管理模块和数据储存模块等相互组合而成。在监控系统建设和应用时，可以对NDVR进行引入，以此来实现自动化的管理和控制，保证数据采集及分析的有效性和针对性。对NDVR进行利用时，还可以实现远程数据的传输以及转发处理，这样能够保证上级部门在日常运营和发展中，可以直接通过远距离方式，对油气田的运行情况进行监督和管理。管理人员还可以通过网络的合理利用，与气田工作人员展开实时有效交流。

3.1.2 关键技术内容

在整个智能监控技术使用过程中，要结合实际情况对其中涉及到的关键技术内容展开深入分析。在行为分析技术方面，监控系统在构建和实施过程中，通常是对各种不同类型的行为数据进行及时有效采集和利用，以此为基础，可以实现全方位的描述以及建模，以个体群体和场景的描述组合而成。在对数据进行采集时，要对其进行建模处理，监控系统在构建和实施过程中，其自身内部有对应的行为模型作为基础。监控系统在建设时，可以与建模分析行为等进行结合，一旦发现行为与系统内部模型之间具有一致性特点，可以立即报警，这样能够保证其自身的安全性和稳定性。人脸识别技术在应用时，主要是将需要识别到的人脸图像直接传送到服务器当中展开对比分析，将识别结果体现在显示屏当中，这样不仅能够实现对油气田工作人员有效管理，而且人脸数据资料相对比较容易获取，具有非常高的精准度。图像处理技术在应用时，由于数字油气田所处区域具有非常明显特殊性特点，所以保证数据在采集时，其自身精准度得到提升。对图像处理技术进行科学合理的理引入和利用，这样才能够实现降噪以及矫正的根本目的，保证监控管理水平得到提升。分析报警技术在应用时，主要是在现有图像数据以及实践数据基础上，对符合要求的逻辑信息进行科学合理的构建和落实，这样能够保证计算机及时从海量数据当中进行快速有效分析，对异常问题进行识别，对其中涉及到的诸多干扰信息进行快速有效的过滤处理，对重要信息进行自动化读取，结合分析结果直接将对应的预警信号传送到管控中心。

3.2 数据融合技术

3.2.1 油气田数据融合

数据融合在现阶段大数据的应用背景下，可以被看作是数字油气田在建设以及发展中非常重要的组成部分，同时也是新提出来的全新概念。数据融合主要是指在数字气垫链条影响下，无论是在数字或者信息的各方面可以实现高效整合，特别是在数字油气田链条当中，数据具有非常重要的影响和作用。数据通常是来自与数字，在经过一系列处理之后可以逐渐转变成为可用信息。从数字油气田角度出发对其展开深入分析，现有众多信息在应用时，能够针对油气田自身进行远程控制，保证其可以实现自动化运输，以此来对各种不同类型的勘探资源进行处理，保证油气在生产时的效率以及质量得到提升。在数字油气田当中，油气田数据通常是指并没有经过处理或者是在初步采集到的原始数据，通过原始数据的分析和利用，能够从中得出更多的预期数据，也就是具有一定价值特点的数据。所以在整个数字油气田数字融合中，要对目前现有诸多原始数据进行有效处理，油气田数据融合目标通常是指合2为1，逐渐形成全新的数据群。新数据与原始数据展开对比分析，无论是在本质或者特性的各方面都有明显变化趋势。在实践中要保证油气田数据能够实现有效融合，促使两种及以上可以实现有效重组。数字系统在针对重组数据展开深入分析时，可以对油气田发展的未来走向进行客观合理预测和分析。

在现阶段的数字油气田数据融合发展过程中，需要对多源数据展开综合分析，由于油气田数据的来源数量相对比较多，其在专业性以及应用方面等存在差异性比较明显，但是现有诸多技术在相同的技术环境影响下，可以从多个角度出发对特定对象进行及时有效反馈，以此来保证多元数据表中统一对象目标能够得到有效推进，在数据组合方面，油气田数据计算并不是十分复杂，其存在简单的相加计算步骤。计算的根本目的是为了对数据信息进行有效组合，将最终的计算结果直接提交给数字系统，以此来实现数据相互之间的高效融合。在数据融合体方面，其主要是指已经融合的数据必须要转换成其他各种不同类型的形式，包括图像等，这样能够体现出其相对应的信息内容。图像可以被看作是数据的重要载体，同时也是信息内容，油气田工作人员可以根据信息等应用现状，保证管理人员对信息进行及时有效的分析，这样才能够实现油气田信息有效管控。油气田数据采集通常在勘探以及开发的各环节中，可以实现合理利用，通常为了保证数据采集的准确性和有效性，一般会以传感技术为基础，数字油气田要对目前所采集到的各种不同类型数据进行有效组合和分析，将其直接转变成为具有可视化特点的图像或者文字，逐渐向管理人员提供相关信息。比如油气田区域范围内地质条件图等，将最终的分析成果逐渐转变成为可以参与学习的知识，这样能够为新员工的学习以及日常培训活动等提供可靠参考依据。

3.2.2 关键技术应用原理

数字油气田要想从根本上保证数据相互之间的高效融合，需要对专业技术手段以及方法等进行合理利用，在该基础上，以各种不同类型的多项面投数据为基础，针对数据有针对性的处理以及解释。在该基础上，可以将其分为数据体和成果数据两部分。数据体单纯指油气田数据，成果数据则是指数据采集人员或者研究者对自己已经获取到的数据展开一系列的制作，或者解释。成果数据本身可以被纳入到知识型数据当中，最后直接归入到成果数据库中，可以将其看作是计算机管理数据中非常重要组成部分。对于目前已经形成的油气田数据来说，可以在实践中将其应用到业务环节，对于目前投入使用的各种不同类型数据，可以实现二次分类处理，将其作为数据体数据以及成果数据进行合理利用。在整个环节中产生出来的数据体数据与上一环节相比，具有非常明显差异性。所以工作人员可以根据实际情况，适当增加新数据，对其进行分析，无形当中会形成数据处理分析的闭合循环程序，以此来保证数据的常态化建设和管理。

在针对油气田数据新数据体展开深入分析，结合其自身的形成原理，可以被看作是油气田数据融合背景下的重要产物。从整体角度出发对其展开深入分析，对地下油气资源进行表征处理，同时提供可靠的地质信息作为支持。油气田数据融合技术在应用时，主要是指数据相互之间的关系得到有效管控，体现出数据的关联性。该过程具有一定简便性和复杂性特征，简单方面主要是指数据计算过程中，以加减乘除的预算方式就可以对其进行处理。而复杂则是指数据在应用结果方面很容易受到油气田数据组合关系带来的一系列影响，各种不同类型组合代表的关联性也具有非常明显差异性。所以数据在应用时，要从数据关联角度出发对其展开深入分析，实现数据之间的高效融合，以现有诸多方式为基础，保证数据相互组合后，会逐渐形成全新的数据体。将数据体全部都输入到对应软件当中，逐渐转变成为研究图像，这样能够对相关数据信息进行及时有效反馈。由此可以看出，数据观点以及组合在实践中的合理利用，对于油气田的地质以及油藏信息等可以实现深入探究，在该基础上，能够得到切实有效的开发和应用。为了保证数据相互之间的联系得到强化，企业需要对以流程图等方式进行合理利用，实现对模型科学合理的构建和落实，对数据的具体流向以及融合过程展开深入分析，这样才能够实现油气田数据融合一体化的建设和发展。

3.3 三维建模技术

目前我国已经全面进入到大数据时代，国内外诸多学者无论是在数字城市或者智能小区等各领域建设过程中，普遍都会对各种技术展开深入探究，三维建模技术在应用时，自身所涉及到的对象相对比较多。在大数据背景下的数字油气田结合国内外的研究经验，对数字油气田的发展过程展开深入分析，对其存在的一系列影响展开深入探究，促使研究工作的全面有序开展。将BRep-CDTIN-GTP作为其中的核心要素，对气田的地形以及地下无缝等进行有效集成，以此来实现建模的根本目的。气田地下建模通常是以六面体原构建方式为主，所以在针对气田地下进行建模处理时，要将三维六面体元模型作为基础。在地表模型的建设方面，以GRID构建方式为主，目前地上模型是以CSG这一方式进行构建和利用。以结合遗传算法等方式对其展开深入探究，这样能够保证数字油气田建模的完整性和有效性。在大数据时期背景下，数字气田的勘探以及开发非常重要，要有大量数据信息作为支持，这样才能够保证数字气田相关工作的全面有序开展。从数据角度出发对其展开深入分析，要根据建模的主要内容，将为地表地上以及地下不同类型对油气田地表数据进行采集和利用，逐渐形成地表影像，在整个模型构建和实施过程中，可以以格栅贴图方式为主，而在油藏数据的采用以及实施过程中，可以对pillar模型进行构建和落实，这样能够将其中涉及到的诸多数据以更加直观方式体现出来。目前在现有诸多技术基础上，可以实现对数字油气田模型的建立，以该模型为基础，能够对油气资源进行科学开发和利用，这样能够为管理者最终形成的开发方案进行编制和落实，从中选择出符合要求的勘探目标，尽可能满足气田生产中提出的一系列需求。

3.4 未来发展趋势

大数据背景下的数字油气田在构建和实施过程中，要对现有诸多数据信息展开深入分析，所以在数字油气田发展中，需要意识到数据处理的高效性及智能化的重要性。只有这样才能够满足目前数字油气田信息化以及数据化建设和发展中提出的个性化需求，由此可以看出，智能油气田可以被看作是数字化气田发展的主要发展趋势。以现代化管理理念为基础，根据数字建模以及信息技术在运行时的特点，以此来实现对其智能性的营造，企业内部各领域都可以逐渐朝着智能化管理趋势发展，保证日常运营以及相关工作的效率以及质量得到提升。从发展角度对其进行分析，智能油气田在某种程度上可以被看作是数字气田的升级版，但是两者之间存在的差异性也相对明显。尤其是在数字油气田方面，主要是以计算机网络技术为基础来进行有效推进，而智能气田则是将云计算或者物联网的各种先进技术手段作为基础，以此来推动其自身的建设和发展。

4 结语

数字油气田在大数据时代背景下的发展，能够对石油石化未来的整体发展形势进行预测，促使其能够逐渐形成相对良好的油气田管理决策。在经过一系列深入研究可以看出数字油气田对于石油石化产量提升来说具有实质性意义，能够从根本上实现对成本的有效管理和控制，对于企业的建设和发展来说具有实质性意义。

参考文献

[1] 胡贵，崔明月，陶冶，等. 油气井筒工程数据平台技术进展及数据深度应用思考[J]. 石油科技论坛，2021，40(05)：65-72.

[2] 郭以东，马建国，余洋，等. 油气田企业能效数据融合研究与实践[J]. 中国石油勘探，2021，26(05)：38-48.

[3] 李小永，李经纬，付亚荣，等. 油水井智能堵水调剖技术现状及发展趋势[J]. 石油钻采工艺，2021，43(04)：545-551+558.

[4] 徐英俊，杨磊，刘华林. 石油石化企业数字化转型若干问题思考[J]. 油气与新能源，2021，33(02)：57-61.

[5] 苏健，刘合. 石油工程大数据应用的挑战与发展[J]. 中国石油大学学报(社会科学版)，2020，36(03)：1-6.

[6] 陈欢庆. 油气田开发中油气藏地球物理研究[J]. 地球物理学进展，2021，36(02)：565-575.

[7] 赵彤，葛云华，周波，等. 钻井业务物联网远程决策支持系统的现状与发展[J]. 国际石油经济，2019，27(11)：93-97.

[8] 章绍龙. 基于大数据技术智慧油田的现状及发展思考[J]. 中国设备工程，2019(03)：216-217.

浅析利用.NET CLR扩展SQL Server数据库功能

谢家宁

（中国石油乌鲁木齐石化公司）

摘　要　本文通过应用实例分析了如何依托强大的.NET平台优势，并使用无与伦比的开发工具Visual Studio，创建类库项目和在SQL Server中建立表值函数的过程。通过集成.NET CLR功能，可很好地解决SQL Server可编程功能的局限性问题及数据访问能力，并为最终创建丰富多彩、令人耳目一新的数据库端应用程序提供了更简单、更实用的方法和途经。

关键词　CLR；程序集；自定义函数；.NET；类库

1　引言

Microsoft SQL Server的一项功能是其与Microsoft. NET Framework公共语言运行库(CLR)的集成，使得SQL Server显著地增强了数据库编程模型的功能。能够在Transact-SQL查询语句中应用.NET Framework类和函数。CLR集成的机制有多种，它们包括：CLR用户自定义函数(包括表值函数)；CLR用户定义类型；CLR存储过程；CLR触发器。本文重点说明如何使用CLR用户自定义函数。

2　CLR集成概述

开发人员将托管程序编写为一组类定义。将Visual Studio内旨在用作存储过程、函数或触发器(下面统称为例程)的代码编写为类的static(或Microsoft Visual Basic. NET中的shared)方法。将旨在用作用户定义的类型和聚合的代码编写为一个整类。开发人员编译该程序并创建一个程序集。然后，将此程序集上载到SQL Server数据库，在其中使用CREATE ASSEMBLY数据定义语言(DDL)将它存储到系统目录。接着，创建TransacT-SQL对象，例如，例程(函数、过程和触发器)、类型和聚合，并将其绑定到已经上载的程序集中的入口点(对例程来说是方法，对类型和聚合来说是类)。使用CREATE PROCEDURE/FUNCTION/TRIGGER/TYPE/AGGREGATE语句来完成这一步。在创建了这些例程之后，应用程序就可以像使用T-SQL例程一样使用它们。例如，可以从T-SQL查询中调用CLR函数，从客户端应用程序或从T-SQL批处理中调用CLR过程，就好像它们是T-SQL过程一样。

3　SQL Server为什么要与CLR集成

（1）SQL Server提供的存储过程、函数等十分有限，经常需要外部的代码来执行一些繁重的移植；比如针对正则表达式相关的函数，SQL Server支持非常有限，造成程序的可维护性大大降低；

（2）与CLR集成可将原本需要独立的程序来实现的功能迁移到SQL Server内部进行数据操作；

（3）T-SQL数据查询语言在返回数据集方面很好，但是除此之外表现不佳。与CLR的集成可解决这一问题；

（4）.NET的操作代码和执行的速度比T-SQL快的很多。.NET程序是已经编译好的二进制代码，而不是作为存储过程来构建，不再编译就直接可运行。

4　SQL Server中的程序集(编译、添加、修改、删除)

只有在添加了程序集后才能在该程序集的基础上建立CLR存储过程、CLR函数、自定义类型等。

1）CLR代码编译为DLL文件，然后在SQL Server中注册为数据库对象，执行数据库操作过程如下：

（1）将托管程序编写为一组类定义。编写好代码后编译成一个DLL文件；

存储过程、用户自定义函数、触发器的编写为类的静态方法；

用户自定义类型、聚合函数编写为一个结构体。

（2）DLL文件上传SQL Server磁盘上，并使用create assembly 将DLL程序集存储到系统目录。

（3）创建SQL对象（函数、存储过程、触发器等）并将其绑定到程序集的入口点。

存储过程：create procedure

用户自定义函数：create function

触发器：create trigger

用户自定义类型：create type

聚合函数：create aggregate

（4）像使用T-SQL例程一样使用。

2）SQL Server中的程序集（创建程序集并上载到SQL Server实例然后创建数据库对象）：

（1）SQL Server 2008 默认情况下禁用了CLR集成的功能，必需先启用CLR集成后才能在SQL Server访问 . NET对象。

启用CLR集成

exec sp_ configure ‘show advanced options’，’1′；go

reconfigure；go

exec sp_ configure ‘clr enabled’，’1′；go//开启CLR集成

reconfigure；go

（2）将DLL程序集添加到SQL Server中。在SQL Server中添加程序集使用create assembly命令。

create assembly assembly_ name（程序集名）

[authorization owner_ name]

from ｛ client_ assembly_ specifier ｜ assembly_ bits ｝

[with permission_ set =｛safe ｜ external_ access ｜ unsafe｝]

其中，client_ assembly_ specifier：表示程序集所在的本地位置或网络位置以及与程序集对应的清单文件名。

assembly_ bits：表示组成程序集和依赖程序集的二进制值的列表。

permission_ set =｛safe ｜ external_ access ｜ unsafe：表示指定SQL Server访问程序集时相程序集授予的一组访问权限，默认值为safe。

（3）修改程序集。

alter assembly assembly_ name

[from client_ assembly_ specifier ｜ assembly_ bits]

[with assembly_ option[，…. n]]

[drop file｛file_ name[，…. n] ｜ all｝]

[add file from client_ file_ specifier[as file_ name] ｜ file_ bits as file_ name｝[，…. n]][；]

其中，assembly_ option：：＝permission_ set＝[｛safe ｜ external_ access ｜ unsafe｝ ｜ visibility＝｛on ｜ off｝ ｜ unchecked data]，其中visibility＝｛on ｜ off｝：指示在创建CLR函数、存储过程、触发器、用户定义的类型以及用户自定义聚合函数时，该程序集是否可见。如果设置为OFF则程序集只能由其他程序集调用。unchecked data：默认情况下，如果alter assembly必须验证各个表行的一致性，则他将失败。该选项使得用户可以通过使用DBCC CHECKTABLE将检查推迟到以后的某个时间进行。

A、为程序集添加文件：

alter assembly assembly_ name

add file from client_ file_ specifier[as file_ name] ｜ file_ bits as file_ name｝[，…. n]][；]

B、更新程序集：

use database_ name

go

alter assembly assembly_ name

drop file all

go

alter assembly assembly_ name

from client_ assembly_ specifier ｜ assembly_ bits]

add file from client_ file_ specifier[as file_ name] ｜ file_ bits as file_ name｝[，…. n]][；]

（4）删除程序集。

删除程序集是，将从数据库中删除程序集和它的所有关联文件，如，源代码和调试文件等。但如果该程序集被其他对象引用则返回错误。

drop assembly assembly_ name[，…. n]

[with no dependents]

其中，with no dependents：表示只删除assembly_ name而不删除该程序集引用的相关程序集。如果不指定它，则drop assembly将删除assembly_ name和所有相关程序集。

下面就以一个实际开发项目（炼化企业内部管输及公路计量系统数据与MES数据集成）中遇到的问题为例，来看一下该技术是如何应用的。

5　为检测企业内部服务器之间数据库的连接状态，开发、配置、创建与部署 CLR 函数

企业内部的业务系统，往往服务器是架设在本地的，这样就存在一种非常便捷的技术手段去解决数据孤岛问题，即通过在数据库层面建立连接的方式，去最终达成信息共享。那这就会首先牵扯到一个基础性的问题，就是如何判断数据库之间的连接是否正常（如分布在企业内部各销售计量点的服务器与企业数据中心机房服务器之间要进行信息传递）；只有快速地判断出连接的状态，才能去执行后续一系列的业务逻辑操作，否则，只能终止任务。传统的方法是执行 SP_TestLinkedServer 进行检查，但是这个存储过程有比较大的问题，如果数据库之间连接正常，系统之间毋庸置疑是正常进行的；而一旦其中一方因操作系统、网络、人为操作等因素造成连接中断，那么该存储过程（SP_TestLinkedServer）的执行将是灾难性的，其执行时长超长（大于 30m），且最终已抛出异常错误而终止（如图 1），尤其是一些需要周期性执行的作业，比如按一定时间间隔执行的数据提取程序，就会出现大量的抛错！甚至还会导致服务器周期性异常。

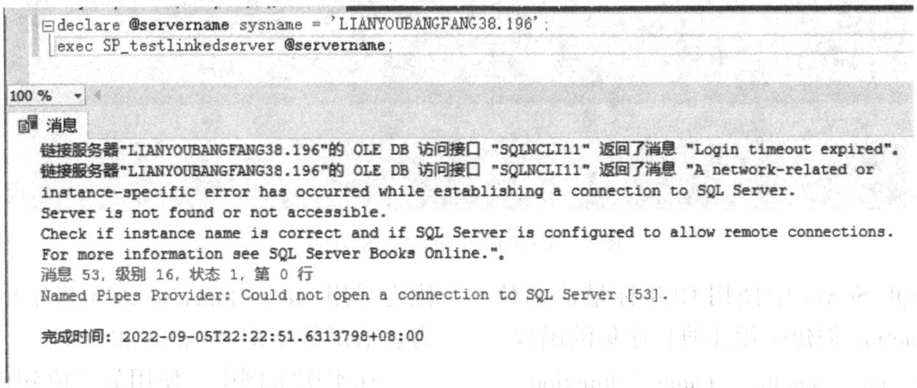

图 1　数据库之间连接中断，测试连接状态报错

而通过 Visual Studio 创建自定义的判断连接状态的 CLR 函数，并集成到数据库中，就可完美解决这个问题：

将 CLR 函数用于 Sql Server，必须配置 SQL Server，使之允许 CLR 集成。在 Visual Studio 中开发表值函数并将该函数部署到某 SQL Server 实例之前，要让 SQL Server 允许 CLR 集成，需使用 SQL Server 来设置一个标志。

（1）首先配置 SQL Server，使之允许 CLR 集成，示例如下：

EXEC sp_configure ´clr enabled´, ´1´;

RECONFIGURE;

（2）在 Visual Studio 中创建一个类库项目，并创建相关类及方法，示例如图 2 所示，后续 Sql Server 在创建自定义函数时会进行调用：

第一个参数为主机 IP；第二个参数为要连接的数据库端口号；第三个参数是测试连接的时长，通过合理设置该超时参数，就可确保在很短的时间内有效检测出数据之间的连接状态。由于要创建被 SQL Server 引用的 CLR 程序，则需要在创建 CLR 函数时，需要使用［Microsoft. SqlServer. ServerSqlFunction.］特性放置在 CLR 函数的头部。

（3）设置数据库 TRUSTWORTHY 属性。

TRUSTWORTHY 数据库属性用于指明 SQL Server 的实例是否信任该数据库以及其中的内容。默认情况下，除 msdb 数据库之外的所有系统数据库都将 TRUSTWORTHY 设置为 OFF。

为启用 CLR 程序的数据库设置 TRUSTWORTHY 属性为 ON，示例如下（ssdb 为需要设置该属性的数据库）：

alter database ssdb set trustworthy on.

（4）创建程序集。

CLR 中的托管数据库对象（如存储过程或触发器）先经过编译为 DLL 或 EXE 文件，然后部署到 Sql Server 的被称为程序集的单元中。必须先在 Microsoft SQL Server 中注册托管 DLL 程序集，然后才能使用程序集提供的功能。若要在 SQL Server 数据库中注册程序集，要使用 CREATE ASSEMBLY 语句，比如下面的创建

语句。

create ASSEMBLY FunctionExtend FROM ′e：FunctionExtend. dll′ WITH permission _ set = UnSafe；

permission_ set = { safe | external_ access | unsafe]：表示指定 SQL Server 访问程序集时相程序集授予的一组访问权限，默认值为 safe。创建时需设置为 unsafe。

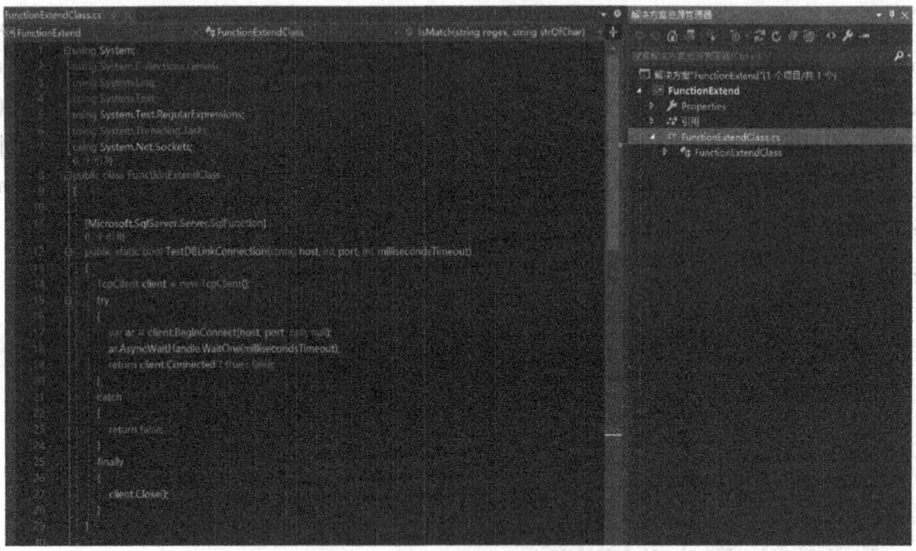

图 2　VS2019 中创建类及方法

（5）在 SQL Server 中使用 CLR 标量值函数使用 create function 创建引用注册程序集的函数。

create function [schema _ name.] function _ name//[schema_ name.] 如：[dbo.]

(

Parameter_ name [as] [type_ schema_ name.] parameter_ data_ type[=default] } [, …. n]

)

return { return_ date_ type }

[with clr_ function_ option[, …n]]

[as] external name assembly _ name. class _ name. method_ name (命名空间，可在 VS 开发时省略)，其中 external name assembly_ name. class _ name. method_ name：指定将程序集与函数绑定的方法。clr_ function_ option：： = { [returns null on null input | called no null input] | [execute_ as_ clause] } 其中 returns null on null input | called no null input] | [execute_ as_ clause]：指定标量值函数的 OnNullCall 属性。如果未指定，则默认值为 called on null input。这意味着即使传递的参数为 null，也将执行函数体。如果在 CLR 函数中指定了 returns null on null input，它指示当 SQL Server 接收到的任何一个参数为 null 时，它可以返回 null，而无须实际调用函数体。优先采用 create function 语句指示的属性。不能为表值函数指定 OnNullCall 属性。

在本次实例中，使用如下语句创建

Use SSDB；

CREATE function TestDBLinkConnection

(@ host as nvarchar (50) , @ port as int, @ millisecondsTimeout as int)

returns bit

as

EXTERNAL NAME FunctionExtend. FunctionExtendClass. TestDBLinkConnection.

（6）最终创建的程序集及数据库之间连接状态测试示例如下（图 3）。

图 3　在 Sql Server 中已创建的 CLR 自定义函数

数据库之间的连接状态测试语句如下，在设定的超时时间内，快速返回最终的连接状态，如图4连接不正常，返回0；图5连接正常，返回1。

（7）针对Sql Server数据库对于正则表达式支持力度很低的现状，进一步拓展Sql Server函数功能，在VS2019中开发相关函数如下所示（图6）。

（8）开发、配置、创建与部署CLR函数的过程与前面步骤所述类似，测试正则表达式相关函数来验证日期格式如下（图7）。

图4　连接不正常，返回0

图5　连接正常，返回1

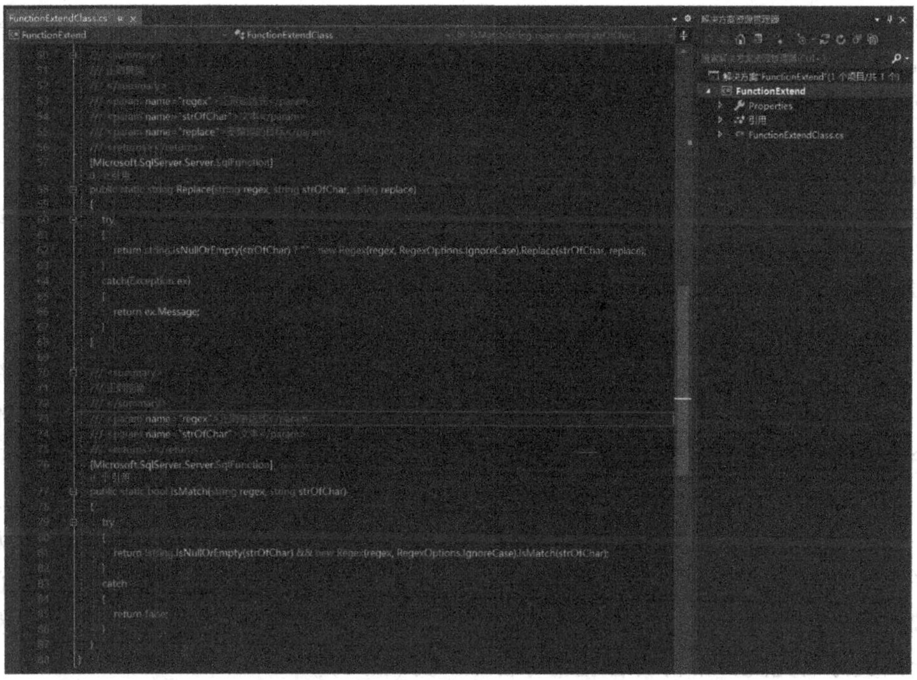

图6　正则表达式相关函数

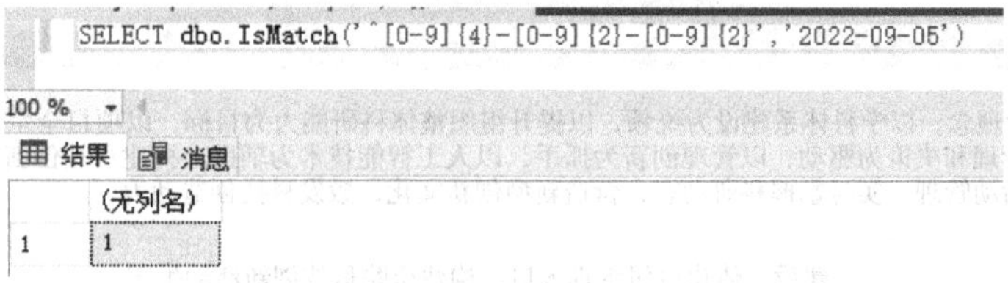

图7　正则表达式函数测试日期格式

6　结语

本文说明了如何使用.NET CLR来扩展SQL Server的可编程性的功能，并已扩展CLR函数为例，进行了开发、配置、创建、部署及测试，最终提升了SQL Server的可编程性功能。数据库功能的扩展让编程人员在使用Transact-SQL进行开发时，更加游刃有余，操作更为灵活，能够依靠强大的.NET平台优势，开发出强大的数据库应用。

参　考　文　献

[1]［美］马克.米凯利斯（Mark Michaelis）c# 8.0本质论（Essential C# 8.0）周翀 译

[2] 探讨使用SQL SERVER表值函数扩展Reporting Services的数据访问功能。MSDN中文网站.

企业科技创新生态平台构建及应用

申　鹏　许　锟

（中国石油勘探开发研究院）

摘　要　为落实企业“数字化转型、智能化发展”的战略，中国石油某研究院在科研项目管理、企业综合办公、企业人才管理、知识管理、数据可视化应用等方面开展了大量的信息化建设工作，提升了企业科研管理及综合办公的信息化水平与工作效率。但传统的“烟囱式”信息系统建设往往造成因开发技术架构各异导致后期迭代升级复杂，科研项目和活动缺乏一体化协同办公渠道，企业决策者缺少统看全局的数据可视化展示及决策依据等一系列问题。为了解决上述问题，本文提出通过打造统一的科研生态门户入口，从院级决策者、所级管理者、科研工作者三类不同层级用户视角出发，为用户提供学科建设、项目管理、人才管理、知识管理、决策分析等功能。平台采用微服务架构，利用低代码平台功能模块快速构建平台应用，利用 Iframe 嵌套功能实现平台与多业务系统深度融合，利用 BI 可视化工具打造管理驾驶舱及数据信息报告，提升研究院数据可视化应用水平。本文中通过建立“以人为本”的科研生态，对研究院科研管理及综合办公业务进行全面整合及能力提升。目前该方案已经通过科技创新生态平台的构建在中国石油某研究院进行应用。通过科技创新生态平台的构建，打通了研究院部门间各业务数据链条，构建了集学科引领的科研工作、数字化的科研社交协作、互通的科研信息赋能于一体的科技创新生态，营造了企业新型创新文化，激发了科技创造动力，为企业科技管理向数字化、智能化的转型发展提供了参考依据。

关键词　科技创新生态；数据管理驱动；业务深度融合；数据可视化应用

1　引言

在石油企业“数字化转型，智能化发展”的战略指引下，中国石油某研究院多年来陆续开展了科研管理、综合办公管理、人员数据中台等众多信息系统平台建设工作。目前各业务系统已经成为管理者和科研人员日常工作中必不可少的信息化工具，全面支撑研究院日常科研管理及综合办公业务。然而近年来，随着研究院信息化发展需求的不断提升，科研管理制度的不断改革，面对众多技术各异且相互独立的业务应用系统，研究院开展了统一科技创新活动新生态方案构建，方案将秉承“以人为本”为理念，以学科建设为统领，以项目全生命周期管理为核心，以管理创新为抓手，营造新型创新文化，激发科技创造动力（图 1）。

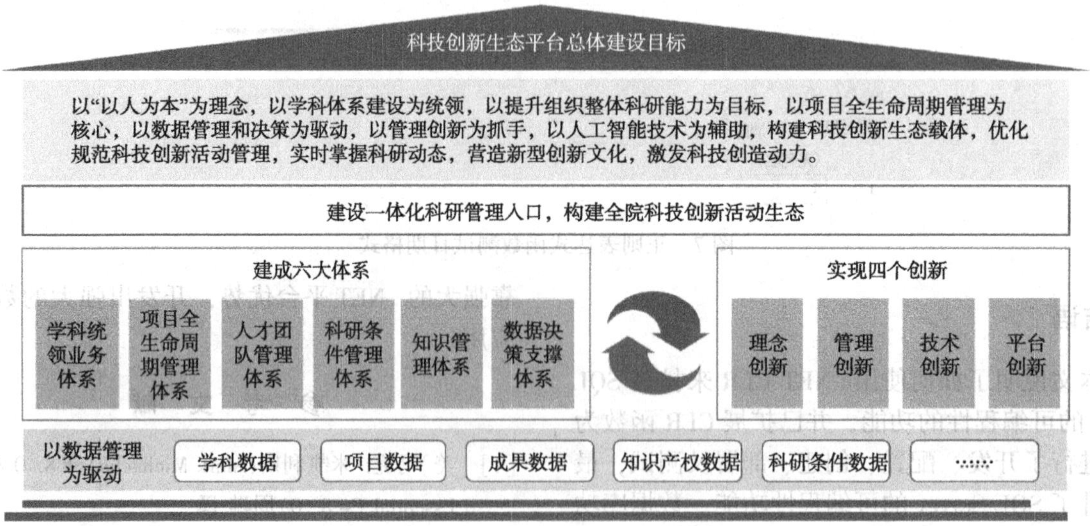

图 1　科技创新生态平台建设目标

在科技创新生态平台构建过程中，如何实现将“人才-学科-项目”相互有效关联，使平台真正实现赋能科研生产、提升科研一体化协同办公、支撑可视化管理决策辅助，成为平台建设的核心问题。为解决上述问题，平台建设将通过打造统一科研门户新标杆，建立院内科研导航、学术资源聚合统一入口，并根据院级决策者，所级管理者，科研工作者三类不同角色构建用户首页，为用户展示学科发展建设、项目全生命周期管理、人才管理、知识管理、数据决策分析等功能。

2　平台技术构建

2.1　科研生态整体设计

科技创新生态平台从统一门户、统一平台服务、统一底层数据三大方面进行构建，形成研究院科研创新生态环境。

（1）统一门户。对外可以对接各个统建和自建业务系统，各业务系统以门户做入口登录，集中待办、业务处理。

（2）统一服务平台。提供 Paas、aPaas 等服务能力，今后研究院各业务系统或者功能可以使用科技创新生态平台提供的能力进行开发。完成生态的扩展。

（3）统一底层数据。未来实现各系统底层业务数据的融合，通过数据平台打通各业务系统数据，对外统一提供数据服务。

2.2　基础平台构建

科技创新生态平台依托研究院私有云平台的基础能力，采用微服务化及模块化设计；遵循国际通用的标准和规范，确保系统的开放性和兼容性；采用负载均衡、容错技术，确保系统的高可用性。通过 iframe 和 API 等技术手段实现与其他系统的融合。

（1）平台技术架构

IAAS 层由院私有云平台提供云服务器、对象存储、应用防火墙等能力，PAAS 层使用 CCE 和 SWR 对应用进行发布管理，数据存储采用 Redis 缓存数据库和 Mysql 数据库，服务层包含对外 Gateway 网关、底层代码技术和 DevOps。微服务的注册、发现、治理、配置使用 Nacos 的能力，代码的管理、打包、部署使用 DevOps 的能力(图 2)。

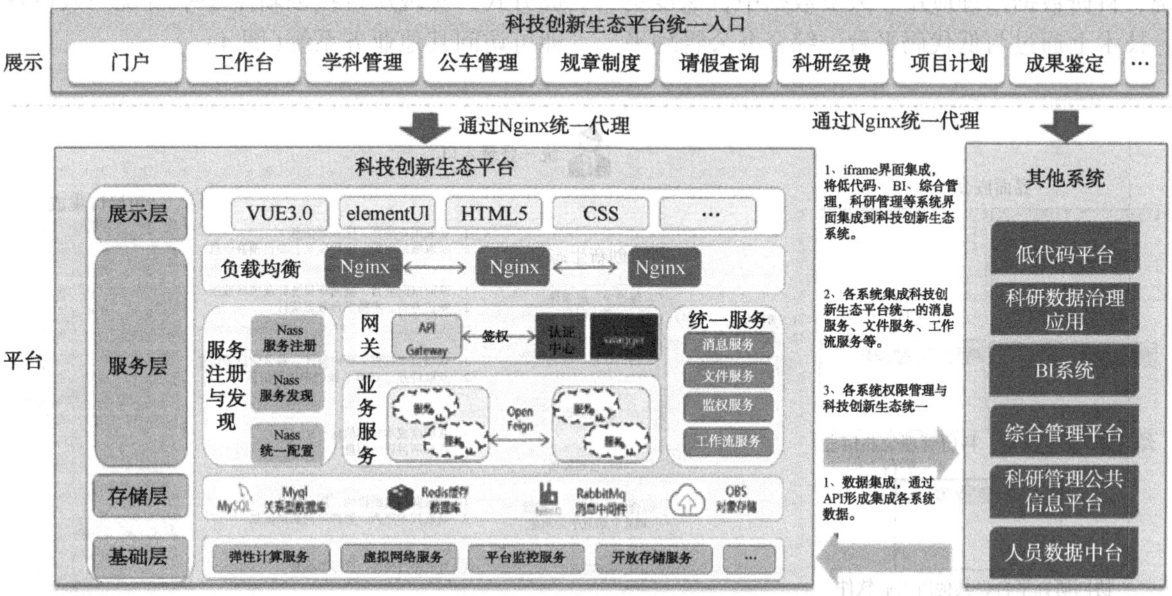

图 2　科技创新生态平台技术架构

为保证项目的可扩展性、容错性、高并发等能力，根据业务场景进行微服务拆分，从接口服务、数据库服务两个层面实现拆分，总共拆分 8 项服务，包括学科发展服务、项目全生命周期管理服务、条件管理服务、知识管理服务、人才管理服务、综合管理服务、数据决策服务、基础框架服务等(图 3)。

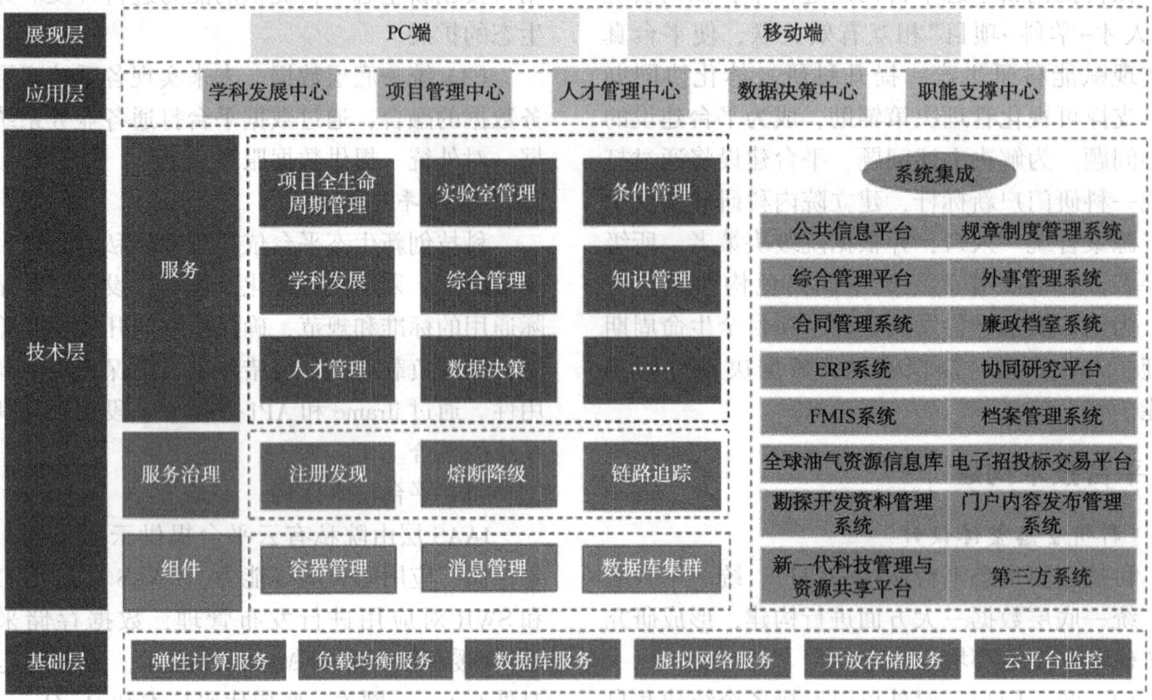

图 3　科技创新生态平台微服务架构

（2）平台多业务系统集成方案

科技创新生态平台与研究院综合办公管理平台、科研管理公共信息平台、低代码平台、BI 系统、科研数据治理应用、人员数据中台深度集成。技术上通过与低代码平台、综合办公管理平台、科研管理公共信息平台采用 iframe 和 api 的集成方式，与 BI 采用 iframe 界面嵌套方式，与科研数据治理应用和人员数据中台采用 API 集成方式。实现从科技创新生态平台统一入口登录即可访问其他业务系统(图 4)。

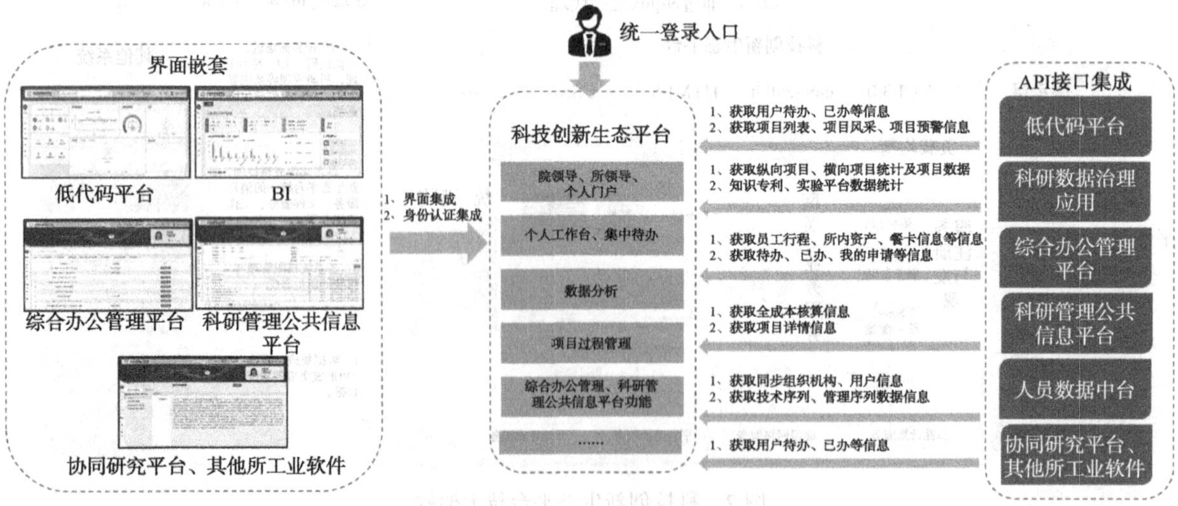

图 4　多业务系统集成嵌套方案

科技创新生态平台与多业务系统进行集成。综合平台和科研管理公共信息平台的待办和权限等数据会写入到 MQ 中，之后再消费 MQ 写入到科技创新生态平台内。人员数据中台的组织、用户等基础数据会写入到 MQ 中，之后再消费 MQ 写入到科技创新生态平台内。科技创新生态平台会在不同的业务场景调用相关系统的接口进行数据渲染(图5)。

(3) 平台数据应用服务

通过整合多系统数据源，使用数据治理能力进行数据清洗、数据转换、数据整合和数据合并等处理，以解决数据冗余、数据冲突、数据一致性和数据完整性等问题。通过数据服务提供数据洞察，实现更深入的数据分析、洞察及共享服务能力，改善业务和服务的效果。同时，通过数据治理，形成决策者可参考的、管理者可监控的、科研者可应用的标准化业务数据(图6)。

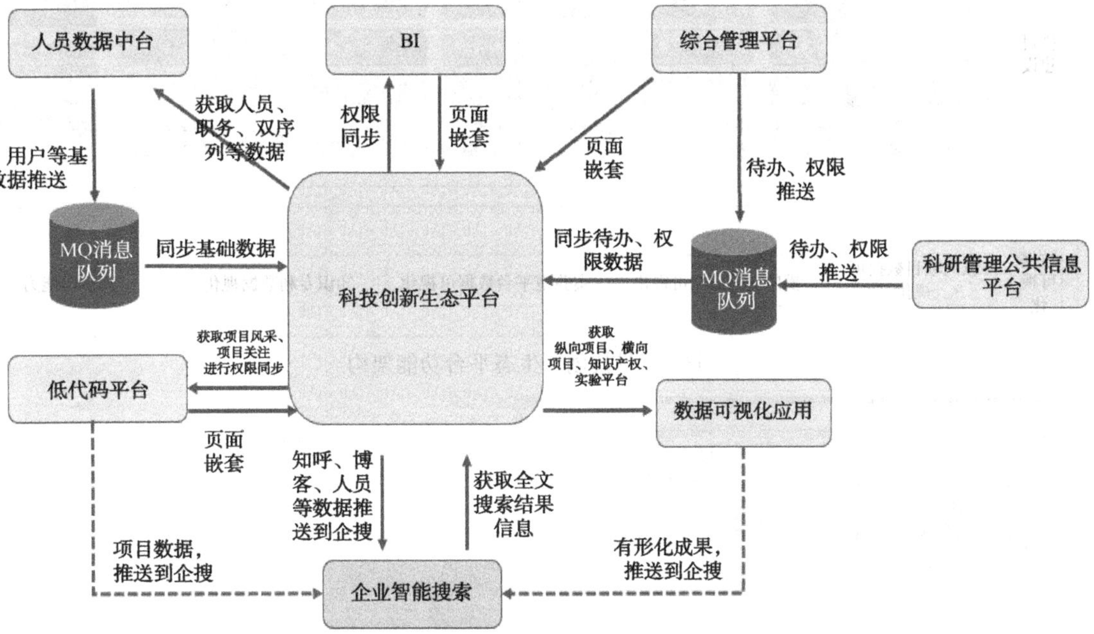

图5 多业务交互集成流程图

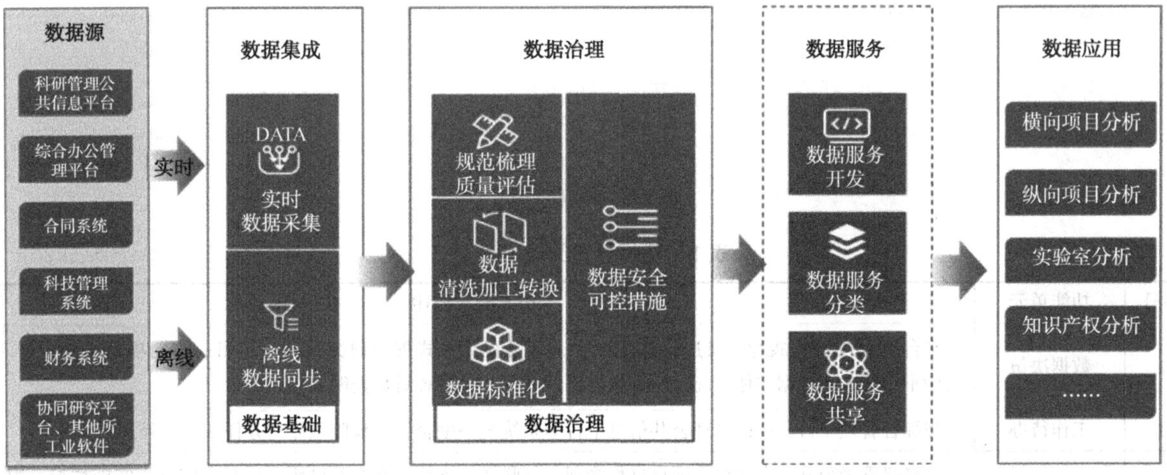

图6 科技创新生态平台数据应用方案

3 平台功能构建

科技创新生态平台以院领导、所领导、科研人员实际工作视角为基础，从多角色门户、栏目建设、数据可视化三个维度进行平台功能开发(图7)。

3.1 院领导门户

院领导门户将从数据决策、工作待办、项目周期管理、人才统计、党建统计、知识管理六大维度搭建统一门户，帮助院领导提高科研管理效率和质量，增强决策支持和战略领导能力(图8、表1)。

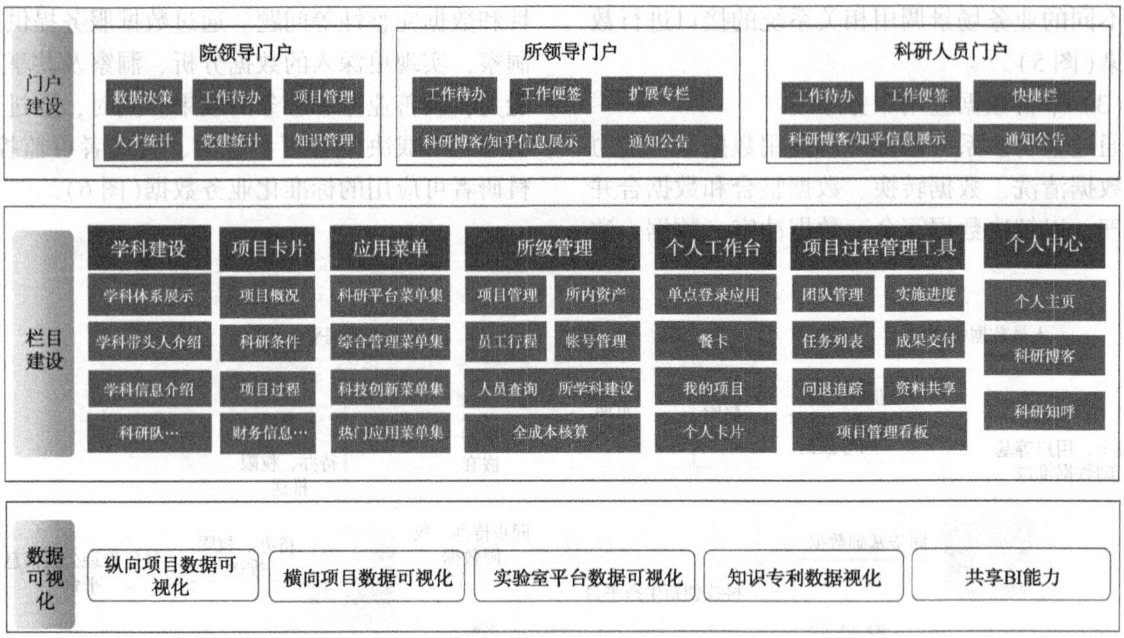

图 7　科技创新生态平台功能架构

图 8　院领导首页

表 1　院领导首页功能描述

序号	功能单元	功能需求描述
1	数据决策	平台与 BI 数据可视化工具进行深度融合，以可视化方式展示研究院纵向项目、横向项目、知识专利、实验平台等关键数据整体情况，所有数据支持下钻，一键查看数据明细。
2	工作待办	与综合管理平台、科研管理公共信息平台等系统统一融合，实现院领导待办任务统一处理。
3	项目管理	与科研管理公共信息平台、项目过程管理工具联通。支持查看全院科研项目基本信息、实施情况、财务信息、风控预警、项目进展等完整项目执行过程，可以对重点项目进行关注、查看项目详细进展情况。
4	知识管理	项目风采：项目实施关键节点发布的新闻资讯展示。 科研创意：科研人员向领导提交的创新想法和建议。 科研博客：科研人员发布的精品文章信息展示。 科研知乎：科研人员提出的科研问题及答疑信息展示。 扩展栏目：科研项目孵化器、规则制度、支撑当前，引领未来。
5	人事统计	包含院在职人员数量、年龄层级、人员学历构成、用工类型、技术序列、管理序列等信息统计。
6	党建统计	包含党组织、党员队伍、党组织分析、党员学历、性别、年龄层级、党组织经费/院党委经费统计。

3.2 所领导门户

（1）所级领导门户首页

所级领导门户包含所领导门户、个人工作台、所级管理、学科发展等栏目，根据所领导的工作职责和管理需要，整合统一工作流程，突出所级管理专项特色功能，帮助所领导提高工作效率(图9)。

（2）所级管理

通过对接多方业务系统，进行基础信息数据整合，并且面向科研单位所级领导提供专属功能定制功能，包含所内日常事务管理综合信息展示与查询，以便所领导针对所内资源进行快速统一管理(图10)。

功能单元	功能需求描述
我的代办	与综合管理平台、科研平台融合，实现科研人员待办集中处理。
工作便签	一键快速记录代办工作事项。
扩展专栏	展示科研项目孵化器、规章制度、支撑当前，引领未来。
科研博客	科研博客文章展示。
科研知乎	科研知乎提问及答复展示。
通知公告	显示平台重要通知信息

图9　所领导门户

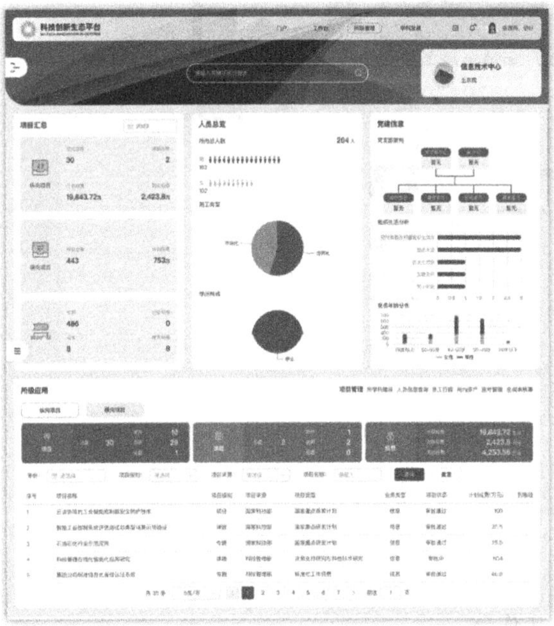

“所内综合数据查询”由七大部分构成	
项目管理	通过低代码项目管理工具获取数据、展示以横向纵向两个维度下包含的所有项目数据。
所学科建设	展示当前科研所下学科发展知识技能树、学科带头人、团队成员及研究成果。
人员信息查询	打通人员数据中台展示所内人员基础信息展示及查询包括员工的姓名、学历、职称、合同类型等。
员工行程	展示所内员工日常请假、出差等事项，便于所领导进行日常工作安排。
所内资产	所内资产数据总览及详细资产数据查询。
账号管理	为所领导展示当前所内所有员工院各系统帐号开通情况、VPN开通情况等。
全成本核算	通过全成本核算系统精准推送当前所成本核算数据进行数据展示。

图10　所级管理

3.3 科研人员门户

科研人员门户包含办公、协作和交流平台，科研人员可以在同一个平台上进行任务待办处理、知识共享、讨论交流等操作，从而更加方便地进行团队协作和交流，提高团队的协作效率和创新能力(图11)。

功能单元	功能需求描述
我的代办	与综合管理平台、科研平台融合，实现科研人员待办集中处理。
工作便签	一键快速记录代办工作事项。
扩展专栏	展示科研项目孵化器、规章制度、支撑当前，引领未来。
科研博客	科研博客文章展示。
科研知乎	科研知乎提问及答复展示。
通知公告	显示平台重要通知信息

图 11　科研人员门户

3.4　平台通用功能

（1）个人工作台

面向全体勘探院科研人员处理项目任务、工作事项的统一入口。热点应用模块已完成 20 余个相关业务系统单点登录集成，并且支持自定义添加快捷方式；我的项目模块通过低代码平台过程管理工具为科研人员推送个人科研项目任务，包含新项目消息自动推送、个人项目列表展示、个人项目任务详情查看等功能；餐卡状态查询模块集成综合管理平台餐卡余额查询、开闭卡设置；个人卡片模块展示个人信息、参与项目及学术成果，并可跳转至个人空间。科研博客、科研知乎模块可发布、查看、回复本人及他人发布的学术文章，并可开展学术讨论(图 12)。

图 12　个人工作台

（2）学科发展

平台基于研究院学科体系搭建学科管理模块，从学科维度进行科研项目、科研人员、科研成果数据关联，以支撑搭建学科体系、建设各级学科能力以及基于学科体系建设人才梯队，从而提升人才能力、形成人才接续梯队、支撑管理决策，推动各学科的发展。整体学科发展模块分为研究院学科体系展示，包括一级、二级学科展示，所级领导可根据本所业务特点建立本所三级学科；学科信息、学科带头人、科研队伍以及相关的科研项目和成果展示(图 13)。

(3) 项目过程管理工具

项目过程管理工具服务于项目全生命周期管理，重点剖析项目执行中的过程记录，结合全成本核算、完全项目制，提供项目管理工具集，打通个人、团队和部门之间的壁垒，将研究过程通过工具具象化，让项目流程固化到工具中，协作信息更加高效，节约企业资源(表 2)。

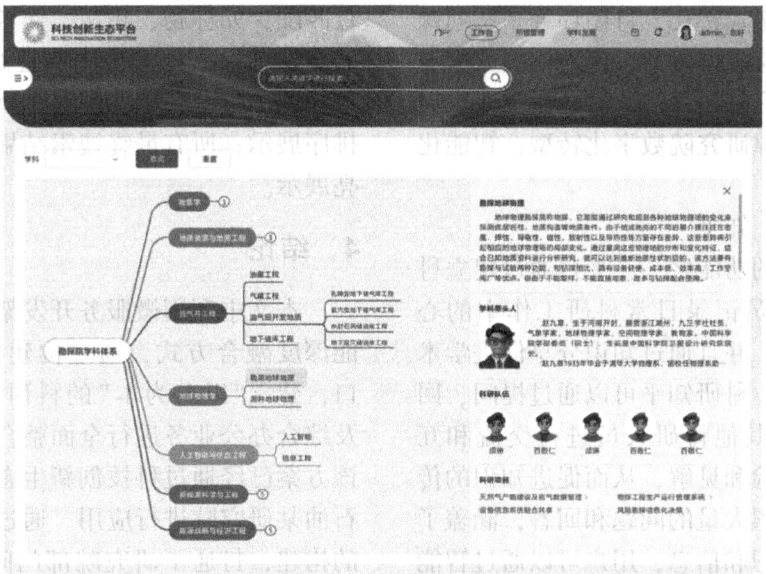

图 13　学科发展体系

表 2　项目过程管理工具

序号	功能单元	功能需求描述
1	任务列表	项目实施进度进行关联，包括任务内容、负责人、参与人员、计划时间节点、投入人工时、实际完成时间、完成情况。
2	项目经理卡片	项目管理看板显示团队成员，人员基本信息，个人参与/已消耗人工时，个人工作内容，工作任务看板，实施进度，项目预警。
3	我的任务	展示我的任务，包括任务内容、负责人、任务进度、工时、起始日、到期日、完成时间。
4	项目/任务文档	实施过程中的相关研究参考资料共享。
5	项目风采	项目宣传及重点记录里程碑的重要工具，通过介绍项目的各个方面，起到宣传项目的特点和价值的作用。
6	成果交付	依托云上存储空间，针对每项工作任务上传最终交付成果。
7	问题列表	记录项目实施过程中的各项问题，指定负责人和具体实施小组，记录人工时及解决方案，能够对问题的状态进行维护。

(4) 个人中心

科技创新生态平台个人中心通过展示个人信息、工作信息、科研项目、学术成果和奖励信息，帮助科研人员记录自身学术及业务发展过程。

① 个人资料：基本信息、员工履历、家庭信息、党务信息。

② 工作信息：合同、职称、职务、双序列、学术活动。

③ 奖励信息：科技奖励、党内奖励、荣誉称号。

④ 项目信息：负责和参与的科研项目。

⑤ 学术成果：国内外专利、软著、技术标准、技术秘密。

(5) BI 能力共享

为满足业务在线监控，数据挖掘、分析等大

数据业务，提升数据治理水平，科技创新生态平台面向全院提供BI可视化流程数据建模能力，通过可视化报表快速完成表和字段的转义、异构数据源关联、多粒度表达式、数据脱敏、异常数据过滤、维度度量扩展、缺失值填充、去重、拆分列、范围分组、格式转化、自循环等一系列操作，有效利用研究院数据资产，深入挖掘数据潜能，进一步满足研究院各部门及信息系统对数据可视化的需求，支撑研究院数字化转型，智能化发展。

（6）科研博客、知乎

作为人才管理的功能之一，平台通过建立科研博客帮助科研人员记录日常科研工作中的心得，进行知识沉淀，并且通过知识分享促进学术信息的传播和共享。科研知乎可以通过提问、回答、评论等方式与其他科研人员进行交流和互动，分享自己的经验和见解，从而促进知识的传播和交流。平台积累大量的问题和回答，涵盖了各个科研领域的知识和信息，用户可以通过智能搜索、系统推荐、常用标签浏览获取所需的知识和信息。

（7）平台全局搜索

科技创新生态平台融合业内成熟企业智能搜索产品，科研用户可以通过关键字搜索，快速查询应用菜单、人员信息、科研项目、知乎、博客及有形化成果等相关内容，并同时进行分类排序展示，帮助用户快速定位查询的内容。其中快速查询能力能够在大规模文本数据中快速查询并返回相关的结果；多字段搜索可在不同的字段中进行匹配，如标题、正文、作者等，提供更加精确的搜索结果；分类排序和过滤可以根据，菜单、人员、项目、知乎、博客、有形化成果进行分类排序展示；所有最终搜索结果中的关键字进行高亮展示。

4　结论

本文中利用微服务开发架构、多系统平台功能深度融合方式，通过构建研究院统一科研入口，建立“以人为本”的科研生态，对科研管理及综合办公业务进行全面整合及能力提升。目前该方案已经通过科技创新生态平台的构建在中国石油某研究院进行应用。通过科技创新生态平台的构建，打通了研究院部门间各业务数据链条，构建了集学科引领的科研工作、数字化的科研社交协作、互通的科研信息赋能于一体的科技创新生态，营造了企业新型创新文化，激发了科技创造动力，为企业科技管理向数字化、智能化的转型发展提供了参考依据。

渤海油田智能通信网络规划探索与研究

陈建玲　金　秋　高　阳　孙勤江　赵亚菲

[中海石油(中国)有限公司天津分公司]

摘　要　为满足渤海油田能增储上产发展要求，围绕公司数字化、智能化转型需求，结合渤海油田实际，在已建成通讯网络的基础上，确定渤海油田未来通讯网络的发展方向，从底层传输网络、无线覆盖网络、业务网络分级承载、智能网络管理、网络管理平台等统筹规划，全面提升渤海地区网络承载能力，为智能油田应用建设提供良好的通网络基础，实现渤海油田高质量发展，建成国内一流油田公司，助力集团公司建设中国特色国际一流能源公司。

关键词　智能化；通讯网络规划

按照国家能源战略发展要求，加大勘探开发力度已成为今后中海油主要工作目标和方向。随着渤海油田不断加大勘探开发力度，对渤海油田业务发展与管理的提升对信息化建设的需求不断升级。同时，近年来新技术、新应用不断涌现，有必要对渤海油田智能通信网络的发展方向、目标、蓝图进行重新审视，对未来的重点工作进行重新部署，其中智能通讯网的建设将为海上平台的数字化、智能化建设提供大容量、高速、稳定的链路保障。将支撑海油数字化转型、智能化发展。智能化生产模式需要适配多样的业务场景、工艺流程以及管理模式，对通信网络的接入、承载、管理和安全等能力提出了全新的要求，海上通信系统规划必须踏上节拍、适应改变。

1　需求分析

新型业务场景主要包括智能化生产、无人化、少人化平台、管网等水下设施监控、生产安全等。具有三个方面的特点：业务信息带宽更大，业务信息种类更多，业务信息流向更宽，业务信息覆盖更广。

未来的能源开采行业将是以自动化生产、远程资产诊断、持续优化生产环境等为基础的工作模式。这种模式下，对关键信息及作业场景的可视化需求极高，海陆同视野、生产现场即视等高清视频业务需要，是实现自动化平台监管和预测性维护的有效手段。以智能视频为代表的业务将是支撑这些角色功能的重要信息呈现方式，所需的带宽大大增多。

工业互联网的价值，在于人、机、物产生的互联。通过数据“连接”，缩短企业与企业间的沟通成本，减少出错率，提升沟通效率等。同时，平台也将对企业内部生态进行整体规划管理，有效推动企业体系内上、中、下游，管理、研发、采购、生产、质检和决策等不同板块的协同作业，让企业内部生态体系联系更为紧密，产业链条更加优化。未来的工业互联网将连接计算设备、机械、人以及数万个传感器，即使每个节点产生的数据量并不大，但由于节点数量众多，仍然需要巨大的带宽来保证信息的传递和交互。

数字化转型的重要标志之一是进入“全新自动化时代”，机器人、无人平台、无人机、物联网和可穿戴设备等各种技术的应用，以及自动化和远程作业能力的发展，是全新自动化的保障。新型业务对海上通信网的传输效率、可靠性、延迟、网络结构、管理模式以及安全手段等方面有更多的个性化需求。海上通信网络必须具有多层次、多手段、广覆盖、灵活配置、高效管理和多级安全等特性，才能为多样性的业务提供传输平台。

需求分析模型如图1所示。

2　规划目标

作为战略承接，按照渤海油田七年行动计划及油气田转型发展要求，结合自身业务特点和开发现状，提出渤海智能网规划方案。渤海油田智能网规划自下而上设计渤海通讯网络全景图，在已建成通讯网络的基础上，结合岸电工程建设方案、七年行动计划，确定渤海油田未来通讯网络的发展方向。规划高可靠的底层传输网络、业务网络分级承载、智能网络管理，提升渤海地区网络承载能力，为智能油田应用建设提供良好的通网络基础，实现渤海油田高质量发展，建成国内一流油田公司，助力集团公司建设中国特色国际一流能源公司。

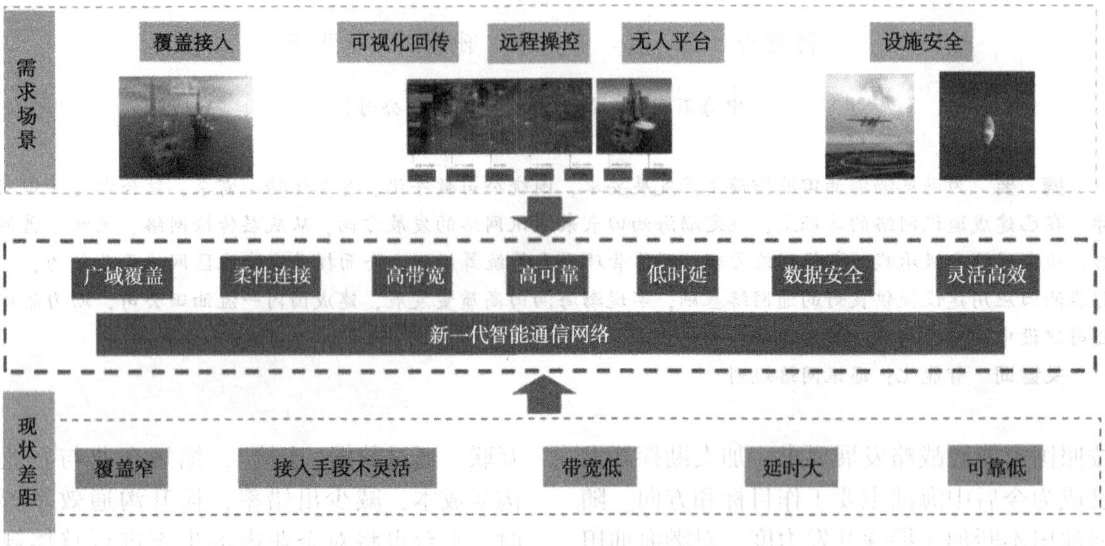

图1　需求分析模型

近期目标为至2025年，实现海陆万兆接入，平台间千兆接入，平台内部及周边海域实现无线网络全覆盖，为智能油田提供坚实的通信基础设施，为智能油田建设提供通信，数据，智能化服务。远期目标为至2030年，建设完成海陆空天四位一体、无缝覆盖的融合通信系统，达到世界一流水平。

3　规划方案

3.1　传送网规划

（1）海上微波网络

目前渤海油田已实现微波网络的全覆盖，海上采油平台骨干链路以光纤、微波为主，卫星系统作为备用手段。海上平台通过微波链路与陆地微波基站相连，再通过陆地专线租用的方式实现海上平台的局域网络与陆地办公网互通，形成渤海油田的微波骨干。

微波网络为海上固定生产设施的主要通讯手段，当前骨干微波数据带宽在20Mbps以上，大带宽骨干微波数据最高可达到900Mbps以上，支线微波在10Mbps以上。

（2）岸电项目光缆

目前主要用于油田群内平台之间的通讯系统传输链路，光缆随动力缆一起敷设，在海底光缆这一传输介质上承载业务包括话音、网络数据、工业控制、视频监控等大带宽的业务应用。

随着渤海地区岸电上平台计划的推进和实施，可为海上油田提供至陆地的光纤链路。与无线传输链路相比，光纤链路稳定性更高，传输带宽更大。

在岸电项目光缆的实施，结合陆地专线优化工作，规划海陆光缆将实现2Gbps的回传带宽，能够为平台提供更大的传输带宽；变电站之间能够形成光纤环网结构，大幅提升稳定性；逐步实现平台办公数据路由向岸电光缆链路的迁移。

（3）陆地专线

陆地骨干传输网络将重点优化专线链路。计划探索多种专线租用方式，可实现1Gbps以上的传输带宽；对原有专线链路进行汇聚，汇聚链路为省级干线光纤链路，稳定性高；汇集节点位于核心机房，设备稳定性与运维效率显著提升。

陆地专线的优化将与运营商探讨新的租用方式，提高服务级别，降低陆地传输专线故障率，降低管理难度，最终实现提速、增稳的目标。

（4）卫星

渤海油田目前多使用C、Ku波段卫星，作为钻井平台、移动船舶的主要传输手段以及采油平台备份传输使用。

C波段：主要用于海上采油平台和钻井平台，采用卫星小站和固定式卫星天线，来完成陆地与海上之间的话音和窄带（128K－1M）数据网络应用。

KU 波段：主要用于海上钻井平台和移动式船舶，采用卫星小站和固定/自动跟踪卫星天线，来完成陆地与海上之间的话音和窄带(128K-1M)数据网络应用。

未来可利用高通量卫星的大容量、广覆盖、公网运营模式等特性，实现钻井平台、移动船舶等移动广域互联网宽带接入。

3.2　无线覆盖网络规划

3.2.1　物联网

油气物联网是构建数字油气的基石，目前在油气生产场景中普遍存在手动操作多，导致用工数量多，工人劳动强度大，生产效率低下；生产过程缺乏必要的检测及精确控制，无法保证生产数据记录的及时性和有效性。

建设油气生产物联网，可以实时监控生产设施运行效率，通过数据分析提供产量及最终采收率，优化生产管理方式与组织结构，提高工作效率、降低劳动强度，实现节能降耗与科学决策，最终助力实现油气的全面数字化和石油公司的数字化转型。

物联网架构图如图 2 所示。

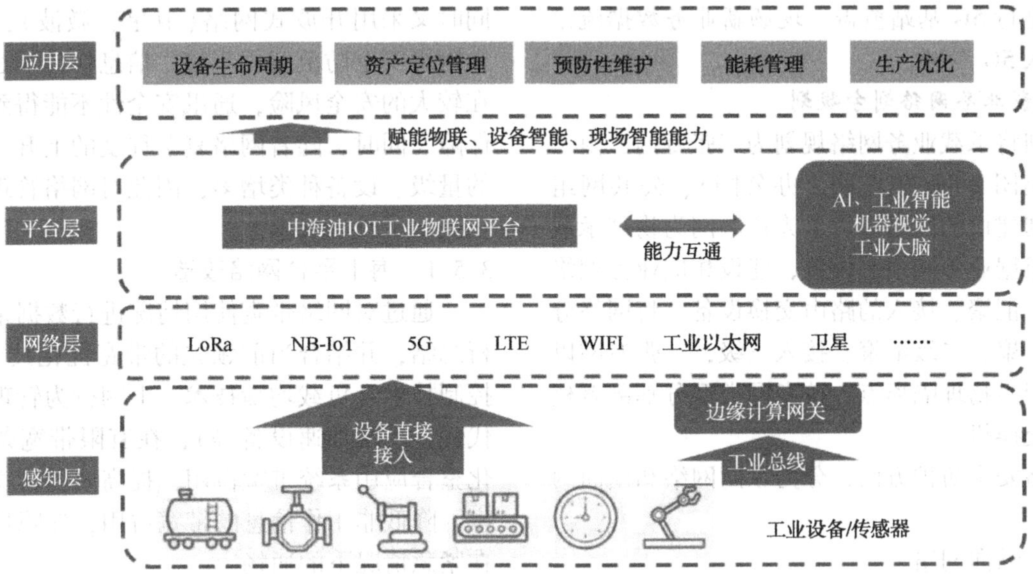

图 2　物联网架构图

在物联网技术的支持下，无人平台将成为能源生产、开发的重要组成部分。当前主流的物联网传输技术有 NB-IOT、LoRa 等。LoRa 即远距离无线电(Long Range Radio)是一种低功耗局域网无线标准，具有长距离、低功耗的特点。LoRa 非常适用于要求具备功耗低、距离远、容量大以及可定位跟踪等特点的物联网应用，如智能抄表、智能停车、车辆追踪、智慧农业、智慧工业、智慧城市等应用和领域。

目前渤海油田已完成 LoRa 网络的大面积覆盖，已完成渤海地区 120 个点位(海上采油平台、钻井船、处理厂、物流码头)的窄带物联网网络建设，覆盖全部有人采油平台及其他重点需求区域。实现了基于窄带物联网的资产定位、数据采集等初步应用。截至 2025 年，计划完成渤海区域海上平台及周边处理厂的 LoRa 网络全覆盖，对于新建平台，在建设初期就配备标准化 LoRa 网络设备。

随着 LoRa 网络建设以及远程通信技术和传感器技术的日益完善，海洋油气工业由依靠大量人力物力资源的“探索模式”逐步向依赖传感器自动采集上传数据的“观测模式”转型，从而从根本上扩大覆盖空间，提升开采效率，推动油气行业的数字化进程。

物联网建设规划目标：

(1) 完成渤海区域 LoRa 网络全覆盖；

(2) 研究 UWB、WiFi 6 等无线技术，形成完整的物联网传输网络建设标准及体系支撑；

(3) 新建平台全部配套建设宽窄带结合、多网络技术支撑的物联网基础网络；

(4) 全面实现基于物联网技术的数字化工厂、智慧油田应用。

3.2.2　5G

在渤海湾规划建设 5G 基站全覆盖，实现采油平台及周边 2km 范围内 5G 高速网络接入，支撑公司智能生产应用。

专网应用：

- 智能视频监控
- 巡检
- 远程操控机器人
- IOT 数据/移动办公
- 应急联动系统
- 海上远程医疗

基站平台的选择以已经具备陆地回传链路的平台为主，然后再选择其他平台补充覆盖盲区。最远覆盖半径设计为 20km。未来随新平台的建设同步进行 5G 基站覆盖。现场新业务数据流量不断并入 5G 专网。

3.3 承载业务网络划分规划

规划将承载业务网络规划为三张专网，由工控网、集团专网（生产网、办公网）、公共网组成。规划建设的网络以骨干光传输网为物理承载基础，根据业务网络的设置，建设相应业务网络的核心、汇聚、接入的路由交换设备。将网络分为核心汇聚、二级汇聚、接入三级，三张专网以核心汇聚为物理隔离点，按专网类型分别部署核心汇聚交换机。

网络安全防护方面，分为纵向网络和横向网络防护。

（1）纵向网络

以油田为单位加强作业公司网络边界安全防护，在油田网络边界部署防护墙，通过策略控制作业公司海上平台网络数据进出，保障油田内部网络安全。

（2）横向网络

工控网内业务需要访问集团专网的应用时，需要对这两个横向网络之间进行安全管控。在网络核心交换机之间部署网闸，进行策略控制，进而控制工控网与集团专网之间的应用访问。

3.4 边缘智能网规划

应用数据采集、边缘计算技术，建设边缘智能网。基于边缘计算技术，针对生产流程以及海上平台数据特性，部署边缘计算网关，提供实时数据采集、数据监控管理、数据应用分析、智能视频分析等功能。解决现场无法实时管控数据，无法实时准确排查分析生产故障等问题。应用网关和云端服务器，形成数据监控系统，更好的保障生产。

边缘计算中的“边缘”是一个相对概念，指从数据源到云计算中心数据路径之间的任意计算资源和网络子源。边缘计算终端允许设备将存储和计算任务迁移到网络边缘节点中，组件“云-边-端”系统的边缘计算基本框架：核心基础设施、边缘计算中心、边缘网络和边缘设备。

工业生产中会产生大量过程计算数据和设备参数数据，利用边缘智能计算，能够实现实时数据监测，有效支撑了生产数据监测、采集和数据利用，大幅提升企业数据化运营的能力。

3.5 网络管理平台规划

渤海油田通讯网络地域分布广，形式多样，同时又采用开放式网络（卫星、微波），海上平台网络安全防范意识不够，信息在传输过程中存在较大的安全风险，通讯安全性不能得到有效的保障。同时，随着网络复杂程度的上升，需管理的量级、设备种类增多，因此对网络管理与智能化提出了较高要求。

3.5.1 海上平台网络改造

通过对网络带宽使用情况进行数据采集、分析总结，并结合当前领先的带宽优化技术（流量控制技术、负载均衡技术、上网行为管理、上网代理、网络加速设备等），在有限带宽条件下优化整合应用系统带宽占用，提高海陆带宽使用效率，降低非工作信息的带宽占用，保障核心业务在紧急情况下的通畅。

（1）统一 IP 承载

完成海上平台的 IP 统一承载改造，将语音、视频、数据进行统一的 IP 封装。海陆光缆部署完成后，将由光纤链路进行回传，微波作为备份链路、卫星作为应急。

（2）流量控制

通过 QOS 技术和使用专业的流控设备相结合的方法来保障渤海片区海上平台的网络带宽资源得到优化使用，在同样的带宽的前提下，优化带宽资源配置，保障重要业务和重要人物的网络带宽配置，提高生产效率。可以为渤海油田提升应用服务质量，提升带宽利用价值，优化网络应用，降低网络风险。

QOS 主要部署在靠近核心的位置，配合海油核心网做流量的识别、队列标记和带宽分配。流控设备主要部署在局域网内部，对内部网络行为进行规范和限制。也是对整体 QOS 的有效补充和强化实施。

（3）实现负载均衡

利用路由协议或负载均衡设备实现冗余和负载均衡。实现将通讯流量负载(工作任务)进行平衡、分摊到多条链路上进行传输，从而共同完成传输任务。实现链路的备份，使链路具备了冗余切换功能，使网络传输具有高可用性。建成海陆之间的环状网后，进行多路径选路，实现链路的冗余保障机制。

（4）上网行为管理

建议在渤海油田海上平台上使用上网行为管理设备，针对不同用户、应用、业务进行分类、分级管理与保障的传输与管理模式。对上网行为进行管理包括实现对流量进行监控、对流量进行分配、对 P2P 下载进行限制、对特定网站过滤、应用软件使用阻止、内容审计。

通过上网行为管理能实现全面的应用控制，有效的流量控制，精细的行为管理，外发信息的严格限制、防止信息泄露、资产管理等功能；当链路发生拥塞时，能够提供由何种业务突发引起的原因分析，及时告警并触发拥塞管理机制。

3.5.2　智能网络管理平台

目前渤海区域已经建成了覆盖全部海域的卫星通讯网、短波通讯网、微波通讯网、企业信息网、程控电话网、有线电视网、小区宽带网、ADSL 网等基础网络平台，针对不同的专业设备，大部分建立了各自的网管系统，各自的专业网管只针对自己的设备提供了网络管理，没有提供一个能够适用于跨多专业的综合网管系统。当渤海油田网络基础设施建设具备一定的规模后，网络管理的复杂度也在持续提升。因此建设具有统一操作界面、快捷高效的业务监控和业务保障手段的智能综合网络管理平台就愈加迫在眉睫。

智能网管系统总体功能架构分为 4 层，分别是网元层、数据采集层、业务处理层、功能展现层。网元层即被监控层，包含了所有被监控资源，如卫星设备、光设备、微波设备、服务器、视频设备、交换机等。数据采集层采集并提供数据，如设备故障数据/配置数据/拓扑数据/性能数据/流量数据/日志数据等。业务处理层将采集的原始数据经数据汇总，并写入数据库，以供展现层从数据库调用监控数据；同时也用于处理展现层传递的用户操作与设定，即对数据采集层采集到的各种数据进行相应的处理，通过各个功能模块的处理转化为不同的业务数据以供功能展现层使用；

规划实现功能主要包括：

数据可视化：实现各作业公司的分布情况和各海域带宽、接入设备数、带宽类型占比及冗余率、设备完好率等数据的可视化显示与处理；以图表、曲线展示设备资源占比、使用率情况等，使得网络情况一目了然；

设备管理：对各类非标通讯网络设备实行统一多面化管理，如端口数据业务检测、核心设备指标检测、链路状态检测；

管理范围提升：综合网管可管理到 2 张专网，涉及不同类型、厂商的设备，可设置分权分域的管理权限；

安全管理：采用拓扑和列表汇总展示网络设备数量、网段起始 IP、在线率和异常检测，并配备终端拓扑视图，辅助运维人员为网络安全保驾护航；

故障管理：支持告警的智能溯源、智能匹配经验库、智能去抖动、自动聚合、智能升级、自动恢复等功能，提升运维效率；

系统管理：提供用户权限、系统参数、数据备份、操作日志、自动巡检等功能的相关配置。

4　总结

本文紧紧围绕渤海油田数字化、智能化转型发展要求，结合自身业务特点和开发现状，研究渤海智能通信网规划方案。在渤海湾现有基础上从海底、海面、高空三个维度重点开展多张基础网络，打造多网融合、全场景覆盖、高速可靠、多维互补、敏捷智能的新一代融合通信基础设施。为渤海油田七年行动计划新建产能、勘探开发活动及油气田转型发展提供高速的通讯网络，构建健壮网络架构、提高通讯承载能力，加强网络安全体系建设，提升网络通讯安全稳定性。助力渤海油田增储上产。

参考文献

[1] 编委会. 海洋石油工程电气、仪控、通讯设计[M]. 海洋石油工程设计指南，北京：石油工业出版社，2007. 6.

[2] 万青霖. 海洋石油平台多种通讯方式的应用概述[J]. 中国海洋平台，2016. 31(06)：9-14.

智能油田发展现状与趋势研究

王云献

[中海石油(中国)有限公司天津分公司]

摘　要　随着信息技术的不断进步，智能化已经成为各行各业的重要发展趋势。油气田作为传统的能源行业，其智能化发展不仅可以提高生产效率，降低运营成本，还可以保障生产安全，提高经济效益和社会效益。基于国家政策导向和行业发展趋势，梳理国内外石油公司在油田智能化方面的发展战略、信息技术应用、智能场景建设等，从推动油气基础设施建设、打造全面感知体系、强化数据质量控制、实现整体协同的目标、加强数字孪生等新技术应用角度分析智能油田建设的未来发展趋势。未来石油石化行业智能化发展，应以智能化应用为基础，以数据为核心，以平台为抓手，全方位、全链条推进企业业务模式创新、组织结构优化、技术能力升级，实现组织内部业务运行的敏捷高效、降本增效的效果。

关键词　油气田；智能油田；智能化；数字化

近年来，随着互联网、大数据、云计算、人工智能、区块链等技术加速创新并日益融入经济社会发展各领域全过程，数字经济已经成为重组全球要素资源、重塑全球经济结构、改变全球竞争格局的关键力量，推进世界经济数字化转型已成大势所趋。以新技术、新材料、新能源为主要驱动力的能源革命正推动人类社会进入全新能源时代，全球石油石化行业迎来周期性转折。面对我国能源发展洁净化、数字化、多元化的大趋势，石油石化行业转型升级压力凸显。

1　油气数字化行业发展势在必行

1.1　国家政策导向

近年来，党和国家高度重视国家信息化发展工作，通过信息化适应和引领经济发展新常态，增强发展新动力，要求将信息化贯穿我国现代化进程始终，加快释放信息化发展的巨大潜能。

2020年6月，中央全面深化改革委员会明确提出切实推进信息化与监管业务深度融合，实现监管信息系统全覆盖。提出要指导推动中央企业更多地投资像5G、工业互联网、人工智能、数据中心等新型基础设施建设，促进新一代信息技术与产业深度融合，促进中央企业和地方国有企业的数字化、智能化转型，运用一系列方式培育一批具有全球竞争力的世界一流企业。国资委提出加强信息化管理，提升系统集成能力。以企业数字化智能化升级转型为主线，进一步强化顶层设计和统筹规划，充分发挥信息化驱动引领作用；促进业务与信息化的深度融合，推进信息系统的平台化、专业化和规模化，实现业务流程再造，为企业生产经营管理和产业转型升级注入新动力；打通信息“孤岛”，统一基础数据标准，实现企业内部业务数据互联互通，促进以数字化为支撑的管理改革。2021年3月，十四五规划和2035年远景目标纲要提出要迎接数字时代，激活数据要素潜能，推进网络强国建设，加快建设数字经济、数字社会、数字政府，以数字化转型整体驱动生产方式、生活方式和治理方式变革。

1.2　行业发展趋势

石油石化行业是国民经济支柱产业，近年来，国家高度重视能源石化行业发展，陆续出台了一系列政策，促进能源石化行业数字化、智能化发展。

2022年3月，国家发改委、国家能源局发布《“十四五”现代能源体系规划》，提出推动能源和工业体系形成新格局，绿色低碳发展提速，能源产业信息化、智能化水平持续提升。发挥好科技创新引领和战略支撑作用，增强能源科技创新能力，加快能源产业数字化和智能化升级，全面提升能源产业基础高级化和产业链现代化水平。2022年4月，工信部等六部门联合发布《关于“十四五”推动石化化工行业高质量发展的指导意见》，提出推进产业数字化转型，加快新技术新模式协同创新应用，加快5G、大数据、人工智能等新一代信息技术与石化化工行业融合；

推进示范引领，强化工业互联网赋能。2023 年 3 月，国家能源局提出以数字化智能化技术助力油气绿色低碳开发利用。加快油气勘探开发专业软件研发，推动智能测井、智能化节点地震采集系统建设，加快智能钻机、机器人、无人机、智能感知系统等智能生产技术装备在石油物探、钻井、场站巡检维护、工程救援等场景的应用等。

2 国内外智能油田发展现状分析

2.1 国外智能油田发展现状分析

20 世纪 50 年代至 70 年代，国外油田数字化建设开始萌芽。自 20 世纪 90 年代起，国外油气勘探开发企业逐渐意识到勘探开发一体化、可视化、虚拟化等技术对推动企业发展的关键作用，加之信息集成、挖掘等技术推进，将地下油藏情况、注采井井筒情况及地面集输处理工况联系起来，构建全过程、跨专业的分析优化模型，实现全面感知油田动态，预测油田变化趋势，持续优化油田管理。

国外各大油气企业均在探索适应自身发展需求的数字化、智能化发展道路。

（1）英国石油公司智慧油田建设

英国石油公司智慧油田(Field of The Future)建设核心为通过采集油藏、生产实时数据，搭建高效协作平台整合全球专家资源，实现多团队协作分析，达到提高决策质量与效率，进而达到油田开发效益的提升的目标。

Field of Future 框架如图 1 所示。

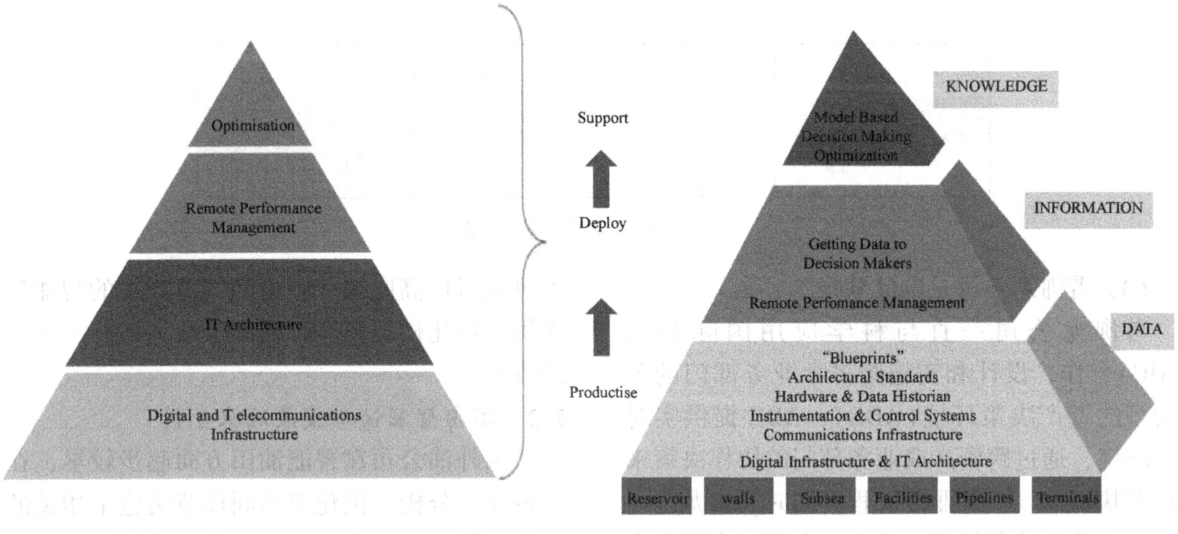

图 1　Field of Future 框架

为满足油气开发实时数据共享需求，BP 深化通信技术研究，包括卫星、微波、光纤等新技术，同时建设全球最大数据处理中心，提供油气田油藏、注采、生产等多业务的建模能力；在信息层，通过信息系统平台实现油田设施、远程性能管理及相应数据的获取和处理，通过系统平台数据建模性分析改善 BP 资产的油藏管理，提升勘探效果，提高产油效率，同时应用无人机、履带遥控车等先进技术对设备进行远程维护，简化了生产作业流程，提高安全性及效率。BP 公司智慧油田核心在知识层搭建的高级协作环境，用于全球实施"实时"生产和钻井作业支持环境，实现多团队协作分析，是其智慧油田决策的引擎室。

ACE 高级协作环境如图 2 所示，实时数据处理系统如图 3 所示。

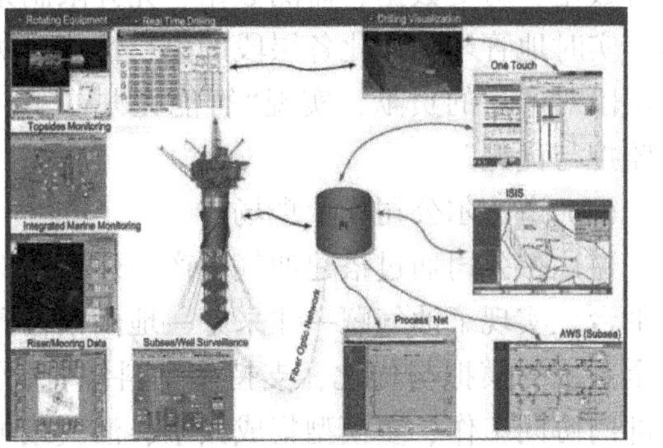

图 2　ACE 高级协作环境

（2）沙特阿拉伯石油公司智能油田建设

沙特阿拉伯石油公司为加速项目交付和提高时间关键节点、技术、经济和运营决策的质量，缩短快速和复杂的跨学科项目决策的专业技能发

图3　实时数据处理系统

展周期，搭建了地质导向作业中心、勘探运营中心、实时钻井作业中心、智能油田中心等勘探开发与生产协作中心，协助中心利用大规模、多学科、增值的技术和业务合作，提高采收率、改进技术工作流程、技术创新、增强员工技能以及显著缩短关键的现场开发研究周期。

数据采集分析过程如图4所示。

入选世界经济论坛全球灯塔网络的工厂的胡莱斯(Khurais)油田，通过智能传感、智能穿戴、巡检机器人等智能化改造，建立了油田基础设施数字孪生体，中央控制室内轻触按钮，就可以对智能油田进行停工或启动、减产或增产等各种操作；通过部署拥有40，000多个传感器，实时监测油田生产运行桩体，检查管道泄漏情况，精确定位检测故障位置；应用人工智能、模型预测、大数据分析、机器学习等方面技术，基于勘探开发与生产协作中心进行预测性和规范性分析，优化锅炉的燃烧效率，降低能源消耗，并减少8%二氧化碳排放。

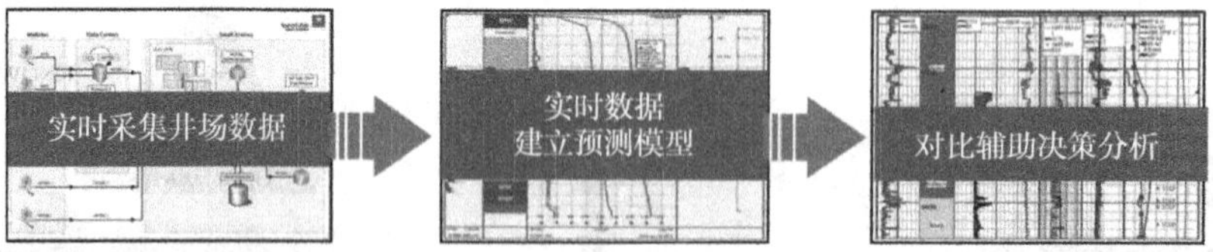

图4　数据采集分析过程

(3) 雪佛龙公司i-field建设

雪佛龙公司一直与科学应用国际公司(SAIC)合作，设计和实施跨多个业务部门的各种类型的资产决策环境(ADE)，ADE提供实时操作环境，通过跨资产或业务部门的协作决策来管理和执行油气开发业务流程。同时雪佛龙公司实施精细化的油藏管理，建立一套可以实现的商业计划指标，通过实时的智能井数据采集，分析实时数据、历史数据、监测数据、完井限制条件等，实时地管理和优化各层段的生产性能，优化各层段对产量的贡献，实现“智能完井、实时生产监控与优化”。

(4) 道达尔公司作业现场

道达尔公司通过搭建油气生产一体化协同研究平台，实现了油气藏—注采井—地面集输等生产全系统的模拟与优化，支持多学科综合研究、跨部门协同工作、多模型集成共享、油气藏可视化管理和管理层辅助决策。油气藏、注采井、地面管网和设备各环节进行生产一体化动态模拟，将单个生产环节紧密连接起来，在投产前进行各种开发方案的对比评估，在投产后进行开发效果的跟踪与评价，优化整个生产运行系统，实现技术研究目标高度统一，为油气田开发的智能管理提供一体化模拟模型，提高了油气田开采效率和经济效益。

2.2　国内智能油田发展现状分析

国外油公司在智能油田方面起步较早，在油田感知、分析、优化等不同环节实施了相关的重要战略举措，国内油田企业高度重视智能油田技术研究和建设工作，“十二五”以来，在开展数字化、网络化建设的基础上，将智能油田建设作为企业转型升级发展战略，先后启动了智能油田相关技术研究和试点应用。

(1) 中国石油天然气集团有限公司

中国石油利用自动感知实时采集油气产业链运行数据，利用全面互联广泛获取内外部数据，运用数字化技术持续优化业务执行和运营效率，“十四五”末初步建成“数字中国石油”。数字与智能油气田建设，借鉴国际石油公司最佳实践，采用“数据湖+云平台”总体方案，明确了“十四五”末建成覆盖勘探开发、经营管理、安全环保全领域全业务链的智能化生态应用，建成世界一流智能油气田的总体目标。

作为中国石油集团公司数字化转型、智能化

发展试点建设单位，长庆油田更强化数字化转型顶层设计，制定了《长庆油田数字化转型智能化发展实施细则》，实施智能化“326”工程，构建大科研、大运营、大监督三大支撑体系，筑牢统一数据湖、统一云平台两大基础；深化场站无人值守、油气井智能优化生产、作业可视化监控、四维油藏模型、智能装备应用、人财物精准管理6项重点应用，现已实现信息化标准规范基本健全、数字化基础能力基本完善，现场作业、生产运行、协同研究、经营管理等方面实现数字化技术规模应用，采油、采气、输油等智能化示范区建设初见成效，实现勘探开发一体化、地面工艺优化简化和劳动组织架构扁平化。

（2）中国石油化工集团有限公司

中国石化数字化转型思路按照“数据+平台+应用”新模式开展，建设集团智能运营中心，打造中国石化智慧大脑，构建中国石化“石化智云”工业互联网，实现全产业云生产、智运营，推动组织升级、流程升级、技术升级、管理升级，整体提升集团运营数字化、网络化、智能化水平。

中国石化更聚焦数据资产价值创造，大力推进数据治理工作，建立健全数据标准体系、数据资源共享与数据资产管理机制；建设集团级、企业级数据资源中心和统一的数据中台、数据服务平台，推进各领域大数据应用，高质量开发利用数据资产资源，实现数据资产增值增效。

在中国石化信息化“432工程”建设指引下，按照“数据+平台+应用”信息化建设新模式要求，胜利油田围绕“六大战略、三大目标”发展战略，基于“统筹推进、融合发展，集成共享、协同智能”工作思路，应用物联网、大数据、云计算、人工智能等新技术，建立了全面感知、预警预测、远程操控、集成协同、整体优化的油田，推动高效运营、绿色安全、精细管理。

（3）中国海洋石油集团有限公司

中国海油为响应党和国家“加快推进国有企业数字化转型”的重大战略部署，提出“1534”总体发展思路，重点攻关油气田业务自主优化、预警预测、科学决策；数据挖掘与分析、系统评估、流程优化等智能模型的建立；油气生产过程、主要设施设备的自动化和数字化，设备智能诊断和设备预测性维修；现场智能监控等重点领域，全面建成具备泛在感知、云化服务、自主决策、协同运营等显著特征的“智能油田”。

2020年，中国海油在《智能油田顶层设计纲要》的指引下，开启了海上智能油田建设，并率先在秦皇岛32-6油田进行试点。秦皇岛32-6油田通过传感器、先进通信技术，基于IT、DT基础设施，实现物联数据的全面采集和汇聚，将信息集合进行综合提炼，形成油藏、注采、生产等专业模型库和知识库，并综合应用油气专业领域数据、模型和先进智能技术，形成智慧油田大模型，结合专家知识库形成双驱动模式，支持预测判断、自优化、自决策。目前中国海油正将秦皇岛326智能油田建设模式进行复制推广。

3　智能油田发展面临的挑战

（1）井下监测与数据实时传输瓶颈。井底长距离数据传输和线路连接的复杂性，以及恶劣或极端作业环境造成数据完整性、及时性下降，获取井筒和油藏实时数据面临巨大挑战，在井下传感、双向通信、水平井适应性等方面仍存在技术难题。

（2）数据治理体系不健全。由于前期集团公司、分公司、作业公司、作业平台信息化建设独立开展，造成数据标准不统一、数据孤岛及重复建设问题严重，同时数据质量难以控制，在数据挖掘环节易造成偏差。

（3）大数据和人工智能技术潜力未充分发挥。国内大数据和人工智能技术在油气行业的应用尚处于起步和探索阶段，由于油气行业具有极强专业性和分散性，通用人工智能算法难以直接利用，同时开发人员缺乏足够、充分的油气行业专业背景知识，对油田迫切需要解决的痛点缺乏深入理解。

4　智能油田发展趋势及建议

中国未来智能油田将着力拓展油气生产全业务链物联化，基于数据基础，针对油田各类资产建立仿真模型，搭建一体化协同应用场景，利用智能算法、可视化技术等，深化实时监测、诊断预警、优化决策、智能控制技术，建立油田数字孪生体，与实际油田进行双向动态映射，从而由“业务数字化”向“数字业务化”升级，提升油气生产链路的整体智能化，创造更大价值。

智能油田发展趋势如图5所示。

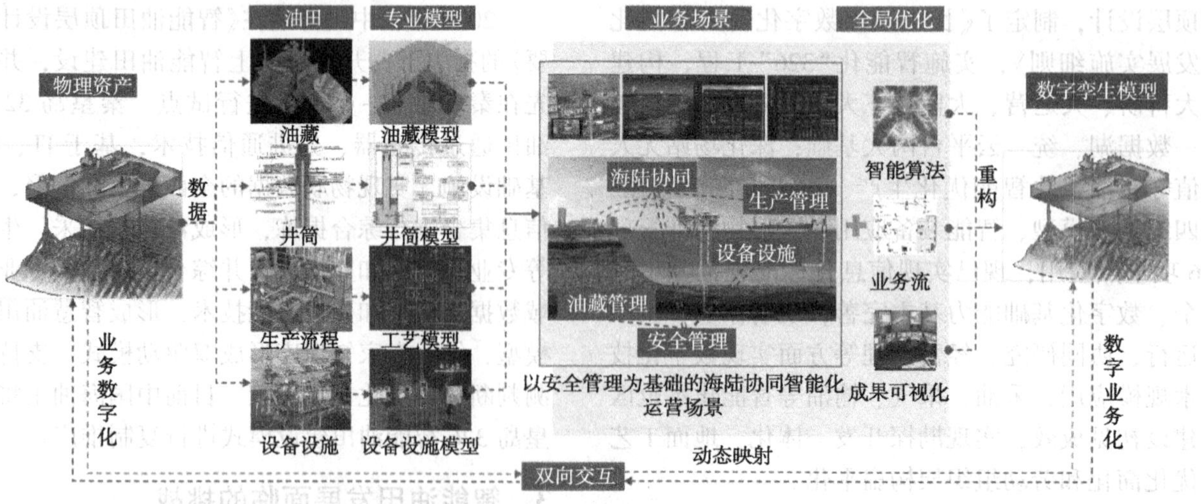

图 5　智能油田发展趋势

（1）推动油气基础设施建设

构建“网络+数据中心+云资源”架构，大力推进数据中心、物联网、工业互联网等新型基础设施建设，保障数据实时共享能力；优化边缘层数据处理接入、分析应用、标识解析和边云协同技术体系；基于云技术，建立统一数据库，统一技术平台，实现勘探、开发、生产、协同研究、经验管理以及大数据应用等集成应用；构建数据安全管理体系，实现信息内容实时检查、网络行为全面监测、安全事件追溯取证，为油田高质量发展保驾护航。

（2）打造全面感知体系

利用物联网技术，实现设备与设备之间的实时通信，为全面感知体系提供基础。通过安装传感器，实时收集设备运行数据，利用大数据分析技术，对海量数据进行处理、分析，通过对生产运营、经营管理指标全范围一体化监控，掌握生产计划完成情况，监控生产实时动态，支撑各层级报警预警处置、协同管理和汇总分析，实现自动化决策和优化，提高油田生产效率。

（3）强化数据质量控制

以数据质量管理为核心，以数据架构管理为基础，建立数据治理体系，建立统一的数据标准，明确采集协议，保障结构化、非结构化、实时数据入库、入湖；规范数据格式、数据来源和数据处理方式；明确数据认责以及构建全面的数据管理能力。借助大数据分析和人工智能技术，实现对海量数据的实时处理，深度挖掘数据价值，提升业务洞察能力。利用云计算技术，实现数据的集中存储、备份和管理，确保数据的安全性和可靠性。

（4）实现整体协同的目标

应用协同：基于云平台构建应用系统平台框架，做好应用系统整合，统建与自建的系统管控体系；数据协同：深化数据治理，推进数据资产盘点工作，厘清权威数据源，明确数据集成标准与集成关系；业务协同，以加强业务协同、提升业务运行效率为核心目标，实现跨学科、跨组织、地域协同合作，实现作业现场智能化、生产运行一体化、经营管理一体化、研究设计协同化，提高作业效率和质量，提升效益。

（5）加强数字孪生等新技术应用

依托数字孪生、人工智能算法，在虚拟环境中开展油气田资产全生命周期管理、设备装置检维修，生产工艺流程分析、预测和优化，以实现资源最优配置、持续优化设备的运行效率、提升生产效率和降低故障。深化数字孪生技术在油藏管理、可视化生产等场景的研究，结合整个油气生产工艺流程中的信息流、物料流和能量流等关键参数，查找生产工艺瓶颈，通过虚拟仿真和模拟实验，优化和调整工艺流程，使间注采方案等更趋合理，更加全面地管理和优化油气田的生产过程，提高油气开采效率，降低生产成本，持续推动油田精益化生产，进一步推动油气行业的可持续发展。

5　结束语

智能油田建设旨在油气生产领域建立全面感知、自动控制、智能预测、优化决策的生产技术管理体系，将先进信息技术与传统油气生产业务深度融合，持续推动数字化转型和智能化发展，以驱动油气产业高质量发展。油田智能化建设必须依托于新一代信息技术，结合油田企业的实际发展状况，从战略层面出发做好油田智能化建设的顶层设计，将新一代技术与油田建设与生产模式进行深度融合，从而为提升油田建设效率、提高生产力、推动油田企业的现代化建设做出积极贡献。

参 考 文 献

[1] 马永生，蔡勋育，罗大清，等."双碳"目标下我国油气产业发展的思考[J]. 地球科学，2022，47(10)：3501-3510.

[2] 梅宏. 大数据发展现状与未来趋势[J]. 交通运输研究，2019，5(5)：1-11.

[3] 石玉江. 智能油田在中国的研究现状分析[J]. 海峡科技与产业，2016(12)：81-83.

[4] 林杨. 非数字原生企业数字化转型实践与认识——以中海石油智能油田建设示范项目为例[J]. 石油钻采工艺，2021，43(04)：552-558.

[5] 胡建国，马建军，李秋实. 长庆油气田数智化建设成果与实践[J]. 石油科技论坛，2023，42(03)：30-40.

[6] 马承杰. 胜利油田"数据+平台+应用"信息化建设新模式构建与应用[J]. 石油科技论坛，2021，40(02)：73-80.

[7] 段鸿杰，马承杰，董琰等. 胜利油田数字化转型实践与成效[J]. 石油科技论坛，2023，42(03)：48-55+64.

人工智能在油气探勘开发领域应用的知识图谱分析

裴志宏　颜行知　樊　荣

（昆仑数智科技有限责任公司）

摘　要　在能源行业数字化转型过程中，人工智能的应用已经成为推动技术革新与效率提升的重要力量。为系统识别人工智能在油气勘探开发领域的发展态势，本研究以中国知网和 Web of Science 电子资源数据库中 2000 年到 2023 年相关核心文献作为研究数据来源，通过数据挖掘从多个维度对相关研究成果进行了梳理，包括但不限于历年发文量的时间序列分布特征、主导研究的学者及团队影响力分析、在全球范围内活跃的研究机构对比以及各类研究热点的主题变迁等。这些量化指标共同勾勒出一幅清晰的知识图谱，展示了人工智能在油气勘探开发领域内研究活动的发展脉络与增长趋势。从知识图谱可视化分析结果中可以发现，人工智能应用于油气勘探开发的研究逐年呈现出强劲的增长势头，具体表现为智能化设备和技术在地质预测、地震成像、油藏模拟等方面的深入应用，以及大数据驱动下提高勘探精度与开发效率的解决方案日趋成熟。通过对文献关键词的聚类分析和突现词的动态演化追踪，可以预见油气探勘开发未来的技术发展趋势将更加趋向于以数据为核心驱动力、跨学科交叉合作以及开放创新模式的构建。这意味着从前期的资源评估到后期的生产管理，全过程都将融入更先进的人工智能算法和信息技术，实现整条产业链的自动化与智能化，助力油气行业的进步与发展。

关键词　油气勘探开发；人工智能；知识图谱；可视化分析；CiteSpace

1　引言

在能源行业数字化转型过程中，人工智能的应用已成为推动技术革新与效率提升的重要力量。人工智能技术的运用不仅优化了数据的分析处理流程，更为复杂多变的地质评估、精准的资源定位以及高效的开采策略制定提供了有力的技术支持。在油气勘探与开发的关键环节中，人工智能的计算能力和数据处理能力使其能够处理庞大的数据量，准确识别地质模式与发展趋势，这不仅增加了油气资源发现的可能性，还为降低环境风险、提升能源开采的效率与安全性提供了有效途径。

为了分析和总结人工智能在油气勘探开发领域的应用，明确人工智能在该领域中应用的历程、研究热点与趋势，本研究利用 CiteSpace 可视化分析软件分析中国知网（CNKI）和 Web of Science（WOS）数据库中收录的核心文献，对文献数量、年度分布、作者、发文机构和国家、关键词等内容进行统计分析，以便更好了解该领域的研究概况和进展。

2　数据来源与方法

2.1　数据来源

本研究的中文文献来源于中国知网（China National Knowledge Internet，CNKI），英文文献来源于 Web of Science（WOS）核心合集，时间跨度为 2000 年到 2023 年。

CNKI 期刊数据库使用高级检索，检索条件：（主题：石油勘探开发+天然气勘探开发+油气勘探开发）AND（主题：人工智能+大数据+数字化+智能化），设置来源为科学引文索引（Science Citation Index，SCI）、工程索引（Engineering Index，EI）、北大核心、中文社会科学引文索引（Chinese Social Sciences Citation Index，CSSCI）、中国科学引文数据库（Chinese Science Ctitation Database，CSCD），略去会议通知、期刊目录等非学术类文章，得到中文文献 33 篇。WOS 核心合集数据库使用高级检索，检索条件：（TS=（´petroleum explora * and develop * ´ OR ´natural gas explora * and develop * ´ OR ´oil and gas explora * and develop * ´））AND TS=（´artificial intelligen * ´ OR ´big data´ OR ´Digitali * ´ OR ´Intellige * ´），

文献类型为论文(Article)和综述论文(Review Article)，语种为英语(English)，得到英文文献157篇。

2.2 研究方法

使用CiteSpace 6.1.R6软件，绘制了合作作者、机构、国家和关键词共现图谱，并结合网络密度、节点大小和中心性等要素，展示了人工智能在油气勘探开发领域的应用现状、演进历程和发展趋势。参数设置：将时间切片(Time Slicing)设置为1年，时间选择2000～2023年，Top N阈值设置为50。

3 文献研究数据特征图谱化分析

3.1 发表文献数量年度分布

人工智能在油气勘探开发领域应用的年发文量分布情况如图1所示。可以看到在2000年人工智能在油气勘探开发领域的应用还属于起步阶段。截止2022年，中文文献累计发文量33篇，总体呈现缓慢上升趋势；英文文献累计发文量114篇，总体呈现平稳上升趋势。总体来看，中、英文文献发文量均呈现增长趋势，表明国内外对人工智能在油气勘探开发领域的应用都予以较多关注。

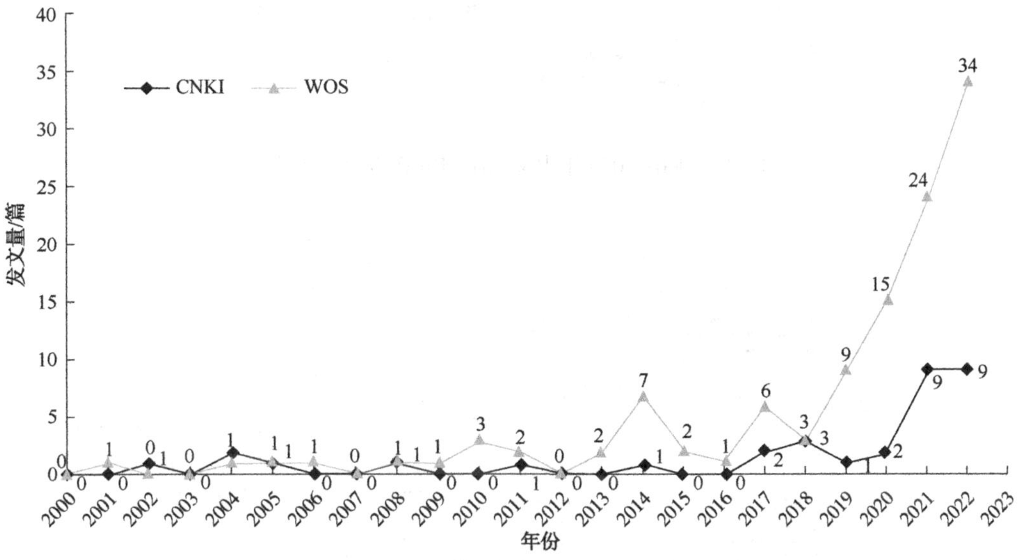

图1　人工智能在油气勘探开发领域应用的年发文量图

3.2 作者分析

为得知该领域的核心研究力量，绘制了中文文献的研究者协作图谱，如图2所示。图谱由93个节点、154条连线组成，共有93名作者在该领域发表文章，网络密度为0.036。根据普赖斯定律计算，核心作者为刘合、杜金虎与王娟。刘合阐述了人工智能在勘探开发领域的研究进展与应用，探讨了人工智能技术未来的发展方向；杜金虎阐述了勘探开发梦想云的设计思路、实践和成效，王娟以长庆油田为例阐述了数据挖掘技术在数字化油气藏研究与决策中的应用。

如图3所示，是英文文献的研究者协作图谱，图谱由202个节点、189条连线组成，共有202名作者在该领域发表文章，网络密度为0.0093。中文文献合作网络密度0.036高于英文文献合作网络密度0.0093，同时在英文文献发文量前10的作者中，Liu He、Chen Dongxia、Li Meijun、Wang Fuwei等均为中国作者，说明我国学者较早地构建起了相对密集的合作网络关系，并且相较于国外同行，我国研究团队之间存在更紧密的合作联系，在该领域内共同推进了研究成果的发展与应用。

3.3 发文机构分析

对纳入研究的33篇中文文献进行研究机构发文量分析，构建了人工智能在勘探开发中应用的机构合作图谱，如图4所示。图谱由45个节点和38条连线组成，网络密度为0.0384。发文量前5的机构分别为中国石油勘探开发研究院(10篇)、中国地址大学(北京)能源学院(2篇)、中国石油勘探与生产分公司(2篇)、中国石化石油工程技术研究院(2篇)和中国石油化工股份有限公司石油物探技术研究院(2篇)。节点大小代表机构发文数量，节点连接线的粗细代表研究机构之间的合作强度，由图谱得知以中国石油勘探开发研究院为代表的研究机构目前具有一定影响力和地位。

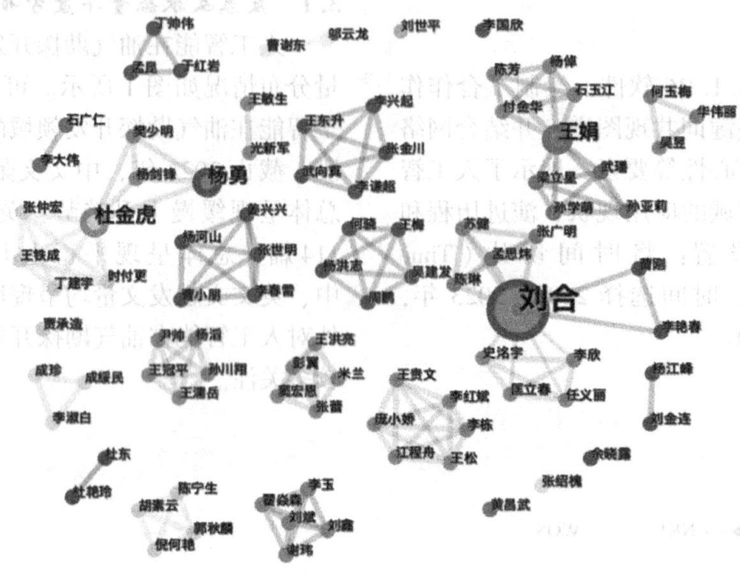

图 2　2000~2023 年中文文献研究作者合作图谱

图 3　2000~2023 年英文文献研究作者合作图谱

对纳入研究的 157 篇英文文献进行研究机构发文量分析，构建了人工智能在该领域应用的研究机构合作图谱，如图 5 所示。图谱由 158 个节点和 155 条连线组成，网络密度为 0.0125。发文量前 5 的机构分别为 China Univ Petr(13 篇)、PetroChina Res Inst Petr Explorat & Dev(10 篇)、Yangtze Univ(7 篇)、China Univ Petr East China(6 篇)和 PetroChina(6 篇)，均为中国研究机构。

3.4 国家与地区分析

为了解国家就人工智能在油气勘探开发领域应用研究的贡献，对纳入研究的 157 篇英文文献进行了国家合作网络分析，如图 6 所示。该项研究主要分布在中国、美国、沙特阿拉伯与伊朗等国家。其中，中国(88 篇)占据第 1 位，为 WOS 数据库总发文量的 56.05%，领先于第 2 名的美国(16 篇)和第 3 名的沙特阿拉伯(8 篇)，中国就人工智能在油气勘探开发领域应用研究中的最为领先，这一分析也与作者分析、机构分析相吻合。

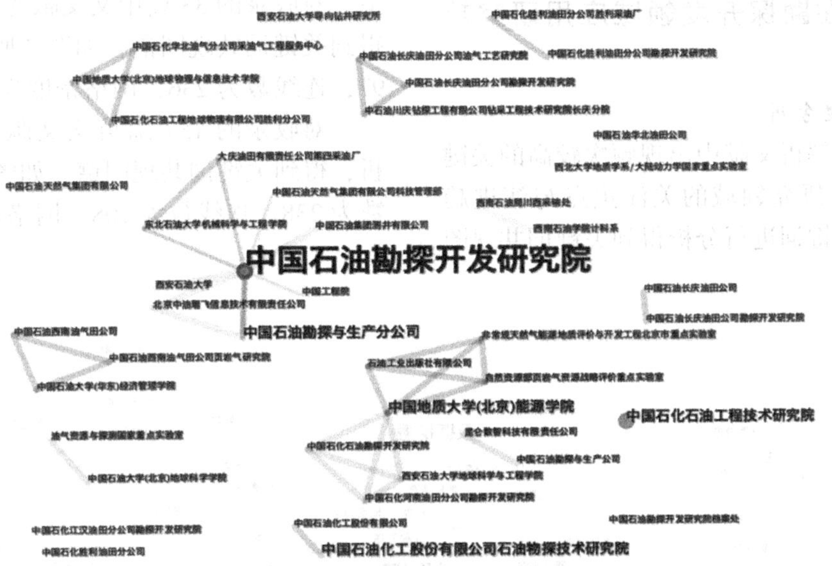

图 4　2000~2023 年中文文献研究机构合作图谱

图 5　2000~2023 年英文文献研究机构合作图谱

图 6　2000~2023 年英文文献研究机构合作图谱

4　人工智能在勘探开发领域应用研究热点分析

4.1　关键词共现分析

通过追踪和解析文献中出现频次较高的关键词，可以反映该研究领域的关注焦点与演进趋向。对文献中关键词进行分析得到关键词共现图谱。对收录的 33 篇中文文献的关键词进行分析，得到关键词共现图谱，如图 7 所示，其节点数为 97，连线数为 236，网络密度为 0.0507。

对收录的 157 篇英文文献的关键词进行分析，得到关键词共现图谱，如图 8 所示，其节点数为 238，连线数为 108，网络密度为 0.0038。

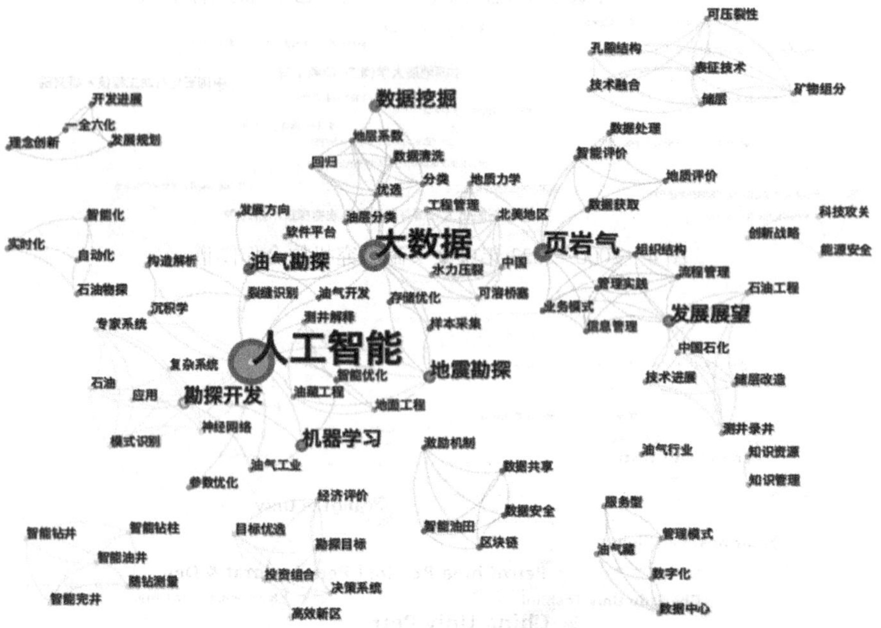

图 7　2000~2023 年人工智能在勘探开发领域应用中文文献关键词共现图谱

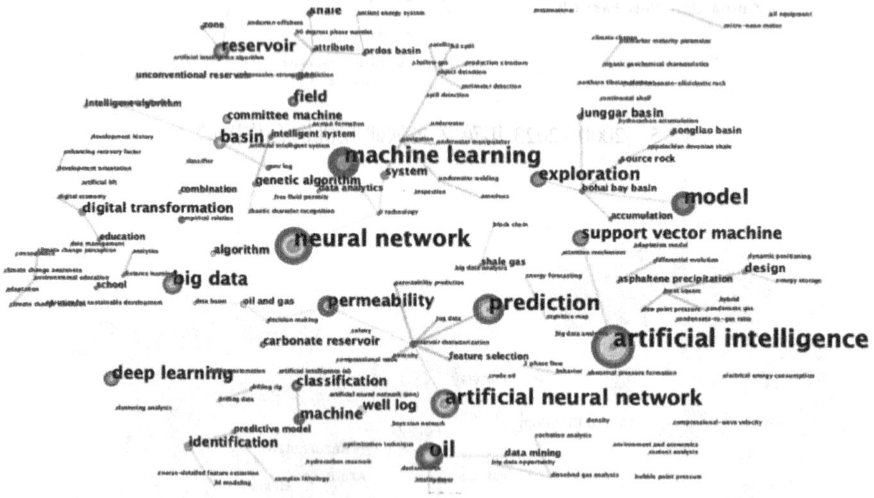

图 8　2000~2023 年人工智能在勘探开发领域应用英文文献关键词共现图谱

4.2　研究热点分析

当中心性值大于 0.1 时，表明该关键词为重要节点，即人工智能在勘探开发领域应用的研究热点。通过图 7 与图 8 的关键词共现分析发现，“大数据”与“神经网络”是国内外关于油气勘探开发最大的节点，“机器学习”、“预测”、“数据挖掘”等次之，主要涉及的细分领域包括“地震勘探”、“页岩气”等。节点大小代表着该节点在网络中的重要程度，是当前研究热点与展开方向的直观反映。通过表 1 可得到关键词的频次与中心性之间的关系。大多数频次较高的关键词也具有较高中心性，表明这类关键词具有较大影响因子和较高关注度，如“智能决策”、“人工智能”等。还有一部分关键词具备较高的中心性，但出现频次较低，表明这类关键词在油气勘探开发领域中影响力高，但受关注较少，未来这方面的研究可能成为研究重点，如“裂缝识别”、“测井解释”等。

表1 2000~2023年人工智能在勘探开发应用研究的高频关键词统计

序号	关键词	频次	中心性	年份	关键词	频次	中心性	年份
1	人工智能	7	0.3	2004	artificial intelligence	17	0.29	2019
2	大数据	5	0.41	2017	neural network	14	0.49	2014
3	页岩气	3	0.28	2019	machine learning	13	0	2020
4	勘探开发	2	0	2004	prediction	12	0.38	2015
5	地震勘探	2	0.03	2021	artificial neural network	11	0.21	2015
6	数据挖掘	2	0	2018	oil	11	0.11	2017
7	发展展望	2	0.11	2021	model	10	0	2020
8	油气勘探	2	0.02	2022	big data	8	0.16	2019
9	机器学习	2	0	2021	deep learning	7	0.02	2019
10	目标优选	1	0	2005	exploration	7	0	2022

5 人工智能在勘探开发领域应用前沿趋势

5.1 聚类分析

为了解不同时期人工智能领在勘探开发领域研究现状的结构和特征，对关键词进行聚类分析得到关键词聚类图谱。一般情况下，聚类分析中有两个指标值得注意：Modularity（聚类模块值，即Q值）和Silhouette（聚类平均轮廓值，即S值）。当$Q>0.3$，表明划分的结构是显著的；当$S=0.7$时，聚类是同质性高且具有高可信度。图9是对中文文献的关键字聚类，其$Q=0.807$，大于0.3，表明聚类结构显著，$S=0.9626$，大于0.7，表明聚类效果良好，具有高可信度。

图10是对英文文献的关键字聚类，其$Q=0.6727$，大于0.3，表明聚类结构显著，$S=0.8702$，大于0.7，表明聚类效果良好，具有高可信度。

中文文献主要聚类有：(1)沉积学，表明在油气勘探开发中，沉积环境分析、地层解释及油气储层预测等方面的研究工作至关重要；(2)业务模式，关注人工智能技术如何推动和优化油气行业的业务流程、管理模式以及商业模式的创新与转变；(3)大数据，强调大数据在勘探开发中的应用，如通过地质、生产数据进行智能分析，以支持更准确的资源评估、风险预测和决策制定；(4)地震勘探：侧重于利用人工智能算法改进地震资料处理与解释方法，提升地下结构成像质量和油气藏识别效果。

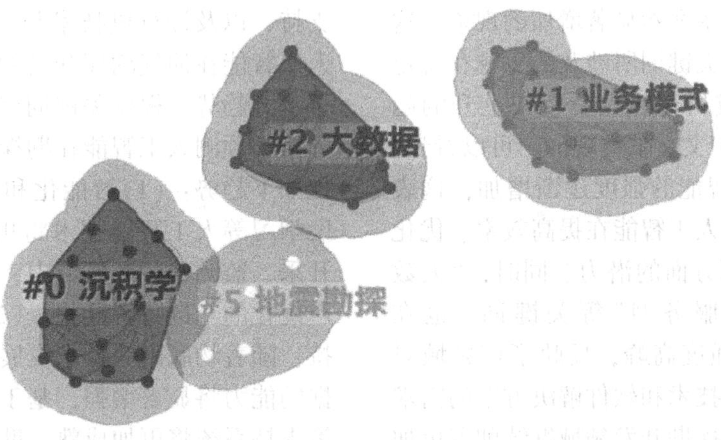

图9 2000~2023年人工智能在勘探开发领域应用中文文献关键词聚类图谱

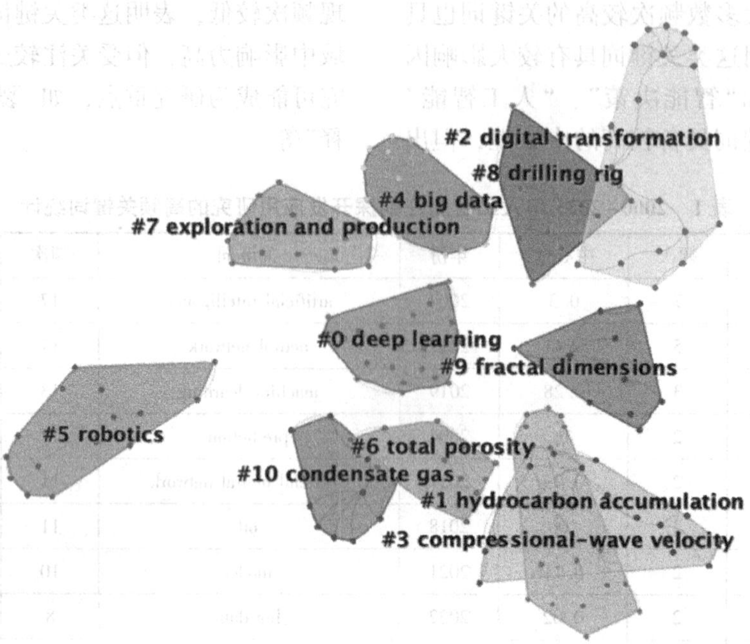

图 10　2000~2023 年人工智能在勘探开发领域应用英文文献关键词聚类图谱

英文文献主要聚类有：(1)深度学习，深度神经网络在地球物理数据处理、油藏模拟、图像识别等方面的前沿应用，为提高油气勘探开发精度提供了新的解决方案；(2)油气藏，探讨了人工智能在复杂油气藏描述、动态模拟以及剩余油分布预测等方面的潜力；(3)数字化转型，研究了人工智能如何驱动油气行业数字化转型，构建智能油田，并实现从上游勘探到下游开发整个产业链条的智能化管理；(4)压缩波：使用人工智能技术对压缩波(例如地震波)数据进行高效分析，以获得更高分辨率的地质构造信息；(5)机器人技术：讨论了机器人自动化在井下作业、设施维护、管道检测等领域的应用，提高了作业效率和安全性。

5.2　关键词突现分析

关键词突现是指在一定时间内某些关键词在文献等资料中出现频率突然显著增加的现象。这一现象通常代表这些关键词所涉及的主题在特定时间段内的关注度或研究热点有较快上升的趋势。如图 11 所示为中文文献突现词。可以看到，从 2004 年开始人工智能的强度逐渐增加，这表明该领域开始认识到人工智能在提高效率、优化决策和解决复杂问题方面的潜力。同时，“大数据”、“数字化”、“服务型”等关键词，也在 2017 年左右达到了强度高峰，反映了该领域对数据驱动方法、信息技术和软件解决方案的需求增加。现阶段，油气探勘开发领域继续朝着更加智能化和数据驱动的方向发展，相关应用已经扩展到数据分析、预测建模等多个方面。

如图 12 所示为英文文献突现词，从 2001 年开始，智能系统的强度逐渐增加，并在 2017 年达到顶峰，表明智能系统在油气探勘开发领域的应用越来越受到重视，其他关键词如“人工智能”、“机器学习”、“预测模型”等关键词在 2021 年至 2023 年间达到了强度高峰。这反映了对大数据分析和相关技术的需求增加，数据挖掘可以帮助从大量数据中提取有价值的信息，有助于提高效率、优化决策和解决复杂问题。

6　结论

在对 2000 年至 2023 年间共计 190 篇人工智能在油气探勘开发领域应用的中、英文文献进行分析后，可以发现，随着国家政策对人工智能的支持，以及计算机技术与人工智能技术的发展，人工智能在油气勘探开发领域的应用研究呈现显著上升趋势。根据关键词聚类与突现词演进趋势分析，预测人工智能在勘探开发领域的应用将呈现如下趋势：(1)智能化和自动化程度加深：深度学习等人工智能技术将更深入地集成到钻井、开采、监测等各个环节中，实现从地质勘探到生产优化的全链条智能化；(2)大数据驱动决策支持：随着物联网等技术发展，实时采集和处理数据的能力将显著增强，基于大数据分析的智能决策支持系统将更加成熟，助力快速响应市场变化和资源需求；(3)数字孪生与模拟仿真：数字孪生技术将在油气田建设及运营阶段更加广泛地应用，通过建立地下油藏、地面设施以及整个生产流程的数字模型，进行实时监控、性能评估和优化策略制定；(4)边缘计算与实时分析：利用边缘计算技术，在现场或近实时地对传感器数据进行高效分析，及时反馈异常情况并指导操作，降低非计划停机时间；(5)绿色低碳与新能源融合：人工智能将在推动油气行业可持续发展方面发挥更大作用，如协助研发碳捕获与封存技术、优化能源结构，以及促进石油天然气产业与可再生能源的深度融合。综上所述，未来油气探勘开发领域的技术发展趋势将是智能化、数据驱动、跨界融合与开放创新的结合，为我国能源安全新战略提供有效支撑。

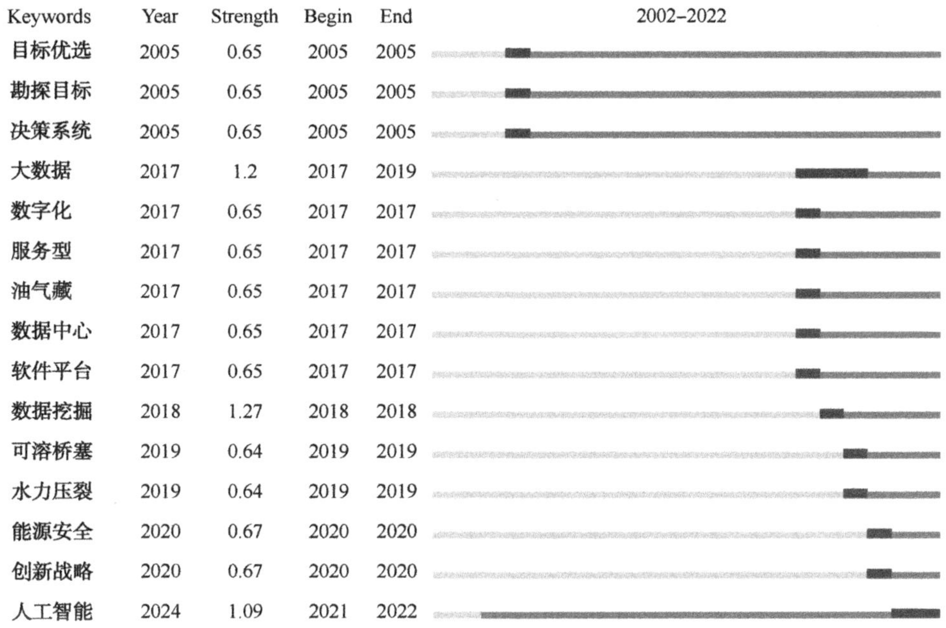

图 11　2000~2023 年人工智能在勘探开发领域应用的中文文献突现词

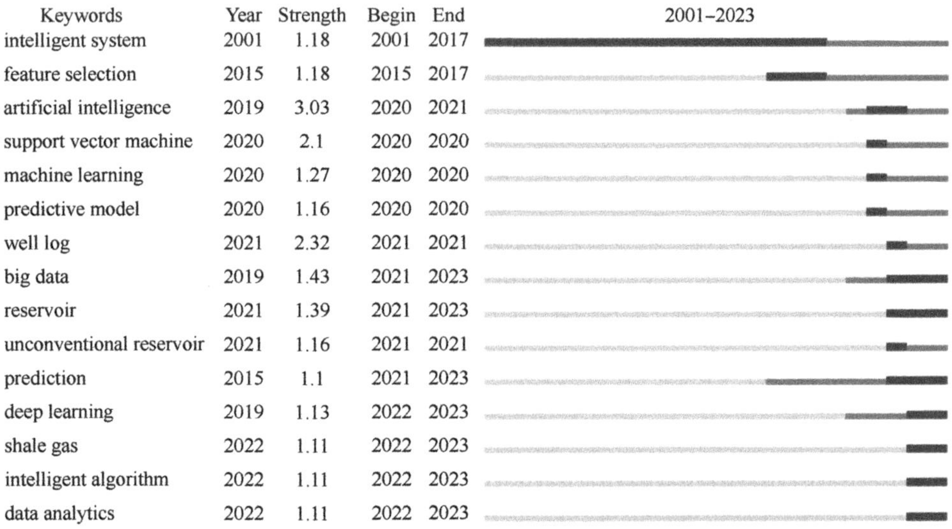

图 12　2000~2023 年人工智能在勘探开发领域应用的英文文献突现词

参　考　文　献

[1] 陈超美，陈悦，侯剑华，等. CiteSpace Ⅱ：科学文献中新趋势与新动态的识别与可视化[J]. 情报学报，2009，28(3)：401-421.

[2] 汤强，王亚民. 基于领域贡献值的核心著者评价[J]. 情报科学，2016，34(04)：104-107+117.

[3] 匡立春，刘合，任义丽等. 人工智能在石油勘探开发领域的应用现状与发展趋势[J]. 石油勘探与开发，2021，48(01)：1-11.
[4] 杨剑锋，杜金虎，杨勇等. 油气行业数字化转型研究与实践[J]. 石油学报，2021，42(02)：248-258.
[5] 王娟，梁立星，武璠等. 数据挖掘技术在数字化油气藏研究与决策中的应用[J]. 钻采工艺，2018，41(03)：107-109.
[6] 谢卫红，陈军，陈扬森. 大数据的趋势性认证与挖掘——基于SNA与共词的反事实研究[J]. 软科学，2018，32(07)：127-132.
[7] 姜自莹，刘雪凤. "区块链+人工智能"研究的进展、热点和前沿——基于CiteSpace的知识图谱分析[J]. 科技与管理，2022，24(03)：1-15.

面向智能油气田的储气库数字化技术研究

王学军　毛　骏　杨　铎　刘　雄　樊　荣

（昆仑数智科技有限责任公司）

摘　要　全球能源领域正朝着高度数字化、低碳化方向演进，更多地依赖于跨界科技创新驱动，随着5G、物联网、人工智能、区块链、云计算、大数据、边缘计算等新兴技术与能源领域的深度融合，为传统油气工业变革创造了新机遇和新挑战。面对快速推进中的能源革命和能源转型新形势、新趋势，数字化转型智能化发展已经成为数字经济时代企业发展的必然趋势，作为保证国家能源安全的储气库，储气库资产与生产管控的数字化已经成为实现企业精益化管理和降本、增效、增值的必然选择。本文对储气库数字化建设中涵盖的地面工程数字化交付、地上地下数据资产一体化管理与可视化应用、生产管控与系统完整性管理等方面做了相应研究和探索，在储气库数字化乃至智能化管理方面提出了指导思路和具体技术方案。

关键词　储气库数字化；地面工程；数字化交付；三维可视化；一体化数据管理

在国家能源安全和建设智能油气田的大背景下，储气库数字化建设是重要基础和应用载体，涉及多个关键方面，包括储气库地上地下数据集成与一体化管理、建设过程管理与数字化交付、生产运行控制与实时监测、微地震安全监测、设备设施全生命周期管理、支持智能决策支持和系统应用统一门户管理等。上述研究方向的集成可以显著提高储气库的运行效率和安全性能，同时降低生产运营成本。随着这些领域技术的不断进步与深入应用，给储气库领域数智化建设带来了新的机遇和挑战。

1　全球储气库概况

随着全球各国从传统煤炭能源逐步转向绿色低碳清洁能源，并且大量增加天然气进口，天然气的安全储备和及时调度输送变得极为重要。特别是在季节性需求波动（如冬季供暖）的情况下，储气库在能源储气调峰、安全保供方面扮演着日益关键的角色。研究全球储气库的分布、类型及其运营机制，有助于深入掌握天然气供应链的关键环节。

全球700多个储气库中，美国有400个，俄罗斯、乌克兰、德国、意大利、加拿大、法国和中国共计20个。储气库的类型有多种，其中，废弃气田：占比最高，约76%，因为它们已经具有存储天然气所需的地质条件；含水层构造：占比13%，利用水层下方的孔隙空间储存天然气；盐穴：占比6%，通过在盐层中开凿空腔来储存天然气；废弃油藏：占比5%，与废弃气田类似，用于储存天然气的是废弃油藏地质构造。

储气库的运营模式，欧洲的市场化运作模式相对成熟。储气库运营主要由专业运营商负责，例如德国拥有14个运营商，在欧洲国家中数量最多。此外，奥地利、荷兰和英国等都有超过4个运营商。

安全稳定运营对于储气库生产至关重要。储气库普遍在夏季填满，冬季使用，这涉及到精确的生产调度和高效的运营管理。在全球范围内，储气库的有效管理和稳定运营对于保障天然气供应的可靠性和安全性至关重要，特别是在面对季节性需求波动和全球能源转型的大背景下，必须确保储气库的安全和稳定，包括但不限于监测储气库的压力、温度和泄漏情况及维护设备设施的完整性。

储气库的数字化转型，对提高其运营效率和安全性至关重要。

2022年2月俄罗斯与乌克兰战争的爆发对全球天然气市场产生了重大影响，特别是对欧洲国家，欧盟采取了一系列措施来确保能源安全。

- 提高储气库容量：欧盟国家在供暖季开始前加大力度填充储气库，以减少对俄罗斯天然气的依赖。目标是达到至少80%的储气库容量。
- 多元化天然气来源：欧盟寻求从其他国家进口天然气，包括通过液化天然气（LNG）的方式，来多元化其能源供应。
- 提高能源效率和可再生能源使用：通过提

高能效和加大对可再生能源的投资，欧盟试图减少对化石燃料的总体依赖。

2 国内储气库概况

我国在天然气储存基础设施方面的迅速发展，特别是在四川的相国寺储气库和新疆的呼图壁储气库。四川相国寺储气库对于平衡西南地区的天然气供需具有重要作用，该储气库同样采用了现代化的管理和运营技术，以确保储气安全和效率。新疆呼图壁储气库位于新疆维吾尔自治区，新疆拥有丰富的天然气资源，呼图壁储气库的建设有助于更有效地利用天然气资源，采用了先进的数字化技术辅助生产运行，确保高效和安全的天然气储存和调度能力。

我国天然气储存基础设施的总体发展是快速增长，中国石油储气库业务发展迅速，已有17座储气库(群)投入运行，计划未来新增38座储气库。储气库业务成为中国石油公司业务转型升级的重要部分，同时也是新的增长点。随着国际形势的复杂性增加和国内天然气需求的持续增长，我国加强天然气储存基础设施的建设显得尤为重要。

3 储气库数字化策略

首先，储气库信息化的整体规划划分为两个大的阶段。第一阶段是数字化建设阶段，第二阶段是智能化应用阶段。储气库数字化建设涵盖储气库设计、工程建设、生产运行与运维、经济评价全生命周期，形成统一和标准化的数据采集、迁移和集中管理规范和方法，建立地上地下一体化的、统一的储气库数据库，搭建满足储气库建设、生产运行动态分析与智能调度、设备物资全生命周期管控的数字化平台。

基于上述两个阶段特点分析可见，储气库信息化的两个阶段相辅相成，第一阶段为第二阶段提供了必要的基础和数据支持，而第二阶段则利用这些数据和技术实现更高级别的自动化和智能化。通过这种分阶段事实策略，逐步实现储气库运营的高效化、智能化和安全化。储气库数字化建设阶段和智能化应用阶段具有不同的特点和实施策略。

第一阶段(数字化建设阶段)：

- 全生命周期覆盖：数字化应涵盖储气库的设计、工程建设、生产运行与运维、经济评价等全生命周期。
- 数据管理规范：形成统一和标准化的数据采集、迁移和集中管理规范和方法，确保数据的准确性、完整性和可访问性。
- 建立统一数据库：创建一个地上地下一体化的、统一的储气库数据库，以便于数据共享和分析。
- 数字化平台构建：搭建一个数字化平台，支持储气库建设、生产运行的动态分析、智能调度，以及设备物资的全生命周期管理。

第二阶段(智能化应用阶段)：

- 数据驱动的智能决策：利用第一阶段收集和整合的数据，通过大数据分析和人工智能技术支持更加智能的决策制定。
- 自动化和优化运营：实施自动化技术来优化储气库的运营，提高效率和安全性。
- 预测性维护：应用机器学习和预测性分析工具来提前识别潜在的设备故障，实现更高效的维护和降低停机时间。
- 智能监控和响应：使用智能监控系统来实时监测储气库的状态，并快速响应任何异常情况。
- 持续改进和创新：不断评估智能化应用的效果，利用新的技术和方法来持续改进和创新。

其次，储气库数字化策略要遵循以下技术体系和要求：

体系保障(标准与模型)：包括采用统一的模型标准EPDM 2.0和油气田地面工程数字化交付技术规定等标准体系。统一数据规范和管理：通过统一数据资源，实现资产管理与一体化数据服务，包括地上地下数据管理服务、数字化交付数据管理服务、储气库智能应用数据服务。支撑完整业务应用：包括数字化交付(采集、存储和交付)、地上地下一体化数据管理子系统、储气库智能应用(生产运行与系统完整性)。

4 储气库数字化技术方案

储气库的数字化解决方案涵盖了相应的业务范围，在结构上呈现出从数据源到业务应用的多层次设计，这种综合性和层次性的方法对于确保储气库的高效运行和长期可持续性至关重要，这是数字化解决方案的关键组成部分和数字化建设最终目标，按照工业互联网的标准化设计原则，技术架构分为设备设施、边缘层、资源层、平台层、应用层和展现层共六个层次(图 1 储气库数字化技术架构图)，这是技术架构设计的最重要基础和原则。

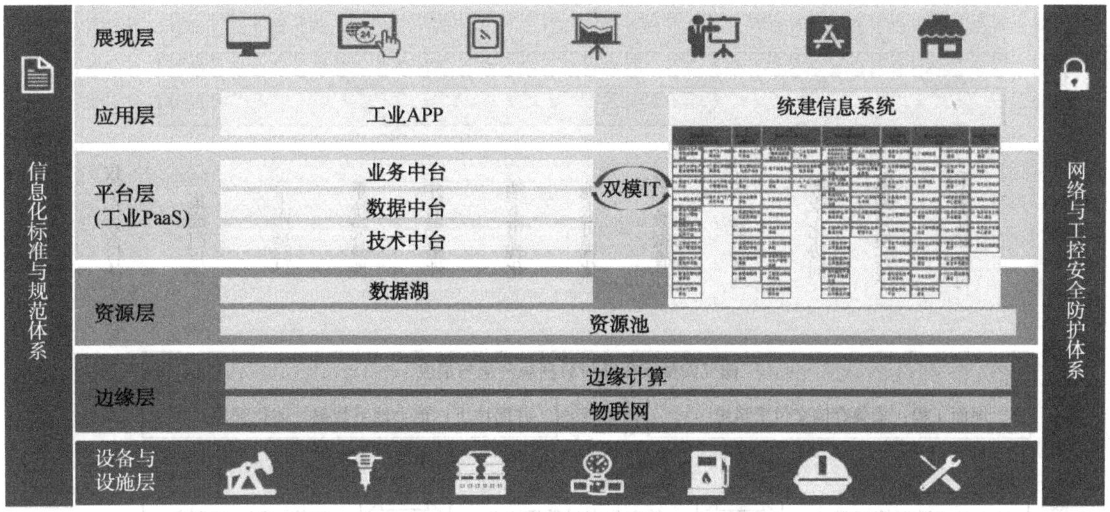

图 1　储气库数字化技术架构图

储气库数字化涵盖的主要业务范围：

● 地面工程数字化交付：涉及到地面设施和工程项目的数字化规划、设计、建造和管理。

● 地上地下数据一体化管理：整合地面和地下的数据，包括井筒信息、地质数据和生产数据，以形成一个全面的视图。

● 业务应用：包括生产运行管控、监控、自动化和设备完整性与维护等。

储气库数字化中数据层次结构：

● 数据源层：这是数据流的起点，包括所有原始数据，如传感器数据、作业与操作记录、地质调查数据、微地震监测数据等。

● 数据集成层：在这一层，来自不同来源的数据被整合在一起，形成统一的数据集，以便于分析和应用。

● 平台系统层：这一层包括用于数据处理、存储和分析的技术平台，如云计算基础设施、大数据分析工具等。

● 平台集成层：在这一层，将于储气库业务相关但又不同的系统整合起来，以便于更广泛的数据共享和应用。

● 业务支持层：数据和平台支持具体的业务应用，如生产决策支持、设备维护计划、风险管理等。

通过上述多层次和综合性的数字化解决方案来支撑储气库高效和安全运营，并通过整合和分析来自不同层次的数据，实现更精确的运营管理、更高效的资源利用和更有效的风险控制，这种数字化和智能化趋势将持续为储气库数字化运营和智能化管理带来革命性的提升。

5　储气库建设数字化交付

数字化交付是将工程建设全过程产生的设计、采购、施工等工程信息，包括对工程对象或实体描述的规范、文档、图纸、照片、模型等，以数字化文档或文件等标准格式，随着工程竣工验收而同步完成交付的一种成果交付方式。利用数字化交付成果和数字化建模技术，工程建设方可以在数字空间中快速建立起物理现实世界中工程对象或实体的数字孪生体。利用数字化和智能感知、传感与信息集成技术，可进一步实现工程对象或实体在物理世界与数字世界中的互动与操控，从而实现自动化感知、智能化操控、数字化运营和智慧化管理。

数字化交付是一个将传统工程建设转变为更高效、更可控的过程，通过软件平台的应用，将所有相关的工程信息数字化(图 3 数字化交付软件平台构成)，从而实现了更加精确和灵活的工程管理，具有以下特点：

全过程数字化：将设计、采购、施工等工程建设全过程的信息进行数字化，这包括规范、文档、图纸、照片、模型等。

标准化格式：所有信息以数字化文档或文件的形式存储，保证了信息的标准化和易于管理。

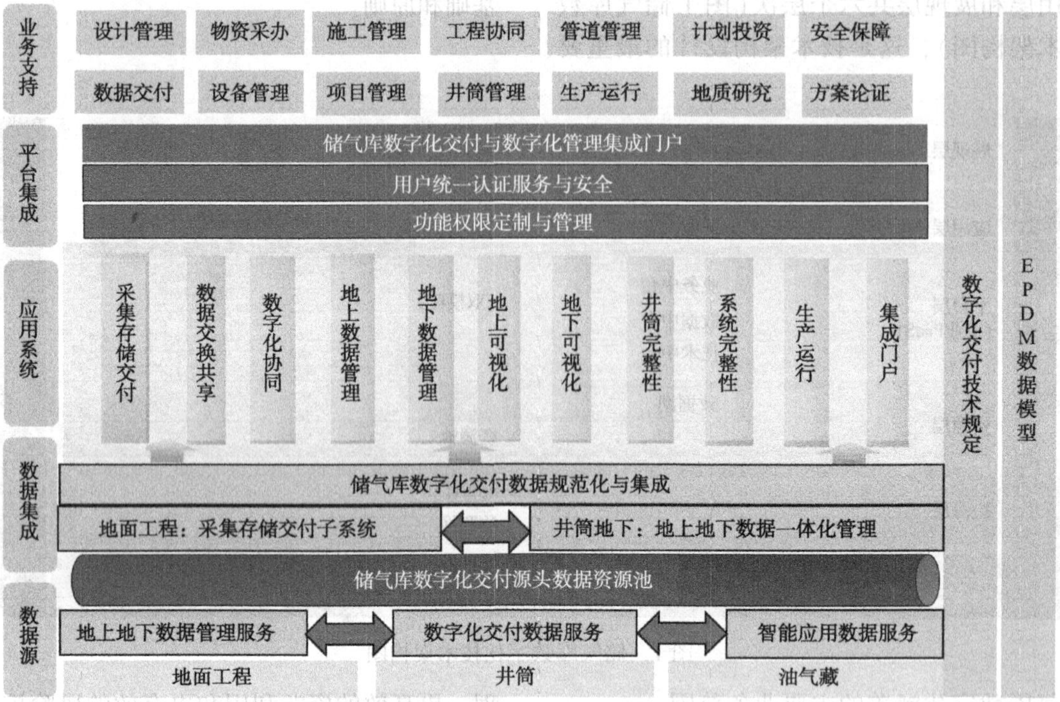

图2 储气库数字化管理总体架构图

同步完成与交付：随着工程的竣工验收，相关的数字化成果也同步完成并交付，确保信息的及时更新和完整性。

图3 数字化交付软件平台构成

数字化交付实施过程中，通常采用如下数字化技术：

数字化建模：利用数字化建模技术，可以在数字空间中快速创建工程对象或实体的数字孪生体，即物理世界中实体的精确数字副本。

智能感知和传感技术：结合智能感知、传感器和信息集成技术，使得工程对象在物理世界和数字世界之间实现互动和操控。

自动化和智能化应用：通过数字化手段，实现自动化感知、智能化操控、数字化运营和智慧化管理，增强了工程项目的效率和透明度。

数字化交付，在智慧油田建设中为企业带来的价值主要体现在如下方面：

提高效率和准确性：数字化交付加快了信息传递的速度，减少了错误和重复工作。

更好的协作和沟通：所有参与方可以访问统一的数字化信息，提高了团队间的协作效率。

风险管理和质量控制：通过数字孪生体技术，实现了在虚拟环境中模拟和分析，有助于风险预测和质量控制。

持续优化和管理：项目完成后，数字化成果可用于持续的维护和优化。

数字化交付代表了现代工程管理的一个重要趋势，通过有效地整合和利用数字技术，显著提升了工程项目的效率和质量。随着技术的不断进步，数字化交付将成为工程项目管理的标准做法。利用数字化交付成果可对储气库建设全过程的业务场景进行模型再现，同时也为后续的业务对象的数字孪生场景建设奠定良好基础。

6 地上地下数据一体化管理与可视化

地上地下数据一体化管理旨在提高储气库数字化、数据管理的整体性和效率，核心在于将地面工程和地下资源的数据整合在一个统一的框架内，从而实现更有效的数据处理和分析。地下数据管理和处理地下资源相关的数据，如地质数据、钻探数据等类型(图4 储气库地下数据管理类型)；地上数据管理涉及地面工程相关的数据管理，如设备设施布局、管道网络等。

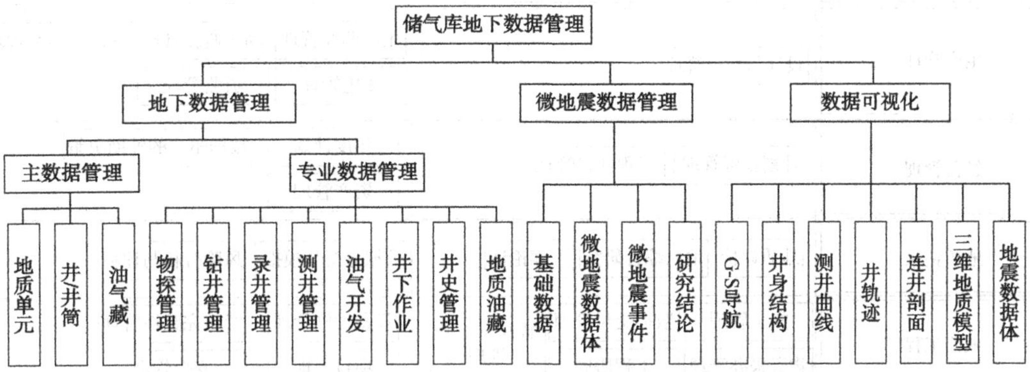

图 4　储气库地下数据管理类型

其中，微地震数据反映了对地下活动和潜在风险的实时监测的信息，在确保储气库完整性和安全性方面发挥着关键作用，微地震数据的主要应用场景：

● 断层活动监测：监测储气库附近的断层活动，评估其对储气库完整性的潜在影响。

● 盖层监测：确保储气库的盖层稳定性，防止气体泄漏。

● 气水界面监测：观测储气库中气体和水的界面，确保有效的储气操作。

● 气藏溢出点监测：及时发现储气库溢出点，预防气体泄漏。

● 气体运移监测：追踪储气库中气体的运移路径，确保储存效率和安全性。

作为一体化服务标准的 EPDM 模型标准，中国石油勘探开发数据模型标准 EPDM 提供了一个统一的框架，用于整合和管理油气田的数据。中国石油油气田地面工程数字化交付技术规定能够确保地面工程数据的收集、管理和交付符合行业标准和要求。

地上数据可视化是通过可视化技术手段将地面工程数据以图形和图表的形式呈现，提高数据的易读性和可理解性。地下数据可视化是将地下资源数据通过可视化技术呈现，有助于更好地理解和分析这些数据。地上和地下数据的可视化对于油气田工程管理具有重要的作用，特别是在提高工程项目管理、数字化交付等过程的透明度、效率和控制性方面。

地上和地下的可视化技术使得油气田工程的管理变得更加高效、直观和可控。通过这些技术，项目的进度、结构和关键指标都可以以清晰、易于理解的形式呈现，从而帮助管理人员做出更准确和及时的决策。随着技术的进一步发展，这些可视化工具将继续在油气田工程管理中发挥着越来越重要的作用。

7　储气库数字化生产运行

储气库生产运行及井筒完整性管理：实现储气库动态数据的采集、查询、统计与分析，以支撑日常生产管理；实现业务应用可视化、协同化、一体化管理，提高注采过程生产运行管理效率；实现环空带压数据实时监测与预警、井筒完整性风险量化评估功能，保障气井生产安全。储气库的数字化建设中通过建立三张图，即设备资产总况一张图、生产运行一张图和安全管控一张图，把各个生产要素和运行的情况整合进来，通过“一张图”的方式可以看到当前的运行情况，能够真正实现储气库的数字化生产运行和智能化辅助决策。

8　储气库数字化应用场景

储气库数字化建设完成后，将对储气库业务的建设期、运维期都发挥支撑作用，在生产管理、经营管理、地质钻采、地面工程等业务场景得到广泛应用(图 5 储气库数字化应用场景)。

9　研究结论与展望

储气库数字化建设是实现业务安全、高效和健康发展的必要条件，其中：规范体系建立、数据湖建设与数据集成和软件平台应用是确保成功转型的重要组成部分。

(1) 标准化和规范化：建立标准化的数据规范体系和操作流程是成功实施数字化转型的基础，确保这些规范被严格执行，定期进行监督和评审，以持续优化流程。

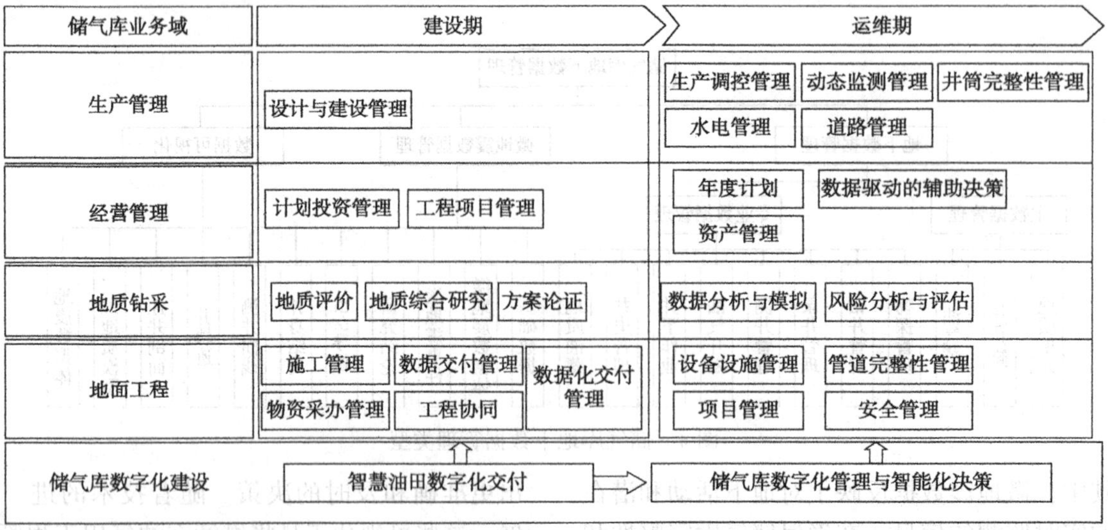

图 5　储气库数字化应用场景

(2) 数据湖建设与数据集成

数据质量：确保数据的准确性、完整性和时效性，通过制定严格的数据质量管理制度。

数据安全与保密：在数据建设中注重数据安全和保密，防止数据泄露和未授权访问。

智慧油田数据湖：整合来自不同来源的数据，建立一个统一的数据存储和分析平台(数据湖)，以支持更全面的分析和决策。

(3) 软件平台应用

贴近业务需求：软件解决方案需要紧密贴合储气库的实际业务需求，确保功能实用且不过度复杂。

用户友好性：设计易于使用的用户界面，降低员工的学习曲线，提高工作效率。

(4) 智能化深化应用

利用人工智能技术，如知识图谱，进行智能检索、智能维修和智能评价，提高决策的质量和效率。

业务场景化应用：根据储气库的特定业务场景定制人工智能应用，确保技术解决方案的实用性和有效性。

储气库业务的数字化管理是油气田企业发展的必然趋势，是实现智能化管理的基础。通过上述研究和探索，需要我们不断完善和优化数字化方案和应用，为智能化发展打下坚实基础，建设更智能、更安全的智慧油田，为国家能源安全做出应有贡献。

本文编写过程中，得到王飞跃、魏士尧、耿宇、王欣岩、江春明、李林蔚、王红芹、赵舜楠、吴龙等同事支持和专家指导，在此一并致谢。

参 考 文 献

[1] 中国地下储气库发展现状及展望[J]. 李建君. 油气储运. 2022, 41(07).

[2] 地下天然气储气库数字化建设现状[J]. 万旸. 化学工程与装备. 2021, (10)

[3] “十四五”期间我国储气库建设面临的挑战及对策建议[J]. 刘烨. 何刚. 杨莉娜. 王念榕. 巴玺立. 张红燕. 化学工程与装备. 2021, (10)

[4] 中国天然气地下储气库现状及发展趋势[J]. 魏欢. 田静. 李建中. 王影. 化学工程与装备. 2021, (10).

[5] 用于地下储气库规划中的数字化技术[J]. 何旭明. 王勇. 天然气工业. 2022, 42(05)

[6] 储气库技术标准发展建议[J]. 吴张帆. 赵艳杰. 姜炜. 石油工业技术监督. 2022, 38(09).

[7] 相国寺储气库智能化建设探索与实践. 廖浩然. 任科. 禹贵成. 汤丁. 王岩. 程丽璇. 刘真志. 第 32 届全国天然气学术年会(2020)论文集中国石油学会天然气专业委员会会议论文集.

吉林油田 CCUS 智能场站数字化建设研究与应用

杨嘉琦　蔡晓冬　徐慧瑶

（中国石油吉林油田公司）

摘　要　按照油田公司王峰书记提出的“两化”转型具体工作要求，信息技术公司在 CCUS 智能油田建设上，充分融合“两化”转型工作任务与目标，着力全方位打造 CCUS 智能间、智能场站，为 CCUS2.0 发展注入动力。CCUS 智能场站建设紧紧围绕数字化感知、生产过程自动化、智能诊断优化分析决策为主线，充分吸纳与总结过去建设经验，从设计方案、设备选型及系统开发层面优化，从根本上提升生产效率、降低生产过程安全风险，提高员工工作幸福指数。

关键词　CCUS；智能诊断；数字化感知

1　概述

CCUS 智能场站建设紧紧围绕数字化感知、生产过程自动化、智能诊断优化分析决策为主线，充分吸纳与总结过去建设经验，从设计方案、设备选型及系统开发层面优化，从根本上提升生产效率、降低生产过程安全风险，提高员工工作幸福指数。主要工作任务与目标围绕四个方面开展：①充分的数字化；②必要的可视化；③可靠的自动化；④实用的智能化。

2　系统设计与应用

2.1　生产数据全面感知

（1）单井数字化建设方面，通过开展单井数字化设备补充完善、数据采集有效性治理、井组设备智能化升级及电能系统远程监测等举措，保证油井生产参数准确、快捷、安全自动采集与传输，工况变化的智能识别和实时预警，有效减轻员工劳动强度，为生产管理决策分析提供依据。目前，单井数字化产品安装与接入工作已全部完成，累计补充单井设备 297 台套，安装井排变压器监测设备 138 台并完成系统开发，具备上线条件。

（2）计量间数字化方面，对原有计量间系统修复改造与系统集成，实现生产过程参数自动采集、自动上传及自动预警，实现数据报表无纸化自动录入推送，掺输、集油管线泄漏的智能识别，现场危险源信号自动采集报警与视频系统联动，具备了井组无人值守的条件。目前，间内智能化改造基本完成，累计已开发计量间组态系统 1 套、改造触摸屏 38 台套、集成物联网管控平台 2.0 中无纸化办公系统 1 套。如图 1 所示。

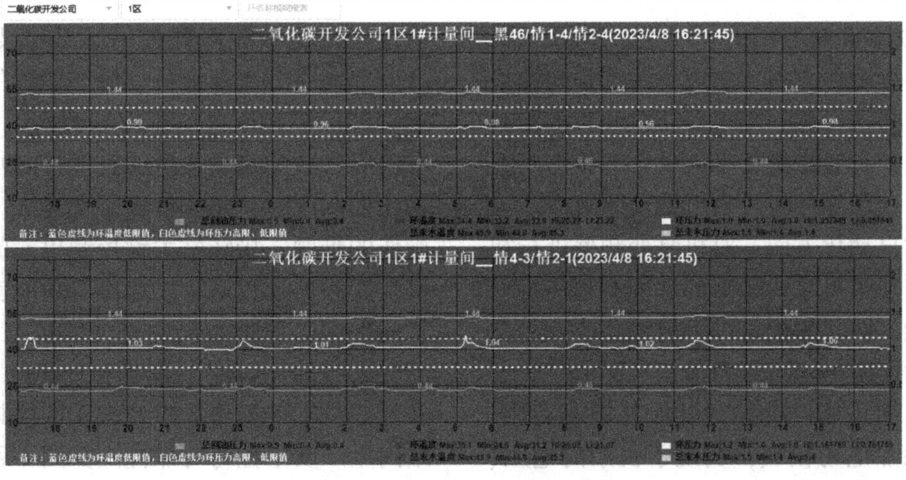

图 1　计量间环生产状况自动预警

（3）场站数字化方面，将原有分散的系统与流程进行了重新梳理与整合，将数据采集系统集中展示。同时，将原有系统功能升级，增加如注入压缩机组温度采集、参数报警、曲线分析、关键数据 BI 展示、站内变压器电能计量、加热炉远程监管、注水泵在线监控、高清视频展示及井排电能数据运行情况集中平台化监管等功能，从数据展示、数据分析及节能降耗管理等方面提供了强有力抓手。如图 2、图 3 所示。

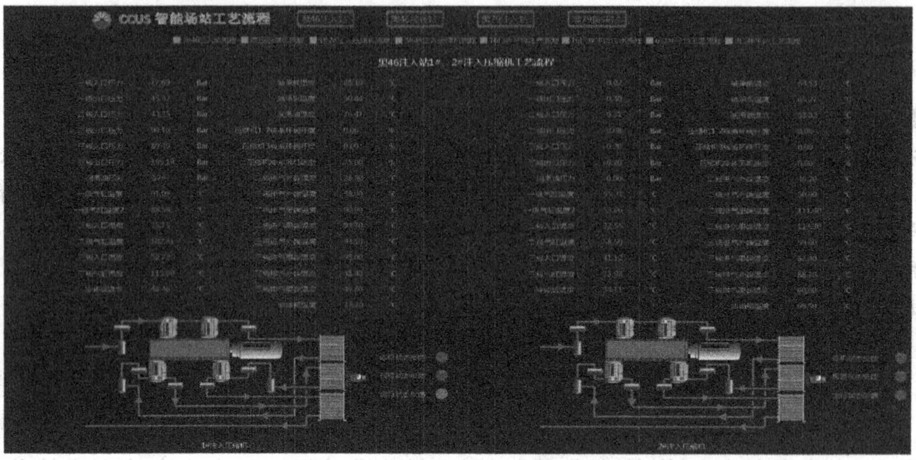

图 2　注入压缩机组数据展示

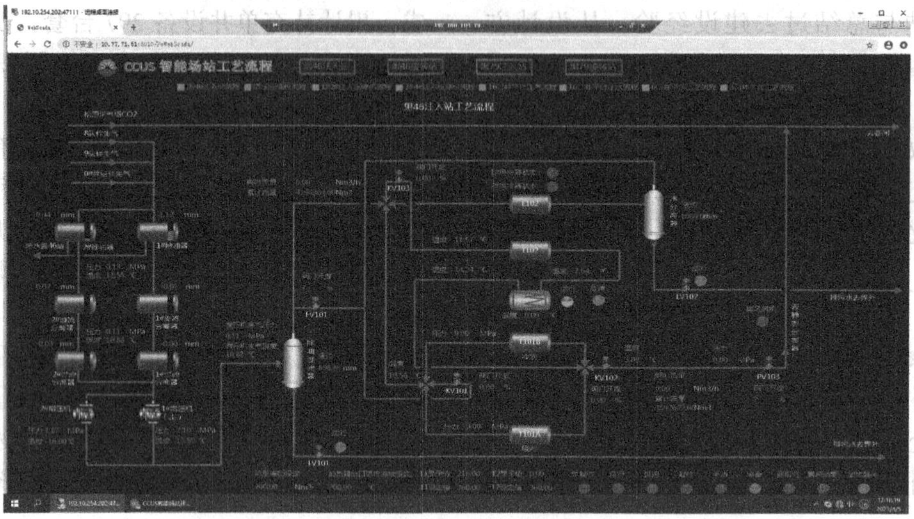

图 3　变温吸附工艺流程

2.2　生产过程全自动

一是单井自动化方面，实现单井远程间抽指令下发与自动间抽，并利用平台获取峰谷平实时电力计量数据，有效指导技术人员合理设定间抽周期，平台自动核算分时段的电费计量数据。

二是场站自动化方面，对机泵变频器进行智能化改造，实现了机泵变频器的远程调频和远程启停控制功能；对注水机组进行智能化改

造，通过设定出入口压力连锁自保值，实现了注水机组连锁自保停机控制及停井报警功能；在所有机泵添加电力模块，实现了机泵的电压、电流、功率、电量等数据采集功能，为监管机泵稳定运行与节能降耗提供了数据支撑；对三合一、二合一分离器液位、缓冲罐液位及外来燃气流量进行了 PID 自动化控制改造，实现了液位、压力等参数给定参数后的自动控制功能。利用自动化控制改造，切实解决了现场人工实现精细化操作的难题，接转站关键控制单元的自动连锁及机泵变频器远程调频、启停等功能实施后，得到了监控中心操作人员的充分认可与好评，液位、燃气的自动化解决了冒罐和加热炉灭火的问题，降低了员工误操作风险及人工巡检频次，提高了站内生产安全性与可靠性。如图 4 所示。

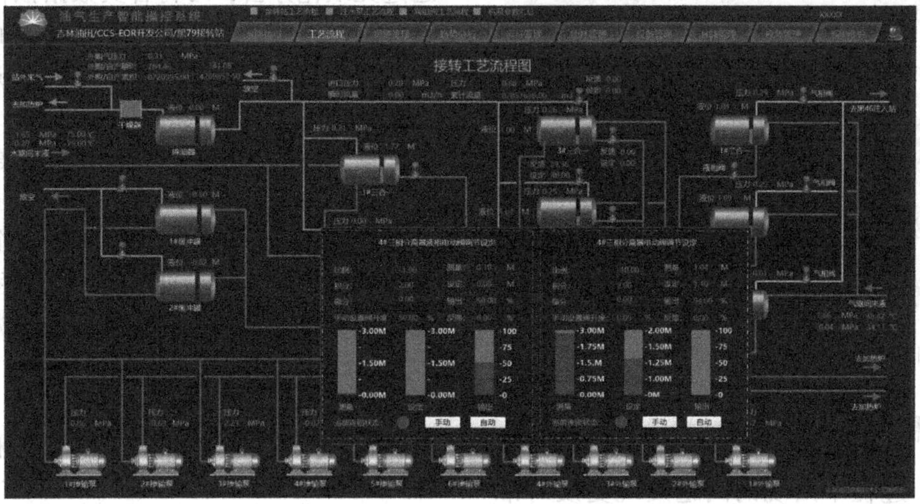

图 4　接转站关键回路自动连锁控制

2.3　诊断分析全智能

一是单井智能化方面，对测控仪硬件智能化升级，利用边缘计算算法，实时检测与自动识别抽油机缺相、皮带断、杆断等典型工况；通过测控仪与压力变送器联合应用，实时检测与自动识别管漏，将结果传送至监控中心平台实现声光报警，并根据报警严重程度判断是否立即停机，进一步提升单井异常工况智能识别水平。该功能目前在采气厂进行了实验性开展，后期将在二氧化碳公司进行批量应用及规模化推广；通过电参计产算法的深入研究，实现抽油机上下死点自动识别，目前符合率已达 70%，实现在不增加一分成本的情况下，从根本上解决单井计产无抓手的难题；对电子眼硬件智能化升级，升级图像智能算法，通过电子眼实时监测，可自动识别井场人、车异常闯入，并立即将图像传输至监控中心，解决了以往电子巡检周期长，异常闯入无法及时监管的问题，进一步提升了井场安全管控力度。

二是场站智能化方面，智能安防系统全面升级，目前在 2 座接转站关键场所实现 AI 视频图像在线分析功能，包括人员倒地、泄漏、吸烟、不带安全帽等行为，利用平台实现了异常图像自动弹窗和电子视频巡检功能，及时准确的提醒监管人员出现的异常情况。如图 5、图 6 所示。

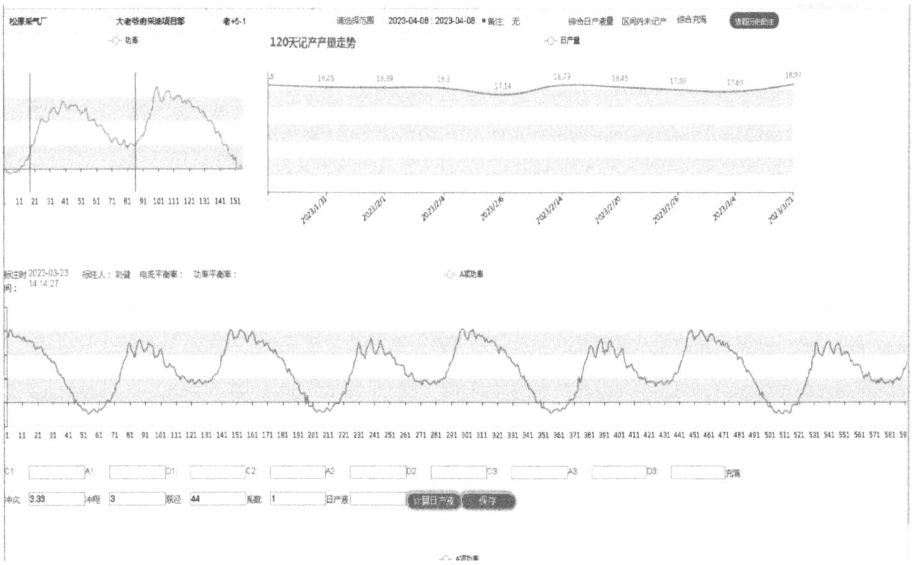

图 5　电参计产功能

图 6　站内关键场所人形识别

3　应用效果

一是生产过程中出现的问题发现更及时准确。与过往相比，生产故障发生要找很长时间才能定位，现在只需通过生产参数报警，参数联动，很快就能准确的找到问题点，直接处理，大大缩减了人工发生问题时间，提高效率的同时，又降低了重大安全风险的发生。

二是减少了各类生产报表的重复填写。各类报表往往总是要填写，而且好多都是同样的数据，通过无纸化办公，可将各类数据拟合成不同报表直接推送系统，既解决了人工填写的繁冗，又能将数据历史保存至服务器不丢失，随时查阅。达到了既省人，也省钱的目的。

三是解决了站内各流程无法集中监管的难题。相比以前站里不同人管不同岗位，又不能统一管理的问题。现在一台电脑，一个人就能查看全部站内生产流程，直观明了，远程控制方便快捷，能够解决很多人工工作，效率提升很大。

参考文献

[1] 才庆，张丹丹，张华春，等. 榆树林油田 CCUS 采油工程方案优化设计与实践[J]. 大庆石油地质与开发，1-7.

[2] 马平，白佳慧. 基于 IOT 智能场站系统建设[J]. 中国科技信息，2019，(24)：62-63.

[3] 马春岭. 油田联合站自动化控制系统的优化设计[J]. 化工管理，2018，(17)：36-37.

[4] 张晓羽. 浅析油田联合站自动化控制系统[J]. 化工管理，2014，(20)：141.

油气行业数字化转型背景下工控安全挑战与防御策略研究

陈 靓 裴志宏 颜行知

（昆仑数智科技有限责任公司）

摘 要 本研究探讨了油气行业在数字化转型过程中工业控制系统（ICS）所面临的网络安全风险挑战及其应对策略。随着两化深度融合，工控系统的安全防护问题日渐凸显，通过对全球范围内一系列具有代表性的工控安全事件分析，并结合相关文献进行知识图谱可视化分析，本研究构建了工控安全“冰山模型”，以揭示当前工控安全防御工作中存在的问题。该模型指出表层可见的风险仅是整个安全威胁的冰山一角，而更深层次的挑战在于防守方对攻击链全周期的认知不足，以及针对工控环境特性的纵深防御体系的不健全。这种现状使得企业在面对具有国家背景的、复杂的高级持续性威胁（APT）时，往往难以有效预防和及时响应。本研究基于 ATT&CK for ICS 框架，通过引入攻击流分析技术，以可视化的手段系统梳理了针对工控系统的 APT 攻击各阶段特征及演变路径。从初始的侦察与入侵阶段，到后续的持久化驻留、数据泄露或破坏等环节，全面展现了攻击者可能采取的手法和技术手段。在此基础上，本研究提出了相应的防御对策与建议，旨在指导油气企业强化其工控网络的内在安全韧性，提升多层面、动态适应的安全防御能力，确保能够快速识别并有效抵御新型安全威胁，从而保障油气企业在数字化转型的浪潮中稳健前行。

关键词 网络安全；工控安全；ATT&CK；攻击流；防护建议

1 引言

当前，全球油气行业正经历着一场深刻的变革，随着人工智能、物联网与大数据等技术的应用，数字化转型已成为提升生产效率、优化资源配置和保障能源安全的关键路径。然而，在推动行业智能化发展的同时，也使得工业控制系统（ICS）暴露在日益复杂的网络安全威胁之下。油气行业的工控系统是确保生产过程安全平稳运行的核心基础设施，其稳定性与安全性直接影响到能源供应的连续性。由于工控系统关联到物理设备的操控，一旦遭受网络攻击，可能导致生产中断、环境污染乃至重大安全事故。随着信息技术与操作技术（IT-OT）的深度融合，工控系统的安全边界日益模糊，使恶意攻击有了可乘之机。

本研究旨在探讨油气行业数字化转型背景下工控系统的安全挑战，并结合 MITRE ATT&CK for ICS（ICS Matrix）框架对实际威胁进行分析，以期揭示当前工控安全防护体系中的薄弱环节，并在此基础上提出针对性的防御策略和技术手段，助力油气企业强化工控系统的安全防护能力，有效应对日新月异的网络安全威胁。

2 油气行业数字化转型背景下工控安全的主要挑战

随着工业化与信息化的融合，工控系统作为支撑关键基础设施和重要生产过程的核心组成部分，其安全问题日益凸显。Stuxnet 蠕虫是全球首个针对工控系统的恶意软件，该病毒通过多个零日漏洞的组合攻击伊朗核设施。Stuxnet 成功潜入了受严密保护的工控网络，并篡改了离心机的运行参数，导致物理设备损坏。此案例揭示了即便在与互联网隔离的环境中，高度定制化的安全威胁依然可能造成严重破坏。在 2015 年底和 2016 年初，乌克兰电力系统遭受了一系列针对性的网络攻击。攻击者通过钓鱼邮件传播恶意软件渗透到电力公司的工控网络，并操控了变电站的远程终端单元（RTU），切断了部分地区的电力供应。这一事件凸显了关键基础设施对网络攻击的脆弱性以及工控系统的网络安全防护重要性。2017 年，Triton 恶意软件对沙特国家石油公司炼油厂的安全仪表系统（SIS）进行了攻击，SIS 负责监控和控制工业过程，以确保它们在安全范围内运行，攻击者利用多个漏洞试图篡改 SIS 控制器的程序，这一事件首次显示了恶意软件对工业控制系统中关键安全组件的直接威胁。

油气行业的数字化转型是一个涵盖勘探开发、炼化加工、运输储存直至销售服务全链条的过程。随着两化融合，工控系统不再仅局限于本地设备控制，而是通过集成网络技术实现远程监控、数据采集、智能分析以及预测性维护等功能。在油气行业的数字化生态系统中，工控系统扮演着连接物理世界与数字世界的桥梁角色。它能够实时收集并处理来自传感器和其他现场设备的数据，确保生产过程严格遵循预设的操作参数和安全标准。通过对这些数据的挖掘和分析，工控系统有助于优化工艺流程、减少能耗、预防故障，并实现整个产业链条的协同优化。

数字化转型为油气行业带来了效益提升和管理改进，但也给工控系统的安全性与稳定性提出了新的挑战。近年来，众多专家、学者和安全机构对工控安全问题进行了大量研究。对 Web of Science(WOS)核心合集数据库的文献分析，使用高级检索，检索条件：(TS=("cyber security" OR "industrial control security"))AND TS=(ics)，文献类型为论文(Article)和综述论文(Review Article)，语种为英语(English)，最终得到英文文献 93 篇。通过追踪和解析文献中出现频次较高的关键词，可以反映该研究领域的关注焦点与演进趋向，对上述文献分析得到关键词共现图谱，如图 1 所示。

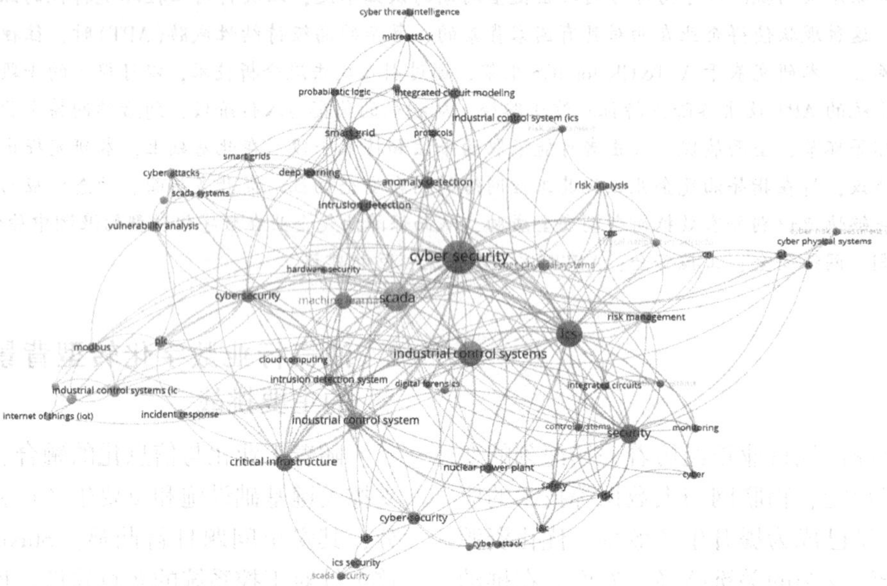

图 1　工控安全研究关键词共现图谱

通过分析油气行业特点与现有防御思路与措施，结合上述图谱，总结得出油气行业工控安全问题的冰山模型，如图 2 所示。主要体现在以下三大方面：(1)威胁暴露面扩大问题：工控系统与信息技术的融合导致了安全边界的模糊化，新兴技术的应用使得工控网络暴露在更广泛的攻击面之下，增加了外部恶意攻击和内部威胁的风险。(2)老旧系统与协议的历史遗留问题：油气行业工控系统往往具有较长的服务周期，其中不少仍在使用较老版本的软硬件。这些老旧系统在设计之初并未充分考虑网络安全因素，难以适应当前复杂多变的网络环境。此外，工控系统中广泛使用的专用通信协议(如 Modbus、DNP3 等)在设计时侧重于功能性和可靠性，对安全性考虑不足，其固有安全缺陷可能被黑客利用，发起针对性的攻击。(3)防御视角局限性问题：目前针对工控系统的防御主要基于蓝队(防守方)视角，过于关注单点防护，如通过网闸等设备进行隔离；通过工控防火墙、工控入侵检测设备等进行类似于传统网络的防御。缺乏对攻击链全周期的纵深防御体系构建，犹如盲人摸象。同时，在实际防御中企业可能对 ICS Matrix 框架中的战术层次理解不够深入，无法有效识别和应对对手可能采用的各种技术和策略，导致防御手段过于被动和片面，上述正是目前相对难解决的问题。针对这些问题，本研究以自然辩证法中对立统一规律为指导思想，从攻防对抗角度出发，立足攻击者战术和技术视角，以 ICS Matrix 框架为基础，剖析企业在构建和强化工控安全体系时应重点关注的层面，并针对性地提出防御策略。如图 2 所示。

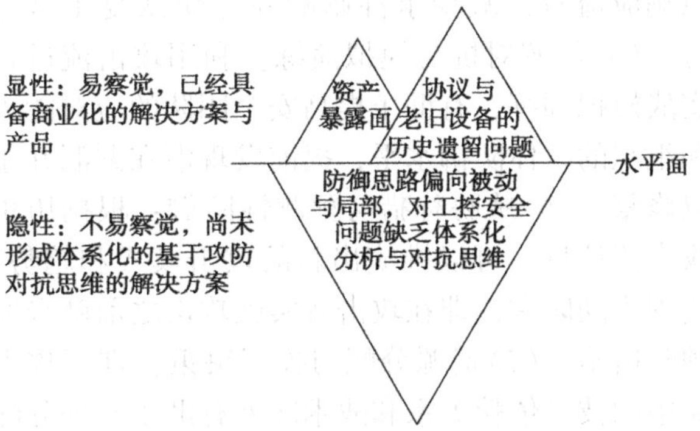

图2 工控安全问题冰山模型

3 基于ICS Matrix的工控安全分析

3.1 ICS Matrix概述

ATT&CK模型由MITRE创建，随着威胁情报的积累和分享，ATT&CK逐渐成为全球网络安全行业评估威胁态势、设计对抗方案和测试防御能力的重要参考标准。在工控安全领域，MITRE延伸ATT&CK模型推出了ICS Matrix，其包括12类战术与92种具体技术，用来描述攻击者在工控环境中的行动模式与技术手段，如表1所示。

表1 ICS Matrix战术描述

战术层	描述
初始访问(Initial Access)	攻击者如何首次进入工控系统环境，包括但不限于物理访问、网络钓鱼、利用供应链漏洞等手段
执行(Execution)	在工控设备或系统上执行恶意代码或命令，如通过脚本、图形化用户界面、应用程序编程接口(API)等方式实现
持久化(Persistence)	保持在工控系统中的长期存在，例如通过修改程序、系统固件等方法确保持续控制
提升权限(Privilege Escalation)	攻击者获取更高权限账户以访问更敏感信息和资源，通过漏洞利用等技术手段进行提权
规避(Evasion)	绕过或禁用安全防护措施，隐藏活动痕迹，包括改变操作模式、伪装、漏洞利用等技术
探索(Discovery)	收集有关工控环境的信息，了解资产、架构、配置及操作流程等，以便进一步实施攻击
横向移动(Lateral Movement)	在工控网络内部迁移以扩大攻击范围，如利用默认账户、远程服务等
数据收集(Collection)	窃取工控系统的数据，如关键过程参数、配置信息、设备状态等敏感内容
命令与控制(Command and Control)	建立并维护与远程服务器或其他受控设备之间的通信通道，以发送指令和接收数据
抑制响应功能(Inhibit Response Function)	通过报警抑制、阻止报告消息等技术阻止或削弱工控系统对安全事件的检测、警报或响应能力
削弱过程控制(Impair Process Control)	攻击者通过干预、修改或破坏工业控制系统(如SCADA、PLC等)的过程参数和指令，以导致生产过程无法正常运行或者出现异常行为
影响(Impact)	直接干扰、破坏或操纵生产流程，导致实际业务损失，例如改变工艺参数、触发异常操作等

该框架将攻击活动划分为多个战术层次，并进一步细化为一系列具体的技术与子技术，有助于清晰理解攻击者如何针对工控系统进行有组织、分阶段的渗透和破坏。通过对Stuxnet、乌克兰电网攻击、沙特国家石油公司炼油厂事件等典型工控安全威胁案例的研究，可以发现这些事件中涉及的攻击方法和技术均能在ICS Matrix框架中找到对应的战术和子技术。如Stuxnet使用了多种零日漏洞来实现初始访问和执行恶意代码；而乌克兰电网攻击则体现了攻击者通过钓鱼邮件进行初始访问并成功实施防御规避及命令与控制的战术动作。

3.2 攻击流概述

通过将实际工控安全威胁以攻击流(Attack Flow)的方式映射到ICS Matrix，使企业能够明确识别自身存在的风险点和薄弱环节，从而制定有针对性的安全策略和防御措施。这不仅有利于提高工控安全事件的事前预防能力，还有助于优化应急响应机制和事件溯源分析，有效提升整个工控系统的安全防护水平。

攻击流作为一种描述和分析网络安全威胁的方法论，通过刻画从攻击初始阶段直至最终目标达成的完整过程，为防御者提供了一种直观、结构化的通用语言。攻击流对防御者的作用体现在以下几个方面：(1)威胁可视化与理解：攻击流以图形化方式展示了从攻击者的初始入侵直至达到最终目标的整个过程，使防御者能够直观地理解攻击路径和步骤。(2)风险评估与优先级排序：防御者可以根据攻击流识别系统中最脆弱或关键的环节，确定需要优先加固的安全控制点和防护措施。(3)安全策略制定与优化：通过分析攻击流，可以合理地设计、调整和完善安全策略，确保防御体系覆盖所有可能的攻击路径，并具备抵御已知和未知威胁的能力。(4)事件响应与应急处置：在发生安全事件时，攻击流可以帮助快速定位问题所在阶段，指导安全团队执行应急响应流程，减少事件影响并尽快恢复正常运行。(5)红蓝对抗与模拟演练：利用攻击流进行实战模拟训练，有助于提高安全团队的应对能力和组织的整体防御水平，提前发现潜在漏洞并予以修复。(6)威胁狩猎与预测性防御：根据历史攻击流信息，可以推演出新的攻击模式和趋势，实现主动防御，即在攻击者实施攻击之前就采取预防措施。(7)资源分配与投资决策：理解攻击流中的技术依赖关系和战术序列有助于合理分配安全资源，优化安全投资，确保将有限的预算投入到最有效的地方。

为方便理解攻击流的工作方式，首先以传统网络安全中的美国征信巨头 Equifax 因 Struts2 S2-045 漏洞导致数据大规模泄露的案例为例，阐述 ATT&CK 映射到攻击流的实际应用，如图 3 所示，是从发现 S2-045 漏洞到部署 Webshell 的过程。

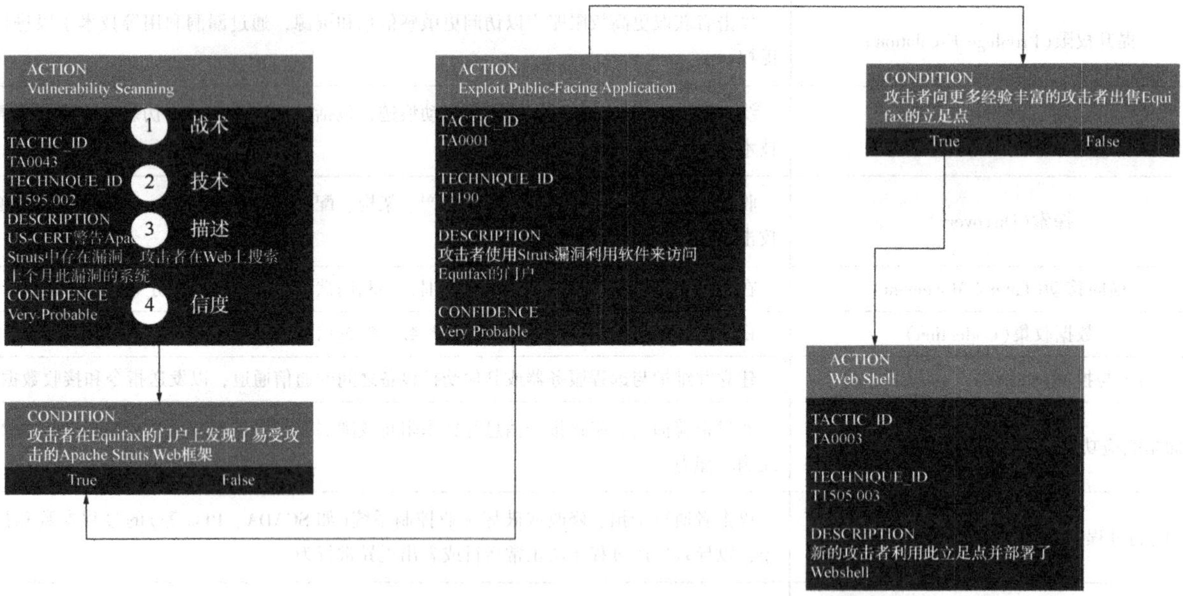

图 3　Equifax Strtus2 攻击事件中 ATT&CK 映射到攻击流图

3.3　基于 ICS Matrix 的攻击流在工控安全中的应用

Triton 是首个面向工控安全仪表系统(SIS)的病毒，SIS 是工业设施自动化安全防护的最后一道防线，旨在防止设备故障和爆炸或火灾等灾难性事件。以 MITRE Engenuity 实验场景为例，如图 4 所示。

整个攻击可分为初始立足点、持久化、部署工具包、收集与发现、扩展访问、收集与发现、部署 OT 工具包、感染安全系统控制逻辑、禁用安全功能、操纵 DCS 共计 10 个阶段，将 ICS Matrix 映射到攻击流，对上述攻击阶段进行分析，如图 5 所示是前 4 个阶段的攻击流图。

4　防御建议

针对上述问题，本研究以 ICS Matrix 框架为基础，结合攻击流图的分析方法，从攻击者战术和技术层面，提出了具有针对性的防御策略，如表 2 所示。

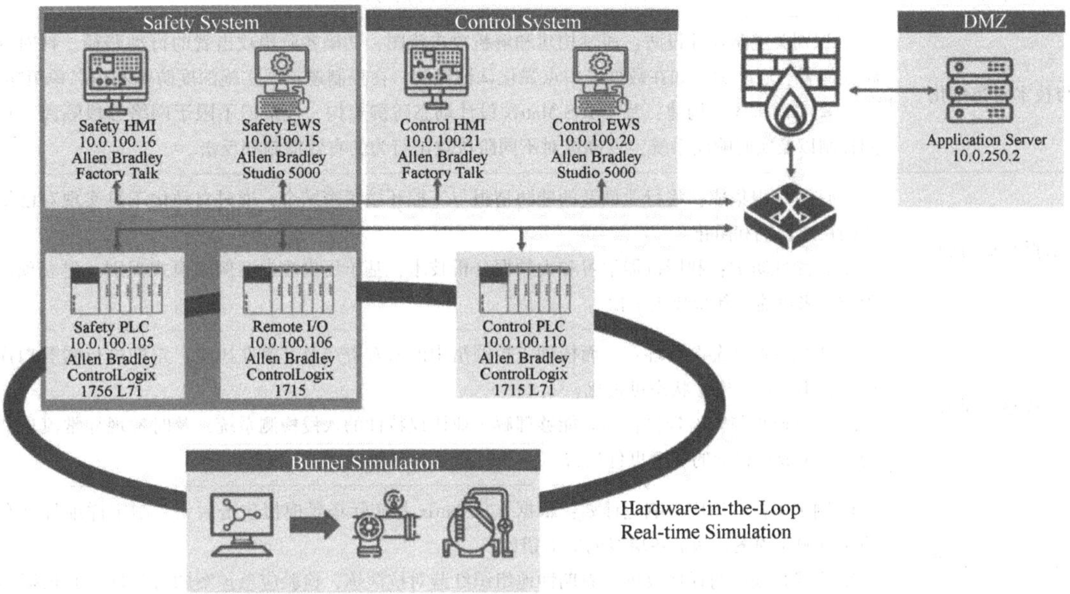

图 4　MITRE Engenuity 实验场景(图片源自 MITRE Engenuity 官网)

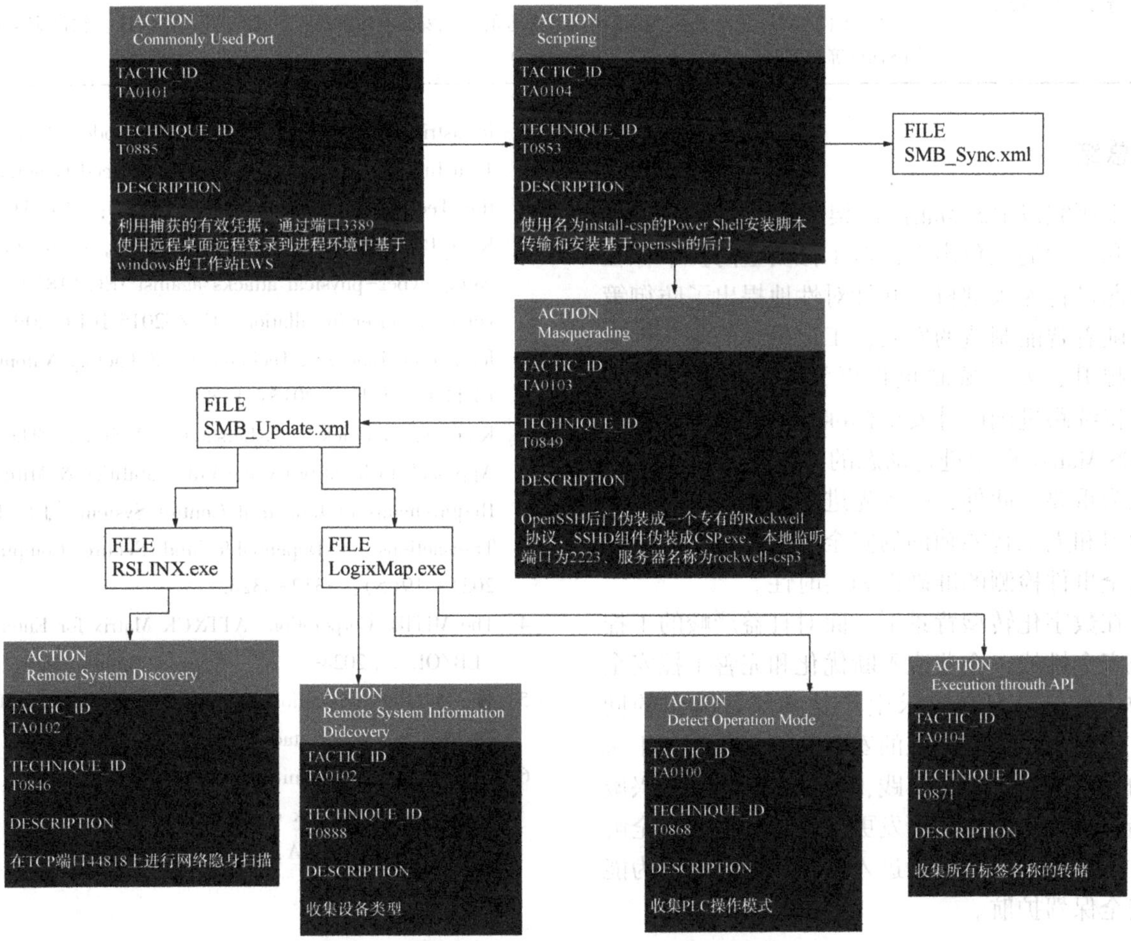

图 5　Triton 前 4 个阶段攻击流图

表2　基于ICS Matrix的工控安全防护建议

防御策略领域	具体措施与方法
战术与技术对抗细化	1. 识别关键路径并设防：通过构建和解析攻击流图，明确各阶段攻击者的行动路径。针对这些关键路径部署多层防御，如在数据采集点强化认证机制，在控制逻辑层实施深度防御和白名单策略。 2. 动态防御体系构建：基于ICS Matrix设计动态防御架构，包括但不限于网络分段隔离、自适应访问控制以及实时响应系统，以确保对不同阶段攻击行为的有效抑制和反击。
威胁情报驱动防御	1. 威胁情报集成：将行业最新的威胁情报与工控环境紧密结合，通过自动化工具实现对已知攻击手法的快速识别和阻止。 2. 预测性防护：利用机器学习和大数据分析技术，基于历史攻击案例和模式识别，建立预测模型以预防未来可能的新型攻击手段。
强化态势感知能力	1. 工控资产及漏洞管理：全面梳理工控网络中的所有资产及其潜在风险，定期进行漏洞扫描和补丁更新，确保资产安全状态可视化。 2. 实时监控与智能告警：部署能够理解工业协议特性的入侵检测系统，及时发现异常流量和操作行为，并生成可行动的安全事件报告。
应急响应与恢复演练	1. 制定工控专用应急响应计划：根据ICS Matrix和实际场景模拟攻击后果，制定详细且具有实操性的应急响应预案，涵盖各层级的应对措施。 2. 实战化演练与评估改进：周期性地组织红蓝对抗演练，检验应急预案的有效性，并根据演练结果调整和完善防御策略。
持续优化与升级	1. 安全运维流程标准化：建立覆盖整个工控安全生命周期的运维流程，包括设备上线前的安全配置核查、运行期间的安全巡检和异常处理等环节。 2. 技术创新与融合应用：跟踪国内外先进的工控安全技术和标准，适时引入零信任、软件定义边界(SDP)等新兴安全技术，提升整体防护能力。

5　总结

本研究以ICS Matrix框架为核心，从攻击者战术和技术的视角出发，对工控安全防护中存在的问题进行深入剖析，并针对性地提出了防御策略。随着智能制造的发展，工控系统的复杂性将不断提升，安全威胁也将更为多样和隐蔽。因此，持续跟进国内外安全标准和最佳实践，如基于ICS Matrix框架进行动态的安全评估与改进显得尤为重要。此外，引入先进的技术手段，如机器学习和人工智能辅助的安全分析，将有助于提高安全事件检测的准确性和实时性。

在数字化转型背景下，面对日益严峻的工控系统安全挑战，企业应不断优化和完善工控安全防护体系，确保在追求生产效率与智能化的同时，保障关键基础设施的安全稳定运行。对于未来的工控安全研究和实践，建议持续关注新兴威胁趋势，结合新技术研发更高效、智能的安全解决方案，推动工控安全进入一个新的高度，为能源安全保驾护航。

参考文献

[1] Jeon B S, Na J C. A study of cyber security policy in industrial control system using data diodes[C]//2016 18th International Conference on Advanced Communication Technology(ICACT). IEEE, 2016: 314-317.

[2] Kang B J, Maynard P, McLaughlin K, et al. Investigating cyber-physical attacks against IEC 61850 photovoltaic inverter installations[C]//2015 IEEE 20th Conference on Emerging Technologies & Factory Automation (ETFA). IEEE, 2015: 1-8.

[3] Khan S, Madnick S. Cybersafety: A System-Theoretic Approach to Identify Cyber-Vulnerabilities & Mitigation Requirements in Industrial Control Systems[J]. IEEE Transactions on Dependable and Secure Computing, 2021, 19(5): 3312-3328.

[4] The MITRE Corporation. ATT&CK Matrix for Enterprise [EB/OL]. [2024-2-20]. https: //attack. mitre. org

[5] The MITRE Corporation. ICS Matrix[EB/OL]. [2024-2-20]. https: //attack. mitre. org/matrices/ics/

[6] Di Pinto A, Dragoni Y, Carcano A. TRITON: The first ICS cyber attack on safety instrument systems[J]. Proc. Black Hat USA, 2018, 2018: 1-26.

无人机智能巡检光伏电站技术探讨

吴东广

（中国石油吉林油田公司）

摘　要　光伏电站项目多建在平原、山坡、工商业大型厂房屋顶等无明显阳光遮的区域，而且光伏电站建设规模较大，其建设规模和偏僻的选址决定了光伏电站运维巡检工作超强的复杂程度及难度。而人工智能的发展，给光伏电站巡检指明了一个智能无人机在电力线巡检中的运用早已不新鲜，吉林油田作为中国石油“双碳”试点单位，安装部署了大量的集中式和自销纳式光伏电站设备，在日常巡检过程中也尝试利用无人机等设备，积累了一定的经验，取得了不错的效果。

关键词　光伏电站；无人机；巡检技术；结果分析；无人机巡检优势

电站运维人员为加大电站巡检力度，对存在遮挡等问题的组件进行后期跟踪，避免安全隐患；针对光伏电站分布范围区域广阔，地形起伏等特点，无法及时发现电站问题，以致造成电站直接财产损失以及安全隐患的情况，光伏电站配置一套无人机自动巡检系统，搭载红外热成像仪及高清摄像仪. 按照设定的巡检路线进行大范围巡检，并将监控图像实时传送到电站监控中心，自动定位热斑和隐裂等故障和位置信息，提升发电量、降低运营成本。光伏电站无人机巡检系统是一种新型监测技术，能够迅速、准确地检测光伏电站系统中的异常情况，是一种能提高电站的维护率的技术。

1　技术优势

1.1　接线盒故障

应用无人机搭载红外光谱相机对光伏组件进行拍摄，通过组件正面的成像情况可检测出组件背面的接线盒故障，不需要再次检测组件背面，进一步提升了检测效率。接线盒故障在组件正面与背面的对比图如图，组件正面可进行接线盒故障的检测，故数据均按照正面采集。见图 1。

图 1　接线盒故障正面、背面对比图

1.2　准确率高

通过人工智能目标检测算法对红外光伏组件进行检测，准确率可达 97. 1%，有较高的准确率，针对传输回来的红外图像数据以及红外视频数据可进行实时故障检测，并输出检测报告。

1.3 实时性强

从采集到识别缺陷再到生成报告，仅需1min。采集的图像实时传到大数据处理平台，经由故障检测系统做到故障实时检测，识别准确率高达97%以上，并输出检测报告，其中图2(a)、图2(b)为实时采集图像传输至大数据平台，经故障检测后的输出结果。

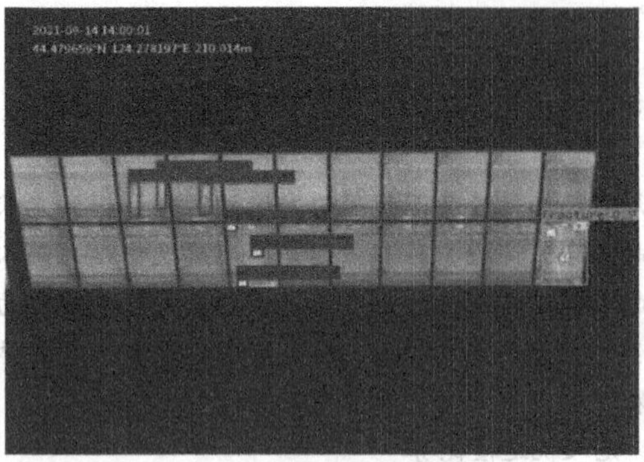

(a)

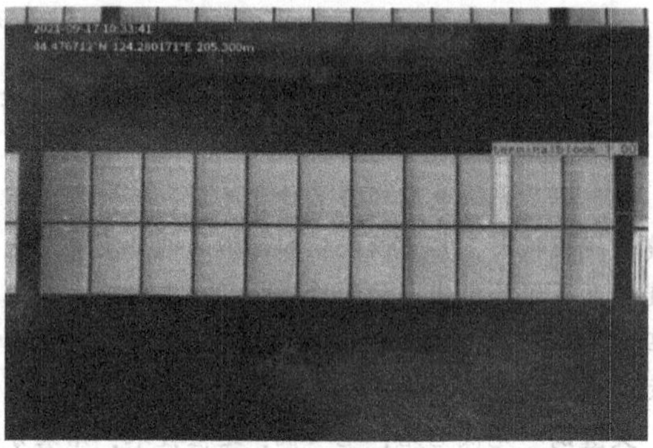

(b)

图2　实时采集图像传输至大数据平台，经故障检测后的输出结果

1.4 检测效率高

同一时间内巡检效率提高8倍以上。传统人工巡检需检测人员手持设备进行检测，检测难度大，且效率很低，一天只能检测约50-100组光伏组串，检测报告需要人工整理；无人机巡检一天可检测2500-3000组光伏组串，并且实时输出检测报告，检测效率有很大提升。检测一串光伏组串人工巡检时间约为1小时，采用无人机巡检时间约为2s，可见应用无人机可大幅减少巡检所需人数及巡检时间，节省大量人力和运维成本，并且解决了以往人工巡检可能造成的人员安全问题。

1.5 节约运营成本

无人机巡检的成本约为人工巡检成本的一半。无人机巡检方式代替人工巡检方式，减少人员工时，节省人工成本。本项目自主研发的高光谱相机填补国内空白，与依靠国外进口的几十万甚至上百万价格相比，可节省几十万元成本；本项目自主研发无人机，在费用上每台节省十几万；本系统实施应用后，预计提升光伏组件利用率，提升光伏组件可利用时间，进而提高发电量；且无人机及大数据处理平台的使用年限很长，大大降低了运营成本，且能做到随时巡检，随时查看，故障的实时检测。

1.6 历史记录一键查询

当需要查询光伏组件的历史损坏记录及维修记录时，人工检测报告需找出对应的年份、日期、对应的行列等具有特点的信息，再去存储检测报告的电脑中进行逐项查询，费时费力；基于无人机光伏巡检的大数据平台可进行历史记录的一键快速查询，对于每个光伏组件都有详细的记录，且可以随时定位至该组件，只需要登录网站，便可实现实时查询，方便快捷。

2 无人机智能巡检原理

光伏组件在工作时，组件中单体电池由于遮光或者本身原因导致电流降低，当工作电流超过该单体电池电流时，则该部分电池处于反向偏置状态，在电路中的功能由电源变成负载，消耗能量，从而在组件内部形成局部过热现象，产生热斑。

热红外相机通过探测场景目标的热红外辐射能量，从而获得场景目标物体的热分布场影像。利用热红外成像的这种特点，可以对光伏面板组件进行热红外图像采集和分析，发现面板局部高温异常区，并结合专家知识库规则，发现并定位故障点。

3 无人机智能检测系统介绍

3.1 系统组成(图3)

(1) 无人机系统(图4、表1)

(2) 云端故障诊断系统(图5)

云端故障诊断系统以无人机获取的热红外/可见光图像和视频作为信息源，采用计算机视觉与深度学习技术，进行光伏面板识别与定位，分析组件级单元的异常特征，并通过与系统后台知识库进行对比分析，判别故障类型。

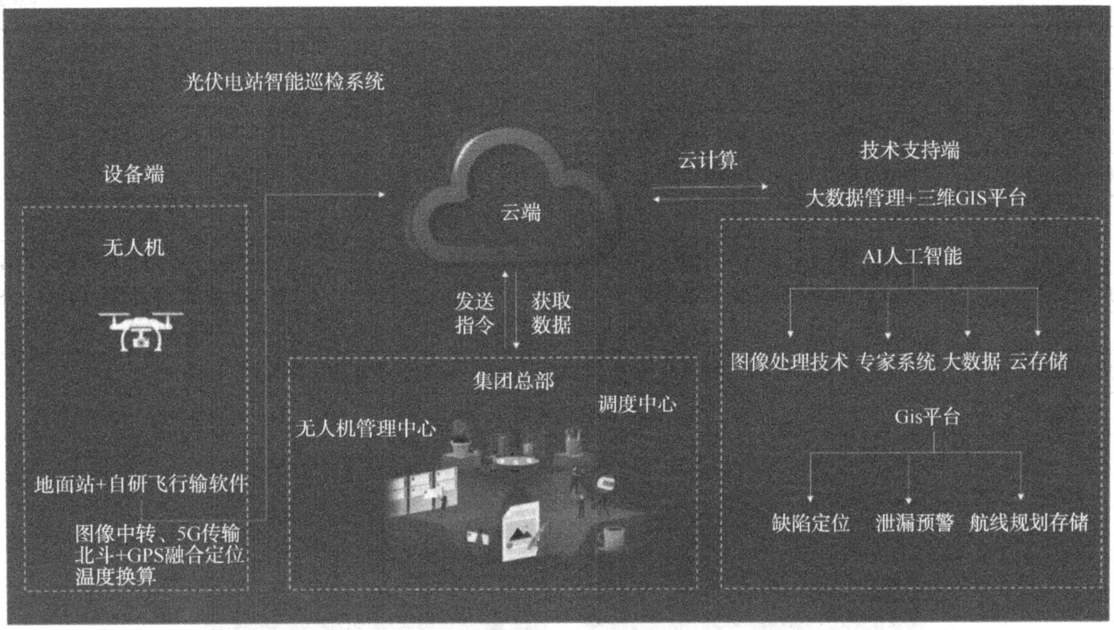

图 3　无人机智能巡检系统架构图

图 4　电站智能巡检无人机系统

表 1

飞机参数			
尺寸	尺寸(展开，不包含桨叶)：810×670×430mm(长×宽×高)尺寸(折叠，包含桨叶)：430×420×430mm(长×宽×高)	最大载重最大起飞重量	2. 7kg9kg
RTK 位置精度	在 RTK FIX 时：1cm+1ppm(水平)1. 5cm+1ppm(垂直)	最大旋转角速度	俯仰轴：300°/s 航向轴：100°/s
最大上升速度	S 模式：6m/sP 模式：5m/s	抗风能力	15m/s(7 级)
最大下降速度(垂直)	S 模式：5m/sP 模式：4m/s	工作高度	海拔 5000m
操作人员	2 人	IP 防护等级	IP45

续表

云台参数			
存储温度	-20℃至 60℃	安装方式	可拆卸
传感器	1/1.7″CMOS，有效像素 2000 万	对焦模式	MF/AF-C/AF-S
视频分辨率	3840x2160@ 30fps，1920x1080@ 30fps	视频格式	MP4
最大照片尺寸	5184×3888	照片格式	JPEG
航线设置	航线自主规划/航线打点飞行	存储卡类型	microSD 卡（最大支持 128GB 容量，传输速度达到 UHS-I Speed Grade 3 评级的 Micro SD 卡）
应急保护	自动避障/自动悬停/一键返航/低电保护报警/GPS 丢星保护/通讯中断保护		
预览效果图			

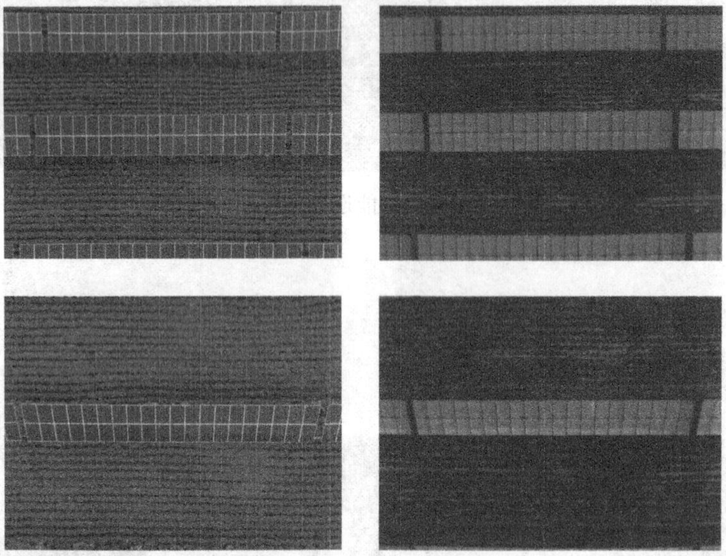

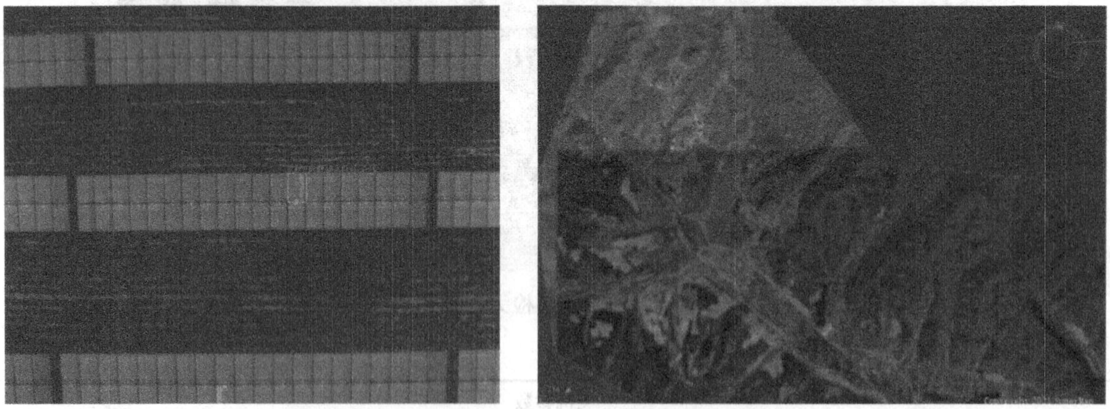

图 5　电站智能巡检-云端故障诊断系统

可识别组件表面热斑、碎裂、鸟粪/草木遮挡、接线盒异常等故障，准确率达到 98%以上；并可实现故障面板自动识别提取、提取正常组件和故障组件温度以及详细定位信息；

具备巡检任务管理能力，可实现同一电站多次巡检任务的对比分析；利用全年巡检结果可进行电站总体评估，和发电趋势性预测。

（3）报告定制与输出系统

根据诊断分析结果，进行故障的统计和分析，提出运维建议，并以 WORD/PDF 格式自动生成此次巡检报告。

报告定制与输出软件具有如下特点：

形式灵活多样：诊断报告的内容和形式，可以根据用户的要求进行定制；

表达简明扼要：采用地图的方式进行总体情况描，并直观的标注出了每个故障组件；

故障信息翔实：每个故障点均有详细的参考坐标、故障类型、热红外/可见光参考影像，可作为外场检修的依据；

参考意见专业：根据诊断的结果，提供专业的，具有指导性的运维意见；

3.2　作业环境要求

天气：晴朗少云

辐照度：≥600W/m^2

风速：低于5级风

3.3　检测流程(图6)

4　实施过程

4.1　实施过程(表2)

4.2　数据采集情况统计(表3)

4.3　接线盒数据采集

接线盒故障在组件正面与背面的对比见如图7，组件正面可进行接线盒故障的检测，故数据均按照正面采集。

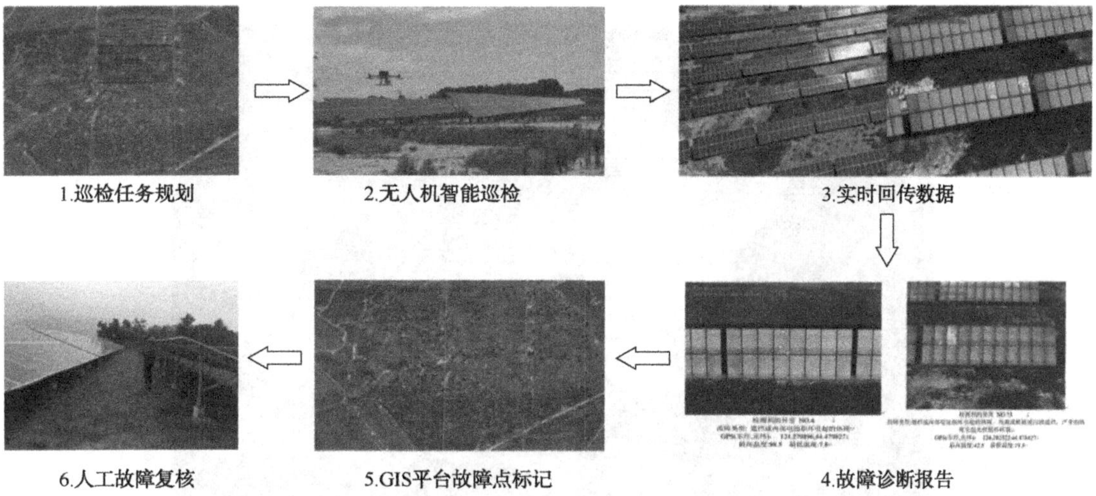

图6　无人机光伏电站巡检流程

图7　接线盒故障正面、背面对比图

表2

序号	日期	天气情况	工作内容	备注
1	9月27日	晴天	故障检测	

表 3

序号	项目	完成度
1	规划航线	完成 1 条航线规划
2	起降架次	1 架次
3	采集实际用时	1h
4	数据采集量	已完成约 0.5MW 数据采集
5	数据容量	5GB

5 巡检结果分析

5.1 全景图(图 8)

图 8　全景图

5.2 故障统计结果(表 4、表 5)

表 4

组　件		组　串	
检测组件数量	1040 块	检测组串数量	40 串
故障组件数量	15 块	故障组串数量	15 串
所占比例	0.14%	所占比例	37.5%

表 5

故障类型	故障数量	故障组件数(块)	组件故障率	故障组串数(串)	组串故障率
组件热斑	13	13	0.089%	13	2.504%
组件碎裂	0	0	0%	0	0%
阴影遮挡	11	11	%	11	%
接线盒损坏	0	0	0.028%	0	1.063%
总计		24	0.206%	24	4.094%

5.3 故障原因分析

采用光伏电站无人机智能检测系统，对光伏电站组件进行检测分析。主要故障类型有：遮挡或内部电池损坏引起的热斑，严重的热斑引起光伏组件碎裂，二极管故障或旁路工作状态或接线盒虚焊，鸟粪或植被或污渍遮挡。通过专家系统分析发现：遮挡或内部电池损坏会引起热斑，严重的热斑或内部组件大面积损坏会引起光伏组件碎裂。

组件被遮挡形成电势差(电压差)，该电池串的旁路二极管启动将该电池串旁路掉，该串电池组件不再输出电量，就会形成热斑。二极管长期带载，会持续发热，如质量不达标，甚至会击穿，会造成此电池串旁路，不再参与发电。当组件旁路二极管损坏时，该二极管连接的线路处于短路状态，所连接电池片对外输出发电量为零，造成了发电损失；接线盒虚焊，虚焊处连接电池串无法发电，也会出现类似现象。件整串故障导致发电异常，组件接线绝缘破损，引发保险击穿。保险击穿，测试电流为零。当线路发生断路情况时，电流为零，电压也是零，均严重影响发电量。

6 故障及整改建议

6.1 组件故障的消除

如组件仍在保质期内，优先与组件设备厂商按照采购条款对存在故障的组件设备进行处理。二极管故障存在击穿和未击穿的情况，针对击穿二极管故障，应更换接线盒。组串整串发热，应巡检过程关注线路问题，预防为主，维修为辅。其他组件电池片故障应及时更换故障组件，保证发电量降低发电损失。

6.2 日常措施

电站应加强巡检频率，及时发现、维修问题组件，清洁遮挡灰尘。此次现场巡检，可以使用我公司检测结果的导航工具，直接定位故障组件位置。

7 结论

无人机在光伏电站巡检领域的应用已经吸引了大批光伏企业的注意，在光伏运维强大的市场需求下，以无人机得天独厚的优势，将会有越来越多的光伏企业争相布局，汹涌如潮的电站投资带来的将是技术的爆发，以目前无人机技术的发展速度，智能无人机或将在短期内开启光伏电站运维的新时代。可以预见，未来的光伏电站巡检，将会是智能无人机的天下。

参 考 文 献

[1] 李钟实编著，太阳能光伏发电设计施工与维护[M]，北京：人民邮电出版社，2010.
[2] 邓长生编著．太阳能原理与应用[M]．北京：化学工业出版社，2010.
[3] CNCA/CTS0004—2010 并网光伏发电系统工程验收基本要求．
[4] CNCA/CTS0016—2015 并网光伏电站性能检测与质量评估技术规范．
[5] GJB 6703—2009 无人机测控系统通用要求．

掘金“数字油田”：以数据治理与分析为核心重塑油气产业新篇章

赵　瑞

（中石化西南石油工程有限公司钻井工程研究院）

摘　要　全球能源需求不断增长，使传统油气田面临的挑战日益严峻，如资源枯竭开发费用上升等。于是数字油田概念应运而生，数字油田是以云计算、大数据、物联网等先进技术为基础，全面推动油气产业从勘探、开发、生产至经营管理各个环节实现数字化转型，旨在提升协同研发效能、优化生产过程、强化精细化管理与高效决策，以追赶国际领先水平并提升国内油气行业的竞争力。当前我国石油产业正快速步入数字化转型快车道，规划了一系列递进式的发展里程碑：至 2025 年底，旨在初步构建起“数字石油”格局，实现工业互联网体系架构搭建及数字化应用场景的广泛应用；展望至 2035 年，则致力于全面完成数字化升级，打造“数字中国石油”典范，进而引领行业生态革新，并助力企业在国际竞争中成为全球顶尖的能源化工领军企业。数字油田构建的核心战略是以实际业务需求为导向，高度重视数据作为生产要素所带来的价值创造效应，始终坚持“建设、应用与维护三足鼎立”的分配原则，其中尤其看重应用落地与维护升级。而数据治理体系则是构筑数字化油田大厦的基石，其通过对数据应用标准的规范化、消除内部数据差异，将原始数据提炼为宝贵的商业资产，进而有力推动基于数据的精准决策与业务增值活动。数据分析则通过挖掘和提炼数据中的信息，揭示业务内在规律，助力优化生产与战略决策。而在油田生命周期的不同阶段，数据治理与分析都起着至关重要的作用。例如，在勘探评估阶段，它帮助分析地质数据以发现油气资源；在开发规划阶段，用于制定最优开采方案；在生产作业阶段，用于监控和优化生产；在废弃和环境恢复阶段，则用于评估和监测环境影响。数据治理涵盖了数据整合、标准化、质量提升等多个环节，将不同来源和格式的数据汇集到统一平台，为分析和决策提供精准依据。总之，数据治理与分析是推动油田企业数字化转型的关键动力，它们通过对数据资产的有效管理和分析，促进全产业链的数据融合与价值释放，以实现更高水平的智能化运营和可持续发展。未来，油田企业将继续强化数据源头统一采集，规范数据治理流程，建立完善的共享机制，以数据驱动油田产业不断迈向新的高度。

关键词　数字化转型；数字油田；数据治理与分析；数据还原；数据应用

深地、深海、非常规油气资源是未来油气储量与产量新的增长点，随着油气勘探开发向更深层、低品位、难开采的领域进军，越来越多超深井、长水平井、大位移井等投入生产，复杂的地质条件与工程难题对钻井技术提出了更严苛的要求。然而传统作业环境恶劣偏远，作业环节高风险、高难度、长周期，高度依赖作业人员经验，缺乏对大量数据的快速处理与优化分析，支持力量分散、专业技术人员接替力量不足，因此钻井行业亟需通过技术革新来提质提效，保障人员与设备安全。这些挑战迫切要求石油和天然气行业在减少对环境影响的同时，寻求提高石油和天然气资源开发效率和经济性的新技术和新方法。利用先进的信息技术和大数据分析，优化管理油田开发过程，实现油田开发高效化、智能化，数字油田的概念应运而生。开发数字油田，既能提高油气田的开发效率和生产效益，又能为实现可持续开发资源、保护环境做出贡献。具有重大的理论意义和应用价值，可对数字油田的开发策略、技术应用及其面临的挑战进行研究。主要目的是对数据技术在数字油田开发上的应用进行深入的探讨，对油田生命周期管理产生积极影响，从而为油田企业的转型升级提供理论指导和实践参考，

1　数字油田

1.1　数字油田的定义

数字油田（Digital Oil Field，DOF）这一概念，指代的是油气田企业全方位迈入数字化运营阶段，在这个过程中，企业积极采用包括云计算、

大数据分析及物联网在内的尖端信息技术工具。其核心目标在于贯穿整个产业链条——从最初的油气勘探阶段直至开发、生产和日常经营管理，乃至战略决策等所有关键环节，确保数据能够被实时捕获、广泛共享，并得到深层次利用。

通过这种集成化的数字技术手段，企业能够实现跨部门的协同研究与开发流程优化，精细化日常生产和资源配置管理，同时大幅提高决策制定的精准度与速度。最终，数字油田的建设有力促进了企业的运营效能升级，激发了创新潜能，进而强化了企业的总体竞争实力。

1.2　数字油田的发展背景

相较于全球领先的石油企业，我国石油上游产业在数字化和智能化方面仍面临显著差距，这种差距具体表现在以下几个核心层面：一是数字化设施和技术的普及率不够广泛；二是数据资源的开放共享及标准化进程相对滞后；三是信息系统在业务领域的渗透程度和覆盖面有待增强；四是信息化与自动化的深度融合及协同效能不足；五是数字化解决方案和技术的实际应用成熟度尚待提升；六是信息化技术对于一线生产作业的支持服务能力亟待加强。

换言之，我国油气行业的数字化进程尚未达到足以重塑整个行业架构、根本性变革业务操作模式的程度，距离全面实现数字化转型的目标还有相当长一段发展历程。

当前，国内石油行业正大力推崇企业向数字化、智能化的方向深度转型，并将这一进程与践行新的发展理念、融入新的发展格局以及达成高质量发展的目标紧密衔接。在此背景下，行业内已明确了未来数字化转型和智能化发展的清晰战略目标。

首至2025年，我们的核心任务是积极推动数字化转型的实质性进程，旨在初步构筑"数字石油"的完整体系，并成功搭建起集团公司层面上统一的工业互联网基础设施框架。此阶段中，我们将联手集团公司及其各专业子公司，共创一个高效联动的云端应用生态系统。计划在各大分支结构大力推广数字化转型的核心业务场景应用，逐步建立起支撑集团高质量发展的全新业务运作机制、运营策略以及组织架构。同时，我们将不懈推进一体化业务流程的深度融合，加快现场作业向智能化方向转型的步伐，力求在行业内达到国际领先水准，稳固国内领先地位。

到2035年，全面实现数字化转型，智能化发展成效显著，"数字化中国石油"全面建成，构建起联接、协同、赋能的智能生态平台、生态伙伴，引领中国石油在能源化工、基础构成和重要支撑方面成为世界级企业的生态系统领跑者。

1.3　数字油田的整体架构

数字油田依托"两个体系"，从全面感知、集成协调、预警预测、分析优化四个角度来结合油田的生命周期(图1)。

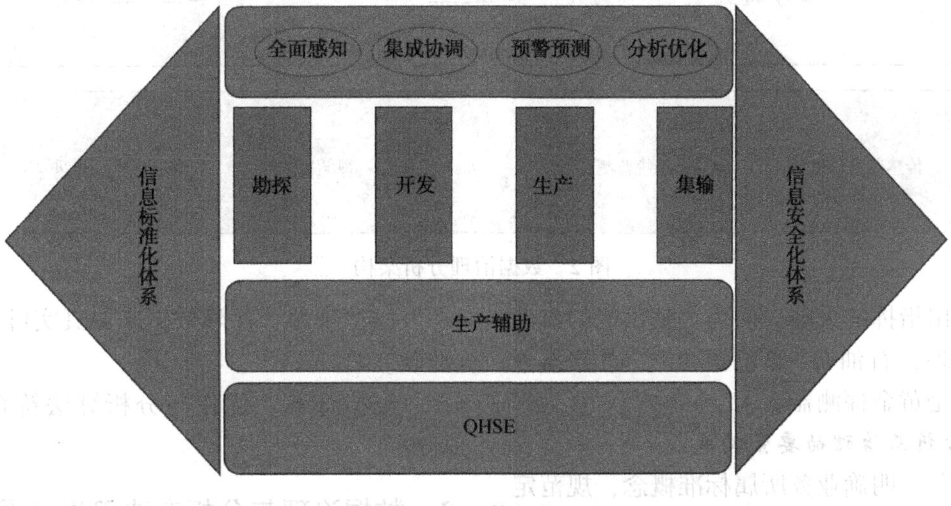

图1　整体架构

1.4　加快数字油田建设的核心目标

始终坚守"业务主导、信息技术引领"的整体指导原则，数字油田建设进程中秉持"三成建设、五成应用、两成维护"的发展模式。这是一个需要持久坚持的系统性工程。企业应当深刻认识到，在当前的时代背景中，"数据作为五大生产要素之一”的观念具有重要意义，须在思想观念上予以高度重视，并意识到工业智能化正引领着一场新的工业革命浪潮，这一波澜壮阔的进程中，数字化改造与智能化油气田建设的实质，便是借助数字化技术优化生产过程，这也是新一轮工业革命的核心内涵，而在这一系列变革中，数据占据着至关重要的地位。

然而，对于传统的产业领域来说，数字化转型并非易事，既有根深蒂固的管理习惯，又有工业企业在运营逻辑上的固有特性。但随着大数据技术的崛起以及数据管理、数据应用和数字经济的蓬勃发展，数据作为一种日益重要的生产要素的理念开始深入人心，并得到广泛应用。如今，企业想要实现数据业务价值的增长，势必要走上数据资产化管理的道路，采用数据驱动的决策模式已成为大势所趋。

2 数据治理与分析

2.1 数据治理与分析定义

数据治理是一种专注于转化数据为企业宝贵资产，并对其进行有效应用与管控的管理体系。它致力于消除存在于数据中的不一致现象，构建严谨的数据应用规范，以提升整体数据品质。更重要的是，通过这一机制，企业能够将数据资产战略性地融入到业务运作、企业管理以及战略决策等多元场景中，最大化地释放和利用数据资产所蕴含的商业价值。

数据分析是一个系统化的过程，它旨在从大量看似纷繁复杂的数据中挖掘并提炼出有价值的信息，通过科学有序地收集、分析这些数据，揭示研究对象深层次的内在规律，将其转化为有意义的信息资源。如图2所示。

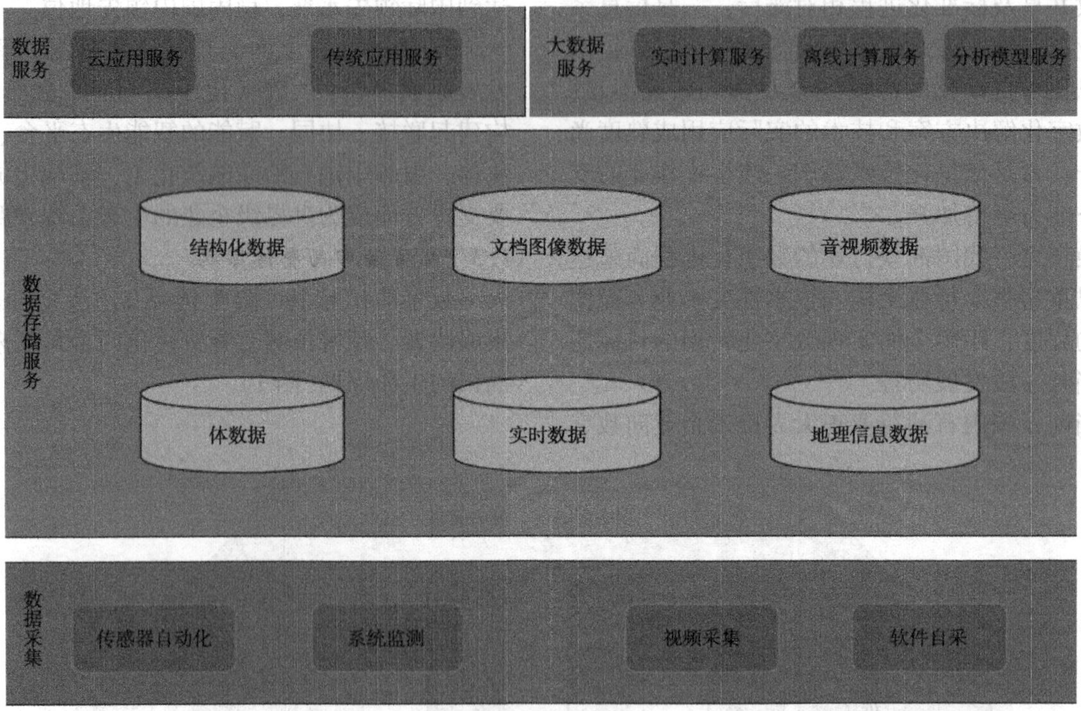

图2 数据治理分析架构

数字化是油田指挥的大脑，而为大脑供能的血液就是数据治理，石油是“黑色黄金”，而数据分析与治理则是黄金探测器。

2.2 数据分析与治理的要素构成

（1）业务：明确业务所属标准概念，规范定义、口径与名称，甚至统一来源。

（2）技术：描述字段类型、格式、长度、精度、空值、注释与键值对。

（3）管理：明确标准使用人群与对口部门。

（4）来源：保障数据来源真实可靠、完整与准确。

（5）计算：优化与分析算法符合业界公认标准

3 数据治理与分析在油田生命周期的实践

3.1 油田生命周期概述

油田生命周期是指从油田勘探、开发、生产到最终的废弃和关闭的整个过程。这一周期包括了多个关键阶段：勘探评估(寻找和评估潜在的油气资源)、开发规划(设计和实施开采方案)、生产操作(提取油气并销售)、以及最终的油田关闭和环境恢复。每个阶段都有其特定的任务和挑战，需要不同的技术和管理策略来应对

3.2 油田生命周期各阶段的应用

(1)勘探评估阶段：在这一阶段，数据治理分析技术主要应用于地质数据的收集和分析，包括地震勘探数据、岩石物理数据等，以识别和评估潜在的油气藏。(2)开发计划阶段：更深入地分析勘探数据，用数据治理分析做出最佳的开采计划。这包括对油田的生产性能进行模拟技术预测，以及对钻探地点和开采策略的确定等。(3)生产作业阶段：在生产阶段，为了优化生产流程，提高产量，降低成本，确保作业安全，数据治理分析被用于监控油田的日常作业，包括收集分析生产数据。(4)油田关闭与环境恢复阶段：该阶段主要使用数据治理分析对关闭后的油田环境影响进行评估，并对环境恢复工作的进展情况进行监测

3.3 油田生命周期管理中的数据还原

油田的生命周期管理依赖于对大量异构数据的整合与分析，这些数据来源于油田的各个生产阶段，分别来自不同的来源和格式，数据治理涉及到将这些数据汇聚到一个统一的平台上，以便进行综合分析，钻前数据主要取得目标井地层剖面、测井、岩性等地质数据，邻井井史、录井等工程数据；钻中数据主要取得钻井参数、LWD/MWD、钻井液、录井等实时数据，钻后数据主要取得钻测录固技术总结、生产时效、关键流程等总结分析数据，通过大量的数据治理工作，还原数据与生命周期的对应关系，为后续数据服务打好基础。

4 数据治理与分析驱动转型的推广案例

4.1 西南石油工程的数据治理分析案例

本人所在单位于2022年正式建成了西南石油工程数仓(如图3)、源数据为中石化勘探开发业务协同平台(简称EPBP)数据、井场填报数据、后勤填报数据、传感器自采数据。其中数据标准均与EPBP数据标准一致，而于2023年立项开发的几个项目也均采用此套标准，避免了数据隔离。

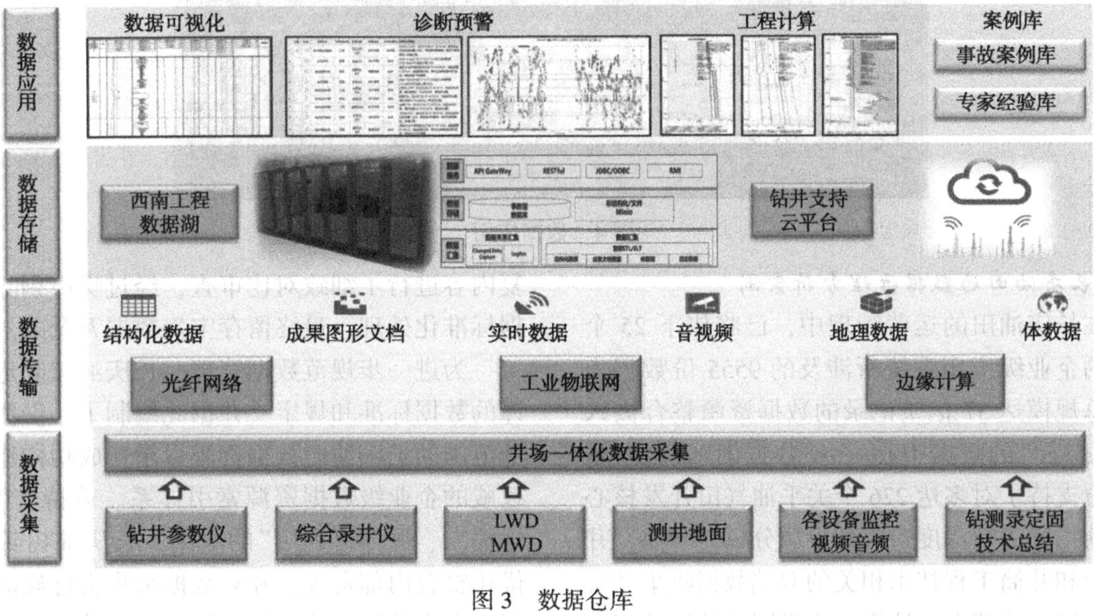

图3　数据仓库

建立统一的数据标准是开展有效数据分析的前提，然而，受历史包袱和技术局限性的影响，过去在底层数据处理层面多依赖接口集成与部分整合手段，这在一定程度上催生了数据库冗余庞大、平台分裂且独立应用问题突出的现象，从而未能成功构建一个高效的数据资产管理体系。为从根本上提升原始数据的质量，首要任务是从数据分类、数据实体定义以及数据属性描述这三个核心层面对企业大数据进行全面梳理，构建一套完整的标准化框架，并按照业务实际需求设定全面的数据采集准则。为了全面提升原始数据的质量，关键在于从数据分类、数据实体及数据属性

这三个不同维度构建起完善的企业级大数据标准框架，并在此基础上制定符合实际业务需求的全面性数据采集规范，截至目前已整理出包括测录井、钻井、钻井液、井下大类下合计 136 张表单，并有上亿的数据量，以此数据资源为源头，采用数据服务的方式大规模接入数口井数据，通过钻井实时优化软件全自动实现实时钻井工程建模及分析，提高数值模拟计算与人工拟合的精度。打破单井数据孤岛，建立以工程目的为出发点的区块数据资源库，辐射整个川渝工区。

通过数据分析建立基于物理计算模型与人工智能算法相结合的钻井全过程建模系统，提供钻前方案设计、钻中监测优化、钻后总结评估的全生命周期作业参谋。包含钻前设计、钻中优化、钻后评估三大模块。钻前模块主要根据钻前数据开展地质力学及压力剖面建模，为井身结构设计、钻井液密度选择、钻头钻具优化提供数据支持。钻中模块具备水力学计算、钻柱力学计算、井眼清洁分析、钻井参数实时优化等模型，可进行数据监控、可视化与分析对比，引导钻井施工最优化方向靠近。钻后模块利用数据可视化、数据流处理等方法，完成技术总结、时效分析与关键流程拆分，明确单井及区域提速方向。如图 4 所示。

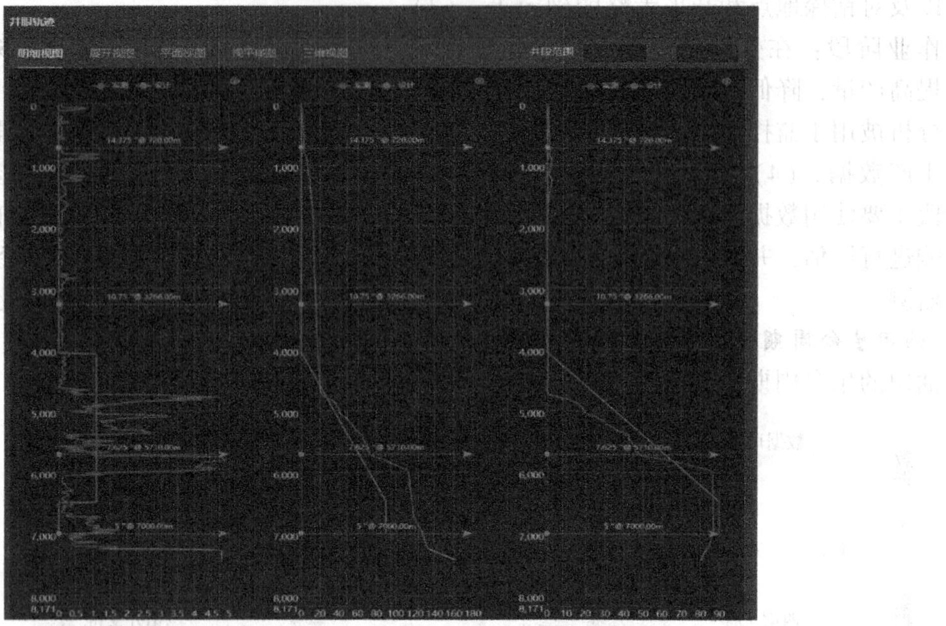

图 4　数据应用

4.2　长庆油田的数据治理分析案例

在长庆油田的运营管理中，已将旗下 25 个关键的企业级应用系统所涉及的 9555 份数据表格、总规模达 37 亿条记录的数据资源整合嵌入至“梦想云”的数据中心——“数据湖”。这一举措有力支持了对多达 226 个关乎油气田开发核心效能的指标进行深度追踪和根源分析。当前，井下生产和井筒工程技术相关的双端数据收集系统正处于试运行状态，这进一步巩固了长庆油田全新构建的数据资产管理体系。秉持以数据为核心推动管理和决策的战略原则，紧密围绕资源勘查、油气开采及其新能源业务主线，长庆油田启动了一次全面的数据资源摸底行动，累计捕获各类业务相关数据近 18 万批次，并在此基础上，展开了细致的数据架构精炼和梳理工作，并对重复内容进行了细致对比审查，经过噪声剔除和数据标准化处理，最终留存宝贵数据万余条。

为进一步规范数据管理，长庆油田制定了严谨的数据标准和规定，并据此编制了一份覆盖全域范围的长庆油田数据资源目录，成功构建起了权威的企业级数据资源索引体系。秉持着“一次性输入、循环再利用”的原则，长庆油田致力于优化整合内部资源，并对数据采集实行规范化管理，有力消除了信息流通障碍，有效根治了数据存在的冗余、重复、缺失和低效问题，从源头上防止信息孤立状态的出现，从而大幅提高了各层级数据的使用效率，为构筑坚实的数据资源共享体系提供了强有力的支撑．

长庆油田引领行业先河，倡导构建包括数据共享、报表定制、智能算法及集成应用在内的四大创新中心。在实践数据共享中心构想时，创造性地引入“数据超市”模式，核心聚焦于自助服务，以此为基础建立起独立可控的数据管理平台，旨在实现数据治理的标准化流程——从统一标准设定、集中采集、全程质量控制、严密监管到全面服务的一体化运作，从而破除业务间的信息孤岛，营造出协同建设、共同享用、广泛分享的数据环境。

5 数据治理的未来展望

（1）统一数据来源采集，油田企业应予以保障。实行油气生产数据的一体化源头采集策略，侧重自动化手段，辅以人工输入。利用数据质量管理工具来保证数据质量，确保实时数据能够无缝对接入库，从而有效防止重复采集和多源头造成的数据冗余问题，打造高效、高质量的一站式数据管理模式。同时，强化规范化的数据治理体系，建立健全的组织结构，明确各环节责任归属，建立起以业务应用为核心导向、依托信息化技术手段优化升级的数据治理运作机制，旨在全方位提升数据的整体质量。

（2）油田企业内部推出的数据平台应作为数据湖的纽带，指导各公司信息中心上传自家数据标准，为确保数据湖能够在分公司、工程服务部门、勘探开发研究机构、各油气田单位以及采油厂等多个参与者间实现无碍流动，需构建一种能够一体化管理数据、按级别授予访问权限及促进协同分享的数据管理体系，消除彼此间的数据壁垒。

6 结语

综上所述，数字油田建设是中国油气行业发展的重要战略方向，其核心在于运用云计算、大数据、物联网等前沿技术，全面实现从勘探、开发到生产、经营、决策的全流程数字化升级，从而提升企业运营效率、创新能力及综合竞争力。面对国内外数字化水平的差距，国内石油行业正在积极布局，通过明确的阶段性发展目标，力图在2025年和2035年间，逐步缩小与国际领先油公司的差距，并最终实现全面数字化转型和智能化发展，构筑“数字中国石油”。在这一进程中，数据治理与分析扮演着不可或缺的角色，它们将海量、复杂的数据转化为企业宝贵的资产，通过规范化的应用标准、高效的分析方法和严密的质量控制，服务于业务创新、决策优化和生产效能提升。

参 考 文 献

[1] 徐术国，樊洪海，李昌盛等．钻井远程实时决策系统的开发与应用[J]．价值工程，2015，34(22)：70-72. DOI：10.14018/j.cnki.cn13-1085/n.2015.22.025.

[2] 王敏生，光新军．智能钻井技术现状与发展方向[J]．石油学报，2020，41(04)：505-512.

[3] 闫铁，许瑞，刘维凯等．中国智能化钻井技术研究发展[J]．东北石油大学学报，2020，44(04)：15-21+6.

[4] 李剑锋，肖波，肖莉，景帅．智能油田[M]．中国石化出版社，2020：47-50，225-228.

[5] 张萍，蔡亮，杨倩，邵苹苹．长庆油田高质量推进数据治理纪实[N]．中国石油报，2023-10-25.

[6] 王琳琳．建设数字油田尚需厘清方向选准路径[N]．中国石油报，2022-08-24.

浅谈智能化管道不稳定分析发展趋势

刘浩田　王　薇

（中国石油东北销售公司）

摘　要　当前互联网的出现和普及，以及其他高科技通信手段的快速发展，都推动了人类社会迈向以信息技术为核心的时代。随着信息化技术革命的进一步发展，我们的社会正在慢慢转向一个更高层次的信息阶段——智能化社会。

智能化管道，是在传统管道的基础上通过使用互联网技术，针对信息的采集、指挥的传递与装置的操作等情况，减少沿线站场的工作人员亲手执行。并且智能化管道融入了现代通讯技术、电脑网络、专业技术以及智慧控制手段的集合体，面向油气运输实现了长距离即时监管，实时的数据搜集与回报，特别是在关键位置可自动作出决策和施工。如同智能电网的概念，智能油气管道系统可被视为依托结实的油气运输管道，以通信信息平台为核心，借助智慧控制技术，实现油气与信息的全面整合，构筑起一个结构安全、效益优良、环保无害、整合统一、和谐互助的现代化油气输送网络。

伴随着近期物联网、海量数据分析、云端处理以及AI智能等尖端科技的快速进展，对管道设施的建造标准提升了一个新的层级，同时也对管线的稳定运作提出了更加紧迫的呼声。目前国内公司也在着重开发智慧管道、无人站场的建设与投用，因此数字化的管道系统亟需朝着更智能化的轨道演进，未来管道产业将会朝着智能管道的方向持续推进。

关键词　数字化转型；智慧管道；不稳定流动

1　国内外智慧管道发展现状

国内三大石油公司——中国石油、中国石化、中国海油在数字管道方面已经初步掌握了相关技术，具备数字管道建设能力。中国石油最早开展数字管道建设，在西气东输冀宁联络线首次应用，随后在西气东输二线、中缅油气管道等工程中实行了数据的实时收集与管道运转监测系统，实现了集中监管与同步指挥的高度统合。中国石化在2007年开始数字管道建设，以榆济管道为首个试验平台，并在川气东输项目中广泛应用此技术，创建了管道地理信息系统，达到了对管道全线及周边设施数据监控的全方位覆盖。由于业务范畴所限，中海油在管道数字化方面成果较为有限，主要集中在液化天然气接收站的数字化应用。国内智慧管道发展尚处于起步阶段，在中俄东线天然气管道工程项目管理研讨会上，中国石油公开了利用中俄东线工程为契机，建立智能化管道系统的规划，推行数字交付、智能操控及全生命周期管理，力图从根本上推进智慧型管道建设，标志着我国油气管道从数字到智能转型的新篇章已经拉开序幕。

国外发达国家智慧管道建设较早开展智能化管道系统建设，实现了信息技术发展的同步跟进，在整个管道系统的生命周期中普遍融合物联网、大数据和云技术，累积了丰富的建设成就。美国建立统一的地理信息系统（GIS），这个系统整合了地理环境与管道的数据，并且与包括管网模型、设施管理、视频监控在内的其他信息系统联网，从而实现对所有管网实时数据的集中管理。而英国的石油巨头BP通过现代的信息技术手段，借助于智能设备、高分辨率摄像头、无人机等高新技术的辅助，达到了管道资产以及工作人员的有效控管，并在多变的自然条件下增强了管道的安全监护能力。

2　管道智能化关键技术

2.1　大数据在数据构建与分析挖掘方面的运用

所谓大数据，指的是那些传统的软件工具所难以在既定时限内有效处理、操控及解析的海量数据集合。这种数据具有四个主要显著特色：数据体量庞杂、流动速度迅捷、类型丰富多样和内含巨大价值潜力。在智慧型监控体系的应用层面，大数据呈现了两种核心的利用路径。

一是构建管道的全生命周期的数据库。该数据库贯穿了管道规划、可行性研究、初步设计、施工图设计、工程施工、投产、竣工验收、运维、变更、报废等内容，集成了各时期内的业务及数据信息，打造出一套集中一体化的管线资料框架。

二是数据的分析挖掘。伴随着管道工程从初期到完工的全过程，会生成包括管道施工数据、地形图数据、装备信息、防腐情况记录、检验报告以及营运和市场方面的数据，并被储存进数据库系统。在这个基础上，可以借助时间序列分析、预测模型、相互关系评估、分级解析、群集判断以及自动优化等多种高级分析技术来处理数据，以便有效管理能源消耗、防止腐蚀、提高工作效能、预判潜在风险以及优化运作流程。

2.2　物联网技术全生命周期应用

物联网技术是智慧管道发展的技术支撑平台，它可为智能管道网络提供一体化、精细化的数据感知和处理能力，并且能确保技术方案的落实。物联网在技术架构上分为感知层、网络层和应用层。在此架构中，感知层担当收集环境信息的角色，运用 RFID、红外线感测器、全球定位系统以及激光扫描等多元化设备。网络层则通过不同媒介与通讯技术，按照既定协议完成数据传递的任务。至于应用层，主要负责数据的汇总与深入分析，以提升管道系统智能化水平，实现物体的识别、位置跟踪、监控和管理功能，如图 1 所示。

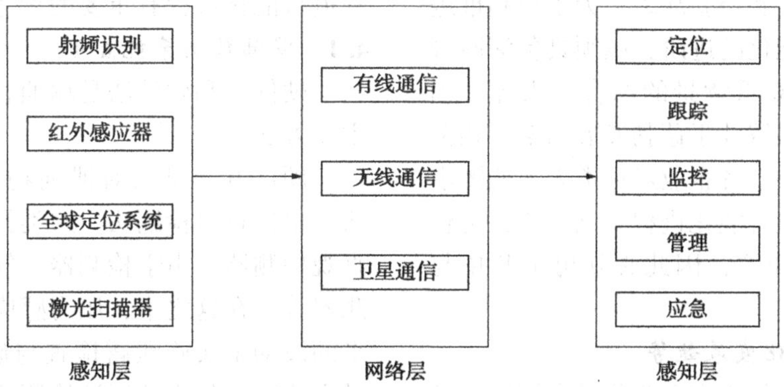

图 1　物联网应用层次结构

2.3　无人机技术的应用

近年来，无人机已经在油气长输管道建设中得到良好的应用。一方面，管道监控中心通过这些飞行器采集的实景画面、地理形貌、植物覆盖以及周遭设备等信息，并储存在数据库里，进而与既有资料进行比对，有效识别坍塌、侵蚀沟壑、外界施工等潜在危险。在信息搜集方面，无人机表现出了高效率的工作性能、极佳的安全性、卓越的数据收集能力和较少的环境受扰等众多优点。另一面，利用无人机技术进行目标管段的实时视频巡查，结合计算机科技和物联网技术的飞速进步，视频监管技术在输送管道的安全生产和紧急情况处理等数字化转型升级领域拥有巨大的发展空间。

3　我国管道智能化面临的困难和发展趋势

3.1　当前管道智能化的难点

近年来，中国管道企业在智能管道、智慧管网方面开展了有益的探索，为管网优化和智能化管道进展课题踏出了坚实的步伐，并开展了若干智能先锋项目和示范性建设。尽管如此，从总体来看，该领域在转向智能化改进的道路上还停留在初级阶段。在德国的《2020 年德国高科技进展方略》中，德国提出了未来十大核心发展计划，其中包括工业 4.0 等首要议题。此战略将工业成长划分成四个连续的发展阶段：机械化、自动化、信息化、智能化，每一阶段都在上一阶段的基础上拓展，进程可能会同时发生，但不可省略、不可超越。当前，中国的管道行业发展情况正处于自动化和信息化并存发展阶段，迫切面临着向智能化转型的挑战。

自动化基础相对薄弱。许多输油管线操作仍依赖现场员工手动介入，一些输油管线的 SCADA 系统技术陈旧，其自控程度，尤其是输气管道的自动化程度与国际水平相比有显著差异。原油的含水量测定须通过手动实验测量，起泵操作通常需要人工盘泵和监护，气体管道压缩机组多为远程下达操作命令，现场人工启动，尚未实现一键启停。无人站场目前在中俄东线首站黑河站正式投产，也宣告着智慧站场在国内的进一步探索。此外，设备与计量仪器的稳定性也是限制管道自动化进步的一个关键因素。

信息系统分散，数据质量不高。受早期决策影响，输油管道公司往往拥有若干个互不连接的信息技术系统，这些系统分开管理如管道和制造等各自业务领域，它们之间共享性不足、协作力度不够、整合程度不理想，造成数据利用效率低下，难以达到信息化和智慧化建设及运营的要求。一些系统中的数据依赖手工输入，因此存在数据精确度不够的问题。当前的管道数字化水平较低，大部分缺少必要的数码资料，因此要进行数字化反向重建需要巨大的工作量。

智能化专业人才和经验缺乏。为了顺利推进油气管道行业向智能化的进阶，亟须具备深厚管道领域与智能技术双重背景的综合型人才。当前，全球人工智能领域处于蓬勃发展初期，相关专门人力却相对短缺，各企业对这类人才的渴求迫切。国外管道企业智能化进程方兴未艾，可资参考的实操经验不丰富，因此必须勇于开拓与摸索。

3.2 我国管道智能化发展趋势

数字管道技术的核心在于收集及利用输送环节的详尽资料，进而创建基于这些信息的油气管道数据存储系统。数据处理的途径也会由过往的单一方式，向集约式的管理与处理转变。在社会经济和计算机技术飞速发展的今天，商务智能的手段将持续被应用于油气传输各阶段数据的采集和规范化，从而为管道操作提供确切的信息支持。数据的应用也会进化为更加系统性的抽取、分析和结果报告。数字化输油气管道技术不只适用于新建管线，也会逐渐推广至老旧管线的数字升级。通过构建老化管道的集成数据存储，不仅能延长管道的使用寿命，还能有效保障其操作的安全性和经济效益。此外，地理信息系统与商务智能技术的紧密结合和运用，预示着数字管道科技向前发展的趋势。

4 智能化在不稳定流动分析中的应用

在构建管道系统的过程中，仅仅依据诸如压力下降、物质腐化、磨损损伤以及均匀性指标等静态条件进行考量是远远不足的。因为在流动开始和停止时，流体动力会施加额外影响，这可能对设备及其管道系统的正常工作造成干扰。典型的不稳定流态所引致的力学影响可能导致管道内瞬时承受异常压强、发生形变和移位；过快关闭和开启阀门，或停泵和开泵；以及双相流动系统在设计上的缺陷，尤其是连续气体相与不连续液体相相结合时的情形；还包括局部液态的迅速气化和凝结等现象。

伴随着近几年科技水平的飞速进步，人工智慧领域迅猛发展，拥抱了独一无二的成长空间。与此相应，人工智慧技术已经渗透到诸多行业中，比如在线购物、智能出行、健康医疗等多个领域。但是，人工智能在油气管道行业中的应用处于探索阶段。了解国内外人工智能的在油气管道的应用现状以及管道智能化的发展趋势对我国管道智能化进程有重要的参考作用。

4.1 漏油检测系统应用

硬件法和软件法是输油管道漏油检测的两种主要方法。

硬件方法是指对泄漏物进行直接检测的方法，也称直接检漏法。这类技术形式主要包含了直观检测器、声学检测器、气体检测器、压力检测器等。在这之中，压力感应器能够依照压力水平的波动来实施泄露检查与确定泄漏点的位置。最主要的工具为负压波检测仪，这种检测仪的操作要求不繁杂，免去了设置流量表的必要，工作量轻松、造价实惠、检测迅速，能够提供较高的定位精确性和较佳的敏感度，同时其方向性的优势让人们能够设定较低的阈值，有效地降低了错误警报的发生率。在油管系统的泄露监测领域，该技术得到了广泛的运用。

通讯科技飞速进步的今天，众多软件技术相继涌现，常用的有模糊决策诊断方法（AFDM），混沌理论检测方法，BP神经网络检测法等。特别是在BP神经网络探测法中，运用瞬态负压波技术，能够同步监控管道起始与结束位置的压强变化和流量，进而测算整体产出的差异。此方法在压力突变点和输送差值同时增加的情况下，会进一步作出分析和处理。由此解决了管道运作中多变因素众多，难以构建精确数学模型来检测泄漏的问题。该技术能识别管线的泄露与常态信号，且具备较优的抵抗噪声干扰力。

泄漏模型定位方法又分为三种，分别是：压力波法，压力梯度法，瞬变主动检测法。

瞬态主动监测技术作为一项在全球范围内具

有潜力并处于不断演进之中的侦测手段，它在检测管线微小泄露方面显示了较高的精确度和信赖度。这一技术分为时域与频域两种手段，其中时域手段通常涉及对管道系统的入口和出口流量以及水压的动态变化进行监测。

近年来，VERDE 等基于瞬变流模型，在时域内对管道系统的两个泄漏口进行辨识。瞬时时域水力学逆问题分析在泄露检测技术上的应用得到了 VITK-OVSKY、SHAMLOO 等学者的深入探究。当涉及到瞬变频域法的泄漏诊断时，FERRANTE 和 BRUNONE 深入研究了谐波解析的技术，利用与频域模型相仿的方法进行了改良，以迅速阀门关闭代替阀门干扰来触发脉冲流量，并通过脉冲响应的方式在频域直接对瞬变方程式进行解算，同时运用传递函数的谐波分析，从而达到检测导管是否存在泄漏的目的。TAGHVAEI 和 LEE 等提出将阀门视为正弦波干扰，发展了一种泄漏检测的频域分析技术，并发现管道的压力频域振幅随着波动规律而变化，通过比较存在与不存在泄漏时的频域响应曲线波形差异来进行泄漏的定位。综上所述，管道泄漏的瞬态检测技术是当前的研究热点，其尖端在于瞬态泄露识别的理论与方法开发。

管道泄漏检测技术和方法主要依据现代传感技术和各种泄漏检测理论方法。执行实际检测时，至关重要的步骤是对 SCADA 系统搜集的各类漏洞数据进行分析鉴别，并把这些数据输入特定漏洞定位模型中，以优化漏洞的确切位置。此过程涵盖的关键信号识别和优化算法涉及卡尔曼滤波、自学习小波、LM 算法、GA 算法、Hybrid 算法以及 SCE 算法等。Zeyu Jiao 等人提出了一种新的石油泄漏自动检测方法，利用无人机图像实现石油生产的智能控制。提出了一种由无人机、深度学习和传统算法组成的方法。于继武等人针对油田输油管道的流量信息无法共享以及无法实行多位置漏油在线预警等难题，构建了一个融合了物联网与 GSM 信息传递技术的智能输油管道监测系统。通过流量服务器来实现数据的共享，运用特定通讯协议对流量与报警数据进行转码，从而提升了信息传递的稳定性。此外该系统还可经由网络使多个点位实现远程访问与实时监控功能。

4.2 管道智能化在水击保护的应用

依托物联网系统辅助，通过对各站场工艺参数和运行参数的分析计算，输油管道 SCADA 系统判断水击的大小，并向各站下达指令以采纳防范策略，从而预防水击现象对管道所带来的损伤风险。

SCADA 系统即监测监控及数据采集系统，是基于计算机、通讯和控制技术发展起来的，是数字管道的基础。该系统被广泛部署，具备对管中流通的石油、轻质油、成品油等多样介质进行实时观测的能力，并能够自动调控生产流程，对管理层提供重要的决策数据与工艺流程的实时跟踪信息。SCADA 系统还集成了包括泄露检测、系统模拟、防范水击现象等众多功能性特点，在保障管道各关键节点的控制与测量设备稳定高效工作的同时，最大限度预防了管道的意外故障，并大幅提升了整体的生产安全。随着基于物联网、云计算、移动无线传感器网络（MWSN）等概念的未来互联网复杂新架构的集成，经典系统的安全和部署面临着重大问题。因此，这些未来互联网概念的整合需要更多的研究工作。

参 考 文 献

［1］智能的国家命脉——从 SCADA 市场看中国智能油气管道建设［J］. 中国科技财富，2011（05）：114-115.

［2］谢含宇，解谨. 智能化管道是管道行业的发展方向［J］. 石化技术，2016，23（10）：227.

［3］李海润. 智慧管道技术现状及发展趋势［J］. 天然气与石油，2018，36（02）：129-132.

［4］SUPAVATANAKUL P，LUNZE J，PUIG V，et al. Diagnosis of timed automata：Theory and application to the DAMADICS actuator benchmark problem［J］. Control Engineering Practice，2006，14（6）：609-619.

［5］徐建辉，聂中文，蔡珂. 基于物联网和大数据的全生命周期智慧管道实施构想［J］. 油气田地面工程，2018，37（12）：6-13.

［6］王昆，李琳，李维校. 基于物联网技术的智慧长输管道［J］. 油气储运，2018，37（01）：15-19.

［7］李柏松，王学力，徐波，孙巍，王新，赵云峰. 国内外油气管道运行管理现状与智能化趋势［J］. 油气储运，2019，38（03）：241-250.

［8］AHMED E，YAQOOB I，HASHEM I A T，et al. The role of big data analytics in internet of things［J］. Computer Networks，2017，129：459-471.

［9］刘存玉. 不稳定流动对管道系统的影响与消除措施［J］. 化工设计，2008（03）：30-32+1.

［10］祖宏波. 输油管道检漏技术浅析及数字化建设

[J]. 中国石油和化工标准与质量，2011，31(09)：290+292.

[11] 郭新蕾，马慧敏，李甲振，郭永鑫，刘晓音. 管道系统漏损控制技术进展[J]. 水利水电技术，2018，49(06)：65-71.

[12] TAGHVAEI M，BECK S B M，STASZEWSKI W J. Leak detectionin pipelines using cepstrum analysis [J]. Measurement science & technology，2006，17 (2)：367-372.

[13] LEE P J，LIGGETT J A，LAMBERT M F，et al. Frequency domainanalysis for detecting pipeline leaks [J]. Journal of hydraulic engi-neering，2005131(7)：596-604.

[14] YANG Z，XIONG Z，SHAO M. A new method of leak location for the natural gas pipeline based on wavelet analysis [J]. Energy，2010，35(9)：3814-3820.

[15] GUO X L，YANG K L，GUO Y X. Hydraulic pressure signalde-noising using threshold self-learning wavelet algorithm [J]. Journal of hydrodynamics，Ser. B，2008，20(4)：433-439.

[16] Zeyu Jiao G J Y C. A new approach to oil spill detection that combines deep learning with unmanned aerial vehicles[J]. 2018.

[17] 林红岩，王春财. 数字管道技术及应用[J]. 油气田地面工程，2008(02)：15-17.

[18] MIAO L，YUAN M C，WANG C Q，et al. The Oil and Gas Pipeline SCADA System Based on Cloud Computing and the Scheduling Algorithm [J]. Advanced Materials Research，2014，1044-1045：1406-1410.

[19] SAJID A，ABBAS H，SALEEM K. Cloud-Assisted IoT-Based SCADA Systems Security：A Review of the State of the Art and Future Challenges [J]. IEEE Access，2016，4：1375-1384.

探究“区块链+数字孪生”技术在石油行业的应用前景

李　佳　樊　鹏

（中国石油东北销售公司）

摘　要　随着信息技术的发展，使得能源产业发生了巨大的变革，石油石化企业信息化、数字化、智能化程度不断加深，数字化转型已经成为我国能源产业领域的重要发展方向。石油石化企业数字化转型过程中，借助物联网、云计算、区块链、数字孪生等新一代信息技术的结合应用，可有效地提升企业生产效率，优化资源配置，改善企业产品质量，切实增强了企业在行业中的竞争力。区块链与数字孪生技术的融合将实现物理世界与数字信息世界的无缝连接，并构建起坚实的技术底层框架。这种结合不仅确保了企业数据的安全性和不可篡改性，而且建立了数字孪生体与其对应物理实体间的精确一对一映射，进而促进了数字孪生体间的有效互动。借助区块链和数字孪生的技术优势，能够实现石油石化企业工程建设的智能化管理，有效降低企业的生产成本，进一步提升石化工程的整体效益。本文将以石油石化企业数字化转型为研究对象，围绕转型过程中的智能化发展过程，分析区块链及数字孪生等技术的应用优势，并探究在全面推进新型工业化数字化转型过程中遇到的新形势和新需求，重点探究数字化转型过程中数智技术的应用前景及发展。力求通过数智技术的应用，实现对企业业务的驱动重构，实现管理模式的变革，创新石油石化企业的商业模式，全面的提升企业的核心价值。

关键词　区块链；数字孪生；技术优势；应用前景

数字化转型战略作为我国在“十四五”期间促进能源企业发展的核心动力，为石油石化企业提供了全新的发展机遇和挑战。因此，需充分利用一系列数智技术推动石油石化企业的稳定发展，快速建立数字化转型与业务发展之间的紧密联系，帮助企业屏蔽安全风险，打造充满生机的国民经济支柱产业，促进我国能源工业的持续发展。借助数字化转型能够为石油石化企业提供全新的生产力，推进新型工业化进程，带动国民经济的正向增长。

1　“区块链+数字孪生”技术

1.1　概述

区块链国际上将其定义为由参与方基于共识机制，按照时间顺序建立共享账本及数据库的技术，其核心价值在于能够建立起去中心化、去信任化、自动运行的智能系统，从而借助互联网颠覆原有的商业模式和运行规则。区块链的本质为去中心化、共识机制、智能合约、时间戳技术等。

数字孪生是指在信息化平台内模拟物理实体、流程或系统，类似实体系统在信息化平台中的镜像投影，简单讲，该技术是在数字世界中创造了一个与现实物理世界平行的镜像空间，该技术的通用框架主要包含用户域、数字孪生体、测量与控制实体、现实物理域，以及跨域功能实体。

若将两种技术进行组合，可发现区块链能够为数字孪生提供可信的数据平台，进而借助相互的配合，同时发挥两者的技术优势，解决数据可信性的问题。另外，两种技术的融合还能扩大数字孪生的应用范围，确保数据不被篡改，建立一对一的映射关系，实现现实与虚拟的交互作用。现阶段“区块链+数字孪生”技术已经在多个领域取得较好的成效，具有较大的推广价值。

1.2　技术优势

“区块链+数字孪生”技术在联合应用中的具体优势如下：(1)确保跨域功能实体数据不被篡改。数字孪生技术能够将物理实体在虚拟世界中形成数字等价物，但随着互联网技术的快速发展，镜像模拟的数据模型可信度存疑，易造成数据信息的泄露，且在模拟过程中亦会形成数据上的偏差。而利用区块链对数字孪生的所有数据进行保存，可一定程度上增加孪生体数据的真实性，让数据模型结果更加可靠准确，加之区块链的分布式系统功能，能够对不同节点的数据进行存储，可有效的缓解系统对数据存储的压力。(2)该联合技术的应用还能保证数字模型与物理实体形成相互映射的关系。通过数字孪生建立的数字体具有无限复制的属性，虽然具有一定的便利之处，但却无法维持长久的一对一的映射关系，而数字孪生技术与区块链技术进行结合，可借助区块链的版权存证及相关技术特性，简化交易流程，有效的提升企业资产的流动性，建立完备的数字世界。因此，将“区块链+数字孪生”技术应用于石油石化企业的数字化转型中，具有十分重要的价值。

2 石油石化企业数字化转型的必要性

2.1 全面推动能源产业经济的增长

随着党的二十大精神的深入贯彻实施，面对全新的发展阶段，石油石化行业正站在新的历史起点上。企业必须拥抱全新的发展理念，加速形成新型发展格局，通过数字技术与能源产业的紧密融合，推进企业向数字化与智能化方向发展。这场以数字化为核心的转型升级，不仅是对传统产业的一次全面革新，也是把握科技革命与产业变革新机遇的战略决策。能源产业作为国民经济的重要支柱，是推动社会经济持续发展的坚实基础。通过石油石化行业的数字化转型，推动能源产业与前沿数字技术的深度融合，成为新时代加快我国能源产业链现代化步伐的关键动力。这不仅将有效提升企业的核心竞争力，也将为我国社会经济的全面进步注入强劲动力。此种数字化转型为能源产业的发展提供了动力，便于企业在新一轮的工业革命中占据绝对优势。另外，石油石化企业的数字化转型能够让社会经济体系形成重构，加速数字技术与实体产业的融合，推动经济的持续发展。

2.2 数字转型为“双循环”提供活力

2020年，中央首次提出“构建国内国际双循环相互促进的新发展格局”，在“双循环”背景下，加强石油石化企业的数字化转型，能够有效的提升能源产业的数字化发展，促进能源经济与绿色低碳经济的成型，进而建立低碳环保、安全高效的能源体系，稳步推进碳中和战略规划，实现我国开放型经济发展的重大战略部署。通过数字化转型，石油石化行业能够有效的改变以往低产低效的生产经营状况，充分借助数字技术的带动企业的产业变革。在具体的数字化转型过程中，各种数智技术的运用能够优化生产、运输、监控、管理等环节，为产业赋能，促进“双循环”标准的实现，全面拓展石油石化企业的发展空间。企业的数字化转型还能直接借助消费升级带动产业升级，打破供给侧各终端壁垒，满足民众的真实消费需求，实现精准产业化服务。如，现阶段的农村综合体已经在国内的部分城市取代了传统的加油站、休息站服务，更全面的为人们提供多元化的服务，不仅可以有效的扩大内需，还能起到振兴乡村经济的作用。另外，优化产业链，实现精准匹配，亦能为企业打造全产业链的格局，优化现有资源配置效率。数字化转型还能作用于生产端，提高高端化工材料和洁净能源供应能力，帮助企业开拓原油、成品油、天然气、化工品等国际贸易业务，可有助于延长贸易价值链。

2.3 促进石油石化企业的产业升级

数字化转型作为推动我国石油与石化企业产业革新的重要力量，已开启能源领域数字化发展的新纪元。这一转型不仅促进了能源行业的绿色发展、节能消费，还为构建全新的能源生态系统奠定了基础。在这一背景下，中国石油销售管理等业务经历了深刻的变革，摒弃了传统的依赖于直接开采和勘探的模式，转而利用先进的数字技术，优化服务流程，提升管理效率，确保服务质量。通过整合数字技术，如大数据分析、云计算、物联网(IoT)等，我国石油销售业务能够深入分析和预测消费者需求，优化库存管理，实现精细化的销售策略和个性化服务。这种技术应用不仅提升了能源资源的使用效率，还通过智能分析和管理，实现了能源供应链的优化，增强了业务的可持续发展能力。在节能消费方面，数字技术的应用使得能源需求侧管理(DSM)更加高效，通过精确的数据分析和智能响应系统，提升了能源使用的效率和灵活性。此外，数字技术还助力于建立一个绿色、低碳的能源使用环境，通过智能化的能源管理和服务，降低了整个社会的能源消耗和碳排放。在构建新型能源生态系统方面，数字化转型促进了能源行业向更加开放、互联、智能的方向发展。通过建立综合的科技信息服务平台，实现了对能源市场需求的全面分析和响应，加强了行业内的信息共享和协作，推动了能源科技创新和应用的融合发展。

数字化转型为中国石油销售管理及相关业务的创新发展提供了强大的动力和广阔的空间。通过不断深化数字化应用和创新，可以进一步促进石油与石化企业的产业升级，提高经营管理水平，强化智能化控制能力，共同构建一个更加绿色、高效、智能的能源未来。

3 石油石化企业数字化转型的技术应用

3.1 物联网技术

在成品油运输和销售领域，石油石化企业面临着资产密集、操作环境复杂及远距离管理的挑战。物联网技术的引入，为简化运营流程、丰富决策工具、提升管理效率提供了有效的解决方案。物联网架构可分为三个关键层级：感知层、传输层和应用层。感知层主要由位于运输和销售终端的传感器及射频识别（RFID）装置构成，负责实时采集成品油流通过程中的关键数据。传输层通过互联网和移动通信网络安全高效地传输这些数据，确保信息流的顺畅。而应用层则致力于对收集到的数据进行综合分析和处理，构建了一个高度互联的数据管理平台，以支持精准的运营决策和响应。运用此技术，企业能够加强对成品油运输与销售过程的监控能力，实现智能化管理。例如，中国石油利用物联网系统构建的数据管理平台覆盖了包括输油管线、储存设施和销售点在内的多个关键区域。该系统能够进行远程监控和数据采集，及时响应突发事件，通过实时预警和智能决策支持，大大提高了对运营流程的控制力度，进而有效提升企业的运营效率和市场响应速度。

3.2 大数据技术

石油石化企业在经营管理中涉及的业务类型众多，且多为专业型的领域内容，需要企业及时的调整生产策略，方能实现深度开发。因此，利用大数据技术，企业能够对成品油的生产、储存、运输和销售过程中产生的海量数据进行实时分析。这种基于数据驱动的建模能力使企业能够从复杂的数据集中提取有价值的信息，发现运营中的潜在规律和趋势，从而为策略调整和决策提供科学依据。例如，企业可以通过大数据技术将物流和销售过程中的关键性能指标转化为直观的图形和报表。这不仅包括对物流路径的优化分析，还可以包括对客户购买行为的深度挖掘，以及市场需求变化的实时监控。这样的智能化分析能够帮助企业及时调整物流方案和销售策略，有效降低运营成本，提升服务质量和客户满意度。进一步地，结合物联网技术，企业可以实现对成品油储运设施的动态监控，实时追踪产品流向，确保供应链的高效与安全。通过这种高度数字化和智能化的管理方式，石油石化企业能够更加精准地应对市场变化，提高竞争力，促进可持续发展。

3.3 "区块链+数字孪生"技术

在成品油的运输与销售过程中，利用"区块链+数字孪生"技术可以极大地提升企业的运营效率和市场竞争力。这项先进的技术能够根据企业的实际生产活动，创建一套精确的虚拟模型，即数字孪生体，通过区块链保证数据的准确性和不可篡改性，构建出一个高度一致的虚拟镜像世界。对于石油石化企业而言，数字孪生体能够详实记录成品油的运输和销售流程中的关键信息，并通过物联网与区块链技术的结合，构建起一个数字化的管理模型。这不仅便于企业进行远程监控和操作，还能实时把握成品油的流通状况，大幅度提高风险管理的能力。此外，该技术还为成品油产品提供了溯源能力，加强了对产品质量的监控和供应链管理，确保了产品从生产到销售的每一环节都能够被准确追踪和管理。通过构建生产过程的数字孪生模型，并根据实时数据进行调整和更新，企业可以自动化地生成生产报告，优化运营流程，显著提升经济效益。此技术的应用还扩展到了设备监控领域，能够实时监测成品油生产和运输设备的状态，迅速诊断和排除任何潜在故障，确保设备的高效稳定运行。通过"区块链+数字孪生"技术的协同应用，企业能够建立一个全面的数字化档案库，对所有运营数据进行详细建模，为能源项目的扩展和优化提供了坚实的数字基础。

3.4 云计算技术

云计算技术在数字化转型中的应用，能够帮企业有效的突破油气数据管理资源混乱的瓶颈。主要应用内容如下：（1）针对石油石化企业生产经营中形成的庞大的数据信息，可借助云服务器进行数据存储，并借助云计算技术进行分析和统计，便于能够形成有序的管理，在需要的时候进行快速的搜索和调用。（2）石油石化企业原本的数据管理中存在着管理成本过高的情况，甚至超出运维费用的70%，严重影响着企业的持续经营。而借助云计算技术能够建立高效的数据库，实现对现有资源的优化整合，并形成数据管理流程，便于对后续的数据进行科学管理。(3)多数石油石化企业在软硬件建设中的投入资金巨大，而取得的成效甚微，借助云计算能够相对降低管理成本，并借助云计算分析对企业项目建设提供有效的数据参考。

3.5 人工智能技术

在成品油的物流、储运和销售领域，传统的石油石化企业信息化进程曾经面临许多重复性劳动的挑战，这不仅导致了人力资源的大量浪费，也影响了工作效率。随着人工智能技术的引入，这一状况得到了根本性的改变。人工智能能够对成品油相关的海量数据进行深度分析，并自动化生成分析报告，极大地提升了工作人员在物流管理、储存调配和市场销售决策方面的效率。该技术依托于先进的计算机系统，不仅能够快速识别和分析成品油的流通路径和储存状态，还能构建详尽的供应链模型。这一进步不仅优化了能源的分配和调度过程，还实现了物流流程的智能化管理，显著提高了企业的运营效率和市场响应速度。通过实施这种一体化的智能作业流程，企业不仅能够确保操作的精确性和高效性，还能有效提高资源的利用效率和市场服务质量，从而在激烈的市场竞争中占据有利地位。

4 “区块链+数字孪生”技术在企业数字化转型中的应用前景

在我国能源行业的数字化转型浪潮中，“区块链+数字孪生”技术展现出了广阔的应用潜力，特别是在成品油运输和物流领域。这种先进技术的融合不仅可以针对传统产业中的痛点进行精细化的优化设计，还能通过多样的数字工具来解决实际运营中的问题，从而满足企业对于快速、高效转型的迫切需求。利用“区块链+数字孪生”技术，企业能够构建一个高度透明、互联互通的数字化管理平台。通过数字孪生技术，企业可以在虚拟环境中复现成品油的运输和物流流程，实现对供应链的全面模拟和分析。这样的实时模拟不仅有助于优化物流路线，提高运输效率，还能准确预测设备维护需求，提前规划维修保养，大大降低了运营风险。同时，区块链技术的应用为成品油的每一次移动提供了不可篡改的记录，极大增强了供应链的安全性和可靠性。这种技术的结合不仅使得企业能够从市场需求出发，灵活调整运营策略，还能有效整合资源，实现供应链的智能化管理。通过这种一体化、智能化的集成管理模式，企业不仅能够更加稳健快速地发展，还能在激烈的市场竞争中抢占先机，实现更高的经济效益和市场份额。

5 结束语

综上所述，我国石油石化企业的数字化转型，可为数字经济发展提供巨大助力，引发能源产业从传统产业模态向新型产业形式的转型升级。具体转型中可充分利用物联网、云计算、大数据、“区块链+数字孪生”等技术，推动石油石化企业的业务重构，创新企业的管理模式，建立全价值链业务。借助数字技术为能源产业赋能，可有效的推动石油石化企业的智能化发展，打造新型工业化格局。

参 考 文 献

[1] 袁煜明、王蕊、张海东．“区块链+数字孪生”的技术优势与应用前景[J]．东北财经大学学报．2020(6)：76-85.

石油工程远程监督创新与实践

江莹莹[1] 杨炼强[2] 姜 睿[1] 邵洪伟[2] 周毅潇[3]

（1. 中国石化西南油气分公司信息化管理中心；2. 中国石化西南油气分公司石油工程监督中心；
3. 中国石化西南测控分公司录井技术研究所）

摘 要 近年来，四川盆地非常规油气越来越多被开采，由于构造复杂，气藏多具有“一超、三高、五复杂”的特点，深层钻井面临地层层序多、岩性复杂多变、压力系统复杂、纵向发育多套气层等难题，“喷、漏、塌、卡、斜、硬、毒”时有发生，多因素共存叠加的情况下，导致钻完井风险大、周期长、成本高。而工程现场由于点多、面广、线长，交通极为不便，传统模式下的巡驻井监督管理，以个体监督、点控监督为主，人员缺口大、管理盲点多，事故复杂发生时无法及时决策，问题追溯困难。因此，遵循“标准不降低、安全更可控、质量有保障、全程可追溯”的原则，中国石化西南油气分公司经总部批复允许，率先试点开展了远程监督创新实践，利用信息化手段，强化现场作业监管，推动工程监督向支撑“远程化、集约化、标准化、立体化”的远程监管转变，从而促使现场人员履职加强、操作更加标准、管理更加规范，全面提升石油工程监督工作质效。本文总结了西南油气分公司在石油工程远程监督管理机制建立上开展的创新实践工作，通过分析生产运行中的应用效果，取得了一定效果的同时获得了宝贵经验，证实了远程监督模式对提升工程管理质量与效率的有效性，为国内上游石油工程监督管理创新变革、提质增效提供了先进的、成熟的可靠方案。

关键词 石油工程；信息化；远程监督；远程验收；创新变革

石油工程在油气勘探开发中投资占比大、安全风险高，多数工程作业现场位置偏远、管理不便，工程监督作为业主方对工程质量、施工进度、钻井成本、安全、环保等严格控制的管理抓手，具有不可替代的地位。而传统的石油工程监督，存在单一性、经验性、节点式的管理弊端，加之专业监督人力资源缺乏，监督检查难免存在疏漏，现场“低老坏”无法有效杜绝，现场本质安全无法得到有效监管。

本文主要阐述分公司如何依托石油工程业务智能管控平台，探索信息技术条件下远程监督工作开展，从而提升石油工程监督的管理效率与工作质量，推动监督管理模式创新变革。

分公司所属区块地质条件复杂，地层研磨性强、可钻性差、井漏频发、地温超高、异常高压、高含硫等因素，导致钻井效率低、周期长、成本高，同时面临“喷、漏、塌、卡、”等诸多技术难题，作业风险大，容易发生各类复杂事故，造成巨大财产损失。

传统的监督管理，以驻井监督为主、巡井监督为辅。针对风险相对较大的井采取全过程驻井监督模式，日常两次巡回检查，各监督控制点旁站检查。针对风险较小的川西中浅层开发井采取巡井监督模式。各开次开钻验收、井控装置安装、试压、下套管、固井、钻开油气层验收、完井试压、复杂事故处理等关键环节，监督人员进行旁站监督。

传统管理模式下，各部门、单位与施工队伍分割成不同的单元，设计、施工、监督、管理、决策五方难以高效协同，主要存在三方面问题：一是点控监督不满足全过程安全管理需要。不管巡井还是驻井监督，采用的都是关键环节控制原则，只能对重要环节进行把控，无法实现作业环节全过程、全天候、全方位监督；二是现场监督依赖个体监督能力，工程项目难以形成团队监督合力。一个项目监管由单个监督人员承担，个体能力决定了整个项目施工的监督管控水平。另外，一个项目从钻井到测试投产，需要钻井、钻井液、固井、地质、综合录井、测井、压裂、井下作业等各专业监督，监督人员各管一段，难以形成监督合力；三是传统监督模式下，监督人员需求量随着钻井工程量成线性增长。而近年来，分公司随着勘探开发加速，现有监督人员已经远远无法满足传统监督管理模式下的人力资源要求。

面对新形势下的监督管理难题，自2020年起，分公司开始依托石油工程业务智能管控平台(IPPE)，利用信息化手段，推动业主方、管理方、监督方、施工方齐抓共管，实现石油工程"大监督"管理格局，推进监督管理工作实现由个体监督向团队监督、点控监督向过程监督、管理正常向管理异常三个转变。

1 远程监督探索与实践

2019年，分公司向总部申请依托石油工程业务智能管控平台开展远程监督、远程开工(开钻)验收，得到总部同意批复，并要求及时分析总结远程监督、验收工作中存在的问题，不断完善管理模式、流程和内容，持续提升石油工程管理信息化水平。在实践探索过程中，先期开展了标准制度修订建立、组织机构优化调整等管理上的具体工作，最终再落地到软件系统上来支撑实际生产运行，取得了良好效果。

1.1 新型监督模式探索与确立

远程监督不是完全颠覆传统管理模式，而是依据现实条件和业务场景，按照"传承不守旧，创新不忘本"的原则，利用已有信息技术手段，新老结合的创新变革，两者相辅相成，而不是非此即彼。部分检查项目远程监督达不到效果的，同时采用现场监督模式，依托远程监督提升工作效率，而现场巡检和驻井监督弥补远程监督短板，协同促进现场管理。

结合工区实际情况，分公司积极创新监督管理方式，在实践中形成了"远程监督+巡井监督+重点工序及风险探井驻井监督"的监督运行机制。根据施工情况，风险探井、元坝深井海相井段和川西深井海相井段，尾管悬挂器坐挂及注水泥、大型钻井液转换(含气液转换)，取心卡层、定向\水平井的目的层位卡取、地质必封点中完及完钻层位卡取等关键作业环节，以及风险探井及含硫气井测试，页岩气井压裂施工采用驻井监督，其他井、其他专业工序主要采用远程监督。

该模式充分利用了信息化协同作战优势，实行"带班负责人+值班监督人员"7×24小时值班，每班12小时，采取"四班两倒"制进行远程监督管理，每班设负责人1名，对本班次远程监督工作进行带班管理。对于远程监督过程中发现的异常，及时通知施工现场或现场监督人员进行处置。

1.2 监督工作标准配套

远程监督基于信息平台展现和提报的信息开展监督工作，其工作方式区别于传统的巡驻井监督，在工作标准及管理制度上存在空白。为从标准与制度层面支撑远程监督顺利实施，根据《监督手册》和《石油工程现场作业岗位标准化建设》等规范，对监督管理流程、监督内容进行了标准化再梳理，编制发布了《西南油气工程监督手册(2020版)》，明确了各监督方式下的监督流程和监督内容，其中远程监督包含14大项、30个检查项目，明确了每个检查项目的监督检查节点，同时建立了不同工况远程与现场的工作界面与检查明细。如图1、图2所示。

1.3 组织机构配套

为使监督中心组织机构、运行机制与信息技术条件下的远程监督模式相适应，实现石油工程项目建设质量提升和石油工程监督工作效率提升的目的，分公司于2019年、2021年两次对石油工程监督中心进行组织机构优化调整，进一步优化了"远程监督+巡井监督+重点工序及风险探井驻井监督"石油工程监督运行模式，强化了信息技术条件下远程监督工作的开展，形成了远程监督+区域现场监督管理模式，落实了公司"项目决策+监督执行"一体化管理要求，促进了工程项目优质高效推进。如图3、图4所示。

1.4 远程监督信息化实现

石油工程业务智能管控平台是对石油工程实施全专业、全方位、全过程在线管控的业务应用。依托该平台，在线开展远程监督工作中视频回放、违章抽查、预警处置、风险提示、质量监管、指令下达、监督建议、监督评定等工作。在软件研发与应用中，着重从固化标准、再造流程、异常识别等方面落实远程监督，有条件的业务突出智能化、自动化。

1.4.1 标准固化、任务推送，开展标准化监督

监督检查标准全面固化配置在系统中，远程监督模块根据施工现场施工流程、关键环节和周期性检查自动向监督人员发送监督待办工作任务，实现监督检查标准的配置、监督工作流程定制和监督工作指引，主要有三种方式。

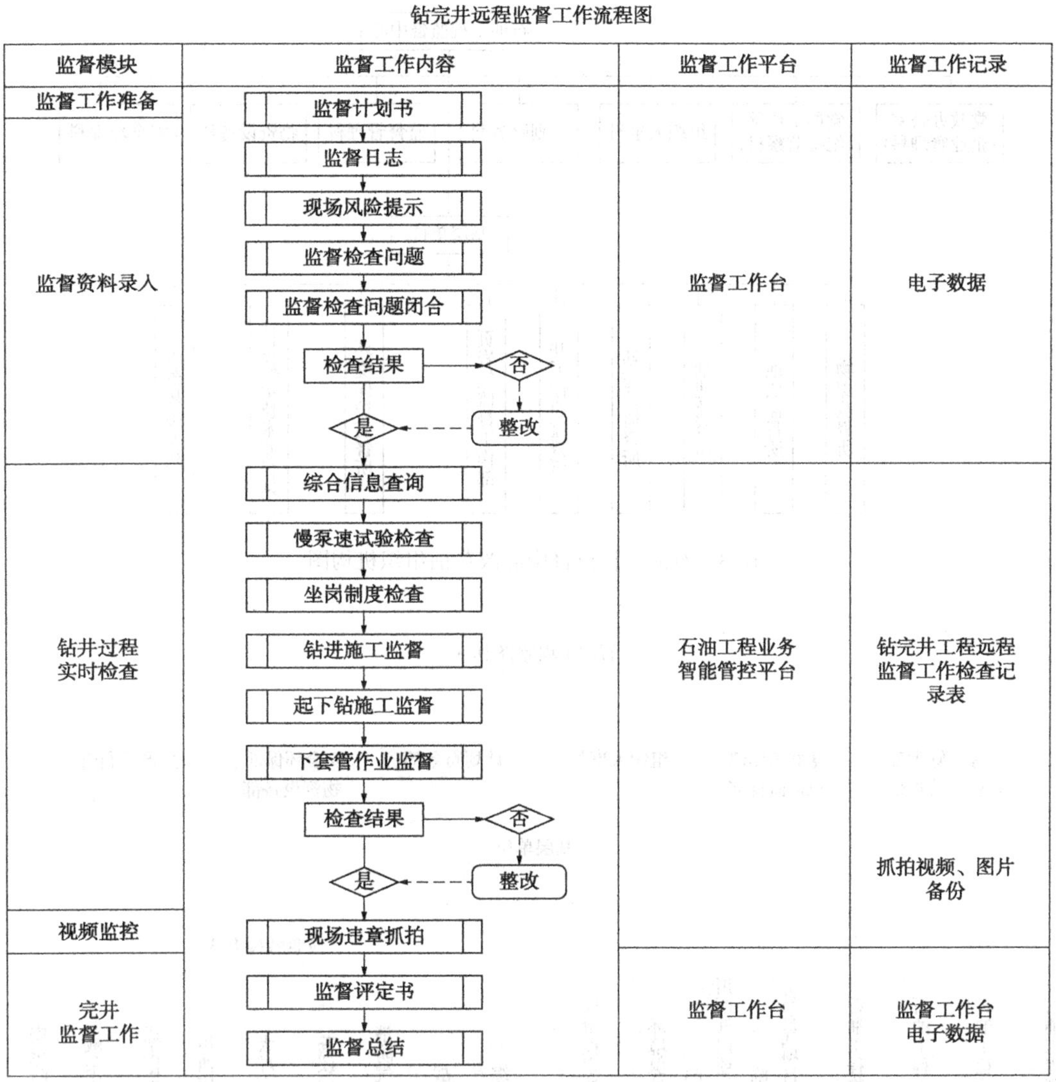

图 1　钻完井远程监督工作流程图

表2-2 现场和远程监督检查明细				
工况	检查内容	检查要点	现场监督检查明细	远程监督检查明细
钻进	工程参数	1、钻压 2、大钩负荷 3、转速 4、排量 5、泵压 6、扭矩 7、池体积 8、出口流量 9、密度	1、了解钻井参数 2、旁站检查司钻送钻情况，做到送钻均匀平稳，不溜钻、不顿钻，有无托压。 3、了解振动筛处的返砂情况 4、查看泵压参数，在泵压异常时进行提示，(正常钻进时，排量及钻井液性能未发生变化时，泵压下降超过1MPa时)要求现场找明原因 5、查看扭矩参数，是否平稳，扭矩异常变化时查明原因。	通过工程参数曲线查看泵压、扭矩、转速、大钩负荷等是否正常。异常主要有: 1、钻压、排量与设计(参考)对比。 2、常规钻具组合泵压变化超过1MPa时，带螺杆钻具组合泵压变化超过2MPa时，趋势明显且变化后稳定。 3、转盘(顶驱)整停；扭矩增大，且转速降为0 4、池体积增加或下降趋势明显。 5、排量不变的情况下，出口流量有明显变化。 6、钻井液进出口密度差大于0.02g/cm³。

图 2　钻进工况现场监督与远程监督检查明细

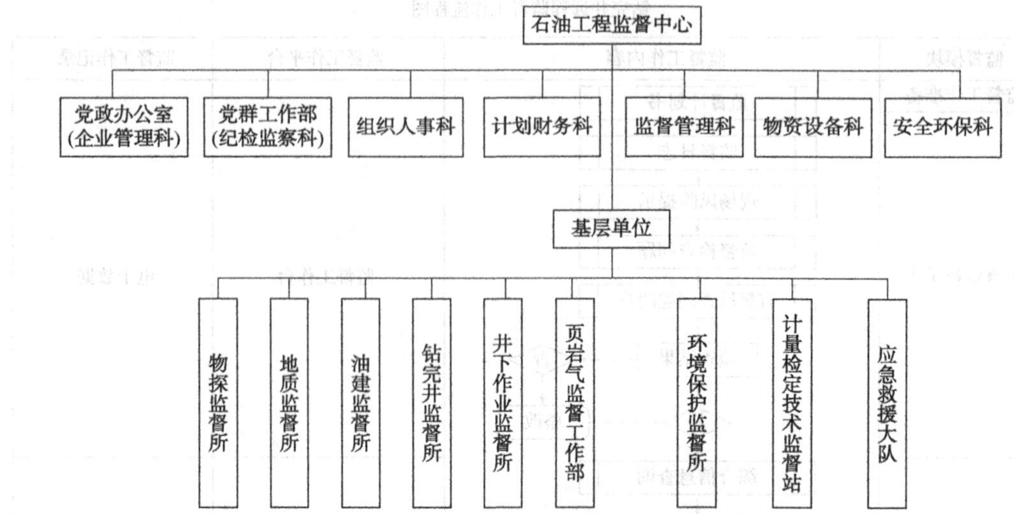

图 3　石油工程监督中心改革前组织机构图

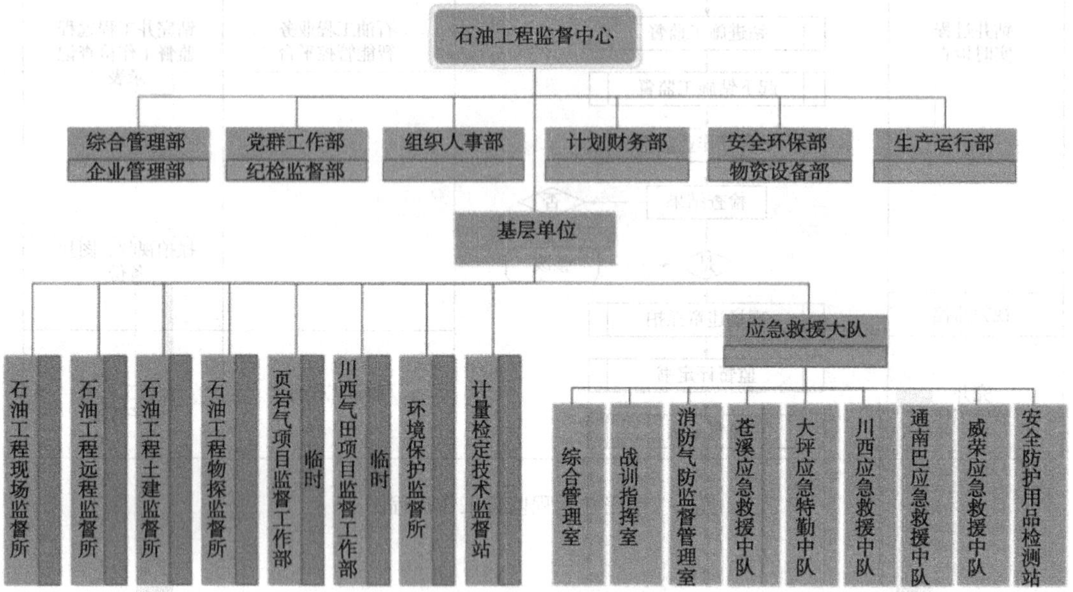

图 4　石油工程监督中心改革后组织机构图

(1) 工况自动触发任务：根据施工情况自动触发相应的监督检查任务，例如钻进、起下钻、下套管、试压、固井施工、地质取心等工况下，自动触发监督检查项目，每一个检查项目会详细列示标准检查条款，每一个检查条款配置不同的检查展示界面(视频、数据、曲线、施工方上传附件等)，远程监督根据检查条款进行检查，发现问题直接生成整改通知单。

(2) 临时工作任务，由人工委派。中心领导、机关科室委派任务给监督所(工作部)，或者是远程监督与现场监督的任务交互。

(3) 周期性工作任务，如月度 HSE 检查、井控检查、中心季度检查等，根据时间周期定期触发检查任务，所有任务触发后，均会形成相关监督人员日常工作待办，确保远程监督不缺位。

1.4.2　业务再造、闭环管理，实现流程化监督

重新梳理监督业务流程，依托石油工程业务智能管控平台，建立起跨部门、跨岗位、跨业务层级的全链条协同化监督运行体系。从委派监督任务、监督计划编制、监督工作检查、问题隐患提报与整改、监督建议、监督指令直到最终出具监督评定书等全流程在线闭环管理，实现了监督工作全流程无纸化和远程在线办公，流程化监督大幅提升了监督工作效率与质量。如图 5 所示。

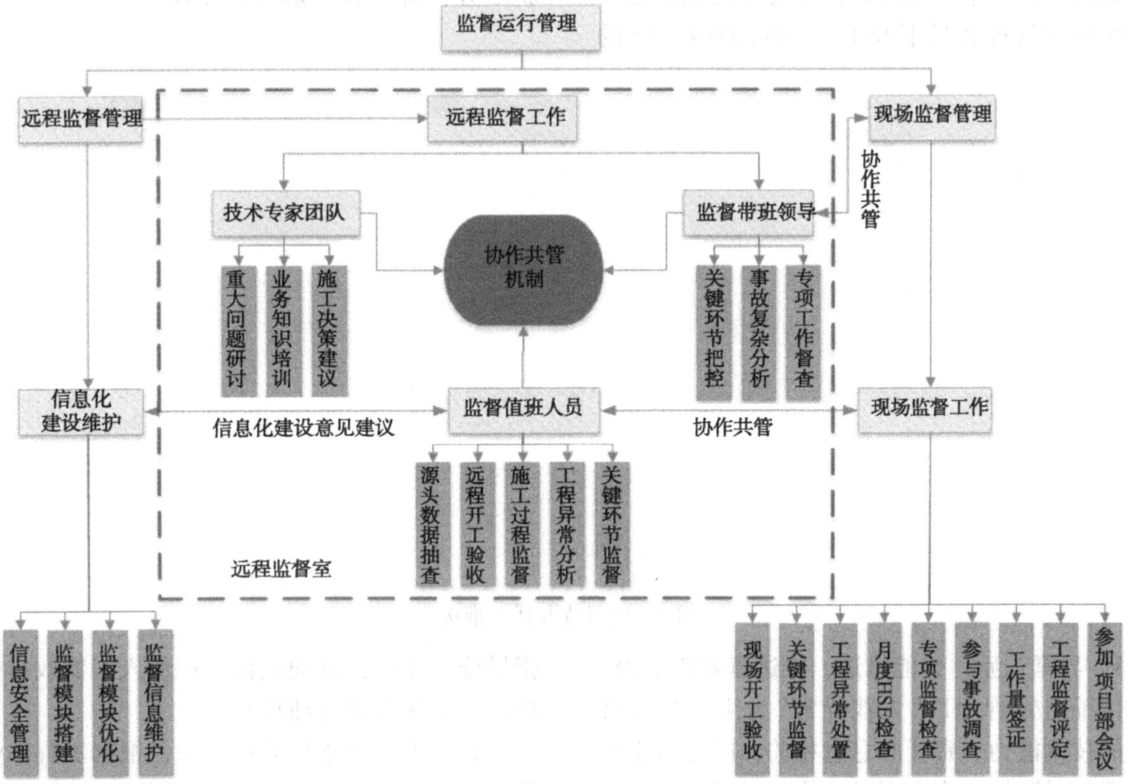

图5 监督工作流程图

以远程验收为例。

传统验收流程是由基层施工队伍首先完成自检，然后钻井公司自检合格后，甲方进行现场验收，每一个环节验收等待时间约半天，整体验收最少需要两天时间才能完成。

而变革后的远程验收，全程在线对施工方提交的视频、图片、文档等进行验收，并技术交底，传达开工注意事项，帮助施工方做好施工准备。如图6所示。

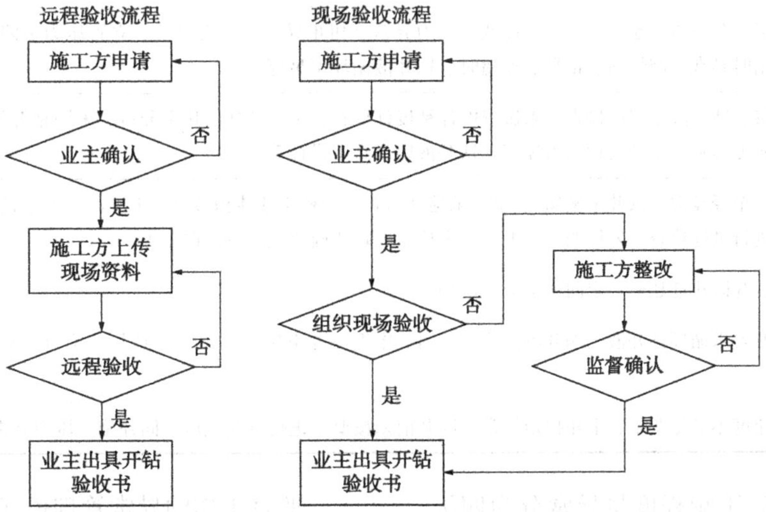

图6 远程验收与现场验收流程

远程验收模式下，现场队伍在完成一项工作以后可以单项提交验收申请，审核人员接到验收待办后进行审核，实现了边干边验收边整改，准备工作完成，验收工作也同时完成，实现了工序的无缝衔接，提高了验收主管人员和现场施工人员的协同联动，省去了来回现场的时间和人员投入，验收工作效率大幅提升，也更加适应新冠疫情持续强力管控背景下开工（开钻）验收工作的新形势、新要求。如图 7 所示。

序号	井号(项目)	业主单位	专业	主管监督	下达时间	提交状态	操作
1	鼎山118H	采气一厂	土地复垦	安兴东	2024-03-22 18:50:56	未提交	编辑 删除
2	新601	采气一厂	井下作业	周向东	2024-03-21 15:54:03	已提交	查看 + 增派
3	高溪301-3	产能建设及勘探项目部	钻井	帅卓星	2024-03-21 08:38:01	已提交	查看 + 增派
4	东峰105-1HF	产能建设及勘探项目部	录井	黄达勇	2024-03-20 13:34:44	已提交	查看 + 增派
5	江沙347-3HF	产能建设及勘探项目部	录井	李伟	2024-03-20 13:32:08	已提交	查看 + 增派
6	江沙351-1HF	采气三厂	井下作业	林孝礼	2024-03-20 09:10:56	已提交	查看 + 增派
7	威远39-7HF	采气四厂	井下作业	李洪涛	2024-03-19 12:08:42	已提交	查看 + 增派
8	新沙21-65HF	产能建设及勘探项目部	钻前	杨浩	2024-03-18 15:00:21	已提交	查看 + 增派
9	江沙351-2HF	产能建设及勘探项目部	钻前	杨剑	2024-03-18 14:56:03	已提交	查看 + 增派
10	新8-2	采气一厂	井下作业	周向东	2024-03-13 15:47:19	已提交	查看 + 增派
11	新8-3	西南油气分公司	井下作业	陈宏志	2024-03-13 15:44:56	已提交	查看 + 增派
12	新中2	西南油气分公司	井下作业	周向东	2024-03-13 15:34:08	已提交	查看 + 增派

共 5118 条　1 2 3 4 5 6 … 256　20条/页　前往 1 页

图 7　监督待办任务推送

1.4.3　异常识别、智能推送，推进管异常监督

传统监督管理以“人找异常”为主，与监督人员的技术能力、责任心息息相关，同时由于点控监督的局限性，人在现场才能发现异常。而远程监督在建设伊始，就注重发挥人工智能优势，融合大数据分析和专业技术建模，智能分析施工中的特殊和异常工况，将异常及时推送给现场施工人员与监督人员，以便于及时下达监督指令，指导施工作业，推动监督管理从人工低效排查管理向数字化高效管理转变。

石油工程业务智能管控平台根据工程作业异常标准，结合现场实时数据，建立并运行钻井、钻井液、录井、定向、测井、固井 6 专业 144 项业务异常模型，其中技术异常 71 项，管理异常 73 项，系统自动判定并触发技术异常、管理异常。如表 1 所示。

表 1　异常识别模型

专业	异常识别模型	数量
钻井	钻井未坐岗、井身质量超标、取心率偏低、拉力异常、扭矩异常、阻力异常、立管压力下降异常、泵压上升异常、钻时异常、溜顿钻、钻具静停超时、钻井液循环不足等	63
钻井液	起钻未灌浆、钻井液未巡回检查、未做密度计粘度计校验、未做钻井液化学分析、未测钻井液全套性能、钻井液出口密度异常、钻井液动切力偏高、钻井液密度高于设计等	30
录井	钻遇气层、全烃异常、录井未坐岗、、录井未巡回检查、未校正池体积参数、未测油气上窜速度、未标定传感器、未进行进样检查、岩屑图片未上传、未检查固定式硫化氢检测仪误差等	19
定向	定向异常、井眼轨迹超标、定向人员资质过期等	8
测井	测井未按照要求循环钻井液、测井电缆静停超时、电缆测井下钻速度过快、测井井拉力异常、测井人员资质过期等	10
固井	油气上窜速度不满足要求、上扣扭矩异常、固井前未按要求进行管线试压、固井施工压力异常等	14

根据异常发生后影响程度将异常分为四级，随着异常等级的提高，推送的管理层级越高。异常在规定时间内完成，在系统填写完成情况，实现闭环管理。未在规定时间内完成，将会自动升级，由上级管理人员督促完成。

监督工作的异常管理模式改变了全面排查的繁杂工作程序，提升了监督管理的精准度，异常即时推送、超期督办，全程记录异常发生至整改落实整个流程，有效落实本质安全，也减轻了监督工作强度。如图 8 所示。

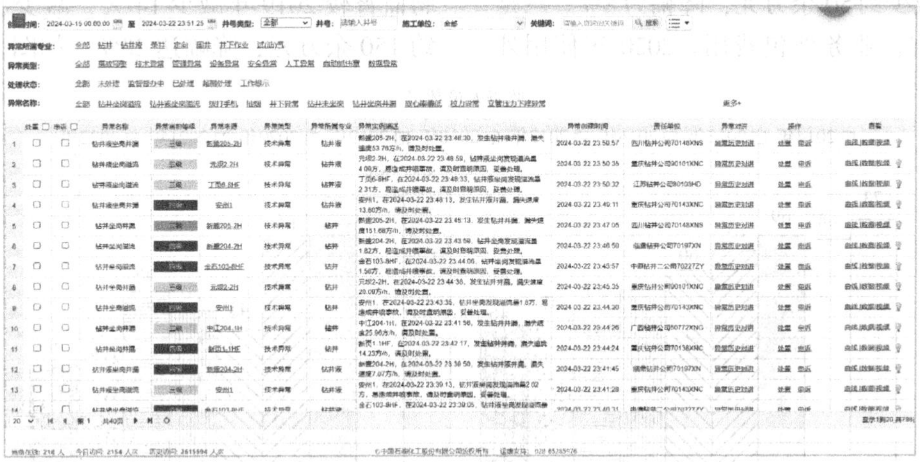

图 8　异常产生推送及闭环管理

3　应用效果

3.1　补齐点控监督短板，增强监督工作质量

远程监督工作开展以来，累计发现工程异常 4460 项，其中，井控安全 3724 项，施工质量 736 项。开展风险提示 4725 次，消除重大隐患 71 次，识别重大风险 83 次，解决施工难点 35 次。制止“三违”行为 572 次，停工处罚 37 井次。相比原先的点控监督，远程监督 24 小时在线，对施工现场进行“全过程、全方位、全天候”实时监督，真正实现了监督全覆盖，对施工队伍长期存在的“违规”行为形成了强大的震慑效应，使远程监督成为分公司石油工程施工现场管理的一把“尖刀”。如图 9 所示。

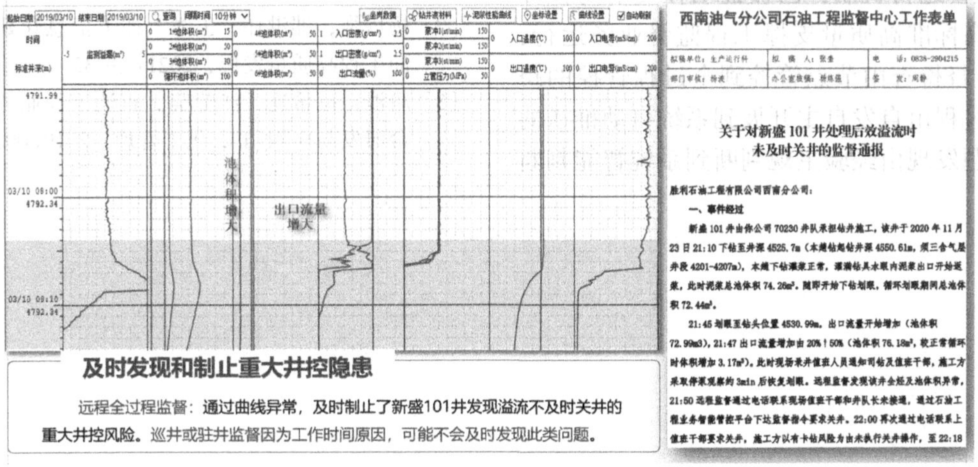

图 9　远程监督发现和制止井控隐患

3.2　支撑团队监督应用，强化协同监督能力

远程监督根据现场生产情况，在线组织协调现场落实关键环节把控、远程验收把关、专项监督检查以及事故复杂分析等特殊情况的监督工作。同时实施协作共管机制，一是各专业监督之间，实现专业融合，人力资源、专业技术优势互补，提升工作沟通和协调效率。二是建立项目管理单位、施工单位和监督单位相互协作、技术共管机制，从施工风险提示、攻克施工重点难点、优化施工方案、提升决策效率等方面共同促进施工质量的提升。在强化现场监督管理的同时，创新了管理体制机制，初步实现了跨专业监督融合，专业监督能力得到了大幅提升。

3.3　提升监督管理效率，降低人力物力成本

远程监督开展以后，降本增效成果显著。一是监督人员现场巡井监督频次大幅降低，中浅井单井巡井缩减至 2 次，较现场监督减少 6 次。按分公司年均钻井 160 口，单次巡井费用平均 3000 元计算，年节省费用超 288 万元。二是监督运行实现了降本减费。2020 年全年现场监督差旅费较年初预算减少约 50 余万元，降幅达 10%；短流程车辆减少 3 台，全年车辆运行费用

较年初预算减少约 50 余万元，降幅为 8%。三是减少了外聘监督业务外包费用。2020 年使用外聘监督较 2019 年减少 14 人，减少业务外包费用约 150 余万元，降幅达 20%。如图 10 所示。

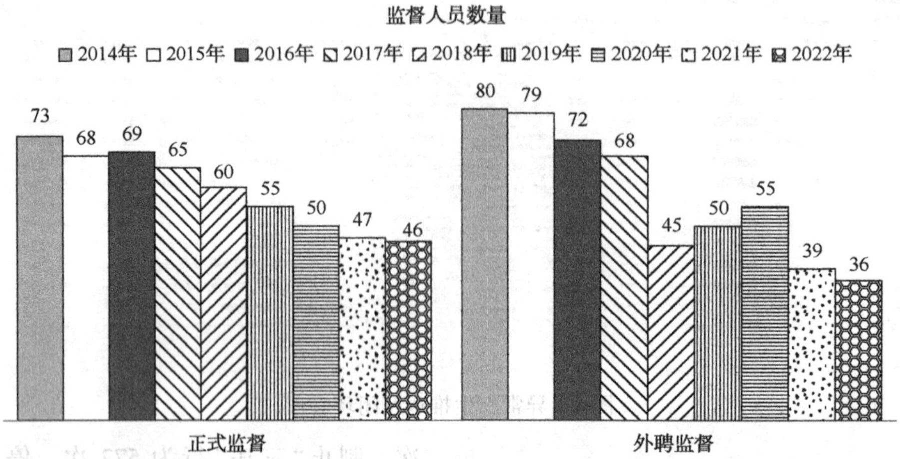

图 10　降低监督人力成本

4　结束语

远程监督在实践中的应用，是以信息技术为支撑，由业务主导实施的管理创新变革。形成的“远程监督+巡井监督+重点工序及风险探井驻井监督”的监督运行机制，已被证明在疫情防控环境下，能高标准高质量支撑工程监督业务运行，实现了“监督检查由节点管控到全过程管控的跨越，监督过程由自发自主开展到系统自动推送的跨越，问题发现由经验主观判断到系统智能判断的跨越”，为上游工程监督业务利用信息化手段开展高效管理和安全生产提供了可靠解决方案。

参 考 文 献

[1] 范希连．互联网+条件下石油工程远程管理模式创新构建及实践，2020：2-26.

[2] 杨炼强，邵洪伟，王洋．插上信息化翅膀，助力石油工程高质量发展，2021：3-32.

[3] 唐沙，范希连，江莹莹．石油工程业务智能管控平台研发与应用[J]．化工管理，2019(09)：7-9.

数智融合孪生与安全实验床赋能能源产业数字化路径探索

李嘉祺[1,2]　张　骁[3]　翟立东[1]

（1. 中国科学院信息工程研究所；2. 中国科学院大学网络空间安全学院；3. 昆仑数智科技有限责任公司）

摘　要　随着新一代信息技术的不断突破，数字技术成为培育新质生产力的核心力量。能源作为国民经济命脉产业，面临着绿色低碳转型和高质量发展的双重挑战，亟需借助数字化手段实现创新发展。然而，能源产业数字化转型进程中仍存在传统建模手段不足、缺乏先行试验环境、安全能力缺失以及评估手段单一等痛点难题。为此，本文提出基于"天蛛"先行先试试验台的数智融合孪生与安全实验床，旨在为能源产业数字化转型提供一种集虚实交互、多域融合、场景驱动、安全内生、持续迭代于一体的先行先试环境。该实验床以实现能源行业数字化的"智能萃取"为核心，通过场景挖掘获取"数据原油"，经场景孪生"炼化"数字镜像，再通过场景推演进行"智能裂解"，生成多样化场景，并经安全防护"净化"和效能评估"提质"，最终形成可指导现实应用的高价值数字化方案，赋能能源行业高质量发展。数智融合孪生与安全实验床可为新业务提供试错平台降低创新风险，为新场景探索拓展应用边界，为新模式孵化催生业务变革，为新范式探索开启转型新征程，为能源产业插上腾飞的数字化翅膀。展望未来，伴随前沿技术不断融合创新，实验床或将孕育出更多变革性应用，持续拓展能源产业数字化转型的新边界。同时，能源行业在该平台上积累的数字孪生资产和知识也可复用推广至其他行业领域，从而加速构建具有中国特色的数字孪生创新范式，助推数字中国安全健康发展。

关键词　数智融合孪生与安全；数字孪生；能源产业数字化；数字化转型；数字安全

1　引言

当前，以数字经济为代表的新型经济形态正蓬勃兴起，数据要素驱动生产方式变革，新质生产力加速崛起。国家高度重视数字经济发展，先后出台数字中国建设整体布局、"数据要素×"三年行动计划等一系列政策，为加快培育数据要素市场、推进产业数字化转型指明了方向。能源作为国民经济的命脉产业，面临绿色低碳转型和高质量发展的双重考验。数字化作为破解能源产业发展难题的关键，可显著提升勘探开发效率、优化生产运行水平、创新业务服务模式，实现降本增效、提质增效。

然而，当前能源产业数字化进程仍面临诸多痛点难点。一是能源生产过程复杂多变，传统仿真模拟手段难以高效适配；二是能源行业数字化新场景新业务层出不穷，缺乏先行试错、安全验证的环境；三是能源行业网络安全和数据安全事件频发，且后果严重；四是能源数字化转型效能评估手段单一，难以精准度量数字技术应用成效。为破解上述难题，亟需一种创新性的实验环境，为能源产业数字化提供沙盒式平台。本文提出基于"天蛛"先行先试试验台的数智融合孪生与安全实验床，赋能能源产业数字化路径探索。

2　数智融合孪生与安全实验床的内涵与特征

2.1　数智融合孪生与安全实验床的内涵

数智融合孪生与安全实验床是一种面向数字基础设施的先行先试实验环境，基于"实物孪生—数字孪生—机理孪生—孪生推演"的逻辑路径，遵循"孪生—拟生—派生—演生—新生"的路径层级，构建虚实映射、数实融合的先行先试平台。其内涵主要包含三方面：一是数智融合，即数字技术与智能技术的交叉融合，通过将人工智能、数字孪生、人工智能、区块链等新兴技术融入能源产业数字化进程，实现数据驱动的智能化应用创新。二是孪生推演，即基于数字孪生理念，对能源产业典型业务场景进行高保真映射，在虚拟空间构建与物理实体同步的数字镜像，通过仿真、模拟、推演等手段，探索优化生产运行模式，预判潜在风险挑战。三是安全实验，即构建安全可控的实验环境，引入网络安全对抗机制，对能源行业数字化新场景、新业务开展广泛安全风险测试，检验系统安全性、鲁棒性。

2.2　数智融合孪生与安全实验床的特征

虚实交互：通过物理实体与数字孪生体的实时交互，实现虚实空间的无缝衔接与双向映射，构建全域感知、实时分析、动态优化的闭环控制。

多域融合：跨越能源勘探、开发、生产、管理等多个业务领域，实现跨层级、跨系统的数据汇聚与价值挖掘，形成全局统筹、协同优化的一体化方案。

场景驱动：聚焦能源行业典型应用场景，通过场景分解、映射、重组等方式，构建全维度、多尺度的数字孪生环境，实现精细化管理、个性化定制。

安全内生：将安全理念与技术内嵌到实验环境，构建基于陷阱漏洞思想的立体纵深防御体系，强化网络安全、数据安全、应用安全等多层级防护。

持续迭代：基于 AI 大模型，实现数字孪生体模型的自我学习、自我更新能力，动态优化仿真

推演策略，不断提升孪生精度和决策水平。

2.3　数智融合孪生与安全实验床的重要意义

数智融合孪生与安全实验床的构建，可为能源产业数字化变革提供强有力的支撑。针对能源产业数字化进程中面临的痛点难点问题，一是搭建先行先试的沙盒环境，降低实际应用风险，实现提质降本增效；二是打通数字化转型的“最后一公里”，加速新技术、新场景、新模式的落地转化；三是创新安全保障手段，提升数字系统韧性，筑牢能源网络安全防线；四是完善产业数字化成效评估体系，形成可复制、可推广的转型范式，为行业数字化变革提供借鉴。

3　数智融合孪生与安全实验床的实现路径

数智融合孪生与安全实验床的实现路径如图 1 所示，可以类比为能源行业的“智能萃取”过程：通过场景挖掘获取“数据原油”，经过场景孪生“炼化”成数字镜像，再通过场景推演进行“智能裂解”，生成海量应用场景，并经过安全防护“净化”和效能评估“提质”，最终形成可指导现实应用的高价值数字化方案，赋能能源行业高质量发展。

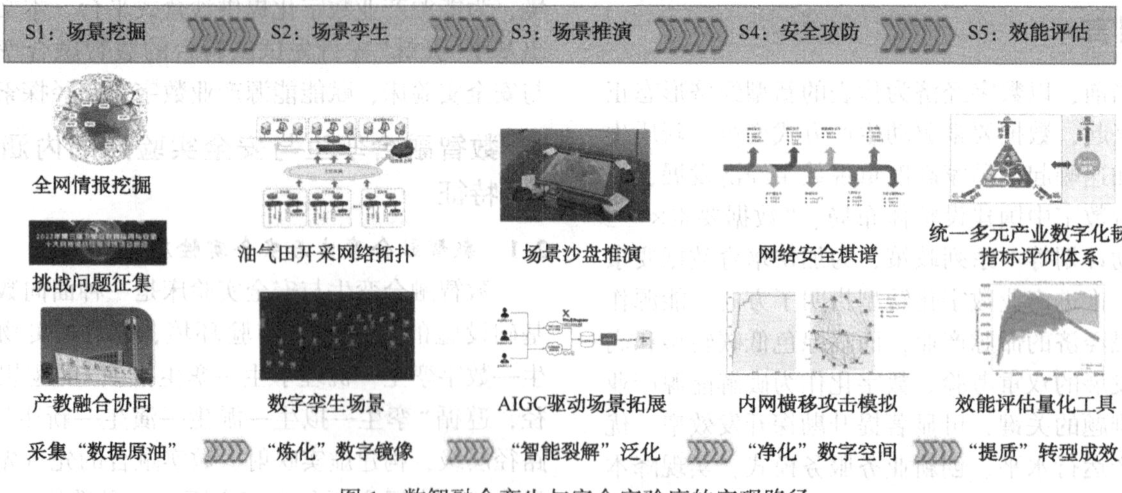

图 1　数智融合孪生与安全实验床的实现路径

3.1　场景挖掘：采集“数据原油”

场景挖掘旨在广泛获取能源行业数字化转型相关数据，识别业务痛点与场景需求。具体可从三个途径入手：

全网情报挖掘。利用网络爬虫、自然语言处理等技术，对能源领域的科技文献、专利信息、行业报告、社交媒体等海量数据进行采集与分析，从横向覆盖世情、国情、民情，纵向贯通产情、科情、安全情报等多个维度，洞察能源技术发展趋势、网络安全威胁态势、用户需求偏好等，为场景构建提供数据支撑。

挑战问题征集。面向能源行业企业、科研院所、高校师生等群体广泛征集实际业务中面临的难点、痛点问题，通过问卷调查、访谈座谈等方式，集众智、汇众力，捕获一线需求。

产教融合协同。加强与高校的深度合作，一

方面通过企业导师进校园、参与教学等方式，向高校师生科普能源行业知识，开设能源产业、人工智能等前沿课程；另一方面鼓励高校师生走进企业一线，开展观摩实习、毕业设计等实践，在理论联系实际中提出新颖创意和解决方案。

通过多渠道、多角度的信息挖掘，可广泛获取能源行业面临的现实需求，捕获数字化转型的价值场景，为后续孪生场景搭建奠定基础。

3.2　场景孪生："炼化"数字镜像

场景孪生旨在构建能源行业典型业务流程、关键设备设施的高保真数字镜像。具体实施策略如下：

顶层架构设计。依托模型驱动的系统工程（MBSE）方法，综合考虑能源系统的结构层次、功能逻辑、接口关系等，搭建全局性的参考架构，并进行需求分解、功能定义、流程建模，明确各层级孪生粒度和实现路径。

知识图谱构建。基于机器学习算法，从多源异构数据中自动提取设备、系统、场景、业务流程等核心实体，刻画实体属性特征，挖掘实体间关联关系，进而构建涵盖全生命周期、全价值链的能源知识图谱。

多粒度孪生建模。在顶层架构指导下，遵循从局部到整体、从单一设备到复杂系统的原则，采用几何建模、物理建模、行为建模等技术，构建不同粒度、不同尺度的多层次孪生模型，实现对物理设备、生产过程、业务场景的高保真再现。

实时映射同步。建立物理空间与虚拟空间的实时双向映射机制，利用物联网、边缘计算等技术，实现物理实体的状态数据与虚拟模型的实时同步，确保孪生模型与物理对象的一致性。

通过全局统筹、分层实施的方式，可构建全域贯通、精准同步的数字孪生场景，为后续推演分析、安全测试奠定模型基础。

3.3　场景推演：实现"智能裂解"

场景推演是在场景孪生的基础上，充分发挥生成式AI大模型的能力，实现场景的快速复刻、自动扩展和智能演进。具体实施策略如下：

场景特征提取。利用知识图谱、表示学习等技术，自动提取已孪生场景的关键机理特征，包括设备拓扑、运行工况、业务流程、数据关联等，形成结构化、语义化的场景描述，为后续场景生成提供输入。

生成式场景复刻。基于生成对抗网络，快速构建针对能源场景的生成模型，利用该模型自动生成大量相似场景，实现从一到多、从典型场景到泛在场景的快速复刻，显著降低场景构建成本。

智能场景扩展。在场景复刻的基础上，基于生成式AI大模型，自动探索场景的变形空间。通过灵活调整场景的部分特征或参数，实现场景的定制化扩展，进一步丰富场景的覆盖广度和多样性。通过元学习等技术，不断优化场景生成策略，使生成场景能够动态适应业务需求变化，提升场景的时效性和精准度。

人机协同推演优化。采用人机交互、可视分析等技术，支持专家用户对推演生成的场景进行查询、筛选、编辑和评论，捕获专家经验和优化建议。通过人机协同闭环，持续优化场景推演模型，提升推演效果。

通过引入生成式AI大模型，场景推演可实现从少到多、从典型到泛在、从历史到未来场景的自动化构建与智能化扩展，显著提升对复杂能源系统的建模和分析能力。基于海量推演场景开展全方位模拟仿真和评估优化，将极大拓展优化空间，加速能源产业数字化的广度和深度。

3.4　安全攻防："净化"数字空间

安全攻防是在场景推演的基础上，利用网络安全对抗棋谱技术对场景的安全性进行全面测试和验证的过程。数字安全是能源产业数字化转型必须高度重视的问题，任何安全漏洞和隐患都可能导致灾难性的后果。因此，需要采用更加智能和高效的安全测试手段，确保能源产业数字化场景的安全可靠。

网络安全对抗棋谱技术的核心思想是将安全攻防转化为"棋谱"的对弈博弈，通过不断地模拟攻击者的思维和行为，发现并修复系统中的安全漏洞。具体而言，该技术以层出不穷的安全事件为分析对象，通过重现真实攻击场景中使用的技术，积极测试和验证相关网络安全漏洞的有效性，帮助企业快速定位潜在的安全隐患与脆弱性，准确评估安全纵深防御体系的有效性。

在安全攻防过程中，可以将攻防双方视为"棋手"，将关键信息基础设施视为"棋子"，将实验环境视为"棋盘"，将攻防过程总结形成可复用的"棋局"。通过不断地积累和迭代，形成一套完整的网络安全对抗棋谱知识库，用于指导能源产业数字化场景的安全防护。

3.5 效能评估："提质"转型成效

效能评估旨在构建科学完备的评价指标与评估模型，客观度量能源产业数字化水平与成熟度。首先，立足能源产业数字化转型的关键要素，从数据、技术、业务、管理、安全等多个维度，构建统一多元能源产业数字化韧性评价指标体系，形成定性与定量相结合的综合评估框架。其次，针对不同应用场景，分别构建基于成熟度模型、能力层次模型等的多元化评估模型，将定性指标量化为可计算、可比较的分值，提升评估过程的客观性和可解释性。再次，制定标准化、规范化的数字化评估流程，明确数据采集、指标测算、问题诊断、成果输出等各环节的工作内容和质量要求，形成可复制、可推广的评估规范，以指导评估工作的规模化、常态化开展。同时，开发配套的效能评估工具，实现评价指标的自动采集、测算模型的自动执行、评估报告的自动生成，最大程度简化评估流程，提升评估效率。最后，充分利用评估结果，广泛开展跨场景、跨行业的对标分析，系统查找差距短板，制定针对性的改进提升措施。将评估工作全面融入到能源数字化转型的全生命周期中，形成"评估—改进—再评估—再改进"的螺旋上升机制，以评促建、以评促用，持续放大数字化转型的价值效能。

4 数智融合孪生与安全实验床赋能能源产业数字化展望

数智融合孪生与安全实验床通过构建先行先试实验平台，一方面，可为新业务、新场景、新模式提供试运行环境，在上线前开展全方位评估，降低应用风险；另一方面，可通过场景孪生推演，挖掘更多创新业务场景和生产运营新范式，拓展数字化应用新疆界。

4.1 新业务"试错"：降低创新风险

数智融合孪生与安全实验床提供了一个虚实融合的"新业务试错"平台。能源企业可在数字孪生空间中，对新业务流程、新应用系统开展模拟测试。通过模拟各类实际业务场景，评估系统功能完备性、业务流程适配性、用户体验友好性等，识别潜在的设计缺陷，优化完善后再投入实际应用。同时，利用安全实验床构建新业务的攻防环境，从数据、网络、应用等多个层面，模拟黑客入侵、数据窃取、身份伪造等安全威胁，评估系统的抗风险能力，筛选有效的安全防护方案。经过数智融合孪生与安全实验床的融合试错，可最大程度降低新业务的应用风险和安全风险，加速创新成果落地。

4.2 新场景"探索"：拓展应用边界

数智融合孪生与安全实验床为能源行业开辟崭新的"场景探索"空间。利用生成式AI在建模场景的基础上，自动学习生成更多变体场景，智能探索从典型场景到泛在场景、从已知场景到未知场景的无限可能。海量场景的自动推演，使一线人员和专家用户可聚焦场景分析和方案优选，而将场景构建的重复劳动交由数字孪生体完成，大幅提升对复杂能源系统的洞察广度和深度。同时，引入网安对抗机制，针对新场景开展渗透测试，持续强化场景的安全防护水平。

4.3 新模式"孵化"：催生业务变革

数智融合孪生搭建起能源业务模式创新的"孵化器"。能源企业可在数字空间中，利用情报事件图谱、生成式AI等技术，挖掘海量业务需求，智能构建多元生产运营组合，推演形成业务创新方案。同时，实验床中还可以全面模拟信息泄露、数据篡改等安全事件，强化能源服务的隐私保护能力。通过虚实迭代，可加速智慧能源服务从概念验证到商业规模化落地。类似地，数智融合孪生还可催生产消协同、星地融合等诸多业务新模式，成为驱动能源产业数字化变革的"孵化器"。

4.4 新范式"探索"：开启转型新征程

放眼未来，数智融合孪生与安全实验床有望开启能源产业数字化的崭新范式。一方面，数智融合孪生技术将与区块链、元宇宙等前沿技术加速融合，孕育出更多变革性业务新场景。例如，以数字孪生为基础，将能源生产运营与区块链智能合约结合，探索新型能源市场交易机制。另一方面，如图2所示，能源行业积累的数字孪生知识、模型、场景等可复用迁移至农业、物流等其他行业，将能源行业数字化的创新实践扩散至更广阔的数字经济领域。未来，数智融合孪生将持续拓展能源产业变革的新边界，加速构筑起人—机—物深度协同的能源物理信息系统，开启从数字化到智能化再到自主化的崭新征程。

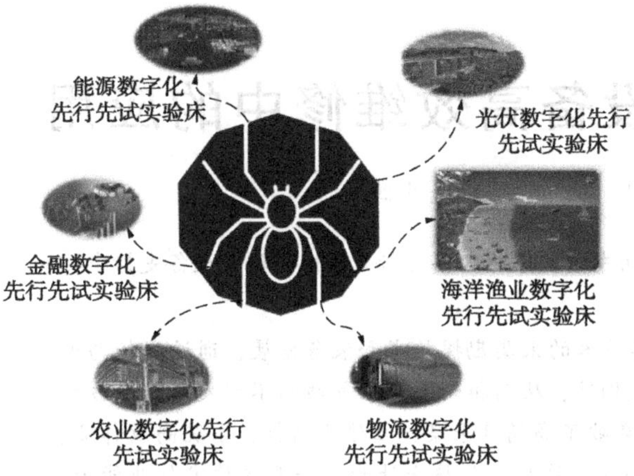

图2 千行百业数字化先行先试实验床

5 总结与展望

本文创新性地提出数智融合孪生与安全实验床的概念，针对能源产业数字化面临的痛点难题，构建集虚实交互、多域融合、场景驱动、安全内生、持续迭代于一体的先行先试环境，形成"场景挖掘—场景孪生—场景推演—安全攻防—效能评估"的系统性解决方案，为数字化变革开辟新路径、注入新动能。

未来，随着新一代信息技术的加速突破，伴随虚实世界深度融合，数智孪生将实现从单向映射、局部优化，到交互进化、协同增效的跨越；伴随算法模型普惠共享，数智孪生有望打破行业壁垒，实现跨领域知识迁移、场景复用。因此要抢抓数字经济这一战略性先机，加快构建具有中国特色的产业数字化新质生产力范式，以数智融合孪生与安全技术助推能源产业数字化变革，为建设数字中国贡献"能源力量"。

参考文献

[1] 夏建涛. 数字科技推动能源产业高质量发展[J]. 智慧中国，2023，(Z1)：70-71.

[2] 吴志刚. 重构数据生产关系培育数据要素市场[J]. 软件和集成电路，2021，(04)：52-57. DOI：10.19609/j.cnki.cn10-1339/tn.2021.04.013.

[3] 高立兵. 石油化工行业工业软件趋势探析及发展路径研究[J]. 新型工业化，2023，13(09)：61-68.

[4] Li，Jiaqi，et al. "Space spider：a hyper large scientific infrastructure based on digital twin for the space internet." Proceedings of the 1st Workshop on Digital Twin & Edge AI for Industrial IoT. 2022.

[5] 张鹏翼，黄百乔，鞠鸿彬. MBSE：系统工程的发展方向[J]. 科技导报，2020，38(21)：21-26.

[6] Hong，Quan，et al. "Shock Trap：An active defense architecture based on trap vulnerabilities." 2022 7th IEEE International Conference on Data Science in Cyberspace (DSC). IEEE，2022.

[7] Wu，Xingchen，et al. "Poster：Cybersecurity Chess Manual：A Security Concept Predicting Typical Future Confrontation Scenarios."

智能测试柜在eSeis采集设备高效维修中的应用

董西宁[1]　刘鸿飞[1]　王春丽[1]　张　哲[1]　杜小晔[2]

(1. 中国石油东方地球物理公司仪器服务中心；2. 中国石油东方地球物理公司新兴物探经理部设备支持中心)

摘　要　随着新型基于先进的通讯技术、计算机信息技术的采集勘探技术和装备发展，通过分析与处理采集的海量地震勘探数据，进行可视化仿真地下油气藏构造，从而推动大型油气藏的不断发现。东方物探公司具有自主知识产权的eSeis陆上节点地震采集系统突破了高精度采集、立体化质控、系统高效作业、海量数据合成等4项关键核心技术，具备了复杂山地、沙漠、城区、丛林全地形、全天候稳定作业能力，成为国内陆上双复杂区主流地震勘探采集设备。大规模应用引发eSeis采集设备故障呈现多样化，采用常规检修手段往往无法快速判定故障原因，导致维修效率不高。自主研制的eSeis采集站维修智能测试系统(简称智能测试柜)投入使用，可自动运行站体硬件电路加电检测程序，智能研判故障症状并能以数值化超限指标显示，辅助维修人员迅速框定故障元器件范围，达到快速有效维修的目的。本文对eSeis采集站、智能测试柜的硬件组成及工作原理加以简介，例举通过借助维修助手对故障站体通讯检测异常、测试指标超标、模块检测不过等几类典型症状的精准维修，将新型智能检测设备加以推广共享。

关键词　eSeis采集站；维修测试系统；故障类型；诊断流程；实施案例

目前，国内各油田公司勘探程度不断提升，勘探任务逐渐复杂，对地层下小、薄、深等复杂地质结构的刻画精度和成像率要求越来越高，二宽一高地震采集技术和节点仪器相结合正在作为解决复杂地质任务勘探的有效方法。节点仪器具有简单操作、高效施工、低成本、大数据采集、不受实时道数制约等优点；同时，它符合了物探单点高精度发展的需要，因而迅速成为国内物探行业应用的热点之一。其中中国石油东方地球物理公司eSeis仪器，近年来承担了数百个勘探项目，有力推动了各个油公司新油气藏的发现。针对eSeis采集站高频次使用，受损的站体呈现故障多样化而现有检测手段无法满足高效维修的现状，推出了采集站维修测试设备，助力快速解决故障多而复杂的难题。本文主要从eSeis采集站工作原理和硬件组成入手，结合智能测试柜设备特色功能，精准分析，逐一排除故障点，探究症状原因，为维修人员提供借鉴。

1　eSeis采集站

1.1　电路组成

eSeis采集站由接口板、采集板(ACQ)及通讯板(Node)等部件组成，其以微控制单元(MCU)为核心集中控制模式，管理各个集成模块化电路工作，借助GPS实现时钟同步，自主完成不间断全天候地震数据采集。

接口板由外部数据控制接口、电源接口和数字传输控制接口组成(如图1)，完成采集站配置、补电、下载及检测等状态信息交换场所。ACQ板由DC-DC电源转换电路、ADC模数转换电路、MCU微控制单元电路、TF存储电路、数据下载电路等集成模块化电路组成，在MCU控制管理下，从检波器输入信号经过ADC模数转换后，再通过MCU处理，送到TF存储电路并完成地震数据存储等工作。通讯板(Node)由电台通讯模块和GPS模块等部件组成，实现电台激活服务与GPS通讯服务。

1.2　工作原理

采集站(如图2)采用最佳集成电路模块化的设计理念，以微控制单元为集中管理控制方式，管理各模块电路相应的工作，完成地震数据采集任务。野外采集站体激活后，Gps、采集板各模块电路、通讯模块先后启动，微控制单元电路完成初始配置，利用手簿检测采集站状态信息及检波器电阻等信息正常，同步通讯板指示灯处于绿灯闪烁状态，采集站进入正常工作阶段；然后由微控制单元自动解析采集指令并转发到模数转换电路，模数转换电路收集并处理采集检波器信号，返回到微控制单元进行预处理，同时微控制单元获取GPS实时授时的时间信息，将该时间信息保存到存储电路 TF 卡中，作为每炮提取时间标准；最后微控制单元进一步压缩处理地震采集数据信息，将地震数据保存到存储电路 TF 卡中，形成最初地震数据体，这个工作过程就是采集站工作原理。

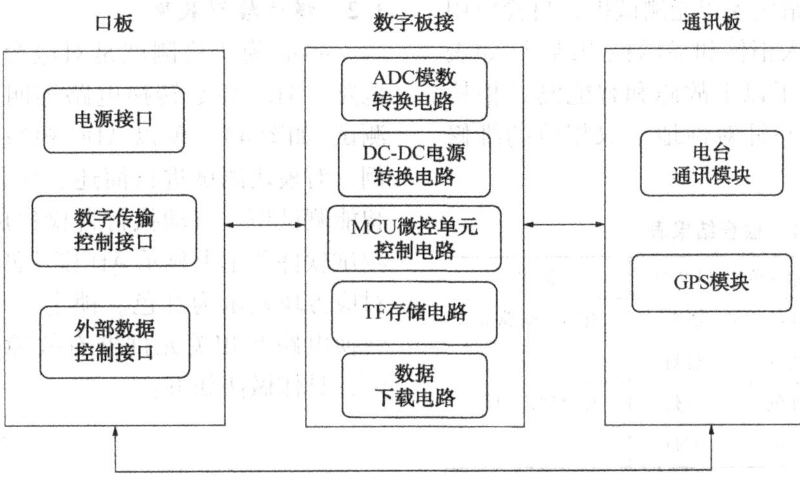

图 1　eSeis 采集站电路组成框图

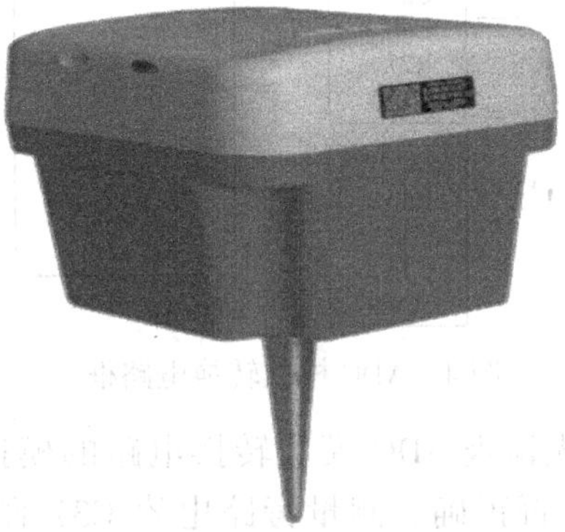

图 2　eSeis 采集站图

2　智能测试柜介绍

智能测试柜是中国石油东方地球物理公司为适应维修工作需要结合采集站结构特性而研发的专属设备(如图 3)，其以应用便携化、操作自动化、诊断智能化、适用广泛化等优势，得到推广，成为快速判断故障有力的助手。

图 3　采集站维修测试系统

2.1　工作机理

采集站通过柜体侧面 UART 串口插托盘接入测试柜通电。首先测试柜自动识别并加载，并运行自检程序，各个集成模块化电路开始正常工作，ACQ 板上微控制单元(MCU)对站体控制状态等信息进行处理；然后利用 MCU 内置的 A/D 转换器将模拟信号转换为数字信号，经过计算分析后获得有效的数值；最后测试结果经过液晶显示屏，呈现到测试软件界面状态区中显示测试结果。

2.2　特色功能

功能强大的智能测试柜，具备如下显著特点：

(1) 应用便携化：重量只有 12kg，其顶盖上端有一个提手，特别符合野外采集作业携带式使用。

(2) 操作自动化：应用软件建立在 Windows10 操作系统平台上，软件界面分为信息区、测试区和状态区，采集站接入该柜体后自动加载运行自检应用程序，无需人工操作。

(3) 诊断智能化：故障站体经自动检测后，测试结果和故障现象即可精准显示出来，继而进行针对性检修。

(4) 适用广泛化：不仅应用检测故障站体，也适用已修复站体的采集参数加载、电台站体升级、补电、下载数据等操作。

2.3　故障诊断

智能测试柜诊断是设备利用自测软件程序对

采集站硬件电路进行各项指标检测，智能判断分析检测异常值，直接显示故障部位，根据故障程度采取更换、补焊、重接等技术措施，做到快速维修的目的。采集站接入智能测试柜，自检应用软件自动识别并接入柜体和显示检测结果(如表1)。我们总结归纳了以下故障和智能测试柜检测时的表现现象，并针对性地采取相应的维修方法。

表1　检查结果表

序号	类型	图标颜色	LED灯	备注
1	通讯测试	红色	红灯	有时红灯常亮
2	模块检测	红色	红灯	
3	自检故障	红色	红灯	有时红灯闪烁
4	阻值故障	红色	绿灯	

根据智能测试柜所呈现的快速测试结果，对采集站的维修可分三步：首先检查各个插座与连线排线的联接是否松动有损；然后采用专业电源通电检查电路中工作电压情况，判断故障点区域；最后检查MCU微控制单元电路固件程序是否受损。

3　实施案例

3.1　通讯测试异常

加载eSeis采集站至智能测试柜，自动执行加电通讯自检程序，检测应用软件菜单上显示通讯测试故障，测试项对应方块呈现为红色，站体不能被激活，指示灯时有红灯常亮现象。依据采集站工作原理和故障现象等特征信息，诊断采集站的通讯电路路径及相关部件有故障点。针对这类故障，具体做法如下：

首先检查采集站电路接口板外部两排各五针(其中GPIO针)是否有腐蚀物，其次内部一排5针GPIO针插座接口处及二排各五针插座接口处是否有腐蚀物造成不通；再次检查数据联线中一对GPIO是否存在被挤坏和数字板一排十针插座接口处的松动等问题；然后检查数字板MCU微处理器所发出通讯路径上的元器件是否有断路及损坏现象，尤其是排查相关电路插座处衰减电阻和存储电路TF卡两处，补焊电阻和重新拔插TF卡后，通讯路经正常。

依次检查完成后，最后检查MCU微控制单元通讯主程序易失问题，ACQ板通电，使用程序刷屏器重新写入固件程序，解决集成模块与MCU通讯问题。重新拔插电池块插座，重新上电，采集站通讯正常，通讯测试结果指示块变绿，站体指示灯也正常。

3.2　模块检测故障

eSeis模块检测就是对电台、GPS、TF存储电路、ADC模数转换电路等四个集成模块电路测试(如图4)。现以ADC模数转换电路故障为例，对模块测试进行简述。加载eSeis采集站至智能测试柜，自动执行自检集成模块电路程序，测试软件菜单上显示AD模块测试故障，测试项对应方块显示为红色。锁定采集站的ADC模数转换电路及相关元件器有故障点。针对这类故障，具体做法如下：

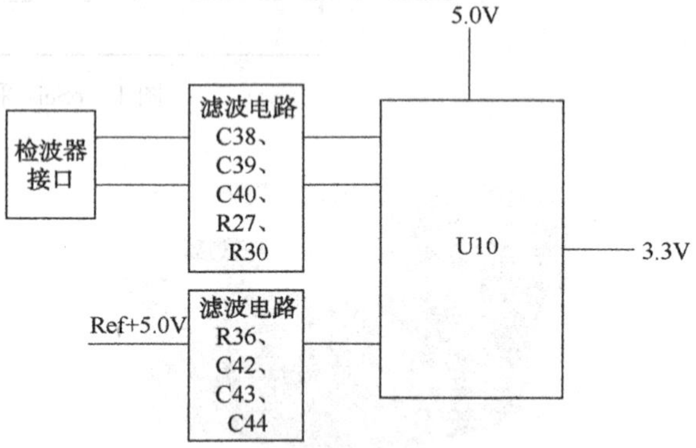

图4　ADC模数转换电路框图

首先检查ADC模数转换电路的模拟电压供电5V是否正确。测量旁路电容C37容值正常，向上级5V产生电路往前检查5V的输出电路电压是否正常。测量电源芯片的电路输入电压正常，测量输出无电压，检查输出端电容不存在短路，这样确定电源芯片损坏而更换。通电，采集站AD模块测试正常，模块测试结果指示块变绿。

然后检查ADC模数转换电路的参考电压(Ref5.0V)供电是否正确。用万用表电阻电容测量5V的输入电阻R36为无穷大，更换电阻后通电，采集站AD模块测试正常，模块测试结果指示块变绿。最后检查ADC模数转换电路的模拟电压供电3.3V供电是否正确。用万用表电阻电容测量3.3的输入电容异常，经测量发现C46短路，拆下电容C46测量为0阻，再次测量C46的焊盘两端不短路，更换电容更换电，采集站AD模块测试正常，模块测试结果指示块变绿。

3.3　自检故障

加载eSeis采集站至智能测试柜进行节点单

元指标测试，测试软件菜单上显示自检中标准值指示方块为红色。说明节点单元的 A/D 电路测试过程中，本身及相关元件器有故障点。针对这类故障，具体做法如下：

首先检查数据线到两个测试插针处是否完好，然后测量 AD 模数集成电路的测试信号端电阻值是否为正确值，经检查信号端电阻值不正确，更换损坏的 U10，更换完成后再次检测。最后在检测过程中，发现测试一项指标后结果，退出不再继续。说明在存储过程中，存储 TF 卡有松动问题，重新拔插后，采集站通电，选择自检测试，标准值测试结果指示块变绿。

3.4 检波器阻值故障

加载 eSeis 采集站至智能测试柜执行检波器自检程序，检测应用软件菜单上显示检波器测试故障，对应显示测试项方块为红色，依据采集站组成结构与工作原理分析，判断采集站的连接部件和检波器检测电路等位置有故障点(如图 5)。针对这类故障，具体做法如下：

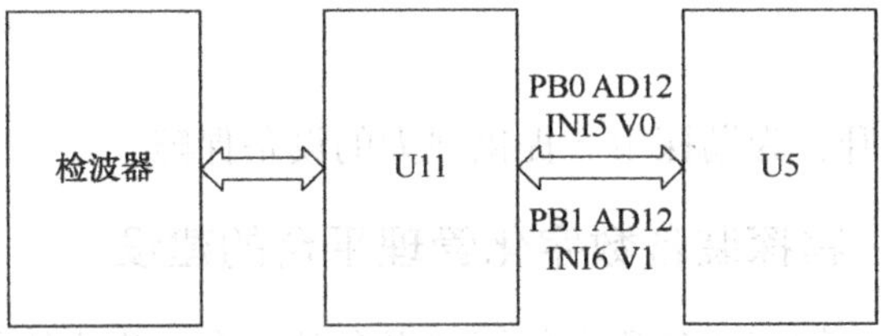

图 5　检波器检测电路框图

首先观察检波器磁钢本身和连接线之间的连接，即磁钢与连接线是否完好和两部件连接处是否断开，若没有问题，可以进行下一步诊断工作。

然后检查 3 针插座与 U11 部件之间的连接，即 3 针插座正极性针连接到 U11 的 15 脚及负极性针连接到 U11 的 12 脚，该两根连线为直通线，测量通断即可。

最后通过检测 INI5 V0 的电压信号，判断 U11 与 U5 两个器件有无损坏，若 INI5 V0 测量值为 3.2V，说明 U5 发出的指令信号无异常，U11 损坏而更换；若 INI5 V0 测量值为其他值，说明 U5 本身受损程度不同引起指令错误，U5 损坏而更换，最终确定故障部位从而解决。

4 应用效果

综上所述，采集站维修智能测试系统作为东方地球物理公司自主研制的检修装置，在维修方面辅助作用突出，其操作便捷，显示故障准确，具备熟练技能的维修人员结合 eSeis 采集站体电路组成和工作原理，继而对测试出的不同故障现象迅速研判，达到精准判定故障位置及故障范围进行排除的效果，最终实现有效提升设备维修效率的目的。

参 考 文 献

[1] 宁宏晓，唐东磊，皮红梅等．国内陆上"两宽一高"地震勘探技术及发展[J]．石油物探，2019，58(5)：645-652.

[2] 罗福龙．地震仪器基础与应用[M]．北京：石油工业出版社，2020，233-244.

[3] 夏颖，刘卫平，甘志强，等．节点仪器面临的挑战与发展趋势[J]．物探装备，2017，27(5)：281-282.

[4] 武永生，郑永明，韩忠伟，封召鹏，王洪涛，蔺大禄．eSeis 节点地震仪器在严寒工区施工技术[J]．石油管材与仪器，2021，7(1)：94-97+100.

[5] 罗福龙．地震仪器应用技术展望[J]．石油管材与仪器，2021，2(5)：15-19.

[6] 易碧金．地震数据采集站原理与测试[M]．北京：电子工业出版社，2010，145-173.

[7] 潘正风．数字测图原理与方法[M]．武汉：武汉大学版社，2002，30-89.

[8] 董西宁．eSeis 节点单元存储电路故障解析[J]．石油管材与仪器，2023，9(5)：92-95.

[9] 王玉伟，王铭义，徐文瑞等．无线节点采集技术及应用[J]．石油物探，2022，61(6)：975-984.

[10] 王延光，尚新民，芮拥军．单点高密度地震技术进展、实践与展望[J]．石油物探，2022，61(4)：571-590.

物探装备数字化管理平台建设与应用

刘一帆　封召鹏　宋立辉

（中国石油集团东方地球物理勘探有限责任公司）

摘　要　石油物探行业具有显著的重资产特征，物探装备是中国油气勘探开发行业的重要支撑，对保障油气增储上产发挥着重要作用。在国内加大油气勘探开发力度的背景下，勘探项目逐渐增多，海量物探装备投入使用，对设备的管理提出一定挑战。如何全要素挖掘设备管理效能，全周期管控设备管理成本，千方百计降本增效，传统的管理模式已不能适应新形势、新任务要求，亟需推进物探装备管理数字化转型。本文介绍了一套以维修数据分析为核心的物探装备数字化管理平台，通过固化维修流程，规范设备/维修用料名称、型号、价格、故障现象、维修结果等数据信息管理，对海量数据库信息进行智能化分析和标准化深度加工后，形成可供分析的故障率统计、维修耗材统计、设备经济技术分析报告等可视化数据，实现了从时间维度、空间维度对物探装备进行全生命周期管理，科学制定维修计划、采购计划，即时组织开展各层级维修、维护、保养，确保物探装备始终处于完好状态，在保证生产效益最大化的同时，全面达到零故障、零不良、零缺陷、零事故的终极目标，多措并举提高设备综合使用效率。基于管理决策平台，加快智能化场景建设，加强数据治理，提升数据价值，实现数据共享，实现对核心物探装备的全生命周期管理。

关键词　物探装备；数字化；数据价值；管理

1　引言

当前，数字化极大地推动着社会生产力的发展和生产关系的重塑。数据价值化是推动数据向现实生产力转化、赋能全要素生产率提升、加速新质生产力形成的历史发展过程。随着大数据技术的广泛应用，各行各业对数据价值的关注度逐渐提高。物探装备的应用环境多为沙漠、荒原、高海拔无人区，在国内加大油气勘探开发的背景下，超大道数采集成为常态，采集设备分布在全球各处，设备状态的实时统计存在一定难度，越来越多的大道数的采集项目，必然面临着越来越大的维修量，维修数据的信息共享问题促使着维修的数字化管理也成为必然。大数据、人工智能、云计算、计算机等新技术的发展，推动着石油物探装备的数字化管理进程。

本文介绍的物探装备数字化管理平台以现有的线下维修流程为基础搭建，以维修数据为核心智能化输出一系列分析报表，指导设备的全面生产维护和全生命周期管理，科学驱动设备资源流向最需要的环节，实现安全、效益、品质的共同提升，为勘探生产提供强大的设备保障。

2　物探装备数字化管理平台的建设

物探装备数字化管理平台基于全面生产维护TPM（Total Productive Maintenance）思想，推动设备管理模式由经验驱动型向数据驱动型转变。原有的通过纸质记录和人工填写Excel表格的方式无法对装备状态的实时统计，更无法形成一系列所需的可视化分析报表，因此无法满足企业的管理需求。数据驱动下，石油石化企业不得不向智能化、数字化方向转型，依靠智能化管理决策平台的建设，确保数据的高质量和可用性，为装备管理调度提供决策支持。

2.1　总体架构设计

物探装备数字化管理平台需要实现数据的规范化填报，通过对海量的相关数据进行分析、处理，将结果应用到装备备的全面生产维护和全生命周期管理，最大程度提高设备效率和可靠性。该平台总体架构为三层，分别是：底层数据治理、中间层数据平台及算法和顶层应用层。通过数据层进行驱动，支撑由算法进行，最终体现在应用层的数据驱动，整体架构见图1。

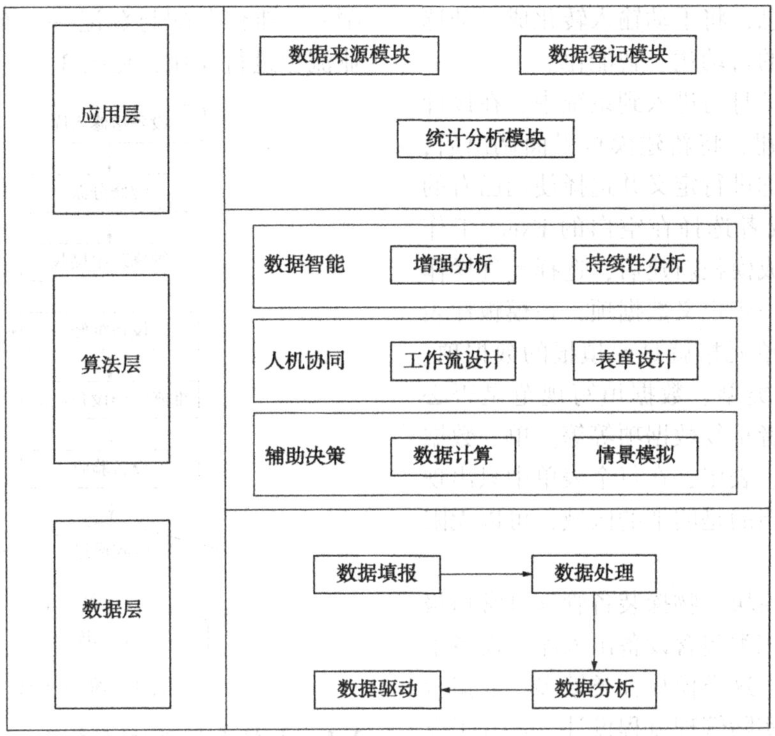

图1　总体架构

该平台结合了结合了数据库技术、工作流技术和 Web 技术，可将分散在各个管理环节的 Excel 表单直接集成为一套管理系统。它提供了一个信息系统需要具备的各种功能包括：组织、角色、人员的定义；表单的设计、数据字典的定义和数据库表的创建；工作流的定义和运行；数据统计方式的定义和自动执行；WEB 操作方式；短消息接口；电子邮件接口；与其他信息系统的数据集成等等。数据层对数据进行收集将填报的数据转变成条理清晰地数据资产，从而实现对数据的分析和应用，对数据进行加工，提炼有效数据，实现数据“增值”。把零散的、隐藏在数据中的以及难以被发现的数据转变成直观、简单、通俗易懂和有规律的数据，通过图形、表格等方式呈现出来；算法层实现数据的提取、搜索、共享、存储和可视化分析等；应用层是用户直接面对的平台界面，形成地面设备故障率统计分析、维修耗材统计分析、维修阶段工作量统计分析、阶段工作量统计分析等。

该平台由服务器、客户端以及管理控制台组成，见图2。服务器包含数据库、服务程序和填报网站。客户端通过网络登录到服务器，从服务器上的数据库获取相关信息，并通过填报、审批等一系列操作，将最终的结果保存回数据库中去，从而实现信息共享。

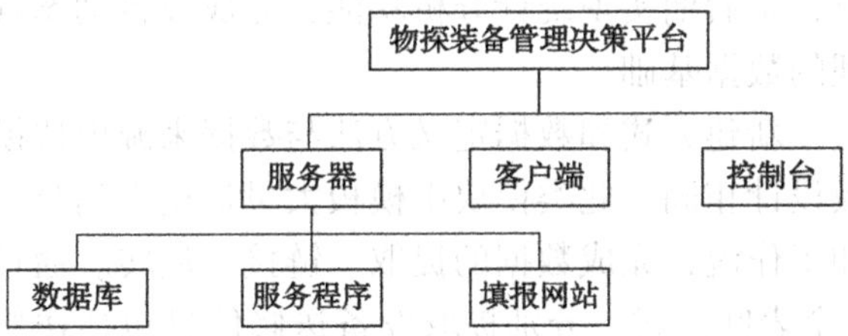

图2　平台组成

在这个平台上，设计者可以通过设计模板、定义工作流、定义表间公式等简易直观的操作，将信息系统建立起来。使用该平台进行设计，可以根据实际设备管理需求，适时调整增加功能，实现数据的自动汇总统计，该平台不仅限于局域网内的使用，还可以支持互联网的应用。管理者在设计好的 Excel 模板上进行数据填报，就像操作一个普通的 Excel 文件一样，让使用者快速上手，大大降低了系统的操作难度。

2.2　平台模块化设计

（1）数据来源模块。即现有设备信息的根目录。大致分为四类包含相当于所有装备的设备名称、型号、实物标识号、保修期限、库存数量等的信息库房，设备故障现象汇总，相关电子元器件的名称、位置号、部件号设备号、价格来源以及分管设备信息。模块内通过模板设计实现相关数据的自动提取，后期在设备信息流转的过程中，设备管理填报人员可以直接在对应选项内选择要登记的设备信息，将手动输入转化成自动选择，实现设备登记的自动化、智能化。

设计者以管理员身份进入到系统中，在设计者模式下，选择新建，将新建模板界面调出后，对模板的序号、名称进行定义并选择使用已有的Excel文档为模板或者选择在空白的Excel工作簿上进行设计。完成模板新建后，选择允许操作该模板的角色。下一步定义数据项，在模板样表中存在很多空白的单元格就是要填报的数据项。数据项要区分数据类型、数据填写规范是否必填、单一数据项或者重复数据项等等。单一数据项一般出现在表头、表尾，在每个表单中只出现一次；重复数据项指的是明细的区域，可以无限延伸。

（2）数据登记模块。物探装备管理日常填报的表单。大致分为三类包含设备出入库、设备维修登记、设备审批。这类模板种类繁多，数据量大，并且根据设备实际管理流程设计，包含了设备的流转信息。在该系统中，该模块是重中之重，是后期实现统计分析功能，完成设备动态管理的数据基础。

新建方式和数据定义方法与数据来源模块模板设计相同。此类模块中模板大量运用表间公式和工作流，完成数据的提取、链接、流转。通过6个表间公式，分别提取设备送修信息包括送修日期、设备名称、实物标识号等，维修元器件信息并且和信息库房数据完成链接实现库房设备的增减。

（3）统计分析模块。一是在线实时查询机制，实现数据开放性共享。设备集约化管理，平台通过目标关键字检索，某台设备的各类过程信息在同一界面内查看，实现高度的可追溯性。二是故障率统计分析，实现靶向性维修。从填报的维修数据中提取设备类型、设备名称、故障类型并自动分析整理出不同设备的故障类型及占比，维修人员可以针对故障率高的类型进行集中攻关，展开QC活动提出性能改进建议，降低设备故障率的同时实现高质高效地维修。三是维修耗材统计分析，指导设备物资保障。统计不同时期的设备维修耗材、统计不同项目的设备维修耗材以及整体阶段性耗材。

3　物探装备数字化管理平台的应用

按照平台中建立的“设备送修——维修分配——维修分配与登记——维修返还与出库”作业流程进行操作，见图3。

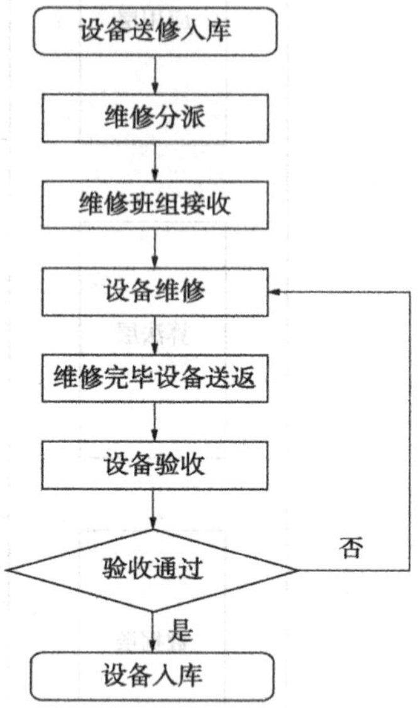

图3　维修工作流程

3.1　数据来源模块的应用

导入设备、维修用料、故障现象等标准化信息。在维修结果登记过程中，实现信息填报标准化的同时与物料库存的无缝连接，达到数据自动提取、自动增减的效果，例如，维修过程中消耗3个电阻，物料库存中就会自动减少3个相应电阻的库存，无需人工进行手工统计物料消耗及库房存量情况。

3.2　数据登记模块的应用

（1）送修入库及分派。野外项目将设备送修到基层单位后，设备管理人员填写《设备维修入库单》。设备维修入库单表头中送修日期、填报日期自动填充为当前日期，填报人自动填充为当前登陆用户名，送修单号自动生成，送修单位、设备类型和种类通过点击相应位置空白单元格，弹出列表选择，通过勾选进行填充。送修设备信息通过点击明细中空白单元格自动弹出信息选项，通过勾选完成信息填报。完成表单填写后，点击保存，系统自动将该表单提交下一步的执行人。执行人登陆自身账号，在“待办事宜”里点击维修分派，点击办理，即可操作。所有信息自动生成，在明细中将对应设备选择到对应维修班组，保存即完成维修任务分派。

（2）班组接收与维修。系统自动根据选择的维修班组，将任务下发到维修班组指定接收人，并由接收人在“待办事宜”里统一接收。接收完成后，维修人员就可以对此维修任务中的设备展开维修，填写维修结果登记表。通过点击实物标识号对设备进行选择，表头中设备送修信息自动生成，在明细中点击空白单元格自动弹出维修用料库，通过勾选完成器件选择。填报数量后，维修用料库中的电子元器件会自动完成数量增减，以便于管理者及时掌握备料情况，对行程物料采购预案有一定的指导作用，填写好的维修结果登记见图4。

维修结果登记表

实物标识号	10015091		设备名称	采集站	型号	外接式				
维修人	栾红		维修班组	SERCEL技术服务组	登记日期	2024/3/13				
送修单号	LH-2023-26-5		项目名称	坳陷东部牛居三位						
设备类型	仪器设备		设备种类	eSeis						
保修期限	否		故障板号							
故障现象	AD故障									
维修内容										
维修结果	修复		替换站号		附件		技术检查			
序号	器件名称	规格型号	部件号	位置号	单位	单价	来源	数量	金额	备注
1	A/D转换器	ADS1284		U10	个			1		

图4　维修结果登记

(3) 维修完成后，指定人员选择相应送修单号填写班组维修送返单。所有维修设备信息自动提取，保存后自动提交给设备管理人员。

(4) 设备验收与出库。设备管理人员在“待办事宜”里接收表单和实物核对好后完成验收。如果存在验收不合格的情况，可在系统中可将表单退回维修班组，并由班组再次维修完毕后重新送返。若验收无误，填报《设备出库单》。通过送修单号提取设备信息，并选择设备去向。

3.3 统计分析模块的应用

以三个方面的统计分析为例简要说明：

(1)实时动态监测，直观明了。管理者随时进行线上信息查询了解相关维修资料和统计数据，不需要再联系相应业务人员进行数据汇总后，再通过OA、邮件等形式查找获取，获取信息准确、直观的同时加快了信息获取速度，见图5。

图5　设备维修实时动态监测

（2）故障率统计，为装备研发难点提供依据。以公司自主研发的 eSeis 节点仪器为例，在前期的应用中以平台提供的故障分析数据为支撑，技术人员先后提出性能改进建议 69 项，优化技术替代方案 2 项，有力保障了 21 万道自主节点设备的规模化使用，并未后期 eSeis Neo 节点仪器的研发相关元器件的使用提供了依据，见图 6。

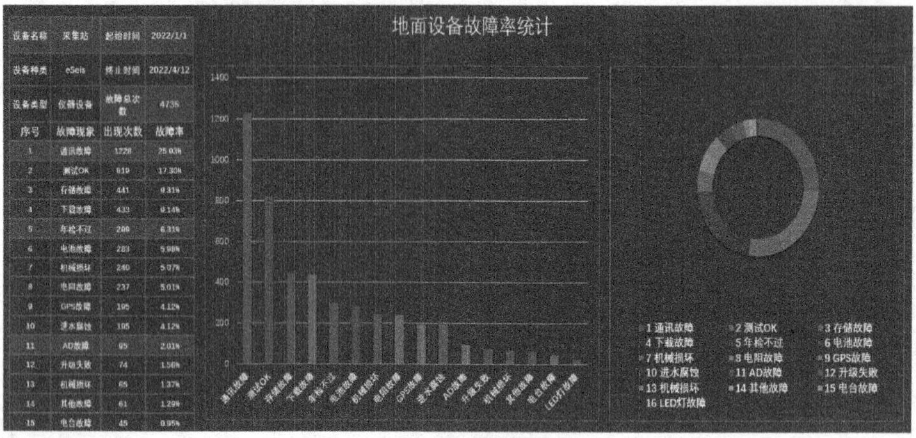

图 6　地面设备故障率统计

（3）耗材统计，减少库存，降低零备件库存成本。通过对比不同时段的维修耗材种类及数量，直观的展示出不同时期维修耗材使用数量，指导管理者按照季节性提前制定合理的物资采购计划，进行合理的配件存贮，缩短维修耗材等待时间，尽可能规避生产停工的风险。通过对比不同探区的维修耗材种类及数量，指导管理者按照区域性提前制定合理的物资采购计划，有效缩短了待料期，降低维修成本。与此同时，结合禁采期的集中维修，维修耗材提前进行区域性规划、采购，针对设备性能及公司项目需求情况适当组织对部分长期呆滞物资的部分维修，从而充分发挥设备的最大效能。通过统计数据，设定合理的库存定额，现有库存量与合理库存定额相比对，为设备零备件采购提供依据。对统计出来的消耗数量少的耗材降低采购量，减少资金积压，对消耗多的合理储备，使得物资的利用价值得到最大化的展现，形成科学有效的零备件管理体系，避免资源浪费在保障为生产提供充足物资的前提下，尽可能地减少库存积压，降低零备件库存成本，见图 7。

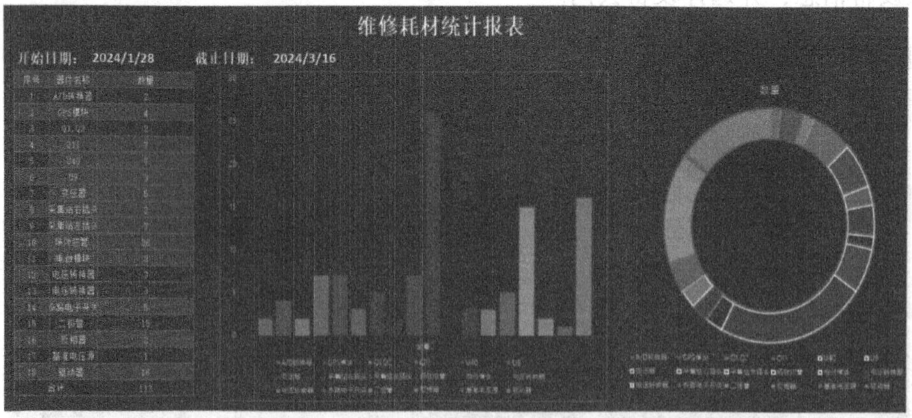

图 7　维修耗材统计

此外，通过统计各类型设备的故障点，对于易损坏的设备部位、芯片等开展日常维修管理，建立预防性维修体系。进行设备预防性维修、制定日常保养计划主要包括为了防止设备性能劣化而进行的日常维护保养、检查、监测、诊断和修理。例如：对可控震源振动器、发动机、伺服阀、泵、马达等影响可控震源性能的重要总成件进行分级预防维修，每 1 万小时对泵、马达进行检测，替换掉磨损件，2000 小时对伺服阀进行清洗，1000 小时对发动机气门进行调整检查，1

万小时对振动器进行检查。通过分析设备使用年限计算设备每年沉没成本，并结合维修耗材使用成本计算设备每年的净残值，完成每台设备的经济技术分析，以获得设备寿命周期费用最经济、设备综合产能最高为理想目标，有效构造成本最低，充分利用设备创造最大的价值，为设备采购、处置提供数据支持。

4 结论与展望

物探装备数字化管理平台的建设与应用，是石油物探行业数字化转型的重要举措之一，实现了物探装备流转中各个环节的全过程数字化管理。将传统业务数字化、将业务数据标签化，将分析结果可视化，将维修决策数据化，使经验驱动型管理向数据驱动型管理转型，从而实施基于业务指标趋势的精细化管理，科学驱动维修资源流向最需要的环节，实现安全、效益、品质的共同提升。

参考文献

[1] 杨净雯．数据驱动下企业智能化管理会计平台研究［J］．财会通讯，2024，（03）：131-136.

[2] 勤哲．Excel 服务器 2019 精解［M］，北京勤哲软件技术有限责任公司．8-14.

[3] 谭耀奇，彭海英，熊锐等．烟草企业新型绩效管理模式的构建与应用［J］．现代商贸工业，2024，45（07）：95-97.

[4] 杨净雯．数据驱动下企业智能化管理会计平台研究［J］．财会通讯，2024，（03）：131-136.

新型工业化背景下油气管道项目建设数字化技术应用和展望

尚　舵[1]　郁振其[2]　卢春雨[1]　罗　军[1]

(1. 中国工业互联网研究院；2. 国家管网集团建设项目管理分公司)

摘　要　为了加快实现现代化，以习近平同志为核心的党中央谋划部署了新型工业化、新一轮石油天然气体制改革等国家战略。当前科技革命和产业变革正在加速推进，工业化和信息化融合发展，油气管道建设行业需要把握新型工业化和石油天然气体制改革带来的双重机遇，推动数字化技术与管道建设的深度融合，实现管道建设行业高质量发展。本文介绍了近年来管道建设行业数字化发展取得的积极进展，结合数字化技术在油气管道项目建设中的应用情况分析了数字化技术在油气管道建设中现状及存在的问题，提出相关建议并指出了数字化技术在油气管道建设中的发展趋势。

关键词　油气管道；数字化技术；新型工业化；发展趋势

新型工业化作为我国重要的战略部署，自2002年党的十六大首次提出至今已有二十多年，且十六大后历次全国代表大会及政府工作报告均提到新型工业化。党的二十大报告明确指出“建设现代化产业体系，坚持把发展经济的着力点放在实体经济上，推进新型工业化”，2024年的政府工作报告提出“实施制造业技术改造升级工程，培育壮大先进制造业集群，创建国家新型工业化示范区，推动传统产业高端化、智能化、绿色化转型；深化电力、油气、铁路和综合运输体系等改革，强化能源资源安全保障”。在此背景下，我国油气管道建设运营企业均坚定实施科技数字化战略，在工程建设领域积极推进数字化转型，取得了一系列成果。

1　顶层规划不断完善，相关企业高度重视

2023年2月中共中央、国务院印发了《数字中国建设整体布局规划》，指出要夯实数字中国建设基础，全面赋能经济社会发展，强调全面提升数字中国建设的整体性、系统性、协同性，促进数字经济和实体经济深度融合，以数字化驱动生产生活和治理方式变革，为以中国式现代化全面推进中华民族伟大复兴注入强大动力。2022年4月，国家能源局和科学技术部联合印发《“十四五”能源领域科技创新规划》，2023年，能源局发布《关于加快推进能源数字化智能化发展的若干意见》，鼓励能源企业数字化转型。2024年1月，工业和信息化部等9部门联合发布了《石化化工行业数字化转型实施指南》，以显著提高石油化工行业数字化、智能化水平，持续巩固流程工业领先地位。

在国家新型工业化重大战略部署与能源、石油化工行业数字化转型政策的引领下，数字化转型被视作实现高质量发展、建设世界一流石油化工企业的必要步骤，也是响应国家科技创新驱动发展部署，加强国家战略科技力量和能源领域创新能力的核心举措。油气管网作为我国石油化工产业链的重要一环，在本轮石油天然气体制改革前主要由中国石油、中国石化、中国海油及各省级能源集团主导建设和运行，本轮改革后，主要由国家管网集团负责全国主干管线建设和运营。这些大型国有企业兼具资金、技术、人才优势，从顶层设计层面制定了全面的数字化战略，包括构建数字化基础设施、成立数字化公司、推进数字化生产和服务系统、加强数据分析与应用等，有力推动了管道建设行业数字化发展。

2　数字化技术发展成果显著

经过多年的发展积累，数字化技术在油气管道项目的建设中已有着广泛的应用，特别是国家管网集团成立以来，行业集中度进一步提高，“全国一张网”加快耕织，数字技术应用得到了飞跃式发展。

2.1 设计阶段

2.1.1 三维仿真模拟技术

三维仿真模拟技术主要是利用 BIM(建筑信息模型)、GIS(地理信息系统)等工具进行管道路径优化选择、地形地貌模拟及三维可视化设计，以提高设计精度与效率，减少设计错误与冲突。中国石油天然气管道工程有限公司自主研发了管道设计 Wispipeline 载体平台，团队在保证工艺机理的同时还依照点云对模型进行了仿真处理，达到了虚拟与现实对应的孪生要求。同时项目所应用的管道线路孪生技术也是一大亮点，团队自主构建的 GIS 数据处理技术不仅使线位的地图精度远超同类产品，还有效嵌入了管道运营所需的高后果区识别和风险管理功能，实用性强且可真实还原现场情况。此外他们还基于不规则三角网建模原理、三角形条带法建模原理以及 CAD 软件的二次开发，研发了可应用于海洋管道整个设计周期的海洋管道路由及结构数字化设计平台，有效提高了海洋管道的设计质量和效率。

2.1.2 数字化协同设计

管道行业涉及机械、工艺、电信、仪表、阴保、总图、建筑、穿跨越等多个专业，在设计时需要多个专业团队共同完成设计工作。数字化协同设计平台可以在线实时协作，共享设计数据，从而加快设计进度，保障设计质量。国家管网集团工程技术创新有限公司开发建设的数字化协同设计平台，由设计管理、线路设计、站场设计、估概算智能编制、工程数字化交付 5 个子系统组成，平台可同步满足油气储运行业工程设计和管理需求，是国内油气领域首个行业级别平台，更是首个覆盖全部参与方，统一用户连接、统一业务服务、统一数字化运营的平台工具，如图 1 所示。

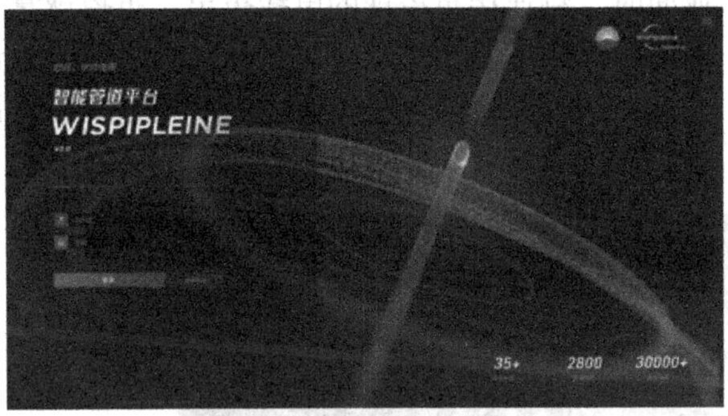

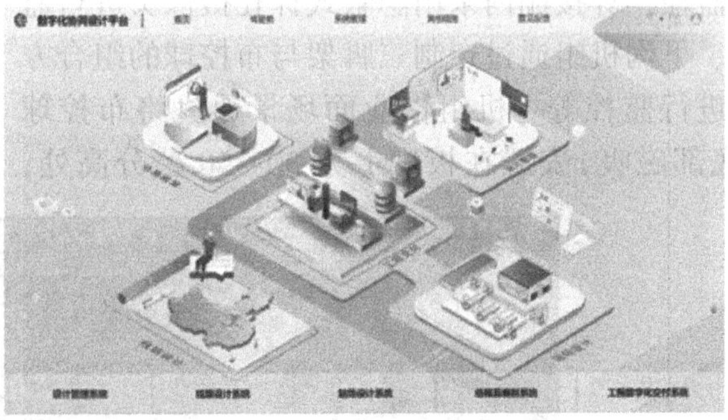

图 1 Wispipeline 载体平台与数字化协同设计平台

2.2 施工阶段数字化技术

2.2.1 GPS 定位与遥感技术

GPS 实时动态定位(GPS-RTK)技术可以实现高精度定位。在管道施工中一是可以用于精准测量和施工定位，确保管道按照设计路径精确铺设；二是可以快速准确地进行施工放样工作，包括管道中心线定位、弯头位置确定、阀门井等设施的布置等；三是通过 GPS 监控施工机械的位置和作业状态，有助于保证管道铺设深度、坡度、曲率等指标满足设计规范要求。

遥感技术更注重对地表特征进行识别和分析，可以提供大范围、高分辨率的土地覆盖、地形地貌、地质构造等信息。利用遥感技术可以帮助施工前根据现场条件制定合适的施工方案，也可用于施工现场的动态监测，尤其是在生态敏感区域，可以实时监控施工活动是否符合环保规定，以及对周围环境的影响，此外通过遥感数据分析地质变化、土壤湿度、植被覆盖等情况，可以提前预警可能影响管道安全的因素，如滑坡、洪水、冻土融化等。

2.2.2 智能工地系统

油气管道智能工地系统是一种集成了多种现代化信息技术，包括但不限于 5G 技术、物联网技术、大数据分析、大模型及人工智能等，以实现油气管道工程项目的高效、精准、智能化施工和管理的综合性解决方案，同时结合标识解析、RFID、智能摄像头等终端设备，实现对施工全过程全要素的感知、监测。该系统主要包括以下应用场景和功能模块：

工况数据采集及分析：油气管道建设施工中，焊接是最为核心的工序，对焊接工作涉及的设备如：自动焊机、半自动焊机和中频加热等机械设备进行改造，增加电流传感器、电压传感器、压力传感器、温度传感器和无线传输模块，采集和传输焊接电流、电压、送丝速度、防腐补口气压、温度等参数，并与焊口建立关联。通过与项目管理助手采集的结果数据进行对齐，实现焊接设备工况参数实时监控、焊接参数报警提醒、焊接质量分析等功能。采集的工况参数进行分析处理后，将各工序关键参数的特征值进行存档，结合焊接工艺规程标准值计算各个工序参数符合率，由技术员、现场监理确认后验收，如图2所示。

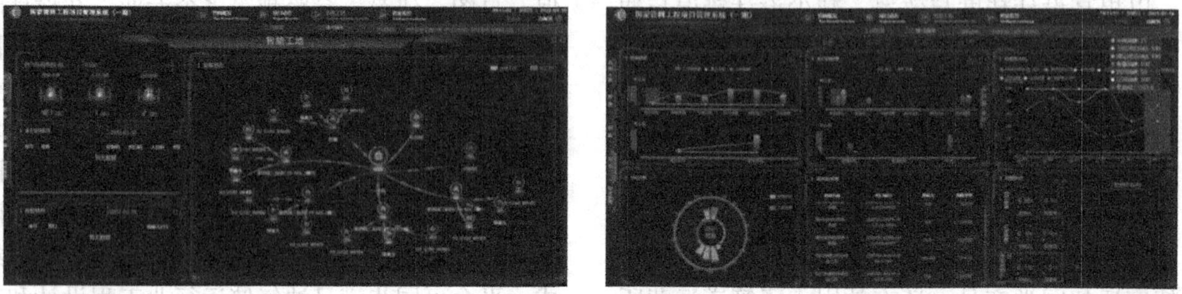

图2 工况采集及分析系统

现场视频监控：根据建设现场临时性、移动性、复杂性等特点，针对不同场景采用不同监控方式，如机组作业面场景采用固定场景布控球进行监控、焊接棚内采用隐蔽式针孔摄像头进行监控、下沟机组通过定制三脚架与布控球的组合方式进行监控等。机组作业面场景通过将布控球（底部磁吸）安置在板房上方30～50公分高处，通过板房侧面将布控球电源线连接至板房内的UPS电源，可实现全天候、高视角、全方位布控现场。当板房随作业面拖拽前进或搬离当前作业面时，将连接布控球的电线拔出，布控球拿下即可，方便拆装。机柜可以收纳现场数据采集计算机、UPS、安全网关、便携式NVR等基础设备，如图3所示。

图3 视频监控系统

无人机巡检：无人机巡检与影像技术在油气管道建设中的应用，已经成为行业技术创新的重要组成部分，用于施工现场的环境评估、安全检查和工程质量监督，极大地提高了工作效率、降低了风险。在施工时无人机可实时传输现场施工画面，管理人员根据影像数据监督施工进程、工程质量以及环境保护措施的执行情况。无人机搭载热红外成像仪、高光谱相机或超声波探伤设备，对新建管道进行无损检测，查找焊缝裂纹、腐蚀及其他潜在缺陷，如图4所示。

2.3 数字化采购管理

在油气管道项目建设投资中，物资一般占比40%—50%左右，因此做好物资采购管理对项目建设至关重要。在油气管道物资采购管理中，目前主要有数字供应链系统和互联网标识技术。

国家管网集团开发了供应链管理系统，主要包括计划管理、采购寻源、招标交易、合同管理、物流管理、仓储管理、质控管理、结算管理等8部分，以及支撑业务链条的商品管理、供应商管理、专家管理、综合管理、供应链金融、监督管理等 5 部分。通过供应链管理系统，将采购业务向前与工程设计，向后与工程项目管理、资产完整性管理衔接，还可以将物资入库、出库、盘库管理与财务管理结合起来，实时更新项目预算和实际成本数据，有效管控工程项目的财务风险。

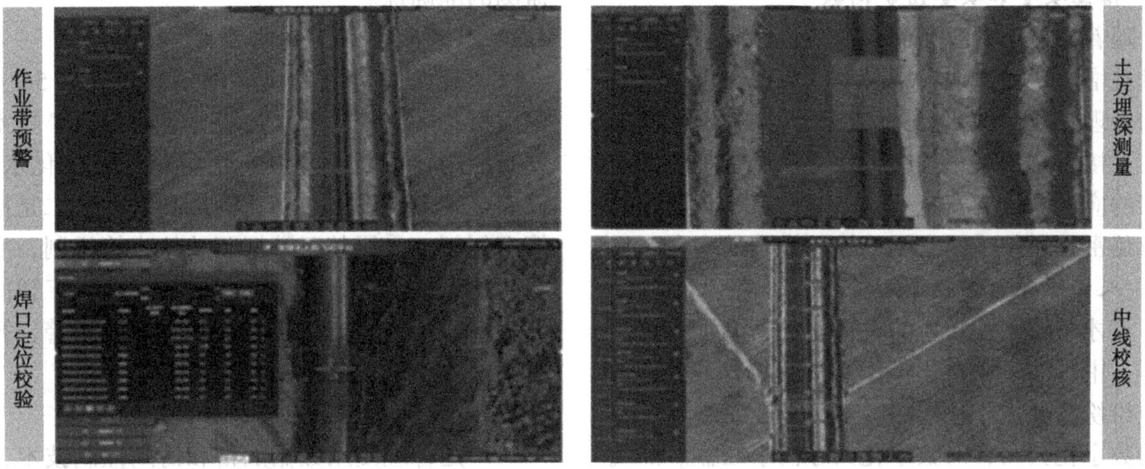

图 4　无人机飞控平台界面

借助工业互联网标识解析体系，利用二维码、RFID、主动标识等载体，为每一个设备赋予唯一的标识编码。通过“一物一码”可以有效实现防窜货、防造假，随时追溯原材料来源，确保所有进入建设环节的产品和服务达到高质量标准。通过“一码到底”实现物资设备从采购(下订单)、生产制造、物流仓储到安装运维的全程数字化追踪、智能化管理，减少数据录入和系统对接成本，确保关键设备和材料准时到达，降低运输过程中的损失和延误。

3　数字化技术应用问题

3.1　技术标准和规范尚未统一

数字化技术涉及多个设备和系统的互联互通，因此需要统一的技术标准和规范，以便不同设备和系统之间的数据交流和操作能够无缝衔接。在管道建设数字化领域国家一直未出台相关规范和标准，所以中石油、中石化、国家管网等大型管道企业与省平台管道单位及工程建设专业施工单位都有各自不同的标准要求。虽然国家管网集团成立后编制了《设计与工程建设准则》(Design & Engineering Code，DEC)文件，在工程建设中执行自己的数字化建设标准，其所属企业与工程承包商、服务商以及物资供应商签订合同时，均会要求执行 DEC 准则，但是由于全国尚有 30 余家省级平台管道单位未融入国家管网，所以数字化标准尚未统一。

3.2　数据采集的准确性和实时性

检测数据的精准采集是管道建设数字化技术的基础，受制于当前技术水平还存在一定问题，主要由以下两方面原因：

一是油气管道作为一种线性工程，短则数十公里，长则数千公里，为了管道运营安全一般避开城镇及人口聚集区且经常经过山区、沙漠、戈壁等地区，因而公共网络依托差且局域网不稳定，而且施工机具、掩体遮挡也对本不可靠的网络连接增加了障蔽，所以在数据传输过程中经常因为通信网络延迟或通信中断等问题，导致数据传输的稳定性和实时性受到影响。

二是当前管道建设行业的传感器还存在精度不高、易受干扰等问题，因此由于传感器的动态误差或现场环境工况干扰等因素的影响，采集的数据与真实值往往有一定偏差，经常需要技术手段进行准确性校验和修正。

3.3　人工智能利用有待进一步提高

当前数字化技术虽然在油气管道建设中得到了广泛应用，但是智能化水平有待提升。在数据分析的深度和广度、人工智能算法的精准度与自适应性、人机交互体验的自然流畅度等方面，都还有待加强和完善。尤其是在大数据处理能力上，当前决策过程主要是依赖人工经验而非基于 AI 分析。比如在视频监控中依赖值班人员在监控室现场监控，在发现违章作业时发送指令要求施工现场整改，没有一套可以自动识别和发送指令的人工智能监控系统。因此如何更有效地利用数据进行深度学习和预测分析，提升决策效率是目前亟待解决的问题。

3.4 信息安全和安全防护问题

随着大量关键业务流程数字化，网络安全威胁日益增加。管道建设中采集的数据在传输、存储和处理过程中一旦发生数据泄露或被恶意攻击，直接影响数字化系统可靠性。特别是随着大数据的应用，数据安全不仅涉及管道运营企业的商业秘密，还关乎国家基础能源设施的安全。

3.5 人才短缺与培训不足

人才是数字化转型的关键，在新型工业化背景下，中石油、中石化、国家管网与省平台管道单位纷纷实施数字化战略，部分企业纷纷成立专业的数字化公司，对数字化人才需求旺盛。油气管道数字化技术领域的相关专业人才本来就相对较少，在此背景下难以满足需求。加之数字化技术更新换代快，特别是近年来 ChatGPT、Midjourney、Synthesia 等划时代的产品不断面世，新的技术和概念的不断涌现，需要技术人员与操作人员不断跟进学习和更新知识。当前数字化从业人员工作负荷较大，经常缺少系统性的新技术培训，存在技能短板。

4 数字化技术应用的发展建议

4.1 制定和推广技术标准

一是在国家层面需要加快建立统一的技术标准体系，规范设备和系统之间的互联互通，确保各方的设备和系统能够无缝对接，同时积极参与国际标准的制定，提高数字化技术在国际市场的竞争力，提高整体领域的发展水平。二是本年油气体制改革调整后，国家管网集团主要从事油气干线管网及储气调峰等基础设施的投资建设和运营，负责干线管网互联互通和与社会管道联通，作为管道行业主力军周期推行 DEC 准则基础上加强行业组织和标准化机构的合作，共同制定和推动标准的制定和实施。

4.2 提高数据采集质量

一是改善数据采集和传输的网络基础设施，推广光纤+5G 混合组网技术，积极探索 6G 通信和卫星网络通信，提高数据传输速度和稳定性，避免数据丢失和延迟。二是研发适用于油气管道建造过程的传感器设备，提高设备的稳定性和可靠性，定期检查设备的运行状态，确保其正常运行和准确采集数据。三是引入先进的数据处理和分析技术，对实际测量到的监测数据进行拟合，根据数据分析结果自动校准数据，从而提高数据监测的准确性。

4.3 推广新型 ICT 技术应用

一是加大科研力度。推动物联网、5G、标识解析、区块链、AI、大模型等新型 ICT 技术的创新应用，不断提升数字化应用的智能化水平，以满足管道建设对数字化的更高需求。二是推进管理创新。采用基于数据驱动的决策机制，实施智能化建设管理，利用大数据分析、人工智能等技术实现快速感知、实时监测、超前预警、智能决策、联动处置。

4.4 加强信息安全和隐私保护

一是合理使用数据加密和访问控制技术，确保敏感数据在传输和存储过程中的保密性和完整性，防止数据泄露。同时建立健全的数据安全管理制度，规范数据的收集、存储和处理流程，通过权限设置和数据备份等措施，确保只有合法授权的人员才能访问敏感数据，防止未授权的访问和泄露，确保数据的安全性和可靠性。

4.5 做好人才培养工作

油气管道建设单位要深入理解并明确企业在数字化转型中的人才需求结构，包括但不限于数据科学家、AI 工程师、数字化项目管理、网络安全专家、产品经理(偏重于数字化产品设计与运营)、UI/UX 设计师等各类专业人才，通过内部培养、外部引进等手段做好数字化工作的人才培养与引进，同时注重搭建持续学习平台，构建人才激励机制，实现人才结构与企业战略目标的有效匹配，有力推动企业的数字化进程。

5 数字化技术应用的发展趋势

5.1 全面数字化交付

从规划设计、施工建设到运营维护阶段，充分利用数字化技术，形成涵盖所有相关信息的数字化成果，实现项目的所有文档、图纸、模型、数据和信息的电子化存储、管理和传递。同时注意从规划设计到施工、运维全过程采用统一的数据标准和平台，实现全生命周期的数字化管理和交付。这样可以提高项目管理效率，降低错误率和成本，增强各方协作沟通，便于历史信息查询、变更追踪，以及为未来智慧管网、智能化运维奠定基础。

5.2 3D和人工智能技术融合发展

一是将已有智能工地技术与数字孪生技术、人工智能技术结合起来，通过构建三维数字孪生场景模拟3D实地情境从而使项目全细节真实可视，可以优化使用者的沉浸式体验并帮助掌握现场细节。同时借助大模型、大数据、AI等技术实现施工现场数据智能分析与智能预警等功能。

二是智慧供应链管理得到应用，供应链系统不但可以运用大数据分析预测物资需求与市场波动情况，提前安排关键物资采购计划，减少库存成本和供应中断的风险，还可以协同设计、现场施工进度与生产，通过云端共享设计数据和施工进度信息，加速设计迭代和制造过程，使管道组件和其他设备材料更高效地按需定制和生产。

针对油气管道建设现场通信信号不稳定现象，推广5G/6G/卫星通信与工业互联网融合，提升数据传输速率和稳定性，支持远程操作、自动化作业以及大规模设备间的互联互通。

5.3 从集中式走向分布式

目前的油气管道数字设计管理系统和智能工地系统都依赖于后台主服务器和指挥中心监控大屏，未来计算机网络与数据中心将从传统的集中式服务器集群转向云计算和边缘计算，利用大量的分散式计算资源提高效率、降低成本，并增强系统的可靠性与响应速度。同时可以手机、Pad等便携式设备为终端，通过APP应用程序为操作人员和管理人员提供更多的信息并发送相关指令，形成更加完善的反馈系统。

5.4 绿色和可持续发展

将数字化技术与可持续发展理念相结合，推动绿色管道建设和能源转型。比如，通过人工智能技术将施工方案和智能调度相结合，可以减少管道建设和运行过程中的能源消耗和环境影响，促进绿色可持续发展。

6 结语

数字化技术在油气管道建设中的应用中具有巨大的发展潜力。在当前新型工业化和新一轮油气体制改革背景下，数字化技术已经取得了一定的成就，同时面临着一些挑战。为了进一步推动数字化技术在油气管道建设中的应用，需要持续科研技术攻关，不断丰富应用场景，并加强标准体系建设和人才培养。未来数字化技术在油气管道建设中的发展趋势将更加智能化、便捷化和可持续化，为行业的发展产生深远而积极的影响。

参 考 文 献

[1] 左璇，李君，柳杨等．新型工业化发展评价指标体系与发展指数研究［J］．新型工业化，2023，13（12）：5-16.

[2] 李文军，李玮．新一代人工智能促进高质量发展的理论逻辑和政策建议［J］．新型工业化，2023，13（08）：5-8+14.

[3] 吴爽．基于GIS的油气管道数据推送平台设计与实现［J］．测绘与空间地理信息，2023，46（4）：135-137+140

[4] 梁绍华，数智建设赋能油气产业链现代化［N］，中国石油报，2023-05-12

[5] 金辉，胡颖，周晓东等．海洋管道路由及结构数字化设计平台［J］．天然气工业，2021，41（11）：143-151.

[6] 陈曦，国家管网集团数字化协同设计平台全面上线［N］，科技日报，2023-09-22

[7] 庚琳，尹向阳，赵佳丽等．智慧工地在油气管道建设中的应用探索［J］．石油工业技术监督，2022，38（4）：15-20.

[8] 刘奎荣，周剑琴，杨国晖．无人机倾斜摄影在油气管道建设中的应用探索［J］．石油工程建设，2021，47（1）：77-82.

[9] 潘飞，高阳．天然气管道建设项目施工阶段投资造价管理探析［J］．石化技术．2020，27（07）：172-173.

[10] 崔琬婷，段瑞彬，牛虎理等．基于分段线性拟合的焊接数据采集准确性研究［J］．石油工程建设，2023，49（6）：85-88.

数据治理推动企业数字化转型的机制与对策

刘　杰　于慧超

（中国石油西北销售公司）

摘　要　随着数字化浪潮的推进，企业转型已成为时代发展的必然趋势。在这个过程中，数据治理不仅成为推动企业数字化转型的核心驱动力，而且是确保企业数据资产安全、合规和增值的重要保障。本文将从数据治理的机制出发，深入探讨其推动企业数字化转型的内在逻辑，并提出相应的对策。

关键词　数据治理；企业数字化；转型机制；对策

数据治理机制是一个多层次、多维度的复杂系统，它的核心目标是通过一系列的制度、流程和技术手段，对企业数据资产进行全面、系统和有效的管理和控制。在这个机制中，数据被视为一种重要的企业资产，其管理和控制对于企业的运营和发展具有重要意义。

1　数据治理机制的内在逻辑

首先，在制度层面，数据治理的实施首先需要建立一套完善的数据管理制度。这个制度体系应明确数据的所有权、使用权、经营权等，以确保数据治理工作的合规性和合法性。这些制度包括但不限于数据保护政策、数据使用准则、数据安全管理制度等。通过这些制度，企业可以确保数据的使用符合国家法律法规，防止数据泄露、滥用等风险。

其次，在流程层面，数据治理需要制定详细的数据管理流程。这些流程涵盖了数据收集、存储、处理、分析和共享等各个环节，确保数据的准确性、完整性和时效性。通过规范数据处理流程，企业可以有效防止数据泄露和滥用，提高数据质量，为企业的决策提供有力支持。

再次，在技术层面，随着科技的快速发展，数据治理越来越依赖于先进的技术手段。例如，大数据技术可以帮助企业实现数据的深度挖掘和分析，从而为企业带来更多的商业价值；区块链技术可以确保数据的安全性和可信度，防止数据在传输和存储过程中被篡改。这些技术的应用使得数据治理更加高效、智能，有助于企业防范数据风险，提升数据价值。

总之，数据治理机制是一个涵盖制度、流程和技术等多个层面的复杂体系，它旨在实现对企业数据资产的全面管理和控制。通过建立健全的数据治理机制，企业可以确保数据的合规性、安全性和价值，为企业的可持续发展提供有力支持。在当前大数据、人工智能等技术飞速发展的背景下，企业应不断优化数据治理体系，以适应时代发展的需求，提升企业的核心竞争力。

2　数据治理推动企业数字化转型的机制

数据治理推动企业数字化转型的机制主要体现在以下几个方面。

（1）决策支持：数据治理助力企业智慧决策

第一，提高数据获取与分析能力。通过数据治理，企业能够更加高效地收集、整合和分析各类数据，为决策者提供全面、准确的信息支持。第二，促进业务模式创新。数据治理帮助企业发掘潜在业务机会，推动企业实现业务模式的创新和优化。第三，加强数据与业务场景融合。数据治理将数据与实际业务场景相结合，为企业提供更贴合实际需求的决策依据。

（2）业务优化：数据治理提升企业运营效率

第一，发现问题并优化流程。数据治理有助于企业发现业务流程中的痛点和问题，从而进行有针对性的优化和改进。第二，客户需求精准把握。通过分析客户数据，企业能更好地了解市场需求，调整产品和服务策略，提升客户满意度。第三，跨部门协同与资源共享。数据治理促进企业内部各部门之间的数据交流与协作，实现资源共享，提高运营效率。

(3) 风险控制：数据治理保障企业安全稳定发展

第一，建立风险防控体系。数据治理为企业打造完善的风险防控体系，降低数据泄露、数据滥用等风险。第二，保障数据安全。通过数据治理，企业能够更好地管理和保护敏感数据，确保数据安全。第三，合规性与可持续发展。数据治理有助于企业遵循相关法规，实现合规经营，促进可持续发展。

总之，数据治理作为企业数字化转型的关键驱动力，可以从决策支持、业务优化和风险控制等方面，为企业带来显著的价值。企业应充分认识数据治理的重要性，加大投入，构建完善的数据治理体系，助力数字化转型取得成功。

3 数据治理推动企业数字化转型的对策

3.1 加强顶层设计

企业应制定明确的数据治理战略和规划，明确数据治理的目标、原则和实施路径。首先，企业应明确数据治理的目标。这些目标应具有可衡量性、可实现性和时限性，以确保数据治理工作的有序推进。具体而言，数据治理目标应包括数据质量的提升、数据安全的保障、数据隐私的保护、数据合规的落实等方面。通过明确这些目标，企业可以确保数据治理工作在各个方面都取得实质性的提升。其次，企业应确立数据治理的原则。这些原则应指导企业在数据治理过程中的决策和行动，确保数据治理工作符合企业文化和价值观。数据治理原则包括但不限于：数据透明度、数据尊重、数据协作、数据生命周期管理等。在这些原则的指导下，企业可以形成良好的数据治理氛围，提高员工对数据治理工作的认同感和参与度。接下来，企业需明确数据治理的实施路径。这包括制定详细的实施方案、明确责任分工、落实资源保障、设定评估机制等。实施路径应具有灵活性，以适应企业内外部环境的变化。同时，企业应关注数据治理的持续改进，以确保数据治理工作不断取得突破和进步。最后，企业应关注数据治理的监督与评估。通过建立健全的监督机制，对数据治理工作进行定期评估，有助于发现问题、总结经验、优化方案。此外，企业还应加强与外部合作伙伴的交流与合作，借鉴先进的数据治理理念和实践，不断提升自身数据治理水平。

3.2 完善制度体系

首先，我们要明确数据的所有权。在数据管理过程中，企业需要明确数据的所有权属于企业本身，这有助于企业在数据使用、转让、许可等过程中遵循相关法律法规，防止数据泄露、滥用等风险。同时，企业还需对数据进行分类管理，根据数据的敏感程度和重要性制定相应的保护措施。其次，数据的使用权也需要明确规定。企业在数据使用过程中，要确保数据的使用符合法律法规和伦理道德要求。这包括对企业内部员工进行数据使用培训，确保员工在处理和使用数据时遵循相关规定；对企业外部合作伙伴进行数据使用约束，确保数据在合作过程中的安全与合规。此外，数据经营权方面的管理同样重要。企业应建立健全的数据经营权管理制度，明确数据经营权的范围、条件和限制。这有助于企业合法地开展数据经营活动，实现数据价值的最大化。同时，企业还需加强对数据经营合作伙伴的监管，确保数据经营活动的合规性和安全性。

3.3 强化技术支撑

首先，大数据技术具有海量数据处理、分析和可视化能力，企业可以利用这些技术对各类数据进行深入挖掘，发现潜在的商业价值。通过对海量数据的分析，企业能够更加精确地把握市场动态、客户需求，从而制定出更具针对性的战略和营销方案。此外，大数据技术还能帮助企业优化内部管理，提高运营效率，降低成本。

其次，人工智能技术的应用可以为企业带来更为智能化的数据治理。通过机器学习、自然语言处理等关键技术，企业可以实现数据的自动化处理、分析和挖掘，减轻人工负担。同时，人工智能技术还能够为企业提供智能化的决策支持，借助算法模型预测市场趋势、评估业务风险，为企业决策提供有力依据。

再者，区块链技术具有去中心化、安全可靠、不可篡改等特点，有助于企业构建可信的数据共享和交换平台。借助区块链技术，企业可以实现数据的透明化管理，确保数据在传输和处理过程中的安全与可靠。此外，区块链技术还可以有效解决跨企业、跨行业数据协作中的信任问题，促进数据资源的整合与共享。

3.4 建立评估机制

第一，确保数据质量。数据质量是数据治理

的核心目标之一。通过建立评估机制，企业可以定期对数据质量进行审查和评估，确保数据的真实性、准确性、完整性和及时性。这有助于企业基于高质量的数据做出更加明智的决策，提高业务运营效率，降低风险。第二，发现和解决问题。数据治理过程中难免会出现各种问题和挑战。通过评估机制，企业可以及时发现数据治理过程中的薄弱环节，找出潜在的问题。针对这些问题，企业可以采取相应的措施进行改进，确保数据治理工作的顺利进行。第三，促进持续改进。评估机制可以帮助企业了解数据治理工作的现状，从而找出需要改进的地方。在评估的基础上，企业可以制定相应的改进措施，确保数据治理工作的持续优化。通过不断调整和优化，使数据治理体系更加完善，为企业发展提供有力支持。

4 结论

综上所述，数据治理是推动企业数字化转型的重要机制。通过加强顶层设计、完善制度体系、优化管理流程、强化技术支撑、培养专业人才以及建立评估机制等对策的实施，企业可以充分发挥数据治理在数字化转型中的关键作用，实现业务模式的创新和市场竞争力的提升。

参考文献

[1] 王丹，马文腾，何帆．财务管理数字化转型下的数据治理——以 A 集团财务公司为例[J]．中国农业会计，2023，33(24)：84-86.

[2] 尹庄．数字化转型背景下医院数据治理与利用[J]．现代医院，2023，23(11)：1740-1742.

[3] 杨玉春．构建数据治理体系建设助力国有企业数字化转型[J]．数字经济，2023，(07)：62-65.

中国石油油气田企业数字化转型培训课程体系研究

宋海燕　向才凤　侯　洋　马永鹏　杨　瀚　王怡洁

[中国石油管理干部学院(广州)]

摘　要　面对数字革命和能源转型加快推进的新形势，中国石油油气田企业面临着数字化转型建设全面推进的需求。为了满足数字化转型人才培养需求，本文对中国石油油气田数字化转型培训课程体系进行了深入研究。通过分析数字化转型的实践和挑战，结合油气田企业的业务特点，构建了一套完整的数字化转型培训课程体系。该体系包括战略规划、业务数字化、管理变革、数字化转型方法论、数字化技术等多个方面，旨在为油气田企业的数字化人才培养提供指导和支持。

关键词　数字化转型；培训；课程体系；智能油气田；业务数字化；数字化技术

1　国家与行业层面大背景

当今世界新一轮科技革命和产业变革孕育兴起，习近平总书记对网络强国、数字中国建设作出了一系列重要指示批示，我国“十四五”规划将“加快数字化发展，建设数字中国”单独成篇，将数字化转型提升到了前所未有的高度。国务院国资委要求通过数字化转型，强化能源资产资源规划、建设和运营全周期运营管控能力。

2020年8月21日国资委印发《关于加快推进国有企业数字化转型工作的通知》，就推动国有企业数字化转型做出全面部署，系统明确国有企业数字化转型的基础、方向、重点和举措。2022年4月2日，国家能源局、科学技术部印发《“十四五”能源领域科技创新规划》，提出聚焦新一代信息技术和能源融合发展，开展能源领域用数字化、智能化共性关键技术研究，推动油气等传统行业与数字化、智能化技术深度融合，开展智慧能源系统集成试点示范，引领能源产业转型升级。中央网络安全和信息化委员会印发的《提升全民数字素养与技能行动纲要》提出要终身学习，着力拓展全民数字生活、数字学习、数字工作、数字创新，提升企业管理人员数字素养，建立数字化思维，提高数字化经营管理能力，明确把提高党员领导干部数字治理能力作为各级党校(行政学院)的重要教学培训内容。

在这一大背景下，中国石油管理干部学院(中国石油党校)的宗旨是为中国石油天然气集团公司(以下简称中石油)提供高质量培训，我们对中石油油气田企业的数字化转型实践和所面临的挑战进行了调研和梳理，以确定培训领域的关键作用部分。基于此，我们认为建立一套能够支持油气田企业数字化转型建设工作、提升企业数字化管理水平，并提高员工数字化能力的培训课程体系尤为重要。

2　中石油油气田数字化转型现状

2.1　中石油油气田企业数字化转型实践

为贯彻落实习近平总书记关于网络强国的重要思想，中石油将数字化转型、智能化发展作为着力高水平科技自立自强，建设国家战略科技力量和能源与化工创新高地的重要举措。中石油坚持“价值导向、战略引领、创新驱动、平台支撑”总体原则，按照业务发展、管理变革、技术赋能三大主线实施数字化转型，通过工业互联网技术体系建设和云平台为核心的应用生态系统建设，打造“一个整体、两个层次”数字化转型战略架构。中石油数字化转型、智能化发展路线图如下：到2025年，数字化转型取得实质进展，基本建成“数字中国石油”。到2035年，全面实现数字化转型，智能化发展取得显著成效，全面建成“数字中国石油”。到本世纪中叶，全面实现智能化发展，建成“智慧中国石油”。

中石油油气和新能源分公司按照顶层设计和信息化规划，全面加强油气生产物联网建设和应用，夯实数字化基础，持续推进云平台和数据湖落地，并以此为基础推动数字化转型试点。各企业在数字化转型建设过程各有创新，取得了不少成果。在勘探开发领域，“梦想云”让60余年勘探开发数据实现共享应用，在线协同研究效率提升20%，智能油气田建设如火如荼。在大庆油田，老区油田数字化建设实现了智慧指挥中心的调度管控。在塔里木油田，基于“梦想云”打造的“坦途”智能协同工作环境助力3000万吨大油气田建成。辽河、冀东等油田以感知、互联、数据融合为基础，形成生产过程“实时监控、智能诊断、自动处置、智能优化”的业务新模式。

2.2 油气田企业数字化转型面临的挑战

2.2.1 一把手理念挑战

数字化转型是一把手工程，但高层领导者在面对数字化转型时对数字化转型的认知存在不足。一些高层领导对数字化转型的必要性和重要性认识不够，认为数字化转型只是技术层面的问题，与企业的战略和业务发展关系不大，没有意识到数字化转型是涉及企业全要素、全价值链的系统性变革过程。这种理念会导致企业对数字化转型的投入不足，缺乏整体规划和有效实施。

2.2.2 物联网覆盖及应用不足的挑战

油气田企业的生产环境复杂，涉及到大量的设备和设施，而且往往分布广泛，需要物联网和应用解决各种环境中的数据采集、传输和处理。现实中存在油气田间发展不均衡、个别油气田物联网覆盖率较低、所采集的数据未完全实现向其他系统推送、数据分析应用能力偏低等问题。

2.2.3 数字技术快速发展带来的挑战

大数据、云计算、物联网、人工智能、边缘计算、移动应用等数字技术的快速发展和更新换代速度很快，这对企业和组织提出了更高的要求。为了跟上技术发展的步伐，企业需要不断学习和适应新技术，把数字技术与油气相关业务结合，并有效落地。

2.2.4 数据治理、信息孤岛挑战

数据治理是数字化转型的基础，它涉及到数据的规范、质量、安全等方面的管理。在数字化转型过程中，随着业务数据的快速增长，如何确保数据的质量、准确性和一致性，避免数据冗余和重复，成为了一个重要的挑战。信息孤岛问题也是数字化转型中常见的问题。由于历史原因、组织结构、技术架构等方面的限制，企业中存在多个相互独立的信息系统，这些系统之间缺乏有效的数据共享和沟通机制。这会导致数据冗余、不一致和冲突，给企业的业务运营和管理带来困难。

2.2.5 数据安全挑战

油气田企业的数字化转型涉及到大量的数据采集、传输、存储和处理，这其中涉及到很多敏感信息，如油气藏的位置、产量、品质等。如何保证这些信息的安全和隐私保护是一个重要的问题。

2.2.6 管理变革挑战

油气田企业自身组织庞大、业务结构复杂。数字化转型往往需要企业调整组织结构以适应新的业务模式和流程。这可能涉及到部门的合并、拆分、重组等，以及重新定义各个部门的职责和权力。在这个过程中，如何合理规划组织结构，确保各部门之间的协同工作，是一个重要的挑战。

2.2.7 数字化复合型人才挑战

数字化转型需要企业拥有兼具业务和数字化技术的复合型人才。油气田企业面临数字化复合型人才紧缺、能力不足、结构失衡的问题，导致企业在数字化创新方面的能力受到限制，数字化转型的进程和速度受到影响。

3 油气田企业数字化转型课程体系构建

3.1 中石油对数字化转型、智能化发展的定义

学术界对数字化转型有多种定义。华为认为数字化转型是通过新一代数字技术的深入应用，构建一个全感知、全联接、全场景、全智能的数字世界，进而优化再造物理世界的业务，对传统管理模式、业务模式、商业模式进行创新和重塑，实现业务成功。国务院发展研究中心课题组的报告认为：企业数字化转型是指利用新一代信息技术，构建数据的采集、传输、存储、处理和反馈的闭环，打通不同层级与不同行业间的数据壁垒，提高行业整体的运行效率，构建全新的数字经济体系。

中石油在《关于数字化转型、智能化发展的指导意见》文件中提出，企业数字化转型、智能化发展是以数据、技术为核心要素驱动价值体系重构的系统性变革过程，通过数字技术与企业全要素、全价值链的深度融合，变革技术模式、管理模式、业务模式和商业模式。这个定义体现了数字化转型的四个特点。首先，从性质上讲，数

字化转型属于企业的一次系统性变革，包括技术模式、管理模式、业务模式和商业模式的变革。其次，从转型驱动力上讲，数字化转型以数据、技术为核心要素驱动。第三，从转型的目的上讲，要实现价值体系重构，就是要创造新的价值。最后，从实现手段上讲，数字化转型要把数字技术与企业全要素、全价值链进行深度融合。

企业全要素包括生产要素和经营要素，其中生产要素包括劳动力、资本、土地和自然资源，经营要素包括市场、管理、组织和创新。企业的全价值链是指从原材料采购到最终产品销售的整个生产过程，包括生产、营销、物流、售后服务等环节。企业通过全价值链的数字化管理，可以有效地控制成本、提高效率、优化产品质量，从而提升企业的竞争力和盈利能力。这意味着数字化转型涉及了企业的全业务链条。中石油完成了油气田企业数字化转型试点统一业务场景设计，包括八大核心业务领域，在实现手段上，数字技术与各核心业务都要深度融合。

3.2 油气田数字化转型培训课程体系框架

基于对中石油油气田企业数字化转型现状、挑战以及培训需求的调研结果，结合数字技术与业务深度融合的要求，我们构建了油气田数字化转型培训课程体系框架，见图1。

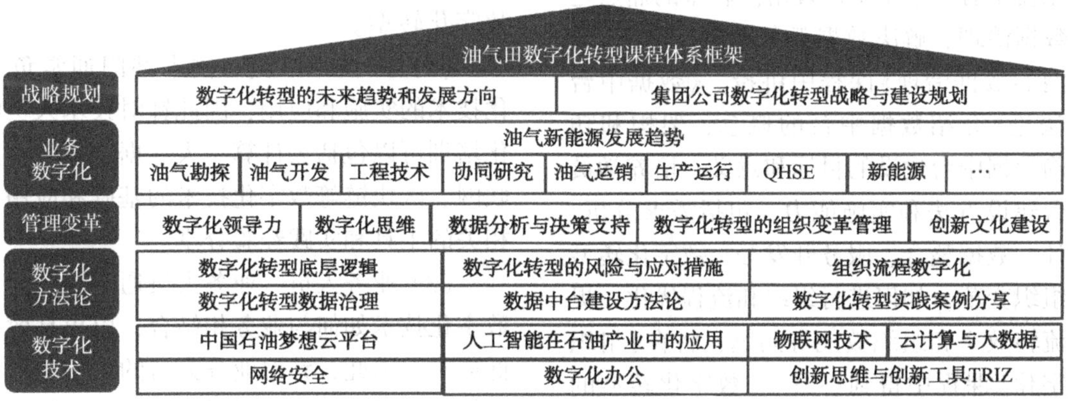

图1 油气田数字化转型培训课程体系框架

课程体系分为五大模块：分别是战略规划、管理变革、业务数字化、数字化转型方法论、数字技术。框架图中间的每一个标签代表一门课程，各模块的课程并不限于图中所列的内容，根据需要可随时扩充。

3.2.1 战略规划模块

《数字化转型的未来趋势和方向》课程有助于企业了解当前数字化转型的最新趋势和发展方向，使企业能够预见未来并提前做好准备。通过了解行业趋势，企业可以更好地规划其数字化转型的路径和策略，确保与未来的市场发展方向保持一致。《集团公司数字化转型战略与建设规划》课程介绍了"数智中国石油"的总体规划，按数字化客观发展规律，明确提出数字化转型路径和建设顺序，帮助各油气田企业把国家和集团公司的政策法规、标准规范及管理规定落实到项目建设的各个环节。

3.2.2 业务数字化模块

油气田企业八大核心业务领域分别是：油气勘探、油气开发、工程技术、协同研究、油气运销、生产运行、QHSE、新能源。各试点单位在数字化转型过程中每个业务领域都会有很多经验教训，加以总结后形成相应课程，由中石油内部专家授课。此外《油气新能源的发展趋势》课程帮助企业了解油气新能源的发展趋势和前景，为全球能源结构转型可能带来的变化做好应对。

3.2.3 管理变革模块

《数字化领导力》明确了领导力转型是数字化转型成功的关键，对管理者提出了转型的任务要求，并在战略管理能力、流程优化能力、趋势洞察能力、人员管理能力、项目管理能力上要有所提升。《数字化思维》解释了数字化思维的核心概念和方法，帮助学员将数字化思维应用于实际工作中，推动企业数字化转型。《数据分析与决策支持》介绍数据分析的基本概念和流程和常用的数据分析工具和技术，培养学员的数据分析思维和决策能力，提高其在数据驱动的决策环境中的工作能力。《数字化转型的组织变革管理》明确数字化转型对组织变革的影响和要求，培养学员的组织变革管理能力和应对变革的策略思维，提升学员在数字化转型过程中领导团队和推动变革的能力。数字化转型离不开数字化创新，因此《创新文化建设》也是管理变革模块的课程之一。

3.2.4　数字化转型方法论模块

《数字化转型的底层逻辑》介绍数字化相关的概念、转型的定义、目标等，让学员从宏观上对数字化转型有一个正确的理解。转型的痛点之一就是数据治理，解决数据孤岛问题，这在《数字化转型的数据治理》课程中讲授。《数据中台建设方法论》介绍数据中台的概念、架构和功能，明确数据中台建设的目标和意义，培养学员数据中台建设方法和实施能力，包括需求分析、架构设计、数据整合、服务开发等。数字化转型会带来组织变革，如何进行组织和流程优化，提升任务流转效率和组织效能等问题，将在《组织流程数字化》课程中得到答案。《数字化转型的风险与应对措施》介绍了转型项目建设的主要风险和相应的防控措施。试点企业的最佳实践我们也设置了相应课程。

3.2.5　数字化技术模块

这个模块开设的课程有《中国石油梦想云平台》、《AI在石油产业的应用》、《物联网技术》、《大数据与云计算》、《区块链技术》、《网络安全》、《数字化办公》、《创新思维与创新工具》等。

此外课程体系还包含企业考察活动，考察企业主要分三类：

①信息技术企业，这类企业通常拥有先进的数字化技术和解决方案。例如，华为、阿里巴巴、腾讯等。②制造业企业，可以通过参观自动化生产线、智能工厂等了解数字化转型的实践。例如，海尔、美的、格力、大疆等。③物流企业，可以通过参观智能物流中心、无人仓库等了解数字化技术在物流行业的应用。例如，顺丰、京东物流、菜鸟网络等。

4　油气田企业数字化转型培训课程体系的应用

4.1　培训对象的层级划分及需求洞察

根据企业数字化转型工作的不同职责，培训对象可以分为以下四类，各自需求如下：

（1）领导层。领导层的角色是数字化转型的引领者、推动者和支持者，他们的使命是制定数字化转型战略、建立创新文化、推动数字化解决方案实施等。领导层通常具备战略眼光和决策能力，但他们可能缺乏数字化转型的专业知识。因此，针对领导层的数字化培训可以包括数字化转型战略规划、数字化领导力、变革管理等方面的内容，以帮助他们更好地推动数字化转型。

（2）IT技术人员。技术部门通常负责数字化技术的实施和应用，因此针对技术人员的数字化培训可以包括云计算、大数据、人工智能、物联网、区块链等数字化技术的基础和应用，以及相关的工具和实践经验分享。

（3）业务人员。业务人员通常需要深入了解数字化技术如何与业务相结合，以提高效率和降低成本。因此，针对业务人员的数字化培训可以包括数字化思维、业务数字化、方法工具等内容，以及数字化技术和工具在业务中的应用和实践，同时他们也需要了解转型的战略和建设规划内容。

（4）全体员工。数字化转型需要全体员工的支持和参与，因此针对全体员工的数字化培训可以包括数字化转型的意义、目标、计划等方面的内容，以激发员工的积极性和参与度，数字化办公提升工作效率也是员工感兴趣的内容。

4.2　课程体系的实践——项目方案设计样例

构建成熟的培训课程体系后，根据送培单位的需求，我们可以把它应用在数字化转型培训项目方案设计上，以油气田业务骨干数字化转型建设培训项目设计为例，见表1。

方案中的课程根据数字化转型工作的需求从油气田数字化转型课程体系中的课程库中精选。整体方案体现了理论和实践相结合、业务和技术相结合、课堂授课和考察研讨相结合的原则。

表 1　油气田业务骨干数字化转型建设培训项目方案

培训对象		油气新能源企业数字化转型建设相关业务部门骨干人员	
设计思路		为推进油气田企业数字化转型建设落地实施，分战略规划、业务数字化、管理变革、数字化方法论、数字化技术、考察研讨六个模块进行课程设置	
序号	模块	课程名称	培训天数
1	战略规划	集团公司数字化转型战略与建设规划	0.5
2	业务数字化	数字油藏建设	0.5
3		数字化钻井	0.5
4		协同研究数字化	0.5
5		油气田地面建设数字化交付	0.5
6		安全管理数字化	0.5
7		生产运行数字化指挥系统	0.5
8	管理变革	数字化转型的组织变革管理	0.5
9	数字化方法论	数字化转型底层逻辑	0.5
10		数字化转型的数据治理	0.5
11		实践案例——塔里木油田数字化转型	0.5
12	数字化技术	油气田人工智能技术进展与发展	0.5
13		中国石油勘探开发梦想云平台	0.5
14		物联网技术	0.5
15		网络与数据安全	0.5
16	企业考察研讨	大疆考察	1
17		行动学习工作坊	0.5

5　结束语

综上所述，本文对油气田数字化转型培训课程体系进行了深入研究，旨在为油气田企业的数字化转型人才培养提供指导和支持。通过构建数字化转型培训课程体系，可以有效提高油气田企业数字化转型培训方案设计的质量和效率，为企业的数字化人才能力提升奠定坚实基础。未来，我们将继续关注油气田数字化转型的最新动态和实践成果，进一步优化和完善数字化转型培训课程体系，为更多企业提供更加全面和专业的数字化转型服务。

参　考　文　献

[1] 马涛，张仲宏，王铁成等．勘探开发梦想云平台架构设计与实现[J]．中国石油勘探，2020，25(05)：71-81.
[2] 刘合．为数智中国石油建设赋能[J]．中国石油石化，2023(07)：16-19.
[3] 华为技术有限公司，行业数字化转型方法论白皮书[R]，2019.
[4] 国务院发展研究中心课题组，《传统产业数字化转型的模式和路径》，2018 年 3 月.

石油地震勘探作业数字化转型面临的挑战与对策

易昌华 乔永杰 何媛媛 韩善锋 李春芬

（中国石油集团东方地球物理勘探有限责任公司）

摘 要 石油地震勘探作业数字化发展已成为物探领域的重要方向，开发潜力巨大。随着项目规模的不断扩大，石油地震探勘作业数字化转型面临着新的挑战，地表复杂、工区不固定、网络受限、管理对象多等都是数字化转型亟待解决的关键问题。本文阐述了石油地震勘探作业数字化转型面临的挑战，并针对每项挑战给出了详细的技术对策，解决了项目安全管理的困难问题，提升了设备终端的“传感器”能力，实现了万物互联和数据共享，塑造了云作业模式和数字化作业平台，实现了工序的数字化改造和实时监控，成功的应对了石油地震勘探作业数字化转型的新挑战，实现数字化转型的平稳过渡。

关键词 数字化；云作业；挑战与策略；管理与安全

近年来，石油地震勘探数字化作业模式日渐成熟，十万道级以上三维地震勘探已成为常态，项目作业人员、设备、车辆等资源投入大，作业范围点多面广，施工环境复杂多变，导致地震勘探数字化作业模式面临了新的挑战。按照国家科技兴安的战略部署和中国石油集团公司“数字化转型、智能化发展”工作安排，东方物探公司率先提出了石油地震勘探作业数字化转型方案，实现了地震勘探的“数据平台化、管理信息化、业务智能化”的多学科协同作业模式，方案成为企业创新服务和提升效率的关键工具的同时，也在重塑着行业生态和用户体验，推动行业可持续发展，提升领域竞争力。

1 石油地震勘探作业数字化转型面临的挑战

1.1 地表复杂，安全管理难度大

当前石油地震勘探项目常常开展于地表复杂地带，施工区域地形起伏不定、沟壑纵横，给地震勘探安全工作带来了诸多困难，平原地区地形相对平坦，但施工区域常常包含河流、湖泊等水域环境，增加了安全管理的复杂性。此外，不同地区的气候条件、地质结构等也对安全管理产生重大影响。

1.2 工区非固定场所，传感器布设困难

石油地震勘探属于野外施工、流动作业型行业，施工人员作业场景不固定，传统的固定式传感器布设方式显然无法满足需求，工区的作业环境经常变动，传感器需要灵活移动，随时适应工作环境的变化，传感器的稳定性、数据传输的可靠性以及维护的便捷性等问题就显得尤为重要。

1.3 网络条件受限

地震勘探项目施工位于荒芜人烟的沙漠、深山、戈壁等的区域，由于没有商业通讯基础设施建设，无网络信号，地震队往往通过增高电台天线，架设中继站等方法，扩大电台通讯范围。但是受限于电台功率、天线高度、地形影响等，通讯无法覆盖全工区，存在死角盲区，无法实现万物互联和数据共享。

1.4 管理对象数量大

随着石油地震勘探作业方法和设备力量的提升，野外施工项目规模随之增大，项目配备的设备、材料、人员等各类对象种类繁多，数量庞大，管理难度极大，是项目管理的一大挑战，管理者需要全面了解各类对象的特点和需求，合理规划资源配置，同时加强沟通协调，确保各部门之间的信息畅通，形成合力，共同推进项目的顺利进行。

1.5 对数字化转型收益期望高

在当今数字化浪潮席卷的时代，人们对数字化转型的收益期望日益高涨。企业希望通过数字化转型提升效率、降低成本、优化服务，进而实现更大的行业价值或生产便利。数字化转型不仅意味着技术层面的革新，更代表着思维模式的转变。

2 石油地震勘探作业数字化转型的技术对策

2.1 打好数字底座，主动安全技术保安全

(1) 激光 Lidar

激光雷达技术是目前最先进的地形测绘技术，是通过发射激光束并接收回波获取三维信息的综合系统，具有扫描速度快、数据更新频率高、实时动态环境感知、时效性强等特点，适用于需要快速响应的场景。激光雷达生成的点云数据可用于生成精细的数字地面模型(DTM)和数字高程模型(DEM)，如实还原地表每一个细节，实现高清晰度、高分辨率、高精度的数据建模工作。利用激光雷达技术，可以实现虚拟踏勘、方案设计、工作量估算、施工风险测评等内容，给项目开展提供了底层设计数据，为石油地震勘探作业数字化转型打好基础，开展数字化转型能够帮助企业提高技术创新。

(2) 自动化地物识别

自动化地物识别是遥感与人工智能相结合的前沿技术，通过样本标定和模型训练，利用机器学习或深度学习算法，对遥感影像进行自动分析和解译，从而实现从高分辨率影像数据中自动对地表建筑物、道路、植被、水体等各类物体的自动检测和分类功能，极大地提高了地理空间信息提取的效率和准确性。通过自动化地物识别，可以为项目其他工序提供更准确、更全面的地物数据信息，方便管理人员开展施工前的设计工作，为石油地震勘探作业的数字化转型打好数字底座，推动物探领域的发展和进步。

(3) 地表数字化分级

地表数字化分级主要用于石油地质勘探作业的室内设计工作，项目设计人员利用数字地形分析工具对复杂工区的地表进行数字化操作，将地形的特征和属性进行有效的量化，形成登山作业的高、中、低作业区。不同的风险作业区配置不同级别的物探作业队伍，高风险地区使用专业登山运动员，对其开展物探作业技能培训；中风险地区使用物探作业人员，对其开展登上作业培训；低风险地区使用普通物探作业人员进行作业。数字地形风险识别技术建立了一个"人机互补、人机制约"的安全系统，通过优化安全系统设计、配置和运行管理，为风险分级防控提供有力依据，在保证生产的同时，最大限度保障项目人员、设备的安全。

(4) 主动安全技术

主动安全技术作为石油地震勘探作业数字化转型中的一环，是以智能设备、软件系统、网络安全技术、网络通讯技术、云存储等运行保障环境为基础，利用地物数据信息和人员位置信息、复杂工区的地表数字化技术、系留无人机通讯技术等，实现了风险分级管控防线的前移，将实时监控、数据共享、及时预警、应急通讯集为一体. 石油地震勘探作业数字化转型使得企业面临更加严格的数据安全要求，因此主动安全技术筑牢了风险分级防控和隐患排查治理双重预防机制根基，增强了野外生产安全风险防控能力，有效的提升了项目安全管理水平，树立了智能化安全价值思维，完善了公司安全管理体系的落实方法，引领地震勘探采集的安全管理工作进入了智能化时代。

2.2 工序应用数字化改造，每个终端皆为传感器

(1) 定制开发各工序应用软件

在定制开发过程中，深入了解个石油地震勘探作业工序的生产流程和需求，针对每个工序的特点和要求，设计并开发出了相应的应用软件，这些软件不仅具备强大的数据处理和分析能力，还能与各种终端设备实现无缝连接，将每个终端转变为智能传感器，能够实时收集生产作业过程中的各种数据，为管理人员提供精准的生产监控和决策支持，管理人员可以根据实时数据调整生产参数，优化作业流程，确保作业质量和生产效率达到最佳状态。定制开发的应用软件还具备强大的可扩展性和灵活性，软件可以迅速适应新的需求，为生产作业的持续发展提供有力保障。

(2) 数据接口标准化

打造一个以物探生产数据中心为基础的开放接口服务平台，将数据以标准化接口服务方式开放，面向第三方开发者提供统一标准、统一流程的 API 服务。数据接口标准化是从第三方开发者的数据服务需求出发，为用户提供易于集成的开发模式和数据服务，该服务平台应用了云开发技术，实现物探生产数据的融合、协同、共享，形成资源、信息的互联互通。数据接口标准化服务平台将持续跟踪用户需求，致力于提升数据服务质量，构建良好的合作生态。

2.3 构建天地一体化网络，实现万物互联和数据共享

（1）宽窄带通讯网络

构建天地一体化的物探生产宽窄带通信网络（4G+MESH），采用自组网多跳传输技术构建，实现了大规模节点之间的无中心远距离通信，所有节点之间可以自主通信互不干扰，解决了大规模密集信道接入、无线传输、动态组网与灵活重组、实时协同等技术难题，创新了“两级自组网”数据实时交互共享技术，实现了石油地震勘探作业网络盲区的实时信息传输和即时通信，打通各类信息和指令的传递路径，为项目提质增效发挥了重要作用，全面实现石油地震勘探作业生态圈各要素终端互通互联、信息共享。

2.4 塑造云作业模式，实时监控各终端状态

（1）前后方一体化云模式作业

前后方一体化云模式作业是利用开放的云服务和“一张网”实现生产组织分区设计、路线设计、生产组织，通过采集地形风险、地面建筑、交通水系、地下管网、施工区块内其他影响井炮、震源生产的障碍物信息，实时回传进行施工设计，实现高效的信息共享和协同作业，同时通过对物理点信息、偏点信息、生产进度信息的统计计算满覆盖次数，及时补测覆盖不足地区物理点，使得管理人员能够迅速响应施工变化和生产需求，缩短决策周期，加快业务执行速度，提高了设计的准确率，增强了设计的时效性。通过前后方一体化云模式作业，决策人员可以根据实际需求快速调整资源配置，灵活的适应行业的变化，保持持续的创新和发展。

2.5 打造数字化作业平台，对作业工序进行智能化升级

（1）高效激发

高效激发技术是针对采集工序持续研发高效、安全的激发技术，利用“一朵云”打破震源高效激发与井炮高效激发的数据壁垒，融合噪音监测、火车预警等技术，实现井炮与可控震源的源驱动高效自动化生产，井炮与震源瞬时切换，不再需要硬件的长时间系统切换，综合井炮与可控震源的位置坐标，智能优化选择最短时间间隔激发，最大化提升地震项目的施工进度。高效激发技术不断降低生产采集过程中的安全风险，实现了从传统到智能的跨越式升级，实现了数字化作业平台的着力打造。

（2）人工智能识别

人工智能识别技术应用于石油地震勘探作业的AI自证工作中，实现了海量钻井视频智能自证的目的，把完全人工目视质检变成机器AI为主、人工为辅的视频质检，计算机完成80%的工作，人工完成20%的工作，大大缩短视频质检时间，在正常拍摄的前提下，AI智能识别准确率大于80%。人工智能识别技术为云作业模式注入了强大的生命力，它不仅改变了传统的作业共享方式，还推动了石油地震勘探行业的创新发展，随着人工智能技术的不断突破和应用，数字化作业平台将进一步完善和优化，为用户带来更加便捷、高效的作业共享体验。

（3）无人机放样

无人机放样是基于先进的无人机技术、RTK定位技术以及配套的放样方案，通过无人机搭载的高精度传感器和RTK定位设备，可以实现对目标区域的精确测量和定位，放样终端还可以根据设计好的点位坐标，自动规划无人机的飞行路径，并指导无人机在实地标定出点位。无人机放样可以实现厘米级甚至毫米级的定位精度，具有高精度、高效率等特点，同时该放样方案自动化程度高、实时性强，大大降低了野外施工工作的劳动强度，提高作业效率和质量。无人机放样技术对放样工序进行了智能化升级，利用先进的数字化技术打造了一个集成式的作业管理平台，实现了作业流程的数字化、可视化和智能化，是企业迈向现代化、高效化运营的关键一步。

（4）无人机质控

无人机质控是利用无人机搭载节点QC回收终端，为地震采集项目获取节点QC数据，实现代替部分人工节点QC回收的功能。立体式eSeis-neo QC数据回收终端已完成研发，可以实现在200-300米空域等多种环境下，利用4G网络和自组网电台技术对节点QC数据的实时回收、处理、存储、上云等作业，同时借助开放的云服务，质控人员可实时查看节点质量情况，实时调度资源，更新作业计划，完成了高效、高质量地回收节点质量数据工作，在巡线流程、能力、安全及质控效果上取得了长足的进步。无人机质控技术颠覆了传统节点回收的工作模式，使得作业过程更加自动化、精准化，减少人为干预和误差，提高作业的可靠性和稳定性。

3　结束语

数字化转型已经成为当今世界众多行业和企业提升竞争力的战略选择，本文深入探讨了石油地震勘探作业数字化转型面临的挑战与对策，可以发现数字化转型已成为推动石油行业持续发展的重要引擎，我们仍需要明确加强技术研发、保护数据安全和隐私、培养人才队伍建设等对策，实现数字化转型的顺利进行。展望未来，石油地震勘探作业的数字化转型将带来更多可能性与机遇，它不仅将提升勘探作业的效率和准确性，降低运营成本，还将推动石油行业的智能化、绿色化发展，为其他行业的数字化转型提供有益的借鉴和参考，为全球能源结构的优化和可持续发展做出重要贡献。

参 考 文 献

[1] 赛迪智库数字经济形势分析课题组 .2024 年我国数字经济发展形势展望[J]. 软件和集成电路，2024(1)：22-27.

[2] 李思航，李浩辉 . 企业数字化转型与技术创新[J]. 商场现代化，2024(5)：105-107.

[3] Martin Creighan. AI 时代的数据安全策略发展趋势[J]. 软件和集成电路，2024(1)：30-31.

[4] 赵改善 . 石油物探数字化转型之路：走向实时数据采集与自动化处理智能化解释时代[J]. 石油物探，2021(2)：175-189.

成品油销售企业打造“中油速配”能源供应链配送服务平台的探索与实践

郭世聪　胡朝晖　张中淋　毛　磊　张茁娅　陈雪松　谢金君　黄　点

（四川中油优途电子商务有限责任公司）

摘　要　2022年11月上旬，国家应急管理部、工业和信息化部等十部委联合发布公告（2022年第8号），提出依照《危险化学品安全管理条例》（国务院令第591号）有关规定，决定调整《危险化学品目录（2015版）》，将“1674柴油[闭杯闪点≤60℃]”调整为“1674柴油”，柴油纳入危化品管理，新规实施后，零散中小型工地机械及农业机械供油管理更加规范，无证存储、配送、销售的“串串”加油退出这个年销量百万吨级的市场。为了满足大量工地及农机客户用油及配送需求，提升高质量油品服务和用户体验，四川销售为了弥补“中油直批”和“中油优途”在这个客群服务市场的系统功能空白，通过移动互联网、卫星定位、云计算、移动支付等新技术打造了需具有正规资质、高效可靠的油品配送服务平台--“中油速配”平台。该平台是四川销售数字化转型典型应用场景项目之一，四川销售积极响应集团公司高质量发展、顺应市场转变、做大零售市场、提供质优量足油品配送服务平台的全新战略需要。

关键词　危化品；柴油配送；零售市场；全新战略

1　实施背景

打造“中油速配”平台是主动适应国家产业政策调整、成品油产业链升级的全新战略需要。

一是柴油使用要求和标准全面提高。按照《危险化学品建设项目安全监督管理办法》、《建设项目安全设施“三同时”监督管理暂行办法》等法规执行，必须严格按照国家有关危险化学品的法律法规、标准规范要求，做好危险化学品安全生产工作。如工地、工厂等自建柴油储备设施门槛提高，不能任意搭建，虽然可以不取得危险品化学许可证，但或许后续会规范需要取得相关手续才行自建的可能。

二是经营准入门槛提高。柴油列为危险化学品后，后续在应急、职业卫生、环保、公安、消防、交通运输、市场监管等方面将进一步加强安全监管，对从业企业和从业人员将有更高的准入条件和要求。

三是成品油市场得到有效净化。柴油全部列入危化品管理后，此举将严厉打击一些个人或企业利用内部自用加油站的名义（比如物流公司内部车辆加油）来打擦边球进行柴油对外经营或贸易的行为，柴油纳入危化品管理后，若无证经营或储存，将面临刑法的危险作业罪、非法经营罪的责任追究，这就意味着中间商、贸易商将直接出局。同时，按照国家成品油行业专项治理的要求，对无仓储设施的企业也将不开通成品油开票模块。若执法部门严格执法，这将直接消除困扰正规成品油经营企业多年的“三黑一票”现象。

2　实施做法

2.1　总体思路

通过前期考察结果的分析，进一步提炼业务内核，形成具体的中油速配“一组织三架构”的总体建设思路，“一组织”即构建层次分明、职责具体的组织架构，“三架构”即围绕速配业务内核，形成总体功能架构、业务流程架构和创新技术架构，见图1。

图1　中油速配“一组织三架构”平台体系

2.1.1　构建层次分明、职责具体的组织架构

（1）成立领导小组，统领业务开展

领导小组强调在快速变化的市场环境中迅速响应，该小组由四川销售高层领导与专家组成，深入分析市场趋势和内部运营数据，以确保战略与市场需求和四川销售的长期发展目标一致。

（2）成立技术团队，提供技术支撑

技术团队由技术专家和工程师组成，主要职责是研发和优化平台的技术架构，目前技术团队主要包含技术架构专家、软件开发工程师、平面设计师、测试工程师等。

（3）成立运营团队，保障业务运营

运营团队负责平台的日常运维、客户服务和市场营销等工作，通过精确的数据分析和市场洞察优化服务流程，提升客户满意度，确保业务的连续性和稳定性，同时也在市场推广和客户关系管理等方面作出了积极努力，见表1。

表1　中油速配项目团队职能分工表

组织机构	职能定位	职责任务
领导小组	统筹协调	负责中油速配的整体战略规划、目标设定及业务决策，监控项目进展，进行资源协调与决策支持，确保战略目标与市场需求一致
技术团队	技术研发、创新支撑	研究开发和优化中油速配业务平台的技术架构、软件设计与开发，确保平台稳定性、安全性与先进性，持续推动技术创新与应用，保障技术发展与业务需求紧密结合
运营团队	业务执行、客户服务与市场拓展	负责中油速配业务的日常运营管理，提供优质的客户服务，实施有效的市场营销策略，确保业务的连续性和稳定性

2.1.2　构建“中油速配”平台体系

（1）总体功能架构

“中油速配”平台体系包含用户交互层（前台）、业务处理层（中台）、管理支撑层（后台）的平台功能架构。

用户交互层提供了全面的线上服务功能，通过微信小程序、H5、公众号等渠道实现包括用户注册、个性化推荐、即时咨询、油价查询、快速下单、精准定位等功能，旨在通过移动智能终端简化购油过程，增强用户的购买体验。

业务处理层主要包含业务操作端和配送端，同样以微信小程序等终端作为功能载体。其中业务操作端集中于提高内部工作效率，包含账号和订单的审核、客户和资金的管理，以及油价信息的实时更新等功能，旨在加速业务流程，确保服务质量，配送端则着重于优化配送过程。

数据支撑层是整个平台的运营核心，它包括“中油速配”管理后台、精准营销平台、安全防护平台和异业商户平台等关键组成部分，主要负责平台的整体运营管理、数据处理、安全保障和生态系统构建，见图2。

（2）“中油速配”平台业务流程的制定，旨在提升整个油品销售链的效率和透明度。流程的设计始于对用户需求的精确理解，并贯穿整个油品配送服务的每一个环节，确保每个步骤高效、准确地执行，见图3。

（3）创新技术架构

“中油速配”平台技术架构集成了大数据分析、5G定位技术、移动互联网技术、智能算法、数据加密与安全技术、实时监控和异常预警系统等多项技术，构建了一个多层次、高度综合的系统框架。

大数据分析技术集成了强大的数据分析工具，能够处理和分析庞大的用户数据，从而制定更精准的营销策略和服务优化方案，有效提升客户满意度和业务效率。

5G定位技术为“中油速配”平台的配送服务的精确度和速度提供保障，高速率、低时延的特性使得配送过程更加精准和可靠。

安全层的设计考虑了多种可能的安全威胁，采取了严格的安全措施和协议，包括身份验证、访问控制和数据加密，确保所有交易和通信过程的安全。

实时监控和异常预警系统为“中油速配”平台提供了持续的运行监控和及时的预警响应机制。通过对系统的持续监控，该层能够快速识别和响应潜在的风险和问题，保障系统的高效运作。实时监控功能涵盖了系统性能、用户活动、网络安全等多个方面，确保系统在各个环节的正常运行。

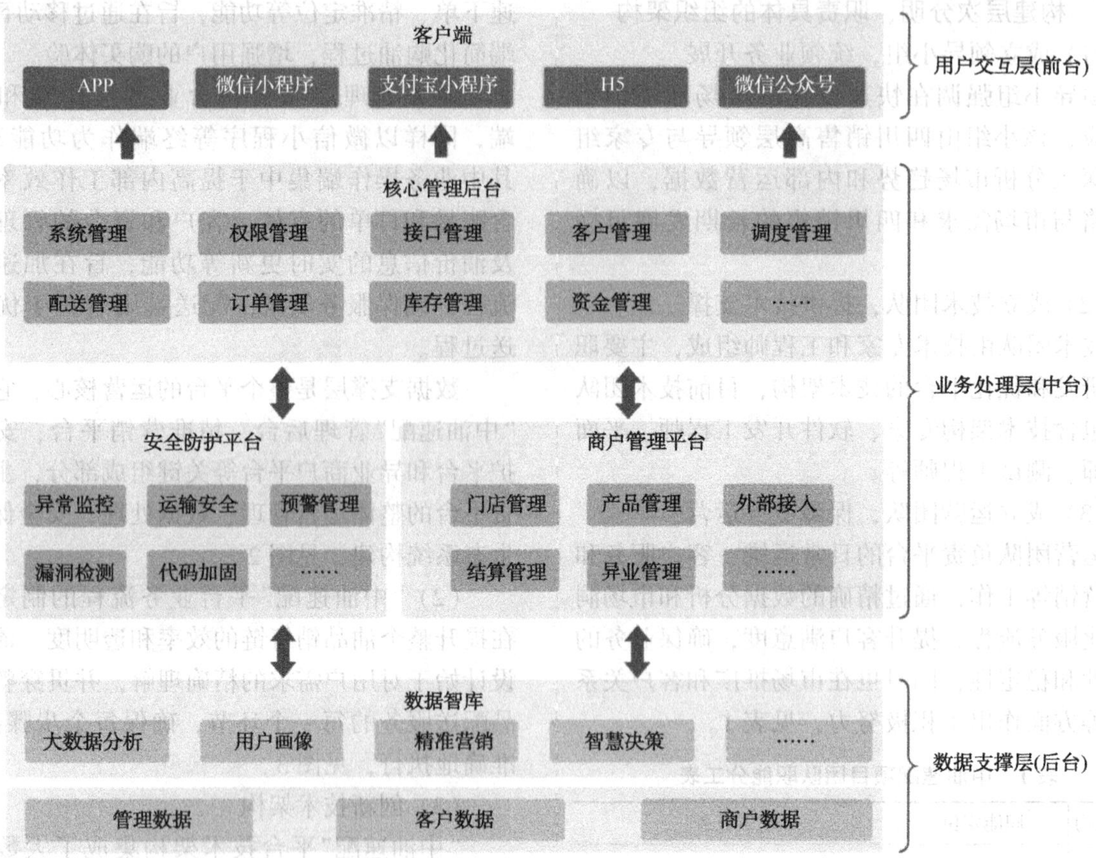

图2 中油速配平台总体功能架构

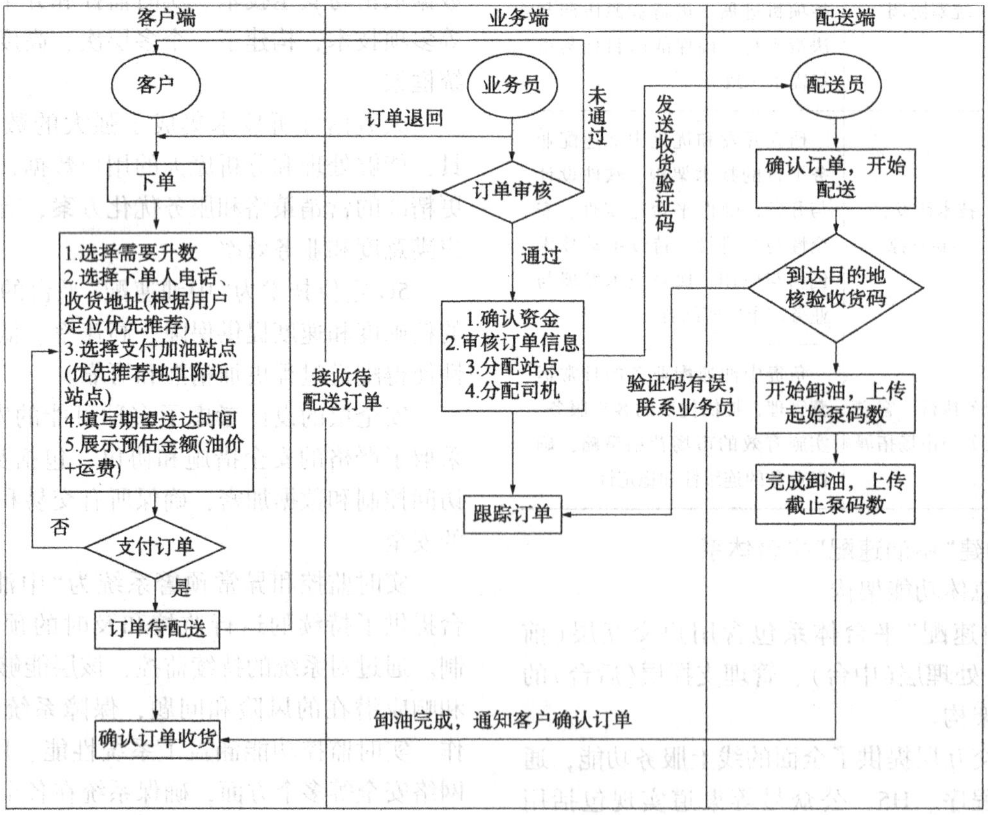

图3 中油速配客户端油品配送流程

2.2　关键步骤

2.2.1　搭建“中油速配”管理后台，实现高效统筹与智能管理

“中油速配”管理后台是统筹协调和高效运营的关键环节。后台基于云计算和大数据技术，构建了一个综合性强、操作简便的管理平台，系统涵盖权限分级管理、用户管理、订单处理、库存监控、配送调度等多个关键业务模块，为平台运营提供了全面的数据管理和业务处理能力。技术选型方面，“中油速配”管理后台结合云计算和大数据技术，选择 Java 和 Spring Boot 作为编程语言和框架，MySQL 和 Redis 搭建数据库，确保系统的性能和可扩展性，见图 4。

图 4　中油速配管理后台

2.2.2　开发“中油速配”移动客户端，实现便捷服务体验

“中油速配”客户端以微信小程序的形式提供服务，其优势在于低开发成本、便捷的维护、流畅的用户体验和丰富的功能集。“中油速配”通过小程序仓库鉴权，动态路由等技术，将业务审核员、配送员、客户三端集成于一个小程序，实现“三端一体”的系统架构，见图 5。

“中油速配”小程序创新技术体系由界面设计、前端开发、后端开发、数据库设计组成。整体语言框架采用 Uniapp + PHP，UI 框架采用 Uview-UI，Uniapp 是一款以 Vue. js 为开发基础的多平台适配框架，可实现一套代码、多平台运行的需求，极大简化目标系统多平台适配的工作量，利用多端框架的集成优势，小程序在优化推荐、定位分析和智能校验等方面实现了创新算法：

（1）订单最优分配算法

软件根据客户端当前定位于用户订单收货位置，采用经纬度坐标转化为距离，综合计算于当前多笔订单收货地最近的油站，供业务员选择，解决了订单分配混乱、运输配送效率低的问题。

（2）车载 gps 定位监控算法

“中油速配”通过车载 gps 数据转化为车辆实时位置信息呈现到小程序，将配送流程透明化，配送进度可视化，对于用户感知度更高，对业务员方便管理，司机配送记录可查询。

图 5　中油速配微信小程序用户、审核、配送三端界面

（3）订单智能校验算法

司机到卸油地点后，通过与用户核验收货码，验证成功后车辆电子铅封解锁，可进行卸油作业，通过订单强校验算法，提升订单准确性，减少订

单舞弊行为，为业务的配送质量提供保障。

2.2.3　建设“中油速配”精准营销平台，深化数字化营销实践

“中油速配”精准营销平台的核心在于利用核心平台的技术优势，开展全方位的数字化营销。平台通过分析客户端产生的庞大数据，构建用户画像，为每个用户群体定制个性化的营销策略。结合一线网点的实际情况，平台能够在本地环境中高效开展营销活动，实现精准触达，见图6。

图6　中油速配可视化数据分析模型

2.2.4　落地“中油速配”安全防护平台，强化安全保障

（1）实施全面的信息安全策略

针对线上平台、应用和客户端，安全防护平台实现了代码的持续检测、安全加固和异常预警。通过定期的代码检测和加固，平台有效降低了自身漏洞，增强了防御外部攻击的能力。同时，24小时的异常监测和迅速追踪机制为平台稳定运行提供了坚实的安全保障。

（2）开发综合性运行监控平台

根据安全运行策略，运行监控平台专注于能源配送业务的异常监控，提供实时数据分析，包括订单量、客户注册数和客单价等关键指标。移动端业务运行报告则聚焦于系统的代码安全性、应用加固情况和故障统计，全面展示业务运行状况，见图7。

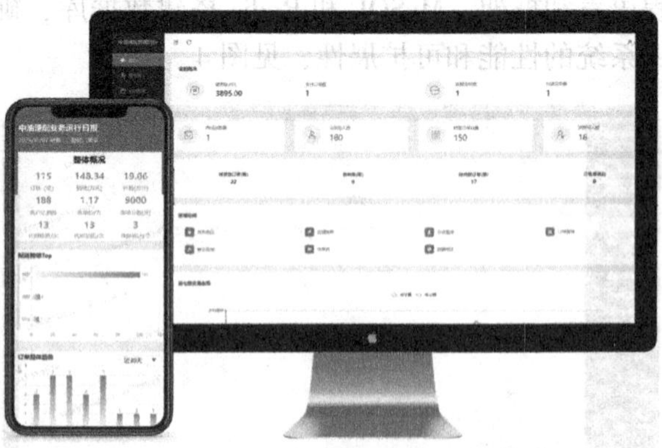

图7　中油速配运行监控平台、客户端

（3）创新代码安全加固技术

针对系统和应用发布上线前的安全需求，平台采用了一系列先进的加固算法。包括代码混淆与加密、关键字混淆、控制流混淆、虚拟化保护技术（JSVMP）和防调试保护，见图8。

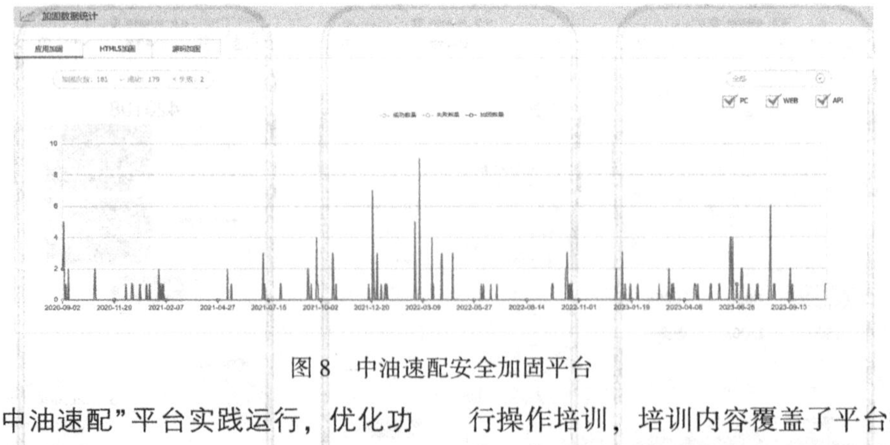

图8　中油速配安全加固平台

2.2.5　推进“中油速配”平台实践运行，优化功能与用户体验

“中油速配”平台的实践运行首先在地市公司层面进行试点测试，主要目的在于验证平台的功能完整性、稳定性及用户体验。

（1）组织开展业务培训

通过《中油速配员工培训手册》对各岗位进行操作培训，培训内容覆盖了平台操作、安全规范、客户服务等多个方面，确保员工熟悉并掌握核心业务流程和操作技巧。

（2）实地跟踪业务流程，收集客户建议

以自贡公司为例，项目组对各片区柴油配送业务进行了全流程的实地跟踪，从客户开发到服务完成的整个过程进行监控与评估。实地跟踪不

仅帮助团队及时发现并解决运行中的问题，也为服务优化提供了宝贵数据。同时，通过直接与客户的互动，收集到了一系列建设性的意见和建议，有助于进一步完善平台的服务质量和用户体验，见图 9。

图 9　中油速配平台试运行实地跟踪

（3）跨平台精准推广

通过在“中油优途”和“中油直批”等公司内部平台进行精准广告推送，以此吸引潜在用户，扩大“中油速配”的用户基础。这种地市为单位的定点推广方式，便于针对性地解决本地市场的具体需求和特点，实现高效的市场渗透和用户引流。在实施过程中，通过对地市用户的行为习惯和需求进行深入分析，制定了针对性的广告内容和推广策略，以最大程度地吸引目标用户群体，见图 10。

图 10　跨平台推送引流

3　实施效果

3.1　经济成效

3.1.1　经营业绩显著提升，实现业务提质增效

自 2023 年 8 月“中油速配”平台搭建以来，在三家地市公司开展前期试点与业务推广，截止 2024 年 3 月，单站完成订单 454 笔，销售额 708 万，销售升数达到 91 万升，实现单站月度指标完成率 100%。依托“中油速配”核心智慧平台营销体系的推广、引流，客户端微信小程序客户数单月注册数突破 400 人，平均客单价超 1.56 万元，日均线上消费额突破五万，有效促进了小额油品零售业务开展，实现提质增效，见图 11。

图 11　中油速配业务运行日报（部分数据）

3.1.2　成本控制优化，增收渠道拓展

“中油速配”平台通过高效的业务流程，不仅实现了成本的有效控制，还成功拓展了新的收入渠道。

首先，在成本控制方面，平台通过将传统线下柴油配送业务转移至线上，实现了全流程的数字化管理。线上管理模式使得单笔订单的审核、配送、调价和统计等工作可以由单一人员完成，显著降低了人力成本。同时，平台的线上安全管控和数据化处理有效降低了业务风险，并减少了由于作弊或管理不善导致的损耗。

其次，在收益增长方面，平台通过技术赋能和接口开放，为地市公司提供了自主建设管理工具和营销工具的可能性。这不仅降低了新系统建设和运行的成本，也为地市公司在进行市场推广和客户服务时带来了便利。此外，通过生态赋能，平台吸引外部资源，形成了一个资源丰富、优势互补的开放资源体系，与零售、保险、汽车服务等行业的跨界合作，为联合营销活动提供了平台，进一步拓宽收入来源，提升平台的市场竞争力。

3.2 管理成效

3.2.1 管理效能全面提升，实现数字化管理

“中油速配”后台管理功能显著优化了原有线下业务的效率和决策质量。数字化管理使得数据收集和分析过程自动化和高效化，从而优化管理员在配送订单审核、调度、配送、分析等环节的效率，同时，基于对业务试点反馈信息的精细梳理，四川销售制定了《中油速配业务运行管理办法》，为管理工作提供了明确的指导。这一步骤标志着从传统的线下操作向线上全流程管理的转变，大幅提高了管理效率和准确性。利用平台的综合管理工具，如站点管理、客户管理和订单管理等，管理覆盖更加全面，体系更加完善。明确的管理职责和权限，以及有效的监督与考核机制，确保了管理流程的透明性和高效性。

3.2.2 促进合规管控水平，有效净化柴油市场

“中油速配”平台除了拥有完备的油品经营资质，还制定了《中油速配合规运行管理条例》、《中油速配用户隐私政策》、《中油速配用户协议》等条例来确保油品配送服务的合规性、质量的优良性以及供应的充足性，有效收缩了非法“黑柴油”市场。实际操作中，自贡公司的试点展示了其显著的市场影响力，期间平台成功吸引了80余户工地用油客户，其中包括12户原有线下客户和40余户新增线上客户，以及28户由社会柴油配送服务提供商转化而来的用户。平台不仅提升了自身的市场占有率，同时也在推动整个柴油配送市场向正规化、安全化方向发展中扮演了重要角色，体现了其行业领导地位和对社会责任的承担。

参 考 文 献

[1] 欧阳静，曾文，潘可新．大数据背景下科技智库情报信息共享体系研究[J]．图书与情报，2021(4)：132-137.

[2] 崔洋，孟祥龙．基于微信小程序的安全培训系统[J]．电力安全技术，2023，25(1)：62-65.

[3] 滕毅，马焯文．基于Uniapp的校园拼车多端小程序设计与实现[J]．电子制作，2022，30(16)：43-46.

成品油销售企业设备管理工作智能化发展的研究与实现

龚　宇

（中国石油福建销售公司）

摘　要　近几年随着我国整体经济形式的变化，股份公司、销售板块各级领导一直在强调"加快数字化转型、智能化发展""降本增效"、"提高设备综合利用率"、"资产轻量化运营"、等管理思想。设备作为一个公司最重要的资产之一，加强设备管理是支撑这个思想的重要手段。如何提高设备利用率、降低设备维护成本，如何加强公司设备管理工作，无疑是帮助企业提高利润、降低成本的一个重要途径。设备管理的智能化提升也将全面提高公司工控管理系统信息化水平。

中国石油福建销售公司设备资产一体化平台建设，梳理了设备管理流程，建立了完整的设备管理体系，是工控系统智能化发展的重要抓手，是加油站数字化、智能化的重要体现，是设备管理与互联网业务的有效融合，全面提升了福建销售公司的设备精细化管理水平。

本文主要探讨设备资产一体化平台主要功能实现，及其在公司业务管理、智能化建设、降本增效等方面的突出贡献。该系统是一个根据企业自身需求设计的管理系统，满足企业在业务管理方面的要求，突出设备管理的重要性、完整性、有效性。

关键词　设备管理；系统建设及应用；工控系统；智能化建设

1　引言

1.1　研究背景

习近平总书记在9月份科学家座谈会上再次强调要加快推进互联网、大数据、人工智能同实体经济深度融合，做大做强数字经济。设备管理智能化发展是成品油销售企业数字化转型的重要一环，以此实现设备、系统、数据的互联互通，利用互联网、物联网、云计算、大数据、人工智能等信息技术，实现加油站数字化、智能化，提升加油站效率效益，实施"加油站+互联网+N"，加强工控系统智能化发展。

1.2　研究目的和意义

中国石油本身业务的综合多样性，决定了其设备管理业务规模大，分布范围广，涉及专业多，设备种类多，管理要求多样化等特点。设备管理的实质决定了强化专业化管理的业务需求，必须利用信息化手段对设备管理工作进行统筹管理。

（1）梳理、完善福建销售公司设备管理标准体系，规范设备管理流程。

（2）建立完整的设备基础台账，并完善加油站、油库的基本档案，在一体化平台中不仅可以查看设备台账的档案，也可以查看加油站及油库本身投运以来所有相关的档案信息。

（3）规范设备维修改造流程，实现设备的精细化管理，提高设备维修改造效率，降低设备维修改造费用、维修成本。

（4）建立预防性维护体系，将设备管理由被动转为主动模式。设置设备检测、保养定期提醒，减少设备隐患故障，保证设备安全运营。

（5）实现维修外委主动派单，借助手机APP，外委单位可直接接收维修派单信息，缩短与外委单位沟通周期。

（6）用手机盘点替代现有的手工资产盘点和盘点枪盘点，实现全员盘点、减少硬件投入的目的。

2　主要功能实现

设备管理应以全生命周期管理目标，保障生产经营为主旨，通过一系列的技术、经济、组织措施，对设备的规划、设计、选型、购置、安装、使用、维护、维修、改造、更新直至报废的全过程进行管理，以获得设备寿命周期费用最经济、设备综合产能最高、设备安全平稳运行的理想目标。设备全生命周期管理包括四个阶段，分别为规划管理、采购建设、运行维护和退役管理阶段，设备资产一体化平台涵盖了设备全生命周期所有业务需求，规范设备管理业务流程。

2.1　建立设备台账及库、站基本信息档案

2.1.1　设备台账

根据"一台一档"的管理思想，对每一台设备按照设备分类的大类、小类划分，建立档案，形成设备台帐，维护设备的专业技术属性。对设备的全生命周期(从形成、使用、维护、改造、更新、报废)进行综合管理，见图 1。

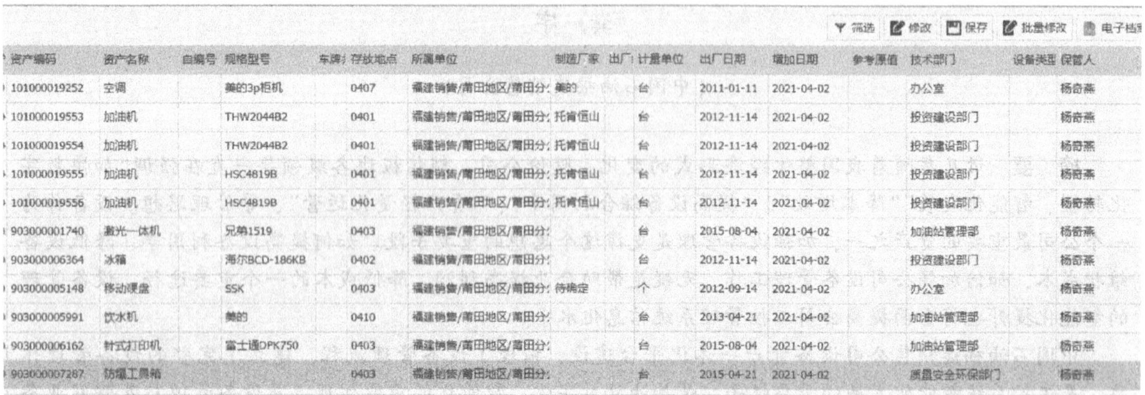

资产编码	资产名称	自编号	规格型号	车牌	存放地点	所属单位	制造厂家	出厂	计量单位	出厂日期	增加日期	参考原值	技术部门	设备类型	保管人
101000019252	空调		美的3p柜机		0407	福建销售/莆田地区/莆田分	美的		台	2011-01-11	2021-04-02		办公室		杨奇燕
101000019553	加油机		THW2044B2		0401	福建销售/莆田地区/莆田分	托肯恒山		台	2012-11-14	2021-04-02		投资建设部门		杨奇燕
101000019554	加油机		THW2044B2		0401	福建销售/莆田地区/莆田分	托肯恒山		台	2012-11-14	2021-04-02		投资建设部门		杨奇燕
101000019555	加油机		HSC4819B		0401	福建销售/莆田地区/莆田分	托肯恒山		台	2012-11-14	2021-04-02		投资建设部门		杨奇燕
101000019556	加油机		HSC4819B		0401	福建销售/莆田地区/莆田分	托肯恒山		台	2012-11-14	2021-04-02		投资建设部门		杨奇燕
903000001740	激光一体机		兄弟1519		0403	福建销售/莆田地区/莆田分			台	2015-08-04	2021-04-02		加油站管理部		杨奇燕
903000006364	冰箱		海尔BCD-186KB		0402	福建销售/莆田地区/莆田分			台	2012-11-14	2021-04-02		投资建设部门		杨奇燕
903000005148	移动硬盘		SSK		0403	福建销售/莆田地区/莆田分	待确定		个	2012-09-14	2021-04-02		办公室		杨奇燕
903000005991	饮水机		美的		0410	福建销售/莆田地区/莆田分			台	2013-04-21	2021-04-02		加油站管理部		杨奇燕
903000006162	针式打印机		富士通DPK750		0403	福建销售/莆田地区/莆田分			台	2015-08-04	2021-04-02		加油站管理部		杨奇燕
903000007287	防爆工具箱				0403	福建销售/莆田地区/莆田分			台	2015-04-21	2021-04-02		质量安全环保部门		杨奇燕

图 1　对设备的全生命周期进行综合管理

2.1.2　库、站基本信息档案

为具体、详实的反馈库站投建、改造、维护等信息，建立库、站基本信息档案模块，档案配置主要包含油站基本信息配置和档案附件配置两个模块。油站基本信息可体现库站地理位置、建站时间、库站性质等信息。档案信息可体现维修整改、施工项目电子档案，比如项目的竣工图、各种检测报告、验收单、电气线路改造图等，见图 2。

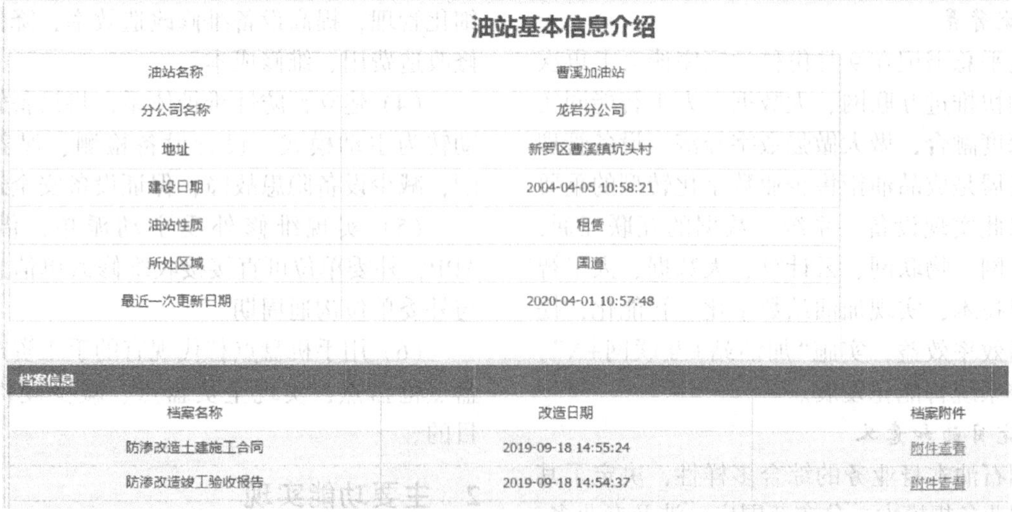

油站基本信息介绍

油站名称	曹溪加油站
分公司名称	龙岩分公司
地址	新罗区曹溪镇坑头村
建设日期	2004-04-05 10:58:21
油站性质	租赁
所处区域	国道
最近一次更新日期	2020-04-01 10:57:48

档案信息

档案名称	改造日期	档案附件
防渗改造土建施工合同	2019-09-18 14:55:24	附件查看
防渗改造竣工验收报告	2019-09-18 14:54:37	附件查看

图 2　基本信息档案

2.2　规范检维修流程

根据公司业务流程，规范设置检维修流程审批。针对办公设备设施、生产设备设施设置不同的审批流程。同时划分各层级设置不同的审批权限，做到个性化设置。对外委维修项目可直接实现流程推送，达到外委维修主动派单的目的，加强与维修承包商沟通，缩短维修周期，见图 3。

2.3　检维修预算控制

年初对省公司年度维修费预算进行分解，可按单位和设备类型进行分解，通过分解后的预算控制本年各单位的维修管理工作。维修预算确定

后，将不允许再进行修改，如果需调整，通过“维修预算调整”功能进行调整。

维修预算按单位分解实现逐级细化，如省公司将预算分解到各市公司，市公司将预算分解到各加油站或油库。

维修预算的控制可粗可细，可分解到市公司，也可分解到基层库站，可设备类型细化，也可控制总数，见图4。

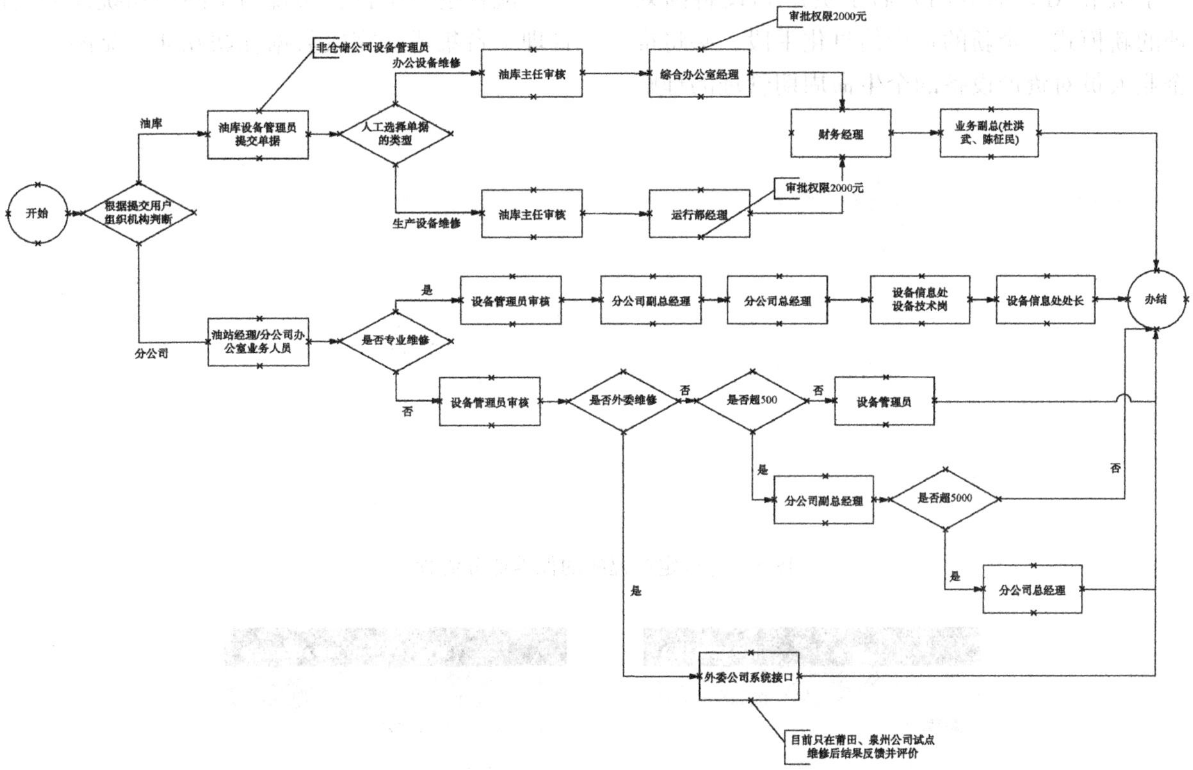

图3　检维修流程

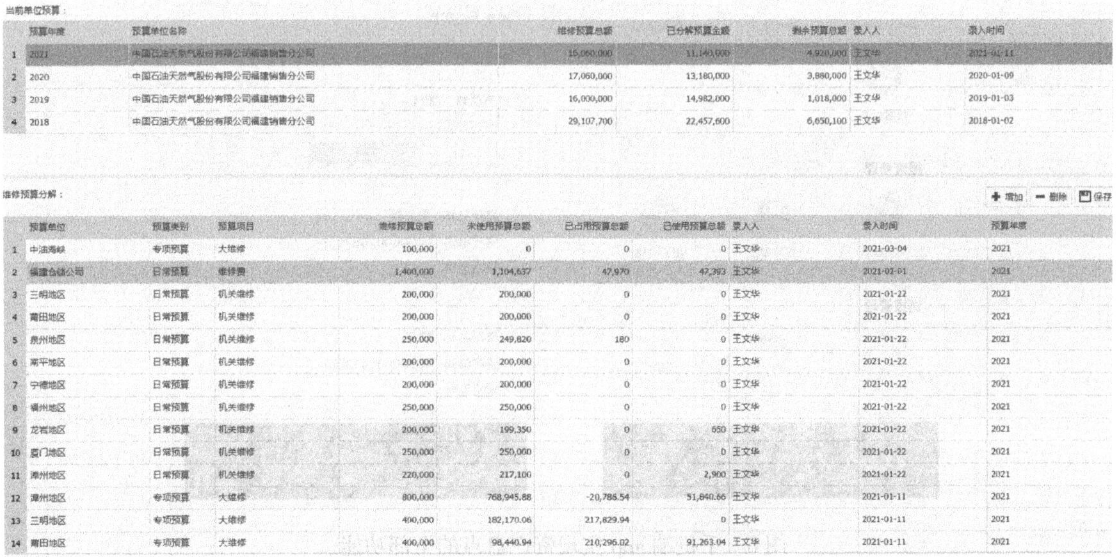

当前单位预算：

	预算年度	预算单位名称	维修预算总额	已分解预算金额	剩余预算总额	录入人	录入时间
1	2021	中国石油天然气股份有限公司福建销售分公司	16,060,000	11,140,000	4,920,000	王文华	2021-01-11
2	2020	中国石油天然气股份有限公司福建销售分公司	17,060,000	13,180,000	3,880,000	王文华	2020-01-09
3	2019	中国石油天然气股份有限公司福建销售分公司	16,000,000	14,982,000	1,018,000	王文华	2019-01-03
4	2018	中国石油天然气股份有限公司福建销售分公司	29,107,700	22,457,600	6,650,100	王文华	2018-01-02

维修预算分解：　　　　➕增加　➖删除　保存

	预算单位	预算类别	预算项目	维修预算总额	未使用预算总额	已占用预算总额	已使用预算总额	录入人	录入时间	预算年度
1	中油海峡	专项预算	大维修	100,000	0	0	0	王文华	2021-03-04	2021
2	福建仓储公司	日常预算	维修费	1,400,000	1,104,637	47,970	47,393	王文华	2021-02-01	2021
3	三明地区	日常预算	机关维修	200,000	200,000	0	0	王文华	2021-01-22	2021
4	莆田地区	日常预算	机关维修	200,000	200,000	0	0	王文华	2021-01-22	2021
5	泉州地区	日常预算	机关维修	250,000	249,820	180	0	王文华	2021-01-22	2021
6	南平地区	日常预算	机关维修	200,000	200,000	0	0	王文华	2021-01-22	2021
7	宁德地区	日常预算	机关维修	200,000	200,000	0	0	王文华	2021-01-22	2021
8	福州地区	日常预算	机关维修	250,000	250,000	0	0	王文华	2021-01-22	2021
9	龙岩地区	日常预算	机关维修	200,000	199,350	0	650	王文华	2021-01-22	2021
10	厦门地区	日常预算	机关维修	250,000	250,000	0	0	王文华	2021-01-22	2021
11	漳州地区	日常预算	机关维修	220,000	217,100	0	2,900	王文华	2021-01-22	2021
12	漳州地区	专项预算	大维修	800,000	768,945.88	-20,786.54	51,840.66	王文华	2021-01-11	2021
13	三明地区	专项预算	大维修	400,000	182,170.06	217,829.94	0	王文华	2021-01-11	2021
14	莆田地区	专项预算	大维修	400,000	98,440.94	210,296.02	91,263.04	王文华	2021-01-11	2021

图4　检维修预算控制

2.4　设备保养

通过设备保养、专业检测完善设备的预防性维护机制，在系统中建立各类设备保养周期、检测标准，辅以系统弹窗提醒，APP 提醒等多种提醒方式，督促设备员及时对设备进行点、巡检工作，进一步降低设备故障率，减少管线渗漏等严重情况出现。根据设备设施管理办法，提供按照时间周期、运转情况等，对不同的设备进行定期提醒的保养的业务流程，见图 5。

2.5　手机盘点

手机端 APP 的应用开启了资产和设备高效管理的新模式。全新的资产信息化手段，必将推动企业人员对资产设备的全生命周期管理的理解与认识，向全员、全要素、全过程管理迈进，降本增效。

公司内部用户通过手机端 app 可以实现资产盘点的全部功能，还可以对调拨、报废、处置等业务流程进行审批，实现与集团公司统建的资产管理平台集成，完成数据互联互通，见图 6。

图 5　进行定期提醒的保养业务流程

图 6　手机端 app 实现资产盘点的全部功能

2.6　手机端实现维修外委派单

外包单位人员通过手机端 APP 接收福建公司加油站推送给外包单位的维修工单，并将维修单分派给具体进场维修的工作人员。维修完成后，库站负责人对维修单据进行验收。手机端维修外委派单功能的实现，大大缩减了维修周期，提升公司设备完好率，为公司设备有效运转提供运维保障，见图 7、图 8。

图 7　手机端实现维修外委派单

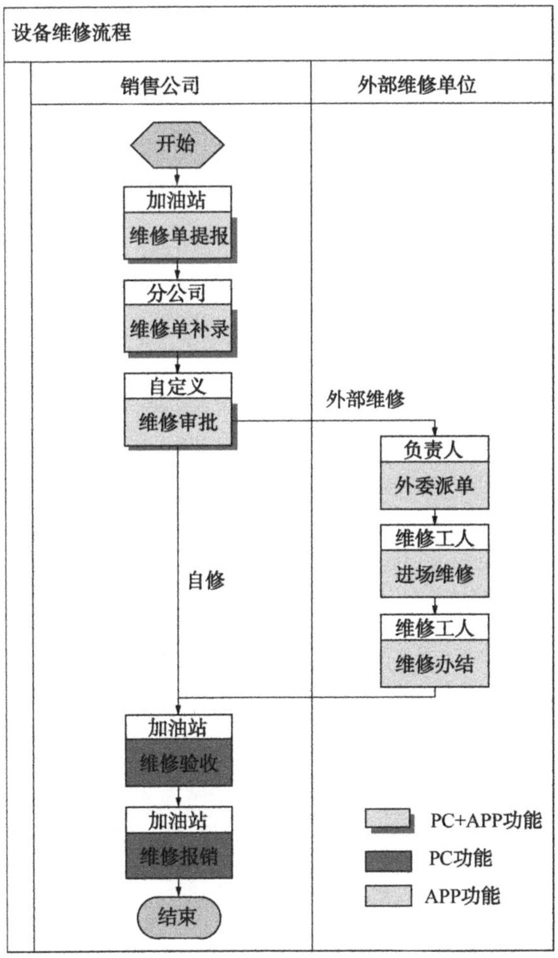

图 8　设备维修流程

3　应用成果及效益

3.1　应用效果

福建公司设备资产一体化平台涵盖公司所有设备管理业务，目前包含 10 个机关部门，11 个二级单位，2 家控股单位；业务涵盖加油站 531 座，油库 8 座，用户 1070 个，台账信息 93453 条。设备资产一体化平台的应用将设备管理由被动转为主动的工作模式，降低设备故障率，减少设备停机几率，保证设备长周期运行，获得最大收益。

3.2　节本降效成果

全省的设备维修费由 2018 年 2245 万元，降至 2019 年 1498 万元，2020 年降至 1318 万元。2020 年较 2018 年降幅达到 41.29%，维修费控制效果显著。

4　系统应用成果总结

福建公司自 2017 年设备资产一体化管理平台上线以来，管理效果显著。本着规范化的管理的原则，建立健全的设备档案体系，实现了设备全生命周期管理，梳理、建立设备管理各项流程，是设备管理数字化转型、智能化发展的典型案例。

4.1 强化HSE设备设施安全生产的运行监控和隐患管理

实行设备设施全生命周期管理，解决以往基层油站设备设施维修维护不及时，小问题积累集中整治存在的安全风险。

4.2 加强设备设施维修维护费用管控力度

利用系统分析重复上报或遗漏上报的维修项目，以及同类维修项目横向费用的对比分析。

4.3 提高设备管理工作效率，节省人员成本

设备日常管理工作、设备维修改造、隐患整改工作在系统内完成，缩短业务处理上下级协调审批的周期。

4.4 落实设备设施管理制度

实现业务处理流程促进，将业务流程固化到系统中，通过系统运行使制度和流程更好的落地执行。

4.5 实现公司设备(资产)管理的账实相符

实现公司设备(资产)管理的账实相符，多部门业务协同，设备管理与资产核算管理和资产实物管理集成联动。

4.6 加油站数字化、智能化的重要体现

设备管理与互联网业务的有效融合，利用信息技术手段加强公司设备管理职能。

第四代智能精细分层注水技术的研究及应用

王营营　宋祖厂　杨海超

（中国石油大港油田公司）

摘　要　大港油田通过自主研发工艺技术系列，自主开发无线远程控制平台，建成了集团公司首家智能分层注水测控标准化管理平台，创新应用"风-光-电"一体供能系统，率先实现新能源与智能分层注水工艺的有机融合，实现绿色环保施工，形成了具有大港油田特色的"第四代智能精细分层注水"技术系列，保持了行业技术领先优势。第四代智能精细分层注水技术具有多项优势，可实现分层注水全过程实时监测和自动控制；可调层段多，单井最多可调层段5层，实现可调层段多；测调精度高，单层测调精度与常规测调相比提高一倍；单层测调时间短，单井智能测调时间比常规人工测调减少20多个小时；安全系数高，取消了人工测调的高空风险作业；在降本增效方面，缆控智能分层注水单井平均层段工具成本降幅达65%，分层注水合格率保持在92%以上。

关键词　第四代智能分层注水；远程测调；精细分层注水；"风-光-电"一体供能

1　引言

大港油田属于典型的多层系、非均质复杂断块油藏，层间矛盾突出，分层注水作为老油田注水开发的主导技术之一，在油田开发中越来越受到重视。经过多年的研究发展，分层注水技术已经形成了以固定式、钢丝投捞式、电缆测调式为代表的前三代分层注水技术，在支撑油田持续高产稳产、提高水驱采收率等方面发挥了重要作用，有力地推动了大港油田分层注水工艺技术与应用水平的提升。与第三代分层注水技术只有在下入测试仪器过程才能获取监测数据不同，第四代分层注水技术首次实现了分层注水全过程实时监测和自动控制，使油藏开发的"眼睛"和"手"能够延伸到井下每个层段，对各层段的认识更精准，调控也更高效。该项技术突破了井下强干扰环境下流量永置式检测，小直径电机驱动的流量无级调节等世界级基础共性难题，研制了集成流量计、压力计和流量调节总成的一体化配水器等关键工具，形成了缆控式、波码通讯和地面式为代表的第四代分层注水工艺，实现了分层注水井下测调自动化、状态监测实时化和数据管理网络化，助力大港油田分层注水工艺持续提高；基于实时分层注水数据和油藏静态数据，开发了智能分层注水测控标准化管理平台，推进了注水方案优化与调整由"滞后调控"向"实时、精细、智能优化"的重大跨越。

第四代智能精细分层注水技术有效解决了日益增长的注水井测调工作量与有限的测试队伍之间的矛盾，助力油田数字化转型和智能化发展。大港油田第四代智能精细分层注水技术已具有规模化推广优势，今年在油田精细挖潜示范区推广应用的100口智能分层注水井，目前运行状况良好。下一步，大港油田将配合中石油勘探开发研究院积极开展缆控式智能分层注聚技术现场试验，持续攻关探索波码智能调剖一体化分层注水工艺技术，努力实现"三个跨越"，即测调生产方式由人工机械向智能测调跨越、井场测调向室内远程测调跨越、操作人员由"蓝领"向"白领"跨越，为油田持续稳产、数字化转型、智能化发展贡献力量。

2　大港油田注水管理现状和问题

大港油田分层注水技术历经60多年的发展，逐步形成了以固定式、钢丝投捞式、桥式偏(同)心与电缆测调联动为代表的三代分层注水技术，在支撑油田持续高产稳产方面发挥了重要作用，但是在新形势下也面临着重大挑战。

2.1　分注井逐年增多，测调费用高工作量大

大港油田多数区块是多层砂岩油藏，含油井段长，注水井射开层数高(可达15层)，随开发的深入分注井数逐年增多(图1)，现场施工工作量大，效率低，测试设备和人工成本大幅度增

加，配水量调整周期长，难以保证注水合格率，许多分注井长期处于合格水平，无法实现精细分层注水。

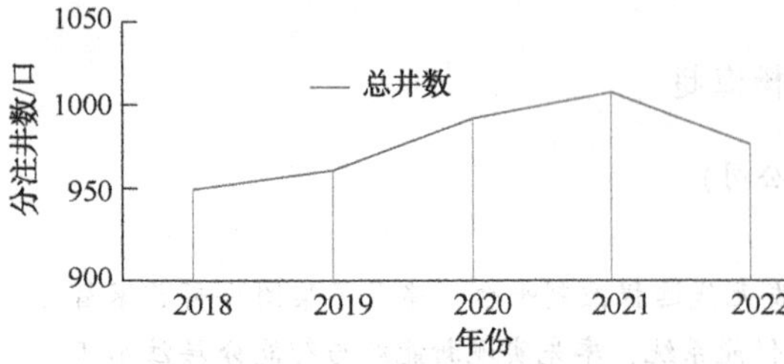

图1　大港油田分层注水井数变化图

截至2022年年底，大港油田分注井数将近1000口，3层段以上占40%，年测调总井数超过4000多井次，年测调层段数超过13000层，近年持续升高。但是目前全油田只有10个测调班组，仅能满足2000井次测调需求，近一半分注井无法按时调配。

2.2　注水工艺技术落后，耗能高效率低

与股份公司平均水平相比(图2)，大港油田整体的注水工艺水平较低，特别是分层注水技术仍然落后，分注率、分注级数仍然难以满足开发需要。而大港油田含油层系多，油层井段长，渗透率级差大，层间矛盾突出，需要多级分层注水，但因油层埋藏深，注水压力高，注水水质不达标，井筒腐蚀结垢严重，多年来分层注水工艺多以一级二段地面油套和偏心分层注水为主，难以满足油田开发对各层段精细配水的需要。

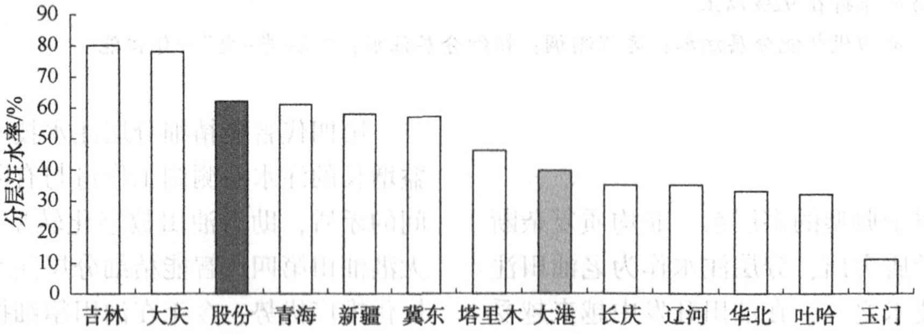

图2　中石油2022年所属各油田公司分注率情况(%)

2.3　注水井测调工作安全隐患突出

2.3.1　测调装备与技术落后，测调队伍老龄化严重

大港油田分层注水井测调工艺技术与装备综合自动化水平低，设备大部分为常规测试技术，受技术客观条件制约，投捞配水与流量测试都必须要分开、分步进行，工序繁多，测试合格的周期长，测配效率低。长期以来，各采油厂测试工作一直采用常规的堵测法进行水井流量测试，在投捞测配过程中需要用钢丝频繁的投捞，并在地面更换水嘴以达到规定的配注量，在选水嘴的过程中主要依靠现场作业人员个人经验，后期利用超声波流量计进行单层水量验证，这种粗放的测试方式往往造成各层配水精度不高。

目前油田共有10个测调班组，人员队伍不足，且老龄化严重。设备仪器多年未及时更新(6~8年)，注水井现场调配过程中主观因素影响大，测调数据飘移大、影响测调准确性。(表1)。

表1　大港油田各单位测试调配队伍人员统计

单位	总人数	人员			班组数量
		男	女	平均年龄	
一厂	15	15	0	43	3
二厂	5	4	1	38	1
三厂	5	5	0	42	1
四厂	6	5	1	45	1
五厂	10	9	1	37	3
六厂	5	5	0	35	1
合计	46	43	3	40	10

2.3.2　测试工作效率不高，安全风险隐患多

目前现场测调主要存在两种方式：常规投捞调配、测调联动调配。都需要测调班组进入井场实地测调，存在诸多安全风险和隐患。

(1) 常规投捞调配

主要通过试井车利用钢丝下井，用投捞器把装配好水嘴的堵塞器投送入配水器内，进行多次投捞调配嘴径大小(Φ1.0~7.0mm)，在完成各层段的投送工作后，用流量计测量各层段的注水量，数据录取地面回放，但整个流程操作繁琐，

工序多，劳动强度大，效率低。

（2）测调联动调配

采用单芯电缆输送井下仪器，单芯电缆能够实现正向供电和双向 ST 编码的数据通信。由于使用可调水嘴，无嘴径限制，弥补了常规投捞调配采用固定嘴径误差较大的缺陷，在测试过程中实现流量、压力实时监测，测试数据实时录取，注水参数实时控制，一次下井就可以完成全部的测量及注水调配工作，调配测试过程清晰直观，实时保存，无需更换井下偏心堵塞器，方便快捷，测试效率高。但是，油藏在注水过程中是动态变化的，还没有实现层段注入参数全过程实时监测和自动调整，还不能利用监测的实时连续数据为精细油藏分析提供有效数据支持，增强措施的针对性和合理性，实现精细注水，更不能利用层段实时自动调整功能保障注水合格率。

油田地处野外，环境复杂，现场测试调配操作工序多，劳动强度大，长时间工作中容易给操作人员的身体健康带来负面的影响。注水井往往都是高压运行，存在冒喷、刺漏等安全风险，不但影响施工人员和测调设备，如不妥善处理还可能对环境造成污染和破坏。此外，测试过程中可能会产生噪音、振动等影响周边居民生活的问题，如果不加以控制，也会引起社会公众的反感。

3 第四代智能精细分层注水技术发展

为了从根本上解决分层注水面临的新问题，从 2016 年起始，大港油田组织采油工艺研究院、石油工程研究院等单位开展了第四代分层注水开发技术研究和现场试验，着力研究并试验不同类型油藏、不同开发阶段分层注水开发新技术，旨在通过井下监测和控制等新工艺和新工具研究，形成适应不同油藏开发特点、具有数字化、智能化特征的第四代分层注水技术，实现注水井单井分层压力和注水量的数字化实时监测，区块和油藏注水动态监测的网络信息化，注水方案设计与优化和井下分层注水实时调整为一体的油藏、工程一体化，有效提高水驱动用程度，控制含水上升，提高水驱开发效果。

3.1 技术发展历程

大港油田自 2016 年开始引进试验第四代智能分层注水技术，逐步研究形成了缆控智能分层注水系列技术、波码智能分层注水系列技术、地面智能分层注水系列技术三大类技术（图 3）。

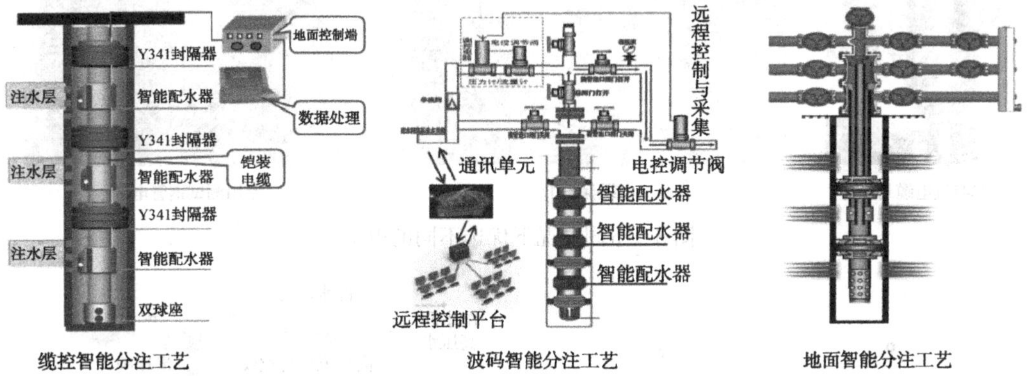

图 3　大港油田第四代智能精细分层注水技术

3.2 技术适应性分析

3.2.1 缆控智能分层注水工艺系列技术

通过电缆将地面控制器与井下工具连接，在办公室远程向地面控制器传输信号，控制井下工具远程调控水（图 4、图 5）。

可以实现注聚、调剖等多种井况要求，目前已经形成了有缆智能注聚技术配套技术。

针对桥式分层注聚技术测调需投捞仪器、工作量大、数据及时性差、准确性不足等问题，研究试验有缆智能注聚技术，测调效率提高 70% 以上，粘损率由 8%↘3.6%。

3.2.2 波码智能分层注水工艺系列技术

以压力波为载体，在井筒内建立一条有效的、可靠的信号通道，实现井下信息的快速传递。在分层注水井内下入智能分层注水工具与封隔器组合，实现分层注水的同时，地面远程控制井下配水器的调配，并将采集的各层流量数据传输至地面，能够实时在井下实时进行流量测调，实现精确的分层注水，而不需要任何地面设备和人为的干预，不需要在井筒下入电缆或钢丝来调配各段注水量，在井口通过压力信号来控制和调配井下各段水量，并能在地面遥控井下开关的状态，随时改变注水量的大小，后期还可将各井无线联网，坐在办公室就可监测和调节每口井各个层位的注水量大小(图6)。

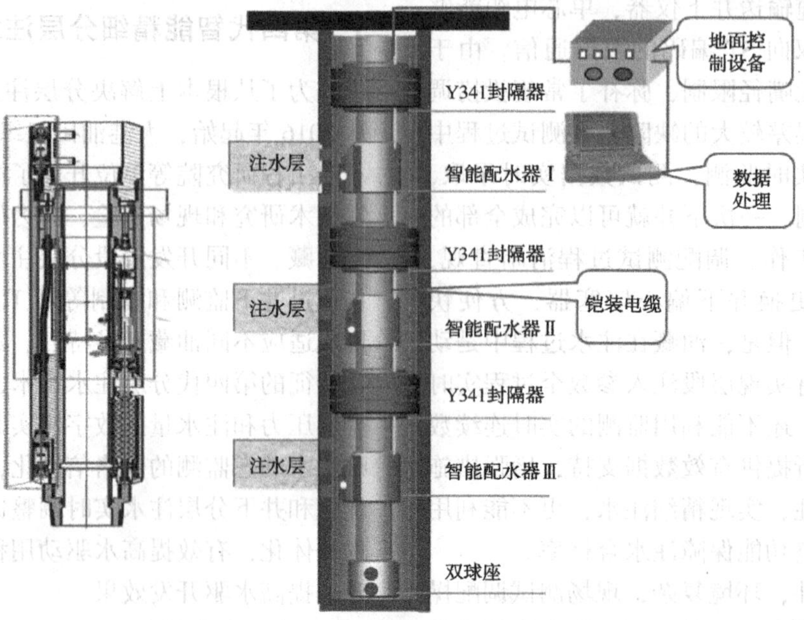

图4　缆控智能分层注水工艺管柱示意图

图5　不同井况下优选不同的电缆

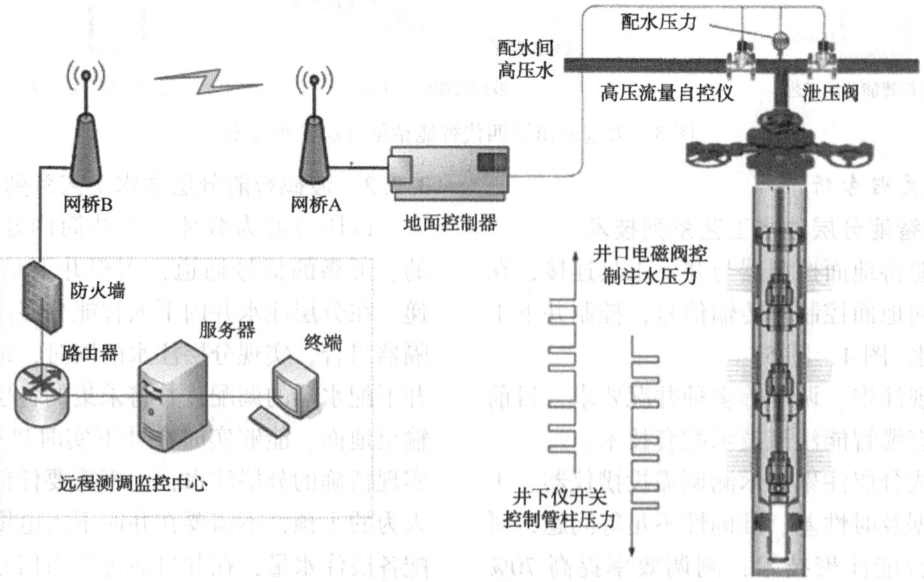

图6　大港油田第四代智能精细分层注水技术

该技术不需井下投捞测配，解决了大斜度井、水平井、深井、高压井、稠油井等难以实施井下测调分层注水的难题。在滩海油田现场试验应用最大井斜 88.02°，最大井深 4842.97m，最高注水压力 22MPa，最长有效期已超过 20 个月，创造了国内油田大斜度井井下分层注水新记录。

3.2.3　地面智能分层注水工艺系列技术

利用同心放置的内外两组油管，组成两套管柱从而实现两个压力系统。通过两套压力系统各自的井口流量调节，实现两个层段的分层注入。该工艺技术利用用两套独立的注入系统，可以有效解决高低压层之间的层间干扰问题，提高分层注水井的层段配注合格率。采用井口计量控制，不需要测调。从而，提高了数据资料的可靠性，减少了后期维护和测调的工作量(图 7)。

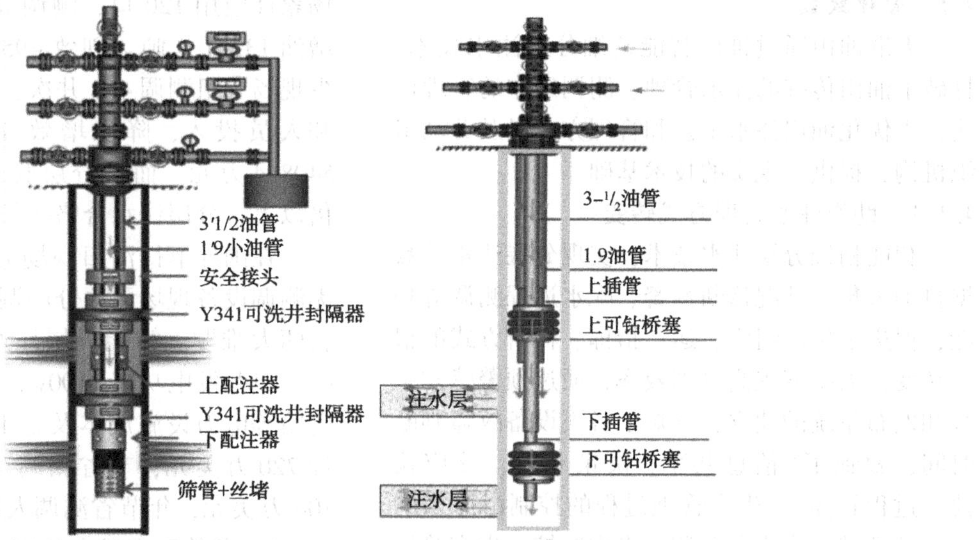

封隔器多功能地面智能分注　　可钻桥塞多功能地面智能分注

图 7　大港油田第四代智能精细分层注水技术

主要适用于大斜度井分层注水以及层间差异大，分层水量无法调配的分层注水井等。

该类型管柱是一种针对于腐蚀结垢严重井所使用的地面智能分层注水工艺管柱。

3.3　智能分层注水测控标准化模块建设

2022 年为提高智能分层注水管理水平，开展智能分层注水标准化测控模块建设，通过技术研发与应用，形成油田公司统一、标准、规范的智能分层注水井数据采传、远程测控、数据入库，提高第四代分层注水技术管理水平，有效保证注入端数据的安全性和可靠性，为第四代分层注水技术的智能化建设及发展提供更加完善的数据及功能支持(表 2)。

表 2　智能分层注水测控标准化模块功能表

序号	模块	模块功能
1	实时数据	完成了缆控首页、波码首页、地面首页和数据监控模块开发
2	注入数据	完成了单井注入数据、分层注入数据和分层注水综合数据模块开发

续表

序号	模块	模块功能
3	注入曲线	完成了单井注入曲线和分层注入曲线模块开发
4	远程控制	完成了操作申请单、缆控设备控制、波码设备控制和地面设备控制模块开发
5	调控数据	完成了缆控调控数据、波码调控数据、地面调控数据模块开发
6	生产报表	完成了注水井综合记录和分层注水井综合记录模块开发
7	报警管理	完成了报警数据模块开发，记录和查询报警信息
8	系统管理	完成区块管理、厂家、注水井管理、报警配置、组织机构、用户管理模块开发

3.4　使用规模

近年来，依托油田公司“注水工程”及“分层注水百口井工程”等，在主体工艺技术基础上，研究形成了“有缆智能注聚技术”、“无缆智能分层注水调剖一体化技术”、“地面智能多功能分层注水工艺技术”等特色技术，建立了“羊二庄油田缆控智能分层注水”、“官 18 断块波码智能分层注水”、“港西三区有缆注聚”等示范区块目前在井 150 口，年均降低投捞测调工作量 500 井次以上，节约测调费用 550 万元以上，累计纯增油 2.6 万吨。

4　第四代智能精细分层注水技术效益

4.1　管理效益

大港油田通过推广智能精细分层注水技术，打破了油田传统的注水管理、测调工作的管理模式，为优化油田注水工艺和管理方式以及劳动组织机构，提供了现实的技术基础。

4.1.1　助推注水管理方式转变

智能精细分层注水技术，实现分层注水井数据自动采集、井况诊断预警、配水远程测调等功能，促进了生产组织、运行指挥、科研方式的根本转变，大幅度提高管理效率；通过预警感知系统和发布系统的建立，缩短了各类设备故障判断时间，做到了“信息共享、决策有效、反应快捷、过程管控”，生产管理过程的控制由原来的事后处理转变为事前预测，事中监控，生产管控及有效决策能力大幅提升。

4.1.2　转变数据采集方式

数字化、智能化技术替代了现场读数、人工分层匹配计算等工作，能够注水在常态时完成注水数据的采集、分析等功能，保证了数据真实性、实时性，为油田开发、工程、地质技术人员提供一手资料，优化油田生产运行效率。

4.1.3　颠覆传统测调工作模式

通过智能化测调和远程在线控制，减少了测调大队的测调环节，打破了油田传统测调工作管理模式，为优化油气生产工艺和管理方式以及劳动组织机构，提供了现实的技术基础。

通过智能分层注水测控标准化模块建设，推进注水专业化、扁平化管理，助推了生产方式的变革、生产效率的提高和管理水平的提升，解决了油田分层注水测调面临的设备、人员难题。通过去中介化，优化压缩管理层级，支撑全域共享，一体化运行方式，组织架构更加扁平高效。

4.1.4　提升本质安全水平

通过井下智能配水调控，注水井实现了各层吸水数据实现了自动采集、注水量自动调控、配注量自动报警等功能，降低了安全隐患；通过实现多级监视、远程截断、统一应急调度，让工程地质人员第一时间了解井下状况；远程测调功能彻底杜绝了现场测调工作风险隐患，实现了安全、环保风险零风险，本质化安全环保水平不断提升。

4.2　经济效益

4.2.1　节约测调成本

第四代智能精细分层注水技术在大港油田现场累计应用 120 口，测调成功率 100%。累计纯增油 13211.9 吨，创效 4958.4 万元，不仅仅减少现场车组测调 462 井次，节省了测调技术装备和人员投入，降本增效 450 万元，合计创效 5408.4 万元。而且分层验封和测调效率提高 2 倍以上，分层注水合格率长期保持在 90%以上。

在国外乍得油田现场应用 24 口井，解决了无测调设备现场无法分层调配和井场没有电力设备两大难题。智能分层注水井配套光伏发电系统，单井发电功率 1100w，单井节省变压器、配电箱等电力设施成本及施工费用 30 万美元，总计 720 万美元；节省测调车辆设备（两台）投入 100 万美元，年节省测调人员成本 140 万美元。

4.2.2　节约管理成本

智能分层注水测控标准化模块建设实现了大港油田注水井统一管理，形成统一、标准、规范的分层注水井数据采传、远程测控、数据入库，提高分层注水技术管理水平，有效保证注入端数据的安全性和可靠性，为数智化油田建设及发展提供更加完善的数据及功能支持。

智能精细分层注水技术和智能分层注水测控标准化模块的使用大大减少了油田测调队伍的工作量，减少管理人员和测调用车数量，年节约费用 300 万元以上；协同办公、无纸化会议、视频会议等年节约材料、交通等费用约 100 余万元。

4.2.3　节约电力成本

智能分层注水工艺供电方式上，开发试验新能源“风-光-电”一体供电装置，改变了传统抽油机接电方式，打破了注水井用电的技术壁垒，做到了水井智能化全覆盖，进一步实现绿色环保、提档升级、降本增效，更好地为油田精准注水开发保驾护航。

参 考 文 献

[1] 乔志学，赵留阳，孔宪永等．无缆智能分层注水技术现场试验与应用[J]．石油石化节能，2021，11

(07)：11-13+2.
[2] 赵广渊，季公明，杨树坤等．液控智能分层注水工艺调配及分层注水量计算方法[J]．断块油气田，2021，28(02)：258-261.
[3] 姚斌，杨玲智，于九政等．波码通信数字式分层注水技术研究与应用[J]．石油机械，2020，48(05)：71-77.
[4] 贾德利，刘合，张吉群等，杨清海．大数据驱动下的老油田精细注水优化方法[J]．石油勘探与开发，2020，47(03)：629-636.
[5] 刘义刚，陈征，孟祥海等．渤海油田分层注水井电缆永置智能测调关键技术[J]．石油钻探技术，2019，47(03)：133-139.
[6] 张宏伟，王文韬，舒畅等．远程实时测控技术在大港油田的研究应用[J]．石化技术，2017，24(11)：294.
[7] 刘合，裴晓含，贾德利等．第四代分层注水技术内涵、应用与展望[J]．石油勘探与开发，2017，44(04)：608-614+637.
[8] 李常友．胜利油田分层注水工艺技术及发展建议[J]．石油矿场机械，2015，44(11)：18-22.
[9] 刘合，裴晓含，罗凯等．中国油气田开发分层注水工艺技术现状与发展趋势[J]．石油勘探与开发，2013，40(06)：733-737.
[10] 盖旭波，刘扬，窦守进等．大港油田分层注水难点技术研究与试验应用[J]．价值工程，2012，31(31)：40-42.
[11] 张玉荣，闫建文，杨海英，等．国内分层注水技术新进展及发展趋势[J]．石油钻采工艺，2011，33(02)：102-107.

基于 VR 的 LNG 泄漏情景构建和应急培训系统建设

张 列[1] 林龙彬[1] 王建国[2]

[1. 国家管网集团(福建)应急维修有限责任公司；2. 国家管网集团闽投(福建)天然气有限责任公司]

摘 要 文章针对化工行业应急培训实际情景不易实现、培训交互性、沉浸性不足的问题，以 3DMax 构建的 LNG 接收站虚拟场景和设备模型为基础，使用 unity 引擎开发关于 LNG 泄漏情况下的 VR 应急培训系统。系统选取 LNG 站场的高压泵区域、卸料船码头、槽车装车区码头等重要区域建立 LNG 泄露应急演练场景。并设置相应的演练流程和交互机制。在演练的过程中引入了 LNG 泄漏扩散模型，模拟各区域在不同环境条件(风速、风向、温度、湿度、管道泄露孔径等)、不同泄漏位置等多因素影响下的 LNG 泄漏、扩散以及后续可能产生的燃烧爆炸等特性，以获取尽可能接近真实的应急培训演练过程环境的特性和三维视景。

关键词 虚拟场景；应急培训；泄漏扩散模型

随着我国对环境保护的重视，LNG(液化天然气)等清洁能源及其配套产业在能源市场的占比越来越重。沿海主要省份均建立起各自配套的 LNG 接收站及输送管道。LNG 接收站是 LNG 产业的关键一环，承担着 LNG 储存及输送的任务，因此接收站的安全生产、事故应急历来受到重视。为了保障 LNG 接收站发生生产安全事故时能快速解决事故，恢复安全运行，各接收站均定时对其事故应急救援处置队伍展开培训。培训涉及的 LNG 生产现场事故培训场景不易实现，因此以往的培训形式大多采用视频、图片、技能教学，应急流程纸面推演等。近年来，对着 VR 技术的发展，越来越多的学者、工程师将其引入应急培训系统中。刘敦文等采用 3D max 和 unity 建立多模块 VR 应急培训。胡铁力等引入 5G 提高 VR 系统实时传输数据。以上学者等仅是基于静态虚拟固定场景(如固定的建筑物、生产设备和环境)的研究，并无涉及场景内事故灾害随时间的变化。潘卫军等人在建立 VR 模型的基础上引入火焰外观观测模型预测运动趋势，但仅仅是根据外观建立预测模型，对于环境温度、风速、风向等影响因素并无提及。基于上述问题，文章以 LNG 接收站 LNG 泄漏为蓝本建设应急演练培训系统。系统的场景建设除了 LNG 接收站的建筑物、设备等，还根据 LNG 受接收站现场的风速、风向、温度、湿度、管道泄漏半径等因素的影响下随时间扩散的泄漏模型。引入扩散模型能充分模拟实际事故现场，为应急培训成果提供有效性、可靠性。

1 应急培训演练系统总体架构

LNG 三维虚拟现实应急培训演练系统主要由硬件系统和软件系统组成。系统根据某大型 LNG 接收站，建立其几何建模，并进行场景渲染，将几何模型转换成物理模型。文中选取高压泵、卸料区码头、槽车装车区等三个虚拟场景中建立相应的应急演练培训案例。同时利用可视化软件将采用 CFD(计算流体动力学)模拟的 LNG 泄漏结果导入虚拟场景中呈现出来，最大限度的模拟真实场景。系统通过硬件设施、上述软件场景程序以及其相互数据交换通道，开发一套三维虚拟现实仿真系统，实现 LNG 泄漏事故应急处置培训。如图 1 所示。

1.1 应急培训演练系统硬件系统架构

LNG 三维虚拟现实应急培训演练系统硬件架构主要包括视觉通道、听觉通道、人机交互和信号监控反馈通道。其中视觉通道中包括对 LNG 接收站周边环境生成高端图形计算机、CFD 仿真以及将画面投影出来的投影仪和展现画面的投影幕。听觉通道主要就是立体声响系统。人机交互包括人机交互装置，如 VR 眼镜、手柄等。以及相关人机交互数据传递的信号监控反馈通道。如图 2 所示。

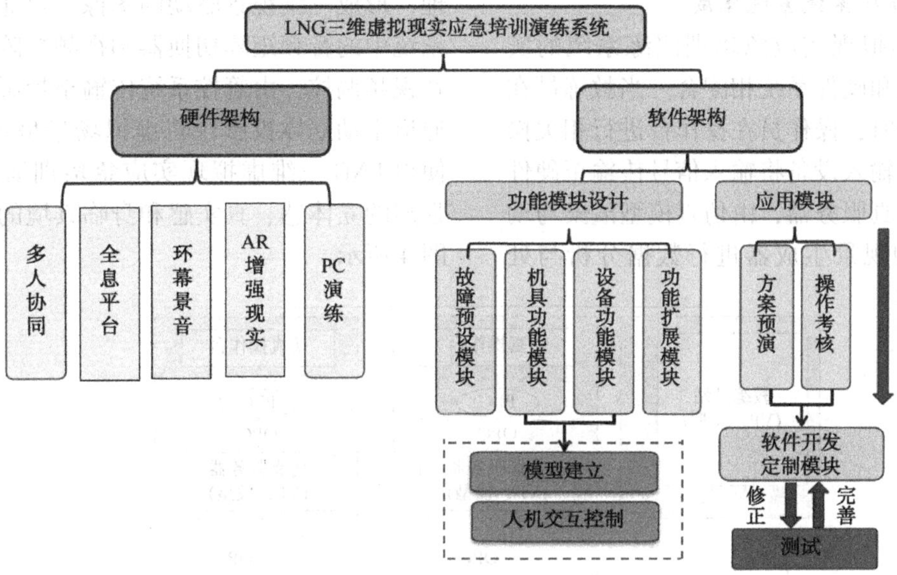

图 1　LNG 三维虚拟现实应急培训演练系统的总体架构

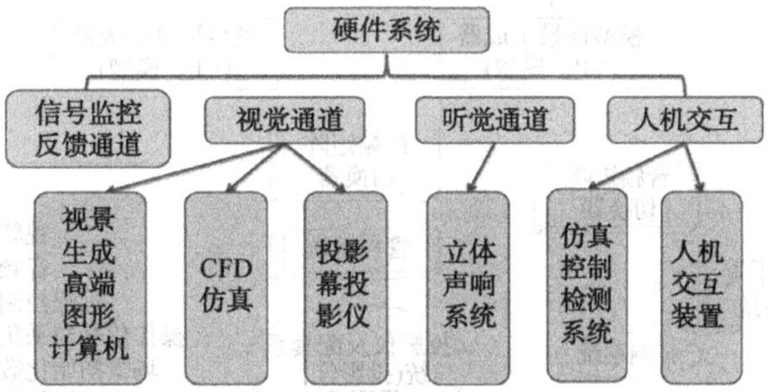

图 2　LNG 三维仿真系统硬件架构

1.2　应急培训演练系统软件系统架构

软件模块主要包括设备模型管理模块、仿真控制系统模块、虚拟现实模块、数据接收模块、知识描述模块和数据库等。培训人员和教练员通过输入模块，选择已经建立好的培训场景数据库，数据库接收模块在对数据进行接收，数据协同后，对数据发送到知识描述模块。仿真控制系统模块共同接收到设备模型管理模块和知识描述模块后信号后，对场景动画进行选择和编辑，最终在虚拟现实模块将画面和声音展现出来，如图 3 所示。

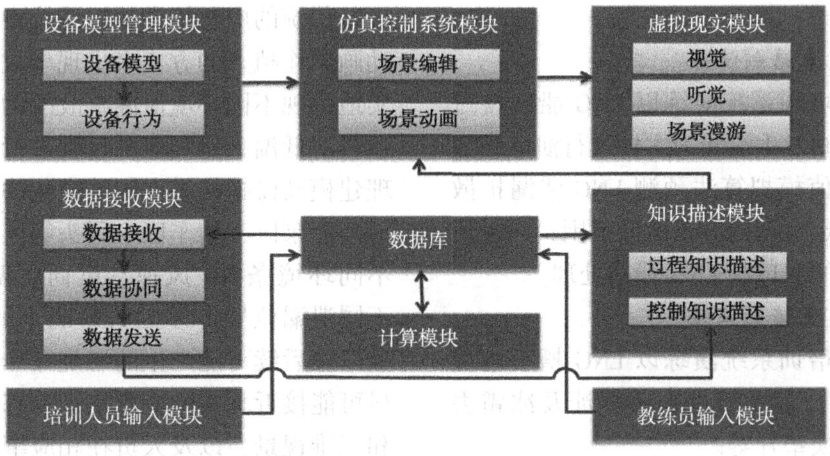

图 3　LNG 三维仿真系统软件架构图

1.3 应急培训演练系统系统集成

LNG 三维虚拟现实应急培训演练系统的实现需要软件系统和硬件系统相配合。当教练员在教练台发出指令时，操作员在操作台进行相关操作，通过手柄等输入设备将输入信号传输至硬件系统平台下的仿真服务器，由仿真模型渲染与动力解算器、模型视景生成器进行数据分析与处理，形成三维视景驱动的图像。再通过立体声响系统中的音频矩阵切换器和视频矩阵切换器进行音视频调控，由管控系统传输至投影仪，通过双通道主动立体投影仪将虚拟场景呈现在柱幕上，使得 LNG 三维虚拟现实应急培训演练系统具有强烈的立体感、真实感和身临其境的沉浸感。如图 4 所示。

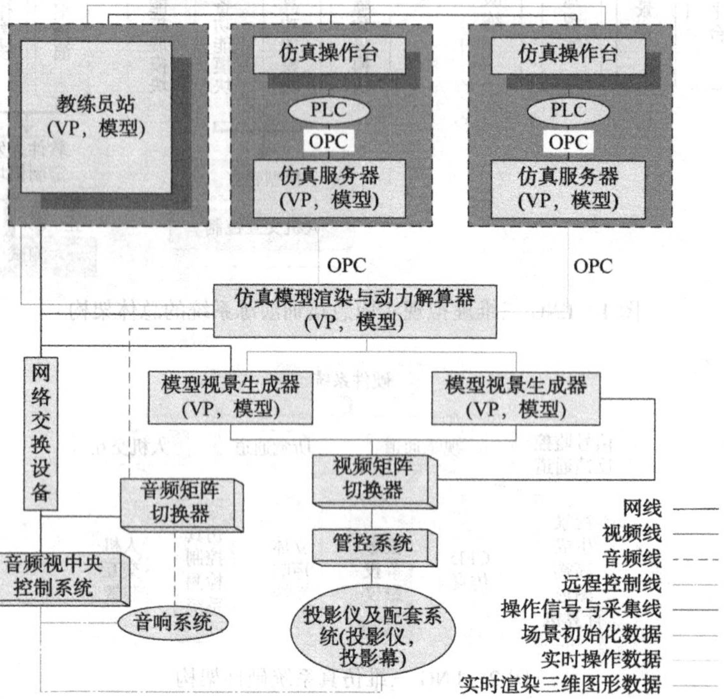

图 4　LNG 三维仿真系统集成

2 演练案例的主要内容

应急培训演练系统根据某天然气有限责任公司现场进行全场景的建模，选定场景模型内的码头、槽车、高压泵区域进行应景培训演练及多人协同演练。

2.1 码头区的应急培训演练

码头区应急培训系统演练以 LNG 船卸料过程中卸料臂双球阀发生泄漏为主体进行演练。演练过程主要在数值模拟算法预测 LNG 泄漏扩散半径的指导下制定合理的应急疏散范围，同时还涉及条件允许下的双球阀 LNG 泄漏处理。

2.2 槽车区的应急培训演练

槽车区应急培训系统演练以 LNG 槽车过程中泄漏为主体进行演练。过程主要涉及冰霜去除，拆除螺栓更换垫片等。

2.3 高压泵区的应急培训演练

高压泵区应急培训系统演练以高压泵区管道法兰泄漏为主体进行演练。过程主要涉及拆除保温层、冰霜去除，应急处置方法库的使用、包覆装置的安装、试压等。

3 LNG 泄漏扩散数值模拟

传统的应急培训演练系统中，通常采用理想动画制作植入的方式来呈现事故过程；为更加真实地呈现不同环境泄漏事故的动态演变过程，本项目对低温天然气泄漏过程进行了三维建模、数理建模及模拟结果虚拟可视化的研究，充分模拟了高压泵区、槽车区、码头等区域等关键设备在不同环境条件（风速、风向、温度、湿度等）、不同泄漏位置等多因素影响下的 LNG 泄漏、扩散以及后续可能产生的燃烧爆炸等特性，以获取尽可能接近真实的应急培训演练过程环境的特性和三维视景，以及人员在相应事故环境下采取相关措施的可行性。技术路线及相关内容如图 5 所示。

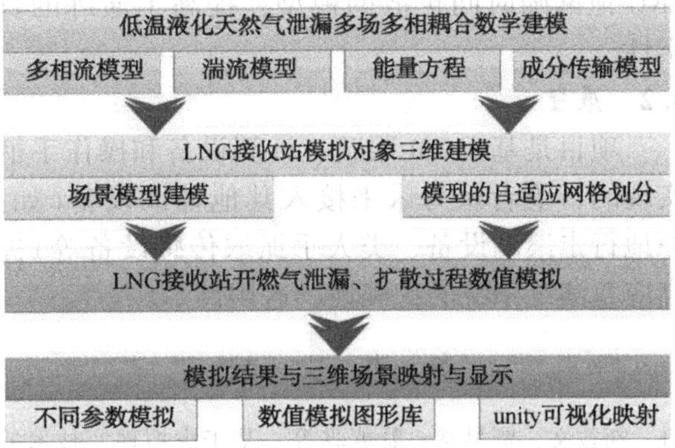

图 5　LNG 数值模拟技术路线图

考虑到 LNG 接收站通常事故发生条件，制定了模拟重点关注的参数，包括，管道压力、泄漏口直径、风速、环境温度和扩散时间，具体参数如表 1 所示。

表 1　关键参数

参数 / 采样值	压力/MPa	泄漏孔径(直径/mm)	风速/(m/s)	环境温度/℃	扩散时间/min
	0.5	0.5	0.3	-30	30
	1	1	1.6	-20	60
	1.5	1.5	3.4	-10	90
	2	2	5.5	0	120
	2.5	2.5	8	10	
	3	3	10.8	20	
	3.5	3.5	13.9	30	
	4	4	17.2	35	
	4.5	4.5	20.8	40	
	5	5	24.5		
	5.5	5.5			
	6	6			
	6.5	6.5			
	7	7			
	7.5	7.5			
	8	8			
		8.5			
		9			
		9.5			
		10			

3.1　多相流体数值模拟数学模型

$$\nabla\vec{V}=0$$

$$\rho\frac{D\vec{V}}{Dt}=\mu\nabla^2\vec{V}-\nabla p+\rho\vec{G}$$

$$\frac{D\rho}{Dt}+\rho\nabla\vec{V}=0$$

$$\rho\frac{D\vec{V}}{Dt}=\mu\nabla^2\vec{V}-\nabla p+\rho\vec{G}$$

3.2　温度场数学模型

$$C_p\rho\left(\frac{\partial T}{\partial t}+u\frac{\partial w}{\partial x}+v\frac{\partial T}{\partial y}+w\frac{\partial T}{\partial z}\right)=-\lambda\left(\frac{\partial^2 T}{\partial x^2}+\frac{\partial^2 T}{\partial y^2}+\frac{\partial^2 T}{\partial z^2}\right)+Q$$

3.3　气-液相变数学模型

$$\frac{\partial(\rho\omega)}{\partial t}+\frac{\partial}{\partial x_j}(\rho u_j\omega)=\frac{\partial}{\partial x_j}\left(\rho D_t\frac{\partial\omega}{\partial x_j}\right)$$

3.4　气体扩散数学模型

$$C(x,\ y,\ z)=\frac{Q_m}{2\pi\mu\sigma_y\sigma_t}\exp\left(-\frac{y^3}{2\sigma_y^2}\right)\left\{\exp\left[-\frac{(z-H)^2}{2\sigma_t^2}\right]+\exp\left[-\frac{(z+H)^2}{2\sigma_t^2}\right]\right\}$$

3.5　多参数模拟组合结果

模拟结果与三维场景映射与显示以高压泵站气体泄漏虚拟场景显示为例，结合 unity 的显示功能和虚拟场景的特点，将数值模拟结果离散数据进行模型重构如图 6 所示。将重构的模型导入到 unity 中进行显示，如图 7 所示。

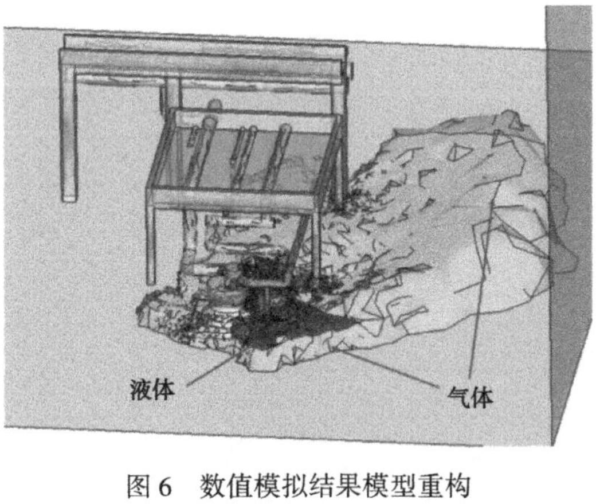

图 6　数值模拟结果模型重构

图 7　数值模拟结果在 unity 中的显示

对导入的重构模型进行渲染，实现气体扩散的真实体验，如图 8 所示。

图 8　模拟结果模渲染后

4　结论与展望

4.1　结论

文章中论述的项目首先建立 LNG 接收站精确三维场景，在接收站三维场景的基础上构建三个 LNG 泄漏场景应急培训演练。通过 VR 技术、计算设备、交互操作头盔和手柄实现 LNG 三维虚拟现实应急演练及培训。

项目在应急演练培训流程中创新性的加入 LNG 泄漏随时间扩散的模型，提高了演练的真实性。

4.2　展望

项目是基于 VR 眼睛、计算设备和操作手柄实现的，笔者认为未来接入其他辅助设备(如：原地行走滚动设备、类人手抓取传感设备等)提高应急演练系统的扩展性，适用性。

参　考　文　献

[1] 刘敦文，贾昊燃，翦英骅等．基于虚拟现实技术的隧道火灾应急培训系统构建和研究[J]．中国安全生产科学技术，2019. 15(2)：131-137.

[2] 胡铁力，覃登．5G 下 VR 技术在安全生产应急救援培训体系中的运用探讨[J]．电子信息，2022(6)：74-76.

[3] 潘卫军，徐海瑶，朱新平．基于 VR 技术的机场应急救援虚拟演练平台[J]．中国安全生产科学技术，2020，16(2)：136-14.

[4] 吴燃．基于海洋平台火灾爆炸 VR 场景的应急疏散策略研究[D]．中国石油大学(华东)，2023.

[5] 黄仁东，吴同刚．非煤矿山虚拟现实安全培训系统的研究与构建[J]．中国安全生产科学技术，2017，13(8)：36-41.

[6] 赵春霞，张艳，战守义．基于粒子系统方法的三维火焰模拟[J]．计算机工程与应用，2004(28)：73-75.

基于改进 K-medoids 聚类算法的成品油销售企业线上用户价值细分研究
——以中国石油四川销售公司线上“中油优途”app 为例

谢金君　陈雪松　郭世聪　王　泽

（四川中油优途电子商务有限责任公司）

摘　要　顺应互联网+及大数据的发展，成品油销售企业对于线上用户的竞争更加激烈，为了给线上用户提供更有针对性的个性化服务，发展电子商务，上线推广“中油优途”app，以适应当下市场的需求，本文主要是对“中油优途”app 用户的消费使用情况进行分析，将数据清洗处理后，运用改进的 K-medoids 聚类算法和 RFAT 模型对“中油优途”app 用户消费情况进行了分类，在科学分类的指导下，为相关业务部门开展针对性地营销提供了理论支持，为客户提供更精准的服务，以节省服务成本，提升企业竞争力。

关键词　改进 K-medoids 算法；成品油销售；用户价值细分；RFAT 模型

1　引言

当前，国内成品油销售行业以中国石油，中国石化，中国海油，社会加油站为主要成品油销售企业。在激烈的市场竞争以及传统石油行业的转型背景下，各大成品油销售企业开始发展新的商业模式，通过搭建自身 app 以扩大消费市场，获取消费流量，但随着线上用户的扩大，以及用户数据的巨增，合理评估用户价值，精准营销成为当前成品油销售企业发展的现实需要。本文通过改进 K-medoids 聚类算法分析“中油优途”app 用户消费情况，并结合 RFAT 模型进行科学分类，从中发现不同用户之间的消费共性，然后对同一消费情况特征类别下的 app 用户提供精准化的营销服务，满足用户需求，同时实现有效的信息递推。

2　算法对比和模型优化

2.1　K-medoids 与 K-means 聚类算法

K-means 聚类算法的应用十分广泛，同时在研究的过程中 K-means 聚类算法也暴露出其对数据集的较高要求，当取用大样本的数据集时，其对于噪音和异常点非常敏感，特别是个别消费出现比较极端的样本点，这对用户的划分产生很大的影响。而 K-medoids 聚类算法对孤立点的敏感度较低同时具有很好的鲁棒性，任意选取点作为初始中心进行迭代，最后找到一个到其他所有点距离和最小的点，这个点即为中心点，从而避免了噪音和孤立数据，但其迭代的次数及聚类的精度也受样本的大小影响。本文通过优化其中心点选取的距离，利用标准差，给出一个初始中心点的数据集，避免其选取离散点作为中心点迭代，保证中心点的选取的合理性，同时提升算法效率和聚类的精度。对于优化 K-medoids 算法，邓玉芳等（2020）验证一种基于标准差的 K-medoids 聚类算法具有良好的聚类精度和鲁棒性。

2.2　用户细分模型—RFAT 模型

RFAT 模型是基于 RFM 模型的改进与提升，在 RFAT 模型中，R 代表消费时间距离现在的天数；F 代表用户在规定的时间段的消费频次；A 代表用户平均单次的消费金额；T 用于判断用户的购买趋势和活跃度（以平均发生消费行为的间隔时间为基础）。其计算公式：

$$t=\frac{t_1+t_2+\cdots+t_{n-1}}{n-1}-\frac{(1\times t_1+2\times t_2+\cdots+(n-1)\times t_{n-1})}{1+2+3+\cdots+(n-1)} \tag{1}$$

其中，n 代表客户在规定时间段的购买次数，即消费频次。t_{n-1} 为第 n 次与第 $n-1$ 次消费行为的时间间隔；根据 *RFAT* 模型的应用案列。当 $t=0$ 时，代表客户的消费习惯较为固定；当 $t>0$ 反应客户的消费时间间隔较短，具有良好的消费习惯，t 越大客户价值越高。当 $t<0$ 时反应客户的消费时间间隔长，随着 t 变小，成为企业重点培养的客户的概率也较小。

3 数据来源及处理

3.1 数据来源

本文研究数据来自中油优途电子商务公司用户经营管理数据库，共提取2023年的用户信息表，及全年交易数据表中数据的进行分析，数据经过脱敏处理以及数据预处理后得到用作实验分析的数据样本，其中用于参与聚类分析的字段主要包括用户的月消费总额、注册时间、油品消费类别、消费频率、消费站点等，如表1所示。

表1 数据来源

表名	字段数	记录数
用户信息表	33	5,000,000
交易数据表	33	4,194,304

3.2 数据处理

原表中存在大量的无用和缺少的数据，根据本文实际需要的数据信息，利用python的pandas包将数据进行清洗、转换。同时在进行K-medoids聚类分析之前，需要对样本空间的大量数据的特征项做预处理，将无关特征项的影响降到最低。

(1) 特征构造与特征选择

特征构造就是构造出来新的特征，一般都是通过对原有的特征进行四则运算产生新的特征。而数据库中的一般数据为了便于使用，往往没有很强的统计意义，所以需要将一般数据进行一系列的计算转化为具有明确统计意义的特征。例如，将客户连续数月的消费金额信息统计为年消费额或平均消费。特征选择，主要从两张表统计出，客户加油频次，规定时间内客户消费金额，消费平均间隔时间，以及最近消费时间。上述特征经过计算，如表2所示：

表2 数据处理后的样本

客户编号	时间间隔	购买频次	平均每次购买金额	购买倾向
客户1	301.0	2.0	240.0	0.0
客户2	7.0	22.0	263.0	13.0
客户3	91.0	4.0	292.0	8.0
…	…	…	…	…

(2) 特征归一化处理

多特征数据的结构与意义不同，不能一起量化计算，根据管理运营的实际，赋予权重不具客观性，而对特征数据进行归一化处理，可以避免个别特征数值偏大，让聚类结果更加科学。特征的归一化处理是，特征的归一化是将特征的数值按规则进行缩放，使之落入[0，1]区间。去除数据特征的单位限制，将其转化为无量纲的纯数值，便于不同单位或量纲的特征进行计算、比较和加权。本文是使用最大最小标准化也叫离差标准化，转换公式如下：

$$m=\frac{x-\mu}{\sigma} \tag{2}$$

m 表示某一组特征值，其中 μ 为所有样本数据的均值，而 σ 为所有样本的标准差。经过标准化处理后的数据如表3所示：

表3 归一化处理后的样本

客户编号	时间间隔	购买频次	平均每次购买进额	购买倾向
客户1	1.629671	0.479103	0.266423	-0.626002
客户2	0.816672	0.373887	0.074899	0.332538
客户3	0.604184	0.584319	1.290389	0.626002
…	…	…	…	…

4 算法应用与分析过程

4.1 改进的K-medoids算法

K-medoids算法的中心点选择，在实际运用中很少被采用，原算法是假设任意选取K个点作为初始中心点，然后运用后面的数据到中心点距离最近的原则，调整受影响的数据所在簇的情况，直到各个数据间的变化趋于稳定。受其算法复杂度的影响，大样本的数据集运算效率特别低下，本文使用成品油销售企业的销售大数据，本质是不适合运用K-medoids算法分析，但销售数据集存在很多异常值会影响聚类结果，综合以上因素，本文采用优化K-medoids聚类算法，保留算法的优越性，将其中心点的选择，汇聚成一个初始中心点集合，利用标准差计算优化点集，尽量将初始中心点选择处于聚类中心区域，即聚类的密度较高的区域，而这些区域中心点的标准差较小，相反离群点的标准差较大。所以将每个样本的所以将每个样本 m_i 的标准差 x_i 与 x 整体数据集的标准差进行比较，当 x_i 小于 x 时，表明 m_i 在分布密集程度相对较高的区域，因而成为聚类中心点的可能性要大；当 x_i 大于 x，表明 m_i 在分布密集程度相对较低的区域，因而成为初始中心点的可能性要低。但是不能排除当x_i略大于x时，样本m_i是中心点的可能性，所以以大于x的所有样本的平均标准差作为初始中心点候选集的上界。从而既可以使密集程度较大的样本点在初始中心点候选集内，又可以使离散程度不太大的样本点也在初始中心点候选集里。从初始中心点的候选集选取初始中心点，进行迭代更新。

（1）初始中心点候选集M的定义

$$M=\{m_i \mid x_i \leqslant x_t，i=1，2，3，\cdots，n\} \quad (3)$$

其中，x_t是x_i大于x的所有x_t的均值。

（2）算法迭代过程

首先在初始中心点候选集中选取给定初始中心点，并迭代更新初始中心点。在选择第一个初始中心点o1时，选取距离到所有样本点距离之和最小的样本点作为中心点。

第二个初始中心点o2的选取为初始中心点候选集中距离第一个初始中心点最远的样本点，使初始中心点尽可能地选择在不同的聚类簇中，避免出现在同一聚类簇里。

然后按照就近原则聚类，把所有的样本点归属于距离最近的中心点，计算聚类误差平方和，之后更新每个簇中心，使每个簇内新中心点距离其簇中所有样本的距离之和最小。用新中心点代替原中心点，然后聚类计算聚类误差平方和，若与上一次聚类误差平方和一样则不再更新中心点，否则继续更新中心点。

其次从初始中心点候选集中，选取其余的$k-2$个初始中心点。假设已经得到$g(2\leqslant g<k)$个中心点，在选择第$g+1$个初始中心点时，在每个聚类簇中选出距离聚类簇中心点最远的样本点，同时该样本点要属于初始中心点候选集。

然后聚类迭代更新中心点。按此方式逐步增加初始中心点直到确定k个中心点，并得到最终聚类结果。

4.2 聚类分析

通过优化的K-medoids聚类算法得到的结果与K-means聚类算法做对比，在K-means聚类算法分类结果查看客户信息数据，发现存在极端点，对于客户整体的分类情况有影响。发现对于异常值的优化，K-medoids聚类算法更有优势，同时得到的客户分类具有更高的可行性，极端值对于整体数据的影响较小，客户价值稳定。聚类结果见表4和表5。

表4 k-means聚类结果

属性	类1	类2	类3	类4
R	33.35	230.73	189.27	205.64
F	9.91	2.78	4.55	3.16
A	201.70	164.86	1403.49	328.51
T	22.80	10.36	7.35	12.17
客户价值（R+F+A+T）	267.76	408.73	1605.07	549.48
所占比例	55%	33.2%	0.5%	11.3%

表5 k-medoids聚类结果

属性	类1	类2	类3	类4
R	33.35	214.75	176.71	230.30
F	10.21	2.08	6.72	3.10
A	199.71	177.90	438.76	319.72
T	24.63	14.56	8.78	10.11
客户价值（R+F+A+T）	267.9	409.29	630.97	563.23
各类数量	1610725	1082833	10546	387032
所占比例	52.1%	35.1%	0.3%	12.5%

观察表4和表5，发现两种聚类在极端值的处理上差异明显，改进k-medoids聚类算法，将一些单次加油量特别大的孤立点剔除，使数据结果更加趋于正太分布，例如类3中，根据k-means算法得出来的属性A的平均值达到1403.49，根据实际数据发现，A属性中，存在一些值偏大的数据，而这些数据多是，成品油零售中车队线上消费数据，在一年中车队偶尔会进行大规模的加油，导致平均单次的消费金额偏大，对于本文对客户分类分析算是极端数据，而改进的k-medoids聚类算法，将初始中心点定义为一个集合，而该集合多分布于聚类中心，算法迭代的过程中，选取中心点集合的点到各点最近的距离和，将距离较远的极端值点，进行科学筛选得到更具可行性的客户分类数据。

4.3 分类结果分析

根据RFAT模型的客户价值定义，将F+A定义为客户直接价值即客户当前消费行为对当前成品油销售企业线上营销的价值，归类为现有价值用户，将F+R+T定义为客户间接价值即客户当前的购买频率和未来购买倾向，归类为潜力价值用户。定义价值区间，令低价值[0，100)，中价值[100，200)，高价值[200，∞)其具体见表6。

表 6　RFAT 模型客户价值分析表

属性	类 1	类 2	类 3	类 4
直接价值（当前）	209. 92	179. 98	445. 5	322. 82
间接价值（潜在）	68. 19	231. 39	192. 21	243. 51
客户价值（R+F+A+T）	267. 9	409. 29	630. 97	563. 23
所占比例	52. 1%	35. 1%	0. 3%	12. 5%

根据表 6，发现类别 1，所占比例最大，说明这部分用户是公司的普通用户，按照其消费特征和 RFAT 模型所直观反应的情况，可以发现这类客户是中直接价值，低潜在价值的客户，他们是公司现目前基础客户，他们的消费趋势比较固定，虽然他们的平均消费金额不高，但其消费的频次是 4 类客户中最高的。对于这类基础客户，维持其是公司上升发展必然要求，大部分这类客户对与公司的认可度较高，根据互联网现有的发展状况，可以推测这一类用户是最早使用线上消费，同时慢慢习惯于使用 app 消费，加之其消费金额不高，所以站在这类客户的角度，他们需要方便，快捷，新颖的消费方式，所以针对这类用户，首先提升线上服务的质量，打造品牌形象，让他们切实的感受到方便，快捷；然后建立独立客户卡，创新管理客户形象，让其感受到企业方对于他们的重视；引导消费，他们的消费行为偏向固定，但可以通过关联消费，使其向高价值客户发展。

而对于类别 2，其所占比例有 35. 1%，属于中直接价值，高潜在价值的客户，这一类客户的消费频次不高，同时其单次的消费金额也不高，但其未来消费趋势在 4 类客户中偏高，间接推测，这类客户是逐步在向线上消费转型，同时其大部分的忠诚度不高，这类用户对于价格的敏感度偏高，针对以上客户消费行为，可以主要以价格优惠来促进其向线上转型，(1)优惠消息的准确触达；(2)满减优惠与附赠商品同时进行；(3)异业合作，赠送规定时间电子优惠券，引导重复消费。

类别 3 的客户，是所占比例最低的客户，同时其属于高直接价值，中潜在价值的客户，就其单次消费金额是 4 类客户中最高的，由于这类用户的价值性质与类别 4 的用户很接近，但通过查询其注册时间发现，这类用户的注册时间较短，而且存在极端消费记录，单笔消费最高金额，都在这类用户之中，因此推测这类用户，应该是属于公司或车队这样的大用户，其对于价格的敏感度较高，往往是优惠力度越大其充值和消费的行为越集中，因此对于这类高价值客户，其消费承受力大，需要给其以高充值高优惠，建立良好的高价值客户管理档案，往往维持一个这样的客户成本会很大，但其带来的持续性价值转换也是可观的，综上，对于此类客户，需要推出优服务，高优惠，常沟通的方式来维护。

类别 4，是占有 12. 5%的高直接价值，高潜在价值的客户，这类客户的消费行为完全符合 RFAT 指标模型的分析方法，其单次消费金额较高，同时其消费的频次偏低，对于未来的消费趋势和消费活跃的也相对不高，这类客户的重点是维持，对于企业来说这类用户是高价值客户，其消费承受力大，建立良好的高价值客户管理档案，综上，对于此类客户，需要推出优服务，实优惠，常沟通的方式来维护，相对于第三类，这一类的用户忠诚度较高，从其注册时间及消费记录可以发现这类用户是企业的老用户，他们对于价格的优惠力度要求不高，多是满足自身的实际所需即可。

5　结论与建议

本文基于改进的 k-medoids 聚类算法对成品油企业线上客户进行科学的分类，并参照 RFAT 模型对各个分类用户进行合理分析，并通过实验证明了改进的 k-medoids 聚类算法得到的用户聚类结果更加稳定，对于后续分析验证更具客观性，找到不同消费行为客户群的消费特征，定义了不同价值客户对于企业发展的意义，就不同价值的客户制定合理的营销管理方案是本次研究意义所在。因此，为了提升线上客户管理的效率以及精准化营销制度的推进，现提出以下几点建议：优化线上消费行为大数据；建立与客户价值分类相对应的活动政策联合机制，构建相关推荐系统；实现价格与品牌结合。通过上述三种不同的方式并结合本文的营销策略，提升线上线下加油业务推广营销的精准度。

参 考 文 献

[1] 史海洋，虞慧群，范贵生．基于聚类算法的客户细分及其优化[J]．计算机工程与设计，2019，40

(11)：3282-3287.

[2] 邓玉芳，张继福．一种基于标准差的 K-medoids 聚类算法[J]．计算机技术与发展，2020，30(08)：53-60.

[3] 王晋东，于智勇，张恒巍等．云模型属性加权聚类服务推荐信任度算法[J]．系统仿真学报，2018，30(11)：4298-4312.

[4] 吴倩倩，何友全．基于 K-medoids 算法的 RFAT 客户细分[J]．华北水利水电大学学报(社会科学版)，2016，32(03)：44-46.

[5] 张晓慧，孙连山．基于改进 K-中心点的电子地图数据质量检查算法[J]．软件导刊，2017，16(02)：81-84.

[6] 于跃，李雷鸣．加油站客户价值分类与精准营销策略——基于改进 RFAT 模型的定价模式分析[J]．价格理论与实践，2018(11)：158-161.

[7] 刘姝锟．中油哈尔滨销售分公司新加油 IC 卡系统营销战略[D]．哈尔滨工程大学，2012.

老油田数字化建设与改造的应用实践

郑　清

（中国石油吐哈油田公司）

摘　要　当前油田数字化、智能化建设和应用在各大油田如火如荼的开展，数字化技术在油田的应用使得油田的开发效率和效益得到了显著提高，对于油田生产管理也起到了显著作用。但是，对于老油田来讲，数字化建设存在诸多制约，主要表现为数字化建设改造难度大、投入高、运维保障压力大等问题。对此，本文结合吐哈油田三塘湖采油管理区在老油田数字化建设和改造应用实践经验进行相关论述。

关键词　老油田；数字化建设；低成本建设；高性价比；可持续应用

1　老油田数字化建设和改造面临问题分析

1.1　老油田生产经营效益低与数字化建设高投入之间的矛盾

老油田经过长年开发，老油田经过长年开发，普遍面临井数多、产量低、效益低的问题。以三塘湖为例，生产井日产量<1吨/天的井数占比53.6%，效益评价不合格井数占比达到了36.3%。

按照现行主流标准，油田数字化建设的硬件投入和配套建设（如网络升级、地面施工等）费用十分巨大，按一般标准进行测算单井投资在12万/井左右，国内部分油田的数字化建设投资更是高达20万/井左右。

因此，对于老油田来讲，数字化建设的一次性高投入与较低的生产经营效益之间的巨大矛盾，是制约老油田数字化建设和改造的核心问题。

1.2　老油田数字化建设难度大、附加投入高

因设备设施、工艺流程流程老旧，数字化建设中提倡的功能集成建设往往不能有效开展，进而转变为散点式的改造工作。同时，在建设过程中，常常遇到因设备设施、工艺流程流程老旧导致无法安装数字化设备设施、仪器仪表等情况，需要对现有的生产设备或者工艺流程进行更换、更改，带了巨大附加工作量，进而衍生出额外的费用投入。如，在实践中部分老旧注水井口因流程横管段过短，在数字化改造时无法安装高压自控流量，进而无法实现注水井的水量自动控制等功能；再如，为了实现集输节点（如集油阀组）的自动计量，但因流程设计老旧，需要重新对流程进行更改设计，并增加消气器、电动执行头、流量计等设备。

1.3　单井措施频繁、监控需求变化大，部分数字化设备设施有效利用周期短

老油田进入开发后期，为了进一步提高油田采收率，需要频繁进行各类措施，油水井的生产状态及数据监控需求也随之发生变化，进而导致部分单井的数字化设备设施闲置，有效利用周期短。如油井转注、计划关井、注水吞吐等措施时，功图采集、电流采集、视频监控等设备和相关功能就处于闲置状态。

1.4　成本压力大后期运维保障不力，导致数字化建设的有效生命周期短

为了保证油田数字化建设和应用效果，需要在建成后加强运维保障。根据其他油田的运行经验，从数字化建成后第二年维护费用就需要维持在建设费用的5%~10%左右，且后期运维成本呈逐年增加趋势。对经营效益较低的老油田来讲，每年的整体成本切块总额较少，分摊到数字化运维方面的费用进一步压缩，导致运维保障跟不上，很容易造成部分数字化建设成为“一次性”工程。

2　老油田数字化建设和应用工作思路

以“低成本、高性价、能应用、可持续”的工作思路进行老油田数字化建设，在具体工作中坚持以实际需求为导向，以必要性严把关，以经济实用为考量依据，以有效生命周期为评价标准。

2.1　因地制宜、就需施策，优化数字化建设标准和内容

因地制宜、就需施策就是从现有条件、实际

需求入手，统筹考虑经济性、实用性、必要性、可行性等方面的因素，进行数字化的建设和改造，进而形成满足不同条件、不同需求的数字化建设和改造的标准规范，可以有效避免在“统一标准”下的数字化建设和功能应用冗余，并大幅减少建设资金的投入。

2.2　充分发掘现有生产资源和条件，合理利用、效果替换

合理利用、效果替换就是发挥主观能动性，以实现效果为最终目的，从可替代性、有效利用性等角度综合考量，发掘现有生产资源条件与数字化应用需求之间的关系，探索出满足应用需求的“新旧”组合，实现资源的优化配置和建设的快速推进。

2.3　明确重点建设单元，建用维一体化设计，强调可持续性应用

明确重点建设单元，就是要明确哪些数字化建设内容是整个数字化建设和改造的基础性、支撑性工程，在规划设计和建设时，重点投入、全力保障，避免后期应用效果不佳和重复建设。

建设和运维一体化设计，就是在建设过程中就要考虑建成后的运行维护，在保证应用效果的前提下，尽可能减少后期的运行维护难度和费用压力。

强调可持续应用，就要考虑未来油田数字化、智能化的发展方向，在建设设计过程中做好相应准备，便于后期扩展、延伸。

3　老油田数字化建设和改造的典型做法

3.1　形成了相关数字化建设和改造的标准

(1) 制定了相关生产管理节点的数据采集、传输标准。

按照“需求导向、应采尽采”原则，实现油水井、阀组、配水间关键运行监测参数全覆盖，为后续数据应用分析打好基础(表1)。

表1　生产管理节点数字化参数采集标准

类型	监测参数	单位	应采/选采	采集频率	上传频率	备注
自喷井	油压	MPa	应采	≤1次/1min	≤1次/10min	
抽油井	回压	MPa	应采	≤1次/1min	≤1次/10min	
	载荷	kN		≤1次/30min	≤1次/30min	
	冲次	次/min		≤1次/30min	≤1次/30min	
	冲程	m		≤1次/30min	≤1次/30min	
	三相电压	V		≤1次/200ms	≤1次/1min	
	三相电流	A		≤1次/200ms	≤1次/1min	
	套压	MPa	选采	≤1次/1min	≤1次/10min	套管气影响井或特殊井
注水单井	井口油压	MPa	应采	≤1次/1min	≤1次/8h	
	瞬时流量	m^3/h		≤1次/1min	≤1次/1min	
	累计流量	m^3		≤1次/1min	≤1次/10min	
	井口套压	MPa	选采	≤1次/1min	≤1次/8h	分注井
配水间控制注水	油压	MPa	应采	≤1次/1min	≤1次/1min	
	干压	MPa		≤1次/1min	≤1次/1min	
	瞬时流量	m^3/h		≤1次/1min	≤1次/1min	
	累计流量	m^3		≤1次/1min	≤1次/10min	
进站阀组/单管	来液汇管/单管压力	MPa		≤1次/1s	≤1次/1min	
	来液汇管/单管温度	℃		≤1次/1s	≤1次/1min	
	来液瞬时流量	t/h		≤1次/1min	≤1次/1min	
	来液累积流量	t		≤1次/1min	≤1次/10min	

(2) 制定了井、间、站的数字化建设和改造标准。

以实际监控需求出发，避免不必要的硬件建设，同时兼顾后期运维，满足了井、间、站在不

同工况条件、不同工艺条件下的监控需求，减少资金投入，管理区油水井、站数字化覆盖率达到98%以上。

① 自喷井：RTU 控制单元、无线压力变送器。

② 抽油井：RTU 控制单元、有线压力变送器(实时监测油压，必装)、无线压力变送器(小时监测套压，套管气影响井或特殊井选装)、远程载荷传感器、电参采集模块、远程启停控制模块、视频摄像头。

③ 注水井：RTU 控制单元、有线压力变送器(油压必装、套压分注井选装)、流量计(注水压差较低的井选装)、高压流量自控仪(生产压差较大的井选装)。

④ 集油阀组：RTU 控制单元、无线压力变送器、质量流量计。

(3) 制定了单井数字化通信网络建设标准。

通信网络做为油田数字化的基础性、支撑性工程，油田公司和管理区大力投入，根据不同区域条件和不同生产管理节点对数据采集、传输和监控的不同需求，制定不同的条件下的单井网络通讯标准。总体建成了“光缆通讯为主，无线网桥+自建 4G+GPRS 为辅”的灵活组网通信方式。

① 主体区域油井相对密集、产状稳定、重点井多，数据监测要求和远程控制标准高，以光缆通讯为主；边远井站井数少、距离主体区域较远，以“无线网桥”通讯为主；对于措施频繁、临时监控需求井使用自建 4G 或 GPRS 网络。

实现光缆和无线网桥通讯方式的单井，数据传输达到 10 兆带宽，满足了油井实时视频监控、远程控制、数据实时监控传输等监控需求；自建 4G、GPRS 通讯方式的单井，实现图片监控、数据小时传输。

② 水井、计配间、油阀组等生产管理节点对生产动态监控的实时性需求不高、数据传输量较少，对单井通讯带宽的需求不高，故以油田自建 4G 网络通讯为主，GPRS 通讯为辅。实现数据小时传输、注水量远程调控、图片监控等功能，满足监控需求。

高效、稳定的单井通信网络解决了网络信号不稳定、通信带宽无法高效承载视频信号，造成单井通讯中断、信号传输“排队拥堵”滞后或丢包、CPE 通讯模块过载死机等通讯类故障频发的情况，单井关键生产信息实现实时传输，延迟、丢包现象基本杜绝，通信问题相关的维护工作量下降。

3.2 坚持“低成本”建设思路，充分发挥主观能动性，自主设计建设油田数字化相关内容

(1) 自主设计并建设完善了管理区视频监控系统。

三塘湖采油管理区地处三塘湖盆地，管理区自然环境相对恶劣，地处百里风区，大风天气较多，地形地貌以平坦的戈壁滩为主，无大型植被和高耸地貌遮挡，监控视线良好；油气生产区域内远离居民生活聚居，基本无非工作人员、牲畜等意外闯入井场情况发生。

结合以上管理区地域特色和油井建设分布特点，进行视频监控系统的建设。采用“区域高杆摄像机扫描面监控+固定单井(重点设备)定点监控”，结合两种监控方式各自的优势特点，形成了视频监控系统的“高、低互补”，实现单井、管网、重点设备运行的点、面全覆盖(图 1、图 2)。

图 1　区域高杆视频监控

图 2　单井视频监控

区域视频监控优、劣势：

优势：安装位置高，可进行 0～30 倍变焦，最大监控半径 1～1.5 公里；能进行左右 360°和上下近 90°转动，可进行区域监控扫描。

劣势：无夜视功能，无法进行夜间监控；摄像头定点操作步骤繁琐，用于定点监控效率较低；大风天气下，高倍变焦时画面抖动严重。

单井视频监控优、劣势：

优势：画面固定，无需进行摄像头操作，快速获取井场监控信息，提高巡检效率；具备红外成像功能，可实现夜间监控；摄像头安装位置低，日常维护方便。

劣势：无监控范围窄，无法实现井场以外空间的监控，存在监控盲区；不具备变焦功能，无法对异常情况进行精准放大监控。

（2）自主设计建设低成本单井视频监控。

认真分析现有主流摄像头的相关优势和劣势，并从管理区实际需求出发，摒弃了大部分油田的主流应用的球型摄像机、半球型摄像机、智能 AI 摄像机等摄像机，选择功能单一、价格便宜的枪式摄像机，摄像机费用仅 300 元左右，摄像机立杆选择利旧管理区废弃油管。最终，单井视频监控建设费用控制在 1200 元左右，实现了视频监控系统的低成本建设，管理区单井视频覆盖率率先达到了 100%，并为后续管理区一线巡回检查管理模式的变革打下了良好的基础(图 3、图 4)。

图 3　单井摄像头安装位置

（3）自主攻关抽油机井的远程启停改造。

认真分析现有数字化设备设施条件，充分利旧，完成管理区近 600 口抽油机井远程启停功能改造，基本实现全覆盖。单井远传启停改造费用控制在 1000 元左右。

图 4　单井视频监控效果

同时，配套完成操作平台远程启停控制功能的完善，实现远程启停操控、实时视频、生产动态监控数据的画面整合和信息联动，便于远程启停操作(图 5～图 7)。

图 5　声光报警器

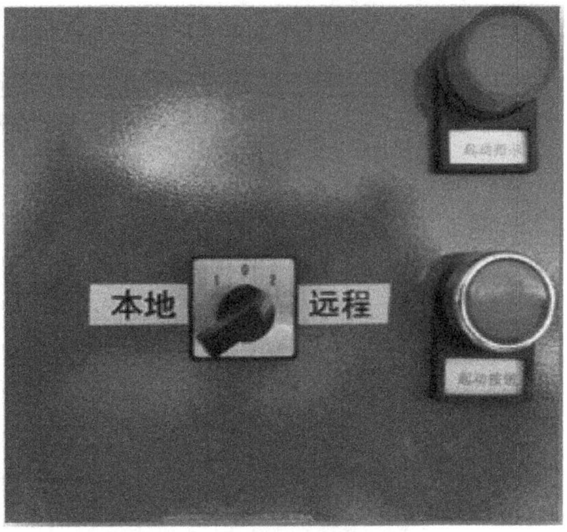

图 6　远程/本地控制切换

图7　抽油机井远程启停操作界面

（4）开展相关数字化扩展应用的试验和探索。自主投资建设了单井井口螺杆泵、单井罐监控、水源井远程启停、盘根泄露检测仪、阀组质量流量计测量系统等功能，满足管理区实际生产需求(图8、图9)。

图8　阀组计量系统

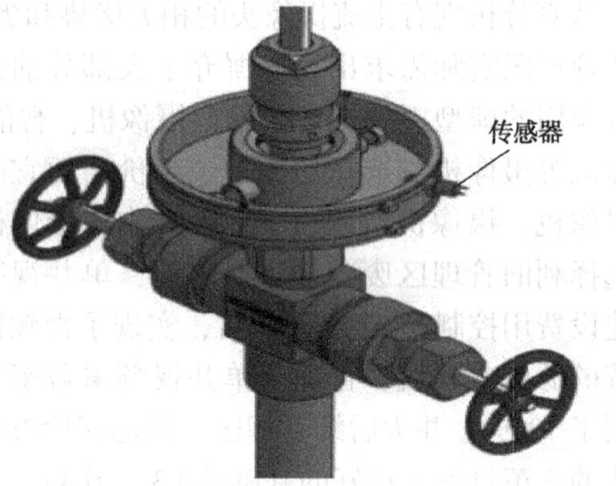

图9　盘根泄漏检测仪

3.3　强化动态管理，整合数字化资源，提高数字化设备设施的有效利用率

加强数字化自动化设备设施动态管理。建立相关数字化设备设施台帐、运行转态线上监控管理，紧密结合油水井生产动态，实现设备设施的高效轮转、有效利用，避免出现建设过剩、资源闲置情况(图10、图11)。

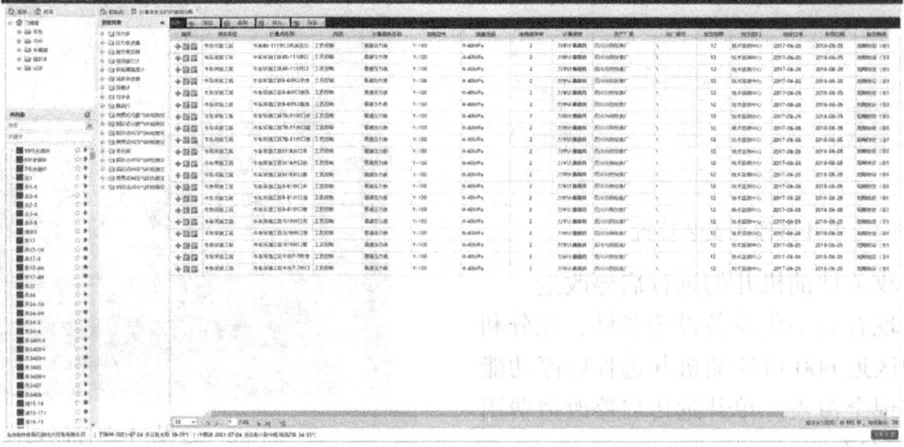

图10　数字化设备设施线上管理台账

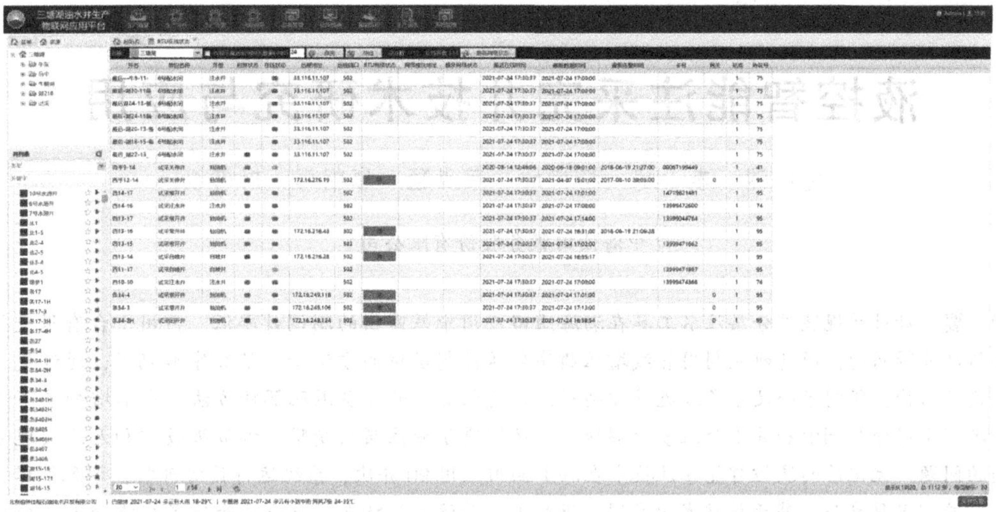

图 11 数字化设备设施运行状态线上监控

3.4 打造了较为完备的运维保障体系

高效的运维保障体系是油田数字化生命力的有效保证，是支撑数字化应用效果发挥的关键所在。

（1）编制了管理区数字化、自动化建设与运维实施细则，明确相关单位在各个环节的具体职责，并梳理工作汇报和处置的流程，提高运维质量和效率。

（2）持续性运维保障资金投入。结合往年运维情况和后续数字化建设需求，加强运维项目的审查，保证合理的运维资金投入。

（3）强有力的运维保障力量。运维质量的关键在运维人员素质，在建设和应用过程中，定期开展问题分析和总结，干中学、学中干，不断提升运维人员及队伍的素质。

4 取得的效果

（1）以相对较低的成本，完成油水井、间、站数据采集单元建设、网络通信单元建设、视频监控单元建设、远程控制单元建设，快速实现了油田前端数字化全覆盖。

（2）数字化全覆盖的规模效益开始体现。一是用工结构优化。完成对生产一线巡回管理模式的变革，形成“电子+视情+定期”的新型巡检模式。一线巡检人员人均管井数由 40 口提升至 75 口。巡检班组减少 5 个，一线巡检工减少 10 人。边远井站撤站 2 个，减少驻站人员 8 人。二是在节能降耗发挥较好作用。通过远程启停功能，实现了大面积间开，年节电达 438 万度。三是有效提升管理区安全环保管理水平。视频监控系统在作业安全、井场污染、设备状态监控方面发挥了巨大作用。

5 认识和建议

认识 1：老油田的数字化建设和改造，必须结合实际需求，综合考虑经济性、实用性，不能盲目建设，片面强调覆盖率，追求高、大、上。只有算好长远的经济账，才能建好、用好数字化。

认识 2：油田数字化的建设和改造是一个长期的、持续性工作，某些工作不能力求一次性到位。应多开展试验性、示范性建设和评价工作，取得效果后再行推广。

建议 1：油田数字化建设过程中，要充分发挥主观能动性，敢于“跳出”统一标准的框框，积极探索、大胆创新，打造适应自身发展和需求的油田数字化建设路子。

液控智能注采完井技术研究与应用

赵广渊　李　越　杨树坤　蔡洪猛　廖朝辉　时营磊

（中海油田服务股份有限公司）

摘　要　针对常规液控分层注水工具在渤海油田应用中暴露出的测调效率低、占用平台有限空间，不满足大斜度井等问题，通过研究利用管线增压顺序激活控制层位的方法研制了数字解码器，通过优化水嘴尺寸、换档结构，研制了小尺寸多级流量控制阀，通过配套新的分层调配解释方法，在不增加井下测试装置的情况下实现分层调配和井下分注参数解释，成功解决了分注层数受限、调节级数少和无法实现分层流量监测的问题。优化后的液控智能分注技术在海上油田应用 90 井次，系统运行稳定可靠，调配解释精度高于 90%，应用效果良好。基于该技术耐高温、满足大排量注采等特点，进一步开展了智能分采、分层注气等方面的研究及先导性应用，拓展了技术适应性。

关键词　液控智能注采；智能完井；井下多级流量控制阀；分层调配；分层采油；分层注气

渤海油田已进入全面注水开发阶段，注水效果的好坏在一定程度上关系到渤海油田的持续稳产。基于常规投捞式分层注水工艺测调效率低、占用平台有限空间，不满足大斜度井应用等问题，近些年渤海油田开始了智能分层注水工艺的矿场试验。液控智能注水技术作为智能注水工艺的一种，其控制方式采用纯液压方式，井下工具无任何电子元器件，长期使用可靠性能高。该技术于 2016 年开始在渤海油田开展应用，取得良好应用效果，但随着作业者对分层注水工艺要求的不断提高，以及工艺自身存在的一些问题：(1)液控智能滑套调节级数少，最多只能实现 3 级调节，导致分层调配精度低，调配合格率低；(2)多层注水井液控管线使用数量较多，现场施工难度加大；(3)海上油田小井眼注水井逐年增多，现有注水工具尺寸不满足下入要求，导致该技术无法大规模推广；(4)不具备地面监测井下油藏数据的功能，无法直观判断各层注水情况，不满足油藏精细注水要求。

基于以上问题，本文在常规液控智能注水技术基础上，从注水工具整体结构、水嘴设计、控制方式、分层调配解释方法等方面进行了工艺优化研究，提高液控智能分注技术的应用效果，并基于该技术可靠性高、耐高温等特点，开展了智能分采、分层注气、分段注蒸汽等方面的研究及先导性应用，进一步拓展了技术适应性。

1　工艺概述

1.1　工艺原理

液控智能分注系统主要由地面控制系统、可穿越线缆封隔系统、多级流量控制装置（液控智能配水器）组成图 1 所示。地面控制器通过液压管线控制井下各层位多级流量控制阀的开度，实现地面对井下各层注水量的调控。

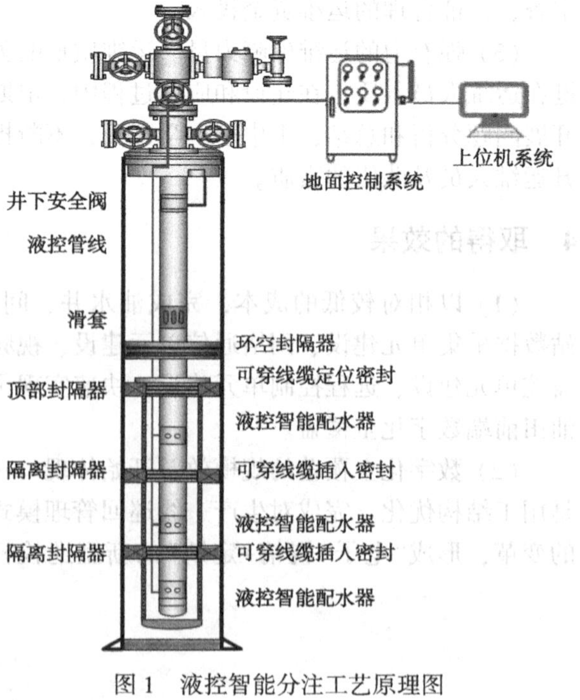

图 1　液控智能分注工艺原理图

1.2　工艺特点

液控智能注水技术可在地面实现多级流量控

制阀在线液压控制。系统采用液力控制方式，推力大，能适应井下复杂工况，通过万向截止轮机构节点控制，实现井下注水流量调节。主要特点：

(1) 分层调配无需钢丝/电缆作业，测调效率高，不占用平台作业空间和时间。

(2) 不受井斜及井眼尺寸限制，满足大斜度井、水平井、小井眼井(3.25in)应用要求。

(3) 纯液压控制，无电子元器件，可靠性高。

(4) 井口可实现手动、自动一体控制，操作系统操作快捷、方便，一台地面控制柜控制多口井，可实现电脑远程控制。

2 工具优化

2.1 “3-2”控制方式设计

常规液控智能注水工艺采用“N+1”控制模式，即利用N+1条液控管线控制井下N层配注。该控制方式操作简单、可靠，一般适用于分层数较少(≤4层)的井。而对于多层(≥4层)注水井，此控制方式所需液控管线数量较多，施工难度及安全风险加大，工艺适用性变差。为此，研制了数字解码器，开发出“3-2”控制方式，以减少液控管线使用数量，增强工艺适用性。

2.1.1 控制原理

“3-2”控制方式是每个多级流量控制阀串联一个解码器，通过地面液控管线打压顺序的变化(不同排列组合)控制选择不同层位的解码器，从而控制该层位流量阀水嘴的开关，通过此方式可实现3条控制管线控制井下6层。

具体控制流程如图2所示，1#控制线与解码器的关闭口连接；2#控制线与解码器的打压口和解码器进入流量阀关闭口连接；3#控制线与解码器保压口和解码器进入流量阀开启口连接。通过地面控制柜给出开启解码器指令时，3#控制线先保压，2#控制线再打压，此时解码器开启；3#控制线打压，流量阀开启；2#控制线打压，流量阀关闭；1#控制线打压，解码器关闭。

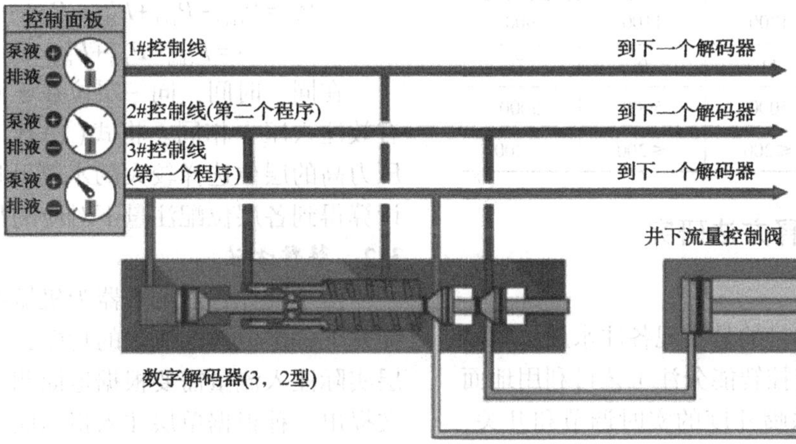

图2 “3-2”控制原理示意图

2.1.2 解码器

解码器是实现井下层位选择的液压解码装置如图3所示，主要由一个常开二位二通阀和一个常闭二位二通阀组成，通过与井下多级流量控制阀配合，实现分层控制。根据渤海油田注水井具体需求，配套了适用于防砂内通径为4.75”、3.25”的解码器，工具技术参数如表1所示。

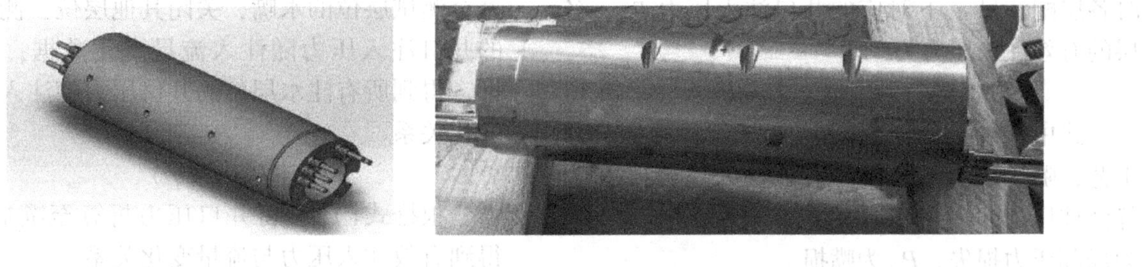

图3 解码器

表1　解码器技术参数

性能指标	参数	
适用密封筒内径/in	4.75	3.25
最大外径/in	4.61	3.15
最小内径/in	1.97	1.18
本体材质	42CrMo	42CrMo

2.2 多级流量控制阀结构改进

针对原有液控智能滑套水嘴调节级数少，不满足小井眼应用要求等问题，研制了适用于3.25in小井眼的井下多级流量控制阀；优化水嘴结构，将不同尺寸流量控制阀调节级数分别增大到11级和9级如图4所示。工具技术参数如表2所示。

图4　井下多级流量控制阀

表2　井下多级流量阀技术参数

性能指标	参数		
适用密封筒内径/in	4.75	4/3.88	3.25
最大外径/in	4.65	3.74	3.15
最小内径/in	2.32	1.46	0.87
本体材质	42CrMo	42CrMo	42CrMo
密封材质	金属对金属	金属对金属	金属对金属
最大排量/(m^3/d)	1200	1100	900
可调节级数	11	9	7
工作压力/psi	5000	5000	5000
密封件耐温等级/℃	≤200	≤200	≤200

3　分层调配及解释方法研究

3.1 分层调配

分层注水的根本目的是实现各注水层位满足分层配注量要求。液控智能分注工艺可利用地面控制系统实现井下水嘴开度的实时调节和开关，但无法监测井下各层的注入流量。因此，该工艺调配的关键在于，一是将水嘴调节至满足分层配注量的目的开度，二是利用地面测试数据计算井下各注水层位的分水量。

利用地面控制系统将测试层配水器水嘴调至任意开度 d，其他层位水嘴关闭，测得单层注入时各层配注量 q_p 下对应的井口注入压力 P_{tb}，各层的有效注入压力为

$$P_{che}=P_{tb}+P_{hy}-P_{fr}-P_{lo}-P_{ch} \tag{1}$$

式中，P_{che} 为嘴后压力，对于液控智能分注工艺，嘴后压力是地层的有效注入压力；P_{hy} 为静液柱压力，P_{fr} 为管柱沿程摩阻压力损失，P_{lo} 为局部压力损失，P_{ch} 为嘴损。

将各层水嘴调节至满足配注量的目的开度 d' 后，全井注水时，则

$$\begin{aligned}P_{tb}&=P_{che1}-P_{hy1}+P'_{fr1}+P'_{lo1}+P'_{ch1}\\&=P_{che2}-P_{hy2}+P'_{fr2}+P'_{lo2}+P'_{ch2}=\cdots\\&=P_{chei}-P_{hyi}+P'_{fri}+P'_{loi}+P'_{chi}\end{aligned} \tag{2}$$

根据矿场实践，各注水层位纵向跨度较小(小于300m)时，各注水层的沿程摩阻压力损失和局部压力损失接近，式(2)简化为

$$\begin{aligned}P_{tb}&=P_{che1}-P_{hy1}+P'_{ch1}=P_{che2}-P_{hy2}+P'_{ch2}\\&=\cdots=P_{chei}-P_{hyi}+P'_{chi}\end{aligned} \tag{3}$$

在同一时间，同一层位在不同水嘴开度下的有效注入压力相同。将式(1)代入式(3)，注入压力高的层位选择较大的水嘴开度，根据式(3)计算得到各层位配注量下对应的目的水嘴开度。

3.2 解释方法

由于液控智能配水器为机械结构，不具备监测井下各层位注入流量的功能，因此，调配后各层实际注入流量需要根据地面测试数据计算。本文提出一种根据单层注入指示曲线和全井注入指示曲线计算各层实际注入量的方法。

3.2.1　注入测试数据

(1) 单层注入指示曲线测试

利用地面控制系统将测试目的层位水嘴调节至目的开度，关闭其他层位的水嘴，测试井口注入压力随注入流量的变化数据；然后，打开另外一个测试层位的水嘴，关闭其他层位，测试该层的井口注入压力随注入流量变化数据；依此类推，得到所有注水层位的井口压力随注入流量的变化关系

$$P_{tbi}=f(q_i) \tag{4}$$

根据式(1)，将井口压力折算至嘴后压力，得到有效注入压力与流量变化关系

$$P_{chei}=f_i(q_i) \tag{5}$$

（2）全井注入指示曲线测试

将所有层位配水器的水嘴开度调节至目的开度，恢复全井注水。然后，调节井口注入流量，测试不同注入流量下井口压力变化，根据测试数据拟合得到井口注入压力与流量的关系，即全井注入指示曲线。一般地，随着注入流量增加，井口压力呈线性增大，可表示为

$$P_{tb}=aQ_t+b \tag{6}$$

式中，Q_t为全井注水时井口总流量，m^3/d；a、b为常数，$1/a$代表视吸水指数，b代表注水井开始吸水的启动压力。

3.2.2　解释方法

获取到上述测试数据后，计算各层的分层注入流量，解释得到不同井口注入压力下对应的全井注入流量和各层注入流量，指导注水井工作制度选择。

根据井口压力P_{tb}、全井流量Q_t得到第1注水层的嘴前压力P_{chf1}。

全井注水时，对于各注水层位，分层注水量Q_i满足以下关系

$$Q_i=I_i\cdot\Delta P_i=\left(\frac{dP_{chei}}{dQ_i}\right)^{-1}\cdot(P_{chei}-P_{ri}) \tag{7}$$

式中，I_i为第i层吸水指数，$m^3/(d\cdot MPa)$；ΔP_i为第i层注水压差，MPa；P_{ri}代表第i层地层静压，MPa。

对于式(5)，一般地，有效注入压力与流量符合线性关系

$$P_{chei}=cq_i+e \tag{8}$$

式中，c、e为常数，$1/c$代表第i层单层吸水指数，e代表第i层地层静压。

将式(8)代入式(7)，得到第1注水层注入流量的关系式

$$Q_1\frac{1}{c}[P_{chf1}-(0.3652Kd^{-1.889}Q_1)^2-e] \tag{9}$$

式(9)可以计算得到第1注水层的分层注入量Q_1。

再根据第1注水层嘴前压力P_{chf1}、第1层以下层位的总流量(Q_t-Q_1)和式(1)得到第2注水层嘴前压力P_{chf2}。

重复式(7)～(9)的计算，可求得第2注水层的分层注入量Q_2。

以此类推，计算得到所有层位的分层注入量。根据式(6)得到不同井口注入压力下对应的全井注入流量，然后计算出各层的分层注入量。

3.2.3　解释软件

为了便于计算，根据计算方法，编制了调配设计及分层注水量计算软件，软件包括基础数据输入、测试数据输入和计算分析三个模块。软件输入的基础数据包括注水井井身结构数据、注入水流体数据、注水管柱组合和结构、水嘴参数和嘴损曲线，测试数据包括各层配注量对应的井口注入压力、单层注入指示曲线和全井注入指示曲线，通过计算可输出满足配注要求的各层水嘴目的开度、不同井口注入压力下对应的全井和分层注水量，根据分层配注量要求，给出最能满足配注要求的井口注入压力。

4　液控智能分采技术研究

海上油田已进入开发中后期，层间矛盾凸显，含水上升及产量递减加快。精细分层开采可有效降低层间干扰，显著提高油田开发效果。目前海上油田主要以机械滑套式分采工艺为主，调层作业占用井口、效率低，不满足大斜度井应用，技术适应性差。

基于液控智能分注技术的应用经验，以及该技术耐高温、满足大排量注采的特点，开展了液控智能分采技术研究。

（1）针对采用简易筛管分层防砂完井的定向井，采用Y型分采管柱，在中心生产管柱上应用插入密封配合使用，应用液控智能配产器，地面调控分层产液量，达到控水稳油目的，设计方案如图5所示。

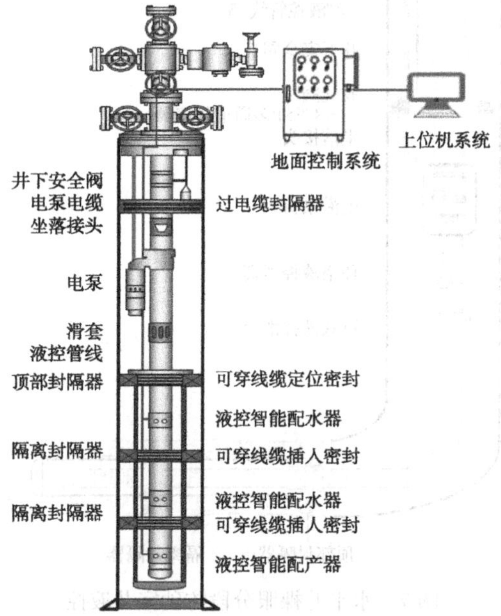

图5　定向井液控智能分采管柱设计方案

（2）针对裸眼简易防砂或砾石充填防砂完井的高含水生产井，在水平井段挤注化学封隔药剂（ACP）或裸眼分段防砂，实现管外的分层；在中心生产管柱上应用封隔器配合使用，实现管内的有效封隔，同时应用液控智能配产器，集成固体示踪剂，地面调控分层产液量，示踪剂取样监测分段产量及含水，达到控水稳油目的，设计方案如图6所示。

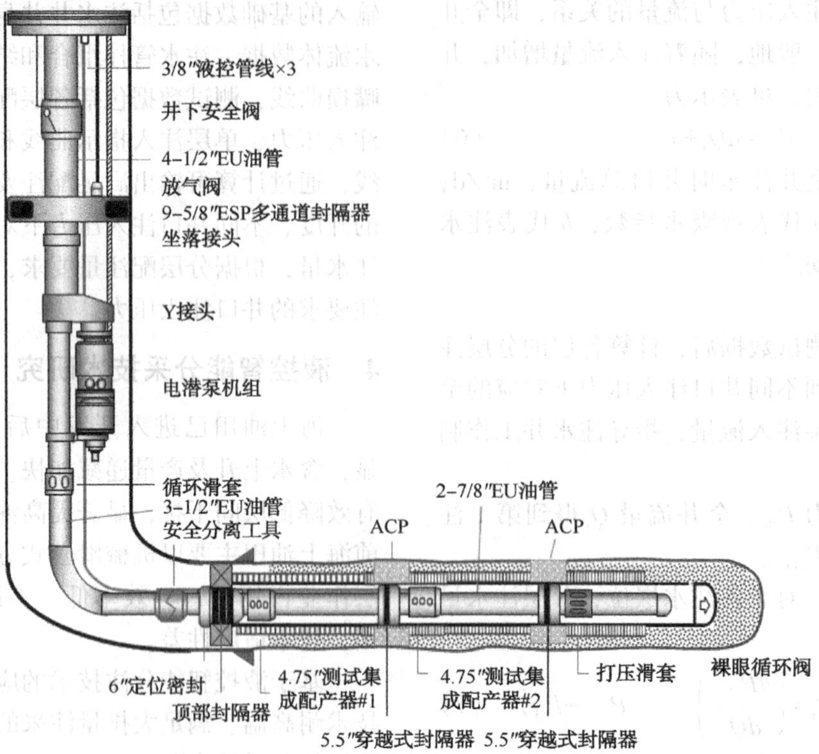

图6 水平井液控智能分采管柱设计方案

（3）针对水平井裸眼分段防砂完井的新投产井，采用“环空液控滑套+罩式液控滑套”智能分采管柱，实现2层智能分采。设计方案如图7所示。

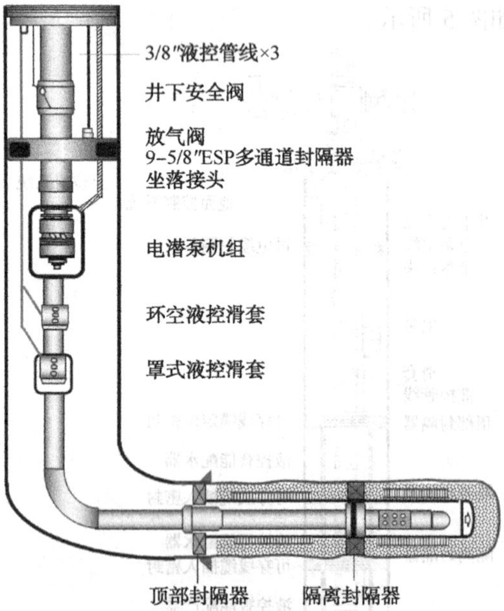

图7 水平井裸眼分段防砂完井液控智能分采管柱设计方案

5 液控智能分层注气技术研究

采用注气开发方式可大幅度提高油藏采收率，尤其是对于低渗透油藏开发效果更为显著。国内海上部分油田开展了注气开发先导试验，但是对于层间物性差异较大的多层系油藏，笼统注气开发气窜突破后不但影响注气开发效果，还会对电潜泵等生产设施造成伤害。因此，分层注气精细开发对提高油田采收率有重要作用。

5.1 管柱设计

目前海上目标低渗注气开发油田储层温度140~180℃，基于液控智能分层注采技术井下不含电子元器件且耐高温的技术特点，开展了液控智能分层注气技术研究。海上低渗油田注气井一般采用套管射孔完井方式，设计液控智能分层注气管柱如图8所示。

5.2 精确定量注气技术

液控智能分层注气技术只具备气嘴开度调节功能，需开发配套精确定量注气技术方可实现精细分注。基于液控智能配注器预制气嘴的特点，

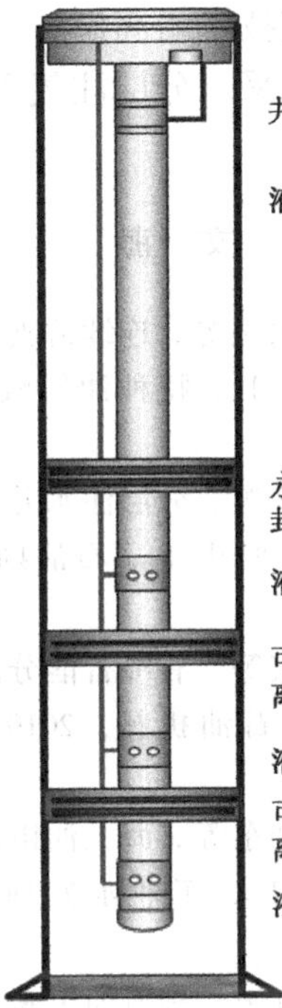

图 8　海上油田液控智能分层注气井管柱示意图

在入井前对气嘴根据配注范围定量设计，入井后根据各层吸气能力精确调配，再根据注气井筒温压计算分层注气量，实现精确解释，达到利用理论方法指导分层注气精确计量的目的。具体步骤如下：

(1) 液控智能配注器入井前，根据各注气层的配注量范围和吸气能力数据匹配配注器多级可调的气嘴尺寸；

(2) 按照步骤(1)设计方案加工定制气嘴；

(3) 液控智能配注器与液压管线、层间封隔器、井口穿越密封连接、组装、入井，并接通地面液压控制器；

(4) 分层注气过程中，根据各层吸气能力测试数据和气嘴嘴损图版，调节配注器至满足配注量要求的气嘴尺寸；

(5) 调节后，根据各层吸气能力测试数据计算解释各层实际注气量。

6　现场应用

液控智能注采完井技术在海上油田应用 90 井次，其中采油井应用 7 井次。系统运行稳定，水嘴调节灵活，工具性能可靠；分注井满足海上注水井分层酸化、示踪剂等措施需求，经多次酸化后，系统仍正常运行；完成调配作业 280 余井次，测调解释精度大于 90%；分采井实现分段生产、分段测静压等功能，达到控制含水率上升、稳定产油量的目的。

6.1　液控智能分注井应用

渤海油田 XX-1 井为了提高测调效率，于 2019 年 3 月下入液控智能分注管柱，地面控制系统通过液压控制井下配水器水嘴的开度。该井分 2 层注水，第 1 注水层水嘴当量直径 6.08~9.05mm，第 2 注水层水嘴当量直径 7.55~10.64mm，2 套配水器水嘴均分别设计 10 个开度等级。2019 年 6 月，第 1 注水层配注量 $120m^3/d$，第 2 注水层配注量 $150m^3/d$，根据配注量下对应的井口注入压力测试结果，第 1 注水层水嘴开度调节至 7.95mm，第 2 注水层水嘴开度调节至 10.64mm。

在水嘴目的开度下进行了单层注入指示曲线和全井注入指示曲线测试，利用前述计算方法计算出不同注入压力下对应的全井注入量和分层注入量。根据渤海油田 85% 的调配精度要求，从分层注入量计算结果可以得到最能满足配注要求的井口注入压力为 12MPa。测调后，为了验证调配精度，该井实施了氧活化吸水剖面测试，计算结果和测试结果对比如表 3 所示。从表 3 结果对比发现，计算结果与实测结果之间存在差异，但满足工程精度要求。因此，该计算方法可以满足现场分层调配作业需求，在实际应用中有较好的效果。

表 3　分层注水量计算与测试结果对比

全井		第 1 注水层		第 2 注水层	
井口压力/MPa	注入量/(m^3/d)	计算注入量/(m^3/d)	实测注入量/(m^3/d)	计算注入量/(m^3/d)	实测注入量/(m^3/d)
13.0	372.8	155.0	155	217.8	216
12.5	330.7	135.0	136	195.7	196
12.0	288.7	115.0	113	173.7	175
11.5	246.7	95.0	95	151.7	150
11.0	204.7	75.0	74	129.7	130
10.5	162.7	55.0	55	107.7	105
10.0	120.7	35.0	35	85.7	85

6.2 液控智能分采井应用

渤海油田 XX-2 井为水平井裸眼砾石充填完井方式，随着提频生产，含水率逐步上升，油田生产水处理设施长期满负荷运转，需要开展水平段分段控水措施，降低油井含水的同时，提高该井产能贡献水平。

根据该井水平段动用情况，以干层及差油层为界，将水平段分为三段，采用液控智能分采技术，初期关闭趾端水淹段，打开第一、二段生产，后期根据生产情况再进行开关调整。2023 年 5 月下入液控智能分采管柱，措施后日产液从 $868m^3/d$ 下降至 $716m^3/d$，日产油从 $26m^3/d$ 上升至 $28m^3/d$，含水率从 97.1% 下降至 96.1%，生产压差从 1.13MPa 上升至 3.24MPa，含水率最低下降 3.8 个百分点，起到了较好的控水增油效果，也缓解了平台水处理设备压力。

7 结论

（1）优化常规井下流量阀水嘴结构、布局，将不同尺寸流量控制阀调节级数分别增大到 11 级和 9 级，提高了测调效率和精度；研制了数字解码器，利用“3-2”控制模式，实现 3 条液控管线控制 6 层注水，减少液控管线使用数量；研制小尺寸井下多级流量控制阀，满足海上 3.25in 小井眼应用要求。

（2）针对液控智能分注工艺无法监测井下各层流量的特点，提出了利用单层注入指示曲线和全井注入指示曲线测试数据计算分层注水量的计算方法，并编制了软件，解释精度高于 90%。

（3）液控智能注采完井技术在海上油田应用 90 井次，其中采油井应用 7 井次，累计调配作业 280 余井次。系统运行稳定，水嘴调节灵活，工具性能可靠。由于该技术耐高温、满足大排量注采的特点，在智能分采、分层注气等领域具有广阔应用前景。

参 考 文 献

[1] 李汉周，彭太祥，郭振杰等．连续薄夹层油藏细分注水技术研究与应用[J]．特种油气藏，2019，26(2)：168-173.

[2] 刘合，郑立臣，俞佳庆等．分层注水井下监测与数据传输技术的发展及展望[J]．石油勘探与开发，2023，50(1)：1-9.

[3] 张旭，韩新德，林春庆等．有缆智能分注技术在华北油田的应用[J]．石油机械，2019，47(03)：87-92.

[4] 阎洪涛，徐文江，姜维东等．海上油田注水水质改善技术研究与应用[J]．工业水处理，2020，40(12)：114-118.

[5] 豆志远，王昆剑，李进等．渤海油田水平分支井钻完井关键技术[J]．特种油气藏，2020，27(2)：157-163.

[6] 郭宏峰，杨树坤，段凯滨等．渤海油田可反洗测调一体分层注水工艺[J]．石油钻探技术，2020，48(3)：101-105.

[7] 赵广渊，王天慧，杨树坤等．渤海油田液压控制智能分注优化关键技术[J]．石油钻探技术，2022，50(1)：1-6.

[8] 赵广渊，季公明，杨树坤等．液控智能分注工艺调配及分层注水量计算方法[J]．断块油气田，2021，28(2)：258-261.

[9] 王东，王良杰，张凤辉等．渤海油田分层注水技术研究现状及发展方向[J]．中国海上油气，2022，34(2)：125-137.

[10] 杨玲智，刘延青，胡改星等．长庆油田同心验封测调一体化分层注水技术[J]．石油钻探技术，2020，48(2)：113-117.

综合一体化调控仿真培训系统开发设计

娄　晨　欧阳小虎　陈　营　杨　鹏

（中国石油天然气管道局投产运行公司）

摘　要　现今我国油气管道行业正处于从高速发展向高质量发展的转型期，油气管道信息化、数字化及智能化的发展将对管道从业者的技能水平、管理效能及应急处置能力提出更高要求。因此，本文基于“平台+软件”的理念模式，开发了一套集工艺操作仿真模拟、演示与考核、应急响应管理于一体、并具有技术先进、界面友好的综合一体化调控仿真培训系统，系统通过SPS水力仿真、HMI界面开发、PLC模拟编译及培训考试管理平台4个功能块的开发设计，可实现“仿真模拟可视化、过程响应规范化、技能培训标准化、考核管理信息化”。本仿真培训系统已成功应用于部分油气管输运营企业，具有较优指导应用价值及经济效益，可有效培养提升基层管理及技术人员的调控水平及工作效率，助力油气管道企业实现安全、可靠、高效运行。

关键词　管道；培训系统；仿真模拟；OPC；PLC

截至2022年底，我国长输油气管网总里程约18万公里，其中原油管道2.8万公里，成品油管道3.2万公里，天然气管道12万公里。管道沿线分布着众多的输油输气场站、阀室等设施。随着油气管道的管径与设计压力不断增加，管道连接成网，运行工艺日益复杂，同时，基于大数据、云计算、人工智能等新一代信息化技术，我国管道行业正处于从高速发展向高质量发展的转型期，在管道信息化、数字化、智能化发展过程中，设备及系统集成度变高，对管道现场人员的技术要求、工艺操作水平、管理能力以及应急处置能力都提出了更为严格的要求。因此，操作人员在上岗前需接受严格的操作培训，建设管道水力仿真培训系统非常必要。实现培训人员交互式的操作，并且在功能、性能、标准化、安全性、技术先进性等方面全面满足培训演练以及管理考核需要，增加人员对实际管道、生产辅助系统及设备操作等多方面经验，培养对于故障的判断及相应的处置能力，确保管道系统安全高效运行。

1　调控仿真培训系统架构设计

通过SPS水力仿真软件、HMI界面开发软件力控、PLC模拟器、培训考试管理平台的有机结合，完成对管道水力工况、站场主工艺流程、站场辅助工艺流程、站场辅助系统、典型设备的水力模拟、流程操作模拟、设备操作模拟、控制逻辑模拟。根据功能设计，将所有建设内容分为两个大类，分别为水力计算部分和非水力计算部分。其中水力计算部分包含管道工况运行、站场主工艺流程、站场辅助工艺流程，非水力计算部分包含站场辅助系统以及典型设备系统。系统开发过程中，将针对每个站场的工艺流程和控制逻辑（全部水力计算部分和典型非水力计算部分）进行建设，所有内容均可实现演示、学员培训考试、结果评分、成绩统计展示的功能，保证了整套系统的全面性、针对性及实用性。

1.1　系统硬件架构

仿真培训系统的硬件架构如图1所示，所有设备均分布在同一个局域网内。其中：（1）两台教师服务器作为整套系统中的核心硬件，安装SPS仿真软件、PLC模拟器、力控软件、培训考试管理平台，负责水力计算、逻辑控制、数据通讯、培考管理、教师教学等功能。每台教师服务连接5台学员工作站，确保SPS水力计算及PLC模拟器逻辑控制的负载均衡；（2）学员工作站作为直接面对学员的硬件，安装力控软件及网络浏览器。其中力控软件与教师服务器做数据通讯，实现学员操作、数据反馈、信息展示的功能，网络浏览器主要用于登录培训考试管理平台，显示学员培考管理信息；（3）交换机用于所有教师服务器及学员工作站的数据通讯；（4）投影仪用于教师对培考内容讲解与教学的公开展示。

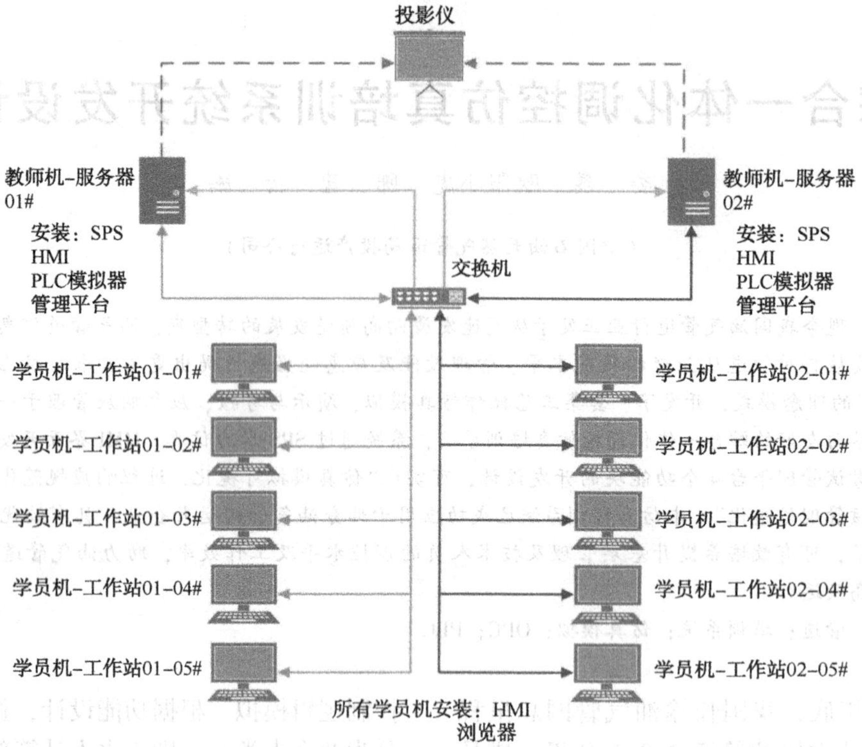

图1　仿真培训系统硬件架构

1.2　系统数据流向

根据培训系统架构及各模块的功能设计，系统数据流向如图2所示：(1)教师利用培训考试管理平台配置题目，将题目下发至学员端，同时将题目配置信息下发给SPS，收到启动指令后，SPS运行管道模型，调取初始状态。管理平台通过编辑SPS使用的INTRAN文件，来向SPS发送题目配置信息；通过OPC协议读取SPS的计算结果，并通过读取INTRAN文件，获取学员操作过程；(2)教师机或学员机HMI显示来自SPS(水力计算部分)以及PLC模拟器(非水力计算部分)中的管道初始状态、设备初始状态及相关参数。教师机或学员机在水力和非水力部分的所有操作通过OPC协议，传输给PLC模拟器，在通过PLC的OPC协议传输给SPS进行动作记录；(3)接收到从PLC模拟器传输来的教师机或学员机的操作后，SPS会将水力部分操作的反馈结果(包含水力计算结果和设备状态)传输给HMI及PLC模拟器，同时将非水力部分的操作记录到SPS的操作数据库中；(4)接收到来自HMI的教师机或学员机水力部分的操作，同时接收到来自SPS的水力计算值后，PLC模拟器会根据操作内容和计算值，调用与水力相关的控制逻辑并输出给SPS，控制SPS中的设备进行相应的动作；在接收到来自HMI的教师机或学员机非水力部分的操作后，PLC模拟器会根据题目场景及内容，调用对应的控制逻辑和参数，传输给HMI，控制HMI中非水力部分的设备进行相应动作，并显示对应数据；(5)SPS接收到来自PLC模拟器关于水力部分的逻辑控制后，根据相应控制进行水力计算，将计算值及设备状态传输给HMI，展示给教师或学员；(6)HMI接收到来自PLC模拟器关于非水力部分的控制逻辑和对应数据后，将设备状态和数据展示给教师或学员。由于离线SPS软件和PLC模拟器都属于OPC server，彼此之间不能直接进行数据通讯，因此采用KEPSERVER作为通讯中转模块，双向传输SPS与PLC模拟器间的数据和信号。

2　调控仿真培训系统的功能设计

基于“平台+软件”的模式设计理念，根据系统功能需求，以“仿真模拟可视化、过程响应规范化、技能培训标准化、考核管理信息化”为目标，从SPS水力仿真、HMI界面开发、PLC模拟器及培训考试管理平台4个部分，集工艺操作仿真模拟、演示与考核、应急响应管理于一体，将仿真培训系统功能设计细分为26个功能块，如图3所示。

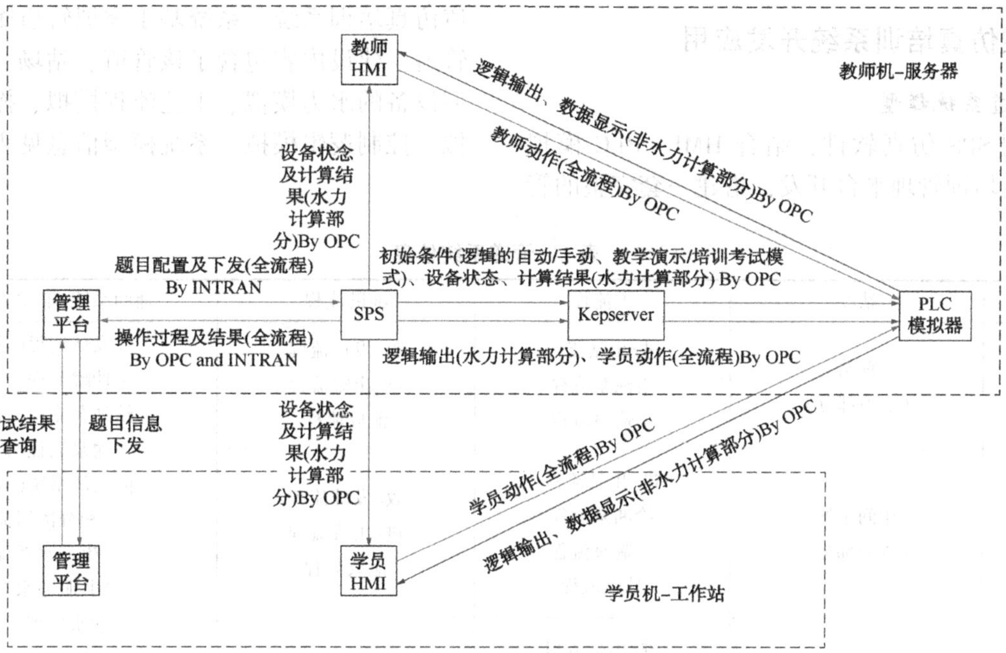

图 2　仿真培训系统数据流向

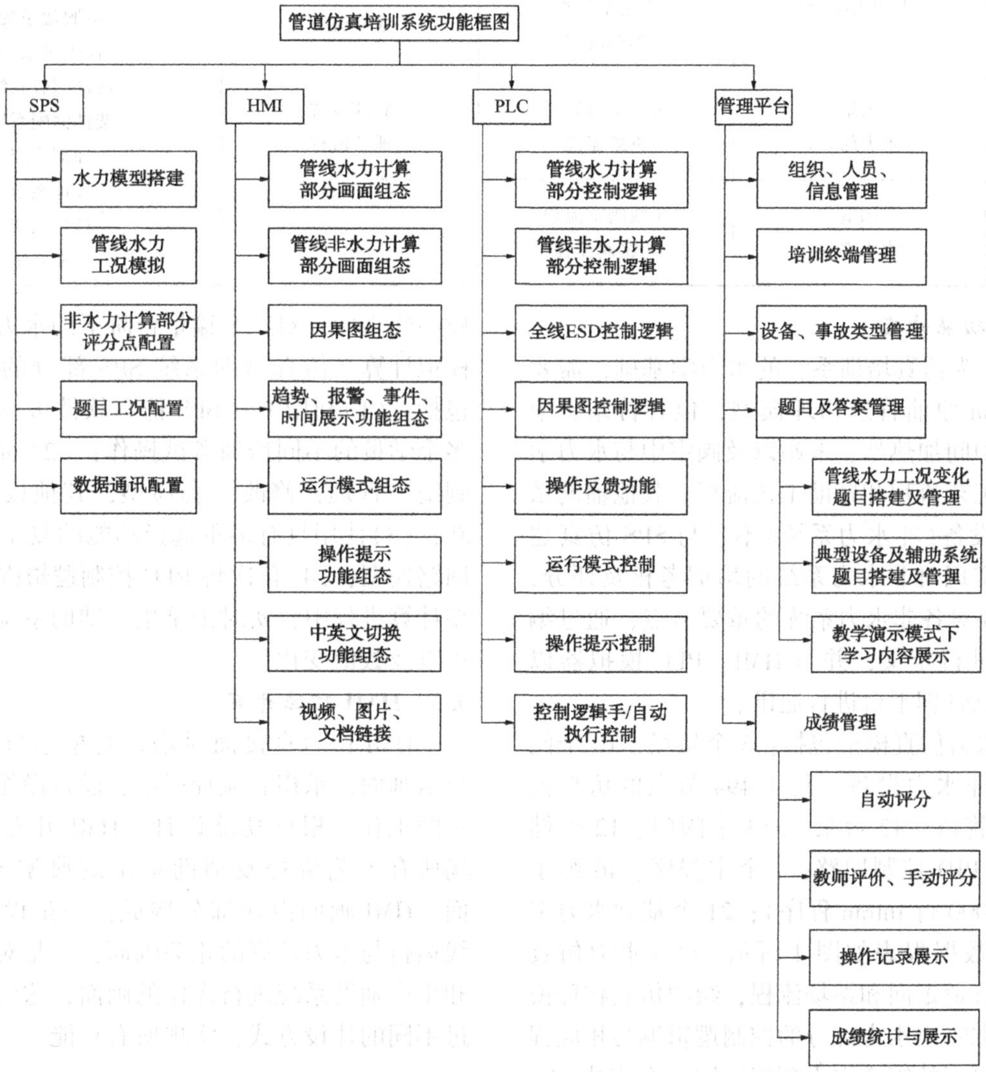

图 3　仿真培训系统功能框图

3　调控仿真培训系统开发应用

3.1　管道系统模型

利用 SPS 仿真软件，结合 HMI、PLC 模拟器及仿真培训管理平台开发，搭建一套完整的管道仿真培训系统。系统基于虚拟管道廊秦线原油管道，建设内容包含了该管道、站场、阀室及典型设备的水力模拟、工艺流程模拟、操作过程模拟、控制逻辑模拟。系统模型信息见表 1。

表 1　管道系统信息

<table>
<tr><th>序号</th><th>站场</th><th>主流程</th><th>辅助流程</th><th>辅助系统(非水力部分)</th></tr>
<tr><td>1</td><td>首站
(水力部分)</td><td>进/出站流程
给油泵流程
主输泵流程</td><td>收/发球流程
进/出罐流程
泄放流程</td><td rowspan="5">收发球流程(首站)
缓冲罐流程(首站)
给油泵流程(首站)
主输泵流程(首站)
防浪涌系统(首站)
三相分离器流程
生产水系统
公共服务水系统
油水处理系统
消防水系统
稳定塔系统
电脱盐系统
仪表风系统
污油回收系统
柴油储配系统
加剂系统
火炬系统
计量系统
装船系统</td></tr>
<tr><td>2</td><td>中间泵站
(水力部分)</td><td>进/出站流程
给油泵流程
主输泵流程
越站流程</td><td>收/发球流程
进/出罐流程
泄放流程</td></tr>
<tr><td>3</td><td>中间加热站
(非水力部分)</td><td>进/出站流程
给油泵流程
外输泵流程
加热流程</td><td>收/发球流程
进/出罐流程
泄放流程</td></tr>
<tr><td>4</td><td>末站
(水力部分)</td><td>进站调压流程
进罐流程</td><td>收球流程
泄放流程</td></tr>
<tr><td>5</td><td>阀室
(水力部分)</td><td>干线阀室流程
跨接阀流程</td><td>—</td></tr>
</table>

3.2　SPS 功能开发

SPS 作为仿真培训系统的水力学基础，需要建立 404Km 原油管道物理模型，包含首站、中间泵站、中间加热站、末站以及阀室中与水力学相关的主工艺流程和辅助工艺流程。其他辅助系统和典型设备(非水力系统)不参与 SPS 仿真建模。为了实现对非水力系统的培训考核及评分，SPS 中需要对各非水力系统的重要节点，通过编程的方式进行定义，并与 HMI、PLC 模拟器以及培训考试管理平台进行通讯。

SPS 水力仿真模型包括：3 个站场，10 个阀室，13 组非水力设备，共计 494 节点的仿真模型；13 条管道、42 台泵、353 个阀门、12 个储罐、20 组 PID 控制回路；1 个主程序、46 组子程序(约 2000 行 Intran 程序)；21 个基础水力工况；36 个数据报表如图 4 所示。SPS 水力仿真模型按照管道走向和站场流程，绘制仿真物理模型，并根据管道水力部分的控制逻辑编写相应程序，实现逼真的管道水力环境。同时在完成 SPS 模型建立后，对三个输量台阶下的水力工况进行模拟计算。仿真培训系统 SPS 部分的特点主要包括：(1)利用 1 套 SPS 仿真软件可以同时支持多个学员的不同培训考试操作；(2)所有模型做到统一管理，修改一套模型，其他模型自动更新；(3)使用具有多重选择功能的复杂 PID 控制回路模型；(4)首次将 PLC 控制逻辑嵌入仿真模型计算进程中，实时记录生产辅助系统的操作过程以及数值变化。

3.3　HMI 功能开发

HMI 作为直接面对培训对象学员的上位机显示画面，承担着流程展示、设备操作、数据显示的工作。根据功能设计，HMI 开发包含各站场所有工艺流程及辅助系统的典型 SCADA 画面。HMI 画面由两部分构成：一是设计整条管线运行与水力计算的相关画面；二是对典型设备和生产辅助系统进行操作的画面，这两类画面通过不同的建设方式，实现所有功能。

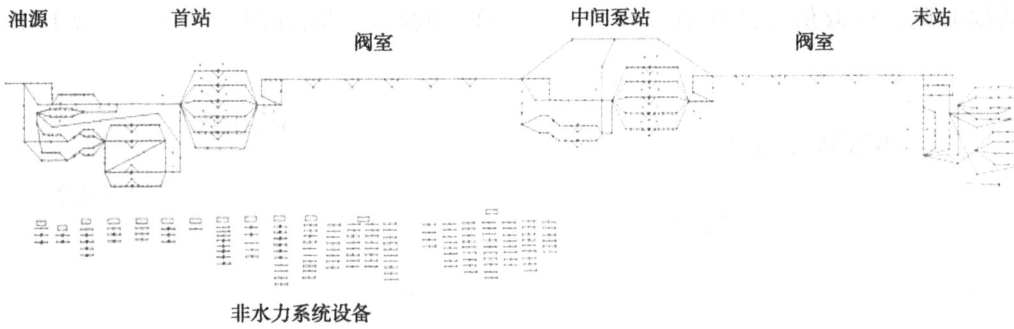

图 4　全线水力系统模型

关于管线水力计算部分画面组态，利用 Force Control 力控软件，对全线三个站场中与水力计算相关的工艺流程的设备及数据显示进行绘制，同时对设备状态、操作面板、数据输入等功能进行搭建，其风格与真实 SCADA 系统相似，模拟逼真的操作环境如图 5 所示。该部分所有内容都与 SPS 中对应的模型做数据通讯，不仅能够实时反映当前的水力状态及设备状态，还能通过在 HMI 中的动作，对 SPS 下发相关指令，改变设备状态或设定值。关于管线非水力计算部分画面组态，主要分为两种形式进行搭建：(1)将需要有重要操作或重要控制逻辑的典型辅助流程和典型设备系统的界面绘制成标准的 SCADA 系统画面，该类画面与 PLC 进行数据通讯，可以对设备进行操作，可以输入设定值，所有数据展示点可随工况和操作变化。该类画面将完全模拟现场 SCADA 系统的操作环境，用于各类学员的操作培训；(2)将其余画面以贴图的方式放入 HMI 中，不与 PLC 模拟器进行数据通讯，不做任何设备操作和数据显示。该类画面主要起到一个界面展示的作用，保证整套系统的完整性，便于教师的教学与讲解。

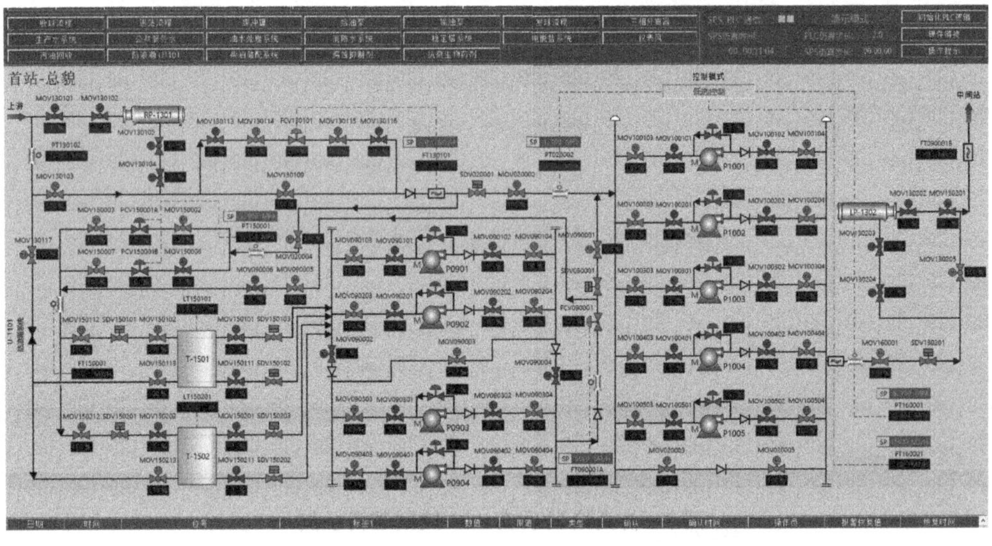

图 5　仿真培训系统首站工艺流程总图

HMI 操作界面内容涉及：94 幅工艺流程及操作界面，26 类界面模板，984 个数据通讯点(单学员机)，2547 个系统内部变量点(单学员机)，约 2600 行逻辑程序。仿真培训系统 HMI 操作画面具备如下特点：(1)高度还原了输油管道 SCADA 上位机的操作环境和多种操作模式如图 6、7 所示；(2)在 PLC 模拟器的配合下，实现生产辅助系统工艺控制过程的自动演示；(3)首次将 1 个仿真培训 HMI 工程与 2 个 OPC Server 进行实时双向通讯连接；(4)根据教师对教学模式/考试模式的切换，自动开启或隐藏工艺操作提示信息。

3.4 PLC 功能开发

根据功能需求，需要对管线及所有站场的主工艺流程、辅助工艺流程、辅助系统以及典型设备的控制逻辑进行模拟。鉴于需要模拟的控制逻辑数量多、难度大，本系统直接使用 PLC 模拟器对控制逻辑进行编程如图 8 所示，并与 SPS 及

HMI进行数据通讯，读取仿真计算值及设备动作，同时将逻辑控制下发给SPS及HMI。

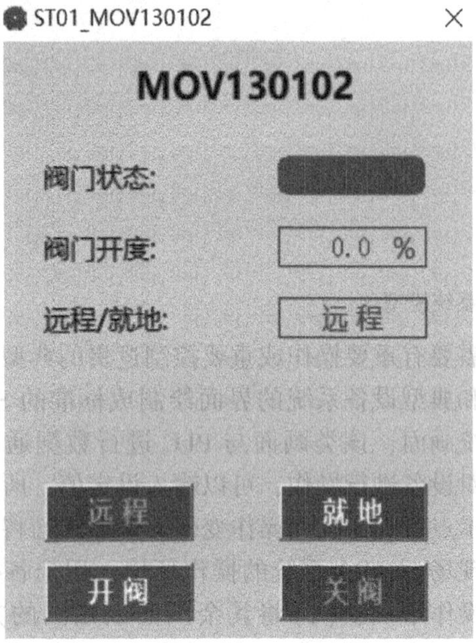

图6　电动阀控制面板

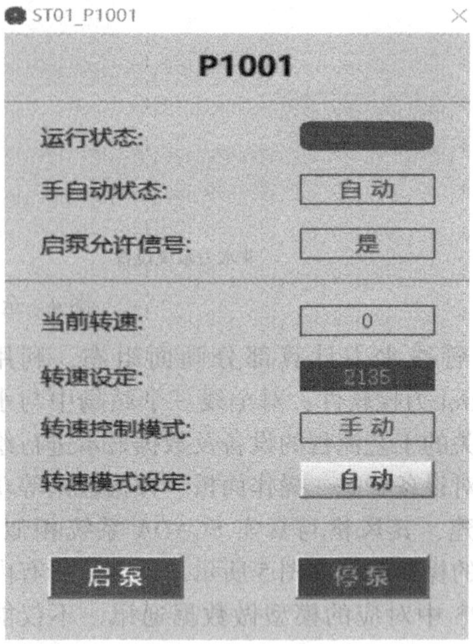

图7　泵的控制面板

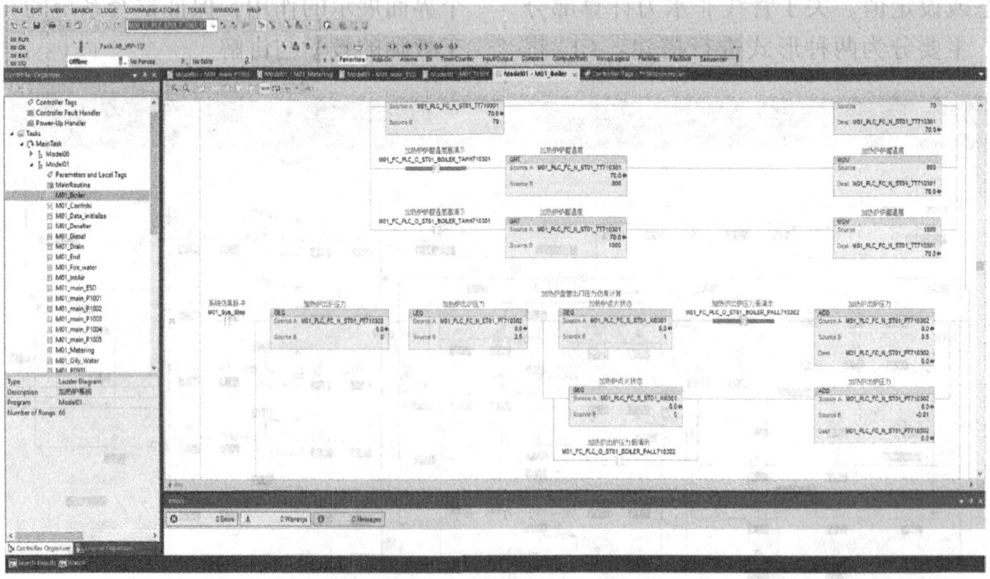

图8　仿真培训系统PLC控制逻辑示例

基于水力计算、非水力计算、全线ESD、因果图及控制模式等系列控制逻辑，通过PLC逻辑控制软件编程的功能内容涉及：45套非水力流程演示逻辑，18套非水力题目考试逻辑，1835个数据点(单学员机)，914行共计约7400个程序块(单学员机)。其中演示逻辑以在HMI中设置演示按钮的形式来实现；考试逻辑将配合学员操作实现。总体而言，仿真培训系统PLC功能设计具备如下特点：(1)使用PLC模拟器，不外加硬件设备，1套软件可同时控制多学员的不同培训考试操作；(2)对生产辅助系统的工艺变化过程进行自动或手动下的过程控制；(3)对生产辅助系统在工艺变化过程中的工艺参数进行合理的数值模拟；(4)实现不同辅助系统间的工艺联动和连锁进行模拟和控制；(5)利用SPS仿真软件将生产辅助系统的操作过程和数值变化进行中转。

3.5　培训考试管理平台功能开发

培训考试管理平台作为整套系统的培考管理核心，主要管理功能是对各种信息的管理、培考题目的搭建、培考过程的监控以及培考结果的评测及统计，如图 9 所示。

图 9　培训考试管理平台题库管理界面

（1）底层功能设计

主要涉及组织、人员、信息等基础信息管理功能。由于本套仿真培训系统面向对象为油气管道行业从业者，为此培训人员数量众多，来自于不同地区、不同公司，因此基于该管理功能，能够为不同培训集体配置学员个人信息表，包括但不限于公司、部门、岗位、联系方式、人员备注等信息，便于前期管理及后期统计。

（2）题库功能设计

基于管理平台的题目类型特点，除标准题目外，教师还可以编制个性化的定制题目。该类定制题目主要发生在与水力相关的工况中，比如，指定某个设备出现某个事故，从而导致某个事故工况的发生，最终导致了全线停输，从而检验学员临场处理事故工况的能力。设备管理能够把管线中与水力相关的设备进行列表，方便教师指定出现事故的设备。事故类型管理，是把所有设备可能出现的事故类型进行统计，教师在选择某一事故类型后，会在指定时间触发对应设备的事故动作。

（3）考核功能设计

SPS 仿真软件自带 OQ 模块，作为整套培训系统人员管理、题目管理与操作评价的平台。但 OQ 模块为全英文界面，对用户的英文水平有一定要求；同时，OQ 模块的主要功能在近 10 年内无更新，依然使用 V2.0 版本的功能，随着培训系统要求的逐渐提高，该版本的 OQ 已经不能满足使用需求。OQ 模块在操作评价阶段，只能评判某一步操作“对”或“错”，不能直接对一系列顺序操作进行评判，除非利用 SPS 的 ADL 语言进行编程判断，增加了教师编写题目的难度，灵活度不高。在评判阶段，OQ 只能给出操作正确与否的报告，不能对题目操作进行自动打分，也不能在系统中记录具体的操作过程，只能通过备份的 .REPLAY 文件查看学员具体操作，不利于教师的统计与分析。此外，基于 OQ 目前的 C/S 架构，每台学员机都需要独立安装一套 OQ 软件，导致软件使用成本增加的同时，还增加了系统维护的工作量。因此本系统采用的是定制开发的培训考试管理平台，拥有完善的人员管理、题目管理、操作判定、评分统计、操作回看功能，主要起到的是对各种信息的管理、培考题目的搭建、培考过程的监控以及培考结果的评测及统计。培训考试管理平台优化了数据读取方式、平台启动方式、学员机辨别和题目的下发方式、题目的判定方式，具有先进性、功能全面，适用于大规模的管道仿真培训，并且计算速度快，运行稳定，数据通讯能力强。基于 B/S 架构，软件开发使用成本低，易于维护、能够进行二次开发与扩展，可兼容最新的操作系统、能够充分利用硬件的性能。题目的编制与维护也更加方便，减少了 SPS 软件的编程工作量。

培训考试管理平台最主要的功能是编制题目，配置标准答案及分数，最终形成题库。在编制题目的过程中，首先需要在 SPS 或 PLC 模拟器中编制好起始工况，然后在管理平台中编制对应起始工况的题目内容、标准答案、关键参数、步骤分数等信息，最后再进行整合，如图 10 所示。培考题目分为两类。第一类为标准题目，该类题目有固定的题目内容及标准答案，能够进行自动评分，可以用于教师演示、学员自学、学员培训、学员考试。此类题目可以用于管道水力工况变化的培考，也用于各种工艺流程操作的培考。第二类为定制题目，该类题目属于教师针对特定工况定制的综合题目，该类题目没有标准答案，教师需要根据学员最终的操作记录及关键参数进行手动评判。此类题目主要用于与管道水力相关的培考操作，不适用于辅助系统及典型设备的培考。题目及答案管理主要包括以下内容：(1)管线水力工况变化题目搭建及管理，适用于标准题目和定制题目；(2)典型设备及辅助系统题目搭建及管理，适用于标准题目。此外，为了更好的进行教学演示，加深学员培训效果，在培训管理平台中，还以文字的形式，对所有操作流程及操作步骤进行了展示，学员可以登录培训管理平台，在教学演示模式下，查阅相关内容。

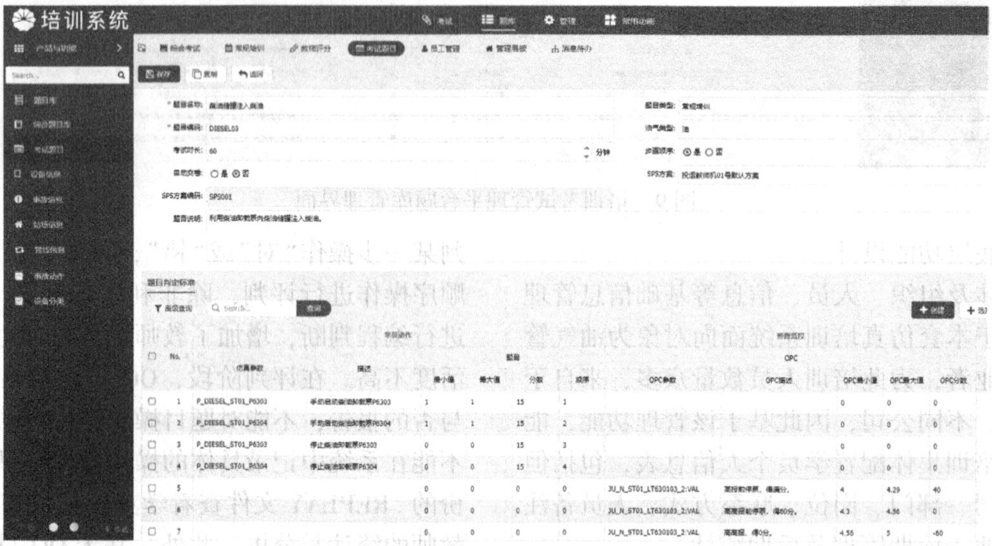

图 10　培训考试管理平台题目编辑界面

4　结论

(1) 本文以“平台+软件”的模式设计开发了一套集工艺操作仿真模拟、演示与考核、应急响应管理于一体、具有技术先进、界面友好的人机操作的综合一体化调控仿真培训系统。系统以水力模拟为基础，涵盖工况分析、方案制定、异常预警、实操培训和应急响应等功能，开发过程完成了工艺整理、模型搭建、控件开发、程序编写、平台建设等系列工作，所有内容均可实现教师讲解演示、学员培训考试、结果评分评判、成绩统计展示，由此确保了培训系统的全面性、针对性及实用性。

(2) 调控仿真培训系统通过 SPS 水力仿真、HMI 界面开发、PLC 模拟编译及培训考试管理平台 4 个功能块的开发设计，可实现“仿真模拟可视化、过程响应规范化、技能培训标准化、考核管理信息化”。

(3) 调控仿真培训系统自投入运行以来，已完成对相关油气管输运营企业现场运维及管理人员培训 500 余人次。根据各参训单位领导及各级技术人员调研反馈，经过培训的学员能更好的适应现场工作需要，并可在短期内提高实际操作技能。培训系统的经济效益及社会效益显著。

(4) 基于大数据、云计算、人工智能等新一代信息化技术，我国管道行业正处于从高速发展向高质量发展的转型期，在管道信息化、数字化、智能化发展过程中，设备及系统集成度变高，对现场人员技术要求更高，本调控仿真培训系统集培训演练及管理考核于一体，具有较优指导应用价值及经济效益，可有效培养提升基层管理及技术人员的调控水平及工作效率，助力油气管道企业实现安全、可靠、高效运行。

参　考　文　献

[1] 中国产业信息网. 2023 年中国天然气行业市场现状、发展历程及发展趋势分析. http://www.nea.gov.cn/2023-07/21/c_1310733569.htm

[2] 钱建华，牛彻，杜威．管道智能化管理的发展趋势及展望[J]．油气储运，2021，40(02)：121-130.
[3] 常明亮，李俊，陈传胜等．输气管道操作员仿真培训系统的研究与开发[J]．西安石油大学学报(自然科学版)，2020，35(02)：104-112.
[4] 尚凡坤．中贵线天然气管道仿真培训系统开发与应用[D]．中国石油大学(北京)，2019.
[5] 高振宇，张慧宇，高鹏．2022 年中国油气管道建设新进展[J]．国际石油经济，2023，31(03)：16-23.
[6] 宁坤．操作员培训仿真系统在石油化工行业催化重整装置中的应用[J]．广东化工，2014，41(16)：153-155.
[7] 张对红，杨毅．大型复杂天然气管网离线仿真软件国产化研发及应用[J]．油气储运，2023，42(09)：1064-1072+1080.
[8] 王明阳，于达．输气管道仿真教学系统的研发[J]．实验室研究与探索，2006(06)：650-652+656.
[9] 王进举．在线管网仿真系统在天然气行业中的应用[J]．化工管理，2019(28)：82-83.
[10] 胡泊洋．燃气锅炉仿真模拟操作培训系统研究[D]．东北石油大学，2018.

第二篇　信息管理与数据分析篇

信息技术日新月异，大数据、人工智能和云计算等行业内新技术正在与石油石化行业深度融合，使得数据成为行业不可或缺的核心要素。石油石化行业作为国民经济支柱，其数字化进程直接关系到行业的竞争力。信息管理与数据分析是推动行业数字化转型升级的重要动力和灵魂。不仅贯穿于行业的数字化与智能化全链条，更在油气勘探、井筒作业管理、油气田全生命周期运营、炼油化工控制、物流配送以及销售价值实现等多个领域展现出广阔的应用前景和价值空间。如何整合和利用信息资源、挖掘数据潜在价值、提升科学决策性等方面，尚存诸多难题与挑战需要我们去完成与突破。《信息管理与数据分析篇》专注于探索信息管理与数据分析在石油勘探、生产及运营管理中的最新应用和尖端技术，旨在为行业可持续发展提供新思维和方法，推动行业向更高效、更智能的方向发展。

油气行业销售业务网络安全事件业务影响研究

刘力昌[1]　张　雷[2]　刘昊洋[3]

（1. 中国石油销售分公司科技信息(数据管理)处；2. 中国石油东北销售公司营运保障部；
3. 英国莱斯特大学）

摘　要　当今世界正处在从工业经济向数字经济加速转型演进时代，科技创新日新月异，云计算、大数据、互联网+、5G和人工智能等先进信息技术与油气行业深度融合、广泛应用。国家网络强国、数字经济战略全面深化推进，集团公司数字化转型智能化发展，引发能源变革和转型升级，智慧能源终端销售新模式、新业态蓬勃发展，销售业务作为油气供应链终端环节，面向石油市场，服务终端用户，肩负实现油气产业链价值最大化使命。2017年网络安全法实施后，国家紧锣密鼓发布了数据安全、个人信息保护、关键信息基础设施保护条例、移动互联网应用和等级保护基本要求等网络安全配套法规和条例。集团公司2019年发布了《中国石油天然气集团(股份)有限公司网络安全管理办法》，结合销售业务，销售分公司发布了《销售业务网络安全防护和运行维护指南》。根据集团公司信息总体规划，全面投用了总部集中、分布应用销售信息系统和互联网应用。鉴于销售信息系统和互联网应用赋能库站现场，服务市场和客户典型业务特征，确保信息系统和互联网应用实时在线、持续稳定和可靠运行的要求高，要坚持不懈网络安全防护工作，赋能和支撑销售业务高质量发展。本课题结合油气行业销售业务最佳实践，总结和分析了集团公司销售业务网络安全防护的经验和做法，国内首次提出了油气行业销售业务网络安全防护总体框架、风险控制模型、应急管理模型和影响评价估算方法，对销售领域网络安全防护具有重要指导意义。

关键词　方案；评估模型；场景要点；成果创新；展望

1　引言

网络安全和数字经济上升为国家战略，油气行业是国家能源安全重要保障，在勘探、炼制、运输和销售领域拥有大量关键信息基础设施和油气行业核心数据，是国家网络安全监管和防护重点。销售业务网络安全防护是集团公司网络安全管理重要组成部分，销售业务油库和加油站基础设施点多、面广、线长和量大，网络安全防护的场景丰富。其中包括加油卡关键信息基础设施、互联网和客户个人信息、销售大数据数据安全、油库和加油站工控网络、油库和加油站视频监控、用户计算终端和网络链路等全场景网络安全防护。

销售业务网络安全防护面临主要矛盾(或问题)表现在以下四个方面：一是预防因信息系统和互联网应用中断，导致销售业务生产运行脱销断档；二是销售业务生产运行数据与物流运输等密切相关，数据泄露会引发国家层面的安全事件；三是销售互联网应用遭受网络攻击，信息服务不可用，影响现场运营效率和客户服务，导致客户投诉；四是库站工控网络遭到网络攻击，引发付油、加油机和液位仪等设备故障，造成生产事故。

本课题针对油气销售业务和网络安全防护命运共同体进行研究，根据油气销售核心业务，采用现行分析的数学方法，建立网络安全风险控制模型，以量化形式分析网络安全事件对油气销售的潜在影响。通过全面和系统的业务、管理、技术和应急的新视角，构建一套切实可行的油气销售网络安全防护管理体系，力争从源头阻断油气销售网络安全风险。从全局、系统的角度，结合销售业务实际，提出具有现实意义的销售业务网络安全防护方案；围绕销售业务网络安全防护框架总图和网络安全相关要求，梳理总结影响销售业务销量和效益的9个防护场景，用来指导销售业务网络安全防护实践工作；总结了本课题创新成果、发展展望和下一步网络安全防护重点关注的问题。

2　破解方案研究

销售业务网络安全防护课题针对油气行业销售业务的主要特征，聚焦网络安全防护核心矛盾，从全局、系统的角度，提出了销售业务网络安全防护破解方案。该方案主要包括风险模型、指导思想、工作目标、基本原则和推进步骤措施。

2.1 风险评估模型

根据国家和集团公司的网络安全管理要求，以中国石油销售业务为模板，创新性提出油气行业销售业务网络安全分级防护框架，如图1所示。结合集团公司网络安全防护实践和销售业务特点，国内首次提出了风险控制模型、确定了总体防护框架、提出了网络安全风险事件对油气销售的量化评价算法，据此算法，进行实际风险场景的试算。

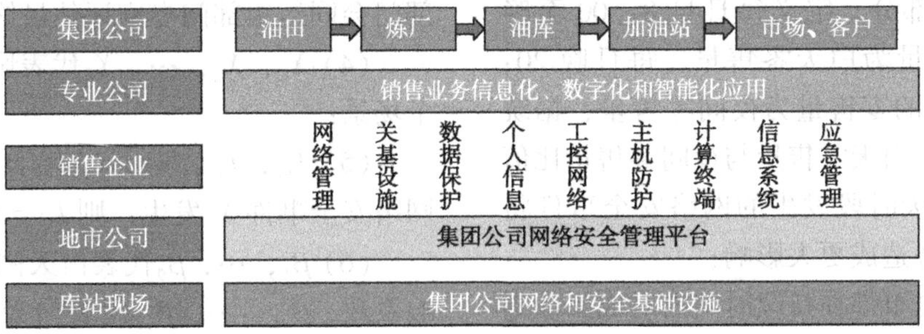

图1　销售业务网络安全防护框架总图

从防护框架总图中可以看出，影响油气行业销售业务防护主要有网络链路、关基设施、数据保护、个人信息(互联网应用)、工控网络、信息系统、主机环境、终端环境和应急管理等9个核心要素。其中，网络链路、关基设施、系统数据、个人信息(互联网应用)、工控网络、信息系统、主机环境、终端环境的网络攻击事件将对油气行业销售业务造成负面影响，而有效的应急管理可以较大程度减少网络攻击事件的负面影响。

根据防护框架，结合销售信息(互联网)应用实际和多年的网络安全防护实践，总结提出了销售业务网络安全控制模型，如图2所示。

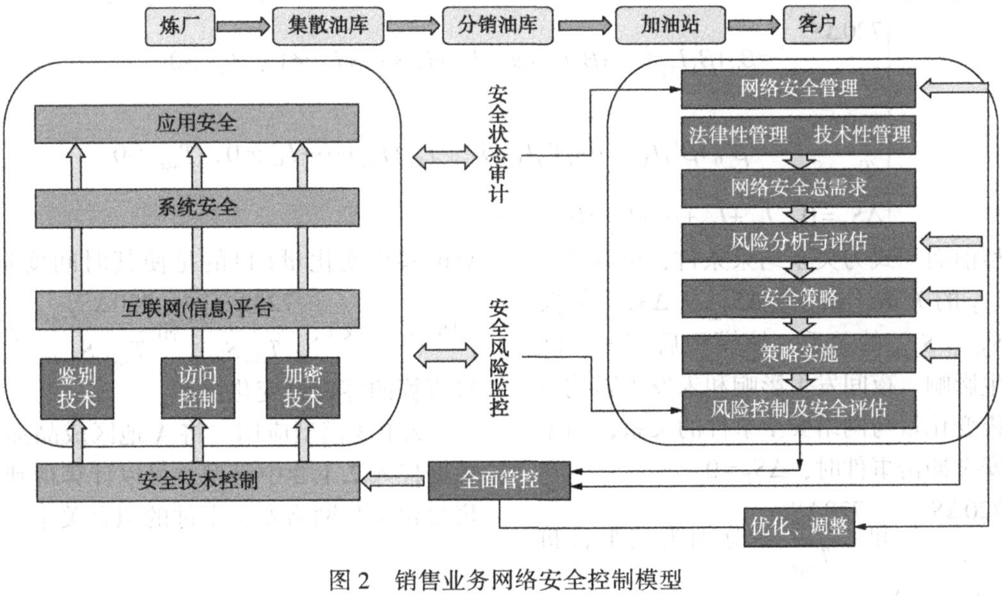

图2　销售业务网络安全控制模型

在油气销售网络安全防护框架和销售业务网络安全控制模型基础上，利用数学统计分析方法，以成品油零售业务为例，建立销售业务网络安全事件风险评估算法。

2.1.1 模型假设。本课题依据实际经验将现实场景中网络安全事件对成品油零售业务的影响进行合理抽象，形成如下模型假设：

(1) 选用网络链路、关基设施、系统数据、个人信息(互联网应用)、工控网络、信息系统、主机环境、终端环境和应急管理8个场景遭受网络安全事件影响及是否建立应急管理预案作为影响因子参与模型运算，不考虑其他要素对成品油零售业务的影响；

（2）综合考虑数据量级、模型有效性和模型复杂度，忽略各影响因素之间的相关关系（假设各影响因素弱相关或不相关），以减少模型的研究复杂程度，确保模型有效拟合；

（3）根据业务实际，每日成品油零售量可按照时间分为两个部分，定义每日早 8：00 至晚 20：00 间的零售量为白天零售量，每日晚 20：00-次日早 8：00 的零售量为夜间零售量，据统计分析结果得出，白天零售量与夜间零售量比值为 4∶1，因此白天时段发生的网络安全事件将对成品油零售业务造成更大影响；

（4）网络安全事件在持续时间内对成品油零售业务的影响是均匀的；

（5）成品油零售量受网络安全事件影响的变化比率由网络安全影响因素决定。

2.1.2 模型符号及含义。本文采用以下符号，科学定义和表示各业务指标和网络安全影响：

（1）S 表示一天中成品油零售总量（单位：万吨），分为白天零售量 S_{day} 和夜间零售量 S_{night}，通过业务部门汇总收集；

（2）T 表示网络安全事件持续时间（单位：分钟），分为白天 T_{day} 和夜间 T_{night}，根据网络安全日志汇总收集；

（3）ΔS_T 表示在网络安全持续时间内成品油零售量变化量，分为白天变化量 $\Delta S_{T_{day}}$ 和夜间变化量 $\Delta S_{T_{night}}$，由控制变量类比分析得到，经业务部门会同运维部门专家评估最终确定；

（4）X_1，X_2，…，X_9 代表影响网络安全的 9 个场景；

（5）I_{X_1}，I_{X_2}，…，I_{X_9} 代表指示函数，如果网络安全事件 X_n 发生，则 $I_{X_n}=1$，否则 $I_{X_n}=0$；

（6）β_1，…，β_9 代表白天网络安全场景的影响系数，β'_1，…，β'_9 代表白天网络安全场景影响系数；

（7）β_0 和 β'_0 分别代表白天和晚上常系数；

（8）ε 和 ε' 为期望值为 0 模型误差。

2.1.2 模型建立。根据上述假设、网络安全事件特性及成品油零售业务性质，建立成品油零售业务网络安全事件风险评估模型：

$$T=T_{day}+T_{night},$$
$$\Delta S_T=\Delta S_{T_{day}}+\Delta S_{T_{night}},$$
$$S=S_{day}+S_{night},$$

$$\begin{cases}\dfrac{720\Delta S_{T_{day}}}{T_{day}S_{day}}=\beta_0+\beta_1 I_{X_1}+\cdots+\beta_9 I_{X_9}+\varepsilon, & I_{X_1}+I_{X_2}+\cdots+I_{X_9}\neq 0,\ T_{day}>0\\ \dfrac{720\Delta S_{T_{night}}}{T_{night}S_{night}}=\beta'_0+\beta'_1 I_{X_1}+\cdots+\beta'_9 I_{X_9}+\varepsilon', & I_{X_1}+I_{X_2}+\cdots+I_{X_9}\neq 0,\ T_{night}>0\\ \Delta S_T=0, & I_{X_1}+I_{X_2}+\cdots+I_{X_9}=0\end{cases}$$

该模型前面三式为关系约束条件，解释了 T 和 T_{day}、T_{night} 的关系，ΔS_T 和 $\Delta S_{T_{day}}$、$\Delta S_{T_{night}}$ 的关系，S 和 S_{day}、S_{night} 的关系；该模型后三式反映了白天发生影响、夜间发生影响和未发生影响三种情况零售变化量与网络安全事件的关系，当未发生网络安全冲击事件时，$\Delta S_T=0$。

左侧 $\dfrac{720\Delta S_{T_{day}}}{T_{day}}$ 和 $\dfrac{720\Delta S_{T_{night}}}{T_{night}}$ 分别为按半日折算的零售变化量（目的是使其时间度量上同 S_{day} 和 S_{night} 一致），$\dfrac{720\Delta S_{T_{day}}}{T_{day}S_{day}}$ 和 $\dfrac{720\Delta S_{T_{night}}}{T_{night}S_{night}}$ 分别为按半日折算的零售量变化比率。

2.1.3 模型应用。将 A 地区成品油零售实际数据代入 2.1.2 中模型，可以计算得到成品油零售变化量与网络安全事件的拟合关系：

$$\Delta S_T=\Delta S_{T_{day}}+\Delta S_{T_{night}}=\begin{cases}\dfrac{(\beta_0^*+\beta_1^* I_{X_1}+\cdots+\beta_9^* I_{X_9})T_{day}S_{day}+(\beta_0^{\prime*}+\beta_1^{\prime*} I_{X_1}+\cdots+\beta_9^{\prime*} I_{X_9})T_{night}S_{night}}{720}, & I_{X_1}+I_{X_2}+\cdots+I_{X_9}\neq 0\\ 0, & I_{X_1}+I_{X_2}+\cdots+I_{X_9}=0\end{cases}$$

其中 β_1^*，…，β_9^* 为白天 9 种网络安全场景的拟合影响系数，$\beta_1^{\prime*}$，…，$\beta_9^{\prime*}$ 为夜间 9 种网络安全场景的拟合影响系数；β_0^* 和 $\beta_0^{\prime*}$ 分别代表白天和晚上的拟合常系数。

见表 1 展示了白天情况下 A 地区各系数的拟合值（保留两位小数）：

表1 A地区白天时段系数拟合值

序号	β_0	β_1	β_2	β_3	β_4	β_5	β_6	β_7	β_8	β_9
场景	常系数	网络链路攻击	关基设施攻击	系统数据攻击	个人信息攻击	工控网络攻击	信息系统攻击	主机环境攻击	终端环境攻击	应急管理措施
因子	0.04	-0.13	-0.09	-0.04	-0.01	-0.01	-0.11	-0.02	-0.01	+0.06

据统计，A地区某日成品油零售量为2万吨，在该日中午12：00至下午14：00期间，A地区遭受了一次持续时间为2小时全局网络链路攻击，根据网络安全事件风险评估模型和表1的拟合数据，可以计算得出无应急管理预案的零售量冲击：

$$\Delta S_T=\Delta S_{T_{day}}=\frac{(0.04-0.13)*120*20000}{720}=300(\text{吨})$$

据了解，A地区各销售企业均制定了较为完善的应急管理预案，根据网络安全事件风险评估模型和表2-1的拟合数据，可以计算得到此时的零售量冲击：

$$\Delta S_T=\Delta S_{T_{day}}=\frac{(0.04-0.13+0.06)*120*20000}{720}=100(\text{吨})$$

此时计算结果与A地区实际情况较为一致。根据模型判断，应急管理预案等防护措施能有效地减少网络安全事件影响。

2.2 指导思想

为全面贯彻集团公司网络安全和信息化工作部署，确保销售信息系统和互联网应用平稳、合规和受控运行，聚焦库站现场、赋能库站现场、服务市场客户。采用信息化手段，支撑销售业务增销量、降费用、防风险和提收入，为建设国际知名、国内一流油气氢电非综合服务商提供信息化保障。

2.3 工作目标

以防攻击、防病毒、防篡改和防瘫痪为网络安全防护重点，构建纵向穿透，总部到库站现场，横向到边，构建专业线协同，建立动态网络安全运营体系，提升安全防护能力。要制定适用、好用和管用应急管理体系和预案，强化体系执行和应急预案演练，一旦发生极端网络安全事件，快速响应和处置，控制或缩小网络安全事件影响和风险。

2.4 基本原则

销售网络安全防护基本原则“谁主管谁负责，谁运行谁负责，谁使用谁负责”，“横向到边、纵向到底，垂直分层、水平分域”，网络安全要与信息项目“同步规划、同步建设和同步运维”，“管业务，必须管网络安全、管生产，必须管网络安全、管系统，必须管网络安全”。

2.5 推进步骤措施

推进步骤Ⅰ：销售业务网络安全防护管理平台上线前，总部运维中心和销售企业要充分利用现有的网络安全防护设备和技术条件，全面认真抓好集团和销售网络安全管理和防护要求的落实，构建集成路由器、交换机、防火墙、主机、终端IP和端口黑白名单防护控制策略，抓好网络安全防护基础工作。

推进步骤Ⅱ：销售业务网络安全防护管理平台上线后，根据销售业务运行特征，集中销售信息系统、互联网应用和新能源业务（充电、换电、光伏和加氢）的网络安全态势感知（网络安全大数据）的预测和预警功能，建立集团公司、总部运维中心和销售企业（地市和库站）的联防、联控网络安全防护体系，在第一阶段网络安全防护基础上，抓网络安全防护提升工作。

推进措施：一是提高网络安全意识，压实管理工作责任；二是构建运营管理机制，常态化提升网络安全；三是建立网络安全团队，提升安全防护能力；四是高度重视密码管理，提高账号保护意识；五是排除网络安全隐患，持续清理网络暴露信息；六是强化信息系统管理，落实网络安全管理要求；七是规范网络接入管理，做好网络隔离工作；八是强化终端设备防护，保障系统稳定运行；九是加强工控网络管理，保障系统可靠运行；十是加强物理设备管理，强化基础管理工作。

3 场景防护要点

根据销售业务网络安全防护框架总图和网络安全相关要求，总结界定出影响销售业务销量和效益的网络链路、关基设施、数据保护、个人信息（互联网应用）、工控网络、信息系统、主机环境、终端环境和应急管理9个防护场景。

3.1　网络链路场景

在集团公司网络基础设施总体框架下，运行在集团公司网络上的销售信息系统应满足统一网络链路防护要求。销售企业、地市公司和库站网络应符合集团公司网络安全管理要求。严禁私自在集团公司内网中自建互联网出口，应统一使用集团公司指定代理或互联网出口；销售企业机关、地市公司和库站等办公场所，如需互联网接入，应与集团内网物理隔离，应单独设置防护措施，实名制管理，保留系统日志；禁止库站工控网络与互联网直接连接。

3.2　关基设施场景

加油卡管理信息系统是集团公司确定的国家关键信息基础设施。加油卡管理信息系统内部支持单位和销售企业要按照关基条例要求，抓好相关要求的落实和执行。要对加油卡周边集成信息系统、互联网应用和相关设备等进行重点防护，确保加油卡管理信息系统安全、稳定和可靠运行。加油卡内部支持单位、销售企业、地市公司和库站，要落实关键信息基础设施运营主体责任，明确责任和分工，落实网络安全防护任务，共同做好网络安全防护工作。

3.3　数据保护场景

对销售信息系统结构化数据(信息系统数据)和非结构化数据(日常办公数据、库站视频数据等)全生命周期进行保护。通过采取必要管理和技术措施，确保数据处于有效保护和合法利用状态，具备保障持续安全状态能力。应建立数据分类分级保护制度，依据数据在销售经营管理和生产运行中的重要程度，对销售数据实行分类分级保护；集团公司内部支持单位，应对信息系统数据进行定期备份，确保数据有效可恢复，能够实现灾难数据快速恢复，确保信息系统数据安全。销售企业负责对库站本地信息系统配置文件和业务数据做好数据备份，同时，做好网络路由器和交换机等配置文件备份。做好油库和加油站工控网络配置文件、生产作业数据备份。涉及销售信息系统外部数据提供时，应按照集团和销售分公司数据相关要求，编制数据外部提供业务和技术方案，需经过销售分公司业务、信息部门和相关主管领导审批。

3.4　个人信息场景

销售业务适应互联网+零售业务的形势，满足成品油直批和零售业务的要求，发展线上交易，提升客户体验，上线应用了中好客App、直销App、加油卡移动支付、微信、支付宝支付、电子券和电子发票等线上业务。目前，销售业务线上化加速演进，线上业务占总业务量的45%。销售业务面向市场、服务客户，互联网应用和信息系统中含有大量与客户个人敏感信息相关的业务场景，且库站现场视频监控数据中包含大量的客户敏感信息，要按照个人信息保护法和民法典的有关要求，做好销售业务经营活动中个人信息的保护工作。个人信息收集时，公开收集使用规则，明示使用个人信息目的、方式和范围，收集使用个人信息需征得用户同意。

3.5　工控网络场景

落实防护责任，明确工控网络安全管理部门和责任人，落实库站工控网络安全责任制。梳理库站工控网络边界，摸清工控网络与其他网络连接点，采取工业防火墙、网闸、VLAN和ACL等技术措施进行逻辑隔离防护。禁止没有采取防护措施工控网络与集团公司内网连接，禁止工控网络与互联网等外部网络直接连接。销售企业应统筹管理库站数据外接，统一建设外接平台，应充分考虑网络安全、数据安全和个人信息相关防护要求，按照《集团公司外联接入区方案》进行建设和防护，每个销售企业只建设一个外接平台，库站监管数据经统一平台外接，不单独由库站直接外接。

3.6　信息系统场景

集团公司、销售公司统建和销售企业自建信息系统要落实和执行网络安全防护要求。可研报告应明确信息系统等级保护级别、数据分类分级和灾难恢复级别，要有网络安全保护方案和投资估算。应根据系统等级保护相应级别要求，编写详细网络安全方案，明确管理和技术防护措施，应依据法律规定存储数据，存储重要数据的，应采用校验和加密等技术措施进行安全存储。应保护源代码开发、存储环境，制定源代码开发、访问、操作和存储等环节流程和制度，防止源代码外泄和篡改。信息系统上线前，完成系统与集团公司身份管理和认证系统集成，实现用户Key登陆信息系统。销售信息系统应按照等保2.0要求，开展定级和测评工作，信息系统用户不得外泄用户名和口令，禁止用户间混合使用Ukey等行为，应常态化整改弱口令，用户口令长度和复杂度应符合口令要求，由大写字母、小写字母、数字和特殊符号组成，密码长度大于或等于12位(重要系统要求16位)。

3.7 主机环境场景

销售信息系统和互联网应用具有总部集中、分布应用特征，对信息系统数据库、应用服务器和用户终端，总部运维中心做好销售信息系统总部服务器加固防护，及时完成补丁更新与安装，销售企业做好库站和自建信息系统主机防护。

3.8 终端环境防护

终端防护是指采取管理和技术手段，保证终端操作系统、周边硬件、通信设备和信息系统安全使用，防止因使用或管理不当，对信息系统或数据访问带来风险。

3.8.1 计算终端

销售信息系统、关键信息基础设施、库站工控网络等在用相关计算终端。

(1) 关基终端。加油卡管理系统相关终端，主要有充值发卡终端、读卡器、密码键盘、自助终端(桌面式和柜式)等，应专人管理，按照最小化原则安装必要软件，及时更新重要补丁，确保版本一致并处于最新状态，禁止更改系统配置文件。

(2) 库站主机。油库主要有自动付油、油气回收、安防监控和PLC控制系统主机。加油站主要有后台(BOS)、油品(FUEL)、前台收银机(POS)和刷卡终端等。库站主机应安装集团公司统一部署的杀毒软件、禁用USB接口、配置安全基线。

(3) 工控主机。主要包括加油机、自动收油、自动付油、液位仪、视频监控等与弱电应用相关主机，应重点防护。

(4) 系统终端。按照管理要求，定期更新特征库，禁止安装与工作无关软件，禁止使用移动存储介质，定期进行备份及清理工作，按照基线要求定期更新密码，确保桌面安全防护安装率100%。

3.8.2 显示设备

显示设备是指销售企业油库和加油站视频拼接屏、LED屏、广告屏和收银外显屏等显示设备。对于户外或公共场所广告显示屏，指定专人管理，关注其显示内容合规性，关闭管理主机无线装置，设置规范密码。显示设备相关系统存在严重网络安全漏洞且无法修复的，应禁止使用。

3.8.3 机房和设备间

机房信息设备应按照重要等级分区管理，根据设备关联信息系统网络安全等级，采取相应网络安全隔离防护措施。机房应做好人员、设备进出核实和登记工作。严格审核并监督机房检维修和系统维护作业，防止非授权或超出审批权限的操作。

3.8.4 库站和办公现场

外部人员未经库站设备负责人授权，禁止接触库站设备。第三方运维人员到库站现场运维时，应持有相关身份证明，库站设备管理员与上级管理部门确认后，方可进行运维工作。库站停业改造或永久关停前，应对全部信息系统和网络相关设备进行封存或回收，暂停或注销网络链路。

3.8.5 移动介质

移动介质主要有移动硬盘、U盘、光盘、磁盘、手机、蓝牙和红外传输设备、拆卸硬盘等。应加强移动存储设备管理，专用、重要服务器和终端设备，禁止使用未经安全检测移动存储设备。移动存储介质在报废后，应交予主管部门统一处理。手机和平板等智能设备禁止与内网终端进行连接。

3.8.6 打印设备

非必要打印机不启用网络打印功能，若启用网络打印功能，需将打印机固件升级到官网最新版本，关闭ftp、Telnet等不需要协议和端口，启用访问控制功能，通过防火墙等安全设备设置访问策略，设置白名单。

3.9 应急管理预案

总部运维中心和销售企业要建立网络安全应急处置机制，发生网络安全事件及突发故障，保证业务工作有序、平稳地进行，控制突发情况合理、有序开展恢复工作，确保突发事件快速处理应急处置。发生网络安全事件，总部运维中心和销售企业应在集团公司统一指导下，根据程序启动应急预案，采取相应应急处置措施，防止危害扩大，消除网络安全隐患，及时发布警示信息。

3.9.1 事件分类

依据集团公司《网络与信息系统安全突发事件专项应急预案》，网络安全突发事件主要分为机房安全事件、网络和通信安全事件、信息系统安全事件、恶意代码安全事件和数据安全事件。

3.9.2　事件分级

依据集团公司《网络与信息系统安全突发事件专项应急预案》，按照事件发生后的危害程度、影响范围等因素将网络安全事件分为以下四个级别：Ⅰ级事件，是指突然发生集团公司必须统一协调调度各方面资源和力量进行应急处置突发事件。Ⅱ级事件，是指突然发生需要集团公司协调多个部门和单位力量资源进行应急处置的突发事件。Ⅲ级事件，是指突然发生需要集团公司某一职能部门或者销售分公司力量资源进行应急处置的突发事件。主要包括总部级数据中心由于计划外停电、消防、水患等突发事件，导致销售信息系统产生服务中断；单个区域中心网络链路中断，导致5个及以上销售企业无法联网；信息系统数据遭到篡改、假冒、泄漏、窃取、丢失，造成或可能造成500万元(含)以上1000万元以下直接经济损失。Ⅳ级事件，是指影响企业系统服务稳定性、业务信息安全性，并有可能对局部业务造成较大影响，但不会影响上级公司及集团公司的网络与信息系统安全事件。

3.9.3　事件上报

库站发生网络与信息系统安全突发事件时，应在事件发生后10分钟内报告地市公司；地市公司应在事件发生后20分钟内报告销售企业信息主管部门；销售企业应在事件发生后30分钟内向总部运维中心、销售分公司科技信息(数据管理)处、集团公司网络安全运行中心上报；事件发生后1小时内按快报内容上报集团数字和信息化管理部。

3.9.4　先期处置

发生网络安全突发事件后，应按照属地原则，事发地网络安全管理部门在报告同时，要根据职责和规定权限启动相关应急预案，及时、有效地处置，尽可能将事态控制在最小范围内，避免事态不断扩大。

3.9.5　应急处置预案

应急预案编制前，应开展风险评估和应急资源调查。应急预案要与上、下级应急预案相互衔接。应急预案内容完善，具有实用性、可操作性。按规定开展应急预案论证或评审、签发、备案、评估和修订等工作。应急预案签发后，相关单位、部门和岗位应知悉预案内容。每年开展应急预案评估工作，对预案内容针对性和实用性进行分析，并对应急预案需要修订作出结论。

3.9.6　应急预案演练

总部运维中心和销售企业应每年制定应急演练计划，要明确演练频次、规模、形式、时间和地点；演练开始前，编制工作方案、保障方案、评估方案和演练脚本；演练应按照演练计划实施，并对演练情况进行记录，记录中应对演练过程进行总结，对不足部分明确改进措施，应每年开展应急预案培训，并建立培训记录。

3.9.7　复盘和总结

参与并承担事件处置工作相关单位或部门、专家等应出具书面事件分析报告或说明，并编制事件分析报告，分析事件发生原因，对除不可抗力因素导致事件要制定相应对策和解决方案，防止类似事件再次发生。针对应急处置过程中问题，应及时修订预案。结合事件分析报告，对事件经过、原因、教训、措施及处理意见做出总结，总结应报上级主管部门。根据发生信息突发事件单位影响及损失程度，立即制定恢复重建计划，并组织实施恢复重建工作。

4　成果创新及总结

本课题在理论、业务、管理和技术等多个方面进行了创新性研究，深入分析了油气销售业务网络安全事件的影响，系统地提出了销售业务网络安全防护方案，并落实到网络链路、关基设施、数据保护、个人信息(互联网应用)、工控网络、信息系统、主机环境、终端环境和应急管理9个防护场景，对指导油气销售网络安全防护具有重要的实践意义。

4.1　课题成果创新

4.1.1　理论创新

结合油气行业销售业务油库和加油站核心业务主线，结合多年的防护实践，国内首次提出本行业网络安全防护总体框架和风险控制模型，并探究了网络安全事件对成品油零售量和效益的影响估算方法。

4.1.2　管理创新

根据国家和集团公司网络安全管理的法律、法规、条例和办法的要求，在前期顶层设计和基层实践的基础上，组织总部运维中心和销售企业网络安全骨干人员，编写了《销售业务网络安全防护指南》和《销售业务网络安全防护标准培训课件》，全面和系统指导集团公司销售业务领域防护实践工作。

4.1.3　技术创新

基于集团公司网络安全基础设施的总体框架，整合集团公司、内部支持单位(总部运维中心)和销售企业的网络安全防护资源，针对销售信息(互联网)应用，构建了基于主机、路由器、交换机、终端的IP(端口)的立体化防护控制机制和策略，有效提升了销售网络安全防护能力。

4.2　结论展望

通过对本课题研究，进一步深入领会国家和集团公司网络安全管理新要求，强化了没有网络安全就没有国家安全的理解和认识，增强了干好网络安全工作的责任感和紧迫感，要以脚踏实地和持之以恒的工作态度，保障销售业务高质量发展。

4.2.1　结论

在集团公司信息基础设施和网络安全管理总体框架下，整合销售业务内外部网络安全资源，充分发挥现有设备、平台和系统存量资源优势，构建销售网络安全防护体系，落实网络安全管理责任，开展常态化网络安全培训，夯实基础管理，不断提升网络安全防护水平，赋能销售信息系统和互联网应用安全、稳定和可靠运行。

4.2.2　展望

构建销售网络安全态势感知体系，构建销售网络安全运行维护平台，实现预警、预测，发现、追溯、处置、应急的规范化和标准化管理，优化防护方案，提升防护水平。

4.2.3　关注问题

风险评估模型建立过程中仅考虑关键网络安全事件参与模型运算，忽略其他非核心要素的影响。为降低模型的复杂度，忽略各事件影响因素之间的相关关系。结合后续网络安全事件实际数据，对模型进一步完善和优化，逐步考虑上述因素的影响，提高风险评估模型预测的准确度。需要重点关注线下面两个问题，一是结合销售信息系统资源，采用大数据技术，构建销售业务整体网络安全防护平台，实现业务、管理、运营和技术综合一体化监控和预警。二是关注发展新能源业务带来网络安全防护的新风险和挑战，特别是具有互联网平台特征充换电业务，要考虑互联网+背景下，油气行业和新能源业务互联网业务发展合规性和安全性。

参 考 文 献

[1]《中华人民共和国网络安全法》.
[2]《中华人民共和国数据安全法》.
[3]《中华人民共和国个人信息保护法》.
[4]《关键信息基础设施安全保护条例》.
[5]《中华人民共和国民法典》.
[6]《关于印发《常见类型移动互联网应用程序必要个人信息范围规定》的通知》.
[7]《关于印发《App违法违规收集使用个人信息行为认定方法》的通知》.
[8]《工业和信息化部关于印发《工业控制系统信息安全防护指南》的通知》
[9]《信息安全技术网络安全等级保护基本要求(GB-T 22239-2019)》.
[10]《中国石油天然气集团有限公司信息化管理办法》(中油信(2019)122号).
[11]《中国石油天然气集团有限公司网络安全管理办法》(中油信(2019)123号).
[12]《中国石油天然气股份有限公司信息化管理办法》(石油信(2019)90号).
[13]《中国石油天然气股份有限公司网络安全管理办法》(石油信(2019)91号).
[14]《销售业务网络安全防护和系统运行维护指南》(2022年4月发布).
[15]《销售业务网络安全防护标准培训课件》(2022年9月发布).

油气田生产大数据分析及信息精准推送研究

惠延安　付　江　窦晓超　刘君晨　邝飞鹏　朱昌军

（中国石油塔里木油田公司）

摘　要　油气田开发生产中，单井、集输、处理等各环节每天产生压力、温度、灌液面、流量、油气产量等大量数据信息，某一时刻的数据信息集，应该客观反映了油气生产场所的某种状态。依据大数据分析方法，利用油气田开发生产现场监控收录的信息，结合数字井史、A2、测井等相关数据库，对油井套压变化、油嘴异常及生产异常情况进行统计分析，研究形成一套现场油气开发生产数据分析预判模型。并根据油气田开发生产决策者、管理者、技术支撑者、现场操作者的岗位需求，建立了信息精准推送方法。实现现场数据实时分析及信息的快速精准推送，助推了现场油气开发生产中异常信息及设备隐患的快速处理，有效支撑油气田开发、综合治理、降低能耗等工作顺利开展。

关键词　油气田开发生产；现场监控信息；分析预判模型；信息精准推送；异常信息处理

随着石油勘探开发工作的不断深入，油田数据呈爆炸式增长，包括地质、测井、物探、开发等各个环节中积累的数据，尤其近些年数字油田建设的快速发展，将石油信息化带到了“大数据”时代。基于数据采集自动化的全面推广，油气田生产数据采集频率可以从每天达到每小时、每分钟、甚至几秒，单井、集输、处理等各环节产生压力、温度、油嘴开度、灌液面、流量、油气产量等大量数据信息。

实践证明，油气生产现场可利用的数据信息量越多，数据分析得出的结论就越准确，现场对油气田安全生产的掌控能力就越大。掌握并利用好油气开发大数据，是油气田效益开发的重要手段。目前，油气田开发生产自动化采集的数据信息，在油气田生产状况监测及管理工作中，基本实现了数据录取及异常报警信息的获得，并将生产信息、异常信息通过电话或微信钉钉群发布，以供决策者、管理者、技术支撑者及现场操作者使用。这种将某一信息体不加分析分类就直接推送的方式，常常会出现决策者、管理者、技术支撑者及现场操作者无法精确理解现场到底需要决策什么？协调什么？技术支撑什么？现场操作什么？从而影响到异常信息、预警信息的处理时效，同时现场还比较缺失对油气生产数据信息及其他相关数据库信息的综合利用及异常问题的提前预判。

针对油气生产现场大数据应用诸多问题，以塔里木某AAA凝析气田开发为例开展油气田生产大数据分析及信息精准推送研究，旨在建立一些关键异常问题的预判模型及信息精准推送实例，为油气田高效开发、综合治理、降低能耗提供一些技术支撑。

1　AA凝析气田开发概况

该气田开发层系为古近系储层，储层平均孔隙度3~9%、渗透率0.1~1.1×10^{-3} μm^2，属于低孔、低渗和特低渗储层，裂缝发育，非均质性强。气藏天然气探明地质储量达千亿多方、凝析油地质储量达千万多吨，地层压力106MPa、压力系数2.1~2.3、地层温度132℃，属异常高压、低凝析油含量块状边底水凝析气藏。该气田开发总井数三十多口，年产气量近四十亿方、产油量三十多万吨，生产中积累了大量数据信息。

2　AA凝析气田油气生产现场大数据分析应用及信息精准推送

2.1　单井套压异常判断及信息精准推送

2.1.1　预判模型建立

气田单井套压异常情况，在国际上油气田生产中是一种普遍现象，当套压超过一定范围，将危机气井安全生产，降低采收率，影响后续施工作业，甚至导致整口井报废。所以需要对单井套压异常情况提前做出预判，才能防止事故事件的发生。

引起单井套压异常的原因通常有热效应引起的环空压力异常、人为施加压力引起的环空压力异常、持续压力源引起的套管环空压力异常等。据此可设计套压异常预判模型(图1)。

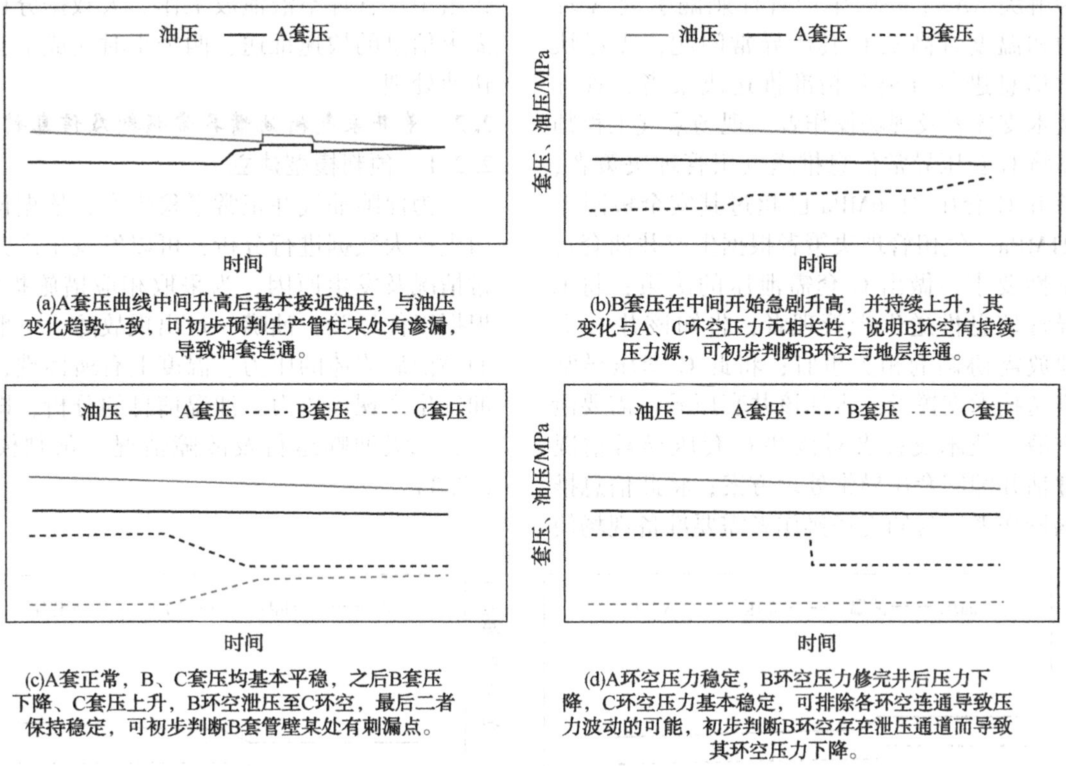

(a)A套压曲线中间升高后基本接近油压，与油压变化趋势一致，可初步预判生产管柱某处有渗漏，导致油套连通。

(b)B套压在中间开始急剧升高，并持续上升，其变化与A、C环空压力无相关性，说明B环空有持续压力源，可初步判断B环空与地层连通。

(c)A套正常，B、C套压均基本平稳，之后B套压下降、C套压上升，B环空泄压至C环空，最后二者保持稳定，可初步判断B套管壁某处有刺漏点。

(d)A环空压力稳定，B环空压力修完井后压力下降，C环空压力基本稳定，可排除各环空连通导致压力波动的可能，初步判断B环空存在泄压通道而导致其环空压力下降。

图1　套压异常预判模型

2.1.2　应用实例

AA凝析气田AA-1井油套压、油温变化曲线(图2)，从图2中红色圈处可以看出，油压由32.69MPa升高至53.32MPa，随后A套压由32.72MPa随油压升高至53.91MPa，与油压曲线变化基本一致。根据图1套压异常预判模型(a)，说明生产管柱某处有刺漏，导致油套连通，生产管柱内的流体刺漏到A套环空，引起A套环空流体压力、温度升高。由于A环空流体热效应又引起B、C套压的升高(图2黑色圈内曲线)，B套压升至29MPa后趋于稳定，但C套压升高至21.6MPa后还持续升高，C环空压力安全极限上限值为21MPa，因此C套压值会造成套管损坏。

图2　AA-1井油压、油温、套压变化曲线

2.1.3　信息推送

刘道华等曾提出了科普资源精准推送的具体实施路径或方法，夏帅等设计了一个能够给科技工作者精准推送学术报告信息的系统。两种推送方式都是信息服务型推送，而提高现场问题解决效率的信息精准推送方式研究却少有资料描述，

信息推送目的不同。

为解决AA-1井因生产管柱刺漏引起A环空压力和温度升高及C套压异常问题，需尽快将异常信息进行分类并精准推送决策者、管理者、技术支撑者及现场操作者。现场采气工程师首先需将C套压异常信息推送气田管理决策者，告知该井C套压21.6MPa已超过其安全极限上限值21MPa。气田管理决策者根据生产井油套管柱完整性要求，做出C套需泄压的决策；将C套压异常信息推送生产管理者，告知该井C套环空泄放需协调的相关事宜；将此C套压异常信息推送技术支撑者，告知该井套压异常需要泄放环空液。技术支撑者对该井C套压异常情况进行评估并编制套压异常处理方案；将此信息推送现场操作者，告知现场操作者需要准备现场使用工具及材料。现场操作者根据套压异常处理方案组织套管环空液泄放工作。大数据分析及现场需求信息的快速推送，两个小时完成了套压异常快速处理。

2.2　单井采气树油嘴异常预判及信息精准推送

2.2.1　预判模型建立

为保障油气井正常平稳生产，依据该凝析气田生产大数据进行分析，可以发现生产井油嘴异常情况及发生原因，为采取相应措施提供依据。根据以往经验，油嘴一旦出现故障，一般都会在油嘴前后流体的压力、温度上有所体现，通过对油气生产现场压力、油温信息的分析，即可判断一、二级油嘴运行及故障情况。预判模型如下(图3)。

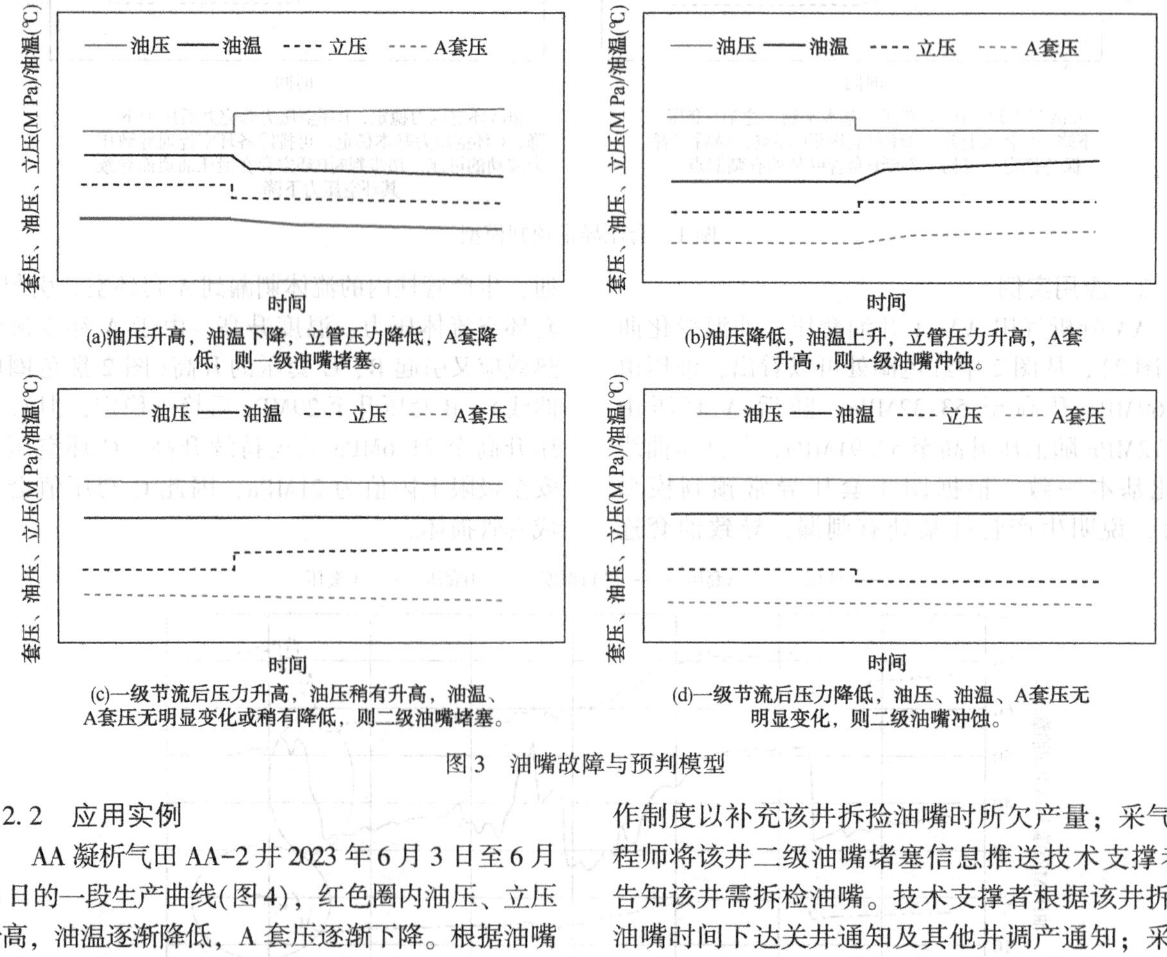

(a)油压升高，油温下降，立管压力降低，A套降低，则一级油嘴堵塞。

(b)油压降低，油温上升，立管压力升高，A套升高，则一级油嘴冲蚀。

(c)一级节流后压力升高，油压稍有升高，油温、A套压无明显变化或稍有降低，则二级油嘴堵塞。

(d)一级节流后压力降低，油压、油温、A套压无明显变化，则二级油嘴冲蚀。

图3　油嘴故障与预判模型

2.2.2　应用实例

AA凝析气田AA-2井2023年6月3日至6月28日的一段生产曲线(图4)，红色圈内油压、立压升高，油温逐渐降低，A套压逐渐下降。根据油嘴故障预判模型(c)判断，该井二级油嘴堵塞。

2.2.3　信息推送

根据AA-2井现场分析得出的异常结论，采气工程师将该井二级油嘴堵塞信息推送气田管理决策者，告知拆捡油嘴需3个小时。气田管理决策者根据该井拆捡油嘴时间，确定调整其他井工作制度以补充该井拆捡油嘴时所欠产量；采气工程师将该井二级油嘴堵塞信息推送技术支撑者，告知该井需拆检油嘴。技术支撑者根据该井拆捡油嘴时间下达关井通知及其他井调产通知；采气工程师将该井二级油嘴堵塞信息推送生产管理者，告知拆捡油嘴需申请一辆随车吊配合现场施工。生产管理者根据现场拆检油嘴进度安排随车吊配合现场施工；采气工程师将该井二级油嘴堵塞信息推送现场操作者，告知准备油嘴拆捡工具及材料。现场操作者根据技术支撑者下达的通知单要求组织现场检修。通过大数据分析及现场需求信息的快速推送，四个小时内实现了油嘴堵塞异常的快速处理。

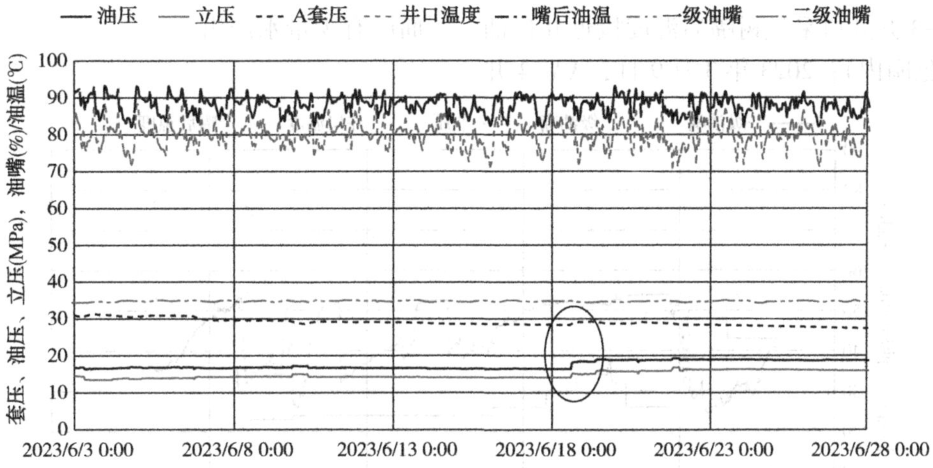

图 4　AA-2 井油压、油温、套压、油嘴数据曲线

2.3　单井生产异常预判及信息精准推送

2.3.1　预判模型建立

AA 凝析气田开发概况中已经介绍过该气田产层属于低孔、低渗和特低渗储层，裂缝发育，非均质性强，储层水敏中等偏强，该气藏主要采取衰竭式开采。

吕金龙等曾在《致密砂岩孔隙中气水分布规律可视化实验》一文中提到，由于储层毛细管力和惯性力的影响，在凝析气藏开发过程中一旦形成水侵，水驱气的驱替速度大小不论怎么改变，都会造成部分气体储量损失，进而导致气井产气量降低。所以现场单井生产压差过大，必然引起边底水水浸，从而影响到低孔低渗储气层的供气能力。利用现场丰富的单井油套压、油温、油嘴开度等参数信息进行产层供油气能力及出水迹象提前预判，对提高凝析气藏的油气采收率至关重要。

已经形成水浸的产层，会造成产层供油气能力不足，主要表现在油压会逐渐降低并有较大周期性的波动。产层出水、或水浸接近井筒的预判，也可以从油温、嘴后油温、油压的变化曲线上做出初步判断。这里引入热力学中的一个重要物理量“焓”，“焓”是一个体系在恒压下的内能和对外界所做的功的总和，用 H 表示，即 $H=U+PV$（U 是系统的内能，P 是系统的压强，V 是系统的体积）。根据此公式，产层若有少量的水产出，假设水经采气树油嘴节流前后 H 无变化，V 一定，节流后水压会降低，则水的内能增加，因而节流后水温就会升高。当油嘴开度一定，若发现嘴后温度曲线逐渐接近井口油温曲线、甚至大于井口油温时，利用现场采集的单井油套压等参数信息，结合产层物性及敏感性资料，可以预判产层出水、或水浸接近井筒。根据以上理论建立预判模型（图 5），基本可以实现产层供油气能力及出水迹象的提前预判。

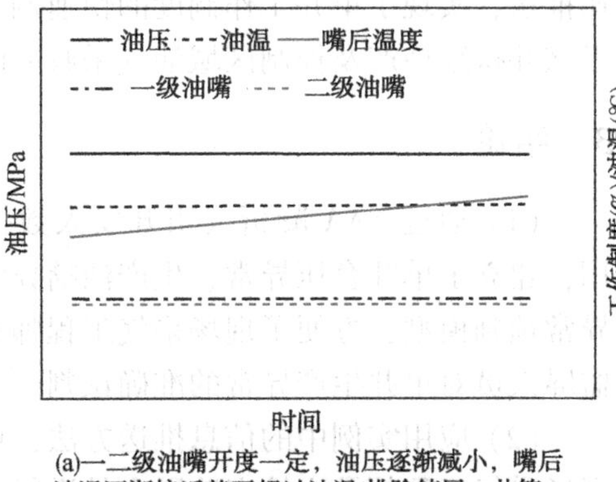

(a)一二级油嘴开度一定，油压逐渐减小，嘴后油温逐渐接近甚至超过油温(排除储层、井筒、油嘴等影响因素)，初步预判地层水接近井筒、甚至已出水。

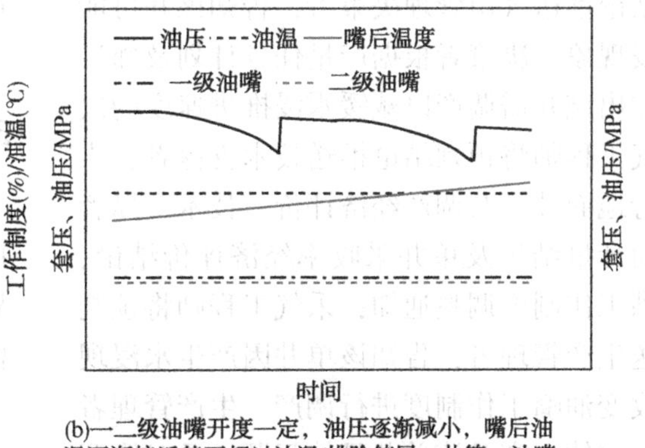

(b)一二级油嘴开度一定，油压逐渐减小，嘴后油温逐渐接近甚至超过油温(排除储层、井筒、油嘴等影响因素)，初步预判地层供油气能力不足、甚至已出水。

图 5　单井生产异常预判模型

2.3.2 应用实例

AA凝析气田AA-3井、AA-4现场油压、油温、油嘴数据曲线(图6、图7)，2023年3月15日，AA-3井井口采气树嘴后温度接近井口油温(图6红色圈内)；2023年3月9日，AA-4井井口采气树嘴后温度也接近井口油温，同时油压也稍有下降(图7红色圈内)。根据图5预判模型(a)，说明两口井产层水浸即将接近井筒，地面已有少量水产出。

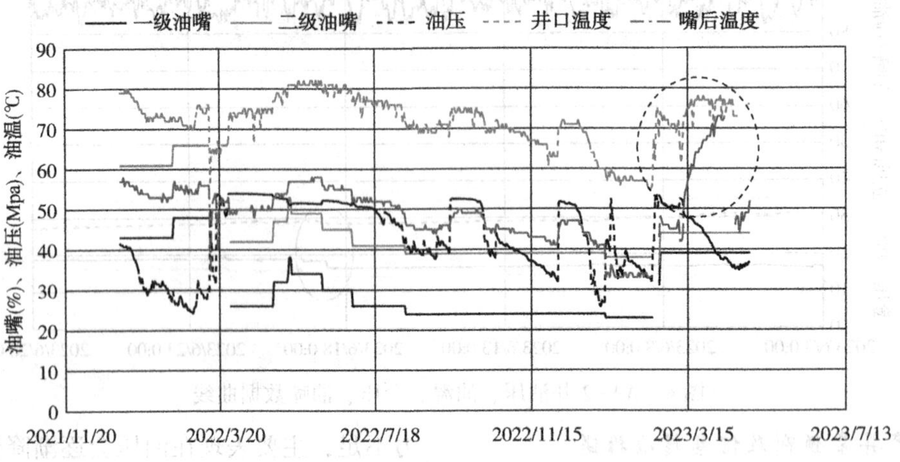

图6 AA-3井现场生产数据曲线

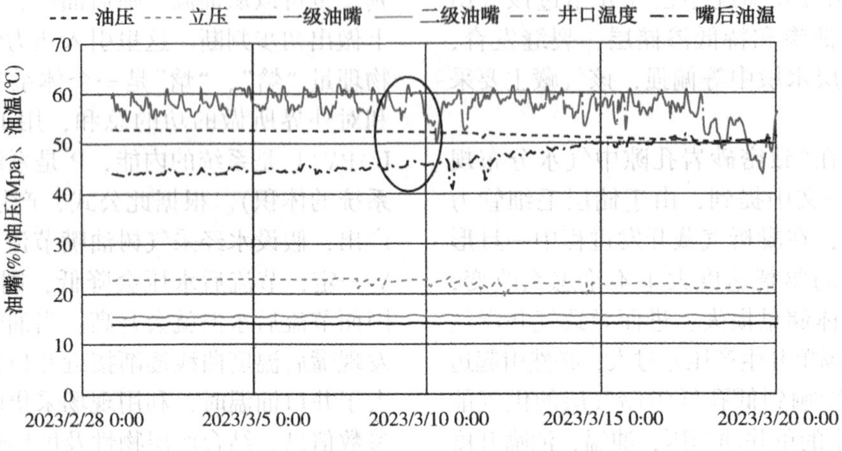

图7 AA-4井现场生产数据曲线

2.3.3 信息推送

根据两口井生产异常分析结论，采气工程师将预判结论推送气田管理决策者，告知该井可能发生水浸现象。决策者根据产量任务计划及邻近情况，作出该井需调产以减缓水浸推进速度的决策；采气工程师将预判结论推送技术支撑者，告知需进行地面计量及调产经济评价。技术支撑者根据地面计量结果及单井采收率经济评价结论，下达油嘴工作制度调整通知；采气工程师将预判结论推送生产管理者，告知该单井因产生水浸现象需要改变油嘴工作制度进行调产。生产管理者根据气田整体生产及该单井具体问题，及时协调相关事宜；采气工程师将预判结论推送现场操作者，告知做好油嘴调整或更换准备。现场操作者根据技术支撑者下达的通知内容及时进行油嘴调整或更换。通过大数据分析及现场需求信息的快速推送，实现了单井工作制度的快速调整，确保了该井持续稳产及控制区域油气采收率的提高。

3 结论

(1) 通过AAA凝析气田开发大数据分析应用，建立了单井套压异常、生产油嘴异常、生产异常预判模型，方便了现场采气工程师及主控室监屏人员对单井生产异常的准确预判。

(2) 应用实例中的信息推送方法，可以指导现场采气工程师及主控室监屏人员进行异常信息的精准传送，实现现场异常问题的快速解决。

(3) 通过油气生产大数据分析应用及所建立

的现场异常情况预判模型，为油气田现场管理者提供了一种新的异常快速判断方法，而现场异常情况比较复杂，所建预判模板还需持续补充完善。

参 考 文 献

[1] 檀朝东，李鑫，耿玉广，等．采油工程大数据挖掘系统在华北油田的应用[J]．中国石油和化工，2015.05：48-52.

[2] 杨涛利，谭建华，唐洪军，等．超高压气井套压异常分析[J]．化学工程与装备，2015.03：119-121.

[3] 刘道华，宋玉婷，王景慧，等．基于大数据应用的科普资源精准推送和实施路径研究[J]．福建电脑，2018.11：29-30.

[4] 夏帅，胡越，许剑东，等．基于组合文本分类策略的学术报告精准推送[J]．合肥工业大学学报，2019，42(1)：35-39.

[5] 吕金龙，卢祥国，王威，等．致密砂岩孔隙中气水分布规律可视化实验[J]．特种油气藏，2019，26(4)136-141.

基于自然语言处理的钻井日志解读与分析

梅运谊[1,2]　宋子瑜[3]　史肖燕[1,2]　张彦龙[1,2]　季　勇[1,2]　尹志勇[1,2]

(1. 中国石油集团工程技术研究院有限公司；2. 油气钻完井技术国家工程研究中心；3. 广岛大学)

摘　要　钻井日志是石油工程中记录地质信息、操作参数和技术数据的关键文档。这些日志包含了丰富的非结构化文本信息，对于优化钻探策略、评估生产潜力和确保作业安全至关重要。然而，手动解读这些文档费时费力，且易受主观偏见影响。本文探讨了自然语言处理(NLP)技术在钻井日志解读和分析中的应用，展示了如何通过自动化方法提取关键信息、发现模式和趋势，并将这些见解转化为可操作的知识。

关键词　自然语言处理；钻井日志；信息提取；模式识别；数据分析

1　引言

1.1　背景和意义

在石油勘探过程中，为了提升勘探效率，必须要对相关数据进行深入分析挖掘，进一步提炼出数据中的有效信息，以此制定更有针对性地石油勘探计划。将深度学习技术应用于石油勘探领域，可适应当前复杂的勘探数据成果，为石油勘探的开发及决策提供数据支持。

钻井日志在石油开发生产过程中扮演着重要角色，详细记录了钻井过程中的各个环节。涵盖了地质、技术和操作等方面大量的数据信息。然而，由于数据的复杂性和数量庞大，传统的人工解读和分析方法变得繁琐且耗时，容易导致遗漏或误解关键信息。

1.2　日志分析需求

随着自然语言处理(NLP)技术的快速发展，自动化钻井日志的解读和分析成为可能。NLP技术可以帮助计算机理解和处理钻井日志中的大量文本数据，并从中提取出有用的信息。将机器学习和深度学习算法应用于钻井日志数据，可以通过训练模型来识别关键的地质特征、评价钻井效率、预测钻井事故复杂等。

自动化的钻井日志解读和分析带来了许多优势。首先，它可以大大提高效率。相比于人工分析，计算机可以不分昼夜，在短时间内处理大量的钻井日志数据，快速提取所需信息，从而加快决策的制定和执行。其次，自动化可以减少人为错误。由于人工分析可能受到主观因素和主观判断的影响，错误和误解的风险较高。自动化解读减少了这种风险，提供了更准确和一致的结果。此外，自动化解读还可以为决策提供更深入的洞见。通过对大规模的钻井日志数据进行分析，计算机可以发现潜在的关联和模式，揭示出隐藏在数据背后的洞见。

钻井日志作为一种半结构化的数据，结构化的信息包括时间、施工队、钻达层位、钻头尺寸型号、进尺、钻井参数、钻井液性能等；非结构化部分以日记体形式记录了钻井工程的详细操作过程，内容包含钻井工程的各个方面，例如设备安装、维修、开次验收、通井、钻进、循环、接单根、起下钻、划眼、下套管、固井、试压、测斜、各种钻井工程事故复杂的发生和处置等。通过对一口井钻井日志的详细解析可以复现钻井工程的主要关键环节，并获取丰富的有用信息，例如钻井时效、事故复杂发生时间和处理方法、辅助操作时长等；对大量钻井日志重要内容的有效提取和深入分析，可以挖掘更为广泛且可用于决策优化的隐含信息，例如不同施工队的工作效率、不同井型不同地层发生事故复杂的概率等。

自然语言处理方法(Natural language Processing，NLP)是利用词法分析器和解析器，将文本转换为标记，并用解析器验证标记序列。随着NLP技术的不断进步，计算机对人类语言的理解和处理能力在近年来显著增强。自然语言处理技术融合了计算语言学、人工智能等多个学科领域，广泛应用于文本分类、信息抽取、机器翻译等众多领域，为这些方面提供了强大的解决方案。目前，自然语言处理工具和框架众多，比较具有代表性的包括：NLTK(Natural Language Toolkit，自然语言工具包)、spaCy、BERT(Bidirectional Encoder Representations from Transformer，双向编码器表示 Transformer)、GPT(Generative Pre-trained Transformer)系列等。

钻井日志分析和信息抽取是自然语言处理的一个重要领域，其目标是从文本数据中提取特定的信息。并针对特定的语言组合规则文本，利用传统的匹配规则方法来实现相关要素信息的抽取。换句话说，通过定义适当的语言规则，可以从文本中自动化地识别和提取所需的信息。张禹等人利用基于 LSM 的网络实现对日志信息的提取。张颖君等人系统的介绍了基于日志的异常检测技术。骆明月等人基于 Map-Reduce 分布式对日志信息进行处理和研究。薛莹等人总结了基于日志信息的大规模网络异常读数检测方法。李永昌等人通过 Bert 编码器处理关系描述和输入数据，获取实体向量和上下文向量，从而对文本信息进行分析。Li LT 提出了一种独立于语言种类的模型框架，基于大规模预训练的方法往往拥有强大的可泛化性能，且应用场景广泛，可扩展到日志理解任务中。陈洁等人提出了一种融合多粒度用户偏好的分析模型，可以对文档进行密切的关联分析。随着自然语言的快速发展，利用该技术对日志信息进行提取和分析有着非常大的前景和意义。

2 基于自然语言处理的钻井日志分析

2.1 自动化钻井作业时效分析概述

本节重点讨论 NLP 技术在钻井日志分析中的具体应用。包括如何使用 NLP 技术提取关键信息(如地质层次、钻具参数和操作异常)、发现钻井过程中的模式和趋势，以及如何将这些信息用于风险评估和决策支持。

自动化的钻井作业时效分析是利用自然语言处理技术解读钻井日志的一个重要应用，也是一个基础应用。钻井作业时效分析是指对进尺、固井、测井、辅助、非生产等作业情况进行多维度统计分析，从而更好的了解钻井作业状况，辅助决策。合理有效的钻井时效分析体系对研究分析钻井工程总体水平和发展速度，发现现有优势、存在问题及差距，寻求快速、高质量的钻井对策，提升钻井竞争力具有重要意义。

基于 NLP 技术的钻井时效自动分析使大批量的钻井日志快速分析成为可能，这不仅使钻井时效统计更客观准确，而且将有助于发现钻井过程中的隐含规律，总结最佳钻井实践。典型应用如：通过对纯钻时效和机械钻速的分析，结合井深及地层信息，可进一步研究地层可钻性，优化调整钻井参数、优选钻头，以达到提高钻速的目的；通过对停工时间的统计，结合停工原因分析，可优化组织管理，减少由于现场设备物资供应不及时或是人员安排不到位引起的等停时间，提升钻机利用效率，减少钻井费用。

2.2 钻井作业时效自动分析方法流程

本文提出了一种基于 NLP 技术的钻井作业时效自动分析方法，方法流程如图 1 所示。通过构建钻井专业词汇库和钻井操作分类模版，利用自然语言处理工具，把自然语言处理技术与钻井专业知识相融合，按照断句、分词、关键信息匹配、多维度统计分析的方法流程，实现钻井日志的自动解析和钻井作业时效的自动统计分析。下面对断句、分词、关键信息匹配这三个重要步骤进行了详细阐述。

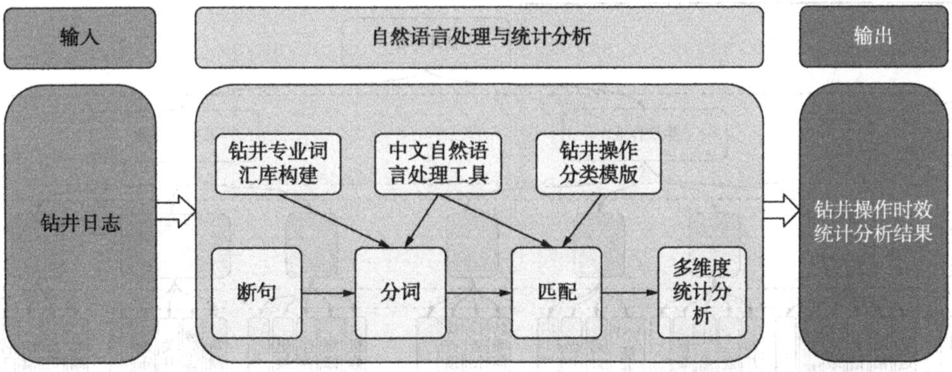

图 1 利用自然语言处理技术解读钻井日志实现钻井作业时效自动分析的方法流程

断句：断句是自然语言处理的一个基础任务，准确的断句对于后续文本的分析和信息抽取具有重要意义；钻井日志的现场工作内容是以段落方式出现，且每一阶段操作记录均以时间为开始，而时间信息是进行时效统计的基础，因此本文采用了以时间信息为边界的基于规则的断句算法，把钻井日志的工作内容段落切分为以时间为起始的独立句子的序列。

分词：中文分词是指把一个汉字序列切分成一个个词。通过分词算法可以把描述现场钻井操作的句子切分成独立的可说明钻井操作的最小词单元，为下一步匹配算法提供词数据基础。本文采用了目前应用较为广泛的中文分词工具 Jieba 来实现钻井操作描述序列的分词。Jieba 算法基本原理是基于前缀词典实现高效的词图扫描，生成句子中汉字所有可能成词情况构成的有向无环图，如图 2 所示。再基于词频采用动态规划查找最大概率路径，公式如式(1)所示。

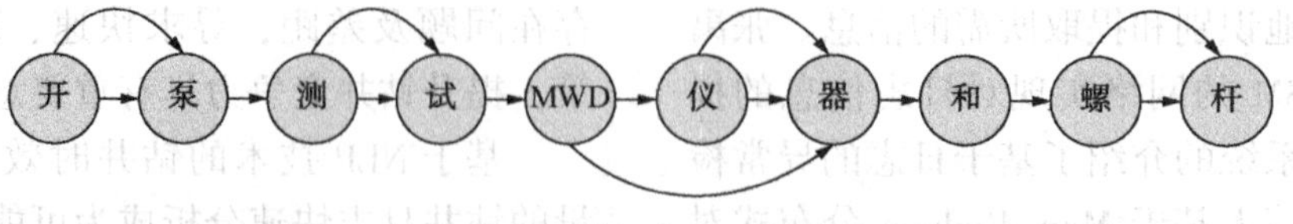

图 2　钻井日志中的例句构成的有向无环图

$$best\_path = \arg\max_i \Pi_j p(w_{i,j}) = \arg\max_i \Pi_j \frac{FREQ(w_{i,j})}{\sum_k FREQ(w_k)} \quad (1)$$

式中，i 为不同路径，j 为 i 路径的切词方案，每个词的概率 p 为该词词频除以总词频(所有词的词频和)

Jieba 支持三种分词模式：全模式、精准模式和搜素引擎模式，其中精准模式最适用于钻井日志的解析。钻井日志中使用的语言具有很强的领域性，很多词语未在通用语料库中；为使通用自然语言分词工具更好的支持钻井领域的分词工作，本文构建了钻井专业词汇库(部分专业词汇示例如表 1 所示)；并应用 Jieba 提供的词库添加接口建立钻井自定义词典。

表 1　钻井专业词汇示例

下钻	短起下
起钻	电测
循环	防溢管
钻水泥塞	测后效
关井憋压候凝	静止候堵
铣喇叭口	静止观察
顶驱	关井候凝
…	…

匹配：文本匹配是自然语言中一个重要的基础任务，很多自然语言处理任务可以抽象为文本匹配问题，例如信息检索、问答系统、文本查重等。根据匹配任务不同，可分为词粒度文本匹配、句粒度文本匹配和篇章粒度文本匹配。本文主要采用了词粒度文本匹配，即计算两个词语之间的文本特征相似度。为实现下一步的钻井作业时效统计，需把钻井日志中记录的钻井操作关键词进行提取和归类。首先建立分层分类的钻井作业模版词库(如图 3 所示)，其次应用匹配算法把分词步骤获得的钻井作业词语与模版词库中的标准词汇进行匹配，从而对每一个时间段的钻井操作进行归类。值得一提的是在不同的类别下可能出现相同的基础词汇，这时需要结合上下文分析，来对钻井操作进行正确分类。

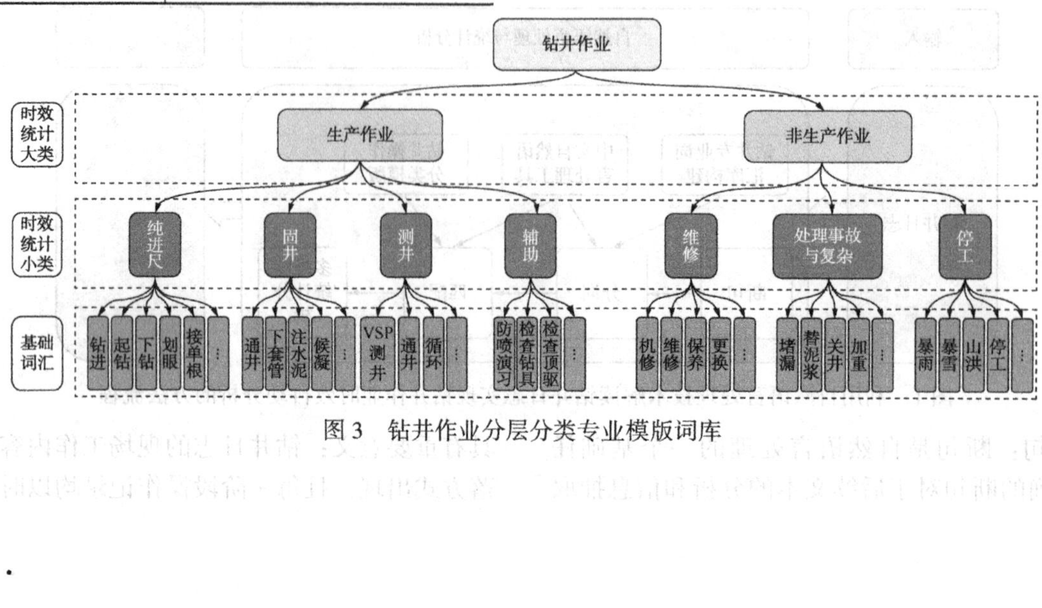

图 3　钻井作业分层分类专业模版词库

3　案例研究

通过一系列案例研究，本节将展示 NLP 技术在实际钻井日志分析中的应用效果。包括具体的技术实现、所面临的挑战以及如何克服这些挑战。此外，还将展示通过 NLP 技术得到的分析结果如何帮助改进钻井效率和安全性。

3.1　实验过程

本节以某井连续两天的钻井日志(如图 4 所示)为例，用提出的方法对其进行解析，并根据解析结果统计这两日的钻井作业时效。

08:00-13:05钻进至井深2996.00m；;13:05-14:10地质循环，排量2616～2952L/min，立压13.0～15.5MPa；;14:10-14:30钻进至井深2998.00m，三开完钻；;14:30-16:40地质循环，排量1734～2868L/min，立压6.0～16.1MPa；;16:40-19:35短程起下钻，井段2756.45～2998.00m（起钻至2760.86m上提困难，未开泵上下活动钻具40min）；;19:35-22:30循环钻井液，排量2436～2988L/min，立压16.2～17.6MPa（油气上窜速度24.92m/h，油气上窜高度72.27m，归位雷一段2606.50～2607.50m，TG：0.0652%↑0;22:30-23:58起钻至井深2757.63m遇卡，悬重由1175↑1201kN；;23:58-00:00倒划眼;00:00-01:00倒划眼，井段2757.63～2745.10m，排量1242～1626L/min，立压3.2～4.9MPa；;01:00-08:00起钻至井深1706.16m。

08:00-08:55钻进至井深2896.80m；;08:55-10:00单泵循环，检修2号泵，排量1512～1962L/min，立压6.2～7.18MPa；;10:00-12:00检修冲管；;12:00-12:20钻进至井深2898.56m；;12:20-12:35检修2号泵（压盖盘根刺漏）；;12:35-00:00钻进至井深2942.84m；;00:00-01:40检修设备（振动筛）；;01:40-08:00钻进

图 4　某井 2019 年 6 月 18 日–2019 年 6 月 19 日的钻井日志

第一步，对钻井日志进行断句处理。以第一天的钻井日志为例，断句所得的句子序列如下所示：

{

08：00–13：05 钻进至井深 2996.00m

13：05–14：10 地质循环，排量 2616～2952L/min，立压 13.0～15.5MPa

14：10–14：30 钻进至井深 2998.00m，三开完钻

14：30–16：40 地质循环，排量 1734～2868L/min，立压 6.0～16.1MPa

16：40–19：35 短程起下钻，井段 2756.45～2998.00m(起钻至 2760.86m 上提困难，未开泵上下活动钻具 40min)

19：35–22：30 循环钻井液，排量 2436～2988L/min，立压 16.2～17.6MPa(油气上窜速度 24.92m/h，油气上窜高度 72.27m，归位雷一段 2606.50～2607.50m，TG：0.0652%↑0

22：30–23：58 起钻至井深 2757.63m 遇卡，悬重由 1175↑1201kN

23：58–00：00 倒划眼

00：00–01：00 倒划眼，井段 2757.63～2745.10m，排量 1242～1626L/min，立压 3.2～4.9MPa

01：00–08：00 起钻至井深 1706.16m

}

第二步，对断句所得的独立句子进行分词处理。为了更好地处理钻井日志句子中的数字和字母，本文把连续的、不在词典中的非汉字字符利用正则表达式进行处理和过滤；并采用动态规划查找句中汉字所有可能成词情况构成的有向无环图的最大概率路径，从而找出基于词频的最大切分组合，计算结果为如下所示的二维词语数组。

{钻进 至 井深}

{地质循环 排量 立压}

{钻进 至 井深 三开 完钻}

{地质循环 排量 立压}

{短程起下钻 井段 起钻 上提困难 未开泵 上下活动钻具}

{循环 钻井液 排量 立压 油气 上窜速度 油气 上窜高度 归位 雷一段}

{起钻 至 井深 遇卡 悬重}

{倒划眼}

{倒划眼 井段 排量 立压}

{起钻 至 井深}

第三步，对每一个句子分词所得的词语数组，与模版词库中的基础词汇进行匹配，并按照匹配结果进行分类。2019 年 6.18–6.19 日的钻井日志分时间段的钻井操作匹配及分类结果如表 2 所示。

表 2　某井 2019 年 6 月 18 日–2019 年 6 月 19 日的钻井操作匹配和分类结果

<table>
<tr><th rowspan="2">日期</th><th rowspan="2">时段</th><th rowspan="2">匹配结果</th><th colspan="2">分类结果</th></tr>
<tr><th>时效统计小类</th><th>时效统计大类</th></tr>
<tr><td rowspan="5">2019.06.19</td><td>08：00–13：05</td><td>钻进</td><td rowspan="5">纯进尺</td><td rowspan="5">生产作业</td></tr>
<tr><td>13：05–14：10</td><td>循环</td></tr>
<tr><td>14：10–14：30</td><td>钻进</td></tr>
<tr><td>14：30–16：40</td><td>循环</td></tr>
<tr><td>16：40–19：35</td><td>短起下</td></tr>
</table>

续表

日期	时段	匹配结果	分类结果	
			时效统计小类	时效统计大类
2019. 06. 19	19：35-22：30	循环	纯进尺	生产作业
	22：30-23：58	起钻		
	23：58-00：00	倒划眼		
	00：00-01：00	倒划眼		
	01：00-08：00	起钻		
2019. 06. 18	08：00-08：55	钻进	纯进尺	生产作业
	08：55-10：00	循环		
	10：00-12：00	检修	维修	非生产作业
	12：00-12：20	钻进	纯进尺	生产作业
	12：20-12：35	检修	维修	非生产作业
	12：35-00：00	钻进	纯进尺	生产作业
	00：00-01：40	检修	维修	非生产作业
	01：40-08：00	钻进	纯进尺	生产作业

第四步，根据不同时间段钻井操作的匹配和分类结果，对钻井时效进行多维统计分析，辅助决策，如图 5 所示。

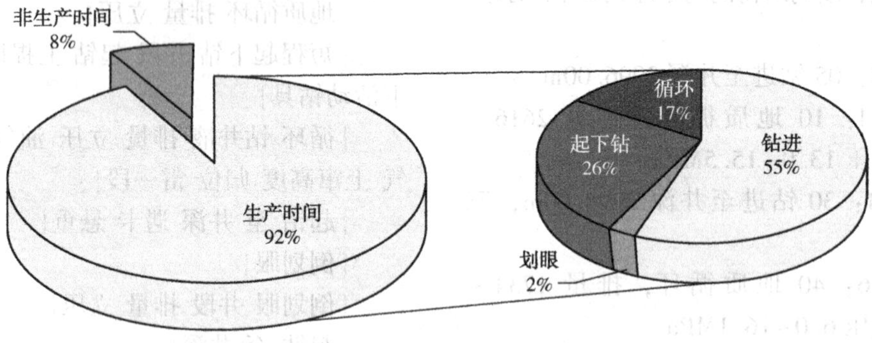

图 5　某井 2019 年 6 月 18 日–2019 年 6 月 19 日的钻井作业时效统计

3.2　实验验证

本案例通过上述四个主要步骤，展示了基于钻井日志的钻井作业时效自动分析的实现过程。自然语言处理技术的应用使钻井日志的自动化解析成为可能，但是也面临着若干挑战。其一，在分词阶段，由于钻井日志所使用的语言具有很强的专业性，直接应用通用的自然语言处理工具较难取得满意的效果，因此本文采用自定义词典的方法，增加专业性较强的钻井专业词汇，使分词结果更为准确合理。其二，同样在分词阶段，由于钻井专业词汇的丰富性，构建的钻井专业词典不可避免会存在着收录词汇不够全面的问题，对于未登录词，本文利用 Jieba 提供的基于汉字成词能力的隐马尔分词模型和动态规划算法维特比算法(Viterbi)进行处理。其三，在关键词匹配分类阶段，有些基础词汇的时效分类具有二义性，例如“通井”即可以发生在测井阶段也可发生在固井阶段，仅根据词汇匹配，难以准确分类；本文采用结合上下文语义分析的方法，来实现对具有分类歧义的基础词汇进行精准分类。

基于案例中的时效分析，结合钻井日志的结构化数据部分，能进一步了解钻井作业情况，改进钻井效率和安全性。根据本案例的日志，6 月 18 日，钻达层位为嘉三，钻进操作时长 19 小时，进尺 76.5m，平均机械钻速 4.03m/hr；6 月 19 日，钻达层位为嘉二 3 段，钻进操作时长 5.4 小时，进尺 27m，平均机械钻速 4.98m/hr；虽然 6 月 19 日的机械钻速较快，但是花费在辅助进尺操作(划眼、短起下、循环)的时间也明显增加，日进尺较少，且发生了上提困难和遇卡；

通过对钻遇同层位更多邻井日志的解析和时效统计分析，以及本井往日的钻井时效分析，可以为本区域邻井的钻井参数和操作提供优化参考，以达到减少事故复杂，提升钻井效率的目的。

4 实验结果与讨论

在这一部分，将讨论 NLP 技术在钻井日志分析中的有效性，比较其与传统方法的差异，以及对石油行业的潜在影响。

传统的钻井日志分析采用人工回读模式，费时费力，钻井作业的时效分析存在主观性和滞后性，并且难以开展大规模的多维度统计分析工作；钻井复杂事故的统计也存在漏报、误报的情况。

基于自然语言处理技术的钻井日志自动化解析和钻井时效自动化分析方法，使自动化跟踪监测作业动态、批量化分析作业效率成为可能；这将大幅节省工程师的文档数据分析统计时间，在提升工作效率的同时，也使对海量历史井的钻井日志进行深度的价值挖掘成为可能。基于钻井日志自动解析和作业时效自动分析功能，可衍生更为丰富的上层应用。例如，通过对历史井不同钻井设备、工具维修时间的统计，结合设备厂家、型号等信息，可评价不同钻井设备、工具的性能，也可提供预测性维护的建议；钻井时效统计结合对应地层信息，可为后续井提供针对不同地层的优化的钻井操作模版；统计不同钻井队的钻井时效，可为钻井队的工作安全性和效率的提升提供数据依据等。

根据以上方法流程，如增加工况库和异常事件关键词库，也可用于钻井工况和钻井异常事件的自动识别，有效提升钻井复杂事故识别和分析的准确性和有效性。随着钻井日志自动化解析的持续推广应用，钻井专业领域的语料库和词典将不断丰富，解析结果会更加准确(如图 6 所示)，这也为构建基于 NLP 技术的钻井大数据智能分析模型提供了语言数据支撑。

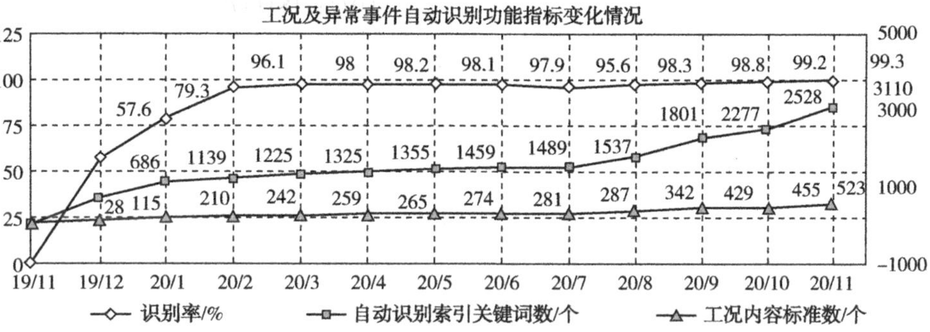

图 6　钻井日志工况及异常事件自动识别功能指标变化情况

5 结论与展望

本文提出利用 NLP 技术和工具对钻井日志中的非结构化部分进行解析和处理，并对关键信息进行有效识别提取，通过对钻井日志的自动解读，可实现钻井工况自动识别、作业时效自动分析和钻井复杂事故自动识别等应用；通过对批量钻井日志的自动解析，结合地层、钻井参数等结构化的信息，可进一步挖掘有效信息，优化钻井操作，辅助科学决策。

在未来，可充分利用井场多源数据，包括视频数据、实时数据、静态数据等，应用机器学习、深度学习、大数据分析技术，挖掘提取有效信息，自动识别钻井作业过程，与利用 NLP 技术自动解析钻井日志获取的钻井作业过程互为验证和补充，实现钻井作业全流程数字化记录和智能化分析；并可进一步利用 NLP 技术中的生成功能，自动提取关键内容，智能生成基于不同维度不同模板的各类钻井工程报告，为问题发现、技术提升、决策优化提供数据支撑和智能化建议。

参 考 文 献

[1] 陈铭帅，李戈东，马猛等．数据挖掘技术在石油勘探中的应用探析[J]．中国石油和化工标准与质量，2023，43(22)：163-165.

[2] 张玮．数据挖掘技术在石油勘探中的应用分析[J]．石化技术，2023，30(05)：255-257.

[3] CHOWDHARY K R. Natural language processing[M]. New Delhi：Springer，2020：603-649.

[4] ASUDANI D S，NAGWANI N K，SINGH P. Impact of

word embedding models on text analytics in deep learning environment: a review [J]. Artificial Intelligence Review, 2023, 56(9): 10345-10425.

[5] PAIS S, CORDEIRO J, JAMIL M L. NLP-based platform as a service: a brief review [J]. Journal of Big Data, 2022, 9(1): 1-26.

[6] Vasiliev Y. Natural language processing with Python and spaCy: A practical introduction [M]. No Starch Press, 2020.

[7] Devlin J, Chang M W, Lee K, et al. Bert: Pre-training of deep bidirectional transformers for language understanding [J]. arXiv preprint arXiv: 1810.04805, 2018.

[8] Radford A, Narasimhan K, Salimans T, et al. Improving language understanding by generative pre - training [J]. 2018.

[9] 孙维维，潘贤章，刘杰等．不同自然语言处理方法在土壤环境污染调查报告文本信息抽取中的对比研究[J/OL]．环境科学研究：1-13[2024-01-03]．https://doi.org/10.13198/j.issn.1001-6929.2023.12.24.

[10] 张禹，郝玉洁，郭建东等．基于 LSM 的网络日志信息提取的实现[J]．福建电脑，2006(06)：141-142+148.

[11] 张颖君，刘尚奇，杨牧，等．基于日志的异常检测技术综述[J]．网络与信息安全学报，2020，6(6)：1-12.

[12] 骆明月．基于 Map-Reduce 分布式日志信息处理研究与实现[D]．北京邮电大学，2011.

[13] 薛莹，金景峰．基于日志信息的大规模网络异常读数检测方法[J]．计算机仿真，2022，39(10)：420-424.

[14] 李永昌，林浩田，江静．面向零样本关系抽取的语义匹配算法改进[C]．中国计算机用户协会网络应用分会 2023 年第二十七届网络新技术与应用年会论文集．2023：6.

[15] Wang J, Jin L, Ding K. Lilt: A simple yet effective language-independent layout transformer for structured document understanding [J]. arXiv preprint arXiv: 2202.13669, 2022.

[16] 陈洁，王思雨，赵姝等．基于多粒度用户偏好的文档级情感分析[J]．中文信息学报，2023，37(07)：122-130.

[17] 牛淑珍．浅谈钻井时效分析在提高钻井速度中的作用[J]．中国石油和化工标准与质量，2011，31(07)：184+178.

LNG 高压泵急停故障分析及解决建议

王庆军[1]　崔　均[1]　李东旭[1]　赖亚标[2]　王世超[3]

（1. 国家管网集团大连液化天然气有限公司；2. 中海福建天然气有限责任公司；3. 中石化青岛液化天然气有限公司）

摘　要　某接收站 LNG 高压泵正在运行过程中，突然显示泵井液位不稳，最后 DCS 上显示自动停车，本文介绍了高压泵故障现象，分析了自动停车的原因并提出解决建议。

关键词　LNG 高压泵；故障现象；自动停车；原因分析；解决建议

天然气作为清洁能源其中的一种，已经开始被广泛应用，中国也正在成为世界天然气第二大进口国，进口渠道其中之一是海运到 LNG 接收站，再使用高压泵升压，气化，输送到远端用户。

高压泵是接收站重要设备，工作在温度-160.5℃，运行工况相对苛刻。目前国内 LNG 接收站在役的高压泵主要为国外进口，厂家为 Ebara、Nikkiso 和 JC Carter；为了打破技术壁垒和垄断，国内已有泵厂产品通过鉴定并在试用，并有数个工厂在研制和试制中。高压泵因其特殊的运行工况，无法采用常规手段对泵运行状态监测，只能依靠安装在泵体出口锥段低温振动探头对泵进行监测。在此监测条件下，分析泵故障，是一大难点。

本文试图通过对高压泵结构、设计参数、流程的分析讨论高压泵 A 运行中自停，拆检发现中间轴承，平衡盘严重损坏原因，寻找当前存在的不足和设备现有条件下的最优运行、维护、检修模式，尽可能延长高压泵使用寿命。

1　基本情况

某 LNG 接收站并联安装 7 台高压泵，常规运行在 1 台到 4 台之间，余下为备用。其中 P-1401A 高压泵发生了在运行中自停现象，至此之前设备已安全平稳运行了近 13000 小时。泵性能参数见表 1，各泵具体流量下运行时间见表 2。

表 1　泵参数表

名称	入口压力	入口饱和蒸汽压差	设计流量	最小流量	扬程	轴功率	额定功率	效率	额定电流	启动电流	汽蚀余量	电压
数值	0.8	0.1	435	166	2342	1764.2	2096	73.1	242.5	1506	1.74	6000
单位	MPag	MPag	m^3/h	m^3/h	m	kW	kW	%	A	A	m	V

表 2　高压泵运行流量与时间对照表

流量范围/(t/h)	P-1401A	P-1401B	P-1401C	P-1401D	P-1401E	P-1401F	P-1401G
<100	0	48	312	293	0	1825	0
100~110	0	152	96	77	0	310	0
110~120	0	193	166	201	0	84	0
120~130	1147	352	791	263	0	144	0
130~140	1178	3357	1192	8042	0	496	0
140~160	2524	2549	5161	4218	366	1751	20
160~180	3278	4308	4218	3609	690	1488	0
180~200	2946	4191	4489	1734	807	846	0
≥200	1605	1562	2862	2530	1	384	0
合计	12678	16712	19287	20967	1864	73284	20

7台泵是并列安装运行，简易工艺流程如图1、图2所示。

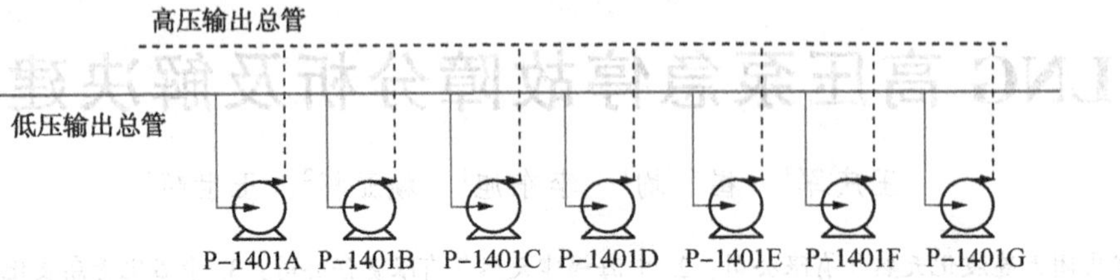

图1　泵工艺流程

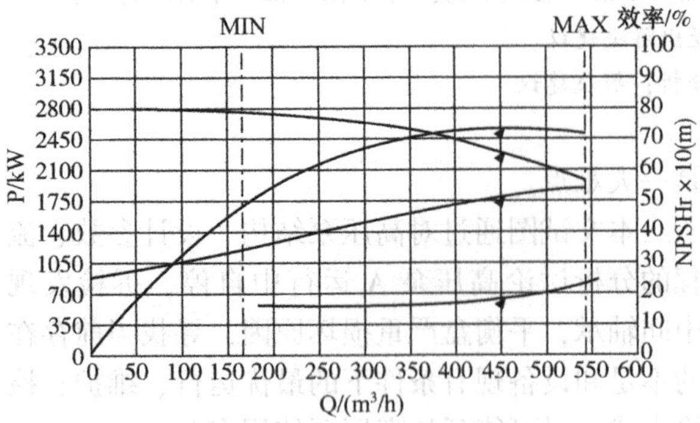

图2　泵性能曲线

2　故障期间运行现象

2.1　故障的出现

从2011年12月投产运行后，P1401A泵运行12600多小时，运行工况详见表1数据，同时因为下游的用量以及泵系统维护等问题，泵启停和升降温相对频繁，运行中电流、流量、出口压力、振动和声音都正常。

2019年11月11日17点22分DCS发现高压泵P1401A自动停机，停机前后泵井液位有频繁的波动。

2.2　故障期间运行现象

泵自停前，泵井液位不稳定，波动较大且频繁(图3)；此时稳定外输2200WNm³/d，共有四条线外输，运行高压泵为P-1401A/C/E/F。

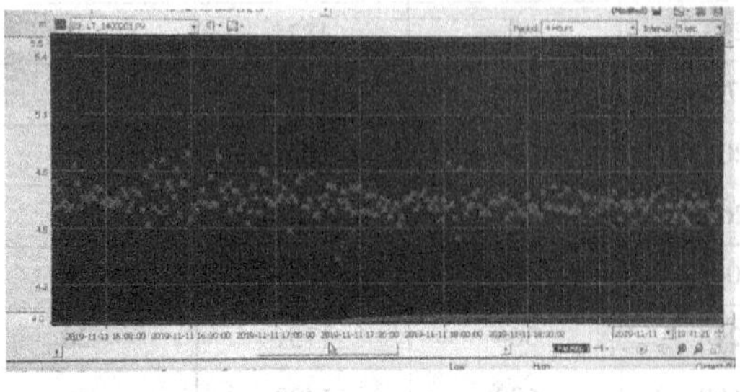

图3　高压泵P1401A泵井液位

从图4可以看出：高压泵P-1401A在15：55左右流量开始下降(但其他泵在增加)，至16：00趋于稳定，持续大约10分钟(至16：10)流量恢复至正常值。但从16：10至P-1401A停止流量一直存在波动现象。

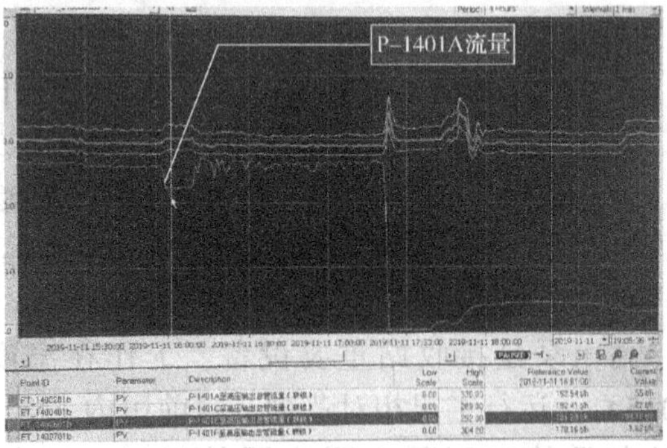

图4　高压泵P1401A出口流量曲线

从图5看出：高压泵P-1401A/C/E/F在15：55左右出口压力开始下降，至16：00趋于稳定，持续大约10分钟(至16：10)压力恢复至正常值，直至P-1401A停车。

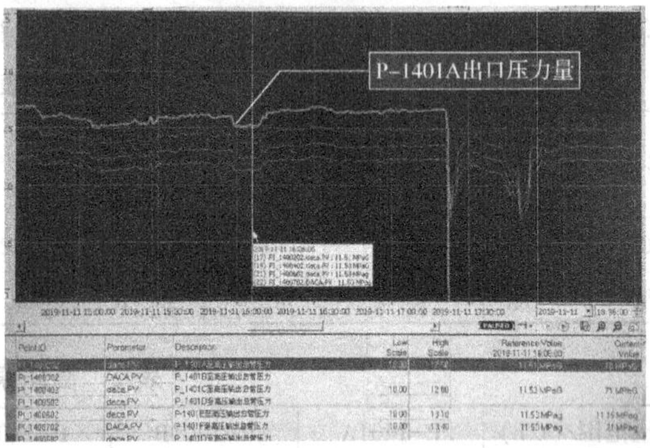

图5　高压泵出口压力曲线

3　泵体结构及维修检查

3.1　泵的结构

P1401A离心泵为立式、15级带有诱导轮，电机与泵共轴并且整个电机转子和定子浸泡在LNG介质中。在顶部、中部和底部设置三组轴承，用于承载转子的径向力。

为保证电机冷却，在电机下端设计与平衡盘想通的通孔，顶端设置了减压孔和回流管，减压孔讲泵出口高压液体与电机内部冷却液压力平衡，回流管将电机内部介质引流到第三级叶轮出口处，使得电机内部的液体介质得以循环流动，有效的带走电机产生的热量，避免电机顶端介质因电机发热产生汽化的现象。

运行中泵的轴向力是通过平衡盘与特殊设计的末级叶轮之间间隙的变化来平衡。由于推力平衡机构的上部磨损环直径大于下部磨损环直径，因此潜液泵工作过程中受到液压合力竖直向上，使转子向上移动，导致推力平衡机构和静态止推片之间的轴向间隙减小，平衡腔的压力增大。当平衡腔的压力增大至大于液压合力时 转子部件又向下移动，推力平衡机构和静态止推片之间的轴向间隙增大，平衡腔压力减小。经过推力平衡机构反复连续的自调节 可以使泵的轴向力完全平衡，如图 6、7 所示。

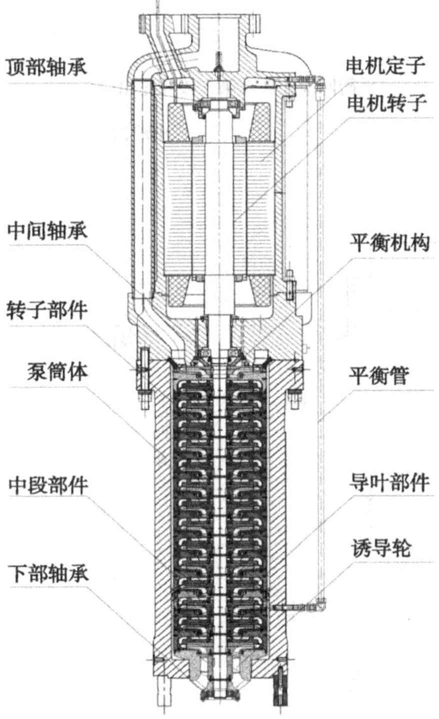

图 6　泵轴向力平衡机构图

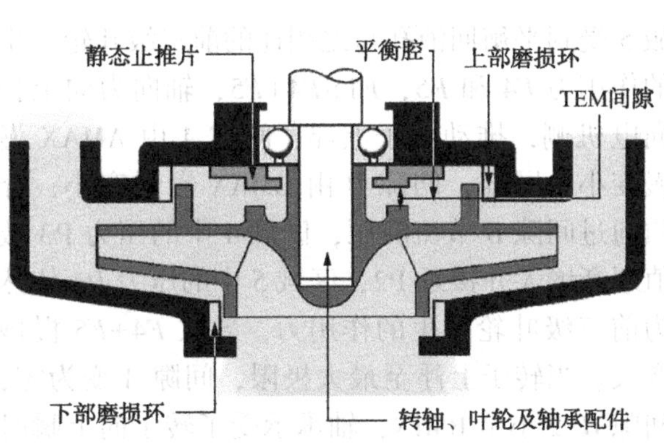

图 7　泵结构图

3.2　泵解体检查

针对泵的具体情况，对泵进行解体维修，发现如下现象：

(1) 泵与电机间轴承严重损坏。

(2) 平衡盘严重磨损，轴承滚珠进入到平衡盘内部。

(3) 末级叶轮严重磨损，背侧盖板已经融化。

(4) 泵与电机间轴承位置泵轴磨损严重，有宽 30mm，深 5mm 沟槽。

(5) 除第 8 级外，其余各级叶轮密封环都比壳体密封环突出 1cm。

(6) 整个转子存在下沉现象。

(7) 泵平衡盘与电机之间节流套磨损严重。

如图 8~图 10 所示。

图 8　末级叶轮(TEM 叶轮)损坏

图 9　平衡盘损坏

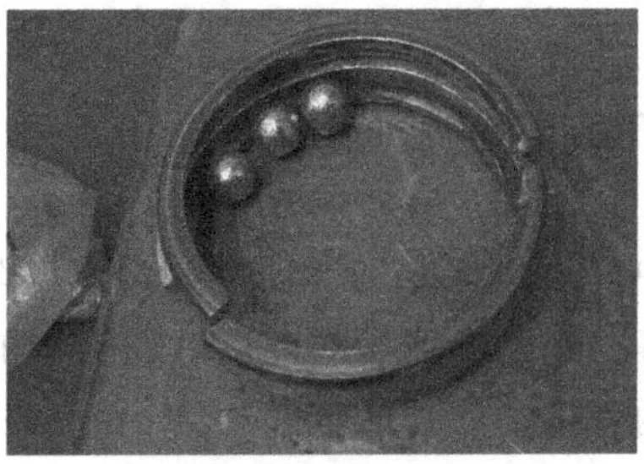
图 10　轴承损坏

4　故障分析

综合泵运行中其他因素均未出现明显异常，仅流量、压力及液位出现波动，同时由于功率、电流未能采集到，无法对比泵特性曲线判断P-1401A在15：55~16：10左右是否偏了泵正常特性。从结果看，高压泵P-1401A在15：55左右可能已经出现损坏，从而使得之后流量及液位波动，直至最后泵抱死造成连锁停车。根据以往经验，高压泵液位波动主要原因是入口过滤器堵塞导致泵井顶部压力较低，无法使得顶部BOG顺畅排向再冷凝器，同时引起再冷凝器波动。P-1401A入口压力正常，且再冷凝器液位、压力都在正常范围内。

轴向力平衡不完全，使轴承在轴向力不平衡状态运转，导致轴承过度疲劳损坏，使得转子动平衡破坏，造成转自整体下沉。

4.1 故障根源

基于P1401A泵拆解检查，判断故障根源为：P1401A泵频繁启停，以及启动过程中出口流量达不到泵设计最小流量造成轴向力平衡机构失效，使轴承承受轴向力，导致中间轴承严重磨损损坏，使得整个转子支撑被破坏，转子大幅度下移，造成平衡盘和末级叶轮严重磨损、轴及轴承衬套等处摩擦副接触、摩擦，最终叶轮口环与壳体口环粘连在一起抱死。

4.2 轴向力分析计算

4.2.1 高压泵轴向力平衡原理

高压泵轴向力的平衡结构采用平衡盘来平衡轴向力，通过平衡盘间隙的变化达到轴向力的动态平衡。如图11所示。

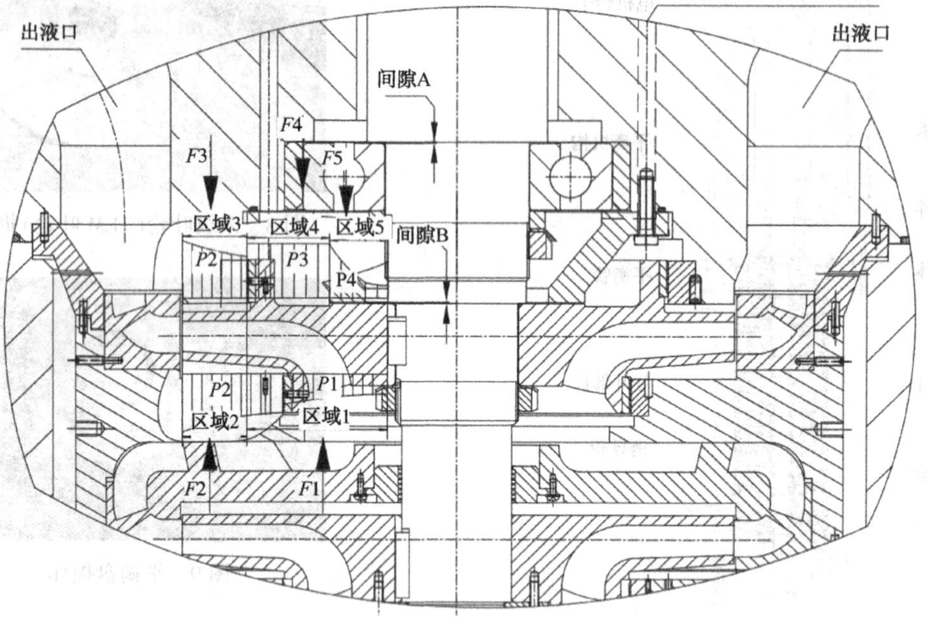

图11　高压泵末级叶轮区域压力分布

转子部件总的轴向力为：

$$F=F3+F4+F5-F2-F1 \qquad (1)$$

其中，由于区域2和区域3压力均为$P2$，面积相等，这两个区域对前后叶轮盖板的力是相反的，两者抵消。总的轴向力为：

$$F=F4+F5-F1 \qquad (2)$$

由此可见，轴向力决定于$F4$、$F5$和$F1$。

高压泵起泵前，转子受自重影响，转子落至最低位置，间隙A达到最大值AMAX，间隙B也达到最大值BMAX。启动瞬间，区域1受到前面所有叶轮扬程产生的作用力$F1$，区域4和区域5受到平衡回液孔与之相连的前三级叶轮产生的作用力$F4$和$F5$，$F1>F4+F5$，轴向力向上指向电机侧，推动转子上浮，间隙A由AMAX慢慢变小。同样，间隙B由BMAX慢慢变小，介质通过间隙B节流降压，区域4中的压力P3数值逐渐增大并接近P2，区域5中的压力$P4$依然为前三级叶轮产生的作用力，导致$F4+F5$慢慢变大。当转子上浮至最大极限，间隙A变为零，间隙B变小至BMIN，轴承承受了转子向上瞬时最大轴向力。此时，$F4+F5$已经增大到大于F1，转子开始向下移动，间隙A和间隙B慢慢变大，

间隙 *B* 节流降压能力下降，区域 4 中的压力 *P*3 由 *P*2 减小并接近 *P*4，*F*4+*F*5 慢慢变小。当间隙 *A* 和间隙 *B* 变大到 AMAX 和 BMAX 值时，*F*1 已经增大到大于 *F*4+*F*5，转子开始上浮。如此反复多次，调整至 *F*4+*F*5 与 *F*1 相等，轴向力得到平衡，转子平稳运转。

4.2.2　高压泵轴向力模拟分析

采用 UG 10.0 软件对 LNG 高压输送泵整个流体域进行三维建模。流体域由进水段、诱导轮及 15 级叶轮、15 级导叶及叶轮前后腔间隙、出水段和后端平衡部件组成。如图 12 中序号 1 处为前密封环间隙，序号 2 处为导叶与转轴间隙间隙，序号 3 处为平衡盘间隙。

转子上浮至最大高度时，间隙 *A* 和间隙 *B* 达到最小间隙，对小流量和额定流量轴向力进行模拟计算。

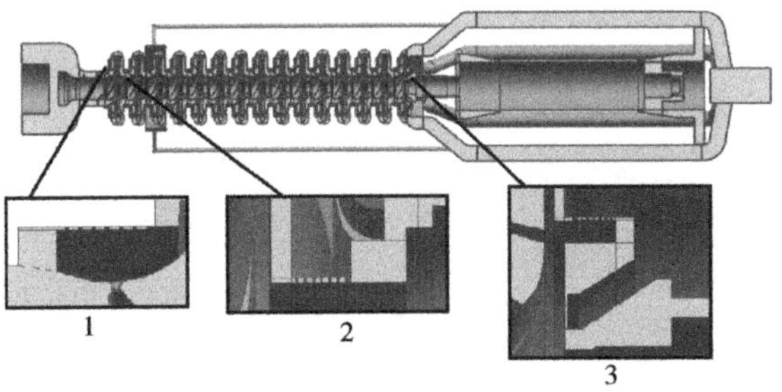

图 12　高压泵水力模型总装剖视图

对泵小流量点和额定点运行时轴向力计算，计算分析云图如图 13、14 所示。

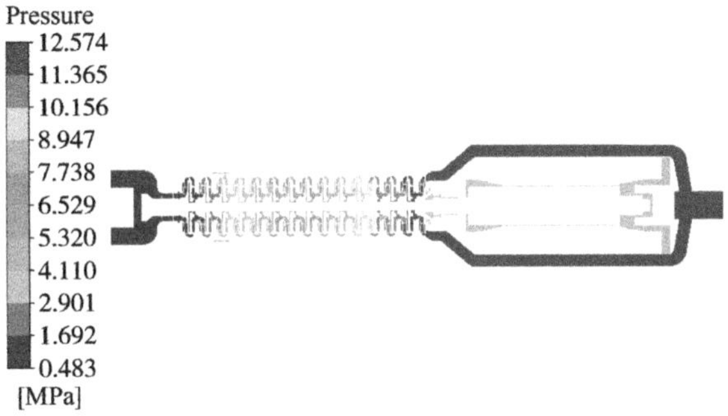

图 13　泵小流量点(230m^3/h)的压力分布图

经计算得知，额定流量转子轴向力为 32686.4N，小流量点转子轴向力为 136784.4N，小流量点转子轴向力瞬时最大值是额定流量点轴向力瞬时最大值的 4.2 倍左右，小流量点运行时转子轴向力对轴承的冲击破坏力远远大于额定点运行时转子轴向力。

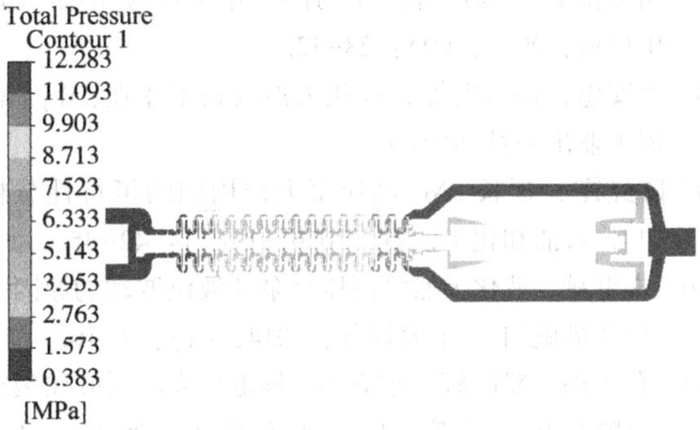

图 14　泵额定流量点(450m^3/h)的压力分布图

5　结论

(1) LNG 高压泵频繁起停过程中产生的轴向力对泵整体支撑造成巨大冲击，是泵在运行中突然发生故障的根源。

(2) LNG 高压泵最小流量线无法满足泵启动条件造成的骤停产生的轴向力也对泵的支撑造成巨大冲击。

(3) 支撑轴承应设计能承受一定轴向力的推力轴承，以达到启停是平衡部分轴向力。

(4) 泵振动监测应增加频谱反馈模块，以便根据振动频谱分析振动超差的根源，推断泵是否出现早期故障。

(5) 泵故障的发生不是偶然现象，它会伴随其他异常情况出现。如流量和压力异常、声音异常、功率异常等等，坚强巡检，并结合振动频谱提前预判异常现象，避免设备产生停机故障。

参　考　文　献

[1] 周华，张一范，陈帅等 . LNG 接收站试运投产中高压泵的冷却技术[J]。流体机械 2013，41(1)：56-58.

[2] 王立昕，田士章等 . LNG 接收站投产运行关键技术[M]. 石油工业出版社，2015. 14。

[3] 陈雪，马国光，付志林等 . 我国 LNG 接收站终端的现状及发展新动向[J]. 煤气与热力，2007，8(8)：63-66.

[4] 丁洪霞，杨利峰，崔胜等 . LNG 高压外输泵预冷检测方案比较[J]. 石油和化工设备，2013，16(4)：48-49.

[5] 童文龙，李佳林 . 入口 LNG 温度对高压泵稳定运行影响的探讨[J]. 化工管理，2019，6：144-146.

[6] 彭超 . 多台 LNG 高压泵联动运行的优化与改进[J]. 天然气化工，2019，9：110-116.

[7] 王学丽，曹天帅，冷志强等 . 国内首台 LNG 接收站

用大型 LNG 高压外输泵的国产化工程应用[J]. 通用机械, 2019, (9): 28-32.
[8] 顾安忠, 鲁雪生等. 液化天然气技术手册[M]. 机械工业出版社 2010. 1.
[9] 陈经锋. 延长 LNG 高压泵大修周期的可行性分析[J]. 石油和化工设备, 2016, 19(3): 42-45.
[10] 李世斌. 液化天然气高压泵泵井液位波动的原因分析及措施[J]. 上海煤气, 2014, (1): 7-10.
[11] 孔令杰, 雒晓辉, 宋立等. 核电厂离心泵叶轮裂纹故障分析与研究[J]. 水泵技术, 2019, (4): 37-40.
[12] 张翊勋, 罗志远, 王争光等. 核主泵流体静压轴封插入件和静环座碰磨原因分析[J]. 水泵技术, 2018, (6): 37-40.
[13] 虎兴娜. DG 型多级泵平衡盘-转子系统启动过程的瞬态特性研究[J]. 流体机械, 2019, 47(6): 24-28.
[14] 雪增红, 刘兴发, 白小榜等. 离心泵轴向力测试系统的设计[J]. 流体机械, 2018, 46(2): 46-49.
[15] 张忆宁, 曹卫东, 姚凌钧等. 不同叶片出口角下离心泵压力脉动及径向力分析[J]. 流体机械, 2017, 45(11): 34-40.
[16] 李俊庆, 王忠军. 重整 P-205B 泵轴承过热原因分析及处理方法[J]. 石油化工设备, 2017, 46(4): 68-70.
[17] Johann Friedrich Gulich. Centrifugal Pumps[M]. Library of Congress Control Number: 2010928634.
[18] 梁武科, 何庆南, 董玮等. 高压离心泵进口压力与轴向力特性关联[J]. 机械科学与技术, 2020, 01.
[19] 刘在伦, 卢维强, 赵伟国等. 理性泵平衡孔和背叶片对轴向力特性影响[J]. 排灌机械工程学报, 2019, 37(10): 834-840.
[20] 邱靖松, 王世杰. 轴承串对轴向力的均压作用仿真分析[J]. 机械工程师, 2019, (10): 59-61.
[21] 薛自华. 多级离心泵轴向力及平衡鼓尺寸计算研究[J]. 水泵技术, 2019, (4): 23-26.

数字岩心微观孔隙特征及水驱油特征研究

李芳芳　罗　珊　刘　成　高正龙　魏　莉　许胜利

（中海油能源发展工程技术公司）

摘　要　注水开发是渤海油田最主要的开发方式，水驱过程受微观孔隙结构特征及润湿性影响，油水运移规律复杂，常规实验难以表征。以渤海某油田真实岩样为例，借助微纳米成像技术和图像处理技术建立数字岩心和孔隙网络模型，对岩样的孔隙网络特征进行表征并对水驱油规律及剩余油分布进行研究。研究结果表明：(1)B6井岩样为致密砂岩，裂缝不发育，样品总孔隙度为9.81%，连通孔隙为9.45%，最小连通孔隙半径为7.66 um；(2)饱和油后，束缚水主要分布在喉道及小孔隙中，原油主要分布在较大半径的孔隙半径中；(3)水驱油过程，由于岩样强水湿，初期驱动力以毛管力自吸作用为主，注入水主要进入喉道和大孔隙颗粒表面，中后期以驱动力为主，注入水逐渐占据大孔隙和中小连通孔；(4)水驱油后剩余油可分为簇状剩余油、角状剩余油、粘土微孔隙剩余油、孤岛状剩余油，各类剩余油形成机理不同，主要分布在半径小于7um的孔隙中，并以簇状剩余油为主。

关键词　数字岩心；孔隙网络模型；孔隙特征；水驱油特征；剩余油分布

注水开发的油田在注水开发结束时，由于受地层条件等宏观因素以及孔喉结构和润湿性等微观因素的影响，水驱采出程度不高，仍有较多原油以剩余油的形式留在油层中，搞清水驱油过程及剩余油分布特征是下一步提高采收率的关键。油水两相渗流时，储层的诸多宏观性质(渗透率、毛管力、润湿性等)取决于它的微观结构、岩石成分以及其地下流体的物理化学性质，常规岩心流动试验所获取的参数如渗透率、毛管力、润湿性等实际上是岩石矿物以及孔隙结构和流体性质等在特定试验条件的宏观体现，岩石中孔隙的微观结构、岩石本身以及其中流体的性质才是各种现象的本质。因此深入探索微观渗流的本质，从微尺度上认识多孔介质的微观孔隙结构和渗流机理至关重要。关于岩石微观孔隙结构表征，常用的实验方法是铸体薄片和扫描电镜，但是往往需要破坏岩心且需分别开展实验，难以形成孔隙结构和矿物类型对应的定量表征关系。对于两相微观渗流模拟，国内外开展了大量研究，但无论是复杂的格子Boltzamann方法，还是简单的逾渗理论，都与真实岩样中渗流规律有一定的差异。基于可视化真实岩心孔隙结构开展油水两相渗流模拟不仅可以真实反映微观孔隙结构内部多相流体的渗流机理和运动规律，还可以对剩余油的分布规律进行定量化表征，是研究多孔介质中三维两相渗流规律最有效的手段。

本文以渤海某油田B6井取芯岩样为例，将三维数字岩心重构技术与传统渗流实验相结合开展微观水驱油渗流模拟，利用数字岩心技术捕捉不同状态下岩心微观孔隙特征及多相流体的三维空间分布，从微观机理上揭示常规岩心流动实验所反映出的宏观现象，并对不同类型剩余油形成机理和分布规律进行定量表征，深化油水渗流机理的研究，对于指导油田开发实践具有重要的理论意义和实际应用价值。

1　数字岩心模型建立

1.1　样品扫描

以渤海某油田B6井取芯岩样为例，对所接收样品进行了除油、除盐，烘干恒重后测定其常规气体孔隙度、渗透率。然后在原岩样上钻取8mm×20mm的柱塞小样，利用Xradia MicroX CT-400扫描仪以2um的扫描精度对柱塞样品进行样品整体原位微米CT扫描，扫描结果如图1所示。从图1柱塞CT扫描图像上可见样品孔隙也比较发育，孔隙结构明显，部分孔隙明显被黏土矿物填充。此外，B6岩样虽然比较致密，未见微裂缝发育。

1.2　图像处理

根据岩心微米CT扫描得到灰度图像，图像中明亮的部分认为是高密度物质，而深黑部分则认为是孔隙结构。利用ImageJ软件对CT灰度图

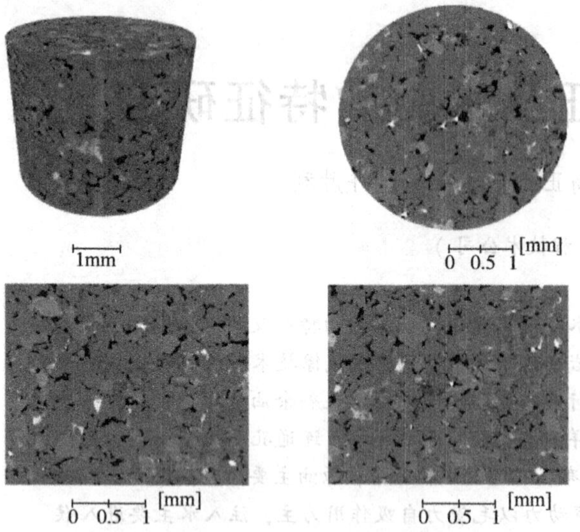

图 1　B6 岩样 2um 微米级 CT 扫描结果

像进行降噪处理和二值化分割，划分出孔隙与颗粒基质，得到可用于孔隙网络建模与渗流模拟的分割图像。对 CT 扫描数据进行切片，得到横向和纵向的灰度图像，通过 Avizo 软件对灰度图像进行区域选取、降噪处理和二值化分割，并将孔隙区域用蓝色进行渲染提取孔隙图像并进行三相分隔得到三维的数字岩心模型如图 2 下所示。

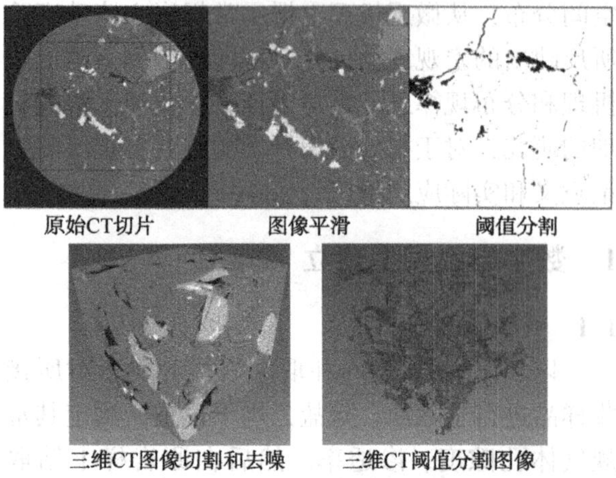

图 2　B6 岩样图像处理过程

1.3　孔隙网络模型建立

根据三维数字岩心模型中提取出来的孔隙部分，利用“最大球”方法提取出样品的孔隙网络模型，数字岩心中形状不规则的真实孔隙和喉道被规则的球形填充，利用形状因子来存储不规则孔隙和喉道的形状特征，从而获取三维拓扑结构以及孔隙与喉道等参数信息。B6 岩样三维数字岩心模型提取的孔隙网络模型如图 3 所示，模型尺寸 2mm×2mm×2mm，孔隙数量 62640 个，喉道数量 68662 个。

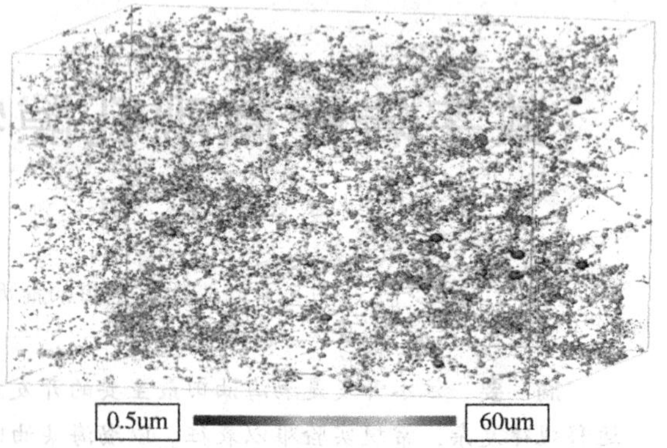

图 3　B6 样品三维孔隙网络模型

1.4　数字岩心孔隙结构参数

根据 B6 样品微米 CT 扫描图像、XCD 衍射图像和三维孔隙网络模型利用数学统计分析等方法获得样品的基本物理信息，如表 1 所示。室内常规实验测得 B6 平行样品渗透率为 $81.9\times10^{-3}\mu m^2$，孔隙度为 11.06%，胶结指数为 2.20，数字岩心测试结果与常规实验基本一致。与常规实验相比，数字岩心较常规实验具有快速、无损、精细、直观的特点，除常规物性参数外，一次扫描和计算即可获得岩样的常规物性、矿物成分、毛管力曲线和相对渗透曲线等参数，还可以直观的观测到孔隙大小、分布及连通情况。

表 1　B6 样品参数信息

总孔隙度，%	9.81	连通孔隙度，%	9.45
孔隙连通率，%	96	绝对渗透率，$\times10^{-3}\mu m^2$	66.7
迂曲度	14.4	地层电阻率因数	146.6
m 指数	2.15	最大联通孔隙半径，um	7.66
面孔率，%	10.34		

2　微观水驱油模拟

2.1　实验流程

微观水驱油过程参照行业标准《SYT 5345—2007 岩石中两相相对渗透率测定方法》执行。实验过程如下：(1)干岩样测量空气渗透率和孔隙度，利用 Micro X CT 进行扫描；(2)饱和水：采用浓度为 30%的 KI 溶液饱和岩样。将 8mm×20mm 柱塞岩样抽真空 4 小时，自吸饱和浓度为 30%的 KI 溶液，放入特制岩心夹持器以 0.02ml/min 的速度驱替 2 小时以上；(3)饱和油：采用恒速 0.01ml/min 速度饱和油，逐步将流量调至 0.2ml/min，围压 2MPa，直至不出水为止，认为岩样此时处于束缚水状态，进行原位 CT 扫描。(4)水驱油：饱和油后，采用

0.01ml/min 恒速水驱 1PV 后，调整注入速度至 0.02ml/min 恒速水驱 10PV，再次整注入速度至 0.2ml/min 恒速水驱 40PV 至不出油，分别对注入 1PV、10PV 和 40PV 后样品进行原位扫描，获得水驱油过程微观特征。

2.2 实验结果与分析

如图 4 为饱和水、饱和油和水驱油后岩样孔隙半径分布，由图可知，饱和水后 B6 样品孔隙半径主要分布在 5－13um 之间，峰值半径为 8.2um；饱和油后束缚水为非连续相，主要占据在小于 7um 的孔隙空间中，原油为连续相主要占据在 3-12um 的孔隙空间中。水驱后，残余油为非连续相，主要占据在半径小于 7um 的孔隙空间中，注入水为连续相主要占据在 5-13um 的孔隙空间中。

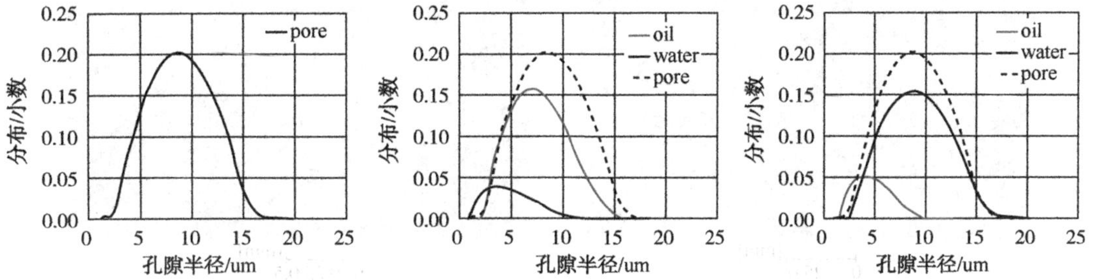

图 4 饱和水(左)和饱和油(右)油、水空渗流间孔隙半径分布曲线

如图 5 为饱和水(左)和饱和油(右)后岩心空间切片。通过图像处理和统计分析得到饱和水后 B6 样品总的孔隙度为 7.23%，连通孔隙度为 5.70%，渗透率为 $9.71\times10^{-3}\mu m^2$，平均孔隙半径为 7.775 um，平均喉道半径为 3.399 um。饱和油后，原油主要占据连通孔隙中的大孔隙，束缚水分为连片状束缚水和分散状束缚水。连片状束缚水主要是分布在与喉道连通孔隙中的束缚水，在饱和油过程中由于油相粘度高渗流阻力大，岩心偏水湿，原油驱动力不足以克服喉道带来的毛细管阻力，束缚水被滞留在孔隙中无法驱出。分散型束缚水又可分为膜状、角状和孤岛状。其中膜状束缚水主要分布在黏土矿物填充的孔隙中，束缚水被黏土矿物吸附在表面形成的附着力大于驱替力而无法被驱出。角状束缚水主要是分布在孔隙死角和孔隙盲端的束缚水。孤岛状束缚水则分布在平面上不与周围孔隙连通的小孔隙中，其形成机理与片状束缚水类似。

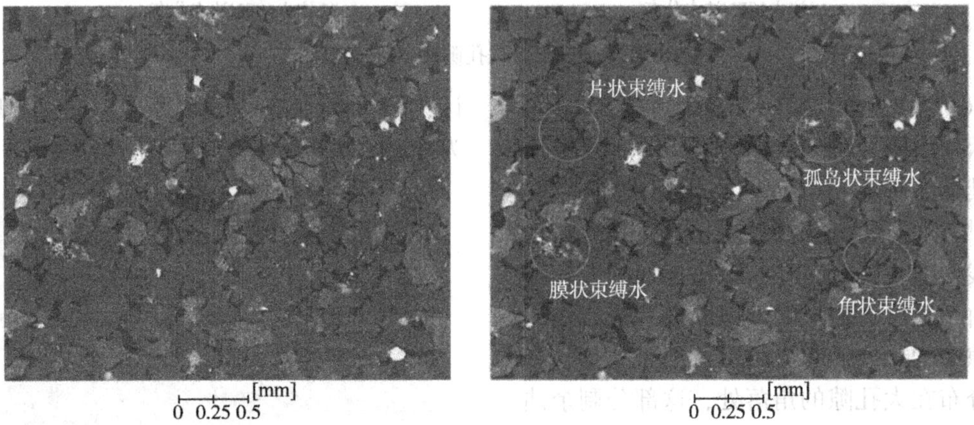

图 5 饱和水(左)和饱和油(右)油水空间切片

如图 6 为水驱油过程不同注入 PV 下孔隙中油水微观分布特征。由图可知，注入 1PV 后，注入水主要进入喉道及孔隙的颗粒表面属于非连续相，原油则处于大的连通孔隙中属于连续相。通过对油水占据的孔隙半径统计，发现注入 1PV 后，水相主要分布在 2~7um 的孔隙中，峰值半径为 4um，原油主要分布在 4~11um 的孔隙中，峰值半径为 7um，驱油效率为 18.9%。提高注入速度后，注入水的进入以驱替作用为主，注入水将大孔隙以及连通孔隙中的原油逐步驱替出来呈连续相分布，位于喉道以及连通性差孔隙中的原油难以克服毛管力滞留下来呈非连续相分布。注

入10PV后，水主要分布在5～12um的孔隙中，峰值半径为8um，原油主要分布在3～7um的孔隙中，峰值半径为3.5um，驱油效率为56.8%。随着驱替速度和驱替倍数的进一步提高，位于大孔隙边角处以及与喉道连通的孔隙中的原油被驱出，驱替效率进一步增加。注入40PV后，水相主要分布在5～12um的孔隙中，峰值半径为8.5um，原油主要分布在3～7um的孔隙中，峰值半径为3um，驱油效率为66.1%。

(a)原始含油饱和度

(b)注入1PV油水分布

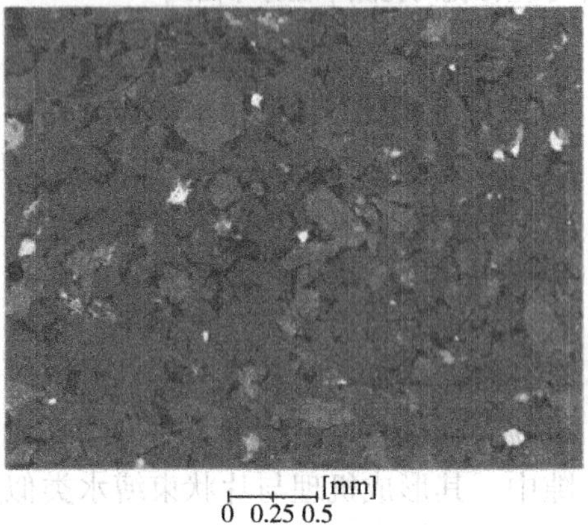

(c)注入10PV油水分布

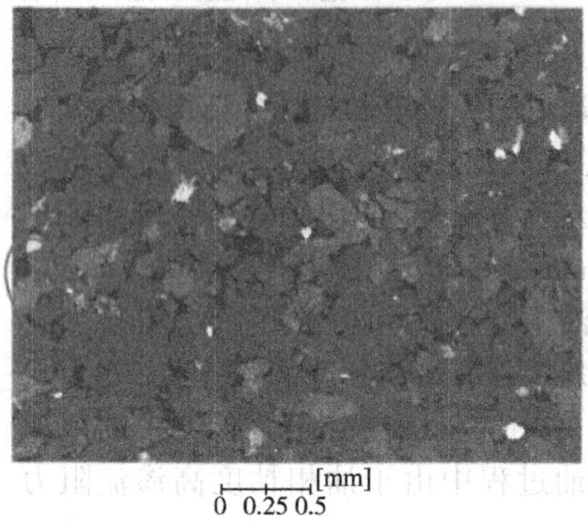

(d)注入40PV油水分布

图6　不同注入PV下孔隙中油水微观分布

水驱40PV以上至不产油，得到剩余油分布如图7所示。由图左可知，水驱40PV后残余油量较少，其分布形态可分为四类：簇状剩余油、角状剩余油、粘土微孔隙剩余油、孤岛状剩余油。簇状残余油主要分布在与喉道连通的大孔隙中，主要由于毛管力形成的油路断裂和绕流作用导致大孔隙中的剩余油无法被驱替出来。角状剩余油主要分布在大孔隙的角落处，这部分剩余油是水驱扫过后孔隙角落或盲端的剩余油。粘土微孔隙剩余油主要是粘土微孔隙中部分亲油的颗粒与原油之间的附着力大于水驱过程的剪切力，原油吸附在岩石表面留下形成油膜或者油环。孤岛状剩余油主要在孔喉比相差较大的孔隙中形成，注入水沿着亲水的岩石表面前进，通过喉道时，占据喉道使得与喉道连接的孔隙中的原油被卡段无法被驱替出来。对水驱后残余油体积进行统计，残余油饱和度为25.6%，驱油效率为66.1%。

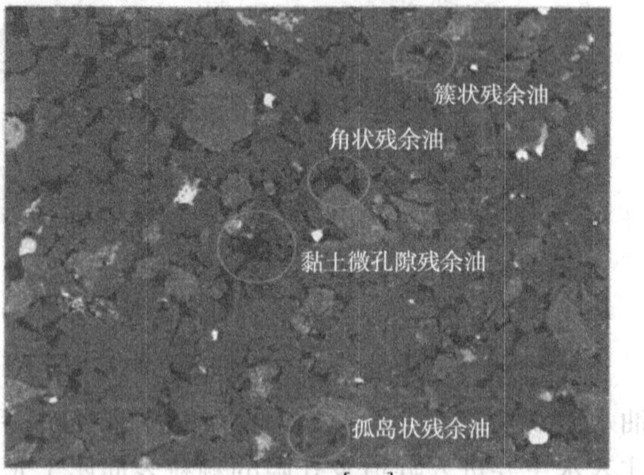

图7　三次水驱油水空间切片(左)及三维模型(右)图

对水驱后三维模型中的剩余油滴进行标记和

统计，以每个独立油滴的体积为基准，将油滴体积对应转化为球形半径，统计了不同油滴半径对应的体积分布。在此基础上，对每个独立油滴的形状因子进行统计，形状因子越大表明物体的形状越复杂，统计结果如表 2 所示。由表 2 可知，B6 号样品水驱后，剩余油滴主要分布在 10～50um 大小的孔隙半径中。因此，要将这些孔隙中油滴驱替出来，所需要的驱动力必须大于孔隙半径所带来的毛管力。此外，剩余油滴的形状因子普遍大于 10，剩余油分布以簇状为主，形状普遍比较复杂。

表 2　剩余油定量表征

等效油滴半径，um	<5	5-10	10-25	25-50	>50
体积占比，小数	0. 12	0. 13	0. 25	0. 35	0. 15
形状因子	<1. 5	1. 5-2. 5	2. 5-3. 5	3. 5-10	>10
体积占比，小数	0. 18	0. 05	0. 05	0. 21	0. 51

3　结论与认识

（1）借助高精度 CT 扫描和数字图像处理技术，建立了 B6 样品的数字岩心和孔隙网络模型，获得了样品渗透率、孔隙度、连通孔隙度、迂曲度以及孔隙半径等相关物理性质。

（2）通过微米级原位 CT 扫描，对 B6 样品饱和油以及水驱油期间的孔隙特征以及流体分布进行了表征。饱和油中，束缚水为非连续相主要占据在较小的孔隙和喉道中，原油为连续相主要分布较大的孔隙中；水驱后，残余油主要占据孔隙死角和较大的喉道中。

（3）水驱过程中，由于岩心强水湿，初期以毛管力自吸作用为主，然后驱替作用逐渐占主导作用；随着注入 PV 增加，水所占据孔隙半径峰值逐渐增加，注入 1PV、10PV 和 40PV 后峰值半径分别为 4um、8um 和 8. 54um。

（4）水驱后，残余油饱和度为 25. 1%，驱油效率为 66. 1%，剩余油分布形态可分为簇状剩余油、角状剩余油、粘土微孔隙剩余油、孤岛状剩余油，其中簇状剩余油是最主要的分布形态。

参　考　文　献

[1] 姚军，赵秀才，衣艳静等．数字岩心技术现状及展望[J]．油气地质与采收率，2005，12(6)：52-54.

[2] 张顺康，陈月明，侯健等．岩心 CT 微观驱替实验的图像处理研究[J]．大庆石油地质与开发，2007，26(1)：10-12.

[3] 王克文，关继腾，范业活等．孔隙网络模型在渗流力学研究中的应用[J]．力学进展，2005，35(3)：353-360.

[4] 王晨晨，姚军，杨永飞等．气驱油微观渗流模拟及相渗曲线升级技术[J]．渗流力学与工程的创新与实践——第十一届全国渗流力学学术大会论文集，2011.

[5] 侯健，李振泉，关继腾等．基于三维网络模型的水驱油微观渗流机理研究[J]．力学学报，2005，37(6)：783-787.

[6] 高慧梅，姜汉桥，陈民锋．多孔介质孔隙网络模型的应用现状[J]．大庆石油地质与开发，2007，26(2)：74-79.

[7] 陈民锋，姜汉桥．基于孔隙网络模型的微观水驱油驱替特征变化规律研究[J]．石油天然气学报，2006，28(5)：91-95.

[8] 姚军，赵秀才，衣艳静，等．储层岩石微观结构性质的分析方法[J]．中国石油大学学报：自然科学版，2007，31(1)：80-86.

[9] 赵碧华．用 CT 扫描技术观察油层岩心的孔隙结构[J]．西南石油学院学报，1989，11(2) ：57-64.

[10] 郝乐伟，王琪，唐俊．储层岩石微观孔隙结构研究方法与理论综述[J]．油气藏，2013，25(5)：123-128.

油气管道SCADA系统的智能分析与报警技术

李亚锋　黄　河　相　斐　房凡秀　李　岳　咸玉龙

（国家管网油气调控中心）

摘　要　此研究旨在探索SCADA系统的智能分析与报警技术。本文在现有分析研究的基础上，调查了油气管道工控网络智能化的现状，详细分析了油气管道在智能分析和融合过程中对工控报警技术的要求。具体来讲，文章聚焦于SCADA系统、远程维护诊断系统、综合安全系统和网络安全系统，并针对这些要求给出了合理的设计方案。基于油气管道SCADA系统的安全风险，建立有针对性的防护框架，对我国能源安全具有重要的现实意义。

关键词　油气管道；SCADA；智能分析；报警技术

1　引言

对于石油行业来说，长输管道连接着上游油气田板块、中下游炼化销售板块产业链，是油气生产设施的重要组成部分。作为国家重要的基础设施和公共设施，油气管道承担着天然气和近80%油品的全部运输任务。天然气、成品油和石油的易燃、易爆、高压特性意味着其安全运行非常重要。

在油气管道中引入SCADA系统，不仅可以提高油气管道的生产效率，降低运行成本，还可以减轻油气管道调控操作人员的工作强度，确保管道生产安全可靠运行。随着信息化与工业化的不断融合，管道SCADA系统也面临着病毒、木马、黑客等传统网络威胁。近年来，能源领域层出不穷的信息安全事件表明，油气管道SCADA系统已成为国内外黑客攻击的目标，面临的威胁日益严峻。一旦管道SCADA系统遭到攻击，极易发生故障或被控制，直接影响管道运输的正常生产运行，引发火灾、爆炸、中毒等事故，造成重大经济损失、人员伤亡和环境污染，直接威胁国家能源安全和社会稳定。因此，研究油气管道SCADA系统的安全风险，制定有针对性的防护框架，对我国能源安全具有重要的现实意义。

2　油气管道SCADA系统特点

油气管道SCADA系统在生产过程中，实时采集现场管道数据，对生产现场进行控制，实现油气管道各站控系统运行状态监测、管道泄漏监测、管道模拟和生产安全保护等多项功能，为上层生产、调度和管理提供必要的数据。SCADA系统采用分布式架构，可分为三大部分：SCADA中心控制系统、SCADA站控系统和通信系统，如图1所示。

2.1　SCADA中心控制系统。

中心控制SCADA系统负责管道生产实时监视和控制等功能，主要由SCADA实时数据服务平台和HMI客户端组成。中心控制SCADA系统通过MODBUS-TCP、CIP等通信协议采集站场过程控制系统的油气管道生产数据。OPC协议则通常应用于在中心控制系统的多套SCADA系统之间交换业务数据。

2.2　SCADA站场控制系统。

油气管道站场包括首站、末站和中间站三种类型，分别负责对输送的石油或天然气进行控制和操作。站场控制SCADA系统与PLC等现场设备通常部署在同一站场，一般构建百兆、千兆局域网或串行通信链路。站控系统可分为两部分：SCADA上位机和PLC过程控制设备。站控SCADA系统一般将SCADA软件服务端与客户端集成部署在工作站。

2.3　SCADA通信系统

油气管道SCADA通信系统主要以光纤通信为主，卫星或无线公网为辅。其主要采用MODBUS-TCP、IEC 60870-5-104、DNP3等工控协议实现中控与站控之间管道业务数据传输。

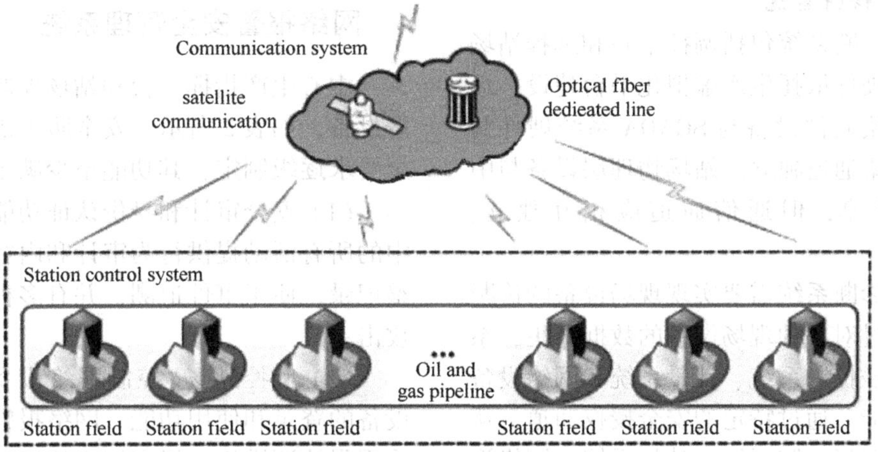

图 1　油气管道 SCADA 系统的网络结构

基于对油气管道 SCADA 系统的分析，我们建立油气板块 SCADA 系统的参考模型，并对其网络拓扑结构分层详细描述，。此模型可分为四个层次，如表 1 所示。

(1) 监视控制层。作为控制中心，监控层涵盖管道 SCADA 中心控制系统，包括实时数据库、历史数据库、管道运行优化系统和管道集中监视报警系统。

(2) 站场控制层。站场控制层位于管道的各个站场，包括对物理过程的监测和控制功能；人机操作界面的监测和控制功能；过程历史数据采集和存储等组件；现场工程师站、操作员站、实时数据库等。

(3) 过程控制层。过程控制层位于管道的各个站场，主要包括感知和操作物理过程的功能，还包括控制系统的可靠性保障功能。该层的典型物理设备包括 PLC、RTU 等。

(4) 生产设备层。生产设备层位于管道的各个站场，包括各类管道生产设施。典型的设备包括与工艺流程和工艺设备直接相连的传感器和执行器，诸如计量装置、温度和压力传感、电动控制阀门开关、压缩机电机等。

表 1　油气管道 SCADA 系统的层次模型

监视控制层	油气管道控制中心 SCADA 系统		
站场控制层	天然气管道压缩机站上位计算机	天然气管道输气站上位计算机	天然气管道首站上位计算机
过程控制层	物理控制器	物理控制器	物理控制器
生产设备层	天然气管道	石油管道	DNN 专线

3　智能管道需求分析

SCADA 系统在科学调度、智能运维、经济运行、管道数字化的基础上，通过“端+云+大数据”的架构，整合管道全生命周期数据，提供智能分析和决策支持，实现管道可视化、管道网络化、管理智能化。智能化管道运行模式是其主要发展方向，具有数据全面统一、可视化交互、系统集成互联、供给精准匹配、运行智能高效、预测预警可控等特点。

3.1　SCADA 系统和数据库

生产调控 SCADA 系统包括远程站场和调控中心两部分。远程站场需配备智能网关、安全防护、网络通信等设备，实现远程站的数据采集，数据传输到中心后进入不同的系统。调控中心的 SCADA 系统服务可部署在虚拟化平台之上，并在虚拟化平台的基础上扩展。

SCADA 监控系统支持标准的 OPC 协议数据发布，为中间数据库提供管道生产实时监视数据。

中间数据库一般由 4 台服务器和 2 套网络传输设备组成。中间数据库与生产网络、办公网络之间考虑安全防护设备和策略。数据库软件可采用工业实序数据库，提供数据采集、实时数据库管理、历史数据库管理、数据处理、数据及应用发布软件；中间数据库数据点的设置应综合考虑 SCADA 系统实时生产数据、PLC/RTU 诊断数据、测量诊断数据和压缩机诊断数据等。

3.2 远程维护诊断系统

远程维护诊断系统包括调控中心和远程站场两部分。中心硬件依托生产虚拟化平台建设；远程站场数据采集硬件设备与 SCADA 系统硬件共享，但数据采集通道独立。站场物理层设备与中心通信链路共享，但通信通道应相互独立、隔离。

远程维护诊断系统需要实现现场设备的诊断数据采集。通过对各种现场设备的数据采集，系统应实现对电磁控制系统、计量系统和网络设备的远程诊断功能。通过特定的安全授权通道，从业人员实现对现场控制系统、计量系统、网络设备和分析设备的远程维护和管理。

3.3 安全与报警系统

报警分析管理系统属于高级应用部分。其依托应用服务虚拟化平台，通过中间数据库采集的生产相关数据、诊断数据、网络报警等数据，以及 GIS 系统采集的智能安防数据等非生产数据，实现生产报警和环境报警。系统提供的报警历史记录功能，可追溯当时报警处理的全过程。移动报警处理终端和相关手动报警器可自动接入综合报警分析系统。

综合安防方面，对工业电视、消防系统、激光扫描预报警系统、周界报警系统等非生产相关系统数据进行采集处理，利用现有的工业电视传输通道，将安防相关数据上传到中心相关系统。通信网络独立于生产网络和办公网络。

4 网络报警安全管理系统

中心生产指挥平台和站场控制网络按三级部署设备，如表 2 所示。安全防护措施根据网络安全要求逐级制定，其功能至少满足以下要求，

（1）安全审计和身份认证功能。系统对网络中的所有活动提供行为审计和内容审计，生成完整记录，便于事件追溯，并有多种手段检测网络攻击；

（2）监控站场“控制网络设备”和控制系统设备的登录和使用功能。网络报警安全管理系统采用强认证措施，提高用户认证的安全性并集中管理所有服务器和网络设备账号；

（3）统一管理和维护安全防护设备，收集设备安全报警和日志。网络报警安全管理系统以安全防护和安全审计为基础，辅以威胁态势分析、源头事件跟踪、基准行为审计、结构安全分析、系统入侵检测等功能，满足安全态势分析的主要特点；

（4）安全管理平台应实时监控全网安全设备、工控设备和网络设备的运行状态，实时监控工控网络中的安全风险因素和故障相关信息，必要时做出报警响应。软件应具有较高的易用性、兼容性和扩展性，提供开放的数据接入端口，有效兼容不同厂家安全防护信息的标准化接入；并能兼容不同网络的安全管理，定制开发显示界面，从不同维度展示工控网络的安全管理。

（5）便携式设备和即插即用设备的安全检测功能可自动生成相关报告，并与中心平台兼容。

表 2　油气管道 SCADA 系统安全威胁等级对应关系

监控控制器	数据明文传播	协议开放性	公共互联网
非法访问	网络结构脆弱性	卫星通道中的工业控制风险	DNN 专线
物理层控制器	物理层控制器	物理层控制器	物理层控制器

5 结论

作为国家能源大动脉的重要组成部分，油气管道 SCADA 系统的信息安全将直接影响油气管道的生产和运行，对国家能源和经济安全构成严重威胁，具有十分重要的意义。石油、天然气等能源是现代工业的血液，但传统的油气管道工业控制网络信息化程度低，站内设备资源利用率不高。因此，将油气管道工控数据系统的新型智能化“管控”方式应用到当前的油气管道中，将大大提高油气管道的管控效率，促进各大产业的发展。

参 考 文 献

[1] BOYER S A. SCADA supervisory control and data acquisition. USA：International Society of Automation (ISA)，2010.

[2] 梁静华，赵竹，张增强等．成品油管网调运决策平台的结构设计[J]．油气储运．2013.

[3] 黄河，张伟，祁国成等．油气管道SCADA 系统数据传输的安全风险及其解决方案．天然气工业，2013，33(11)：115-120.

[4] 尤冬青，李国栋，刘芸等．基于 PCS 的油气管道站控 SCADA 系统应用．工业技术创新．2017，4(3)：

102-105.

[5] Rodrigues A, Best T, Pendse R. SCADA security device: Design and implementation. Proc of association for computing machinery. Oak Ridge, TN, United States: [s. n.], 2011: 372-377.

[6] Thomas M S, Kumar P, Chandna V K. Design, development, and commissioning of a supervisory control and data acquisition (SCADA) laboratory for research and training. IEEE transactions on power systems, 2004, 19(3): 1582-1588.

[7] 张伟，周峰，黄河等．管网SCADA系统通信协议一致性测试方法研究．计算机技术于与发展．2014, 24(1): 224-227.

[8] 张光华，李群，邓云峰等．长输油气管线安全生产事故监测预警平台设计与实现．中国安全生产科学技术．2011,(2).

[9] 黄河，陈鹏，咸玉龙等．基于SCADA系统的管道事故分析预警方法研究．电子科学技术．2017, 4(1).

基于量子密钥与虚拟专用网络技术的石油化工企业信息管理研究

张英华 黄素雅 陈德利 赵 波 刘 峰

(合肥珑驰量子科技有限公司)

摘 要 石油企业作为能源产业的支柱，其发展状况直接关系到国家能源安全和经济社会的可持续发展。而石油企业的信息中包含着事关国家能源战略的重要信息，因此石油企业的信息保密在当前的国际形势中显得尤为重要。鉴于此，为保证石油企业信息安全，研究提出了量子密钥分配与虚拟专用网络的通信系统。该系统以相位编码量子加密技术作为基础，利用国密SM4分组密码算法对2M通道进行加密，并采用了双马赫-曾德尔干涉仪设置，以抵消环境对光子状态的影响。实验结果显示，基于相位编码量子密钥分配的虚拟专用网络系统在启动测试时条纹可见度保持在100%，而密钥量则在9500 bit左右波动；误码率最高为6.2%，最低为0.8%，平均误码率为3.0%左右。基于相位编码量子密钥分配的虚拟专用网络系统的成码率最高为2.38kbps，最小为1.59kbps，平均成码率为1.98kbps；误码率和量子比特错误率均随时间逐渐下降，最终分别稳定在2.6%和2.7%左右。未进行加解密时，基于相位编码量子密钥分配的虚拟专用网络系统的延时最大为22us，最小为19us，平均延时为20us。而在进行加解密时，最大延时为273us，最小延时为267us，平均延时为270us。上述结果表明，研究提出的基于相位编码量子密钥分配的虚拟专用网络系统能在保证通信效率的基础上，实现对通信信息的有效加密，以保证石油化工企业的信息安全。

关键词 量子密钥；虚拟专用网络；相位编码；企业信息；通信系统

石油在世界能源消费结构中占据重要地位，为国民经济持续发展、交通事业现代化和石油化工等产业发展做出了巨大贡献，同时也是各个国家保证能源安全和提高民生福祉的重要来源。但自中美经贸摩擦以来，中国企业的网络安全受到巨大威胁。以华为事件为例，早在十年前，美国国家安全局就开展了入侵行动，对华为总部网络实施了长达7年的攻击和监控，通过入侵华为内部邮件系统，掌握了包括任正非在内的华为高管的大量机密信息。而作为事关能源安全的石油企业信息，其必须受到更高等级保护。而量子加密技术由于利用了量子力学的特性，尤其是量子叠加态、测不准和不可克隆性，导致量子加密在理论上具有无法被破解的优势。因此，为了维护石油企业的信息安全，研究提出了基于相位编码量子加密的虚拟专用网络(Virtual Private Network，VPN)系统。研究的创新之处在于将基于相位编码的量子密钥分配(Quantum Key Distribution，QKD)系统与VPN相结合，并在QKD中引入了双干涉仪设置和即插即用系统，以减少环境对光子的影响。

2 基于QKD及VPN的石化企业信息加密通信

2.1 基于相位编码的量子加密通信

在当今的信息时代，密码学不仅仅在个人通信、电子支付、文件加密等日常生活方面发挥着重要作用，在商业机密、网络信息安全等领域也十分关键。作为关乎社会稳定的石油化工行业，其信息往往包含大量重要的能源信息，因此，对石油化工企业的信息保密至关重要。量子加密技术相较于其他加密技术具有极高的安全性和完美的保密性，因此能有效保证网络信息安全。目前最常见的量子加密技术为QKD，借助于QKD技术，通信双方可以在安全性未知的信道上建立安全的密钥分发通道，从而在安全密钥的生成过程不会被第三方窃取。现有的QKD系统包括单光子信号、相位编码、差分位移和连续变量信号四种，其中基于相位编码的QKD系统相较于其他QKD技术具有传输率更高和误码率更低的优点。所谓相位编码量子加密是指利用量子叠加态、测不准和不可克隆性原理，通过接收和发送一系列经过相位编码的量子比特，在通信双方之间建立安全的密钥。相位编码 QKD 的核心部位为马赫-曾德尔(Mach-Zehnder，MZ)干涉仪，其原理如图 1 所示。

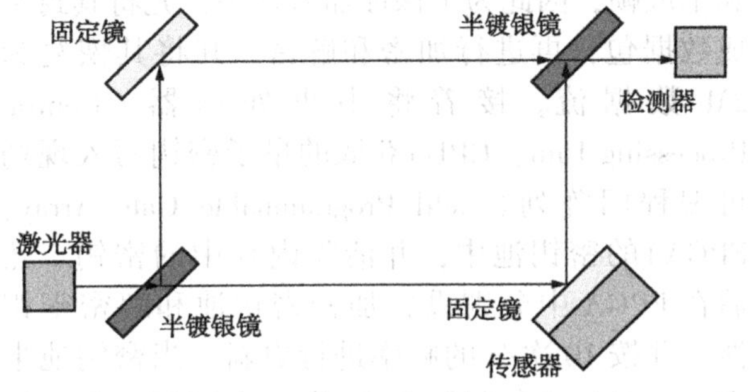

图 1　MZ 干涉仪原理图

由图 1 可知，激光器发射出一道准直光束，该光束经过一块半镀银镜，被分成两束光。两束光又分别被反射，并经过第二块半镀银镜进入检测器。在 MZ 干涉仪中，发射出的光脉冲被分为两束之后，这两束光之间存在 90°的相位差。此时，相位调制器会增加支路光束的相位，再经过耦合器合路后进入检测器。而进入检测器的两束光脉冲中，相位落后的支路光束相位会增加 90°，而另一支路光束相位不发生变化。此时，两束支路光束间相位差的计算公式见式(1)。

$$\Delta\varphi=\varphi_0+\varphi_A+f_p l_A+\frac{\pi}{2}-\left(\varphi_0+\varphi_B+f_p l_B+\frac{\pi}{2}\right)$$
$$=\varphi_A+\varphi_B+f_p(l_A-l_B) \qquad (1)$$

式(1)中，$\Delta\varphi$表示支路光束间的相位差；l_A 和 l_B 表示相位落后的支路光束的相位增量；f_p 表示相位超前的支路光束的相位增量；φ_0 表示发射光脉冲的相位；l_A 和 l_B 分别表示两束支路光束的长度；f_p 表示相位传输函数。当支路光束的相位增量差为 0 时，可以分别得到检测器 1 和检测器 2 的最大值和最小值；当相位增量差为$\frac{\pi}{2}$或$\frac{2\pi}{3}$时，两个检测器的光强相等；而当相位增量差为 π 时，可以分别得到检测器 1 和检测器 2 的最小值和最大值；据此可以实现对量子比特的相位编码。不同相位增量组合如表 1 所示。

表 1　相位增量组合

发送信息	φ_A	φ_B	相位差	检测器 1	检测器 2	接收信息
0	0	$-\frac{\pi}{2}$	$-\frac{\pi}{2}$	未知	未知	未知
0	0	0	0	1	0	0
0	$\frac{\pi}{2}$	0	$\frac{\pi}{2}$	未知	未知	未知
0	$\frac{\pi}{2}$	$\frac{\pi}{2}$	0	1	0	0
1	$\frac{2\pi}{3}$	0	$\frac{2\pi}{3}$	未知	未知	未知
1	$\frac{2\pi}{3}$	$\frac{\pi}{2}$	π	0	1	1
1	π	0	π	0	1	1
1	π	$\frac{\pi}{2}$	$\frac{\pi}{2}$	未知	未知	未知

由表 1 可知，当发送信息为 0 时，φ_A 存在 0 和$\frac{\pi}{2}$两种情况，φ_B 和相位差均存在$-\frac{\pi}{2}$、0 和$\frac{\pi}{2}$三种情况。当发送信息为 1 时，φ_A 存在$\frac{2\pi}{3}$和 π 两种情况，φ_B 存在 0 和$\frac{\pi}{2}$两种情况，而相位差则存在$\frac{\pi}{2}$、$\frac{2\pi}{3}$和 π 三种情况。在通信结束后，双方会公开自己的测量基，并经过对比后保留正确结果，再进行处理即可得到量子密钥。但由于受实际环境的影响，导致 MZ 干涉仪的臂长不稳定，无法保证相位差为 2π 的整数倍，因此研究采用了双 MZ 干涉仪设置。这种设置会抵消环境对光子状态的影响，并降低发送端和接收端干涉仪臂长的调整难度。为了进一步减少环境对相位编码 QKD 的影响，研究还在其中引入了即插即

用系统。此外，为避免特洛伊木马攻击，研究还采用了单向量子密钥分发系统，使得环境变化导致的信道偏振变化可以通过反射镜实现自适应补偿。同时相位编码 QKD 在光子偏振态变化的影响下，仅会影响密钥的产生效率，不像偏振态编码一样会产生误码。

2.2 基于相位编码 QKD 的 VPN 系统设计

石油作为国家的战略性物资，其不仅是重要的运输及发电燃料，也是许多化工产品和合成材料的基础原料。国家的工业发展和人民生活都离不开石油，其供给与国计民生息息相关。可见，构建一个可持续发展、安全且高效的能源体系迫在眉睫，而信息化管理正是促进这一体系构建的重要推手。但受当前复杂的国际形势的影响，石油化工企业面临严峻的信息安全挑战。鉴于此，研究提出了基于相位编码 QKD 的 VPN 系统，以提高石油化工企业的信息保密程度。在构建量子加密的 VPN 系统时，首先需要利用无线局域网标准的分组数据算法 SM4 算法对 2M 通道进行加密和解密，且保证不同 2M 通道密钥各不相同。由于 2M 通道存在两种不同的工作模式，即成帧和不成帧，因此为了保证加密效果，先将其封装成数据包，再进行加密和解密，并将其恢复为 2M 数据流。接着将中央处理器（Central Processing Unit，CPU）获取的量子密钥写入现场可编程门阵列（Field Programmable Gate Array，FPGA）的密钥池中，并清除内存中的密钥。然后在 FPGA 中分别设置加密密钥池和解密密钥池，并按 10 次/s 的频率进行更新。当密钥池半空时，CPU 会每间隔 3.2s 取一次密钥。在进行加密时，为保证加密效率，采用的加密模式为流水线式。密钥和数据块均为 128bit，加密流输出延迟时间为 1 帧。值得注意的是，在加密和解密前应该进行密钥协商，以保证发送端和接收端的密钥同步。基于相位编码 QKD 的 VPN 系统如图 2所示。

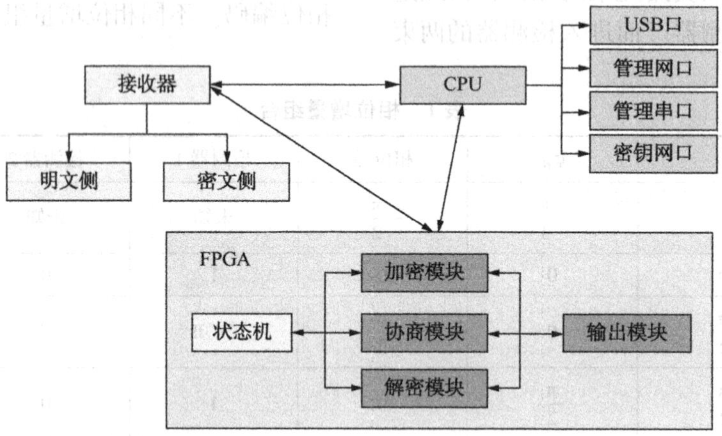

图 2　基于相位编码 QKD 的石油化工企业 VPN 系统

由图 2 可知，基于相位编码 QKD 的石油化工企业 VPN 系统由接收器、CPU 及 FPGA 组成。其中 FPGA 负责对信息进行加解密和过程控制，其由状态机、加密模块、协商模块、解密模块和输出模块组成，状态机用于监控模块状态并控制模块运行。加密模块、协商模块和解密模块会将数据传输给输出模块，并将状态码传输给状态机模块，状态机模块可根据控制信号选择相应的模块运行。加密模块在收到数据后会先进行串并转换，并发出高电平脉冲信号。接着由加密模块锁存密钥和明文，并进行加密，并通过高电平脉冲信号告知下一模块加密完成。此时，加密密钥管理子模块会从密钥池中取出密钥，以待加密模块使用。加密完成后进行并串转换，将数据还原为串行数据。解密模块的工作机制与加密模块类似，首先进行串并转换，然后由解密模块锁存密钥和密文，并进行解密，最后进行并串转换，先输出全 1 码，再进行密文的转换。协商模块是由协商输出和状态码检测两个子模块组成，首先协商输出子模块会根据状态机发出的控制信号进行密钥协商并生成状态码。然后状态码检测子模块会对状态码进行判断，当其符合条件时，会将结果返回给状态机，否则继续对状态码进行检测。

在 VPN 系统进行密钥协商时，协商输出子模块和状态码检测子模块会一直进行状态码输出和检测工作，因此状态机会根据返回信息进行状态转移。在接收端和发送端对加解密设备初始化完毕后，会自动进入初始状态。发送端在接收到控制信号后会进入协商状态，并发出状态码。接收端收到状态码后，会同样进入协商状态。密钥协商完毕后，输出状态码至状态机，此时双方会建立通信链路，并进入申请密钥的环节。发送端会首先进入申请密钥状态，并在获取密钥后发出密钥信息码。接收端收到状态码和密钥信息码后，会进入与发送端相同的状态，并进行相同操作。在获取密钥后，发送端会进入加解密工作状态，发送状态码并进行加解密工作；接收端收到状态码后会同样进入加解密工作状态。

3 石化企业量子加密通信系统测试结果分析

由于石油化工生产具有易燃、易爆、高压、腐蚀等危险因素，容易发生生产事故，因此为了保障生产安全，通信系统必须具有低延时和高稳定性的特点，以便发生危急情况时进行应急指挥。因此，为了验证研究提出的基于相位编码QKD的VPN系统能否满足石油化工企业的通信需求，研究对其进行了测试，测试内容包含对QKD系统的稳定性和加解密延时。测试时使用了光网络测试仪，该仪器具备2路光衰减量设置，光衰减范围0~40dB，精度不低于0.1 dB；具备2路光信号发送功能，光波长至少满足3种常用波长，且光波长可以主动设置偏离，具备光反射损耗测试功能，测试精度不低于-70 dB。测试方案为：首先在光网络测试仪构建数据包，并设置数据帧长，然后配置好量子加密VPN的参数，即可对系统的加解密延时参数进行测量。基于相位编码QKD的VPN系统启动时的性能如图3所示。

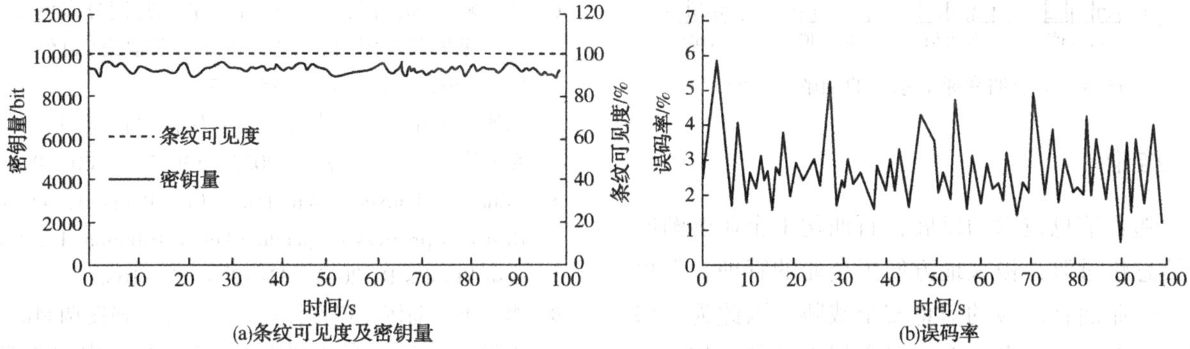

图3 量子加密通信系统启动测试时的性能

由图3(a)可知，量子加密通信系统启动测试时条纹可见度保持在100%，而密钥量则在9500bit左右波动，但整体变化较为平稳。由图3(b)可知，量子加密通信系统启动测试时的误码率最高为6.2%，最低为0.8%，平均误码率为3.0%左右。上述结果表明，量子加密通信系统刚启动时具有较好的加密性能，但误码率波动较大。

如图4所示的是启动后24小时内的量子加密通信系统性能测试结果。由图4(a)可知，量子加密通信系统在24小时内的成码率最高为2.38 kbps，最小为1.59 kbps，平均成码率为1.98 kbps。由图4(b)可知，启动后24小时内，量子加密通信系统的误码率逐渐下降并最终保持稳定，在初始阶段，误码率为3.9%，60s后下降至2.7%，并最终保持在2.6%左右。量子比特错误率(Quantum bit error rate，QBER)的最大值为5.0%，最小值为0.4%，平均QBER为2.7%。上述结果表明，量子加密通信系统具有良好的长期稳定性。

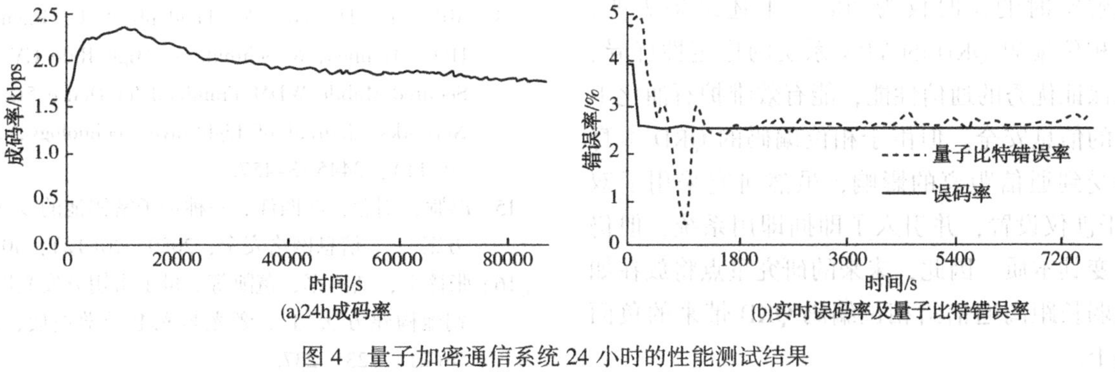

图4 量子加密通信系统24小时的性能测试结果

如图5所示的是量子加密通信系统的加解密延时结果。由图5可知，未进行加解密时，量子加密通信系统的延时最大为22us，最小为19us，平均延时为20us。而在量子加密通信系统进行加解密时，最大延时为273us，最小延时为267us，平均延时为270us。其中加解密支路的最大延时和最小延时分别为128us和122us，平均延时为125us。可见，量子加密通信系统的延时较为稳定，能有效保证通信效率。

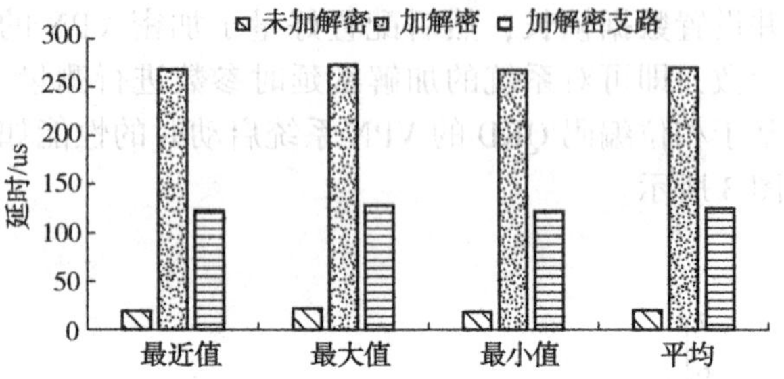

图5　量子加密通信系统的加解密延时

4　结论

随着信息技术的发展，石油化工企业逐渐向着信息化过渡，极大地方便了企业的管理，但也导致企业面临严峻的信息安全威胁。因此为了保证石化企业的信息安全，研究提出了基于相位编码QKD的VPN系统。实验结果显示，基于相位编码QKD的VPN系统在启动测试时条纹可见度保持在100%，而密钥量则在9500bit左右波动，整体较为稳定；其误码率虽然波动较大，但未超过6.5%。而在24小时内，基于相位编码QKD的VPN系统的成码率最高为2.38kbps，最小为1.59kbps，平均成码率为1.98kbps；误码率随时间逐渐下降并最终稳定在2.6%左右，QBER最终稳定在2.7%左右。系统在加解密时的平均延时为270us，各支路的平均延时为125us，未进行加解密时的延时仅为20us。上述结果表明，基于相位编码QKD的VPN系统的稳定性优异，且能保证优秀的通信性能，能有效维护石油化工企业的信息安全。但由于相位编码的QKD本身容易受到通信距离的影响，虽然研究采用了双MZ干涉仪设置，并引入了即插即用系统，但仍未改变其本质。因此，未来的研究重点将放在如何削弱长距离通信给相位编码QKD带来的负面影响上。

参考文献

[1] 王朴，陈泽西，毋凡等．基于Logistic混沌的电力线载波频谱分组量子加密算法[J]．沈阳工业大学学报，2023，45(3)：319-323.

[2] 石金晶，陈添，陈淑慧，等．基于Arnold变换的量子图像混沌加密方法[J]．电子与信息学报，2022，44(12)：4284-4293.

[3] 李兆崇，郝坚勇，付海州等．某油田轻烃回收厂控制系统项目中的工控安全技术应用[J]．自动化博览，2024，41(01)：62-64.

[4] 宋昊爽．工控信息安全设备互信技术实践及展望[J]．当代石油石化，2023，31(04)：43-46.

[5] 刘双龙，卢永慧．石化企业DCS工业控制系统信息安全防护系统的开发和应用[J]．化学工程与装备，2022(03)：153-155.

[6] 朱宏峰，陈柳伊，王学颖等．量子密钥分发网络架构、进展及应用[J]．沈阳师范大学学报(自然科学版)，2023，41(06)：515-525.

[7] 田野，何申，李德志等．量子保密通信应用服务体系研究[J]．电信科学，2023，39(12)：100-109.

[8] Zhang Chunxue, Wu Dan, Cui Pengwei, et al. Research progress in quantum key distribution[J]. Chinese Physics B, 2023, 32(12): 154-168.

[9] 李云坤，蒲涛，郑吉林等．基于并联强度调制的量子噪声随机加密实现方案研究[J]．中国激光，2021，48(17)：98-105.

[10] 吴佳楠，张莹，赵剑等．基于温度变化的相位QKD系统误码率分析[J]．中南大学学报(自然科学版)，2021，52(9)：3234-3241.

[11] 李小珂．基于时间相位编码的QKD系统中发射端芯片的研究[D]．山东大学，2024.

[12] 李振威，蒋思尝，栾敬钊等．基于双MZ干涉原理的光纤微振动传感器关键技术[J]．光通信技术，2020，44(09)：45-47.

[13] 王晟，方晓明，林昱，等．四强度诱骗态相位匹配量子密钥分发协议[J]．量子电子学报，2023，40(4)：541-545.

[14] Milovanev D, Voki N, Laudenbach F, Pacher C, Hübel Hannes, & Schrenk B. High Rate CV-QKD Secured Mobile WDM Fronthaul for Dense 5G Radio Networks. Journal of Lightwave Technology, 2021, 39(11): 3445-34457.

[15] 冯雁，刘念，谢四江．一种量子密钥池的双向使用方案[J]．信息网络安全，2020，20(12)：40-46.

[16] 张梓平，刘国军，董凯等．量子密钥分发光网络密钥池构建方法[J]．激光与光电子学进展，2019，56(21)：231-237.

[17] 李景琦，聂敏，杨光等．大气环境影响下的量子卫星通信 MIMO-QKD 策略性能分析[J]．激光杂志，2022，43(5)：5-12.

[18] 康鹏，郭翔，赵胶胶．一种基于有限密钥和诱骗态的双场量子密钥分发协议[J]．计算机应用与软件，2023，40(10)：329-336.

[19] 张佳一，陈华星，张桓毓等．基于被动式光源监控的参考系无关量子密钥分发[J]．物理学报，2023，72(15)：10-16.

[20] 徐雅斌，张梅舒，李艳平．基于回溯的 QKD 网络随机路由选择算法研究[J]．电子科技大学学报，2021，50(4)：565-571.

智能化工厂建设之融合通信和视频交接班系统

任治洪

（广东石化有限责任公司）

摘　要　融合通信系统、视频交接班系统设计采用当前先进的音视频融合技术、通信技术、AI 人脸识别技术、AI 语音识别技术等，具有国内领先的水平，并且在可持续发展性上具有较大的发展空间及一定程度的超前性。融合通信系统、视频交接班系统建设采用先进的设备，一方面保证系统的建设、运行和管理达到国内外先进水平，另一方面保证系统具有良好兼容性和扩展性，满足后期随着业务的需要能够进行持续的功能完善和系统的升级。

融合通信系统、视频交接班系统作为企业生产管理的主要服务支撑平台必须具备良好的可靠性，在应用设计时，不仅要充分考虑到各个节点的可靠性，而且要确保数据采集层面、平台交互层面和应用层面的可靠性，使业务畅通无阻，从而保障整体系统的可靠性，减少因系统原因导致的无法正常工作等现象，且能够长期连续稳定运行。

融合通信系统、视频交接班系统必须具备开放的外部接口及异系统音视频互联接口，能够与不同厂家的不同音视频系统互联，实现多协议间数据的互通调用（不限于调度电话、行政电话、集群对讲、扩音对讲、广播系统、视频监控系统、视频会议系统、移动单兵系统、智能巡检系统、智能终端（含个人手机）、短信平台等）。同时满足便与 MES 系统、安全环保管控系统、企业综合指挥调度系统等外部系统进行数据及业务的集成。

结合业务管理的实际情况和要求，及时准确地打通各类音视频系统的数据，保证业务及数据的连续性，并且易于实施。用户在系统软件上，能够一目了然的了解系统所有功能的信息，其用户界面尽可能易学、易用、易维护的人机交互形式和图形化的界面。

关键词　融合通信；公共交换；5G 专网；信息传输；数据采集；数据应用；数据展示

1　课题选择

音视频系统建设主要包括调度电话系统、行政电话系统、无线对讲系统（无线集群）、视频监控系统、移动单兵系统（含应急车载视频）、扩音对讲系统、广播系统、智能巡检系统（含巡检终端）、视频交接班系统等，以及个人手机等外部通讯手段，各系统独立建设、自成体系，相互之间缺乏有效的整合手段，应用方式单一，无法做到协同应用，互联互通问题不能很好地解决。且在实际使用过程中存在诸多限制，尤其在炼厂复杂环境下，单一的通信技术手段无法保证信息的有效传递，信号盲区较多，前后方沟通存在断点和不畅。在当前生产经营瞬息万变的环境下，音视频系统的闭塞、数据不能共享，在企业日常生产沟通、应急指挥时会带来很大的麻烦，比如沟通效率低下、手段单一、应急情况下无法协同指挥调度等。各部门调度在反馈问题时，重复沟通，均为纯语音反馈，无法直观看到现场情况，无法满足调度中图片、文字、语音、视频等多维信息需求。在应急时，无法确保快速通知相关人员，影响指令上传下达，且传统的以通信设备为中心的呼叫方式，找人效率低、不可靠、厂区现有广播系统不能为紧急撤离时所用、现有短信追呼功能没有信息的反馈，同时存在系统漏呼现象、视频会议系统无法看到处置现场实时画面等诸多问题。

目前炼化企业内外操交接班大部分都是传统的方式，按照公司交接班管理制度，内外操接班人员提前到岗进行交接班前检查，外操按巡回检查路线和内容逐点对装置生产工艺、设备和安全环保进行全面检查，内操检查生产、质量报表和交接班记录，交班班组要提前检查装置生产、设备、卫生、工器具，记录等情况，具备交班条件后再组织交接，费时费力、且无法有效记录。

2　目标设定

融合通信目标：打通指挥中心、现场指挥

部、一线处置人员及业务人员之间的语音、视频、数据、位置、应用等通道，配合使用各类业务终端，利用集群语音、视频分发、视频会议、GIS位置展现等手段，实现看得见、呼得通、调得动的统一通信平台，为生产调度、应急指挥提供有力的抓手。

视频交接班目标：内外操交接班时，内操一键发起视频交接班会议，对应外操交接班室视频会议终端自动接听并入会。视频交接班会议发起连接成功后，交接班人员刷脸签到，人员确认完毕后内外操人员共同通过视频交接班系统开展交接班工作。交接过程中对交接班日志记录进行屏幕共享，线上进行实时批注，对交接班内容进行远程签字确认，同时在交接班过程中实时将会议成员语音转换为文字进行显示，并将转换后的文字、交接班资料、音视频信息进行保存，实现交接班文字、图片、语音短信、视频等信息可全程回溯。内外操交接班结束后如发现实际情况与交接班前情况不符，可通过会议录播回溯交接班过程中所有记录，进行比对确认，实现交接班过程有效管控。

3 确定最佳方案

3.1 融合通信极大提高现场通讯保障水平

企业现有的行政电话系统、调度电话系统、无线集群对讲系统、扩音对讲系统、广播系统、智能巡检系统(含无线智能终端)、短信平台、视频会议系统(含视频交接班)、视频监控系统、单兵系统、移动摄像机等系统或设备融合在一个平台上，打通指挥中心、现场指挥部、一线处置人员及业务人员之间的语音、视频、数据、位置、应用等通道，配合使用各类业务终端，利用集群语音、视频分发、视频会议、GIS位置展现等手段，实现看得见、呼得通、调得动的统一通信平台。融合通信APP安装到巡检仪、个人手机上，可以实现等多种终端融合融信，方便外操巡检、干部巡检，以及领导在办公场所和离厂期间与现场装置对话、应急指挥。

实现与办公电话、调度电话、对讲系统、扩音系统、广播系统、智能终端、手机的统一接入；实现所有音频系统的集中管理与调度，各种音频系统之间的无缝互通，以及与其他视频系统、业务系统的交互；实现专网与公网、固定电话、SIP语音系统的点呼、组呼互通；实现融合通信系统内其他通信系统语音终端与固定电话的互通；实现智能终端之间进行视频通话业务，在通话进行的同时，双方均可以看到对方的视频画面；实现集群组呼、点呼、紧急呼叫、动态重组等语音集群调度功能；实现会议视频、监控视频、手机/固话、IP话机等音视频资源融合调度；实现与视频交接班系统融合，能够一键发起单个或多个视频会议，并将现场视频画面共享至会议中，所有参会方均可浏览。

3.2 视频交接班大幅降低内外操沟通成本

提高员工工作效率及沟通效率，减少现场往返时间，方便内操与外操之间及时沟通，对交接班过程进行有效管控；同时基于现场网络链路，根据不同的业务应用需要通过固定语音电话、手机APP(含语音、视频)、智能终端、视频交接班会议终端等能够实时互联，随时启动应急会议及常规会议。实现交接班人脸签到功能，降低各生产运行部交接班统计工作量。

实现点对点、多组会议、会议录音录像及录像回播功能；实现在交接班过程中智能语音识别功能，将通话内容转变为字幕显示，显示过程中实现语音智能矫正；实现在交接班过程中智能人脸签到功能，通过人脸识别对交接班人员进行点名；实现会议白板功能，包括电子白板可以使用手写笔重点标识记录信息，并进行远程确认签字；实现通过在PC上安装视频会议客户端软件，通过网络互通，实现坐席实时加入会商会议；实现智能终端在会议中共享数据功能，含桌面APP功能、手机实时录像视频、手机照片等内容；实现手机APP入会，可与视频交接班系统进行音视频通讯。

4 制定对策

在充分借鉴同行业系统实施经验的同时，结合企业的自身特点，采用成熟的项目实施方法论来支持融合通信系统和视频交接班系统的实施。通过采用成熟的项目实施方法论可以达到：运用实施方法和策略，提高项目实施效率和效益；有效监督和控制项目进度，有效利用项目资源，保证项目的经济和高效；通过运用方法论，完成高质量的项目实施，使项目中的风险降低到最少，同时保证项目能很快适应业务的变更并及时进行调整；项目实施流程分为7个阶段：即项目启动阶段、现状调研与需求分析阶段、方案设计阶段、系统开发与测试阶段、系统实施、系统上线及项目验收阶段执行。

主要采用迭代法进行开发，(图1)。

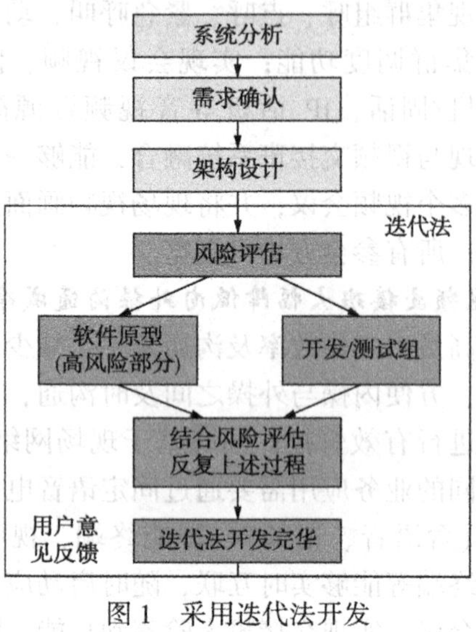

图1　采用迭代法开发

首先分析风险，按照风险带来的损失排序，然后按损失从大到小，取出风险，制定一个方案去消除和缓解风险，这个方案通常包括需求分析、设计、实现、测试各项环节。然后实施该方案，根据结果修改整个软件的解决方案，重复上述过程一直到软件完成。实施组在系统开发初始，即花费了大量的时间进行系统设计。对于“高风险的功能模块”先行进行了软件原型的开发，然后根据开发的软件原型让业务组成员进行确认，根据业务组成员的反馈意，进行原型的修改，形成该模块的最终设计。

5　实施对策

5.1　确定实施组织

根据企业融合通信系统(含视频交接班系统)建设项目需要，建立以项目组与承建单位共同组成的大项目组，明确组织机构，确保组织到位，人员到位，责任到位，确保项目顺利进行。

5.2　调研需求

对用户业务需求、功能需求进行梳理，对系统运行支撑系统、通信对接系统进行调研，确定对接接口、方式，对调研记录进行收集、整理和分析，分析调研记录，输出详细文档。

5.3　方案设计

对系统内服务器、网关、交换机、终端等硬件设备安装方案、物理连接方式设计，对系统软件参数配置设计，对系统组件进行网络参数配置设计，对系统与其他通信系统对接接口的接口方式、协议、信令等进行配置，对系统新开发模块设计与开发。

5.4　系统实施

完成服务器、网关、网络设备、操作系统等基础环境的搭建，使之符合建设功能的实施条件。完成融合通信系统和视频交接班系统各模块的部署工作。进行系统内设备软件参数、网络参数配置以及与其他系统对接，系统综合功能调试、排障。

5.5　系统功能测试

①融合通信系统支持且配置注册用户数4000个，群组数400组；

②群组建立时延不超过300ms、抢权时延不超过150ms、点呼呼叫建立时延不超过500ms；

③融合通信系统多媒体调度与群组或其他用户进行短信/彩信业务，并能够查询、删除短信/彩信，单条短信大小不小于20M；

④融合通信系统接口开放能力须配置64路异系统语音并发，64路1080p异系统视频并发，64路异系统GIS并发；

⑤融合通信系统视频转码语音转码并发路数64路，视频转码并发路数并发64路；

⑥融合通信系统最大可配置32路语音调度台坐席，64路集群组并发，最大同时调度64个语音集群，64路语音并发资源，提供最大64路语音媒体资源；

⑦融合通信系统最大可配置32路视频调度(预览、分发、回传)坐席，满足64路1080P视频并发资源能力；

⑧融合通信系统配置32路数据调度坐席(包括图片、声音、文字)；

⑨融合通信系统位置调度须满足2000个用户的GIS接入；

⑩融合通信系统用户终端管理须满足2000个集群用户接入，100个集群群组接入；

⑪融合穿越与呼叫控制网关满足200M穿越能力、硬终端128路注册、软终端500路注册；

⑫融合通信系统无线集群对讲网关满足2000个终端接入，100个集群群组接入数，80路语音并发；

⑬融合通信系统视频对接网关满足10000

个摄像头，20 路 4K 视频、25 路 1080P 视频、25 路 720P 视频的接入；

⑭ 融合通信系统录音录像系统满足 30 路语音并发，64 路 1080p 视频并发。

⑮ 视频交接班系统满足不少于 24 路 4K 30fps 视频端口或者 48 路 1080P60fps 视频端口或 96 路 1080P30fps 全编全解端口。

⑯ 视频交接班系统满足 128 台视频会议终端的管理能力。

⑰ 视频交接班系统满足 20 组 1080P30fps 双流会议并发录制、20 组 1080P 双流会议并发直播、不少于 100 路并发点播和直播。

5.6 系统培训

融合通信系统和视频交接班系统培训内容如表 1 所示

表 1 融合通信系统和视频交接班系统培训内容

培训对象	培训主题	主要内容
系统运维人员	融合通信系统原理与维护	融合通信系统架构；设备原理、配置、维护；系统故障排查与诊断；调度台操作。
系统运维人员	视频交接班系统原理与维护	培训视频交接班系统架构；设备原理、配置、维护；系统故障排查与诊断；终端操作；
使用人员	调度台功能与使用	演示、讲解调度台的功能与操作，最终达到使用者掌握调度台的所有功能和熟练进行业务调度的目的。
使用人员	视频终端功能与使用	演示、讲解视频终端的功能与操作，最终达到使用者掌握视频终端的所有功能和熟练进行视频会议的目的。

5.7 系统投用

对系统进行交付验收。主管部门人员、业务主管科室负责人及办公人员、技术专家对提交的系统进行测试与验收，确保整个系统达到预期目标。主要验收步骤：

① 向主管领导或者部门提出书面验收申请书；

② 领导组和管理组按系统设计书内容进行初步审查，提出初审意见；

③ 组织专家小组，按规定的系统检查验收内容和方法对系统进行全面的检查和测试，提出测试意见；

④ 组织系统验收专家组，听取工作报告，根据专家小组的测试意见，提出评审报告和验收意见。

系统投用是指系统正式进入使用阶段。完成投用记录填写，完成系统问题记录，对系统使用过程遇到的问题或者 bug 进行调整和更新，并且完成投用报告编制。

6 效果确认

6.1 融合通信

将企业现有的行政电话系统、调度电话系统、无线集群对讲系统、扩音对讲系统、广播系统、智能巡检系统（含无线智能终端）、短信平台、视频会议系统（含视频交接班）、视频监控系统、单兵系统、移动摄像机、个人手机等系统或设备融合在一个平台上，打通指挥中心、现场指挥部、一线处置人员及业务人员之间的语音、视频、数据、位置、应用等通道，配合使用各类业务终端，利用集群语音、视频分发、视频会议、GIS 位置展现等手段，实现看得见、呼得通、调得动的统一通信平台。，实施本项目可以实现应急启动语音转文字，文字转语音，通过应急启动功能快速群发应急事件通知，并将领导知识存入系统和分发给相关人员。

6.2 视频交接班

视频交接班前，内外操交接班时，内操一键发起视频交接班会议，对应外操交接班室视频会议终端自动接听并入会。视频交接班会议发起连接成功后，交接班人员刷脸签到，人员确认完毕后内外操人员共同通过视频交接班系统开展交接班工作。

视频交接班中，交接过程中对交接班日志记录进行屏幕共享，线上进行实时批注，对交接班内容进行远程签字确认，同时在交接班过程中实时将会议成员语音转换为文字进行显示，并将转换后的文字、交接班资料、音视频信息进行保存，实现交接班文字、图片、语音短信、视频等信息可全程回溯。

视频交接班后，内外操交接班结束后如发现实际情况与交接班前情况不符，可通过会议录播回溯交接班过程中所有记录，进行比对确认，实现交接班过程有效管控。

7　系统融合标准化制定

7.1　行政电话、调度电话融合

融合通信系统实现与 PSTN 网关对接，通过 PSTN 网关和电话系统的程控交换机通过 E1 的方式对接，在 SIP 协议的支持下实现融合通信系统接入企业的行政电话以及调度电话。接入后融合通信系统具备和行政电话、调度电话语音互通的业务，以及电话入会、加入群组等功能，(图 2)。

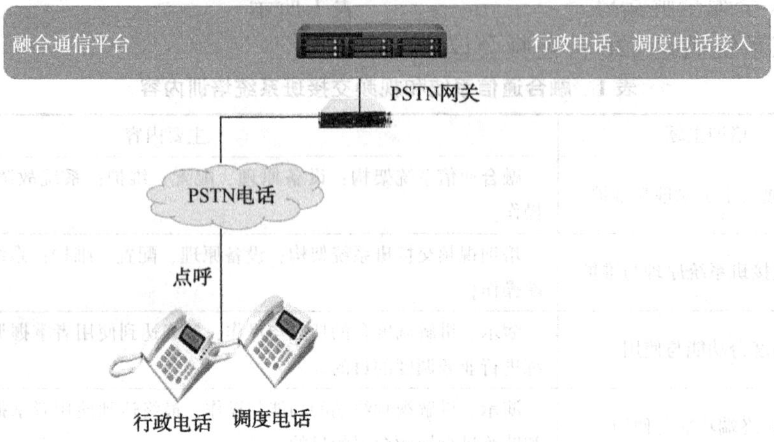

图 2　行政电话、调度电话是融合平台

7.2　窄带集群 DMR 系统融合

融合通信系统通过和窄带集群网关进行对接，窄带集群网关通过空口协议接入 DMR 系统，实现通过融合通信系统直接和 DMR 集群系统进行通信，实现组呼业务，(图 3)。

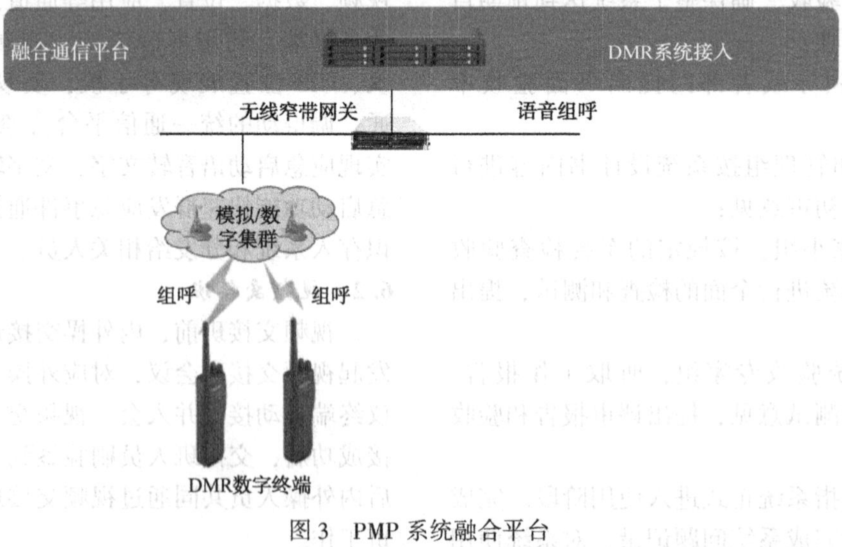

图 3　PMP 系统融合平台

7.3　PDT 系统融合

通过 PDT 网关实现 PDT 系统和多媒体集群指挥系统之间的信令及媒体交互，包括用户管理、呼叫处理、短消息及数据传输、媒体转换等。PDT 网关采用 PDT 互联 pSIP 协议，用于多媒体集群指挥系统与 PDT 系统间互相通信，包括携带的 SDP 协议，基本语法规则基于标准 SIP 2.0 版本，并在此基础上进行改进和扩充。pSIP 也可作为外部公网或专网系统的接入或互连协议，以及直接和各类 IP 终端通信所使用的协议。对接 PDT 系统后，实现融合通信对 PDT 终端的语音个呼、组呼、短信、定位等功能，(图 4)。

7.4　巡检终端融合

融合通信系统内部多媒体调度中心通过和宽带集群核心网在融合通信服务器内部对接，目前融合通信服务器内部已经集成宽带集群功能，通过 btrunc 协议实现融合通信系统的宽带集群功能，智能巡检终端通过安装调度 APP，从而使融合通信系统对智能巡检终端的接入，实现宽带业务的个呼、组呼、短信、视频对讲、多媒体等功能，(图 5)。

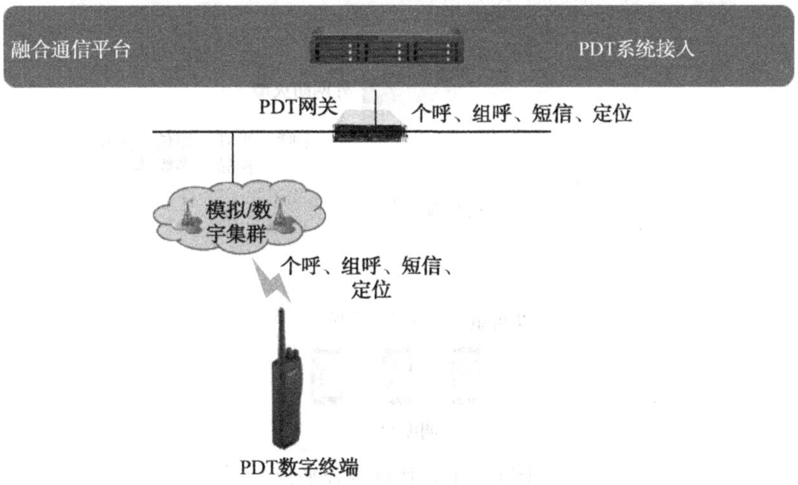

图 4　PDT 系统融合平台

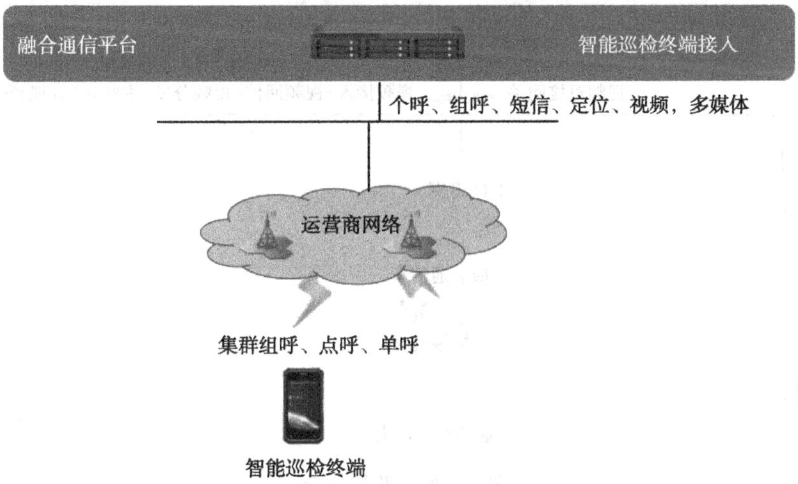

图 5　巡检终端融合平台

7.5　个人手机融合

融合通信系统调度中心侧的防火墙需要为外部网络的调度 APP 接入开放端口静态映射，为每一个服务端口配置一条映射条目，实现(内网地址+端口)与(公网地址+端口)的转换。移动手机下载 Wecomm 软件，从而使融合通信系统对移动手机 Wecomm 的接入，实现宽带业务的个呼、组呼、短信、视频对讲、多媒体等功能，(图 6)。

7.6　视频监控融合

融合通信系统通过与视频接入网关对接视频监控系统、应急通信车摄像头、单兵图传系统，采用 GB/T 28181 通用协议对接视频监控，实现各种通信终端的接入，最终在融合通信系统中实现视频接入、视频回传、视频分发、视频转码、视频会议等功能，(图 7)。

7.7　扩音对讲/广播系统融合

融合通信系统通过扩音对讲网关接入扩音对讲系统和广播系统，采用 SIP 协议接入，实现融合通信系统对扩音对讲系统和广播系统的语音互通业务，(图 8)。

7.8　短信平台融合

融合通信系统通过短信网关对接短信平台，短信接入网关功能为融合通信集成功能，可以直接通过内部协议实现短信平台的对接，对接后实现融合通信对短信平台业务的短信发布功能，(图 9)。

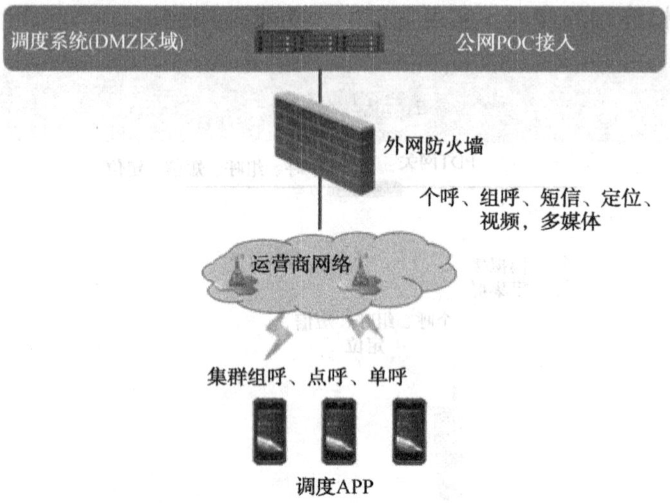

图6　个人物机融合平台

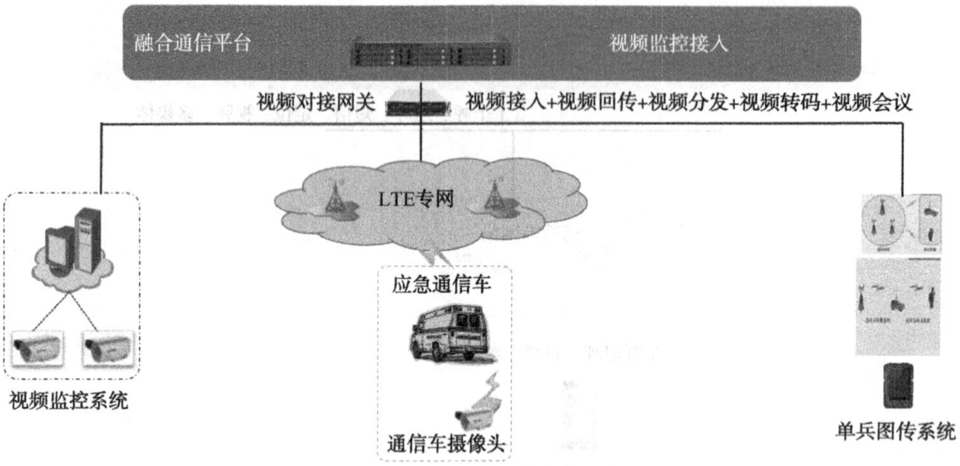

图7　视频监控融合

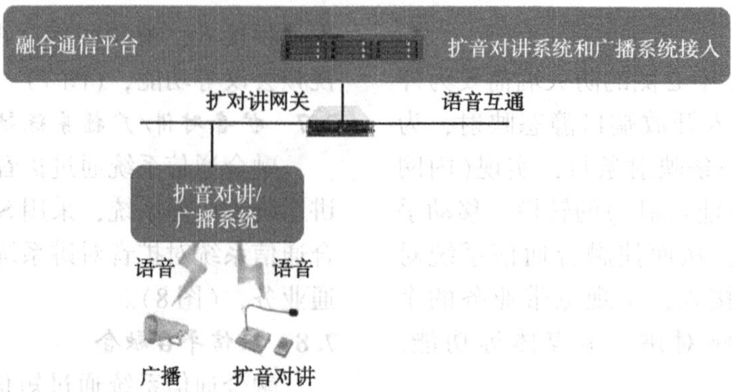

图8　扩音对讲/广播系统融合

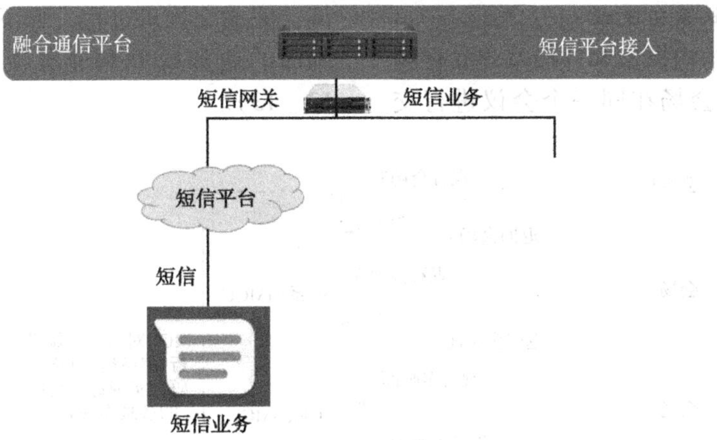

图 9　短信平台融合

7.9　视频会议融合

融合通信系统内部已经集成视频会议对接网关功能，融合通信系统通过 SIP 协议实现与视频会议(视频交接班)系统对接，对接后实现视频会商功能，可以对视频监控、电话等终端进入会议入会功能，实现多种终端通过会议的功能进行通信，(图 10)。

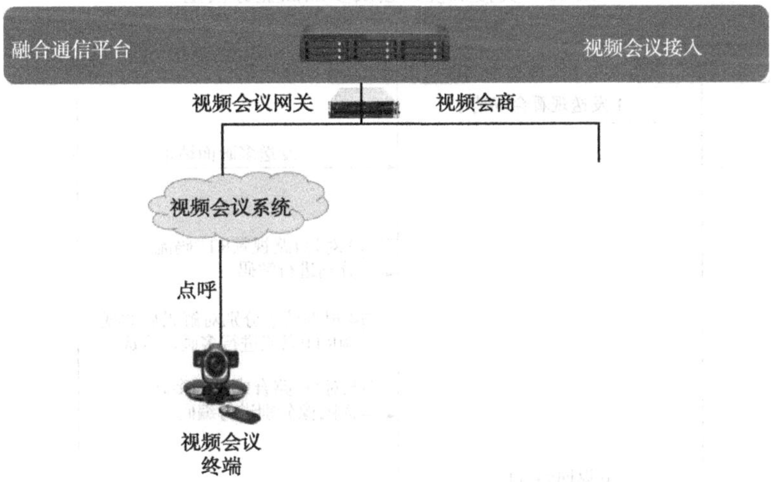

图 10　视频会议融合平台

7.10　终端位置融合

通过位置调度模块，将智能巡检终端、固定摄像机、单兵图传终端、PDT 终端进行地理位置信息获取，系统收到终端上报的 GIS 位置信息后可进行存储，并将位置信息在 GIS 地图上展示出来，同时基于位置触发相关的调度业务，(图 11)。

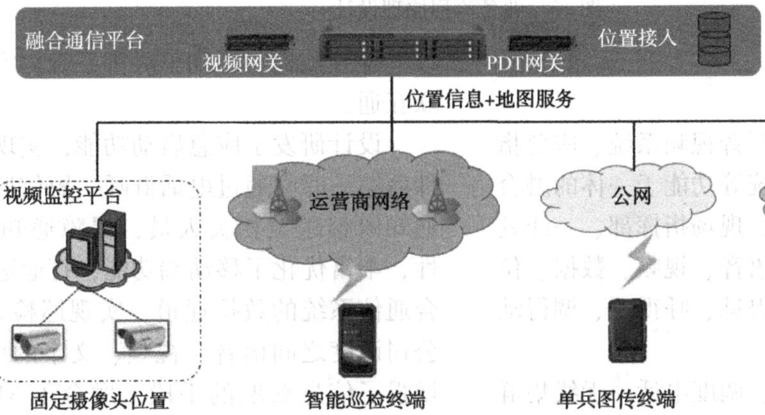

图 11　终端位置融合

7.11　视频交接班会议预约流程

视频交接班过程为内操室和外操室建立视频会议连接，实现多个会场在同一个会议进行交流，完成交接班过程。如下为交接班视频会议多画面的业务模型和业务流程的原理设计，（图12、13）。

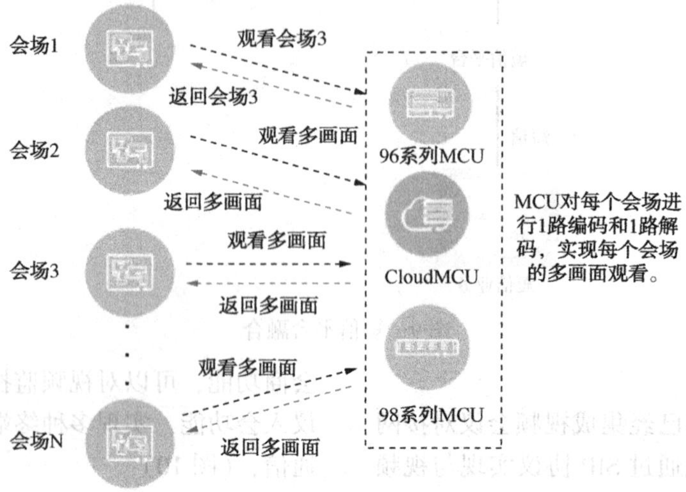

图12　交接班视频会议多画面业务模型

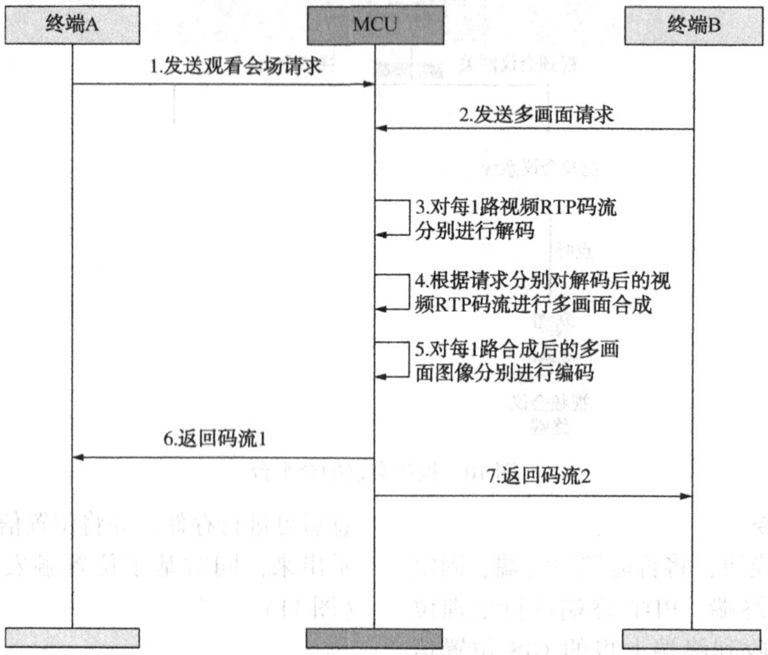

图13　业务流程原理设计

8　总结

融合通信系统设计全厂音视频系统、应急指挥车、移动终端、数据系统等功能于一体的融合通信平台，打通指挥中心、现场指挥部、一线处置人员、业务人员之间的语音、视频、数据、位置、应用等通道，实现看得见、呼得通、调得动的统一通信平台。

集成融合了行政电话、调度电话、无线集群对讲、扩音对讲、智能终端、短信平台、视频会议、视频监控、移动单兵等系统，实现数据的互联互通。

设计研发了应急启动功能，实现发生突发事件后第一时间通过电话群呼、短信群发的形式将通知内容送至相关人员，保障通知消息的实时性，丰富优化了移动端功能，打通巡检终端与融合通信系统的数据通道，实现巡检人员与内操、公司调度之间语音、视频、文字的可视化沟通，增强了信息获取的手段，融合了312个调度电话、1500多个行政电话、63个扩音对讲、34组无线集群对讲、3136路全厂视频摄像头数据的融合。视频交接班系统协助全厂进行交接班工作，并且进行视频会议的拉取，保证各交接班文档通信。

9 未来规划

9.1 一体化通信平台

规划建设一体化的通信平台，整合语音通信、数据传输、视频监控等多种通信业务，实现统一管理和协同应用。融合通信系统可以实现设备状态监测、远程控制、实时数据传输等功能，有助于提高生产管理效率，减少人力资源成本，提升生产效率。

9.2 物联网技术应用

结合物联网技术，实现设备之间的互联互通，实现设备状态监测、远程控制等功能，提高生产管理效率。融合通信系统可以用于安全生产监控、应急指挥调度等方面，有助于提升企业的安全生产水平，降低事故风险。

9.3 安全通信保障

规划建设安全可靠的通信系统，采用加密通信技术、安全认证机制等手段，确保通信内容的保密性和安全性。融合通信系统可以用于安全生产监控、应急指挥调度等方面，有助于提升企业的安全生产水平，降低事故风险。

9.4 跨网络通信整合

整合不同网络环境下的通信系统，实现跨网络通信的无缝切换和协同工作。融合通信系统是企业数字化转型的重要组成部分，可以推动企业在信息化、智能化方面的发展，提升企业的竞争力。

9.5 信息共享和协同办公

规划建设通信系统，实现不同部门和岗位之间的信息共享和协同办公，打破信息孤岛，提高工作效率。

9.6 应急指挥调度系统

规划建设健全的应急指挥调度系统，包括通信设备、指挥调度中心、应急预案等，确保在突发事件时能够迅速、有效地进行指挥调度和应急响应。

炼化企业在融合通信系统未来规划方面需要考虑整合化、智能化、安全化和应急化的发展方向，以满足企业信息化和通信需求的提升。随着炼化企业业务模式的不断创新，融合通信系统可以为企业提供更灵活、多样化的通信方式，适应新业务模式的需求。

融合通信系统对于炼化企业来说具有重要的发展前景，可以帮助企业提升生产效率、改善管理决策、提升安全生产水平、改善员工工作环境，促进数字化转型，并适应新业务模式的发展需求。

参考文献

[1] 企业融合通信系统(含视频交接班系统)建设需求分析，2021，9.

[2] (GB/T 28181—2016)安全防范视频监控联网系统信息传输、交换、控制技术要求，2016，7.

[3] (GB/T 35281—2017)信息安全技术移动互联网应用服务器安全技术要求，2017，12.

[4] (GB/T 25070—2019)信息安全技术网络安全等级保护安全设计技术要求，2019，5.

基于质量流量计标定模式下的功图计量数据分析

赵　昱　陈亚颐　张建河　彭荣峰　程新忠　张　纲

（中国石油新疆油田公司）

摘　要　功图计量值是根据油井示功图通过一系列复杂计算得到的数值，在这过程中的任何环节出现问题都可能导致最终计量值的偏差，为了明确导致功图计量误差的原因进而提高功图计量的准确率，开展了功图计量误差原因分析。先通过采用质量流量计的计量车对功图计量值的误差率进行测量，找出误差率不达标的井，再对这批井功图计量的每一个环节进行仔细分析，找出导致误差率不达标的原因。

关键词　功图；计量；质量流量计；误差；标定

1　关于功图计量

1.1　什么是功图计量

功图计量系统是在分析油井示功图基础上开发的一种智能分析、自动计算产液量的新技术体系，较传统计量方式有方便快捷、智能分析和预警、低成本与易推广的优点，同时还可实现产液量的连续计量、油井工况的持续跟踪。其基本原理是：通过测试抽油机井地面示功图，在分析杆柱、液柱、管柱等影响因素基础上得到泵功图，然后对泵功图进行定量分析，确定泵的有效冲程，进而求出地面折算有效排量。

1.2　功图计量参数标定

功图计产总体步骤为理论计算、产量校核、再到功图叠加。其中理论计算是根据生产参数，地面及井筒参数计算出泵功图有效冲程及理论产量。功图叠加首先对单张功图实时产量波动噪点进行合理化处理，包括非真正漏失（憋压等），功图数量时率不足等问题的处理，而后积分给出全天合理功图日产量。关键的是产量校核，其中包含两方面，一是理论产量受其他非可测数据因子的影响，如杆柱摩擦力，井、泵筒结蜡程度（体积和厚度），井底流入压力，井筒内液体物性粘度体积系数等等，这些均有相对应的理论计算模型，但模型的参数使用的是估计参数（可以理解为人为经验默认值），通过标定产量可以对这些估计参数进行逆向校定；还有就是多元影响因子评估模型的建立，如载荷差与产量建立非对称高斯分布模型，利用神经网络训练其参数（可以理解为回归计算），寻找载荷差对应的产量合理区间（有前提条件）。目前是对功图进行解参作为影响因子，首先建立工况之间矛盾和隔离关系，同一工况内建立发展程度关系（轻微供液不足，中度供液不足，严重供液不足），最终评定的就是产量是否合理，通过标定值作为样本输入，可以校验剔除不合理区间及优化评估模型，这样也最终会反馈到第一方面所用的参数进行逆向调整。

标定就是输入置信度更高的样本，辅助机器学习进行优化参数。以上所说的模型参数与系数并无质上的区别，再复杂的关系计算模型也不可能没有系数，如 $y=ax+b$ 一个简单线性模型中的 a 与 b 就是系数，机器学习时的 a 不再是一个简单的值而是向量/矩阵，x 也是向量/矩阵；机器学习出的模型参数是由样本训练得出的，而训练机制上还要设置一些控制参数也就是超参数，如迭代次数，批量输入大小等，这是由人为测试模型效果而逐步设定，仅用于数据训练期间。

1.3　标定设备

要对功图计量系统参数进行标定，首先要获取准确的油井产液量，由于部分油井的产液量不稳定，所以要求计量设备不仅精度高，还要能长时间的连续计量，质量流量计能满足上述要求，我们选用采用质量流量计的计量车作为标定设备。

2　存在问题

功图计量值不是直接测量油井产液量得到，而是根据油井示功图通过一系列复杂计算得到的数值，在这一过程中的每一个环节出现问题都可能导致最终计量值的偏差，为了明确导致功图计量偏差的原因进而提高功图计量的准确率，开展了功图计量误差原因分析工作。

3 技术思路

先进行功图计量误差率验证，再分析误差率不达标井的误差原因。

3.1 功图计量误差率验证

要验证功图计量误差率，先用计量车(采用质量流量计)统一进行计量，对功图计量系统油井的量液参数进行标定，标定之后等油井生产30天左右，再次用计量车(采用质量流量计)进行计量，然后对计量车计量值与功图计量值进行比对，验证功图计量的误差率。

3.2 误差原因分析

跟踪功图计量误差率验证全过程，对可能导致误差的每一个环节进行分析，从人为因素和设备因素两方面入手，找出导致功图计量误差率超标的具体原因。

4 功图计量误差率及原因分析

完成了25口井的二次计量。

4.1 功图计量误差率

完成二次计量的25口井中，有4口井计量车在二次计量时出现了超泵理论排量的情况，1口井连喷带抽，2口井可能存在油管漏失，这7口井的二次计量数据不能使用，剩余18口井的功图计量误差率如表1所示。

表1　功图计量误差率

井号	计量车二次计量日期	计量车二次计量结果	功图量计量结果(t)	误差率	是否合格
A001	12. 12	0. 76	0. 8	5. 25%	合格
A002	12. 13	32. 19	32. 5	0. 96%	合格
A003	12. 22	4. 315	4. 8	11. 24%	合格
A004	12. 12	0. 85	6. 7	688. 24%	不合格
A005	12. 24	15. 5	15. 6	0. 65%	合格
A006	12. 24	11. 734	12. 9	9. 84%	合格
A007	12. 23	9. 775	11. 9	21. 74%	不合格
A008	12. 26	5. 12	6. 9	34. 77%	不合格
A009	12. 27	15. 52	16. 3	5. 03%	合格
A0010	12. 27	14. 85	14. 2	4. 38%	合格
A0011	12. 27	3. 38	20. 2	2. 10%	合格
A0012	12. 25	12. 89	13. 2	509. 47%	不合格
A0013	12. 27	1. 5	1. 2	20. 00%	合格
A0014	12. 28	0. 691	1. 6	131. 55%	合格
A0015	12. 29	4. 29	4. 3	0. 23%	合格
A0016	12. 29	3. 73	5. 1	36. 73%	不合格
A0017	12. 30	3. 4	3. 3	2. 94%	合格
A0018	12. 30	4. 32	5. 2	20. 37%	不合格

4.2 误差原因分析

通过对标定工作整个流程的仔细研究，从人为因素和设备因素两方面入手分析了导致功图计量误差的原因。人为因素包括：1、协作方计算的标定参数有误；2、功图缺失导致功图计量系统没有有效记录油井产液量的变化。设备因素包括：1、常规工况(正常工况及供液不足工况)功图计量算法问题；2、功图计量系统对漏失工况的诊断有时会出现错误；3、功图计量系统对气锁工况液量的计算有时会出现错误；4、计量车计量值存在误差。下面对导致误差的原因进行详细论述。

4.2.1 人为因素

(1) 计算的标定参数有误

在误差率不合格的7口井中有3口井是计算的标定参数有误导致，在油井完成一次计量后，会根据计量车计量出的液量B和当前功图计量系统计算出的液量J计算出标定参数。液量B是计量车计量的某个时段内油井的产液量，然后折算成全天的产液量，那么液量J也应该是与计量车计量时段对应的功图计量系统计算出的产液量。但在实际计算过程中，用功图计量系统全天的产液量作为了液量J(全天的产液量在功图计量系统中可以直接查到，某个时段的产液量没有现成结果，需要将某时段中每半小时的产业量提取出来进行计算得到，因功图计量系统中功图时间滞后于实际功图时间20到50分钟，而且滞后时间不定，所以要得到准确的液量J工作量会成倍增加)，这与计量车计量时段功图计量系统计算出的液量真实值液量J会存在误差，导致计算出的标定参数也会出现误差，最终导致二次计量时的功图计量值也会存在误差。产液量稳定的井这个误差较小，可以用全天的产液量来代替液量J，油井产液量越不稳定则误差越大。

(2) 功图缺失导致功图计量系统没有有效记录油井产液量的变化

A003井在一次计量时23：09至03：09每小时缺少一幅功图，对应时间内计量车曲线有2个液量较大的点，由于功图缺失导致在功图计量系统中没有记录到这两个液量较大的点，如图1、2所示。

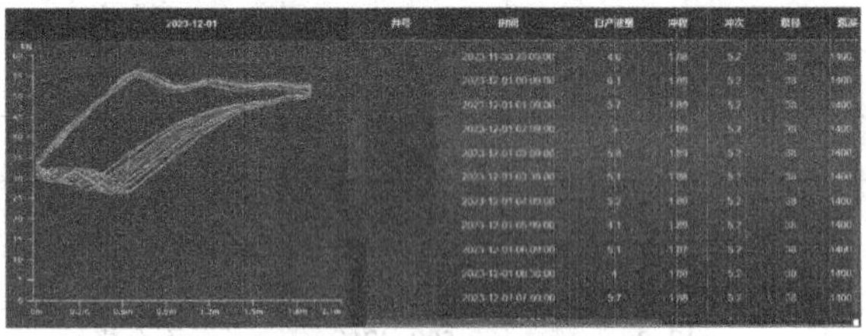

图1　A003功图数据

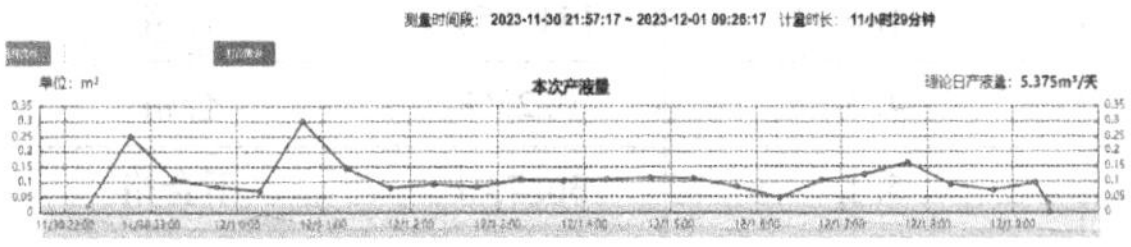

图2　A003计量车数据

由于功图计量系统中没有记录到这两个液量较大的点，会导致二次计量时功图计量值偏大，这口井的误差虽然在合格范围内，但二次功图计量值相对计量车计量值偏大。正常情况下，两次功图计量值与两次计量车计量值变化趋势应当相同，但这口井两次功图计量值与两次计量车计量值变化趋势相反，功图缺失是因为示功仪传输故障没有及时处理造成。

4.2.2　设备因素

(1) 功图计量常规工况(正常工况及供液不足工况)功图计量算法问题

A007井和A008井误差率不达标的原因是常规工况(正常工况及供液不足工况)功图计量算法问题。对这18口井中功图变化明显的3口井进行分析，发现随着两次标定有效冲程差值的增加，功图计量的误差率也随之增加。

(2) 功图计量对漏失工况的诊断有时会出现错误

A004井的功图计量结果不合格，计量车二次计量结果为0.85t/d，产液量很小，结合功图判断应该存在漏失的情况，系统诊断为泵工作正常，按正常工况进行计算所以产液量偏大导致功图计量结果不合格，如图3所示。

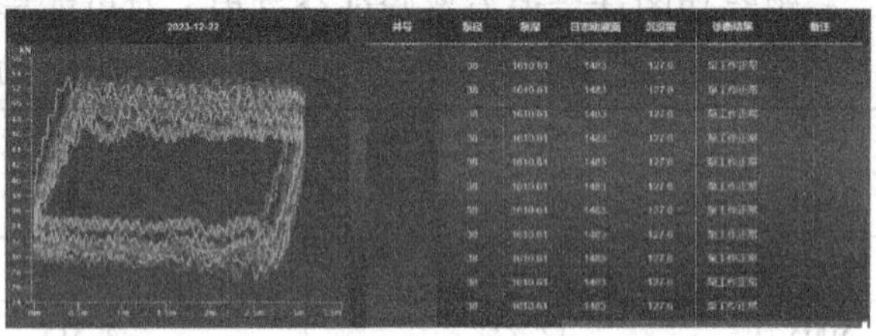

图3　A004井

(3) 功图计量系统对气锁工况液量的计算有时会出现错误

A016井的误差率不合格，如图4所示是A016井12月29日的功图

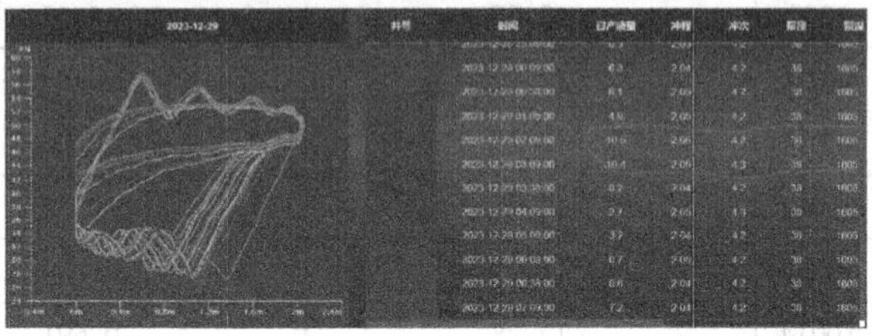

图4　A016井

系统诊断出工况是气锁，气锁工况下产液量会很小，但前2个气锁工况计算的产液量值明显偏大，功图计量系统对应气锁工况的功图计量算法存在问题。

计量车计量值本身存在误差

计量车作为计量器具本身也存在误差，协作方提供的误差范围是±3%。这个范围内的误差是可以接受的，但在这次工作过程中发现有些情况下计量车计量值会超出泵的理论排量，这种误差就明显偏大了。在完成了二次计量的25口井中，有4口井在二次计量时出现了超泵理论排量的情况，计量数据不能使用。

如图5所示是A019井第二次计量车计量的曲线图。

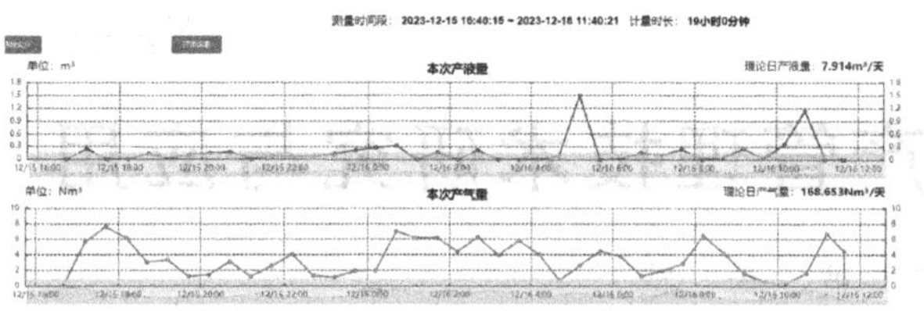

图 5　A019 井

可以看到产液量曲线中有 2 个代表半小时产液量的点数值较大，经计算这两个点的产液量超过了泵的理论产液量，是错误数值，经与计量车协作方沟通，解释是因这两个时段产气量过大，气液分离不彻底，液体中气泡较多导致质量流量计数值偏差，可以从产气量的曲线看出，二次计量的产气量偏大。

5　提高功图计量准确率措施

通过上述分析找到了导致功图计量误差的 6 个原因，下面针对原因逐条制定措施。

5.1　针对计算的标定参数有误的措施

可提取计量车计量时段内，功图计量的多个瞬时液量进行加权计算作为功图计量值，从而求出正确的标定参数。

5.2　针对功图缺失导致功图计量系统没有有效记录油井产液量变化的措施

导致功图缺失最主要的原因就是示功仪无线传输不稳定，所以做好仪表无线传输的日常维护工作，对提高功图计量准确率也会起到促进作用。

5.3　针对功图计量常规工况（正常工况及供液不足工况）功图计量算法问题的措施

对常规工况（正常工况及供液不足工况）功图计量算法进行修正，以使功图计量结果与实际产液量更好的拟合。

5.4　针对功图计量对漏失工况的诊断有时会出现错误的措施

调整漏失工况的诊断标准，使其能准确判断漏失工况。

5.5　针对功图计量系统对气锁工况液量的计算有时会出现错误的措施

调整气锁工况液量的计算模型，修正计算错误。

5.6　针对计量车计量值本身存在误差的措施

采用质量流量计的计量车优点是可以长时间计量，因功图计量是半小时计算一次，长时间计量可降低偶发情况导致的计量误差，而且这种计量车计量时与正常生产一样都是封闭系统，更接近实际情况，后期将协调计量车提供方改进液气分离流程，减少液体中的气泡，杜绝因产气量过大导致的质量流量计数值偏差，如无法改进，则挑选产气量小于每天 100 方的井进行计量。

6　结语

采用质量流量计的计量车的特点是可以连续长时间计量，对于产液量波动大的井通过长时间的计量也能获得准确的液量，而且质量流量计每半小时记录一次累计液量，与功图计量系统每半小时一张功图完美匹配，能提高计算出的标定参数的精度。精确的计量结果和高精度的标定参数是准确进行误差分析的前提条件。这次通过对标定工作整个流程的分析，发现了导致功图计量误差的原因，并针对原因逐条制定了改进措施，这对保证功图计量系统的准确性起到了重要作用。

参　考　文　献

[1] 岳广韬．抽油机井地面示功图量油技术研究[D]．青岛：中国石油大学(华东)，2021.

“互联网+”采油厂安全生产管理技术研究与应用

兰明菊　陆　兴　宁晓波　杨　越

（中国石油新疆油田公司）

摘　要　油田现场安全生产管理处于较传统管理模式，属地单位与安全监督人员之间信息不能及时共享，造成信息掌握不对称，生产运行、基础管理、风险辨识、承包商监管等安全管理工作难度大，无法实现24小时全天候的生产、安全有效管控，同时，随着国家新《安全生产法》实施，石油天然气行业安全监管要求越来越细、执法越来越严，落实“全员、全过程、全方位、全天候”安全管理模式的挑战与日俱增。“工业互联网+安全生产”是新一代数字化、智能化技术与安全生产领域的深度融合，能有效打通不同层级、不同部门、不同安全生产主体信息壁垒，实现安全管理平台化、数据统计可视化、图像分析智能化，降低安全监管成本，提升本质安全水平和安全监管效率。本文通过对采油厂安全生产管理技术开展研究工作，建成油田上下游生产过程“在线监测、实时报警、异常预警”的集中监控系统，提高油田生产过程本质安全；建立“PC+APP”实时同步的安全监管平台，形成风险识别、作业许可、承包商监管等一站式管理思路，促进油田安全管理模式、方式流程、手段工具数字化重塑，实现作业环节全流程精准管控、统计分析智能高效；开展视频场景建模分析等研究工作，形成了“互联网＋设备、工艺、运行参数安全”、“互联网＋预警”、“互联网＋人”管理模式，提升油田生产本质安全水平，为其他采油厂参考借鉴。

关键词　安全管理；监控预警；视频分析；建模；智能化

1　引言

“工业互联网+安全生产”是通过工业互联网在安全生产中的融合应用，增强工业安全生产的感知、监测、预警、处置和评估能力，加速安全生产从静态分析向动态感知、事后应急向事前预防、单点防控向全局联防的转变，提升工业生产本质安全水平。

随着油田企业生产业务规模逐步扩大，面临着野外流动作业频繁、作业点多、线长、面广、危险性大等特点，造成信息掌握不对称，生产运行、基础管理、风险辨识、承包商监管等安全管理工作难度大，无法实现24小时全天候的生产、安全有效管控，同时，随着国家新《安全生产法》实施，石油天然气行业安全监管要求越来越细、执法越来越严，落实“全员、全过程、全方位、全天候”安全管理模式的挑战与日俱增。与传统的安全监管模式相比，以“互联网+”为代表的新一代信息技术展现的快速感知、实时监测、超前预警、联动处置、系统评估等能力，为安全生产提供了全新的视角，为加强安全生产监管提供了新手段，为实现全员、全过程、全天候、全方位管理提供了有力支撑。本文主要研究了从生产运行动态监控、安全业务流程管理、视频监控可视化场景建设三个方面开展“互联网+”采油厂安全管理技术研究工作。

2　采油厂安全管理难点及研究思路

2.1　油田安全监管存在难点

生产运行动态监控层面，通过油气生产物联网的建设，采集了大量油田生产现场运行实时数据。但传统物联网数据主要以工况监测、告警等简单的呈现事实型应用为主，生产信息的传递方式是“金字塔”式逐级递减，无法满足油田生产在工况诊断、调试指挥和分析决策三个维度的安全生产管理需求。如何深挖数据价值、释放数据潜能已成为物联网建成后的“难点”与“痛点”。

安全业务流程管理层面，在油田现场建设及施工过程中，由于施工现场地处偏僻、环境复杂，信息传递缓慢，不能及时、动态地处理应急事件，不利于施工现场的安全管理工作。由于现场施工作业多，承包商在办理签票时出现一天一人办理多张签票，实际作业人员与许可作业填写人员不符合、无有效证件、违规作业等问题偶有发生，给现场安全生产带来极大隐患。

视频监管可视化场景层面，油田生产现场作业数量多、管理难度大，操作安全风险高，对操作工序要求严格，生产运行面临着“井喷失控、环境污染、人员中毒、机械伤害”等安全风险，给安全监督工作带来了挑战。传统的视频监控运用方式主要为"人工调看+事后取证"，视频资源主要用于事后取证，缺乏事件智能分析、统计和预警功能，异常情况全靠人工，图像越来越多、人员越看越累，缺少事前预防、提前预警的手段。

借助物联网、云计算、大数据、人工智能等新技术，推动基于工业互联网的风险快速感知、风险实时监测、风险超前预警等新型能力建设迫在眉睫，逐步实现生产运行动态化监管、作业过程流程化监管、管理活动一体化监管，有效提高工作效率，实现油田现场安全管理转型升级。

2.2 "互联网+安全生产"研究思路

本项目研究围绕生产运行动态监控、安全业务流程化管理、视频场景视觉分析三个方面开展基于"互联网+"的采油厂安全生产管理技术研究，自下而上分为4层，包括感知层、传输层、系统层和应用层。如图1所示。

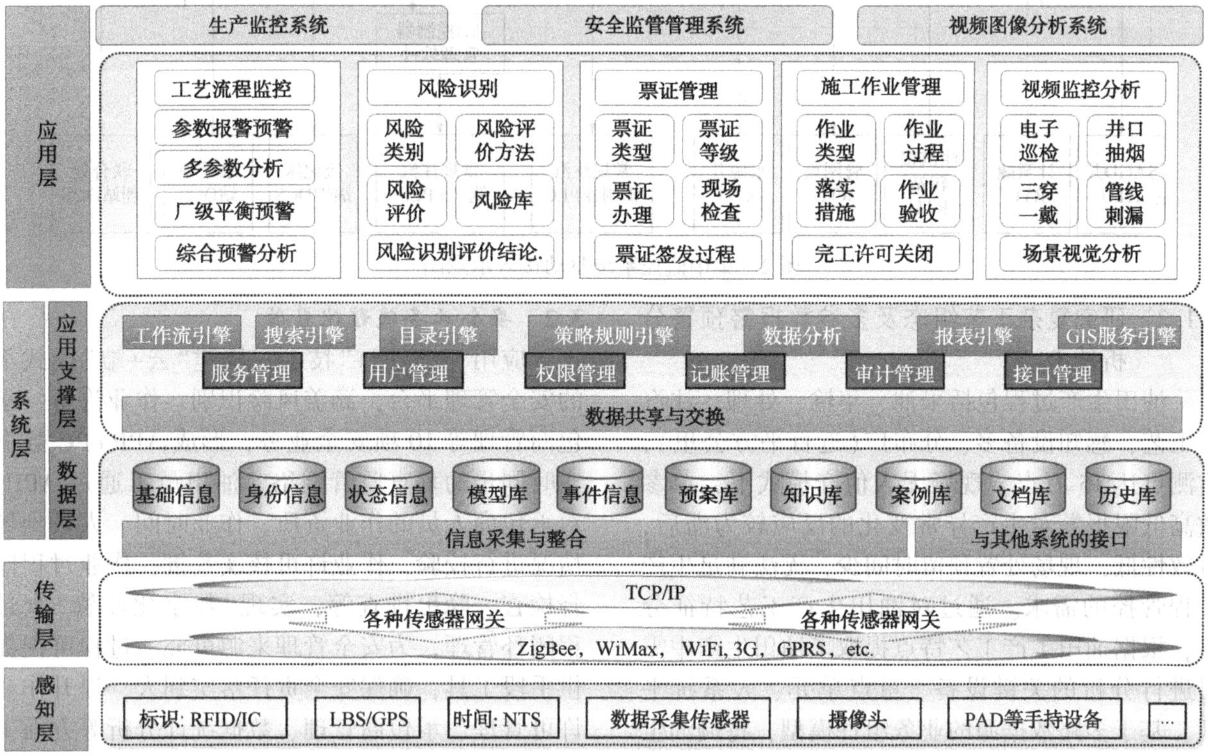

图1　研究思路框架图

感知层包括各类生产数据采集终端、各类设备标识采集以及油田生产现场所分布的各类固定式/移动式摄像头；传输层负责数据传输，通过无线WIFI或有线光纤链路，将现场采集的实时生产数据、安全监控数据实时传输至生产监控系统；系统层包括应用支撑层和数据层，是利用计算机网络技术、数据库技术以及接口技术，通过图示化定制工具将流程图与过程以及算法相关联，进行数据调用，实现报警分析功能；应用层是指用户通过客户端应用程序或IE对发布的功能进行查询，对现场的生产进行可视化呈现，了解掌握现场的安全生产情况。

3　采油厂安全生产管理技术研究

3.1 生产运行动态监控

稠油生产点多、线长、面广、设备设施多，传统开发模式配置员工数量多，劳动强度大，生产效率低，无法实现24小时全天候的生产、环保、安全有效管控，反应相对滞后，容易造成安全生产事故、环境污染等问题。应用物联网技术对生产过程进行实时监控、预警，是杜绝安全、环保事故的重要技术手段。

3.1.1　多种异构控制系统集成技术

针对国内外40多种型号、1500多套独立站控系统，研发异构控制器的"三统一"(协议+接口+驱动)技术，实现了采油、集输、注汽、处理等各工艺流程的集中统一监控，解决了不同时期控制设备的兼容集成问题。通过上述技术的研究与应用，建立涵盖原油、污水、注汽以及辅助工艺配套自动化远程监控系统，实现生产过程全面感知、全生产过程集中实时监控、远程管理。如图2所示。

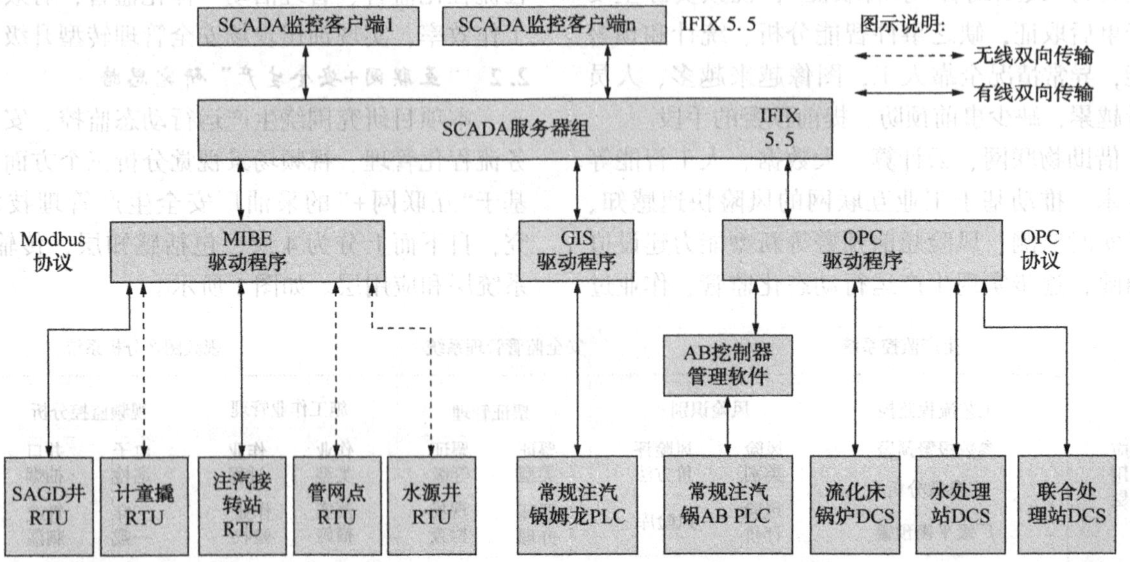

图 2　集中监控系统驱动接入示意图

3.1.2　研究复杂工艺组态及多参数报警预警分析技术

油田生产过程包括采油、集输、处理、注汽等工艺，感知设备多、分布广(近百平方公里)，监测点达 15 万点。现场无人值守模式下，单参数高低限报警对生产异常变化的反应较为滞后，时效性低，现场处置预留时间少，无法满足生产过程管控的需求。通过对油田生产工艺特征分析，根据油田生产工艺特点提取了油田生产中需要进行分析的关键设备、重点单元、大系统平衡。基于多路数据源的业务组件模型，将稠油生产业务分类组织、纵向联通，实现上下游直观展示，生产异常工况提前预警，报警辅助分析实现故障快速诊断分析，提高监控效率。

针对变幅过速的报警难以及时发现的问题，建立数据线性拟合及趋势预警技术，运用最小二乘法实现大数据线性拟合，再结合时序预测、回归预测等模型，对参数的未来的变化趋势进行预测分析；共建立油田工艺设备压力、液位、温度等参数趋势预警模型 74 类，有效提高锅炉蒸汽质量，预警管网失压等异常事件，保障油田生产安全平稳运行。如表 1 所示。

表 1　预警模型设置统计表

序号	预警对象分类	算法分类	算法部署	准确率
1	仪表异常预警	6	3363	89.10%
2	单设备异常预警	49	1121	83.70%
3	工艺单元综合预警	14	282	92.8%
4	系统趋势预测预警	5	13	85%
合计	74	4779	87.65%	

3.2　安全业务流程化监管

应用“互联网+”技术，构建“云+端”模式下的安全管理平台，涵盖风险识别、作业许可、承包商管理等 10 项安全业务，形成 APP+PC 数据实时同步的垂直监管网络。油田员工通过 APP，对承包商人员的作业资质、作业时间、人员到场情况进行校验，作业许可核实签批，作业过程监督检查、隐患排查等，实现“数字化监管”全过程闭环管理，为安全管理来源可究、过程可视提供手段工具，确保安全责任落实到人，提升作业许可管理、承包商管理、数据统计分析等方面工作效率，实现安全管理透明可视、流程闭环可控。

3.2.1　风险防控分级分类管理技术

按照稠油采油、稀油采油、SAGD 采油、集输系统、供汽系统、后勤保障六大单元建立风险防控清单，建立涵盖风险辨识-风险评估-防控措施的风险防控内容，改变风险分级防控清单不规范、同一操作过程风险等级评价结果不一致的现状，促进事后事中管理向事前预防转变，共建立 6417 项涵盖制度类、风险类、隐患类的安全知识库，实现防控知识库的分类管理。同时，员工根据需要通过电脑端和手机 APP 端在风险库与检查表中检索安全移动知识库，实现全员、全天候、随时、随地查阅，形成“事前风险识别控制，事中隐患排查整改，事后评价总结分析”线上+线下协同监管模式。

3.2.2　许可作业线上化流程化管理技术

以“预约-派工-签票-分析”业务流程为主

线，建立许可作业"PC+APP"双端同步管控，形成一体化、透明化、数字化全过程闭环管理模式，同比提高效率87%，通过内置标准化电子作业模板，建立9类18项高危作业38个线上流程"申请-审批-签发-关闭-查询"功能，为安全管理"来源可查、过程可追、责任可究"提供手段工具，确保安全责任落实到人，作业溯源率100%；基于移动搜索定位技术，在地图上实时显示正在施工的许可作业项目，定位误差≤15m，高风险作业时间、地点、施工内容等信息一键获取、一目了然，便于安全人员高效开展"四不两直"、全域监管；以多种图表方式汇总统计许可作业预约、派工、审批、实施全流程业务数据，成为安全监管人员和管理部门定位、分析、规划不同阶段安全监管重点工作的可视化看板，为每年兑现HSE指标提供数据支持。如图3所示。

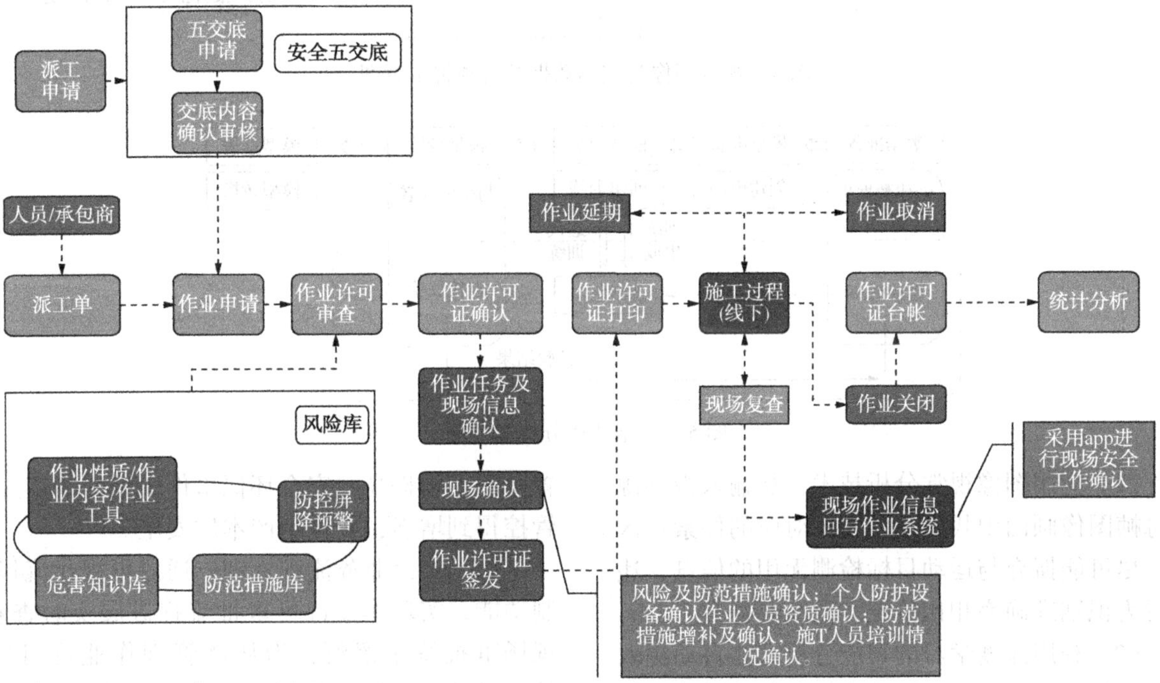

图3　许可作业线上业务流程示意图

3.2.3　承包商移动化监管技术

采用二维码技术，实现承包商信息透明化。通过系统构建"人员信息二维码"，能够快速识别承包商现场作业人员基本信息，确保施工作业人员与作业许可申请人员一致，做到人证相符；采用人脸识别技术，实现手机绑定责任化，将办理作业许可各流程与作业许可"四类责任人"(作业人员、作业监护人、作业监督人、作业批准人)按照职责、工作环节绑定。其中作业人员和作业监护人必须通过手机终端进行"扫脸"确认，确保为本人签批，确保每天30余项作业票证定时间、定位置、定人员和定内容的"四定"监管，有效管控承包商人员。

3.3　视频监管场景可视化技术

3.3.1　视频图像与监测数据融合应用技术

运用视频图像分析技术，结合自动化关键监测参数，综合判断锅炉工况异常，产生报警推送SCADA监控系统。通过软件接口定制与参数传递，监控系统直接查看锅炉视频报警信息和重点时段视频，快速发现、处置设备、人员进入等异常情况。通过软件接口定制与参数传递，创新实现"工况数据+视频监控"联动应用，建立柱塞泵皮带轮转动、管线刺水漏汽、人员进入等视频图像分析模型，自动截取关键图片，自动标注异常视频点，形成报警信息主动推送，快速发现、处置设备跑冒滴漏、人员进入等异常情况，有效报警率78%以上，为无人值守站场提供了可视化安全运行保障。如图4所示。

3.3.2　作业视频图像智能分析技术

根据油田作业过程中的典型违章行为，运用视频识别分析和人工智能技术，建立环境异常变化、人员行为管控、物的不安全状态等预警模型，搭建视频分析应用平台，实现视频资源的深化应用，赋能采油厂数字化转型。如图5所示。

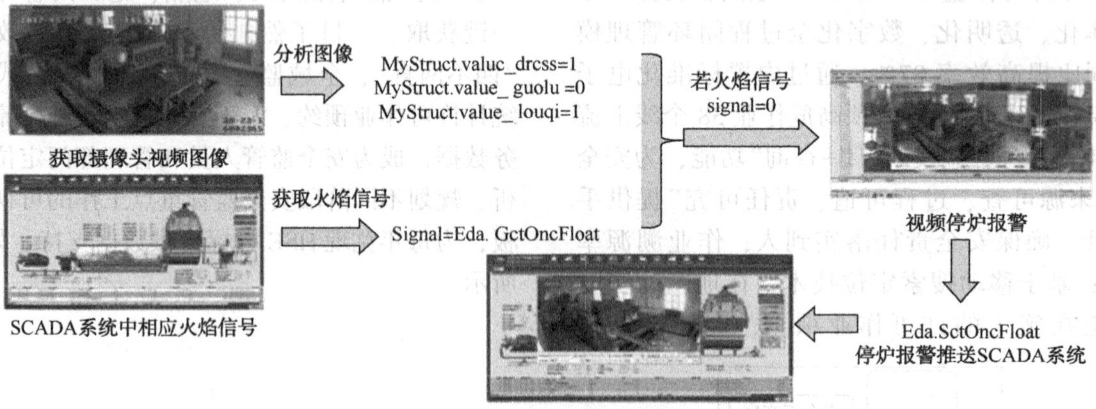

图4　视频图像与监测数据综合预警示意图

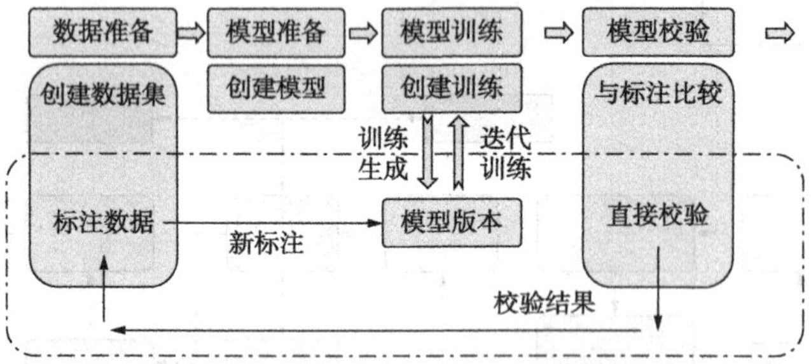

图5　模型迭代分析示意图

（1）应用图像视觉分析技术，从输入视频源的每帧图像画面中找出运动物体对应的像素点区域，尽可能摒弃与运动目标检测无用的信息，违章行为识别准确率相比传统方法大幅提升。

（2）利用深度学习的智能分析算法自动提取井口抽烟、接打电话、防渗膜颜色等关键特征信息，对视频图像进行数据标注，建立人的不安全行为、物的不安全状态、环境不良事件三大类13个异常工况分析预警模型。

（3）利用基于Python的迭代自学习技术，将分析结果与误报学习库进行对比，可快速发现原油落地污染、着火冒烟等特定事件，预警潜在危险，消除同一事件的多次重复报警，降低了监控人员看的负担。

4　应用效果分析

系统应用以来，在安全生产运行、风险防控管理、作业许可管理、现场安全监督、承包商人员管理等方面取得了如下效果：

（1）生产运行动态监控：实行集中监控后，生产参数运行异常、设备设施故障等情况得到及时发现、及时处置，油田上下游一体化实时管控能力得到加强，系统运行更加平稳，生产事故处置效率大幅提高，安全环保事件大幅减少，过程管控得到增强，实现生产本质安全。

（2）安全业务流程管理：通过可视化流程定制功能，实现作业许可审批流程进展实时查看，现场审批签字留痕，为从严管理作业许可“申请、批准、实施、关闭”4个阶段的闭环管理提供技术手段；安全监督人员可通过系统定位，快速定位现场高危风险作业场所、作业时间、作业内容等信息，便于高危作业的有效监督与管理，实现状态可视化，提高现场安全监督管理效率，实现承包商管理智能化，有效管控承包商人员。

（3）视频场景智能分析：围绕油田修井作业动静态交织的复杂场景视频分析技术空白，开展场景视觉分析、视频智能建模等技术研究工作，建立三穿一戴、接打电话、井口抽烟、吊臂下站人、未拉警戒带等13个预警模型，采用“人工判断+系统识别”改进算法误报率高的问题，推动了作业区井下作业监督平台与生产指挥中心融合，结合油气藏动态分析系统，实现了“作业选井线上统筹+作业过程视频监督+作业指标跟踪评价”，大幅提高效率。

5　结论及认识

“安全生产”是实现工业高质量发展的重要保障。本项目开展了采油厂安全生产管理技术研究与实践，在油田生产现场运行参数监控、报警及预警，安全生产业务流程化管理、线上审批，视频监控场景动静态建模智能分析等方面取得了很好的应用效果，形成了“互联网+设备、工艺、运行参数安全”、“互联网+监控中心”、“互联网+预警”、“互联网+人”管理模式，为油田的本质安全筑起一道防线，超前辨识生产过程中安全风险，实现关口前移，提高风险的可预见性，提升油田生产本质安全水平，为其他采油厂参考借鉴。

参　考　文　献

[1] 金化线，张中宝，刘延福．安全工作在油田生产中的重要性研究[J]．化学工程与装备，2018，(4)：255-256.

[2] 张瑞霞，郭旭东．浅谈油田安全环保管理的信息化建设[J]．中小企业管理与科技(上旬刊)，2019(02)：3-4.

[3] 丁阳，陶荣德，曹海伟．浅谈安全环保管理中油田数字化的建设[J]．中国石油和化工标准与质量，2012，33(8)：233.

[4] 于增杰．数字化的建设在油田安全环保管理中的应用[J]．中国石油和化工标准与质量，2013(14)：195.

[5] 周盛龙，张华．生产管理移动应用系统在风电工作票管理中的应用[J]．第六届中国风电后市场交流合作大会论文集，2019，(06)：60-65.

[6] 王志刚，岳海鹏，高毅．油田联合站动火作业的风险分析与安全措施[J]．中国石油石化，2017，10：36-37. China Petrochem.

[7] 于洪雷，吕杰．浅谈油田企业安全管理中存在的问题及对策[J]．中国科技博览，2014，(39)：149.

[8] 李翔，杜建国，祁小庆等．油田生产中安全管理存在的问题和防范措施[J]．科技与企业，2014，(18)：44.

[9] 王旭，王鹏．油田企业安全风险管控管理策略与实践[J]．化工安全与环境，2015，(20)：5-6.

[10] 朱立．基于ASP. NET的在线文档浏览系统的实现方法[J]，数字技术与应用，2016，03：183-184.

[11] 张呈宇．基于HTML5的跨平台移动APP开发研究[J]．通信设计与应用，2018，8：46-47.

[12] 熊菁，姜攀．基于人脸识别模式的可控化学习APP设计与实现[J]．电脑编程技巧与维护，2019，9：124-126，140.

[13] 余彩东，肖培，宫鹤等．基于人脸识别的语音交互系统设计[J]．科技创新与应用，2019，13：111-112，115.

[14] 吴晶星．人脸识别技术在矿井人员管理系统中运用[J]．互联网+安全，2019，8：168.

[15] 尹强，郭玉彪．煤矿作业人员人脸识别考勤装置的应用与研究[J]．科技创新与生产力，2015(6)：54-56.

[16] 王龙．基于二维码的课堂签到管理系统设计与实现[J]．软件工程，2019，6(22)：13-16.

[17] 尚泽宇．动态二维码签到系统设计与实现研究[J]．福建电脑，2018，3：152-153.

物联网数据管理系统升级与深化应用

单雪薇　兰明菊　穆怡卉　尹柴玲　张时浩

（中国石油新疆油田公司）

摘　要　油田物联网技术可用于监测油田生产过程中的各种参数和设备状态，提高生产效率和安全性。同时物联网技术还可以应用于油气田的开采、输送、储存等各个环节，提高整个油气田领域的生产效率和经济效益。

随着采油厂开发规模的扩大，现场业务频繁变动、工艺逐渐复杂，物联网数据管理系统主要由四大功能模块构成，形成了156张电子报表，替代了现场人员抄录数据、手写报表的工作模式，实现了生产数据集中存储管理。随着应用时间的增长及业务范围的扩大，目前报表开发方式已经不能满足用户需求，且使用人员持续增多，同时访问系统易造成系统卡顿、降低查询响应速度，运行稳定性难以保障，新增报表需在数据库中配置报表发布基础表，在visual软件中配置json代码并执行相应发布程序进行报表的发布，配置报表时效长、工作量大，复杂报表无法实现自主定制，新增业务需求的处理难度越来越高，依托现有功能需求对系统架构进行优化升级。

本文以系统建设及升级为目的，通过升级系统架构，优化数据算法，提高了系统运行速率及稳定性，实现各类常规报表、复杂报表的灵活定制；可视化维护工具为运维人员提供了便捷的维护手段，实现了系统功能自主维护，大幅减少维护工作量。

关键词　标准化数据管理；框架重构；复杂报表定制；功能优化

1　前言

油田高质量发展对物联网数据管理工作提出更高要求，随着油田开发规模的扩大，业务需求复杂度不断提升，物联网数据管理系统出现了查询响应速度慢、运行不稳定、可维护性差、功能难扩展等方面问题，严重影响系统应用效果，系统需在数据查询效率、功能维护、扩展性等方面进行提升，通过升级系统架构、优化数据算法、提高系统运行速率及稳定性，系统实现各类常规报表、复杂报表的灵活定制。

2　存在问题及研究思路

2.1　存在问题

采油厂现场业务频繁变动、工艺逐渐复杂，且系统投用时间长，运行稳定性难保障，系统主要由四大功能模块构成，形成了多张电子报表，替代了现场人员抄录数据、手写报表的工作模式，实现了生产数据集中存储管理。随着应用时间的增长及业务范围的扩大，系统逐渐出现查询慢、易崩溃的现象报表发布方式复杂、工作量大，报表发布需在数据库中配置基础表，在visual软件中配置json代码执行相应发布程序进行报表的发布，配置报表时效长、工作量大，复杂报表无法实现自主定制，需依赖于服务商，通过代码开发完成，且开发周期长、后期可维护性不足。

因此，需要通过系统升级，建立数据质检、数据报警提示、数据主备管理、按需权限分配等实现数据管理能力的持续提升，实现大数据量高效查询，提高了系统运行效率，改善用户体验。

2.2　研究思路

借助互联网、大数据、基于spring+vue3.0技术搭建服务平台，实现数据高效处理。首先针对系统运行过程中存在的不足，升级系统架构、优化数据算法，提高系统运行速率及稳定性，实现数据高效处理，改善用户体验；其次优化数据库架构、降低数据负载，提高数据库表的访问效率，大幅减少数据访问时间，提升系统安全性；第三实现各类常规报表、复杂报表的灵活定制，围绕新增报表、数据报警及质检等维度进行业务需求扩展，大幅提升系统的可扩展性与可维护性。研究思路如图1所示。

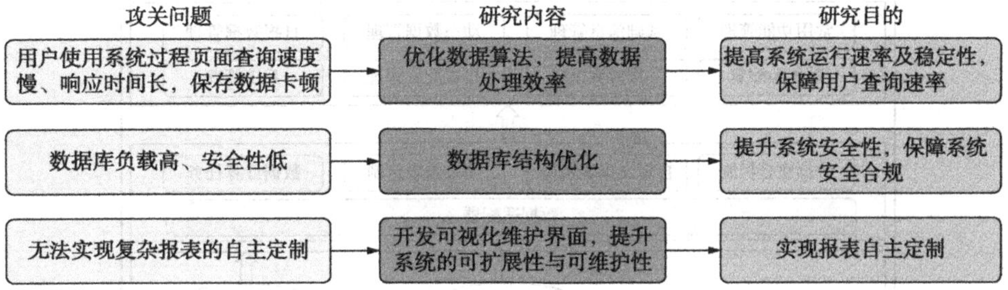

图1 研究思路

3 系统总体功能设计

3.1 系统研究内容

（1）原有功能重构：基于新架构重构原有系统功能，优化数据库库表结构，自定义配置基础报表；

（2）利用分布式服务架构技术，优化数据库架构

（3）帆软融合复杂报表：在帆软平台完成系统复杂报表的定制和发布，并集成至新系统内；

（4）数据质检、报警功能：通过配置公式，在数据填报或修改过程中对不符合要求的数据进行弹框提示；对报表内重要数据在页面进行数值设置，当数据超过设置限值后，异常数据进行突出显示。

3.2 系统总体设计

3.2.1 功能重构

根据确定的研究内容范围，充分结合已有成果和相关技术人员的经验，确定了“深度剖析、精准定位、重点攻关、精细打磨”的系统升级研发思路：

系统架构设计

新架构前端使用 vuejs3.0，后端使用 springmvc+spring boot+hibernate 技术框架进行搭建，重构原有系统的基础数据、动态数据、日报表，优化数据库库表结构，自定义配置基础报表，方便后期的维护和新增。

针对数据应用过程中的大数据量查询需求，采用 spring+vue3.0 技术架构，保证服务器的高并发低延迟，实现了数据高效处理（前后端缓存机制如图2所示）；针对海量数据的实时分析需求，利用分布式服务架构技术（系统架构如图3所示），建立数据库集群模式，对数据量超百万的动态报表进行数据定时转存，使数据库轻量化运行，大幅减少数据访问时间；采用 MBD 检验信息及解析表达技术（自主转换技术的数据解析与轻量化表达如图3所示），对应用数据进行“转换-识别-解析-提取-完善”，将多格式模型数据进行解析和转换，采用可视化维护技术，实现对数据质量检验，达到数据超量程、超范围“报警”提示；全面实现低代码可视化报表管理。可根据业务需求自主完成常规、复杂报表的定制发布，具有良好的跨平台兼容性，实现系统功能自主维护，数据报表灵活化定制。

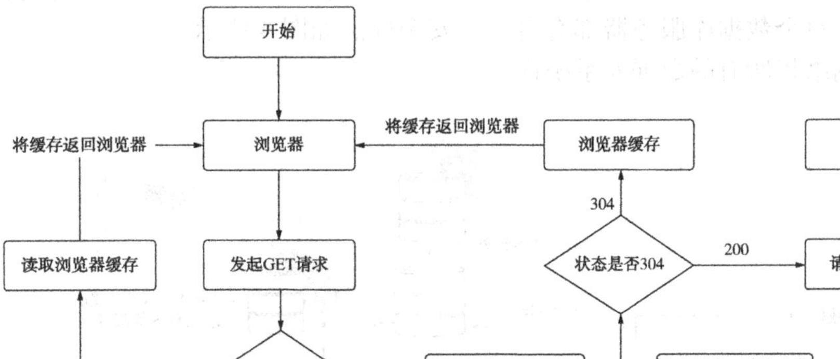

图2 前后端数据缓存机制

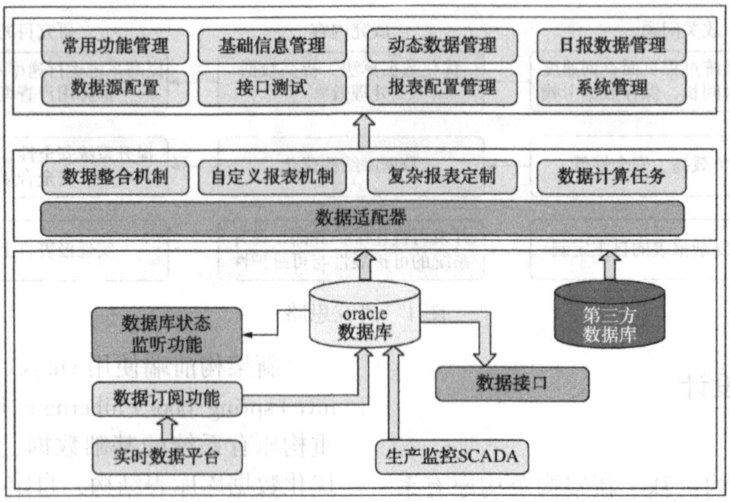

图 3　系统技术架构

3.2.2　数据库集群模式

对于采油厂的应用程序，数据库承载的数据量非常庞大。如果把所有的数据全部放到一台数据库服务器中，对数据库的访问、检索或其他操作的效率会非常低。因此，开发人员引入了集群模式。集群模式就是将庞大的数据信息根据其所产生的区域或其他分类方式进行纵向切割，分发到多个数据库服务器中。

数据库集群技术的体系结构有两种，分别是基于数据库引擎和基于网关的集群技术体系结构。基于数据库引擎的集群模式采用共享磁盘的方式管理数据库。应用程序可能访问的所有数据库都放在共享磁盘里。程序在访问磁盘中的某个数据库引擎对应的数据库时，如果该数据库引擎所对应的数据库并不满足应用程序的要求，其他数据库引擎会通过彼此间的通信将结果返回给应用程序所操纵的数据库引擎。基于网关的集群模式没有使用共享磁盘，每个数据库服务器都有自己的存储设备，通过网络将所有的数据库系统连接起来，应用程序通过网关统一管理对数据库的访问。

集群模式把一个原本非常庞大的数据库根据数据特征拆分成多个数据库系统，这些数据库系统虽然自成一体却又相互协作，它的优点可以总结为以下三点：第一，数据库集群提高了系统处理数据的能力，尤其是对于那些计算数据量大且计算频度很高的请求。第二，当我们想要扩展数据库集群时，不需要改动集群架构下原本的数据库系统，只需要在集群模式中加入新的数据库系统节点即可。由此可见，数据库集群系统具有良好的可扩展性。第三，数据库集群系统具有良好的可靠性。假如集群中的一台数据库系统崩掉了，网站不会因此而崩掉，因为集群中的其他数据库会正常工作。建立数据库集群模式，可优化数据库架构、降低数据库负载，提高数据库表的访问效率，大幅减少数据访问时间，提升数据的安全性。如图 4 所示。

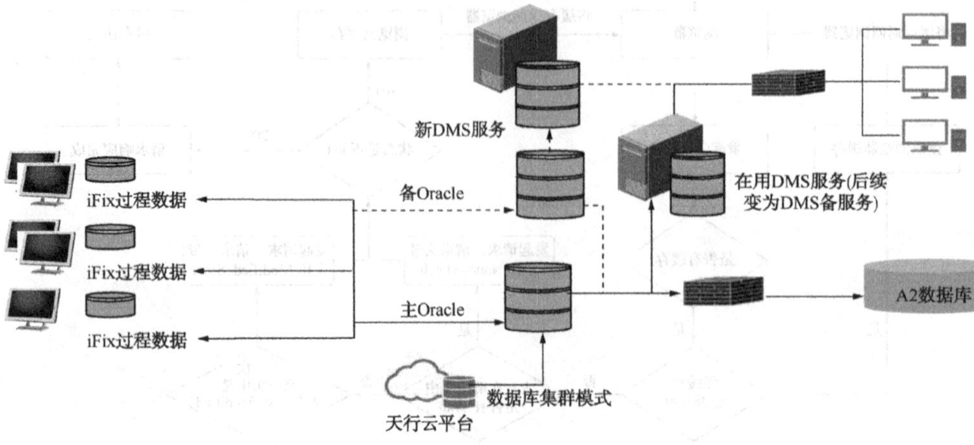

图 4 数据库集群模式

3.2.3　应用 MBD 检验信息及解析表达技术

基于 MBD 的模型解析与表达，通过数字化手段实现基于模型的质量策划相关技术要求的自动化、结构化抽取，是实现数字化质检业务的重要输入，同时也有效降低人工重复的质量策划工作。基于模型的检验信息表达，实在设计模型基础上形成的一套面向质检环节的工艺模型。

在系统设计中，基于 MBD 检验信息及解析表达技术，对应用数据进行转换-识别-解析-提取-完善，将多格式模型数据进行解析和转换，并按照模型数据提取筛选、存储压缩的流程，实现对数据检验，样式定义的可视化管理，达到数据的有效性检验和“报警”提示。

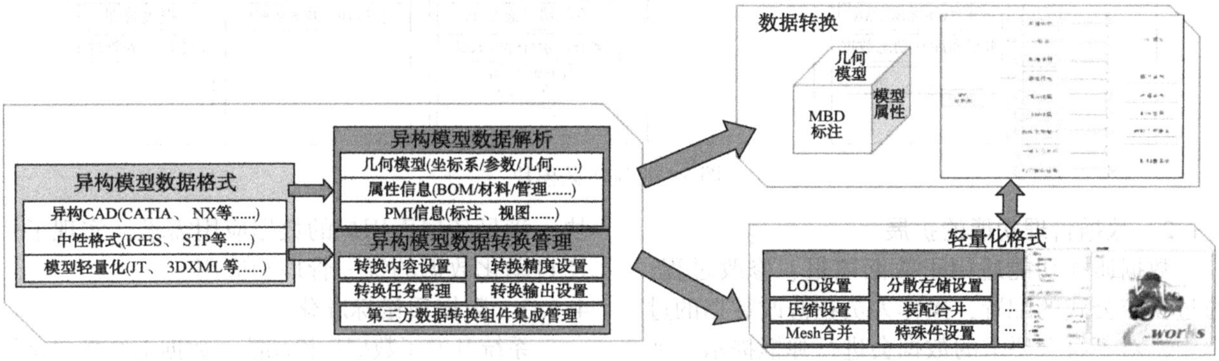

图 5　自主转换技术的数据解析与轻量化表达

3.3　系统功能优化

3.3.1　优化报表查询速度

通过系统架构升级从根源上解决数据查询慢、网页易崩溃问题，对报表管理系统进行全方位的数据查询优化。

3.3.2　实现报表可视化配置管理及在线发布

通过可视化报表配置，简化报表定制及发布流程，实现报表的灵活配置，方便后期维护；

对于常规报表，提供可视化报表自定义机制，实现报表业务的灵活管理。具备如下特点：

开发与帆软报表定制工具的服务接口，实现利用帆软报表工作定制复杂报表。如图 6 所示。

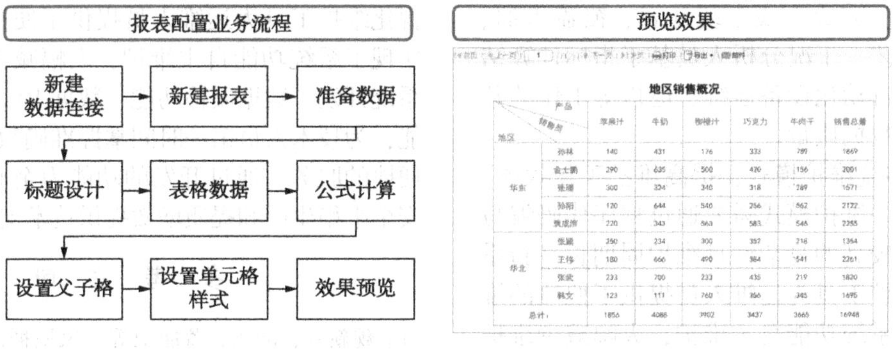

图 6　系统与帆软融合

3.3.3　实现报表指标计算可视化配置管理

根据运算需要选择所需计算指标与源数据、配置计算方法。通过融合帆软报表系统，实现复杂报表的自定义配置，低代码管理。

4　应用效果分析

4.1　应用效果

4.1.1 系统升级部署试运行，包含 6 项功能模块、118 张报表，横向以各类报表业务为主线进行信息化流程管理，纵向为实时数据的管理，双向维度管控物联网数据管理系统。系统主要包括作业区领导、生产管理人员、报表处理人员、资料录入人员等已应用于监控数据核对工作中，涵盖大型集输处理站、软化水处理站、中型密闭接转站、小型密闭站、常规接转站、注汽锅炉、SAGD 井、计量撬、注水撬、油井、注水井等 14 个工艺模块，如图 7 所示。

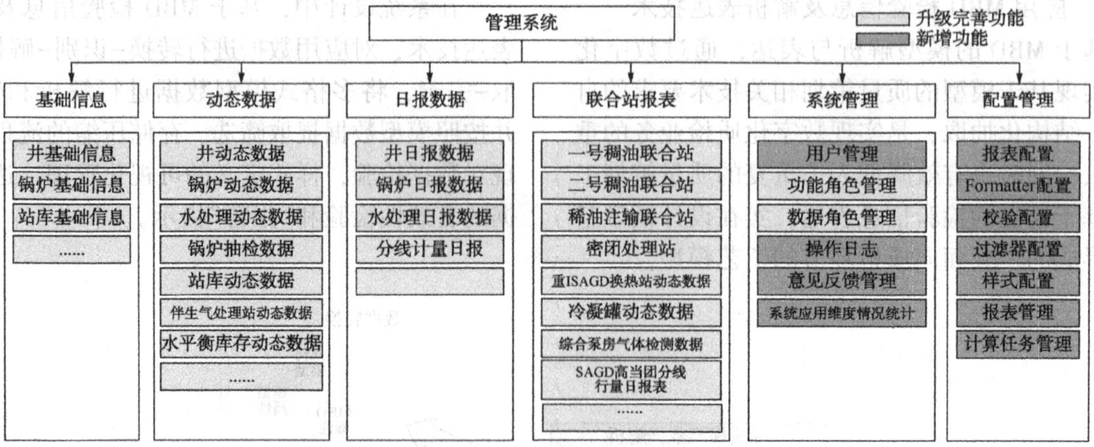

图 7　系统工艺模块

4.1.2　数据管理功能的扩展

数据质检功能适用于数据填报、修改过程，通过相应公式的配置，操作人员在修改数据的过程中，对不符合要求的数据会进行弹框提示，辅助报表正确填报，数据质检功能为数据质量管控提供了技术手段。

4.1.3　数据检索

系统报表中重要数据出现异常时，可设置报警规则进行自动判断，并在报表界面突出显示（如温度大于 200℃页面数据红色显示）。

4.1.4　快速统计数据上线率

通过定义数据上线率、仪表缺失率、数据准确率、设备运行时率等指标，实现自动化数据质量的量化计算，完成上线率统计表、覆盖采油、集输、注汽工艺，工况分析人员基于指标计算结果可指导现场自动化设备运维、巡检等工作的开展，不断夯实数据质量。

4.1.5　改变传统维护模式，提高维护工作效率

传统的软件维护模式需要通过程序代码编写来实现，具有较高的复杂性且维护周期长。新系统的可视化维护工具为运维人员提供了便捷的维护手段，实现系统功能自主维护，大幅减少维护工作量，有效提高维护效率，同时还可为用户提供定制服务。

4.2　社会效益

4.2.1　数据传递多元化

系统可向生产移动 APP、生产调度指挥系统等提供分钟级动态数据，为系统间融合奠定基础，未来系统还可以将各类设备启停动态数据与设备全生命周期管理系统进行交互，实现设备运转时率的自动统计，以数字链打通应用链，实现一源多用。

4.2.2　数据应用灵活化

利用自动化基础数据源，定制不同的功能模块，满足各层面用户的数据应用需求，实现了生产自动化数据的统一管理和应用。

4.2.3　数据质量标准化

系统开发了数据质检功能、数据上线率自动统计功能，为技术人员第一时间掌握准确数据提供了一种便捷的服务，通过开发的功能为企业精细化管理、安全平稳生产和提质增效提供技术支撑。

5　结论及认识

通过升级系统架构，优化数据算法 78 项，提高了系统运行速率及稳定性；系统实现各类常规报表、复杂报表的灵活定制，目前 DMS 系统采油、集输、热注工艺共定制发布报表 118 张。系统的可视化维护工具为运维人员提供了便捷的维护手段，实现了系统功能自主维护，大幅减少维护工作量。系统开发了数据质检功能、数据上线率自动统计功能，为技术人员第一时间掌握准确数据提供了一种便捷的服务，通过开发的功能为企业精细化管理、安全平稳生产和提质增效提供技术支撑。

参　考　文　献

[1] 魏新春，陆兴，蒋能记等．风城稠油油气生产物联网工程建设及应用，技术创新成果报告，2014.

[2] 李函芮．数据库集群模式下数据结构同步技术研究，哈尔滨工程大学硕士论文，2019.

[3] 王辉．油田生产自动化数据管理系统的设计与实现，西安电子科技大学硕士论文，2010.

[4] 朱明伦，胡金初．Linux 下基于 B/S 的高并发 Web 服务优化研究，计算机技术与发展，2006（5），P140-142.

[5] 王如涛，黄星，史乙山等．生产自动化数据管理系统在油田的应用，自动化应用，2012(8)，P23-25.

油田信息系统应用效果评价研究

胡顺全　石国伟　李广亚　陈　鹏　周　盈

（中国石油新疆油田公司）

摘　要　针对信息系统多、效果评价难、评价效率低的问题，本文提出基于信息系统共性特征和服务业务活动及工序，从技术赋能、效益创造和服务运维的角度，构建油田信息系统应用效果评价指标体系。按照指标选取、权重调整、原始数据处理和应用效果评价步骤建立评价模型，形成一套完整的评价方法。最后选取1套信息系统进行应用验证，验证了评价方法的科学性和合理性。

关键词　信息系统；效果评价；评价方法；评价指标；评价模型

1　研究背景

某油田(以下简称“油田”)信息系统研发始于上世纪90年代，采用平台+定制模式研发了信息系统90多套，覆盖了油田勘探开发、经营管理和科学研究等业务领域。从信息系统上线应用效果来看，绝大多数信息系统为企业自身的发展起到了重要的推动作用，提升了企业的竞争力，但也有部分信息系统没有完全达到预期目标，且每年还要投入大量运行维护资源。如何高效、客观、准确、尽可能量化的评价信息系统应用效果，对信息系统应用效果进行定量化评价、排序，合理配置运行维护资源，提高资源利用率，是进一步加强信息系统管理和资源投入管控的有效途径。由于评价信息系统的因素很多，且错综交织，导致信息系统的评价工作一直是一件比较困难的事情，目前油气领域还未建立针对信息系统效益或效果评价的统一标准和方法。为止，公司启动了信息系统应用效果评价研究课题，目的是构建油田信息系统应用效果评价体系，根据信息系统应用情况，动态开展信息系统应用效果评价，同时对综合评分较低的信息系统进行根因分析，找出低效的原因，制定有针对性的优化完善措施建议，提升信息系统应用效率和效益。另外，通过信息系统应用效果评价，分析、总结、提炼影响应用效果评分高低根因的经验与教训，赋能于公司信息系统项目立项、实施和运维，形成信息系统立项、研发、运行、评价和优化的闭环管理。

目前信息系统评价或预测的研究主要集中在信息系统经济效益的评价和预测、系统本身的质量评价、系统多指标综合评价三个方面，评价方法较多。郑羿彤等提出基于神经网络的信息系统应用效果评价方法；王洪伟等提出运用数据包络法对企业信息系统项目的绩效进行分析；陈桃利等提出基于COCOMO Ⅱ模型的软件价值评估；徐红提出定性分析与定量分析相结合评价智慧监管系统效益；林珠等提出构建多源融合知识图谱的科研绩效评价。这些评价结果反映单一系统或业务领域系统的应用效益或效果，每种评价方法都有其优缺点，但针对油田信息系统类型多、数量多、服务业务广、业务场景杂现状，还需要探索一套适合油田信息系统的应用效果评价方法，在保证评价质量的基础上，简化评价工序，降低评价工作量，提高评价工作效率。

2　指标体系构建

通过D&M模型法、平衡记分卡法和德尔菲法等方法，从多个维度构建指标体系。李真提出从信息系统建设评价、性能评价、效益评价3个维度构建信息系统应用效果评价指标体系；李积良提出从效益层面、客户层面、内部流程层面、学习与成长层面4个维度确定人力资源信息化管理效果评价指标体系；黄莹提出从系统应用满意度、系统运行效益和管理综合指标3个维度构建“货运智慧营销平台”信息系统应用效果评价指标体系。从已有研究来看，不同信息系统应用效果评价角度、评价内容具有明显的差异，目前油田还未建立针对信息系统评价的统一指标体系。

2.1 指标体系设计思路

针对油田信息系统数量多、类型多、服务业务广、业务场景杂的现状，可有三种模式设计指标体系：一是按单套信息系统建立指标体系，特点是针对性强，评价结果精度高和可信度高，但指标体系数量多，指标数量多，维护成本高，评价工作量大。二是按业务领域建立指标体系，特点是指标体系数量减少，评价工作量减小，但指标体系数据和指标数量还是较多，维护成本也相对较高。三是基于信息系统共性特征和服务业务活动及工序，按公司建立统一的指标体系，根据具体评价对象，再选择评价指标，或扩充、细化评价指标，特点是维护1套指标体系，指标数量减少，维护成本低，评价工作量小，但评价结果精度和可信度降低，每次评价都有可能要微调指标权重。

综上，考虑评价难度、维护成本、评价工作量和评价精度可接受度，本文采用第三种模式构建信息系统评价体系。

借鉴李旭辉等的研究中关于指标体系构建的思路，拟定油田信息系统应用效果评价指标体系的构建框架为“三层三维”，其中“三层”指一级、二级、三级指标；“三维”指技术赋能、效益创造、服务运维 3 个维度。具体是：一是技术赋能，指信息技术在油田业务活动的应用情况，侧重衡量信息技术对业务活动的影响，影响业务活动发生了哪些变化；二是效益创造，指信息技术应用后产生的经济效益，包括直接经济效益、间接经济效益和社会效益；三是服务运维，指围绕信息系统开展的运行维护服务，侧重衡量信息系统服务能力、服务效率和服务质量。

2.2 指标设计原则

立足于数据的可获得性和指标数据的时效性，围绕油田信息系统的应用情况，构建二级、三级指标的设计原则：一是全面性原则，即指标尽可能覆盖油田信息系统业务，满足各信息系统应用效果评价的需要。二是动态性原则，即具体实施应用效果评价时，根据具体的评价对象，可在公司指标体系的指标基础上调整和细化指标。三是层次性原则，即对指标按技术赋能、效益创造、服务运维 3 个维度进行分类分层，各层次之间关系明确、相互独立、权重合理，便于综合评价目标对象。四是实用性原则，即采用定性与定量指标相结合，尽可能用选定量指标，指标数据可通过信息系统运行日志、问卷调查和专家打分等常规方法和渠道获得，便于实践应用。

2.3 指标体系

结合上述油田信息系统应用效果指标体系的构建思路与指标设计原则，采用文献综述法、比较研究法、定量与定性分析法、德尔菲法，通过文献调研、系统共性特征抽取和业务活动属性及工序分析，构建初步的指标体系；再邀请 15 位业务专家，按照德尔菲法，经过多轮专家意见收集、汇总、修改和反馈，形成了一级指标 3 个、二级指标 11 个、三级指标 46 个的油田信息系统应用效果评价指标体系，具体如表 1 所示。

表 1　系统应用效果评价指标及其定义与计算方法

一级指标	二级指标	三级指标	单位	定义与计算方法	数据来源
技术赋能（A）	业务支撑（A_1）	业务覆盖率（A_{11}）		（上线业务数/业务总数）＊100%	运维管理平台
		业务疼点解决率（A_{12}）		（疼点解决数/疼点总数）＊100%	
		业务流程在线率（A_{13}）		（上线流程数/业务流程总数）＊100%	
		用户需求满足率（A_{14}）		（满足用户模块数/上线模块数）＊100%	
	智能化应用（A_2）	流程状态监控率（A_{21}）		（监控流程数/上线流程数）＊100%	
		数据驱动业务率（A_{22}）		（驱动业务数/上线业务数）＊100%	
		知识模型覆盖率（A_{23}）		（覆盖业务数/上线业务数）＊100%	
		知识条目使用率（A_{24}）		（使用条目数/条目总数）＊100%	系统运行日志
	用户体验（A_3）	易用性（A_{31}）		系统易理解性、易学习性和易操作性的评分总和	用户问卷调查
		可访问性（A_{32}）		系统可访问性的评分值	
		访问效率（A_{33}）	秒	业务应用访问时间	系统运行日志
		用户访问率（A_{34}）		（访问用户数/注册用户数）＊100%	
		用户流失率（A_{35}）		（（锁定用户数+注销用户数）/（系统用户数+注销用户数））＊100%	

续表

一级指标	二级指标	三级指标	单位	定义与计算方法	数据来源
效益创造(B)	直接经济效益(B_1)	提高生产效率(B_{11})	万元	缩减岗位人员和增加单位时间绩效等带来的效益总和	系统运行日志
		降低成本(B_{12})	万元	生产、管理和运维等成本降低总和	
		提高资源利用率(B_{13})	万元	减少能耗、资源等效益总和	
		增加业务收入(B_{14})	万元	提高开井率、增加产品产量和减少损耗等产生效益总和	
		降低风险损失(B_{15})	万元	减少事故发生风险、设备运行故障、资产损失等产生的效益总和	系统运行日志
	间接经济效益(B_2)	提高决策支撑能力(B_{21})		辅助决策产生的效益	专家打分
		提高管理效率(B_{22})		管理方面产生的效益	
		优化资源配置(B_{23})		资源配置合理产生的效益	
		提高服务水平(B_{24})		服务高效产生的效益	
		减轻员工工作强度(B_{25})		工艺改善，工作环境改变，员工身心愉悦等产生的间接效益	
		提升员工素质(B_{26})		员工素质提升带来的间接效益	
	社会效益(B_3)	提高企业影响度(B_{31})		获得国家、省部级(集团级)、厅局级(公司级)等荣誉称号的评分总和	成果管理系统
		提升企业形象(B_{32})		公司诚信、信誉等方面的效益	专家打分
		社会贡献度(B_{33})		产生效果对社会和国家有重要意义	
	创新效益(B_4)	专利申报(B_{41})	件	申报专利数	成果管理系统
		论文论著(B_{42})		不同期刊、学术会议上发表、交流的技术论文、论著评分总和	
		成果获奖(B_{43})		获得国家、省部级(集团级)、厅局级(公司级)等成果的评分总和	
		成果转化(B_{44})	万元	科技成果转化产生的经济效益	
服务运维(C)	数据治理(C_1)	数据及时率(C_{11})		(按时入库条数/入库总条数) * 100%	数据质检系统
		数据差错率(C_{12})		(错误数据项/数据总项) * 100%	
		数据安全(C_{13})		数据备份与恢复、数据完整性、保密性与可用性的评分总和	专家打分
		数据产品(C_{14})		(产品覆盖业务数/业务总数) * 100%	运维管理平台
	系统安全(C_2)	安全符合度(C_{21})		遵循统一认证、等保评定、访问审计、权限控制要求的评分总和	专家打分
		风险评估(C_{22})		安全评估的评分值	
	系统性能(C_3)	稳定性(C_{31})	小时	系统意外中断时间	运维管理平台
		可恢复性(C_{32})	小时	系统故障恢复时间	
		可维护性(C_{33})	个/年	优化完善功能数	
		资源利用率(C_{34})		CPU、内存和磁盘使用率的总和	
	系统维护(C_4)	需求解决率(C_{41})		(年需求解决数/需求总数) * 100	
		事件关闭率(C_{42})		(年关闭事件数/事件总数) * 100%	
		用户回访率(C_{43})		(年回访用户数/系统用户数) * 100%	
		投诉次数(C_{44})	次/年	业务用户投诉次数	
		培训覆盖率(C_{45})		(年培训用户数/注册用户数) * 100%	

表1中二级指标“直接经济效益”是指信息系统在运行期间产生的经济效益，采用系统运行前后对比法计算效益值，借鉴王智锋等的研究中计算经济效益的思路，设计计算公式如式1所示。

$$\triangle B = \sum [\,|(R_{t2} - R_{t1})| \times P \times S \times t\,] - (C_0/n + C \times t) \quad (1)$$

式(1)中：$\triangle B$ 为经济效益，R_{t2}为信息系统上线后的效益指标状态，R_{t1}为系统上线前的效益指标状态，P 为效益参数(如提高生产效率、降低成本等)，S 为参数规模，t 为运行时间(默认以年为单位)，C_0为建设成本，n 为折旧年限，C 为年度运维成本。

3　评价方法选择

针对不同领域、不同评价内容，可选择不同评价方法。侯学良等提出基于三角模糊数的工程质量耦合效应评价方法；李美娟等提出基于正交投影法的动态评价方法；沈俊鑫等提出基于模型堆叠集成GBDT(Stacked-GBDT)算法的数据资源价值评估方法。本文根据油田信息系统特性，采用德尔菲法[9]+层次分析法+系统运行前后对比法+多级模糊综合评价法相结合，开展油田信息系统应用效果评价。

3.1　评价等级设置

本文设置评价等级 $V=\{v_1, v_2, v_3, v_4, v_5\}$，其中 v_1=差[0，60)，v_2=较差[60，70)，v_3=一般[70，80)，v_4=良好[80，90)，v_5=优秀[90，100]。

3.2　指标矩阵建立

首先，设定评价对象含m个指标与评价等级 V 的指标矩阵 $X=(x_{ij})_{m5}$，其中x_{ij}代表第 j 个评价等级区域的第 i 个指标，$j=1, 2, \cdots, 5$；其次，采用(X-Min)/(Max-Min)标准化方法、梯形分布隶属函数对原始矩阵进行处理，得标准化矩阵 $R=(r_{ij})_{m5}$。

3.3　指标权重计算

本文采用德尔菲法+层次分析法进行指标权重计算。首先，邀请了公司业务领域有关专家、信息系统负责人和运行维护人员15位，按照两两比较法，分别对一级指标、二级指标和三级指标，按其重要程度和9级标度法打分，汇总整理后得到各判断矩阵；其次，采用算术平均法和归一化法，计算得到各指标权重，如表2所示，最后进行指标矩阵的一致性检验，确保指标矩阵的一致性处于可接受范围，其中一级指标矩阵的一致性检验值为0.01，二级指标矩阵的一致性检验值分别为0.01、0.02、0.04，三级指标矩阵的一致性检验值如表2所示，各指标矩阵的一致性检验值均小于0.1，表明各判断矩阵都通过一次性检验。

表2　系统应用效果评价指标权重

一级指标	一级权重	二级指标	二级权重	三级指标	三级权重	一致性比例
技术赋能(A)	0.5294	业务支撑(A_1)	0.5294	业务覆盖率(A_{11})	0.2017	0.0267
				业务疼点解决率(A_{12})	0.4034	
				业务流程在线率(A_{13})	0.2773	
				用户需求满足率(A_{14})	0.1176	
		智能化应用(A_2)	0.3088	流程状态监控率(A_{21})	0.0929	0.0116
				数据驱动业务率(A_{22})	0.4461	
				知识模型覆盖率(A_{23})	0.2900	
				知识条目使用率(A_{24})	0.1710	
		用户体验(A_3)	0.1618	易用性(A_{31})	0.3556	0.0074
				可访问性(A_{32})	0.1284	
				访问效率(A_{33})	0.2222	
				用户访问率(A_{34})	0.2222	
				用户流失率(A_{35})	0.0716	

续表

一级指标	一级权重	二级指标	二级权重	三级指标	三级权重	一致性比例
效益创造（B）	0.3088	直接经济效益（B_1）	0.4609	提高生产效率（B_{11}）	0.3099	0.008
				降低成本（B_{12}）	0.3099	
				提高资源利用率（B_{13}）	0.0656	
				增加业务收入（B_{14}）	0.1174	
				降低风险损失（B_{15}）	0.1972	
		间接经济效益（B_2）	0.3265	提高决策支撑能力（B_{21}）	0.2273	0.002
				提高管理效率（B_{22}）	0.2273	
				优化资源配置（B_{23}）	0.2273	
				提高服务水平（B_{24}）	0.1250	
				减轻员工工作强度（B_{25}）	0.1250	
				提升员工素质（B_{26}）	0.0681	
		社会效益（B_3）	0.0749	提高企业影响度（B_{31}）	0.5294	0.009
				提升企业形象（B_{32}）	0.3088	
				社会贡献度（B_{33}）	0.1618	
		创新效益（B_4）	0.1376	专利申报（B_{41}）	0.1710	0.0116
				论文论著（B_{42}）	0.0929	
				成果获奖（B_{43}）	0.2900	
				成果转化（B_{44}）	0.4461	
服务运维（C）	0.1618	数据治理（C_1）	0.4463	数据及时率（C_{11}）	0.1983	0.004
				数据差错率（C_{12}）	0.3471	
				数据安全（C_{13}）	0.3471	
				数据产品（C_{14}）	0.1074	
		系统安全（C_2）	0.1405	安全符合度（C_{21}）	0.6667	0
				风险评估（C_{22}）	0.3333	
		系统性能（C_3）	0.2727	稳定性（C_{31}）	0.4461	0.01
				可恢复性（C_{32}）	0.2900	
				可维护性（C_{33}）	0.1710	
				资源利用率（C_{34}）	0.0929	
		系统维护（C_4）	0.1405	需求解决率（C_{41}）	0.2676	0.0081
				事件关闭率（C_{42}）	0.3943	
				用户回访率（C_{43}）	0.0869	
				投诉次数（C_{44}）	0.0869	
				培训覆盖率（C_{45}）	0.1643	

3.4 分值计算及等级确定

设定评价对象的指标权重集为 A、综合评判模型为 B、综合评分 P，综合评判模型计算为：

$$B = A * R \tag{2}$$

式(2)中 B 归一化后得 $B=\{b_1, b_2, b_3, b_4, b_5\}$；

$$P = B * V \tag{3}$$

式(3)中 $V=\{v_1=30, v_2=65, v_3=75, v_4=85, v_5=95\}$，$P$ 为评价对象的应用效果评价分值。

根据评价分值和等级区间分值，查询得到评价对象应用效果的评价等级。

4 实例应用验证

4.1 评价模型构建

指标体系从不同角度反映了信息系统效果，若要综合评价某套信息系统的应用效果，需要构建评价模型，其主要步骤为：指标选取、权重调整、原始数据处理和应用效果评价。

（1）指标选取。根据评价对象特性，从公司指标体系中选取指标，可完全选取现有指标，或者在已有指标的基础上，调整、细化指标。

（2）权重调整。若评价对象新增或减少指标，需重新计算评价因素集中各指标的权重。

（3）原始数据处理。对收集的各指标数据进行处理，得到各评价指标值。

（4）应用效果评价。结合上述评价方法及评价步骤，计算各指标综合评价分值，确定评价等级，用于对评价对象的考核。

4.2 信息系统选择

选择井下作业信息系统对指标体系和评价方法进行验证，该系统于 2010 年上线运行，月访问率 82.93%，涵盖井下作业设计、施工、工作量统计、费用线上申请及结算等业务。

4.3 评价结果输出

根据指标定义、计算方法和数据来源，获取各指标数据，按照应用效果评价方法，计算得到井下作业信息系统各评价对象的评价分值及评价等级，如表 3 所示。

表 3　井下作业信息系统应用效果评价结果

评价对象			差 v_1	较差 v_2	一般 v_3	良好 v_4	优秀 v_5	评分	等级
总体综合评价			0.0972	0.0937	0.216	0.2997	0.3002	79	一般
技术赋能（A）	技术赋能评分		0.13	0.18	0.33	0.22	0.15	73	一般
	分项	业务支撑（A_1）	0	0.2686	0.4962	0.2352	0	75	一般
		智能化应用（A_2）	0.4121	0.106	0.0353	0.0775	0.3691	64	较差
		用户体验（A_3）	0	0.0419	0.3422	0.4203	0.1957	83	良好
效益创造（B）	效益创造评分		0.15	0.09	0.21	0.44	0.12	75	一般
	分项	直接经济效益（B_1）	0.0235	0.1953	0.1671	0.4508	0.1634	80	良好
		间接经济效益（B_2）	0	0	0.3228	0.541	0.1364	83	良好
		社会效益（B_3）	0	0	0.3059	0.6941	0	82	良好
		创新效益（B_4）	1	0	0	0	0	30	差

续表

评价对象			差 v_1	较差 v_2	一般 v_3	良好 v_4	优秀 v_5	评分	等级
服务运维(C)	服务运维评分		0	0	0.09	0.21	0.7	91	优秀
	分项	数据治理(C_1)	0	0	0.0611	0.2215	0.7173	92	优秀
		系统安全(C_2)	0	0	0	0	1	95	优秀
		系统性能(C_3)	0	0	0.197	0.2498	0.5532	89	良好
		系统维护(C_4)	0	0.0277	0.0699	0.2922	0.6101	90	优秀

4.4 评价结果分析

（1）评价结果符合预期目标。

（2）服务运维层面评价比较好，技术赋能层面和效益创造层面评价一般；因技术赋能和效益创造指标的权重高，导致总体综合评价不佳；技术赋能层面评价不佳，原因是该层面包含的指标偏向智能化建设与应用，而信息系统建设时间又较早；效益创造层面评价不佳，原因是创新成果少。

5 结论

（1）本文研究了油田信息系统应用效果评价方法，通过方法比较，选择了层次分析法、系统运行前后对比法和多级模糊综合评价法相结合，作为公司信息系统应用效果的评价方法，依据全面、简捷、动态、实用的原则，从技术赋能、效益创造、服务运维 3 个层面建立了公司评价指标体系。

（2）按照指标选取、权重调整、原始数据处理和应用效果评价 4 个步骤建立了应用效果评价模型，形成了一套完整的评价方法。

（3）对各指标赋权重时，采用了德尔菲—层次法，对所有指标先分层，再计算权重，提高了指标权重赋值的科学性。

（4）本文选取了井下作业信息系统进行实例应用验证，证明了本文所构建的指标体系和评价模型的科学性及适用性。同时分析了评价效果不佳指标的原因，为下一步有针对性的系统优化完善提供了数据参考。

参 考 文 献

[1] 李华，薛倩瑶，吴爱萍．不同激励偏好下考虑目标值的动态综合评价方法[J]．科技管理研究，2021，41(15)：67-73.

[2] 郑羿彤，王文政．基于神经网络的企业信息系统效益评价研究[J]．电脑知识与技术，2006(36)：189-190+194.

[3] 王洪伟，刘勰，丁佼佼．应用数据包络分析评价信息系统绩效[J]．工业工程与管理，2009，14(04)：91-97.

[4] 陈桃利，张学文．基于 COCOMO Ⅱ模型的软件价值评估案例研究[J]．大众投资指南，2019(12)：49-50.

[5] 徐红．城市建设工地智慧监管系统效益评价——以郑州市为例[D]．北京邮电大学，2020.

[6] 林珠，邢延．面向科研绩效评估的知识图谱构建研究[J]．铁路计算机应用，2022，31(6)：12-17.

[7] 向纯洁，曹子锐．物流企业信息系统采纳因素研究——D&M 模型与匹配理论的融[J]．技术与创新管理，2023，44(06)：679-688+744.

[8] 宝斯琴塔娜．基于 AHP- 改进 TOPSIS 法的制造系统精益设计评价模型[J]．科技管理研究，2019，39(19)：238-243.

[9] 殷嘉伟．Z 公司油库管理软件项目开发管理效益评价研究[D]．北京工业大学，2018.

[10] 李真．企业信息系统运行效果评价理论与实证研究[D]．吉林大学，2011.

[11] 李积良．青海油田公司人力资源信息化管理效果评价与提升研究[D]．兰州理工大学，2019.

[12] 黄莹．LZ 局集团有限公司“货运智慧营销平台”信息系统应用效果评价[D]．兰州交通大学，2020.

[13] 李旭辉，郑丽琳，程静静．国家自主创新示范区创新驱动发展动态评价体系研究：基于二次加权动态评价方法[J]．华东经济管理，2019，33(3)：79-85.

[14] 吴克河，朱亚运，吴金水．一种基于量化指标的信息化评价方法：CN104077657A[P]．2014-10-01.

[15] 宋光昕．BIM 技术在装配式建筑中的效益评价研究[J]．价值工程，2022，41(33)：39-42.

[16] 杨玉群，琚泽立，王新．电网企业投资效益评价[J]．电网技术，2011，(35)：50-56.

[17] 王智锋，周延军．石油工程类科技成果经济效益评价研究[J]．科技管理研究，2018，38(11)：41-47.

[18] 侯学良，尹传根，李倩．基于三角模糊数的工程质量耦合效应评价方法研究[J]．科技管理研究，2019，39(10)：38-45.

[19] 李美娟，袁宁，徐林明．基于正交投影法的动态评价方法[J]．中国管理科学，2020，28(12)：208-219.

[20] 沈俊鑫，赵雪杉．基于动态 Stacked-GBDT 算法的数据资源价值评估方法研究[J]．科技管理研究，2023，43(01)：53-61.

[21] 陈畴镛，许敬涵．制造企业数字化转型能力评价体系及应用[J]．科技管理研究，2020，40(11)：46-51.

[22] 邓雪，李家铭，曾浩健，等．层次分析法权重计算方法分析及其应用研究[J]．数学的实践与认识，2012，42(7)：93-100.

[23] 刘婷婷，魏仁辉．基于多层次模糊综合评价法的地铁车站设施设备运营安全评价[N]．重庆交通大学学报(自然科学版)，2015，34(2)：98-101.

[24] 孔繁敏，杨庆瑜，张亮．打车软件的经济效益评价—基于AHP—模糊综合评价模型[J]．科技和产业，2015，15(4)：52-56.

[25] 赵存，王志宏．多层次模糊综合评判法对铁煤集团可持续发展的评价[J]．煤矿现代化，2010(02)：6-7.

基于大数据挖掘的智能报警技术的研究

李 纳 黄 寅 刘 俊 邓 涛

(中国石油新疆油田公司)

摘 要 基于大数据挖掘的智能报警技术能够更加准确反映现场设备的运行状况，更加迅速地反馈异常情况，减少中控室监屏员工人工分析工作量，提升报警准确率，保障全厂生产运行安全。本系统从国内采油厂SCADA监控系统信息报警现状分析着手，通过构建智能工况报警模型库，开发流计算引擎，建立智能报警配置模块，对各类报警进行多维度统计分析，实现多参数组合报警和趋势预测，提高生产指挥中心报警预警分析能力及综合管控水平。

关键词 大数据；SCADA系统；建模技术；流计算；智能报警

1 引言

采油二厂信息化建设起步早，自动化程度较高，在1993年建设完成SCADA系统，并在2003年完成SCADA的国产化，2019年建成了全新的实时数据云平台，打通了数据采集、存储与调用的通道，在国内率先实现了基于云平台的生产监控，也为采油二厂进一步挖掘数据价值打下了基础。生产监控平台在减少一线用工、保障生产安全、提高生产效率符方面发挥了重大作用。近年来随着生产规模扩大与数据分折的深入，生产监控管理在报警分析与预警管理方面提出了更高的要求，由此，通过研究实时计算、智能报警管理等前沿技术，利用油田大数据进行趋势预警和辅助决策，提高监控报警的准确率与及时率，减少无效报警数。

2023年经过对采油二厂SCADA系统报警功能问题的研究，同时对实时数据云平台和传统工业控制软件进行技术对比分析：以实时数据云平台为基础，优化智能报警的技术路线，将阈值报警按事件(工况)进行合并，建立多参数报警模型，使单参数报警融合，实现单参数趋势报警预警、多参数综合报警等从而减少报警量，实现对生产数据在线分析、智能预警报警的一体化系统，提高监控效率。

2 关键技术研究

SCADA系统建立能够支持智能报警逻辑的实时报警机制，其核心包括采集数据订阅、数据转发、流计算处理、数据存储、数据推送展示等环节。能够实现及时预警，满足报警管理的生产需要，提高监控效率。

2.1 智能报警系统的技术

2.1.1 流计算技术

流计算技术是对生产数据连续采集并进行实时分析，以流水线方式执行任意数据程序。主要运用在数据采集订阅、数据转发、流计算处理、数据存储、数据推送展示等环节。研究该技术引擎，并在流计算技术基础上、建立预警模型、实现实时报警计算。流计算模型定义需要通过实时采集的数据进行实时分析的模型，涉及的主要模型有：(1)趋势预警一数据趋势快速变化。(2)趋势预警-数据趋势频繁波动。(3)趋势预警-数据趋势数据突变。(4)多参数综合预警-单对象多参数分析。(5)多参数综合预警-多对象多参数分析。如图1所示。

2.1.2 模型数据预处理技术

首先对于简单的处理规则，在诊断模型配置中直接作为模型里面的一项判断条件进行处理即可。对于复杂的、运算量比较大的处理规则，单独建立预处理任务进行专门的处理，处理后的结果再推送给诊断任务。如图2所示。

2.1.3 批计算技术和模型

批计算技术对时效性要求不高、很多数据依赖于非实时数据的计算分析，涉及的主要模型主要包括：复杂度较高的模型或时效性要求不高的模型。面向报警规则配置人员，按照不同站点配置相关的报警阈值及报警模型，并可灵活设置模型是否启用、报警级别、描述处理建议等报警配置信息。如图3所示。

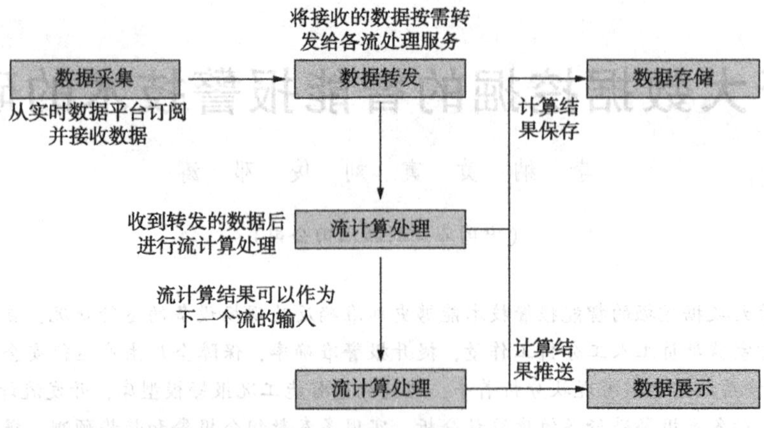

图1 流计算技术

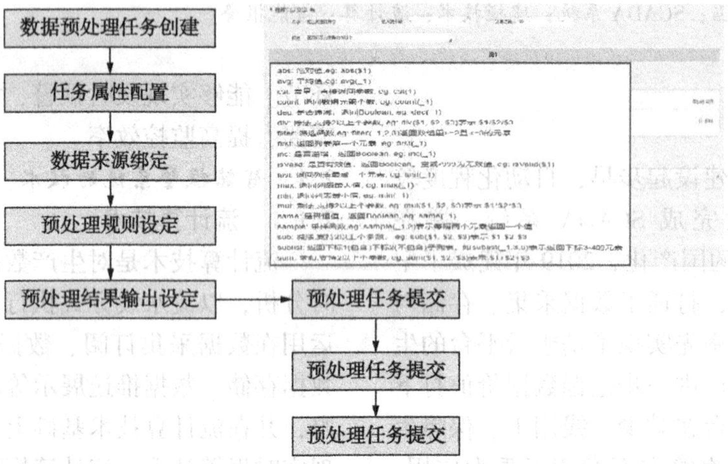

图2 预处理技术

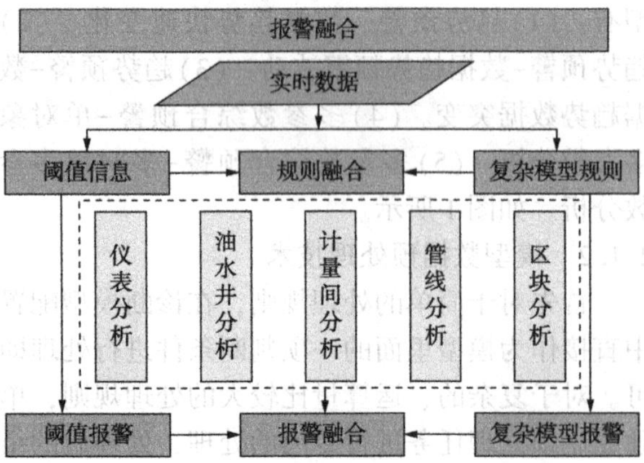

图3 报警融合技术

2.1.4 报警融合技术

引用先进报警理念，基于监测参数之间的关联关系，将阈值报警按事件(工况)进行合并，建立多值报警参数预警模型，从而减少报警量，提高监控效率。

2.2 诊断模型设计技术

针对生产监控范围，诊断模型建模覆盖油水井、计量站、配水间等工艺流程，针对不同的工艺特征、不同的判定方法，进行诊断模型的提炼。

2.2.1 趋势预警建模

集成时序预测模型，添加趋势预警规则，涉及油水井、计量站、配水间等生产对象重点参数，对参数长期趋势、周期性趋势及随机变化进行预测。趋势分析可细分为快速上升或下降、缓慢上升或下降，而快速变化、缓慢变化所体现的内在问题是不同的，需要根据实际工艺特征及问题进行针对性的建模。

2.2.2 多参数综合预警建模

综合分析生产工艺流程中关联参数，建立多参数综合预警业务模型，涉及油水井、计量间、配水间等工艺环节多参数综合实时分析。

2.2.3 仪表异常诊断建模

根据仪表量程特性、生产数据合理范围特征、异常持续时间等标准判断仪表异常。根据判断的结果，形成仪表异常报警数据表，在确定之后关闭相应参数的报警，形成报表推送到 DMS 中。

2.2.4　区块实时预警建模

基于区块实时数据，重点预警通讯、供电带来的大面积生产及管理问题。

2.2.5　消警模型建模

对于上述涉及的报警模型，若能够量化总结出可靠的消警判断规则，则需要建立相对应的模型消警机制，其目的是建立报警全生命周期自动管理流程，降低人为因素带来的干扰及判断上的主观意识偏差，提高报警管理的客观性、科学性。

3　应用效果

3.1　基于流计算技术，实现耦合复杂规则的实时报警计算，数据预处理，及复杂报警前置条件的添加

通过客户端实现模型的自定义管理，又可实现模型诊断结果的管理。同时，在报警管理中引入自动消警机制，可实现报警模型的自动闭环管理(数据流入-报警模型自动诊断-报警推送-消警模型诊断-消警推送-数据恢复正常)，提高报警处理效率，降低人工处置工作量。如图 4 所示。

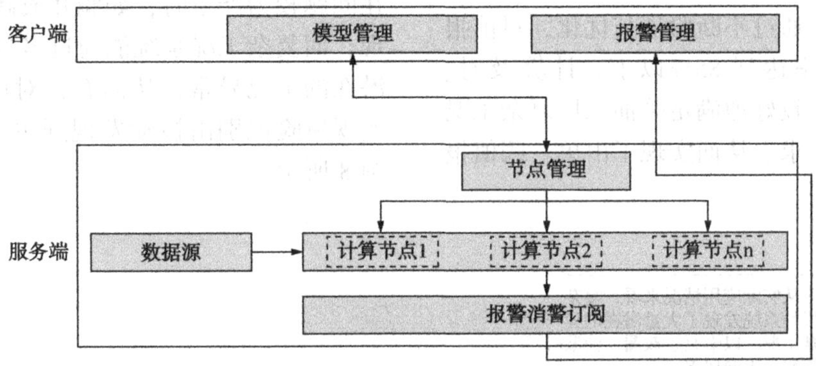

图 4　报警模型的闭环管理

3.2　建立一套定义复杂报警模型的方法，通过模型定义可以实现单参数趋势报警、也可以实现多参数综合报警

系统引入表达式来定义模型规则，表达式分为点表达式、列表达式和自定义表达式。用户可以使用系统提供的常用函数构建表达式，也可以通过 Grovy 自定义脚本实现。建立油水井计量站等多参数趋势预警模型，提高现场生产的管控能力。如图 5 所示。

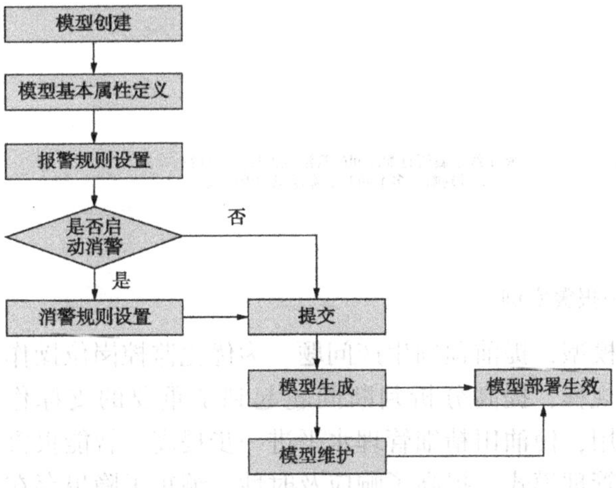

图 5　模型配置流程

开发可视化的模型配置管理界面，支撑工况分析研究与论证，实现模型定义及配置的过程。在模型配置过程中，应用完善的容错处理机制，当服务端模型运行状态设置无效时，可通过重置操作将状态初始化。模型规则设置时，系统提供运算规则合法性检查机制，实现维护人员自定义任务、模型调整、任务启停，支持自动生成测试数据进行模型准确性校验。如图 6 所示。

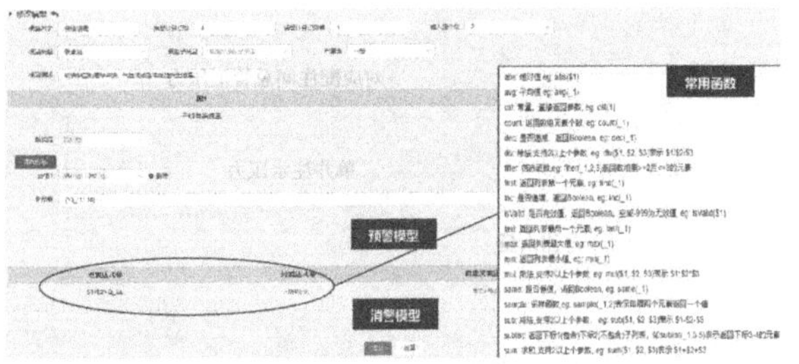

图 6　模型配置界面

3.3　建立专家经验的模型库，促进监控精细化管理，提高监控管理的广度，报警分析的深度和精细化管理

通过搭建流计算引擎，研究了辅助生产监控的报警分析功能，建立了一套符合采油二厂生产

工艺特征的报警数据管理模式的诊断模型库，由单一的阈值报警向多参数复杂预警转变。通过梳理、统计分析大量的实际故障问题样本，总结故障前后各类参数的变化规律，构建面向油水井、计量站、配水间等工艺流程的复杂工况预警模型库，包含6类生产单元36个典型工况。如图7所示。

单元类型	细分类	预警模型	测试验证		试运行验证		说明
			测试案例数	通过率	实例个数	通过率	
采油井	抽油机井	举升工况异常：卡泵、抽油杆断脱、双漏、固漏、油漏/管漏、抽油机皮带断、光杆下滑碰泵、抽油机异常停机、抽油机不平衡	96	92%	46	86%	
		井口管线异常：抽油机井管线堵、抽油机井管线破	24	98%	8	87.5%	
		仪表异常：抽油机电机缺相、电参模块异常、功图仪-载荷异常、功图仪-位移异常、压力变送器异常、RTU卡死	32	100%	0	-	暂无实例发生
	自喷井	自喷井油嘴堵/阀门未开、自喷井油嘴刺大或脱落、自喷井井筒缓堵、自喷井管线堵、自喷井管线破	6	100%	0	-	暂无实例发生
注水井	常规注水井	井口管线异常：管线堵/破等	12	88%	8	87.5%	
	重点注水井	单井水线破（重点）、重点注水井结垢堵、重点注水井管线堵	12	90%	2	100%	
计量站	计量单元	计量模块数据僵死、分离器压油阀未开/线堵、计量站安全阀起跳	10	90%	0	-	暂无实例发生
配注间	恒流配水单元	恒流注水控制失准	10	100%	2	100%	实例较少
注水支/干线		注水支线破、注水干线破	20	90%	2	100%	实例较少

图7　模型测试验证情况

模型部署后，通过不断验证与优化，目前报警结果总体符合率达到85%以上，计算及时、准确、高效，可以较好地满足采油二厂复杂工况报警预警的业务需求。从而实现了由单一阈值报警向多参数组合报警的转变，直接定位具体工况问题，使报警信息价值越来越高。

3.4　趋势预警精确识别潜在工况异常问题，将风险防范处理关口前移

一方面，常规的“阈值报警→人工分析→呼出”模式效率较低，人工定位具体工况问题大大延长了呼出周期，而复杂工况报警系统直接定位具体工况问题，可有效缩短人工确认时间，从而更及时处理工况问题，异常工况问题发现时间平均缩短40%。

另一方面，不分潜在的异常工况（如卡泵、下滑碰泵、泵漏等）常规手段较难发觉，一般是在问题较为严重时，如躺井或修井作业时才能发现，而复杂工况系统能通过多参数趋势分析识别潜在的工况异常，从而有针对性采取防控措施，实现风险识别由被动发现到主动定位转变。。如图8所示

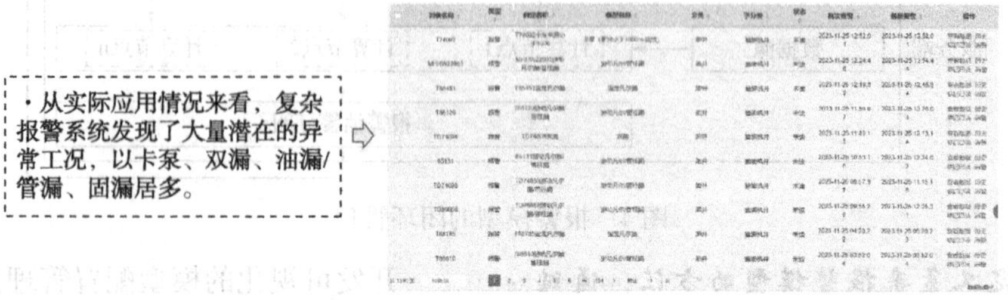

图8　活动报警情况

3.5　多参数组合预警、上下游智能联动判断，有效提高异常工况问题的识别与分析能力，降低技术人员劳动强度

部分工况需要用上下游参数联动判断，如单井水线破、注水支线破、注水干线破的识别，就需要用到上下游的参数，将数据时间拉齐，进行联合判断。常规分析手段，存在很大的工作量，工作人员需要耗费大量的时间进行数据整理和曲线绘制，大批量的实时跟踪报警更是难以实现。复杂工况报警系统应用后可有效缩短此类工况的识别与分析时间60%以上。如图9所示。

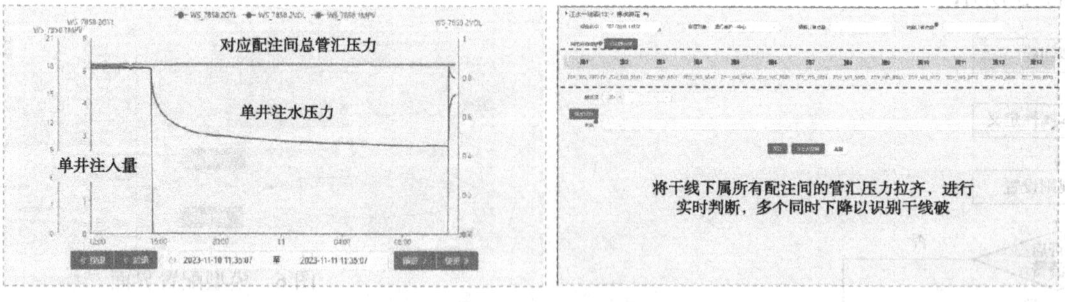

图9　注水干线破报警实例

4　结束语

在实时数据平台基础上，利用数据趋势、多参数联动、物理建模等方法建立复杂规则的诊断模型，提前预判生产问题。为优化监控岗位操作规程，提高分析判断问题起到了重要的支撑作用，使油田精细管理水平进一步提高。智能报警管理模式，提高了响应及时性，缩短了隐患存在

的时间，事故发生频率降低，形成有特色的安全环保领域隐患管理模式，具有广泛的推广应用价值。

SCADA系统智能报警技术在油田应用中存在着巨大潜力，我们需要通过长期的摸索、总结，使它在数字油田建设中发挥更大的作用。采用正确的数学方法实现对趋势预警的智能管理，从而有效降低人工工作量和无效报警数，提高监控效率，更好地为油田服务。随着先进的计算机技术、工业控制技术、以及通信技术的迅猛发展和油田信息化进程的不断深人，油田监控系统逐步向自动化、智能化、远程化方向发展。

参考文献

[1] 常彦荣，李允，彭炎等．油田生产产量监控体系及预警系统口[J]．西南石油学院学报．2006(03)：34-37.

[2] 马睿．先进报警管理系统设计应用探讨[J]．石油化工自动化．2015，51(04)：23-26.

[3] 胡静泓．流程工业分布式智能报警管理系统的研究与开发[D]．浙江大学．2015.

[4] 高国光，武平丽．流程行业先进报警管理系统实施方案[J]．仪器仪表用户．2019，26(07)：39-43.

加强数据集成，实现数字驱动优化排产

俞　颉

（中国石化仪征化纤有限公司）

摘　要　针对我公司所处行业竞争愈发激烈，我国正从化纤大国向化纤强国迈进，聚酯行业在供给侧与需求端都将面临前所未有的挑战和机遇。一是民营企业一体化快速扩张，做大规模、做精质量、向上下游业务拓展；二是智能制造发展迅速，节能减排和绿色发展快速推进；三是消费升级为产业创新发展提供机遇；四是全球政治和宏观经济形势复杂多变，不确定因素与日俱增，聚酯原料成本控制压力增大。因此，聚酯产能集中释放与需求增速趋缓叠加，行业结构性矛盾愈加凸显；市场环境愈发严峻，近年来聚酯企业生产经营愈发艰难，国际原油价格大起大落，市场行情剧烈震荡，公司经营环境复杂而多变。面对严峻形势和艰巨任务，公司进一步抓运行、拓市场、降成本、控风险、促改革、强管理、谋发展，生产经营压力前所未有，形势更加严峻。我公司坚持集团公司信息化建设“六统一”方针，信息化建设与应用已覆盖生产经营管理全部领域，已具备良好的应用基础，为适应公司改革与发展需要，不断完善、优化相关信息系统，加强系统集成，保证全面覆盖经营管理业务、支撑经营活动和重大决策，为健强数据集成，实现数据驱动优化排产，提升关键业务的管理和控制能力，提供了基础条件。

借助“赛马机制”，遵循“现金为王”的理念，设立产能利用率、人均创效、人均劳效、吨产品现金流等指标，促进各单位紧盯市场，抢夺订单，提升市场份额，争创效益，营造“比学赶帮超”氛围，提高全员降本增效意识与创新创效活力；强化顶层设计，深化“数据+平台+应用”信息化新模式，进行多系统数据整合集成，围绕“成本测算与效益分析”核心需求，实现数据集中展示与灵活的可视化应用，实现数据深层次开发利用，挖掘数据资产价值，为决策和考核等管理活动赋智赋能；运用“时序协整”理论，用非平稳序列建立平稳的经济计量模型，进行经济活动分析提高分析质量；细化量价结合，打通财务数据、业务数据，把相关的业务数据与财务数据关联起来，形成数据链，进行价值创造过程分析，促进业财融合；进行“多情景”分析，快速测算出不同市场环境下经营单元可能发生的经营结果，警示管理者早做应对准备，及时制定应对策略。

关键词　数据+平台+应用；业财融合；协整分析；What-if 多情景分析

1　引言

我公司是中国石化下属全资子公司，始建于1978年，是国家“六五”至“十五”期间重点建设项目，主要从事PTA、聚酯切片、涤纶短纤维、高性能纤维、聚酯薄膜、PBT、马来酸酐、熔喷布等产品的生产及销售，正在努力打造中国石化芳烃下游产业链示范基地和特种纤维研发生产基地。现有18条PET、3条PBT生产线，48条短纤（含中空）生产线，在建PET生产线2条、PBT生产线1条，短纤维生产线8条，这些同类生产线具有很高的同质性。

公司主要产品质量优良，产品性能指标居于国内领先水平。公司依托中国石化建立了健全的营销网络和专业的用户服务队伍，为用户提供优质的产品和服务。

2　应用背景

2.1　宏观环境

2.1.1　行业竞争愈发激烈

我国正从化纤大国向化纤强国迈进，聚酯行业在供给侧与需求端都将面临前所未有的挑战和机遇。一是民营企业一体化快速扩张，竞争力增强，做大规模、做精质量、向上下游业务拓展。二是智能制造发展迅速，节能减排和绿色发展快速推进。新上项目在规模化、低成本等具有后发优势。三是消费升级为产业创新发展提供机遇。四是全球政治和宏观经济形势复杂多变、能源领域竞争日益激烈、不确定因素与日俱增，聚酯原料成本控制压力增大。因此，聚酯产能集中释放与需求增速趋缓叠加，行业结构性矛盾愈加凸显，行业进入了大浪淘沙、优胜劣汰的“战国时代”。

2.1.2 市场环境愈发严峻

近年来聚酯企业生产经营愈发艰难，国际原油价格大起大落，市场行情剧烈震荡，能源成本大幅上涨，行业竞争前所未有，公司经营环境复杂而多变。面对严峻形势和艰巨任务，公司进一步抓运行、拓市场、降成本、控风险、促改革、强管理、谋发展，生产经营压力前所未有，形势更加严峻。

2 公司实际

公司坚持集团公司信息化建设“六统一”方针，信息化建设与应用已覆盖生产经营管理全部领域，已具备良好的应用基础，为适应公司改革与发展需要，不断完善、优化相关信息系统，加强系统集成，保证全面覆盖经营管理业务、支撑经营活动和重大决策，为提升关键业务的管理和控制能力，提供了基础条件。同时也存在以下问题：

2.1 效益测算体系单一，不能适应应用需求

公司的成本效益测算与生产经营活动分析高度相关，涉及众多生产和专业管理部门，业务的复杂度高，各类影响要素繁杂，追溯评价难度大。之前主要依赖 ERP 的各模块已有业务，通过生产与财务部门相关人员进行事后统计与分析来展开。当务之急需建设专业平台严控成本费用指标和优化排产，提高产能利用率，提升经济效益与边际贡献。

2.2 基层业务运作体验不佳，评比创优受限

基层单位管理者不能及时获取市场信息和财务数据，对提高工厂效益、成本费用管控缺乏了解与重视，参与度不高。需通过智能成本效益测算与分析稳销量、保份额，及时减产、停产负边际产品，增产有市场有效益产品，量化评比创优标准，为“赛马机制”提供有力支撑，提高基层活力从而提高降本增效能力。

2.3 业财融合不深，协同管控有待提升

面对地缘冲突、油价震荡和疫情反复冲击带来的严峻挑战，需要深入研判市场形势，利用信息化手段打破各类信息系统数据壁垒，消除信息孤岛，精准分析现金流、边际贡献等关键指标，实现数据价值的最大化；在繁杂的影响中提升成本效益，进行成本成因分析，有效降低追溯评价难度。

3 主要内容和做法

计划是组织谋取未来发展不可或缺的设计和安排，但是组织外部的环境一直处于变化之中，同时组织内部在客观上拥有的资源状况也会发生变化，这就要求管理者不断地结合外部环境，通过内部分析，判断组织资源拥有和利用上有哪些优势和劣势，这也就是兵法上常说的“多算胜，少算不胜”的计划管理思想，这也与“Plan is nothing，planning is everything”不谋而合，计划活动就是一个不断优化的过程。

基于数据赋能需求，遵从集团公司“数据+平台+应用”信息化建设思路，着眼于多系统数据整合集成与可视化应用两个方面，建设我公司“智慧经营平台”，突破多业务域系统独立应用的局限，加强业财融合和系统集成，强化共享应用，让数据驱动业务创新发展，紧贴市场变化，紧盯效益目标，实时调优化生产运行，为业务管理创新赋智赋能。主要内容和做法如下：

3.1 整合业务数据资源，深化集成应用

按照“数据+平台+应用”新模式，建设公司智慧经营平台，通过跨域跨系统集成、数据共享，为模型提数据基础。依靠 ERP、MES、能源管控、数字调度等系统集成数据作支撑设计算法模型，通过多系统数据集成，实现了价值量(以 ERP 系统为代表)和实物量(以 MES 系统和实时数据库系统为代表)的有机结合，使得对以经济效益为目标的企业经营活动分析更加全面。同时，通过智慧经营平台集成应用，消除各系统之间的数据孤岛和打破了原有各部门之间的部门墙，实现财务核算或测算结果实时输出与灵活的可视化展示，通过数据共建、共享、共用，充分挖掘数据资源价值，提升了数据开发利用的最大经济效益，支撑业务管理创新。

平台对运行部的价值创造情况进行每日测算，建立量化评价体系，深入研判产品边际贡献等关键指标，坚持效益最大化、效益提升潜力最优化，发现不同阶段的“明星”产品，保证公司生产资源向“明星”和“现金牛”产品有效投放，为日跟踪、周优化、月总结、持续优化产品结构提供数字化基础。通过量化对比分析，不同产品的盈利能力更加显性、指标对比分析更加灵活、管理分析与纠偏更具针对性，提高趋势化数据可视化体验。

3.2 提升理论支撑，细化效益分析

产品效益是通过产品价格扣除产品成本来反映，产品和原材料价格因时间变化而变化，以时间序列的形式呈现。在统计学上，价格时间序列经常都是非平稳时间序列，这就给经典的分析方

法带来了很大限制。通常采用差分方法消除序列中含有的非平稳趋势，使得序列平稳化后建立模型分析。但是差分变换后的序列限制了所讨论经济问题的范围，并且有时变换后的序列由于不具有直接的经济意义，使得化为平稳序列后所建立的时间序列模型不便于解释。协整理论及其方法，为非平稳序列的建模分析提供了另一种途径，即虽然一些经济变量的本身是非平稳序列，如产品价格，但是，产品价格和原材料价格的线性组合却有可能是平稳序列，如产品加工区间就是产品单价和原材料价格的线性组合：

产品边际贡献 = 产品单价 − Σ(单耗×原材料单价) − 其他分摊费用

这种平稳的线性组合被称为协整方程，这就给深入分析提供更加直观的理解，且可解释为变量之间的长期稳定的均衡关系。

集成产品价格与成本信息，利用协整理论，构建核算模型，进行各运行部日效益趋势分析。如图 1 是 2022 年 3 月至 2023 年 4 月合纤一部日效益(边际贡献)趋势图。

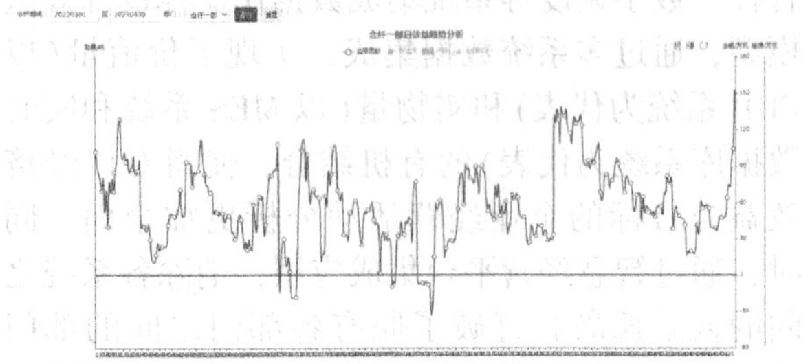

图 1　合纤一部日益趋势图

从上图可以看出产品的单位边际贡献围绕均值在波动，没有时间上的趋势，在短期内，因为季节影响或随机干扰，有可能偏离均值，长期来看波动幅度基本相同，这也是平稳时间序列的特性，也就说明产品价格和成本之间存在协整关系。

3.2.1 以运行部、时间、产品牌号为基础，围绕"成本测算与分析"核心需求，结合各运行部生产经营业务实际，梳理计算逻辑，提炼核心算法，建立"成本效益测算和分析模型"，多维度测算、分析各项生产、成本、效益指标。

一是每日根据化工信息网公布数据更新模型中的基准价格数据，并结合公司实际结算价与市场价计算差异程度，以市场价与调整系数相结合确定价格，使测算数据更贴近市场。

二是根据各运行部不同的生产流程细化的成本计算方法，确保核算结果贴近生产实际，使成本数据更直接，更完整。如短纤直接纺与间接纺设置不同的成本计算方案、运行部间互供物料的成本计价原则、装置的成本还原等等。

三是以时间、运行部、和产品牌号等维度，建立生产、成本、效益等指标，从不同角度测算和评价产品、运行部的成本效益。

四是月末根据 ERP 系统价格、消耗、成本费用等实际核算数据对系统进行还原计算，并与平时以市场价格进行的测算数据进行比对分析，检查模型计算结果、查找数据偏差，优化模型计算方法，实现功能迭代，形成闭环管理。

3.2.2 对模型计算结果进行可视化展示、对比分析、数据追踪。如投入产出、价格信息、日效益趋势分析、分品种效益、牌号指标对比分析、运行部盈利能力对比分析等分析图表。通过展示出的结果数据可以追溯至某一天、某个品种的物耗、能耗、产品毛利、现金流等数据，提高业务人员分析数据、查找问题的能力。

(1)通过日效益分析可以及时了解市场行情动态趋势及其对效益的影响。(图 2)。

(2)通过分品种产品效益排序，可以为优化产品结构提供决策依据。(图 3、4)。

(3)通过某一品种效益可以追溯至该品种在不同运行部间的产量、现金流、变动成本、能源成本等数据的对比，为评价各运行部管理水平、贡献程度提供评判标准，促进在各运行部间进行比学赶帮超、对标、全面目标成本管理等活动开展，积极研究、探索提质增效、降本减费措施。(图 5)。

3.3　深化情景分析，优化模拟市场

在企业的计划活动中，都是在一定市场估计值和预测值(主要是产品和原辅料价格)的条件下求得的最优的决策选择，但实际上市场条件往往都在波动，当这些条件中的一个或几个发生变化时，已选择的最优解会有什么变化，或者这些条件在什么范围内变化，所选择的决策仍是最优的，这也是要求作为利润中心的生产单位不仅要埋头拉车还要抬头看路，在该平台中增加了"What-if"多情景分析功能进行决策结果灵敏度分析，通过拖拉鼠标而改变约束条件，来分析目前正在执行的决策是否处于最优状态，做好应对准备。

系统功能截图如图 6 所示：

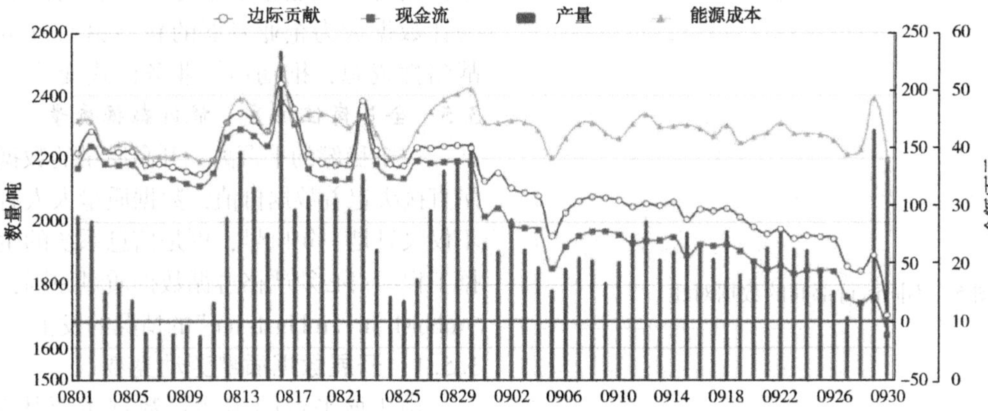

图 2　瓶片部日效益趋势分析

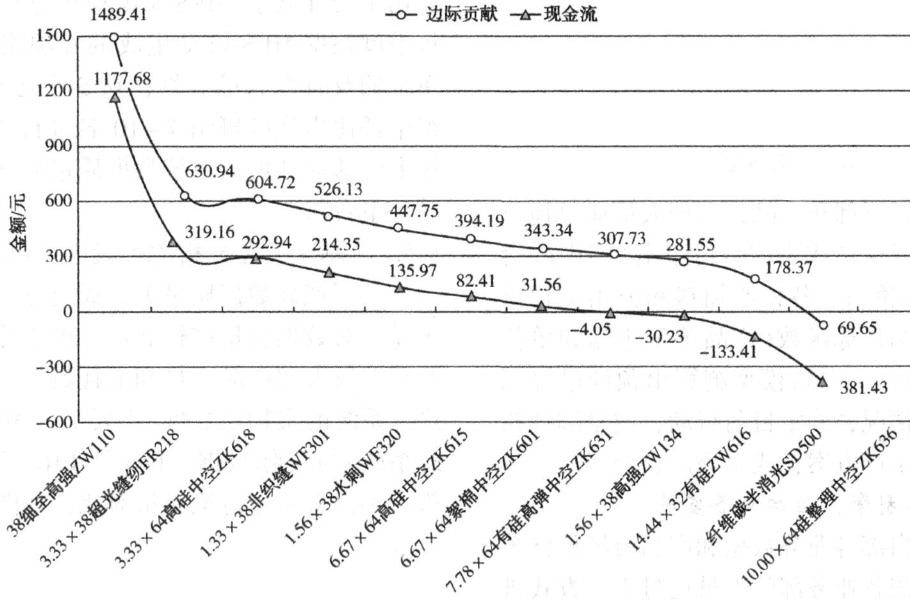

图 3　2022 年 11 月 09 日合纤一部吨产品效益分析

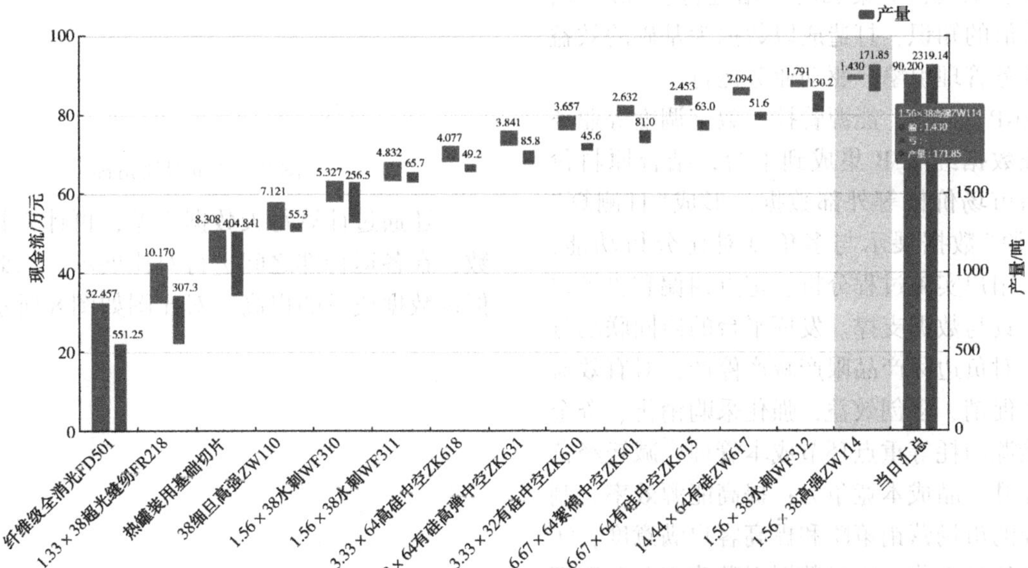

图 4　合纤一部 20230430 产品现金流

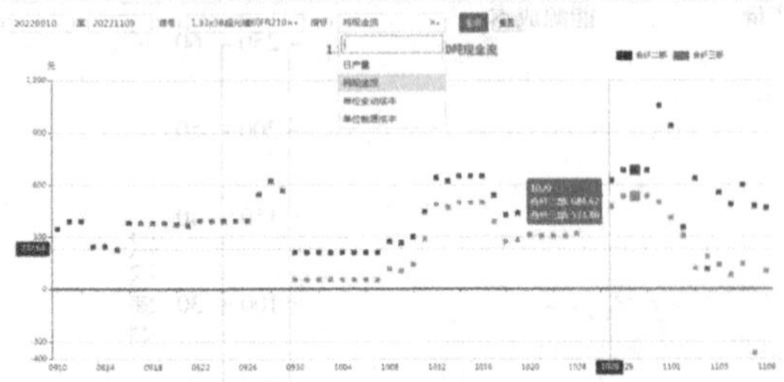
图5 不同运行部间的数据对比

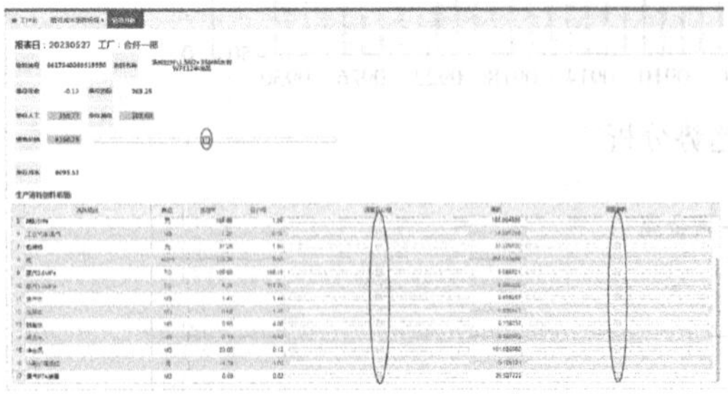
图6 系统功能图

通过选择运行部和产品，管理人员通过拖拉鼠标改变产品或生产成本因数(上图红圈中的滑块)，包括产品价格、各种原辅料和公用工程价格及单耗，观测目标函数(产品单位边际和单位现金流)相应变化，分析模型测算出预计最终利润及边际效益情况，确定目前行动，或是继续执行，或是调整生产方案，或是提出预警。

3.4 打造数据引擎，驱动业务发展

通过集成内部各业务数据和产品市场价格等数据，打破传统各业务部门人员通过手工方式进行成本效益测算分析的方式，利用智慧经营平台中数据分析工具，对集成的数据进行合理匹配，形成有价值的知识，打造成以数据为基础的效益测算与业务管理引擎，驱动业务运行。

将ERP、MES、能源管控、数字调度等业务管理系统数据经ESB集成到平台，结合原料价格和产品市场价格等外部数据，形成“日测算”与“日还原”数据展示与多角度对比分析功能，为各层级用户实施过程分析、定点纠偏和决策提供管理工具与数据支撑。发挥平台的协同联动分析功能，对负边际产品限产减产停产，对有效益产品以产促销、多创效益；强化采购销售、资金管控、能源消耗等重点环节成本管理，减轻经营负担，提升产品成本竞争力；提高能源效率、制定更精准的市场营销策略和提高客户满意度，实现整体价值最大化。通过数据引擎改变业务管理行为方式，满足复杂市场环境下的业务分析需求，助力传统业务数字化、智能化转型发展，努力让数据成为企业发展的新型驱动力和新的发展战略性资源，推动传统业务模式变革。

3.5 全员岗位练兵，提升数据质量

一个稳健的平台离不开高质量的数据，数据质量直接决定着数据价值，数据质量人人有责，这已不仅仅是一句口号，更是信息系统的生命线。数据工程项目必须严格遵循数据质量原则，竭力杜绝“rubbish in，rubbish out”的情况的发生。

3.5.1 开展数据质量劳动竞赛

由于该平台的实物量数据主要从MES系统集成，为了提高源头数据质量，计划技术部会同公司工会开展了“MES系统应用操作劳动竞赛”，每季度根据MES自动生成的6项指标数据进入系统的及时性和准确性，从5个运行部52个班组中评比出优胜班组7~10名进行激励，通过2年来的活动开展，系统数据质量显著提高，完全满足平台需要。

3.5.2 基于方差分析的手段进行数据质量展示

为了把好数据质量关，通过方差分析的技术手段，对数据质量进行展示。由于分析需要，需要获取每天的产品产量和消耗数据，每月通过对进入系统的实物量数据(主要来自MES和计量信息系统)与实际数据(主要是ERP系统)回顾分析，不仅直接进行绝对量对比，如图7所示。

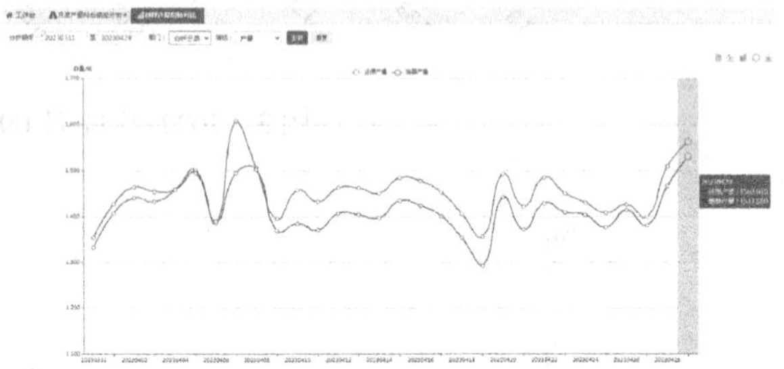
图7 产量对比指标

还通过计算每天数据方差，再计算其变异系数，在各运行部之间进行对比展示，以此来不断促进数据质量的提高。对比图如图8所示：

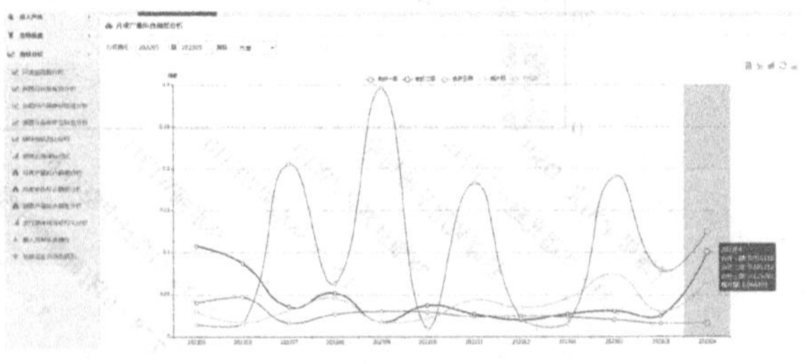
图8 月度产量拟合偏差分析

通过对比可以直观发现运行部间质量优劣，鞭策运行部加强合力，通过功能迭代，不断逼近实际值提高数据质量。

3.6 深化基层应用，激发创新活力

在各运行部推广智慧经营平台深化应用，让更多的基层管理人员参与其中，发挥赛马机制作用，开展比学赶帮超活动，提高全员降本增效意识与创新创效活力。

智慧经营平台主要从数据集成、后端功能、投入产出、价格信息、指标分析、基础数据、系统管理七个方面进行设计。

按照统一规划、分步实施的原则，功能架构设计如图 9 所示：

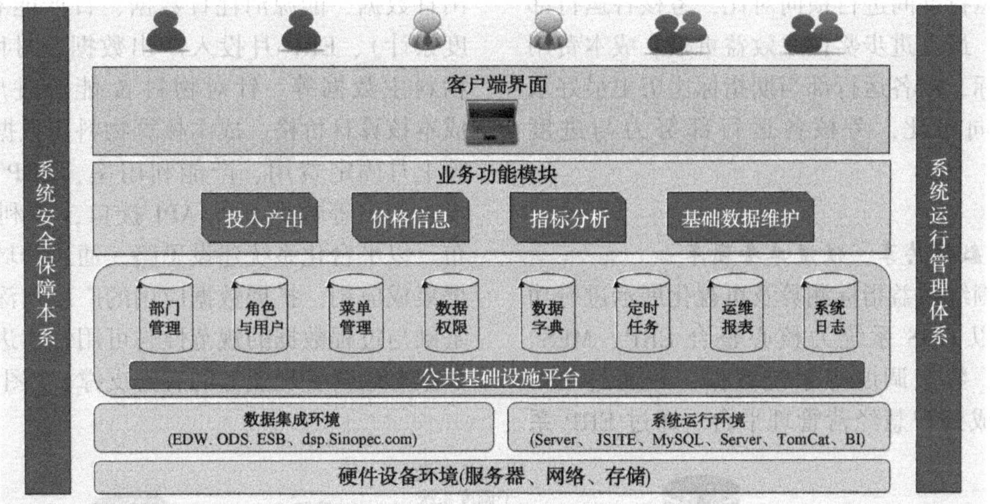

图 9　智慧经营平台

平台分析指标体系如下：

3.6.1 日效益趋势分析：根据数据权限展示生产运行部日成本测算效益数据，默认起止时间为当前日期往前追溯两个月；默认柱状图展示运行部日产量数据，边际贡献、现金流、能源日成本数据以折线图形式展现，可通过样式切换按钮进行柱状图与折线图的切换；可通过数据视图按钮切换至数据列表；鼠标移动至某单日数据可悬浮显示日效益数据，并可通过数据钻取跳转至瀑布图图表，展示产量与现金数据的分布与构成情况，进一步钻取可以查看牌号的历史趋势；

3.6.2 分品种吨效益：根据数据权限展示目标生产运行部各牌号产品日吨产品效益数据，默认操作日期前一天；默认柱状图展示运行部日各牌号边际贡献、现金流数据；

3.6.3 牌号指标对比分析：根据数据权限展示目标生产运行部牌号产品日成本测算效益数据，默认起止时间为当前日期往前追溯二个月，以散点图展示运行部各牌号产品的日产量、吨现金数据、单位变动成本/产品销售价格、单位能源成本等指标；

3.6.4 测算指标对比：展示多生产运行部测算指标数据对比情况，用户可选择运行部、指标、产品大类、起止日期，价格参照物料等进行比对维护组合；默认折现图展示运行部日产量、现金流、日价格数据等指标；

3.6.5 运行部考核指标对比：展示各生产运行部日考核指标数据，默认起止时间为当前日期往前追溯一个月；以折现图展示各运行部日装置产能利用率、人均产能、人均现金、吨产品现金流指标数据；

3.6.6 测算还原指标对比：根据数据权限展示目标生产运行部日成本测算与月度还原考核指标数据，默认起止时间为完成月结的上个自然月；以折现图展示运行部产能、边际贡献、现金、单位现金流指标数据；

3.6.7 月度产量方差：以折线图的形式展示各生产运行部测算与还原产量差值与均值绝对值的方差数据；

3.6.8 运行部考核指标：根据数据权限展示目标生产运行部日成本测算考核指标数据，默认起止时间为当前日期往前追溯一个月；以折现图展示运行部日装置产能利用率、人均产能、人均现金、吨产品现金流指标数据；

3.6.9 最大贡献季度得分：按照季度展示各生产运行部最大贡献考核得分情况，并可以钻取

当日的具体指标数据按照运行部或指标分别展示；季度现金流动态：按照季度动态展示各运行部现金流指标的变化和排名情况。

通过引入“赛马机制”，推动各运行部进行比学赶帮超。在运行部间设立最大贡献奖，最大进步奖考核指标。最大进步奖根据产能利用率、人均劳效、产品现金流、人均创效等指标综合评价，在各运行部间进行横向对比，考核各运行部效益成果。最大进步奖设立效益贡献、成本费用管控等指标，以各运行部当期指标比历史最好水平进行纵向对比，考核各运行部努力与进度程度。

3.7 协同数据共享，促进业务变革

平台围绕效益指标测算及可视化展示进行功能设计，以 ODS 系统为核心整合 ERP、MES、能源管理、数字调度等系统数据，并通过 ESB 将数据集成到智慧经营管理平台。通过 ERP 系统收集日成本(主料、原辅料、公用工程、基础切片等)；通过 MES 系统收集装置、单元等主数据、主料、半成品收发数据；通过计量系统利用 KETTLE 技术收集能源耗用日数据。所有数据汇聚到 ODS 系统后将装置投入产出数据、能源耗用数据按照 ERP 物料编码、计量单位、工厂进行对标；将开发计算过程汇聚成工厂级的投入产出日数据、能源消耗日数据、日产能利用率(季度累计)、ERP 月投入产出数据、月固定成本、物料主数据等。针对物料 & 能源进出日记录、成本核算日价格、成本核算物料主数据、成本核算上月固定费用、产能利用率、ERP 生产订单投入产出等数据开发 API 接口，并利用接口发布。以平台化系统建设思路，通过跨域多系统数据集成应用，扩展数据应用的广度与深度，促进基础与过程数据的规范性与可用性，进一步凸显数据对经营管理业务的有力支撑。(图 10)。

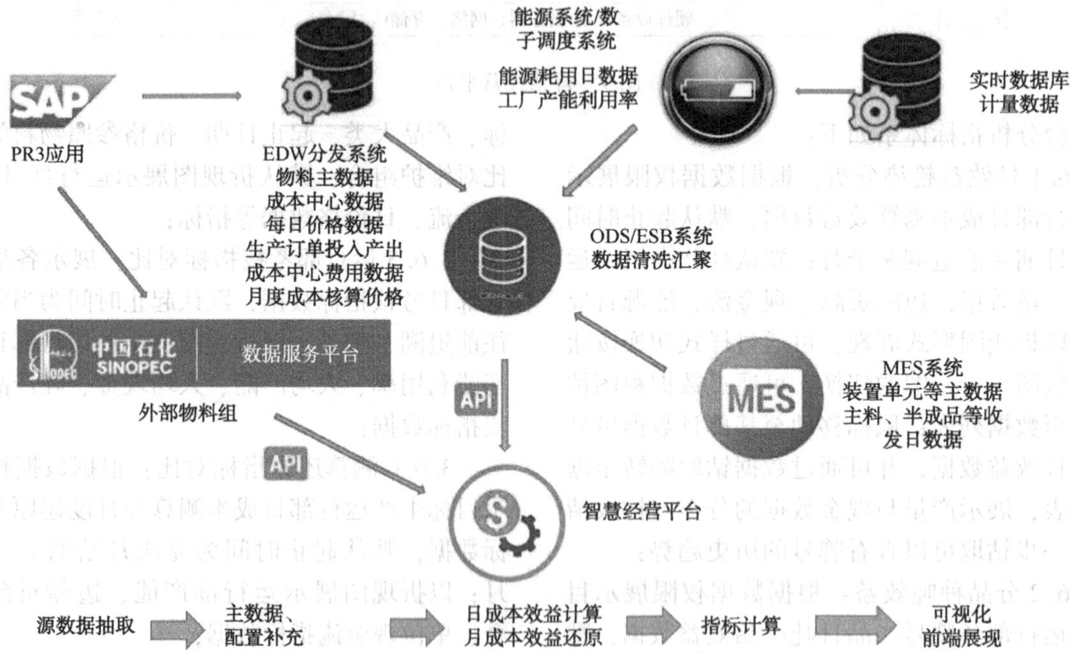

图 10　ODS 系统为核心整合管理平台

4 结语

4.1 数字驱动引领，促进业务转型

以数据应用为核心，以流程优化为基础，以为集成应用为手段，全面提升经营管理水平。通过智慧经营平台，优化整合业务流程，首次实现了跨域多系统数据集成实践，实现系统间业务数据的集成，将分散于各个业务系统中的数据进行有机整合，通过分析与集成处理，推进数据分析和技术处理能力的沉淀、复用，及时响应经营管理业务需求，为集中管理及自动化分析提供有效的数据支撑，为业务协同、信息共享提供统一的数据平台，真正实现数字驱动业务的转变，拓展了数据应用的广度与深度，深度挖掘数据价值，充分发挥了数据对生产经营和战略决策的支撑能力，为两化深度融合探索了成功经验，数字化转

型向前迈出了一大步。

4.2　激发内生活力，促进三基深入

成本效益测算模型的数据维护和使用人员包含基层装置统计员、产品销售人员、物资采购人员、生产技术人员、财务管理人员、各层级管理者，模型系统涵盖采购、销售、生产、消耗、能耗数据，不同业务岗位人员深化信息化系统基础应用，财务数据和业务数据的自动集成，促进了数据质量的提升，促进了三基工作的深入开展，通过智能化分析手段实现业财深度融合。

智慧经营平台为生产经营快速优化提供了有效的工具，准确直观的反应了价值创造过程，有效支撑了赛马机制的运行，实现效益与收入挂钩，增强了员工投入产出意识，提升了不同业务之间的协同工作能力，提高了降本增效、成本费用管控的主动性和积极性。

4.3　调整产品结构，促进效益提高

“日测算”“月还原”模型使企业获取成本效益数据更便利、更直接，成为各层级管理人员进行过程分析、成本成因分析、定点纠偏的有力工具。智慧经营平台不仅提高了管理人员人工劳效，同时通过产品边际、现金流指标提前预警，为公司优化产品结构，千方百计稳生产、创效益，及时以数据驱动优化生产经营等各项生产经营活动，助力公司在激烈的市场竞争中跑赢大市。

2022 年紧贴市场变化，紧盯加工区间、边际贡献等指标，狠抓结构优化，及时调整装置运行和排产安排，坚决减产、停产负边际产品，全力多产有效益产品，2023 年产品结构优化创效 2，350 万元。

参　考　文　献

[1] 孙茂竹，支晓强，戴璐 管理会计学[M]. 中国人民大学出版社，2020.

[2] 张世英．协整理论与波动模型．金融时间序列分析及应用[M]. 清华大学出版社，2009.

[3] 朱海平．生产系统建模与仿真[M]. 清华大学出版社，2022.

AI 视频技术在辽河油田安全生产中的应用分析

周　洋

（中国石油辽河油田公司）

摘　要　文章着眼于石油行业在历史性的数智化转型期间对 AI 视频分析技术实用化的迫切需求，以实现 AI 视频分析技术在辽河油田安全生产管理中的特色应用为目标，简要介绍了 AI 视频技术的迅猛发展历程，分析 AI 视频技术与油田安全生产管理的关系，并从油田 AI 视频技术的发展路线开始，逐渐延伸到辽河油田利用 AI 视频技术在油田生产场景中的实践。文章重点分析辽河油田 AI 视频技术的应用系统，包括需求分类、系统架构、网络拓扑，并着重指出 AI 视频技术的顶层设计对辽河数字化转型战略的关键作用，可接入和管理更多的算法模型，实现算法、算力、存储等 AI 资源的统一调度。最后，文章展望 AI 视频应用的前景，并着重分析模型算法调度和评估方式。

关键词　AI；模型；算法；算力；顶层设计；QHSE

1　AI 技术发展与油田生产的关系

2024 年 2 月，OpenAI 发布文生视频生成模型 Sora，并展示了几段效果炸裂的演示视频，惊艳的视觉效果举世瞩目。此情此景，不禁让人回想起 AI 领域门可罗雀的 1997 年，IBM 公司的 DeepBlue 战胜了俄罗斯世界国际象棋冠军卡斯帕罗夫，重新唤回世界对 AI 的关注[1]。2016 年，谷歌的 AlphaGo4：1 战胜世界围棋冠军李世石，AI 从此挺进高速发展的快车道。8 年后的今天，Sora 的惊人效果令特斯拉老板马斯克不仅感叹：“gg human！”可见，AI 对世界的影响之大、影响之深。

AI 技术正在无时无刻地改变这个世界，AIGC 遍布人类生产生活的各个方面，如：工业生产、港口装运、智能医疗、智能家居等等。随着大数据的迅猛发展，在数智化革命浪潮席卷全球之际，石油行业正面临着油气生产压力大、安全管理任务重、人力资源不足等等困难，所以，AI 技术早已被被石油行业视为实现节约人力物力、降本增效、提升企业竞争力的有力武器。目前，石油作业正从传统的人工作业方式向数字化、智能化方向发展，已经有部分石油企业以智能视频监控为契机，利用 AI 视频技术助力企业安全生产管理工作，实现巡检工作少人化、监控过程自动化、风险预警提前化，提高油田的安全生产水平。

辽河油田生产作业区点位多、战线长、涉及面广，高风险施工、非常规作业多，生产、环保、作业等方面的要求都有各自的特点和要求，尤其是安全生产管理方面更是严格。AI 视频技术作为当今最前沿的技术辅助手段，可以为辽河油田各级单位、各级部门的安全生产管理提供最有效率的帮助，针对石油作业场景下的穿戴管理、行为管理、作业管理、安防管理、环境管理等进行智能视频分析[2]。

2　AI 视频技术在辽河油田的应用分析

2.1　油田 AI 视频技术的发展路线

当前，AI 视频技术是全球信息化、数字化阶段的高端技术，在各行各业都显示出巨大的潜力。为了使 AI 视频技术在石油行业快速落地并形成生产力，油田企业往往与科技公司强强联合，避免技术积累和产品研发的长周期。如：中石油与华为一起建成了全亚洲最大的数据中心，可以对油气勘探、储运、炼化、销售等环节的生产过程和海量数据进行分析处理。中国石油勘探开发研究院计算机应用计算研究所所长龚仁彬教授在《HUAWEI CONNECT 2019》的主题讲演中这样阐述：“众所周知，油田大多数地处荒漠，而今，青海有八个产业厂实现了生产现场无人管理——一年之内搬迁现场管理人员 700 多人，一线员工转岗 820 多人，极大降低了油气生产的成本，有效地提高了油田的管理水平。”

油田 AI 视频技术指利用 AI 技术对视频数据进行智能化检测、分析和提取有用信息的过程。

通过 AI 视频分析，可以自动识别、检测和理解视频中的对象、动作、场景等元素，并进行标记及相关处理，最后形成事件或告警信息。鉴于油田生产安全管理领域大量的视频资源有待于自动化管理，因此，这项技术对于油田安全生产管理领域具有重要意义。

在油田，AI 视频技术的实践主要针对三种情况：物体检测、物体识别和实时视频分析。物体检测是计算机视觉应用的基本形式，其任务是用目标框去标记图像中物体的位置，并给出物体的类别。物体识别用来识别图片或视频中的物体，深度学习和机器学习算法的主要结果是物体识别。根据视频第一帧图像所带有的目标信息，对后续的视频帧中进行目标的预测和定位。广泛应用于智能监控、动作与行为分析、自动驾驶等应用领域。实时视频分析主要针对摄像机产生的大量视频数据，无法人工查看图像进行相关事件的处理。因此借助 AI 智能识别分析，来发现监控图像中的重要信息。(图 1)。

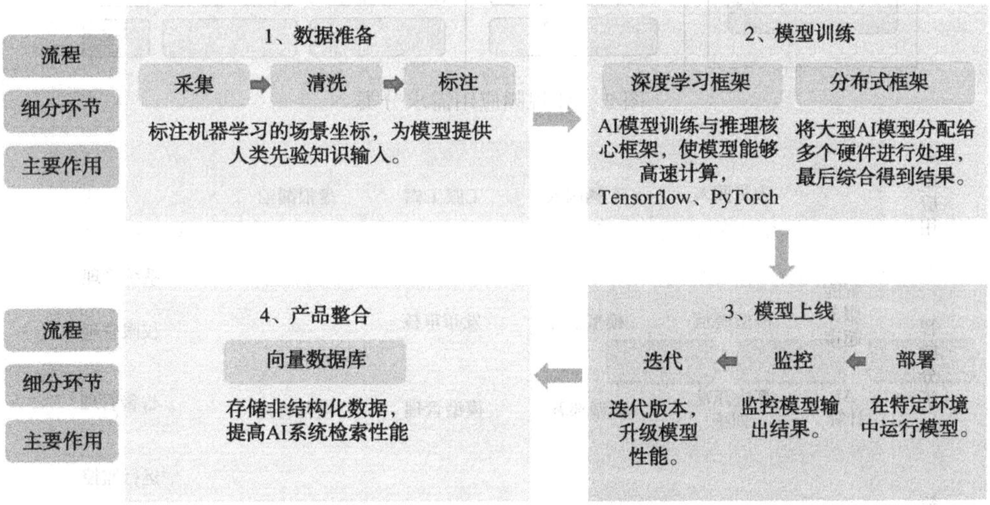

图 1　AI 视频技术基本流程

TensorFlow、PyTorch 作为通用深度学习的基本框架，常常用于计算视觉网络搭建、训练和部署，后者较于前者部署更加灵活、应用更加广泛。分布式框架用于大型模型计算处理，具体应用还需由具体情况决定。

2.2　辽河油田 AI 视频技术的应用特点

目前，AI 视频分析技术在油田领域中已有应用，如胜利油田的作业施工现场、延长油田的智能巡检、西南油气田和延庆油田安眼工程建设项目，这些应用虽然各有特色，但是规模很小，深度不足，试验性质的居多，大多还没有形成规模。但是，“云联万物、数智未来”已经形成石油行业未来的技术发展方向，在视频智能化、网络融合化发展的技术背景下，辽河油田在 AI 视频技术研发的脚步也不曾落后。

经过大范围的调研、统计、分析，并结合油田兄弟单位的经验，辽河油田共列出四大类需求，包括：QHSE 需求、数据联动需求、智能巡检需求、智能平台需求。其中 QHSE 需求是安全生产监督管理最基本、最重要的需求，同总公司安全生产禁令息息相关。数据联动需求是利用 AI 分析技术解决视频资源多、分析人员少的问题，要提高视频资源的利用率，就要依靠 AI 技术。智能巡检需求是紧密结合油田生产，利用 AI 技术逐步实现数字化油田转型。智能平台需求是辽河油田 AI 技术的顶层规划设计，对算力、模型、算法等资源统筹管理，提高 AI 资源利用效率，避免重复建设和浪费。(图 2)。

长期以来，随着摄像机技术在辽河油田生产、生活区域的广泛应用，生产矿区内已经安装部署了相当数量的视频监控设备，广泛用于生产作业、安全管理、环境保护等方面，为适应石油行业快速发展的形势，辽河油田公司信息管理部门及相关单位达成共识，要利用 AI 前沿新技术，即深度学习对油田生产视频资源进行大数据处理，构建快速高效、安全稳定的智能视频监控、处理、分析、预警系统，为辽河油田生产作业提供 AI 视频分析服务，助力数智化油田的转型建设。(图 3)。

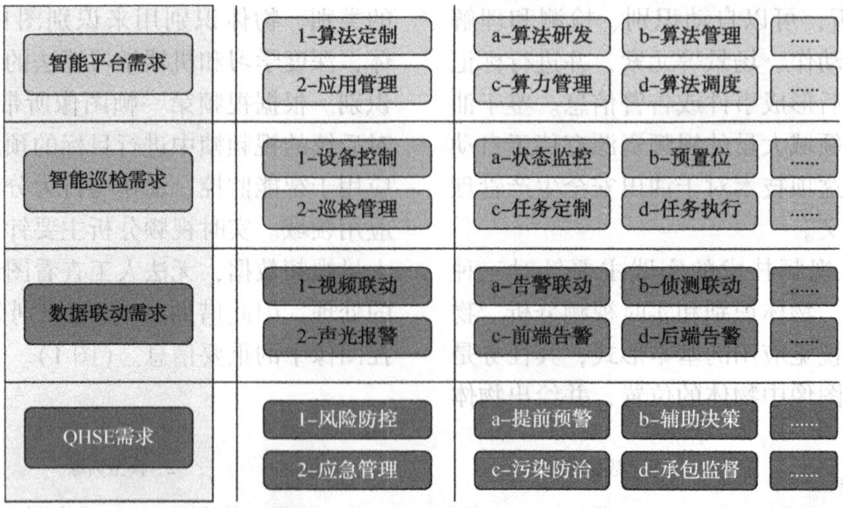

图2　AI视频应用需求分类

图3　AI视频应用系统架构

辽河油田AI视频应用系统基于“统一软件技术架构”先进设计理念，采用组件化技术，由多个子系统构成，兼顾安全管控、智能巡检、作业管控、敏捷应急等专项课题，提升生产管控能力、数据安全等级，融合AI、云计算、大数据技术，提供企业数字化能力，助力企业数字化转型升级。(图4)。

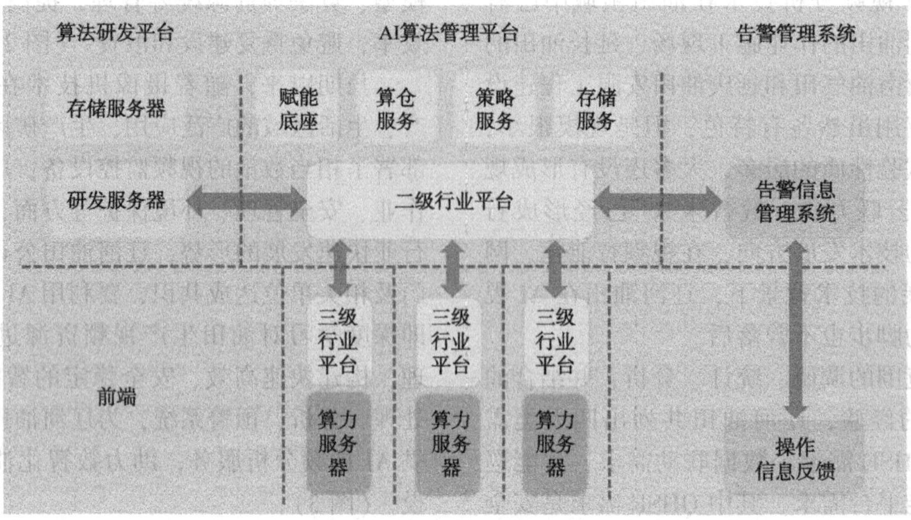

图4　AI视频应用网络拓扑

辽河油田依托物联网建设的不断推进，逐步完成了统筹视频平台并整合视频资源，根据辽河油田整体需求设计并完成模型算法研发平台、AI视频应用与管理平台、告警管理平台的初步建设。结合一线油田生产单位，完成多种算法模型的训练，包括人员闯入、车辆闯入、工服工帽、盘跟漏油、烟雾检测、接打电话、抽烟等等。随着AI视频技术与辽河油田生产紧密结合，一线生产单位的生产管理、安全管理将逐渐数字化、智能化，管理效率将进一步提高，人力资源紧张将进一步缓解。

2.3 云边结合降低误报率

辽河油田利用AI视频技术为安全生产管理赋能增效以来，降低模型算法的误报率是一个极为重要的课题。通过长期的专研、试验，最终利用高清视频监控设备的前端SMART功能，采用云边结合的方式解决问题。因为，前端智能设备，提供有边缘运算功能，且实时响应，SMART功能可一键部署，能够根据时间计划和预置位调整，具有极强的场景灵活性和适应性。前段智能设备产生的报警信息回传到后端AI视频技术的云平台，就可以通过云平台二次深度分析服务功能进行复杂视频分析及深度数据挖掘，从而降低模型算法的误报率。

辽河油田利用云边结合的方式，在采油油区和井场逐步降低模型算法的误报率，打造AI视频技术应用的样板工程，目前已实现了安全帽、工服、反光衣、安全绳、抽烟、打电话等不安全行为检测，火焰、烟雾、防护缺失等安防管理检测，以及驴头停抽、盘根漏油、配电箱柜门开合等作业管理检测，运行结果表明，该系统场景的平均检测精度达80%，平均误发率<20%。(图5)。

图5　事例图片

2.4 AI视频技术的顶层设计

辽河油田在AI视频技术应用的实践中发现，没有顶层设计的统一规划，AI算法只能是一盘散沙。因此，通过辽河油田信息管理部门对AI视频技术的顶层设计，打造可调度的AI算法应用模式才是油田数字化转型和AI视频技术长远发展的基础。

AI视频技术的顶层设计主要是作为中间件接入更多的协议与算法，能够高效融合训练和推理系统，同时基于算法仓库体系，实现算法、算力、数据、服务等AI资源统一调度管理，可以解决算法、算力、计算芯片种类多、老设备能力单一问题。经过整合分析后统一处理，处理后的格式统一，数据精简有效，能够有数据筛选和清洗功能，能够较高地提升视频数据整合能力。

3　辽河油田AI视频技术的展望

3.1 模型算法的丰富

随着AI视频技术在采油油区和井场中的应用，越来越多的需求被提出来，涉及多个油田生产场景，如：安全监督、环境检测、防洪水位监测、修井作业、动火作业等等。这些需求也对视频素材采集提出了严苛的要求，反过来，也将促进智能视频监控系统在辽河油田的进一步发展。

因此，AI视频技术的应用范围必将扩展到更广泛的应用场景中，AI模型算法的分类也将逐步细化，且与油田生产、安全的结合也将更加紧密。

3.2 模型算法的调度

根据AI视频技术的顶层设计，基于算法仓库体系，辽河油田将逐步实现算法、算力、数据、服务等AI资源的统一管理调度，依靠国家标准，细化企业标准，兼容第三方模型算法，解决算法多、产品多、芯片能力单一等问题。(图6)。

3.3 模型算法的评估

一般来说，在模型算法的实际部署之前，AI视频应用系统中应包含一套完成的算法的管理、评估流程。算法的管理、评估应明确算法的应用场景，应用目的，应用流程。其中，对算法的应用效果做出初步的评估尤其重要，这直接关系到算法的使用效果和系统适配性。

辽河油田在AI视频应用系统中逐步引入算法的应用闭环管理，实现算法的管理评估，并根据评估效果，修正模型算法的设计方案，从而完善模型算法的优化迭代体系。（图 7）。

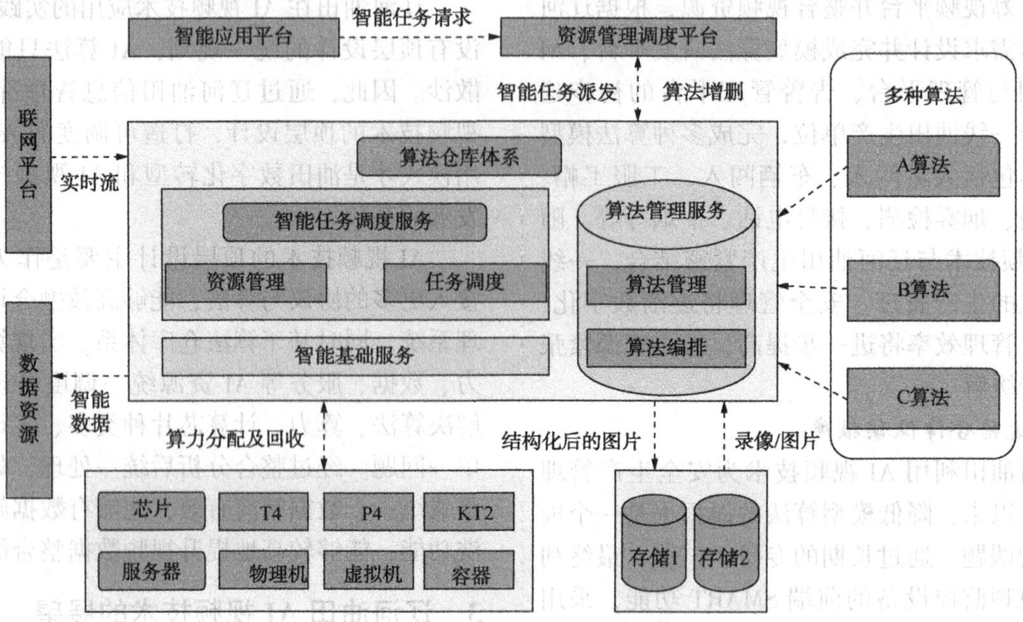

图 6　AI 模型算法调度流程图

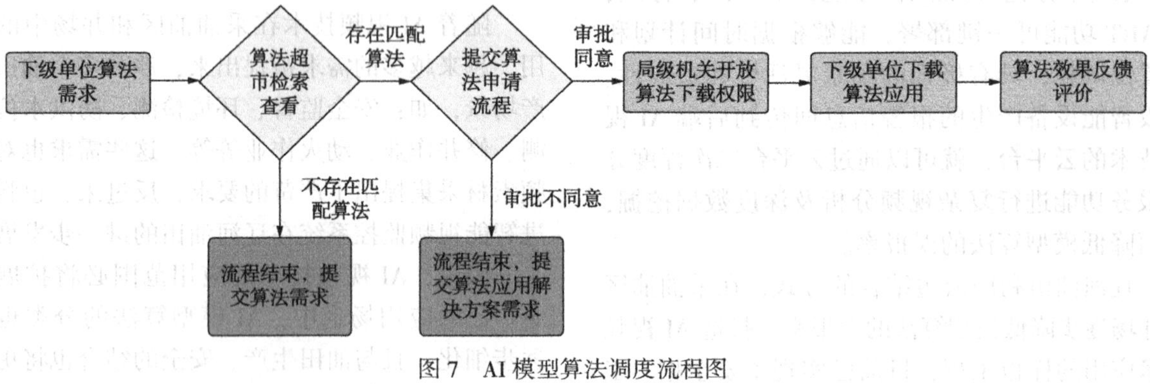

图 7　AI 模型算法调度流程图

4　小结

当前，随着国家对的油田企业数字化转型的要求，各个油田企业逐步引入了物联网、云计算、大数据、AI 视频技术等先进的信息技术，其中 AI 视频技术利用物联网资源，通过云边结合的方式，利用大数据的分析计算能力，逐步推动油田安全生产流程重构和管理模式变革的重要抓手。

AI 视频技术利用辽河油田高清视频资源，实现对油田生产场景下人、物、机、车的安全监测与预警，该系统在辽河油田高升采油厂的采油作业区进行应用试点，并取得较好效果，为全面优化提升石油化工企业安全管理工作贡献了力量。

参考文献

［1］《人工智能标准化白皮书》(2018 版) 国家标准化管理委员会工业二部 中国电子技术标准化研究院 . 2018. 1.

［2］蔡启军，彭程，石向文 . 基于 MobieNetV2 轻量级人脸识别算法［J］. 计算机应用，202040（ S1）：65-68.

［3］《勘探开发知识图谱与人工智能平台技术规范》(Q/SY 10552—2022)，2022. 1.

［4］《安全防范视频监控联网系统信息传输、交换、控制技术要求》(GB/T 28181—2016) 中华人民共和国公安部部 . 2016. 7.

基于 A11 数据的注汽业务融合管理平台设计

李艳钰　薛瑞新　单祥斌　张大昌　王孝通　王学松　武雅慧

（中国石油辽河油田公司信息工程分公司）

摘　要　随着辽河油田油气生产物联网(A11)建设的逐步推进，五家采油单位的注汽锅炉生产数据已实现数据实时采集、传输、视频实时监控、本地 PLC(DCS)自动连锁控制，中控室、作业区监控中心和厂级调度中心实时监控，三级预警实时提示，基本达到了少人值守的数字化要求，但对标集团数智化转型、智能化发展规划和生产运行无人值守的要求，仍有差距。通过梳理管理与生产矛盾，采用物联网、大数据分析、人工智能等新技术设计构建一套注汽业务融合管理平台，以实现辽河油田注汽业务各类生产相关信息的集中管理、实时监控、综合分析，为生产指挥提供一个立体、直观、集中、迅捷的分析管理平台，推动注汽作业区少(无)人值守站建设，促进油田数字化、智能化转型。

关键词　物联网；注汽锅炉；运行管理；能耗监测；报表管理

辽河油田作为中石油的主力油气生产单位，是全国最大的稠油、高凝油生产基地，稠油开发主要采用蒸汽吞吐、蒸汽驱、SAGD 等 3 种蒸汽注入的热采方式，年产稠油、超稠油超 500 万吨。在油气开发过程中，燃料成本往往占热采总成本的大部分，能源消耗总量大。而热注锅炉作为油田开采中重要设备，作为能源生产大户的同时，也是能源消耗大户。近几年辽河油田总体注汽量在 2400×10^4 t/a 左右，天然气耗量 15 亿方，注汽锅炉能耗占稠油开发总能耗的 70%以上。注汽锅炉总体能耗水平高、主要单耗指标高、高耗低效设备多一直是制约油田生产的主要矛盾之一。

1　背景

随着辽河油田油气生产物联网建设的逐步推进，注汽业务的重要生产数据已可实时采集，实时传输、视频实时监控、中控室集中展示，实现了本地 PLC(DCS)自动连锁控制，作业区监控中心和厂级调度中心实时监控，三级预警实时提示。如何利用大数据分析技术、机器学习技术等实现注汽业务物联网数据的深化应用，如何发挥物联网、智能化平台的支撑，助力新型作业区改革建设，成为新的研究课题。

对标无人值守站的数智化管理要求，目前辽河油田热注作业区生产管理还存在以下几点不足：

1.1　现有生产模式无法满足注汽数智化转型需求

井场、注汽站大多位于人烟稀少、交通不便的区域，彼此相距遥远、布局分散。场站的信息化水平参差不齐，部分场站注汽设备仍依靠传统的人工巡检、现场记录相关数据的生产模式，效率低、数据准确度不高。注汽锅炉属 A 级锅炉，必须有人值守，不能直接托管。

1.2　现有数据基础无法满足注汽作业智能化管理需求

辽河油田的物联网建设基础设施基本完善，部分生产管理系统也初步建成，特油建立了自己的报表系统，冷家在生产网部署了以监控为主的管理系统，都取得了很好的应用效果。但仍存在应用不均衡、各系统之间存在信息壁垒、数据共享程度低、信息组织架构不够完善、数据质量及数据资产价值不高、保障体系有待完善的问题。

1.3　现有工作方式不能达到无人值守安全管控智能化的要求

部分作业区注汽设备运行数据依靠传统现场记录模式，存在数据不准确、信息有延迟、资料不易保存、数据分析难度大等问题，在故障诊断、危险识别、控制系统完整性等方面依靠人工或经验，不能实现运行数据实时监测和快速识别，导致安全管控效率低、难度大保，不利于保障生产的安全运行。通过物联网设备、无人机设备等实施远程数据采集、远程监控运行状态、智能识别预警，有效提高注汽作业生产的安全管控。

1.4　现有信息化手段不能满足节能降耗的要求

在稠油注汽实际生产中，注汽锅炉、输送管线和注汽井筒都会存在一定程度的能量浪费和损失。统计表明，注汽锅炉出口蒸汽干度在 70%~75%之间，影响稠油热采效果和经济性。利用数据分析技术，对注汽系统各部分进行用能评价和分析模拟，找出用能薄弱环节，为现场节能改造和生产优化运行提供指导和依据是十分必要的。

因此，有必要对油气生产物联网热注业务的数据进行深化应用开发，融合各厂自开发系统功能，实现对注汽过程中生产运行参数的趋势分析及异常报警；对锅炉各项能耗和效率指标统计、分析；统一数据来源，实现一次数据填报自动生成报表；对锅炉的整体能耗进行整合分析统计以及评价。为注汽作业区生产管理提供信息技术支持，促进热注生产管理数字化、智能化转型，提升作业区运行效益。

2 辽河油田注汽业务融合管理平台设计

2.1 总体技术路线

辽河油田注汽业务融合管理平台从总体架构上满足油田生产实时数据的采集、传输、集成、分析、诊断、预警等关键技术需求，在业务应用上提供实时监测、数据统计、指标预警、调整建议、安全管理等服务。在技术体系方面，主要集成油气生产物联网注汽锅炉、单井采集数据和管理数据，在进行数据清洗后，利用油气生产业务数据进行建模分析和大数据计算等。整个系统的设计遵循相关政策法规、标准规范和公司各项管理制度。(图 1)。

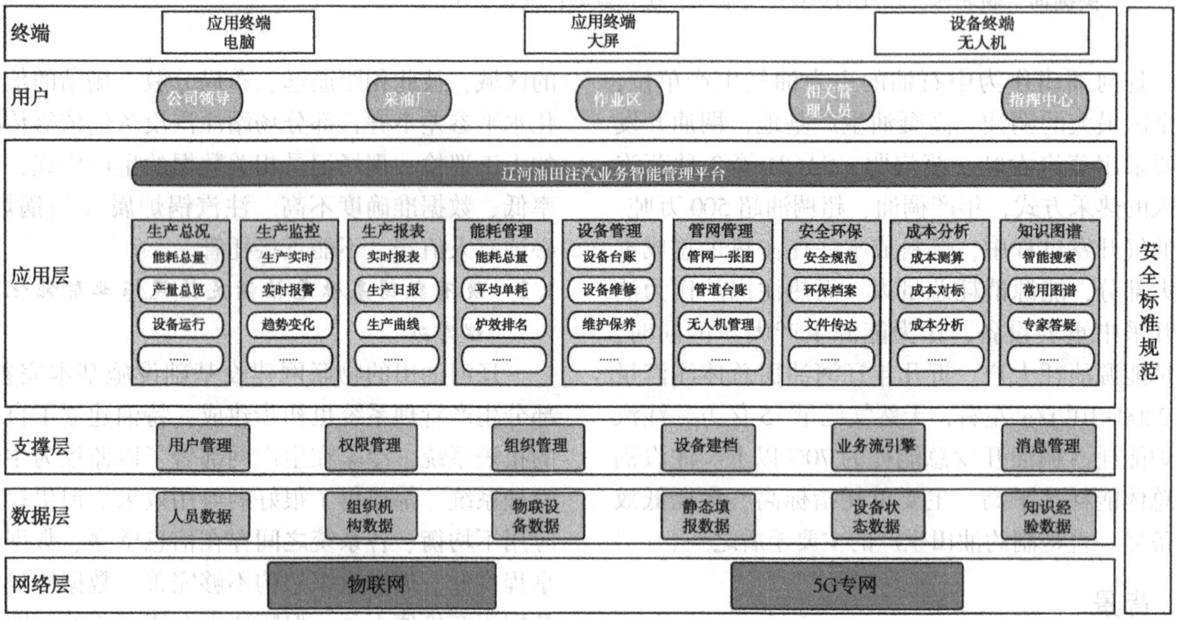

图 1　辽河油田注汽业务融合管理平台技术路线

2.2 数据架构

安装在注汽站的有线仪表采集的注汽站(固定/移动)的动态数据由 PLC(DCS)通过生产网内 pspace 数据库实现数据上传，之后通过单项网闸进入办公网，由 A11 标准数据接口实现数据的实时推送至系统内实时库和关系库，之后被各项功能模块调用。在 5G 专网内的由无人机采集的视频、图像数据通过也通过网闸推送至办公网内服务器。通过对可视化平台的生产监控及预警、能耗统计、综合分析等模块设计开发，实现注汽锅炉能耗数据信息的分类展示、共享；终端用户通过权限限制，不同的应用人员通过登录可以实现相关系统的应用和资源的浏览查询操作。(图 2)。

2.3 安全架构

辽河油田注汽业务融合管理平台参照国家相关保密法规，根据《中国石油天然气集团公司秘密信息分级保护目录(试行)》对所涉及数据保密级别进行分析，保密级别最高为油商密三级。建设管理遵循辽河油田公司系统建设标准，系统的安全管理依托油田公司的统一认证进行专项管理维护，最终保证系统的建设能够持续稳定地为企业信息化建设提供支撑。(图 3)。

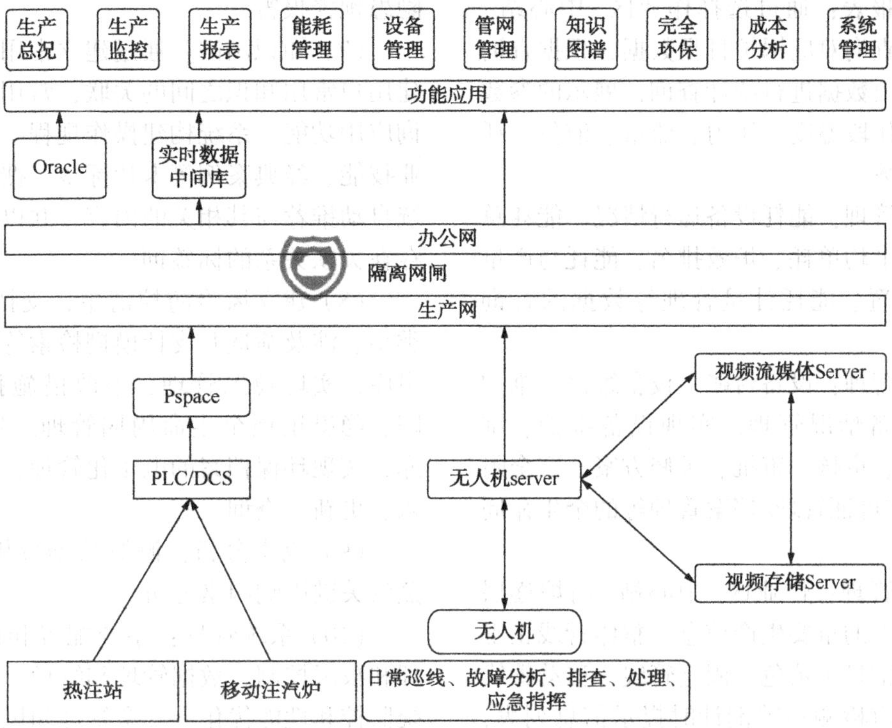

图2 辽河油田注汽业务融合管理平台数据架构及流向

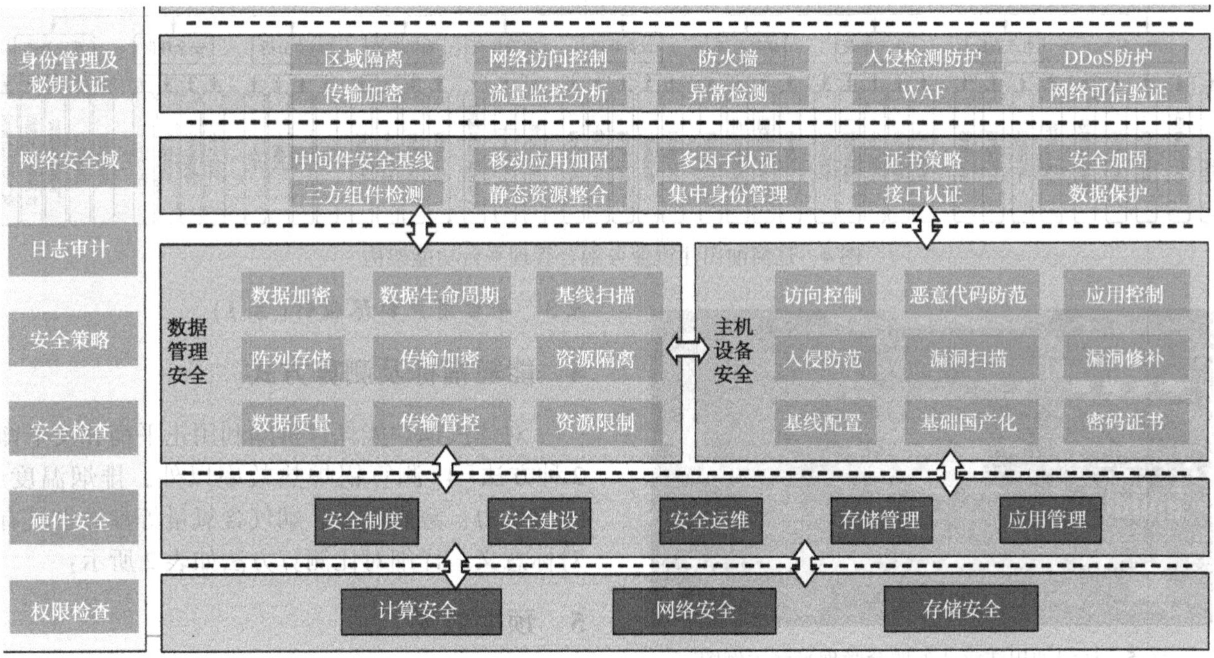

图3 辽河油田注汽业务融合管理平台安全架构

3 平台设计

3.1 平台功能设计(图4、5)

(1) 生产总况：直观展示锅炉运行情况，包括锅炉运行率、报警、预警总数分级分析，产汽总量统计、排行，用气、用电总数趋势曲线等内容，通过对重点指标的综合分析、展示，及时了解整体生产情况，为生产计划、优化措施提供依据。

(2) 生产监控：展示所在级别的当日运行、产量总览、当日单耗、能耗总览、重点现场、报警信息、实时报警及诊断分析的不同组合信息，地图显示作业区关键数据，作业区-中心站-锅炉逐级穿透监控实时数据、视频及报警信息。

（3）生产报表：通过选择作业区-中心站-锅炉类型选择查询对应锅炉日报数据，根据查询时间段选择历史数据进行统计查询，展示的参数包括锅炉各工作段温度、压力、流量、液位、耗气、耗电等参数。

（4）能耗管理：能耗设备运行情况、能耗总量概况、总体平均单耗、炉效排名、能耗与产量趋势、参数配置、能耗计量管理等数据的查询展示。

（5）设备管理：设备台账、设备维修、维护保养、特种设备情况管理，实现设备维护、维修、保养申请、审核、审批、维修方案、安全附件管理/操作许可证管理/档案管理等的全生命周期管理。

（6）管网管理：作业区-中心站-锅炉逐层穿透，显示节点的重要生产信息。整体管线正常显示绿色，异常显示黄色。固定管线、移动管线资料管理，管道检测预警倒计时提示信息列表，隐患预警报警。

（7）知识图谱：通过建立常用知识卡片，构建用户常用知识之间的关联，常用卡片的智能查询应用功能。系统构建操作规程、操作手册、专业技能、经典案例等卡片标签。搜索资料时，系统自动推荐与其相关的内容，并以图谱方式展示存在关联关系的标签词。

（8）建立风险防控清单，支持按风险等级、类型、涉及筛选并支持模糊检索等功能。建立隐患库，实现隐患管理、整改措施指定、问题跟踪、隐患销项全生命周期管理。建立环保数据库，实现环保档案的电子化管理，支持档案的录入、更新、查询。

（9）成本分析：测算数据分析，水/电/气/蒸汽关键影响因素分析。

（10）系统管理：系统配置和设置、用户管理和权限控制、数据管理和维护、日志管理、系统监控和性能优化、安全管理和风险控制。

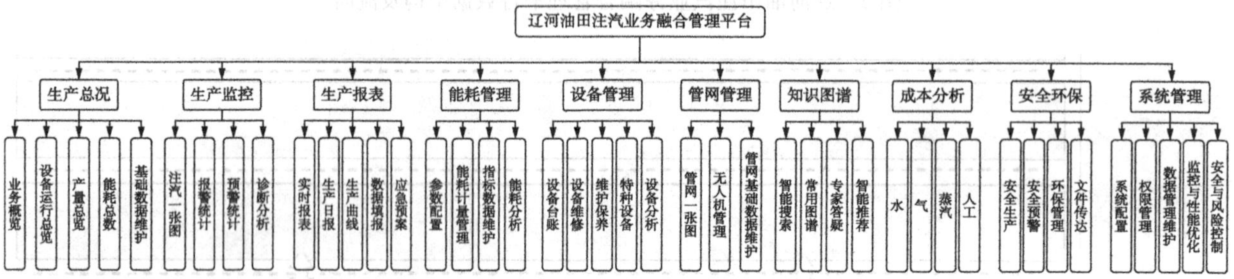

图 4　辽河油田注汽业务融合管理平台功能架构

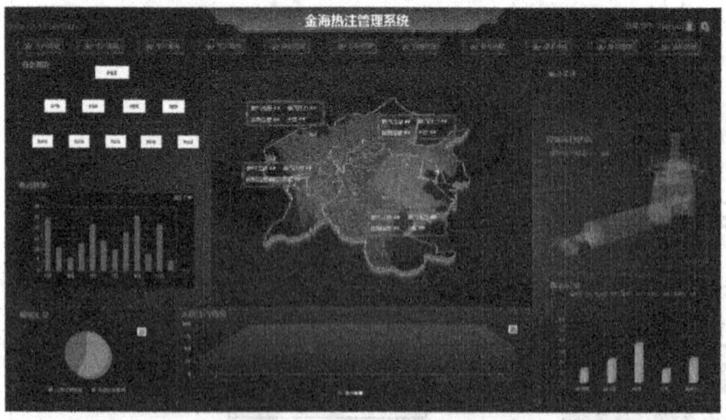

图 5　辽河油田注汽业务融合管理平台示例图

3.2　平台核心数据功能设计

数据作为系统的灵魂在生产总况、生产监控、生产报表、能耗管理、管网管理等模块之间被读取、调用、展示、分析、并告警，反应现场生产实际，为调整决策提供数据支撑。具体功能层次如图 6 所示。

3.3　平台用户权限设计（表 1）

4　能耗指标及测算方式

对注汽锅炉能耗评价除利用正平衡和反平衡 2 种方法[4]测算锅炉热效率以外，排烟温度、蒸汽压力、蒸汽干度、烟气含氧量等参数也具有对标意义。详细对比测算方法如表 2 所示：

5　预期效果

5.1 集成油气生产物联网（A11）注汽锅炉、单井采集数据和管理数据，打通底层数据，实现数据共享和融合展示，降低数据统计难度；规避基层数据重复录入、提升数据共享程度，实现“源点唯一、分类采集、集中存放、授权共享”，提升注采作业数据采集的及时性、准确性和可靠性。

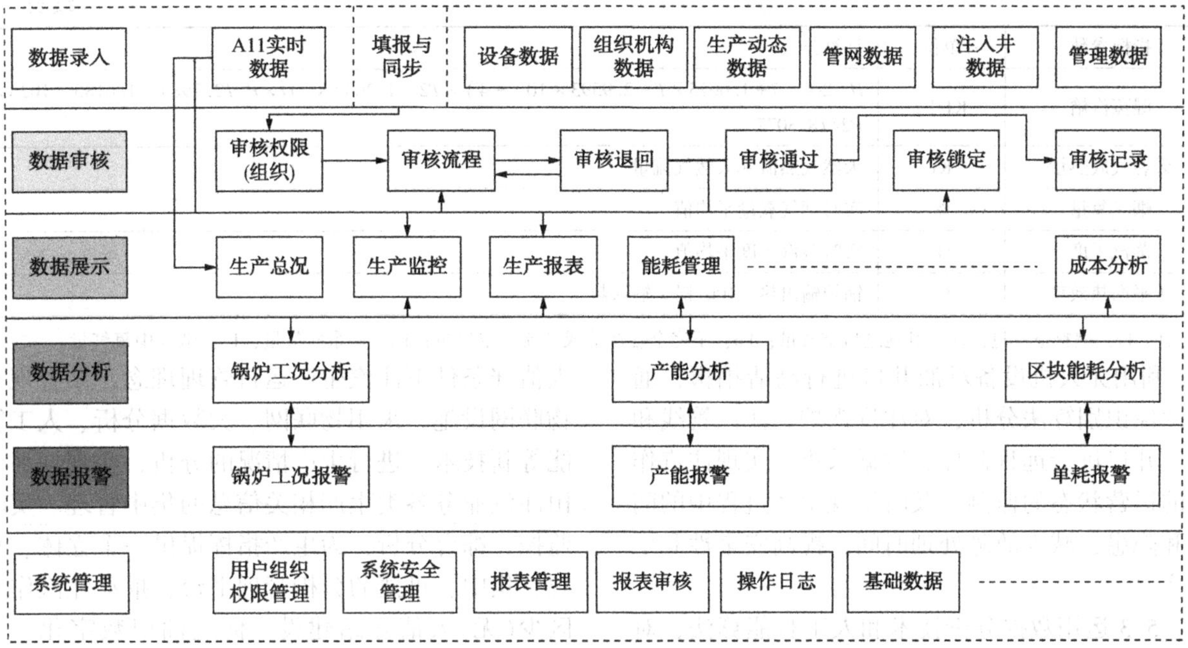

图6 辽河油田注汽业务融合管理平台核心数据功能设计

表1 平台用户权限设计分配表

序号	角色	生产总况	生产监控	生产报表	能耗管理	设备管理	管网管理	安全环保	成本分析	知识图谱	系统管理	(用户)
1	管理员	填报/查看/审核	查看	查看/审核	数据审核	数据审核	查看	数据审核/填报	数据审核	配置	权限配置	√
2	审核人	填报/查看/审核	填报/查看/审核	填报/查看/审核	数据审核/填报	数据审核/填报	数据审核/填报	数据审核/填报	参数配置	配置	权限配置	√
3	填报人员	填报/查看/审核	填报/查看/审核	填报/查看/审核	数据填报	数据填报	数据填报	查看	查看	查看	—	√

表2 能耗指标及计算公式

指标参数	单位	计算公式
电单耗	Kwh/t	耗电量累计值/蒸汽流量累计值
反平衡热效率	%	100-排烟损失-散热损失
给水焓	KJ/kg	给水温度(℃)×4.18(kJ/kg·℃)
锅炉的输出热	KJ	(湿蒸汽焓-给水焓)*蒸汽流量
过剩空气系数		$\lambda=(Vr+Vo+Vu+Va)/Vs$
排烟损失	%	(0.5+3.45*过剩空气系数)*(排烟温度-环境温度)/100
排烟温度	℃	实时排烟温度平均值
平均注汽压力	Mpa	实时蒸汽压力平均值
气单耗	Nm^3/t	燃气流量累计值/蒸汽流量累计值
日耗电量	Kwh	耗电量累计值
日耗气量	m^3	燃气流量日累计值

续表

指标参数	单位	计算公式
湿蒸汽焓	KJ/kg	$H = 2022.7 + 1.6675 \times T + 2.9593 \times 10(-4) \times T2 - 1.2690 \times 109 \times P/T2.7984 - 1.0185 \times 1023 \times P2/T8.3077$
天燃气放热量	KJ	天然气热值 * 天然气流量
烟气氧量	%	实时烟气氧量平均值
蒸汽干度	%	实时蒸汽干度平均值
正平衡热效率	%	锅炉输出热 * 100/锅炉输入热

注：Vr：燃料空气量；Vo：其他进口空气量；Vu：不完全燃烧造成的流失空气量；Va：剩余氧气量，Vs：烟气中氧气量

5.2 利用无人机设备对油井口进行高清拍摄，通过图像识别算法分析，对注汽锅炉、注汽管线和注汽井口进行远程监控、数据采集，实现注汽作业的运营状态的监测，及时发现生产过程中的问题和隐患，减少故障处理时间，提高安全性和生产率。

5.3 运用数据分析技术和人工智能算法，对注汽数据进行处理和挖掘，实现注汽锅炉、输送管线等过程重要运行数据的实时整合、分析，自动生成数据趋势报表以及分析图表，挖掘潜在的节能机会，能与事先设定的标准单耗进行比对，当偏差值超过设定的阈值时应进行报警提示。

5.4 针对稠油热采注汽的锅炉、管网等环节的设备建立设备设施台账，实现设备巡检、备件、保养、故障与维修与考核等工作的信息化管理，提高设备管理效率、提升设备故障处理速度、优化库存管理、提升设备管理的安全和可靠性。

5.5 构建注汽业务知识图谱，为作业区员工、管理层提供快速准确的知识查询、故障排查和修复、任务分配和协同工作、安全培训和规范遵守等方面的支持，提升注汽作业区生产运行维护过程的高效性、协同性、专业性和安全性。

6　结论

辽河油田注汽业务融合管理平台紧密围绕无人值守条件下注汽生产运行管理理念，结合现有物联网设施，采用物联网、大数据分析、人工智能等新技术，进行生产情况的分析，实现辽河油田注汽业务各类生产相关信息的集中管理、实时监控、综合分析，为生产指挥提供一个立体、直观、集中、迅捷的分析管理平台，推动注汽作业区少(无)人值守站建设，促进油田数字化、智能化转型。

参 考 文 献

[1] 马铭泽．辽河油田注汽锅炉控制升级改造[J]．工业锅炉，2023，1(197)：50-53.

[2] 国家能源局．油田热采注汽系统节能监测规范：SY/T 6835—2017[S]．国家能源局，2017.

[3] 吴早亮，程鸿萱，孙彦峰等．新疆油田能源管控系统的建设[J]．石油石化节能，2022，12(12)：82-86.

[4] 王宏远．辽河油田 SAGD 开发中过热蒸汽注汽锅炉能耗分析[J]．资源与产业，2017，19(4)：18-21.

[5] 周雄琴，李录兵，宁莹等．第十六届宁夏青年科学家论坛石化专题论坛文集[C]．宁夏石油化工应用杂志社有限公司，2020：77-79. A11 油气生产物联网报表系统的开发与研究．

油气田生产物联网运维综合管理系统设计与应用

孙 佳

（中国石油辽河油田公司）

摘 要 随着油气田生产物联网覆盖范围的增加，设备越来越多，集中管理、控制和运维难度逐年增加，保持稳定的数据采集率和准确率，需要对这些采集、传感、网络设备进行统一运维，以增强应对日益复杂的物联网运维挑战的能力。油气田生产物联网运维综合管理系统作为运维工作的核心，能够整合各类物联网设备的信息，实现标准化管理，能够实现对各类物联网运维项目的实时管控，及时发现潜在问题，降低设备故障率，提高整个系统的稳定性和可靠性，为物联网的长期运行奠定坚实基础。

关键词 物联网；运维；工单管理；设备管理

1 前言

中国石油上游领域油气田企业生产物联网从“十二五”开始规划建设，目前已经逐步完成，随着建设水平的提升，油气田井区、计量间、集输站、联合站、处理厂生产数据、设备状态信息的采集量越来越大，设备越来越多，分期建设导致的设备参数、型号有所不同，为集中管理、控制和运维造成了一定难度，为了保证系统的稳定运行，保持稳定的数据采集率和准确率，需要对这些采集、传感、网络设备进行统一运维。

通过信息化与工业化的融合，油气生产物联网运维综合管理系统提高了运维过程中每个流程的自动化程度，增强了物联网设备运维管理的效率，保证了生产的持续、稳定、高效运行。

2 现存问题分析

在当前的物联网运维管理中，存在一些明显的问题，这些问题不仅影响了运维效率，还可能对企业的运营带来不良影响。

（1）物联网设备种类多、数量多：随着物联网技术的广泛应用，系统连接的设备种类和数量日益增长。由于冬季影响施工进度，物联网的建设周期延长，每一周期的设备型号均有所不同，这导致了设备故障的多样性和复杂性。每种设备都有其独特的故障模式和解决方法，使得故障诊断和处理的难度加大。同时，大量的设备使得逐一检查和监控变得非常耗时和低效。处理时间的延长导致设备故障持续，影响生产时长，由于缺乏高效的故障诊断工具，导致故障的误判或遗漏，进一步影响设备的稳定性和安全性，形成恶性循环。

（2）现有流程过于复杂：由于不同采油厂原有的通讯方式不同，现有的故障处理流程涉及了多种通讯工具，如电话、微信、内部即时通讯和邮件等。这不仅增加了故障处理的复杂度，还可能导致信息的不一致和遗漏。复杂的流程可能导致故障处理时间的延长，多工具之间的信息交互可能出现误差，不同部门和人员之间的沟通可能存在障碍，影响故障的准确判断和处理，增加了运营风险。

（3）记录不完整：在现有的故障处理过程中，通讯方式多样，存在记录不完整或缺失的情况，无法对故障进行深入的分析，这使得对于故障的分析和预防措施的实施变得困难。不完整的记录使得企业无法形成有效的故障知识库，增加了故障的重复发生概率，影响了故障处理经验的传承，新员工需要重新学习已有的故障处理知识，降低了工作效率。

（4）缺少深入分析：现有的故障处理方式往往只关注当前问题的解决，而忽视了问题的深入分析和预防措施的制定。导致相同或类似故障频繁发生，无法从根本上避免问题的再次发生，增加了企业的维护成本和运营风险。

（5）运维效率低：复杂的流程、不完整的记录和缺少分析都导致了处理时间的延长和效率的降低，影响了整体的生产效率，长期的低效率故障处理甚至影响到了公司长期发展目标和竞争力。为了解决这些问题，开发一个集中化、高效的物联网运维管理平台变得尤为重要。通过该平台，可以整合资源、优化流程、完整记录并深入分析故障，从而提高处理效率，降低运营风险。

3　系统模块设计

系统设计 4 个主要模块，分别是：个性化交互模块、业务模块、支持模块、数据库模块（图 1）。

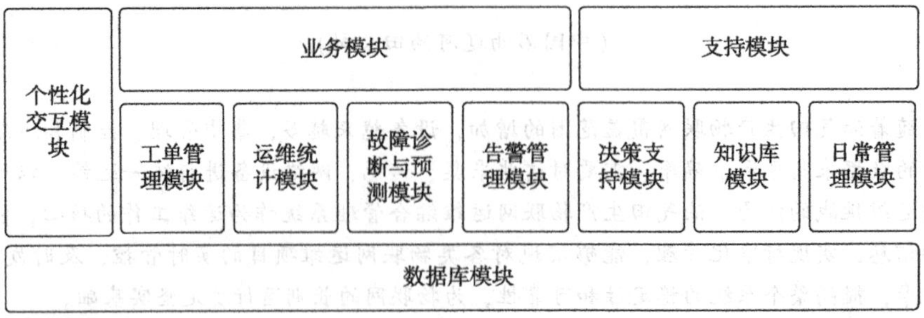

图 1　系统模块设计

（1）个性化交互模块：平台与最终用户进行交互的界面，用户可以自定义模块配置、输入请求、查看报表待办、配置告警等。界面简洁、友好，并支持多终端访问，如 PC、手机等。

（2）业务模块：

① 工单管理模块：负责工单的创建、分配、处理和关闭。支持根据设备类型、故障描述等信息自动派发工单，并跟踪工单状态，确保故障得到及时处理。根据前期资料进行基本故障分类、描述、处置的选项定义，将工单模块调整为选项，无填报信息，降低基层人员填报难度，以及后续数据分析难度。不断的根据故障发生情况进行选项调整更新，提高系统可用性。任务过程中记录物联网仪表设备巡检维时间、故障原因、处理方法、更换部件品牌型号，外委技术服务单位等信息，运用大数据分析挖掘，评估仪表设备性能和运行环境适应性，评价外委厂商响应效率和服务质量，为选择备品备件型号和数量、下年外委服务厂商提供数据支撑和建议。

② 运维统计模块：收集设备运行数据，进行统计分析，生成报表和图表，按照生产工区、设备类型、品牌型号、设备年份分别统计设备运行与故障情况，帮助生产部门了解设备运行状况、故障率、维修成本等信息，对不同类型、不同品牌型号的设备进行故障率分析，指导后续应用。

③ 故障诊断与预测模块：通过分析设备的历史数据和实时数据，及时发现潜在故障，并对故障进行诊断和预测。采用机器学习算法，提高故障发现和处理的效率。尤其是类似于电池缺电、设备保养等周期性故障能够进行比较精准的预测和提示，提前预警提高生产时律。

④ 告警管理模块：根据设备类型和故障类型等条件，设置告警阈值和通知方式，在设备出现故障时，按照工区和责任人对应关系，自动发送告警信息给相关人员，确保故障得到及时处理。

（3）支持模块：

① 决策支持模块：提供决策分析功能，为企业决策提供数据支持。通过对设备运行数据和故障信息的深入分析，为企业决策提供有力依据，例如针对品牌型号故障率的分析，为后续采购、设备更替提供有意义的指导意见。

② 知识库模块：集中存储和管理大量的故障以及维修相关知识，包括文本、图片、视频、音频等多种形式的知识，并确保一致性和完整性。提供强大的检索和查询功能，能够根据故障问题快速找到所需的解决故障方法，并进行提示，并且通过日常维护的积累和共享，不断提升知识库内容的准确性。

③ 日常管理模块：负责对平台进行日常维护和管理，包括业务流程配置、用户角色配置、权限管理、监控系统状态、配置管理、日志管理等。采用自动化工具和智能告警机制，提高运维效率和质量。提供友好的管理界面，方便业务人员进行配置和管理。

（4）数据库：负责存储和处理来自物联网设备、用户输入、其他系统调用的数据，包括设备运行数据、故障信息、用户配置等。为了满足这些数据的存储于处理，数据层采用了关系型数据库和非关系型数据库相结合的方式。关系型数据库提供严格的ACID事务特性，保证数据的完整性和一致性，适用于需要复杂查询和高度结构化数据的场景，如设备运行数据。非关系型数据库适合于存储大量的非结构化或半结构化数据，如日志文件、图片、视频等，包括现场的故障照片、故障处理视频，提供了高可用性和可伸缩性，非常适合处理物联网故障处置数据。通过结合这两种类型的数据库，数据库可以确保数据的存储和查询效率，同时满足各种复杂的数据处理需求。无论是需要精确匹配的查询，还是需要实时分析的大数据流，都能得到高效的处理。这种混合数据库架构，为物联网运维管理系统提供了强大的数据支持。

4 系统测试与场景应用

在系统开发完成后，我们进行了全面的测试，以确保系统的稳定性和功能性。测试包括单元测试、集成测试和系统测试等多个阶段。通过测试，我们发现系统能够有效地解决物联网运维中的问题，提高处理效率。

4.1 以工单管理为例进行功能性测试

（1）测试目标：确保工单管理模块能够正确、高效地处理工单的创建、分配、处理和关闭，并根据设备类型、故障描述等信息自动派发工单。同时，确保系统的选项定义与前期资料一致，并能够根据故障发生情况进行调整更新。

（2）测试范围：包括工单创建、工单分配、工单处理、工单关闭、自动派发工单功能、工单状态跟踪、故障分类、描述、处置选项定义、系统选项的调整与更新等。

（3）功能测试：工单创建：能够正确创建工单，包括填写设备类型、故障描述等信息，能够顺利填写。

工单分配：工单能够根据预设规则正确分配给相关人员，按照流程自动流转。

工单处理：处理工单的功能正常，包括更新工单状态、填写处理结果、形成待办事项等功能均正常。

工单关闭：工单关闭功能正常，工单状态能够正确更新。

自动派发工单：系统能够根据设备类型、故障描述等信息自动分派工单。

工单状态跟踪：能够实时跟踪工单状态，确保故障得到及时处理，能够针对用户形成个人待办事项。

（4）测试用例：工单管理流程见图2。

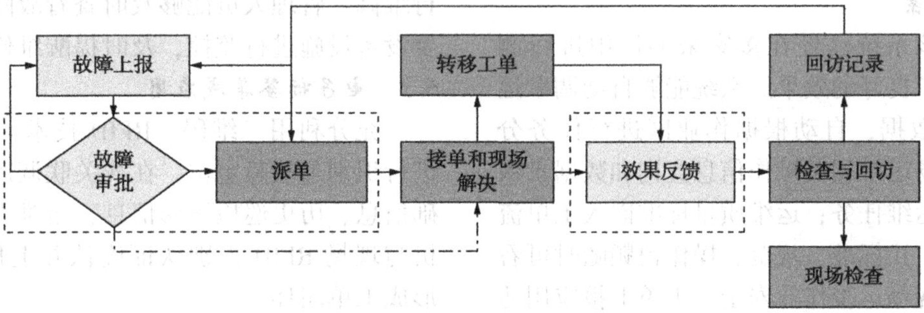

图2　工单管理流程

系统测试流程见图3。

图3　系统测试流程

4.2 以运维统计为例进行统计表单测试

（1）测试目标：确保运维统计模块能够正确、高效地收集设备运行数据，进行统计分析，生成准确的报表和图表。同时，确保统计结果能够按照生产工区、设备类型、品牌型号、设备年份进行分类，帮助生产部门了解设备运行状况、故障率、维修成本等信息，并为后续应用提供指导。

（2）测试范围：数据收集功能、统计分析功能、报表和图表生成功能、数据分类功能、故障率分析功能

（3）功能测试

数据收集：能够正确收集设备运行数据，包括生产工区、设备类型、品牌型号、设备年份等信息。

统计分析：统计分析功能正常，包括故障率、维修成本等统计指标的计算是否准确。

报表和图表生成：能够根据统计结果生成准确、易读的报表和图表。

数据分类：能够按照生产工区、设备类型、品牌型号、设备年份等分类条件对运行数据进行分类统计。

故障率分析：能够根据不同类型、不同品牌型号的设备进行故障率分析，并生成相应的报告。

数据准确性测试：使用已知准确的数据集测试系统的数据收集和处理功能，确保统计结果准确无误。验证故障率分析结果的准确性，确保能够为后续应用提供可靠的指导。

实验结果：根据工单管理的功能性测试和运维统计测试结果，系统的 4 个主要模块运行正常，结果有效。

4.3　应用场景

目前，该系统已经在多家采油厂中进行测试，并取得了良好的效果。系统能够自动调取运维工单任务数据，自动根据作业区进行任务分配，实现现场运维相关操作信息查询和数据录入采集，完成运维任务；运维质量标准嵌入工单流程关键节点，让标准、规范、操作视频随时可看可查，保障现场运维作业安全。工单上报应用适应现场工作环境，全部采用下拉菜单选择方式，能够减轻基层用户系统操作负担，提高工作效率。故障处理信息在系统中以事件方式记录，能够采用多种方式筛选查询检维修信息。用户反馈显示，系统不仅提高了故障处理的速度和准确性，还为企业提供了更全面的设备运行数据分析和预测功能。此外，系统的集成能力和可扩展性也得到了用户的认可。

5　下一步需求设计

5.1　多平台数据集成

通过与现有系统（包括第三方监控系统，如传输网管系统、机房动环系统、无线接入系统等）或平台应 集成和数据整合，实现集数据采集、数据处理、统一监控、统一运维调度管理功能于一体，对 IT 资源运行集中监控，办公网、生产网、传输网内设备可用性和基础状态进行管理，基于监控指标状态及时告警，实现精准定位故障源、快速运维；按业务流程生成相应电子工单，运维调度和分级运维实施管理，细化运维理念、流程、工具、人员，提高运维工作效率和管理水平。生产物联网运维综合管理系统可新建或依托现有平台功能扩充，与相关系统建立开放接口实现信息共享，如目前作业区生产指挥系统、物联网数据监控系统、网络链路监控系统、无线传感设备监控系统、物联网服务器监控系统等，通过整合已有平台功能，减少类似功能重复建设，将物联网整体故障信息纳入统一平台管理和运维，实现巡检和维修任务电子化流转、办公即时通讯工具提示运维事件和告警，形成一体化管理平台。

5.2　多终端工单发布与管理

通过 VPN 解决手持机、手机、平板电脑、笔记本电脑等移动终端接入问题，能够实现现场运维故障多终端申报。运维人员以及外部委托维修人员通过手持机、手机随时接收信息，及时进行维修。管理人员能够及时查看故障信息，对重要设备设施进行监控，及时提醒维修时限。

5.3　电子标签集成应用

充分利用二维码、RFID 技术，对现场设备进行识别与故障定位，在线关联调用仪表设备基础信息、历史巡检维修信息，运维人员通过手持机与现场 RFID 识别认证确认并上传维修信息，形成工单闭环。

5.4　设备生命周期数字化管理

利用相关系统数据资源，对设备全生命周期管理主要环节建立数字化应用，完成重点设备工艺安全信息的标准化、数据化，“一码”式管理，设备数据完整性采集与管理，可以分为基础管理、设备前期管理、设备后期管理、设备技术评价、设备安全环保与节能管理以及综合管理等业务，如设备资产、技术资料、设备运行技术档案、现场环境、使用培训、规章制度，新增计划、选购、监造、验收、安装调试，维护、状态监测、润滑、维修、备件、技改、更新、闲置、报废，设备类型的技术评价和设备使用的技术评

价，重点设备风险识别与控制、特种设备合规管理、设备事故管理以及设备能耗管理。

5.5　生产决策辅助

大数据分析可以对油气生产过程中的大量数据进行深入分析，包括但不限于实时生产数据、设备运行状况数据、油气藏特性数据等，以发现数据背后的规律和趋势，优化生产过程，提高生产效率。基于大数据分析，油气生产企业可以预测未来的生产情况，如产量、需求等，从而做出更加科学合理的决策。例如，大数据分析可以预测油田的储量、采收率、剩余油分布等，为油田的可持续开发提供决策支持。

6　结语

物联网运维涉及的各类设备数量庞大，近五万台的规模对运维管理能力提出了极高的要求。因此建立一套统一的标准化运维平台，以增强应对日益复杂的物联网运维挑战的能力。油气田生产物联网运维综合管理系统作为运维工作的核心，不仅能够整合各类物联网设备的信息，还能够实现标准化管理，确保各项运维流程得到高效执行。系统能够实现对各类物联网运维项目的实时管控，通过实时监控设备的运行状态、性能数据等信息，能够及时发现潜在问题，并采取相应措施进行处理，这不仅能够降低设备故障率，还能够提高整个系统的稳定性和可靠性。通过统一系统，能够大大提升信息的准确性、及时性和有效性，收集、整理和分析各种运维数据，了解系统的运行状态、预测潜在风险，并据此制定相应的策略和措施，为领导提供科学决策的数据支撑。通过自动化和智能化的管理手段，系统能够提高运维效，减少人工干预和人为错误，降低运维成本，优化资源配置，确保各项运维任务得到及时有效的执行。

综上所述，建立统一系统对于统筹物联网运维工作具有重要意义，有助于提升运维管理水平，提高系统的稳定性和可靠性，为物联网的长期运行奠定坚实基础。

参 考 文 献

[1] 谢光华，任静思，王滔，等．油气田生产物联网运维分析与系统研究[J]．信息系统工程，2021，9：96-102.

[2] 谢光华，王滔，张亮，等．油气田生产物联网统一运维平台功能设计研究[J]．中国管理信息化，2022，7：109-112.

云平台系统建设与运维管理

刘小斌　邹金津　关　鑫　官　臣　刘　韬

（中国石油辽河油田公司勘探开发研究院）

摘　要　目前，云平台已应用在各行各业中，国内外知名油气公司都建立了自己的云应用系统。基于VMware ESXI，搭建了本单位私有云平台，并用VCenter统一进行资源调配。随着云平台的逐步应用，出现了云平台后台资源分配不均衡、硬件资源告警等实际问题。文章通过云平台资源动态扩容、资源动态调度即系统监控等多项技术手段，结合本单位自身应用的特点，提出了一种针对本单位私有云平台的资源动态调配与性能监控办法，解决了上述问题，保证系统的稳定性和安全性。

关键词　虚拟化；资源动态扩容；资源动态调度；系统监控

1　引言

随着互联网技术普及和信息化技术不断提高，社会上各个领域对信息化要求越来越高，以往的单机器运算、存储很难满足人们的需求，于是出现了分布式计算、并行计算，发展为网格计算。同时，虚拟技术的发展成熟以及网格技术与其结合，孕育出云计算平台。云计算平台把庞大的基础设施、数据存储、各种平台、软件组成相互共享、协作的资源池，并在此基础上抽象出层次化服务，为用户提供诸如基础架构（1aaS）、平台（PaaS）、软件（SaaS）等服务。目前，国内外各大油气田开发公司，基于自身统一的底层数据库，建立了自己的云平台系统，能够开展远程地震解释、地质建模等研究工作，研究人员不用关心软件及数据在哪个地方，只需通过统一的登录入口进入系统，软件随需即取，成果云端跟随。随着云技术的日趋成熟，国内IT公司也相继推出了自己的云产品，各企业也着手建立适合自身的云平台环境。本平台采用基于服务器集群的云平台后台部署模式，能够保证云平台计算节点运行的可靠性；采用基于浏览器的应用模式，能够保证用户得到很好的应用体验。

2　关键技术

2.1　虚拟化

虚拟化是一种资源管理技术，是将计算机的各种物理资源（如CPU、网络、内存及存储等），通过某些特定的软件，将原本独立的、不可切割的物理设备整合成一个资源池。使得虚拟化后的资源不受原有架构或物理设备的限制，从而最大化的利用这些物理资源。应用虚拟化技术，可减少硬件采购率，降低成本，减少能耗。提高安全性，使某些应用的灾难恢复变得容易，充分利用一些富余的基础设施建立备份机制，可快速的将整个虚拟环境迁移别处。这样，业务的连续性和应用的可用性都提高了，减少了意外宕机而使数据丢失的风险。

2.2　资源集中管理

通过VCenter集中管理物理资源，将资源虚拟化的最大好处就是可按需、动态分配。当使用虚拟机时，只需设定虚拟资源值（如CPU、内存），但随着业务量的增长，硬件资源也需要随之扩充。而扩容的过程也比较漫长，不仅需要流程审批，扩容操作的时间也较长，还可能受到硬件设备的限制，无法满足扩容需求。但在云平台中，为虚拟机进行扩容就显得很轻松，仅需要调整设定的虚拟资源值的大小就可轻松实现，还可在云平台中根据用户新的业务需求，快速创建新的虚拟机，这相比传统系统能够节约大量时间。

2.3　平台资源动态扩容技术

平台资源动态扩容技术，是解决ESXI主机均衡分配硬件资源导致应用过程中部分计算节点闲置而部分计算节点卡顿的情况，通过调整虚拟化服务器部署模式，利用虚拟化集群功能，实现计算节点的资源动态调配。

针对新引进的硬件资源，我们通过资源到服务的动态映射技术，将新进的服务器动态扩充到平台服务器集群中，然后创建新的计算节点，随后为应用软件分配计算资源，从而完成在云平台现有资源池中快速扩充硬件资源(图1)。

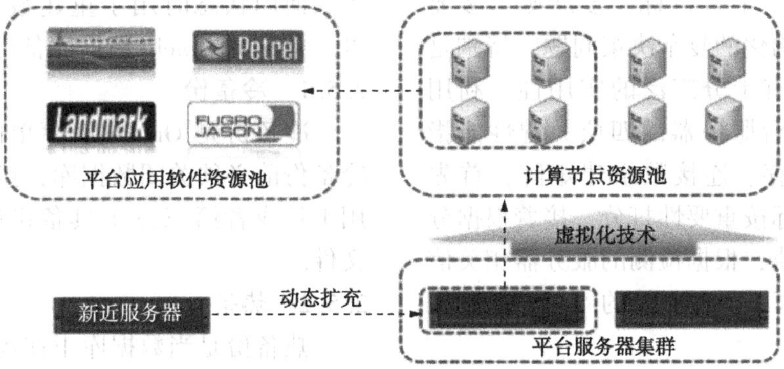

图1　硬件资源动态扩充

针对新进的应用软件，从服务器集群中划分资源创建该软件资源池，并在计算节点中部署新进软件，来完成云平台现有资源池中快速扩充应用软件(图2)。

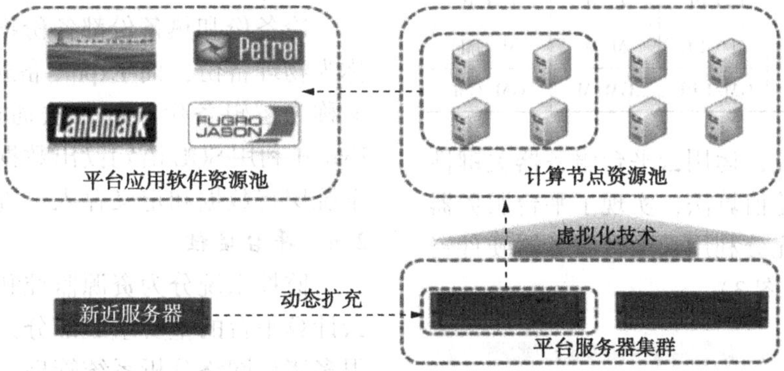

图2　软件资源动态扩充

2.4　平台资源动态调度技术

运用平台资源动态调度技术，通过轮询服务器的资源使用率，调整云平台计算节点的分布，来负载均衡云平台资源池。

通过计算资源负载均衡技术研究，将计算节点的连接数、CPU使用率、内存使用率、图卡使用率列为关键性能指标，并按影响程度打出分值，通过分值构建性能指标矩阵，计算服务器的KPI权重值，编写程序实现计算节点四个关键性能指标在矩阵中的轮询，使服务器按权值顺序接受来自平台用户的服务请求，实现应用的负载均衡。现有的负载均衡算法主要分为静态和动态两类。静态负载均衡算法以固定的概率分配任务，不考虑服务器的状态信息，如轮转算法、加权轮转算法等；动态负载均衡算法以服务器的实时负载状态信息来决定任务的分配，如最小连接法、加权最小连接法等。

(1) 最小连接数法：最小连接数算法比较灵活和智能，由于后端服务器的配置不尽相同，对于请求的处理有快有慢，它是根据后端服务器当前的连接情况，动态地选取其中当前积压连接数最少的一台服务器来处理当前的请求，尽可能地提高后端服务的利用效率，将负责合理地分流到每一台服务器。

(2) 加权轮询法：不同的后端服务器可能机器的配置和当前系统的负载并不相同，因此它们的抗压能力也不相同。给配置高、负载低的机器配置更高的权重，让其处理更多的请；而配置低、负载高的机器，给其分配较低的权重，降低其系统负载，加权轮询能很好地处理这一问题，并将请求顺序且按照权重分配到后端；

(3) 加权随机法：与加权轮询法一样，加权随机法也根据后端机器的配置，系统的负载分配不同的权重。不同的是，它是按照权重随机请求后端服务器，而非顺序；

在实际应用中，我们将权重值细化，基于云平台服务器关键性能指标来构建矩阵，再通过层次分析法算法计算出服务器的KPI权重值，运用加权轮值算法，使服务器按权值顺序接受来自平台用户的服务请求，实现应用的负载均衡层次分析法是一种定性与定量相结合的决策分析方法，常被运用于多目标、多准则、多要素、多层次的非结构化的复杂决策问题，特别是战略决策问题，具有十分广泛的实用性。利用 AHP 方法，将云平台服务器的四项关键性能指标 CPU、内存、显存、连接数组建矩阵，首先为四项关键性能指标按重要性打分，接着根据分值在矩阵中填写比值，根据检测的服务器相关信息套入矩阵，计算出服务器的 KPI 权重值(表 1)。

表 1　服务器的 KPI 权重值

	连接数(C)	CPU(CPU)	内存(M)	显存(GM)
连接数(C)	C/C	C/CPU	C/M	C/GM
CPU(CPU)	CPU/C	C/CPU	C/M	C/GM
内存(M)	M/C	M/CPU	M/M	M/GM
显存(GM)	GM/C	GM/CPU	GM/M	GM/GM

通过以上的研究，运用云平台服务器关键性能指标矩阵的加权轮值算法，实现了平台服务器的负载均衡技术，充分利用云平台服务器硬件资源，优化应用体验(图 3)。

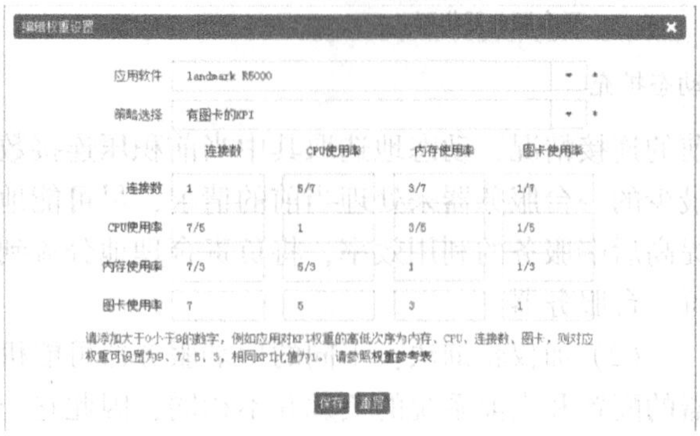

图 3　负载均衡模块编辑权重设置界面

2.5　数据库备份

云平台后台专业数据库是将结构化数据与非结构化数据，统一放在一个大数据池中，其中的数据可供存取、处理、分析及传输，是一个存储各种各样原始数据的大型仓库。底层基础数据库从企业的多个数据源获取原始数据，并且针对不同的目的，同一份原始数据还可能有多种满足特定内部模型格式的数据副本，因此，数据库中被处理的数据可能是任意类型的信息。如果一个数据库建设不成功，数据归集、治理、应用有问题，自然就成了沼泽。数据通常存储在各专业数据库中，数据库备份十分简单，是在数据库处于无法使用状态时用于重建数据库的重要信息拷贝。常见的 Oracle 数据库备份有以下三种方法。

2.5.1　冷备份

冷备份是 Oracle 最简单的一种备份，执行冷备份前必须关闭数据库，然后使用操作系统实用工具或者第三方工具备份所有相关的数据库文件。

2.5.2　热备份

热备份是当数据库正在运行时进行数据备份的过程，执行热备份的前提是数据库需运行在 ARCHIVELOG 模式，适用于 7 * 24 不间断运行的关键应用系统。

2.5.3Export 导出数据库对象

冷备份和热备份都备份物理数据库文件，又称为物理备份，而 Export 备份的是数据库对象，又称为逻辑备份。该方法通过 Oracle 实用工具 Export 利用 SQL 语句读出数据库数据，并在操作系统层将数据和定义存入二进制文件。

2.6　平台监控

监控系统分为资源监控和性能建立。监控是云计算平台的重要组成部分，它是云计算平台中很多诸如网络分析系统管理、作业调度、负载均衡、事件预测、故障检测以及恢复操作的前提，可以帮助云计算平台动态量化资源使用、检测服务缺陷、发现用户使用模式、辅助资源调度模块决策，对提高云计算平台的服务质量发挥重要作用。云计算平台不仅包括底层的存储、网络、计算资源，还包括在此基础上的虚拟资源，以及这些资源抽象化整合后的云平台、云软件。云平台上面充斥着各种大量的分布式环境下异构的、动态的、复杂的资源，如何对它们进行高效的动态监控及管理是提供高质量服务的保障。

通过搭建 Zabbix 平台，完成后台计算资源、存储资源、网络资源、应用许可资源的实时监控，当资源使用率达到设定的阀值，监控平台会通过企业邮件等方式，通知系统管理员，直到管理员完成响应，保证服务的平稳运行[5]。通过将 Zabbix、数据库、Grafana 分离，安装在不同的虚拟机上，可以根据需求随时调整性能配置，横向扩展只需要克隆虚拟机。管理网 vlan、科研网 vlan 各部署一套软件，管理网与业务流量分离，减少干扰，提高安全性。管理网和科研网的数据汇集到 Grafana 可视化展示，办公网用户通过防火墙，安全查看设备状态，不需要直接连到数据中心内部，也不需要服务器管理权限（图4）。

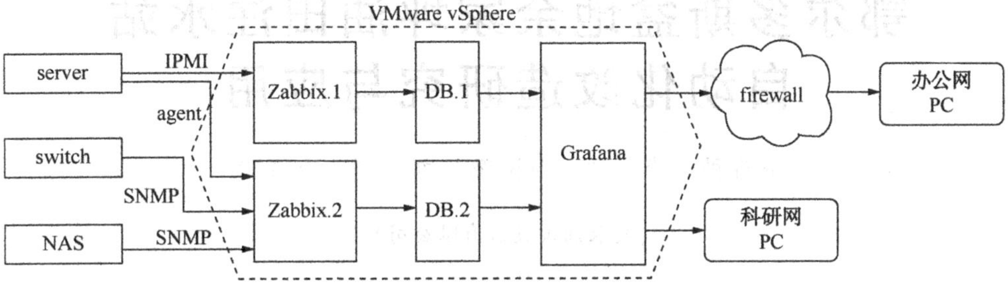

图4　资源监控系统规划方案

开源的 Zabbix 默认模板内容丰富，应针对不同服务器的不同用途，设置对应的监控逻辑。针对计算密集型服务器。CPU、内存随时能跑满，不宜设置报警提醒，应降低监控项采样频率，避免影响服务器性能。重点监控 SNMP 数据、CPU 温度、风扇转速、系统功耗。针对软件应用服务器。多用户登录，主要消耗内存资源，CPU 占用率较低，应监控登录用户数、内存占用率并设置报警提醒，内存占用率超过阈值时触发器激活，自动执行清理内存脚本。针对 Linux 环境，编辑 zabbix_ agentd. conf，自定义监控项使用 shell 脚本语句，不受 Zabbix 监控项本身限制，可以实现许可证监控、用户管理、存储目录监控、多项数据同时统计并计算。套用 snmpwalk 工具查询指定主机的对象标识符，shell 预处理返回结果，比直接用 SNMP 监控更灵活高效。

同时，结合 Grafana 展示，可直观地观测云平台后台资源情况。如图5所示，3组 isilon 的存储监控，读取相关数据可知总容量、空间占用率、网络流量、客户端连接数，磁盘总容量下降意味着掉盘。使用虚拟机挂载所有存储的命名空间，Zabbix 收集数据，Grafana 显示，无需登录管理界面就能看到各目录的使用率，关键目录设置报警避免写满。

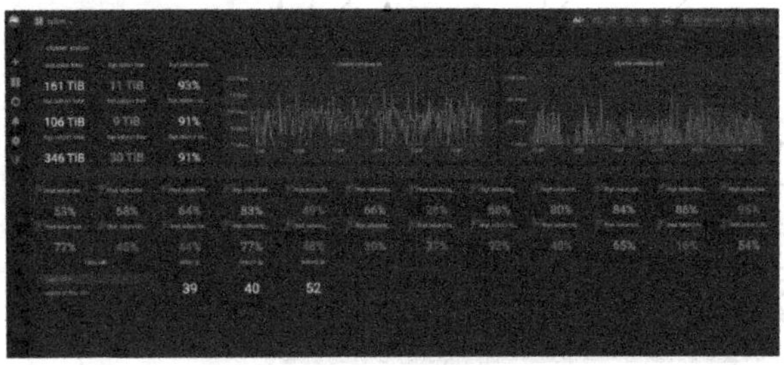

图5　Grafana 存储监控显示

3　总结

本文介绍了云平台系统建设与运维管理，并结合生产实际，综合运用自创的云平台计算资源动态扩容、动态调度、平台监控等技术，完善了云平台运行策略，通过推广实施，实现了云平台在地质研究部门的应用。今后还将继续完善云平台的功能，丰富平台应用，合理调整节点分配策略，满足云平台用户日常科研生产工作对云平台资源的需求，并结合实际生产需求，进一步提高地质研究工作的效率与质量，为辽河油田增储稳产，降本增效提供有力的技术支持。

参 考 文 献

[1] 张艳辉 云平台运维管理探析[J]. 联通 IT 服务专栏，2014，(11)：64-67.

[2] 俞楼涛．几种常见的负载均衡算法的优化[J]电子制作，2017，(20)：45-46.

[3] 于由美，等．地质综合研究云平台运维管理[J]. 中国管理信息化，2019，(07)：163-165.

[4] 王泽彦．云平台监控系统的设计与开发[D]. 西安：西安电子科技大学，2020.

[5] 梁业佳．基于 Zabbix 的铁路运输动态监控系统设计[J]. 科技通报，2020(8)：35-39.

鄂尔多斯盆地余家坪油田注水站自动化改造研究与应用

齐春民　李　硕　薛国鹏　刘　刚　李金阳

（延长油田股份有限公司）

摘　要　当前，油田企业面临高成本和资源劣质化的双重压力，油田数字化、智能化成为企业降本增效、实现高质量发展的重要手段。近年来，为有效应对高成本以及快速上产对劳动用工增长形成的压力，余家坪注水站作为油田生产的关键环节，已初步实现的自动化注水井物联网控制，然而，其在供水、水处理、污水处理、远程监控、网络通讯等方面注水关键环节仍存在明显的自动化短板，难以满足现代化、精细化的管理需求，本方案通过对注水站网络线路整改、污水池改造、远程监管等系统改造，加强设备监控与数据管理，降低人员劳动强度，优化操作流程，提高工作效率，最终实现对余家坪注水站的全面自动化升级，该项目的成功实施不仅展示了自动化、智能化技术在油田管理领域的广阔应用前景，还为类似项目提供了宝贵的经验与借鉴，同时，也推动了传统注水站注水方式与管理模式深刻变革，实现以技术密集替代劳动力密集，岗位劳动生产率和企业运营效率大幅提升，初步探索出一条企业数字化转型的成功路径。

关键词　远程监管；无人值守；注水站；自动化改造；余家坪油田

余家坪油田区位于陕西省子长县余家坪乡郝家沟、杨家沟所属区域内（图 1），隶属子长采油厂。区域内地形复杂，地面海拔 1100～1300m 之间，相对高差一般为 150～200m。大地构造位置处在鄂尔多斯盆地东部的陕北斜坡上，该斜坡为一西倾单斜构造，地层倾角约 0.5°。全区构造简单，未见到有规模的断裂、褶皱出现。长 2 油藏主要为河道砂岩，砂层厚度大，且含油丰富，油层埋藏浅，埋藏深度在 350～550m 左右，是余家坪油区的主力生产层。

子长采油厂余家坪油区 1994 年投入开发，2001 年开始注水开发，油区面积 36.4km^2，地质储量 2355.2×10^4t，动用面积 35.2km^2。区内现有固定注水站 2 座，包括余家坪注水站（清水站）、余家坪联合站（污水站）。现有注水井 214 口，开井 173 口。日注水 1550m^3，其中采出水处理后回注量为 700m^3/d，清水日供水量 900m^3/d，实行污水与清水分开注入的方式。

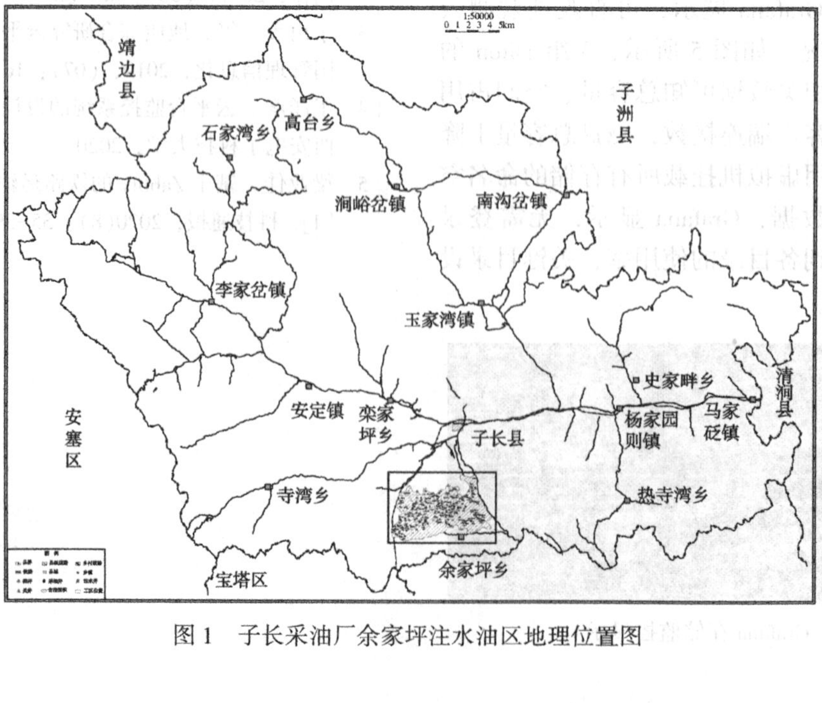

图 1　子长采油厂余家坪注水油区地理位置图

1　油田自动化改造

1.1　油田自动化改造背景

余家坪注水站目前已完成注水井物联网自动化控制功能，但是供水、水处理、注水部分、污水处理没有实现完全自动化，控制污水处理只能通过值班人员定期查看，达到一定液位时再手动去启动水泵，在水处理环节能够实现自动化反冲洗工作，但自动化程度较低，用工较多，现场操作工作量大，运行成本高，且由于设备管理工作难度大，存在一定的安全隐患，运行数据无法自动记录，难以形成注水站历史工作情况统计。

余家坪注水站作为油田生产的关键环节，其自动化水平直接影响到整体运营效率与成本控制。在传统模式下，污水处理环节过度依赖人工，不仅导致人力资源的极大浪费，还使得现场操作变得复杂且低效。此外，传统管理方式在设备监控、数据记录与分析等方面存在明显不足，难以满足现代化、精细化的管理需求。

因此，本项目不仅是对注水站自动化水平的提升，更是对传统管理模式的深刻变革。通过全面改造实现注水站的智能化、无人化管理，从而提升工作效率、降低运营成本、确保生产安全，实现以技术密集替代劳动力密集，岗位劳动生产率和企业运营效率大幅提升，初步探索出一条油田企业自动化转型的成功路径。

1.2　自动化改造思路及原则

利用先进的工业控制技术、计算机技术、通讯技术创建集输站远程监理系统，对系统实现科学、规范的监控管理、提高中心监控站的管控能力。结合目前站内的现状及需求分析，集输站的远程监控系统先进性和实用性相结合，使整套系统生命周期长、维护方便、集成化程度高，适应当前和后续发展的需求(图2)。

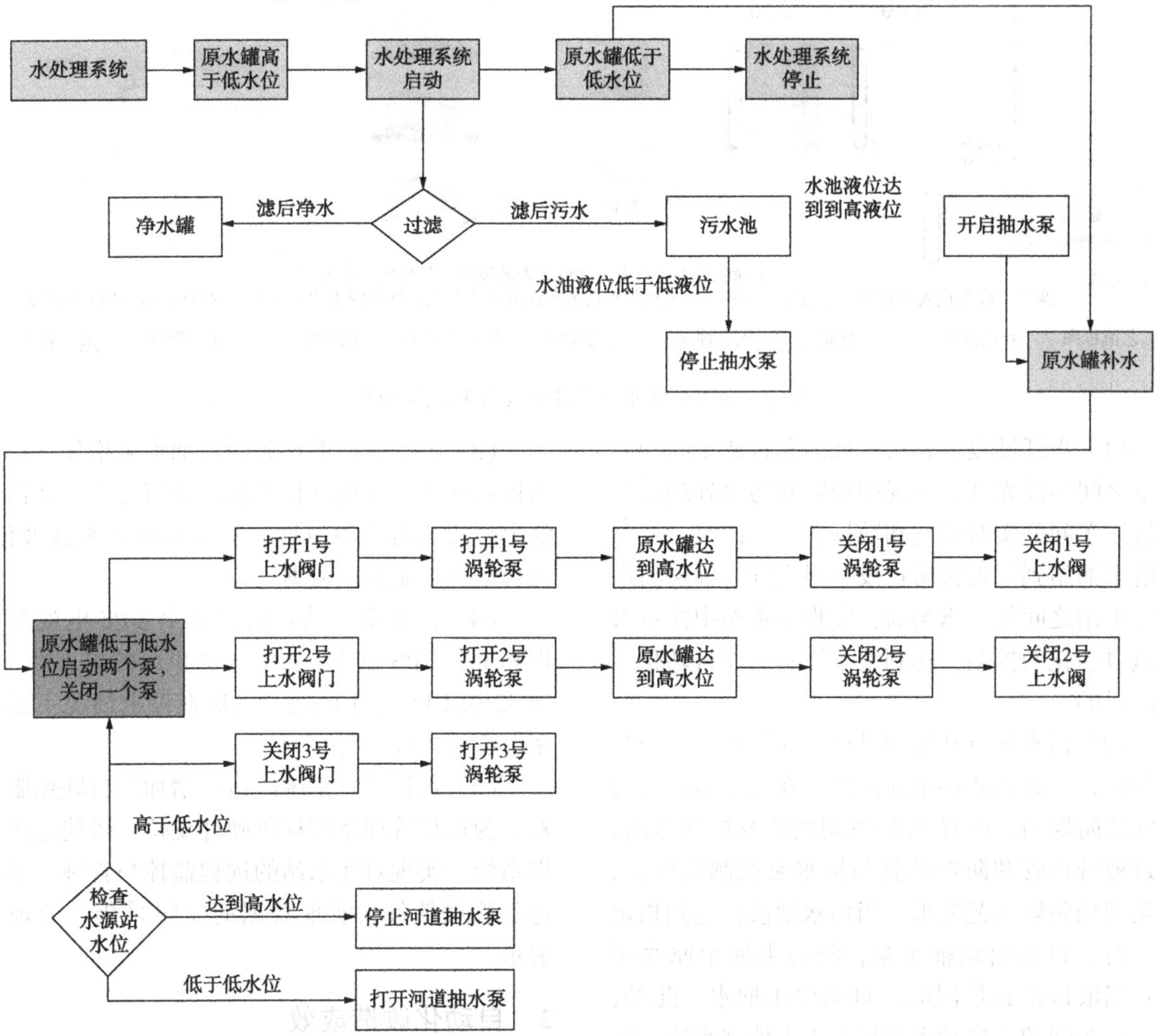

图2　余家坪油田自动化改造系统架构图

设计思路及指导原则：①易操作：重塑设计界面，充分考虑操作人员的操作习惯，实现操作方便、工作效率高的目标；②易管理：实现分级管理，各个操作人员设置不同权限，确保系统可靠安全性；③易维护：平台功能强大、维护方便，并具有诊断功能、支持多种通讯方式(如RS485、TCP/IP网络、RTU无线通讯等)；④保证质量：采用国际先进的PLC冗余控制系统+报警系统，能远程操作与自动化能结合，及时调节各种参数，确保系统稳定运行；⑤投资节约：在保证系统质量安全的同时，减少投资，利用原有的设备及仪表，简化布局，降低改造费用。

1.3 自动化改造内容

充分利用现有设备，对局部设施进行优化，实现集输站集中控制、有人巡检、无人值守，最终达到减员增效、降低运行运营成本、提高生产效益的目的。在改造过程中，充分考虑到注水站的实际情况与未来发展趋势，对局部设施进行精准改造与优化(图3)。具体改造内容如下。

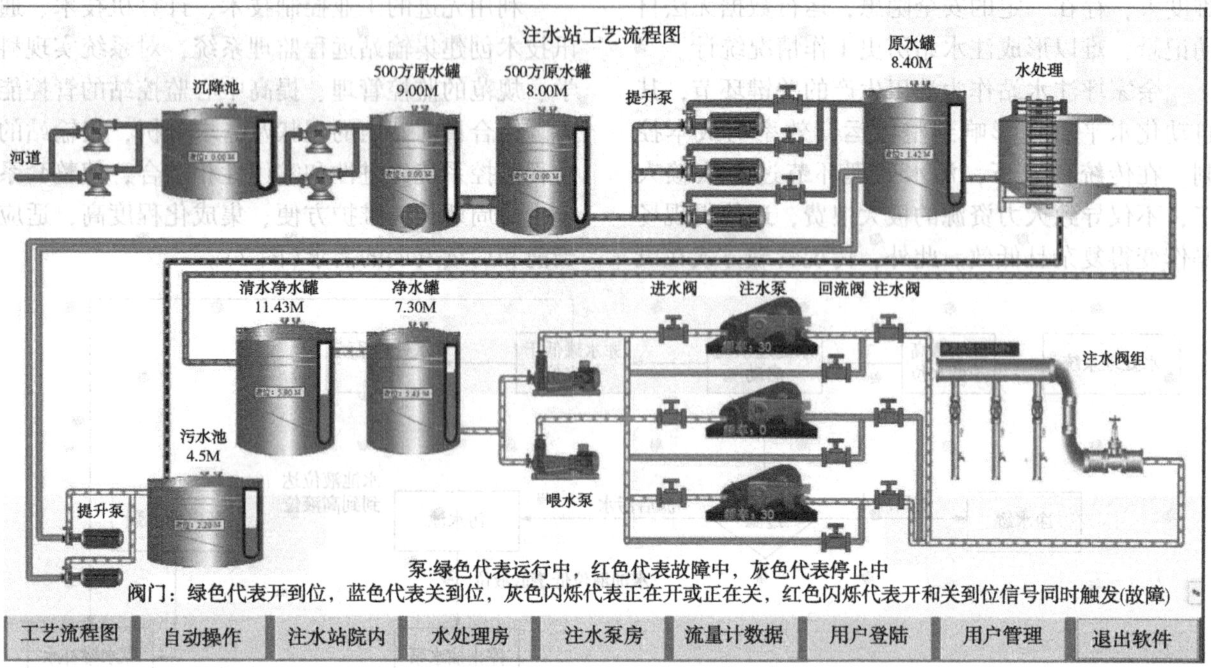

图3　余家坪注水站自动化改造工艺流程图

(1) 光纤铺设：在污水处理和过滤车间到中控室之间铺设光纤，实现中控室对污水处理数据和过滤车间的实时控制和数据获取。同时，从曾家塔采油站到河道机房拉设一根光纤，确保河道与注水站之间的通讯畅通，实现注水站中控室对河道自动化的控制，达到整个注水工作自动化运行的目的。

(2) 污水池自动控制设计：在污水池上安装液位仪，实时监测污水池液位。在污水池隔壁房间安装防爆箱，内置PLC控制模块及控制电路，通过镀锌钢管和防爆软管与抽水泵控制箱连接，满足现场防爆工艺要求。当污水池液位达到指定高度时，自动启动抽水泵，将污水抽至原水罐中；当液位达到低限时，自动停止抽水。此外，将过滤车间的半自动系统接入无人值守系统，实现集中控制。

(3) 污水池改造：为两台抽水泵增加远程自动控制功能，实现远程控制启动与停止。在污水池上方安装雷达液位计，实时监测污水池液位，为自动化控制提供数据支持。

(4) 监控室改造：增加2个UPS电池组机柜和1个UPS机头，提高电力供应的可靠性。增加32块UPS专用电池，确保在停电情况下监控系统能够持续运行。

(5) 远程监管系统改造：增加1台联想服务器，为远程管理系统提供硬件支持。搭建远程管理系统，实现对注水站的远程监控与管理。编程远程管理软件，实现数据的实时采集、处理与展示。

2　自动化改造成效

对污水处理、过滤车间实现自动化控制，不

再需要许多值班人员去操作，不用实时的观察运行是否正常，降低劳动成本、提高生产力。河道实现全面视频监控，不需要工作人员一直查看设备运行情况，可以改为定期巡逻。自动化还有助于提高和保持输出质量的一致性，在手动流程中，错误率约为 1%～1.15%。另一方面，自动化机器的错误率低至 0.00001%。自适应控制和监控有助于检查制造过程的每个级别，以减少错误幅度。数据自动化基于准确的数据集成和连接。当在生产过程中使用准确的信息时，可以获得精确的结果。自动化的最大好处之一是它可以确保一致的生产和结果。计算机、机器人和自动化机器以稳定的速度工作。它可以让您更好地掌握生产率。自动化不仅提供一致的生产，而且提供一致的质量。在柔性制造系统中，工具、加工机器和物料搬运机器人由中央计算机系统连接和控制。一旦整个过程被计算出来，生产就会持续进行，速度或结果不会有任何下降。大大的提高了生产效率。此外，此项目的成功实施还具有深远的意义。它不仅展示了自动化、智能化技术在油田管理领域的广阔应用前景，还为类似项目的实施提供了宝贵的经验与借鉴。同时，它也推动了油田行业的数字化转型与智能化升级，为行业的可持续发展注入了新的动力与活力。

3　结束语

注水站的无人值守是油田数字化转型的重要方向，通过本次注水站的改造，不仅能够降低人员劳动强度，减少人工成本，还能提高信息采集效率，实现低成本、高效率的生产运营。未来的研究会考虑将研究范围扩展至多个井场甚至整个油田，以便更全面地评估数字化物联网技术在井场智能化管理中的应用效果。除此之外，对于人工智能、大数据分析等技术在油田智能化管理中的应用也将成为未来的研究重点，这些技术在油田智能化管理中的融合应用有望提高油田管理的智能化水平。为油田的可持续发展贡献更大力量。

参 考 文 献

[1] 章玲，张娜，武瑛，等．基于物联网技术的数字油田建设策略[J]．信息系统工程，2023(2)：108-110.

[2] 马秀丽，李媛，杨祖业，等．油田设备数字化管理云平台设计与应用[J]．中国仪器仪表，2022(6)：80-84.

[3] 赵贤正，王洪雨，刘计超，等．老油田实施数智油田建设研究与思考：以大港油田为例[J]．石油科技论坛，2021(5)：1-8.

[4] 庄保良．数字油田背景下物联网技术在油田远程监控中的应用探讨[J]．新型工业化，2021(5)：29-30.

[5] 于振祥，曲永哲，聂永晋，等．自动化智能化小修作业装备设计开发探讨[J]．设备管理与维修，2022(17)：148-151.

[6] 王同良．油气行业数字化转型实践与思考[J]．石油科技论坛，2020，39(1)：29-33.

[7] 石玉江，王娟，魏红芳，等．基于梦想云的油气藏协同研究环境构建与应用[J]．中国石油勘探，2020，25(5)：15-22.

[8] 杨华，石玉江，王娟，等．油气藏研究与决策一体化信息平台的构建与应用[J]．中国石油勘探，2015，20(5)：1-8.

新形势下油气上游工业软件标准体系构建策略研究

张 弢[1] 孙 瑶[1] 单一明[2] 王 溯[1] 马 洵[1] 时付更[1]

（1. 中国石油勘探开发研究院；2. 中国石油天然气集团有限公司）

摘 要 油气上游工业软件是油气勘探开发技术、知识、经验长期积累、沉淀，不断迭代升级的产物，是支撑现代石油产业发展和创新的工业之魂。目前，油气上游工业软件多由西方国家企业垄断，有必要加快自主油气上游工业软件的产业化发展进程，工业软件标准化在推进工业软件高质量发展中发挥着基础性、规范性和引领性的作用。在建设油气工业软件产业的同时，同步开展工业软件标准体系建设是必要的，将标准化体系建设作为重要抓手和关键切入点，能够支撑和保障油气工业软件产业的健康发展。本文在调研国内外油气上游工业软件及标准现状、总结分析存在问题的基础上，紧密结合油气上游专业研究流程及各阶段主要研究成果数据，应用结构分解法构建油气工业软件标准体系，规范油气工业软件的研发流程、数据及运行环境相关标准。其中，研发流程标准规范需求分析、架构设计、开发测试、产品运营等阶段的工作内容和预期成果，保障软件产品的质量与性能；数据标准聚焦工业软件的数据存储、交换、模型及安全等核心要素，促进专业软件之间的数据互通与共享，消除信息孤岛，实现数据融合与价值挖掘；运行环境标准不仅关注传统的客户服务器模式，还应积极应用云技术，确保工业软件能在各种运行环境中得到充分的支持与优化。最后提出四项保障措施，支撑油气上游工业软件标准长远发展。

关键词 油气上游；勘探开发；工业软件；标准体系；数据标准

1 引言

工业软件作为石油石化行业保障生产运行，科技研发规律认识的载体，是增加油气储量产量，提高采收率的重要手段。在积极发展油气工业软件产业的同时，同步推进工业软件标准体系的建设是必要的。工业软件标准化既是凝聚工业软件产业共识、促进经验固化的有效手段，又是引领工业软件技术创新、推进规模化应用的重要抓手，对于支撑和保障工业软件产业健康发展具有重要意义。

2 国内油气上游工业软件及标准化现状

2.1 油气上游工业软件现状

油气上游工业软件是应用于油气勘探、开发以及生产研究工作中的专业应用软件，是油气勘探开发工业技术长期积累、沉淀，不断迭代升级的产物，已经成为支撑现代石油产业发展和创新的工业之魂，其本质上是对油气勘探开发生产过程中的各类数据（如地震、井筒、油藏等），进行处理计算、模拟分析，形成地质模型、油气藏模型和油气生产模型等知识输出。油气勘探开发经过近百年的发展，形成了高度的专业化要求，在学术理论、科学研究和行业生产应用方面离不开工业软件，而且针对不同的地质环境、多种油气藏和复杂的开采工艺，形成了数量巨大、种类繁多的油气上游工业软件。油气勘探开发核心研究流程包括地质地球物理研究、精细油气藏描述、储层改造模拟、油藏工程及数值模拟、井筒工程、油气集输等环节，每个业务环节都需要相应的工业软件或功能模块，对专业数据进行处理、存储、计算和分析。

目前主流油气上游工业软件主要来自美国和加拿大，包括地震处理与解释、测井处理与解释、油气藏数值模拟、采油工程优化、压裂工程设计等专业软件，市场占有率达到70%以上。近年来，国际油服技术公司在专业软件研发进展迅速，斯伦贝谢 Ocean Petrel、哈利伯顿 Decision Space、贝克休斯 Jewel Suite 的发布，标志着国际油服公司实现了从主要领域单体专业软件向全产业链软件平台生态的过渡，形成全业务体系软件+统一标准的数据平台+软件开发平台的新型油气工业软件发展模式。

中国石油坚持面向世界科技前沿、面向国家

重大需求、面向公司业务发展需求，持续推进重点工业软件关键技术攻关研发，为实现工业软件产业化推广奠定了坚实的科学技术基础。包括GeoEast地震处理解释、iPreSeis地震成像与定量预测、CIFLog测井处理解释、HiSim油藏数值模拟、IRes油藏精细分析、FrSmart地质工程一体化压裂优化、PetroPE采油工程优化等为代表的油气上游工业软件，经过多年持续发展，在石油行业已经取得了较好的应用效果，但在核心竞争力、市场占有率、技术先进性、应用可靠性等方面与国际主流专业软件相比还有一定差距。

2.2　油气上游工业软件标准现状

国际石油组织高度重视石油行业统一数据标准的研究与实践工作。如今，国际石油数据标准形成了以PPDM、POSC、OSDU等非盈利组织为代表的开源数据标准，以及以斯伦贝谢SEABED、哈里伯顿EDM代表的商业数据标准。2018年，由壳牌等公司合作成立OSDU（the Open Subsurface Data Universe）组织，吸纳了PPDM、POSC、Energistics等前期工作成果，成为石油石化行业主流的标准体系。OSDU是一个油气行业数字化技术联盟，致力于协调统一各组织成员的油气数据模型、项目数据库、油气数据交换、油气工业软件，提供统一的企业架构标准，构建一致的专业数据生态体系，力图解决油气工业数据与应用孤岛、业务阶段协同等重要问题。

1987年，石油工业信息与计算机应用专业标准化委员会成立，由中国石油、中国石化、中国海油、国家管网的委员组成，归口管理石油石化行业信息技术类行业标准，其中数据标准占现行有效行业标准的70%。2003年，中国石油引进哈里伯顿EDM模型并结合自身业务进行了扩展，形成PCEDM（PetroChina Engineering Data Model）。2010年开始，按照面向对象的设计理念，梳理了油气勘探开发业务实体和实体活动，模型正式更名为勘探开发数据模型EPDM（Exploration and Development of Data Model），形成了中国石油企业标准。EPDM模型先后在中石油总部和十六家油气田公司统建的勘探生产技术数据管理系统（A1）和油气水井生产数据管理系统（A2）中统一部署应用，中石油上游其他统建系统，如A5、A6、A8、A11等都采用和参考了此标准，促进了数据资产的保护和数据共享。

石油石化工业软件体系庞大，不是一个机构、一个企业能够独立完成的，需要突出头部企业牵引、构建联合体发展生态，而标准化工作是保障各方统一目标方向、统一工作方法、统一产品质量、统一产业推广的重要行动基础依据。因此，将标准化工作作为重要抓手和关键切入点，可有效支撑和保障工业软件产业的健康发展。

3　油气上游工业软件标准面临的挑战

石油行业已制定了一定数量的信息标准，在支撑企业数字化转型和信息化建设中发挥了积极作用。随着油气工业软件发展日益得到重视，工业软件标准化工作面临着新的形式与挑战，主要表现在以下几点。

一是缺少统一的工业软件标准体系，与工业软件直接相关的标准数量少。现行信息技术类标准以支撑信息化建设、业务流程管理为主，工业软件直接相关标准基本为空白。

二是缺少统一的、兼容性强的软件研发流程标准。需要建立研发流程相关标准规范，既要考虑数字技术的高速迭代，又要兼顾长时间积累的数据模型和软件功能的传承。

三是数据类标准需要提升。中国石油形成了自身的EPDM数据模型，但主要用于支撑数据资产、业务流程管理，缺少与之配套的数据采集、传输、数据交换的工业软件数据体系，缺少针对性强的专业项目库。

4　标准体系框架构建方法、思路及过程

4.1　标准体系框架构建方法

标准体系是一定范围内包含现有、应有和预计制订标准的蓝图，体系内的各种标准互相补充、互相依存，共同构成一个完整整体。标准体系的构建方法通常包括综合标准法和系统工程法，其中系统工程法包括六维模型法、结构分解法、平行分解法、属种/过程划分法等。

基于油气上游业务及工业软件的特点，本文采用系统工程法下结构分解法构建油气上游工业软件标准体系框架。结构分解法将标准化对象逐层逐级分解为任务项目或分系统，用以描述任务项目或分系统与系统目标之间从属关系的组织图表，包括自上而下法、自下而上法等。

4.2　标准体系框架门类构建过程

采用自上而下法，将油气上游工业软件标准分为三大类：研发流程标准、数据标准、运行环

境标准。这三类标准相互关联，共同构成油气上游工业软件标准体系的第一层（图 1）。

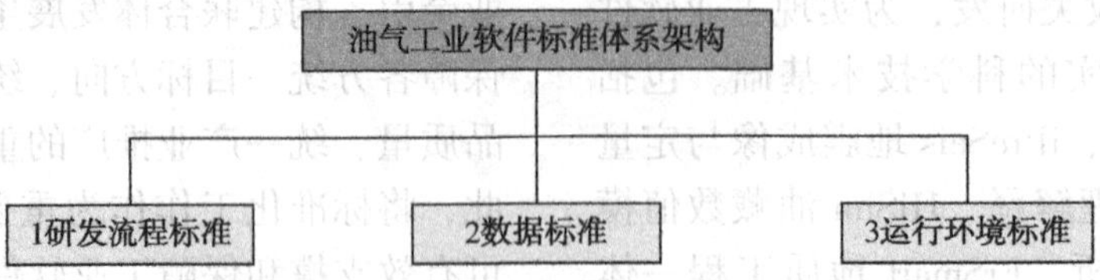

图 1　油气工业软件标准体系第一层

研发流程标准是控制工业软件质量与进度的基石。从需求分析阶段开始，贯穿架构设计、开发测试，直至产品运营，规范每个阶段的工作内容和预期成果，保障软件研发的有序进行。

数据标准是工业软件应用的重要支撑。通过制定和实施统一的数据标准，降低数据管理的复杂性和成本，确保数据的一致性和高效利用，推动不同专业软件之间的数据互通与共享，从而打破专业壁垒，消除信息孤岛，实现数据的深度融合与价值挖掘。

运行环境标准是工业软件稳定运行的坚强后盾。考虑到当前及未来的技术发展趋势，标准不仅关注传统的客户服务器模式，还应积极拥抱云计算，确保工业软件能在各种运行环境中得到充分的支持与优化，确保软件在各种环境中都能发挥最佳性能。

国外专业软件向平台化生态化发展，其核心在于数据的互联互通。为实现国内在这一领域的超前布局与坚实基础，需要构建完善的上下游全产业链的数据交换标准体系。通过统一标准，确保专业软件之间的数据无缝对接与高效流通，为油气工业软件生态系统的繁荣发展奠定坚实基础。采用自下而上法，充分结合油气专业研究流程及各阶段主要成果数据，构建数据交换标准体系架构（图 2）。油气上游专业研究流程从先到后，主要包括地质地球物理研究、精细油气藏描述、储层改造模拟、油藏工程及数值模拟、井筒工程、油气集输六个阶段。

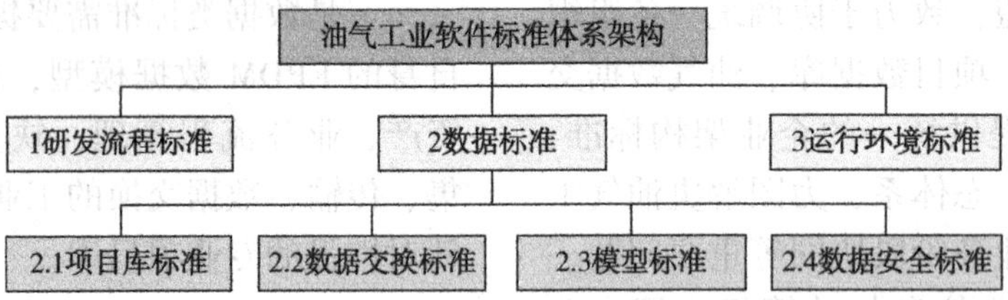

图 2　油气工业软件标准体系第二层

其中，第一阶段地质地球物理研究，研究成果包括地震处理、地震解释、测井处理解释等数据；第二阶段精细油气藏描述，研究成果包括综合地质研究、地质建模、裂缝预测等数据；第三阶段储层改造，研究成果包括裂缝形态、段簇优化、泵注程序、裂缝监测解释等数据；第四阶段油藏工程及数值模拟，研究成果包括试井解释、油藏动态管理、油气藏数值模拟等数据；第五阶段井筒工程，研究成果包括钻井工程、采油工程等数据；最后阶段油气集输，研究成果包括单相/多相流热水力计算、管道热损计算、管网/管道设计与优化、流动保障等数据（图 3）。

5　油气上游工业软件标准体系框架

油气上游工业软件标准体系是石油工业信息技术标准体系的扩展和补充，油气上游工业软件发展离不开标准化工作支撑，为了规范软件开发过程、消除专业及数据壁垒、确保稳定运行，充分发挥标准化对工业软件建设过程中技术迁移、经验沉淀和成果转化的支撑作用，围绕油气上游工业软件建设需求，在调研国内外油气工业软件标准现状的基础上，提出油气上游工业软件标准体系框架（图 4）。在标准体系设计中充分考虑业务的共性和个性问题，强化工业软件研发阶段需求分析、架构设计、开发测试、产品运营以及应用阶段运行环境的统一，并根据油气业务链细化数据体系建设。

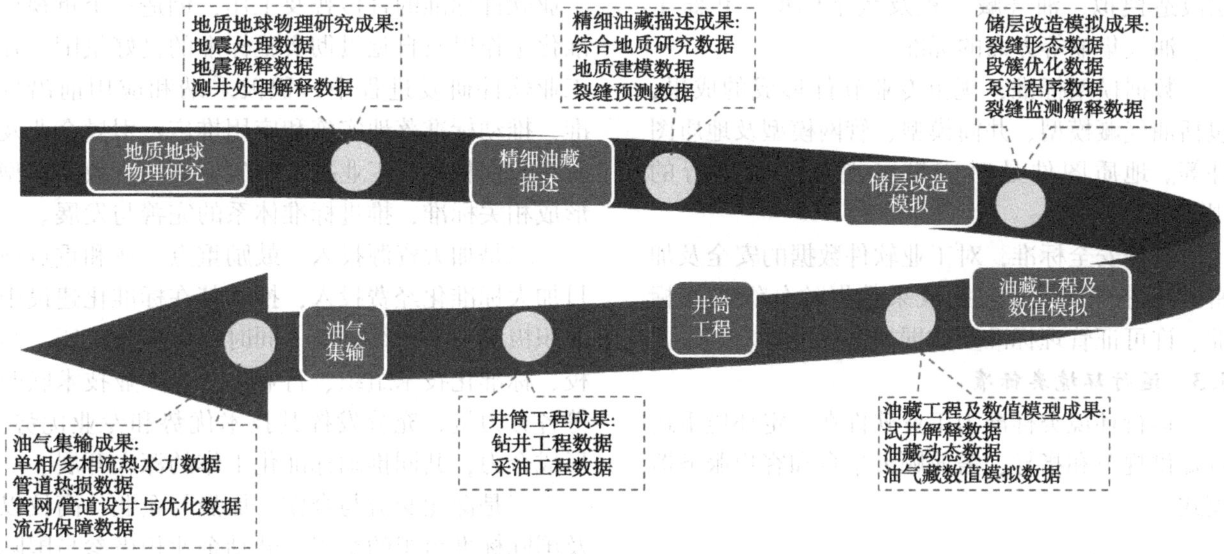

图 3 油气勘探开发研究流程及阶段成果

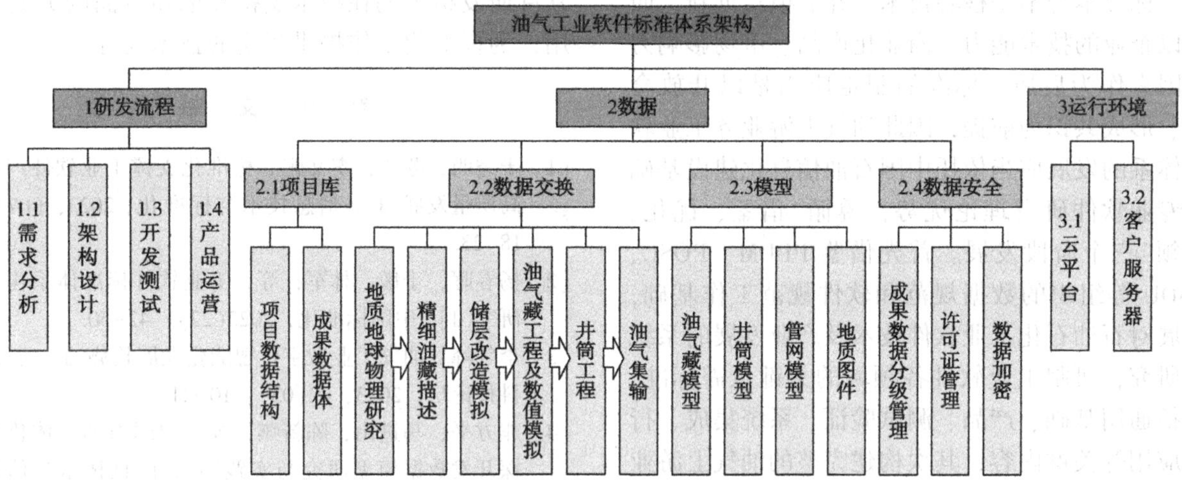

图 4 油气上游工业软件标准体系架构

油气工业软件标准体系框架分为研发流程、数据、运行环境三个部分。

5.1 研发流程类标准

研发流程类标准用于规范工业软件研发过程中的共性问题，包括需求分析、架构设计、开发测试及产品运营标准。其中，需求分析标准定义了需求分析阶段需要遵循的标准，用于确保软件产品满足用户的实际需求；架构设计标准规范设计方向和方法，保证设计的系统性和科学性，包括系统架构、软件架构、功能架构、用户界面(UI)等设计；开发测试标准是在软件开发和测试过程中，为了确保软件产品的质量、可靠性和稳定性，需要遵循的一系列规范和准则；产品运营标准是指在工业软件运营过程中，需要遵循的规范，包括产品的营销、许可、版本升级、价格、培训等。

5.2 数据类标准

数据类标准旨在统一油气工业软件中项目库、数据交换、数据模型、数据安全等方面的规范和协议。

项目库标准，规范工业软件的数据存储标准。研究人员在项目库中整合各专业数据，调整运行参数，分析处理后形成新的模型成果。项目库支持主流数据存储，按照专业软件规定的格式对数据进行储存管理。项目数据结构定义软件输入数据格式，成果数据体定义软件输出成果数据格式。

数据交换标准，规范专业软件之间数据交换模型，促进专业软件之间的数据共享。数据交换标准包括地质地球物理研究、精细油藏描述、储层改造模拟、油气藏工程及数字模拟、井筒工程、油气集输等方面的标准。

数据模型标准，规范专业软件形成的成果，包括油气藏模型、井筒模型、管网模型及地质图件等。地质图件是对成果可视化展示进行的规范。

数据安全标准，对工业软件数据的安全及加密措施进行规范，包括成果数据的分级管理标准、许可证管理标准及数据加密标准等。

5.3 运行环境类标准

运行环境类标准为工业软件在特定环境下运行提供规范和指导，需兼顾云平台和客户服务器模式。

6 发展展望

标准本身不是核心技术、并非模式创新，而是以企业的技术能力、商业化产品、市场影响力等因素作为后盾，标准的制定应当是以开放合作、形成共识为前提，因此油气上游业务工业软件体系的发展应当依托中国石油信息化建设基础和专业软件研发理论优势，遵循“借鉴、优化、引领”三个阶段发展。首先借鉴PPDM、POSC、OSDU等组织的数据规范和软件规范工作基础，开展对石油石化工业软件技术及产业发展的系统性研究，研制工业软件各领域的关键急需标准，包括通用基础、产品、测试验证、系统集成、行业应用等关键内容；其次构建完整的油气上游业务工业软件体系，在软件产业化推广的基础上，积累总结经验，与国际标准组织互融互通，优化完善各项标准；最后联合中国石化、中国海油、国家管网、科研机构等打造，构建起良好的产业生态系统，引领行业标准发展。为保障标准体系建设可从以下几个方面着手。

一是强化宣贯实施。有组织、有计划地开展工业软件标准的宣传普及工作，创造一个重视标准化工作以及自觉贯彻实施标准的良好氛围。在工业软件研发进程中，积极采纳和应用前沿标准，推动标准落地实施和应用推广；引导企业及时将长期积累的工业技术、尖端算法、数据模型形成相关标准，推进标准体系的完善与发展。

二是加大资源投入。鼓励重点企业和重点项目加大标准化经费投入，推动其在标准化建设中的积极参与和持续创新。同时引导科研院所、高校、标准化技术组织、行业协会、产业技术联盟等各方力量，充分发挥其技术优势和专业优势，形成合力，共同推动标准化工作的深入开展。

三是深化交流与合作。加强与企业、高校以及国际标准组织的交流，鼓励企业积极参与国际石油标准组织活动，充分发挥标准化研究机构和软件研发组织的在技术支持和创新方面的关键作用，为标准化工作提供坚实的技术支撑。

参 考 文 献

[1] 于秀明，苏伟，李文鹏．标准化支撑工业软件产业高质量发展[J]．信息技术与标准化，2023，(07)：18-23.

[2] 杨春晖，于敏，林军，等．工业软件标准体系构建研究[J]．中国标准化，2022(22)：42-50.

[3] 李剑峰．油气工业数字化智能化发展趋势[J]．石油科技论坛，2023，42(03)：10-21.

[4] 熊方平，马进山，陈新燕，等．中国石油一体化勘探开发数据模型研究与实践[J]．信息技术与信息化，2011(03)：49-60.

[5] 王学军，姜敏，范春凤．国际主流数据标准应用模型研究[J]．信息技术与标准化，2014(09)：68-71.

[6] 麦绿波．标准体系构建的方法论[J]．标准科学，2011(10)：11-15.

多元数据体系建设–沉积相图数据化在渤海湾盆地烃源岩刻画中的应用

刘军钊 张 藜 徐 伟 刘 睿 刘占博 肖锦泉

［中海石油（中国）有限公司天津分公司］

摘 要 本文以沉积相图的数据化为基础，将烃源岩发育从成因上受沉积控制作为出发点。通过实钻种子井和虚拟种子井种植的方法，将垂向维度钻井揭示的岩性、地层相关数据与平面维度的沉积相带展布范围有效整合，对整合的数据实时更新、清洗校正，通过相关性分析筛选出烃源岩厚度计算参数，并对计算结果进行验证分析。这种方法的科学依据在于沉积相图汇聚岩性、录井、测井、地球物理属性、分析化验等综合研究成果。沉积相约束对于烃源空间展布的描述具有关键性作用，方法的应用不仅可以提高烃源岩刻画的效率和精度，也有助于更好地理解烃源岩的分布和演化过程，为盆地资源评价以及油气勘探开发提供重要的数据支持和科学依据。

关键词 沉积相；数据化；烃源岩；空间展布；演化过程

渤海湾盆地是中国的一个重要油气勘探区域，当前正处于构造造圈闭及岩性油气藏探阶开发阶段。在渤海湾盆地的勘探开发中，地震资料解释主要侧重于砂岩的刻画，而对于烃源岩的刻画和展布研究相对较少。由于烃源岩的展布范围和厚度通常远大于砂岩，手工地震解释存在人为误差和时效低的问题。

常规烃源岩展布范围的刻画，根据烃源热演化程度确定的生烃门限深度值，在盆地构造图上以对应的深度值来圈定平面范围，而没有考虑圈定范围内沉积相带对岩性的控制作用。同时，在纵向目的层系内大套泥岩地层中，难以有效区分非烃源岩，表现为未剔除沉积环境控制的氧化泥岩或深水沉积砂岩，或者是目标层段岩性难以界定。总体而言，烃源岩展布刻画缺乏空间展布数据约束。

本文以沉积相图的数据化为基础，将烃源岩发育从成因上受沉积控制作为出发点。通过实钻种子点和虚拟种子种植的方法，将钻井揭示的垂向维度岩性、地层相关数据与平面维度的沉积相带展布范围有效整合，对整合的数据实时更新、清洗校正，通过相关性分析筛选出烃源岩厚度计算参数，并对计算结果进行验证分析（图1）。这种方法的科学依据在于沉积相图汇聚岩性、录井、测井、地球物理属性、分析化验等综合研究成果。沉积相约束对于烃源空间展布的描述具有关键性作用，这种方法不仅可以提高烃源岩刻画的效率和精度，也有助于更好地理解烃源岩的分布和演化过程，为未来的油气勘探开发提供重要的数据支持和科学依据。

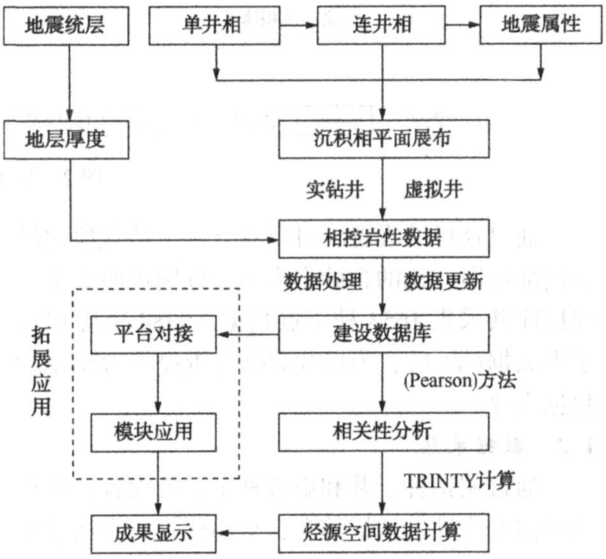

图1 研究思路流程图

1 沉积相图数据化

渤海烃源岩分布在古近系，涉及三级层序共8层，自下而上分别对应孔店组、沙四段、沙三下、沙三中、沙三上、沙一二、东三段、东二下段。地震资料上，全区已完成井震结合的三级层序格架搭建。随着近年来中深层探井数量逐步提升，重点刻画深湖-半深湖区的湖底扇、滩坝、洲滩复合体等沉积体系类型，确保大套泥岩地层之中，沉积相约束下有效区分非烃源岩，同时更新各区块当年最新研目标究成果，保证沉积相成果图件的时效性。

1.1　数据点设置

从盆地边缘的物源区向湖盆中心方向，沉积体系的整体展布规律是含砂率逐渐降低，泥地比逐渐升高。这种规律反映了由陆源输入到湖盆中心水体深化的过程，其中砂岩沉积主要发生在近物源区，而泥岩沉积则主要在远离物源的湖盆中心区域。

为了更好地还原这一过程，获取垂向上的岩性和地层信息，采用沉积相控约束下的实钻种子井和虚拟种子井种植的方法，以便精确地刻画烃源岩的平面和垂向展布。

在设置种植虚拟种子井时，遵循的原则是：①在相带的边缘区域，设置1类虚拟种子井，这些井能够控制相带边缘及含砂率变化较快区域。②在相带的内部，若含砂率有较大变化，设置2类虚拟种子井，重点控制相带内部含砂率变化较快区域，③全区范围内，等间隔设置3类虚拟种子井，以确保整体研究的精度(图2)。

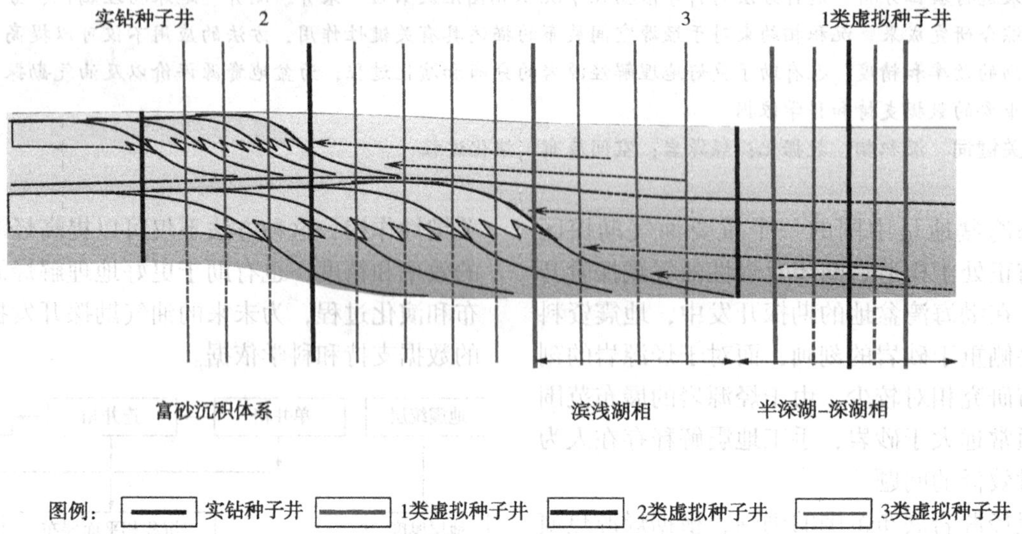

图2　种子井设置原则

通过这样的设置，可以建立一个从盆地边缘到内部逐渐变化的含砂率模型。分别按照8个三级层序共采集1653种子点数据，9384个虚拟种子点数据(表1)，为后续数据分析提供为充足的数据支撑。

1.2　数据采集

通过实钻种子井和虚拟种子井的设置，来获取垂向上岩性、地层信息，从而建立一个从盆地边缘到湖盆中心逐渐变化的含砂率模型，但两类种子井能够提供采集的数据类型有所不同。

对于实钻种子点，采集精确的：砂、泥岩相关厚度数据，砂、泥岩含量数据、钻井揭示地层厚度。

对于虚拟种子点，可以采集到地震解释地层厚度和受沉积相约束的砂泥岩相对含量数据(表2)。

表1　各三级层序种子井分布

项目	层位	实钻种子井数	虚拟种子井数
数据采集井	东二下段	457	1650
	东三段	454	2099
	沙一二段	279	1224
	沙三中	191	1600
	沙三下	34	641
	沙三上	44	772
	沙四	50	543
	孔店组	23	855
总计	8	1653	9384

表 2　种子井采集数据类型(展示前 14 行数据)

井号	砂岩平均/m	砂岩总厚/m	砂岩单层最大/m	砂岩单层最小/m	砂岩百分比/%	烃源岩单层最大/m	烃源岩单层最小/m	烃源岩平均/m	烃源岩总厚/m	烃源岩百分比/%	地层厚度/m
A	2.1	31.0	5.0	2.1	23.3	31.0	2.0	10.2	102.0	76.7	133.0
B	2.6	22.0	8.0	3.2	10.0	111.0	1.0	42.8	171.0	100.0	171.0
C	1.9	1.9	3.5	1.3	1.2	148.9	11.6	80.2	160.4	98.8	162.4
D	3.4	6.8	4.3	2.5	2.1	193.0	14.8	76.9	307.8	97.9	314.5
E	3.3	10.0	4.5	1.5	6.5	31.0	0.5	11.9	143.0	93.5	153.0
P	1.9	28.8	6.5	1.0	12.7	53.1	1.7	12.4	198.4	87.3	227.1
G	2.3	14.0	5.3	1.0	13.0	36.0	1.0	9.4	94.0	87.0	108.0
H	5.1	20.5	6.9	2.5	14.5	97.1	2.4	24.3	121.5	85.5	142.0
I	2.4	24.0	5.9	4.5	19.7	23.0	9.0	14.0	98.0	80.3	122.0
J	3.0	33.0	8.0	2.5	22.1	31.0	2.0	9.7	116.5	77.9	149.5
K	10.7	32.0	6.0	1.6	22.2	99.0	1.5	37.3	112.0	77.8	144.0
L	1.9	41.0	7.3	0.5	22.4	12.0	1.0	4.3	142.0	77.6	183.0
M	1.9	51.5	7.9	0.5	25.0	16.5	1.0	4.4	154.5	75.0	206.0
N	11.2	134.5	38.0	2.0	28.6	60.0	3.0	30.5	336.0	71.4	450.5

1.3　数据处理

为了进一步分析和理解这些数据，进行了以下数据处理步骤：

(1) 岩性和地层信息整合：从实钻种子点和虚拟种子点采集到的岩性和地层信息数据。这包括将砂、泥岩相关厚度数据和含量数据整合到一个统一的数据集中，以便后续分析和处理。

(2) 数据清洗和校正：检查数据的完整性和准确性，剔除分层不全的实钻井。识别并修复可能存在的错误或异常数据，确保数据的质量和可靠性。

(3) 数据统计和分析：通过对数据的描述统计分析和可视化展示，我们可以更全面地了解岩性和地层信息的分布规律、变化趋势和相关性，为后续研究提供基础

2　相关性分析

相关性计算是一种评估两个变量之间关联程度的方法，可以帮助研究者了解这两个变量之间的线性关系。其中，皮尔逊相关系数是一种常用的统计指标，用于衡量两个连续变量之间线性相关的强度和方向。皮尔逊相关系数 r 广泛应用于度量两个变量之间的相关程度，其值介于−1~1之间。皮尔逊相关系数表达式为 r_{x1y} 为特征值 x_1 与预测功率 y 的相关系数；x_1，i 为特征值第 i 个历史数据；y_i 为第 i 个预测功率数值；$\bar{x}$、$\bar{y}$ 分别为特征值、预测功率的平均值；n 为预测次数。

$$r_{x1y}=\frac{\sum_{i=1}^{n}(x_{1,i}-\bar{x})(y_i-\bar{y})}{\sqrt{\sum_{i=1}^{n}(x_{1,i}-\bar{x})^2(y_i-\bar{y})^2}}$$

其中：当相关系数为 1 时，表示两个变量之间呈完全正相关关系，即一个变量增大时，另一个变量也增大。当相关系数为−1 时，表示两个变量之间呈完全负相关关系，即一个变量增大

时，另一个变量减小。当相关系数为 0 时，表示两个变量之间不存在线性关系，即它们之间无相关性(表 3)。计算皮尔逊相关系数需要先计算两个变量的协方差，再将协方差除以两个变量的标准差的乘积来得出。这个计算过程可以反映出两个变量之间的线性关系程度，为后续数据分析和决策提供重要参考。

本次采集的种子井各类数据，为保证计算结果的可靠性，首先对实钻种子井分类采集的 11 类岩性地层数据进行相关性分析，计算结果表明，烃源岩的厚度与地层厚度极强正相关($r=0.94$)(图 3)。

表 3　相关系数与相关程度表

相关程度	极弱-无相关	弱相关	中等程度相关	强相关	极强相关
正相关系数	0.0~0.2	0.2~0.4	0.4~0.6	0.6~0.8	0.8~1.0
负相关系数	-0.2~0	-0.4~0.2	-0.6~0.4	-0.8~-0.6	-1.0~-0.8

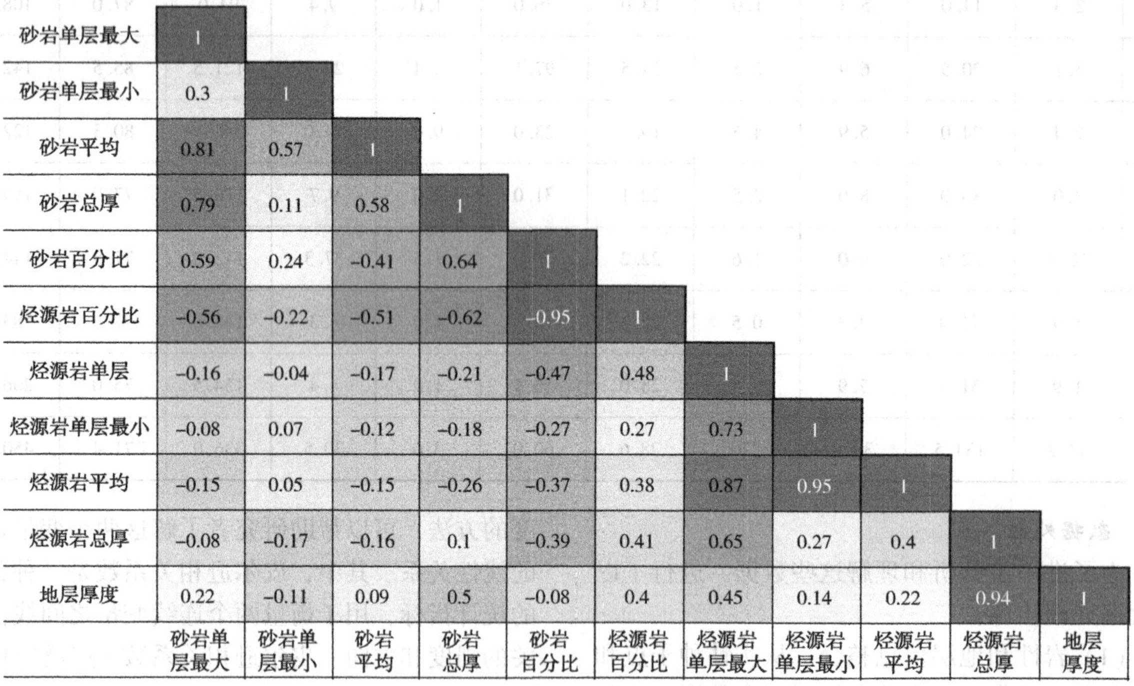

图 3　数据相关性分析热力图

从地质体沉积规律来看，烃源岩发育在深湖-半深湖沉积环境，盆地中心沉积厚度大，砂质沉积物难以搬运到此，所以地层厚度大的位置烃源岩厚度大。因此烃源岩厚度与地层厚度极强正相关。

3　沉积相约束下烃源岩展布刻画

种子井(实钻)烃源岩发育厚度与地层厚度的相关性分析结果，是用于确定烃源岩厚度计算参数的重要依据，即 $H_{烃源岩}=H_{地层}\times(1-S\%-Y\%)$。

$H_{烃源岩}$为烃源岩厚度，$H_{地层}$是通过三级层序地层约束并井震结合对比得到的地层厚度，系数($1-S\%-Y\%$)为所在种子点的烃源岩占地层厚度的百分含量(其中 S 为砂岩，Y 为氧化泥岩)。

利用 TRINTY 计算平台，将地层厚度体数据与沉积岩性地层约束的烃源岩数据输入，将地层厚度体数据与沉积岩性地层约束的虚拟种子点烃源岩数据输入，可以得到具有平面沉积相展布范围控制的各点烃源岩厚度。从而明确各层系烃源岩空间展布(图 4)。

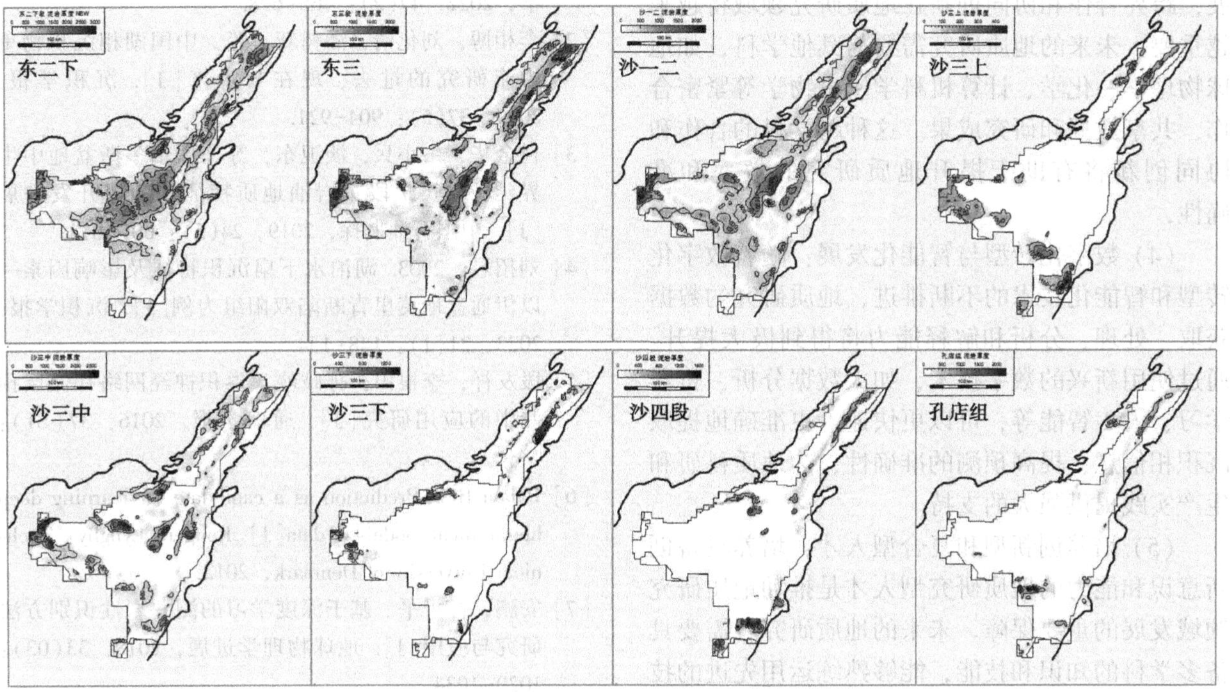

图4　各层烃源岩空间展布图

4　结果验证及地质解释

结果验证：对于基于虚拟种子井计算出的烃源厚度展布结果可靠性，利用实钻种子点的相关性分析结果，重新计算验证。结果表明：烃源岩的厚度与地层厚度极强正相关($r=0.91$)，计算的结果数据体仍符合基于实钻种子井相关性分析($r=0.94$)结论规律，表明虚拟井赋值与地质事实接近，计算结果可靠。

地质解释：对于实钻种子点采集烃源岩与地层厚度均来自钻井数据，这类数据精确高，客观的反应不同类型岩性地层数据相关程度，对于虚拟种子点，地层厚度来自三级层序格架，这些数据需要通过层位解释来确定，烃源岩的厚度百分含量为沉积相约束下按照趋势赋值，二者具有一定程度的手工解释误差。因此基于实钻种子点和基于虚拟种子点计算结果所体现的烃源厚度与地层厚度相关性略有差异。尽管如此，但这些差异在可接受的误差范围内，计算仍然是可靠的，与地质事实相符的。

5　应用成效及展望

5.1　应用成效

通过应用统计已钻井和虚拟井数据，结合地层厚度，已经成功地高效完成了古近系8层沉积相控约束下的非氧化相泥岩厚度分布图的绘制。这明确了渤海各层系烃源岩的分布范围，同时也全面恢复了古近系各三级层序格架内半深湖-深湖相烃源岩沉积演化过程。此项技术的应用，不仅提高了研究精度，而且在完成烃源岩空间展布刻画时效方面，在渤海全区，古近系20000km^{2}的区域范围，应用此技术，相比常规地震烃源岩追踪解释方法，整体效率提高了四倍。所需研究人员数量从原来的20人减少到10人，研究耗时从12个月缩短到3个月。降低了研究成本，反映了此项方法的应用对于提高地质研究精度和效率的积极效果。

5.2　展望

(1) 沉积相成果数据化对接应用：未来可通过在区域沉积相研究成果数据化、结构化的基础上，建立一个完善的数据维护系统，将沉积相数据与研究平台对接，实现数据共享和交流。这将有助于促进研究成果的应用与推广，推动地质领域的发展。

(2) 深入挖掘数据内在联系带来的地质意义：从数据中排除个人主观认识影响，通过进一步分析和挖掘沉积相数据内在联系，进一步挖掘数据内在联系所引申的地质意义，拓展地质分析应用领域

(3) 跨界合作与协同创新：随着科技的发

展，跨界合作和协同创新在地质研究领域将越来越重要。未来的地质研究需要与其他学科，如地球物理学、化学、计算机科学、生物学等紧密合作，共享数据和研究成果。这种跨学科的合作和协同创新将有助于提升地质研究的效率和准确性，

（4）数字化转型与智能化发展：随着数字化转型和智能化技术的不断推进，地质研究的数据获取、处理、分析和解释能力将得到极大提升。通过使用新兴的数字技术，如大数据分析、机器学习、人工智能等，可以更快速、更准确地提取沉积相信息，提高预测的准确性，为地质科研和生产实践提供强大的支持

（5）培养创新型和复合型人才：培养具备创新意识和能力的地质研究型人才是推动地质研究领域发展的重要保障。未来的地质研究者需要具备多学科的知识和技能，能够熟练运用先进的技术和方法进行科研工作。以适应不断变化的研究环境和需求。

参考文献

[1] 牛成民，杨海风，赵弟江，等．渤海海域莱州湾凹陷油气超晚期成藏与油气运移滞后效应[J]．地球科学，2022，47(2)：465-678.

[2] 李相博，刘化清，潘树新，等．中国湖相沉积物重力流研究的过去、现在与未来[J]．沉积学报，2019，37(5)：904-921.

[3] 付金华，牛小兵，淡卫东，等．鄂尔多斯盆地中生界延长组长 7 段页岩油地质特征及勘探开发进展[J]．中国石油勘探，2019，24(5)：601-614.

[4] 刘招君，2003. 湖泊水下扇沉积特征及影响因素—以伊通盆地莫里青断陷双阳组为例[J]．沉积学报，2023，21(1)：148-154.

[5] 段友祥，李根田，孙歧峰．卷积神经网络在储层预测中的应用研究[J]．通信学报，2016，37(S1)：1-9.

[6] Palam R B. Prediction as a candidate for learning deep hierarchical models of data[J]. Kongens Lyngby：Technical University of Denmark，2012.

[7] 安鹏，曹丹平．基于深度学习的测井岩性识别方法研究与应用[J]．地球物理学进展，2018，33(03)：1029-1034.

[8] Zeng D，Liu K，Lai S，et al. Relation classification viaconvolutional deep neural network[J]. Proceedings of the25th Internationa1 Conference on Compitational Linguistics. Dublin，UK，2014：2335-2344.

[9] 谢德鹏，常青．关系抽取综述[J]．计算机应用研究，2020，37(7)：1921-1924，1930.

基于量子保密通信技术与虚拟专用网络技术的石油化工企业信息管理研究

张英华　黄素雅　陈德利　赵　波　刘　峰

（合肥珑驰量子科技有限公司）

摘　要　石油企业作为能源产业的支柱，其发展状况直接关系到国家能源安全和经济社会的可持续发展。而石油企业的信息中包含着事关国家能源战略的重要信息，因此石油企业的信息保密在当前的国际形势中显得尤为重要。鉴于此，为保证石油企业信息安全，研究提出了量子密钥分配与虚拟专用网络的通信系统。该系统以相位编码量子加密技术作为基础，利用国密 SM4 分组密码算法对 2M 通道进行加密，并采用了双马赫-曾德尔干涉仪设置，以抵消环境对光子状态的影响。实验结果显示，基于相位编码量子密钥分配的虚拟专用网络系统在启动测试时条纹可见度保持在 100%，而密钥量则在 9500bit 左右波动；误码率最高为 6.2%，最低为 0.8%，平均误码率为 3.0%左右。基于相位编码量子密钥分配的虚拟专用网络系统的成码率最高为 2.38kbps，最小为 1.59kbps，平均成码率为 1.98kbps；误码率和量子比特错误率均随时间逐渐下降，最终分别稳定在 2.6%和 2.7%左右。未进行加解密时，基于相位编码量子密钥分配的虚拟专用网络系统的延时最大为 22μs，最小为 19μs，平均延时为 20μs。而在进行加解密时，最大延时为 273μs，最小延时为 267μs，平均延时为 270μs。上述结果表明，研究提出的基于相位编码量子密钥分配的虚拟专用网络系统能在保证通信效率的基础上，实现对通信信息的有效加密，以保证石油化工企业的信息安全。

关键词　量子密钥；虚拟专用网络；相位编码；企业信息；通信系统

石油在世界能源消费结构中占据重要地位，为国民经济持续发展、交通事业现代化和石油化工等产业发展做出了巨大贡献，同时也是各个国家保证能源安全和提高民生福祉的重要来源。但自中美经贸摩擦以来，中国企业的网络安全受到巨大威胁。以华为事件为例，早在十年前，美国国家安全局就开展了入侵行动，对华为总部网络实施了长达 7 年的攻击和监控，通过入侵华为内部邮件系统，掌握了包括任正非在内的华为高管的大量机密信息。而作为事关能源安全的石油企业信息，其必须受到更高等级保护。而量子加密技术由于利用了量子力学的特性，尤其是量子叠加态、测不准和不可克隆性，导致量子加密在理论上具有无法被破解的优势。因此，为了维护石油企业的信息安全，研究提出了基于相位编码量子加密的虚拟专用网络（Virtual Private Network，VPN）系统。研究的创新之处在于将基于相位编码的量子密钥分配（Quantum Key Distribution，QKD）系统与 VPN 相结合，并在 QKD 中引入了双干涉仪设置和即插即用系统，以减少环境对光子的影响。

1　基于 QKD 及 VPN 的石化企业信息加密通信

1.1　基于相位编码的量子加密通信

在当今的信息时代，密码学不仅仅在个人通信、电子支付、文件加密等日常生活方面发挥着重要作用，在商业机密、网络信息安全等领域也十分关键。作为关乎社会稳定的石油化工行业，其信息往往包含大量重要的能源信息，因此，对石油化工企业的信息保密至关重要。量子加密技术相较于其他加密技术具有极高的安全性和完美的保密性，因此能有效保证网络信息安全。目前最常见的量子加密技术为 QKD，借助于 QKD 技术，通信双方可以在安全性未知的信道上建立安全的密钥分发通道，从而在安全密钥的生成过程不会被第三方窃取。现有的 QKD 系统包括单光子信号、相位编码、差分位移和连续变量信号四种，其中基于相位编码的 QKD 系统相较于其他 QKD 技术具有传输率更高和误码率更低的优点。所谓相位编码量子加密是指利用量子叠加态、测不准和不可克隆性原理，通过接收和发送一系列经过相位编码的量子比特，在通信双方之间建立安全的密钥。相位编码 QKD 的核心部位为马赫-曾德尔（Mach-Zehnder，MZ）干涉仪，其原理如图 1 所示。

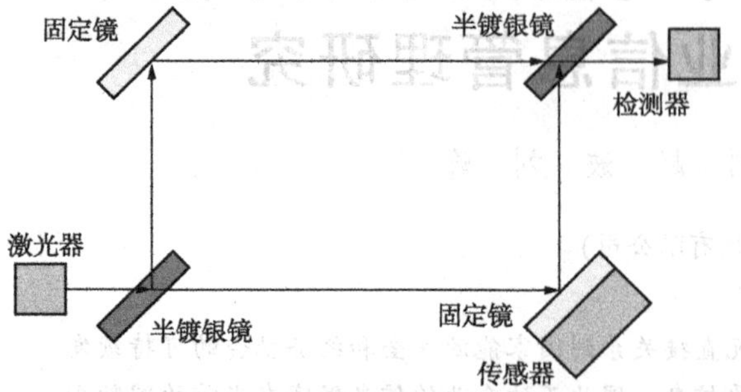

图 1　MZ 干涉仪原理图

由图 1 可知，激光器发射出一道准直光束，该光束经过一块半镀银镜，被分成两束光。两束光又分别被反射，并经过第二块半镀银镜进入检测器。在 MZ 干涉仪中，发射出的光脉冲被分为两束之后，这两束光之间存在 90°的相位差。此时，相位调制器会增加支路光束的相位，再经过耦合器合路后进入检测器。而进入检测器的两束光脉冲中，相位落后的支路光束相位会增加 90°，而另一支路光束相位不发生变化。此时，两束支路光束间相位差的计算公式见式（1）。

$$\Delta\varphi=\varphi_0+\varphi_A+f_p l_A+\frac{\pi}{2}-\left(\varphi_0+\varphi_B+f_p l_B+\frac{\pi}{2}\right)$$
$$=\varphi_A-\varphi_B+f_p(l_A-l_B) \quad (1)$$

式中，$\Delta\varphi$ 表示支路光束间的相位差；φ_A 表示相位落后的支路光束的相位增量；φ_B 表示相位超前的支路光束的相位增量；φ_0 表示发射光脉冲的相位；l_A 和 l_B 分别表示两束支路光束的长度；f_p 表示相位传输函数。当支路光束的相位增量差为 0 时，可以分别得到检测器 1 和检测器 2 的最大值和最小值；当相位增量差为 $\frac{\pi}{2}$ 或 $\frac{2\pi}{3}$ 时，两个检测器的光强相等；而当相位增量差为 π 时，可以分别得到检测器 1 和检测器 2 的最小值和最大值；据此可以实现对量子比特的相位编码。不同相位增量组合如表 1 所示。

表 1　相位增量组合

发送信息	φ_A	φ_B	相位差	检测器 1	检测器 2	接收信息
0	0	$-\frac{\pi}{2}$	$-\frac{\pi}{2}$	未知	未知	未知
0	0	0	0	1	0	0
0	$\frac{\pi}{2}$	0	$\frac{\pi}{2}$	未知	未知	未知
0	$\frac{\pi}{2}$	$\frac{\pi}{2}$	0	1	0	0
1	$\frac{2\pi}{3}$	0	$\frac{2\pi}{3}$	未知	未知	未知
1	$\frac{2\pi}{3}$	$\frac{\pi}{2}$	π	0	1	1
1	π	0	π	0	1	1
1	π	$\frac{\pi}{2}$	$\frac{\pi}{2}$	未知	未知	未知

由表 1 可知，当发送信息为 0 时，φ_A 存在 0 和 $\frac{\pi}{2}$ 两种情况，φ_B 和相位差均存在 $-\frac{\pi}{2}$、0 和 $\frac{\pi}{2}$ 三种情况。当发送信息为 1 时，φ_A 存在 $\frac{2\pi}{3}$ 和 π 两种情况，φ_B 存在 0 和 $\frac{\pi}{2}$ 两种情况，而相位差则存在 $\frac{\pi}{2}$、$\frac{2\pi}{3}$ 和 π 三种情况。在通信结束后，双方会公开自己的测量基，并经过对比后保留正确结果，再进行处理即可得到量子密钥。但由于受实际环境的影响，导致 MZ 干涉仪的臂长不稳定，无法保证相位差为 2π 的整数倍，因此研究采用了双 MZ 干涉仪设置。这种设置会抵消环境对光子状态的影响，并降低发送端和接收端干涉仪臂长的调整难度。为了进一步减少环境对相位编码 QKD 的影响，研究还在其中引入了即插即用系统。此外，为避免特洛伊木马攻击，研究还采用了单向量子密钥分发系统，使得环境变化导

致的信道偏振变化可以通过反射镜实现自适应补偿。同时相位编码 QKD 在光子偏振态变化的影响下，仅会影响密钥的产生效率，不像偏振态编码一样会产生误码。

1.2 基于相位编码 QKD 的 VPN 系统设计

石油作为国家的战略性物资，其不仅是重要的运输及发电燃料，也是许多化工产品和合成材料的基础原料。国家的工业发展和人民生活都离不开石油，其供给与国计民生息息相关。可见，构建一个可持续发展、安全且高效的能源体系迫在眉睫，而信息化管理正是促进这一体系构建的重要推手。但受当前复杂的国际形势的影响，石油化工企业面临严峻的信息安全挑战。鉴于此，研究提出了基于相位编码 QKD 的 VPN 系统，以提高石油化工企业的信息保密程度。在构建量子加密的 VPN 系统时，首先需要利用无线局域网标准的分组数据算法 SM4 算法对 2M 通道进行加密和解密，且保证不同 2M 通道密钥各不相同。由于 2M 通道存在两种不同的工作模式，即成帧和不成帧，因此为了保证加密效果，先将其封装成数据包，再进行加密和解密，并将其恢复为 2M 数据流。接着将中央处理器（Central Processing Unit，CPU）获取的量子密钥写入现场可编程门阵列（Field Programmable Gate Array，FPGA）的密钥池中，并清除内存中的密钥。然后在 FPGA 中分别设置加密密钥池和解密密钥池，并按 10 次/s 的频率进行更新。当密钥池半空时，CPU 会每间隔 3.2s 取一次密钥。在进行加密时，为保证加密效率，采用的加密模式为流水线式。密钥和数据块均为 128bit，加密流输出延迟时间为 1 帧。值得注意的是，在加密和解密前应该进行密钥协商，以保证发送端和接收端的密钥同步。基于相位编码 QKD 的 VPN 系统如图 2 所示。

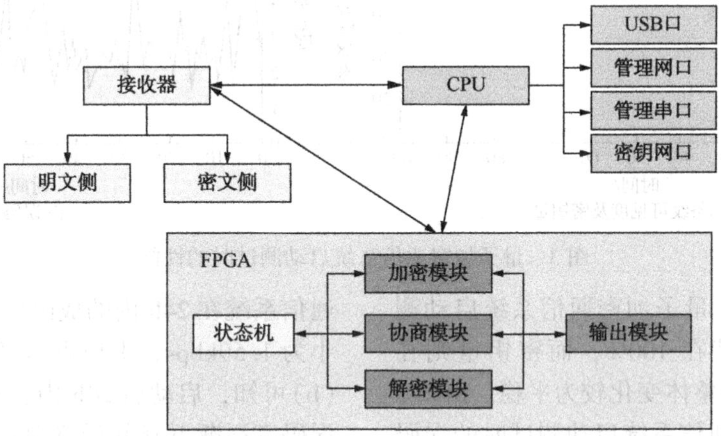

图 2 基于相位编码 QKD 的石油化工企业 VPN 系统

由图 2 可知，基于相位编码 QKD 的石油化工企业 VPN 系统由接收器、CPU 及 FPGA 组成。其中 FPGA 负责对信息进行加解密和过程控制，其由状态机、加密模块、协商模块、解密模块和输出模块组成，状态机用于监控模块状态并控制模块运行。加密模块、协商模块和解密模块会将数据传输给输出模块，并将状态码传输给状态机模块，状态机模块可根据控制信号选择相应的模块运行。加密模块在收到数据后会先进行串并转换，并发出高电平脉冲信号。接着由加密模块锁存密钥和明文，并进行加密，并通过高电平脉冲信号告知下一模块加密完成。此时，加密密钥管理子模块会从密钥池中取出密钥，以待加密模块使用。加密完成后进行并串转换，将数据还原为串行数据。解密模块的工作机制与加密模块类似，首先进行串并转换，然后由解密模块锁存密钥和密文，并进行解密，最后进行并串转换，先输出全 1 码，再进行密文的转换。协商模块是由协商输出和状态码检测两个子模块组成，首先协商输出子模块会根据状态机发出的控制信号进行密钥协商并生成状态码。然后状态码检测子模块会对状态码进行判断，当其符合条件时，会将结果返回给状态机，否则继续对状态码进行检测。

在 VPN 系统进行密钥协商时，协商输出子模块和状态码检测子模块会一直进行状态码输出和检测工作，因此状态机会根据返回信息进行状态转移。在接收端和发送端对加解密设备初始化完毕后，会自动进入初始状态。发送端在接收到控制信号后会进入协商状态，并发出状态码。接收端收到状态码后，会同样进入协商状态。密钥协商完毕后，输出状态码至状态机，此时双方会建立通信链路，并进入申请密钥的环节。发送端会首先进入申请密钥状态，并在获取密钥后发出密钥信息码。接收端收到状态码和密钥信息码后，会进入与发送端相同的状态，并进行相同操作。在获取密钥后，发送端会进入加解密工作状态，发送状态码并进行加解密工作；接收端收到状态码后会同样进入加解密工作状态。

2　石化企业量子加密通信系统测试结果分析

由于石油化工生产具有易燃、易爆、高压、腐蚀等危险因素，容易发生生产事故，因此为了保障生产安全，通信系统必须具有低延时和高稳定性的特点，以便发生危急情况时进行应急指挥。因此，为了验证研究提出的基于相位编码QKD的VPN系统能否满足石油化工企业的通信需求，研究对其进行了测试，测试内容包含对QKD系统的稳定性和加解密延时。测试时使用了光网络测试仪，该仪器具备2路光衰减量设置，光衰减范围0~40dB，精度不低于0.1dB；具备2路光信号发送功能，光波长至少满足3种常用波长，且光波长可以主动设置偏离，具备光反射损耗测试功能，测试精度不低于-70dB。测试方案为：首先在光网络测试仪构建数据包，并设置数据帧长，然后配置好量子加密VPN的参数，即可对系统的加解密延时参数进行测量。基于相位编码QKD的VPN系统启动时的性能如图3所示。

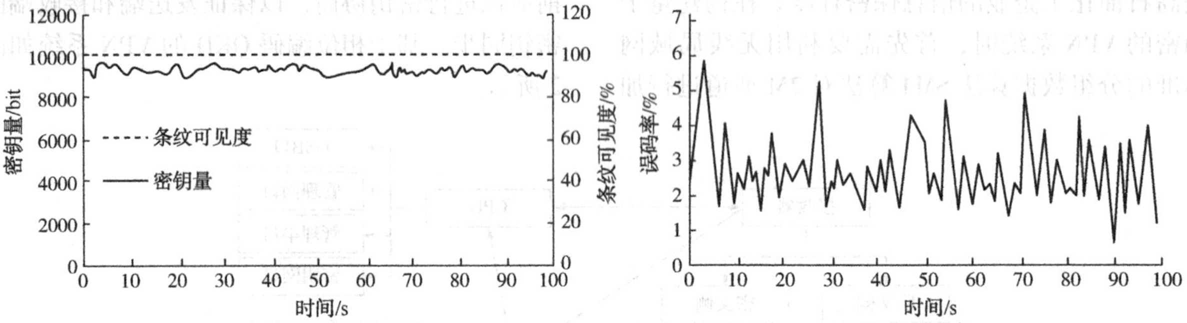

(a)条纹可见度及密钥量　　(b)误码率

图3　量子加密通信系统启动测试时的性能

由图3(a)可知，量子加密通信系统启动测试时条纹可见度保持在100%，而密钥量则在9500bit左右波动，但整体变化较为平稳。由图3(b)可知，量子加密通信系统启动测试时的误码率最高为6.2%，最低为0.8%，平均误码率为3.0%左右。上述结果表明，量子加密通信系统刚启动时具有较好的加密性能，但误码率波动较大。

图4表示的是启动后24h内的量子加密通信系统性能测试结果。由图4(a)可知，量子加密通信系统在24h内的成码率最高为2.38kbps，最小为1.59kbps，平均成码率为1.98kbps。由图4(b)可知，启动后24h内，量子加密通信系统的误码率逐渐下降并最终保持稳定，在初始阶段，误码率为3.9%，60s后下降至2.7%，并最终保持在2.6%左右。量子比特错误率(Quantum bit error rate，QBER)的最大值为5.0%，最小值为0.4%，平均QBER为2.7%。上述结果表明，量子加密通信系统具有良好的长期稳定性。

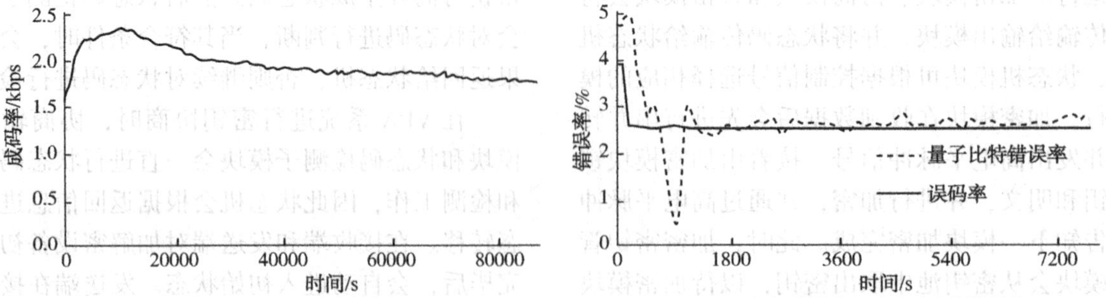

(a)24h成码率　　(b)实时误码率及量子比特错误率

图4　量子加密通信系统24小时的性能测试结果

图5表示的是量子加密通信系统的加解密延时结果。由图5可知，未进行加解密时，量子加密通信系统的延时最大为22μs，最小为19μs，平均延时为20μs。而在量子加密通信系统进行加解密时，最大延时为273μs，最小延时为267μs，平均延时为270μs。其中加解密支路的最大延时和最小延时分别为128μs和122μs，平均延时为125μs。可见，量子加密通信系统的延时较为稳定，能有效保证通信效率。

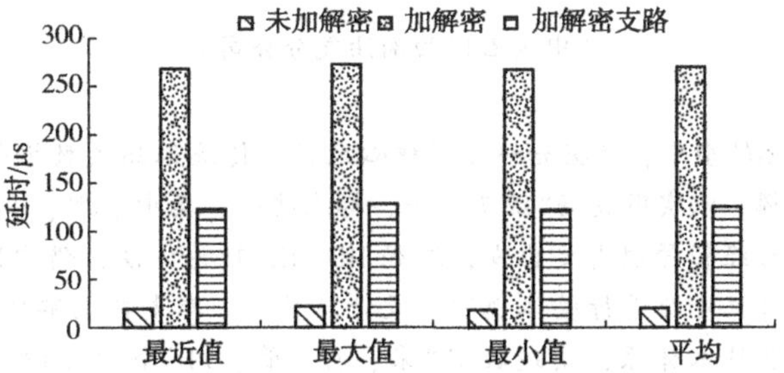

图5 量子加密通信系统的加解密延时

3 结论

随着信息技术的发展，石油化工企业逐渐向着信息化过渡，极大地方便了企业的管理，但也导致企业面临严峻的信息安全威胁。因此为了保证石化企业的信息安全，研究提出了基于相位编码QKD的VPN系统。实验结果显示，基于相位编码QKD的VPN系统在启动测试时条纹可见度保持在100%，而密钥量则在9500bit左右波动，整体较为稳定；其误码率虽然波动较大，但未超过6.5%。而在24h内，基于相位编码QKD的VPN系统的成码率最高为2.38kbps，最小为1.59kbps，平均成码率为1.98kbps；误码率随时间逐渐下降并最终稳定在2.6%左右，QBER最终稳定在2.7%左右。系统在加解密时的平均延时为270μs，各支路的平均延时为125μs，未进行加解密时的延时仅为20μs。上述结果表明，基于相位编码QKD的VPN系统的稳定性优异，且能保证优秀的通信性能，能有效维护石油化工企业的信息安全。但由于相位编码的QKD本身容易受到通信距离的影响，虽然研究采用了双MZ干涉仪设置，并引入了即插即用系统，但仍未改变其本质。因此，未来的研究重点将放在如何削弱长距离通信给相位编码QKD带来的负面影响上。

参考文献

[1] 王朴，陈泽西，毋凡，等．基于Logistic混沌的电力线载波频谱分组量子加密算法[J]．沈阳工业大学学报，2023，45(3)：319-323.

[2] 石金晶，陈添，陈淑慧，等．基于Arnold变换的量子图像混沌加密方法[J]．电子与信息学报，2022，44(12)：4284-4293.

[3] 李云坤，蒲涛，郑吉林，等．基于并联强度调制的量子噪声随机加密实现方案研究[J]．中国激光，2021，48(17)：98-105.

[4] 吴佳楠，张莹，赵剑，等．基于温度变化的相位QKD系统误码率分析[J]．中南大学学报(自然科学版)，2021，52(9)：3234-3241.

[5] 王晟，方晓明，林昱，等．四强度诱骗态相位匹配量子密钥分发协议[J]．量子电子学报，2023，40(4)：541-545.

[6] Milovanev D, Voki N, Laudenbach F, Pacher C, Hübel Hannes, & Schrenk B. High Rate CV-QKD Secured Mobile WDM Fronthaul for Dense 5G Radio Networks. Journal of Lightwave Technology, 2021, 39(11)：3445-34457.

[7] 李景琦，聂敏，杨光，等．大气环境影响下的量子卫星通信MIMO-QKD策略性能分析[J]．激光杂志，2022，43(5)：5-12.

[8] 康鹏，郭翔，赵胶胶．一种基于有限密钥和诱骗态的双场量子密钥分发协议[J]．计算机应用与软件，2023，40(10)：329-336.

[9] 张佳一，陈华星，张桓毓，等．基于被动式光源监控的参考系无关量子密钥分发[J]．物理学报，2023，72(15)：10-16.

[10] 徐雅斌，张梅舒，李艳平．基于回溯的QKD网络随机路由选择算法研究[J]．电子科技大学学报，2021，50(4)：565-571.

油田企业数据资源中心建设及应用

肖维德　王　纬　杨　波

（中国石化西南油气分公司）

摘　要　在企业数字化转型中，数据始终处于核心地位。传统孤岛式数据管理应用模式严重制约信息系统价值体现和效益发挥。以实现数据“源头唯一、标准统一、集中管理、全局共享”为目标，从消除信息孤岛、满足勘探开发与经营管理需要出发，遵循IRP/IRI理论方法，借中国石化EPBP系统建设推广契机，对公司勘探开发数据资源进行整体规划、设计与整合，率先在上游建成企业级数据资源中心，创新形成“12321”数据管理技术体系，实现数据“采、存、管、用”全程管控，有力支撑油气勘探开发主业。

关键词　数据资源中心；数据管控体系；EPBP系统；研究设计；石油工程

近年来，以“云大物移智”(云计算、大数据、物联网、移动互联网、人工智能)为代表的新一波数字技术浪潮席卷各行各业。数字经济是全球未来发展方向，数据是支撑油田企业数字化转型、智能化发展的核心要素。组建勘探开发数据资源中心是油田企业顺应新一轮技术发展和能源变革趋势的必然要求。传统孤岛式数据管理与应用模式难以实现跨学科信息集成应用，严重制约信息系统价值体现和效益发挥。因此，如何高效支撑油气勘探开发过程中跨学科、跨系统的资源共享、协同研究、综合决策成为油田企业数字化转型的迫切需求。本文重点研究总结公司数据资源中心建设与数据管控体系构建的过程、成果及应用成效。

1　需求分析

数据资源中心建设需要对企业核心数据资源进行集中统一管理和集成化应用，是发挥数据资源价值、推进企业数字化转型的关键。油田企业数据资源具有门类众多、数据类型复杂以及数据量巨大等特点，对数据资源建设和管理提出了严峻挑战。

(1) 数据资源分散，集中整合工作量及难度较大。

油田企业信息化普遍起步早、历时长，初始缺乏系统整体考虑，导致所建设数据资源比较孤立、普遍存在信息孤岛，难以满足跨专业集成利用，整合难度大。

(2) 数据资源存在质量问题。

由于油田企业勘探开发数据采集流程缺乏标准、流程和规范，数据校验手段和考核不及时等，导致数据质量问题普遍存在，经常出现数据不一致、关键数据缺失等问题，业务人员无法使用。

(3) 数据管理不清晰。

随着数据类型日益复杂、体量迅速增长，如何准确、高效厘清油田企业数据资产、清晰数据“采、存、算、用”情况，成为数据管理难题。由于欠缺完备的数据管控体系，无法实现数据资源“采集、存储、加工、利用”的全过程管控，难以满足业务人员快速灵活“找数据、理解数据、用数据”的需求。

2　数据资源中心建设

针对上述问题，从消除信息孤岛、满足油田勘探开发与经营管理需要出发，借中国石化EPBP系统建设推广契机，以实现数据“源头唯一、标准统一、集中管理、全局共享、高效可靠”为目标，遵循IRP/IRI理论方法，对数据资源中心建设和管理模式进行整体规划、设计与整合。经过持续不断研究实践，建成企业级数据资源中心并创新形成“12321”数据管理技术体系，实现数据“采、存、算、用”全过程管控。

2.1　数据资源集成建设

数据资源建设历经专业库分散建设、数据集成整合、数据资源共建共享三个阶段，目前正迈向数据全面入湖智能化提升新阶段：

（1）专业库分散建设（2000—2011 年）：2000 年以来，启动开发生产管理数据库建设，包含气田开发、天然气集输、销售等信息，较好满足开发、生产和管理需求；启动地质成果数据库建设，完成地质成果历史资料电子化扫描和入库，包括单井、物化探、勘探、开发、地质等大类，共计 2.52 万档、近 13 万件；启动分析化验数据库建设，完成自 1958 年来近 30 万项件样品分析化验历史数据入库；建设测井数据库，完成了 203 口井纸质测井资料、160 余万米测井曲线矢量化数据及报告入库。

（2）数据集成整合阶段（2012—2015 年）：2012 年以来，开展历史数据会战，完成 34 个勘探开发工区、78 个物探项目、近 3000 口井数据补录，人工采录数据 1224 余万条，合并处理前期历史数据 723 万条；配套实施勘探开发源头数据采集平台，在 25 个单位部署源头采集点 355 个，包括物探、钻井、测井、录井、分析化验、井下及试油、录井、开发共 7 个专业。

（3）数据资源共建共享阶段（2015—2020 年）：2015 年以来，完成中国石化 EPBP 系统建设推广，覆盖 120 多个业务部门，累计入库数据 3820 万条，平均日增 11 万条；以信息资源规划（IRP）与信息资源整合（IRI）方法为指导，以推进集约建设、信息共享和业务协同为着力点，对数据资源中心建设和管理模式进行整体规划、设计、整合，相继开展数据仓库、非结构化数据管理、数据服务等能力打造，数据资源中心基本建成，正向智能化迈进。

2.2 数据管控体系构建

在数据资源建设过程中，大力开展配套数据资源管控体系建设。结合实际情况，提出数据资源“12321”技术与管理架构，即“一个数据采集平台、两级数据管理、三套管理工具、两类保障体系、统一数据服务机制”（图 1）。1 个采集平台，以 EPBP 系统为核心的数据采集平台；2 级数据管理，业务数据与数据仓库两级管理；3 种管理工具，结构化数据管理工具、非结构化数据管理工具和实时数据管理工具；2 类保障体系，数据标准安全体系与数据资源管控体系；1 套数据服务机制，即以数据服务为交互手段，向应用提供数据支撑。

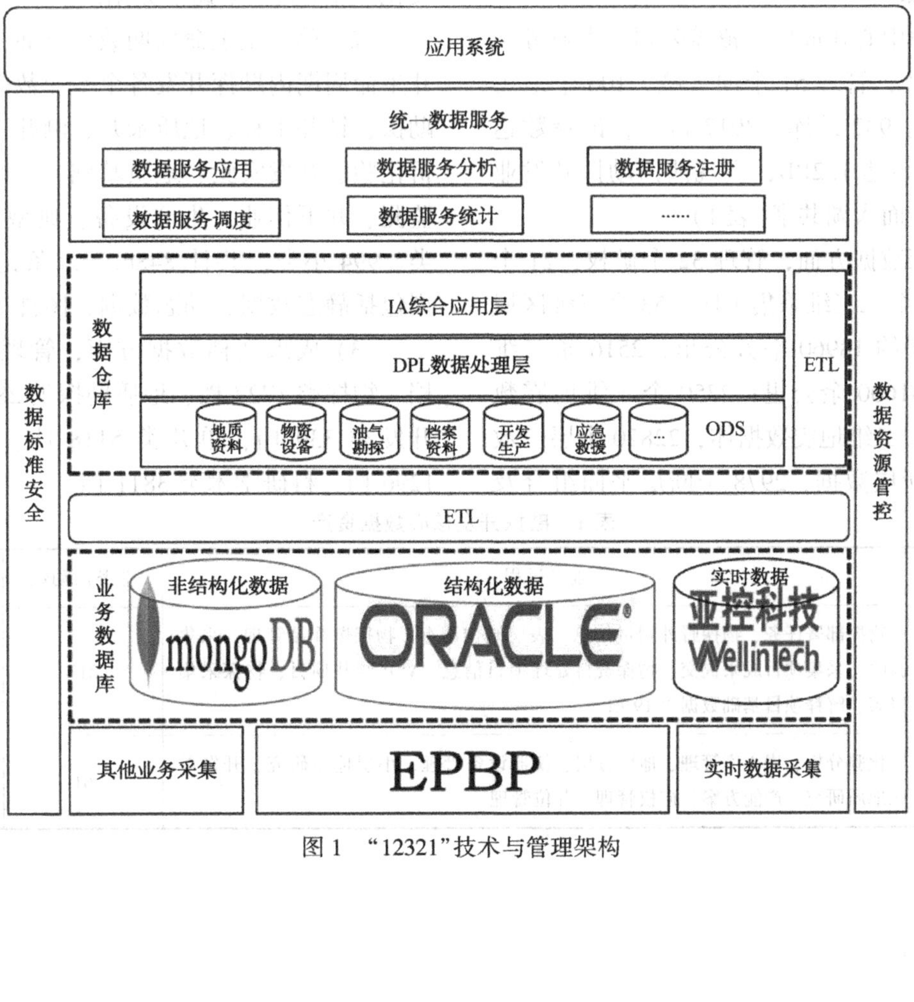

图 1 “12321”技术与管理架构

在“12321”技术与管理架构基础上，以实现数据资源中心“精细管理、高效应用、稳定运行”为目标，建立油田数据资源全链管控体系，重点打造八项能力，包括：数据标准管理、数据模型管理、数据质量管理、数据开发管理、数据服务管理、数据地图、数据血缘管理及数据检索(图2)，实现数据资源从源头设计、物理存储、采集质量到加工服务的全链条、可追溯管控。

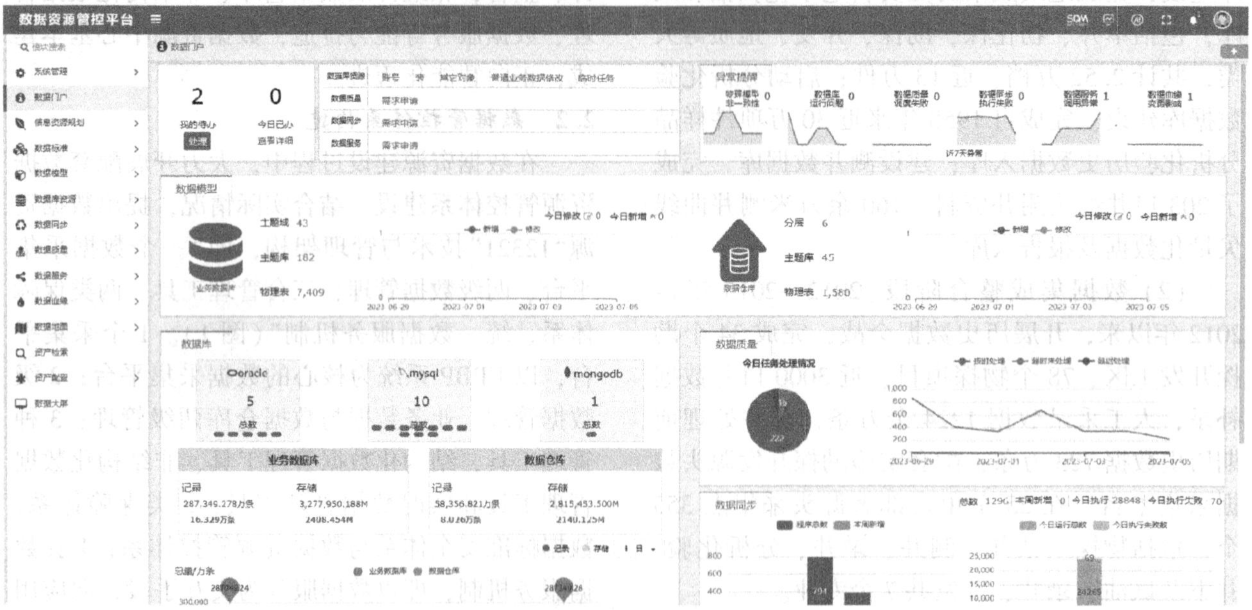

图2　企业数据资源管控平台

2.3　建设成果

数据资源中心建成后，覆盖公司5大业务领域、24个专业，管理51个油气藏、106个地震二/三维工区、932站库、3917口井，记录数达5.2亿条，体量达1.2PB，实现油田勘探开发业务核心数据全面入湖共享(表1)。

(1) 物探数据方面，管理32个矿权，21个油气田，106个二三维采集工区，53个三维区域连片，总面积约18960平方公里，2516条二维测线，总长41600余公里；2750个三维地震数据体，7260个二维地震数据体；22820个层位数据，9518个断层数据，2978个断层平面组合及文化数据，831个速度数据。

(2) 单井全生命周期数据方面，统一整合单井生命周期内勘探开发各个专业数据，贯穿地震勘探、钻井工程、地质录井、测井、试油气、分析化验、开发实验、地质基础、生产动态、动态监测、井下作业、生产设备、典型井史等13大类、994小类，共计8486.7万条记录。数据类型包括静态数据、动态数据、图件等。

(3) 成果文档数据方面，管理测绘类4633档、物探类1727档、地质勘探类2826档、油气开发类339档、单井类5118档、综合研究类1296档、科研学术类3811档。

表1　勘探开发核心数据资产

业务域	业务过程	业务活动数	记录数
物探管理	物探部署任务、物探野外测量信息、表层结构调查、物探爆炸品管理、采集验收、采集项目成果提交、物探资料处理项目信息、VSP测井项目、物探采集报表、解释项目基础数据等19项	213	302万
地质研究	化验分析、岩心库管理、地层分层、仪器设备管理、小层地质研究、开发单元地质研究、产能方案、矿权管理、井位管理	61	347万

续表

业务域	业务过程	业务活动数	记录数
钻井管理	钻井井史、钻井液井史、钻井设计管理、钻井工程现场信息、钻钻井生产管理、施工队伍及人员信息、完井信息、复杂及故障处理信息、固井信息、钻具设备信息、钻井井史等18项	240	1809万
录井管理	完井资料、地质录井资料、其他录井资料、设备及人员信息、录井生产管理、综合录井资料、资料验收归档、录井监督	121	1626万
测井管理	测井与射孔检验数据、测井生产信息、测井仪器信息、测井施工、测井处理解释数据、射孔施工、危险品管理、测井标准与规范	54	30万
采油气管理	采油气报表、采油气工艺数据、井控数据、油气水现场化验数据、采油气基本信息、单井加药数据、试井数据、采油气日数据、生产计划、单井生产数据	52	3446万
井下作业	井下作业设计、井下作业运行、井下作业管理	36	635万
集输管理	管线信息、站库信息、集输拉运、站库化验数据、站库生产运行数据、管线运行信息、井站关系、站库设备检维修、站库设备运行数据、站库能耗、油泥砂、采出水处理数据等23项	129	192万
生产管理	油地管理数据、安环评数据、钻前信息、钻后治理、局级生产计划、土地管理、局级生产信息、厂级生产计划、厂级生产信息	28	0.7万
天然气净化	生产计划、值班、临时加样及样品外送、生产统计、LIMS数据、车间生产运行、计量交接	20	17万
油气销售	销售基础信息、生产数据、天然气销售数据、销售合同、销售计划、油品销售数据、油气销售	40	82万
合计		994	8486.7万

3 典型应用效果

3.1 研究设计业务

为解决研究设计传统工作模式下基础数据收集整理耗时费力、业务标准不统一、成果无法共享等问题，通过直接打通数据资源中心与专业软件数据库，快速为综合研究设计业务提供数据清洗、处理与服务支撑(图3)。

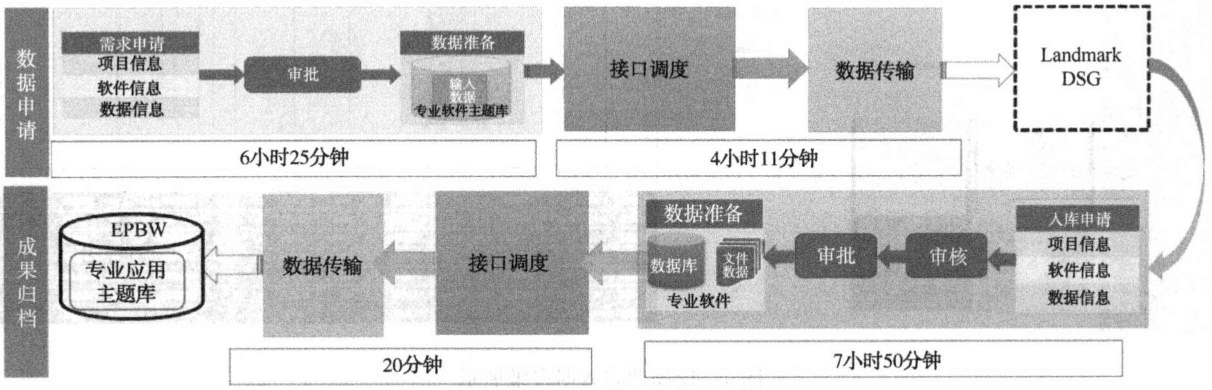

图3 研究设计数据在线申请与成果归档

(1) 基于数据资源中心清洗、加工后直接提供包括：基础信息、物探、钻井、测井、录井等数据。勘探开发研究人员数据摄取时间降低70%以上，数据准确度提升30%以上。

（2）通过提供专业软件交互接口服务，实现骨干专业软件与数据中心高效互通，数据在线申请、准备、加载，成果及时入库。数据成果归档由不定期限缩短至3~5天内。

（3）历史成果快速检索与获取。为方便研究人员查阅原始数据和成果资料，建立勘探开发基础数据和地质档案资源池，提供钻井、测井、分析化验等10大类243小类，共计4620万条基础数据检索服务，为研究人员科研生产提供丰富参考。

3.2 石油工程管控业务

为解决石油工程传统管理模式下现场监管不到位、决策时效差、问题追溯难等问题，急需打破石油工程跨专业、跨单位信息壁垒，实现石油工程“全业务、全过程、全天候”实时管控。

在原有传统工程数据基础上，基于数据资源中心通过全面采集、实时传输，构建“及时、准确、完整”的工程“大数据”。采集方式涵盖录井设备、平板、井场摄像头等，内容涵盖钻井、录井、测井等专业；格式包括数字、图片、视频等，实现石油工程业务高度精细化数据定义，为“业务协同、精细管控、智能决策”奠定了坚实基础：

（1）海量工程数据采集推动科学管理，依托数据资源中心实现数据全面采集，累计提供钻井参数1282万条，井下作业数据103万条，地质录井数据1360万条，测井数据40万条，工程设计数据13万条，井场动态数据（工程参数、定向井、压裂）共760井次，为进一步数据分析提供了支撑，实现工程管理由经验管理向科学管理大幅转变进步。

（2）动态数据采集实现实时感知现场，通过自动化设备如综合录井仪、压裂设备、定向设备等采集的业务数据，共计采集6.9亿条动态数据，实时传输至数据资源中心，为现场动态、工程参数、气测参数、泥浆参数、定向数据、试油气等综合展示模块提供实时数据动态感知，实时反映出井身结构、泥浆信息、钻具信息、工程相关参数、视频信息，帮助管理人员远程全貌了解到井场当前实时作业情况（图4）。

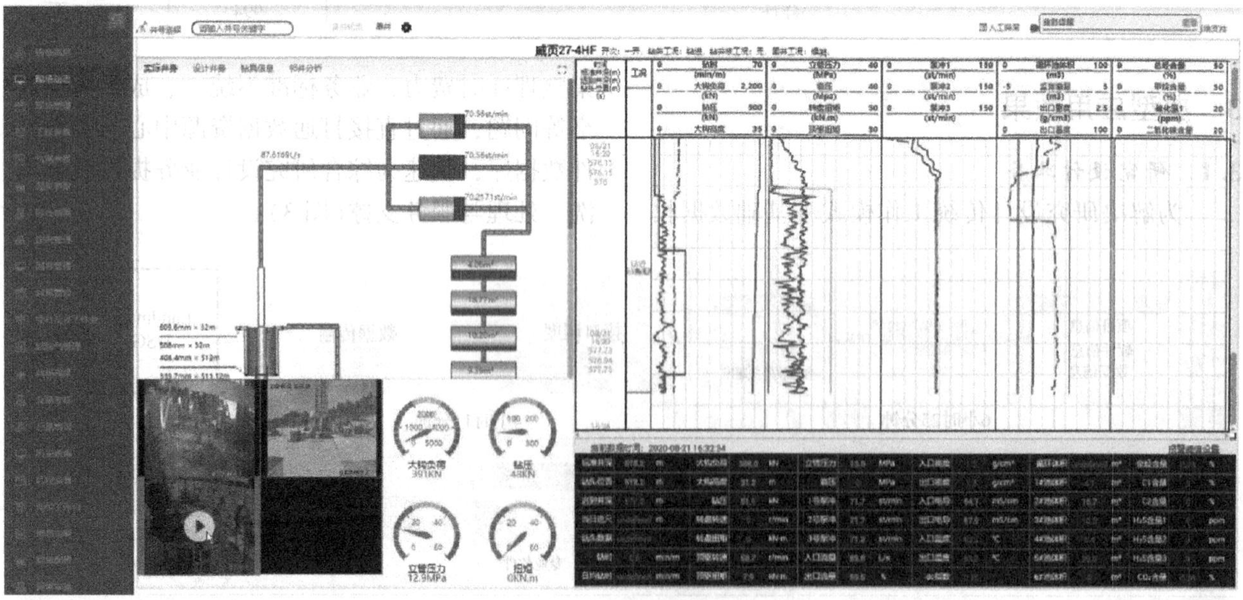

图4　现场动态数据多维展示

（3）通过现场摄像头采集的音视频流数据，提供了600余口钻井全生命周期现场视频，支持查看现场钻台视频、全景视频，为现场违章操作自动、手动抓取保存、现场对讲提供支撑（图5）。

图 5　基于实时视频数据的安全违规智能检测应用

4　结束语

遵循 IRP/IRI 理论方法，立足服务油气田勘探开发主业，对数字化条件下油田数据资源中心建设和管理模式进行整体规划、设计与整合，创新建立“12321”数据管理与技术体系，实现数据资源“采、存、算、用”全程精细管控，数据资源管理水平和服务能力大幅提升，为企业勘探开发、生产经营一体化业务协同提供了重要支撑。

参考文献

[1] 李剑峰，智能油田[M]．北京：中国石化出版社，2020.

[2] 李剑锋，肖波，段鸿杰等，中国石化油田企业数据中心总体框架设计[J]．大庆石油学院学报，2012，第 1 期：73-76.

[3] 董琰，油田企业数据中心数据资源管理[J]．数字技术与应用，2012：178-178.

[4] 孙金凤，中国石油企业源头数据资源建设架构及对策[J]．大庆石油学院学报．2010，4(34)：67-71.

[5] 高复先，信息资源规划：信息化建设的基础性工程[M]．北京：清华大学出版社，2002：59-72.

基于 X 化工销售企业数据要素化驱动价格管理创新实践

邢耀辉

（中国石油华东化工销售公司）

摘　要　伴随着数字中国建设的推进，我国数字经济迈向了全面扩展期，数据成为了新的生产要素。大数据产业作为以数据生成、采集、存储、加工、分析、服务为主的战略性新兴产业，是激活数据要素潜能的关键支撑，是加快经济社会发展质量变革、效率变革、动力变革的重要引擎，《“十四五”大数据产业发展规划》中明确提出强化大数据技术的提升。2024 年政府工作任务中多次提及“数据”相关工作，大数据决策在推动高质量发展中成为重要生产环节，是新质生产力发展创造的重要实践。多年来，X 化工销售公司积极落实国家推进新型工业化，加快建设制造强国、网络强国、数字中国的战略部署；坚持以数智技术创新突破，拓展支撑“数智中国石油”建设，聚焦“效益效率”双提升，深入开展数字化营销决策研究工作。本文以 X 化工销售公司业务场景为例，重点就数据治理、数据分析、数据可视化及管理成效等内容，对化工销售企业数据要素化驱动价格管理决策的创新性实践成果进行阐述。

关键词　数据治理；数据分析；数据可视化；营销管理决策

1　背景

“十三五”时期，我国大数据产业快速崛起，逐步发展成为支撑经济社会发展的优势产业，数据资源“家底”更加殷实，数据采集、传输、存储基础能力显著提升，大数据产品和服务广泛普及。伴随着数字中国建设的推进，我国数字经济迈向了全面扩展期，党的十九届四中全会首次将数据纳入生产要素范畴。数据要素化是通过对数据进行清洗、加工和整理，把它变成可“机读”、具备生产使用条件，并通过流通使之进入社会化大生产的过程。

“十四五”时期是我国工业经济向数字经济迈进的关键期，是面对世界百年未有之大变局和新一轮科技革命和产业变革深入发展的机遇期，世界各国纷纷出台大数据战略，开启大数据产业创新发展新赛道，聚力数据要素多重价值挖掘，抢占大数据产业发展制高点，对大数据产业发展提出新的要求。《中华人民共和国国民经济和社会发展第十四个五年规划和 2035 年远景目标纲要》围绕“打造数字经济新优势”，做出了培育壮大大数据等新兴数字产业的明确部署，《“十四五”大数据产业发展规划》中又明确提出强化大数据技术的提升。2024 年政府工作任务中也多次提及“数据”相关工作，习近平总书记就推动大数据和数字经济相关战略部署、发展大数据产业多次做出重要指示。大数据产业作为以数据生成、采集、存储、加工、分析、服务为主的战略性新兴产业，是激活数据要素潜能的关键支撑，是加快经济社会发展质量变革、效率变革、动力变革的重要引擎。大数据决策在推动高质量发展中成为重要生产环节，是新质生产力发展创造的重要实践。

2023 年 7 月 3 日，中国石油集团公司召开会议专题研究部署数字化智能化工作。集团公司董事长、党组书记戴厚良强调，要深入学习贯彻习近平总书记关于网络强国的重要思想和数字中国建设的重要论述，顺应数字经济蓬勃发展的时代趋势，筑牢“数智中国石油”的基石，着力提升公司经营管理效率和价值创造能力，锻造世界一流企业建设重要引擎。

多年来，X 化工销售公司积极落实国家推进新型工业化，加快建设制造强国、网络强国、数字中国的战略部署。坚持以数智技术创新突破，拓展支撑“数智中国石油”建设，聚焦“效益效率”双提升，深入开展数字化营销决策研究工作。本文以 X 化工销售公司营销管理实例，重点就数据治理、数据分析、数据可视化及管理成效四个方面，对化工销售企业数据驱动营销管理决策的创新性研究成果进行阐述。

2 X公司数据管理现状分析

随着信息技术的发展，数据量呈指数的急剧提升，形成大数据范畴。大数据作为数据，具有体量大、多样性、密度低、速度高等属性特征。数据的大量积累的同时会减少价值数据的占比，使得价值发现更难，对X公司的传统经营决策产生较大影响。如何在大数据中通过数据分析，挖掘数据价值，利用数据驱动发现营销规律，提供决策方案成为X公司重点研究的课题。

2.1 数据基础建设差

早期企业建立SAP、电子销售平台、客户关系管理系统、物流分析系统、FMIS等系统承载营销类数据，数据在不同平台间分门别类进行输入和输出，统计类报表系统根据定制化需求对历史数据存储。多个独立系统的存在，一方面会形成数据孤岛，另一方面导致数据种类多、标准多，数据不准确，数据标准不一致，数据差异化大，降低运行效率。

2.2 数据多，缺少分析工具

目前公司有较多分析和决策需求，面对庞大的营销基础数据，缺少有效的数据处理和分析工具。尤其是在计算复杂考核指标时，无法系统性生成考核结果并进行分析。原有excel或WPS等软件虽然可进行数据处理，但在处理大量数据时需嵌入多个功能，数据处理时占用硬件内存，运行效率低且容易存在数据丢失情况，分析方法和分析维度受限。

2.3 分析结果的展示形似单一

传统经营决策者多依据经验进行主观决策，但随着市场竞争的加剧，企业管理者需要全面了解公司运营情况，快速全面的获知企业情况和外部市场情况，只有这样才能高效的进行科学决策。为此，数据的准确性、有效性和及时性，以及多场景展现形式就显得极为重要。近年来，X公司探索了局域网、共享云、定制报表等数据共享和分析结果展示的方式，但是展示形式单一、数据存储路径多，管理者仍需要在不同平台进行切换，使用体验不佳。

2.4 个性化需求多，项目开发成本高

随着管理理念和管理体系的升级迭代，企业对数据分析的个性化需求越来越多，公司多次开展流程优化和报表定制，但是该过程存在信息不对称的问题，即程序人员不了解业务，业务人员不了解程序语言，导致在沟通需求时因思维逻辑差异，在需求调研、系统设计和系统验证的过程中，需要耗费大量人力、物力、财力和时间，且由于信息不对称，导致开发的系统灵活性较差，无法满足个性化需求，产生较大运维成本。

3 数据管理改进措施

3.1 明确数据管理目标

数据管理需服务于公司发展目标，支持公司管理决策。2023年X公司提出“双增一拓”的发展理念，2024年进一步提出“聚焦双效争先创优”的发展目标，更加关注效益和效率提升。为此，2023年起，X公司相继研究营销体系和考核指标体系，坚持问题导向和目标导向，依据管理框架，逐步厘清各项营销要素，创新管理指标。同时，形成数据金字塔体现，针对业务层、运营层和决策层展示不同维度数据，以满足不同人员的数据需求。

3.2 数据管理人员配备

数据管理需选优配强专业管理人员，支持科学决策管理实施。数据分析人员作为数字化赋能的关键，一方面要具备营销管理经营，熟悉公司营销体系和考核指标体系，了解管理决策需求和公司运行体系。另一方面具备计算机编程和数据建模基础，了解现有信息系统的架构逻辑，熟练掌握新的数据分析工具。X公司内部数据管理人员的配备，极大程度的节省了外部软件公司程序开发的成本费用，极大程度提高了需求沟通效率。此外，在差异化和多变化需求下，本公司人员能快速、实时、高效的对数据模型进行调整，对管理层决策进行快速响应。培养具备经营管理经验和数字化技能的复合型数据管理人员，符合企业数字化发展人才战略的未来需求。

3.3 选择数据分析工具

统建系统存在较高的标准化和共性需求设置，非统建系统较高的灵活性和个性化设置。数据分析工具的选择需要满足高效准确、灵活联动、快速相应和可视化功能，因此对于公司内部管理，优选非统建系统性工具。近年来，

BI软件得到广泛应用，该软件创新实现数据可视化价值，满足不同操作水平、不同期望目标、不同工作习惯的分析人员实现自助分析数据的需求，符合X公司数据管理的要求。

3.4 数据架构设计

数据管理人员在架构设计环节，需要对各系统数据的基础单元和逻辑关系进行梳理，对基础数据实施标准化处理，形成标准数据库，搭建数据分析框架进行系统建模。在建模后进行可视化设计，对结果数据、过程数据以及标准进行展示，通过图形和图像的可视化呈现能让抽象数据更加形象的表达给管理者，如利用颜色深浅、形状大小、图形类型等赋予管理数据“个性”。数据库管理和BI设计数据架构的好处在于能够改善原有数据处理量小的弊端，将延申时间数据属性，可层叠数据维度，决策者可进行全方位的数据对照分析，决策范围更广更精准。在大数据背景下搭建可视化分析平台实现数据可视化，方便管理者把握当前形势，预测发展趋势，理解风险预警以及有针对性地做出经营决策，增强智慧决策能力。

4 数据决策理论创新

营销类数据包括能反映供需关系的库存、价格、销量、客户、产品等，包括反应效益水平的利润、收入、成本等。数据的使用对象包括业务层、运营层和决策层。针对上述数据内容，X公司通过数据建模进行可视化展示的方式，实施了统一数据规范、建立了统一数据整合平台、消除了数据信息孤岛，通过定制化分析提高了让数据随需应变的灵活性。

4.1 数据管理金字塔结构布局

X公司深耕业务需求分析，以营销决策为目标，根据使用场景，将数据使用者分成三类，即业务层、运营层和决策层(图1)。业务层即为销售一线人员，该层级人员是公司决策的微观最小单位，通过每一笔销售订单对公司产生直接效益，他们更关注销售基础数据及个人业绩。运营层即为营销管理部门，该层级人员包括业务链中的服务部门和营销要素的管理部门，他们关注的是营销指标的完成情况和营销要素之间的联动关系。决策层，即为公司战略管理层，他们全方位了解公司各类营销结果，关注公司考核指标完成进度，便于精准决策。通过推行数据管理金字塔结构布局，充分提高数据利用率，将数据转化为有用信息进行传递，帮助运营决策效能最大化。

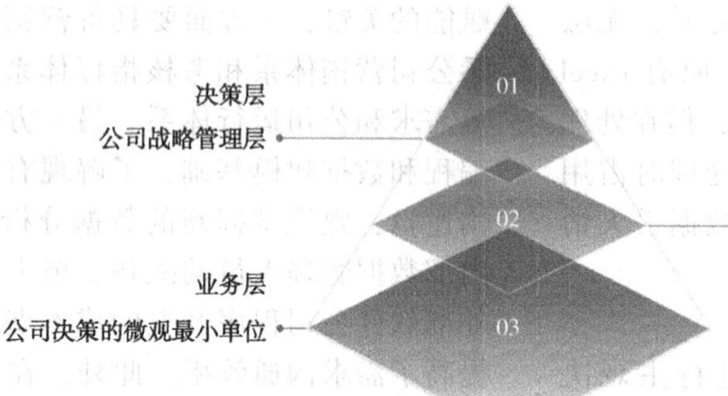

图1 X公司数据管理金字塔结构布局

X公司数据管理模型在金字塔结构布局的基础上做了应用功能的进一步延申。除了涵盖了营销指标评估，增加了两项功能(图2)。一是结合人力资源管理需求提供了辅助计算功能，多维度展示业务人员、销售单位、公司多层级的考核结果，提升人事考核效率和准确性；二是结合内控监督管理需求提供了过程监督职能，对销售节奏、产品定价和对标比价提供过程监督看板，实现PDCA管理闭环。

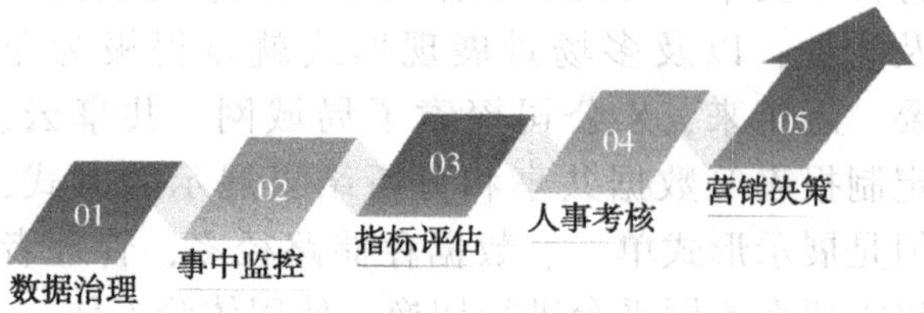

图2 X公司数据管理功能示意图

4.2 数据耦合和数据内聚

多个销售管理系统承载着诸多大量真实、可用的数据，但是这些系统数据量大、数据类型多、单位数据价值密度低、数据利用率低、数据缺乏横线联系等。因此，需要进行数据标准化和数据清洗等数据治理，通过数据治理对初始数据进行筛选和处理。在数据标准化管理阶段时，需要对海量数据进行有效性和实效性判断。X公司参照评估软件部件独立程度的指标对数据的独立性和关联性进行自定义。“数据耦合度”，代表数据之间相相互依赖的紧密程度，数据耦合度越低，数据之间的独立性越好，数据间影响越小，该指标主要用于数据初始化阶段，作为原始数据清洗的筛选标准。“数据内聚度”，代表数据之间彼此联动的紧密程度，数据内聚度越高，数据之间的联动性越好，数据间影响越大，该指标主要用于数据可视化阶段，作为指标性数据建模时数据关联的依据。

以X公司为例，对系统数据耦合度进行分析，选取耦合度低的营销数据作为基础数据单元形成多个数据源，选取标准化数据源利用SQL组建标准数据库，该数据包括客户信息、产品信息、销售订单信息、物流信息、价格信息等(图3)。

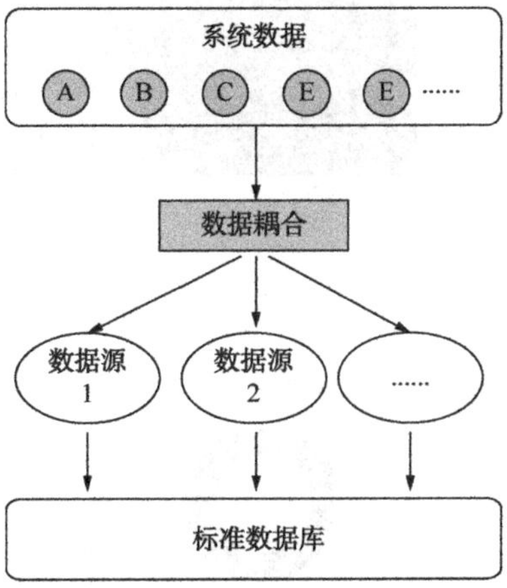

图3　X公司数据耦合示意图

4.3 数据建模及可视化呈现

“数据+模型”的方式，可以建立异质性微观个体决策和宏观系统演化之间的联系，能够帮助企业提升机制设计的有效性。因此，在标准数据库确立后，针对业务层、运营层和决策层的管理需求，对数据要素和关键指标进行归类，依据数据内聚度进行关联强度识别，以横纵分布的模式绘制营销地图(图4)。

图4　X公司营销地图

在理清关键指标和数据要素之间的逻辑架构后，通过调用数据库数据进行数据建模，根据金字塔层级需求，按不同维度对变量和指标结果进行BI可视化展示。X公司通过数据建模已经实现多个管理数据可视化视图，包括量价配合、对标比价、价格跟踪、成本预警等，同时实现本地部署，在公司局域网可以通过网页查询可视化视图(图5)。数据库应用、BI可视化建模及本地部署的数字化应用，使得统数据管理和数据分析较传统方法更高效、更便捷。一方面，数据管理突破了数据时间限制，可对长周期数据进行快速读取和模型分析，便于从时间维度全方面进行对比跟踪；另一方面，发挥可视化看板作用，通过指标联动可以在同一视窗中展示不同维度分析成果，数据展示更灵活、更全面。

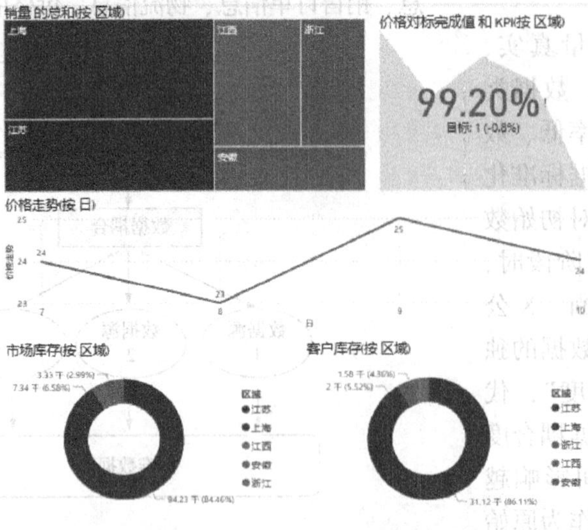

产品	销量	利润	收入	价格对标
产品2	4543	1053	1201	99.94%
产品1	1403	897	1041	99.88%
产品3	870	795	906	99.87%

销售组织	销量	利润	收入	价格对标
分公司1	2302	630	840	100.01%
分公司2	1667	392	392	99.90%
分公司5	1220	460	540	100.20%
分公司3	897	600	696	99.20%
分公司4	731	663	680	100.40%

业务人员	销量	利润	收入	价格对标
A	448	240	320	100.01%
B	1844	240	320	100.01%
C	10	150	200	100.01%
D	178	140	140	99.90%
E	1200	140	140	99.90%
F	289	112	112	99.90%
G	280	200	232	99.20%
H	383	200	232	99.20%
I	234	200	232	99.20%
J	255	156	160	100.40%

图 5　X 公司可视化视图实例

5　总结

本文以 X 化工销售公司营销管理实例总结数字化管理创新经验。X 化工销售公司作为传统化工销售企业，多年来不断探索数智化管理策略，重点加强数据治理、数据管理和数据分析，自主搭建一体化管理平台，实现数据可视化、联动反馈、快速预判等功能，进一步支持公司营销管理决策转型升级。通过创新研究数据要素化驱动价格管理的方法，实现数据管理“增值”，同时，为中石油化工销售企业数字化决策提供解决方案和管理范式，积极推动“数智中国石油”建设，为建设成为世界一流企业贡献智慧。

参 考 文 献

[1] 潘宏亮，赵兰香，叶璐．我国数据要素发展水平的测度及时空演进研究[J]．科学学研究，1-17.

[2] 杨芳．大数据驱动下的营销动态能力构建研究[J]．广东经济，2023(01)：68-71.

[3] 黄蓓蓓．大数据技术背景下的企业经营管理与决策[J]．江苏通信，2023，39(06)：70-74.

[4] 朱文钊．数据耦合和控制耦合的覆盖率分析工作[J]．中国科技信息，2022，(16)：28-30.

[5] 康恺，王晓敏，张博宇．数据驱动的数字经济场景下的行为决策与机制设计[J]．中国科学基金，2023，37(06)：926-932.

吐哈油田数据治理探索

李新宁[1] 任文波[2] 刘 亮[1] 王亚强[1] 胡 洪[2] 刘永军[1]

(1. 中国石油吐哈油田分公司；2. 西安石文软件有限公司)

摘 要 吐哈油田为实现满足科研工作及梦想云(A6)数据湖的正确调用，对专业数据进行治理，通过构建数据治理体系、建立数据采集管理规范、历史数据治理、区域湖中心数据库建设等，完成了油田数据治理初步探索。针对吐哈油田数据现状，创建数据治理方案，明确了数据治理归口部门及职责分工，利用标准化数据采集规范对数据源、数据管理部门进行质量管控和考核。通过中心数据库建设加强了数据标准化，消除数据不一致性，建立了统一的应用标准和数据模型。完 成了三类专业历史数据治理，通过补缺、纠错、核验等方式，提高了数据质量。采用与 A6 数据湖入湖相同的开源 ETL 处理平台 Kettle v8.1，开发了数据规范性质检、完成了治理后数据入区域湖处理过程。为后期数据广泛共享奠定了坚实的基础，也为油田企业数据治理提供了思路。

关键词 数据治理；数据模型；区域湖中心数据库；数据采集规范

1 引言

传统能源行业响应国家号召、大力推进数字化转型，降本增效，成效显著，但也遭遇了挑战。如石油、天然气等行业油田专业数据不统一是数字化进程中的最大绊脚石，同时也制约中石油梦想云平台推广，股份 A1 2.0 系统专业数据资产库建设，也是油田公司自建 A1 系统应用平台升级应用等方面的阻碍。在建立勘探开发梦想云平台、集团 A1 2.0 系统、油田公司自建 A1 系统应用平台三者数据生态链过程中，专业数据的不完整、重复、错误、单位不统一、重复采集、缺乏数据管理、应用系统间数据不共通等问题导致专业数据质量低下、数据孤岛等问题普遍存在，极大的影响了股份公司统建系统的数据采集，勘探开发梦想云平台的数据湖数据建设及专业软件云调用，无法建立数据服务和数据应用有效管理和应用的成熟体系，导致数据利用率低下、复用性差，数据监管难、数据融合分析决策难。

油田数字化转型首先要在油田公司级做好数据模型统一、数据质量核查、数据共通共享、数据管理等工作，实现数据统一归口、标准化管理，为更上层的应用和系统建设奠定基石。那如何解决油田专业数据问题呢？从源头来看，多年的信息化建设积累的不同系统之间的数据存在重复、标准不一、单位不统一，管理混乱、职责不清，没有厘清数据产生单位、勘探公司、研究院三方数据采集、审核、归档的管理流程，油田历史数据存在缺失或者纸质文档化，没有进行结构化。因此，吐哈油田基于以上问题及现状进行了数据治理先导性实验。首先通过对数据进行清洗、转换、入库使得油田多年信息化发展积累的数据形成数据资产，通过与油田业务实际结合对数据资产进行治理，使其长期保持“金数据”状态。建设吐哈油田区域湖中心数据库，为集团公司 A6 梦想云平台数据入湖做好准备。从数据生产者和数据管理者、数据使用者角度来考虑，数据治理工作需在油田组织机构下制定相应规范、标准化流程，并通过制度来监督执行，确保有效落地。统筹数据生产者和数据管理者、数据使用者共同解决数据管理应用问题。

2 数据治理的核心与内涵

数据治理的核心是消除数据不一致性，通过标准化采集，规范数据源，建立统一的数据模型、应用标准，提高数据质量，打通数据流通壁垒，实现数据广泛共享，并能应用于油田业务、生产管理、战略决策中，发挥数据资产价值。

数据治理的内涵和价值在于基于数据安全、保密的情况下缩短用户获取数据时间，打造数据资产，形成统一的数据管理应用平台，实现面向用户的多样性，单系统解决多系统事务，从根本上解决油田专业数据采集、管理、应用、维护问题。

3 数据治理整体架构

根据吐哈油田实际情况，制定了详细的解决方案。首先将吐哈 A1 库目前的数据资源和集团公司数据入湖规范求并集，参考最新行业规范，对基本实体、录井、钻井、测井、试油、分析化验、井下作业、文档及数据体等 11 类数据开展数据项比对及合并工作，同时参考 EPDM 模型，中国石油勘探开发梦想云平台数据集规范、中国石油天然气集团企业标准-井筒工程数据采集规范以及吐哈油田 A1 数据库，建立吐哈油田区域湖中心数据库，为各类历史数据及新采集数据统一储存。

其次，在数据项比对和合并的基础上形成探井、评价井的井基础数据、录井分层数据和试油数据三类专业数据治理模板。依照数据治理模板，结合吐哈 A1 库原始数据及相关纸质资料，对数据现状进行分析，通过数据查漏补缺、油田专业性的数据排查规则创建、规则型数据质量检查和图形化手段质量检查等手段等对三类历史数据进行治理。

再者，参考国内各大油田企业级数据采集规范、国家标准基础上，结合吐哈油田实际情况，建立新数据采集及质量规范。

最后，在吐哈油田区域湖中心数据库的基础上，开发集团公司 A6 数据库接口，实现与其数据同步及对接。完成区域湖中心数据库与吐哈 A1 库双向对接，让数据治理结构能应用到各大上层应用中(图 1)。

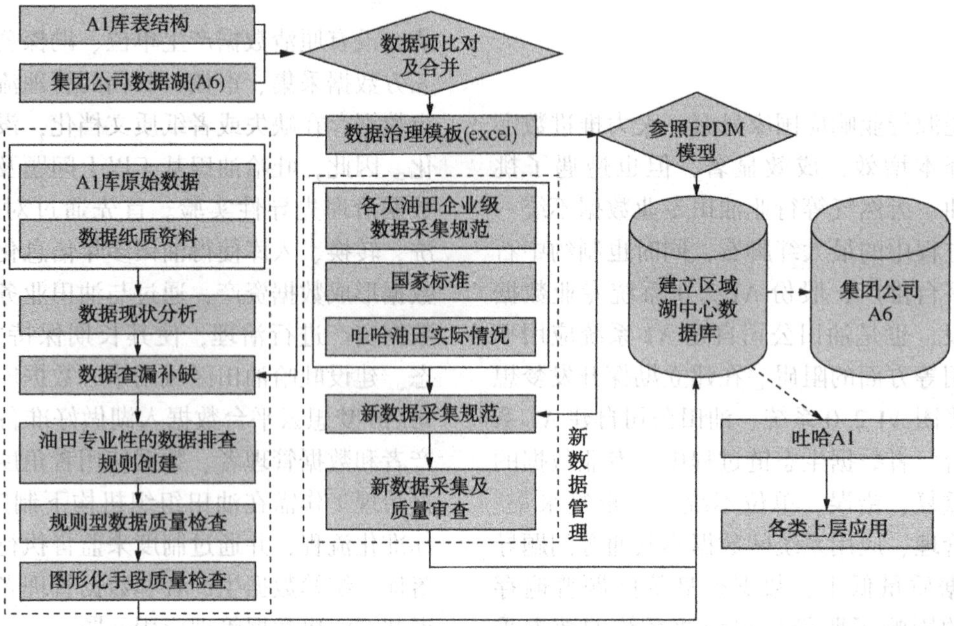

图 1 吐哈油田数据治理整体框架

4 数据治理步骤

本期数据治理着眼于数据应用实际，依照数据治理整体思路、先进行数据库建设，在数据治理模板的基础上进行历史数据清洗、入库，为新数据更新采集管理规范，将新老数据入区域数据湖进行统一管理，定期维护，形成了准确、高效、全面，有价值的数据资产，为其上层应用(大数据分析、智能综合研究、生产指挥、应急调度)，股份公司系统建设，梦想云平台数据入湖等夯实基础。结合目前勘探与生产分公司总部和各油气田公司普遍存在的数据问题，坚持标准先行、技术引领、强化管理、应用驱动的总体推动策略，组织开展吐哈油田数据生态建设，持续推动数据向资产的转变，最终实现数字化转型、智能化发展。

4.1 统一数据采集管理规范

数据治理，坚持标准先行，在调研前期总部信息化总体顶层设计要求、连环湖建设思路、现有的 EPDM 数据规格标准的要求以及在油田已有两版数据管理规范的基础上，结合国内各大油田及国家标准管理规范、吐哈油田管理规范，以如何使管理规范能充分落地和如何使最新数据能服务于今后的智能油田建设两个核心思路为基础，针对吐哈油田实际业务需求，整合完善物探、录井、试油等12个专业数据采集内容、职责部门以及数据采集入库管控流程，制定吐哈油田数据量化考核制度，建立资料借阅、使用规章制度和管控措施，通过梳理吐哈油田各专业业务及数据机构职责划分，进一步修正完善物探、钻井、录井、试油等12项专业数据采集管控流程，形成吐哈油田专业数据管理规范，厘清研究院、勘探公司、准东项目部、施工方、档案馆等几方责任，打通数据产生单位、审核方的数据采集、审核和归档的管理流程，实现专业数据正常化采集、入库和治理(图2，图3)，保证了信息系统数字化的正常推进，建立三级质检流程。

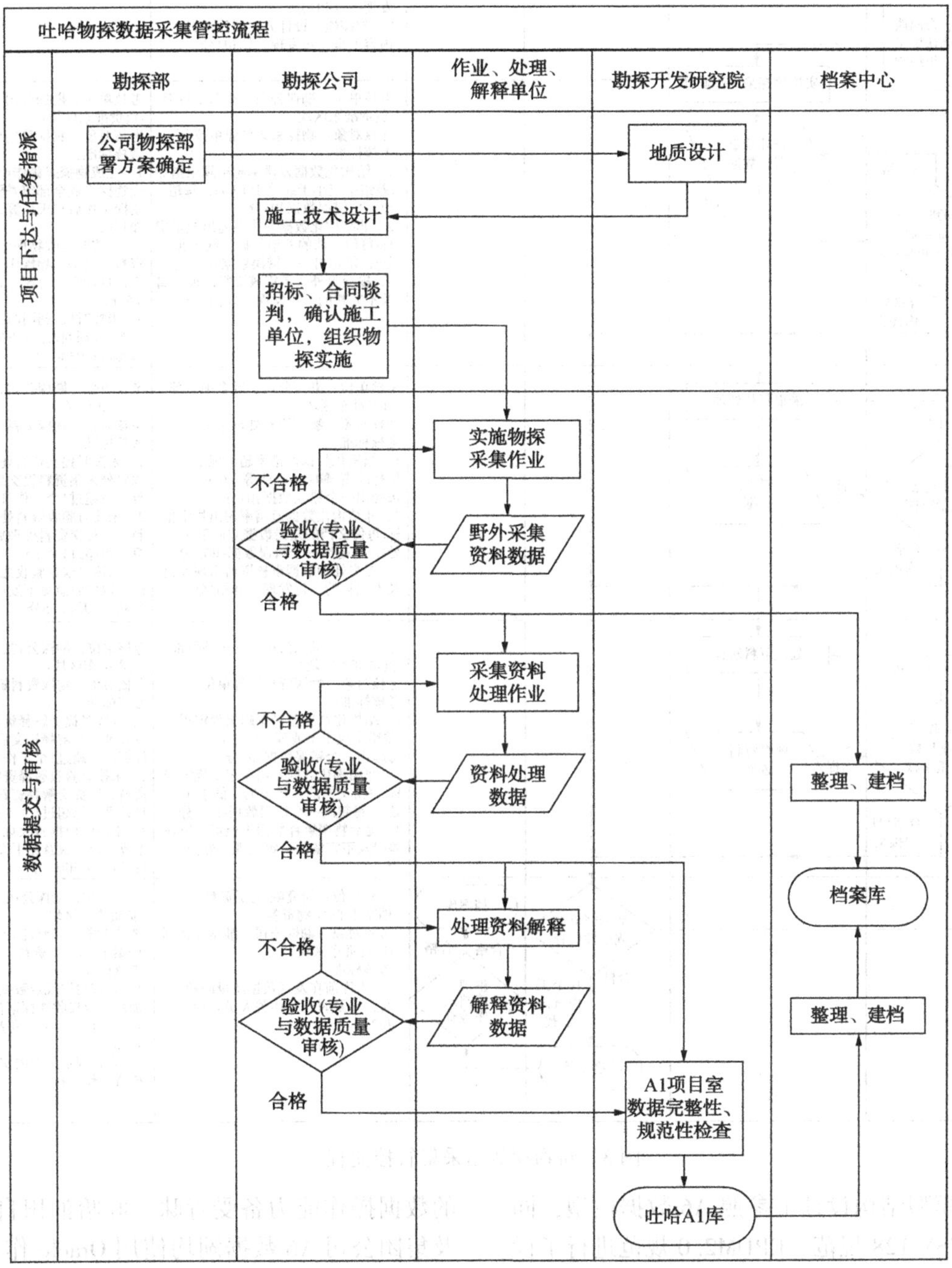

图2　原物探数据采集流程

4.2　区域湖中心数据库建设

基于吐哈油田自建A1数据字典、中国石油勘探开发梦想云平台(E&P. Cloud)_数据集规范、Q/SY 128-2019井筒资料采集处理解释规范，开展中心数据库模型设计与建设技术攻关，设计数据模型在已有的 A1 数据库的基础上补充 A6 数据湖的字段和将原数据映射到新 A6 数据模型中，从而达到原数据入湖标准。

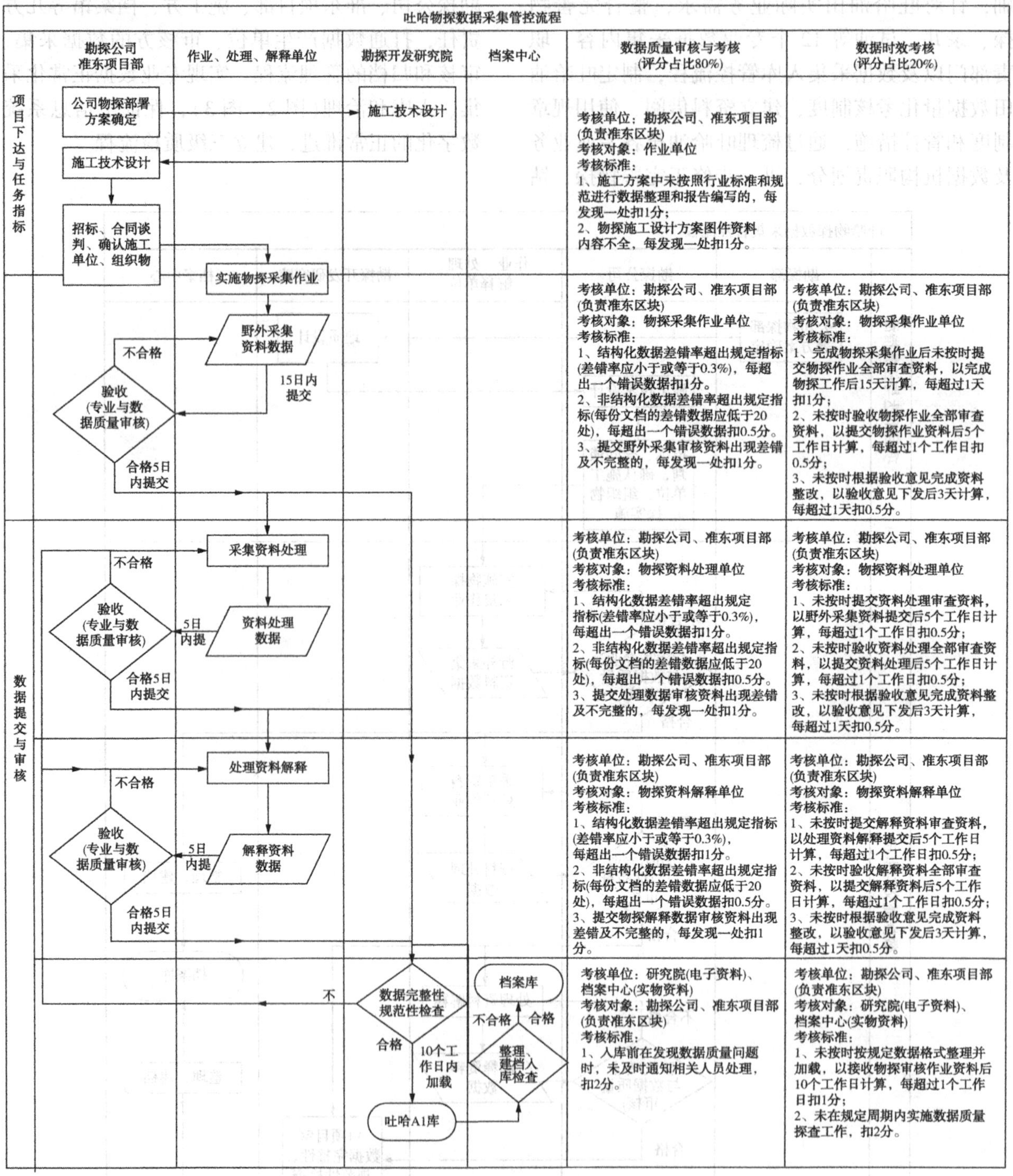

图 3　新物探数据采集管控流程

数据模型结构设计上参照 A6 数据模型，同时借鉴 Q/SY 128 规范、EPDM2.0 规范进行了设计，加入了主数据引用约束，实现了对多专业数据统一入库管理。

因 Oracle 在数据上具有的安全性与完整性控制方面的优越性能、跨操作系统、跨硬件平台的数据操作能力备受青睐，吐哈油田自建 A1 库及集团公司 A6 数据湖均使用 Oracle 作为数据库平台，故本次区域湖中心数据库也选择 Oracle11gR2，特点是支持多用户、大事务量的事务处理、数据安全性与完整性高、支持分布式数据处理、具有可移植性。

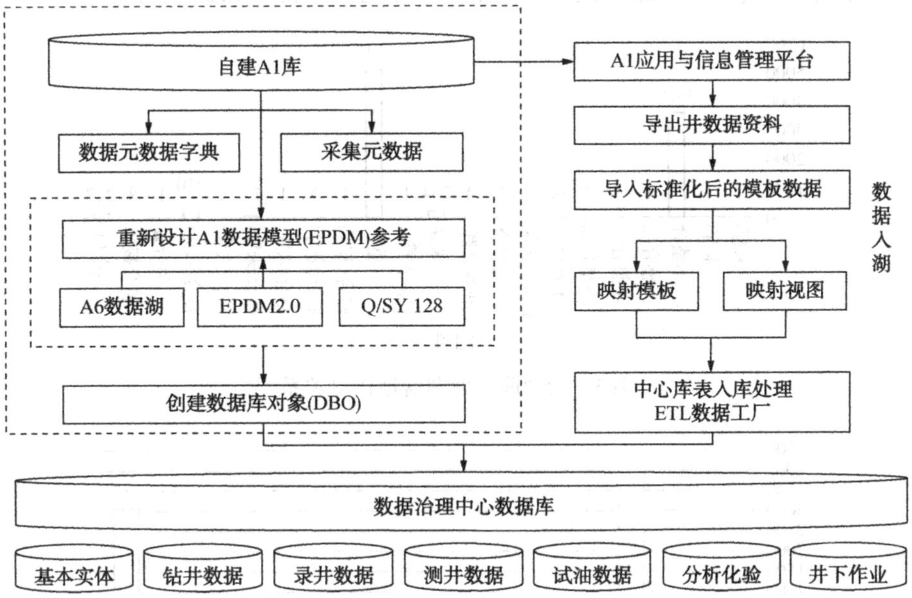

图4　区域湖中心数据库建设思路

区域湖中心数据库建设实施内容包含元数据整改、井数据资料治理、标准化数据入中心库规范化表三大部分(图4)。在建库时将吐哈油田自建A1数据库抽象为A1数据模型，获取元数据，将其与《A6数据模型》、《中石油EPDM2.0数据模型》、《中石油井筒工程数据采集标准》等数据规范进行对比合并，获取基本实体、钻井数据、录井数据、测井数据、试油数据、井下作业数据、分析化验数据共计7大类数据的数据字典，通过Oracle数据库将字段汇总成符合上述规范数据表进而建设数据治理中心数据库。

4.3　历史数据治理入库

历史数据治理通过数据查漏补缺及油田专业规则查错将历史数据补全、纠错，通过图形化方式核查数据准确性，重新成图、成表，保证了历史数据入库质量。

4.3.1　历史数据问题及治理解决思路

本期对1300口探井基础数据，1022口探井录井分层数据、460口探井试油测试数据进行了治理，治理过程中发现三类专业数据存在以下问题。

(1)井基本信息表缺失大量信息甚至存在错误信息，如构造、圈闭、圈闭类型、设计及完井坐标、经纬度、设计及完钻井深、海拔、层位开钻、完钻和完井钻日期、人工井底、完井周期、钻头和套管程序等信息存在不同程度缺失，部分原始数据有误。

(2)录井分层信息表缺失分层信息、地层层序混乱，录入数据错误，设计和实钻数据空白，界、系、统、群、组缺失，同区块相同层位部分井分层不一致等，如三塘湖盆地卡拉岗组，部分井归到二叠系下统，部分井归到石炭系上统。

(3)试油成果表中缺失试油数据、测试数据、射孔数据、或录入数据有误、或试油结论不规范等现象。

出现的这些问题说明了现行数据采集管理规范下入库历史数据质量缺乏检验、数据没有形成统一的管理应用体系，数据利用价值没有充分挖掘，影响数据资产的形成和数据的反复利用。

针对以上问题，我们利用专业地质软件结合地质专家思维处理，将三类历史数据进行治理，通过对原始地质资料数据提取、整理，将三类专业数据表信息进行补全、纠错，利用直方图方法、专业软件验证法、平面图核查法验证数据准确性，保证数据质量。井基础数据缺失率由治理前23.3%下降至4.1%，录井分层缺失率由24%下降到6%，试油数据中缺失率由18%下降至2.4%。

4.3.2　数据准确性检验方法

(1)使用直方图方法核查字符型数据准确性，以地层接触关系、井别举例。

治理前，分层数据杂乱，存在关系不完整、关系错误、关系表述重复等问题，数字英文标识统一修改为中文标识，比如地层名称，接触关系的未穿、分层数据的▲、(未穿)都是代表未穿，对此类字符型数据进行统一命名(图 5、图 6)。

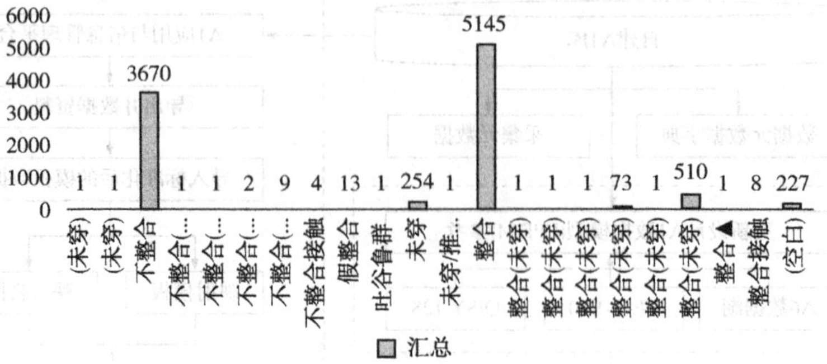

图 5　治理前三塘湖盆地接触关系图

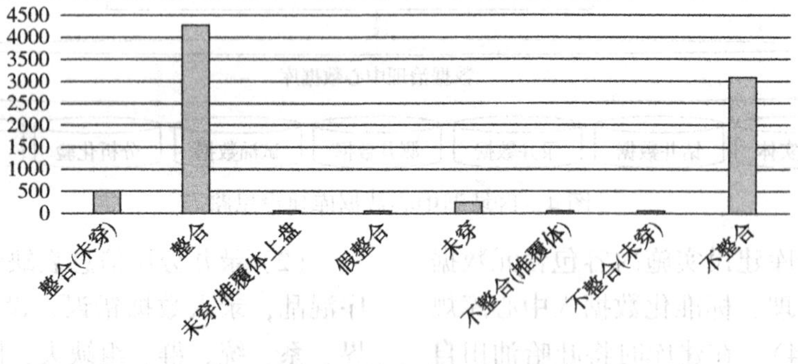

图 6　治理后三塘湖盆地接触关系图

井基础数据中“井别”数据不规范，特别是同一字段用中文括号和英文括号表示，井名多一个井字或少一个井字等问题普遍存在。针对此类问题通过对“井别”进行了合并处理，滚动评价井、开发评价井统称为评价井，滚动探井、区域探井、科学探索井统称为探井，滚动预探井、预探井(定向)、预探井(定向井)、预探井(水平)、预探井(水平)等统称为预探井等进行统一规范命名。井类别由治理前的 18 类合并成 4 类(图 7、图 8)。

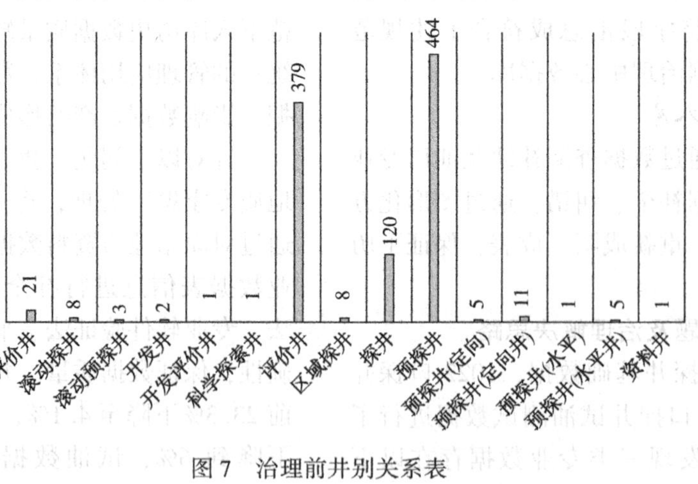

图 7　治理前井别关系表

(2) 以应用为导向，用专业成图软件检查地层层序。

数据导入石文软件，分盆地对井数据进行加载，并绘制吐哈盆地平面图，利用软件核查数据准确性，治理后导入专业软件，正确数据地层层序正常(图 9～图 11)。

(3) 平面图形式核查数据准确性。

① 坐标检查。将此次治理的坐标数据，导入研究院勘探成果图中，进行井位重叠性检查，复查井位存在偏移的坐标信息。通过井位重叠性检查，吐哈盆地数据库井位与原井位重合度高，进一步证实数据库井位坐标准确可靠(图 12)。

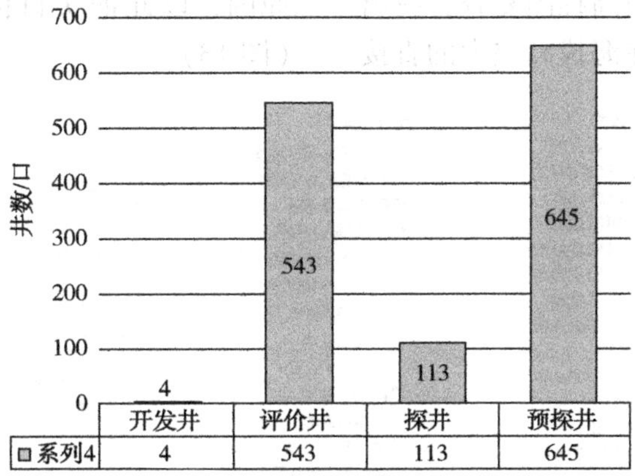

图 8　治理后井别关系表

图 9　治理前分层关系表

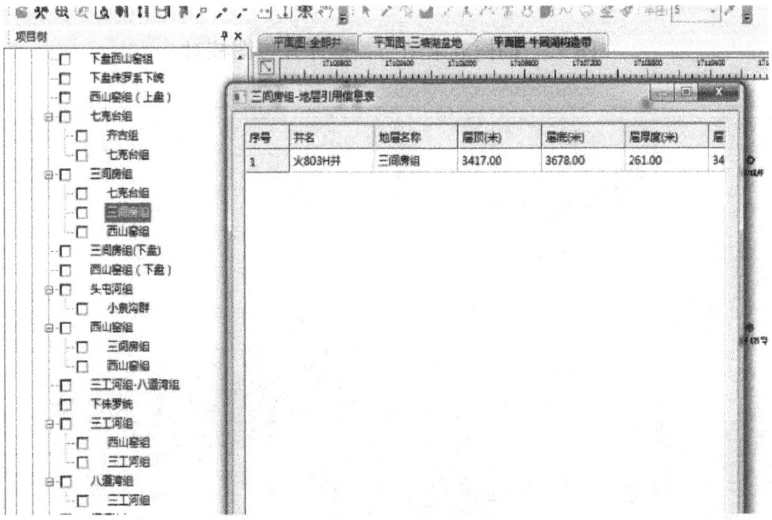

图 10　治理前分层关系表

② 补心海拔检查。盆地井基础数据中补心海拔导入石文软件中，以平面图形式查看异常点，从结果来看，等值线整体趋势平缓，但是局部井补心海拔值突变，疑似有误。通过补心海拔等值线图与纸质资料比对核查发现，目标井与邻井海拔高差相比均有 100m 左右的差值，怀疑数

据有误。通过纸质资料和地面高程图复查，找出断层是造成目标井与邻井存在海拔高差大的直接原因，以此证实目标井补心海拔数据准确无误（图 13）。

图 11　治理后地层层序关系表

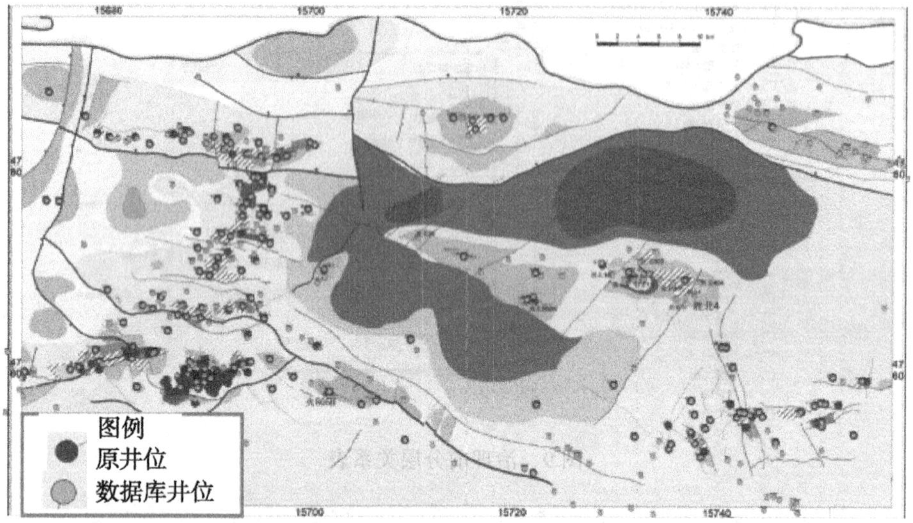

图 12　勘探成果图与数据库井位图核对

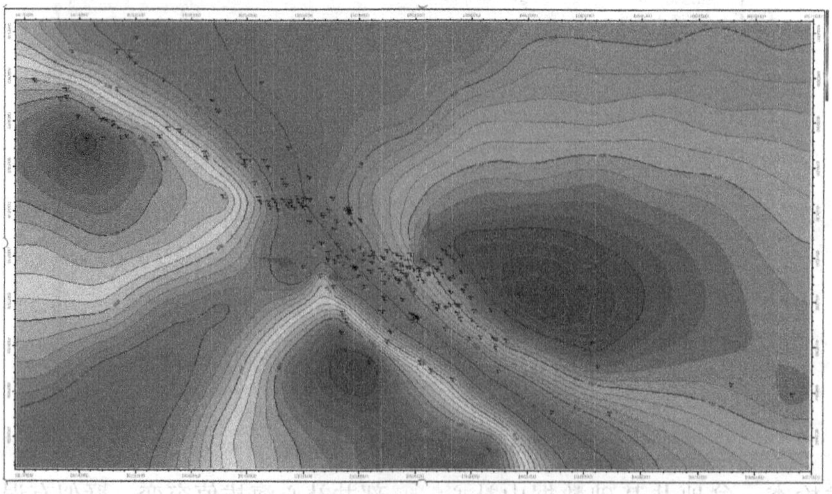

图 13　井位补心海拔值平面成图

4.4 治理后数据质检及数据入湖

采用与 A6 数据湖入湖相同的开源 ETL 处理平台 Kettle v8.1，开发数据规范性质检及数据入库处理过程。借助此工具，大大节省了数据校验及数据映射的复杂度，并且后期可以灵活的增加数据字段、数据校验规则等，建立更加完善科学的质量校验机制。

4.4.1 数据入湖整体思路

将治理好的数据导入模板数据表之中，通过 ETL 工具将导入模板的字段抽取出来与正式表中的字段形成字段映射，将模板中存放的治理好的数据加载到映射关系之中转换成与正式表相匹配的数据进行入库处理。

在入库的过程中，使用 ETL 工具自带的数据检验工具对治理的数据进行数据质检工序(图 14)，保证不符合数据库规范的数据无法进入中心库并形成错误日志反馈给数据治理人员，对错误数据进行再次修改，直至能符合数据库规范正常入库，从而保证了后期入湖数据的正确性。

将存入中间表的治理数据，通过第三方工具 KETTLE 导入数据库中的正式表中。有效的保障了治理后的信息的完整性，规范性，一致性，对后期开展应用打下了坚实的基础(图 15)。

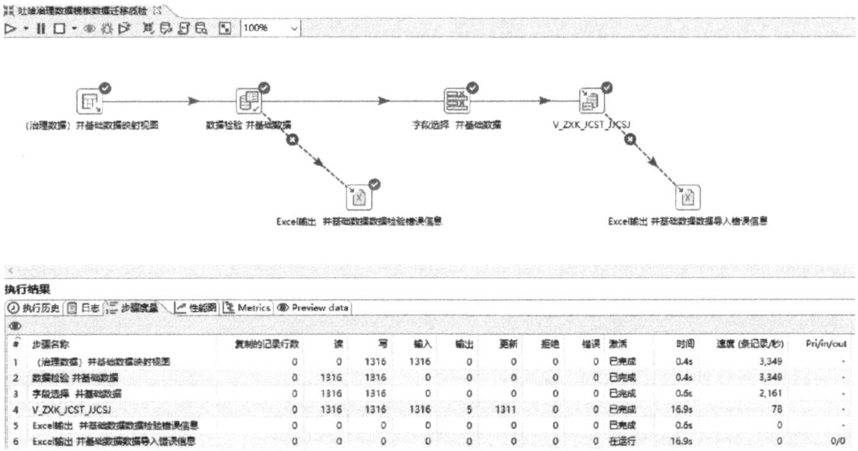

图 14 数据处理质检处理过程

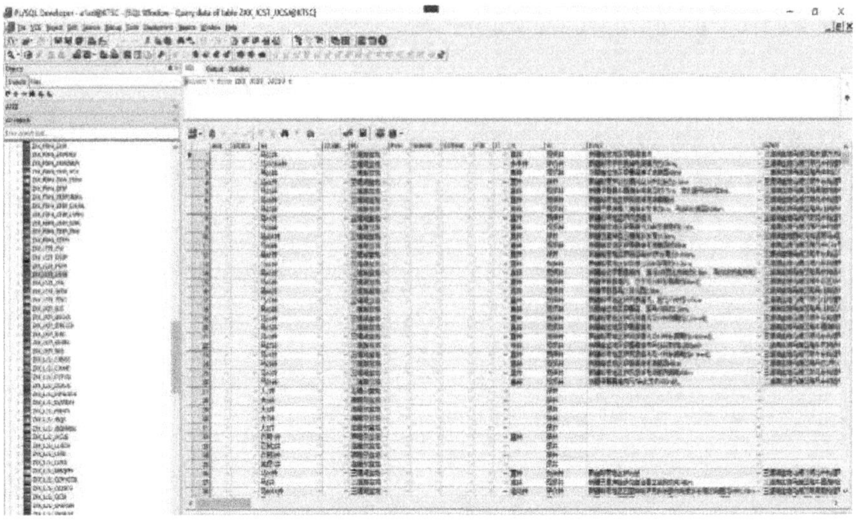

图 15 数据入库成果展示

4.4.2 数据处理特点

构建灵活，可以任意调整查询检索、数据检查、映射关系、错误信息日志等信息。借助 ETL 数据工厂(查询、加载、转换)即可完成全部数据质量及处理过程。无需等待代码发布、编译、测试即可解决数据处理难题。目前 ETL 已在数据仓库及大数据领域广泛使用。

5 结束语与愿景

吐哈油田数据治理是一次成功的尝试，针对

吐哈油田数据现状，构建了数据治理体系，明确了数据治理归口部门，数据采集方和审核方职责分工。建立了新的数据采集规范对数据源、数据管理部门进行质量管控和考核，通过中心数据库建设加强了数据标准化，定期评估数据治理能力成熟度。油田数据治理是伴随着油田数字化转型的全过程，油田公司数据资产化是中石油梦想云平台推广、股份A1 2.0系统专业数据资产库建设的重要基石。下一步计划在新的数据采集管理规范下建立覆盖全业务链条的数据采集、传输、管理应用体系。实现专业数据的广泛分享、系统共通，通过大数据平台建设，创新数据融合分析与共享交换机制，强化业务场景数据建模，挖掘数据价值，提升数据洞察能力，促进生产。

参考文献

[1] 刘庆会，刘相．数据治理为数据流动保驾护航[J]．软件和集成电路，2020(05)：37-39.

[2] 阿比旦·斯提瓦力地．数据治理在石油行业的探索与研究[J]．信息系统工程，2021(01)：88-89.

[3] 胡洪，李新宁．勘探与生产技术数据治理[R]．吐哈油田，2020.

油气行业销售信息系统运维事件业务影响研究

冯大鹏[1] 金仲华[2] 刘力昌[3] 刘昊洋[4]

(1. 中国石油西北销售分公司营运保障部；2. 中国石油天津销售分公司发展计划部(设备信息部)；
3. 中国石油销售分公司科技信息(数据管理)处；4. 英国莱斯特大学)

摘 要 根据集团公司信息总体规划和销售业务信息化建设方案，经过前期信息化建设和应用，销售业务与信息化、互联网应用实现了深度融合发展。销售信息系统(互联网)应用运行维护直接影响销售业务生产运行质量和水平，深刻影响库站现场运行效率和客户服务体验。信息系统(互联网)运行维护是油气行业销售业务面临的一个复杂、综合课题，运行维护与业务、管理、运营、安全、应急和风险紧密相关，是油气行业销售业务运行和发展基础工程。结合前期实践，通过本课题研究，国内首次提出了销售信息系统(互联网)运行维护总体框架、应急管理模型和运行维护故障事件对零售量和毛利影响估算评价算法，对下一步销售业务运行维护具有重要指导意义。特别是销售业务线上化数字化转型过程中，面临运行维护新的挑战和矛盾，实现传统信息系统运维向互联网化、专业化和智能化提升演变，适应油气行业销售业务线上业务运营发展，互联网+数字化转型背景下，构建销售信息系统后台支撑+前端应用的运行维护机制和智能平台势在必行。

关键词 运维内涵；课题背景；破解方案；成果创新；结论展望

油气行业销售业务发展数字经济、数字化转型智能化发展攻坚、信息化和数字化赋能销售业务增销、降费和防风险目标实现，离不开信息系统(互联网)运行维护保障。销售业务面向市场，服务客户，提高效率，商业模式创新离不开信息系统(互联网)运行维护的支撑。信息系统(互联网)运行维护在销售生产运作过程中具有重要作用，保障销售业务持续、高效和稳定运行是销售信息系统(互联网)运行维护的初心和使命。

油气行业销售业务是国民经济发展战略保障，库站基础设施具有点多、面广、线长和量大的典型特征，实时在线和持续运行要求，对总部集中部署、分布应用信息系统(互联网)运行维护提出更加严苛的要求。销售业务+互联网快速线上化发展，对销售信息系统(互联网)运行维护带来新的挑战和任务。

1 信息系统运维内涵

1.1 概念内涵

运行维护是保障信息系统应用安全、稳定和可靠运行基础，有运行、维护两层含义。信息系统运行维护是一个综合概念，涵盖销售业务战略、业务、管理、安全、风险和技术相关要素。聚焦油库现场配送付油保障市场供应，赋能加油站现场油气氢电非业务创效，支撑库站基层一线员工日常工作。运行维护是解决库站现场难点和痛点，提高现场效率，服务客户，提升客户体验的关键。以现场运行维护事件为主线，解决信息系统和互联网应用问题，按照问题、评估、设计、开发、测试、变更、发布和运维流程，完善和优化信息系统(互联网)应用，螺旋式提升信息化的叠加、放大和倍增能力。

1.2 运维地位

油气行业销售业务品牌形象、客户体验、效率提高和风险控制等直接影响销售业务运营质量和经营指标实现。要从销售数字经济发展、销售互联网运营、商业模式创新高度，看待信息系统(互联网)运行维护工作；要从纵向穿透组织，横向构建协同，构建销售业务运行管理，适应互联网运营模式，服务客户和会员，赋能销售高质量发展视角，看待运行维护工作；要从油气行业销售业务数字化转型、大数据分析、区块链和人工智能应用层面，看待运行维护工作；要从销售业务和数字化融合创新、数字化转型核心基础角度，看待运行维护工作，销售业务信息系统(互联网)运行维护是业务运行商业模式创新的保障工程。

1.3 主要作用

销售信息系统（互联网）运行维护核心作用体现在以下4个方面。一是销售业务发展战略实现基础。销售业务发展数字经济、数字化转型智能化发展，构建智慧销售企业，需要信息系统（互联网）应用的稳定运行，运行维护是保障。二是销售业务日常运营基本保障。销售业务油品、非油品、天然气和新能源核心业务的营销、物流、零售、加油卡和互联网应用等均在信息系统应用支撑下实现，运行维护是基础。三是销售业务防范风险窗口。销售业务和信息系统深度融合应用，大多数销售业务运营风险，通过运维相关数据分析支撑风险发现、追溯、预警和处置，运行维护是风险预警窗口。四是感知石油市场和客户的渠道。利用信息系统运行维护连接石油市场、客户服务、加油站和油库的天然属性，发挥运行维护感知石油市场和客户消费趋势的重要作用。

2 销售业务运行维护课题背景

经过前期信息化建成投用了ERP、销售物流、加管系统（互联网）、CRM、直销App和集成配套等销售业务相关信息系统，按照石油市场和内部管理两个维度进行划分，加管系统（互联网）、直销App、销售物流和CRM等信息系统是面向石油市场和客户服务的外部信息化应用；ERP和集成配套等信息系统服务于销售业务内部员工，是销售业务的内部应用。选取服务石油市场和客户服务的外部信息化应用的运行维护为课题研究内容，主要涉及加管系统、销售物流和零售和直批App的互联网应用。

2.1 基本情况

2009年上线投用加油站管理信息系统（1.0版本）覆盖全国2万座加油站零售业务和便利店管理，2016年完成加油站管理信息系统（2.0版本）升级工作，目前在用系统2.0.3版本。销售业务信息系统（互联网）应用承担集团公司油气氢电非零售业务日常运营管理，每天处理近千万笔油品业务，服务近千万客户。针对加管系统（互联网）总部集中、分布应用的特征，建立了总部、销售企业和地市公司库站三级运行维护体系。2010年开展销售互联网线上业务，在加管系统（2.0版本）的架构上，嫁接互联网线上业务应用，先后上线应用了中油好客App，加油卡移动支付、微信和支付宝线上结算、电子券、电子发票和积分商城等线上业务应用。目前线上App每天交易量峰值100万笔、加油卡移动支付交易量50万笔、微信和支付宝交易量50万笔、开具电子发票50万张。每月以10%的业务增长量，销售业务线上化快速演进。

2.2 运行机制

依托集团公司网络安全基础设施总体框架，建设和应用了销售信息（互联网）应用平台，构建了集团公司销售信息系统（互联网）总部运维中心、销售企业、地市公司（现场）物流配送和零售业务运行维护体系。总部运维中心负责销售物流和加管系统（互联网）平台总部系统、站级系统更新、主数据管理、零售价格调整、卡黑灰名单管理、站级系统部署和运行维护疑难为题的处置；销售企业运行维护统一协调、管理、处置和汇总地市公司上报运行维护事件处置，解决销售物流和零售业务相关专业线运行维护工作；地市公司运行维护（现场运维）负责油库和加油站级系统运行、网络、设备和互联网应用相关问题。支撑库站现场一线人员解答客户线上业务问题，现场解决库站系统相关问题。

2.3 主要矛盾

油气行业销售业务生产运行面临主要矛盾是在集团公司范围内平衡成品油炼油生产和市场需求，核心是抓好成品油调运、配送和销售的协同，服务石油市场和需求客户。围绕销售业务运营主要矛盾，与此紧密相关信息系统（互联网）应用有加管系统、好客E站App、直销App、销售物流和CRM等相关信息系统。销售信息系统（互联网）应用的实时在线、不可中断性，需要重新审视和构建适合销售信息系统（互联网）应用运行维护体系和能力，采用信息系统运行维护体系+互联网思维，实现销售业务互联网运行维护的转型升级。油气行业销售信息系统（互联网）运行维护主要矛盾体现在以下六个方面：一是伴随零售业务线上化快速演进，未建立销售业务互联网运行维护管理体系和运行机制，缺少面向库站现场和客户服务运行维护平台；二是总部运维中心和销售企业缺少即熟悉销售业务、运营管理，又掌握云计算、大数据和人工智能等先进信息技术的运行维护骨干；三是在传统信息系统架构下，依托加油站管理信息系统（2.0版本），采用紧耦合集成方式构建了互联网应用，软硬件基础环境和信息系统性能不适应线上化应用；四是缺少销售业务线上化应用运行维护监控和预警系统，没有与库站现场和客户相互沟通的运营管理机制，互联网应用紧耦合，导致总部运维中心和销售企业无法构建相对独立的应急管理体系；五是站级系统集成度高，处理故障定位能力弱，站级系统与加油机、液位仪等相关设备集成复杂，应用集成点多，运维人员的技能要求高；六是站点分布范围大，现场运维难度大，运维人员不足，难以应对班结和日结等短时集中并发运维问题的处置。

3　销售业务运行维护破解方案

3.1　面临形势

依据加油站管理信息系统(2.0版本)的功能扩展，先行上线互联网应用，基于简单的互联网支付平台，采用应用集成的方式，构建了销售业务的互联网应用，缺少强大销售业务中台，销售业务的互联网应用架构不合理，难以满足快速增长销售业务的线上化的需求。2020—2022年近3年，因互联网应用架构不合理，导致销售互联网应用后台相关故障，汇总统计分析如表1。

表1　2019年6月—2022-9月期间的线上业务故障

序　号	影响范围	故障时长	类型	主要原因	解决方案
1	核销派券	78分钟	资源限制	磁盘空间	检查扩容
2	部分支付	40分钟	软件缺陷	交易量大	重建消费组
3	App使用	45分钟	软件缺陷	触发缺陷	增加表索引
4	渠道无法使用	36分钟	高业务量	内存溢出	禁止重协商
5	部分支付	76分钟	基础服务	时钟源问题	调整时钟源
6	App小程序	35分钟	第三方服务	短信网关	短信推送
7	黑灰名单下发	86分钟	误操作	提前粘贴	强化管理
8	移动支付	80分钟	高业务量	短时高负载	服务器扩容
9	自提和配送	166分钟	资源限制	认证服务器	重启和扩容
10	线上支付	35分钟	高业务量	历史最高峰	数据库迁移
11	线上充值	45分钟	硬件故障	网络设备	换网络设备
12	短信验证	134分钟	第三方	短信异常	运营商解决

在销售信息系统架构下，要求构建适应线上化运维模式，应对线上运营和运维的风险。例如，影响现场效率和客户服务、客户投诉和新闻舆情等。

实现传统信息系统运行维护，向互联网+模式运行维护转变，变被动为主动、协同运维，提高运行维护质量和效率。构建一体化、交互式运行维护管理平台，实现运维自动化和智能化管理，为用户提供便捷服务通道。

3.2　销售互联网运维框架研究

在互联网+和数字化转型背景下，充分应用云计算、大数据和人工智能等先进信息技术与销售业务信息化建设和应用成果融合创新，深刻影响着油气行业销售业务信息化、数字化进程。同时，催生销售信息系统运行维护快速向互联网运行维护模式演进和提升。

3.2.1　运行维护模型

根据互联网行业"平台+App"移动化应用架构最佳实践，基于云计算、大数据、人工智能和机器人，针对销售信息系统和互联网运维场景，以客户和现场运维事件为核心主线，跟踪运维事件解决。集中网络链路厂商、集团基础设施、销售信息系统(互联网)相关厂商、销售信息系统(互联网)项目组、销售企业、地市公司和库站现场的团队力量，构建销售业务互联网应用运行维护模型框架示意图，如图1所示。

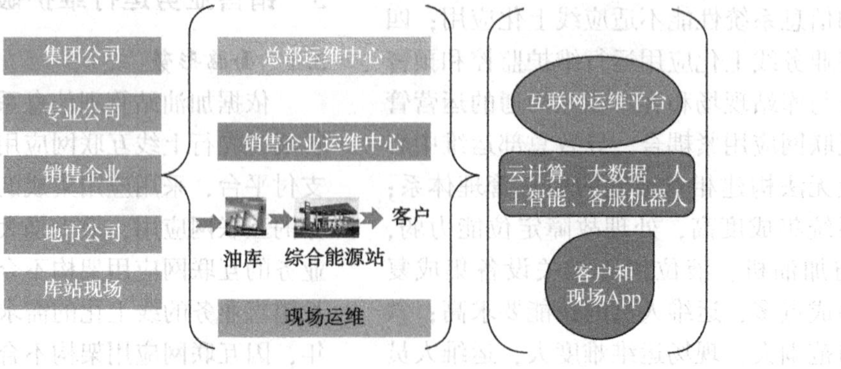

图 1　销售业务互联网应用运行维护模型框架示意图

3.2.2　应急管理框架

销售信息系统(互联网)运行维护应急管理框架确定为“1+4”应急管理模式。1 个纵向应急管理循环，4 个横向应急管理循环。纵向应急管理循环从总部运维中心纵向穿透销售企业、地市公司，直达库站现场的应急管理 PDCA 循环。第一个横向循环应急管理循环是总部运维中心业务、设计、开发、测试和运维的横向协同 PDCA 循环；第二个横向循环应急管理循环是销售企业业务、管理、技术和运维的横向 PDCA 应急协同循环；第三个横向循环应急管理循环是地市公司业务、技术和运维 PDCA 应急协同循环。第四个横向循环应急管理循环是库站现场运营效率和客户服务 PDCA 应急协同循环。销售信息系统(互联网)运行维护应急管理框架示意图，如图 2 所示。

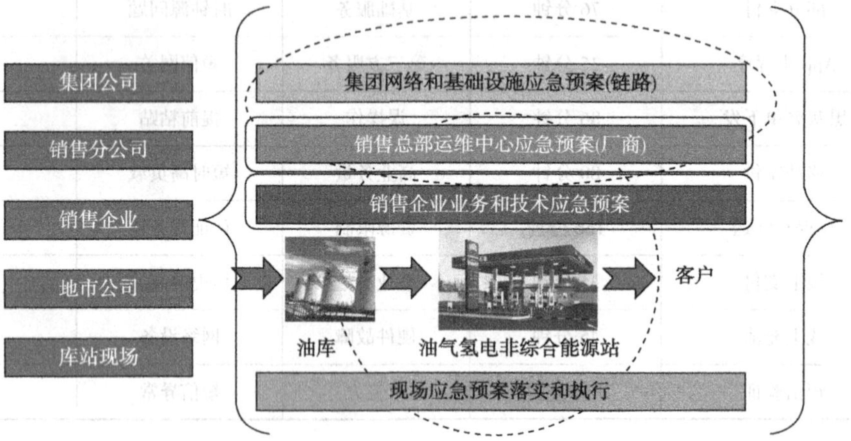

图 2　销售信息系统(互联网)运行维护应急管理框架示意图

3.2.3　评估算法研究

聚焦运行维护故障对成品油零售量和毛利的影响研究。根据销售业务生产运行特征，结合前期销售信息系统(互联网)运行维护实践，从全局、系统到局部和单个站点运行维护故障，对成品油零售量和毛利的影响，国内首次提出运行维护故障对成品油零售量和毛利估算评价算法。全局运行维护故障是指总部运行维护中心发生销售信息系统或互联网后台故障，影响 31 家销售企业全部加油站信息系统应用或互联网线上业务相关交易；销售企业运行维护故障是指销售企业发生网络链路故障，影响 1 家销售企业全部加油站信息系统或互联网线上零售业务；地市公司运行维护故障是指地市公司发生网络链路故障，影响 1 家地市公司全部加油站信息系统或互联网线上零售业务；单个加油站运行维护故障是指销售企业下属地市公司发生单个加油站的运维故障，影响 1 个加油站信息系统或互联网线上零售业务。经过本课题研究，结合前期运行维护实践经验，提出销售信息系统(互联网)应用运维故障对成品油毛利影响评估算法参数表(表 2)。

表 2

序号类型	销售分公司		销售企业		地市公司		加油站	
1	G_1	Y_1	G_2	Y_2	G_3	Y_3	G_4	Y_4
	−0.7	+0.65	−0.7	+0.6	−0.7	+0.6	−0.7	+0.6
2	X_1	P_1	X_2	P_2	X_3	P_3	X_4	P_4
	总量	毛利	总量	毛利	总量	毛利	总量	毛利
3	T_1	T_2	T_3	T_4	T_5	T_6	T_7	T_8
	$=2T_2$		$T_3=2T_4$		$T_5=2T_6$		$T_7=2T_8$	
4	ΔX_1	ΔP_1	ΔX_2	ΔP_2	ΔX_3	ΔP_3	ΔX_4	ΔP_4
	影响量	影响利	影响量	影响利	影响量	影响利	影响量	影响利
5	ΔM_1 毛利差		ΔM_2 毛利差		ΔM_3 毛利差		ΔM_4 毛利差	

G 代表销售信息系统（互联网）应用故障负向影响因子；Y 代表销售信息系统（互联网）应急管理正向影响因子；X 代表销售信息系统（互联网）故障对零售量的影响总量；T 代表销售信息系统（互联网）运行维护影响故障的时长；P 代表销售信息系统（互联网）故障对毛利的影响总额；M 代表销售零售业务毛利差。

提出销售信息系统（互联网）应用运维故障对成品油零售量影响评估算法如下：$\Delta X = X_1(G_1+Y_1)\times T_1/60/24$。

提出销售信息系统（互联网）应用运维故障对成品油毛利影响评估算法如下：$\Delta P=\Delta X\times\Delta M$。

以全局故障为例，销售信息系统（互联网）应用运维故障成品油零售销量和毛利的试算结果如下：$\Delta X=X_1(G_1+Y_1)\times T_1/60/24$。

选取 $X_1=10$ 万吨，$G_1=-0.7$，$Y_1=+0.65$，$T_1=120$ 分钟，经过计算得出 $\Delta X=2500$ 吨，本次运行维护故障影响零售量 416 吨。

$\Delta P=\Delta X\times\Delta M$，$\Delta M$ 选取 400 元/吨。$\Delta P=16.6$ 万元。本次运行维护故障影响毛利 16.6 万元。其他类型故障影响情况，以此类推。

3.3 目标、原则、步骤和推进措施

3.3.1 工作目标

聚焦加油站现场效率、客户体验和应急处置，构建纵向穿透组织，横向实现协同，集运营、运行、应急和沟通为一体的智能化运行维护管理平台，实现油气行业销售零售业务运行维护管理体系和能力现代化，坚持不懈赋能销售零售业务“油气氢电非”综合能源终端服务商战略实现。

3.3.2 工作原则

基于互联网+思维构建油气油气行业销售零售业务运行维护体系和智能平台建设，要坚持以下 3 个原则：一是坚持全局系统思维，站在油气行业销售业务运营和发展角度构建体系和平台；二是利用大数据思维，整合市场、客户、战略、业务、管理、技术和基础设施等相关信息，构建体系和平台；三是 PDCA 循环运维方法，穿透组织纵向 PDCA 循环，跨越业务、管理和技术专业线横向 PDCA 循环，全面、整体循环提升运行维护水平。

3.3.3 推进步骤

分两个阶段推进销售零售业务相关信息系统运行维护体系持续提升。第一阶段，基于加油站管理信息系统（2.0 版本）运行维护基础，完善体系，构建运行维护智能平台，实现传统运行维护向互联网运行维护模式的提升，专注现场效率和客户体验；第二阶段，基于加油站管理信息系统（3.0 版本）上线应用，优化体系，打造运行维护智慧平台，引入运行维护客服机器人，实现自动化运行维护。

3.4 推进措施

从组织保障、运行机制、融合创新、平台建设和资金投入等方面推进油气行业销售零售业务运行维护体系新模式构建，支撑销售零售业务运营模式实现，持续提升运营质量和水平。

3.4.1 强化组织保障

运行维护是信息系统应用保障，传统信息系统+互联网应用后，运行维护与油气行业销售业务运营紧密相关，是运营重要组成部分，更是基

础工程。运行维护水平决定零售业务运营质量和客户服务水平，总部运维中心和销售企业领导要高度重视建立符合销售业务特征和运营管理要求的运行维护队伍，常态化完善、优化和提升运维组织架构和运行管理机制。集中油气行业销售业务内外部专家，集团公司内部基础设施、零售业务、信息系统、互联网应用和油站现场运行维护骨干组建运行队伍，建立激励机制，全局、整体和系统推进油气行业零售业务运行维护工作。

3.4.2　优化运行机制

站在集团公司销售零售业务全局高度，坚持顶层设计和基层实践相结合总要求，构建零售业务战略、业务、管理技术、风险和应急的运行维护管理机制。关注运维工作对现场效率、客户体验、运营风险和品牌形象影响，从油站现场保障和服务角度，全力做好零售业务运行维护，确保信息系统和互联网应用平稳运行。构建运维预测、告警机制，针对应用异常、故障，进行预测和报警，实现主动运维，常态化做好运行维护工作。

3.4.3　实施融合创新

坚持融合理念，推进运营和运维创新，实现运维与业务管理融合、运维与运营管理融合、运维与应急安全融合，坚持不懈运维工作创新。采用大数据分析方法，以油气行业销售零售业务运行相关宏观和微观数据为基础，建立运行维护支撑销量增长、费用降低和风险防范大数据模型，研究相关性，量化运维效益。通过运维手段，结合价格、营销和物流等运营信息，实现经营、管理和运维事件的闭环管理，感知石油市场和客户体验。

3.4.4　构建运维平台

在原有运行维护平台和工具基础上，锚定零售业务加油站现场难点和痛点，基于互联网+、物联网、大数据、人工智能和机器人等先进信息技术应用成果，搭建油气行业销售零售业务智能运行维护平台。充分发挥总部运行维护、销售企业、地市公司(现场运维)积累的运行维护经验和做法，采用人工智能知识图谱技术，分场景，客户和现场角度，构建运行维护知识库，上线运维客服机器人，全天候应答客户和现场人员问题，赋能一线人员，减轻工作量。

3.4.5　加大资金投入

加大运行维护资金投入，建立运维费用投入从运营效益中提成动态管理机制，持续提升运行维护质量。建立运维课题研究机制，常态化研究和创新运维保障和服务工作机制，保持运维先进性、适用性和可靠性。保障信息系统和互联网运行维护与销售业务战略、发展和运营与时俱进的机制，不断提升运行维护短板。

4　成果创新

油气行业销售业务信息系统(互联网)运行维护课题研究成果主要体现在理论、管理和技术等3个方面的创新，结合课题研究成果，总结和汇总分析如下：

4.1　*理论创新*

国内首次提出油气行业销售业务互联网运行维护模型和运行维护故障对成品油零售销量和毛利影响评估算法，并经过前期运维故障数据试算验证，可用来指导销售信息系统(互联网)运行维护故障对成品油零售量和毛利影响。

4.2　*管理创新*

国内首次提出油气行业销售信息系统(互联网)运行维护应急管理框架，总结形成运行维护管理“1+4”应急管理模型，用来指导总部运维中心、销售企业、地市公司和库站现场编制运行维护应急预案，预防运维故障或降低故障对销售业务运营管理、现场效率和客户服务的影响。

4.3　*技术创新*

结合前期销售业务运行维护发生故障，综合销售信息系统(互联网)运行维护网络链路、云计算硬件环境、基础软件环境(数据库和中间件)和应用系统全要素分析，国内首次提出和指导研制了运行维护预测、预警监控管理平台，用于主动发现运行维护故障，预先处置，实现了主动运行维护，降低了发生运维故障概率。

5　结论展望

销售信息系统(互联网)应用运行维护是实现销售零售业务战略基础保障工程。

结论：初步实现了从传统信息系统运行维护向销售业务互联网运维的转型，构建了“1+3”运行维护应急管理体系，建立了运行维护预测、预警监控管理平台，销售信息系统(互联网)运行维护向主动运维演进。

展望：采用互联网+、云计算、大数据和人工智能等先进信息技术，赋能和支撑销售信息系统(互联网)运维维护体系完善、优化、提升创新和智慧运行维护平台建设。

关注问题：要重点关注以下3个方面工作：一是互联网应用重构、加管3.0上线后，构建互联网化信息系统运行维护管理机制；二是常态化运营式管理信息系统和互联网运行维护工作；三是充换电和光伏发电业务运营的互联网化运行维护机制的构建；四是销售业务互联网化运维体系、应急管理框架和运行维护评价估算方法的完善、优化和提升，智慧运维平台的AI自动化服务和运维客户机器人的应用。五是持续完善、优化运行维护事件影响销量和利润影响预测模型的量化研究。

油气行业销售业务综合能源服务站建设的思考

刘昊洋[1]　刘力昌[2]

（1. 英国莱斯特大学；2. 中国石油销售分公司科技信息（数据管理）处）

摘　要　伴随汽车行业的数字化革命，新能源汽车发展如火如荼，国家能源供给结构发生潜移默化的变化，汽车能源消费形成油气（传统能源）和氢电（新能源）融合多样化发展的态势，配套综合能源服务站加快建设势在必行，对油气行业传统能源企业提出了新的机遇和挑战。本文研究了综合能源服务站建设的相关工作，探析了综合能源服务站分类、业务和管理框架、数字化支撑方案，便于指导油气行业销售业务综合能源服务站建设和应用的战略转型。

关键词　油气行业；综合能源；服务站；概念

当下，能源相关的不同行业，站在不同行业的视角，纷纷提出综合能源服务站的概念，开展了示范站建设，行业不同，提出的综合能源服务站的概念和示范建设的内容也不尽相同。笔者站在油气行业销售业务的角度，提出油气行业综合能源服务站概念，进一步明确和界定了综合能源服务站的内涵和外延，重点研究和探讨了油气行业销售业务综合能源服务站建设的业务、管理和信息化支撑框架方案。

1　新能源发展背景

汽车行业的数字化、智能化的科技革命，国民经济发展的能源保障，低碳、绿色的发展要求，结合国家资源禀赋，全面推进了新能源快速发展。

1.1　新能源汽车

2022 年，全球新能源汽车销量达 1126.7 万辆，同比增长 63.5%增量达 437.7 万辆，全球新能源汽车累计销量超过 2900 万辆，市场渗透率由 2021 年的 8.3%增长到 2022 年的 14.2%，同比提升 5.9 个百分点。中国新能源汽车销量 688.7 万辆，占全球新能源汽车销量的比例为 61%。同比增长 93.4%，新能源汽车销量占比由 2021 年的 13.4%提升至 25.6。截止 2022 年底，中国新能源汽车保有量达 1310 万辆，占汽车总保有量的 4.1%。新能源乘用车销售为 654.8 万辆，同比增长 94.3%，中国纯电动汽车、插电式混合动力汽车、燃料电池汽车销量分别为 536.5 万辆、151.8 万辆、和 3397 辆，同比分别增长 81.6%、151.6%和 112.8%，占比分别为 77.9%、22.0%和 0.1%。

1.2　新能源车保有量

2023 年全国机动车保有量达 4.35 亿辆，其中汽车 3.36 亿辆。截至 2023 年底，全国新能源汽车保有量达 2041 万辆，占汽车总量 6.07%；其中纯电动汽车保有量 1552 万辆，占新能源汽车保有量的 76.04%。中国汽车产销量分别达 3016.1 万辆和 3009.4 万辆，同比分别增长 11.6%和 12%，年产销量双双创历史新高。2023 年，中国乘用车产销量分别达 2612.4 万辆和 2606.3 万辆，同比分别增长 9.6%和 10.6%；商用车产销量分别达 403.7 万辆和 403.1 万辆，同比分别增长 26.8%和 22.1%。2023 年，中国新能源汽车产销量分别达 958.7 万辆和 949.5 万辆，同比分别增长 35.8%和 37.9%，市场占有率达 31.6%。

1.3　充电基础设施

与新能源汽车的发展相配套充电服务也实现了长足的发展，2022 年，中国充电桩年度建设数量达到 259.3 万个，同比增长 176.9%，车桩增量比为 2.7：1。其中，公共充电桩建设数量 65.1 万个，同比增长 91.6%；私人充电桩建设数量 194.2 万个，同比增长 225.5%私人充电桩对电动汽车服务保障能力进一步增强。中国充电桩保有量达到 521 万个，整体车桩比从 2021 年的 3.0：1 降至 2.5：1，充电服务保障能力进一步提升。

1.4　融合发展趋势

中国新能源车辆和配套基础设施的快速发展，对传统的油气行业销售业务固有市场供给格局产生了重大的影响，特别是未来国家实施“30·60”战略、“十四五”规划和中国式现代化等方面宏观政策的全面推进，必将形成传统能源和新能源相互促进发展的新格局，油气氢电非综合能源服务站的建设和重构应运而生，势在必行。油气行业销售业务要研究未来能源市场的供给格局，适应传统和新能源融合发展的新形势，油气行业销售业务必须站在国内综合能源市场供给的大格局，充分利用油气网络布局的基础设施优势，发展成品油、天然气、充换电、便利店和加氢相关业务运营的综合能源服务站。

2　综合能源服务站的概念

要充分研究和思考综合能源服务站概念，要准确、完整和全面理解和把握综合能源服务站的内涵和外延，要考虑以下 3 个方面的影响和作用。

2.1　从国家宏观政策思考

众所周知，国家“十四五”和 2035 年远景规划、党的二十大报告，明确提出中国式现代化、双碳战略、数字中国，大力发展数字经济、通过数字化改造和提升、完善和优化传统行业，要从宏观环境研究和思考综合能源服务站的概念。

2.2　从能源行业发展思考

油、气、煤和电等共同承担国家能源安全，能源行业作为国家能源基础设施，要站在总体国家安全观的高度，共同做好数字化、智能化的转型工作，为经济发展提供能源保障，坚持绿色低碳发展，从行业发展需求研究和思考综合

2.3　从零售业务线上化思考

互联网+、移动互联网、油气行业适应市场需求和客户体验，成品油和非油商品线上化交易达到45%，充电、换电、储能、光伏和加氢等综合能源补给过程，具有典型的互联网线上化的特征，新能源业务的发展与互联网特征强正相关。

综合上述需要重点研究和考虑的要素，综合能源服务站概念应具有绿色、低碳、高效、安全、全方位和线上化的特征。从油气行业零售业务的角度看，综合能源服务站是依托油气行业加油站（便利店）网络，油气氢电非全方位补能，满足数字经济线上化，符合国家绿色和低碳发展要求，为传统和新能源车市场和客户提供高效、安全的全方位服务，服务中国式现代化建设，为经济发展提供能源保障服务。

3　综合能源服务站分类、业务和管理框架方案

根据上述的综合能源服务站的概念的界定，下面提出综合能源服务站的分类和业务方案框架。

3.1　分类框架

从油气行业的角度来看，综合能源服务站面向市场，服务客户经营业务有成品油（汽油、柴油、煤油和润滑油等，其中包括乙醇汽油和甲醇汽油）、便利店商品、加氢业务、电业务（光伏发电、储能、充电和换电等电相关业务）、餐饮业务、洗车等汽服业务。根据以上经营的主要业务可以分成以下 4 个类型：第一种类型成品油等传统能源为主的综合能源服务站；第二种类型氢新能源为主的综合能源服务站；第三种充换电业务为主的综合能源服务站；第四种便利店为主的综合能源服务站。选择哪种类型开展综合能源服务站建设需要经过市场调研、客户需求和综合能源服务站的布局紧密相关。

3.2　业务框架

根据汽车制造行业的数字化革命，对能源补给结构的影响，从加油站（便利店）的布局，在全国范围内，根据区域市场特征和客户消费习惯，开展综合能源服务站建设的市场调研工作。按照总部、区域、省市和地市的布局原则，进行综合能源服务站的布局的总体和顶层设计，构建统一的综合能源服务站的业务的总体框架。

3.3　管理框架

在综合能源服务站的管理机制建设上，要引入阿米巴经营管理模式，核心是构建柔性组织架构，区分核算和非核算职能，划小经营核算单元。按区域、产品、品种和客户，建立订单生产、库存销售和内部核算体系。采用动态调整的单位时间核算表统一标准评价阿米巴组织经营状态和员工的绩效，构建组织和全员对企业贡献的可视化管理工作平台，采用单位时间核算表将石油市场变化的压力，让全体员工都知道阿米巴经营状态，传递给综合能源站阿米巴组织和全体员工。

4　综合能源服务站数字化支撑方案

为适应市场和客户的要求，油气行业零售业

务与其他行业一样，同样经历互联网重构、业务线上化的过程，新能源充换电、加氢等相关业务本身带有互联网化的特征。这都要求充分利用油气行业的信息化的基础，采用混合云的架构，构建适应互联网运营的综合能源服务站的信息化支撑体系。

4.1 架构

在充分发挥混合云优势基础上，采用双架构IT模式，构架面向内部管理控制和外部市场客户的“双平台和双应用”的数字化平台，赋能油气行业的互联网重构，线上数字化转型，满足综合能源服务站数字化的需求。

4.2 运营

要坚持互联网思维，采用PDCA的运营循环模式，结合传统和新能源运营管理优势，研究、探索和实践油气行业综合能源服务站的运营管理模式，适应综合能源补给工作的需要。

4.3 风控

在构架综合能源服务站互联网运营平台的过程中，要同步考虑运营、运维、交易风险事件的全生命周期的处理工作。同时，采用大数据思维的模式，建立风险预警和预测动态感知体系。

5 结论和关注问题

本文从油气行业销售业务的角度出发，提出了油气行业综合能源服务站的内涵和外延。在此基础上，初步探析综合能源服务站分类、业务和管理框架方案。从架构、运营和风控的要素，研究了综合能源服务站数字化支撑方案，对下步综合能源服务站建设具有实践指导意义。下步研究工作要重点关注的问题有以下三个方面，一是根据全国统一大市场营销体系建设的要求，要坚持系统观念，建设成品油、天然气、充换电、便利店和加氢相关业务综合运营的业务生态体系，完善和优化配套管理制度；二是研究成品油、天然气、充换电、便利店和加氢相关业务信息系统的优化和提升工作，全面开展线上化工作，适应行业数字经济发展的趋势，发挥数据要素的叠加、放大和倍增作用，构建统一的油气行业销售业务数字经济发展平台；三是鉴于能源行业的特征，国家网络安全政策、标准和规范的要求的不断提升，对面向市场和客户的油气行业销售业务综合能源业务数字经济的发展提出更高的要求，要特别关注业务数据和客户信息的保护工作。

基于知识图谱的制度文本智能检索方法研究

李雄伟[1] 李鹏飞[2] 陈军胜[1] 展天枢[1] 陈义祥[1]

(1. 中国石油集团测井有限公司评价信息部；2. 中国石油集团测井有限公司大庆分公司)

摘 要 企业制度文本确立了组织内部的规范、流程和责任分配，为企业运作提供了清晰的指引和框架。然而，在大数据时代，传统的基于字符匹配的关键词检索方式无法满足用户检索需求中丰富的语义信息，也无法满足高效、精准、智能检索海量制度文本的要求。该文分析了制度文本智能检索的场景需求，构建了制度文本知识图谱，并提出了企业制度文本的智能检索方法，该方法主要包括五个部分：中文分词、TF-IDF值计算、关键词拓展、词向量与知识图谱实体对比以及知识库查询。结果表明，该文提出的制度文本智能检索方法，将知识图谱、词频-逆文档频率算法以及相似度计算结合起来，相比传统的制度文本检索方法，能够更智能、精准地理解用户制度检索需求，并为用户提供具有高度相关性的检索结果。

关键词 智能检索；知识图谱；自然语言处理；图数据库；制度文本

制度文本不仅是企业的法规遵循依据，更是记录着组织内部规范、流程和业务运营的重要档案。然而，随着企业规模的不断扩大和信息量的急剧增长，难以快速检索、检索结果需要进一步筛选成为企业制度文本管理中普遍存在的问题，如何高效检索这些制度文本成为了科学家和相关从业者的研究热点。

当前主流检索系统忽略了用户需求的语义性，仍要求用户首先学会各类检索方法，花费大量时间构建、修改以关键词为主体的检索式，检索系统再基于关键词进行匹配检索，此后用户再花费较多时间对结果进行甄别筛选。以上过程耗费了用户大量时间与精力，降低了知识获取的效率。究其原因，主要在于以关键词检索式作为概念的组合，无法准确表达用户检索需求的完整语义，造成检索系统难以匹配，无法得到用户真正所需的内容。

知识图谱(Knowledge Graph)作为一种结构化、语义丰富的知识表示方式，为企业制度文本管理与检索提供了崭新的思路和解决方案。知识图谱是一种典型的结构化知识表示形式，由实体，关系和语义描述组成。其起源于语义网概念，经历了长期的发展与演化之后，在2012年，谷歌首次提出了知识图谱的概念，意在利用其作为知识库来提高搜索引擎的性能。Things，not strings"是Google知识图谱的宣传语，意思很明显：信息与知识并不是无意义的字符串，我们要做的是获取这些字符串所代表的真正语义。当前，国外具有代表性的通用知识图谱主要有Freebase、DBpedia、YAGO、ConceptNet等。国内具有代表性的通用知识图谱主要有CN-Probase、CN-DBpedia等。相对于通用知识图谱来说，领域知识图谱的知识覆盖范围十分有限，但是其更注重知识挖掘的深度，能够覆盖细粒度的知识。在矿井建设领域，通过知识图谱技术，可以挖掘数据间复杂联系，为智慧化矿井建设提供有效支持。周义棋等为提高电网应急预案知识的检索效率以及电网事故的处置效率，提出了电网应急预案知识图谱的构建方法，可以对电网突发事故进行辅助决策，从而提高电网事故的应急处置效率。文必龙等以油藏地质领域为例，提出了一种基于领域业务活动的领域本体构建方法，通过改进传统的神经网络模型，解决了实体对齐问题，并设计了不同类别的属性值融合方法，实现了最优化。

本文旨在深入研究如何将知识图谱引入到制度文本的检索应用中，更加有效管理与检索文本中的知识。研究包含两个关键步骤，分别是制度知识图谱的创建与制度文本的智能检索。在智能检索流程中，首先通过使用自然语言处理等人工智能技术，捕捉用户在检索语言中传达的检索需求，然后通过形式化的查询语言，在存储好的知识图谱三元组关系数据库中为用户提供查询数据的接口，用户将会更迅速、直观地获取所需信息，从而实现个性化、智能化的信息检索体验。本研究将为企业数字化转型提供实用而创新的解决方案，促使企业更好地适应当今信息化快速发展的环境。

1 知识图谱构建

构建知识图谱的目的在于更有效地管理和检索文本中的知识。知识图谱可以将文本中的信息以结构化的形式表示，形成实体之间的关系网络，从而提供更深入、更全面的理解和应用。构建知识图谱的两个关键步骤分别是知识获取与知识存储，即从原始的制度文本中提取知识并将其存储在知识库。

1.1 知识获取

知识获取是从数据源中搜集信息，然后利用技术手段提取、整合和加工这些信息，最终生成有用的知识(图1)。这个过程包括知识抽取，知识融合以及知识加工等步骤，旨在从海量数据中抽取出有意义的内容，以支持各种应用场景下的决策和分析。

(1) 知识抽取：从各种类型的数据源中提取出实体(概念)、属性以及实体间的相互关系，在此基础上形成本体化的知识表达。

(2) 知识融合：在获得新知识之后，需要对其进行整合，以消除矛盾和歧义，比如某些实体可能有多种表达，某个特定称谓也许对应于多个不同的实体等。

(3) 知识加工：对于经过融合的新知识，需要经过质量评估之后(部分需要人工参与甄别)，才能将合格的部分加入到知识库中，以确保知识库的质量。新增数据之后，可以进行知识推理、拓展现有知识、得到新知识。

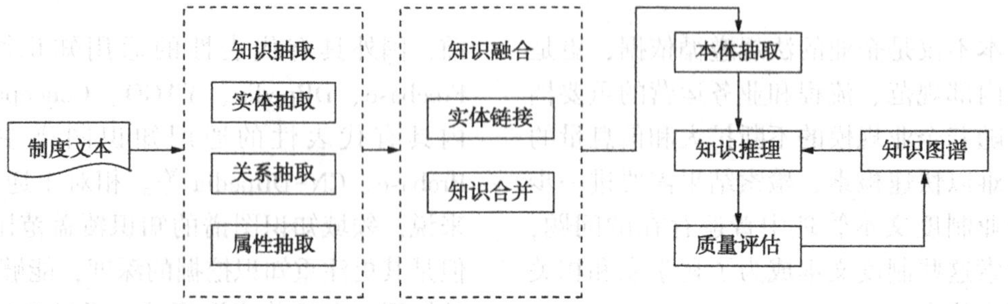

图1 知识获取流程

1.1.1 数据预处理

对于格式为pdf的源数据进行读取，再将读取到的文本数据进行如下步骤处理：

(1) 按章进行拆分。

(2) 删除换行符，页码等无关内容。

(3) 按条拆分。

经过上述处理后，将处理后的信息存储到txt文件中。

1.1.2 知识抽取

知识抽取是从原始数据中抽取、筛选、归纳信息，并在此基础上形成本体化的知识表达。本文将剔除标题、条目数字等无关信息后的制度文本通过DDParser依存句法分析工具进行句法分析，以确定句法结构、句子中的词汇之间的依存关系。借助语义标注的结果，抽取三元组。下面是具体的步骤。

(1) 对段落进行分句处理。切分长句、冒号、分号、感叹号等做切分标识。

(2) 使用DDParser对处理后的句子进行句法分析。对于每个词生成一个该词的依存句法的儿子节点，主要存储关系和对应儿子词所在的位置。

(3) 对每个词生成一个该词的父子数组的依存结构。该步骤主要是记录该词的词性、父节点的词性以及他们之间的关系。

(4) 循环每个词，提取其中语法关系。找到具有主谓宾、定语后置动宾关系、介宾的主谓动补关系，并进行提取。

(5) 对于提取主宾中的词，需要其中里面寻找具有相关依存结构的词，剔除不需要的词。

(6) 借助语义标注的结果，抽取以谓词为中心的事实三元组。以谓词为中心的关系有主谓宾，定语后置动宾关系、介宾的主谓动补关系。

最后得到形如[实体1，关系，实体2]的三元组。

1.2 知识存储

目前提出的关系型数据库产品种类众多，例如Neo4j、Oracle、InfoGrid、SQLServer、OrientDB等。其中，Neo4j提供了便捷的信息访问应用程序接口(Application programming interface，API)，

通过导入 Python 语言中的 Py2neo 包，Neo4j 可以实现 CSV 格式文件批量写入图形数据库，并建立定义好的实体与实体之间关系和实体内部属性的关联。为了便于系统对上层数据的查询、处理和分析，本文选取 Neo4j 图数据库作为存储工具进行制度图谱构建。下面是具体的步骤。

(1) 通过相似度计算对抽取得到的三元组进行实体消歧和共指消解，确认正确的实体对象。

(2) 将该实体指称项链接到知识库中对应实体。

(3) 利用 Python 连接知识图谱数据库。

(4) 将 Python 中进行知识抽取得到的三元组存储进知识图谱数据库中。

2 制度文本智能检索流程

基于知识图谱的智能检索是知识图谱的核心应用之一。关于制度文本的智能检索研究，本文首先使用 LTP 对用户输入的查询语句进行分词操作，并针对每个词语计算其 TF-IDF 值，选择具有高 TF-IDF 值的词作为关键词。然后对关键词进行拓展，将相似度高于 0.9 的词语作为拓展后的关键词集，以扩大检索范围，并将词向量与知识图谱的实体进行对比，筛选出与拓展后的关键词相似度高于 0.8 的知识图谱实体。最后以筛选出的实体作为基础构建相应的 Cypher 查询语句，在知识图谱数据库中查询，将答案返回给用户(图 2)。

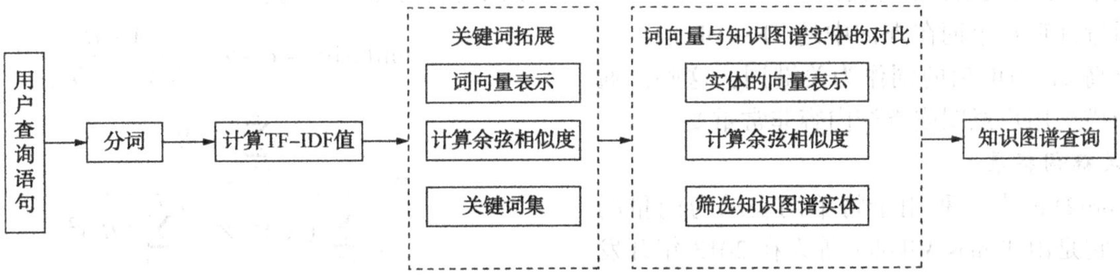

图 2 制度文本智能检索流程

2.1 中文分词

首先对用户输入的查询语句进行分词操作，分词是将连续的文本序列(如中文、日文)切分成一个个有意义的词语或词组，它的目的是将文本拆分成最小的语义单元，以便进行后续的语义分析、信息检索或其他自然语言处理任务。传统分词的原理通常包括以下几个方面。

(1) 基于规则的分词：依靠预先定义的词典或者规则来判断词语的边界。例如，根据词典中的词语进行匹配，将文本中匹配到的词语切分出来。如果文本中存在未收录在词典中的词语，也可以根据一定的规则(如最大匹配、最小匹配等)来切分。

(2) 基于统计的分词：依靠大量的文本语料库进行训练，通过统计词语出现的频率和上下文信息来确定词语的边界。例如，可以利用统计模型(如隐马尔可夫模型、条件随机场等)对文本进行标注和分词，以提高分词的准确性。

(3) 混合型分词：即将基于规则的方法和基于统计的方法相结合，以克服各自方法的局限性。例如，可以先使用基于规则的方法进行初步切分，然后利用基于统计的方法进行进一步的调整和纠错。

本文使用哈尔滨工业大学研发的 LTP(Language Technology Platform)进行分词操作，它的优势之一在于提供了全面而高效的语言处理功能，特别适用于中文文本的处理。LTP 的分词原理主要基于统计和规则相结合的方法，以达到更高的分词准确率和鲁棒性。它使用了基于字典和规则的前向最大匹配算法，并结合了统计语言模型进行调整和修正。这种方法在处理一般文本时表现良好，尤其在标准汉语文本和一般网络文本上具有较高的准确率。

2.2 TF-IDF 算法

在分词之后，针对每个词语计算其 TF-IDF 值。TF-IDF(Term Frequency-Inverse Document Frequency)是一种用于衡量一个词语在文档中的重要性的方法，结合了词频(Term Frequency)和逆文档频率(Inverse Document Frequency)。通过计算 TF-IDF 值，可以得到问句中每个词的重要性，并将其作为特征。

Term Frequency(TF)：指的是一个词在文档

中出现的频率。TF 表示了一个词在文档中的重要程度，通常由该词在文档中出现的次数除以文档的总词数来计算。如果一个词在文档中出现的次数越多，那么它的 TF 值就越高。

Inverse Document Frequency (IDF)：指的是逆文档频率，用于衡量一个词在文档集合中的普遍重要性。IDF 值越高，表示一个词在整个文档集合中越不常见，因此它在单个文档中出现时的重要性越高。IDF 的计算方式通常是使用文档总数除以包含该词的文档数，并取对数。

TF-IDF 是将 TF 和 IDF 相乘得到的值，用于衡量一个词在单个文档中的重要性。TF-IDF 的计算公式如下：

$$TF-IDF(t,\ d) = TF(t,\ d) \times IDF(t) \quad (1)$$

式中，t 为词语，d 为文档。

通过计算每个词在查询中的 TF-IDF 值，选择具有高 TF-IDF 值的词作为关键词，这些词通常对于描述用户意图或查询内容非常重要。

2.3 关键词拓展

Word2Vec 是一种用于将单词表示为向量的技术，它是由 Tomas Mikolov 等人在 2013 年开发的。Word2Vec 有两种主要的模型架构：连续词袋模型(CBOW)和 Skip-gram 模型。Word2vec 通过训练，把一些文本内容转换为机器能够理解地 K 维向量进行空间向量运算，而且向量空间上的相似度恰好可以表示文本语义上的相似度。

本文采用的是 Skip-Gram 模型，Skip-Gram 是依据已有的内容来预测上下文的，我们可以将选定的关键词输入到 Word2Vec 的 Skip-gram 模型中，获取每个关键词的词向量表示。根据词向量，找到与关键词语义相似的其他词，将它们作为拓展的词集。具体步骤如下：

2.3.1 计算余弦相似度

将关键词输入到已经训练好的 Word2Vec 的 Skip-gram 模型中，获取关键词的词向量表示。Word2Vec Skip-gram 模型是一种词嵌入技术，用于将单词映射到连续向量空间中。该模型基于分布假设，即在语料库中共同出现的单词具有相似的语义含义。Skip-gram 模型的主要任务是通过给定的中心词预测其周围的上下文词汇。通过学习到的向量表示，相似语境的单词在向量空间中距离较近，从而捕捉到单词之间的语义关系。学到的词向量可以用于各种自然语言处理任务，如文本分类、语义相似度计算等。

本文采用余弦相似度找到与关键词语义相似的其他词语。所谓余弦相似度，就是用向量空间中两向量夹角的余弦值作为衡量两个个体之间差异的大小。余弦值越接近 1，表明两个向量的夹角越接近 0°，则两个向量越相似。余弦值越接近 0，表明两个向量的夹角越接近 180°，则两个向量越不相似。如存在向量 $a=(x_1,\ y_1)$ 和向量 $b=(x_2,\ y_2)$，由几何定义计算内积 $a \cdot b = |a||b|\cos\theta$，可知：

$$\cos\theta = (a \cdot b)/|a||b| = (x_1x_2 + y_1y_2)/\left[(x_{12} + y_{12})\frac{1}{2}(x_{22} + y_{22})\frac{1}{2}\right] \quad (2)$$

则根据二维向量引向多维向量 $A(x_1,\ y_1,\ z_1\cdots)$ 和 $B(x_2,\ y_2,\ z_2,\ \cdots)$，其中 A_i 和 B_i 为向量中的各个分量。可得：

$$\text{similarity} = \cos\theta = \frac{A \cdot B}{\|A\|\ \|B\|} = \frac{\sum_{i=1}^{n} A_i B_i}{\sqrt{\sum_{i=1}^{n}(A_i)^2} \times \sqrt{\sum_{i=1}^{n}(B_i)^2}} \quad (3)$$

2.3.2 将相似词语作为拓展后的关键词集

根据应用场景和用户需求，我们将相似度阈值设定为 0.9。将相似度高于 0.9 的词语作为拓展后的关键词集，以扩大检索范围。

这种方法通过利用 Word2Vec 模型学习到的词语语义信息，能够为关键词提供更丰富和更具语义关联性的拓展，从而提高了检索的精度和准确性。

2.4 词向量与知识图谱实体的对比

(1) 获取知识图谱中实体的向量表示。

使用知识图谱嵌入模型(Knowledge Graph Embedding Models)将知识图谱中的实体映射到低维向量空间中。采用 TransE 模型来将知识图谱中的实体映射到向量空间中，得到每个实体的向量表示。

(2) 计算词向量与实体向量之间的相似度。

对于拓展后的每个词语，利用其词向量与知识图谱中每个实体的向量表示之间的相似度来衡量其与实体的语义关联程度。

计算相似度时，可以使用词向量和实体向量之间的余弦相似度，公式为：

$$similarity = 1 - cosine\_distance(v_{keyword},\ v_{entity}) \quad (4)$$

式中，$v_{keyword}$是拓展后的词语的词向量表示，v_{entity}是知识图谱中实体的向量表示。

(3) 根据设定的相似度阈值，筛选出与拓展后的关键词相似度高于 0.8 的知识图谱实体。

2.5 知识图谱查询

我们将筛选出的实体作为基础构建相应的 Cypher 查询语句，这是一种结构化查询语言，专为图数据库设计。在知识图谱中利用构造的 Cypher 语句进行查询，根据实体的属性，即制度文本 id 找到对应的制度文本，供用户查看。

这种方法能够结合关键词的语义信息和知识图谱中实体的关联性，提高检索的精度和准确性。通过利用 Word2Vec 模型将关键词转换为语义空间中的向量表示，并与知识图谱中的实体进行比较，可以更好地捕捉到语义上相关的信息。

3 系统实现

本系统采用 B/S 架构，这种模式统一了客户端，将系统功能实现的核心部分集中到了服务器上，简化了系统的开发，维护和使用。算法逻辑采用 python 实现，前端采用 Element－ui，Vue. js，后端采用 Java，Spring Framework，Spring Boot，Spring Security，JDBC，ORM 框架，并采取 Mysql 和 Neo4j 相结合的混合存储的策略来存储系统数据(图 3)。

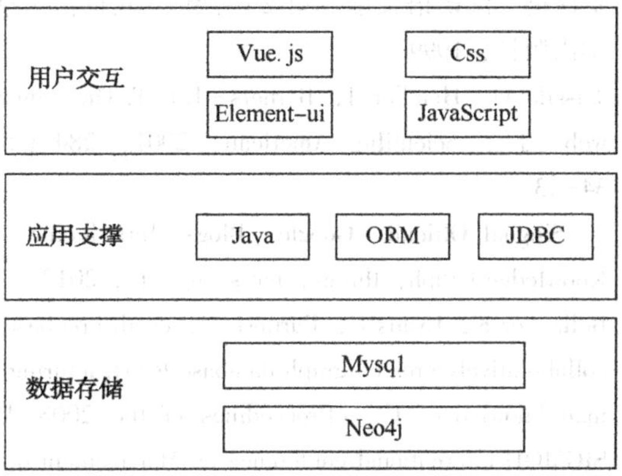

图 3　系统开发框架

系统界面如下图所示，用户在搜索框中输入查询语句，系统通过中文分词，计算每个词的 TF-IDF 值，选择具有高 TF-IDF 值的词作为关键词，然后经过关键词拓展，词向量与知识图谱的实体对比，知识库查询等一系列操作，最后根据查询得到的实体找到其对应的制度文本，按照相似度大小将结果排序并通过浏览器展示给用户。在展示的制度文本中，相应关键词会进行高亮显示。用户可以通过点击按钮进行文件预览和下载操作(图 4)。

图 4　系统界面图

4 结语

本文通过抽取企业制度文本知识建立了制度知识图谱，然后在该知识图谱的基础上，通过中文分词，TF-IDF 值计算，关键词拓展，词向量与知识图谱实体对比，知识库查询五个步骤，调用大量函数构建制度文本智能检索算法，最终实现企业制度文本智能检索系统。

总结来看，该方法将知识图谱、词频-逆文档频率算法以及相似度计算结合起来，能够快速、准确地为用户检索制度信息。然而，在对用户输入语句的自然语言处理方面仍存在不足，未来可进一步优化检索算法以提高检索精度，并探索更广泛的应用领域。

参考文献

[1] 贾彦德. 汉语语义学. 第2版[M]. 北京：北京大学出版社，1999.

[2] Lassila O, Hendler J, Berners-Lee T. The semantic web [J]. Scientific American, 2001, 284 (5): 34-43.

[3] Singhal. Official Google Blog: Introducing the Knowledge Graph: things, not strings[J]. 2012.

[4] Bollacker K, Evans C, Paritosh P, et al. Freebase: a collaboratively created graph database for structuring human knowledge [C]//Proceedings of the 2008 ACM SIGMOD international conference on Management of data. 2008: 1247-1250.

[5] Auer S, Bizer C, Kobilarov G, et al. Dbpedia: A nucleus for a web of open data[C]//international semantic web conference. Berlin, Heidelberg: Springer Berlin-Heidelberg, 2007: 722-735.

[6] Suchanek F M, Kasneci G, Weikum G. Yago: A large ontology from wikipedia and wordnet[J]. Journal of Web Semantics, 2008, 6(3): 203-217.

[7] Liu H, Singh P. ConceptNet—a practical commonsense reasoning tool-kit[J]. BT technology journal, 2004, 22(4): 211-226.

[8] Chen J, Wang A, Chen J, et al. CN-Probase: a data-driven approach for large-scale Chinese taxonomy construction[C]//2019 IEEE 35th International Conference on Data Engineering (ICDE). IEEE, 2019: 1706-1709.

[9] Xu B, Xu Y, Liang J, et al. CN-DBpedia: A never-ending Chinese knowledge extraction system[C]//International Conference on Industrial, Engineering and Other Applications of Applied Intelligent Systems. Cham: Springer International Publishing, 2017: 428-438.

[10] 赵宇博，张丽萍，闫盛等. 个性化学习中学科知识图谱构建与应用综述[J]. 计算机工程与应用，2023，59(10)：1-21.

[11] 邱云飞，邢浩然，李刚. 矿井建设知识图谱构建研究综述[J]. 计算机工程与应用，2023，59(07)：64-79.

[12] 周义棋，刘畅，龙增，等. 电网应急预案知识图谱构建方法与应用[J]. 中国安全生产科学技术，2023，19(01)：5-13.

[13] 文必龙，薛广有. 面向油藏地质领域的知识图谱构建研究[J]. 计算机技术与发展，2021，31(12)：204-210.

[14] 赵月斋. 一种基于词频统计的中文分词方法[J]. 科技展望，2016，26(10). DOI：10.3969/j.issn.1672-8289.2016.10.247.

[15] 钟昕妤，李燕. 中文分词技术研究进展综述[J]. 软件导刊，2023，22(02)：225-230.

[16] Gers F A, Schmidhuber J, Cummins F. Learning to forget: Continual prediction with LSTM[J]. Neural computation, 2000, 12(10): 2451-2471.

浅谈油气领域数据安全治理的探索之道

李鹏飞[1]　赵晨光[2]　陈星亚[2]　展天枢[3]　陈军胜[3]

（1. 中国石油集团测井有限公司大庆分公司；2. 中国石油集团测井有限公司制造公司；
3. 中国石油集团测井有限公司评价信息部）

摘　要　本文深入探讨了油气领域数据安全治理的重要性及其所面临的挑战，同时结合实践案例，详细阐述了数据安全治理在该领域的具体应用和成效。油气数据作为企业的核心商业秘密和国家能源安全的重要组成部分，对数据安全技术水平和管理体系提出了更高要求。然而，当前油气领域数据治理面临着理解弱、数据来源复杂、数据质量要求高、数据共享难以及数据安全风险高等五大挑战。为解决这些问题，文章提出了以数据安全管理为核心的数据治理框架，旨在打破数据孤岛、确保数据质量、促进数据共享并保障数据隐私与安全。通过测井数据和协同办公数据的实践案例，文章展示了数据安全治理在油气领域的具体应用和成效，包括建设统一测井数据库、实现多学科数据共享集成以及开展智能化决策等。这些实践不仅提升了油气领域的数据治理水平，也为同行业不同类型组织的数据安全治理建设提供了有益参考。展望未来，随着技术的不断进步和应用场景的拓展，油气领域的数据治理将迎来更加广阔的发展前景。但也需要加强法律法规和政策支持、加强行业协作与交流以及加强人才培养和团队建设等方面的努力，共同推动油气领域数据安全治理的美好愿景的实现。

关键词　油气数据；数据治理；数据安全；智能化应用

近年来，习近平总书记指出，数字经济发展速度之快、辐射范围之广、影响程度之深前所未有，正在成为重组全球的要素资源、重塑全球经济结构、改变全球竞争格局的关键力量。在此目标指引下，油气领域需要加快构建数据安全治理体系，提升数据安全保障水平，实现通过数据治理系统共享企业数据，提升企业的创新能力，成本管理能力，用于提供更好的决策支持。

在此大背景下，作者根据自身多年信息化工作经验，对数据治理工作实施和理解经验，提出了此文浅谈油气领域数据安全治理体系，并选取了个别场景，介绍相应场景下数据安全治理实践经验，期望为同行业不同类型组织的数据安全治理建设提供有益参考。

1　油气领域数据安全治理面临的挑战和痛点

根据多年的深入耕耘和自身转型的实践，我们发现，优质高效的数据底座，是保障企业运营效率持续提升和业务创新升级的重要基石。打破数据孤岛、确保数据质量、促进数据共享、保障数据隐私与安全，是数据治理的关键。当前很多内部系统数据体系建设呈现出“烟囱化”的趋势，为数据治理发展带来了五大挑战。

（1）理解弱：缺乏对数据价值的深刻认识，治理建设仅停留在工具层面。

（2）进不来：数据来源复杂，集成难。

（3）质量差：对数据质量要求高，规则校验多，落地难。

（4）出不去：数据烟囱林立，业务和数据匹配难，共享难。

（5）不放心：数据安全、交互风险高。

2　探索油气领域数据安全治理框架

油气数据由于其领域的特殊性，具有以下几方面特点：

（1）数据安全能力要求极高。油气领域数据其涉及企业的核心商业秘密和国家能源安全，一旦泄露，将对企业的竞争力和国家的能源安全造成严重影响。因此，对数据安全技术水平、信息安全管理体系等方面提出了更高的要求。

（2）数据孤岛现象严重。油气领域数据来源广泛、格式多样，缺乏统一的数据标准和规范。因此，不同系统之间的数据互通和共享成为技术难点。

（3）需具备海量数据存储计算能力。油气数据具有体量大、维度多、关联性强等特点，要对全量全要素的大量数据进行低成本的压缩、储存，要求技术平台具备高扩展性、可伸缩性、高容灾性以及对海量数据计算分析能力。因此，需要引入颠覆传统软件的处理方式。

针对以上经验，为深入行业业务场景、解决企业数据孤岛问题、持续释放数据价值，提出以下解决方案(图 1)

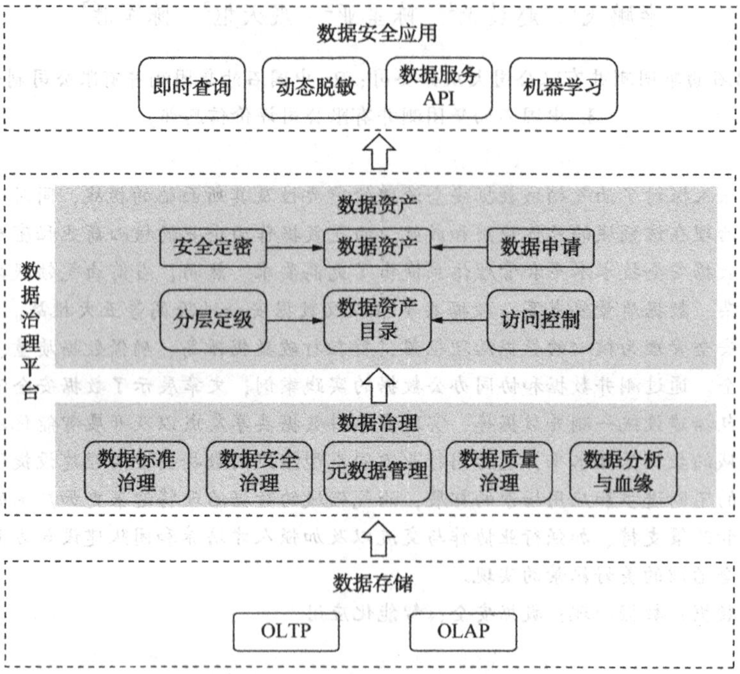

图 1　解决方案

以数据安全管理贯穿整个数据治理生命周期，通过盘点数据资产的分类分级，定义数据资产安全级别，建立数据访问控制体系和动态脱敏引擎，确保数据质量、数据服务、数据查询等访问场景安全，支持通过人工、规则识别、AI 算法、血缘关系实现数据资产分类分级的梳理应用。

3　数据安全治理实践

3.1　测井数据安全治理实践

测井数据是集团上游业务的核心数据资产，具有类型多样、专业性强、对数据的操作复杂等特点，其使用贯穿油气田勘探开发全生命周期，是认识和评价油气藏的关键基础资料。为有效管理集团公司测井数据资产，测井公司基于“平台统一、任务驱动、源头采集、集中管理、全面正常化”的架构理念，建设了“中国石油统一测井数据库 LOGDB”，并基于此大数据平台实现很多测井数据分析应用。

LOGDB 对时间跨度长、范围广、格式多、存储分散的测井数据实现完整的数据采集，建立统一数据模型，形成宝贵的测井数据资产。为测井公司、各油田科研生产系统和集团公司梦想云平台提供了统一的数据接口服务，实现公司核心业务数据的资产化和数据共享，加快了数字化转型工作步伐。

此外 LOGDB 还实现对井筒各专业数据融合。借助 EISS、A6 等系统，推进钻井、录井、试油气等专业数据与测井数据互联互通，促进多学科数据共享集成。基于 LOGDB 大数据平台，开展了测井智能解释、老井评价挖潜和油气水井的智能动态监测，为油田增储建产和提质增效服务。

3.2　协同办公数据安全治理实践

在“十四五”信息化工作全协同数字化环境的发展规划背景下，信息化工作开展建设了管理智能化决策系统，该系统依托于 EISC 系统生产经营数据、测井大数据平台的数据应用数据及协同办公平台管理业务数据，基于分布式查询引擎以及 AI 智能算法，对数据进行建模分析，提供一体化的综合办公搜索和智能决策功能。

此外，该系统在底层对 EISC 生产经营管理数据、测井大数据平台的数据应用数据、协同办公管理数据进行二次数据分析计算，可作为数据湖中 DWM(数据中间层)或 DWS(数据服务层)层数据生成数据资产。从而实现通过测井云平台、测井数据湖支撑大数据智能化应用，实现业务纵向贯通横向集成。

4　结论与展望

实现油气领域的数据治理是一个复杂而艰巨的任务，需要多方面的努力和协作。通过加强技术创新和应用、建立完善的数据治理体系、提升数据处理和分析能力等措施，我们可以逐步克服面临的技术挑战，实现“数据可用不可见”的目标。这将有助于充分发挥油气数据的价值，推动油气行业的持续发展和创新。

展望未来，随着技术的不断进步和应用场景的拓展，油气领域的数据治理将迎来更加广阔的发展前景。一方面，随着云计算、大数据、人工智能等技术的不断发展，数据处理和分析能力将得到进一步提升；另一方面，随着数字化转型的不断深入，油气行业将更加注重数据的价值挖掘和利用。同时，我们也需要清醒地认识到，实现油气领域的数据治理仍然面临着诸多挑战和问题，需要行业内外各方的共同努力和协作来推动解决。

在探索油气领域数据安全治理的过程中，我们还需要关注以下几个方面：一是加强法律法规和政策支持，为数据安全治理提供法律保障和政策引导；二是加强行业协作与交流，推动形成开放共享的行业生态；三是加强人才培养和团队建设，提升行业内的数据素养和技能水平。通过这些努力，我们可以期待在不久的将来实现油气领域数据安全治理的美好愿景。

第三篇　设备与工程技术篇

新形势下数字化转型、智能化发展成为油气行业提质增效、塑造新质生产力的关键解决方案。物联网、云计算、大数据、人工智能、区块链等新一代信息技术是推动行业数字化转型、智能化发展的关键驱动力。在信息技术与油气行业融合实践过程中，我们形成了一系列应用成果，取得了长足进步。但在油气行业工程建设、调控运营、安全维护等方面仍面临诸多难题和痛点，有待进一步突破。《设备与工程技术篇》梳理和总结了油气行业基于信息化、数字化、智能化设备工程及相关技术的最新成果和应用实践，对于提高油气行业运营效率、提升安全水平、推动高质量发展，赋能行业可持续发展具有指导意义。

百亿方智慧气田建设探索与实践

赵 强 张 吉 张 炜

（中国石油长庆油田公司）

摘 要 数字化转型智能化发展是创新驱动高质量发展的必由之路，为实现量效齐增，油气生产必须在数智发展潮流中抢占先机、提前布局、巩固优势，推动数字能力、管理能力、运营能力的全面转型升级。本文结合中国石油天然气股份有限公司长庆油田分公司第一采气厂生产运行管理现状和需求，大胆探索实践智能化建设，从气田发展的主要矛盾分析智能化建设的必要性，提出百亿方智慧气田建设思路、目标及原则；从智能气井、智能管道、智能场站、智能管理等四个气田生产管理的主要方面入手，选取智能控制、智能监控、智能调参、智能巡检、智能开发等典型且成熟实践案例，阐述以问题、结果、目标为导向，以业务需求为驱动，以提高本质安全、提产增产、提质增效为抓手，利用应用自动化、数字化、信息化、智能化先进技术，提升全领域、全方位、全过程管控水平，实现生产运行组织和业务管控"实时监控、智能诊断、自动处置、智能优化"的新模式，形成了适用气田智能化建设技术标准和运行管理模式，打造可复制、可推广的百亿方智能化采气厂。

关键词 智能气井；智能管道；智能场站；智能管理；大集中监控

1 百亿方气田基本情况

中国石油天然气股份有限公司长庆油田分公司第一采气厂于1997年建厂，随着生产规模逐步扩大，2021年生产天然气100亿立方米，成为长庆油田第一个年生产百亿方天然气的采气厂，也是长庆油田最大的采气厂。目前，第一采气厂主要负责靖边气田下古碳酸盐岩、苏里格气田苏东南区、苏东三区致密砂岩开发建设，分布在陕西、内蒙两省区7个市、县（旗）境内，矿权面积1.29万平方公里，年生产能力110亿立方米、净化能力132亿立方米，生产的天然气主要供到北京、西安、银川、呼和浩特等10多个大中城市以及50个油田内外单位，管理9个采气作业区（含1个储气库作业区）、5座天然气净化厂，共有员工1944人。

2 面临的突出矛盾

面对油气生产高质量发展的新形势和新要求，需要通过数智技术手段破解困扰气田发展过程中的主要矛盾。一是用工紧张，在采气厂年均新增产能19~22亿立方米，新建井250余口的工作量下，用工总量仍然保持在2000人左右，促进生产管理提质增效，因此在优化人员配置、盘活人力资源方面仍须持续发力；二是信息分散，分散监控模式下，指令传达链条长，生产信息不能及时有效实现集中统一、互通共融；三是管理层级多，监控层级多，平台化、集约化程度不高，仍有进一步整合优化的空间；四是工作量不均衡，监控工作量因属地、专业的管理界限没有打破，各单位之间监控工作量存在差异。

3 百亿方智慧气田建设总体规划

3.1 总体设计

围绕全域数据管理、全生命周期管理、全面一体化管理、全面闭环管理，提高气田生产本质安全水平，促进气田生产管理提质增效，率先建成生产自动化、分析智能化、运营集约化、组织扁平化的百亿立方米千万吨级一流的现代化采气厂（图1）。

3.2 技术路线

深化应用AI智能分析、光纤震动预警、大数据分析等系列技术对气井、场站、管道运行管理赋能，积极创新优化生产运营管理模式，全面实现重复操作自动化、生产现场可视化、运行管理智能化（图2）。

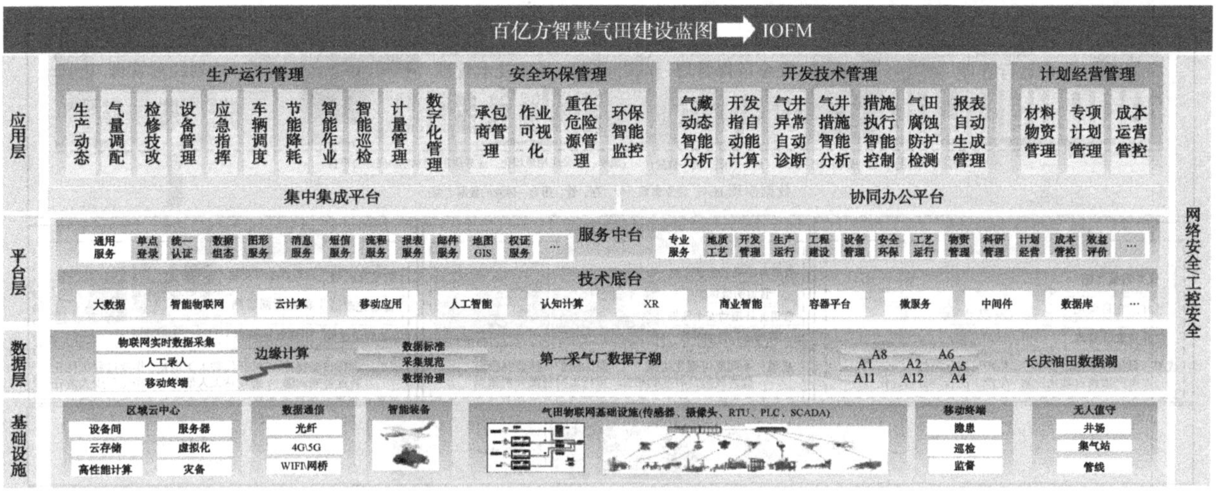

图 1　总体设计

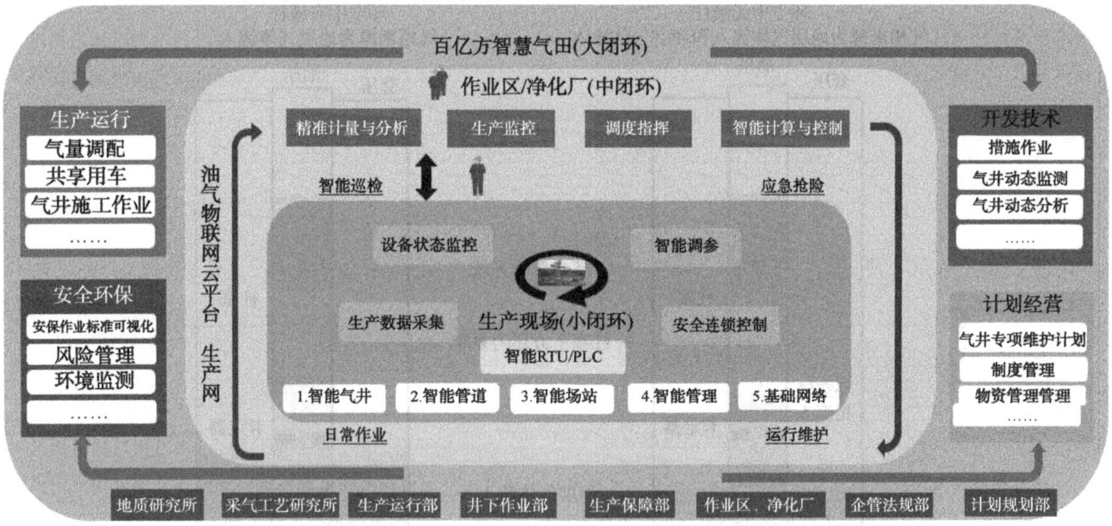

图 2　技术路线

4　百亿方智慧气田建设实践

以感知、互联、数据融合为基础，从智能井场、智能管道、智能场站、智能管理四个层面，选取智能控制、智能监控、智能调参、智能巡检、智能开发等典型且应用案例介绍百亿方智慧气田建设(图 3)。

4.1　智能气井

4.1.1　气井智能控制

通过制定措施最佳介入时机、评估措施适用界限、优选主导工艺技术，形成了“柱塞气举主导、远程间开互补、自动泡排辅助”的气井自动化排水采气技术体系。

柱塞气举：根据实时参数、积液量、地层能量，判识现有运行工况，优化措施制度，将生产制度传输至柱塞控制平台进行确认执行，柱塞气举井保持最佳状态运行。

远程间开：在井口安装远程控制调节针阀，通过分析井口压力和流量参数，作为气井生产阀门开度、时间间隔的控制依据，实现气井生产的远程间开，有效促进井均套压下降至合理值。

自动泡排：在气井应用防冻型多井自动加药装置，结合远程控制程序下达指令，实现了在一套装置多路按需自动加注泡排剂，提高措施有效率(图 4)。

4.1.2　气井措施智能优化

将技术理论与专家经验研究形成三种排水采气工艺的智能控制模型和算法，所有分析依据和判定条件均可根据区域气藏特性和气井生产特征自定义，实现气井“措施效果自动分析、措施制度智能优化、措施指令自动执行”远程智能一体化管控。

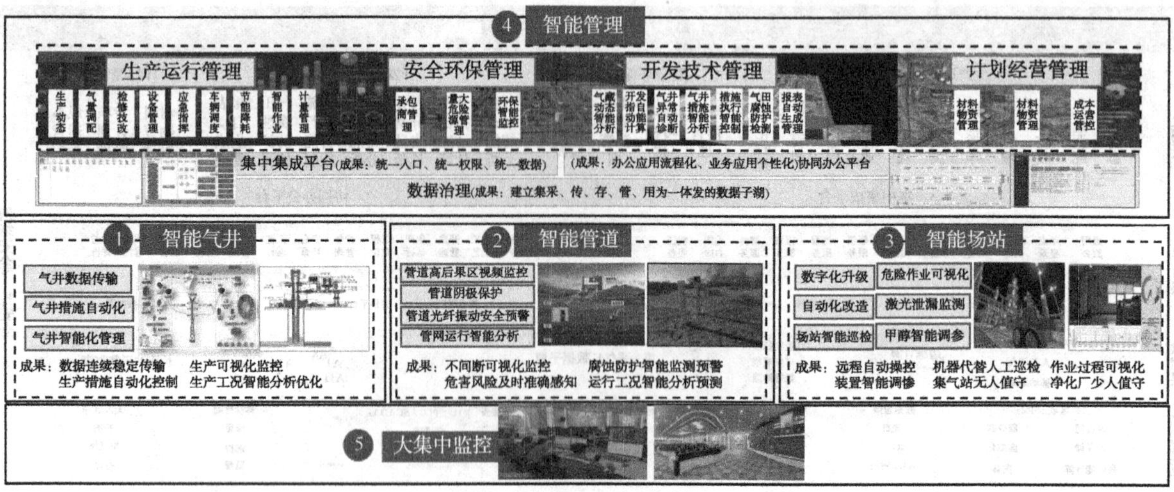

图 3　技术框架

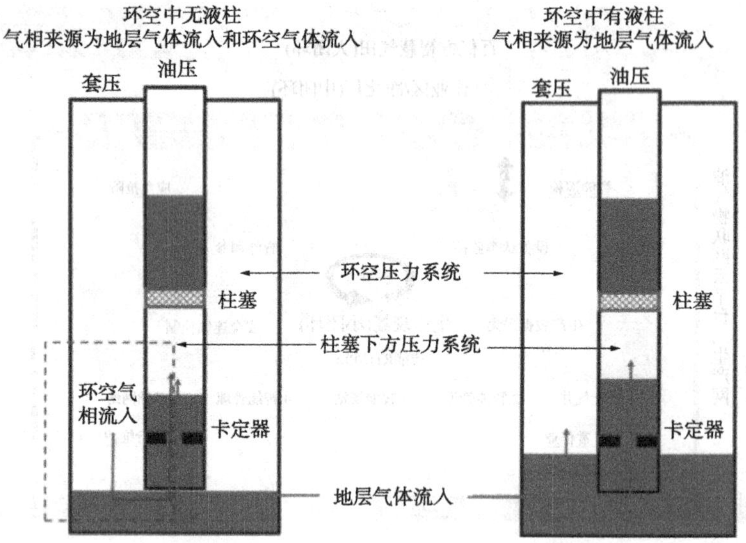

图 4　柱塞气举智能控制方法机理

柱塞气举算法：气举开井时机选择，根据载荷系数 k 判断，当 $0.3<k<0.5$ 时，举液效果最佳。关井时机的选择，根据套压微升法来判断，当达到预设触发条件时气井自动关闭(图 5)。

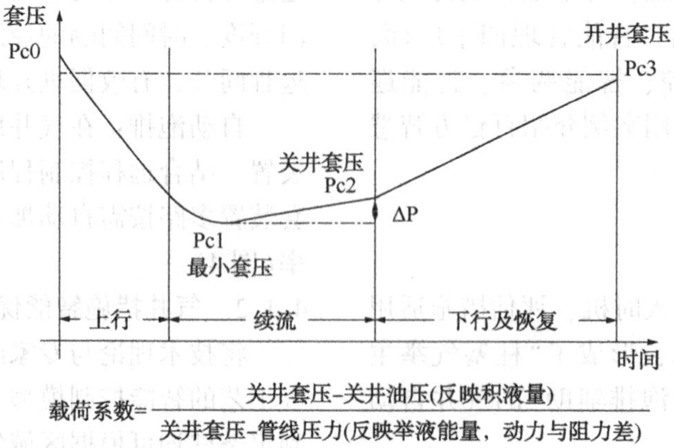

图 5　柱塞气举控制算法原理

远程间开算法：根据井筒多相流理论、压力恢复模型，结合气井生产动态拟合结果，建立 2 项考核指标、4 项优化参数，引入了 6 项限制预警机制，实现气井间开自动执行、智能分析、智能优化决策(图6)。

自动泡排算法：根据气液流动规律、总结积液动态变化特征，科学制定加注方式、加注时机、节流器打捞时机，形成自动泡排智能控制算法，满足气井动态按需、足量精细加注需求，减少低效、无效加注井次(图7)。

$$
\text{井A:}\begin{cases}\dfrac{\partial^2 p_1}{\partial r^2}+\dfrac{1}{r}\dfrac{\partial p_1}{\partial r}=\dfrac{10^3}{3.6}\dfrac{\partial p_1}{\partial(\Delta t)} & \\ p_1(\Delta t=0)=p_i & \Delta t>0\\ p_1(r=\infty)=p_i & \\ \left(r\dfrac{\partial p_1}{\partial r}\right)_{r=r_m}=\dfrac{1.842quB}{Kh} & \end{cases}
$$

$$
\text{井B:}\begin{cases}\dfrac{\partial^2 p_1}{\partial r^2}+\dfrac{1}{r}\dfrac{\partial p_1}{\partial r}=\dfrac{10^3}{3.6}\dfrac{\partial p_1}{\partial(\Delta t)} & \\ p_2(\Delta t=0)=0 & \Delta t>t_p\\ p_2(r=\infty)=0 & \\ \left(r\dfrac{\partial p_2}{\partial r}\right)_{r=r_m}=\dfrac{1.842quB}{Kh} & \end{cases}
$$

$$
\left.\begin{aligned} p_{ws}(\Delta t)&=p_1+p_2\\ p_{ws}&=pe^{0.03415\gamma_g h/\overline{TZ}}\end{aligned}\right\}p(\Delta t)=aIn\Delta t+b
$$

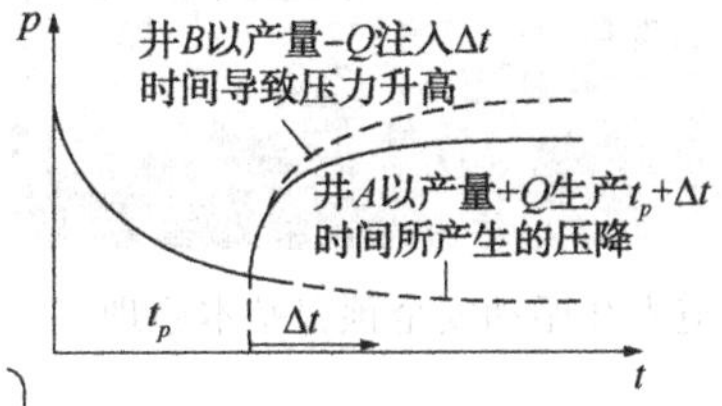

图6　智能间开控制算法原理

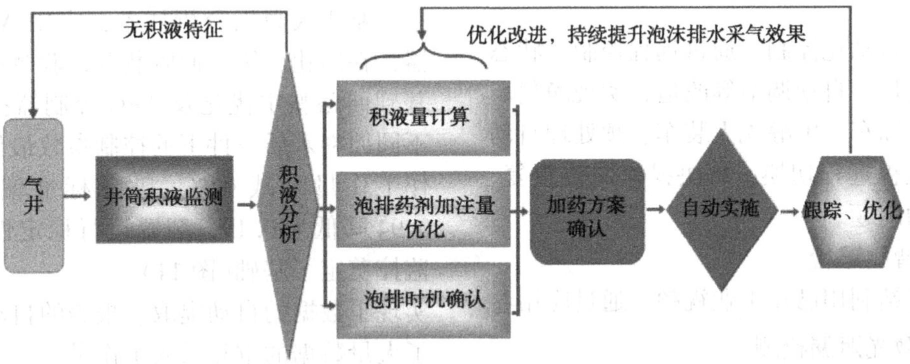

图7　自动泡排控制算法原理

4.2　智能管道

4.2.1　管道高后果区智能监控

将高清视频监控与智能预警相结合，对管道高后果区进行全天候录像和异常情况报警，代替人工进行高后果区的监控和巡护，提高该区域的安全监控水平，降低人工巡护的工作量(图8)。

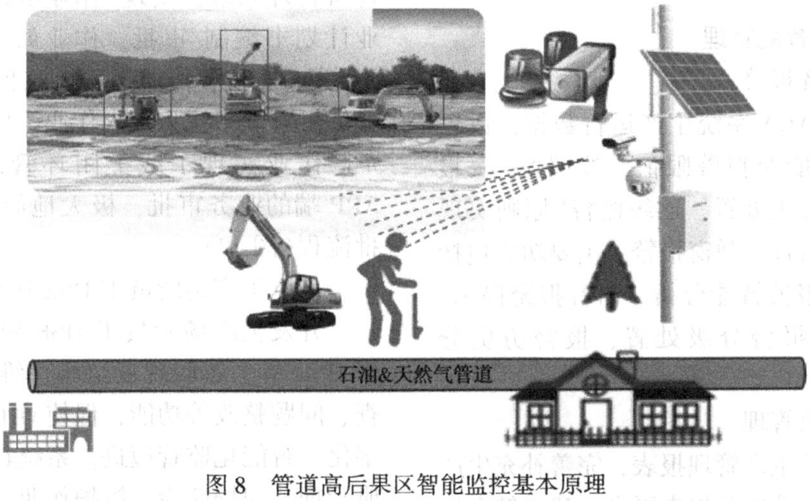

图8　管道高后果区智能监控基本原理

4.2.2　管道光纤振动安全预警

利用管道伴行光缆，监测地面震动触发的光波变化，实现对管道周围附近的第三方破坏和施工情况进行分类分级报警，并将报警信息推动至APP端和PC端，加强对管道损伤及泄漏风险的监管(图9)。

图9　管道光纤振动安全预警基本原理

4.3　智能场站

4.3.1　场站智能控制

集气站动设备远程启停：通过自动化改造、编制控制程序，实现了全部集气站发电机、空压机、注醇泵的远程启停，解决外电闪停，员工驱车上站启停设备劳动强度大、交通风险高的问题。

智能工厂自动化控制：通过远程控制、状态监测、自动计量、自动调节等改造，实现净化厂区采出水无人卸车、甲醇无人装车、预处理自动加药、倒灌流程远程切换，解决操作岗位重复、低效的工作的问题。

4.3.2　场站智能巡检

无人值守站利用已建工业视频，通过应用卷

4.3.4　场站激光泄漏检测

应用红外激光扫描检测技术扫描生产现场，发现泄漏点、气体浓度进行预警，联动工业视频进行检查确认，实现对场站气体泄漏情况的全天候无死角监控，打造无泄漏生产场所(图12)。

4.4　智能管理

4.4.1　生产运行智能管理

(1) 智能语音报警。

自动采集SCADA系统生产运行数据，设置多种报警提示功能及报警限值，按照“一次报警、三级显示、分级处置、逐级监督”原则实现异常生产状态的语音、弹窗报警。主要功能包括数据自动采集、报警智能分析、语音报警提示、报警分级分类、报警分级处置、报警历史分析等。

(2) 智能报表管理。

整合优化各类生产管理报表，完善补充生产数据，统一共享的数据及报表平台，建立健全气量、产品、危废、水电、设备等数据库，开发PKS数据读取接口、手工录入接口共70余个，开发生成、技术、安全、经营类报表150余张，

积神经网络技术、表计图像识别技术与工控参数综合比对，主动发现异常参数并报警，形成机器代替人工巡检的新模式。净化厂在无人值守站智能巡检系统基本功能的基础上，将工业机器人作为对高含硫区域巡检的补充，代替员工执行巡检任务(图10)。

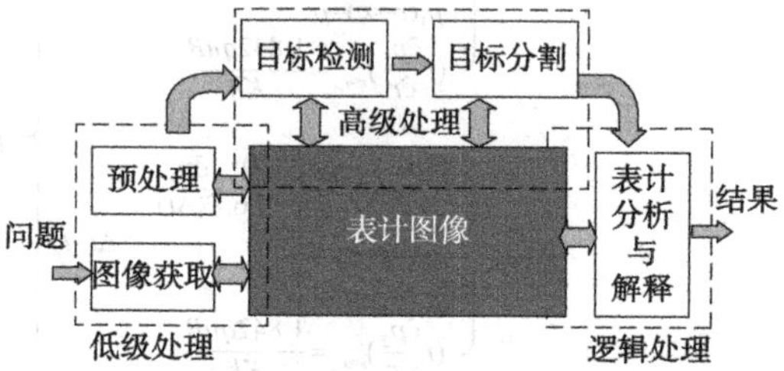

图10　图像分析处理逻辑

4.3.3　场站装置智能调参

基于大数据分析技术，应用APC先进控制器，在净化厂甲醇回收装置试验智能调参，通过基础回路整定优化及APC控制器投运，实现在不同原料水质条件下的控制参数最优化，人工操作工作量缩减92%。波动标准偏差由最高由0.94降低为0.19，装置运行稳定性提升为远程监控奠定了基础(图11)。

实现了数据的自动提取、报表的自动生成，消除了大量数据的重复录入工作量。

4.4.2　安全环保智能管理

(1) 非常规作业许可管理。

严格按照非常规作业票据办理流程，将办理流程、纸质票据等内容电子化，开发非常规作业许可管理系统，实现“作业申请，JSA分析，作业计划书编制/审批，作业派发，许可证办理、实施、关闭”等作业过程全流程管控。非常规作业许可管理系统将动火作业、吊装作业、等9项危险作业实现了线上闭环管理，同时实现了APP端的业务审批，极大地简化以往繁琐的审批流程(图13)。

(2) 生产场所员工HSE履职。

开发生产场所员工HSE履职智能系统，实现HSE员工履职现场巡检、维护作业、监督检查、问题整改等功能，促使QHSE传统管理向数字化、智能化监管迈进。系统具有风险管理、两册管理、现场巡检、维护作业、派工任务、监督检查、问题管理、量化考核等8项HSE业务管理功能(图14)。

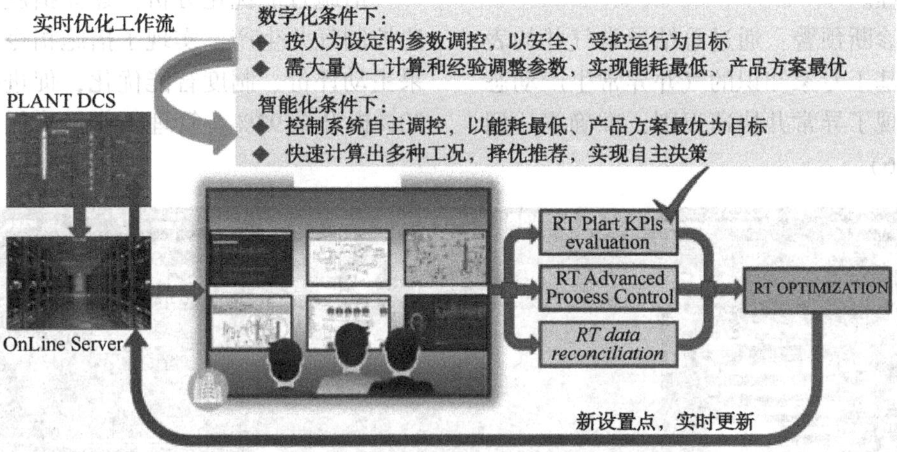

图 11　智能调参基本原理

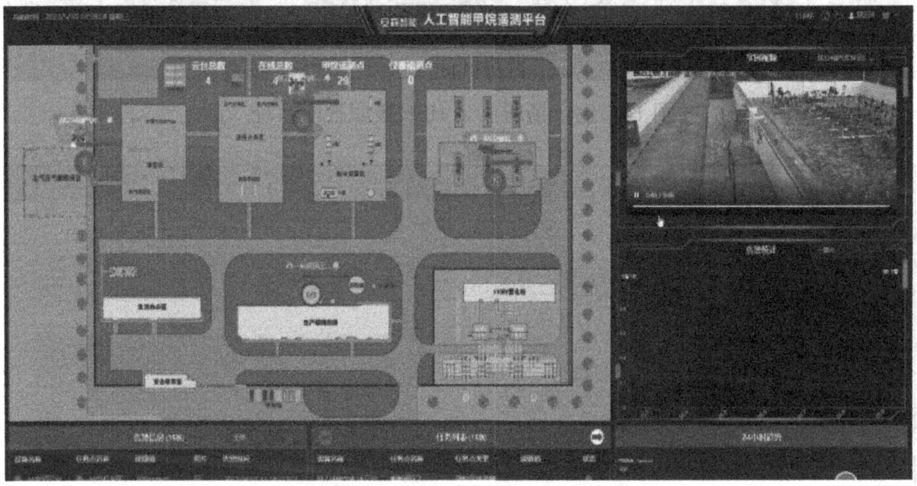

图 12　人工智能甲烷遥测平台

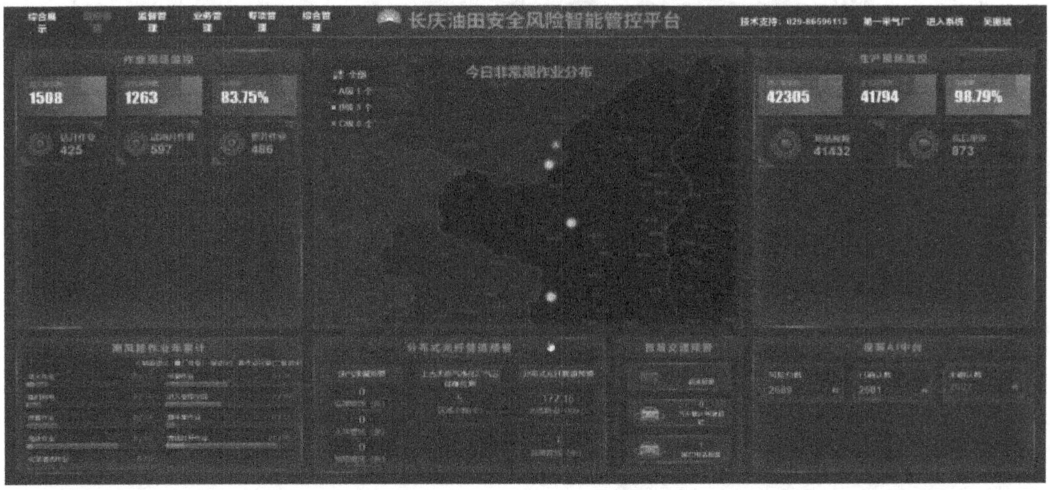

图 13　非常规作业许可管理系统

4.4.3　开发技术智能管理

（1）气井智能生产管理。

通过挖掘数据价值、建立智能分析算法、优化措施体系，开发气井智能生产管理系统，实现气井生产的精细化管理（图 15）。

生产数据集中监控：实现气井压力、流量、井口截断阀、井下节流器状态等数据的集中监控，仪表及通信故障报警，便于日常分析、运行维护及对标管理。

生产异常诊断预警：通过总结异常气井的表现特征，建立基于专家知识的气井异常生产动态分析方法，实现了异常井快速识别，准确率达到90%以上(图 16)。

措施智能优化分析：建立措施的智能优化算法控制气井生产，实现了措施指令自动下达、效果主动评价、制度智能优化，促进措施有效率由90%提升至 93%，管理工作量降低 60%。

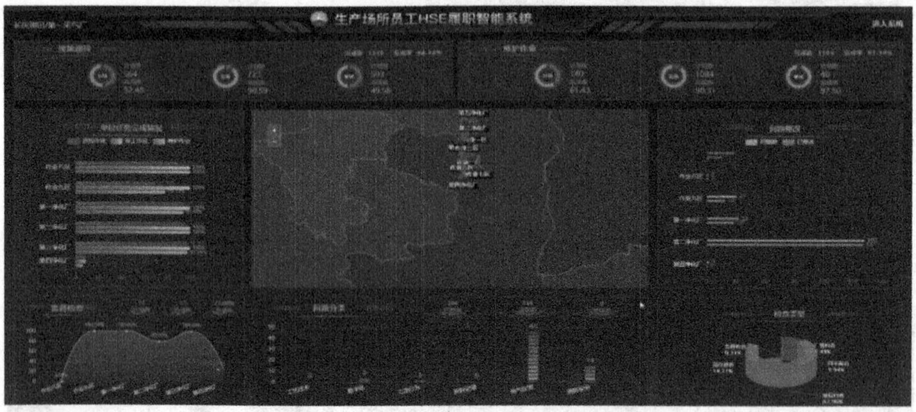

图 14　生产场所员工 HSE 履职智能系统

图 15　气井智能化管理系统

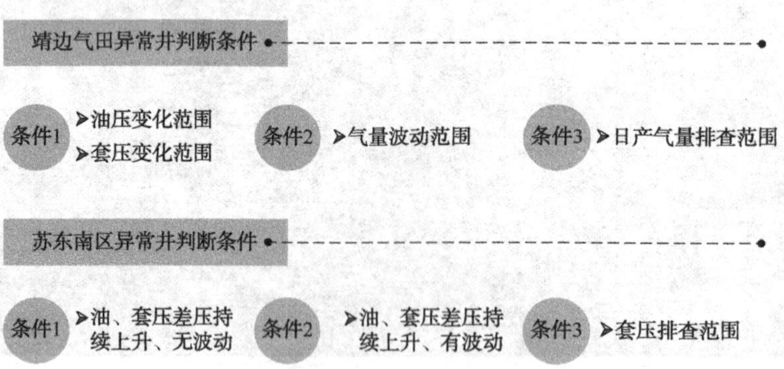

图 16　气井生产异常诊断预警条件

(2) 腐蚀智能监测。

引入大数据处理算法、腐蚀风险预警模型等智能化分析技术，研究井筒腐蚀监测、集输管道监测、场站管道监测、智能阴极保护等 4 个方面的腐蚀防护监管方法，实现了数据实时监控、风险智能评估、腐蚀等级预警，预警准确率达到70%以上，年缩减人工检测、填报、分析数据5800 余次(图 17、图 18)。

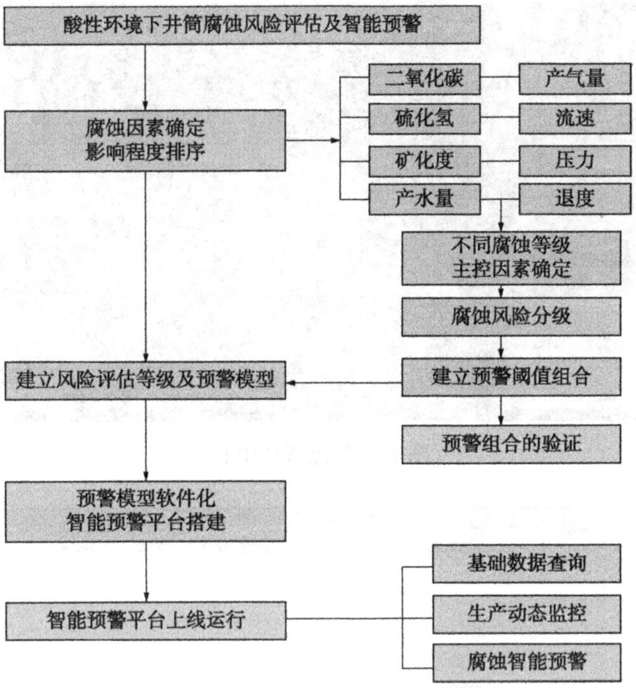

图 17　气井井筒腐蚀检测与防护技术路线

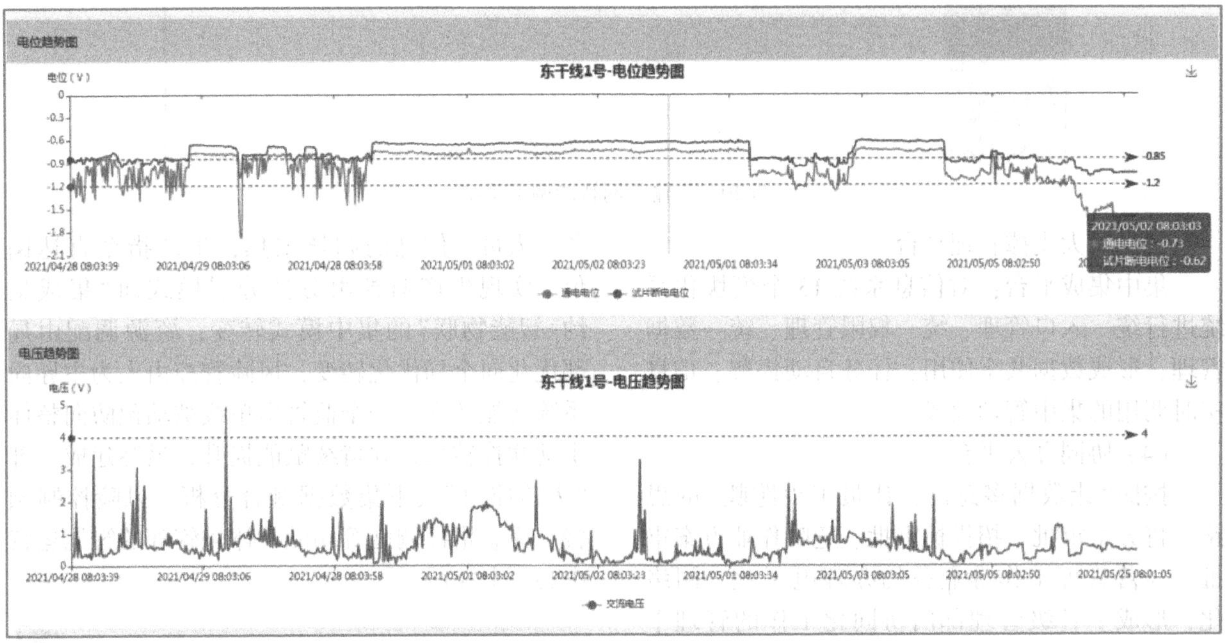

图 18　阴保实时监测数据

4.4.4　管理决策智能管理

（1）生产安全智能管理决策。

将自建系统、公司统建系统关联数据资源进行自动汇总分析，通过总体页面可全局监控总体运行情况，为智能化决策提供大数据支撑（图 19）。

（2）集输管网智能调配决策。

引入实时数据自动获取、多相流仿真模拟等智能化分析技术，开发集输管网智能调配系统，实现在线模拟节点压力、气量智能调配，输送效率、积液量实时预警，大幅缩减管网模拟计算时间，提升气田生产管理效率决策（图 20）。

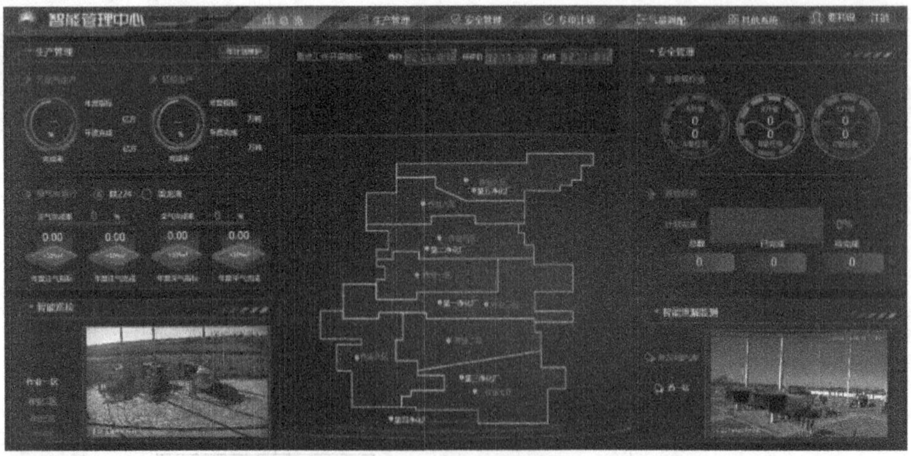

图 19　智能管理中心

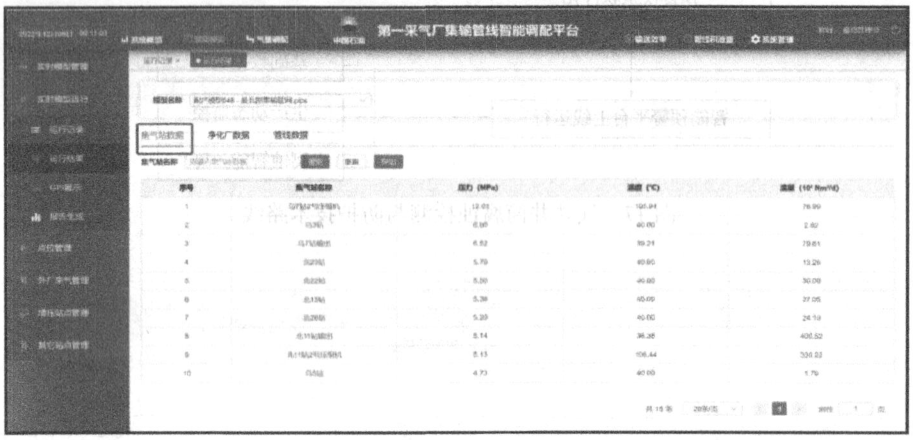

图 20　集输管网智能调配系统

（3）两大支撑管理平台。

集中集成平台：对信息系统 13 个模块化系统进行统一入口管理、统一权限管理、统一数据管理，形成数据共享使用、任务自动提醒、信息实时调用的集中管理模式。

（4）协同办公平台。

按照“让数据多跑路，让员工少跑腿”的思路，将方案审批、招投标审批、危险作业方案审批、经营管理工作等业务的办理电子化、网络化，形成了各级管理部门协同化工作的管理平台，业务办理效率大幅提高。

4.5　大集中监控

基于气田当前的数智程度、技术能力、网络通信等各方面建设成果，建立信息集中、层级精简、管理统一的新型远程集中监控模式。通过监控模式集约化，监控业务专业化，配套实施技术升级，推动生产管理系统化，形成厂级集中大监控模式，由厂直管全厂各作业区、净化厂生产运行监控业务，推动监控层级和监管链条压减，业务、人员、信息的归核聚焦，生产指令直达岗位，实现生产监控由分散分层模式向“集成集约+智能物联”的集中模式转变，资源调配由局部优化向全局优化转变，风险管控由人为主导向系统智能转变，安全监管由单线被动预防向整体主动联控转变，并持续赋能提升，最终建成厂部“大监控”模式下集数据融合分析、风险控制预警、应急指挥调度等功能一体化管理的智能运营中心（图 21）。

图 21　大集中监控中心（厂级）

5 效果评价

气田智能化建设在节约人力资源、降低劳动强度、提高工作效率、提升本质安全等方面有明显提升，实现了组织架构的扁平化，盘活了人力资源，气田生产提质增效突出。

（1）提产增产效果显著，运行效率大幅提升。

气井实施智能助排措施，集气站所有动设备实现一键启停，净化厂重复性操作实现自动控制，单站年自动巡检730次，巡护工作量及管理难度降低60%。

（2）安全生产监管力度加大，安全管控能力有效提升。

员工在高危场所暴露频次、出车交通风险大幅降低，管道高后果区实现高清可视化监控，探索应用了管道光缆震动预警技术，高危作业实现厂级监督全覆盖，紧急截断保护系统稳定运行。

（3）减员增效明显，推动业务归核升。

盘活企业内部用工，减少业务外包人员近百人，气井措施成本由37.6元/千立方米下降至31.3元/千立方米。

（4）优化调整组织架构，形成新型运行模式。

“大部制”机构改革落地运行，700多名驻站员工撤离至作业区区部、净化厂驻地、区域保障点，监控模式由“两级监控”调整为“一级监控”。

5 结论与认识

在百亿方智慧气田建设探索与实践中，得出以下基本结论：

（1）数字化转型智能化发展是创新驱动高质量发展的必由之路，百亿方智慧气田建设不仅推动气田生产模式转变，而且切实提升气田生产运行的效率。

（2）数字化转型是以价值创新为目标，用数智技术驱动业务变革的企业发展战略，以“提质增效、风险防控”为核心，打通全流程、全生命周期、全产业链的数据采集、传输、共享和利用，实现生产、运营、管理、营销和服务全面数字化，推动业务模式重构、管理模式变革、商业模式创新、核心能力提升。

（3）信息化建设是系统工程，要坚持资源整合、技术集成，技术创新与管理创新同步配套，数字化应用必须与现场工艺流程、安全控制、岗位责任制相结合，改革传统的管理制度体系。

（4）百亿方智慧气田建设需要坚持问题导向、需求引领、业务主导，做强硬件支撑、做优软件配套、做精运维保障，生产运行全流程数字化、自动化，业务管理全领域信息化、智能化，形成可复制、可推广的管理模式。

百亿方智慧气田是一项长期的系统性、技术性工程，下一步建设方向：

（1）持续推动智能化建设成果转换，形成可复制、可推广的建设经验，切实发挥好示范引领作用；

（2）推进各类应用系统的“云化”部署，实现生产经营业务管理的共享、共用；

（3）依托数据资产、强化数据分析、深挖数据价值，以大数据分析结果支撑气田管理决策；

（4）建设形成工艺控制参数跟随气质指标进行智能调整、自动运行的生产模式，实现各生产节点单元生产运行更稳定、装置运行更节能、产品质量更优质。

参考文献

[1] 唐磊．基于视频图像的工业仪表高速自动识别[J]．机电工程，2010(9)：69-71.

[2] 张嘉丰．关于人工智能中图像识别技术的研究[J]．电子技术与软件工程，2018(23)：250-251.

[3] 田蕴，李帅，王真．智能巡检机器人的发展与设计趋势探析[J]．工业设计，2019(11)：143-144.

[4] 杜建莉．先进控制在天然气加工行业中的应用[J]．石油化工自动化，2022，58(06)：10-13.

基于增量学习的钻井机械钻速机器学习方法研究

王鏖清　郭庆丰　张　鑫　梁　磊　门明磊　王国伟

（中国石油集团工程技术研究院）

摘　要　机械钻速是钻井过程的关键因素，钻速的精确预测可以帮助优化井场实时决策，显著降低钻井成本、缩短钻井周期，提高工作效率。由于ROP的高度非线性行为，将其建模为关键变量的数学函数并不是一项容易的任务。近年来，数字驱动的人工智能技术在机械钻速预测与优化中显示出巨大的潜力。但现有的方法主要采用“离线训练-在线预测”方案，在应用于新的井时，钻进参数的分布空间会随着地层的变化而变化，传统的方法无法快速捕捉随深度变化的地层参数变化。本文介绍了批增量学习模型的训练过程。首先在工程参数数据集上进行了钻速预测，比较了6种常见机器学习的准确性。结合川南页岩气区域特点对算法进行优选。最后实验对比了最优机器学习方法的增量学习策略。实验证明，在机器学习算法中，长短期神经网络的效果最好，平均准确率达到77.31%。同时，在5口井的实验中，所有增量学习的结果均高于仅使用机器学习的结果，达到96.28%，增量学习策略的平均结果较离线训练平均结果提升24.35%，验证了增量学习方法的有效性。

关键词　机械钻速；机器学习；增量学习；离线学习

作为世界上重要的能源和化工原料，石油的勘探、开发和加工整个过程涉及多学科、多领域、多层次和多环节。钻井工程作为油气开发上游基石环节，机械钻速作为钻井作业整体水平的直观反映，是影响钻井作业周期和作业成本的关键因素之一，随着钻井工程技术的发展，海洋及地下开采条件日趋复杂、工具设备及测试仪表技术不断更新，对钻井参数优化技术提出了更高的要求。多年来，钻井领域的专家学者和工程技术人员一直致力于机械钻速的提升，从岩石物理力学性质、钻井工艺及设备能力、钻井液流变性能以及钻井工程参数等方面建立了诸多模型，但基本都是基于经验和逻辑推理，建模和求解过程相对复杂、考虑影响因素也十分有限。近年来，随着大数据和人工智能技术的发展，钻井作业决策呈现由经验驱动、逻辑驱动逐步向数据驱动的趋势发展，为综合考虑多因素提高机械钻速带来了新的技术思路。

然而，每一口井对应的地质条件和施工条件均有所不同，机器学习方法受到数据分布变化的影响较大。因此，常规的机器学习在开始测试前需要大量的时间和历史数据进行重新训练。针对上述问题，本论文讨论了钻速预测的增量学习方法，将线下的训练过程转到线上，使模型获得迭代升级的能力，快速适应钻井的地质条件和工程施工的变化。

1　数据和方法模型

1.1　数据集合

本文的数据集合为川南区块的五口钻井的历史录井数据(表1)。在下文中，简称其为井1–井5。

表1　地质参数数据表

地层	岩性描述
沙溪庙组	泥岩夹砂岩
凉高山组	砂岩、泥岩
自流井组	泥岩夹砂岩、灰岩
须家河组	砂岩夹页岩及煤
嘉陵江组	上部白云岩、石膏，中部大段灰岩，下部白云岩、灰岩、石膏，底为深灰及深灰带褐色灰岩
飞仙关组	泥岩夹粉砂岩及薄层石灰岩
长兴组	灰岩、泥质灰岩夹页岩
龙潭组	铝土质泥岩夹页岩、凝灰质砂岩
茅口组	以灰岩为主，下部夹黑灰色含泥质灰岩
栖霞组	浅灰色、深灰色灰岩，底部含燧石
梁山组	黑色页岩夹粉砂岩
韩家店组	灰色泥岩夹褐灰色灰岩
石牛栏组	灰褐色石灰岩、深褐灰色泥质石灰岩、深灰色泥岩
龙马溪组	深灰色、黑色页岩，底部为生物灰岩

1.2　数据特征选择

本节使用互信息评价随机变量之间的依赖程度，衡量两个分布之间的不确定程度。确定该地区影响机械钻速因素与机械钻速之间的差异。具体来说，互信息的计算方法如公式(1)所示：

$$I(X;\ Y) = \sum_{x \in X} \sum_{y \in Y} p(x,\ y) \log \left[\frac{p(x,\ y)}{p(x)p(y)} \right] \tag{1}$$

式中，X，Y 为需要衡量的随机变量，其中 Y 固定为机械钻速，X 为其他的钻进参数数据；$p(x)$，$p(y)$ 为两个随机变量的边缘概率密度；$p(x,\ y)$ 为他们的联合概率密度函数。

图 1 是工程参数数据与机械钻速的相关性热力图，两两参数之间颜色越深，相关性越强。所选择所有数据为钻井工况，井深和钻头深度的相关度为 1。同时，泵冲与入口流量有很强的相关性。结合工程认识，可以去除泵冲和井深特征。

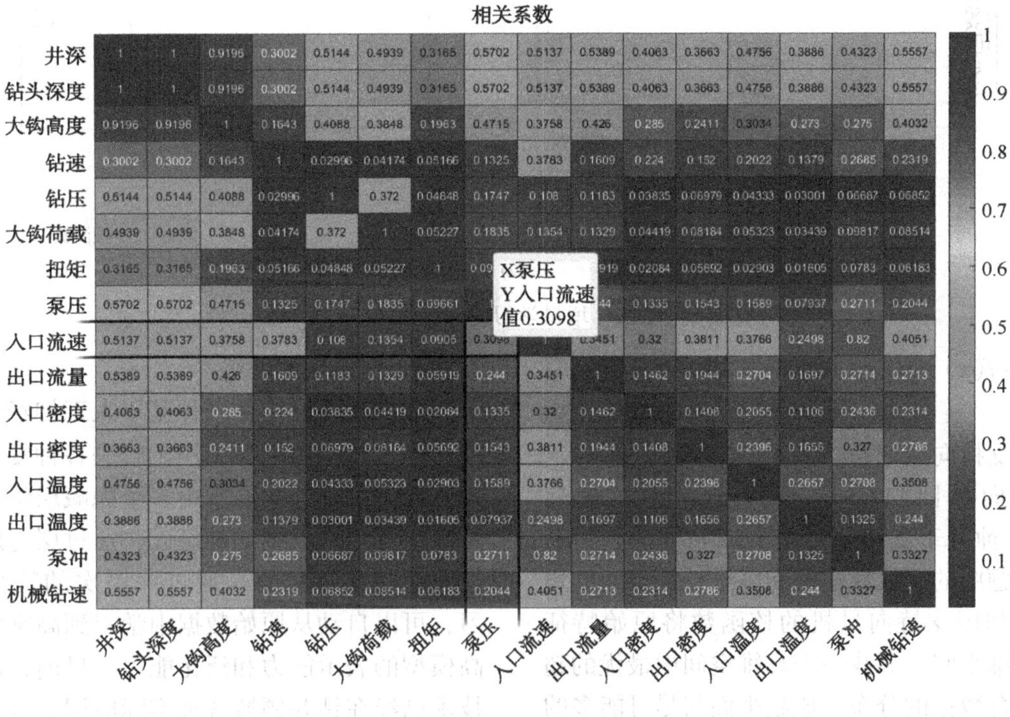

图 1　带有残差块的全连接网络

2　模型方法

2.1　增量学习方法

钻井过程中传感器得到的是顺序的流式数据，模型无法得到数据分布的整体特征。同时，随着钻机进尺的加深，参数之间的关系也随之发生变化，模型训练的数据与实际的传感器信号存在着一定的差异，并且差异随时间发生变化。因此，本文选择使用增量学习方法不断学习数据的分布漂移。

如图 2 所示，是本文使用的两种机器学习训练策略，其中，(a)图是普通机器学习的训练过程。使用 30% 的数据作为训练集合，后面 70% 作为测试集合，模型不会随着测试集合的数据分布变化(图中是上升趋势)而发生变化。而在(b)图除了初始的训练过程外，在一段时间之后，新增的训练数据参与到模型的更新中，因此，可以自适应地捕捉到数据分布的变化，获得更好的结果。

2.2　机器学习模型

本文在传统机器学习、集成学习方法和深度学习 3 个大领域中，选择最常用的 6 种机器学习方法。在下面的小结里展开描述具体的网络形式和训练方法。

2.2.1　传统机器学习

(1) 线性回归。

线性模型将机械钻速建模为输入参数的线性加权。但是，由于 ROP 与各个参数呈现为高度的非线性。目前，一些机械钻速的理论研究将 ROP 建模为各个影响因子幂次的乘积。因此，如公式(3)所示，在训练过程中，我们将ROP转化为ln ROP，通过随机梯度寻找最优的结果。为了保证评估结果的平等性，仍使用ROP作为主要的参数。

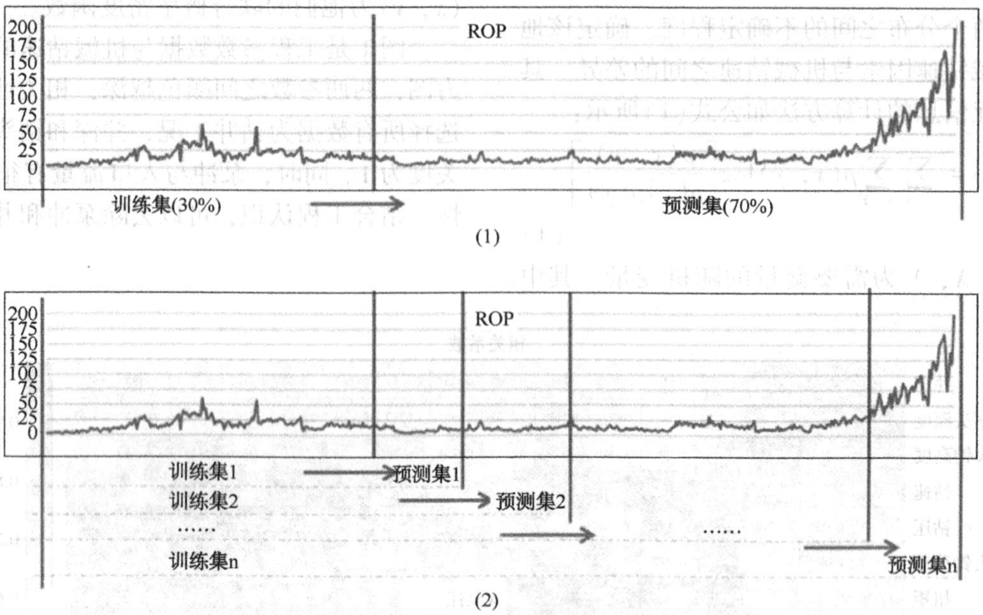

图2　增量学习的训练策略

$$\ln ROP = f(x) = \omega_1 x_1 + \omega_2 x_2 + \cdots + \omega_d x_d + b \tag{3}$$

(2) 支持向量回归。

支持向量回归(Support Vector Regression, SVR)是一种基于支持向量机的回归方法。为解决回归问题中的非线性建模和高维特征空间的挑战，SVR利用支持向量机的核函数将原始特征映射到高维空间，寻找一个高维空间中最优的超平面来拟合数据的分布，该超平面与尽可能多的数据点保持在ε内，同时最小化误差和模型复杂度。

通过调整参数，SVR灵活地适应不同的数据集和复杂度要求，从而在许多实际应用中取得了良好的性能。SVR已广泛应用于钻进过程中机械钻速的预测，并表现出很强的预测能力和泛化能力。

2.2.2　集成学习方法

集成学习方法是一种组合式的学习方法，通过组合多个弱学习器来构建一个强大的学习器。本文实验选择了Boosting的集成策略。该策略核心思想是通过串行训练一系列弱学习器，每个弱学习器学习前一轮中被错分的样本，不断提高整体模型的性能。本文选择了GradientBoost和XG-Boost两种常见的方法。

2.2.3　深度学习网络

深度神经网络是一种基于人工神经元和多层连接的机器学习模型，用于解决各种复杂的模式识别和预测任务。通常由多个隐藏层组成，每个隐藏层都包含大量的神经元，通过层与层之间的权重连接传递信息。通过深层次的特征表示学习，可以自动从原始数据中学习到高维特征，提高模型的表示能力和泛化能力。目前，深度学习技术已经在钻井领域各种实际应用中展现出强大的能力。

(1) 全连接神经网络。

全连接神经网络是一种最基本的人工神经网络模型。在全连接神经网络中，每一层的神经元都与上一层的所有神经元相连接，形成一个完全连接的网络结构。每个神经元接收来自上一层的输入，并通过权重和偏置进行加权和加和，然后通过激活函数进行非线性变换，最终输出到下一层。网络结构示意图如图3所示。

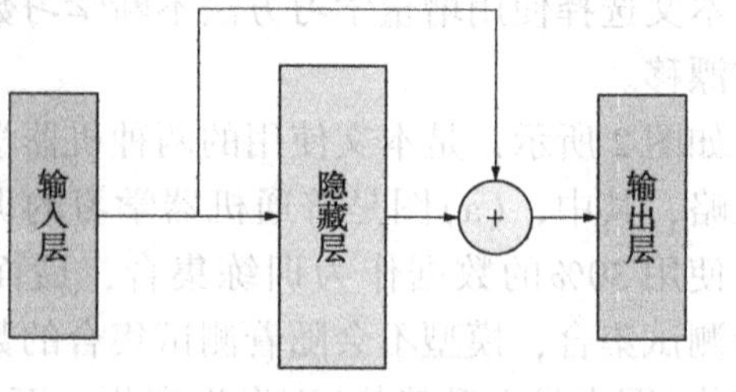

图3　带有残差块的全连接网络

(2) 长短期神经网络

长短期记忆网络(Long Short-Term Memory, LSTM)是一种特殊的循环神经网络，使用特殊的门机制控制信息的流动和遗忘过程，避免了梯度消失或梯度爆炸等问题，能有效地捕获序列中的长期依赖关系。具体的结构如图4所示。

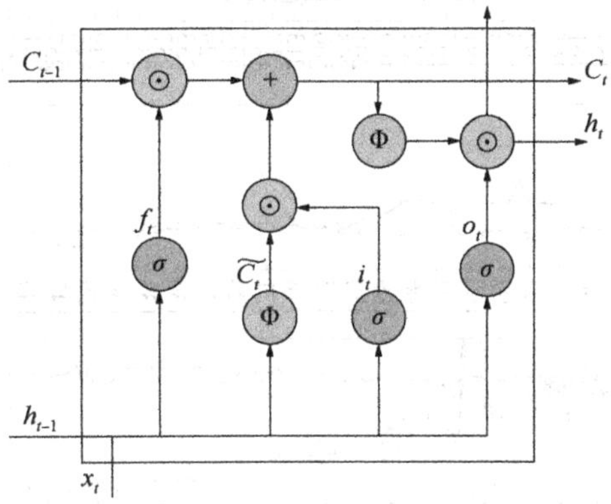

图4 长短期时间网络

3 实验

3.1 评价指标

为了评估机械钻速回归结果的准确性，本文使用决定系数(R^2)作为衡量模型效果的指标，衡量模型对数据的相对解释程度。R^2 的取值范围在0到1之间，其值越接近1表示模型对观测数据的变异性解释得越好，而值接近0则表示模型解释能力较弱。具体的计算公式如公式(4)所示：

$$R^2 = \frac{\sum_{i=1}^{n}(\hat{y}_i - \frac{1}{n}\sum_{i=1}^{n}\hat{y}_i)2}{\sum_{i=1}^{n}(y_i - \frac{1}{n}\sum_{i=1}^{n}y_i)2} \tag{4}$$

3.2 实验设置

本文选择的算法是目前较为常见、应用广泛的机器学习算法。没有针对网络结构进行设计，使用的机器学习模型超参数采用的是常见的默认设置，均没有经过对比调试。

3.3 实验结果

在表3中，加粗的结果是最优的实验结果，带有下划线的结果为次优结果。在选择的6个算法中，LSTM算法钻速的拟合度均为最高，平均结果达到了77.31%，超过次优结果16.13%。因此，本章下面将使用LSTM方法建立征粮学下的钻速预测模型。

表3 机器学习模型的结果

模型	井-1	井-2	井-3	井-4	井-5	平均 R^2
线性回归	0.5163	0.4292	0.4849	0.5868	0.3211	0.4676
支持向量机	0.5767	0.3927	0.2511	0.5370	0.6911	0.4897
GradientBoost	0.7144	0.6224	0.3950	0.7135	0.5579	0.6006
XGBoost	0.7330	0.6425	0.5812	0.6714	0.6136	0.6484
全连接网络	0.3759	0.3427	0.2254	0.4696	0.2132	0.3254
LSTM	0.7725	0.7719	0.7406	0.7936	0.7875	0.7731

增量学习的方式在2.1节中已经阐述，不再详细解释。如表4所示，LSTM是不带增量学习的效果，LSTM-I是使用增量方式学习数据的趋势。在所有数据集合中，增量学习的结果均高于原有算法，平均结果达到了96.28%，超过原有结果24.53%。

表4 增量学习模型的结果

模型	井-1	井-2	井-3	井-4	井-5	平均 R^2
LSTM	0.7725	0.7719	0.7406	0.7936	0.7875	0.7731
LSTM-I	0.9668	0.9582	0.9516	0.9714	0.9659	0.9628
提升	25.15%	24.14%	28.49%	22.04%	25.10%	24.53%

图 5 是机器学习方法、增量学习与实钻曲线对比。其中，图中蓝色曲线是机械钻速的实钻曲线，绿色曲线为仅使用机器学习的预测结果，红色曲线为使用增量学习的机器学习算法。从图中可以看出，增量学习可以很好的学习到曲线的漂移趋势。

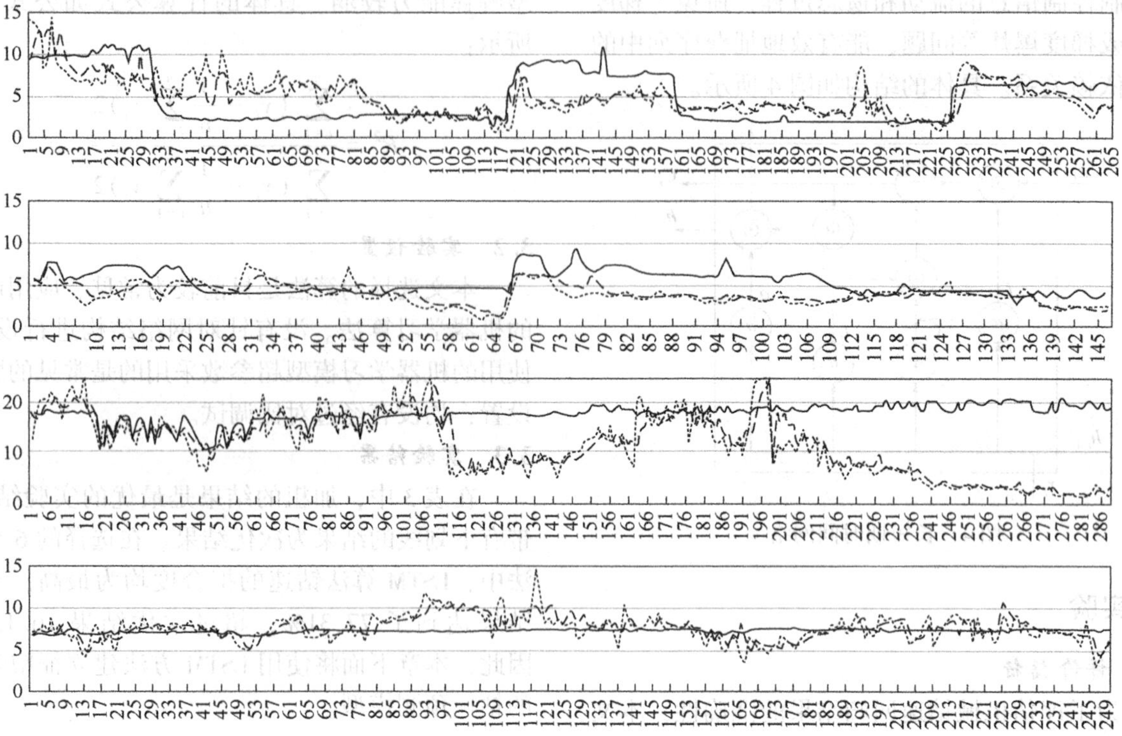

图 5　预测结果的对比

4　结论

本论文讨论了钻速预测的增量学习方法，将线下的训练过程转到线上，使模型获得迭代升级的能力，快速适应钻井的地质条件和工程施工的变化。通过一个增量学习的框架，针对川南页岩气区域的特点，形成了有效的预测方法。首先，通过比较多种通用的机器学习方法选择效果较好的方法。实验部分通过比较 6 种常见的机器学习算法，在工程参数数据集上进行钻速预测，发现长短期神经网络（LSTM）在准确性方面表现最佳，平均准确率达到 77.31%。

然后，我们实验对比了最优机器学习方法的增量学习策略，并验证了增量学习方法的有效性。实验结果显示，所有增量学习的结果均高于仅使用机器学习的结果，平均提升了 24.35%。这表明增量学习策略能够更好地适应钻进参数的分布空间随深度变化的情况，从而提高了钻速预测的精确度和实用性。验证了增量学习在机械钻速预测与优化中的巨大潜力。

综上所述，本研究证明了数据驱动的人工智能技术在机械钻速预测与优化中的重要性和有效性，有望为钻井过程的实时决策提供了有力支持，降低钻井成本、缩短钻井周期，提高工作效率。未来的将优化增量学习的网络结构，针对流式数据，探索更多的学习策略，并将研究成果应用于实际的钻井工程中，以实现更大的经济和社会效益。

参 考 文 献

[1] Eren T, Ozbayoglu M E. Real time optimization of drilling parameters during drilling operations[C]. .

[2] Zhang H, Guan Z, Liu Y, et al. A novel tool to improve the rate of penetration by transferring drilling string vibration energy to hydraulic energy[J]. Journal of Petroleum Science and Engineering, 2016, 146: 318-325.

[3] M A Sulaiman, J Labadin. Feature selection based on mutual information[C]. 2015 9th International Conference on IT in Asia (CITA).

[4] Ansari H R, Sarbaz Hosseini M J, Amirpour M. Drilling rate of penetration prediction through committee support vector regression based on imperialist competitive algorithm[J]. Carbonates and Evaporites,

2017, 32(2): 205-213.

[5] Kor K, Altun G. Is support vector regression method suitable for predicting rate of penetration? [J]. Journal of Petroleum Science and Engineering, 2020, 194: 107542.

[6] Gan C, Cao W-H, Wu M, et al. Prediction of drilling rate of penetration (rop) using hybrid support vector regression: a case study on the shennongjia area, central china[J]. Journal of Petroleum Science and Engineering, 2019, 181: 106200.

[7] Bustillo A, Urbikain G, Perez J M, et al. Smart optimization of a friction-drilling process based on boosting ensembles[J]. Special Issue on Smart Manufacturing, 2018, 48: 108-121.

[8] Hood J A, Leidland B T, Haldorsen H, etc. Aggressive drilling parameter management based on downhole vibration diagnostics boosts drilling performance in difficult formation[C].

一种防爆电机正压通风控制系统

鄢运德　范玉涛　陆经纬　马海龙　李　翔　张　勇

（中国石油塔里木油田公司）

摘　要　本文通过对当前大型驱动电机正压通风吹扫系统结构和功能进行研究的基础上，提出了一种电机吹扫系统进行智能化改造的方案，该方案中明确了改造所用配件结构及实现功能的程序逻辑，具有投入成本小，适用性高的优点，适合向具有防爆功能要求的电机等电气设备上推广。

关键词　电机；防爆；吹扫；智能化控制；电气设备

1　前言

塔里木油田牙哈牙哈凝析气田 3 台电驱注气机的驱动电机功率 4500 千瓦，驱动电压 10 千伏，原装配备的正压通风吹扫系统型号为 EExP 正压系统 F-361. C4，其主要功能是在机组启机前对电机外罩内部进行正压吹扫，并持续维持通风正压，以防止电机外部环境中可燃气体侵入，达到电机防爆目的。

牙哈凝析气田采用“循环注气，保压开采”方式进行持续高效开发。3 台电驱注气机一般采用“两用一备”模式运行，单日注气量 250 万立方米，占牙哈凝析气田单日最高注气量 50%以上，是牙哈凝析气田持续向地层注气，维持地层压力及在冬季进行天然气“调峰保供”的关键设备。

以上 3 台机组于 2018 年建成投产，至 2021 年初的 3 年时间内，设备驱动电机的正压通风吹扫系统共计出现过 35 次吹扫失败故障，其核心控制部件—型号为 F351-P 的控制器损坏 3 次，导致机组无法正常启机运行，这给牙哈凝析气田正常注气生产和“调峰保供”带来较大影响。

2　正压通风吹扫系统运行现状调查

F351-P 控制器是进口配件，之前该控制器损坏后，现场均采购新配件进行更换，存在配件采购价格高(单个超 21 万元)，采购周期长(至少 6 个月)两大现实问题，不仅消耗较大配件成本，也会影响正常生产注气。此外，根据该正压通风吹扫系统运行状况情况，因其吹扫失败频次较高，说明系统本身也不够稳定可靠。因此，现场技术攻关团队计划对该吹扫系统进行国产化改造，预期达到两方面目标：①替换 F351-P 功能；②提升系统稳定性，并实现智能吹扫控制功能。

3　进行 F351-P 控制器核心功能分析

F351-P 控制器是注气机正压通风控制系统的核心部件，其内部集成功能如图 1 所示。

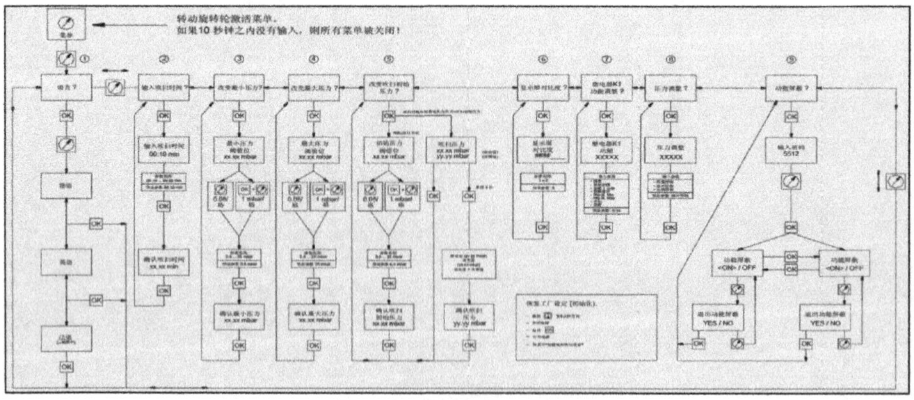

图 1　F351-P 控制器集成功能示意图

技术攻关团队结合 F351-P 控制器集成功能示意图，经过细致分析后，根据实际功能特点，将模块内部功能分成语言设置，吹扫时间、初始压力等参数设置及控制，界面显示设置和管理员设置四项子功能。结合现场实际操作使用需求，最终认定吹扫时间、初始压力等参数设置及控制子功能为该控制器核心功能。技术攻关小组对正压通风控制系统改造最终目标是实现核心功能。模块子功能分区如图 2 所示。

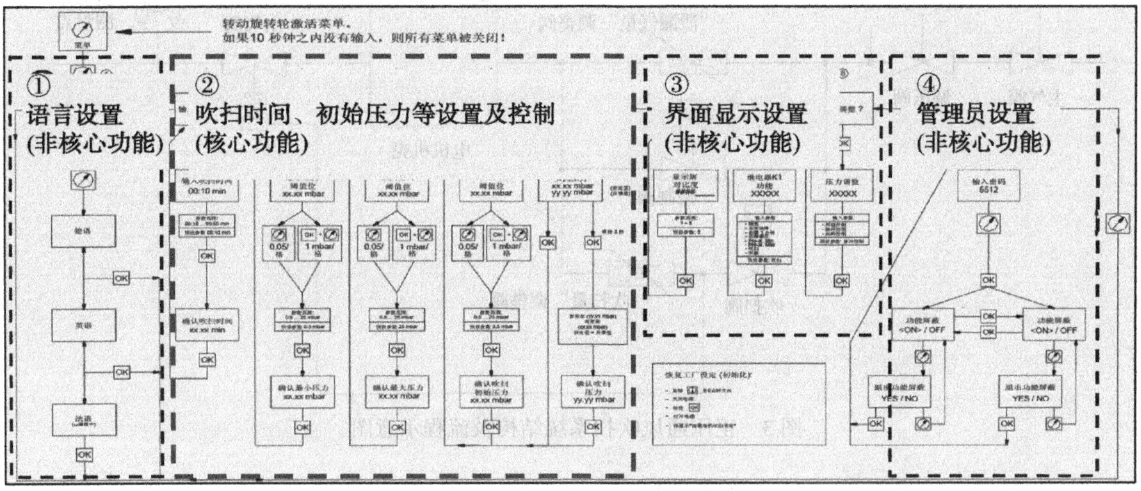

图 2　F351-P 控制器子项功能划分

4　通过测试建立控制程序逻辑

以实现核心功能为目标，技术攻关团队结合正压通风控制系统结构流程图对核心功能进行深入分析，并在现场对功能的实现方式开展严谨测试，根据测试结果建立了系统功能程序逻辑。

图 3 为正压通风控制系统结构及流程示意图。其核心功能详细说明如下：①在连接现场压缩空气供给装置，并手动打开主气阀及调压阀状态下，吹扫阀、“吹扫量”调整阀和出气阀会被打开。压缩空气依次通过主气阀、调压阀、吹扫阀和“吹扫量”调整阀及并联的控制阀到达电机外罩，并从出气阀排出。吹扫完成后系统向压缩机组 PLC 控制柜输出一个“吹扫完成”命令，机组方可正常启动；②吹扫结束后，吹扫阀、出气阀自动关闭。这样一来，压缩空气只能从“泄漏气量”调整阀以及电机外罩的控制阀中通过。此时，由“泄漏气量”调整阀和控制阀维持电机外罩内所需的压力。F-351 控制器内“Min”（最小值）和“Max”（最大值）压力开关会监控电机外罩内的正压状况。如果正压下降到预先设定的最小值阈值以下，则表示电机防爆性能缺失此时正压通风控制系统向压缩机组 PLC 控制柜发出“停机”信号，关闭电机电源；如果正压上升到预先设定的最大阈值以上，此时正压通风控制系统会重新进行吹扫和出气，维持机罩压力稳定。

图 4 为经过现场测试及分析后，技术攻关团队建立的正压通风吹扫系统逻辑流程框图。其详细说明如下：①当 PLC 初始上电并接通压缩空气时开始电机吹扫，如果吹扫压力大于 12. 5mbar，出口压差大于 0. 5mbar 则计时开始，设定时间 54 分钟，吹扫期间如压力低于 12. 5mbar 或出口差压小于 0. 5mbar 则计时复位，满足条件后重新吹扫计时；②正常运行中，机罩内压力维持稳定在 10～24. 5mbar；③当机罩内压力大于 24. 5mbar 时打开吹扫阀，同时通过出气阀排出压力，降至 24. 5mbar 后吹扫阀和出气阀关闭；④当压力大于 4mbar 且低于 10mbar 时打开控制阀补压，正常后控制阀关闭；⑤机罩内压力小于 4mbar 时，停电机。

技术攻关小组以西门子 S7-200PLC 控制器为主要配件制定改造方案并开展实施，详细改造材料清单及价格见表 2 内容。

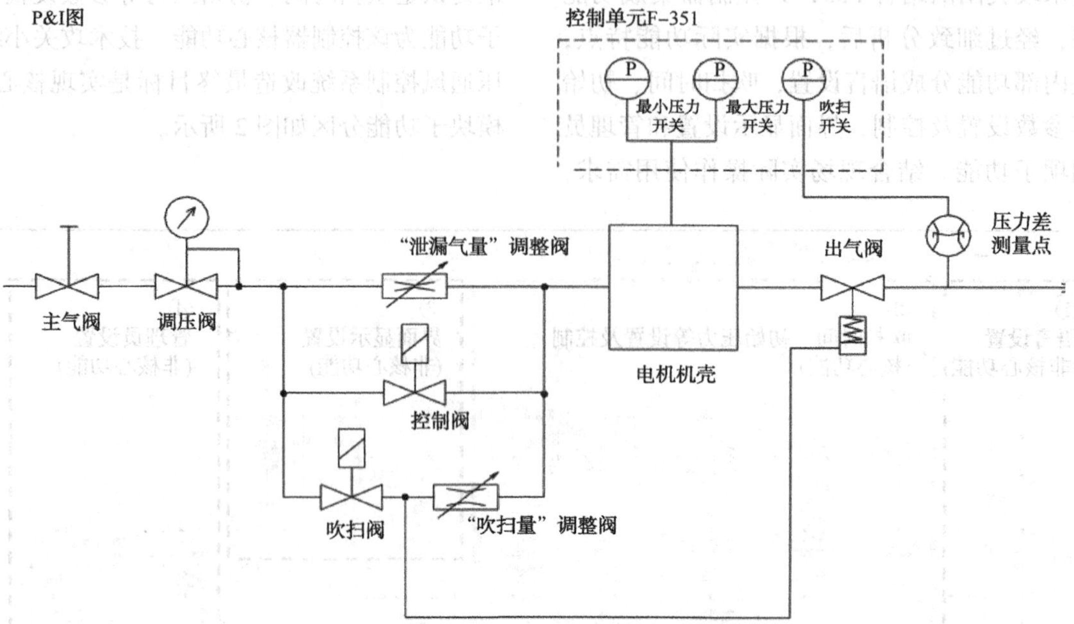

图 3　正压通风吹扫系统结构及流程示意图

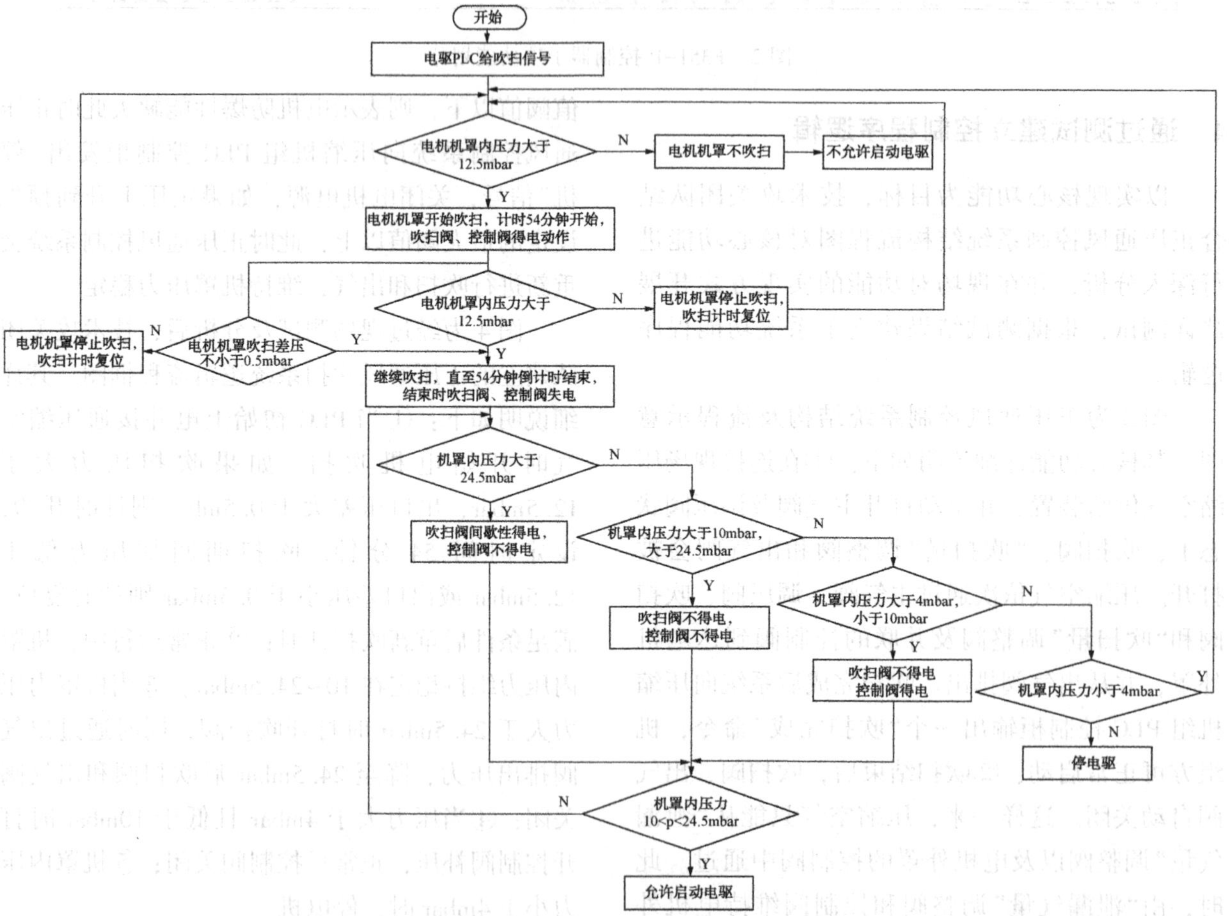

图 4　建立正压通风吹扫系统逻辑流程框图

5　现场技术改造方案

结合现场分析及测试结果，技术攻关小组明确本次改造需处理 2 个模拟量输入（AI）信号和 3 个数字输出（DO）信号，详见表 1 内容。

表 1　电驱压缩机正压系统控制器改造系统点表统计

序号	名称	类型	数量	备注
1	电机机壳内压力信号	AI	1	
2	出气口流速测量压力差信号	AI	1	
3	吹扫电磁阀控制信号	DO	1	
4	比例控制阀控制信号	DO	1	
5	吹扫成功允许启机(停机)信号	DO	1	

表 2　电驱压缩机正压通风吹扫系统改造材料清单及价格

序号	物资名称规格	单位	数量	价格
1	西门子 S7-200PLC 控制器	台	1	2696
2	西门子 EM231 扩展模块	台	1	1407
3	压力变送器(0~50mbar)	台	1	4620
4	差压变送器(0~10mbar)	台	1	5997
5	1/2NPT 转 Φ10 快速接头	个	10	500
6	继电器 24V	台	1	20
7	机柜内仪表线(红/黑)	米	10	70
8	导轨	米	1	50
9	防爆接线箱	个	1	600
总价(原进口配件购买价格需 22 万，周期至少 6 个月)				15960

6　现场改造实施

以技术改造方案为基础，技术攻关小组在现场施工前编制改造施工步骤如下：①对 2#电驱压缩机进行停机并上锁挂签，确保系统改造及测试过程作业安全；②根据测试的逻辑编写西门子 S7-200PLC 控制程序，其中 2 路模拟量接入扩展模块，3 路 DO 输出接入西门子 S7-200PLC；③程序编写完成后进行模拟测试，确保逻辑正确；④对现场正压控制柜进行改造，拆除原有 F351-P 控制器，安装导轨、西门子 S7-200PLC、继电器等；⑤安装固定压力变送器和差压变送器，将原接入控制器的气源管路接入压力变送器和差压变送器；⑥对正压控制柜接线进行改造；⑦接线完成后经仔细检查核对，确认无误后上电调试；⑧正压系统单机调试正常后将吹扫完成的命令接入机组控制系统，并结合电机启停信号进行联合调试，确保改造后的正压系统实现电机防爆功能。

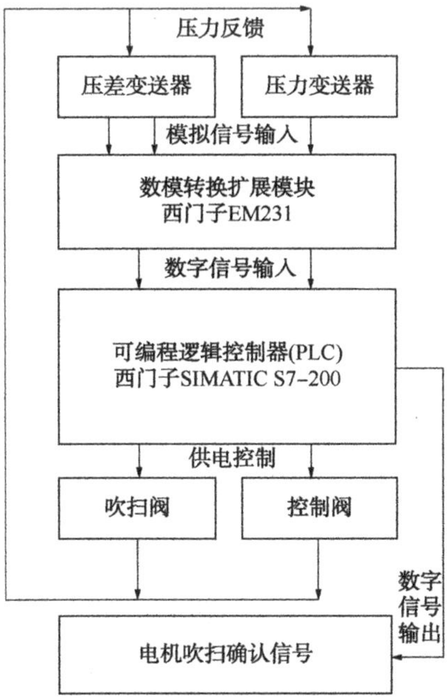

改造系统逻辑图

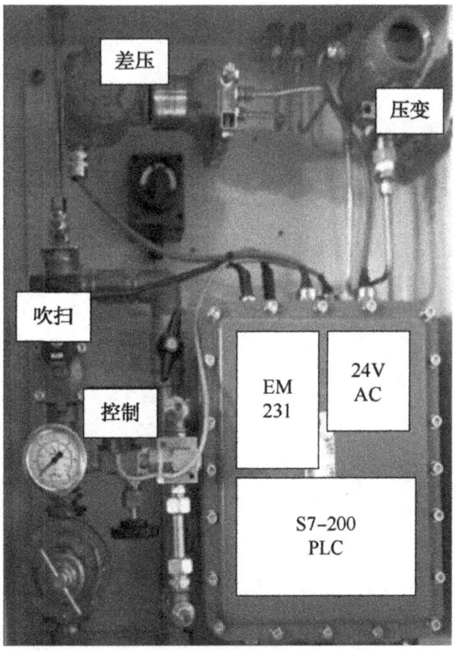

控制柜设备布局

图 5　改造后系统流程逻辑图及设备控制柜布局图

7　改造效果

现场 3 台电驱注气机从 2018 年投运至 2021 年初总运行时间仅 9024 小时，已陆续出现正压通风吹扫系统吹扫失败问题 35 次，核心控制器出现故障 3 次。技术攻关团队实施现场改造以后，2021 年 3 台机组总运行时间为 8786 小时，期间未出现 1 次吹扫失败问题，经过改造后的系统稳定性大幅提升，故障率大幅降低。同时，本次改造使用 PLC 控制柜进行编程，与其它改造配件配合使用，也实现了系统对电机内部压力的智能化控制和调节。达到预期目标。

F351-P 控制器采购成本超过 22 万元，该配件现场实际平均使用寿命为 3008 小时。在全力生产注气状况下，牙哈处理站 3 台电驱注气机采用“2 用 1 备”模式运行，每年总运行时间为 16000 小时。现场采用较小成本进行改造，今后可节约大量配件成本。

8　总结

本次技术改造打破了国外技术垄断，锻炼了队伍，提升了员工能力，顺利解决了现场电机正压通风吹扫系统失效的问题。在“碳中和、碳达峰”国际历史大背景下，电机驱动模式将逐步全面取代燃机驱动模式。“正压通风”是大型大功率电机常用防爆型式，而正压通风吹扫系统是实现其防爆功能的核心技术。本次技术改造经验对应用大型电机或其它大型防爆电气设备行业内都具有重要借鉴意义，可广泛进行推广。

参 考 文 献

[1] 范克明，刘永平，张月海，等．一种新型的电机保护的理论和方法[J]．煤矿现代化，2007(04)：52-53.

[2] 马可．电机检查维护及故障处理方法探讨[J]．科学技术创新，2019(15)：161.

[3] 安海峰，张峰，丁合乐．浅谈防爆电机结构优化设计[J]．内燃机与配件，2019(02)：76.

[4] 周明，刘晓丹，吴艳丽，等．防爆电机的分类及防爆原理构建分析[J]．内燃机与配件，2019(02)：56.

[5] 徐宁，张梦舒，张连华，等．PLC 控制步进电机加减速运行的设计[J]．电子世界，2011(11)：18-19.

分布式光纤传感技术在大牛地气田管线泄漏监测中的应用

陈荣耀

（中石化华北油气分公司）

摘　要　大牛地气田管道监测前期采用“音波管道泄漏检测仪”进行振动报警，误报率较高，目前现场主要采取人工巡检方式，未建立完善、可靠的泄漏定位系统。随着气田开发的深入，下古气藏已逐步成为产能接替的主要阵地，建立完备的管道监测系统，实现管道泄漏实时检测，快速确定泄漏位置，具有极重要意义。利用分布式光纤传感技术对重点采气、外输管线进行温感和振感监测，在2、3号脱硫站组建“大牛地重点集输管线泄漏监测系统”，实际投用效果良好，系统的建立和投运为降低下古气藏开发风险提供技术支撑。分布式光纤管线泄漏监测系统实现管线线路大范围监测，高灵敏度，能监测到30米机械施工，15米的车辆碾压，5米以内的人为活动，提前预警第三方施工、车辆行驶等场景。实现高精准确认，重复定位精度为5米，在管道发生渗漏30秒内发出报警，管线泄露在5秒内发出报警，精准确认泄露点。在大牛地气田数字化转型当下，继续在重点站场、井场开展分布式光纤管线泄漏监测技术的应用分析，尤有现实意义。下步大牛地气田将继续开展应用分析试验，开展技术储备，以期达到低成本、低功耗，长距离，传输稳定，集约度高，安全等级高等的分布式光纤管线监测技术目标。

关键词　管道泄漏检测；分布式光纤传感技术；光纤拉曼（Raman）散射；Φ-OTDR 相敏光时域反射仪

大牛地气田地面集输采用“气井中低压集气，集气站一次增压，处理站集中脱水二次增压”为主体的集输工艺。管辖集输管道6条总长230.2公里，采气管线约1600条总长4100公里，设计压力25兆帕。气田2018年完成13座长输管道阀室信息化提升，实现阀室视频、压力、火灾报警信息的实时监控及无线传输。

大牛地气田采输管道前期利用“音波管道泄漏检测仪”进行振动报警，误报率较高，效果不佳。目前主要采取人工巡检，未建立完善可靠的泄漏定位系统。在生产运行过程中，随着管道老化、地理和气候环境的变化以及人为损坏等原因，会导致泄漏事故，建立适当的管道监测系统，实现管道泄漏实时检测，快速确定泄漏位置，具有极重要现实意义。

1　天然气管道泄漏监测定位技术

天然气管道泄漏监测定位方法包括人工管道泄漏监测定位法，示踪剂管道泄漏监测定位法，光纤管道泄漏监测定位法，电缆管道泄漏监测定位法，物质平衡管道泄漏监测定位法，压力管道泄漏监测定位法，自动管道泄漏监测定位法等。

光纤管道泄漏监测定位法是一种应用光缆对长输天然气管道泄漏进行监测定位的方法，利用光缆对管道中的温度、压力等传输的变化进行测试。光纤工作频带宽，动态范围大，适合于大范围远距离组网和遥测遥控，是一种优良的低损耗传输线；在一定条件下，光纤特别容易接受被测量或场地加载，是一种优良的敏感元件；光纤本身电绝缘，体积小，易弯曲，抗电磁干扰，抗辐射，耐压，耐腐蚀，特别适合于易燃、易爆、空间狭窄及强电磁干扰等恶劣环境下使用。

对比其它泄漏监测定位方法，光纤传感管道泄漏监测技术具备以下技术特点：光波不产生电磁干扰，不被电磁干扰，易为各种光探测器器件接收，可方便地进行光电或电光转换，易于与高度发展的现代化电子装置和计算机项匹配。

大牛地气田采气管线同沟铺设光纤，具备光纤传感监测的基础条件，结合光纤管道泄漏监测技术特点，采用该技术开展管线泄漏监测试验。

2 分布式光纤传感技术原理

2.1 光纤传感技术

光纤传感技术是20世纪70年代伴随光纤通信技术的发展而迅速发展起来的，以光波为载体，光纤为媒质，感知和传输外界被测量信号的新型传感技术。由单点检测逐渐发展成为多点准分布式(QDOFS)和全分布式检测(DOFS)。分布式光纤传感测量是利用光纤的一维空间连续特性进行测量的技术。光纤既作传感元件，又作传输元件，可以在整个光纤长度上对沿光纤分布的环境参数进行连续测量，同时获得被测量的空间分布状态和随时间变化的信息。

2.1.1 准分布式光纤传感器

准分布式光纤传感器是把在空间上呈一定规律分布的相同调制类型的光纤传感器耦合到一根或者多根光纤总线上，通过寻址、解调，检测出被测量的大小及空间分布，光纤总线仅起传光作用。因此，准分布式光纤传感系统实质上是多个分立式光纤传感器的复用系统。根据光波被外界信号调制的光波的物理特征参量的变化情况，可将光波的调制分为光强度调制、光频率调制、光波长调制、光相位调制和偏振调制等五中类型。按照寻址方式的不同，它又可以分为时分复用(TDM)、空分复用(SDM)、波分复用(WDM)、频分复用(FDM)、偏分复用(PDM)等几类，其中时分复用、波分复用和空分复用技术较为成熟，复用点数较多。准分布式光纤传感器中常用的复用光纤传感器主要有以相位调制型光纤干涉仪和波长调制型光纤布拉格光栅(FBG)。

2.1.2 全分布式光纤传感器

全分布式光纤传感器是利用一根光纤作为延伸的传感元件，光纤上的任意一段既是传感单元，又是其它传感单元的信息传输通道，因而可获得被测量沿此光纤在空间和时间上变化的分布信息。它消除传统传感器存在的传感“盲区”，从根本上突破了传统的单点测量限制，是真正意义上的分布式光纤传感器。全分布式光纤传感器主要有两大类：一类基于光纤后向散射的光时域反射(OTDR)技术，另一类基于长距离干涉技术。全分布式光纤传感器利用一根光纤取代大量的分立传感器进行测量，大大降低了造价，性价比很高，因此得到了广泛的应用。

2.2 光纤传感物理参量

光纤作为传感媒质已经可以对70余种物理参量进行传感，其中应用最广泛的主要是温度、应力(应变)、振动传感。

2.2.1 分布式温度传感器

与传统温度传感器相比，分布式光纤温度传感器具有测量范围广、电绝缘、质量轻等无法比拟的优点，特别适合于高压电力线等特殊场合的温度场监测。除此之外，在高层建筑、矿井和隧道的火灾防护及报警系统等领域也有很广泛的应用。

2.2.2 分布式应力传感器

分布式应力传感器能够高灵敏度、长距离、高空间分辨率和实时动态地测量光纤受到的应力、应变和压力等参量，而且由于其灵巧的结构非常方便于植入待检测材料内部，在线实时监测材料结构内部损伤的位置和成都，监视损伤区域的扩展，从而为材料结构的损伤检测、维修及自我修复提供准确信息，避免因结构损伤带来巨大的损失，因此在大型结构和建筑等的健康监测中发挥极为重要的作用。

2.2.3 分布式振动传感器

分布式光纤振动传感器能够检测动态、半动态和静态的时变信号，提供灵敏度高、动态范围大、响应频带宽、隐蔽性高、远距离程控、连续实时的检测，对安防和灾害监测等众多领域有重要意义。

3 泄漏监测系统建设部署

3.1 部署方案

利用和输气管道同沟敷设的普通通信光缆中的1芯光纤作为分布式振动传感器，1芯光纤作为分布式感温传感器，长距离连续实时监测管道沿线土壤。当外界有挖掘或发生管道介质泄漏时，光缆会随之振动或降温，通过光纤捕获振动信号，系统通过算法对采集的光缆振动信号解析，智能识别施工、泄漏事故、泄漏点位。

3.2 系统架构

3.2.1 振动传感器配置

以光纤作为传感器，采用光纤瑞利散射原理(图1)，通过承载物传递给光缆振动，引起该位置干涉光相位的线性变化(Φ-OTDR)，主机采集该位置不同时刻的干涉信号(表1)，经数据降噪处理后，提取时频特征，并实时更新完善系统样本数据库，从而识别事件状况，判断外部干扰类型，干扰等级和震源距离。

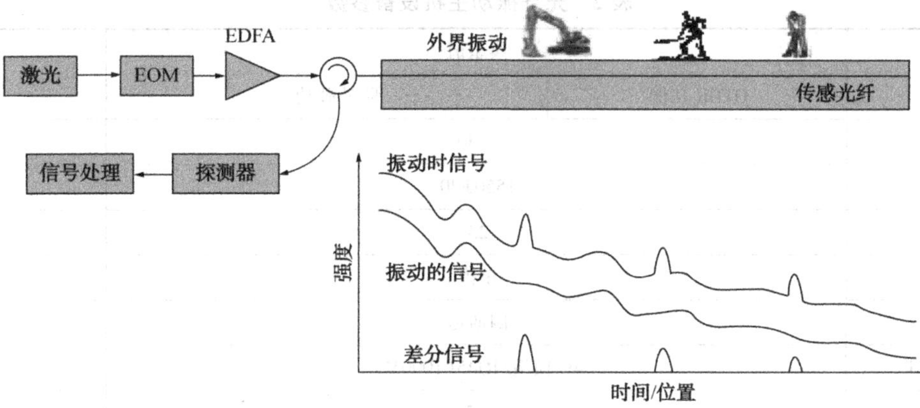

图 1　振动监测原理

表 1　光纤振动主机设备参数

参数	典型值		单位
	OTDR 功能	防外破功能	
探测距离	≤30		kM
工作波长	1550±20		nm
光功率	23		dBm
光纤类型	单模		/
通道数	四通道		/
外部通信接口	4G 模组/RJ45(1000M)		/
定位精度	±5		m
频率监测范围	1~1000		Hz
测量方式	损耗监测	振动监测功能	/
动态范围	33	16	dB
损耗测量精度	0.002	/	dB
测量时间	500	128	ms
判定事件	断纤/弱光	外破预警/告警	/
供电	DC-48V(或 AC 220V 可选)		V
功耗	<50W		W
工作温度	0~45		℃
存贮温度	-20~70		℃

3.2.2　温度传感器配置

以光纤作为传感器，采用光纤拉曼(Raman)散射效应对温度敏感的特性，当管线泄露出现温度变化，通过平台算法分析，识别泄露未知和信息(图 2、表 2)。

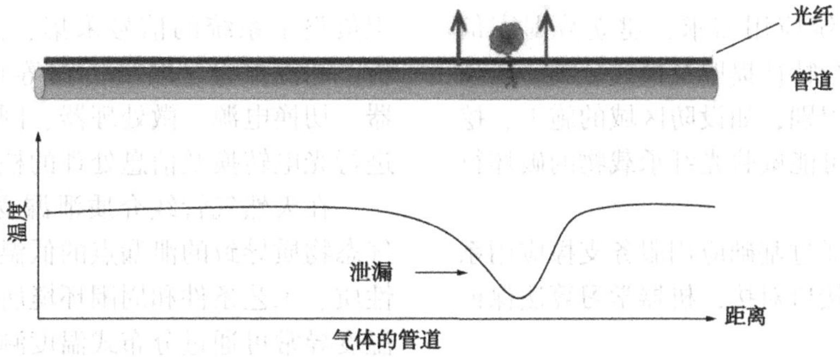

图 2　温度监测原理

表2　光纤振动主机设备参数

参数	典型值		单位
	OTDR 功能	防外破功能	
探测距离	≤30		kM
工作波长	1550±20		nm
光功率	23		dBm
光纤类型	单模		/
通道数	四通道		/
外部通信接口	4G 模组/RJ45(1000M)		/
定位精度	±5		m
频率监测范围	1～1000		HZ
测量方式	损耗监测	振动监测功能	/
动态范围	33	16	dB
损耗测量精度	0.002	/	dB
测量时间	500	128	ms
判定事件	断纤/弱光	外破预警/告警	/
供电	DC-48V(或 AC 220V 可选)		V
功耗	<50		W
工作温度	0～45		℃
存贮温度	-20～70		℃

3.2.3　系统架构配置

系统架构配置包括系统感知层、传输接入层、系统数据层、平台服务层和展示层配置(图3)。

系统感知层：通过分布式光纤振动、感温监控主机实时监控管线温度、振动、声纹等信号，对不同的行为提取多个维度的特征参量，报警阈值可根据环境配置，监测的物理量参数阈值可以分区域灵活设置。

传输接入层：利用通信光缆本体做通信数据回传载体，实现通信本体化，保证数据传输稳定性。

系统数据层：采用自组织神经网络技术，针对光纤监测预警系统应用需求，建立数据库信息，通过对信号进行特征提取及模式分类，实现对外界入侵的有效识别，如设防区域的施工、挖掘，大型机械以及可能威胁光纤承载物的破坏行为等。

平台服务层：通过基础应用服务支撑应用系统，接口服务实现接口对接，机器学习算法保证系统的报警准确率。

平台展示层：系统应用层通过算法分析对现场信号收集，实现报警推送展示包括报警状态、报警地理位置、事件类型、报警时间等。报警数据在终端服务器上进行永久保存。

3.3　监测主机部署

天然气管道泄漏监测系统跟光纤振动监测主机和光纤测温监测主机对接，将两者安装于同一机柜中，并可同时接入上位服务机进行天然气管线状态的综合监测。总体设计四层架构，数据采集层由光纤振动监测与温度监测设备组成，数据汇聚层由交换机组成，数据解析层(应用服务)放置一台服务器(图4)。

3.3.1　测温主机对接

测温主机是光纤测温泄漏监测系统的主体，担负整个系统的信号采集、信号处理、数据分析、超温报警、网络传输等功能。由光频发生器、切换电源、微处理器、网络接口等构成，是进行光电转换及信息处理的核心器件(图5)。

在天然气管线介质泄漏受压、腐蚀情况下，气态物质导致的泄漏点的低温，是由物质的物理性质、工艺条件和周围环境所决定的。这些点的温度异常可通过分布式温度测量而获得，并有很好的温度、距离和反应时间精度。

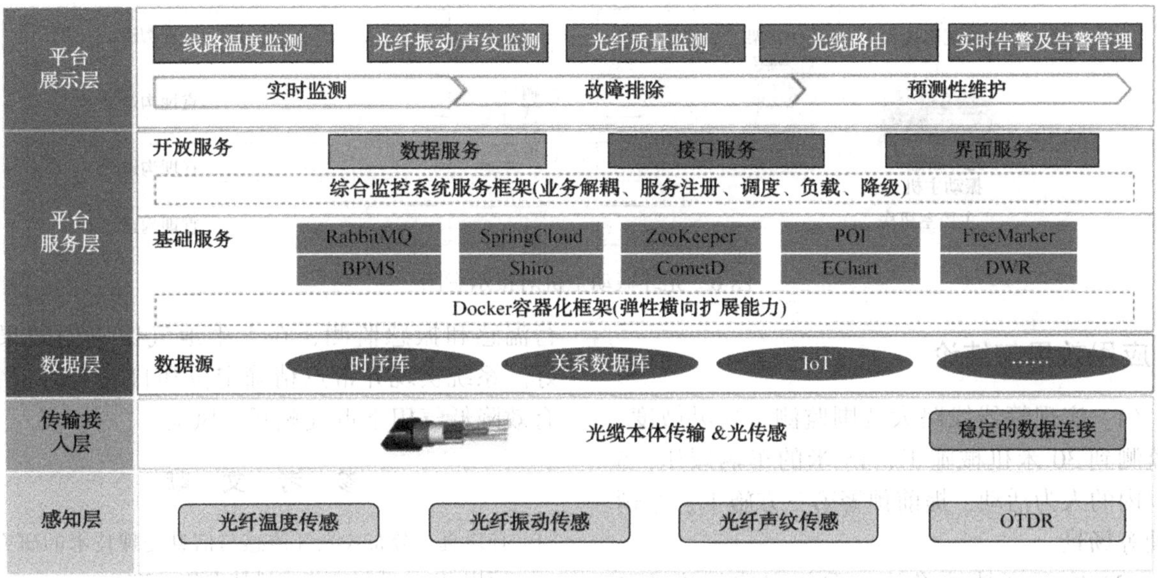

图 3　泄漏监测系统架构

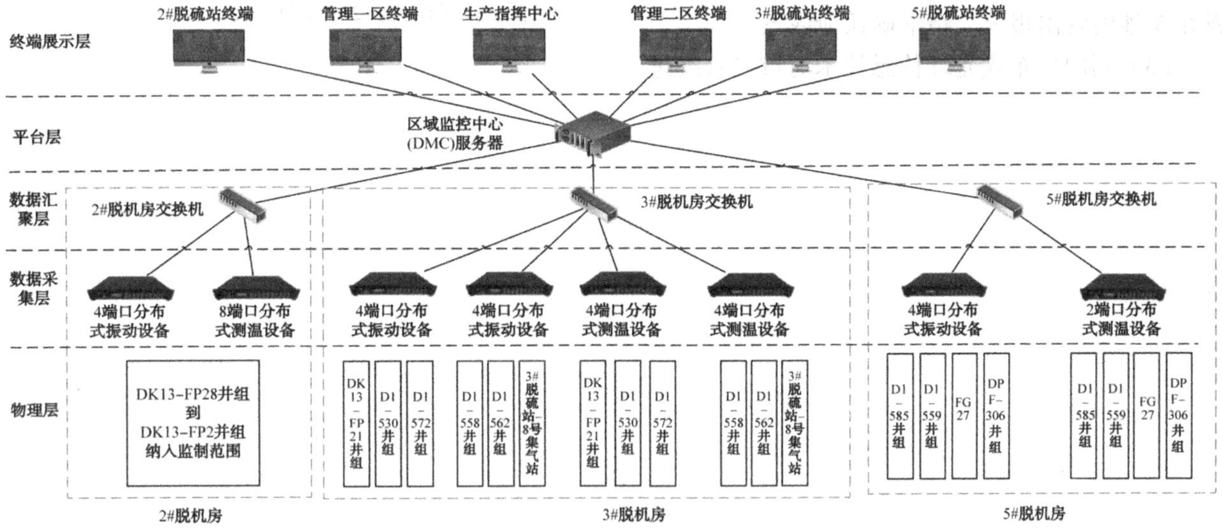

图 4　泄漏监测系统拓扑图

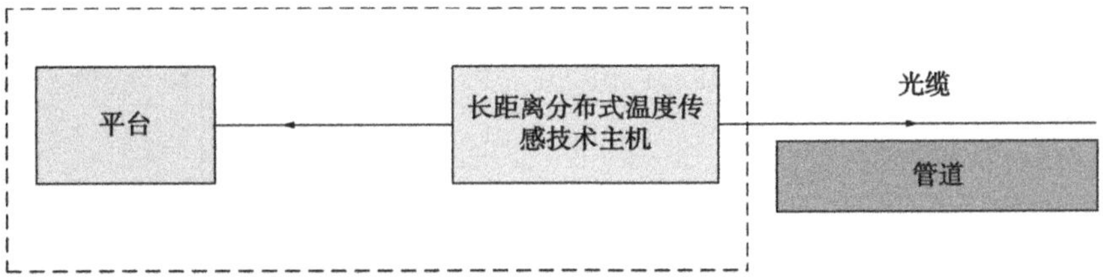

图 5　光纤测温主机对接示意图

3.3.2　振动主机对接

设备依托分布式光纤振动传感技术实现管道外破、泄露监测，实时测量传输线路周围的振动情况，定位异常发生地点，并识别潜在威胁到光缆的垂直距离，从而有效评估外破威胁等级。利用光纤对振动敏感的特性，当外界振动作用于传感光纤上时，由于弹光效应，光纤的折射率、长度将产生微小变化，从而导致光纤内传输信号的相位变化，使得光强发生变化。设备采用高相干的脉冲光源，脉冲宽度区域内瑞利散射信号之间会发生干涉，当外界振动导致相位发生变化时会使得该点的相干瑞利散射信号强度发生变化，通过检测振动前后的瑞利散射光信号相位信息，结合 OTDR 定位算法精确定位，实现振动事件的探测(图 6)。

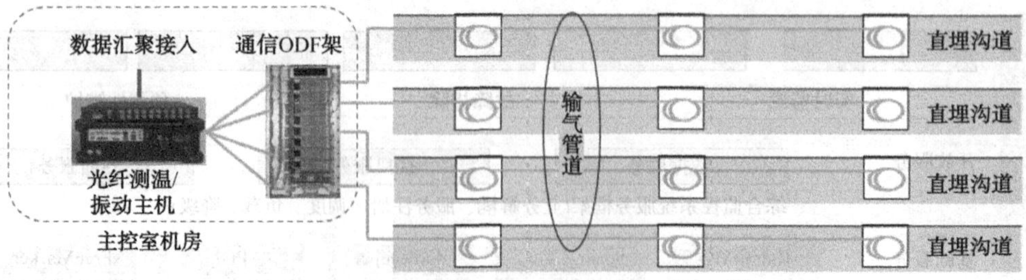

图 6　光纤振动主机对接示意图

4　应用效果与结论

（1）实现管线线路大范围监测。高灵敏度，能监测到 30 米机械施工，15 米的车辆碾压，5 米以内的人为活动，提前预警第三方施工、车辆行驶等场景。

（2）实现高精准确认。重复定位精度为 5 米，在管道发生渗漏 30 秒内发出报警，管线泄露在 5 秒内发出报警，精准确认泄露点。

（3）利用分布式光纤传感技术对重点管线进行温感和振感监测，在大牛地气田应用效果良好。系统实现异常点精确定位和自动实时报警，有效降低气田下古气藏开发风险。

参　考　文　献

［1］孙琪真．分布式光纤传感与信息处理技术的研究及应用［D］．武汉：华中科技大学，2008.

［2］党争光．长输天然气管道泄漏监测定位方法应用［J］．技术研究，2022(7)：62.

油气田工程技术领域通讯网络解决方案探讨

张少飞　王金山　余忠凯　吴金峰　马国梁　郭水亮

（中国石油塔里木油田油气数智技术中心）

摘　要　随着数字化转型、智能化发展工作的大力推进，塔里木油田工程技术领域钻试修井场数字化、智能化、标准化实施愈加迫切。为保障钻试修现场各类视频及生产数据高效回传，针对目前"无线网桥+卫星"为主的工程技术通讯传输网络存在的带宽有限、覆盖范围有限、灵活调整能力有限、稳定性不足等问题，油田通过不断对工程技术子网建设、接入、应用方案的思考和实践探索，通过对传输资源的整合、传输方式的探索及改变、传输链路的优化以及环网保护的建设等方式方法，最终实现油气田工程技术领域各类数据稳定高效回传、风险管控及时预警处置，达到了预期目标。

主要采用的方式有：①探索野战光缆敷设；②充分利用油田已建骨干光传输网络；③建设接入层光纤传输环网；④优化网桥中心站位置等。从传输速度、稳定性、覆盖范围以及接入灵活性等多个方面同时提升工程技术子网接入传输能力。

工程技术子网初步建成后，为工程技术领域提供了高效的办公网络环境，为今后偏远井场通讯网络建设提供了思路和方法，具有很强的针对性和拓展性。为偏远地区数智化建设及发展提供了可行性极强的思路，也为后续油田发展提供了成功经验。工程技术子网的不断完善，也为油田 DROC 更好发挥其作用定位提供了更多可能，目前已实现多路高清监控视频实时回传，视频会议也可正常开展，极大提高了工作效率。

关键词　数智化；工程技术；通讯网络

随着新一代信息技术与能源产业深度融合，塔里木油田工程技术领域钻试修井场作业智能化需求逐渐提高，应用数字化技术和手段推动工程技术领域生产数据及视频监控高效稳定回传，实现全天候、全方位、全过程、无死角监督监管，逐渐成为油田工程技术领域精益化管理的重要手段。

由于工程技术领域钻试修井场位置偏远，公网覆盖不足，同时视频、数据传输实效性要求较高，为保证钻试修井场生产数据及视频传输高效稳定，同时保障网络业务安全可靠，油田通过建设独立的工程技术子网已经势在必行。

1　油田工程技术领域通讯网络现状

随着塔里木油田对于工程技术领域安全生产的要求不断升高以及 DROC 中心对于钻井数据监控和视频、会议等业务的使用需求不断提升，建立一套稳定高效的通讯网络变得更加迫切。2022 年以前，钻完井现场各类应用回传至油田基地主要采用"无线网桥+卫星"的无线通讯手段，以"通"为主；2022 年起，油田着力探索更经济、更高效、更稳定的传输方式，同时考虑试油、修井现场的快速高效接入，使工程技术领域通讯网络更加稳定健壮，从而支撑油田工程技术领域的发展需求。由于工程技术领域通讯网络业务主要承载在办公网上，同时避免其频繁变动带来的影响，因此考虑划定安全域，作为办公网的子网，下文以"工程技术子网"命名此网络。根据工程技术子网的使用范围，建设和应用时应着重解决以下问题：

1.1　传输带宽有限

目前，单个井场的主要业务有：①6 路高清视频监控，占用带宽约 25Mbps；②现场各类生产监控数据，占用带宽约 2Mbps；③视频会议偶发接入，占用带宽约 10Mbps；④办公电脑、电话等日常使用，占用带宽约 10Mbps。可以看出，单个井场带宽使用最高时可达约 50Mbps，卫星传输远远无法满足其使用需求（油田租赁卫星频宽为 19MHz，带宽约 16Mbps），另外，无线网桥也可能因为中心站回传带宽不足导致无法很好支撑井场业务需求。

1.2　覆盖范围有限

目前，工程技术子网的覆盖主要依托无线网桥，由于网桥中心站数量有限，只能通过不断调整中心站位置从而满足覆盖需求，中心站拆装频繁致使部署周期较长，同时上下铁塔也带来了较大的安全风险。另外，网桥中心站回传库尔勒基地的链路大多采用租用运营商链路的方式，从经济成本上考虑，也不支持大范围覆盖。

1.3　灵活调整能力有限

目前，塔里木油田钻井周期约 200～300d，但试油、修井周期仅有 30～90d，部分井场可短至 10d 左右。2023 年 6 月，油田下发相关通知，要求试油、修井现场数据也须全部接入 DROC 中心，这就使得工程技术子网必须具备快速接入和灵活调整的能力，否则将因部署及拆除的速度缓慢导致耽误现场作业。

1.4　稳定性不足

目前，工程技术子网全链路的稳定性均有所欠缺，例如链路冗余保护建立的不够，交换机等重要传输设备及电源等配套设备工作环境较差，从井场至油田基地任意一个节点出现问题均会造成传输中断，运维抢修人员疲于奔命，故障恢复时间较长(图 1)。

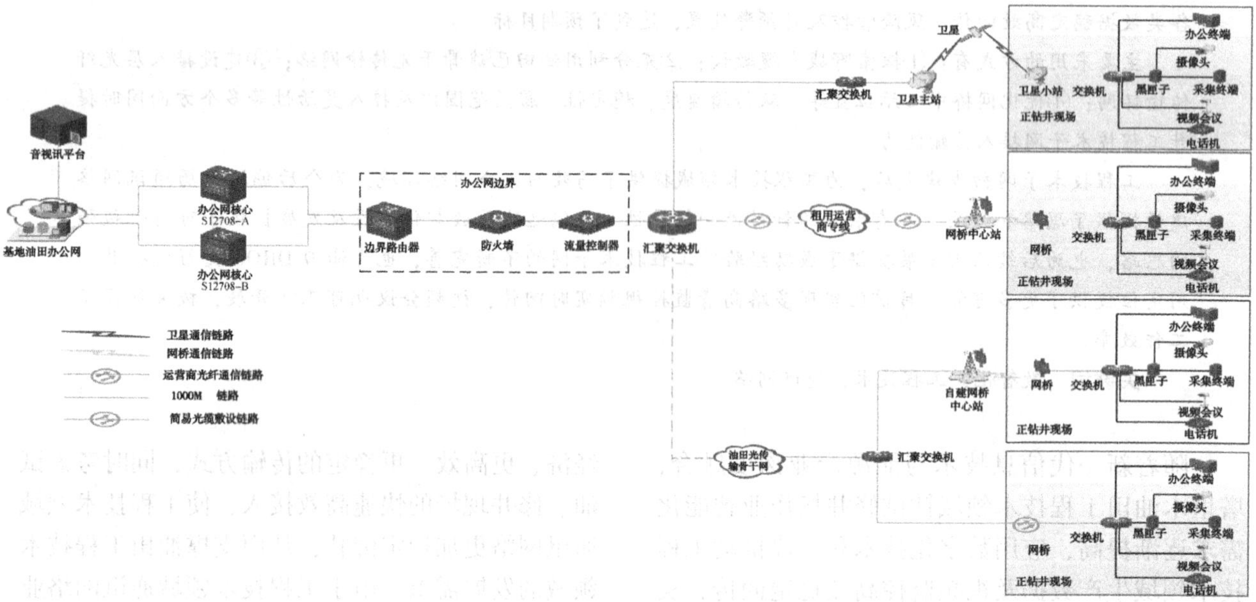

图 1　工程技术子网逻辑拓扑图

2　工程技术子网建设方案

针对上述 4 点问题，油田提出了具体的建设方案，由于油田探区范围较大，因而采取区域试点、逐步推广的方式不断完善。

2.1　提升整体传输带宽

2.1.1　野战光缆的试点及推广——解决“最后一公里”

2022 年至 2023 年，油田提出两项重要举措提升钻完井现场“最后一公里”传输带宽：①在沙漠腹地积极探索野战光缆的使用；②在钻完井现场将卫星使用占比降至 0，只采用光缆或网桥进行覆盖。2022 年，油田首次在富满油田满深 5 线及富源 3 线试点敷设野战光缆约 130km，先后覆盖钻完井 50 余口。该井次由于光缆到井，传输带宽得到了极大提升，各类应用效果显著提高(图 2)。

2.1.2　OTN 光传输系统进一步使用——解决骨干传输

2023 年，油田为提高工程技术子网整体带宽，在 OTN 光传输系统内规划 1 个 GE 通道单独传输工程技术子网，传输带宽可达 1Gbps，远远超过租用运营商的传输带宽(50～200Mbps)，大大提升了工程技术子网的骨干传输能力。目前已开通油田库尔勒基地至九个采油气管理区十余条工程技术子网专线，随着后续在富满油田 OTN 的继续建设，还将继续开通新的专线，以满足油田后续发展的使用(图 3)。

2.1.3　运营商链路替换为油田自有链路

2023 年，随着 OTN 网络工程技术子网专线的开通，部分运营商专线可替换为油田自有链路从而提升整体传输效率。迪那、克拉、察尔其18连等3处网桥中心站回传链路替换为油田自有链路，下辖的30多口井也相应提升了传输带宽(图4)。

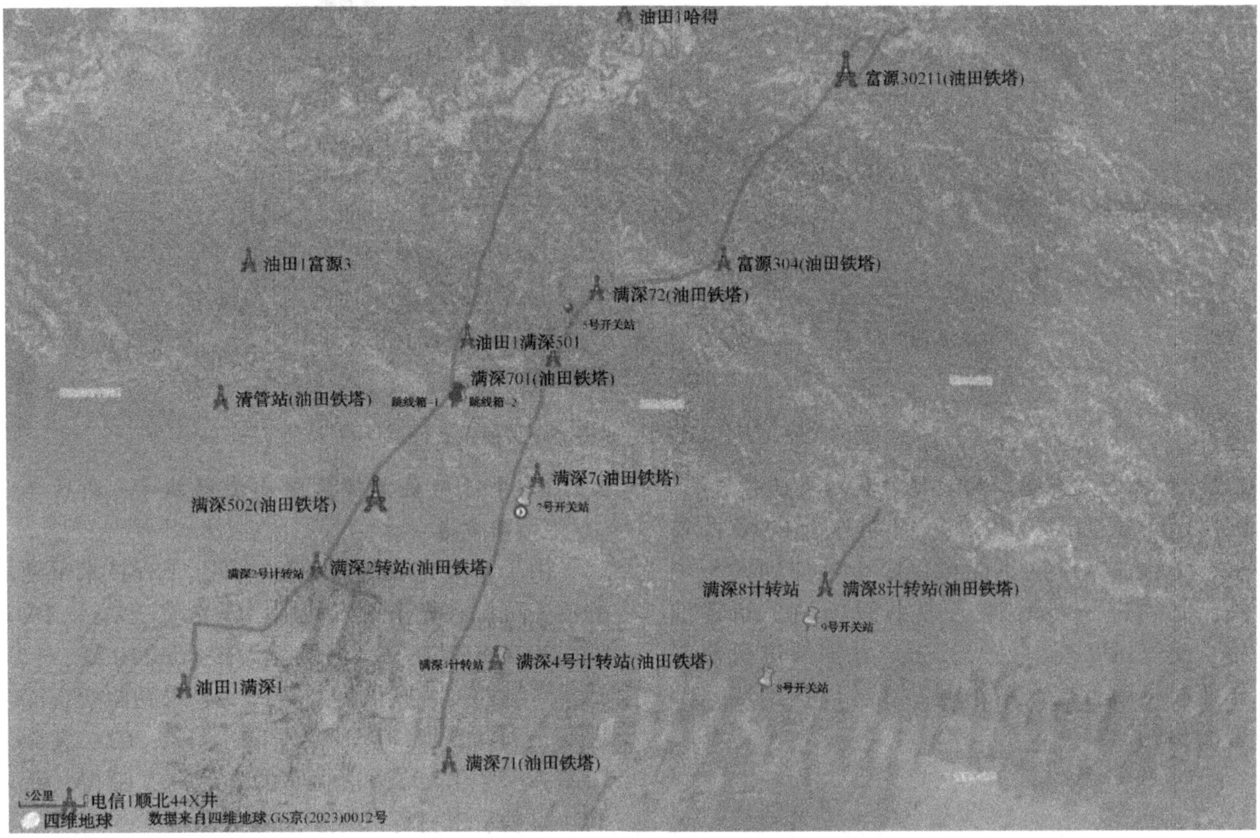

图2　野战光缆敷设局部示意图

图3　骨干光传输拓扑图

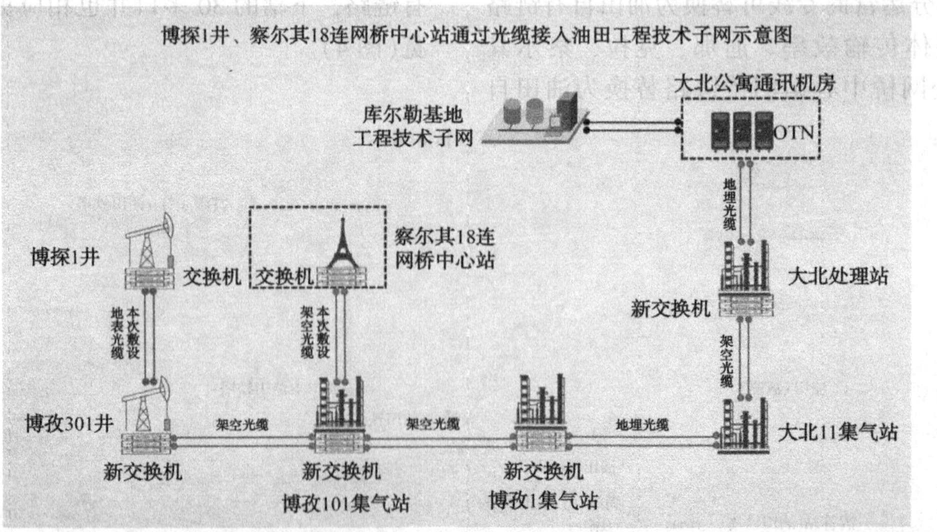

图4　察尔其18连网桥回传链路替换示意图

2.2　扩大覆盖范围，同时提升接入灵活性

由于试油、修井等短周期作业的接入要求，工程技术子网不能再仅限于延伸到大型场站，必须进一步延伸至中小型场站，如转油站、集气站、变电站等，生产井需要进行修井作业时可就近接入中小型站场，以达到快速部署的目的。

2.2.1　光纤网络延伸至中小型场站——新区不断完善

由于新区光缆覆盖所有单井，工程技术子网的覆盖可接入完全可以利用已建光缆。

2024年拟在富满区域建设接入点10处，包括：跃满西变、跃满变、富源变、果勒西变、深地变、满深5变，以及哈一联、富源302、满深72、满深7(图5)。覆盖富源、满深、哈得、跃满、果勒、玉科等区域所有单井。

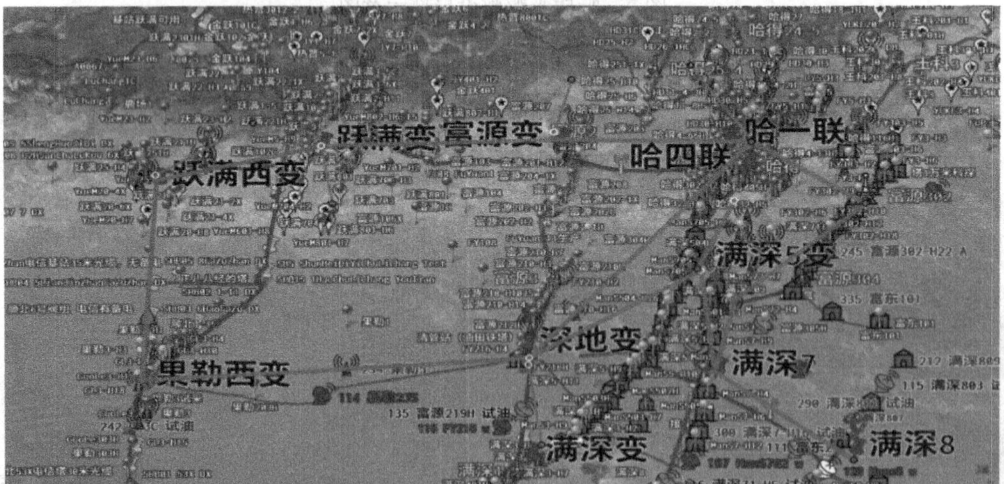

图5　富满区域工程技术子网建设示意图

2024年拟在博大区域建设接入点10处，包括：博孜301集气站、博孜17集气站、博孜18、博孜101清管站、博孜1集气站、大北11集气站、大北101集气站、大北201集气站、大北3集气站、克深5集气站，覆盖博大所有单井。

通过在两大主力建产区的建设，进一步加强了工程技术子网，为修井提供了便利的接入条件，同时也可作为钻完井现场接入的资源，为后续的野战光缆的敷设提供了支点。

2.2.2 网桥中心站覆盖进一步完善——老区稳中有进

由于老区大量单井没有直达的光缆资源，考虑在中小型站场建设光纤网络，通过网桥中心站覆盖所辖全部单井。需要接入时，可在单井部署网桥远端站，接入就近中心站，从而实现快速部署(图6)。

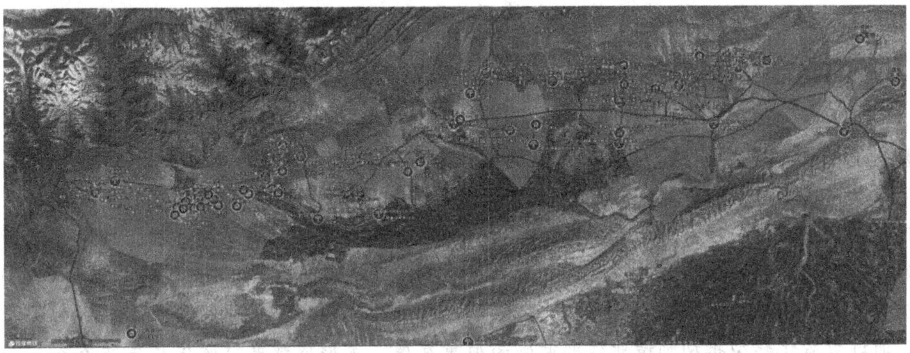

图6　网桥覆盖示意图

2.3 多层次建设光纤环网，提升整体稳定性

工程技术子网划分为骨干层、汇聚层和接入层。骨干层由油田基地至采油气管理区，汇聚层是采油气管理区工程技术子网，主要负责覆盖，接入层则是单井至汇聚层。下面分别从骨干、汇聚和接入三层对链路的稳定性进行阐述。

2.3.1 骨干光传输环网建设和业务冗余配置

目前OTN环网已经实现了油田北部区域环网建设，所有OTN链路均配置冗余保护链路，确保在光缆中断的情况下备用链路启用，以保障工程技术子网的稳定性。

2.3.2 汇聚层工程技术子网环网建设

以上述富满和博大为例，各接入点之间建立形成汇聚层的环网，配置业务冗余路由，实现区域内的多链路保护。

2.3.3 接入层重点井多链路冗余建设

由上文可知，建设完成后，从单井到油田基地的全链路仅剩“最后一公里”无保护，链路的稳定性和通畅率得到了大幅提升，确保了异常情况下影响面降到最小。若个别单井的重要性较高，需要全链路均有保护路由，如深地塔科1井，这时可依托运营商链路资源，开通单井至油田基地专线，进行升级保障。

3 下步工作思考

3.1 统筹考虑，优化通讯资源布局

统筹油田范围内各类资源，结合勘探及钻井布局，适度考虑未来发展方向，提出最优的解决方案。在满足所有生产井全覆盖的同时，更要考虑经济性，以最小的成本解决主要问题。

3.2 持续不强其它区域工程技术子网

通过试点建设，总结成熟经验，逐步在油田全探区建设工程技术子网，尽量采用“环型+链型(星型)”结构，形成标准化的通讯网络架构，从而使后期各钻试修井场均可就近快速接入。

3.3 建立健全工程技术子网接入/拆除运维机制

通过不断实践，探索形成工程技术子网接入/拆除运维机制，使工程技术子网能更好发挥灵活接入/拆除的优势，确保“井队到、网络到”，强化工程技术领域的数智化支撑。

4 结语

通过塔里木油田近几年数智化转型，工程技术领域通讯网络配套建设目前已具备一定规模，已经能够支撑钻完井现场的数智化应用需求。但是，对于试油、修井现场的支撑仍然具有一定的滞后性和不稳定因素。未来，油田将重点考虑工程技术子网的科学合理延申，提高稳定性，提升灵活性，进一步为油田生产提供强有力的支撑。

数智技术赋能石油石化绿色低碳转型

董叶蓉 鹿英平 王旭升 温 伟

（中石化华北石油工程有限公司）

摘 要 近年来，随着数字和智能技术快速发展和广泛应用，各领域数字化和智能化不断推进和深入。数智化是数字技术和人工智能、5G、物联网等智能要素的有机结合，是数字化转型发展跃迁的新阶段数字智能时代，数字成为一种有效资产，变成真正的生产力，“智”让数据发挥作用，构建公司新的核心竞争力，成为公司时间更高发展质量的必然选择。数字经济正在成为高质量发展“新引擎”，以数字化转型为载体驱动能源行业结构性变革、推动能源行业低碳绿色发展，既是当下行业的急迫需求，也是未来发展创新的方向。通过数智化转型推动制造业绿色低碳高质量发展，是形成绿色低碳生产生活方式、实现绿色低碳高质量发展的重要抓手。

关键词 数智技术；石油石化；绿色低碳

1 企业对数智技术的典型应用

近年来，数智技术的飞速发展及其具有的巨大能量获得了企业的广泛关注。企业要实现数智化，必然离不开云计算、大数据、人工智能、5G、区块链等技术的应用。

云计算（cloud computing）通常采用分布式计算技术，通过网络“云”将计算、存储资源实时分配提供给终端用户，然后，通过多部服务器组成的系统进行处理和分析得到结果并返回给用户。云计算的应用有存储云、医疗云、金融云、教育云等等。比如，医疗云就是在云计算、移动技术等新技术的基础上，结合医疗技术，使用云计算创建医疗健康服务平台，从而实现医疗资源的充分利用。现在已经取得应用的预约挂号、电子病历、医保等都是云计算与医疗领域结合的产物。企业云服务部署有私有云、公有云、混合云等多种，云服务的部署一方面要考虑信息安全，另一方面也要考虑性价比等。

大数据指的是无法在一定时间范围内用常规软件工具进行捕捉、管理和处理的数据集合，是需要新的处理模式才能具有更强的决策力、洞察发现力和流程优化能力的海量、高增长率和多样化的信息资产。大数据通过单点访问，可实现对整个企业现有的所有数据资产进行发现和分析，利用大数据可以获得巨大的商业机会，然而我国目前大多数企业还未能很好地利用大数据解锁商业价值。大数据的主要应用有医药研发、金融领域和农业领域等等。比如大数据在农业领域应用最普遍的是精准农业。大数据能够捕捉气候、土壤、空气质量，以及设备和劳动力的成本等实时的数据，根据分析做出更加科学和有针对性的劳动。

人工智能（Artificial Intelligence），简称AI，是研究、开发用于模拟、延伸和扩展人的智能的理论、方法、技术及应用系统的一门新的技术科学。作为计算机科学的一个分支，人工智能企图研究并生产出与人类智能相似的智能机器，比如机器人、语言识别、图像识别等等。人工智能的应用有很多，比如人脸识别、智能聊天、无人驾驶汽车、医学图像处理等等。以智能客服聊天机器人为例，线上的客服可以通过智能聊天机器人来实现。当用户在线向品牌上提出问题时，智能客服机器人会根据客户的历史访问足迹迅速判断客户的意图，并回复客户的真实需求。

5G第五代移动通信技术（5th Generation Mobile Communication Technology，简称5G）是具有高速率、低时延特点的新一代宽带移动通信技术，5G通讯设施是实现人机物互联的网络基础设施。5G有三大类应用场景，即增强移动宽带（eMBB）、超高可靠低时延通信（uRLLC）和海量机器类通信（mMTC）。增强移动宽带（eMBB）主要面向移动互联网流量爆炸式增长，为移动互联网用户提供更加极致的应用体验；超高可靠低时延通信(uRLLC)主要面向工业控制、远程医疗、自动驾驶等对时延和可靠性具有极高要求的垂直行业应用需求；海量机器类通信(mMTC)主要面向智慧城市、智能家居、环境监测等以传感和数据采集为目标的应用需求。

区块链(blockchain 或 block chain)是用分布式数据库识别、传播和记载信息的智能化对等网络，也称为价值互联网。2008 年，中本聪在《比特币白皮书》中提出区块链的概念，并于2009 年创立了比特币社会网络，开发出“创世区块”。区块链技术可以在无需第三方背书情况下实现系统中所有数据信息的公开透明、不可篡改、不可伪造、可追溯。可以有效解决信任问题，实现价值的自由传递，可以广泛应用在数字货币、金融资产的交易结算、数字政务、存证防伪数据服务等领域。比如，区块链发票是国内区块链技术最早落地的应用。税务部门、开票方、受票方通过“税链”网络，实现“交易即开票”、“开票即报销”——秒级开票、分钟级报销入账。

增强现实(Augmented Reality，AR)是一种实时地计算摄影机影像的位置及角度并加上相应图像的技术，将真实世界信息和虚拟世界信息“无缝”集成，从而实现虚拟世界与现实世界的互补和叠加，并呈现在同一个画面或者同一个空间。AR 技术可广泛应用到军事、医疗、建筑、教育、工程、影视、娱乐等领域。比如 AR 可以应用于古迹复原和数字化文化遗产保护。文化古迹的信息以增强现实的方式呈现给观众，观众可以看到虚拟的关于古迹的文字解说，还能看到古迹的残缺部分的虚拟结构。

物联网就是以计算机互联网为基础，利用先进通信设备和技术，让整个网络中的物品能够彼此进行“交流”。利用物联网，物与物、物与人都可以实现连接，从而帮助人类对物品实现智能化感知和管理。物联网在智能仓库、智能物流、智能医疗、数字家庭、定位导航、智能零售、智能交通、智能电力等领域都有广泛的应用前景。比如智能交通，可以通过物联网将整个交通设备连在一起，从而准确收集车流量信息，通过信号灯等设备对流量进行控制，缓解交通堵塞，违章驾驶和交通事故也能及时得到处理。

2　以数智化推动绿色低碳转型

加快建设数字经济、数字产业、数字社会、数字政府和数字民生，以数智化转型驱动生产方式、生活方式和生态治理方式变革。应用新一代信息技术，通过先进通信技术、人工智能、工业互联网等新一代信息技术，改造传统产业的工艺流程，优化能源调度和精准实施梯级利用，可在促进工业节能减碳上展现出巨大潜力。数字经济时代，企业主动拥抱数字技术，加快数智化转型，能够有效促进企业绿色技术创新和生产模式变革，通过提高碳排放效率实现“数字减碳”。数字技术渗透并实现融合，使得企业提高对要素资源的使用效率和全要素生产率实现节能减排。集成应用智能传感、大数据和区块链等数字技术，有助于实现生产全流程碳排放追踪、分析、核算和交易，提升生产过程管理的精准性从而降低污染排放。

数智技术日益融入经济社会发展各领域全过程。用好数字技术助力实现“双碳”目标，就是要用数字技术加快能源结构调整，促进产业节能减排，激发市场机制潜能，引导民众广泛参与，促进数字技术的绿色低碳发展。以监测、核算、统计、报告的碳管理体系为指导，通过数字化手段，依托数字孪生、物联网、大数据和区块链等核心技术打造碳应用，帮助企业和政府解决碳管理难题、落实碳减排任将是高科技企业参与双碳政策落地的主要发力点和角逐战场。

3　结语

以数智技术促进绿色低碳发展相较于传统技术，数智技术本身科技含量高，且生态环境影响小，在提升企业生产效率、提升产品品质的同时能减少企业污染排放，促进企业绿色化转型。通过 5G、千兆光网等先进通信技术，人工智能、工业互联网等新一代信息技术，改造传统产业的工艺流程，优化能源调度和精准实施梯级利用，可在促进工业节能减碳上展现出巨大潜力。加快数智化转型，能够有效促进企业绿色技术创新和生产模式变革，通过提高碳排放效率实现“数字减碳”。数智技术的探索及实，将是加快石油石化行业绿色低碳转型、推动行业高质量发展提供关键技术支撑。

参 考 文 献

[1] 李萌，裴攀，孙恩昌，等．人工智能与区块链赋能物联网：发展与展望[J]．北京工业 大学学报，2021(5)：520-529.

[2] 陈欢，刘清颖，兰竹新，等．“互联网+”背景下构建智慧工地平台的有效方法[J]．智能建筑与智慧城市，2021（2）：40-41.

[3] 陈国青，任明，卫强，等．数智赋能：信息系统研究的新跃迁[J]．管理世界，2022（1）：180~196.

[4] 霍春辉，吕梦晓，许晓娜．数字技术与制造企业全球价值链地位攀升——开数字技术赋能的“黑箱”[J]．南方经济，2023（3）：11-28.

[5] 解学梅，朱琪玮．企业绿色创新实践如何破解“和谐共生”难题？[J]．管理世界，2021（1）：128-149.

"无人机+井场+虚拟化"结合技术研究

邓　君　张烈尔　曾莎莉　常志鹏　杨　沛　朱　沁　王　雷　谢寅溥

（中国石油集团川庆钻探工程有限公司川东钻探公司）

摘　要　随着国家智能化的推进，各企业也在加紧进行智能化改革，智能化井场的深入推进，让井场巡检自动化、智能化的需求日益提高。传统的巡检方式耗时耗力，可靠性不高，在危险情况下不能安全、可靠的进行人员疏散辅助、探查。无人机结构简单，可操控性高，能借助于机器视觉、虚拟现实、智能控制等先进的人工智能技术，实现智能导航、远程虚拟现实控制，来代替人员进行巡岗任务。井场环境复杂，自主飞行难度大、风险高，因此借助虚拟现实技术、数字孪生技术、和智能操控等技术，提出了适用于井场的无人机虚拟现实操控技术方案。构建了虚拟现实房，模拟了井场环境，研究了障碍物感知和三维重建、无人机精准定位、导航和耐高温等关键技术，为操控者提供了高效的认知条件，达到无人机自主飞行与人工远程干预相结合的控制理念，实现无人机远程操控，有效提高了井场巡检的安全性，可靠性和高效性。

针对井场环境复杂，无人机感知环境困难，极易发生碰撞问题，本文主要采用障碍物智能感知与三维重组技术，借助双目视觉测量单元从不同视角拍摄障碍物图片，对匹配的相机图像进行立体匹配，从而获得视差图，进而获取障碍物三维信息。利用坐标实现障碍物的精准定位，利用立体栅格克隆技术在虚拟环境中构建出一个障碍物轮廓模型。飞行姿态数据和虚拟样机的实时动态更新提供了人为干预操作的控制依据。

根据无人机在复杂环境中的稳定飞行需求，建立了无人机姿势控制模型，利用克尔曼滤波算法实现视觉惯导位姿数据融合，通过坐标匹配将无人机的姿态数据耦合到虚拟集合模型中，获得无人机的精准定位，研究无人机鹿颈龟化和臂章技术，提出一种复合势场VFF避障算法，将速度势场引入人工势场避障导航算法中，实现对未知物或动态物的避障飞行。

利用Unity3D平台进行无人机的虚拟现实交互，融合飞行数据可视化方案，有效嘉华复杂三维场景数据，保证场景的流畅性，做到了无人机远程操控、虚实同步控制。

对于无人机的防高温问题，采用了珍珠岩涂料进行隔热保温，防止高温导致机体瞬间损坏，造成损失。

关键词　无人机；智能化；井场；远程操控；虚拟现实

1　绪论

1.1　研究意义和背景

川渝地区的井队均位于山林地貌，环境恶劣，开采难度较大，面对突发事故如：火灾、洪水、硫化氢、泥石流、滑坡等灾害不能又快又安全的组织应急抢险工作，在信息化，智能化的时代背景下，无人机巡逻的可靠性，高效性，安全性变得无比重要。

在我国大多数井队里，井场内的巡逻还是通过人为的方式进行，这种方式效率低，而且安全性、可靠性不高，面对周边环境易产生的灾害不能进行有效的预防。因为需要有效的提高井场安全性，信息可靠性，同时减少劳动者劳动量，无人机信息化应急抢险具有重要的技术性和现实意义。2003年12月23日晚，在重庆开州区高桥镇，正在进行钻井作业的罗家16井突然发生井喷事故，大量硫化氢有毒气体从井底溢出，导致附近村民中毒。造成243人死亡、近2142人受伤住院，其中危重病人27人。事故发生后，当地紧急疏散6万多群众，周围约5公里范围内被封闭。事故原因是，值班人员巡查严重失职，对井口的突发情况未能及时处理，对井下情况把握不够准确，周围复杂环境不够了解。为了使井场更安全，更智能化，井场无人机智能化已经迫在眉睫。

随着航空工业技术的发展，无人机巡检技术的研发已经逐步成为航空领域一项热门研究。无人机以非接触式监控、多角度全方位监测的独特巡检方式，搭载各类传感器和红外线设想设备，能够对井场、井场周围的复杂环境，进行全方位的分析预测。无人机操作简单，可是俺远程辅助控制和智能作业。四旋翼无人机在复杂煤矿井下环境进行作业时，可以为井场工作人员对设备的管理、维护、检修、突发情况预测等提供一手可靠的原始数据。因此，将无人机应用到井场日常生产巡检中，具有深远的研究意义。

目前对于复杂环境，无人机还不能做到完全自主飞行，特别是在执行某些特殊任务时，需要使用无人机地面操作站，因此对操作人员有着很高的要求。在5G通讯技术的迅猛发展和大规模应用下，大流量数据的无线传输问题得到缓解，目前急需提升的是，在山林环境下，GPS信号的接收，对复杂环境的感知、避障和可视化控制。

将虚拟现实技术引入无人机控制系统中，利用高级人机交互技术让操作人员产生强烈的临场感，使其沉浸在逼真的“虚拟环境”中。

1.2 国内外研究现状

1.2.1 无人机障碍感知技术

无人机在复杂环境下飞行时，无法实时获取导航信号，导致无人机不能直接获取自身定位信息，对无人机飞行安全造成威胁。

1.2.2 无人机设计

无人机的结构和传感器设计方面，Fabiani P等在ReSSAC无人机中配置了监控架构，即嵌入式单眼立体视觉系统，实现了无人机反应性避障、着陆、感知和决策的自主能力，让其可以定位周围的障碍物，并重新规划飞行轨迹。

1.2.3 无人机运动估计

对于无人机于洞穴算法方面，Merrell提出了全新的从运动计算结构的方法，该方法不需要精确计算每个特征点的光流，通过计算其中一组可能的光流值及其相关概率或光流概率分布，提出更为稳健的结构运动计算方法。

1.2.4 视觉传感技术

目前国外大多数无人机都是基于视觉传感器阻碍物检测方法。该方法是采用双目立体测量设备对无人机飞行环境内障碍物进行感知，最后利用干扰流体动力学系统(IFDS)规划出一条平滑安全的路径。

1.3 主要研究内容

目前国内大多数井场都是采用人工巡检，人工巡检工作量大、效率低、对路况要求相比无人机巡检要高。无人机可以结合三维重建、避障控制、虚拟现实等技术，进行理论上的虚拟远程操控，提高可靠性和效率。

(1) 确定无人机虚拟远程操控方案。

(2) 环境感知，虚拟现实技术的研究。

(3) 复杂环境下的无人机定位，导航控制技术研究。

(4) 虚拟现实的建立。

2 无人机实施方案

2.1 需求分析

井场周围情况复杂，附近多为山林、河流，交通不便，井场内地势平稳，但杂物众多，面对突发情况不能顺利避险。因此无人机应具备以下功能设施。

(1) 虚拟现实操作房：数据传输设备、VR虚拟现实设备、远程操作台。

(2) 无人机视觉测量设备，在复杂环境下能够对障碍物进行感知。

(3) 无人机实时定位，自由喊话，姿态控制，将无人机的所有信息同步到虚拟现实操作房。

(4) 无人机应用材料应具备防火耐热。

2.2 总体方案

无人机智能化井场主要由VR场景仿真模块、虚拟监测、人机交互模块组成。可兼顾日常巡逻和紧急情况下，远程操控人员对无人机进行远程人工干预，引导紧急避难抢险。

2.2.1 障碍物感知和虚拟现实房

障碍物感知和虚拟现实房进行对接，通过感知在井场复杂环境下的障碍物，进行一个虚拟现实化，利用5G将感知信息传输到虚拟现实房，从而动态更新虚拟现实场景，

在实际生产中，突发应急情况较少，正常情况下停机在钻台顶部、前场、后场、泥浆泵房附近，达到节省能量，充当移动摄像头，风向标。实时的将井场内部和井场附近的状态传回虚拟现实房，对风向、井场环境进行数据分析，随时规划好应急抢险逃生通道。

虚拟现实房实时读取数据库中的井场信息，通过坐标匹配计算，将现场环境进行一个数据化，并对现场进行一个环境模拟，通过坐标和障碍物数据进行匹配模拟，转换成三维模型，在虚拟现实房内即可实时观测到井场内外的实时情

况，并创建一个三维立体模型。

首先建立一个基准立体栅格，利用数字化将信息传入数据库，数据库信息通过虚拟数据接口动态获取数据可中的数字信息，利用多个基准立体栅格进行一个三维重建。通过不断读取数据信息，可以做到模拟出当时的井场情况，风力大小。并接入计算机网络，根据以往数据经验分析，分析出井场内可能发生的安全事故，并给出逃离方案，撤离路线，安全站位意见指导。利用立体栅格的技术可实现动态更新，为人机远程交互提供了决策性依据。

2.2.2 同步定位

针对井场、井场周围的复杂情况，我们以无人机自主控制加人工远程控制相结合，利用扩展卡尔曼滤波算法，将无人机的位置、姿态数据等进行融合，传入虚拟现实房，并进行一个三维重建，将无人机的实时情况在虚拟现实房内进行展示。

飞行中遇见未知障碍物：猫、狗、昆虫等无人机做出自主决策会相对来说慢一点，为了提高无人机局部避障能力，采用复合虚拟势场检测算法。采用复合立场 VFF 算法进行避障路径规划，遇见前方障碍物对无人机由巨大威胁时，远程操控人员可根据规划的路障路径对无人机实现远程干预。

2.2.3 虚拟远程操作平台

虚拟远程操作平台位于虚拟现实房中，主要在紧急情况下，或某些必要情况下对无人机进行人工远程干预，虚拟远程操作平台时采用 Unity3D 虚拟现实平台进行开发，与数据库中的额数据进行交互，实现数据交互和控制命令下发。

无人机虚拟样机：无人机虚拟样机在 SolidWorks 平台进行构建，将建立好的几何模型导入 Unity3D 开发平台进行渲染，并增加中立、碰撞监测、温度显示等物理属性，全方位还原无人机运行模式。并利用双缓存-多线程地形加载技术、遮挡剔除技术和多称此细节渲染技术，多实时场景进行优化，提高运行速率，保证无人机远程操控的实时性。

2.2.4 高温材料

根据井场事故时间分析，发生突发事件井下发出的温度变高，普通材料制作的无人机不具备耐高温、防水防潮的功能，目前市面上常见耐高温隔热材料有以下几种。

（1）膨胀聚苯板（EPS 板）导热系数 0.038-0.042

（2）挤塑聚苯板（XPS 板）热导系数 0.028-0.03

（3）岩棉板导热系数 0.041-0.045。

（4）胶粉聚苯颗粒保温浆料导热系数 0.057-0.06。

（5）聚氨酯发泡材料导热系数 0.025-0.028。

（6）珍珠岩等浆料导热系数 0.07-0.09。

3 数据

3.1 高效实时数据交互技术

数据交互平台设计了两个接口，一个是连入数据库与数据传输端进行连接，另一个是数据库与远程操控平台的同通讯。与数据传输端的连接通过编辑 C++脚本调用传感器动态连接库即可实现传感器数据储存，与远程操控平台的连接通过 Unity3D 平台上编辑 C#脚本实现。

3.1.1 传感器数据存储

传感器数据存储库包含环境数据和集体状态数据，对无人机在移动过程中各项传感器数据进行记录。环境数据表中包含温度、湿度、有害气体浓度等表达环境状况的数据。机体状态包括仰角、偏航角和翻滚角等对机身状态的监测数据记录。

3.1.2 数据库与虚拟现实房连接

在基于 Unity3D 的虚拟远程操作台中将数据库与虚拟现实系统进行连接，以 MySQL 为例，需要在 MySQL 数据库中添加 5 个动态链接库，分别为 I18N.dll、I18N.West.dll、MySql.Data.dll、System.Data.dll 和 System.Drawing.dll。在 Unity3D 平台中编辑一个 C#脚本用于创建数据库连接类，将 SQL 语句的基本操作控制功能写入这个连接中，在数据交互过程中只需要调用相关函数，减少了脚本的改写。

连接时为了方便调用存储的传感器数据，和保存虚拟操作平台控制指令，因此在数据库中建立运动控制命令表和任务信息表。

运动控制命令表包含：信息编号、数据采集时间、总启、总停、上升运动、下降运动、顺时针偏航、逆时针偏航、向前俯仰、向后俯仰、向左翻滚、向右翻滚。

任务信息表包含：任务编号、采集数据时间、任务名称、任务描述、任务日期。

第一步：调用 MySql_ init( ) 函数。分配、初始化与连接相匹配的 Mysql 数据库表。

第二部：调用 MySQL_ option( ) 函数设置连接选项，初始化数据结构。

第三步：MySQL_ connect( ) 函数连接数据库，连接成功后通过编写 SQL 语言，实现数据表的插入、删除等操作。

第四步：操作完成后，调用 Mysql_ close( ) 函数管不数据库。

3.1.2　飞行监控

虚拟监控融入连入环境信息感知和无人机状态信息感知，基于虚拟现实技术和视景融合技术构建逼真大的飞行视景加纳空界面，增强操作人员对飞行姿态的把控，提高了无人机的飞行、巡检效率。

要求有以下功能：

(1) 工作状态监控。工作状态包括无人机状态和环境状态监控，无人机的传感器将采集的数据实时传输至远程监控平台，工作人员可以实时监控工况状态。

(2) 导航地图。根据建立的虚拟模型，按比例对应实时显示出小地图，并显示无人机移动位置。

(3) 路线规划。根据障碍物分布情况、地区实时温度、湿度、风向快速规划人从井场撤离的路线。根据不同工况进行人员站位的指导意见。

① 数据监控界面设计。

Unity 平台的 GUI 系统为用户提供强大的可视化编辑器，可以快速直观的创建图形用户界面。GUI 界面的额开发可以通过添加 GUI 空间进行布局设计，也可以通过 C#脚本调用 GUI 类实现。

界面模块主要由监控模块、导航定位模块、机体状态参数、环境监测模块、无人机通讯模块组成。可帮助操作人员观察无人机情况，周围环境情况，监测周围有害气体，辅助操作人员判断远程操控系统的运行状态。

② 地图。

利用相机实时拍摄扫描模型全局路径，按照一定比例缩小，获得一张 UI 图片在监测界面上。

③ 路线规划。

利用无人机提供的地图，实时分析路障大小、有害气体程度、温度等，计算出可供人通行的逃生通道，针对特殊工况下的施工作业进行灾害预警并规划人员站位。

3.1.3　人机协同控制

利用虚拟现实技术构建井场场景和无人机虚拟仿真系统，为操作人员提供可视化的远程操控平台。使用数字孪生技术，使传感器数据实时驱动虚拟样机的运动和虚拟场景的实时根棍，实现同步。

在巡检过程中，无人机的远程操控采用集体自主导航与人工远程干预相结合的控制方法。根据运动规则，实现无人机自主飞行过程中感知的实时数据反馈在视景监测平台。当遇到复杂情况，操作人员可在监控系欸按查看并发送指令，远程调整无人机运动姿态，使其能够及时躲避飞行威胁，保证无人机飞行安全。

4　材料

4.1　环境因素

4.1.1　灾害环境因素分类

环境时指在任何时间和地点所存在的或遇到的自认的和诱发的条件总和。依据无人机在使用过程中可能经受的外界物理、化学和生物环境，影响无人机环境适应性的因素通常可以分为自然环境因素和诱发因素两大类。

自然环境是指环绕在人们周围的各种自然因素的综合，如大气、水职务、动物、土壤、岩石矿物、太阳辐射等。诱发环境是指生产、使用、维护等活动中由于认为因素引起的无人机周围环境变化、转杯自身运动、临近设备影响以及无人机自身壳体或者结构件对于无人机周围各种环境所产生的阻碍、遮蔽、缓解、扩大等综合作用影响，包括振动、冲击、跌落、离心、爆炸等环境因素。

4.1.2　环境对无人机影响

环境因素对无人机性能产生影响的效应是复杂的，在众多环境因素单一或复合作用的影响下，对无人机产生的影响答题可以分为两个大类：一是对无人机的力学性能影响，因为环境原因的复合作用，导致无人机机械结构收到严重损坏，使无人机丧失基本作业功能，导致一些列的装备失效。二是对无人机的功能影响，使无人机不能完成预定的功能，不能提供准确的数据参数。如温度导致的材料变形、软化、脆化、氧化、分解等，湿度导致的锈蚀电解，沙尘呆滞的构建卡死、绝缘性能下降。

4.2 材料分析

珍珠岩是一种火山喷发的酸性熔岩，经急剧冷却而成的玻璃质岩石，因为具有珍珠裂隙结构而得名，含水量2%~6%，颜色以灰白、浅灰为主，外观成贝壳状，莫氏硬度5.5~7，密度2.2~2.4g/cm^3，耐火度1300~1380℃，折光率1.483~1.506，膨胀系数4~25。在机械方面做隔热材料，可应用于无人机表面涂层和填充物，作防高温材料。

5 结论与展望

5.1 结论

针对无人机井场智能化巡检问题，分析了巡检无人机远程操控相关技术，利用立体视觉障碍物感知动态重建技术和无人机定位导航避障控制技术，构建了基于虚拟现实和数据孪生技术的井场无人机远程人机交互平台，结论如下：

(1) 双目视觉技术目前已经成熟，但在粉尘、水雾等因素下会对相机的拍摄质量造成影响。构建了虚拟现实房，可在虚拟现实房内进行无人机远程可视化实时监控和经常环境的动态重建，减少了远程操控人员的控制失误率。

(2) 利用双目视觉传感器单元实时监控井场内突发障碍物，通过相机图片进行数据采集、分析处理获得障碍物信息、通过坐标匹配，利用栅格克隆技术将感知的障碍物信息实时重建于虚拟仿真环境中。

(3) 探讨了远程操控中无人机的定位、导航避障问题，基于扩展卡尔曼滤波算法的视觉惯导融合定位技术，实现了无人机的精确定位，通过坐标匹配，完成虚拟现实的同步定位，结合虚拟模型实现无人机在全局范围内的导航，利用复合虚拟势场VFF避障控制算法，进行无人机与动态障碍物的运动速度的计算。

(4) 建立虚拟无人机仿真飞行，可以清楚、准确的表达无人机的各个飞行姿态，并实现了数据的交互，可在虚拟现实房进行数据的传输，命令下达。结合人机智能交互技术，可实现无人机的远程控制。

(5) 建立飞行视景监控平台，并添加导航小地图，在危险情况下进行人员疏散导航，飞行导航，人员站位意见指导，并对空气中的气体含量进行实时监测，避免有毒有害气体溢出。

(6) 防高温材料分析，对高温条件下进行一个无人机的保护作用，确保在高温环境下能够进行人员疏散导航，确保井场安全。

5.2 展望

井场无人机已经可以实现基本的功能，随着5G通讯技术的普及，将迅速提升无人机的操控性能。

(1) 拍照和扫描的效果很容易受粉尘、水雾等因素影响，因此后面的研究要充分考虑到拍摄问题，对不同工况下的障碍物感知能力。

(2) 面对大风、雷暴雨等极限天气，充分考虑风雨雷电对无人机产生的影响，提高无人机控制精度。

(3) 面对突发情况、突发灾难能够智能引导人员进行一个疏散。

参考文献

[1] 陈曾平. 电子设计基础与专用系统构成[M]. 北京：科学出版社，2006.

[2] 牛轶峰，沈成林，吴利英，等. 无人机系统导论[M]. 北京：国防工业出版社，2015.

[3] 路而红. 专用集成电路设计与电子设计自动化[M]. 北京：清华大学出版社，2004.

[4] 钱七虎. 隧道工程建设地质预报及信息化技术的主要进展及发展方向[J]. 隧道建设，2017，03：251-263.

[5] 杨景旗，宋贵侠. 企业信息化进程中存在的问题及对策[J]. 大庆社会科学，1999(04)：22-26.

利用超算中心开展勘探数据异地处理的技术准备

林　茂　董玉敏　侯　波　关　宇

（中国石油新疆油田公司）

摘　要　随着地震勘探采集密度不断加密以及处理方法越发复杂，石油地震勘探数据处理工作对计算能力的需求越来越高，依靠自身力量建设高性能计算机群已无法满足勘探处理对算力增长的需求。利用超算中心解决地震勘探处理算力峰值需求已成为值得油气勘探企业采用的手段。超算中心建设中心是大规模并行计算能力，承担勘探数据处理工作必须大体量、高并发的勘探数据的存储、传输、计算和安全问题。

关键词　计算机应用技术；勘探大数据；超算中心；分布式存储

根据陆基孟陆教授编撰的《地震勘探原理》一书中的定义："油气地震勘探是一种利用先进的计算机数据处理能力对野外收集的原始资料进行各种去粗取精、去伪存真的加工工作。"自从计算机技术开始大规模应用以来，从事油气勘探的研究基本使用高性能计算技术开展勘探数据处理工作，新疆油田公司勘探开发研究院一直持续开展高性能计算技术在油气勘探中的规模应用。

图 1 是笔者所在企业勘探处理系统建设历程，从这张图中可以看到，为满足科研生产需求，企业多次投入大量资源，不断建设和扩充勘探处理能力，目前已经建设完成了一套计算能力 1046TFlops，具备 10PB 存储空间的 CPU+GPU 异构集群体系。

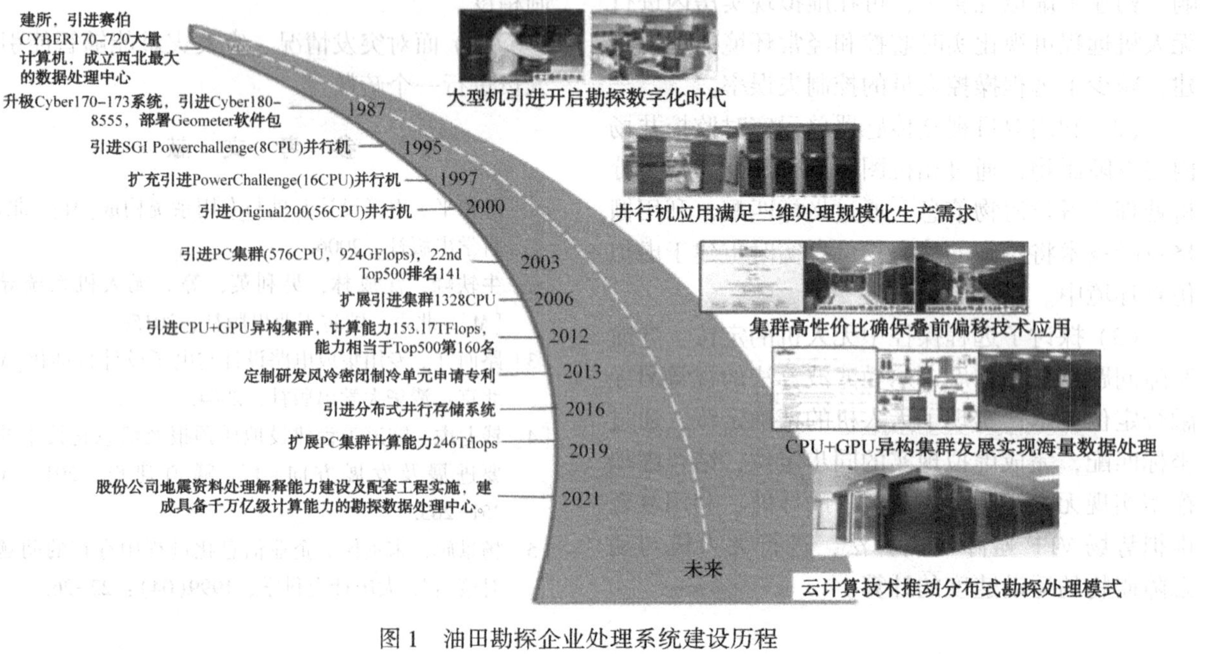

图 1　油田勘探企业处理系统建设历程

1　勘探处理技术发展对计算提供方式转变的需求

随着近几年两宽一高采集技术的规模应用，地震勘探数据采集密度不断加大。图 2 是笔者企业负责研究的某盆地三维地震采集设计参数的变化情况，从这张图中可以看出采集炮道密度从 2010 年 26 万道/平方公里提升到 575 万道/平方公里；满覆盖次数也从 2010 年的 160 次增长到 2021 年的 1330 次。这些采集技术的不断提升是的外业采集数据从过去单块三维 1~2TB 增找到目前 100~200TB 的规模。数据膨胀对计算能力提出了更为苛刻的需求，而处理方法的提升(从叠后到叠前再到逆时偏移再到全波形处理，从时间偏移到深度偏移)进一步加剧了勘探处理的计算规模。现阶段依靠自主建设获得计算能力的速度很难匹配石油地震勘探处理发展带来的算力需求增长，需要考虑寻找可靠的外部算力快速解决不足的勘探处理需求。

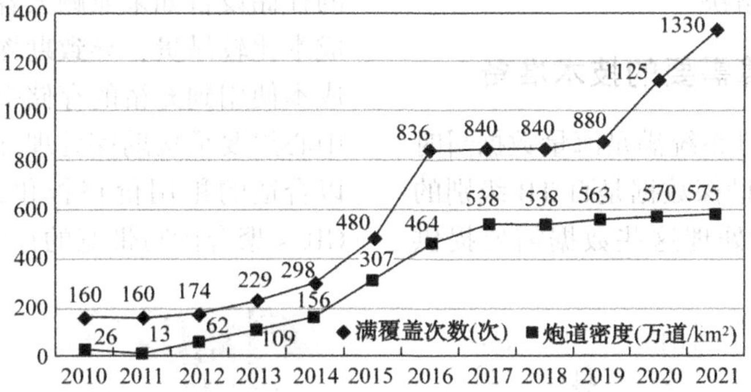

图 2　三维地震勘探工区采集参数变化图

另一方面，石油地震勘探数据处理工作通常是由多个处理环节组成的长达半年到一年的工作过程，并不是所有的处理环节都有规模化的并行计算需求，但存在某几个环节(例如整体偏移)实施时需要大量的集群算力共同协作才能在限定的时间内完成工作。实施这些工作环节的时间段就是计算峰值期。勘探处理集群计算规模是按照满足日常生产算力需求而设计的，这样的集群系统当遇到计算峰值时往往就无法满足生产节奏的需求了。以笔者企业为例，1046Tflops 的计算集群常年运行在一个非常稳定的状态，日常处理任务均能有序开展，但在每年的总会有几段十几天的时间需要将所有计算节点均交给某一处理项目整体偏移工作实行，这时其它工区处理任务几乎被迫停止了大多数计算任务转而开展一些文字处理和数据整理工作。如果同时出现 2 个以上的计算峰值任务需要算力时，只能依靠拆分计算资源或工期调整来解决问题，导致几个计算任务均无法按时完成任务。单纯依赖自身建设满足计算峰值需求代价昂贵并不符合目前企业低成本运营战略只能考虑调整算力提供模式，从外部寻找能够提供充足算力后备资源的合作方。

审视现今业界发展趋势，能够满足需求并最有可能实现的方式就是“租赁超算中心计算资源”。

2　探讨超算中心承担勘探计算任务时经常会提到的几个问题

国家超级计算中心(简称超算中心)，是指由国家兴建、面向公众服务，部署有千万亿次高效能计算机的超级计算中心。这些超算中心通常建设在北京、上海、深圳、太原等中心城市中，采用云计算模式为公众提供规模并行计算服务。与之对应的是目前从事勘探数据处理工作的数据处理中心通常都位于油田所在的中小边缘城市内；这些数据处理中心除了提供算力支持外更关心勘探数据管理(包括存储、传输、安全…)；勘探处理中心的算力通常以裸金属机方式近乎全部的投入给处理作业使用，因此通常不使用虚拟机模式；勘探处理中心使用专业软件公司开发的商业化处理软件，少有自研模块和自编程序。

对比超算中心和勘探数据处理中心工作环境，想要使用超算中心计算资源，首先要满足企业经营方面的各种要求、规定，这些是企业和超算中心管理经营人员需要解决的事宜，本文不进行探讨。从技术环节入手，应用超算中心计算资源，还需解决这几个问题：①PB 级勘探数据如何存放如何能够满足数百计算节点同时高速读写勘探数据的需求；②如何在可容忍时间内将数百 TB 的勘探数据从勘探处理中心传送到超算中心当中；③超算中心如何能够快速提供数百台具备勘探数据处理功能的裸金属服务器；④如何保障勘探海量数据传输和超算中心内部存储时不会发生数据泄密问题。

出现这些问题主要时由于超算中心建设目的就是为了科学计算，关注点在并行计算方面，通常是为了运行一些自编的并行算法程序。而勘探数据处理工作首先是一个大数据操作的行为，仅仅是因为一些勘探数据处理方法复杂，需要并行算法才能完成处理工作。勘探处理工作更关心需要操作的数据，关心数据的存储、传输、计算和安全。因此两者融合使用时就会发生以上的问题。单纯依赖某一方面不能很好地解决这些问题，需要数据处理方、计算提供方以及软硬件设备生产方共同努力方能解决。

3　异地规模数据计算需要的技术准备

（1）搭建分布式文件系统满足海量数据瞬时高并发数据读写需求。勘探数据是百 TB 级别的大数据集合，要存储和处理这些数据需要提供PB 级的存储空间。另一方面勘探数据处理作业计算过程中经常会出现数百台计算节点同时读写某一或几个 TB 级数据集合，这就就要求存储系统具备瞬时高带宽访问能力。计算中心通常使用的存储设备如果兼顾大容量和高性能的存储设备成本比较昂贵，导致勘探数据处理很难以合适的成本使用到充裕的存储空间完成工作。因此超算中心想要承接勘探处理计算工作，首先就要能够以合适的租用价格提供兼顾 PB 级容量和几十 GB/s 聚合读写带宽的存储系统。

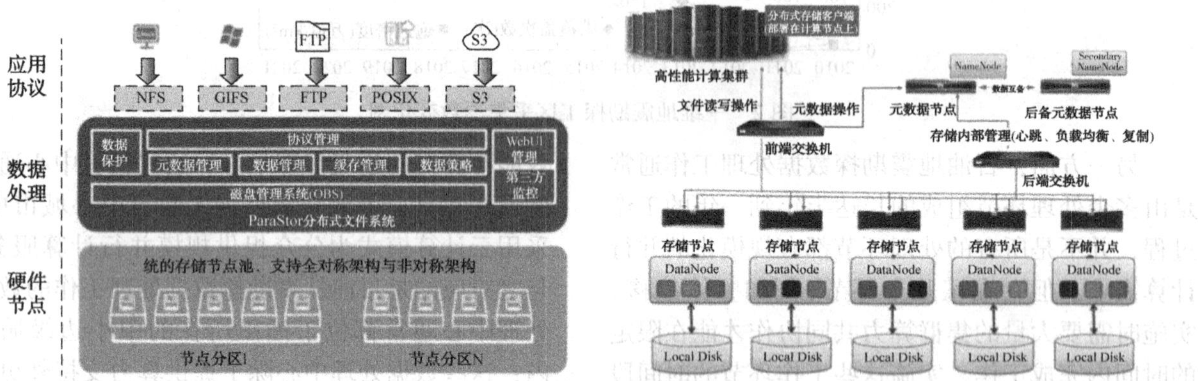

图 3　分布式存储架构及工作示意图

分布式存储最早是由谷歌提出的，当时目的是通过廉价的服务器来提供使用与大规模，高并发场景下的 Web 访问问题。如图 3 所示，分布式存储系统是一套软件定义的存储系统，有一套存储管理系统软件负责整体架构的搭建，采用可扩展的系统结构，利用多台存储服务器分担存储负荷，利用位置服务器定位存储信息。目前很多存储厂商均推出的分布式存储架构，通常由三个部分组成：安装在计算机点上的存储客户端、用于存放数据存放信息的元数据服务器以及以文件形式存放数据块的存储节点服务器。客户端负责发送读写请求，缓存文件元数据和文件数据。元数据服务器负责管理元数据和处理客户端的请求，是整个系统的核心组件。存储节点服务器负责存放文件数据，保证数据的可用性和完整性。元数据节点和存储节点可以融合成一个设备。

由于分布式存储中单个部分组件均采用标准服务器，这个架构中未采用专用的存储网络以及存储控制器设备，结构比较简单，因此相对组建成本较低，可以在企业能够承受的成本范围内组建起 PB 级别的存储工作空间。

另一方面，分布式存储采用文件形式管理数据，这与目前勘探数据基本以数据文件形式存放相一致。分布式存储系统会将存储的数据文件切分成多个数据块分别存放在不同的存储节点服务器上，在接到数据读写请求时，存放有所需数据的存储节点会直接发送数据给存储客户端。而勘探处理工作中数据读写方式经常是“数百个计算节点同时读写某一或几个文件的不同位置”，这种数据读写方式恰好能够使得分布式存储系统中多台存储节点同时为执行同一个处理作业的多个计算节点服务的需要。在笔者单位日常处理工作中实测聚合带宽达到了 20GB/s(10 台存储节点，25GbE 交换网络)，基本发挥了网络所有带宽容量。

分布式存储系统是一个软件定义的存储系统，这种方式使得他的组建、调整、扩充都十分方便。在这种架构中存储客户端可以直接读写存储节点上的数据文件，节约很多其它存储架构中数据搜索和数据聚合的处理时间。

综上所述，超算中心承揽勘探数据计算业务之前，首先需要建设一套 PB 级的分布式存储系统。当然，这一工作也可以有勘探处理工作方提供，而超算中心需要预留存储接入的必要界面。

（2）采用运输存放项目数据的独立存储子系统解决TB级数据异地传输需求。目前超算中心基本都位于北京、上海等核心大城市当中，勘探数据的保存和处理通常位于油田所在中小城市勘探处理中心。勘探处理中心和超算中心之间通常不会有网络专线连接，数据传输和登陆访问往往需要通过公用网络进行操作。笔者曾经在两个相距360公里的城市之间用万兆链接传输一块63TB的勘探数据，这个过程花费10个工作日。这还是万兆专用链路确保数据传输不被打扰，数据传输全过程未发生中断故障。很难想象几百TB的数据通过负载重、带宽低的公用网络在两个中心之间传输是什么情景。

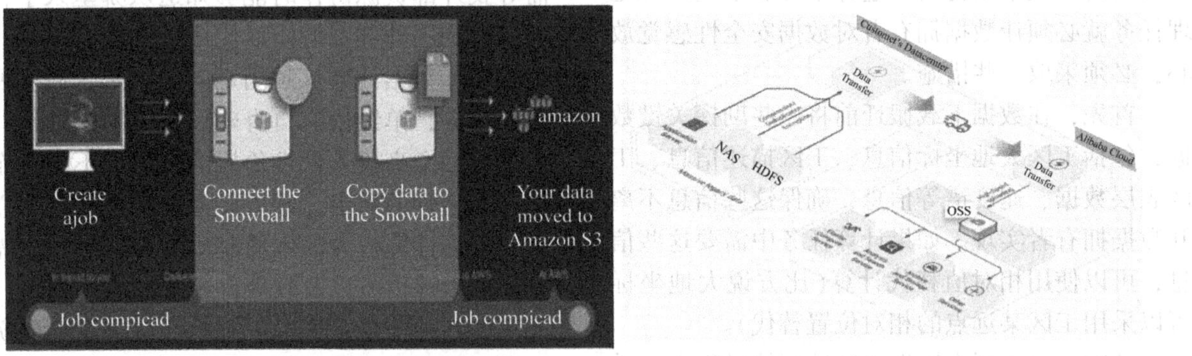

图4　AWS Snowball数据传输方案和阿里云离线数据上云方案

参考亚马逊雪球数据传输方案（AWS Snowball）和阿里云离线数据上云方案（如图4所示）发现，TB级别的数据体传输通常还是使用设备传输方式进行。勘探处理作业异地执行涉及的数据均为几百TB，因此有必要按照业界成熟方案也设计一个中间传输设备用于勘探海量数据的异地传输。由于目前勘探处理工作中使用的分布式存储设备是一个软件定义的存储系统，组件采用的都是通用服务器，适合进行定制改造。因此有三个方案可供参考：

第一种方案，利用在3~5个体积小型化的多盘服务器上安装分布式存储管理系统，将其定义为一个几百TB，4~5个传输通道的分布式文件系统，将需要异地处理的勘探数据及其计算作业序列复制到这个分布式文件系统当中，然后将存储设备离线邮寄或运输到超算中心部署到计算集群中并开始工作。完成工作后与计算结果文件一同运输回勘探中心。

第二种方案，在勘探中心和超算中心部署相同的分布式存储系统；在勘探中心将数据拷贝到分布式存储系统后将存储节点中存储数据的内置硬盘下线，记录存储节点盘位信息后邮寄或运输到超算中心。超算中心按照传递过来的磁盘盘位信息再将数据磁盘加载到超算中心分布式存储相应盘位上加载应用。

第三种方案需要分布式存储厂商配合，由他们研发一种分布式存储系统数据下移和加载工具，能够将勘探处理中心分布式存储设备中部分文件集中到一个存储节点上，然后下线这一存储节点，邮寄或运输到超算中心后与超算中心分布式存储系统融合，均衡数据块后开展数据应用。

以上这三种方案均为离线设备运输方案。如果能够在勘探处理中心和超算中心之间架设传输专线，研发多进程“断点续传”传输软件应该也能解决TB级数据传输问题。

（3）采用独享分区、软件镜像和软件模块剥离方式解决勘探海量数据计算需求。由于勘探数据处理作业设计的数据量庞大，计算复杂，因此需要参与工作的计算节点将尽可能多的计算能力都投入到指定作业计算当中。因此超算中心承载勘探数据处理的计算集群不能使用虚拟机这种方式而需提供裸金属机。因此需要超算中心设立勘探作业独享分区，独享分区内设备均为裸金属机。为确保数据安全和作业免打扰，分配到独享分区的集群设备在勘探作业运行时与超算中心其他系统保持物理隔离状态。

另一方面，勘探数据处理目前使用的时商业化的专业应用软件，超算中心承担勘探处理任务时必须与软件生产商提前解决软件许可问题。根据软件需要提前制作软件节点系统、软件环境、用户环境镜像并在最短时间内部署到分配的计算资源上才能开始工作。如果可能，要求软件厂商将承担任务的专用模块从软件整体系统中剥离出来运行，效率会更高。而如果能够根据处理任务所需的算法自定义编写并行计算软件加以执行效率和效益将会最高。

（4）采用关键数据剥离、数据块细分和数据乱序加密方式解决勘探数据安全需求。勘探数据属于企业核心数字资产，每一 TB 都是花费大量的人力物力成本获得的。超算中心要承担勘探处理任务就必须让数据拥有者对数据安全性感觉放心，必须采取一些措施。

首先，在数据下载搬迁前将一些勘探关键数据，包括工区大地坐标信息、工区描述信息、工区表层数据、速度谱等信息，确保这些信息不离开数据拥有者实现。如果计算任务中需要这些信息，可以使用相对值替代计算（比方说大地坐标可以采用工区某远点的相对位置替代）。

其次，由于现在勘探工区数据体量很大，采用分布式存储设备存储时，某个节点或某块存储盘中存储的数据均时整体工区数据体的一个碎片，即使丢失也不太会造成大的损失，这就象把一副地图撕成碎片后，只要碎片足够小，南无任何一个碎片上的图像均无价值。而整个 PB 级别数据丢失可能性较小。于此同时，如果数据传输采用存储盘运输方式，只要把盘位信息和存储盘分不同渠道传送，那么即使丢失一定的数据盘也不太会造成泄密事件。

第三，超算中心内部为勘探处理任务提供独享分区，提供裸金属机并在工作期间与其他设备和网络保持物理隔离，采用分布式存储设备存储等方式均能够很好地保护客户的数据资产安全。

最后，近期 DPU 技术发展迅猛，而分布式存储设备数据输入输出均需通过通用网络设备进行。因此如果在分布式存储系统中引入 DPU 设备，将数据加密、数据乱序、数据切片和聚合等功能通过 DPU 计算实现，那么在不影响存储设备输入输出的前提下就可以对数据安全进行进一步的确保。而将存储系统内部 DPU 网卡或加解密用的 DPU 程序和设备分渠道传输也能保证泄密事件无法发生。

4　计算能力建设思考

（1）勘探数据管理是一个非常繁琐，不断循环的长期工作。数据计算只是数据管理中一个关键引用环节。数据生产、存储和计算异地进行对目前大数据应用现实场景中是一个非常困难的事情。而未经处理过的数据对企业价值获得共享很小。为保障数据处理的及时性，油气勘探研究企业必须持续开展勘探处理计算环境建设，确保本地勘探处理具备恰当的计算规模，与此同时持续培养建设人员和维护人员，在勘探生产的基础理解勘探计算需求和实现方法，这样企业在生产急需寻找外部资源协作时能够知道从哪里入手，如何快速利用外部资源协助完成企业生产。

（2）数据计算从封闭走向开放是今后发展的必然趋势，单纯依靠自身建设解决勘探处理计算需求是一个高投入低性价比的行为，不符合企业低成本运营的需求。开展多渠道合作必须建立在充分领会计算行为的本质基础上，通过算力需求方、算力提供方以及软硬件生产商共同协作，集成实施各种信息系统解决方案，解决遇到的实际问题和技术矛盾后方能保证计算作业有序开展。

（3）尽管数据安全对企业而言是重要工作，但也需意识到“只管不用”的数据对企业而言只是负担而不会成为资产。保密和共享应用是一个矛盾体也是一个妥协的过程，不应片面强调数据保密放弃对数据应用的追求。数据安全问题需要在应用过程中逐项解决，对企业而言数据应用才是最终目的

（4）计算机新技术的发展最终会改变现在数据中心和超算中心的状态。可以设想如果有人能够考虑将分布式文件系统、DPU 计算技术和勘探数据处理缓冲技术融合在一起，将计算节点中所有缓冲磁盘当作分布式文件系统的存储盘，通过“谁有数据谁计算”方法和并行算法相融合，是否可以真的把计算节点转换成真正意义上的数据处理节点。而如果勘探专业软件厂商能够开发出将“计算模块、作业序列以及数据块”打包成一个个计算包，通过网络发送到其它有空闲的计算机系统中计算，是不是可以说分布式勘探处理系统就能够实现了，那时候超算中心、计算中心的工作模式将于现在完全不同。

参考文献

[1] 钟瑛，等．大数据的缘起、冲击及其应对[J]．现代传播（中国传媒大学学报），2013，07：104-109.

[2] 陆基孟．地震勘探原理[M]．东宫：石油大学出版社，1993.

[3] 林茂，董玉敏，关宇，等．企业私有云建设探讨

[J]. 电脑编程技巧与维护，2012(22)：57-58，70.
[4] 井共大庆市委党校课题组. 大庆云计算中心建设研究——云计算与低碳经济[J]. 大庆社会科学，2013(02)：77-81.
[5] 胡素青. 就这样，漫步"云"端[J]. 金融科技时代，2011(10)：18.
[6] 徐刚. 大庆油田云计算中心建设方案[J]. 硅谷，2012(22).
[7] IBM像供，应"电力"一样供应"计算力"[J]. 中国新技术新产品，2011(06).
[8] 巫小蓉，等. 像供基于多路径网络技术构建高性能云计算中心的探讨[J]. 福建电脑，2014(06).
[9] 肖志良，等. 浅谈云计算模式面临的问题及应对策略[J]. 信息与电脑(理论版)，2011(03).
[10] 张贝贝，等. 构建超算云平台要靠云应用[J]. 软件和信息服务，2013(04).

浅层超稠油SAGD开发数智化建设研究与实践

陆 兴 于 淼 兰明菊 杨 果

（中国石油新疆油田公司）

摘 要 数字化智能化生产已成为世界油气工业发展的大趋势，是全面提升油田感知能力、分析能力、决策能力，提高全员生产力、生产效率、利润与安全性的新引擎。SAGD（蒸汽辅助重力泄油）是国际上超稠油油藏最有效的开发方式之一，但全过程连续高温高压的密闭生产特点导致作业安全风险高，人工调控难度大，生产过程能耗高，效益开发难度大。本课题围绕采用SAGD技术开发的超稠油油田，针对在SAGD开发过程中现场操控、生产管控、协同研究等方面还面临诸多困难和挑战，以及提升开发效益所必需的全过程精细调控、精益管控、精准决策，从"生产过程智能操控、生产管理预警决策、油藏研究智能分析"三个方面开展工作，创建了SAGD开发"注—采—输"全流程关键工艺自动控制体系，实现了从井下到地面的全过程生产智能操控；构建了以大数据分析为核心、多算法模型为依托、预警信息实时推送为载体的SAGD开发高效管控模式，生产分析向预警化、超前化转变；研发了集SAGD智能处理解释、实时自动模拟与智能预测等油藏智能研究技术于一体的协同研究平台，实现了SAGD油藏研究数据一体化、工作协同化、成果共享化；形成了具有"数字化、自动化、协同化、智能化"的运营模式，大幅提高了开发效益和管理效率，推动了稠油油田数字化转型和智能化发展。

关键词 数字化转型；SAGD开发；智能操控；智能管控；智能决策

当前，以大数据、物联网、云计算、人工智能为代表的新一代数字技术创新浪潮席卷各行各业，数字化智能化生产已成为世界油气工业发展的大趋势，是全球石油公司科技和信息化发展的重点战略和主要方向。新疆油田拥有近6亿吨的浅层超稠油资源，采用传统吞吐开发方式生产成本高、管理难度大、单井产量低、采出程度差，而SAGD（蒸汽辅助重力泄油，以下简称为SAGD）技术作为一种最有效的开采手段，其生产全过程的精细调控、精益管控、精准决策，亟需以数字化、智能化技术作为支撑，推动油田进入高质量开发的新阶段。

1 SAGD生产管理业务现状与问题

SAGD生产全过程连续高温高压的密闭生产特点（图1），导致操作安全风险高，人工管控难度大，生产过程能耗高，效益开发难度大，在SAGD开发过程中现场操控、生产管控、协同研究等方面还面临诸多困难和挑战，是SAGD生产管理实现"数字化、自动化、协同化、智能化"亟待解决的问题。

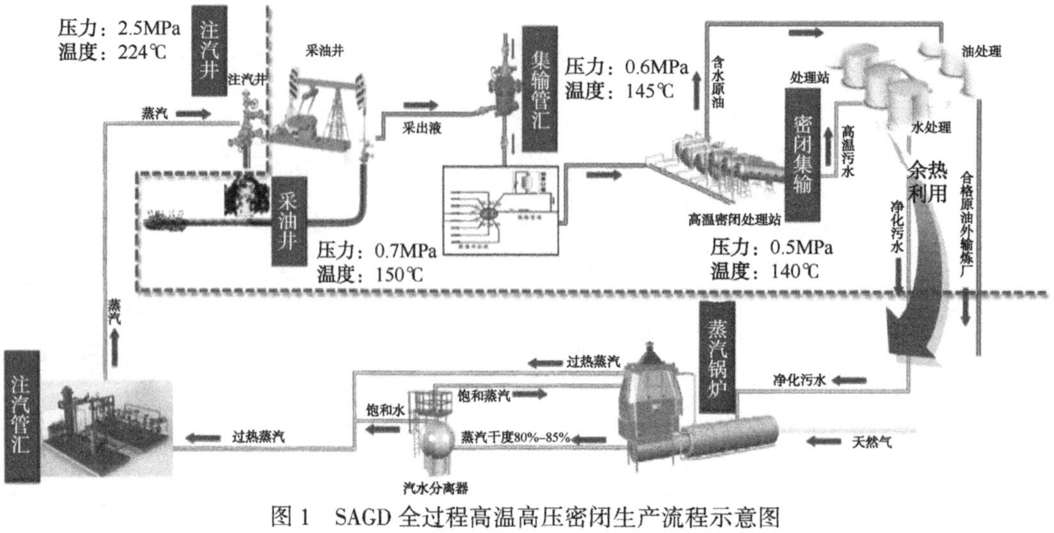

图1 SAGD全过程高温高压密闭生产流程示意图

（1）生产现场操控难，精细调控技术不足。

一是在工艺生产源头，注汽是稠油开发的“生命线”，现场所用燃气锅炉具有高温高压、易燃易爆、控制精度高、管理难度大的特点，蒸汽品质达标、注汽指标提高、注汽量保障和安全运行是注汽锅炉日常管理的关键，且不同区域类型的油井对注汽质量的需求不同，依靠人工实现全周期管控较为困难。

二是在油井生产环节，地下蒸汽腔的形成及扩展是地下稠油资源采出的前提条件，SAGD 生产过程高温高压，采出液为气汽液混合，相态难以控制，为了防出液闪蒸、控生产压差、保注采平衡，油井生产动态调控指令多，现场工作量大。

三是在集输处理过程，SAGD 采出液高温、携汽、携砂，余热资源丰富，全过程高效密闭集输控制难度大，且油区来液物性复杂、波动频繁、携汽量大，处理过程又均在 100℃以上，操作复杂、上下游动态平衡运行困难。

（2）生产管控难，精益管控手段不足。

一是 SAGD 全过程生产工况数据规模大、来源广、时效性强，价值稀疏、场景多元、关联性强，提高异常处置效率难，如何将故障判断及数据分析的专家经验转变为有效的预警、预测模型，实现生产分析向预警化、超前化转变。

二是 SAGD 平均生产运行时率为 83.09%，部分区块油汽比长期停滞在 0.11 左右，生产工艺设备设施多，存在故障规律不清、诊断知识梳理不全，诊断模型单一、准确率不高的技术难点，提升设备运行时率难，制约了油田经济效益的提升。

三是在数字化的生产指挥整体架构规划中，以移动应用为核心的生产管控指令下发、分级响应、跟踪评价与闭环反馈是重要环节，是解决随时随地的数据交互与信息查询、提升信息扁平化交互频率的关键，是构建“管理决策-生产一线”扁平化高效运行模式的必要手段。

（3）协同研究难，精准决策能力不足。

随着 SAGD 超稠油油藏开发工作持续推进，地下复杂性与开发难度不断加大，油藏研究精度无法得到有效保障，一是油藏开发各环节产生了大量数据，数据质量标准不一、共享不足，影响了数据价值挖掘。二是勘探、评价、开发等各阶段的成果、数据和经验无法充分复用，影响了科研效率和成果转化率。三是油藏类型不同、开发阶段不同，生产优化方法依赖人工经验，影响了措施及时性和有效性。

鉴于上述问题，迫切需要借助物联网、大数据、云平台等数字化、智能化技术，建设一套以“数字化、自动化、协同化、智能化”为特征的 SAGD 开发数智化技术体系与管理模式，实现超稠油资源的经济、高效、可持续开发，在保障战略资源供应的前提下，促进资源优势向经济优势转变。

2 SAGD 开发数智化建设研究探索

针对 SAGD 开发技术复杂、能耗高、安全清洁生产风险高、提质增效难度大等问题，围绕“生产过程智能操控、生产运行预警决策、油藏研究智能分析”开展研究工作，打造了稠油油田智能化示范样板，推进企业生产和劳动组织模式变革，提升油田信息化、智能化水平。

2.1 油田生产过程智能操控

从稠油油田注汽、采油、集输三大工艺流程出发，开展生产过程智能操控研究，以达到降低现场用工数量及操作安全风险的目标。

2.1.1 分区分类注入蒸汽品质控制

注汽是稠油开发的“生命线”，通过创新注汽锅炉蒸汽质量控制技术，建立蒸汽品质控制模型，采用预测函数算法，实现注汽锅炉生产周期内的品质连续监测与动态预警，确保蒸汽品质在合理区间的过程控制，蒸汽品质达标率由 75% 提高到 90% 以上，建立以锅炉蒸汽出口压力、温度为关键参数的连锁控制模型，确保锅炉蒸汽压力、温度与单井注汽需求相匹配。

注汽锅炉安全稳定运行受到火量、水量、天然气流量等 30 余项参数影响，保证锅炉蒸汽质量与降低能耗成本之间的矛盾较为突出。为此，建立三种“多变量耦合自调节”控制模型（图 2），一是“水量+火量”调节模型，保障了蒸汽注入量和干部，实现天然气单耗在 50～70 之间波动；二是“水量+火量+天然气流量”调节模型，保障蒸汽注入量和干度，降低天然气能耗，天然气单耗稳定在 55～60 之间；三是“水量+火量+天然气流量+给水温度”，保障蒸汽注入量和干度，进一步降低天然气能耗，经过现场应用验证，第三种调控模型效果最佳。

地下蒸汽腔的形成及扩展是稠油采出的前提

条件，与油藏压力、注汽速度、注汽质量等密切相关，需精确控制注汽流量与注汽强度，研发以蒸汽质量与注汽强度协调控制为核心的蒸汽分配计量撬（图 3、图 4），实现蒸汽流量实时感知、动态调节、精确控制。

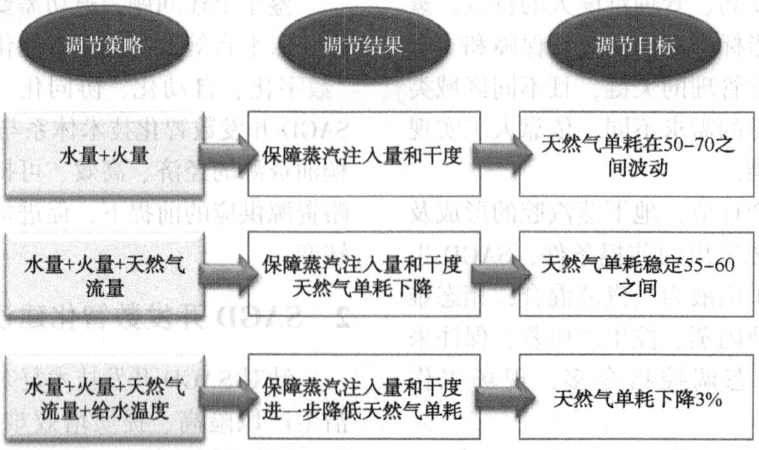

图 2　蒸汽品质多变量耦合自调节控制模型

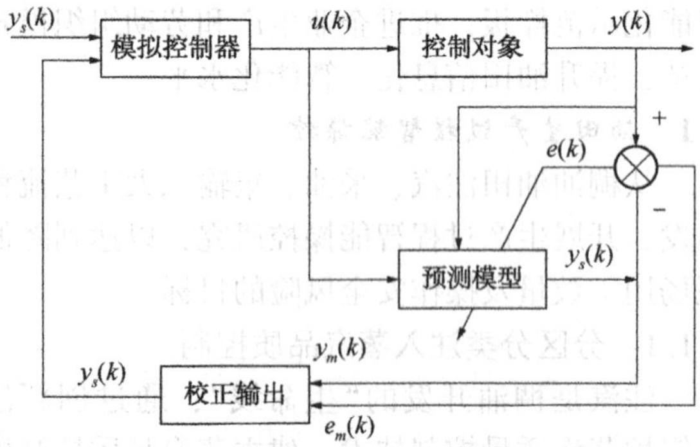

图 3　蒸汽品质与注入量协同精确控制模型

图 4　智能化蒸汽分配计量调节橇

2.1.2　SAGD 采出液相态智能控制

稠油生产高温高压，采出液为气汽液混合，相态难以控制，研发井下温度场、压力场连续动态监测技术，建立井下参数与采出液相态耦合模型，实现汽液界面可视化监测分析，相对于传统监测手段取得了较大技术突破，可有效避免单点突破或段汽窜。同时，在现场控制器中研究建立稠油注采平衡调控模型，建立 SAGD 注采平衡调控模型，分析 SAGD 井组的井口、井下、注汽流量、示功图、日产量等采集数据，通过与 Subcool 模型进行比对，得出蒸汽注入量、油嘴、变频器的控制参数，通过软件平台将设定参数下发到现场控制设备进行远程调控，实现数据自动采集、蒸汽电动阀与油嘴开度自动调节，精确控制注汽量与产液量。

应用多通阀自动选井技术，研究并开发稠油远程计量功能，实现指令批量下发、自动执行，300 余座管汇的远程计量指令下发工作 1 人即可完成，大幅提高执行效率；在执行计量结果采集入库是，自动获取单井温度数据，结合出液情况，根据温度波动情况自动分析油井异常。

2.1.3　密闭集输节点控制与动态平衡调控

建立了吞吐开发密闭集输联动调节控制模型。通过构建集稠油采出、密闭接转、联合处理全过程温度调控模型，改进 PID 调节参数，实现参数及指标的精确调控；根据前期实验分析结果，建立了动态数据优化、稳态控制输出的调节方法，密闭接转站进口温度控制在（116±2）℃，出口温度控制在（105±2）℃，稠油处理站进口温度（94±1）℃，提升热能综合利用率。

建立了 SAGD 开发超高温密闭集输联动调节控制模型。以管道压力为关键参数，建立稳态多相流运行模型，预测分离器进出口压力控制对井口回压影响，将蒸汽分离器出口压力由 0.8MPa 优化至 0.6MPa，减少对井口回压的影响（图 6）。

建立了稠油处理站“油、水、汽、泥”动态

平衡调控模型。以单节点稳定为基础、多节点平衡为目标的自动连锁控制回路 56 条，实现处理站原油处理、污水处理、汽液分离、加药排泥各节点自动运行与调节，形成生产流程一体化自动调控，实现处理站高效管理，保障系统安全、平稳运行。

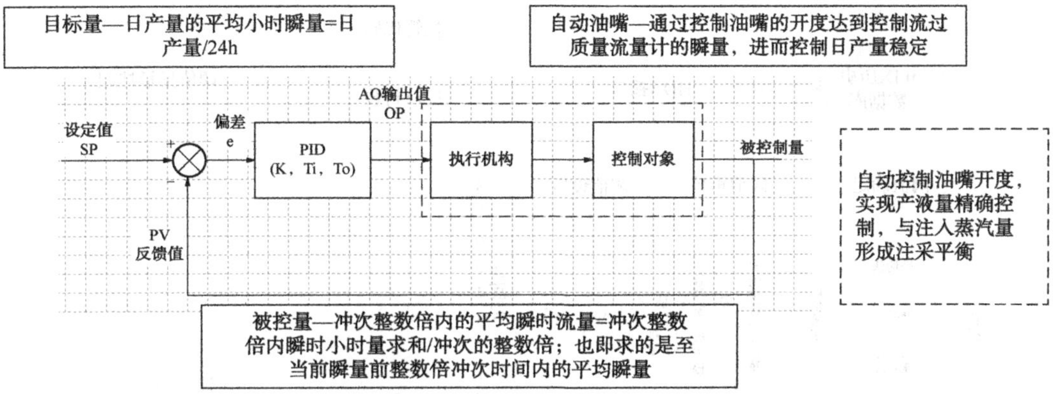

图 5　注采平衡调控模型

节点名称	管汇间	沉降罐	掺蒸汽	净化罐
控制参数	压力	油厚	温度 压力	温度 液位
运行范围	≤0.40MPa	2.0~3.5m	95℃~98℃ 0.20~0.35MPa	95℃~98℃ 3.5~12.5m
岗位控制措施	<0.40MPa	<2.0m或>3.5m	<95℃或>98℃ <0.2或>0.35MPa	<95℃或>98℃ <3.5m或>12.5m
站级控制措施	<0.50MPa	<1.5m或>4.5m	<92℃或>99℃ <0.15或>0.40MPa	<92℃或>99℃ <3m或>12.55m
厂级控制措施	0.40~0.50MPa	<1.0m或>5.5m	<90℃或>100℃ <0.10或>0.45MPa	<90℃或>100℃ <2.5m或>12.6m

图 6　原油处理节点控制图

2.2　油田生产运行智能管控

稠油生产工艺流程复杂、井站设备多、上下游关联度大，任意环节异常波动会影响上下游系统稳定运行，造成设备故障停机及工艺停运，进而影响开发效果或造成严重事故，增加生产运行成本，影响油田经济效益。从预警预测、故障诊断、远程调度三方面展开技术研究与攻关，为生产异常监控与调度指挥决策提供技术支持，辅助提高生产时率、降低故障发生率。

2.2.1　稠油生产参数智能预警

集中监控报警限值主要根据生产经验确定，稠油生产工况变化频繁，人工设置限值无法快速匹配生产变化，存在一定滞后性，难以保证监控分析工作的准确性。研究并建立平均值、取点值、三倍标准差三种自适应阈值自动推荐方法，通过对周期内的关键指标进行计算，自动生成报警阈值，提高自适应阈值有效性，经验证，推荐阈值有效率达 97.28%(图 7)。

现场无人值守模式下，单参数高低限报警对生产异常变化的反应较为滞后，时效性低，无法满足生产过程管控的需求。调用直线拟合函数，对数据进行拟合，计算直线斜率；结合历史数据，反演推算极限斜率，与实时拟合斜率比较，实现异常及时预警，提醒生产运行人员采取措施，解决以往异常分析、预测滞后的问题，趋势预警平均提前 15~30 分钟。

单井智能诊断系统集成了单井全生命周期数据，针对 SAGD 自喷井、机抽井，通过油压、温度、液量进行周期波动对比，注汽井通过压力周期波动对比，建立稠油异常井诊断算法 7 项。波动对比周期根据日、周、月、季自主选择，降低生产环境差异性影响，实现异常井区块联动分析，为油井生产精细化管理提供技术支持(图 8)。

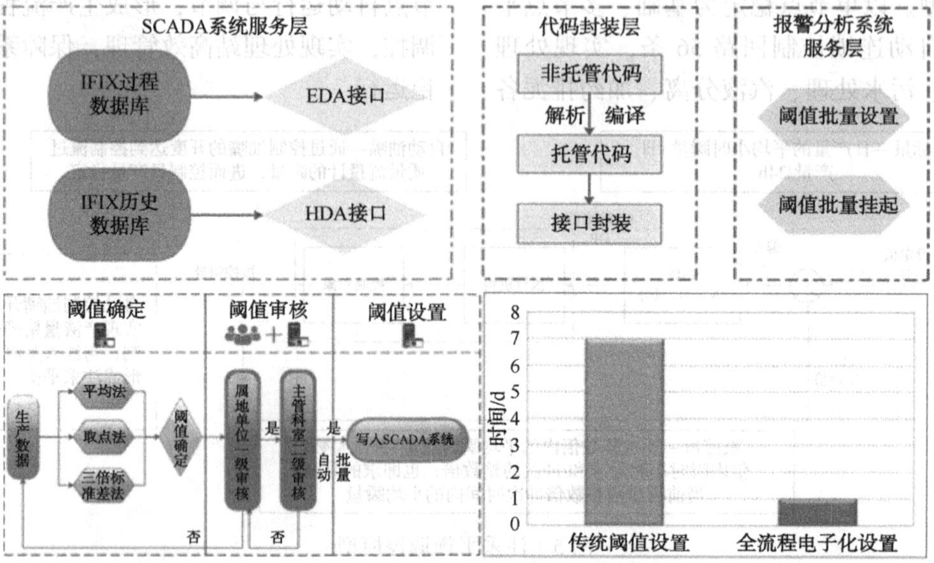

图 7　报警阈值自动推荐

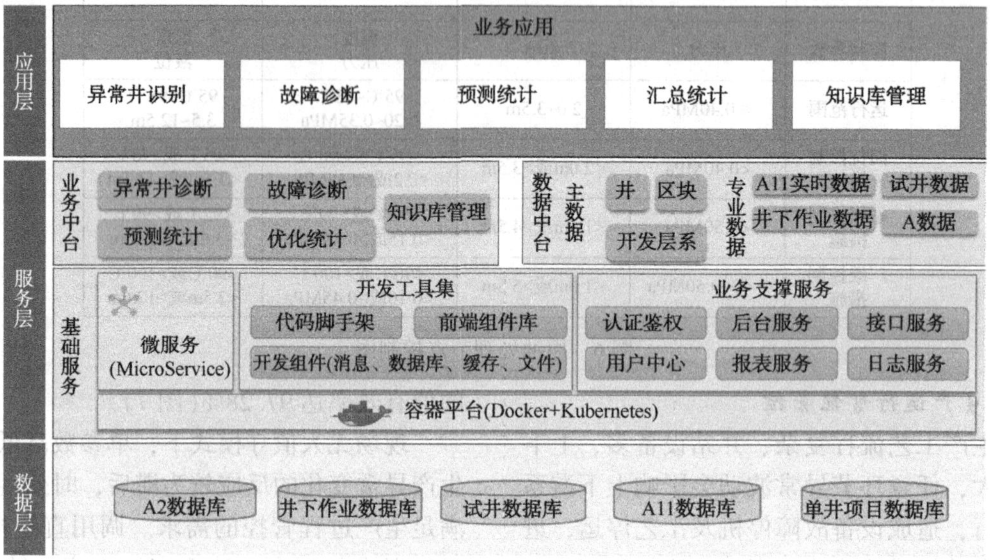

图 8　单井智能诊断示意图

2.2.2　设备工况诊断

将轴温与转速指定为泵的故障建模主元，建立适用于稠油集输机泵的指定主元分析方法，提取泵故障特征，刻画故障现象，建立故障征兆集 26 个，实现多故障识别及诊断，螺杆泵、柱塞泵、离心泵等运转泵诊断平均正确率 89%。

针对抽油机设备，建立可动态更新故障识别库，涵盖故障种类 23 大项 101 小项，为抽油机故障自诊断奠定基础；融合支持向量机、规则关联多种算法，创新形成多算法融合诊断技术，实现 3000 余台抽油机的智能诊断。

利用视频图像运动目标检测与图像分析技术，将视频图像数据与生产监控系统结合，建立油田视频图像计算模型，自动截取关键图片，自动标注异常视频点，实现 SAGD 工艺上下游 300 余台关键设备运行过程可视化，以及油井日常生产作业的大范围监管，及时发现定位注采管线渗漏、压缩机异常等故障，为视频图像信息快速处置提供技术手段。同时，打通视频诊断服务器与生产监控平台之间的数据接口，视频诊断异常信息、图像可直接推送至监控平台，辅助员工开展自动化数据与图像的融合分析应用，在故障发现及时性方面相比单向数据应用提高 35%，设备故障发现率 95%以上(图 9)。

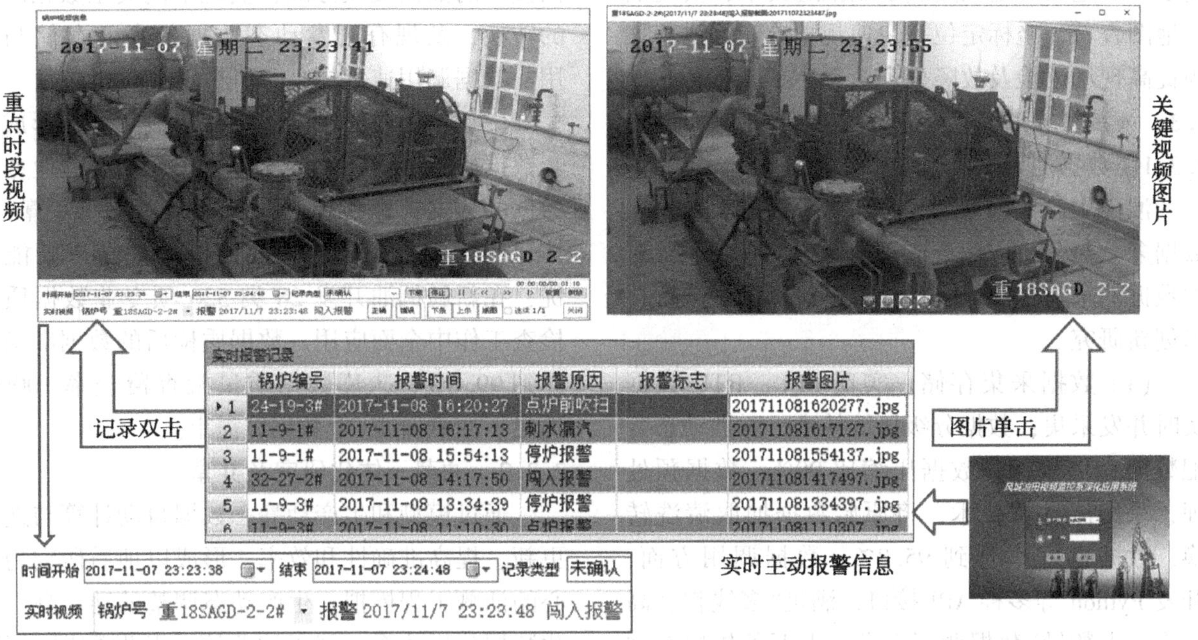

图9　图像分析与报警数据联动控制

2.2.3　生产移动指挥

对各个生产环节进行实时数据采集和处理，并通过数据挖掘和分析等方法，提取关键指标，建立油田生产运行领域 KPI 体系，对主要生产指标进行实时跟踪、动态分析和评价优化，为专业化管理提供在线、实时的系统分析手段，为生产调度决策提供支持(图 10)。

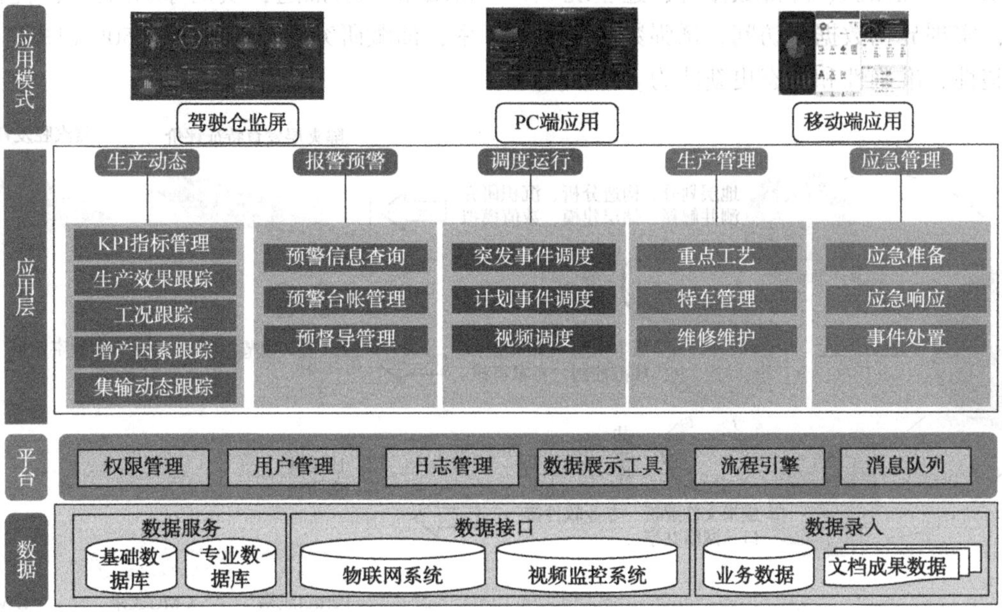

图10　生产指挥示意图

应用“互联网+”技术，开发生产数据移动应用 APP，打造油田信息与生产数据的集成查询、协同共享提供便捷式移动应用，打通了生产动态数据应用的“最后一公里”，实现了“采油-集输-注汽”工艺 13976 项数据的便捷移动查询，上千条调控指令下发，月访问量 28 万余人次，为生产数据查询、问题远程上报、调度指令推送提供辅助工具；建立商业导航软件 API 接口，开发基于 GIS 地图的巡检路线定制推送技术，实现油区地图查看，坐标定位，快速规划导航路线，大幅提高现场巡检及故障处理效率。

2.3 油藏研究智能分析

2.3.1 数据池建设

油田生产数据采集频率高、数据量大、噪点数据多，对分析应用造成一定干扰，因此需要对大数据的采集、存储、预处理、接口调用进行技术创新研究。

（1）数据采集存储，实现 PLC、RTU 数据实时并发采集；数据分级压缩技术，弹性动态分配数据存储空间，数据压缩比 90%；数据预处理，采用流计算技术，将原始数据抽取清洗转换，数据良好率达到 95.8%；数据调用方面，开发 Python 等多种 API 接口，满足“多线程、高频次、大数量”数据调用需求，上万条数据查询响应时间由 48 秒降低至 1 秒。

（2）油藏静态数据整合、交互、共享技术。油田静态数据包含钻、录、测、试及油井综合研究产生的成果数据，通常保存在不同数据库中，共享困难。针对结构化数据、非结构化数据、油气资源开采和管理知识、外部数据等，建立统一数据接口，实现异构数据库访问，增强数据的实用性、完整性、准确性和动态更新能力。基于数据接口的数据交换标准，实现不同类型数据库间的转换，及现有开发动态数据的高效存储与调用，数据调用速度提高 10 倍。

（3）遵循业务数据一体化建设理念，形成一套数据质检治理体系、覆盖 SAGD 全流程业务全数据的数据管理平台，为“采-用-服-智-算”一体化应用提供保障，实现数据处理结果智能寻优，在新疆稠油开发 28 类 326 项专业数据质量检查工作中全面应用，数据质检后的数据准确率达到 99.8%，入库数据质量检查覆盖率 100%，满足了油藏研究“金数据”需求。

2.3.2 油藏一体化研究及共享

通过模型和生产动静态数据自动计算与迭代更新，提高准确性和效率，形成以地质研究为核心的油藏工程模拟、生产动态调整的动、静一体化数据分析体系，基于油藏滚动开发数据（新钻井、化验监测、动态跟踪）自动完善、迭代已有成果，确保开发决策准确性。

基于主流建模、数模、动态开发软件研究成果，研发成果解析工具，实现成果共享集成和一体化研究。油藏动静态一体化分析成果管理，分析结果自动推送，实时掌控生产，提高运行效率，油藏研究工作时间节约 50%（图 11）。

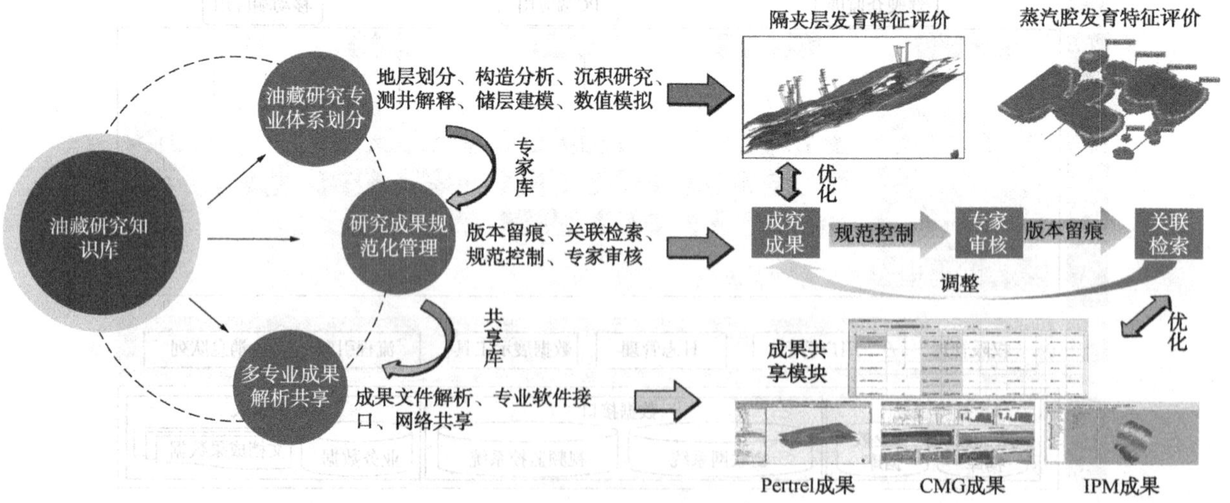

图 11　油藏研究成果协同共享分析体系

2.3.3 生产动态参数优化

按照 SAGD 预热阶段“高压增温、低汽降耗”，生产阶段“腾空间、降压力、热连通、高过热、防闪蒸、控压差、等注采、匀动用”二十四字核心开发调控原则，对智能优化调控方法进行建模和参数优选，智能拟合历史生产数据，形成最优智能调控模，准确率提高 43%，已成功运用至 67 井组，单井组产油水平提高 4.2t/d（图 12）。

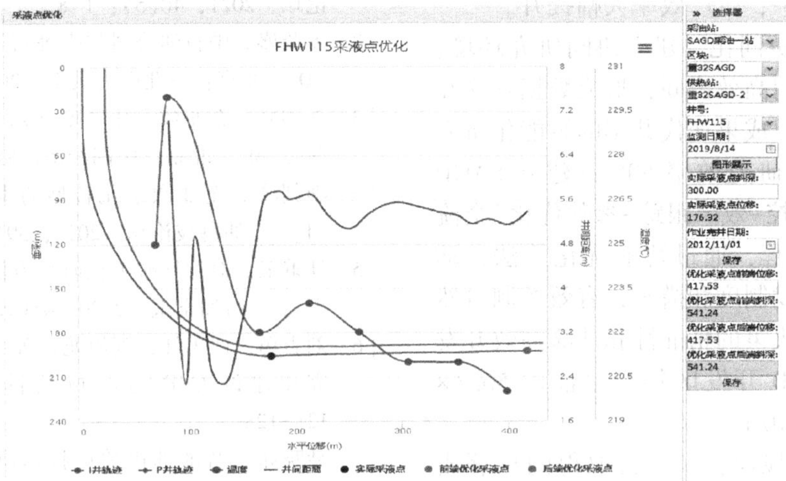

图 12　SAGD 生产阶段参数优化

3　SAGD 开发区数智化建设成效与应用

3.1　建设成效

(1) 在生产智能操控层面，创建了 SAGD 生产“注—采—输”全流程关键工艺自动控制体系，首次建成了我国双水平井 SAGD 智能化生产现场，实现了从井下到地面的全过程生产智能操控，生产管控向实时化、自动化转变，解决了指标实时管控难、重复性劳动多、生产过程成本高的问题，降低了人工成本和生产安全风险，百万吨用工同比降低 63%。

(2) 在生产智能管控层面，首次将多算法智能预警技术引入到了稠油开采过程中，创建了面向稠油开采的数据模型，建立了 SAGD 开发“实时监测—智能预警—故障诊断—快速处置”的完整体系，构建了以大数据分析为核心、多算法模型为依托、预警信息实时推送为载体的 SAGD 开发高效管控模式，生产分析向预警化、超前化转变，SAGD 生产时率提高至 95%以上，设备故障率降低 40%以上，推动了我国首个浅层超稠油双水平井 SAGD 示范区的建设，实现了超稠油安全、经济、高效开发。

(3) 在生产智能研究层面，研发了 SAGD 智能处理解释、实时自动模拟与智能预测等油藏智能研究技术，创造性地将数据采集、地质研究、数值模拟、生产优化和精细调控融为一体，建立了 SAGD 智能油藏协同研究平台，实现了 SAGD 油藏研究数据一体化、工作协同化、成果共享化，研究及动态分析工作效率提高 52%。

3.2　应用成效

(1) 运营管理数据化。建立了“让数据说话、拿数据管理、用数据创新”的运营管理机制，形成了 SAGD 生产过程“采集、监测、传输、处理、分析、模拟、研究、决策、执行”的完整闭环精细化调控，提高了油田现场生产过程的自动化与智能化应用水平，达到“百万吨稠油百人管理”。

一是管理流程压缩。生产管理由“分散管理”向“集中管控”转变，把传统的“劳动密集、驻点值守、定时巡检”生产运行体制，转变为“无人值守、监控指挥、按需巡检”的稠油生产管理新模式；二是分析模式变革。构建起跨专业、跨单位、跨人员、跨时间的一体化协同环境，通过“数据+模型”使管理工作向数据分析、知识利用决策模式转变；三是组织结构优化。采油厂的组织结构得到优化调整，通过岗位合并、班组优化，采油单井综合用工由 0.30 人下降到 0.21 人；注汽单台锅炉管理人数 5.6 人降低至 2.1 人；集输岗位人员优化 50%。

(2) 决策分析智慧化。建立专家辅助的自动决策管理体系，将经验管理转变为基于分析系统、工况数据和智能模型的精益管理，实现关键参数、节点工况、突变信息的报警、预警，管理方式由“人工判断+经验分析”向“自动预警+智能分析”转变。在生产风险控制方面，油田生产运行从实时报警、事后处置向预警预测、事前处置转变，生产应急事件下降了 30%以上，生产时率提高至 95%以上；在生产效率提升方面，员工资料录取工作量减少 60%以上，分析工作由人工分析转变为智能分析预警，及时掌握油田现场生产情况，提前发现设备故障、工艺系统异常工况，及时维修维护，生产效率大幅提升。

（3）科学研究协同化。建立协同研究环境，实现跨专业、跨部门高效协同，形成数据互联互通、模型自主优化、成果迭代共享的智能化研究新模式，提高协同研究效率 50%；建立 SAGD“配产注汽-生产调控-效果跟踪-参数优化”全流程动态智能分析流程，通过智能优化算法，动态、及时的调整开发制度和措施，有效控制自然递减，提高了开发决策的精准性和油藏高效开发质量，实现了 SAGD 开发区年产量油由 56.3×10^4t 提升至 100.3×10^4t。

（4）技术推广规模化。项目取得的显著成效，目前已在新疆油田 11 个区块推广应用，覆盖产能 476×10^4t，有效支撑了新疆油田年产 200×10^4t 以上超稠油资源的高效开发动用，人均年工业产值较开发初期提升了 4 倍。

4 结论

浅层超稠油 SAGD 开发数智化建设探索与实践，建成了浅层超稠油 SAGD 生产智能化生产基地，实现了超稠油资源的经济、高效、可持续开发，是稠油开发领域加快推动数字化智能化进程的有效实践，可供国内其他油气田开发领域数字化转型、智能化发展参考、借鉴。

当前，面对智慧能源革命深入推进和油气产业数智转型加快的新形势，油田企业必须充分利用云计算、物联网、5G、大数据、人工智能、数字孪生等数字技术，把数据作为核心生产要素，全面推进业务模式转型和数智化能力建设，全力推动油田生产开发全过程高效管理、效益开发、安全环保绿色低碳发展。

参 考 文 献

[1] 赵贤正，王洪雨，刘计超，等．老油田实施数智油田建设研究与思考：以大港油田为例[J]．石油科技论坛，2021，40(5)：1-8.

[2] 姜茂盛．中石油公司与壳牌石油公司战略比较研究[D]．北京：华北电力大学，2014.

[3] 李剑峰．企业数字化转型认知与实践：工业元宇宙前传[M]．北京：中国经济出版社，2022.

[4] 李剑峰．企业数字化转型的本质内涵和实践路径[J]．石油科技论坛，2020，39(5)：1-8.

[5] 计秉玉．对油气藏工程研究方法发展趋势的几点认识[J]．石油学报，2020，41(12)：1774-1778.

[6] 刘志勇，何忠江，刘敬龙，等．统一数据湖技术研究和建设方案[J]．电信科学，2021，37(1)：121-128.

[7] 聂晓炜．智能油田关键技术研究现状与发展趋势[J]．油气地质与采收率，2022，29(3)：68-79.

[8] 付锁堂，石玉江，丑世龙，等．长庆油田数字化转型智能化发展成效与认识[J]．石油科技论坛，2020，39(5)：9-15.

[9] 秦晓燕．大数据及其智能处理技术在物联网产业中的应用[J]．现代信息科技，2019，3(24)：173-175.

[10] 吴海建，吕军．物联网大数据处理中实时流计算系统的实践[J]．电子技术与软件工程，2018，(17)：170.

[11] 朱宇．数据建模方法的比较与分析[J]．就算及系统应用，2005(7)：86-89.

[12] 尚永涛，杜长河，杨斌，等．基于关联规则的流程工业报警参数的影响分析[J]．科技和产业，2014，14(10)：159-161.

[13] 刘敬东，孙彦辉，高国中，等．基于数据的油田生产过程中的多故障诊断方法的研究[J]．硅谷，2014，7(14)：94-95.

[14] 赵春雪，李兵元，韩梦蝶，等．基于物联网及云平台的油气生产物联网监控系统设计[J]．中国管理信息化，2021，24(08)：128-130.

[15] 王志心，颜儒彬，褚红健，等．一种监控软件平台中 web 报表系统实现方法[J]．江苏科技信息，2018(20)：59-62.

热化清远程监控在采油厂的建设与应用

黄　寅　李　纳　刘　俊　王金和　玛丽亚·艾力克

（中国石油新疆油田公司）

摘　要　清防蜡是油田生产过程中清除井下结蜡，保障井筒畅通和抽油泵正常运行的重要维护手段。随着减员增效政策的持续推进，采油二厂清防蜡工作面临着施工作业分散、监管人员短缺、清防蜡过程不能及时掌控等难题。为整合清防蜡现场施工流程，提高承包方工作量分配、现场监督管理、质量评价的效率和及时性。利用物联网+大数据+移动互联技术，提升采油厂清防蜡工作自动化程度，建立一套实时监控平台，实现清防蜡全过程监控、预警和效果跟踪评价，达到减员、提质、增效的需求迫在眉睫。

关键词　物联网；数据采集和过程控制；传输技术；云组态自动化控制技术

1　引言

按照集团公司三项制度改革要求，采油二厂结合油田信息自动化建设的整体部署，积极探索智能化油田建设与油田生产相适应的劳动组织模式，依托物联网技术，力求实现对清防蜡措施的远程实时监控，管理模式由原本的粗放式管理转变为精准式管理。

传统的“人工巡检、人工推算加药量、定期排查、现场监督”的运行模式，已逐渐显现出不能满足油田精细化管理和高效开发的要求。提升管理水平，大力推进清防蜡自动化建设已经势在必行。做好工业化和信息化高度融合，做到“化清数据远传、实时监控、远程调控、远程监督”，提高生产效率、缓解用工紧张，达到提质增效的目的。

安全、环保是企业发展的根本保障。尤其随着两法实施，对油田安全生产和环保提出了更高的要求。针对清防蜡的网上监控无论在安全管理的有效性和实时性都是最佳的选择。如：数据远传、实时监控、远程调控、数据异常报警、及时发现异常、加药计划系统生成等技术应用优势，是人工操作所无法替代的。

2　关键技术

2.1　自动化控制技术

该技术具有全自动操作及远程（中控终端+手机终端）监测及操作功能（RS485+APP），大大减少人力劳动强度。将纯手动加药改造成具备手动、自动和远程控制加药设备运行的功能，整体控制系统全部进入 PLC 系统进行 PID 运算后由程序控制计量泵输出达到自动加药的目的。在运行过程中自动检测药箱的液位、出口压力，通过设置阈限值实现自动运行和保护功能，并触发报警提示和记录。

2.2　基于 5.8G 无线网桥的“牧游”传输技术

通过运用 5.8G 网桥长距离、大带宽的特点，在油区建立覆盖无线网络，利用网桥基站，可在全厂 369km^2 的油区范围内，随时随地共享实时数据。

3　清防蜡远程监控的建设与实施

采油二厂的清防蜡措施主要包括对各条分线的端点连续加药装置和热化学清蜡车对油井清蜡。

3.1　自动化控制技术在端点连续加药泵的应用

以 PLC 技术为支撑，我厂成为新疆油田公司首家实现端点加药泵实时监督的采油厂，通过加药泵内的流量计、液位计、压力变送器等设备，将加药泵数据准确的采集并存储到 PLC 控制器内，传输至指挥中心进行远程监控，实现全厂 36 套端点加药泵 19 条生产分线的清蜡的压力、液位、加药量数据采集及分析应用。

端点连续加药装置主要由药箱、计量泵、防爆配电箱、电加热器、安全阀、止回阀、压力表、液位计等组成。系统中的管道、阀门、附件等均采用 304SS 不锈钢，加药装置泵底座采用 Q235B 钢。加药装置的计量泵的可根据现场实际需要，现场手动和远程调节流量，满足使用要求。可通过远程操控平台对加药装置进行监测(图 1，图 2)。

加药装置结合油田生产实际需求，装置配备了 4G 模块，操作人员可以直接通过远程操控平台和手机端，对加药装置实时运行状况进行监督和控制。实现加药智能化自动化。通过远程控制模块，控制变频泵、加热装置远程启停，实现远程排量调节，实时显示压力、排量、日注量、剩余液量等信息。可以设置压力、低液位报警功能。也可增加搅拌功能，并实现远程启停控制。所有核心部件均为模块化设计，能够快速拆卸、安装、维修。

图 1　变频加药泵装置

图 2　防爆式 PLC 电控箱

远程控制：通过 ModBUS 数据远传模块(4G 无线网/TCPIP)，实现设备在线状态、运行参数(液位/出口压力)的实时监测和计量泵、加热装置的远程控制，使用接入互联网的电脑或手机就可以对加药设备运行状态的实时监测和远程控制，在云端设置启动、停止条件实现加药流程的自动化运行。

数据查询：设备运行的参数和触发的报警都保存于云端，支持历史数据的回查和下载。

阈限值和报警设置：液位过低报警：当药箱内液位低于 15cm 时，设备通过网络报警通知管理员补填药剂。压力过高报警：当出口压力值高于 8MPa 时，设备报警通知管理员高压异常情况。

自动运行和程序保护：液位过低保护：当药箱内液位低于 5cm 时，设备停泵保护并报警通知管理员。压力过高保护：当出口压力值高于 15MPa 时，设备停泵保护并报警通知管理员。通过设置启动、停止条件，实现设备的自动运行，例如每天 9：00 启动，21：00 停泵。

3.2　数据采集技术在热化学清蜡车的应用

通过在热化学清蜡车上安装 RTU 控制柜、无线网桥、温变、流量计和摄像探头，将每口措施井的化清量、化清时间、化清温度、化清瞬时流量进行实时数据采集，在油田公司首次实现全部 21 辆热化清加药车的热洗清蜡数据实时采集监控(图 3，图 4)。

热化学清蜡车远程监控：

运行参数监控：展示温度、瞬时流量、累计流量参数的曲线。

热化清车与作业井关联关系确认、运行时长计算、注入量计算：设计开始施工按钮，点击开始施工按钮时，通过瞬时流量大于 0 时的时间作为开始施工时间，此时的累计注入量作为注入量计量起始值，同时记录当前施工的是哪辆车、哪口井；设计结束施工按钮，点击结束施工按钮时，通过瞬时流量等于 0(或小于某一个极小值、或采集不到数据)的时间作为结束施工时间，此时的累计注入量作为注入量计量结束值，并计算施工时长、本次施工注入量。需要注意的是记录的开始施工时间、结束施工时间、施工时长、本次施工注入量均可进行手动修改。

图 3　热化学清蜡车自动化控制设备

图 4　热化学清蜡车 PLC 控制柜

预警监控：预警结果表现方式、阈值配置参照油井监控。

3.3　搭建无线网桥基站，实现数据无线传输

我厂地域宽广，东西走向约 50km，南北走向近 70km，如何能找到一种覆盖全油区的传输手段，即能满足覆盖要求，又能实现随时地移动作业，成了实现热化清远程监控的难点。我们运用 5.8G 无线网桥长距离、大宽带的特点，建立覆盖全油区的无线网络，利用网桥的无线“牧游”技术，就像在草原上放羊时，羊跑的漫山遍野，但牧羊人总能找到他们。实现了全厂百里油区范围内，随时随地的实时数据共享。

3.4　开发云组态的物联网数据监控平台，实现清防蜡数据远程实时监控

建立在油田监控系统不断完善的基础上，通过研发并投用 SCADA 远程监控云平台，对全厂清防蜡设备设施进行数据采集、曲线分析、阈值报警或异常情况可及时远程启停控制。作业过程中及时发现化清温度不够，化清量不足的问题。云组态根据采油二厂“TD-LTE+光纤”异构网络模式，支持多种采集协议，并采用分布式方式实现数据的高效采集。在实时数据平台基础上，全面实现了基于 web 的监控，实现了流程监控、实时报警、数据分析等功能(图 5)。

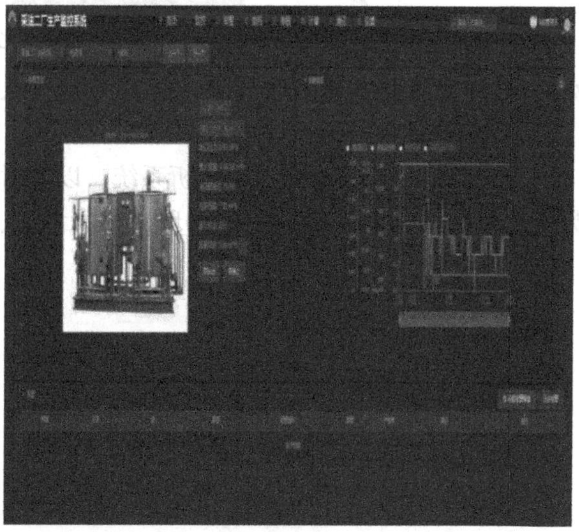

图 5　端点加药泵的远程实时监控

3.5　搭建远程视频监控平台，实现清防蜡视频实时监控

利用无线网络基站全油区覆盖的特点，通过对每一辆热化清泵车上安装移动摄像探头对

全厂总共 20 套热化清车辆进行视频采集。并建立一套远程视频监控平台，实时、准确监督热化清车的行车路线和作业动态，违章作业等异常情况，发现问题及时与现场作业人员联系（图 6）。

远程视频监控平台通过接入热化清车移动视频、报警检测等系统的设备，获取边缘节点数据，实现视频信息化集成与联动，同时配套人员行为监管、AI 模型管理等组件，实现安全生产视频管控。以电子地图服务为载体，融合各系统数据、实现要素丰富的视频展示智能应用(图 7)。

图 6　热化学清蜡车远程数据采集分析

图 7　热化清作业视频监控

3.6　开发清防蜡效果分析系统，实现清防蜡效果实时跟踪分析

自主研发一套清防蜡效果分析系统，以实时数据为基础推进清防蜡全周期管理。利用泵压、瞬时流量、累计流量、温度等动态资料进行作业全程监控预警管理，实时开展异常预警处置、参数优化等工作。由传统的“应急式管理”，转变为“体检式预防管理”。(图 8)

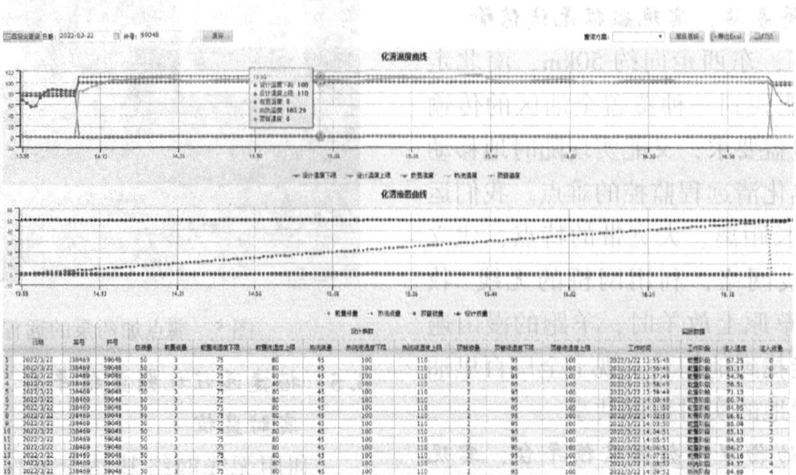

图 8　热化清作业效果分析

4　应用效果

自清防蜡措施远程监控系统2021年在采油二厂投入使用以后，清防蜡措施质量明显提高，热洗量同比往年增长了近$6\times10^4m^3$，加药量增长了744t，措施井热洗周期由60天/井延长至90天/井。

清防蜡措施已在生产指挥中心远程每日监督施工情况，发现问题及时呼出，改变了原本“人随车”监督的工作状况。化清技术岗员工由原来的16人的减少为6人，化清监督岗员工由原本的每车1人跟车监督，转变为固定人员中控室远程监督。

通过该套系统，运行管理模式由原来的人工定时巡检、抄录液位数据、现场监督转变为化清数据远传、实时监控、远程调度、远程监督的模式，运行管理水平也从以往的人工巡检，发现问题滞后，估算加药量不准确，转变为实时监测，数据异常报警、及时发现异常、准确摸清加药周期、加药计划生成的模式。

最终达到了生产数据采集周期缩短、实现数据超限报警，低液位连锁保护，有效完成了保障了生产运行的目的。

5　结束语

按照集团公司三项制度改革要求，采油二厂从生产实际出发，依托各类项目不断完善物联网系统与自动化建设，同时积极探索，促进老油田生产模式转变，让油区生产紧跟信息化的时代潮流，加快建立完善各类相关物联网建设，彻底让生产变得高效，工作变的安全，管理变得精细，在完善清防蜡系统的基础上，再接再厉，再做突破，力争做到油区自动化全覆盖。

在今后的开发建设过程中，我厂也将继续大力推进信息化战略，打造成组织机构精简，管理层级扁平，用工最优的，可推广的新型油田作业模式，为推进油田公司现代化大油气田建设做出应有贡献。

参 考 文 献

[1] 肖进军．油井结蜡及清防蜡技术探讨[J]．化学工程与装备，2010(7)：65-66.

[2] 刘新，孙刚，张海霞，等．油井化学法防蜡清蜡技术原理及应用[J]．化工管理，2017(7)：204.

[3] 冯丽．油井化学清防蜡技术的应用初探[J]．中国化工贸易，2018(3)：115.

[4] 枚新民，尹相荣，姚江涛，等．抽油井化学剂清防蜡技术推广应用[J]．新疆石油科技，2003(3)：24-26.

老井复查大数据挖潜技术研究
——以辽河油田西部凹陷浅层气老井复查为例

刘兴周　孙兆宽　董甜甜　张维罡　回　岩

（中国石油辽河油田公司勘探开发研究院）

摘　要　老井复查是目前油气藏开发中一种常用的“投资少、见效快、周期短”的增储上产、增收节支、降本增效主要技术措施。然而存在矿权储量资料分散，应用不便、涉及井位多，工作量大的问题，导致难以实现凹陷级老井复查工作。本文旨在建立统一高效、互联互通、实用共享的老井复查筛选体系。主要实现以下三点创新。一是实现数据整合，统一数据整合流程，将各类数据与井信息关联，为储量可视化应用与老井复查挖潜奠定基础。二是实现储量可视化应用，以单井为关联要素，以整合后数据为基础，实现地质图件上井位与单井资料关联查看、矿权储量可视化应用等功能；三是运用大数据挖潜筛选老井，以辽河油田西部凹陷浅层气老井复查为例，筛选可疑井。

老井复查大数据挖潜技术将传统老井复查方式中基础资料收集整理与评价转换为数据整合、可视化应用与指标筛选三个步骤。通过重塑老井复查业务流程，促进油田生产效率提升，从而推动油田向高质量、数智化方向发展。

关键词　老井复查；数据整合；大数据挖潜

1　引言

当前，老油田整体处于递减阶段，综合含水高，稳产难度大，而辽河油田探明程度较高，储量增长进入低位徘徊期。随着油田稳产难度加大，后备储量不足，增储建产形势紧张等情况的出现，对复杂断块进行再研究，进行老井再评价，是增储挖潜、确保油田持续稳产、上产的有效渠道。

老井复查是目前油气藏开发中一种常用的“投资少、见效快、周期短”的增储上产、增收节支、降本增效主要技术措施。传统的老井复查步骤如图1所示。

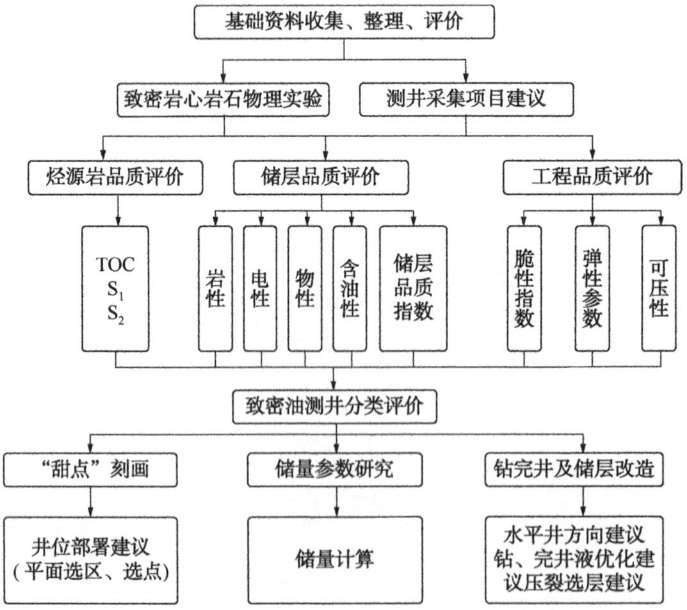

图1　传统老井复查步骤

在进行老井复查时，与老井再评价相关的各种处理方案、挖潜方法不断涌现。但是研究人员并不能有效地利用这些方法，根本原因在于储量、测井等数据没有采用统一的、规范的存储、查看与筛选体系，使得最终呈现的结果只是一家之言，无法在业务人员间进行共享和交换，导致业务人员运用数据的代价高昂，进而影响油田生产与开发效率。

只有高质量、高覆盖的数据才能研究出高质量的成果。为了提高科研工作质量与效率，辽河油田基于本地勘探开发数据资源，开展勘探开发一体化研究环境建设。本文重点应用大数据分析挖潜技术，挖潜有效信息，快速定位探明区外潜力井段，并以西部凹陷浅层气老井复查为例，精准指导老井复试，提高工作效率。该系统支持研究人员从井基础信息、深度、测井解释结论、试油结论、录井岩屑描述等方面着手，重塑资料搜集整理业务流程。

二 老井复查系统建设

勘探开发一体化平台通过数据收集，整合了现有勘探开发业务数据。老井复查系统基于勘探开发一体化研究平台，针对业务人员在实际工作中出现的新需求，打破数据孤岛，加强数据间的“流动性”，扩展对石油行业大数据研究的深广度，对数据整合、数据应用、数据显示等几环节进行设计，以期实现对勘探开发业务数据的交融扩展及挖潜分析的目的。

本文的大数据挖潜分析技术主要由以下三个模块构成：数据整合、可视化应用、指标筛选，如图 2 所示。

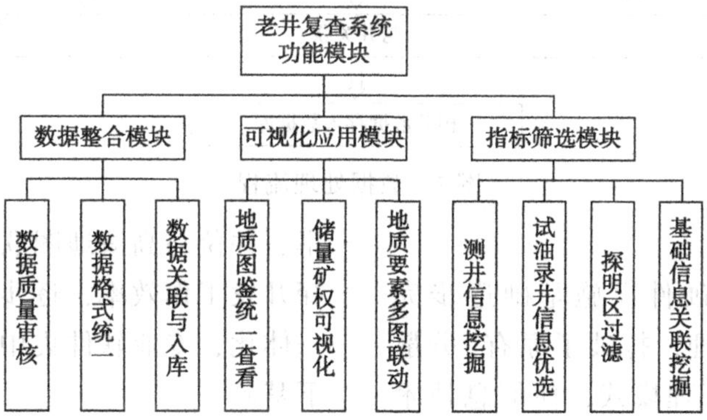

图 2　老井复查系统功能

2.1　数据整合

矿权储量数据种类多、数据量大，对其进行传统人工更新效率低、成本高。三级储量可视化查询与应用技术在辽河尚属空白，以常规分散性的资料查询和单机形式的研究成果存储的方式无法满足目前储量研究大量迫切工作任务的需要，亟需开展储量图形库建设和可视化应用技术研究，支撑三级储量研究工作效率提升。

矿权储量数据整合用于对采集的各类业务数据进行必要的预处理工作，各业务数据中包括测井体数据、GIS 图源数据、井位信息数据、矿权边界数据、专业软件数据。它们的特点是格式各异、不完整、带有冗余。

因此在数据挖潜之前，必须对这些信息进行清理和过滤，将其变成适合挖潜的格式，同时要确保数据的一致性和准确性。数据预处理包括数据的抽取、转换和加载等，生成可处理的格式化数据，转换成平台所定义的数据格式，通过对数据的简化和净化，从而为接下来的数据挖潜提供整洁、简化的数据。其具体步骤如图 3 所示。

首先，数据整合对于不同来源、不同格式的数据进行统一筛选工作，即去除重复与异常数据。其次对其数据完整性与数据质量进行确认。如果出现异常，则进行数据重载。接着，将不同数据格式进行分类处理，然后统一将这些数据与数据库中井信息相关联，最后统一存入数据库中。

目前，已将辽河坳陷、外围以及宜庆地区 21 个探矿权和 40 个采矿权数据、1974—2022 年的 48 个油气田，4173 个储量单元的三级储量数据全部入库，并实现可视化查看。

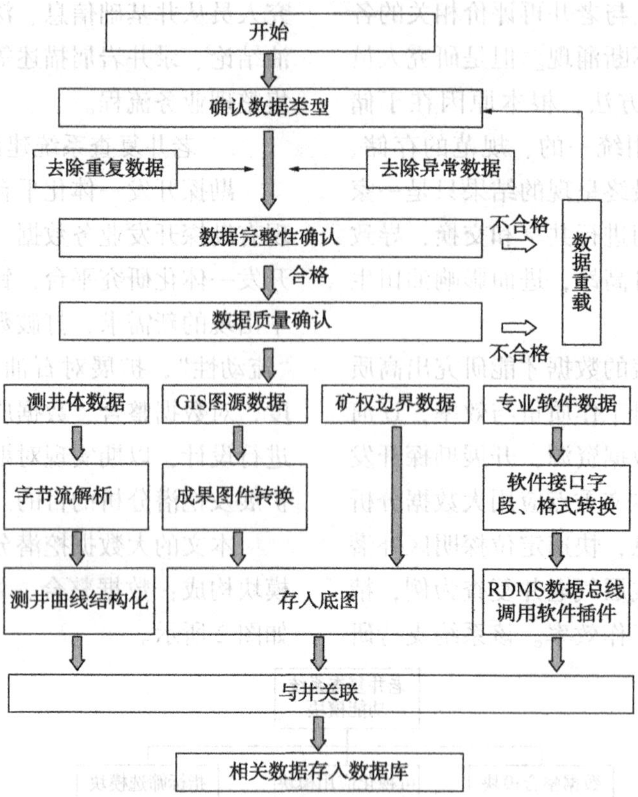

图 3　数据处理流程

2.2　可视化应用

目前，辽河油田的硬件设施基础逐步完善，初步实现数字化管理，打破了原有“分散存储、现用现找”式的管理模式，使信息技术在科研人员、科研项目、科研成果的研究方面发挥了积极作用，大幅提高了工作效率。而随着主力油藏治理难度持续加大，面临进一步提高老区可采储量，有效改善开发效果等技术挑战。

然而，勘探开发研究所需数据繁多，不同专业业务人员研究环境不同，业务需求不尽相同，亟需一体化工作平台来进行各类图件、数据、成果的关联查看、调用和研究，而地质图件是勘探开发研究基础，包括构造图、砂体图、沉积相图等，而绘制这些图件的专业软件繁多，格式不一，不能统一查看与共享。严重制约了勘探开发一体化研究，导致工作效率低下。

针对上述问题，可视化应用以单井为关联要素，以勘探开发数据库为基础，实现地质图件上井位与单井资料关联查看、矿权储量可视化应用、地质要素多图联动、地震地质成果共享、井位与高清地图联动等功能，将来提高勘探开发工作效率，逐步实现勘探开发工作平台一体化，专业软件集中化，为数智科研模式打下基础。

可视化应用主要有以下 2 个方面创新。

（1）深入了解矿权储量研究业务流程和数据管理方式，创新建立了一套基于矿权、储量和行政单元的空间数据管理系统，将传统的矿权储量图表信息分离的方式转变为矢量图形与矿权和储量参数一体的的空间数据管理方式。

（2）建立了矿权储量统一发布应用平台，利用点、线、面地质图元空间导航技术，实现矿权储量与各类地质图件联动叠合应用。

2.3　指标筛选

老井复查不同阶段的数据指标要求在目标、标准与方法等方面各有侧重，既需要从井基础信息中提取关键信息，也需要在不同指标情况下对数据进行筛选，同时还需在共享利用中规范其数据格式，保证数据的再利用性与可再现性。

针对上述需求，老井复查系统设立指标筛选，主要功能如下所示：

(1) 井基础信息挖潜。对于老井，早期浅层、深层未解释，可以按深度挖潜出这批井，作为后续摸查潜力基础；挖潜出油气田外的井，分布零散，作为探明外再评价的重点井。

(2) 测井信息挖潜。将测井曲线数据体结构化，可以依据某条或多条曲线值，一键批量挖潜潜力井段；可以依据测井解释结论，一键批量挖潜需要再解释井段等。

(3) 试油、录井信息综合优选。在以上 2 步的结果，综合试油结论、岩屑描述，做更进一步数据分析挖潜。

(4) 探明区过滤。将上述结果中，属于探明区的井段排出，剩余的井段，方便业务人员目标明确的再评价，指导老井复试。

指标筛选支持研究人员从井基础信息、深度、测井解释结论、试油结论、录井岩屑描述等方面着手，挖潜有效信息，快速定位探明区外潜力井段，精准指导老井复试，助力老油田增储上产、提高工作效率。

3　老井复查系统在西部凹陷浅层气方面应用

3.1　数据来源

本次浅层气老井复查数据采用勘探开发一体化平台成果中的西部凹陷相关数据，储量成果数据由基础单位(如勘探开发研究院储量所等)进行审核。

3.2　老井复查流程

以西部凹陷浅层气老井复查为例，老井复查流程分为 3 个部分：

(1) 上报储量区域外解释为气层的井(未试油气)。

(2) 上报储量区域外具有气层测井特征井(未解释气层)。

(3) 区域内无资料井

通过这 3 方面复查工作，可初步确定西部凹陷浅层气潜力区带和潜力井，极大缩小老井复查范围，再进行人工评价优选，可大量减轻业务人员劳动强度。

上报储量区域外解释为气层的井是对浅层气上报探明储量区域外测井解释为气层未试油气的井进行复查，由于本次浅层气老井复查主要是在西部凹陷其它区域开展复查工作，运用可视化功能确定探采矿权图中浅层气探明储量区域，浅层气探明储量有 4 个区域，分别在笔架岭、兴隆台、大洼和小洼油田上报过，因此将这四个上报地区排除。

利用老井复查功能，将井号输入筛选框，选择对应分层条件，进行两项指标筛：一是选测井解释选择等于气层，二是试油数据选择无数据，点击查询后即可出筛查结果。将结果这些井位再一键投影至探采矿权图上，从图上确定井位集中的潜力区带，分别是锦 45、齐 13、洼 59 和冷 43 井区，以及零散的多个单井潜力点，接着快速查看该井测井综合图，观察测井综合曲线的形态，以图 4XX 井为例，将 AC 和 RT 形成的包络形状并且解释为气层且未试油气。

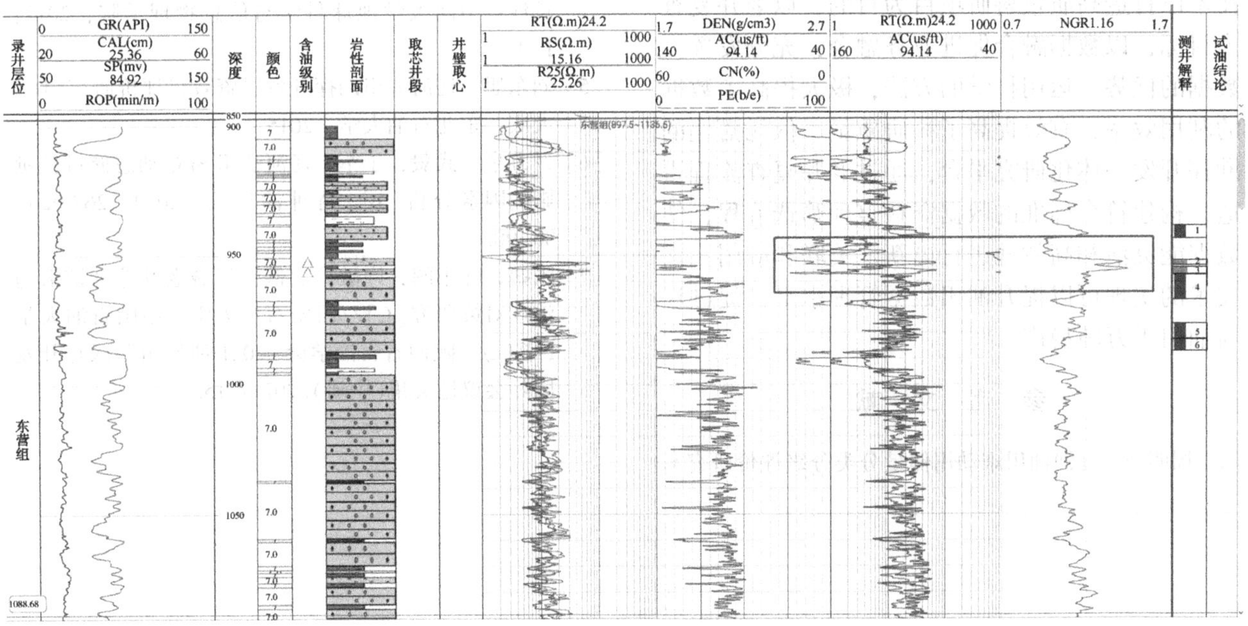

图 4　XX 井测井综合图

上报储量区域外具有气层测井特征井是对上报储量区域外具有气层测井特征未解释气层井进行复查，同样利用老井复查功能，选择测井解释不等于气层，选择深度范围与相关条件，点击查询后，将查询结果投影到探采矿权图上。从图确定潜力区带扩大的区域。

以图 5YY 为例，从曲线形态上看在馆陶层的底部有 2 个成包络形态的未解释的可疑气层。

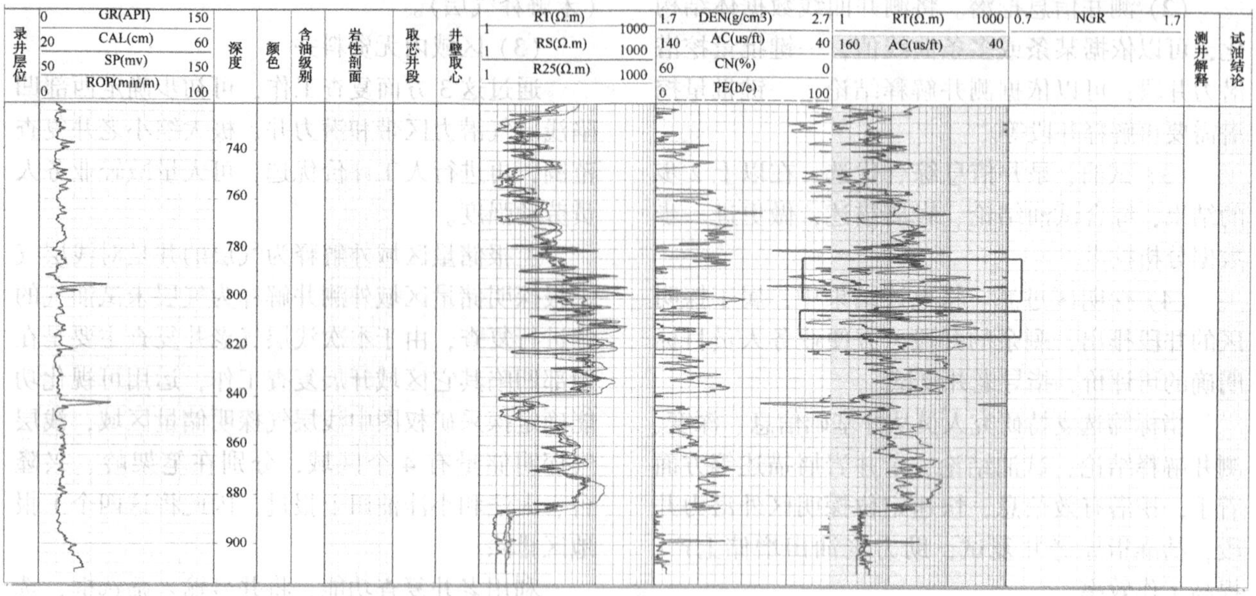

图 5　YY 井测井综合图

区域内无资料井是通过统计区域内无测井资料的井，这些井可采取进一步工作优选井位进行资料再录取。

4　论结

在油田数字化转型的过程中，善于获取数据、分析数据、利用数据，是对科研工作适应新时代改革趋势的基本要求。老井复查大数据挖潜技术以打造高质量科研项目为目的，以老井复查为目标，以数据融合促进业务融合，充分发挥大数据的优势。运用科学的方法，极大提高了数据的利用效率，有效提高了科研质量。依托搭建的勘探开发一体化研究平台，通过老井复查流程再造，构建符合标准的数据资料整理筛选流程，使数据能灵活和高效地进行更新、关联和应用。该技术的实现可以提升油田数据管理水平，促进辽河油田千万吨稳产。

参　考　文　献

[1] 周明旺．辽河油田难动用储量分类分级评价研究与应用[D]．大庆：东北石油大学，2018.

[2] 志刚，宋子齐，何羽飞，等．岩石物理相分类与致密储层含气层评价——以苏里格气田东区致密储层老井复查为例[J]．油气地质与采收率，2013，20(05)：23-25.

[3] 刘学霞，孙晓红，等．油田数据质量管理体系建设方案研究[C]// 中国石油学会．中国石油学会，2011.

[4] 任君球．综合地质数据库应用系统建模及实现[D]．长沙：中南大学地球科学与信息物理学院，2012：1-4.

[5] 刘东旭．辽河油田勘探开发投资效果评价研究[D]．大庆：东北石油大学，2015.

[6] 尹万泉，武毅，于军．辽河油田 SEC 动态储量关键影响因素分析[J]．特种油气藏，2019，26(02)：86-90.

[7] 张鹏，叶小闯，许敏等．低渗气藏老井综合挖潜与治理对策研究[C]//西安石油大学，中国石油大学(华东)，陕西省石油学会．2021 油气田勘探与开发国际会议论文集(中册)．2021：15.

油田注水系统无人值守管控方案设计

金　旭　罗建涛　吴　越　王孝通

（中国石油辽河油田公司信息工程分公司）

摘　要　本文从分析我国油田注水的现状入手，依托物联网建设对注水系统全流程进行自动化改造，着重介绍了注水站、配水间、注水井、井下分层注水及一体化注水系统界面功能等设计思路，实现了生产过程自动化系统和生产管理系统的融合，提升了采油厂水系统运行效率和管理水平。

关键词　油田注水；物联网；自动化系统；分层注水

随着数字化的普及以及网络在油田生产中发挥的重要作用，油田生产也将如何提高数字化成果的应用水平作为信息化建设的主要方向，油田注水作为油田开发的重要措施，日益受到重视，注水系统的自动调控和优化分析也随着数字化建设的发展而快速进步。

油田注水是我国油田开发的一种十分重要的开采方式油田注水的目的是发挥注水驱替和补充地层能量的双重作用促使油井产出更多的原油而油田注水地面系统是注水的重要组成部分。提高油田注水系统效率是目前油田较大的降本增效点，要真正实现这一目标，以实现节能降耗，最有效的方法就是对油田注水系统重要生产环节实现自动监控，最终提高注水井站生产管理及运行水平。

油田区域注水系统包括水源井、注水站、注水管网、配水间及注水井等(图 1)。由于水源井、供水站、注水站、稳流阀组位置广泛分布于油区井站，呈点多面广的特点，注水系统运行管控难度较大。本文将对注水系统的“源、供、注、配”一体化注水系统进行整理设计，建设智能注水系统，通过油田物联网配套建设，强化注水系统设备与设备、设备与流程之间的关联程度，提升注水运行管控水平。

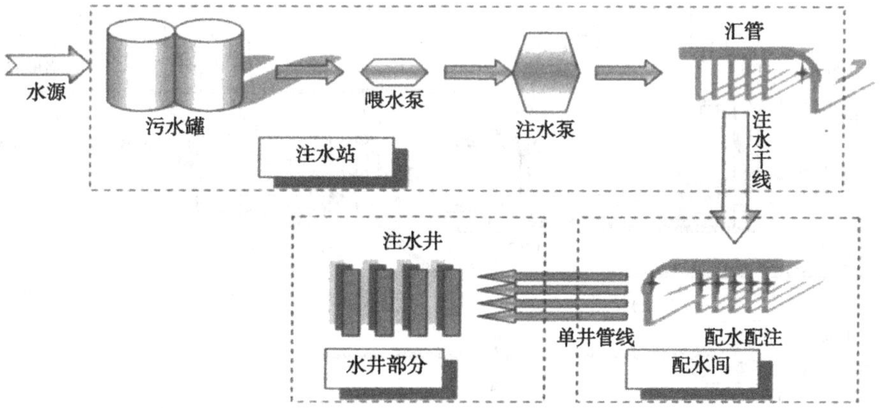

图 1　注水系统工艺图

1　油田注水现状分析

通常情况下，油田注水来源为水源站或者联合站的净化污水，通过水泵送到各注水站的储水罐内，注水站通过柱塞泵增压将高压水送到各配水间，之后在配水间母管分支的作用下送到各注水井。在配水间内所有注水井的压力流量只有通过人工手动调节才能完成，油田注水在当前还有很多问题。

(1) 在管网压力影响下，进行人工配注工艺时，由于频繁操作，超注和欠注等情况时有发生，与注水方案中合理的压力、流量需求还相差甚远。

(2) 夜间管理质量较差，频频发生欠注和超注的情况。为满足一天的总注水量，白班工作人员忽略平稳注水需求，在夜间一旦发现超注情况，往往通过减少注水或者停止注水的对策；而发生欠注情况，则会加大注水量，如此一来套管保护将会收到很多影响。

（3）为了使各油层水量需求得到满足，必须要有合理的压力和水量。对于这一点，如果不是合理平稳的注水，则会弱化分层注水的作用，加快单层突进，进而影响油田的可持续性发展。

（4）在实际管理过程中，作业区往往按照油系统基本生产管理单元对注水系统管理，注水站仅对自身进行管理，注水井的管理则归属于配水间所在井场的下级集输站点管理，这就造成了注水系统生产运行和管理的脱节。

2　系统设计思想

本设计对油田的注水系统工艺过程分析。课题的应用对象是注水站、注水井、井下注采，首先对注水系统的生产工艺过程进行系统分析，与传统注水系统过程管理方式进行对比，确定各个环节的检测和控制参数是系统设计的第一步。根据系统的工艺过程要求，对自动化测控系统进行总体设计。研究确定系统结构、数据通信方式、组网方式、数据采集、自动控制等技术方案。

2.1　注水站自动化改造方案设计

注水站是整个自动控制系统测量和控制的核心，其作用是担负注水短时贮备、计量、升压、注水一次分配和水质监控等任务。油田区域注水自动化监控系统的监控目标是实现整个系统各种参数的测量和控制。按照参数的特点，具体的监控目标是注水工艺参数和机组参数两大部分。

注水站工艺参数监控包括来水温度、来水流量、来水压力、注水管网压力、冷却水压力、水罐液位等。为适应注水量的变化，一般根据所需的注水量调节泵出口调节阀的开度或采用变频器调节注水电机的转速，从而实现合理注水。为了保障机组的安全运行，机组一般配有润滑油和冷却水等辅助系统，将机组本身及辅助系统的有关参数统称为机组参数，其监控内容包括泵出入口压力、泵出口流量、润滑油压力、轴瓦温度、冷却水温度、机组的转速等。注水泵站的工艺流程为：将采油过程中产生的污水经过沉降过滤处理后，用泵打入储水罐，经高压注水泵增压后，通过管线输送到注水井（图 2）。

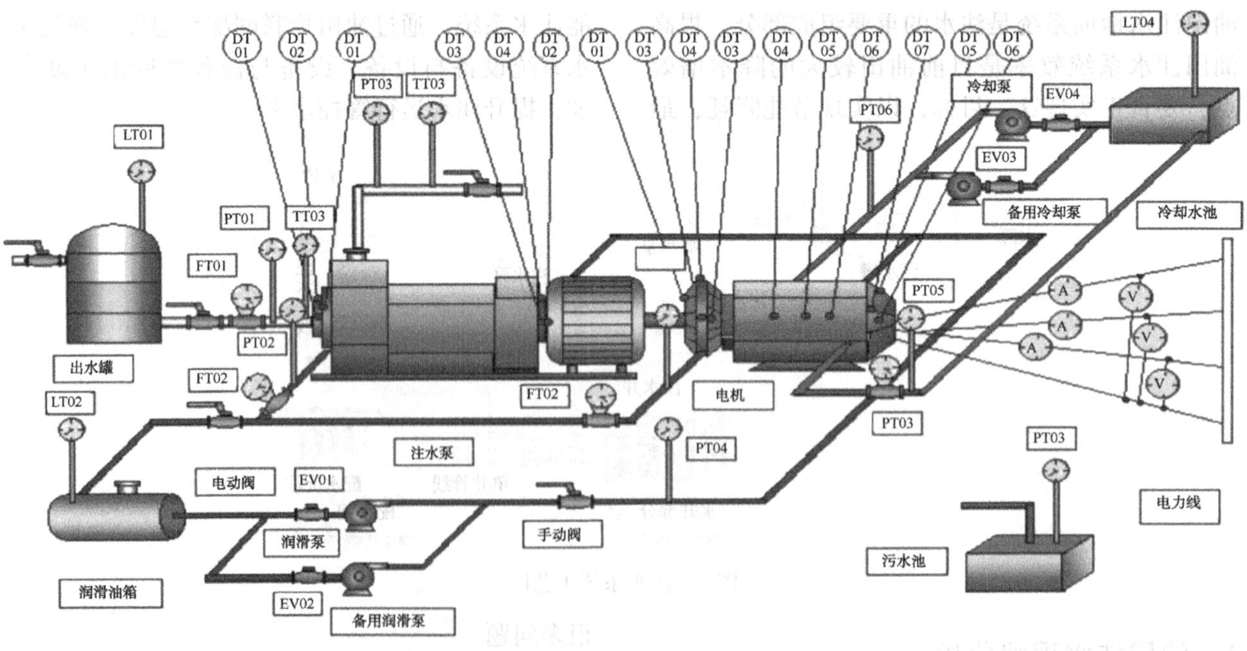

图 2　注水泵站的工艺流程和测点布置图

2.1.1　注水站自控方案

为达到减员增效、提升管理水平的目的，对注水站进行物联网改造、无人值守、集中监控。在每座注水站设置一套站控 PLC，实现对注水站内工艺参数的采集和远程控制。站内新增数据采集和控制仪表通过有线上传至站控 PLC，站内已有撬装设备信号接入 PLC。注水站 PLC 系统数据通过光缆上传至厂级生产调度中心，通过生产调度中心服务器推送到作业区监控中心实现注水站的无人值守、集中监控（图 3）。

注水站采集参数：

（1）来水压力（水罐入口汇管压力）、平衡管压力、润滑泵进出口压力远传指示，信号上传至注水站 PLC。

(2) 注水泵进、出口压力远传指示，信号上传至注水站 PLC，同时，设置进出口高低压联锁停泵保护报警，进口压力低于设定值(≤0.02MPa)联锁停泵，出口压力高于设定值(≥20.0MPa)联锁停泵，实现停泵后值班室及中控室报警。

(3) 注水罐、污水池、冷却水池液位远传指示，高低液位报警，注水罐联锁阀门，低液位联锁开进站阀门，高液位联锁关进站阀门，信号远传至注水站 PLC。

(4) 来水流量、注水流量远传指示，信号上传至注水站 PLC。

(5) 注水泵运行状态、耗电量、功率、电压、电流、频率等参数监测采集，信号上传至注水站 PLC，实现远程停泵。泵已建变频器信号通过 AI/AO/DI/DO 信号接入至注水站 PLC。

(6) 进站总管线设置电动调节阀，与注水罐液位联锁，调节液位保持在 1.0~2.5m(可设置)。

(7) 注水总干线压力与注水泵变频联锁控制，调节压力保持在 11~15MPa。

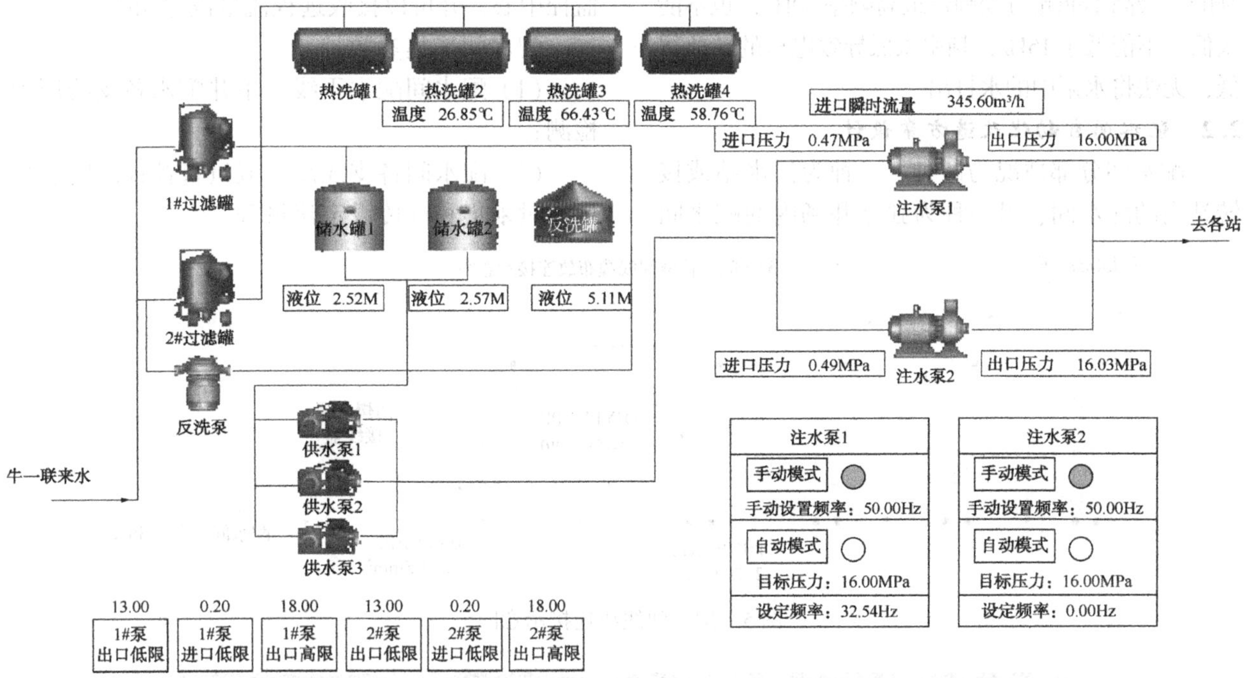

图 3　注水站工艺流程界面

2.1.2　PID 恒压控制

恒压控制是以汇管水压为控制目标，在控制中使汇管的实际供水压力跟随设定的供水压力。如油田注水泵站的要求的供水压力为 11MPa(可调节)，监控系统的目的就是要使实际运行过程中汇管压力稳定在 11MPa 附近。

PID 控制方式是现代工业控制中应用最广泛的反馈控制方式，它的原理如图 4 所示。通过控制对象的传感器等检测控制量(反馈量)，将其与目标值进行比较。若有偏差，则通过此功能的控制动作使偏差为零。即是要使反馈量与目标值一致的通用控制方式。它比较适用于流量控制、压力控制、温度控制等过程控制。

注水泵站系统中使用的 PID 控制过程如下：如果实际汇管注水压力低于设定压力，控制系统将得到正的压力差，这个差值经过计算和转换，

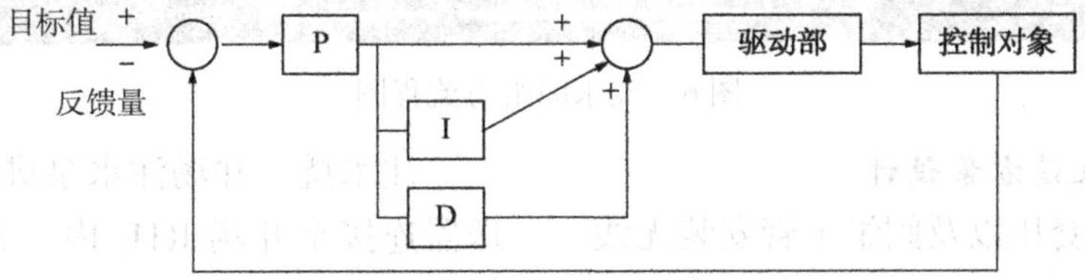

图 4　PID 控制原理图

计算出变频器的输出频率的增加值，将这个增量和变频器当前的输出值相加，得到下一时刻变频器的输出频率值，这个值输送给变频器，就可以减小实际供水压力与设定压力之间的差值。变频器的输出，将使得往复泵机组转速增大，使实际供水压力提高，直到实际供水压力和设定压力相等为止；如果运行过程中实际供水压力高于设定压力，PID调节器将输出一个负值，这个值与变频器当前频率相加将使变频器频率减小，往复泵组的转速也将减小，其流量降低，使得实际供水压力又恢复到设定压力附近。应该注意到，变频器的输出频率是有限制的。最高不能超过变频器最高频率50Hz，也不能太低，不能低于15Hz，频率太低导致电机的转速很低，无法将水泵中的水打出。

2.2 配水间自动化改造方案设计

配水间分部情况为两种，一种为注水站或接转站内的配水间、另一种为独立井场内的配水间(图5，图6)。

注水站或接转站内的配水间：配水间安装有线压力变送器，信号接入站控PLC内。配水支线安装高压流量自控仪，通过RS485接口接入串口服务器或站控PLC中。数据通过站内有线光缆上传至生产监控中心。

独立井场的配水间：安装配水间RTU，设备具备WIA-PA无线信号接收功能，配水间压力仪表采用WIA-PA无线压力变送器，配水支线安装高压流量自控仪，通过RS485接口接入RTU。配水间RTU数据通过WIA-FA无线网络上传至生产监控中心，并可以接收远程流量设定功能。

配水间采集参数：

(1) 配水间配水干线、单井配水各支线压力检测；

(2) 配水间各支线高压流量自控仪瞬时、累计流量采集和远传设定流量等。

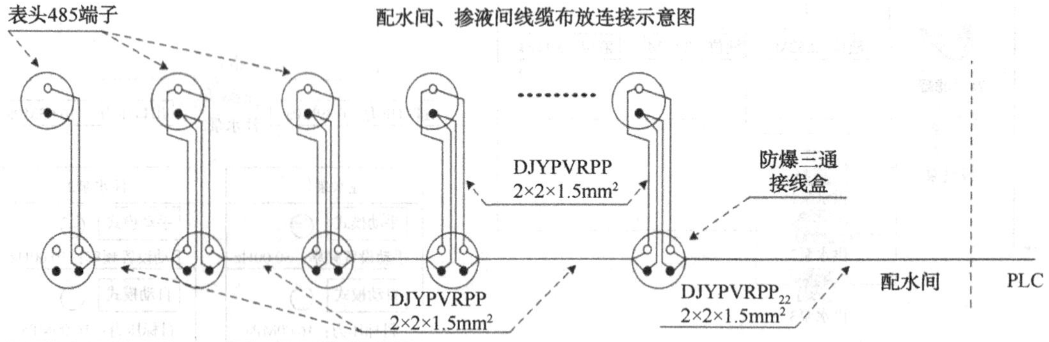

图5 配水间线缆连接示意图

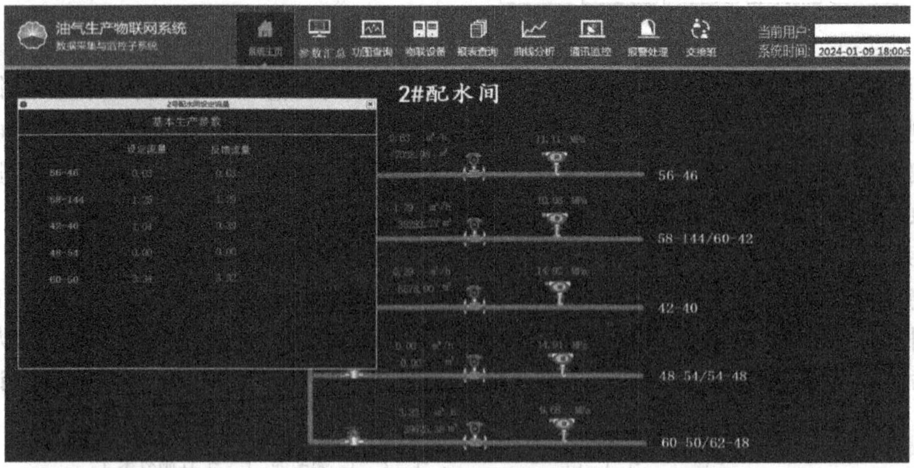

图6 配水间组态流程图

2.3 注水井自动化改造方案设计

注水井：油压、套压以及阀组干管安装无线压力变送器，信号通过WIA-PA无线远传至油井RTU；

注水撬：井场注水泵进出口安装有线压力变送器连接至井场RTU内，并设置高低压连锁保护报警，进口压力低于设定值(0.1MPa)联锁停泵，出口高于设定值(17MPa或22.5MPa)联锁停泵；阀组新建高压流量自控仪信号接入 RTU 的 RS485 接口；

油井井场 RTU 通过 WIA-PA 无线网上传至所属已有接转站的 WIA-PA 网关、接入站控 PLC 系统显示，通过光缆传输至厂级生产调度中心。

主要功能有：

(1) 注水井各数据点数据采集，包括油管压力、套管压力、油管瞬时流量、油管累积流量等。

(2) 现场流量控制，根据设定流量对阀门开度进行相应调整，使得现场实际流量符合注水井的配注要求。

(3) 注水撬采集注水泵进出口压力、高低压连锁停泵、泵运行状态、频率、电参数(电压、电流)、耗电量远传显示。

具体的调节过程如下，通过远程设置和现场调控两种方式设置水井的配注量，流量计将实际流量，传达给高压流量自控仪，控制器将测出的流量与配注量进行对比，如果没有到达配注量允许的范围内，控制器下达指令给流量调节机构，调整阀门开度，重复以上操作，直到阀门流量到达设定流量的误差区间，控制器不再进行调节，从而完成一次调节过程(图 7)。

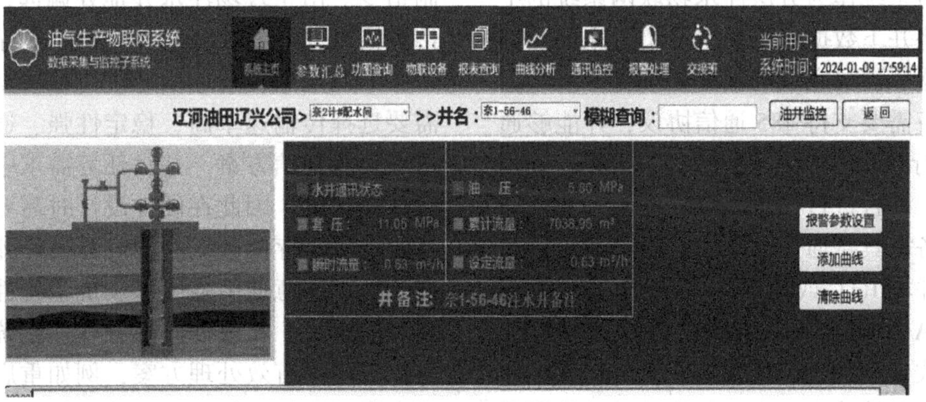

图 7　注水井组态界面

2.4　分层注水自动配注系统设计

分层注水技术是将注水井依据地层的性质把水井分成多个注水层段，每个层段都有相应的注水设备进行配注。通过这种注水的方式增加油层的含水量，提升油井的产油量。随着近些年物联网技术的兴起，使分层注水技术寻找到打破壁垒的方法，可以运用物联网技术建立智能分层注水远程监控系统来解决目前注水工程面临的困境。

分层注水系统主要任务是采集井下实时注水数据，并向注水监控中心传递注水信息。注水监控中心可以根据的得到的实时数据及时调整井下配水器工作状态，提高注水效率。类似于物联网的传统架构，本文将分层注水物联网系统也分为三层架构，即感知识别层、网络构建层以及综合应用层。感知识别层实现注水数据采集、网络构建层完成无线传输、综合应用层实现远程监控。因此本文针对井下数据采集模块、无线网络传输模块、远程监控系统模块进行需求分析。

2.4.1　井下数据采集

井下数据采集系统位于分层注水物联网系统的最底层，完成初步注水数据的采集与处理。需要完成的任务如下：

(1) 井下各层流量、压力、温度的测量，并且通过指令对每层开度与压力进行实时调节。

(2) 为井下用电设备提供电力、并可获得各层注水设备的工作电压、工作电流，并在电压、电流异常时具备报警功能。

(3) 可以通过发送指令的方式获得井下各层传感器的详细工作数据，了解实际注水情况。

在分析了以上的任务需求后，发现在众多的井下传感器中，用户最为关注流量和压力这两个参数，其中流量指的是每层配水器的实时注水流量，压力指的分别是中心压力和套管压力，即实际注水的管内压力和管外压力。因此在流量和传感器的选择则时要注意测量精度，同时也要注意传感器的抗干扰能力，避免产生错误数据。针对井下传感器的电力需求，需要设计一个地面控制箱配合每口注水井使用，地面箱不仅可以为井下传感器提供电源，同时还可以通过通信协议获取传感器的工作信息(图 8)。

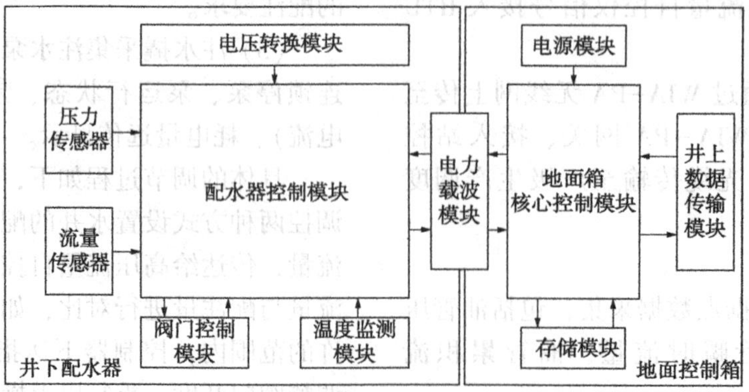

图 8　井下数据采集系统设计框图

2.4.2　无线传输系统

无线通信系统作为分层注水物联网系统的中间层，负责将井下数据采集系统采集过来的数据传输到服务器。需要完成的任务如下：

（1）设备需要支持 485 通信协议，并能够通过 RS485 串行接口接收来自井下数据采集系统的数据信息，并且进行打包处理。

（2）设备需具备通信的能力，通过油气生产物联网已建井场 RTU 或者加装 IO 设配器模块转换为 WIA-PA 协议上传，可以将注水数据以无线传输的形式发送到上位机服务器。

（3）具备存储功能，在通信失败时对井下数据进行定期存储。

（4）具备控制、调节功能，能依据通信协议控制每层配水器工作状态。

无线传输系统需要将注水井的实时数据信息发送给远端服务器，并接收来自远端服务器的控制指令。由于现场注水井地处偏远，传统的有线传输需要进行布线，维护成本较高，扩展性较差，因此选用无线通信系统传输数据。无线传输需要选择传输速率高、稳定性强、通信灵活的长距离无线通信方案。并且任务需求中提到需要具备存储功能，因此在硬件设计时需要添加存储芯片，以便于存储数据。同时在设计此部分硬件系统时还需注意通信强度以及抗干扰性，减少数据丢失的情况。在设计此部分软件系统时需要考虑发送失败的有效处理方案，例如重启通信芯片后再次发送数据，提升数据接收效率。由于需要发送控制指令，系统还需要根据通信协议设计有效的控制、接收模块，有序的接收来自井下采集系统发送的配水数据，并有效的控制注水井不同测段注水情况(图 9)。

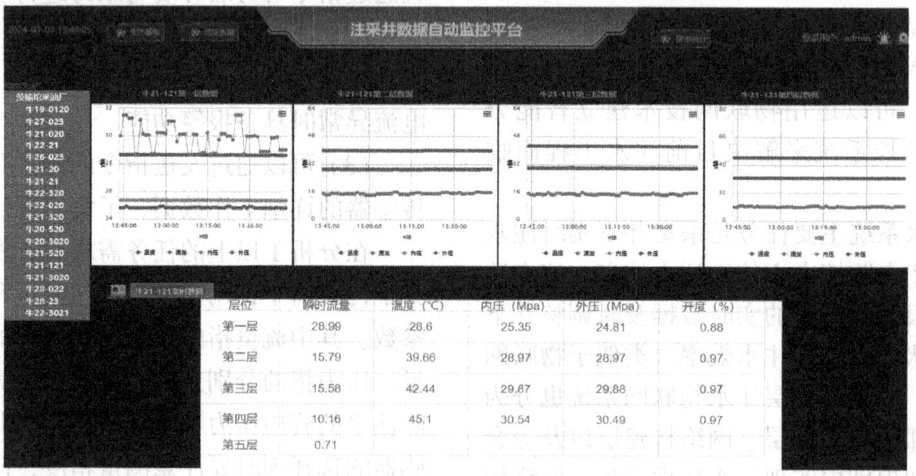

图 9　智能注采系统界面

3　注水系统一体化界面及功能设计

注水系统采取厂、作业区、基本生产单元逐级管理的模式，数据传输则通过各个注水监控单元对底层数据采集后，通过通信网络将数据传送到厂数据服务器，作业区调控中心、厂级调控中心与数据服务器进行数据交换，数据将在厂、作业区调控中心监控界面显示，完成对整个系统进行监测和控制。

3.1 现场监控工作站软件设计

系统软件设计采用注水过程管理的思想，注水站、联合站注水系统对站内以及上下游数据进行采集；调控中心通过数据库调用能够显示整个作业区注水系统的全局画面，通过多级画面切换实现各级注水情况监控的目的。

3.2 注水站软件界面介绍

软件操作画面的设计采用主菜单的形式，每幅画面通过菜单按钮进行切换，站内软件能够实现对注水站内、上游水源井、下游注水站参数采集，同时能够实现注水井启停、远程配注等控制功能。注水站主界面：显示注水站内来水流量、水罐液位、泵压力、注水分压、管压以及各注水干线注水量。

注水井配注界面：能够监控注水站干线来水流量、压力，配水间分压、总瞬时流量，同时能够采集每一口注水井管压、注水瞬时流量、累积流量，可以实现配水量设定，进行注水井远程配注。

3.3 作业区调控中心软件界面介绍

全区注水界面（一级界面）：作业区调控中心一级界面能够直观显示全区目前注水基本状况，其中包括水源井运行状态、流量，各注水站水罐液位以及干线压力、排量等参数。

二级界面：二级界面分别包括注水井数据监控界面、注水站数据监控界面以及各干线监控界面，它们分别详细地将注水站、注水干线数据进行显示，数据与注水站所采集的一致。

三级界面：三级界面主要显示各单井点配水间压力、流量、配注量、超欠注等参数，通过三级界面的监控达到根据全区注水情况调节供水、注水，根据注水井压力调节系统压力，对产水量、注水量实时监控，使数字化在精细注水中发挥作用。

系统基于站控监测的实时数据，按照中石油数字化建设技术规范，提供注水动态分析、平衡注水分析、注水系统能耗分析、水井宏观控制图分析、注水节点分析等决策分析功能，并辅助注水井增注措施经济技术评价、措施效果分析。主要模块的基本功能如图 10 所示。

3.3.1 注水生产动态分析

根据注水监控系统实时采集的数据和 A2 注水井生产数据，计算各注水站的注水指标，主要有注水任务完成率、注水合格率、注水单耗等。

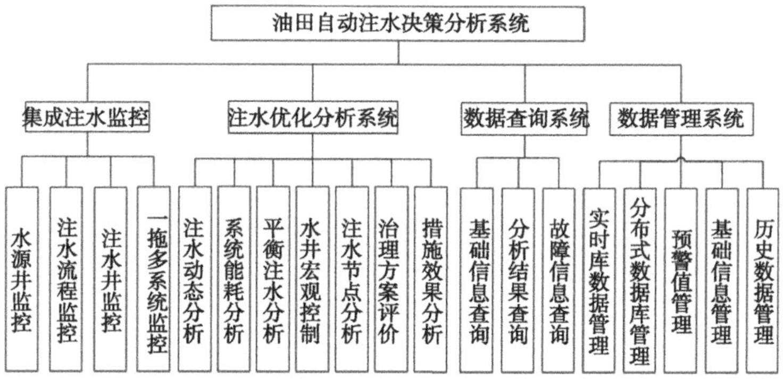

图 10　注水分析系统结构

3.3.2 注水动态监控

每天汇总统计注水情况，分析当日实际注水量与配注量的超欠情况，分析开关井情况，并自动分析超欠的原因和关井原因。

3.3.3 注水压力监控

根据注水站的数字化系统，实施采集压力相关数据，采用直观形象的图表和曲线，分别汇制当前的压力柱状图和历史运行曲线。

3.3.4 注水指标分析

根据注水站的数字化系统，实施采集相关数据，并计算注水核心运行指标：注水完成率、注水合格率、注水单耗，采用直观形象的历史运行曲线进行展示。

3.3.5 平衡注水分析

根据注水监控系统实时采集的利用泵出口、分水器各干线、及所辖水井的实时流量数据，对比各节点数据总和与泵出口流量之间的关系，判断是否达到平衡注水，若相差大，分析原因并给出初步结果。并以此做为流量计标定、泵启停、井口放水预警、管线漏失等现象的识别依据。

3.3.6　水井宏观控制图

利用采集的注水量、注水压力，每天定时生成宏观控制图，针对正常区以外的井号进行报警，并生成报警日报表和累积报表，以便实时掌握单井配注完成情况，有针对性的采取调配措施。

4　结论

注水是油田生产过程中非常重要的生产环节，过程涉及多种工艺，其自动控制的程度代表了数字化在油田应用的水平。对生产工艺过程准确分析是设计数字化监控系统的前提。油田注水系统生产过程包括压力、液位、流量等多个参数的控制，系统压力与流量相互影响较大，所以控制方案必须选择合理，否则会出现误差，甚至导致系统不能稳定运行。系统设计的目的在于通过技术手段解决目前因生产管理结构导致的注水系统运行与管理的脱节问题，通过对注水站、配水间、注水井系统性的管理达到精细注水、安全注水的目的。

参考文献

[1] 闫志刚. 自动化技术在油田注水系统中的应用研究[J]. 中国石油和化工标准与质量，2013，34(03)：115.

[2] 郭晓明，朱瑞苗. 油田区域注水自动化监控系统设计[J]. 江汉石油学院学报，2003，(02)：112-114+12.

[3] 王琴剑. 基于物联网的分层注水自动配注系统设计[D]. 哈尔滨：哈尔滨理工大学，2020.

[4] 鲍秀华. 油田集输、注水泵站生产自动化监控系统的应用研究[D]. 杭州：浙江大学，2006.

[5] 闫娟，刘欣，庞洁，等. 长庆油田注水站自动注水决策分析系统构建与应用[J]. 中国科技信息，2015，(Z1)：134-135.

WITSML2.0 数据模型及其应用

杨承禹[1,2]

（1. 中国石油天然气集团有限公司录井技术研发中心；2. 中国石油集团长城钻探工程有限公司录井公司）

摘　要　WITSML(Wellsite Information Transfer Standard Markup Language)是一种XML标准，用于传输钻井和生产数据。该标准于2000年创立，发展到现阶段的版本是WITSML2.0。本文着重讨论了WITSML2.0数据模型的种类，数据模型的结构特征，基于ETP协议的实时数据传输，与WITSML1.4.1标准的差异，数据模型之间的相互关联、元数据特征等内容。通过分析WITSML2.0数据模型特征，展现其在流数据传输、大数据分析应用、井场数字化转型等方面的应用能力，从而为企业的决策提供更加准确的支持，进一步阐述了WITSML2.0在油气勘探领域的应用前景与潜力。

关键词　数据标准；WITSML；WITSML1.4.1；WITSML2.0；大数据分析；XML Schema；数据模型；实时数据传输

随着油气行业的发展和技术进步，越来越多的数据被产生和收集，如钻井数据、测井数据、录井数据、固井数据等，这些数据包含了丰富的勘探生产信息，对于指导油气勘探开发活动、提高生产效率、降低生产成本具有重要意义。然而，如何有效地处理和分析这些大量数据，成为了油气行业面临的一项重要挑战。WITSML作为油气勘探领域数据传输与交换标准，用于指定和交换钻井、测井和录井等油气勘探相关作业和对象的数据。WITSML最初的重点是在甲方和专业化服务公司之间实现实时、无缝井数据流传输，以加快和加强生产决策。随着WITSML标准使用的不断扩大和完善，一些运营商也将其用于系统之间的互操作性。

1　WITSML标准发展历程

1990年10月，由BP、Mobil、chevron corporation、Eif Aquitaine、Texaco inc等多家石油公司发起成立了石油技术开发标准协会(POSC)，寻求解决石油天然气勘探开发计算机标准化问题。POSC标准主要包括：基础计算机标准、Epicentre数据模型、数据存储与交换标准、数据交换格式规范、应用程序间通信标准、用户界面风格指南、石油工业计算机图形元文件规范。2002年6月确立了WITSML标准的稳定实施日期，并于同年9月发布了第一个WITMSL版本，即WITSML1.0，用于实时和非实时架构下的数据传递。随后，POSC对WITSML的使用反馈进行了评估，并在2003年6月发布了1.2.0版本的WITSML标准，以取代之前发布的1.1.0版本。2005年发布WITSML1.3.0版本，增加数据模型的限制以及webapi服务。2007年1月，POSC将自己更名为Energistics，开设了新的能源标准资源中心，这是一个全球合作开放行业标准中心，并逐步发布了油藏、钻井、生产三个领域的开放的石油数据交换标准。2011年在WITSML1.3.0基础上发布1.4.1标准，也是目前使用最广泛的版本之一。2016年11月发布WITSML2.0版本，从该版本开始，WITSML利用了Energistics(CTA)，为能源领域标准提供了一个通用的技术基础，包括WITSML、PRODML和RESQML。这种通用的体系结构使公司更容易实施这些标准，也更加容易通过标准去分享数据，比如RESQLML和PRODML能够利用WITSML的井数据，使得井数据在全生命周期实现共享。

2　WITSML1.4.1与WITSML2.0模型

2.1　WITSML1.4.1模型

WITSML1.4.1于2011年发布，也是目前各大石油运营商和专业服务公司应用最为普遍的版本，该版本包括27个对象模型和7个应用程序接口(API)。WITSML对象模型是与钻井领域相关的逻辑模型和组织，主要围绕井数据进行关联和拓展。WITSML1.4.1包括27个数据模型对象，具体如表1所示。

表 1　WITSML1.4.1 数据模型

对象名称	描述	对象名称	描述	对象名称	描述
attachment	附件	bhaRun	起下钻记录	cementJob	固井作业
changeLog	日志记录	convCore	钻井取心	coordinateRefSystem	地理坐标
drillReport	钻井日报	fluidsReport	钻井液报告	formationMarker	地质分层
log	工程参数	message	消息	mudLog	录井
objectGroup	综合解释	opsReport	完井报告	rig	钻机
risk	钻井风险	sidewallCore	井壁取心	stimJob	压裂作业
surveyProgram	定向井数据	target	靶点数据	toolErrorModel	工具误差
toolErrorTermSet	工具误差集	trajectory	井身轨迹	tubular	钻具组合
wbGeometry	井身结构	well	井	wellbore	井筒

由表 1 可以看出，WITSML 定义了钻井相关的数据对象集合即实体，涵盖了钻井、录井、测井、钻井液、压裂等各专业。数据对象包括属性(attributes)、元素(elements)和子组件(component sub-schemas)，其中子组件是一种 XML 结构，它可能不会单独代表完整的数据对象，但是可以属于多个数据对象。WITSML 数据模型定义了一组与钻井领域相关的数据，可以使用单一的 XML 文档进行传输。每个数据模型代表了在特定专业的一组相关的数据子集，比如“井”这个数据模型可能包括井、井筒、钻机等多个数据子集。

除了数据模型之外，WITSML1.4.1 中也定义了一组应用程序接口，描述了服务端与客户端之间数据传输与获取规范，该版本对应的接口都是基于 SOAP 的访问协议。WITSML1.4.1 包括 7 个应用程序接口，如表 2 所示。

表 2　WITSML1.4.1 应用程序接口

接口名称	接口描述
WMLS_GetVersion	获取受支持的数据模式版本。服务器必须支持此功能。客户端必须知道要使用的数据模式的正确版本，以便能够与服务器正确交换数据
WMLS_GetCap	获取服务器的功能对象。服务器必须支持此功能。客户端必须了解服务器的功能，以便能够正确地与其交互
WMLS_AddToStore	向服务器添加一个新的数据对象
WMLS_DeleteFromStore	从服务器中删除一个现有的数据对象(或数据对象的子集)
WMLS_GetFromStore	从服务器获取一个或多个数据对象
WMLS_UpdateInStore	更新服务器上的一个现有数据对象
WMLS_GetBaseMsg	获取返回值的固定描述

2.2　WITSML 2.0 模型

从 v2.0 版本开始，WITSML 为能源领域标准提供了一个通用的技术基础，这种通用的体系结构使使用者更容易实施这些标准，也更加容易通过该标准去共享数据，比如 RESQLML 和 PRODML 能够利用 WITSML 的井数据，使得在油气勘探、生产和相关活动的不同软件应用之间实现数据的互操作性。

2.2.1　WITSML2.0 数据对象

WITSML2.0 架构消除了以前版本的 WITSML 模式中使用的一些常见惯例的需求。不再使用的惯例包括：obj_和 cs_命名约定、复数对象以及 XSD：choice。在表 3 中列出了 WITSML v1.4.1.1 数据对象、v2.0 中相应数据对象(一些数据对象名称已更改)。

表 3　WITSML2.0 与 WITSML1.4.1 数据模型对比

V1.4.1 数据模型	V2.0 数据模型	变更情况
Attachment	与 V1.4.1 一致	已转换为 v2.0 设计
BhaRun	与 V1.4.1 一致	已转换为 v2.0 设计
CementJob	与 V1.4.1 一致	重新设计，增加固井质量
	Cement Job Evaluation	新增
ConvCore		删除
Coordinate ReferenceSystem		移至 Energistics CTA
	Data Assurance	新增，对于 WITSML 来说具有重要用途
	DepthRegImage	转换更新至 v2.0 设计
DrillReport	与 V1.4.1 一致	已转换为 v2.0 设计
FluidsReport	与 V1.4.1 一致	已转换为 v2.0 设计
FormationMarker	Wellbore Markers	更新到 v2.0 设计

续表

V1.4.1 数据模型	V2.0 数据模型	变更情况
Log	与 V1.4.1 一致	重新设计
MudLog	WellboreGeology	重新设计
	MudLogReport	新增
OpsReport	与 V1.4.1 一致	已转换为 v2.0 设计
Risk	与 V1.4.1 一致	已转换为 v2.0 设计
SidewallCore		删除
StimJob	与 V1.4.1 一致	已转换为 v2.0 设计
SurveyProgram	与 V1.4.1 一致	已转换为 v2.0 设计
Target		删除
ToolErrorModel	与 V1.4.1 一致	已转换为 v2.0 设计
ToolErrorTermSet	与 V1.4.1 一致	已转换为 v2.0 设计
Trajectory	与 V1.4.1 一致	已转换为 v2.0 设计
Tubular	与 V1.4.1 一致	已转换为 v2.0 设计
Well	与 V1.4.1 一致	已转换为 v2.0 设计
Wellbore	与 V1.4.1 一致	已转换为 v2.0 设计
WbGeometry	WellboreGeometry	重新设计

V2.0 与 V1.4.1 相比较，删除了 changeLog、convCore、coordinateReferenceSystem、formationMarker（由 WellboreMarker 和 WellboreMarkerSet 代替）、message、mudLog（由 MudLogReport 代替）、objectGroup、sidewallCore 对象。增加了 DepthRegImage、WellboreGeometry、WellboreGeology、MudLogReport、WellboreMarkers、WellCompletion、WellboreCompletion、DownholeComponent、WellCMLedger、WitsmlCommon 对象，向通用架构的转移和 Energitics 三大标准的协调是 v2.0 重新设计的主要驱动因素。

2.2.2　WITSML2.0 数据结构特征

钻井现场的业务属性决定了数据模型的结构特征和组织方式，因此在 WITSMLv2.0 中，数据模型（井、井眼及其可能的子对象如轨迹、测井和钻井液测井）的层次结构保持不变。图 1 展示了数据模型的基本组织结构，采用了数据对象引用的方式实现。每个数据对象都是一个顶级对象，由 UUID 标识，并且对象之间的关系是通过数据对象引用（DOR）来指定的。在这些数据对象中，wellbore 是 well 对象的子对象，其他绝大多数对象（如 Log、WellboreGeology、Trajectory）是 wellbore 的子对象，这样就形成了以层状为主的数据模型，结构清晰，易于扩展。

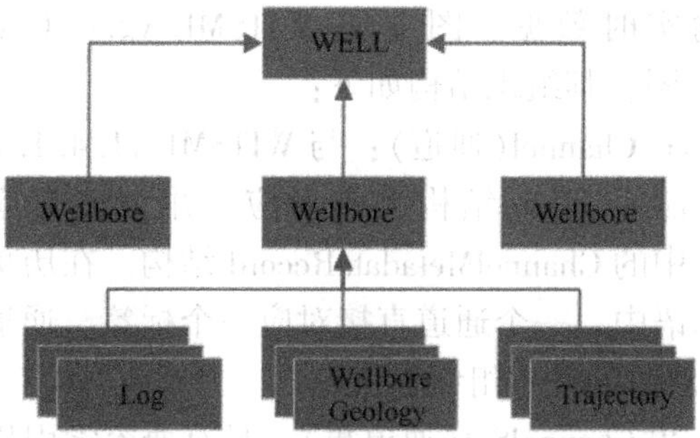

图 1　WITSMLv2.0 各数据模型之间组织结构

2.2.3　Log 数据模型与 ETP 协议实时数据传输

（1）Log 数据模型。

Log 模型在 WITSMLv2.0 中进行了重大更新，这次设计变更的主要原因是为了实现使用 Energistics Transfer Protocol（ETP 协议）进行流式传输实时数据，因此本文着重介绍了 v2.0 版本中 Log 数据模型。

在石油和天然气行业，术语“Log”指的是测量与钻井作业相关的数据，各种各样的地面和井下传感器、硬件和软件技术用于进行这些测量。测量的数据包括工程参数、钻井进度、地层特性等，有时测量的属性或数据使用直接测量值操作（例如，钻速、井径等），有时它们是仪器（例如，电阻率作为碳氢化合物是否存在的值）或作为额外分析的输入。记录过程的输出通常是一张很长的纸，记录每次的值或深度索引。如今，这些信息是以数字方式捕获的，但仍然由时间或深度索引以及该索引处的相关度量组成。测井通常被非正式地称为“曲线”（因为当数据被绘制成索引及其相关值时，它会生成一条曲线），它可以由一条曲线或多条曲线的集合组成。测井数据量巨大（包括历史和实时数据）并且有许多重要用途，因此，在实时钻井作业中收集和使用测井数据进行分析，需要频繁传输测井数据。

WITSML 中的 Log 数据对象用于捕获和传输收集的数据，包括 MWD、工程参数、LWD 等数据。Log 被视为一个不断增长的对象，因为在进行测量时（随着时间或深度的增加），数据会添加到记录中。包含多个测井参数作为通道的 WITSML 测井对象可以实时传输，并且可以索引到时间或深度。随着钻井时间的推移，log 的数据量会不断增长。

在 WITSML v2.0 中，Log 数据对象经历了重大的重新设计。这次设计变更的主要动因是为了实现使用 ETP（Energistics Transfer Protocol）流式传输实时数据。图 2 是 WITSML v2.0 Log 的 UML 图，其组织结构如下：

① Channel(通道)：与 WITSML v1.4.1.1 中的 LogCurveInfo 结构大致对应，并直接对应于 ETP 中的 ChannelMetadataRecord 结构。在历史记录术语中，一个通道直接对应一个标签。通道是 Log 对象的基本组织单位。

② ChannelSet(通道集)：具有兼容索引以某种目的对通道进行分组，每个通道实际上都有自己的索引。所谓的兼容索引，简单来说就是所有通道都使用共同的时间或深度作为基准。

③ Log(日志)：主要是包含一个或多个通道集的容器。大部分信息现在都在通道集级别。一个日志中有多个通道集的概念与 WITSML v1.4.1.1 相比是一个重大的变化，在 v1.4.1.1 中，每个日志都代表了一个曲线组及其数据。

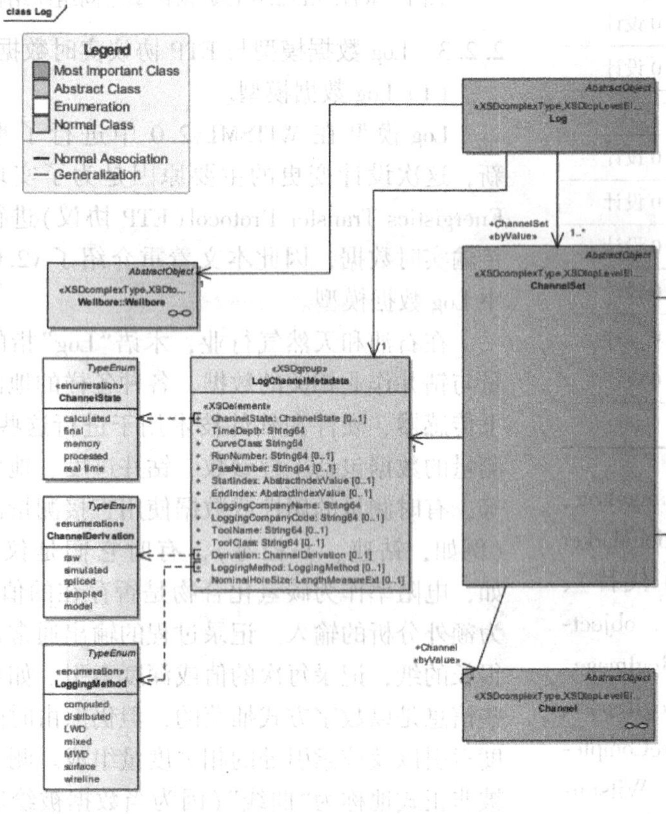

图 2　WITSML v2.0 Log 的 UML 图

(2) ETP 协议实时数据传输。

从 V2.0 开始，WITSML 采用能源领域标准的传输协议 ETP(Energistics Transport Protocol)进行数据交换。新的协议代替了 WebService 服务，使用了更高效、更容易实现的 TCP/IP 0 级解决方案。ETP 作为 WITSML v2.0 的底层协议，使用发布/订阅机制进行实时数据传输，订阅者通过该协议可以及时获得最新数据。

WITSML 2.0 数据交互形式：

数据流方式：采用 Energistics 传输协议(ETP)，实现 WITSML 数据对象的流化。

客户、服务器方式：WITSML 服务器存储数据，由 WITSML 支持的客户端应用程序访问。

静态传输方式：类似简单地给某人发一封带有 WITSML 文档的电子邮件。

表 4 列出了 WITSML2.0 中 ETP 协议相关描述。

表 4　WITSML V2.0 协议

协议名称	描　述
协议 0：Core	创建和管理 ETP 会话
协议 1：ChannelStreaming	定义一组用于交换面向信道的数据消息，其中通道是单个数据点的时间或深度序列
协议 3：Discovery	使用 RESTful (representational state transfer)方法使存储客户能够枚举和理解数据对象存储的内容
协议 4：Store	对数据对象执行增删改查操作
协议 5：StoreNotification	接收存储中数据对象的更改通知
协议 6：GrowingObject	管理基于索引的数据对象的不断增长的部分(如时间和深度))，但不适用于协议 1

WITSML 2.0 中最重大的变化之一是引入了 Channel 作为存储中的顶级对象，一个 Channel 是针对某种其他维度（通常是时间、深度或两者）的一个物理属性的测量。在一个 Channel 中，单独的测量称为数据点。每个数据点是一个二元组，包括一个索引值和一个数据值。

在 WITSML 1. x 版本中，现在称为 Channel 的概念只作为一个 Log 对象的子元素（称为 LogCurve）存在。曲线的 uid 在 Log 的上下文之外并不是唯一的。而在 WITSML 2 中，Channel 有了自己的模式，并且独立于引用它的任何 Log 而存在。这意味着一个 Channel 可以存在，但不属于任何 Log，而且一个给定的 Channel 可以出现在多个 Logs 中。与所有顶级对象一样，Channel 继承自 AbstractObject，因此共享所有 Energistics 数据对象的常见引文元素（例如 guid、title、创建日期等）。WITSML 中的 Channel 还必须与井眼（Wellbore）有关联关系。

3 结束语

目前，国内各企业对 WITSML 的理解和应用相对滞后，符合 WITSML 标准的应用也比较少。随着 WITSML v2.0 的发布，一些新的特性使得 WITSML 在以下几个方面有着广阔的应用场景：

（1）实时数据流处理：WITSML v2.0 对于 ETP 协议的支持，使得实时数据流处理成为可能。通过 WITSML v2.0，采集到的实时数据可以直接传输到中央数据存储，为决策支持系统提供及时的数据支持。这种实时数据流处理有助于提高作业效率、优化生产流程。

（2）大数据分析应用：随着数据量的不断增加，石油和天然气行业越来越关注大数据分析的应用。WITSML v2.0 提供了更丰富的元数据支持和数据保障功能，有助于优化数据管理、提高数据质量，并支持实时和历史数据的分析和挖掘。大数据分析可以帮助企业发现潜在的价值和竞争优势，优化决策和运营策略。

（3）井场数字化转型：WITSML v2.0 的应用促进了井场数字化转型的进程。通过将各种设备、传感器和系统集成到统一的数据平台中，实现数据的实时采集、传输和分析，从而实现井场作业的数字化管理和智能化决策。这种数字化转型有助于提高生产效率、降低运营成本，并增强企业的竞争力。

总的来说，WITSML v2.0 的应用前景非常广阔。它不仅可以帮助企业实现数据的实时传输和处理，优化决策和运营管理，还可以支持大数据分析、井场数字化转型，推动石油和天然气行业向着标准化、数字化、智能化和可持续发展的方向迈进，也有助于油服企业提供国际化信息服务。

参 考 文 献

[1] 杨传书，赵金海，张克坚. 新版 WITSML 井场数据交换标准特征及应用分析[J]. 石油工业技术监督，2011，27(12)：36-40.

[2] 王东生. 井场数据传输标准综述[J]. 录井工程，2018，29(4)：7-12.

注水井油套压一体式 WIFI 仪表的设计与实现

任 浪 单旭光 张探探 陈广智 刘德凤 刘文卓

（延长油田股份有限公司）

摘 要 随着科技的不断进步，石油企业数字化转型迎来最佳契机。MQTT 协议由于其轻量级和高效的特性，广泛应用于物联网（IoT）领域，其适用环境更加贴近油田点多、覆盖面广的特点，相较于目前主流的工业控制模式，其架构简单，建设和维护成本低，为油田生产信息采集提供了一套更佳的解决方案。注水井油套压采集是油田开发过程中的一项重要工作，为实现基于 MQTT 协议的传输，本项目采用油套压一体式采集方案，结合冬季冻堵导致采集不准确，设备易损等问题，从仪表软硬件设计及安装方案进行创新，并现场进行安装试验，达到了良好的应用效果。此次研发的仪表硬件采用 ESP32-WROOM-32UE 高性能微处理器芯片作为主控芯片，配备 2.0 寸 lcd 显示屏，搭载 FreeRTOS 实时操作系统，采用多线程开发，通过两路 IIC 接口，并行采集油管和套管两组温压数据，实现一体化采集，数据经清洗、预警等边缘计算算法处理后，由 WIFI 通过 MQTT 协议发回服务器，存储至时序数据库，实现数据的远程采集。安装方案通过将传感器深入注水管线，达到消除易冻堵段的目的，实现防冻功能。仪表远程配置和升级功能的实现，大幅降低了仪表使用和管理的难度，其预警功能，成为仪表边缘计算的初步尝试，对未来智能仪表植入各类智能算法，实现智能控制具有重要的借鉴意义。

关键词 油套压；mqtt；防冻；esp32；边缘计算；智能仪表

1 研究背景

当今时代，信息技术飞速发展，各种数字技术如人工智能、物联网、云计算、大数据等不断涌现，为企业提供了更多的数字化解决方案。加之国家政策的引导和支持，数字经济和实体经济的深度融合，石油企业数字化转型迎来最佳契机。MQTT 协议由于其轻量级和高效的特性，广泛应用于物联网（IoT）领域，包括智能家居、工业自动化、远程监控等。是油田生产信息采集更为理想的一套解决方案。

注水井油套压是油田开发生产过程中一项重要的参数，传统的远程采集方案是通过 SCADA 工业控制系统实现，其传输过程依赖于复杂的通信协议，适合在网络条件良好的情况下运行，但油田现场错综复杂，网络不稳定的情况时常发生。并且其采用多层控制模式，其中包括现场层级、数据采集与传输层级、监控与控制层级、管理层级和网络安全层级等多个层级。多个层级代表着传输同一条数据需要途径多个设备，效率缓慢且成本较高。

本项目根据油套压现场采集诸多有待改进的方向进行创新研发，一是油压采集点和套压采集点距离近，可以同时进行采集，从而提高采集效率。二是传统油套压采集依赖 SCADA 工控模式，MQTT 层级少，效率高，成本低的特点有待实现。三是处于采集末梢的传感器大多不具备边缘计算的能力，无法实现数据清洗、降噪处理以及实时报警等功能。四是在注水井上安装的压力表在冬季低温环境下易冻堵而损坏，急需重新设计一款防冻压力表。

2 硬件设计

2.1 主控芯片选型

目前，微电子行业主流的嵌入式芯片有诸多分类，按照性能可大致分为三类，一是低端单片机：主要用于数据计算量较小、实现简单控制的场合，如共享单车锁、宿舍楼下刷卡开铁门等。常用的单片机有 51、STC8H1K08 等。二是 ARM 架构单片机，用于有一定数据处理需求的场合，如人脸识别等。例如，STM32 和国产 GD32 芯片。三是高集成嵌入式芯片，它将处理器、存储器、接口和其他必要的硬件组件集成在一起，以实现更紧凑、更高效的系统设计。这种芯片在嵌入式系统中扮演着核心角色，能够提供强大的计算和控制能力，同时降低系统的复杂性和功耗，如 esp32 芯片。

本项目采用 ESP32－WROOM－32UE 作为主控模组，集成 ESP8266WIFI 模块，具备完善的 MQTT 协议库，主频最高可达 240MHZ。采用先进的电源管理技术，具备低功耗的性能。搭载 FreeRTOS 实时操作系统，使得算力进一步提高。ESP32－WROOM－32UE 主控芯片电路见图 1。

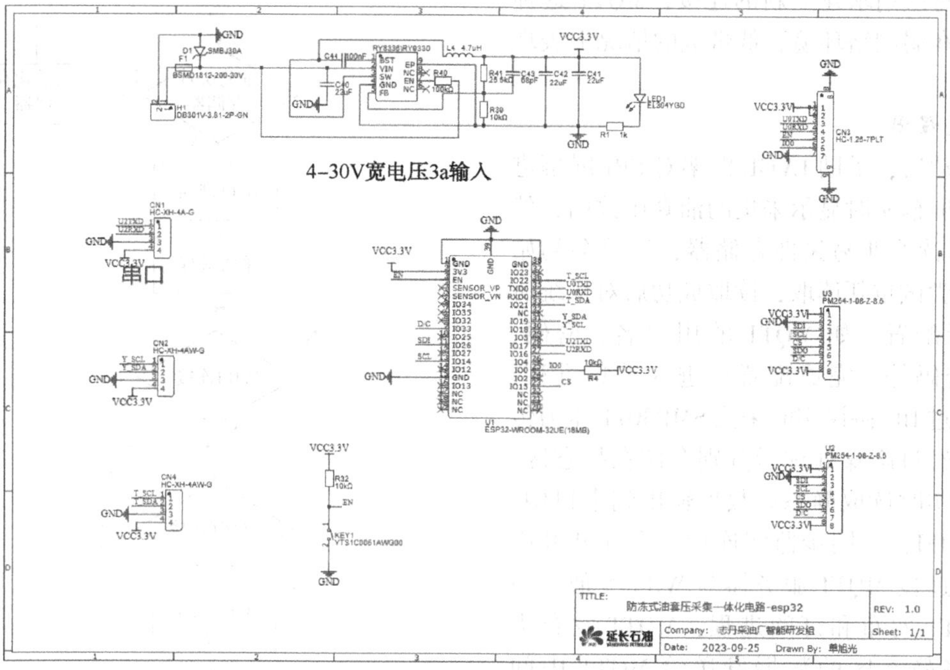

图 1　主控芯片电路原理图

2.2　传感器选型

传感器按照输出信号的性质分类：可分为输出为开关量（“1”和“0”或“开”和“关”）的开关型传感器；输出为模拟信号的模拟型传感器；以及输出为脉冲或代码的数字型传感器。SMP3011 是一款金属膜隔离冲油式压力传感器，采用 IIC 协议传输。内置温度补偿器。可以同时采集温度和压力两个数据。根据实际需求，量程选择 0～－25MPa 范围，而模拟量输出，则需要添加 AD 模块，为简化硬件设计电路并兼顾温度采集，故最终确定 SMP3011 型号的传感器。

IIC 协议，也被称为 I^2C 协议，是一种双向串行通信总线协议，用于连接微控制器及其外围设备。它只需要两根线即可在连接的设备之间传送信息，主/从设备方式工作，并且具有极低的电流消耗和抗高噪声干扰的特点。IIC 总线的这些特性使得它在物联网和嵌入式系统等领域中得到了广泛的应用。IIC 总线通常用于连接微控制器和各种外设，如传感器、存储器等。

2.3　显示模块设计

仪表显示模块采用 SPI 接口的 2.0 寸 LCD 显示屏，其接口主要由四根线组成：CS 片选信号线、SCL 串行时钟线、MISO 主设备发送从设备接收，MOSI 主设备接收从设备发送。屏幕的添加，使得设备具备显示功能，当现场网络断电或网络不佳的情况下，可以通过屏幕快速将油压、套压、油温和套温实时显示在屏幕中，尽最大量减少网络和断电带来的压力。

2.4　电源电路

供电电路中采用 4－30V 的宽电压输入，通过降压电路，使输出电压保持在 3.3v，确保各类设备的正常运行，LED 作为电源指示灯，正常供电时灯亮，否则灯熄灭。宽电压输入设计具有广泛的适用性、节能环保、高稳定性、强设计兼容性和良好的扩展性等优点。

3　软件设计

3.1　MQTT 协议

MQTT 是物联网最重要的协议之一，它基于订阅/发布模式，是一种消息队列遥测传输协议，其最大的特点就是可以用极小的带宽提供实时可靠的数据。而订阅和发布的操作对象被称为主题，主题可以看成一个个“组”，用户可以把信息发布到某个"组"内，同时如果订阅该组的消息，那么可以收到该"组"的所有消息。当网络情况不佳时，传统的HTTP协议需要重新建立连接，但是MQTT协议协议开销小、同时采用心跳机制，无需每次请求建立新的连接，MQTT这种模式使得它在弱网络环境、低带宽的情况下表现出不错的性能。

3.2 软件流程图

设备启动后，借助LVGL框架对SPI屏幕进行初始化，屏幕实时显示采集的油套压数据，然后用NVS库读取非易失性存储器，失败会初始化存储器并尝试重新读取，读取成功后对系统所需参数进行配置，如MQTT的用户名、密码、WiFi帐号密码等。完成配置后进入采集进程，该进程会通过IIC协议实时采集SMP3011压力传感器，数据经过降噪处理后分别存储在静态区。串口进程会实时读取静态区数据输出到串口中。然后打开WIFI，并同步监测连接状态如断开则尝试重连。连接MQTT服务器与WiFi类似。最后打开MQTT发布和订阅进程，MQTT发布进程会不断将静态区的数据发送给MQTT中间件，而订阅进程则用来远程调整参数和OTA升级(图2)。

3.3 参数配置

设备可以通过串口、MQTT主题两种途径进行参数配置(表1)。

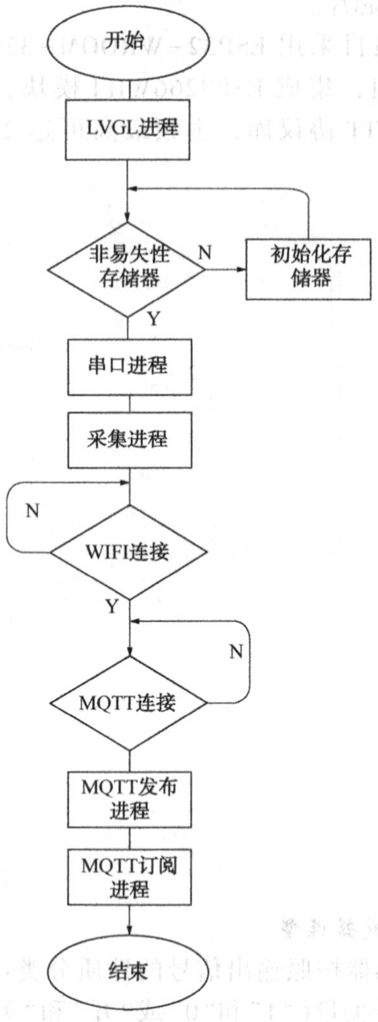

图2 软件流程图

表1 配置指令表

类　型	指　令	备　注
基础包	{"return"：1}	串口返回配置信息
	{"update"：1,"update_up"："xxx"}	xxx为OTA固件URL
	{"set"：1}	配置包，以下所有指令均需要包含本包
扩展包	{"wifi_id"："xxx"}	设置WIFI_SSID
	{"wifi_pd"："xxx"}	设置WIFI_PASSWORD
	{"mqtt_url"："xxx"}	设置mqtt服务器的地址
	{"client_id"："xxx"}	设置连接mqtt客户端ID
	{"user_id"："xxx"}	设置连接mqtt客户端用户名
	{"user_pd"："xxx"}	设置连接mqtt客户端密码
	{"topic"："xxx"}	设置发布主题
	{"sub_ack_topic"："xxx"}	设置重启后发布配置的主题
	{"op_offset"："xxx"}	设置油压校准值
	{"cp_offset"："xxx"}	设置管压校准值
	{"ot_offset"："xxx"}	设置油温校准值
	{"ct_offset"："xxx"}	设置管温校准值

3.4 数据采集

SMP3011 采用 IIC 作为传输协议，其写指令和读指令的时间间隔需要大于测量的间隔才能保证数据读取正常。读格式如图 3 所示。

图 3　SMP3011 读格式

（1）Start 代表 SDA 下降沿，同时 SCL 保持高电平，代表 IIC 通信开始。

（2）ACK 是应答信号，从机需要应答每个收到的字节。

（3）0XF0 分解为前七位的 0X78 和后一位的 0x00，代表从机地址为 0X78，0x00 代表主机写操作。

（4）SDA 从低状态转换到高状态，而且 SCL 保持高。结束 IIC 通信。

（5）Stop 代表 SDA 上升沿，同时 SCL 保持高电平，代表 IIC 通信结束。

应答格式如图 4 所示。

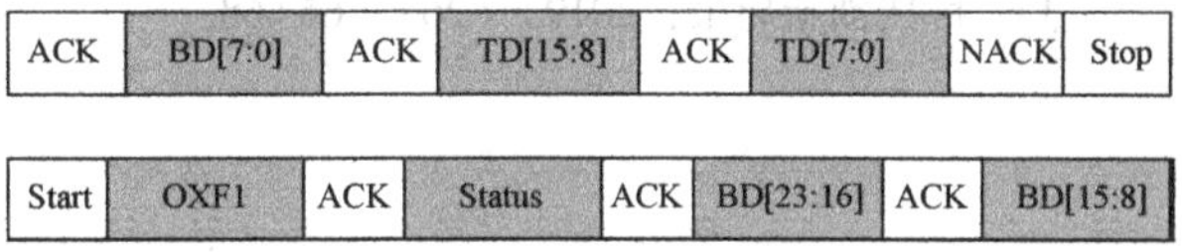

图 4　SMP3011 应答格式

（1）0XF1 分解为前七位的 0X78 和后一位的 0x01，代表从机地址为 0X78，0x01 代表主机读操作。

（2）Status 代表状态位，详见状态位。

（3）BD[23：0]代表压力值。

（4）TD[15：0]代表温度值。

（5）NACK 表示无需应答。

3.5 OTA 升级过程

设备的 flash 分区分为六个部分，Factory 分区存储出厂时的默认固件。当设备首次收到升级指令时，会将升级固件下载到 OTA_0 分区，在烧录完成后更新 OTA_Data 分区的内容并重启，系统重启时获取 OTA_Data 分区并进行计算，从 OTA_Data 分区的固件启动。当第二次收到升级指令时，会将升级固件下载到 OTA_1 分区并在下载完成后更新 OTA_Data 分区内容并重启。同理，之后的每次的升级都会在 OTA_0 和 OTA_1 两个分区之间交互下载，而不修改出厂的 Factory 分区(图 5)。

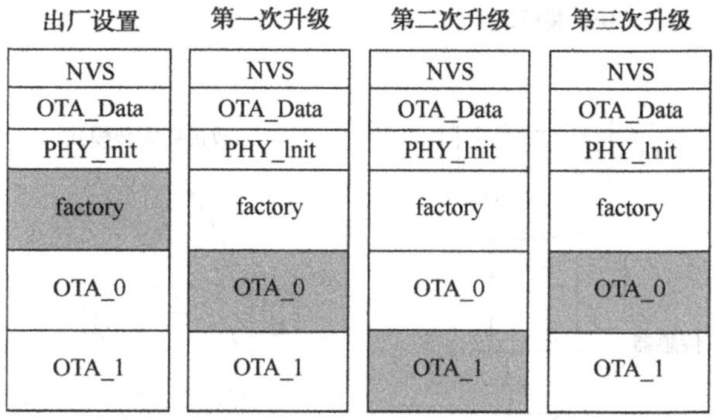

图 5　OTA 远程升级

4 边缘计算

随着技术的发展，设备具备边缘计算的能力将逐步成为仪表发展的重要方向，传统仪表依靠网络将信息上传至服务器，由服务器进行清洗、报警及紧急处理，服务器负荷较大，且对网络稳定性要求极高。未来，随着控制芯片性能的不断提升，边缘计算和边缘控制将大幅降低仪表对服务器和网络的依赖，使仪表更加智能。本次研发的仪表植入了数据清洗功能，对采集的突变值进行过滤，确保数据的准确；对持续出现的异常值进行报警处理，并显示于屏幕，同时远传回服务器。

5 防冻堵结构设计

目前，油田注水井压力表的安装方式，在冬季低温环境下，死水区极易出现因冻堵导致的仪表损坏问题。本次设计改进方案，将传感器植入主管线内部，所测水环境保持流动状态，消除了死水区，解决了仪表冬季冻堵问题(图 6)。

6 结论

本次研发的注水井油套压一体式 WIFI 仪表基本实现设计功能，现场安装 21 套，数据传输稳定，野外环境下平稳度过 2023 年整个冬季，运行良好。防冻设计，为冬季油套压采集提供了坚实的保障；其适用的 MQTT 模式，较传统 SCADA 工控模式缩减了层级，降低了设备使用数量，为油田数据采集及仪表设计提供了借鉴意义；边缘计算的加入，使得设备初步探及“智能仪表”的大门。随着各项技术的逐渐成熟，仪表会变得越来越智能化，通过深度学习和人工智能的应用，智能仪表会具备强大的数据分析和数据预测功能，能给数据研究者带来更大的便利。

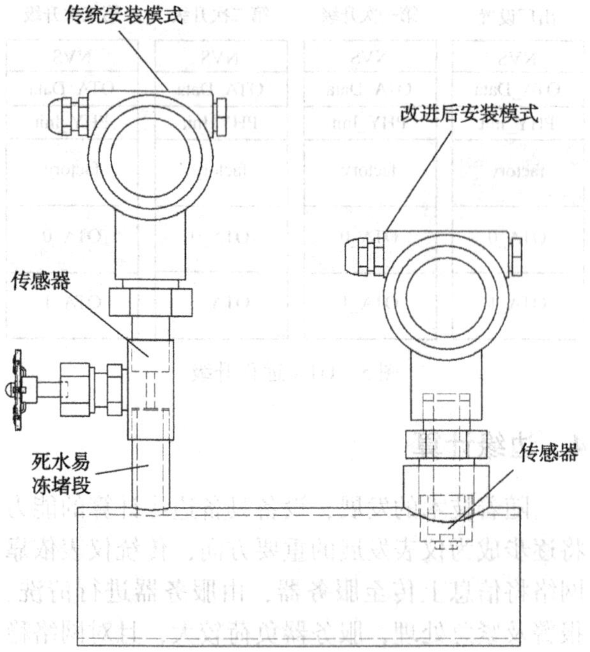

图 6　仪表安装示意图

参 考 文 献

[1] 王志坤. 基于物联网的石油管道压力仪表数据自动采集方法[J]. 石油和化工设备, 2024, (02): 119-121+138.

[2] 于洋. 石油化工自动化仪表控制技术设计应用[J]. 中国石油和化工标准与质量, 2023, (22): 181-183.

[3] 赵晓娟, 祁超. 自动化控制技术在石油化工仪表中的运用[J]. 化工设计通讯, 2022, (10): 82-84.

[4] 柴修通. 自动化控制技术在石油化工仪表中的运用[J]. 化工设计通讯, 2022, (07): 4-6+24.

[5] 曹石婧. 石油化工仪表自动化控制系统的相关讨论[J]. 中国设备工程, 2022, (14): 129-131.

[6] 刘俊伟. 石油化工自控仪表安装调试与质量控制[J]. 中国石油和化工标准与质量, 2022, (11): 19-21.

[7] 纪红霞, 张永辉. 石油化工仪表控制系统的应用分析[J]. 仪器仪表用户, 2017, (04): 63-65.

[8] 孙天择. 石油化工电气仪表安全供电系统探讨[J]. 硅谷, 2014, (17): 164+168.

[9] 许文军. 石油化工仪表中的自动化控制技术研究[J]. 科技创新导报, 2019, (26): 65+68.

新型油田物联网采集终端设备的设计与试验

母建飞　单旭光　任　浪　刘嘉兴

（延长油田股份有限公司）

摘　要　当前，大多数数字油田建设中，数据采集均采用工业控制模式，随着信息化技术的发展，工控模式层级多，设备多，承载数据量低，数据传输慢等问题突显。针对以上问题，本次研究在物联网采集端设计了一种基于MQTT协议的油水井采集终端系统，以达到生产数据高效采集、降低运维管理难度的目的。采集终端包括硬件和嵌入式软件两个部分，其中硬件设计主要包括数据采集模块、通信模块、联网模块、存储模块、供电及调试模块；软件方面主要在嵌入式实时多线程操作系统（RT-Thread）的基础上进行二次开发，注水井终端主要通过数据采集、流量修改、数据传输和参数配置等线程来实现多协议数据自动采集和远程调配功能；油井终端主要通过周期计算、电参和压力采集、远程启停和参数配置等线程来实现数据自动采集、耗电量统计、油井远程启停和变频控制等功能。在油井采集终端的数据处理中，考虑到抽油机在运行过程中由于噪声、振动等产生干扰信号，对相关信号采用剔除异常值及滑动块平滑的方式进行滤波处理。通过在操作系统中添加OTA组件，实现采集终端系统的远程升级。通过现场试验结果表明，本研究设计的新型油田物联网采集终端能够实现对油水井生产数据的实时采集和处理，并能够满足油井远程启停、变频控制，注水井远程调配等应用需求，试验期间系统稳定运行、数据采集无误，具有非常好的应用价值。

关键词　MQTT；油水井采集终端；远程升级；RT-Thread；嵌入式开发

随着信息技术的快速发展，数字化转型已成为各行业的必然趋势，石油行业也不例外。作为石油行业的核心环节，油气生产领域的数字化创新对提高生产效率、降低成本、优化运营管理至关重要。鉴于油田生产区域的油水井分布存在点多、面广、分散等特点，物联网技术在油田领域的应用也变得越来越重要。而采集终端设备作为油田物联网系统中的入口和智慧化的关键组成部分，承担着数据采集和传输的任务，更是发挥着举足轻重的作用。

当前，大多数国内油田在数字化建设方面都采用传统工控模式，在实际运行中暴露出采集硬件种类多、数量多、协议多；数据传输环节多、效率低、易丢失；设备层级多、技术陈旧、升级困难等问题，致使建设和运维难度大、成本高。

相较于其他油田，延长油田的数字化建设时间短，仍处于起步阶段，但后发优势明显。在综合分析传统工控模式优缺点的基础上，运用当前先进的轻量化、低功耗的物联网技术，研发一套基于MQTT协议的新型油水井物联网采集终端，实现自主可控、高效可靠的目标，从而有效降低建设及运维成本。同时，为也国内油田行业物联网技术的创新应用做出有益探索和重要实践。

1　终端功能简介

本次新型油田物联网采集终端包含油井物联网终端和注水井物联网终端两种，其中油井物联网终端关联载荷、角位移、压力表、控制柜、变频柜等高精度传感器及元器件，实现功图、电参、油压等数据自动采集，耗电量统计，油井远程启停，变频控制等功能。注水井物联网终端关联智能注水仪及数字压力表，实现注水井数据自动采集，远程调配等功能。

2　终端硬件设计

2.1　*硬件设计架构*

硬件设计架构按照功能可划分为联网功能、通讯采集功能、下载调试功能、数据存储功能，远程升级功能。主控芯片处理器MCU采用Cortex-M3架构主流芯片，搭载RT-Thread操作系统，高性能、低功耗、集成度强。联网设计采用WIFI或以太网接口连接EMQX服务器，订阅主题，经MCU处理后，发布MQTT消息。采集从机数据采用RS485通讯接口，通过Modbus协议关联MCU及下位机现场仪表设备，读写数据。上位机通过USB接口下载、调试主程序。挂载外部FLASH（AT24C02及W25Q64）设置存储系统参数。Bootloader 及 OTA 支持 MCU 远程升级(图 1)。

注水井物联网终端主芯片采用国产 GD32F103ZET6 芯片，外围搭建 RS485 通信模块、W5500 以太网模块、E103-W10 WIFI 模块、W25Q64 和 AT24C02 存储模块、供电模块、程序下载等模块。油井物联网终端硬件设计方案与注水井一致，但由于功图、电流采集数据量较大，故主控芯片选用存储更大的 GD32F103ZKT6 芯片。

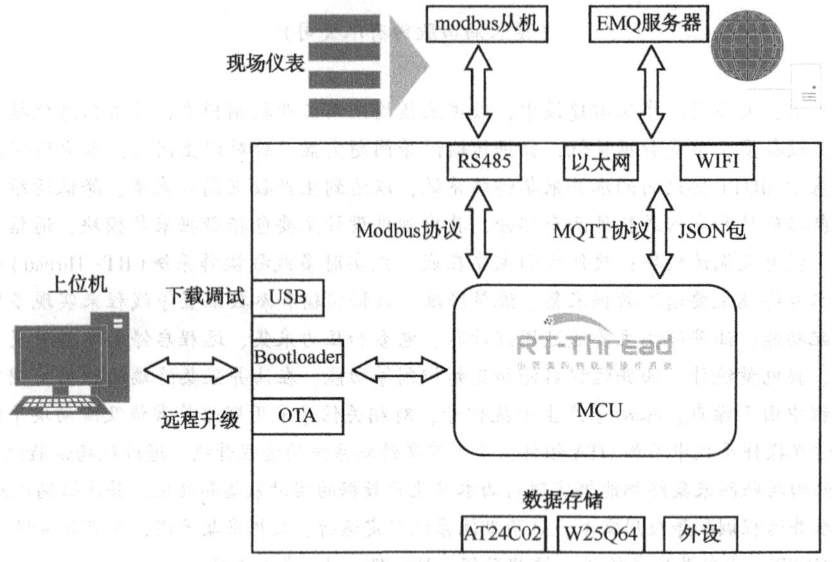

图 1　硬件电路设计架构

2.2 硬件电路设计

2.1.1 主控芯片

主控芯片为国产 GD32F103 芯片，采用 32 位 ARM® Cortex® -M3 内核，运行频率最高可达 108MHz，Flash 存取达到零等待状态，同时还提供高达 3024KB 的片上闪存和高达 96KB 的 SRAM，支持连接到两条 APB 总线的增强型 I/O 口和各种片内外设。此系列 MCU 提供高达 3 个 12-bit 1MSPS ADC 和 10 个通用型 16-bit 定时器，1 个 PWM 高级定时器，以及配备标准型和高级通信接口。

2.1.2 通讯模块的设计

基于 RS485 的通讯模块(如图 2)，连接主芯片的串口 3，通过 485_RE 引脚控制数据的收发，与 Modbus 从机通信，读写数据。

2.1.3 联网模块的设计

W5500 模块电路通过 SP2_SCS 片选挂载在主芯片的 SP2 总线上(图 3)，WIFI 模块连接主芯片的串口 4 端，通过 WIFI_EN 引脚控制收发数据(图 4)。2 个模块主要功能为提供连接互联网作用，确保数据上传至服务器。

2.1.4 存储模块的设计

W25Q64 模块(图 5)，拥有 8MB 存储空间，通过 W25_CS 引脚挂载至主芯片的 SPI1 总线上，AT24C02 模块(图 6)提供 2048 位的电可擦和可编程只读存储器(EEPROM)，连接主芯片的 IIC 端。2 个模块用于存放设备联网数据及采集过程中各类参数的保存与设定。

2.1.5 供电及调试模块的设计

供电模块电路为主芯片提供稳定的 3.3V 供电(图 7)，程序下载模块(图 8)连接主芯片的串口 1，用于串口调试，连接 CH340 模块，用于上位机下载主程序至芯片。

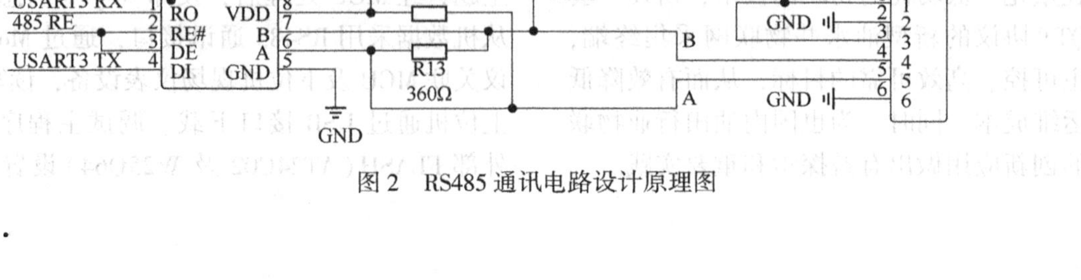

图 2　RS485 通讯电路设计原理图

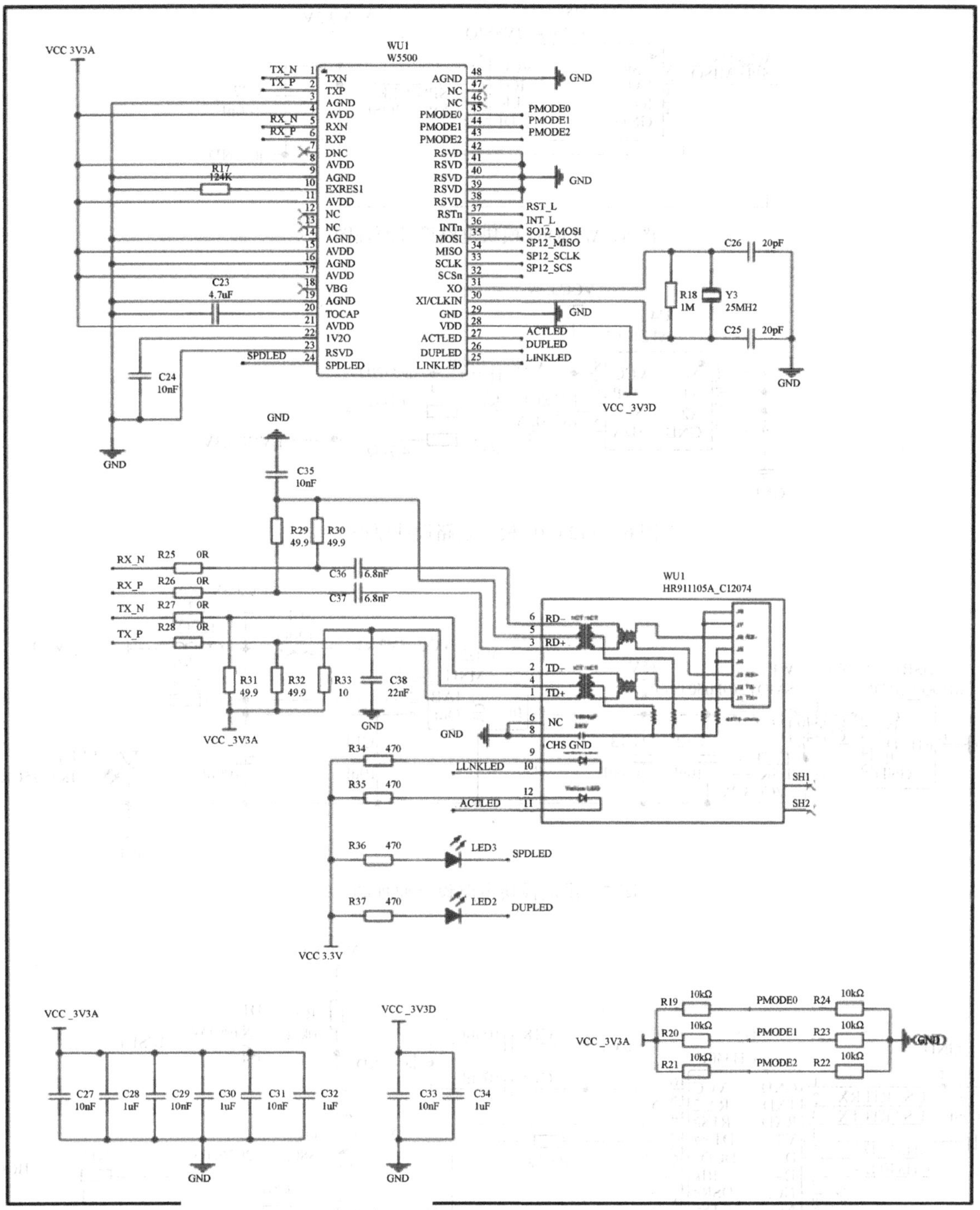

图 3　W5500 模块电路设计原理图

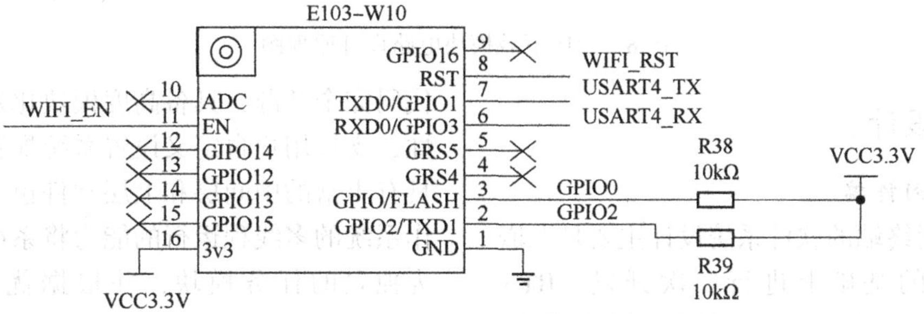

图 4　E103-W10 WIFI 模块电路设计原理图

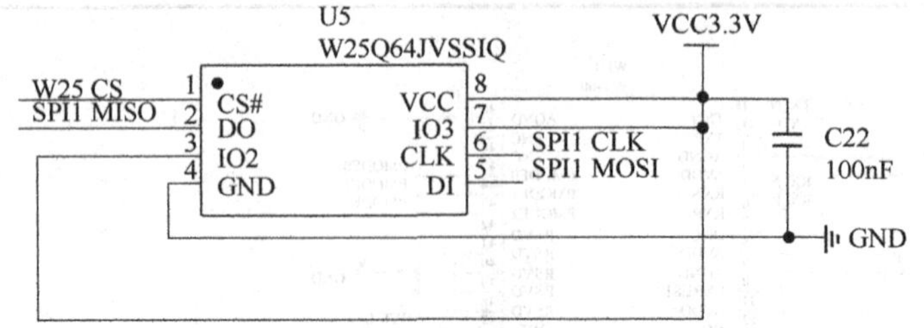

图 5　W25Q64 模块电路设计原理图

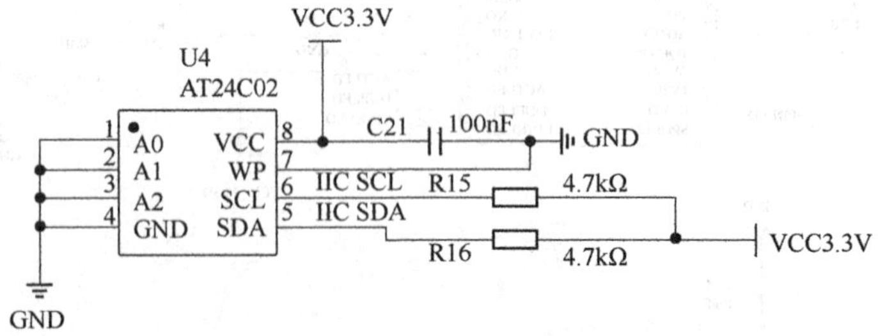

图 6　AT24C02 模块电路设计原理图

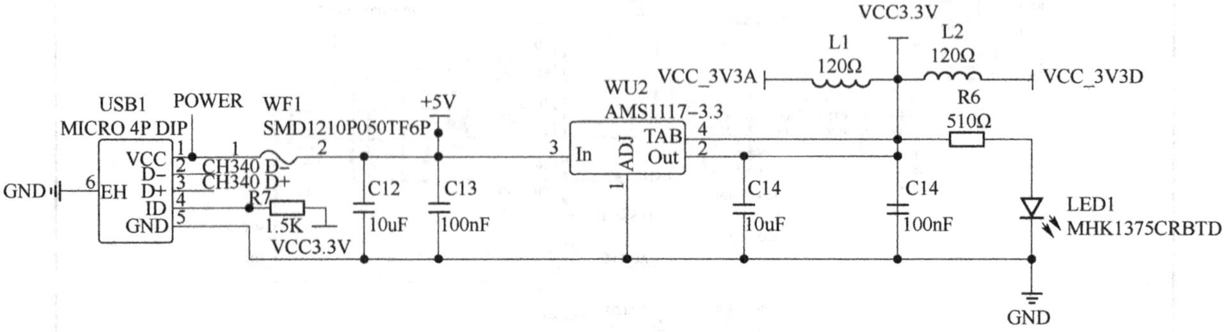

图 7　供电模块电路设计原理图

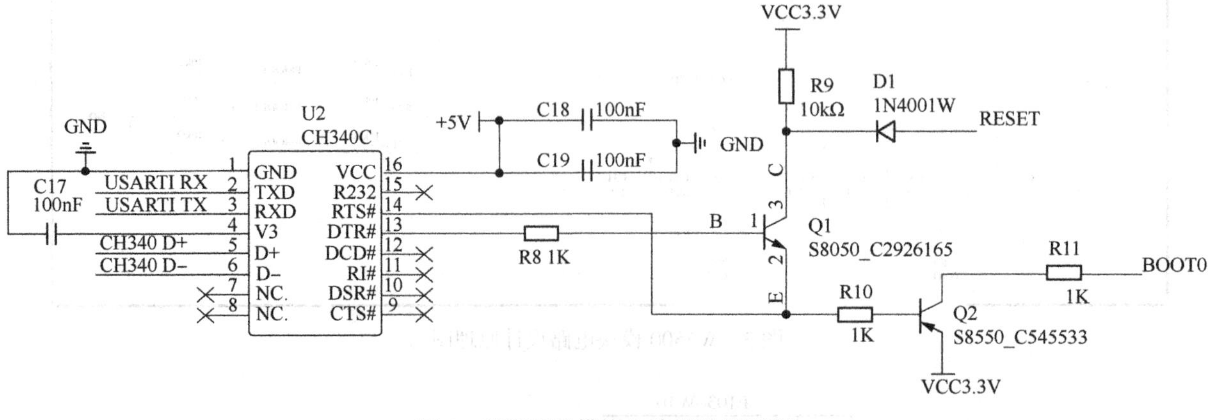

图 8　程序下载模块电路设计原理图

3　终端软件设计

3.1　注水物联网终端

注水物联网终端的软件系统设计主要是在嵌入式操作系统的基础上进行二次开发。RT-Thread 是一款国产嵌入式实时多线程操作系统，代码完全开源，具备高度模块化及较好的可裁剪性，支持用户自定义设置系统配置项目，同时还具有丰富的中间层和上层软件包。它可以利用操作系统的多线程运行的能力将系统整体任务划分为独立的任务模块，并根据优先级顺序调度运行。

首先，系统进行串口、联网、存储、参数、看门狗的初始化，进行联网，DCHP 自动获取网络服务。获取 ip 地址成功后，配置 MQTT 参数，连接 MQTT 服务器，配置上传数据主题、下发指令主题、断线重连、心跳包等参数。MQTT 服务器连接成功后，初始化 MQTT 服务、Modbus 监听、注水井数据采集、注水井数据发送主线程。根据线程优先级运行线程，首先运行优先级相对高的线程，调用线程处理函数，运行结束后按优先级顺序运行低优先级线程。流程图如图 9 所示。

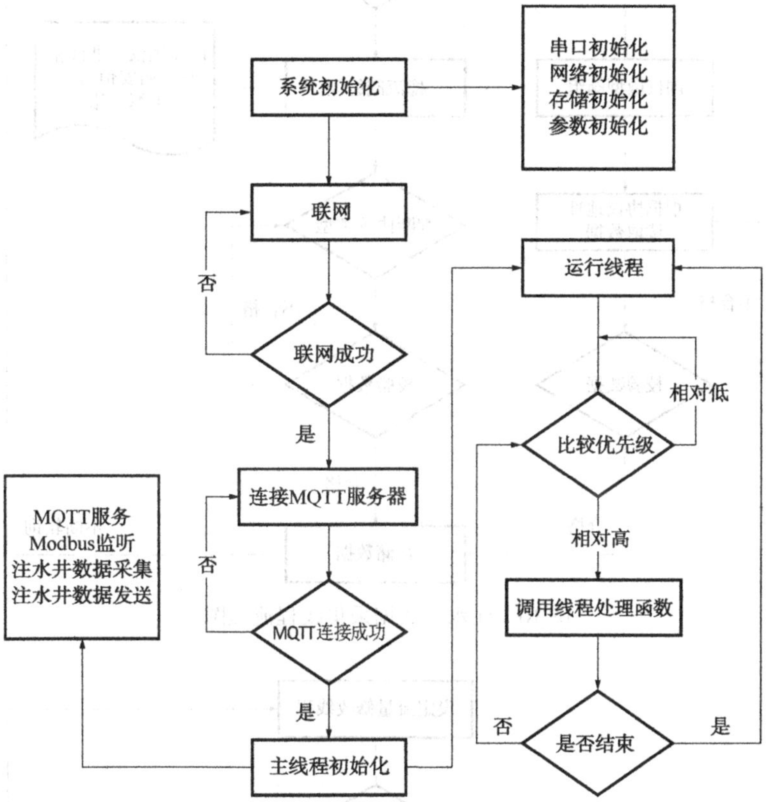

图 9　注水井物联网终端软件运行流程图

3.1.1　软件驱动设置

电路板程序基于 GD32F103ZET6 内核架构及硬件电路，利用嵌入式实时多线程操作系统开发，移植 WIZNET、FreeModubs、PahoMQTT、数据采集、Modbus 轮询、Modbus 监听、MQTT 发送数据、配置参数等驱动并初始化。基于 W5500 芯片，添加 WIZ 驱动，关联 SPI2 外设接口，配置引脚，启动 DHCP 自动联网，设备可通过内外网连接服务器。基于 RS485 硬件电路，添加 FreeModbus 驱动，配置 CS 引脚，启动 ModbusRTU 主机模式，设备可读写注水井数据。添加 MQTT 驱动，配置服务器地址、用户名、主题等参数，连接 EMQX 服务器及主题。

3.1.2　主要线程的设计

（1）注水井数据采集、流量修改线程。

程序初始化后，运行注水井数据采集线程，判断配水间的类型，对微型配水间及稳流阀组间判断处理。如果是稳流阀组间，判断注水仪及压力表对应厂家协议，进行 Modbus 从机轮询采集数据；若是微型阀组间，则对应 Modbus 协议采集数据。Modbus 轮询线程不断采集注水流量计及压力表从机数据，采集间隔 50ms，Modbus 监听线程校验注水仪表返回数据格式，将正确数据存储(图 10)。当接收到服务器下发设置对应注水流量计设定流量时，根据协议校验数据格式，给对应从机发送写数据命令，修改设定流量(图 11)。

（2）注水井数据传输线程。

数据传输线程，根据设定的注水井数量和上传数据周期，将各注水井对应瞬时流量、累计流量、设定流量、出口压力、分水器压力打包成 JSON 数据包（表 1），TLS 加密发布消息至 EMQX 服务器对应主题，等待上传数据周期后循环唤醒数据传输线程。

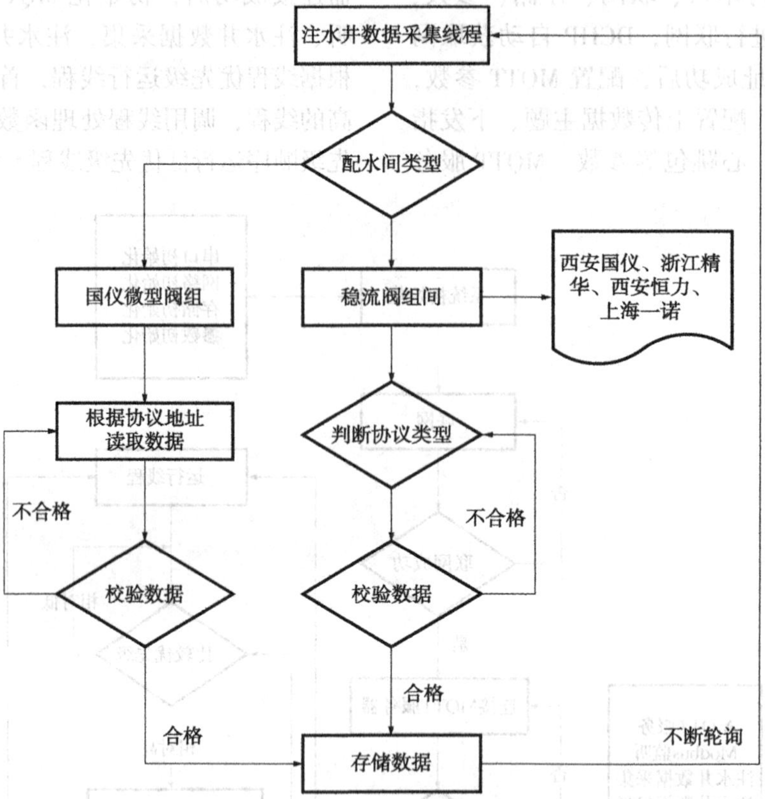

图 10　注水井数据采集线程流程图

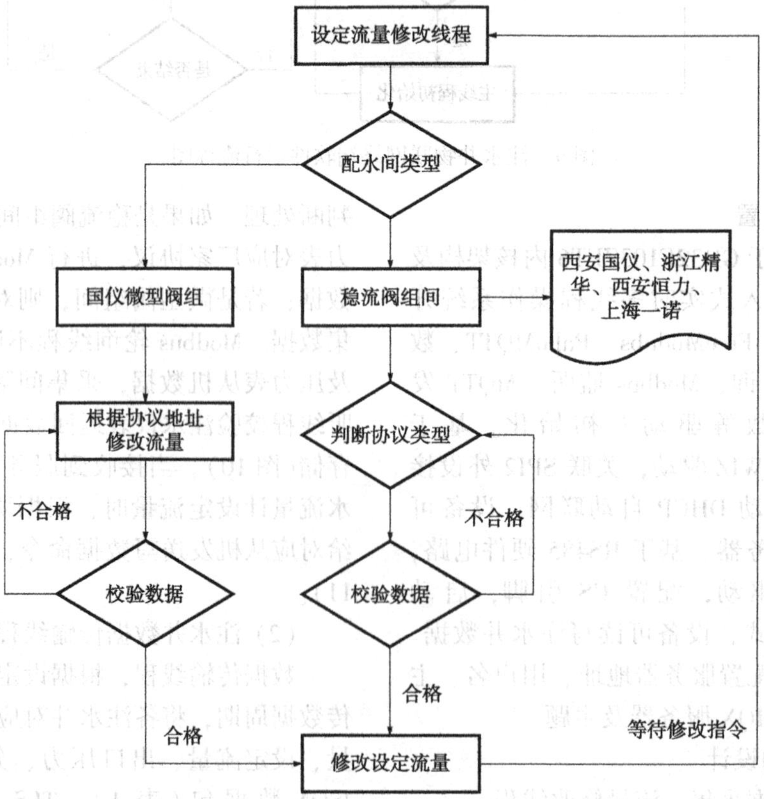

图 11　设定流量修改线程流程图

表 1 注水井物联网终端软件数据上传包结构表

名称	JSON 名称	数据类型	JSON 包示例

配水间 ID	clientid	String	{
			"clientid": distrib_room001,
			"ybadress": 6,
			"instant_flow": 0.31,
			"cumulat_flow": 6446.8,
			"setting_flow": 0.63,
			"waterwell_pres": 5.37,
			"distrib_room_pres": 9.94
			}

注水井号	ybadress	Int	
瞬时流量	instant_flow	Float	
累计流量	cumulat_flow	Float	
设定流量	setting_flow	Float	
注水井压力	waterwell_pres	Float	
配水间压力	distrib_room_pres	Float	

(3) 注水井参数配置线程。

参数配置程序分网络及串口配置 2 种形式，注水井物联网终端通过订阅 MQTT 配置参数主题，等待服务器或客户端下发对应主题的消息包；通过配置串口命令线程，不断监听串口数据，等待消息。一旦收到串口或者 MQTT 配置参数主题的对应消息，程序进入中断，串口监听函数或者主题回调函数根据 JSON 消息包数据名称及类型解析数据，配置配水间类型，注水井数，注水仪表、压力表厂家类型，采集周期，设定流量等参数。待参数配置完成后，恢复主程序(图 12)。

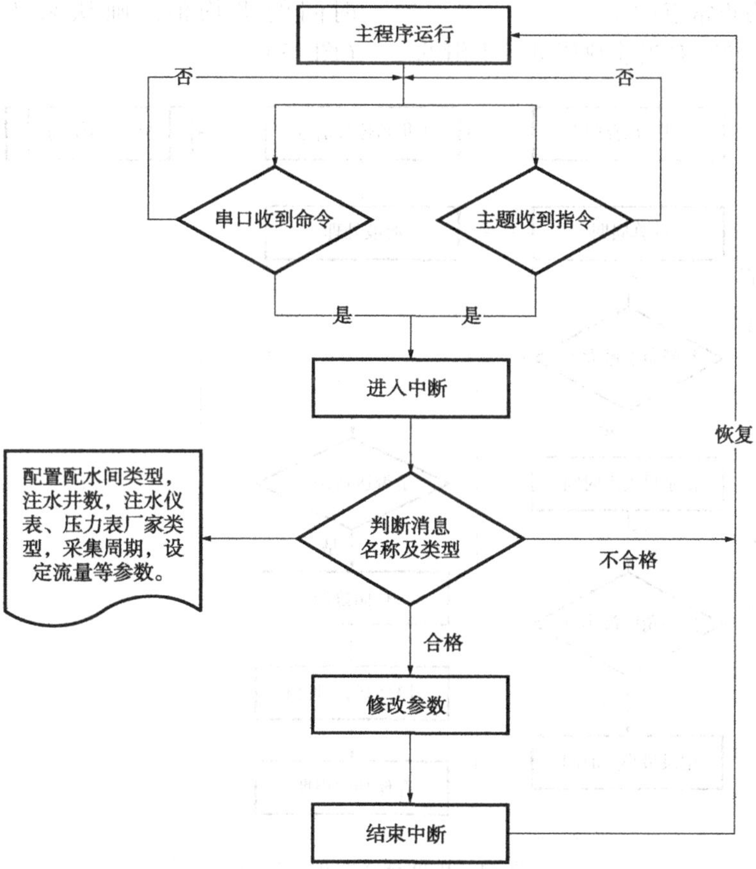

图 12 注水井参数配置线程流程图

3.2 油井物联网终端

油井物联网终端软件设计是基于 GD32F103ZKT6 内核架构及硬件电路，利用嵌入式实时多线程操作系统开发，移植注水井物联网终端核心驱动程序，进行硬件驱动、传感器、看门狗初始化，设备联网及连接 MQTT 服务器后，建立周期计算、功图电流同步采集、远程启停、电参及压力采集、参数配置等主线程，根据线程管理机制运行程序。

同时，油井物联网终端主程序在注水井主程

序基础上，加入功图电流同步采集、远程启停、电参压力采集、等配置变量及算法函数，同时利用线程信号量邮箱机制控制抽油机启停及变频器频率修改。加入串口和 MQTT 服务器修改配置等底层接口，方便维护。

3.2.1　数据处理

抽油机在运行过程中，由于传感器噪声、光杆接触等问题，产生干扰信号，需要对角位移及载荷信号滤波。

对角位移信号采用剔除异常值及 7 点滑动块平滑滤波，对载荷信号同样采用剔除异常值及 3 点平滑滤波。

具体做法以角位移信号为例。剔除异常值采用前后两两滑动比较，先用当前数值与前一个数值进行比较，如果差值的绝对值大于设定超限值 Y( )，则当前数值为异常值，当前数值用前一个数值代替( )，否则为正常点( )。

下一组运算前，同时对当前数值进行平滑滤波，将 7 个点为一个运算数组，即将该点与之前 3 个点和该点之后 3 个点相加并求平均值，继续进行下一组运算，每个点都按照该算法计算。

平滑滤波公式如下：

$3<K<N-3$，N 为采样总个数，K 为当前角位移信号的序列，为第 K 次采集的角位移数据。

3.2.2　主要线程的设计

（1）油井周期计算线程。

周期计算线程通过采集角位移信号上下角度的摆动来确定油井运行一个周期的时间。程序初始化后，运行周期计算线程，轮询采集角位移信号，平滑处理数据。随着角度的变换，不断确定角度最大点及最小点。连续读取 10 组位移最大点及最小点的时间，计算连续 10 组最大点至下一个最大点、最小点至下一个最小点的时间，剔除 10 组时间中的最大值和最小值，计算 8 组时间的平均值，确认采集功图周期并存储(图 13)。

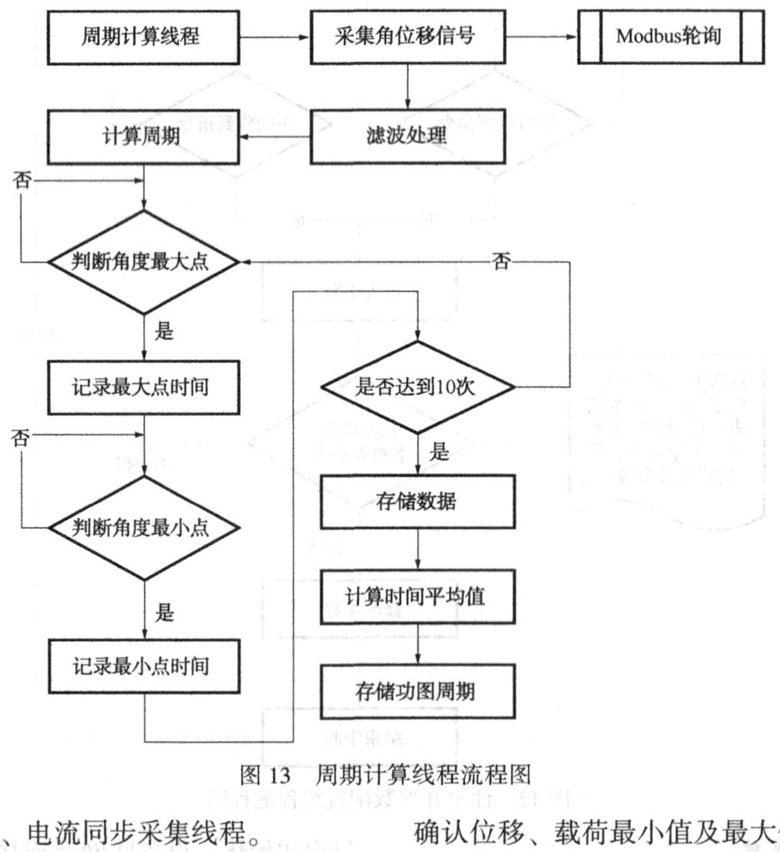

图 13　周期计算线程流程图

（2）油井功图、电流同步采集线程。

根据用户设定的上传周期，等待时间唤醒线程。线程启动后，根据存储的功图周期时间设定数据采集频率，开始读取一个周期的数据，读取并平滑处理位移、载荷、三相电流数据各 250 组，得到位移、载荷、三相电流 5 组数组数据，确认位移、载荷最小值及最大值，根据位移最小值位置批量移动 5 组数组数据，修正闭合点数据，同时计算冲程、冲次、平衡率，整理打包数据后发布消息(图 14)。

（3）油井电参、压力采集线程

根据设定的数据发送周期，循环唤醒功图电

参、压力采集线程。发送给电参模块、IO 转 RS485 模块数据读取命令，物联网终端接受返回数据，进行 CRC 校验后存储数据，整理打包数据后发布消息(图 15)。

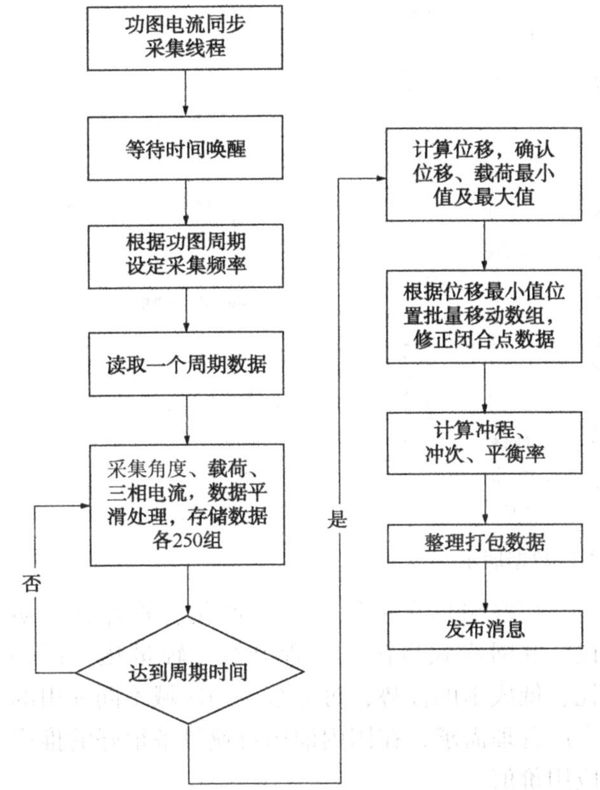

图 14　功图、电流同步采集线程流程图

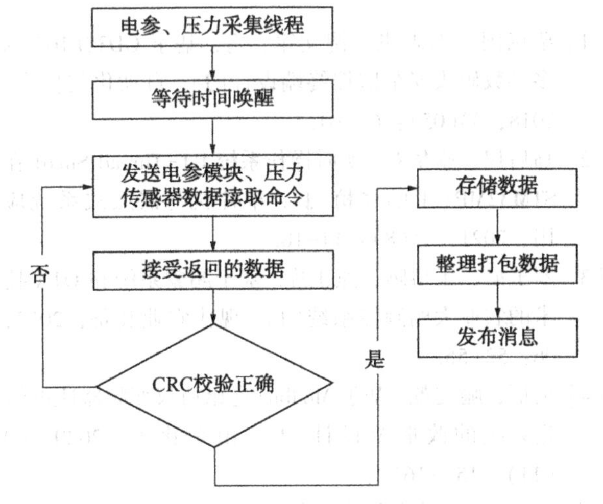

图 15　电参、压力采集线程流程图

(4) 油井远程启停线程。

远程启停线程等待服务器 MQTT 指令唤醒，执行喇叭、抽油机启停操作(图 16)。

(5) 油井参数配置线程。

配置参数线程同注水井物联网终端一致，分网络及串口配置 2 种形式，配置位移、载荷、压力表设备参数，设定频率、功图/电能采集周期、MQTT 连接等参数。

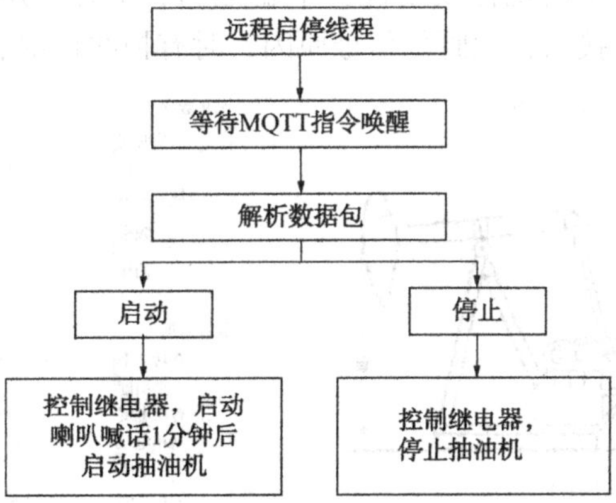

图 16　远程启停线程流程图

3.3　终端软件远程升级

rt_ota 是 RT-Thread 开发的跨 OS、跨芯片平台的固件空中升级技术，已在嵌入式设备中被广泛应用，可在不需要任何物理连接的情况下实现对设备端固件进行软件更新与升级。在该终端中，首先将需要升级的软件包上传至服务器中，再采用无线网络方式将升级数据包下载到 Flash，然后通过 bootloader 对 OTA 固件进行校验、解密并将下载得到的数据包搬运到 MCU 的 APP 区域进行覆盖，完成终端软件的升级更新功能(图 17)。

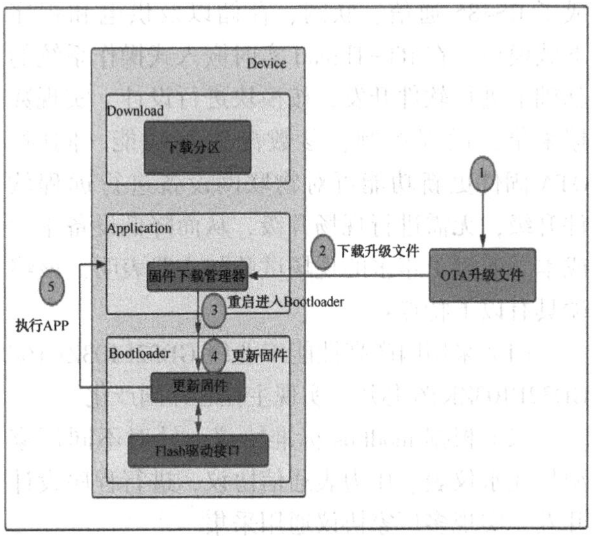

图 17　终端软件远程升级流程

4　试验效果

自 2022 年 6 月开始，油井、注水井物联网终端已分别安装 127 套、29 套，经终端程序的修复完善，现场试验已稳定运行至今，数据采集无误。为方便跟踪运行状态，注水井数据上报间隔为 10s，油井为 60s。155 套采用光纤接入方式，未出现掉线情况，平稳运行；8 套采用 4G 网络接入，因野外信号原因，时有掉线情况，针对掉线情况进行了程序逻辑修正，近一个月内出现掉线情况 2 次。油井终端已实现功图、电参等数据的采集，抽油机远程启停及变频器调参功能（图 18）。

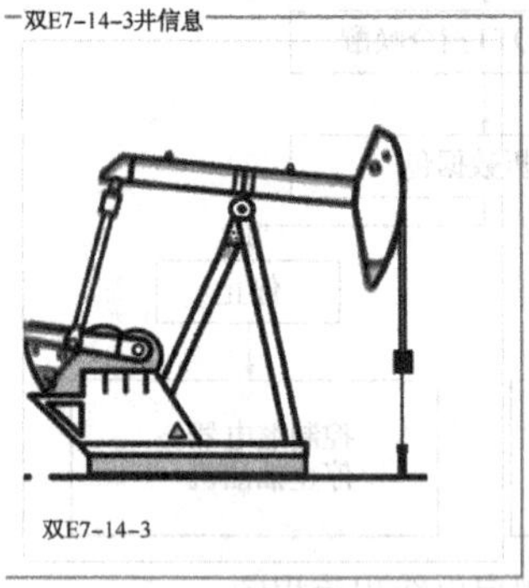

采集数据

采集时间	2023-03-15 10:57:44		
冲程	1.72	冲次	4.67
最大载荷	50.52	最小载荷	20.86
频率	50%	三相平均功率因数	0.31
油压		套压	

损耗数据

有功功率	131021.99	无功功率	1514
平衡度		耗电量	
正向有功电度	823.81	正向无功电度	27993.18
A相电压	395.84	A相电流	5.42
B相电压	0	B相电流	6.47
C相电压	394.44	C相电流	6.09
运行频率	50	本地/远程标志	0
工频标志	0	变频标志	1
工频运行标志	0	变频运行标志	1

电参

	A相电流	B相电流	C相电流
上行最大电流	12.21	12.66	12.24
下行最大电流	6.21	6.55	6.32
平衡度	196.62%	193.28%	193.67%

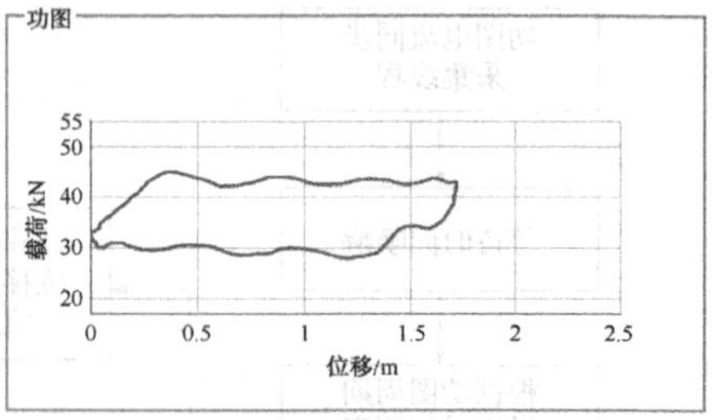

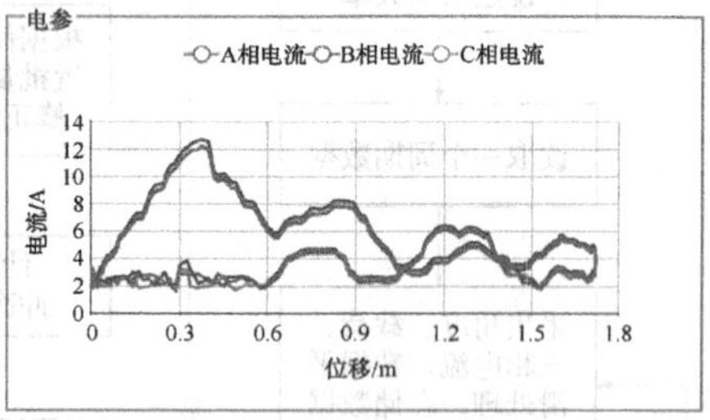

图 18　油井功图电参等数据展示

5　结论

本次研究的基于 MQTT 协议的油田物联网采集端在国内油田数字化建设领域具有首创性和创新性。在硬件上开发了基于国产 GD32F103Z 为主控芯片的新型油田物联网油水井采集终端，集成了 RS485 通信、联网、存储以及供电和程序下载模块。在 RT-Thread 实时嵌入式操作系统的基础上进行软件开发，按模块进行设计，实现数据采集、远程控制、参数配置等功能。同时，OTA 固件更新功能可对物联网设备进行远程软件升级，无需进行现场升级，从而降低设备维护成本。通过 1 年多的现场试验与实践表明，该终端具有以下特点：

（1）采用国产高性能工业级 GD32F103ZET6/GD32F103ZKT6 芯片，实现主控芯片国产化。

（2）根据 modbus 标准协议，针对不同厂家型号注水仪表、压力表通信协议，进行程序设计开发，实现多厂家协议通用采集。

（3）联网模式自由，可通过局域网、wifi、4g 等多种模式接入内网。

（4）采用主动上报代替轮询问答模式，降低服务器负担，提高采集效率。

（5）可通过 OTA 实现网络远程下发配置与固件升级。

该终端具有主控芯片国产化、兼容各类协议、联网模式自由、远程升级、轻量化、低功耗、低成本的优势，可适合不同区域不同油田的生产管理需求，在国内油田行业具备很好的推广应用价值。

参 考 文 献

[1] 栗克国，李志飞，倪文军，等. 基于 GD32F103 的多参数码头安全监控终端设计[J]. 自动化与仪表，2018，33(05)：61-64.

[2] 马后权，施华君. 实时操作系统 RT-Thread Smart 在 STM32MP1 上的移植[J]. 单片机与嵌入式系统应用，2021，21(8)：14-18.

[3] 罗玉海，王椿曦，熊正烨. 基于鸿蒙系统和 OTA 技术的农业大棚测控系统[J]. 现代农业装备，2023，06：52-55.

[4] 吴征，喻支乾. 基于 Modbus 通讯协议变频器速度给定系统的改造及设计[J]. 山东化工，2020，49(11)：157-161.

[5] 方舟. 油田数字化建设中物联网技术的应用[J]. 化工设计通讯，2021，47(06)：11-12.

[6] 孙国宝，周继伟. 物联网技术在智能油气田井场数字化建设中的应用[J]. 信息系统工程，2021，10：16-18.

[7] 任燕芝，郑隽鹏，张勇，等. 基于 GD32F103 单片机非接触红外测温仪的设计[J]. 山西电子技术，2020，04：30-32.

人员定位技术在智慧辽河油田建设过程中的探索与实践

李亚忠　陈　浩　张馨霞

（中油辽河工程有限公司）

摘　要　为进一步推动石油石化企业落实安全生产主体责任，近年来应急管理部下发了多个文件，旨在通过人员定位等技术手段提升石油石化企业安全生产管理的管控水平。本文对基于Zigbee、蓝牙和北斗三种定位技术在辽河油田智能化建设过程中的应用进行了探索和实践，以期为其他单位人员定位系统的建设提供参考。

关键词　人员定位；智能化管控；ZigBee；蓝牙；北斗

1　概述

安全生产对石油石化企业的重要性不言而喻，2021年应急管理部下发了《“工业互联网+危化安全生产”人员定位系统建设应用指南（试行）》，文件中细化了人员定位系统的建设内容和技术要求，对石油石化企业建设人员定位系统提出了具体建设指南。

目前成熟的人员定位技术包括：ZigBee、蓝牙、北斗/GPS、UWB等，辽河油田在重大危险源单位进行智能化管控平台的建设过程中，根据业务场景、安全管控需求，结合定位精度、工作距离应用范围等指标，采用了多种人员定位技术；在油气集输公司轻烃厂采用了基于ZigBee的定位技术，在双6储气库集注站采用了基于蓝牙Beacon的定位技术，在锦州采油厂欢三联合站采用了基于北斗+蓝牙Beacon的组合定位技术。

本文通过多种技术在辽河油田实际工程中的实践与探索，以期为其他单位风险智能管控平台中人员定位系统的建设提供借鉴和参考。

2　油气集输公司轻烃厂基于ZigBee的人员定位系统

ZigBee是一种结构简单、低功耗、短距离、高可靠性的无线通信技术，基于ZigBee的人员定位系统前端由定位基站、定位子站和定位标识卡组成。各定位基站和定位子站以无线网状网MESH形式组成无线定位网络，对目标区域实现信号覆盖。定位子站无需外部电源及接线，定位基站通过有线光缆连接至后台系统（图1）。

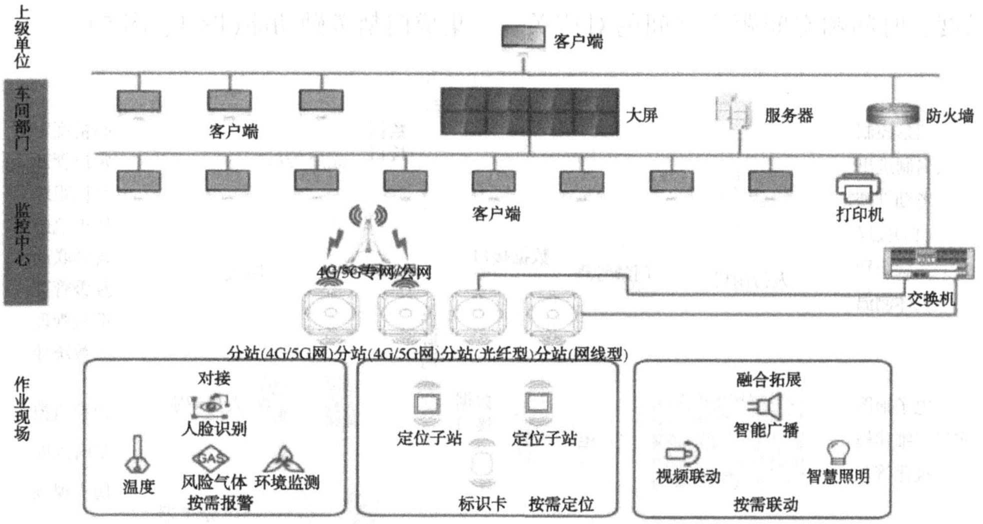

图1　基于Zigbee的人员定位系统拓扑图

油气集输公司轻烃厂配备人员定位标识卡 270 张，车辆定位标识卡 5 张，实现一人一卡、一车一卡；部署定位定位基站 5 台，实现定位区域信号全覆盖；部署定位子站 114 台，实现定位区域平面定位、立体定位和到位管理(图 2、图 3)。

图 2　定位采集分站和定位子站

图 3　轻烃厂基于 Zigbee 的人员定位管理系统

3　双六储气库集注站基于蓝牙 Beacon 的人员定位系统

Beacon 是一项低耗能蓝牙技术，以蓝牙信标作为定位节点，人员定位标签接收蓝牙信标信号后通过蓝牙网关将信号传回系统后台。当标签只探测到一个定位节点时，该节点的位置就默认为标签位置；当标签探测到多个定位节点时，将根据信号强度、时间和空间距离之间的对应关系，通过后台定位算法确定标签位置。多个蓝牙信标的布置可以实现室内外精准定位。蓝牙信标无需外部电源及接线，蓝牙综合网关通过有线光缆连接至后台系统。

基于蓝牙 Beacon 的人员定位系统由 4 个部分组成：信标+标签+综合网关+解算引擎。双六储气库集注站部署蓝牙信标 380 个，人员定位标签 400 个，综合网关 10 台；其中人员定位标签集成门禁考勤功能(图 4、图 5)。

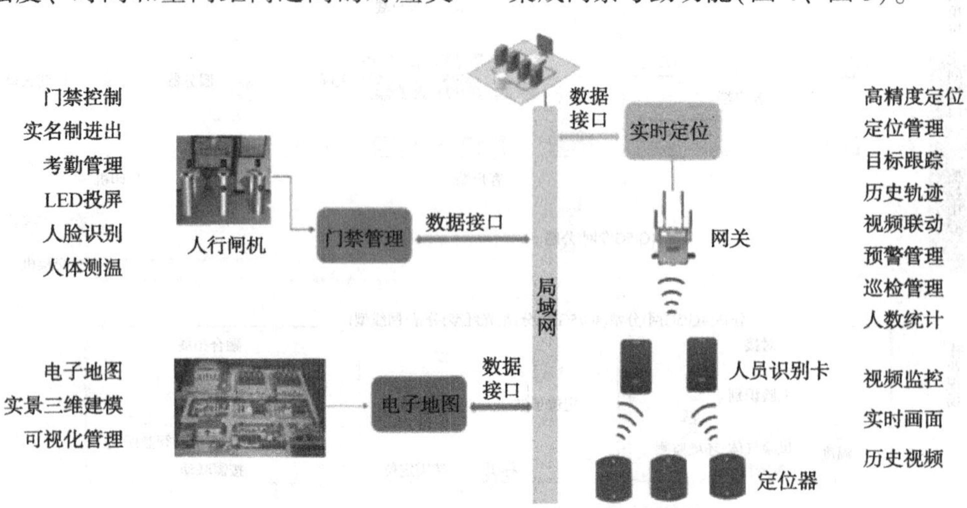

图 4　基于蓝牙 Beacon 的人员定位系统拓扑图

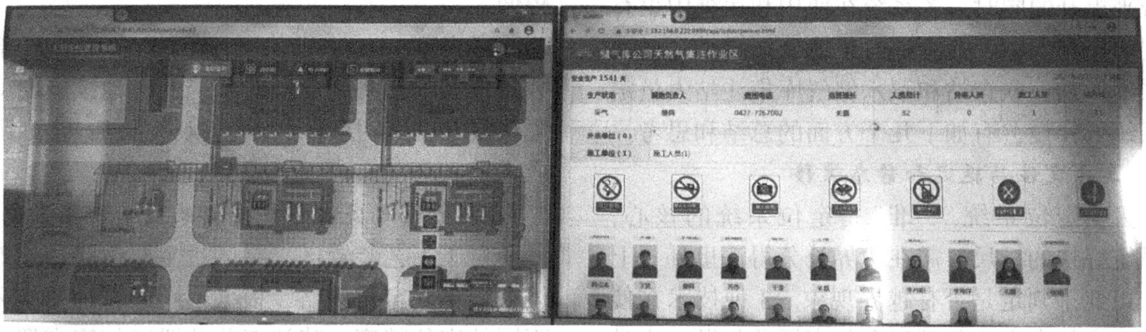

图 5　双六储气库集注站基于蓝牙 Beacon 的人员定位管理系统

4　锦州采油厂欢三联合站基于北斗+蓝牙组合的人员定位系统

锦州采油厂欢三联合站采油基于北斗+蓝牙组合的人员定位技术，部署人员定位卡 240 张，包含厂区员工 180 张、承包商 60 张；室内外部署蓝牙定位信标 900 个。站场大区域范围采用北斗定位，装置区、道路及室内等人员活动较多场所补充蓝牙信标作为辅助。工艺装置区、罐区等区域定位精度 3~5m，消防水池及道路等区域定位精度 5~8m。定位卡通过检测北斗信号及蓝牙信号的强度，通过 4G 公网将定位信息传输回系统后台，通过细化定位区域和精度要求，采用按地形及路网结构定制化部署的原则，在减少蓝牙信标的总体使用量的情况下，满足了整个厂区人员定位精度要求(图 6、图 7)。

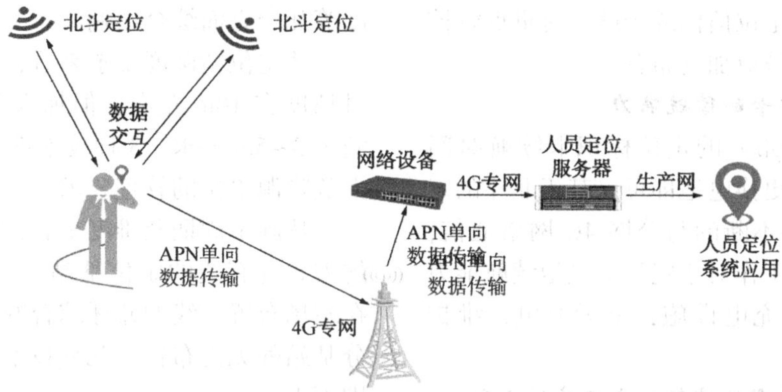

图 6　基于北斗的人员定位系统拓扑图

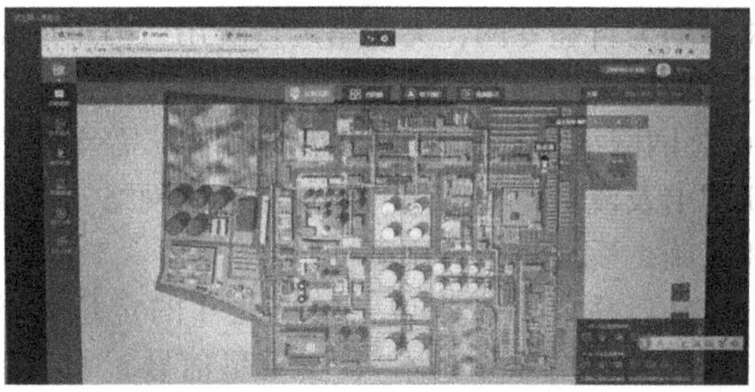

图 7　锦州采油厂欢三联合站基于北斗+蓝牙融合的人员定位管理系统

5　系统后台功能

人员定位系统对进入生产区域人员和车辆等进行管控、分类统计出入生产区域人员和车辆信息、精确显示生产区域内人员和车辆动态，系统后台的软件开发根据各企业应用需求确定，一般设置可视化二维及三维展示、实时显示、人员管理、车辆管理、轨迹回放、告警管理、巡检管理及特殊区域视频联动等子模块。

人员定位技术可以加强生产现场人员管控，分类统计出入生产区域企业人员、外来人员信息，精确显示生产区域内在线人员动态，第一时间掌握企业应急状态时涉险人员情况，提高应急救援效率，杜绝未经培训、未经批准人员进入生产区域。企业可以用位置数据管理人员行为、管理作业、管理巡检，全面提升风险管控能力和精细化安全管理水平。

6　实践和认识

判定一个系统的优劣，可从有用、实用和好用三维维度来衡量。人员定位技术在给精细化管理带来提升的同时，各系统在使用和运维中也有不同的堵点问题，通过油气集输公司轻烃厂、锦州采油厂欢三联合站和双六储气库集注站人员定位系统的建设，有如下几个方面的总结和思考。

6.1　关于定位的延迟和静态漂移

人员定位系统，“准”是定位系统的核心，是系统好快的标尺，需在边界处分得清里外、上下，以此来判定是否有越界现象。3 种技术在使用过程中均存在定位延迟和静态漂移问题。人员移动后在定位系统中反馈延迟，人员静止时在定位系统中表现为在 2 个相邻定位中来回漂移。延迟由传输延迟和系统后台计算延迟，北斗系统由于采用 4G 传输，需运营商基站返回信号，延迟相对较大。静态漂移的分析原因为部分区域信标部署数量偏少，人员处于 2 个定位信标或子站信号均较弱的位置，标签只获取单个定位信标或子站的数据，无法通过多个信标或子站数据来计算标签的具体位置。因此建议系统在实施时应根据场区平面合理部署定位信标或子站，对重点管控区域及立体布置区域应加密布置。

6.2　关于定位标识卡的续航能力

基于蓝牙和 Zigbee 的定位标识卡续航时间长，低电量提醒时更换电池即可。基于北斗的定位标识卡由于需要不断的与公网 4G 网络通信，系统耗电大，持续工作对于定位卡电池续航能力要求较高，需配套充电设施，每天充电，维护量大。

6.3　关于前端无源定位信标的电池使用寿命

蓝牙 Beacon 信标和 Zigbee 定位子站均为无源设备，依靠内部电池供电。

蓝牙 Beacon 信标室外区域一般安装在地面，整体防护等级为 IP68，电池使用寿命一般在 3~4 年左右，当无电时企业无法自行更换，需整体返厂更新，系统维护成本较高，同时由于安装在室外地面，雨水、冰雪及临时作业施工时的堆砌杂物均会对信号传输产生影响。

Zigbee 定位子站室外区域一般安装在墙面、管廊架、灯杆等处，电池使用寿命一般在 2~3 年，当无电时企业可自行更换电池，维护成本较低。

考虑到 Zigbee 定位子站和蓝牙 Beacon 部署数量较多，在实施前应对系统的电池续航时间和更换提出明确技术要求，以降低后期的运维成本。

6.4　关于前端定位信标的安装数量和安装位置

对于工艺装置区、罐区、主要道路、建筑单体采用不同定位策略，根据不同的管理要求采用不同的定位精度。建议工艺装置区加密布置，罐区在防火提踏步处、爬梯以及罐顶布置；面积较小建筑单体做存在性检测；多层工作平台应分层布置，实现人员定位的立体精确管理。

前端定位信标可结合站场的平面和信标的类型，可选择地面安装、墙面安装、路面安装、管廊上安装、工作平台上安装等多种安装方式。

6.5　关于定位技术的选择

定位技术的选择受项目投资、定位精确度要求、施工周期及难度、后期运维成本、产品成熟度等几个方面综合影响。

从定位精确度要求来看，北斗技术单独使用时精度在 10m 左右，但加入差分基站辅助后可满足 3~5m 要求，3 种技术都可满足一般油田重大危险源单位的管理要求。

从施工周期及难度来看，Zigbee 技术在站场均需布置有线的定位基站，蓝牙 Beacon 技术需在站场布置有线的蓝牙综合网关，北斗技术除差分基站外无需布置，几种技术施工周期及难度差别不大。

从运维成本来说，Zigbee 技术和蓝牙 Beacon 技术均为自建专网，无网络运行费用，但定期需更换定位子站或蓝牙信标电池。北斗技术需使用 4G 公网网络将信号传输回系统后台，需支付物联网卡及流量专线费用，同时需考虑网络安全隔离设施，后续运维费用高。

从产品成熟度来说，基于北斗的定位技术（含北斗+差分基站技术），受卫星信号影响在室内及多层立体装置平台的下层使用效果不好，因此需与其他技术组合使用。而 Zigbee 技术和蓝牙 Beacon 技术均可独立组网。

基于深度神经网络的石油石化领域反垃圾邮件技术应用

高毅夫[1] 宋九光[1] 高 佳[1] 索 娜[2] 张 坤[3]

(1. 中国石油勘探开发研究院信息技术中心；2. 中国石油天然气管道通信电力工程有限公司；
3. 昆仑数智科技有限责任公司)

摘 要 电子邮件作为各行各业信息化建设的最基础环节，近年来备受各类垃圾邮件(病毒邮件、钓鱼邮件等等)的滋扰，使得电子邮件通讯过程中的系统安全，通讯内容，用户信息等等层面都受到过不同程度的攻击和损失。为此，反垃圾邮件网关，一直以来是电子邮件安全通讯的一道强有力的保障，随着计算机技术的发展，更多新技术被不断引入到反垃圾邮件系统中。本文将主要阐述采用了 fasttext、word2vec 等技术的神经网络，及机器学习算法，更精准地识别邮件中的关键词和语义信息，对垃圾邮件的识别进行深度优化，有效防范了恶意邮件的入侵，保障企业信息通信的安全畅通。未来，我们将持续致力于推进电子邮件安全通讯在石油石化行业的深入发展，并努力促成石油石化行业反垃圾邮件网关联盟的建设。

关键词 神经网络；机器学习；语义分析；反钓鱼邮件

1 前言

在电子信息技术高速发展的今天，电子邮件的普及和广泛应用为各行业的日常办公与商务交流带来了前所未有的便利。它不仅仅是一个简单的信息传递工具，更是连接企业内外、促进业务发展的重要桥梁。

然而，正如任何技术都有其两面性，电子邮件系统同样面临着诸多安全挑战。垃圾邮件的泛滥是电子邮件系统面临的一大难题。这些邮件往往包含大量无用的广告信息或垃圾内容，不仅占用了用户的存储空间，还可能导致用户错过重要的邮件。更为严重的是，病毒邮件和钓鱼邮件的威胁。病毒邮件可能携带恶意软件，一旦用户点击或下载附件，就可能导致计算机被感染，造成数据泄露或系统崩溃。而钓鱼邮件则通过伪装成合法来源，诱骗用户点击链接或提供个人信息，从而实施诈骗活动。

在石油石化领域，邮件数据的增长尤为迅速。随着企业规模的扩大和业务范围的拓展，邮件成为了石油企业内外沟通、协作和决策的重要工具。然而，这也带来了数据处理的挑战。如何从这些海量的邮件数据中提取有价值的信息，同时确保数据的安全性和隐私性，成为了石油企业需要面对的重要问题。

2 技术说明

在传统的反垃圾邮件网关的基础上，我们采用多层神经网络模型对石油行业钓鱼邮件进行过滤和处理。通过对大量数据进行无监督学习和有监督微调，神经网络能够学习到邮件中的内在规律和模式，从而实现对钓鱼邮件的准确识别。

作为目前处理垃圾邮件的前沿技术：深层神经网络。其具有强大的特征提取和学习能力，能够自动从海量无标注样本中学习数据的内在规律和特征。通过无监督训练的方式，神经网络能够在没有人工标注的情况下，自动发现数据中的结构和模式。而在相对少量的标注样本上进行微调学习，则能够进一步提高神经网络的预测准确性和泛化能力。这种迁移学习的能力使得神经网络能够更好地适应不同的应用场景和任务需求。在石油领域的邮件处理中，深层神经网络可以帮助企业自动识别垃圾邮件、病毒邮件和钓鱼邮件，提高邮件系统的安全性和可靠性。

3 技术攻坚

传统机器学习在处理数据时，首先，也是最常遇见的便是：数据稀疏性的问题。这主要是因为在实际应用中，很多数据集中的特征空间是非常庞大的，而真正有意义的特征往往只占其中的一小部分。这就导致了大量的特征值都是零或者接近零，从而使得机器学习模型难以从中提取出有效的信息。在石油领域，由于数据的复杂性和特异性，这个问题变得更加突出。石油行业的数据往往涉及到众多的专业术语、技术细节和复杂的业务逻辑，这使得数据的稀疏性更加明显。

其次，传统机器学习还依赖于人工特征模板的构建。这意味着在训练模型之前，需要由专家或工程师根据经验和知识，手动设计和提取出对任务有用的特征。然而，这个过程不仅耗时耗力，而且往往难以覆盖所有的重要特征，甚至可能引入一些无关或误导性的特征。在石油领域，由于数据的复杂性和特异性，构建合适的特征模板变得更加困难。

最后一个问题是：误差传播。在传统机器学习的流程中，误差会从前一个步骤传播到后一个步骤。如果一个步骤中的预测出现了误差，那么这个误差就会影响到后续步骤的预测结果。在石油领域，由于数据的复杂性和关联性，误差传播的问题可能更加严重。一旦某个环节的预测出现偏差，就可能导致整个分析或决策过程出现问题。

为了克服这些问题，我们立足于石油行业的基础信息与安全需求，结合当前神经网络技术的实践应用，提出了一种基于多层神经网络模型的深度学习方案。这种方案能够自动提取事物的向量表示，从而避免了人工特征模板的繁琐和误差。同时，由于神经网络具有强大的特征学习和表示能力，它能够有效地处理稀疏数据，并从中提取出有用的信息。

这种方案不仅提高了对石油业务领域钓鱼邮件的防范能力，还降低了人工干预的需求，提高了整个系统的自动化和智能化水平。基于多层神经网络模型的深度学习方案为石油领域的邮件处理提供了新的思路和方法。通过自动提取事物的向量表示和优化过滤机制，我们能够有效地解决传统机器学习在石油领域应用中遇到的问题，提高系统的性能和准确性。

4 技术应用

4.1 工作原理

FastText 是一种由 Facebook AI Research 团队开发的基于词向量的文本分类模型。该模型在文本分类任务中的效果非常显著。因此 FastText 在垃圾邮件检测任务中具有很好的应用前景。在文本分类任务中，FastText（浅层网络）往往能取得和深度网络相媲美的精度，却在训练时间上比深度网络快许多数量级。在标准的多核 CPU 上，能够训练 10 亿词级别语料库的词向量在 10 分钟之内，能够分类有着 30 万多类别的 50 多万句子在 1 分钟之内。总的来说，FastText 是一种功能强大、高效的文本分类算法，适用于处理大型语料库和多语言环境下的文本分类任务。它的优势在于快速训练、支持在线学习、能够处理未登录词以及提供高效的词向量学习方法。FastText 是基于 Word2Vec 模型的改进版。

word2vec 主要有两种模型：skip-gram 模型和 CBOW 模型，这里只介绍 CBOW 模型。CBOW 模型的基本思路是：用上下文预测目标词汇。架构图如下 1 所示。

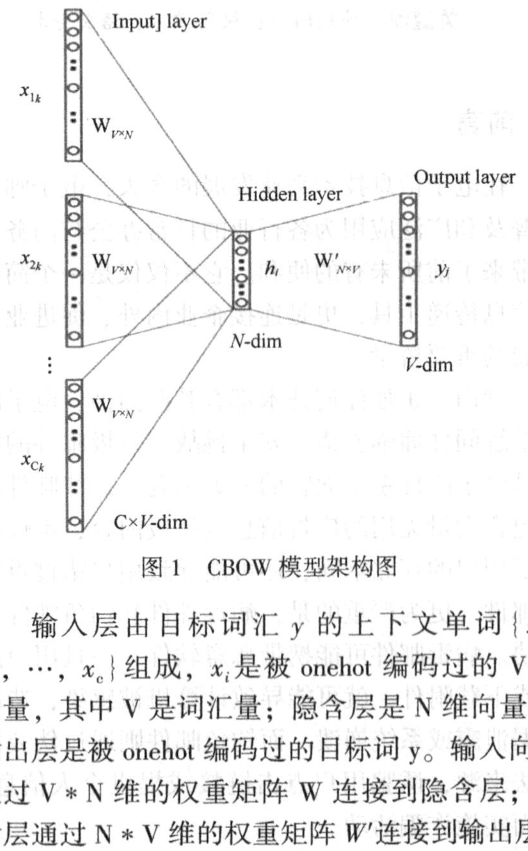

图 1　CBOW 模型架构图

输入层由目标词汇 y 的上下文单词 $\{x_1, x_2, \cdots, x_c\}$ 组成，x_i 是被 onehot 编码过的 V 维向量，其中 V 是词汇量；隐含层是 N 维向量 h；输出层是被 onehot 编码过的目标词 y。输入向量通过 V∗N 维的权重矩阵 W 连接到隐含层；隐含层通过 N∗V 维的权重矩阵 W' 连接到输出层。

FastText 的原理与 word2vec 中的 CBOW 模型类似，不同之处在于 FastText 预测的是标签而不是中间词。FastText 模型架构的隐含层是对多个词向量的叠加平均，而输出层则是使用 Hierarchical Softmax 进行多分类。这种模型架构使得 FastText 可以高效地处理文本分类任务。图 2 是 FastText 模型架构图。

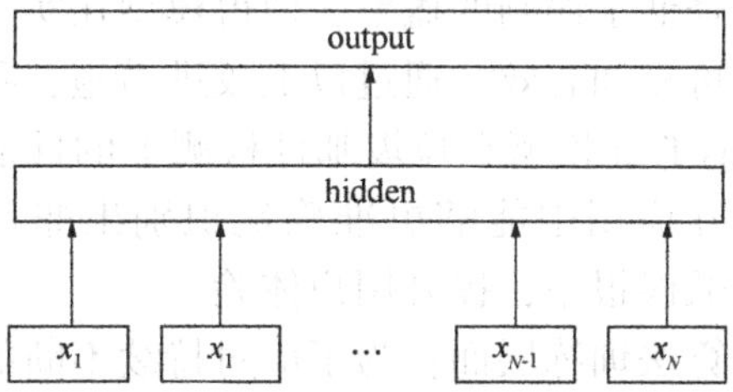

Figure 1: Model architecture of fastText for a sentence with N ngram features $x_1, \cdots, x_N$. The features are embedded and averaged to form the hidden variable.

图 2　FastText 模型架构图

FastText 与 CBOW 类似：首先将文本转化为向量、然后输入一个线性分类器得到一个 hidden，这个 hidden 是预定义类的概率分布，最后使用 softmax 计算概率。与 cbow 不同的是，这里的 ouput 是一个 label，即分类的结果，而不是中心词。

FastText 模型只有三层：输入层、隐含层、输出层(Hierarchical Softmax)。

(1) 输入层：这一层接收文本的序列作为输入。对于每一个词，FastText 都会将其转换为一个向量表示，这个向量是通过训练得到的词向量。此外，FastText 还会考虑词的 n-gram 特征，即将词拆分为更小的子词单元，并为这些子词单元生成向量表示。这样做的好处是可以处理未登录词，因为这些未登录词可能由已经见过的子词单元组成。n-gram 中的 gram 根据粒度不同，有不同的含义。它可以是字粒度，也可以是词粒度的。我们使用词粒度的 n-gram，词粒度的 n-gram 的例子如下：

句子：我 来到 大庆油田 参观

相应的 bigram 特征为：我/来到 来到/大庆油田 大庆油田/参观

相应的 trigram 特征为：我/来到/大庆油田 来到/大庆油田/参观

FastText 模型的输入就是一个文本片段的向量表示和这个文本片段的 n-gram 特征。

(2) 隐含层：这一层对输入层的词向量和 n-gram 特征向量进行叠加平均，得到文本的表示。这种将多个词向量叠加平均的方式可以捕获文本的整体语义信息。

(3) 输出层：这一层使用 Hierarchical Softmax 进行多分类。Hierarchical Softmax 是一种高效的分类方法，通过构建一个霍夫曼树来将多分类问题转化为一系列二分类问题，从而降低了计算复杂度。在霍夫曼树中，每个叶子节点对应一个类别，从根节点到叶子节点的路径上的每个节点都是一个二分类器。通过遍历霍夫曼树，FastText 可以高效地预测文本的类别。

在基于 FastText 模型进行垃圾邮件检测时，首先，我们需要收集大量的邮件数据，并将其划分为三个类别：钓鱼邮件、垃圾邮件和正常邮件。为了确保数据的准确性和有效性，我们可能需要对数据进行预处理，如去除邮件头、HTML 标签、特殊字符等，并将邮件的主题和正文内容提取出来作为模型的输入。此外，我们还需要将邮件的标签(即类别)进行编码，以便模型能够理解和处理。在准备好数据后，我们就可以使用 FastText 模型进行训练了。FastText 模型能够自动从文本中学习词向量，并通过这些词向量来预测文本的类别。在训练过程中，模型会不断地调整词向量的参数，以使得模型能够更好地拟合训练数据。当模型训练完成后，我们就可以使用它来预测新的邮件了。在测试阶段，我们需要输入邮件的主题和正文内容，然后 FastText 模型会将这些文本转化为向量表示。接着，模型会利用这些向量来预测邮件的类别，并输出它属于钓鱼邮件、垃圾邮件和正常邮件的概率。

为进一步适应石油石化行业反垃圾邮件的真实应用场景，我们对 FastText 进行了改进，对模型进行了优化并调整模型参数来进一步提高模型的性能。

4.2　技术实现

在垃圾邮件检测任务中，对于 FastText 模型来说，虽然其基于词袋和 N-gram 特征的向量化方法以及高效的训练速度在文本分类任务上有出色表现，但直接应用于垃圾邮件检测时可能由于数据分布的复杂性、词汇表的稀疏性以及模型对语义理解的局限性，导致模型的特异性不理想。

在数据输入层面：我们对垃圾邮件检测任务进行了多方面的改进，以优化模型的输入数据，提高分类效果。首先，我们对原始文本进行了细致的预处理。预处理步骤包括去除停用词和标点符号，这有助于减少噪声并提炼出文本中的关键信息。同时，将所有文本中的一些无用符号进行了处理，以消除杂乱的符号导致的潜在误差。此外，我们还实施了词干提取或词形还原，将词汇还原到其基本形式，进一步简化了词汇的多样性，增强了模型的泛化能力。除了对文本进行预处理，我们还对邮件的多个方面进行了信息组合。除了常用的正文文本外，我们还考虑了邮件的主题、发件人以及附件中所存在的文字信息。这些信息被有序地拼接在一起，为模型提供了更丰富的上下文知识，有助于更准确地识别垃圾邮件。为了进一步提高模型的语义理解能力，我们引入了词嵌入技术。通过将词语映射到稠密的低维向量空间中，词嵌入技术能够捕获词语之间的语义关系，使得模型在理解文本时更加准确和深入。

通过数据输入层面的这些改进，我们成功地提炼了邮件的关键信息，丰富了模型的输入数据，并提高了模型的语义理解能力和分类效果。这些改进措施共同增强了垃圾邮件检测模型的可靠性和准确性，为实际应用提供了更强大的支持。

在网络结构层面：针对垃圾邮件检测任务，我们对 FastText 模型进行了一系列的超参数调整，以优化其性能。首先，我们增加了 n-gram 的长度，这有助于模型更好地捕捉邮件文本中的短语和模式，从而提高分类的准确度。其次，我们扩大了词汇表的大小，以适应垃圾邮件中可能出现的各种不常见词汇和拼写错误。此外，我们还调整了模型的隐藏层维度，以在模型复杂度和计算资源之间找到最佳的平衡点。除了调整 FastText 的超参数，我们还通过增加深度网络分支来进一步提升分类效果。具体而言，我们将邮件的主题和发件人信息，以及邮件正文内容分别实现为两个独立的决策网络。这样做的好处是，每个网络可以专注于学习邮件的某个特定方面，从而实现更精细的分类。例如，主题和发件人网络可能更擅长识别与垃圾邮件相关的特定主题或发件人模式，而正文网络则可能更擅长识别正文中的垃圾邮件特征。

在最终的决策阶段，我们将两个网络的分类结果进行融合，以形成一个综合的判断。通过这种方式，我们可以充分利用两个网络各自的优势，从而提高整个模型的分类准确度。此外，使用多个网络分支对不同部分的数据进行学习训练，还有助于减少误判的概率。因为即使某个网络做出了错误的判断，另一个网络也可能提供正确的信息，从而纠正错误的决策。

通过在网络结构层面进行这些调整和优化，我们成功地提高了 FastText 模型在垃圾邮件检测任务上的性能。这不仅增强了模型的分类准确度，还降低了误判的概率，使得模型在实际应用中更加可靠和有效。通过以上改进措施，我们优化了 FastText 模型在垃圾邮件检测上的性能，使其在实际应用中能够更准确地识别出非垃圾邮件，降低误报率，提升用户体验。

在算法训练层面：为了应对持续不断的数据增长，我们将模型进行了增量化学习的改造，为了应对持续不断的数据增长，我们将模型进行了增量化学习的改造。旨在使模型在不需要重新训练整个模型的情况下，从新增数据中学习新的知识，同时保持对旧数据的记忆和性能。因此，我们基于" Learning Without Forgetting" (LwF) 的学习策略对我们现有的垃圾邮件分类模型进行了改进，其核心思想是在学习新任务的同时，尽量减少或避免遗忘之前学过的知识或技能。提高学习效率，减少学习成本，并增强模型的记忆力和知识保留能力。

其模型的整体架构如图 3 所示：

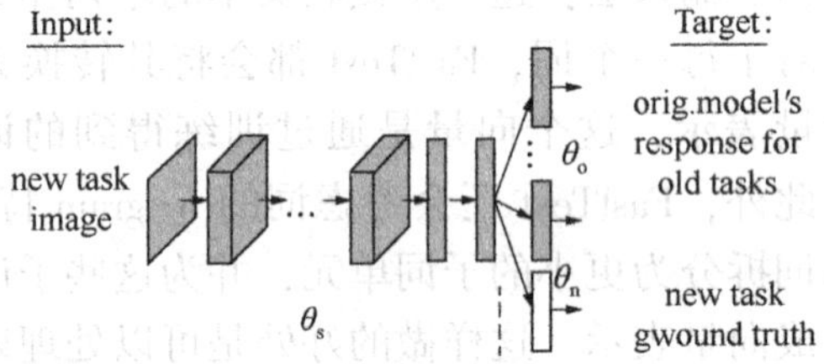

图 3　FastText 模型整体架构图

通过采用上述增量化学习的模型架构，我们能够在不颠覆原有模型基础结构的前提下，有效地对新增数据进行特征学习。这种架构的灵活性使得我们能够在保留旧知识的同时，迅速适应并吸收新知识，从而实现了在不遗忘旧知识的基础上快速学习新知识的目标。具体来说，我们的模型设计允许我们在不重新训练整个网络的情况下，只针对新增数据调整部分模型参数。这既节省了计算资源，又避免了因全面重训而导致的对旧知识的遗忘。通过微调模型的关键部分，我们能够确保模型在保持对旧数据良好性能的同时，对新数据做出快速而准确的响应。为了进一步强化旧知识的记忆，我们还采用了知识蒸馏和回放机制。通过引入旧模型的输出作为软标签，以及在新数据训练时回放部分旧数据，我们的模型得以在吸收新知识的同时，保持对旧知识的熟悉和记忆。这种方法有效防止了灾难性遗忘，即模型在学习新任务时遗忘旧任务的能力。

最后，我们的模型还具备动态扩展的能力。

随着数据的不断增长和任务的日益复杂，模型可以通过增加新的层或神经元来扩展其容量，从而更好地适应新任务的需求。这种动态扩展的特性使得我们的模型在面对不断变化的数据环境时，能够保持持续的学习和进步。

4.3　实现效果

在使用 FastText 模型进行垃圾邮件检测时，通过一系列的数据收集、预处理和模型应用等步骤，我们可以显著提升垃圾邮件防护的效率和准确性。以下是应用了这些技术后的垃圾邮件防护优势：

类别划分的精确性：将邮件数据划分为钓鱼邮件、垃圾邮件和正常邮件三个类别，有助于模型更精确地学习和识别不同类别的特征。这种细致的分类方式使得模型能够更准确地识别出各种类型的垃圾邮件，从而提高了防护的针对性。

数据预处理的重要性：去除邮件头、HTML 标签和特殊字符等预处理步骤，可以有效减少模型学习过程中的噪声和干扰，使模型更加关注邮件内容的本质特征。同时，提取邮件的主题和正文内容作为模型的输入，可以确保模型学习到的是最具代表性的信息，进一步提高防护的准确率。

FastText 模型的高效性：FastText 是一种高效的文本分类模型，它利用词袋模型（bag-of-words）和 n-gram 特征来捕获文本中的局部词序信息，从而实现了在保持高准确率的同时加快训练和分类速度。这使得 FastText 模型在处理大量邮件数据时具有显著的优势，可以迅速响应并识别出垃圾邮件。

泛化能力的提升：通过大量的数据学习和训练，FastText 模型能够学习到邮件内容的内在规律和特征，从而具备较强的泛化能力。这意味着即使面对新的、未知的垃圾邮件变种，模型也能够根据已学到的知识进行有效的识别和过滤。

自动化程度的提高：基于 FastText 模型的垃圾邮件防护系统可以实现自动化运行，减少了人工干预的需求。系统可以实时监控邮件流，自动识别和过滤垃圾邮件，降低了人工处理的成本和错误率，提高了整个邮件系统的安全性和稳定性。

最终，通过基于 FastText 模型的垃圾邮件检测技术，我们可以实现更精确、更高效、更自动化的垃圾邮件防护，为用户提供更加安全、可靠的邮件服务（图 4~图 6）。

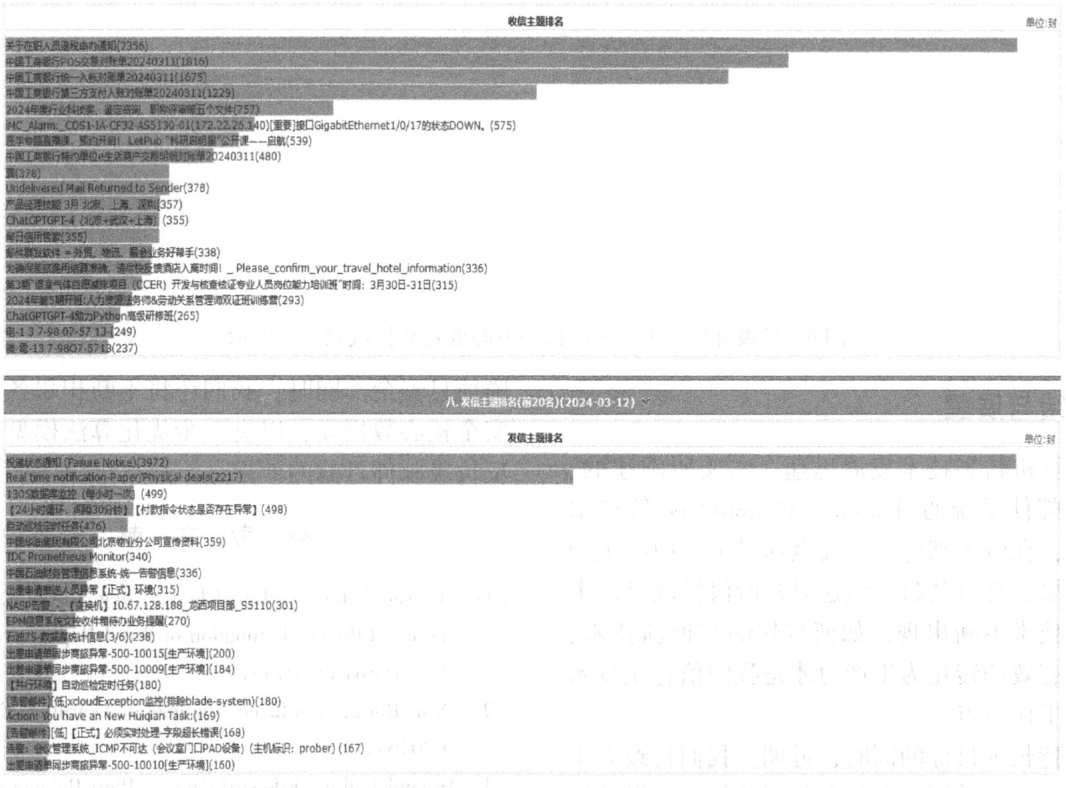

图 4　算法将邮件主题按分词拆解后拦截效果展示

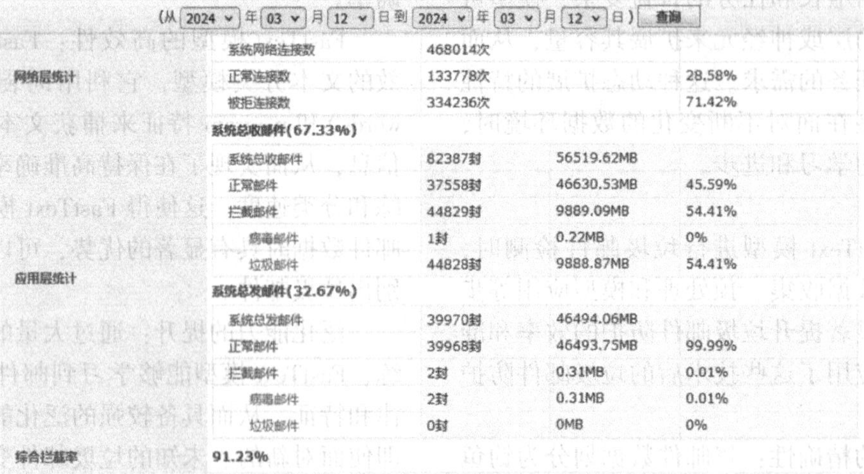

(从 2024 年 03 月 12 日到 2024 年 03 月 12 日) 查询

网络层统计	系统网络连接数	468014次		
	正常连接数	133778次		28.58%
	被拒连接数	334236次		71.42%
应用层统计	**系统总收邮件(67.33%)**			
	系统总收邮件	82387封	56519.62MB	
	正常邮件	37558封	46630.53MB	45.59%
	拦截邮件	44829封	9889.09MB	54.41%
	病毒邮件	1封	0.22MB	0%
	垃圾邮件	44828封	9888.87MB	54.41%
	系统总发邮件(32.67%)			
	系统总发邮件	39970封	46494.06MB	
	正常邮件	39968封	46493.75MB	99.99%
	拦截邮件	2封	0.31MB	0.01%
	病毒邮件	2封	0.31MB	0.01%
	垃圾邮件	0封	0MB	0%
综合拦截率	**91.23%**			

图5　优化算法后反垃圾邮件网关拦截效果统计展示

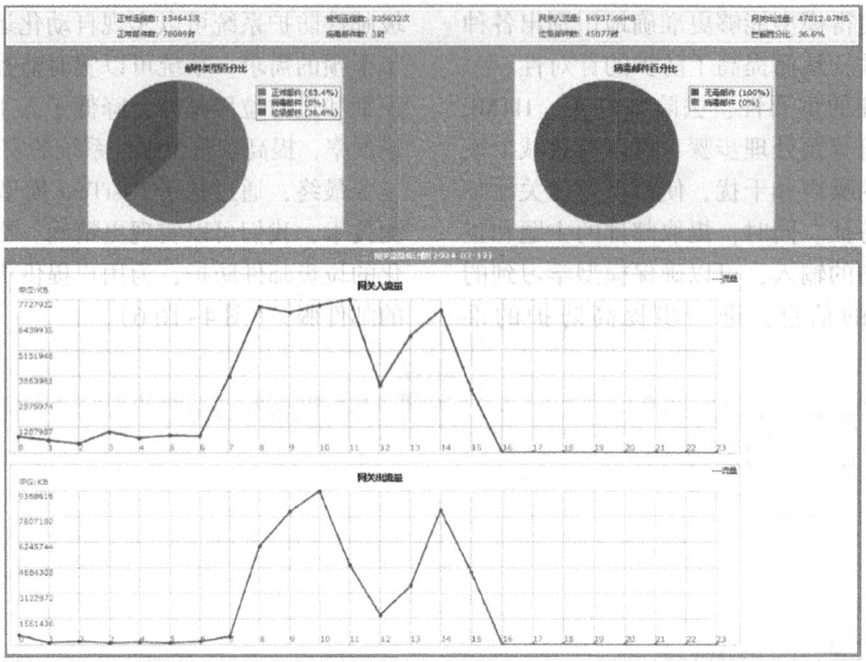

图6　垃圾邮件在工作时间段的波峰变化和拦截成功率展示

5　总结与展望

计算机新兴技术发展迅速，本文所阐述的，反垃圾邮件系统通过fasttext和word2vec等技术的引入，在电子邮件系统安全通讯工作中产生的实际效果，有目共睹。但这只是阶段性成果，未来，新技术不断出现，如何尽快的掌握新技术，并行之有效的转化为生产力才是我们信息化技术人员的工作重点。

保持长远目标的同时，近期，我们将致力于形成一整套，适用于石油石化行业的反垃圾邮件网关技术框架及联合网关体系。这将有助于石油石化行业各类企业更好地应对垃圾邮件威胁，保障信息安全。同时，我们还将不断积累各类邮件安全核心数据元，以进一步优化算法模型，提升反垃圾邮件过滤的效果。

参　考　文　献

[1] Tomas Mikolov, Kai Chen, Greg Corrado, Jeffrey Dean, Efficient Estimation of Word Representations in Vector Space(2013).

[2] Xin Rong, word2vec Parameter Learning Explained (2016).

[3] Armand Joulin, Edouard Grave, Piotr Bojanowski, Tomas Mikolov, Bag of Tricks for Efficient Text Classification(2016).

新疆西北油田基于北斗定位通信的示范工程应用

张卫东　张晋军　潘　波

（中国石化西北油田分公司）

摘　要　在北斗三号全球卫星导航系统全面应用和油田数字化转型、智能化提升的背景下，结合西北油田实际应用需求场景下，利用北斗卫星定位、短报文通信等技术，解决偏远地区人员应急通信难题，结合已有通讯方式，进行应急、运输、重要生产设施监管等应用场景的建设，通过在西北油田的各生产管理场景上配备北斗健康监测手表、北斗短报文车载终端、北斗三号数传终端、北斗水源监测终端、北斗物资定位追踪终端等12类终端硬件，以及完成智能应急指挥管理平台、运输车辆共享服务平台运营建设，实现油田生产安全管理，降低生产风险事故发生，打造油田油区线上"一张图、一体化"管理模式。该示范工程应用按照"数据+平台+应用+新技术"模式，以油田实际需求为牵引，以推广北斗规模化应用为重点，建设涵盖钻采、集输、安全生产全业务流程的北斗应用体系，助力西北油田数字化转型、智能化发展，探索建设涵盖油田业务流程的北斗应用体系，支撑北斗卫星导航系统在中国石化的规模化应用、产业化发展。

关键词　北斗卫星导航系统；应急通信；智能化，物联网；石油石化

西北石油是中国石化上游第二大油田。油田主体位于新疆维吾尔自治区阿克苏地区、巴音郭楞蒙古自治州境内。

1　西北油田数智化转型发展概况

面对勘探开发对象复杂、管理区域广、生产战线长、工作环境艰苦等挑战，以及持续稳产上产与安全生产形势、日趋复杂的生产环境矛盾进一步升级，西北油田就高质量发展内在需求，坚持以信息化为重要手段，主动应对数字革命，推进两化融合，为勘探开发业务赋能。2018年被中国石化选为智能油田试点之一，西北油田运用北斗+数智化技术作为破解这些矛盾重要手段之一。

1.1　当前发展现状与问题

1.1.1　应急管理的应用现状

西北油田分公司治安消防中心按照"三分三合"的原则，建立了应急指挥、信息、保障技术支持和实施系统，形成了以西北地区应急中心为主，各单位、承包商、中石油、塔河炼化等周边单位为辅的应急救援力量，不断推进应急管理工作的发展，以满足油田发展的需要。目前治安消防中心下设7个基层分队，其中5个特勤队分别驻扎在采油气厂重点油气站场附近，承担应急处置和日常应急管理工作。目前存在问题如下：

（1）无法实时掌握出勤人员位置及健康状态信息。

（2）救援车辆出勤在偏远无网络覆盖区域处于失联状态时存在失联情况。

（3）无法及时监控应急物资、水源井状态。

（4）智能应急指挥平台急需优化升级。

1.1.2　运输管理的应用现状

公共事务管理中心车辆服务管理部现有在用车辆500余台；油田工程服务中心运输业务共有倒液及搬迁运输车辆400余台，目前运输管理还存在以下难点：

（1）现有车载存在使用GPS定位，信号盲区数据传输不及时。

（2）多套管理系统独立并存无法实现就近调派，存在线上线下并行，运单不清晰的风险。

（3）物资运输过程和重点设备的全生命周期管理现状。

1.1.3　重点生产设施监管现状

西北油田采油四厂管辖的顺北油气田，位于塔克拉玛干沙漠腹地，涵盖油气生产过程中的开采、集输、存储等环节，目前涉及无网络信号覆盖的偏远井约20口（暂无光缆、通讯信号覆盖），管理人员无法实时掌控生产井的运行状况。伴随增产上量的开发进度，现有公网覆盖速度无法跟上开发进度。油气生产管理部门无法对无网络区域的生产井进行实时安全监控难以通过远程手段掌握生产井的运行状况。

1.1.4　基础能力

（1）服务器资源目前中石化西北局本地服务器的存储计算能力已达75%以上，剩余存储及处理能力紧张，无法有效支撑新建业务系统。

（2）西北油田目前办公网及视频网授时不统一，存在较大误差，在对应急事件的追溯过程中存在事发时间无法及时确定的情况。

1.2　北斗+油田综合应用建设规划

北斗+油田综合应用以应对油田公司实际需求出发，利用北斗技术，提升现有基础能力，解决偏远地区人员应急通信难题，结合已有通讯方式，进行应急管理、运输管理、重要生产设施监管等应用场景建设，提升油田生产安全风险管控能力，有效支撑油区生产应急管理和物流调度能力的提升。

按照“提升基础能力+应急管理、运输管理、重要生产设施监管应用场景”模式，以油田实际需求为牵引，以推广北斗规模化应用为重点，建设涵盖油田勘探开发、钻采、集输、安全生产全业务流程的北斗应用体系，助力西北油田数字化转型、智能化发展。

北斗卫星导航系统是国家重大科技工程和重要时空基础设施。作为国有重要骨干能源企业，在中国石化开展北斗规模化应用和国产化替代，具有战略和现实意义。近年来，集团公司认真贯彻习近平总书记关于北斗发展的系列重要指示批示精神，落实党中央、国务院有关决策部署，党组领导多次就北斗工作作出批示，要求中国石化在中央企业北斗运营中“站排头、争第一”，推动北斗产业高质量发展。结合油田公司自身业务需求，2020起推动北斗设备替代，充分发挥北斗设备在定位、通信、授时的技术特点，通过升级应急指挥和车辆运输管理2个系统，投入共计2995台(套)硬件设备，来提升应急管理、物流运输管理、重点生产设施监管、基础服务的能力，有效支撑油区生产应急管理和物流调度能力的提升。北斗+油田综合应用的主要建设内容如下。

1.2.1　应急管理

升级完善油田公司应急管理系统，接入配置的北斗数传设备，实现对应急现场人、车、水源、应急调拨物资等资源全面掌控，综合提升应急感知能力，辅助提升作战决策、指挥效率。

1.2.2　物流运输管理

建设油田公司统一的专业化运输共享平台，实现对倒液、搬迁、吊装、公车等车辆统筹管控；以及为物资管理中心提供高精度管理设备，提升盘库工作效率。

1.2.3　重点生产设施监管

利用北斗短报文传输技术，实现油气井现场生产数据实时传输。提高现场巡检人员对油气场站异常事件的处理效率。

1.2.4　基础服务

通过扩容西北油田服务器资源、部署统一授时设备，部署国产GIS引擎，发布基于西北油田已有数据的GIS服务，实现对西北油田信息化的基础支撑能力的提升和完善。

2　应用示范建设探索

2.1　基础GIS服务数字化建设

针对西北油田生产单位存在多套GIS系统，彼此数据同步速度慢，对地图统一服务有强烈需求，目前使用的地图存在标识不清晰、更新不及时等不足，现有GIS地图还不具备为西北油田全域提供高精度位置服务的条件。

基础设施服务数字化建设通过西北油田一张资源分布图建设，以先进的国产GIS系统为基础，建立基于北斗时空基准的石化能源地图，覆盖“采、存、管、运、算”全过程，分批次将西北油田井站、管线、油库、长输(厂际)管线、油田矿区等地理信息进行数据整理，建立地理信息数据湖，打造空间计算的时空信息底座。

通过基础GIS服务数字化建设，地理地质信息一体化服务为西北油田提供统一的GIS服务，实现西北油田GIS数据的统一管理，为项目相关应用提供了GIS支撑，同时通过升级平台的北斗三号短报文功能，支撑了西北油田对短报文通信的应用需求，为西北油田物资中心园区内的精细化管理等高精度应用提供了基础GIS服务。

2.2　应急救援信息化平台升级改造建设

针对西北油田现有的应急救援平台不具备对应急现场人、车、水源、物资全面监控和便捷交互的能力的问题，本次示范应用工程通过利用北斗卫星通讯、移动视频、健康监测手环、管网监测设备等通信监测终端，升级改造建设一体化远程决策指挥系统，实现应急救援全程可视化，达到“远程指挥、异地决策、协调有序”的目的；

建立具备全流程管理能力的应急管理体系，打造西北标杆应急管理队伍。

通过建设后的智能应急指挥平台与相关终端的同步应用，实现了对一线消防人员的体征状态监测和位置上报、重点井周边地下水源水位的持续监测；为人员安全保障、应急资源实时监管等方面起到了很好的效果，满足项目预期应用要求。

2.3　运输车辆共享服务平台建设

为解决顺北、于奇等边远区块无网络环境下危化品车辆和特种车辆位置无法上报的问题，为其安装具备北斗短报文传输能力的车载定位终端，通过北斗卫星数据传输链路上传车辆的位置数据，实现无网环境下的车辆位置数据回传(图1)。

在物资管理方面，配备高精度车载终端、北斗高精度手持终端、贴片式物资定位终端，实现物资的全流程监管，解决库区物资的高精度管理、数字化盘库、调拨的高精度需求。通过对重点资产的位置监控，能够优化设备管理，设备利用率(图2)。

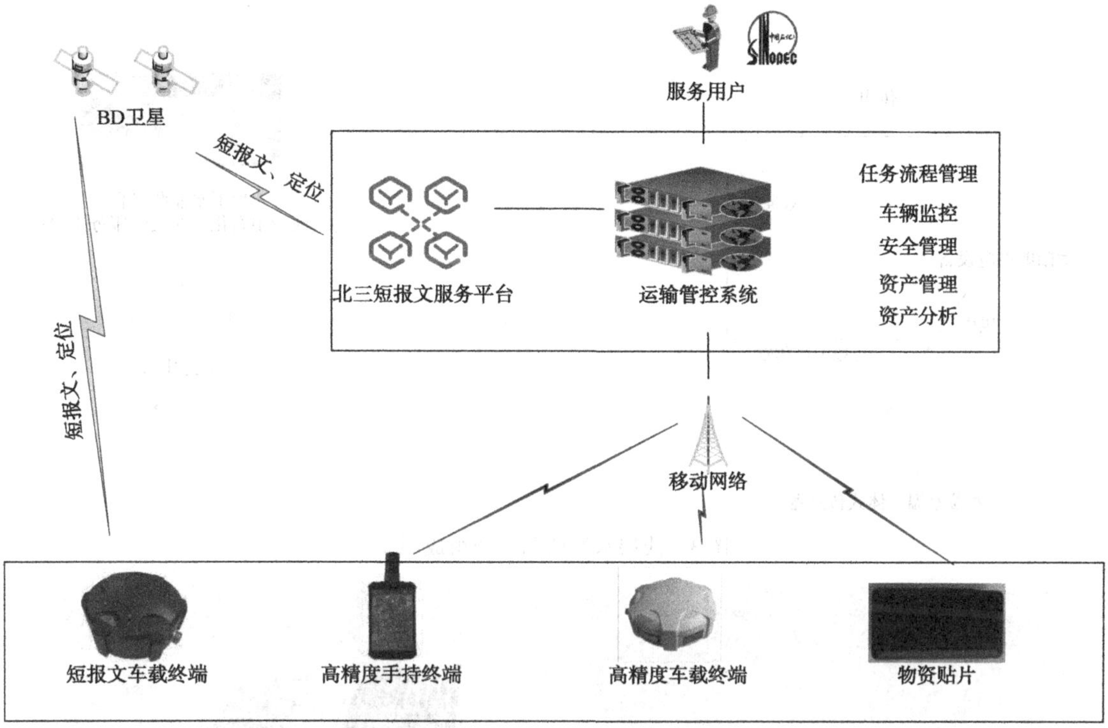

图1　运输车辆共享服务平台组成图

图2　运输车辆共享服务平台

通过对运输车辆共享服务平台的升级改造建设，依靠短报文车载终端、高精度车载终端等设备提供的稳定连续的车辆位置数据，很好的解决了企业对运输车辆的实时管理，包括车辆的运输轨迹、车辆超速、车辆驾驶行为规范等，并可以给运输车辆下发任务，进行运输任务的统筹管理，降低了车辆使用成本，提高车辆的使用效率，增强了企业对运输车辆的数字化管理能力。

2.4　浅层水源监测建设

针对西北油田针对偏远重点井周边应急水资

源缺乏，且水位变化不稳定，无法实时监测浅层地下水资源等问题。浅层水源监测依托移动通信、北斗短报文通信、智能传感器等设备，由北斗水源监测终端和智能应急指挥平台组成。监测终端自动采集浅层水源水位数据，通过北斗三号短报文通信定时上报至平台，平台自动接收和存储数据，实现采集和传输地下水位信息，实时掌握地下水状况，应急救援情况下能快速确定就近地下水源点，就近开挖，建立临时应急用水补充点(图3、图4)。

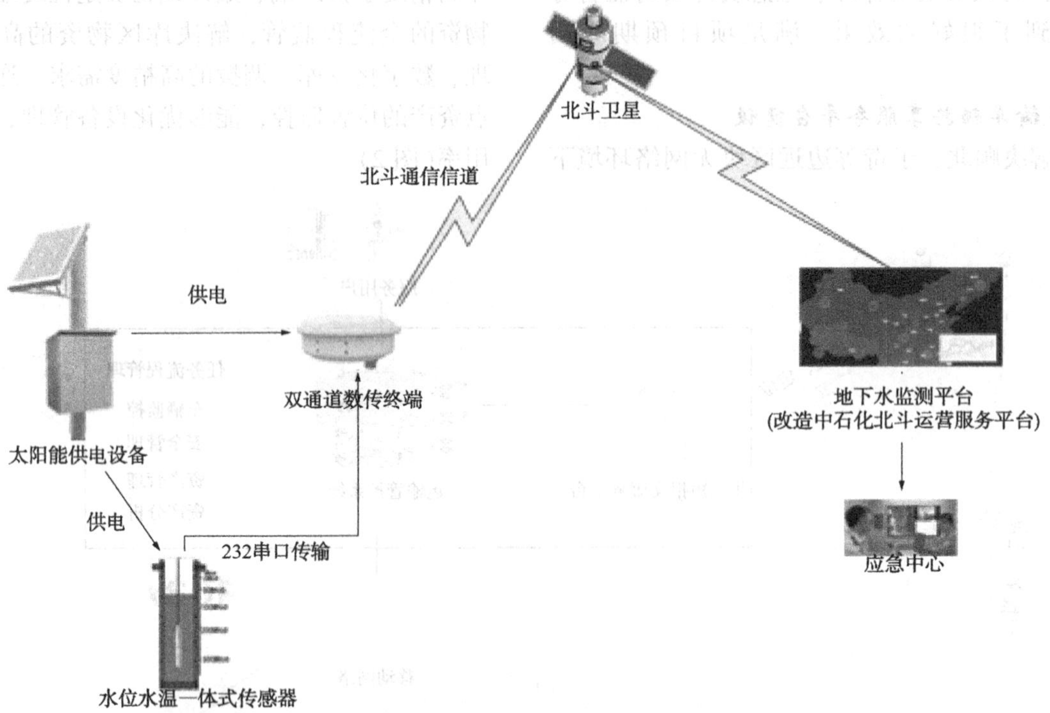

图3　浅层水源监测系统组成图

图4　浅层水源监测信息显示

2.5　基于北斗短报文油气井场数据监测

油气田井场数据传输主要依靠光纤、宽带和4G网络，成本高，布线时间长，覆盖范围有限。在沙漠、戈壁等没有公共网络覆盖的区域，针对为解决沙漠腹地无公网环境下井场数据无法回传的问题，利用北斗短报文通信进行油气井场数据的传输，实现井场数据的安全、高效、稳定的回传。基于北斗短报文的井场数据传输系统主要由三部分组成，终端供电系统、北斗数传终端、北斗数据传输系统(图5、图6)。

通过北斗短报文油气井场数据监测可以在任何时间、任何地点(无遮蔽)实现数据的实时传输，该系统可以实现地处偏远地区的油气井、完井、酸压等移动工程场景数据的实时传输，将油气井数据快速回传给监控管理平台，实现对分布零散的偏远油气井进行远距离监控管理。通过实时监测，可以保证数据的准确性和及时性，极大地提高了生产安全监管效率，降低了生产安全风险，基本代替了人工巡井，降低了人工成本和人员风险，提高了生产经济效益。

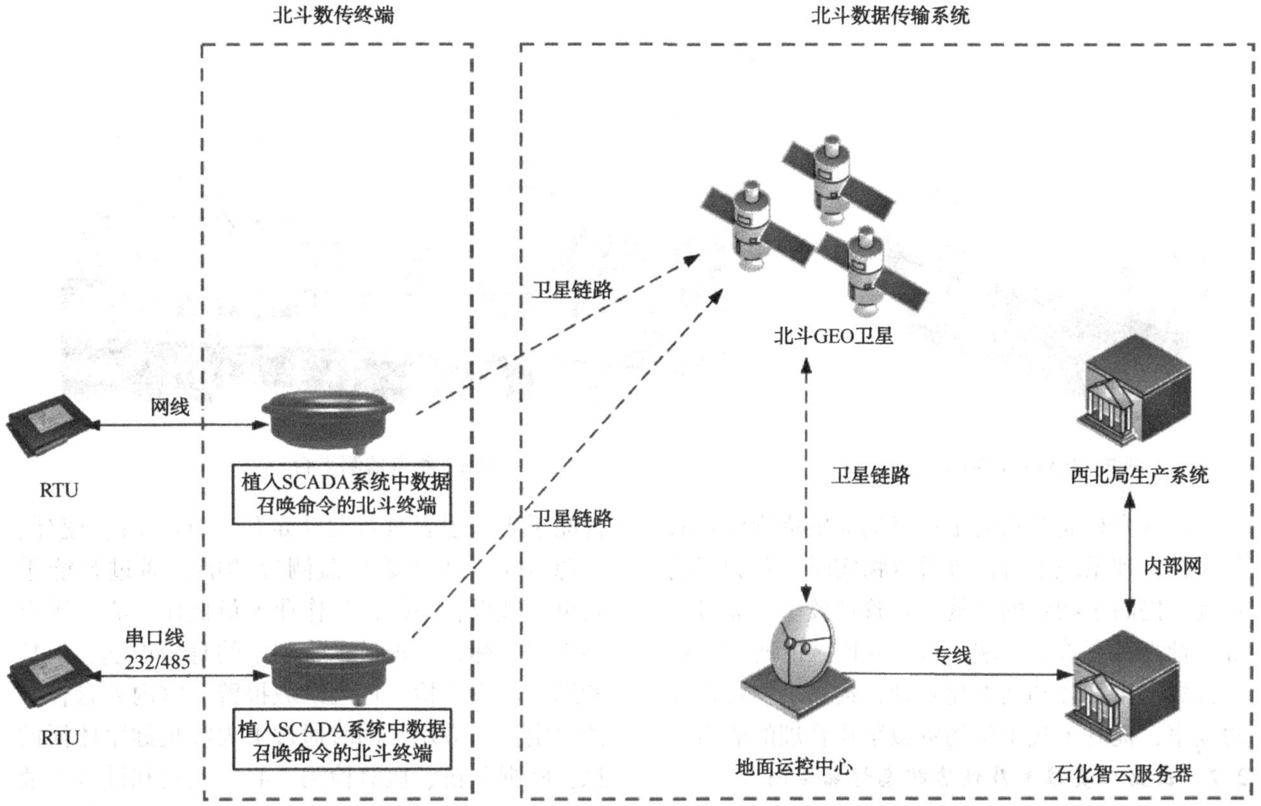

图5　系统工作原理图

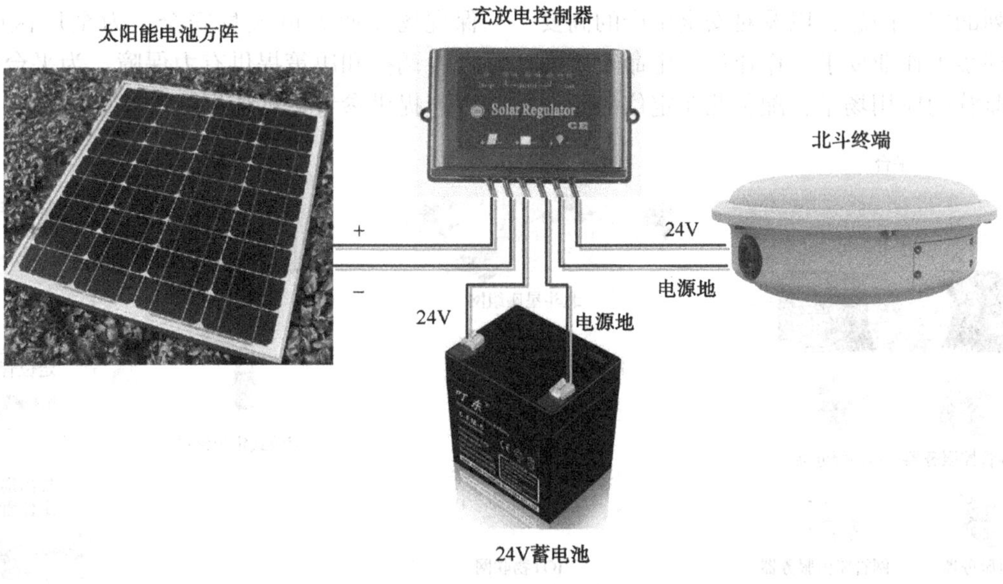

图6　供电系统组成

2.6　重要物资监测管理

针对西北油田企业物资设备数量庞大，井场之间的重点设备调用频繁，无法对物资运输过程管理和井场所需重点设备的全周期管理应用形成高效管理，因此基于北斗高精度定位技术，配备北斗物资定位贴片终端，对重要设备和重要物资实现位置上报、定时追踪、拆卸报警、设备状态管理等功能；对承运的物资进行实时定位、出入库管理，对承运工具进行轨迹查询、油耗管理，实现库区进行高精度物资管理，实现盘库、调拨工作的精准高效开展，满足井场之间的重点设备调用的监管，解决装备物资装备分布不清、物资周转利用效率低等痛点问题，使管理人员及时准确掌握重要物资分布情况，提升油田物资管理水平(图7、图8)。

图7　物资定位贴片

图8　物资监测平台

通过多种北斗物资定位终端提供货物位置服务，在管理系统上可以查看货物实时位置和运输轨迹，提高了物资的运输过程管理效率。通过配备多种高精度管理终端，可以对库区的所有物资进行数字化管理和精细化管理，提高了物资盘库的效率，提升了我单位物资数字化管理的能力。

2.7　出勤人员位置及健康状态智能监测

针对石油石化行业具有易燃易爆的特性，工作环境复杂恶劣，存在着爆炸、火灾、化学品泄漏等一系列的安全隐患，以及对安全生产的高要求、极端环境下作业要求、作业员工生命安全及位置动况监管的应用场景，配备北斗定位的防爆智能手表，手表具备北斗定位、4G cat1、蓝牙、有源NFC、体征数据监测等功能，通过智能手表可穿戴设备在线监控作业人员血压、心率等重要生理指标，实现员工管理中的身份识别、门禁考勤、巡更巡检、危险区域报警、室内外融合一体化定位等应用，同时通过手表收集健康体征信息：睡眠分析、血氧检测、心率监测和计步等数据，主要在勘察现场、炼化厂区、野外巡护等一线作业人员使用，以北斗技术赋能企业管理，确保现场作业人员人身安全，为全厂区的人员管理、调控和决策提供有力保障，为平台安全作业生产提供参考数据依据(图9)。

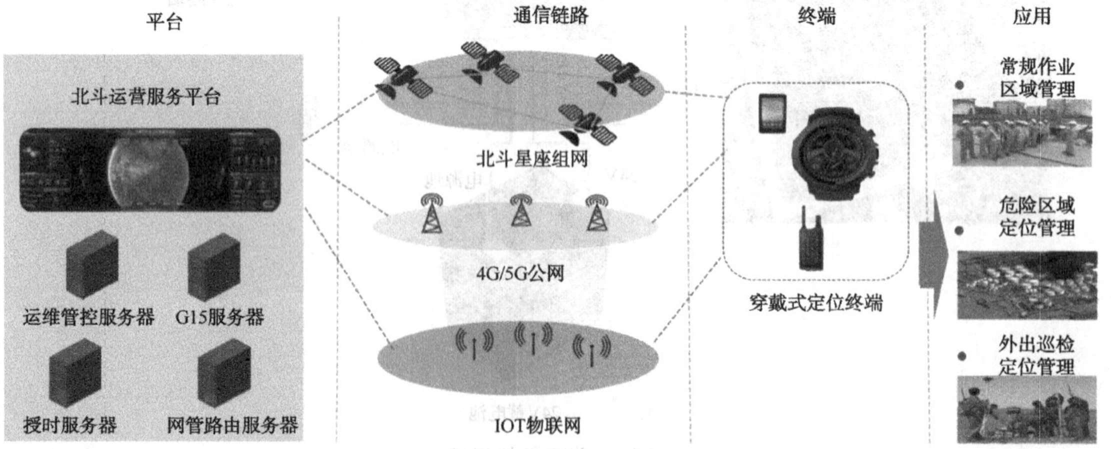

图9　手表监测应用架构图

通过让作业人员穿戴防爆手表设备，通过系统平台进行作业路径设定、作业过程的路径跟踪、人员行为规范的监测、危险区域的随意穿越告警等，避免安全事故的发生。

3　示范工程应用建设效益与展望

新疆西北油田基于北斗定位通信的示范工程应用紧密结合西北油田生产需求，从应急管理、运输管理、重点生产设施三个方面，利用北斗三号技术特性，解决油田广袤沙漠信号盲区人员车辆监控、生产数据传输、安全管控、应急通讯等方面的痛点问题，有效提升油田安全应急能力和物流运行效率。

3.1　加快西北油田基础性技术转型与管理创新

西北油田北斗示范工程建设项目是加快推进数字化、信息化转型、打造领先企业的具体行动。通过北斗技术的应用，为传统人、车、物的监管需求赋能新的技术手段，实现资源的精准调配和优化管理，结合北斗技术的定位导航功能，提高人、车、物管理工作中的管理效率和降低人员现场作业及车辆运输过程中的安全风险。起到支撑生产运营建设，辅助油田管理和决策的作用。

3.2　推进西北油田业务拓展、降本增效

（1）北斗应用可以解决顺北油田偏远井生产数据无法回传的难题，提高油气井生产管理水平，保障油气井生产安全，节约其他通信方式的资金成本和时间成本，降本增效。

（2）北斗短报文手持终端实现巡护人员轨迹的全程记录，对巡护工作全程监控，紧急状况下，可以一键报警，进一步保障人员安全。通过安装北斗短报文车载终端，管理部门可以实时掌握车辆的位置信息，了解车辆运行状态，预判运输剩余时间，在紧急情况下可以第一时间确定救援目标车辆所处位置。

3.3　有助于提升西北油田核心竞争力

西北油田北斗示范工程建设项目是保障国家能源安全的迫切需要。西北油田作为中石化骨干分局，要在构建双循环新发展格局中找准自己的位置集中攻克“卡脖子”技术，同其他领域高新技术紧密结合，把石油化工技术及其关联产业培育成带动中石化产业升级的新增长点。在西北油田开展“+北斗”应用，有利于解决我国石油化工行业时空技术“卡脖子”问题，有利于加快时空数据的自主可控，有利于保障国家能源安全、信息安全、生产安全。

4　结束语

西北油田北斗示范工程建设项目在应急管理、运输管理、重点生产设施监管等3个场景和提升信息化基础能力已投入超过2600多台/套北斗终端设备应用，通过示范工程项目积累典型应用场景，打造一批示范样板工程，逐步复制推广至石油石化上中下游全产业链，涵盖油田全业务流程北斗应用场景，加快推进北斗在中国石油石化能源领域的规模化应用与国产化替代，保障能源时空信息安全，赋能产业数字化转型，促进能源领域行业向数字化、信息化、智能化方向发展。

参　考　文　献

[1] 聂晓炜. 智能油田关键技术研究现状与发展趋势[J]. 油气地质与采收率，2022，29(3).
[2] 李文光，陈永振，王雷. 北斗导航在石油行业中的应用[J]. 信息化应用，2013(03)：48-49.
[3] 董虎. 北斗短报文通信在油田数据传输中的应用与探索[J]. 信息系统工程，2024(01).
[4] 姚彬. 偏远油气井北斗短报文数据传输系统的建构与应用[J]. 油气田地面工程，2019，(9)：100-103.
[5] 邓少飞，徐玉玲. 基于北斗短报文的油气井场数据传输系统及应用[J]. 卫星应用，2022(04)：15-18.
[6] 郝宁. 依托“一带一路”空间信息走廊打造新型数字油气田[C]//2023油气田勘探与开发国际会议论文集Ⅰ，2023.
[7] 王福军. 浅析北斗卫星导航系统应用产业化发展[J]. 中国设备工程，2021(11)：243-244.

基于超融合平台的油田数据湖构建

唐　玮　曾　超　翟红翠　赵立宁　刘姗娜

（中国石油华北油田数智技术公司）

摘　要　随着油田勘探开发经营管理数据的不断积累，传统的数据存储和分析方案已无法满足油田数据管理的需求。本文提出了基于超融合平台的油田区域数据湖建设方案，旨在实现油田数据的集中管理、高效存储、深度分析和安全共享。具体方案包括数据湖架构设计、超融合平台部署、数据管理、分析与可视化。在实践中，该方案能够提高油田数据处理的效率和完整性，为油田地质研究、开发方案编制、安全环保等方面提供有力的数据支持。

关键词　数据湖；数据治理；超融合；数据分析

1　前言

随着勘探技术的不断更新，油田开发需要采集、处理、分析越来越多的数据。然而，传统的数据存储和处理方式已逐渐无法满足油田数据管理的需求，如何高效地存储、管理和分析海量数据成为当前油田开发面临的挑战之一。数据湖是一种大数据存储和管理方案，具有高度的灵活性和可扩展性，逐渐被应用于各行各业。

油田数据湖的建设是基于油田主数据库，为各应用提供数据服务，便于数据管理和提高各业务系统数据提取效率；同时又从各专业系统调用结果数据，为油田生产管理提供快速有效帮助，实现数据的标准统一，存储统一、互联共享，解决以往人工多重录入，时间紧，任务重，易出错等难题。

2　现状及发展趋势

目前，壳牌石油公司、英国石油公司等国际石油公司和哈里伯顿、斯伦贝谢等服务公司都已建成了一体化的协同研究解决方案，不但覆盖数据库本身，还对归档信息、应用信息、流程、文档以及人员信息进行了有效管理，实现了研究成果数据跨部门、跨地域、跨专业的高度共享，并且实现了数据源和数据状态透明化、资产生命周期的数据管理和数据可视化，极大促进了科研水平和效率。

面对高难度的勘探开发目标，依托先进的IT技术，国内部分油气田分公司建成了勘探协同工作环境，实现了面向目标的跨专业、跨学科的协同互动，从一定程度上提高了科研成果的质量和决策部署的科学性。基于多年来大量信息系统沉淀的孤岛现状，中石化正在谋求建立企业开放服务平台，开发通用业务组件，建立积木式开发模式，以可视化、集成化为手段，提供完整的覆盖软件全生命周期的开发、集成、运行、服务管理于一体的企业开放服务平台。

3　总体功能需求

根据各专业提出的业务需求，结合数字油田、智能油田、智慧油田的建设方向，需要加强油田主数据管理，加强站库、区块、层位等主数据建设和统一管理。

在数据集成方面，需要建立中心数据库，集成钻井、录井、测井、试油、分析化验、动态监测、单井地质、勘探生产、单井设计、井下作业、油气生产、采油与地面工程等数据并提供数据服务，需要合适的数据治理工具对数据湖从数据源头到数据应用进行合理地监控和管理。

建立统一的共享、运维协调机制，避免系统间数据流转或应用的沟通不畅。建立基于主数据的数据资源目录，研发结构化、非结构化数据查询的搜索引擎，满足各种数据应用服务需求。加强统建系统模型培训，提升统建系统数据回迁效果，加强与油田自研应用系统的对接，充分发挥数据价值；基于统建系统的应用功能与油田管理需要相结合，提升灵活性和便捷性，满足管理分析需要。

建设统一的数据共享应用标准。避免数据矛盾及冗余的优点，相对存在数据表多、逻辑关系复杂的特点，不适用于复杂应用所需的数据快速组织或转换需求。需要建立一套面向应用的数据共享应用标准，把各专业、各系统的数据进行整合，按照实体关系、业务主题对数据进行集成，以数据仓库模式对应用系统开发和应用提供多角度、多层次的数据支持。

设计统一、适用的测井解释、岩心图片类等非结构化数据存储、管理与共享方案与技术，配置高性能计算业务软件，以及大块数据存储空间，实现此类成果数据的安全、高效管理与应用。

4　数据湖框架设计

数据湖是一种面向数据存储和管理的新型架构，其基本特点是高扩展性、松散结构、高容错性、较低成本和易操作性。为了适应油田数据的存储、管理和分析需求，本文提出了一种三层数据湖架构设计方案。

4.1　第一层：采集层

油田数据的采集是一项关键的任务，它涵盖了现场设备数据采集、监测系统数据采集和人工数据采集等多个方面。超融合平台提供了多种灵活的方式来实现数据的采集，以满足不同的需求和场景。

在现场设备数据采集方面，通过超融合平台与各种监控仪器和传感器的连接，能够实时采集油田现场各种参数和指标的数据，确保将现场设备生成的数据及时采集，并存储到数据湖中，为后续的分析和应用提供数据支持。

在监测系统数据采集方面，超融合平台可以与各类监测系统进行集成。这样的集成能够保证数据的准确性和及时性，将监测系统的数据存储到数据湖中，为进一步的数据分析和应用提供基础。

此外，人工数据采集也是油田数据采集的重要环节。超融合平台支持与各种人工数据采集工具和应用的集成，确保人工采集的数据能够与其他数据源进行整合和统一存储，为综合分析和综合应用提供全面的数据基础。

4.2　第二层：处理层

在数据湖中存储的数据可以通过多种方式进行处理，以满足不同的需求和场景。这些方式包括实时处理、离线批处理和交互式查询处理等。

实时处理是指对数据进行即时处理和分析，以获取实时的结果和洞察。通过实时处理，可以对数据流进行实时监测和分析，及时发现异常情况或触发相应的行动。超融合平台支持使用开源的大数据处理框架如 Hadoop 和 Spark，同时也提供了数据处理服务，以满足实时处理的需求。

离线批处理是指对大量数据进行批量处理和分析。通过离线批处理，可以对存储在数据湖中的大规模数据集进行全面的分析和计算，以发现数据中的模式、趋势和关联规则。在数据处理中，可以借助开源的 Hadoop 生态系统或者利用超融合云平台数据处理服务，对离线批处理任务进行高效的处理。

交互式查询处理是指通过查询语言和工具，对数据湖中的数据进行灵活的查询和探索。用户可以根据需要提取特定的数据集或进行数据分析，以满足不同的业务需求。超融合平台提供了适合的查询工具和接口，以支持用户对数据湖中的数据进行交互式查询处理。

此外，超融合平台充分利用虚拟资源池的特性，为数据处理提供更大的计算和存储资源。通过灵活调配虚拟资源，用户可以根据数据处理任务的需求，提供足够的计算能力和存储容量，以提高数据处理的效率和质量。超融合平台的资源优化和管理功能确保企业能够灵活配置资源，满足不同规模和复杂度的数据处理需求，从而提升整体的数据处理能力。

4.3　第三层：分析层

数据湖中的数据可以进行复杂的分析模型建立、数据挖掘和大数据处理等。可以进行复杂的分析模型建立、数据挖掘和大数据处理等操作。在数据湖中进行数据分析，通过数据治理中心，可支持复杂的数据分析需求。通过这些工具，可以构建灵活、可扩展的数据分析环境，并利用强大的计算和存储能力进行高效的数据挖掘和分析。

统一数据管理是整个数据湖的核心，它负责对所有的数据进行统一管理。因此，在三层架构的基础上，构建统一数据管理平台(图 1)，以此实现数据的存储、管控、服务等能力。其中，数据存储是数据管理的主要能力之一，油田中的数据类型繁多，包括生产数据、钻井数据、地质数据等，因此需要在数据存储的选择上进行科学的分析和选择。对数据进行处理，使其符合统一的数据规范和格式，以便于进行后续的应用和分析。对于重要的数据，需要进行管控，以确保在数据安全，同时支持上层服务。

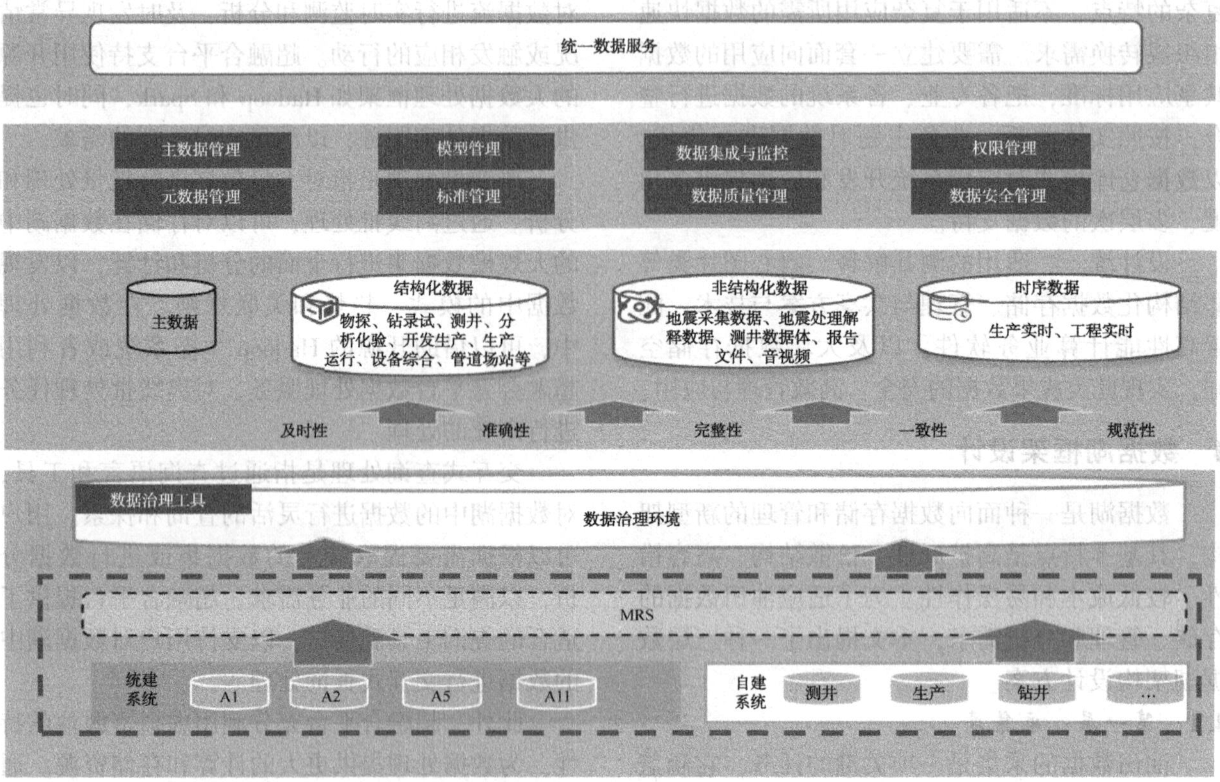

图1　统一数据管理平台架构

5　场景应用

基于超融合架构的区域数据湖环境完成初步构建，数据湖架构能够整合不同类型、不同来源的数据，提高数据的可访问性和可操作性，同时提供了一系列强大的数据处理和分析工具，从而可以帮助油气企业更好地理解和优化业务。

在油气场景下，数据架构体系尚未形成，数据治理实施过程缺少流程规范指引与约束，工具平台的管理和提效作用未得到充分发挥，建设的数据资产规模和质量不足，数据资产服务体验度不高，获得感不强。因此，基于数据湖平台汇聚油田勘探开发生产数据相关资源，按照数据湖规范对入湖数据进行规范治理，有必要通过具体场景的实现，验证基于DGC工具的数据治理流程有效性、实现效果及发现数据质量问题，指导后续数据治理工作范围的确定和规范化实施。

针对各应用系统的数据需求，从已经建立的数据宽表拉取数据，建立相应的API接口，提供统一标准的数据接口服务，消除传统应用系统需独立建设项目数据库的问题，提升数据安全性。依托数据湖向安防系统提供油水井生产数据服务、对接生产指挥大屏数据等，支撑18个应用系统，提供数据接口450余个，为油田各业务系统提供应用支撑。

6　结束语

本文提出了基于超融合平台的油田区域数据湖建设方案，涵盖了数据湖架构设计、数据管理、数据分析与应用等方面。通过超融合平台的应用，可以对油田数据湖中的数据进行规范化、标准化和元数据管理等操作，确保数据的质量和可靠性。从而有效提高数据处理的准确性和可信度，为油田业务的决策和分析提供快速、可靠的数据支撑。在实践中，该方案不仅提高了油田数据处理的效率，也为油田地质研究、开发方案编制、安全环保等方面提供了有力的支持。

参考文献

[1] 雷克，王伟，任胜利. 数据治理在石油企业中的应用实践[J]. 科学管理，2021(6).

[2] 黄海燕. 智能油田的数据治理工程及应用技术研究[J]. 中国管理信息化，2020(3)，23：68-69.

[3] 孙少波. 油气田勘探开发中的数据治理方法与技术研究[D]. 西安：长安大学，2018：16-17.

石油石化企业数据安全防护体系建设思考

冯　梅　董之光　帅训波　叶　铭

（中国石油勘探开发研究院信息技术中心）

摘　要　石油石化企业数字化转型工作正处关键阶段，数据逐步成为企业重要高价值资产。本文根据石油石化企业数据资产特点及面临外部风险，分析出企业面临的数据安全制度体系建设不完善、建设难度大，数据交易风险等问题。从整体规划、制度标准、管理变革、数据治理、技术平台、数据隐私保护等方面提出大型石油石化企业数据安全防护体系建设思路。结合数据安全防护现状，分析了数据安全体系建设过程中可能面临的影响因素，给企业避免数据安全防护资源浪费，重复建设和节省时间成本提出解决思路，给企业数据管理者有序快速提高企业数据安全防护能力提供参考，推动数据资产安全可靠流动，发挥最大价值。

关键词　数字化转型；数据资产；数据治理；数据安全防护体系；影响因素

1　企业数据安全防护现状

近年来，国家陆续颁布《网络安全法》、《数据安全法》、《个人信息保护法》等法律法规，对数据安全保护做出了明确法律约束。在中共中央、国务院《关于构建数据基础制度更好发挥数据要素作用的意见》（以下简称"数据二十条"）、《数字中国建设整体布局规划》中，对于企业数据价值释放、数据安全治理提出了明确的指导意见。当前企业数据安全防护建设两大基本任务是建立数据分类分级保护制度及体系和健全网络数据安全检测预警和应急处置。建立企业分类分级数据安全管理体系，健全数据资产在产生、存储、流转、应用、交易等过程中的安全防护和预警监测，是企业信息化建设合规合法的一个紧迫工作。

在企业数字化转型过程中，企业在数据体系建设方面已经开展多项工作，包括数据管理机构组织、数据管理制度、数据平台建设、数据治理、数据传输安全等。在数据管理层面，大部分企业已经完成总部级数据分类分级管理组织机构的成立和职责的确定，初步建立的数据管理制度体系，完成部分数据标准的制定；在数据安全技术层面，开始总部级数据平台建设和优化，利用现有网络安全系统进行数据的采集、防泄漏、传输监测预警等方面。目前专门针对数据资产的安全防护系统建设还不完善，数据生命管理周期全领域覆盖还不全面，大部分企业也面临以下一些风险因素。

2　企业面临的数据安全风险因素

2.1　企业面临的数据安全内外部风险高

数据成为企业数字和信息化建设中的高价值资产，同时也成为竞争对手、国内外黑客组织、国外敌对势力重点关注的对象。数据安全防护与网络安全防护是一个整体，在大型企业内部，存在各单位网络安全发展不平衡，安全风险防范能力参差不齐等特点，对于数据所依赖的信息系统漏洞整治、数据系统后门的检测监控，数据传输安全等难以充分保障，安全防护木桶效应现象普遍存在。在企业外部环境中，针对数据窃密威胁、数据泄露攻击，勒索软件，数据供应链安全风险等安全事件频发，针对数据的网络安全攻击也越来越多。

2.2　数据安全制度体系尚不完善，落地难

随着《网络安全法》、《数据安全法》、《个人信息保护法》的颁布实施，随着国务院《网络数据安全管理条例（征求意见稿）》、《工业和信息化领域数据安全管理办法（施行）》等的征求意见和实施，国家数据安全法律和制度体系已初步建成。国家数据安全保护的基础制度是数据分类分级保护制度，企业需要以数据分类分级保护制度为核心，在企业数据分类分级管理、安全防护技术体系、安全测评、出入境管理等方面建立相应企业管理办法和制度标准，规范和落地企业数据全生命周期安全管理和责任落实。目前大部分企

业数据安全制度和标准体系不完善，且大多制度为管理性制度，缺少数据共享安全规范、数据安全技术评估等技术性指导规范，在相关制度落实上也存在多方因素和历史原因造成的堵点、难点。

2.3 数据安全技术防护体系建设难度大

数据安全技术防护建设需伴随着企业数据管理和技术体系进行建设。目前大部分企业数据管理和技术体系还未完全实现，处于规划和建设期。面临着存在包括数据标准制度落实难，多源多层级数据治理难，多技术平台数据标准不统一，跨单位跨领域数据流动难等问题。在数据治理未完成，数据整体边界不清晰情况下，无法快速推进数据安全防护平台建设和实施。

2.4 数据流动和交易安全防护能力较弱

目前数据已经成为企业的一项高价值资产，但现状来看，从企业数据管理者和使用者等角度来看，从人员意识、管理手段、技术手段等方面都较为欠缺，数据孤岛现象比较严重。解决手段就是推进数据的高效流动和数据交易以充分实现数据的价值。但是在流动过程中，企业数据管理者往往更为关注数据的共享和运营机制，在流通过程中对于数据的采集授权保护、数据的接口读取，数据的明文传输，数据的隐私计算等方面大多未采取相应的防护手段和措施，导致数据在流动过程中处于一个不安全的状态。

2.5 企业网络普遍存在监控盲区问题

企业网络安全防护中，对于以 SSL IPSEC-VPN 等非对称加密通道进行数据传输的数据包，网络安全检测设备只能监测和分析起访问流向和传输行为，在大部分传统网络未设施统一加解密网关情况下，无法对传输的数据进行内容监测，设备只能转发数据包，无法解析和识别传输内容的安全性和合规性。这导致数据违规下载，数据超范围泄露、数据违规外发等严重安全事件的发生。

3 大型企业数据安全防护工作建议

3.1 优先推进企业数据安全防护体系整体规划调整和落地

针对多管理层级、多业务领域并存的大型企业数据安全防护体系建设，遵循统一管理制度体系、统一技术架构，分散部署，集中管控的一体化安全管理模式开展相关工作，是十分必要的。在数据安全法颁布之前，许多企业信息化建设中对数据的规划管理较弱，导致数据管理中存在多个痛点，这包括长期粗放式数据生产过程中产生的多源数据的非标准化、数据管理规章制度的不完善和在不同层级单位的落地难，技术架构的不统一，安全措施部署不到位等。针对这些痛点企业必须在顶层涉及中明确整体安全防护的规划和准责，各所属单位做到数据安全管理有据可依，统一完整，否则数据安全防护效果将大打折扣。这包括以下几个方面：建立统一的数据管理和治理体系，建立统一数据安全管理控体系，建立统一数据安全技术体系，建立统一数据安全制度和标准。

目前，大型企业数据安全防护体系的建立通常包括数据合规建设、数据安全管理体系建设、数据安全技术体系建设和数据安全运营体系建设四个主要部分。

（1）合规建设主要包括企业数据管理需要符合网络安全、数据安全、等级保护、关键信息基础设施保护、个人信息保护、密码应用等国家法律法规关于数据安全的要求和措施，这是企业数据管理的上层建设也是红线。

（2）数据安全管理体系建设包括数据规章制度标准体系建立，数据管理组织成立、数据人才的培养，第三方的管理等。

（3）数据安全技术体系则是在数据生命周期各阶段所采取的必要技术防护手段和监控措施，包括数据分类标记、网络安全防护、密码技术应用，数据防泄漏等。

（4）数据安全运营体系则是关注数据运行风险评估、安全漏洞管理和应急处置，数据合规监测等。

3.2 尽快建立企业统一数据治理体系

大型企业由于存在多层管理架构和多个专业领域等业务特点在企业数据治理中需要关注以下特点(表 1)。

表 1　不同角度大型企业数据的特点

关注角度	呈现特点
按数据分类	数据呈现业务领域多、主题域多，数据分类层级多，类型多的等特点
按数据类型	一个普遍的现状是数据缺乏统一的标准，已产生的数据存在标准化差异，不同企业对相同类型数据的分类、采集颗粒度、编码等均不同，对已有数据进行标准化难度巨大

续表

关注角度	呈现特点
按数据分布	大型企业由于企业层级多，数据会分散在总部、二级企业、三级企业，分支机构等
按数据归属	不同数据归属不同子企业或单位，对于大型企业内不同单位生产的数据进行确权和去重，也是一个巨大的挑战

数据治理是企业数据管理的基座，也是数据安全防护体系建立的基座。开展数据安全防护体系建设，首要和基本条件就是完成数据分类分级治理。数据管理要实现分类分级，并为发挥数据价值而进行的数据计算、开放、共享等过程，采用规范、明确的方法区分数据的重要性和敏感度差异，明确数据的责权和边界，按照恰当的分级原则对其进行分类和定级。

3.3 推进统一数据安全管理制度标准体系建设

在数据治理实践过程中，大型企业在完成数据生产、采集、存储、管理和应用不同环节的数据处理时，为了做到数据流转安全和顺畅，需要一个统一的标准制度体系来规范和指导不同数据管理着和所有者协作有序的处理数据，完成数据分类分级，确权，已有数据标准化、安全存储、安全流转和数据交易等工作。

统一标准制度体系建设应对数据安全管理策略、组织、分类分级、权限与访问控制、保密、备份恢复、风险评估和应急处置、个人信息保护做出明确要求，标准体系应对数据运行的参与者提供包含数据资源目录及管理、数据接口管理、数据加密、数据安全评估，数据风险监测等具体工作指导和实践措施。

3.4 数据安全运营理念推进管理流程变革

数据安全运营是以持续有效进行数据安全防护为核心，对数据资产开展风险识别和防范，制定数据安全策略，开展数据安全基线建设和风险评估，建立监控预警机制和态势监控能力，建立数据安全应急保障机制。数据的生命周期运行过程中往往涉及多个管理部门，实际的数据流转过程中存在数据流转困难，重复率高，监测不到位等与现行安全合规要求不相符的情况。

首先需要企业整体层面建立一个自上而下的数据管理组织来落实不同层级的管理措施。依据国家法律法规等强制要求，开展企业数据安全风险识别和评估，以查促建，离不开企业管理流程的变革和创新。实现企业数据安全运营，不仅是企业信息部门的工作，通过管理变革推进各项工作在企业总部各关联部门之间，企业总部与各级子企业间，各个业务领域之间数据管理流程的创新和堵点疏通，实现数据全周期的安全流通。

3.5 建立统一数据安全监管平台，开展安全数据防护架构设计和技术调整

数据安全架构和技术调整是对数据安全整体规划的落地和实施，是对现有数据安全防护体系的完善和升级。在实现过程中可以按照如下流程进行，梳理数据资源和业务场景、确定业务场景优先级，评估不同业务场景的安全风险，针对业务场景开展数据安全方案设计和实施，调整和吸纳现有安全防护措施和经验，统一技术思路，最终建立统一的数据安全监管平台，实现统一管理分级部署授权的一体化安全防护体系。

数据安全监管平台能够实现对各业务分类数据、系统自定义的业务分类数据自动识别，落实数据分级分类合规性标记，明确监管对象。建立数据安全风险评估及安全响应机制，面向不同数据主体，实现系统化、差异化的数据安全防护能力供给。以数据与业务运营周期为牵引，监测并记录数据流动安全状况，实现对数据流转、共享的全视角风险态势感知和合规性管控。

3.6 开展数据交易隐私保护计算系统研发

“数据二十条”中明确提出促进数据合规高效流通使用，数据通过交易体现其价值。在这个过程中数据隐私保护是前提。在实现对客户的价值输出同时，需要保障数据所有者的权益和个人信息隐私，达到数据“可用，不可见”。目前的通用做法是建立隐私保护计算系统，实现数据来源可确认，使用范围可界定，流通过程可追溯，安全风险可防范。目前常见的数据隐私保护方案包括隐私计算、安全多方计算、联邦学习、模型加工厂等。

当前国家级数据交易平台已经成立，但是石油石化行业级数据交易平台还未建立。在相关数据隐私保护方面的技术还不完善，对于数据所有权、使用权、收益权相关关键技术需要企业开展尝试和探索。根据企业自身平台技术特点和交易场景，结合其他行业最佳实践，选择合适路线开展数据安全隐私保护系统研发，逐步建立符合公司业务需求的数据隐私保护交易平台。

4 结论

在数字化转型大浪潮下，数据作为企业高价

值资产成为企业价值增长点，同时也是安全风险点。在发挥数据价值的同时需防范愈加频繁的数据安全风险，防范数据泄露、篡改、勒索等网络攻击，企业针对数据安全的合规性管理措施也亟待改进和加强。本文针对大型石油石化企业组织架构和管理特点，提出建立综合性数据安全防护体系思路，做好重大数据风险的识别和防范，加强数据全生命周期的安全风险管理，防护能力能够横向到边，纵向到底。在充分发挥数据价值的同时，帮助企业建立良好数据安全运行环境，保障数据所有者利益。

参 考 文 献

[1] 王春晖.《数字中国建设整体布局规划》的深入解读[J]. 通信世界，2023(05)：4-5.

[2] 崔培升. 数据安全防护将走向平台化、体系化[J]. 中国信息安全，2023(01)：62.

[3] 董之光，帅训波，冯梅. 复杂环境下能源企业内网综合防护体系研究[J]. 信息安全研究，2023，9(04)：390-396.

[4] 帅训波，冯梅，董之光，等. 面向办公网络环境的数据安全传输模型研究[J]. 信息技术与标准化，2023(12)：44-48.

[5] 王奇飞. 数字经济时代数据安全防护体系建设之道[J]. 数字经济，2021(04)：100-103.

[6] 陈克通. 网络通信中的数据信息安全保障技术研究[J]. 网络安全技术与应用，2024(02)：56-57.

[7] 关昕健. 运营商数据安全防护体系研究与实践[J]. 信息安全与通信保密，2023(08)：88-95.

[8] 渤海银行信息科技部安全与制度管理团队. 数据安全防护体系落地实践[J]. 金融电子化，2021(12)：46-47.

[9] 杨家娥. 云计算模式下的数据安全防护体系研究[J]. 电子技术与软件工程，2020(23)：252-254.

[10] 陈凌希，张长恒，李宏，等. 运营商互联网数据中心安全防护体系研究[J]. 信息与电脑(理论版)，2022，34(13)：225-228.

[11] 王美丹，叶于林，魏富静. 数据中心安全防护体系设计研究[J]. 网络安全技术与应用，2023(02)：54-56.

渤中 19-6 BOP 平台
注气压缩机后评估和完整性设计

陈丰波　赵庆凯　马金喜　邹昌明　刘　钰

［中海石油(中国)有限公司天津分公司］

摘　要　渤中 19-6BOP 平台设置 2 台 $40\times10^4m^3/d$，出口压力 50MPa 的高压往复式燃气压缩机，本项目投产后进行后评估，从燃气泄露监测、冷却水系统冬季可靠性提升和生产提出的其他需求多角度进行注气压缩机完整性设计，提升设备安全性与可靠性，为将来注气平台压缩机的设计提供参考。

关键词　注气压缩机；后评估；完整性设计；往复式

注气压缩机是海上平台的重要设备之一，安全影响因素多、占地大，重量大、价格高的特点使其成为平台后评估设计中关注的重点设备之一。

渤中 19-6BOP 平台设置 2 台 $40\times10^4m^3/d$，出口压力 50MPa 的往复式高压燃气压缩机，平台于 2023 年 4 月投产后针对现场对高压燃气压缩机运行反馈的问题进行后评估与设计改进，提升设备安全性与可靠性，对未来平台注气压缩机的完整性设计提供参考，将运行风险水平控制在合理的、可接受的范围内，最终达到持续改进、减少和预防故障发生，经济合理地保证往复压缩机安全运行的目的。

1　激光式气体安全监测方案

渤中 19-6BOP 平台高压燃气压缩机运行过程中，发现两台注气压缩机各存在一处焊口泄漏，见图 1 和图 2。针对这两道焊口和其他该形式的焊口进行质量控制工作全面自查，发现原材料、焊接组对、焊接外观、压力测试及高压气密实验均无明显问题，初步考虑是焊缝应力集中和管线焊缝疲劳的原因。本平台目前整改措施为对注气压缩机 A、B 机三级出口压力 10000psi 的管线与压力仪仪表连接位置处 8 道焊口进行加强。

为了提升注气压缩机运行安全，有效防范压缩机在运行中可燃气体泄漏安全隐患，在原可燃气检测的设计基础上额外新增一套激光式气体安全监测系统。

激光式气体安全监测系统的安装要求如下：

(1) 探测器应设计安装到场地便于施工的位置，尽量减少对已有设施的影响。

图 1　BZ19-6BOP 注气压缩机 A 机燃气泄漏口

图 2　BZ19-6BOP 注气压缩机 B 机燃气泄漏口

(2) 安装位置及高度须能够覆盖所监测区域，不能遮挡检测光束，尽量减少监控死角。

(3) 接近泄漏源，沿着预期的泄漏轨迹，考虑到风向和任何其他因素会影响泄漏的传播因素，尽可能的给予准确判别天然气泄漏区域，以实现既定目标。

（4）布置在任何潜在的泄漏源和任何潜在的点火源之间。

（5）探测器安装注意事项如下：

1）高温环境：探测器指定使用环境温度为-40~70℃。如果出现酷暑（强烈的阳光等）现象，应安装遮阳板或其他保护物，以防止设备过热。

2）低温环境：在温度低于-40℃时，探测器光学窗口的加热功能将受限。如长期在极冷的户外工作，建议增加额外的冰雪保护措施，以防止雪或冰被风吹到探测器的光学窗口上。

3）重金属污染源：探测器的安装应避免重金属污染物以防止污染窗口。重金属污染的潜在来源包括发电机或涡轮机排除的废气，钻井设备，加工处理通风口或烟囱等，如果重金属污染的来源无法避免，应考虑安装额外屏蔽或提供更多辅助清洁措施。

4）意外撞击：探测器安装位置应避免设备、人员或移动对象的撞击。

5）强电磁领域：探测器布置区域应避免超过GB/T 17626—2008内所要求的磁场强度。

根据上述要求，本项目将激光式气体安全监测系统的2台探测器安装在压缩机三级出口泄漏风险最大处以及橇内下风口处，具体位置为压缩机橇旁3~5m范围内的甲板立柱或侧壁上，安装高度分别为3.2m和7.5m，见图3。上部传感器监测范围可以覆盖注气压缩机橇上层，下部传感器监测范围可以覆盖注气压缩机橇下层，安装位置见图4。

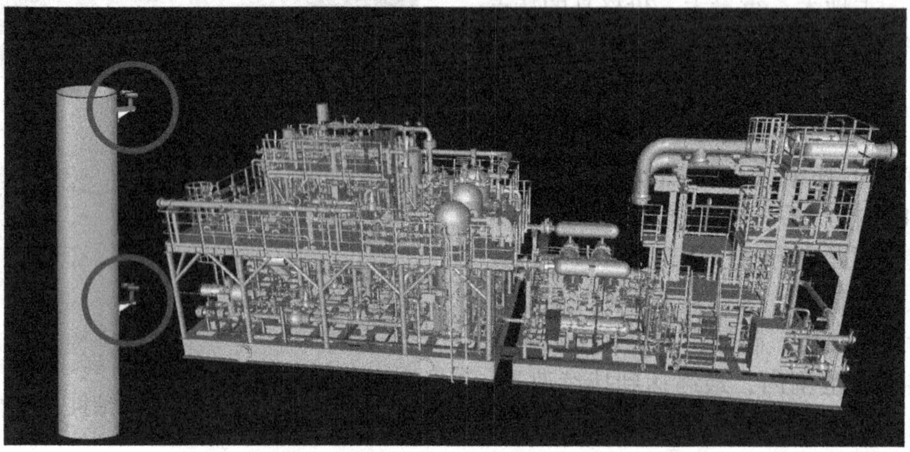

图3　探测器布置位置图（红圈处）

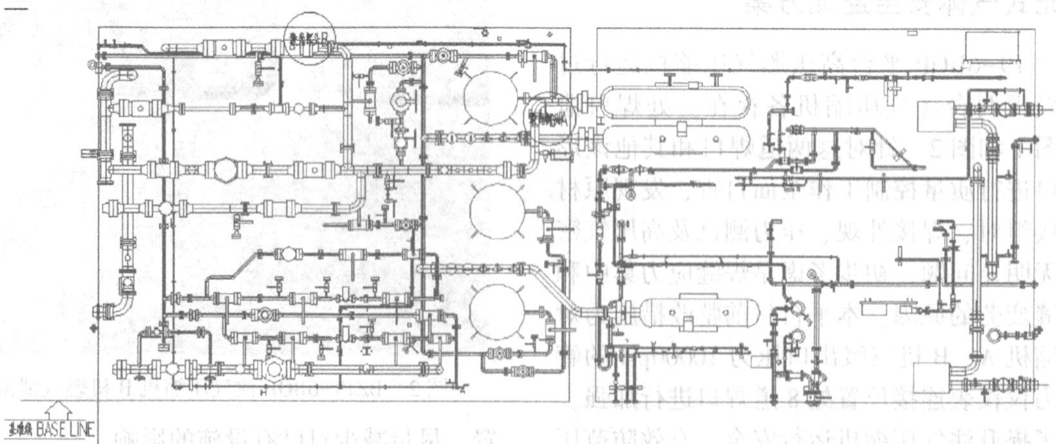

图4　激光式甲烷气体传感器布置位置图（红圈处）

2　冷却水系统冬季可靠性提升

该海域冬季最低温度为-16℃。压缩机填料箱冷却系统使用淡水冷却，机组在冬季切换停机后有填料冻裂进而造成燃气泄漏的风险，因此进入压缩机填料箱冷却系统的冷却水温度不宜过低，本项目将填料箱冷却系统与卡特柴油发电机冷却系统串联，利用柴油发电机冷却后的冷却水进行冷却，规避了燃气泄漏的风险。

天然气压缩机冷却需求分为压缩机填料冷却和压缩机润滑冷却。本项目压缩机填料冷却需求的冷却液为 1.2m³/h，压缩机润滑油需求的冷却液 3.5m³/h（按照按照冷却液温升 10℃ 计算），故压缩机填料润滑油冷却需求的总冷却液量为 4.7m³/h。

发动机辅助水冷却液的流量为 75～84m³/h，压缩机的冷却液需求量为 4.7m³/h，远远小于发动机辅助水的流量，故在压缩机填料冷却和润滑油冷却器后设置截止阀调节，调节冷却液流量，防止压缩机侧的冷却液量过大，同时增设加离心水泵保证压缩机填料的冷却的稳定性，改造流程图见图 5。

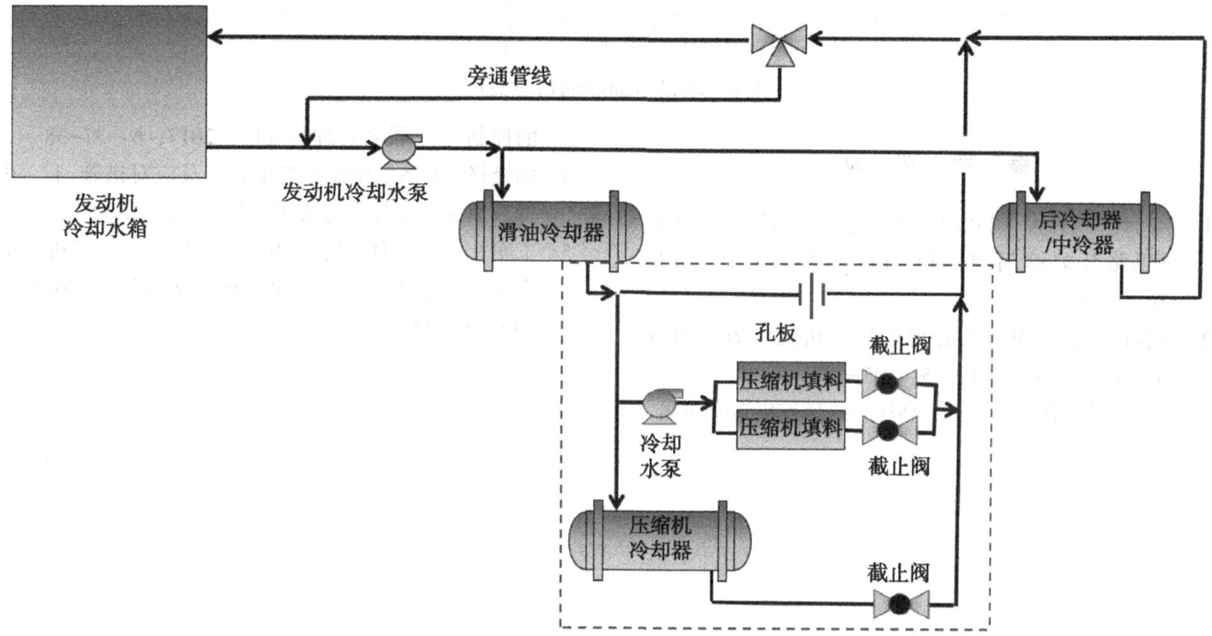

图 5　压缩机冷却系统改造流程图

3　注气压缩机其他设计改进

3.1　法兰渗漏

渤中 19-6BOP 平台投产后，现场工作人员反馈两台注气压缩机振动较大，虽然经第三方监测住气压缩机振动满足规范要求，但设备振动还是引发了法兰渗漏、螺丝松动等问题。

根据现场统计，压缩机起停机后 10000psi 的管线的部分法兰在紧固后运行一段时间依然出现渗漏，虽然法兰垫片螺栓选型符合项目招标基础文件和标准规范要求，但为提高设备可靠性及降低未来维修工作量，将该区域管线的防松垫片更换为防松垫圈。

3.2　法兰操作空间不足

压缩机 A 和 B 橇内部分管线法兰紧贴甲板，紧固空间狭窄，无法有效紧固，运行期间发现此类法兰泄漏数量多，因此本项目将目前管线标高 50mm，优化法兰紧固空间，同时配备适合空间狭窄的气动或者液压型专业扭矩扳手。

3.3　增设滑油加油口

日常运行工况下，注气压缩机滑油消耗量大，滑油添加频次高、不方便、工作量大，因此增加固定加油管线，减少人力，提高加油效率，见图 6。

4　结论

注气压缩机是海上平台的重要设备，其安全性与稳定性在设计时应给予重点关注，本项目根据现场反馈进行后评估和设备完整性设计，对平台注气压缩机增设激光式气体安全监测设备，提升压缩机冷却水系统可靠性，解决高磅级管线部分法兰松动和操作空间不足等问题。有效解决伴生气泄漏及监测等注气压缩机生产工作时的实际问题，提升海上平台注气压缩机的可靠性和安全性，减少基层员工工作量，为未来注气压缩机的设计提供参考。

图6　增设滑油加油口示意图

参 考 文 献

[1] 李巧珍，刘扬，魏立新，等. 往复压缩机完整性管理思路及关键问题探讨[J]. 压缩机技术. 2016(01)：62-64.

[2] 李树国. 基于完整性管理的压缩机选型方案研究[J]. 广东化工，2019，5：195-197.

[3] 杨亮，陆文涛，孔范运. 高压空气压缩机系统泄漏的控制[J]. 设备管理与维修，2017，6：37-38.

[4] 郭锋锋. 天然气压缩机常见故障及应对措施[J]. 中国石油和化工标准与质量，2023，2：15-17.

[5] 王明礼，周汉林，陈长明，等. 天然气压缩机站的安全生产管理[J]. 安全、健康和环境，2003，3(4)：13-15.

海上平台原油发电机组排烟综合治理技术应用研究

马金喜　陈丰波　郝　铭　姜云飞　沈弘毅

[中海石油(中国)有限公司天津分公司]

摘　要　随着我国海洋环境保护相关规范的进一步加强，油田开发将绿色环保、节能减排的理念始终贯穿于前期研究的全过程。为改善海上平台的生活作业环境，研究应用湿式水洗脱硫除尘技术，同时优化后处理系统设计方案，包括采取烟管垂直布置、优化燃油处理系统，控制燃油含水率、控制机组运行负荷率的综合治理技术，有利于降低原油发电机组的硫化物和固体颗粒物排放浓度，减轻环境影响，同时形成海上平台原油发电机组排烟综合治理技术储备，促进实现油田绿色开发可持续性发展。

关键词　海上平台；原油发电机组；烟气排放；脱硫除尘

目前国内海上平台(包括FPSO)，原油发电机组装机容量已超过400MW，且随着伴生气产量的递减，海上油田独立开发方案将还会一定量的应用原油发电机组。而当前原油发电机组的烟气排放对平台的环境质量以及生产运行造成一定的影响，从在生产平台的反馈来看，排烟造成甲板黑灰附着，局部巡检受限，吊机作业以及生活楼新风系统也因风向短时受影响。

从国家最新的环保排放要求和形势来看，虽然目前尚无海洋石油勘探开发大气污染物管控要求和排放标准，但是政府主管部门已逐渐关注并正在推进标准和监测体系的建立，因此迫切需要对海上平台的污染物排放治理技术进行研究，避免国家颁布标准要求后在生产平台和海上油气开发项目面临难以满足要求的风险。

海上平台(包括FPSO)原油发电机组以原油作为燃料，排放的烟气浓度较大，特别是烟灰颗粒物以及NO_x对现场的日常工作环境造成了不同程度的影响。南海某海上平台机组布置在下层甲板，排烟管布置向下，无风时烟气倒灌到主机房和开关间，导致平台报警和机组停机，甚至生产关断；渤海某海上平台机组布置在下层甲板，排烟管向下，也造成了甲板落灰烟气倒灌，影响生产作业和巡检。烟气排放对平台环境的影响除了受到平台所处环境的风向、风力的影响外，还受到机组本身烟管的布置、燃油处理流程、燃油品质、机组运行负荷率等影响。故有必要在开发项目前期研究阶段考虑原油发电机组的排烟治理问题。

1　海上平台(包括FPSO)原油发电机组排烟治理技术现状

当前平台和FPSO(Floating Production Storage and Offloading)上应用的原油发电机组烟气治理技术，主要有水喷淋、静电除尘、旋风除尘以及颗粒捕捉器四种技术手段，如表1所示，从目前的应用来看，手段单一，效果一般，并且只能除尘，并不能有效脱硫，不能同时满足硫排放控制要求。

表1　目前海上平台(包括FPSO)原油发电机组烟气治理技术

内容＼方案	水喷淋	静电除尘	旋风除尘	颗粒捕捉器
适用性	适用烟管朝下排放的情况，通过在出口附近布置喷嘴，借助喷嘴喷淋形成的海水水幕的重力作用，对产生的烟气进行沉降，达到去除部分颗粒物的目的	常用于陆地燃煤电站尾气除尘。采用高压静电吸附技术，对大粒径固体粉尘有作用，过滤效率约70%	适用于烟气流量比较稳定的工况； 结构简单，压降小	效率高，对颗粒物的过滤效率高达90%

续表

方案 内容	水喷淋	静电除尘	旋风除尘	颗粒捕捉器
局限性	容易受风向、风速的影响，风速小时，海水垂直落下，影响除尘效果，也容易在下甲板积灰	如何根据机组的不同的负荷率和烟气流量，确定适应的电场强度	对粒径较小的微粒效果不明显； 烟气量变化对除尘效率影响较大	需及时清理捕捉载体上累积的颗粒物； 压降较大； 维保工作量大
示意图		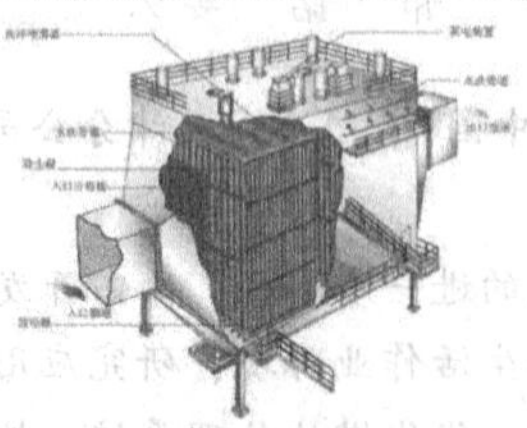		

2 原油发电机组排烟综合治理关键技术及应用分析

2.1 湿式开环水洗脱硫除尘技术

目前国内外船舶和海洋平台燃油发电机组废气脱硫系统主要分为干式和湿式两类。由于海上平台所处离岸固定海域的特点，湿式脱硫脱颗粒物系统成为其废气后处理的首选技术，包括三种形式，即开式系统、闭式系统、开闭式混合系统。开式系统采用海水洗涤废气，利用海水的碱度中和废气中的酸性成分，洗涤产生的废液经过处理，去除水中的固体颗粒物，测定PH值、浊度以及多环芳(PAH)浓度，达标后排入海中。闭式系统采用封闭循环淡水洗涤废气，利用添加的碱性药剂(一般是NaOH)与废气中的硫化物反应，生成盐类，洗涤反应液经处理后会被重新循环利用，损失部分通过添加新淡水补充，少量的废液经深度处理后或储存或排放大海。开闭式混合系统既有开式又有闭式的系统，可以根据海水碱度的不同情况灵活转换模式，但是系统较为复杂。采用洗涤器系统组合的湿式废气脱硫方式，不同机型的功率适用范围为1~80MW，硫化物脱除效率为从3.5%到0.1%，颗粒物去除效率最高达80%，各系统的技术对比如表2所示。

表2 水洗脱硫除尘技术对比

洗涤模式	优　点	缺　点
开式系统	以海水作为洗涤液，不需要添加任何化学药剂； 系统简单，不需要存储废液	较低海水盐度和较高海水温度都会抑制 SO_x 的吸收； 洗涤系统能耗较高
闭式系统	不受海水盐度和温度的限制，零排放	系统较复杂； 使用NaOH溶液，增加操作费，同时危化品储存需要批准手续
混合系统	灵活切换，适用海域广	系统更为复杂，初始投资高； 维护成本高

湿式开环水洗脱硫除尘技术，是以海水作为洗涤液，利用海水的碱性吸收烟气中二氧化硫的一种脱硫方法。该方法脱硫过程中不须添加任何化学药剂，也不产生其他固体废弃物，脱硫效率最高达80%，系统简单，设备较少，运行及维护费用较低，整体占地面积少，比较适用于海上平台原油发电机组排烟废气治理。烟气经废热回收装置(如果有)和消音器后，进入洗涤器，在洗涤器内与大量的海水接触，烟气中的二氧化硫被吸收反应脱除，海水经氧化后排放。脱除二氧化硫后的烟气经由烟道排放。该技术的核心设备是洗涤器，其原理是基于文丘里管引射扩散原理，可单一也可集成为多管文丘里洗涤器。

开式系统最简单，仅用海水洗涤，不加任何药剂，费用也相对最低，对于海水的碱度要求为不低于1000μmol/kg，海水温度不高于32℃，不需要存储废液，开环水洗脱硫除尘系统如图1所示，发动机排烟系统水洗脱硫除尘安装示意图如图2。一体化装置设计紧凑，占地面积小，重量轻，核心设备洗涤器可设计为多入口型式，同时连接多台发电机组排烟系统，若背压临界，还可设置排烟风机。装置为立式安装，用于垂直排烟的布置方案，且应设置在排烟的末级。材质选用耐蚀合金钢，系统背压控制在1500Pa以内，海水耗量约为$45m^3/MWh$。脱硫指标可达到0.1%，除尘效率最高达80%，目前已在船舶及北海、墨西哥湾海上平台开始应用，如图3所示。

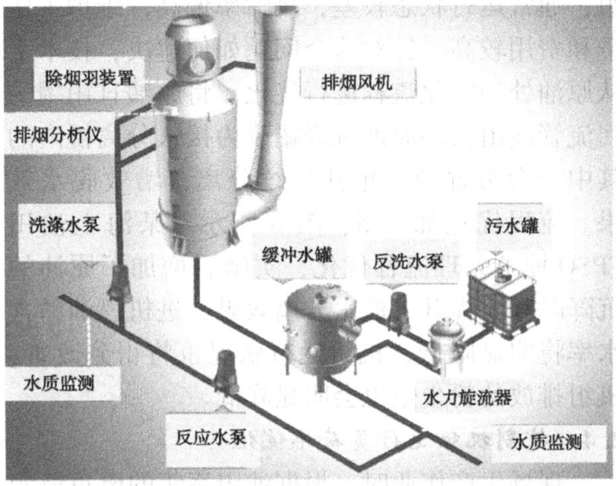

图1 开环水洗脱硫除尘系统图

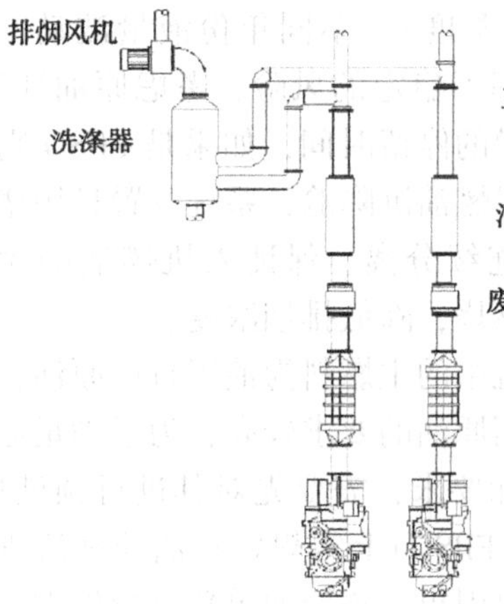

图2 发动机排烟水洗脱硫除尘安装示意图

① ② ③

图3 典型应用案例

(①瓦锡兰 B82K-11 12 项目；②德国 TUI 邮船公司 Mei Schiff 7/8 项目；③5.3万吨"宝荣号"散货船项目)

2.2 优化排烟系统布置

考虑风力、风向，周边设施的限制，如生活楼、钻修机、吊机，兼顾直升机起降等因素，按照应布置在主风向的下风向，避开生活楼和房间进风口的原则进行优化设计。与脱硫除尘洗涤系统配套集成时，应垂直布置和排放。

应用湿式开环水洗脱硫除尘装置，考虑洗涤器要求立式安装，烟管的布置也应垂直向上布置，提前根据总图方案的机组排管系统布置，模拟分析烟气扩散的主要路径，避开房间进风口。调研国外平台和船舶的电站排烟布置，通常也都垂直朝上布置，如图4所示。

① ②

图4 海上平台电站排烟管布置图

(①BP Clair 平台；②塔里斯曼能源公司某平台)

2.3 优化燃油处理系统

机组排烟系统后处理仅是治理手段之一，前处理以及机组自身的运行管理也很关键，也是项目设计实施阶段的重难点。鉴于油田油品性质差异较大(密度、黏度)，不同年份液量波动，导致的原油含水率不稳定的风险，考虑原油性质，适当增加沉降罐的停留时间，如果是 FPSO 则尽量考虑单独设置燃油沉降舱，系统设置日用罐的自循环流程，连续分离，保证入机燃油的含水率，进而改善燃烧，降低排烟浓度。

原油发电机组的主燃料为油田自产原油，且原油机组对燃用原油的要求较高，为了满足原油进机的各项指标要求，需要先对其进行预处理。海上平台(包括 FPSO)上常规燃料油处理流程是从电脱水器出口引出一路原油单独进行处理，先进入原油沉降罐，经过沉降后再依次进入原油分离橇、原油日用罐，燃油增压橇以及循环供给橇，将合格燃料油注入原油发电机组。由于不同海域油田的原油品质和性质存在较大差异，采用海上平台常规的原油分离和脱水处理工艺，经过处理后的原油含水率可能出现不满足原油发电机组的进机指标要求的情况，尤其是某些油田投产前几年液量较大但含水不高，中后期液量大含水高，所以平台生产分离器的处理量一直变化，导致分离器处理效果波动，进而也影响后续电脱水器的脱水效果，造成进原油发电机组的燃料油含水率出现不满足进机要求。发生这种工况的机组，通常运行状态较差，故障率偏高，维护工作量和费用较高。针对这个问题如何解决，技术上从原油处理净化流程进行优化，将原油日用罐的回流管线由去往原油沉降罐改为接入分离橇内的其中一台分油机，单独连续分离，增效脱水效果。流程优化如图 5、图 6 所示。某海上油田 FPSO 原油处理流程优化，实施后增加了原油的沉降时间，提升了油水分离效果，进机燃油的含水率将明显降低，机组运行状况也将得到改善，机组排放的粉尘量也会明显降低。

2.4 控制机组运行负荷率优化

现场生产作业时，根据油田逐年的电负荷变化，考虑平台的注水、外输、钻修井频率，优化电网的运行管理、倒机计划，控制发电机组的运行负荷率基本在合理的区间，改善燃烧工况，降低排烟浓度和含尘量。油田电力调度随时关注油田群的电站出力和油田负荷，大功率设备的启停由电力调度统一协调，比如注水泵、压缩机。当电站机组负荷率过高时，电力调度协调各平台采取关停低效井，暂缓钻修井作业，变频设备降频运行等措施。

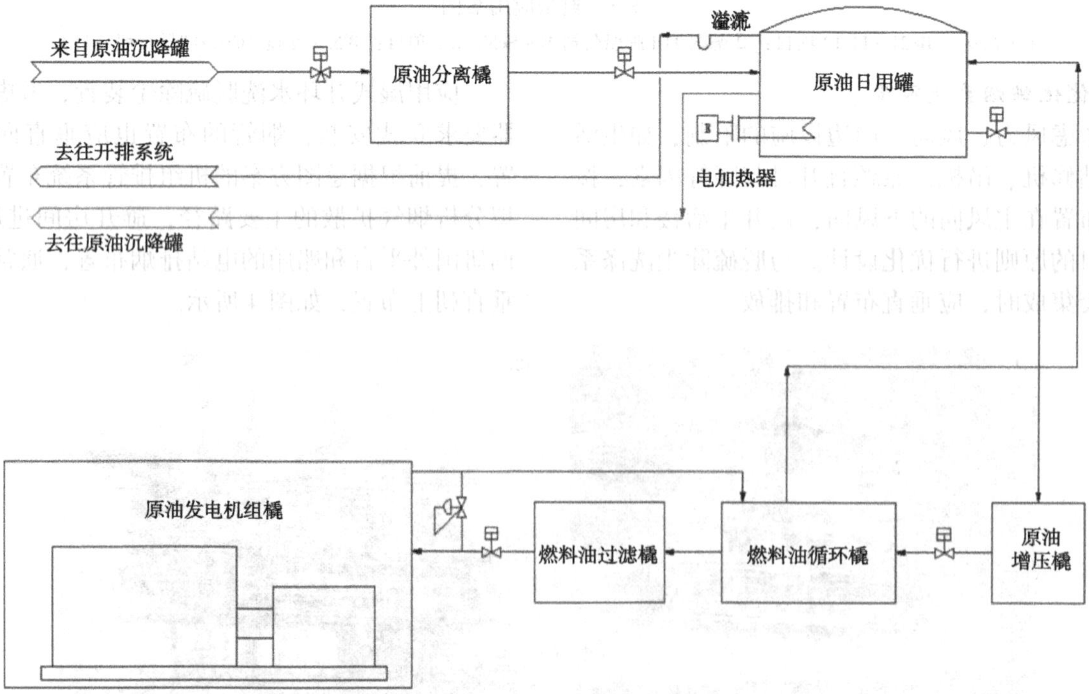

图 5　燃料油系统流程优化前

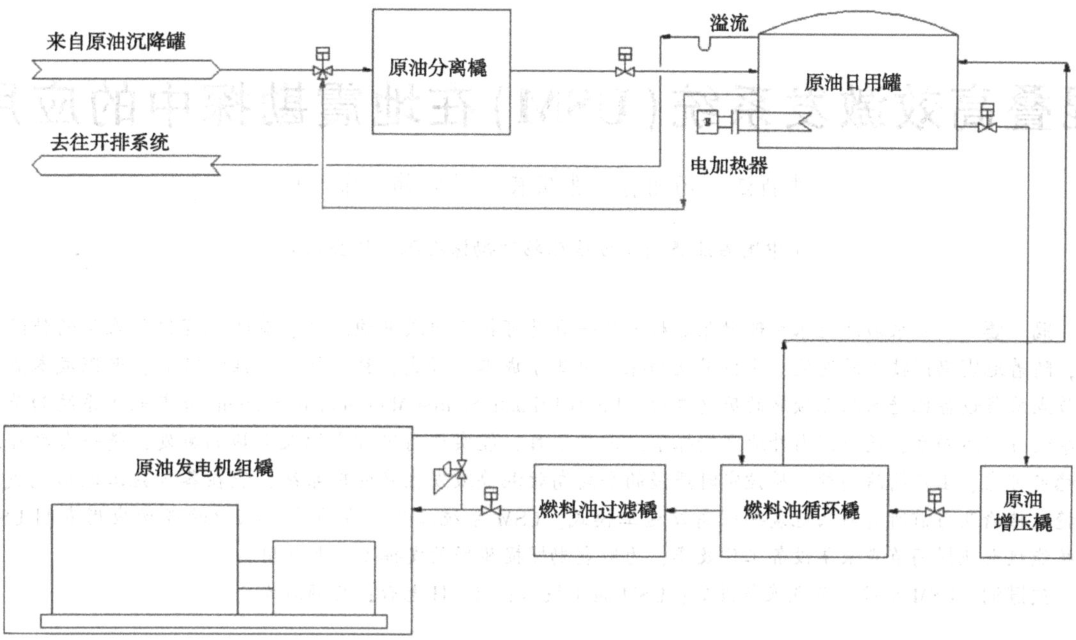

图6　燃料油系统流程优化后

原油发电机组运行负荷率对烟气排放浓度以及烟灰颗粒物都有着明显的影响，厂家建议机组运行负荷率维持在80%~85%之间，此工况下可降低机组燃油消耗和烟尘含量。据数据资料显示，原油发电机组在不同负荷率下，烟气中固体颗粒物的测量值随着机组负荷率的升高，烟气中PM2.5和PM10颗粒物的质量浓度逐渐下降。因此对于原油发电机组可以通过适当提高机组负荷率来降低烟气中固体颗粒的含量。

3　综合治理效果分析

基于以上应用湿式水洗脱硫除尘技术，同时优化后处理系统设计方案，包括采取烟管垂直布置、优化燃油处理系统，控制燃油含水率、控制机组运行负荷率的综合治理技术，有利于降低机组的硫化物和固体颗粒物排放浓度，改善海上平台作业和生活环境。以额定功率为7600kW的原油发电机组为例，2台机组运行，应用此技术可减排硫化物约1.6t/d，固体颗粒物减排约0.14t/a，社会效益较为显著。开式系统最简单，仅用海水洗涤，不加任何药剂，对于海水的碱度和温度要求不高，不需要存储废液，投资费用也相对较低。

4　结束语

随着我国海洋环境保护相关规范的进一步加强，油田开发将绿色环保、节能减排的理念始终贯穿于前期研究的全过程。为改善海上平台的生活作业环境，有必要对海上平台原油发电机组的排烟尾气进行脱硫脱硝以及除尘处理，开展这项综合治理技术应用研究，形成海上平台原油发电机组排烟综合治理技术储备，促进实现油田绿色开发可持续性发展。

参　考　文　献

[1] 于邦廷，王文祥，杨风允，等. 原油发电组的设计参数对海洋平台环境的影响[J]. 石油工程建设，2016，42(3)：29-32.

[2] 王文祥. 双燃料往复式原油发动机用于海洋石油平台的适应性[J]. 中国海上油气(工程)，2000，12(6)：47-50.

[3] 贺相军，王涛，王磊. LF13-2油田开发项目原油主机排烟系统设计[J]. 中国海洋平台，2013，28(3)：6-9.

[4] 李东芳，许中，陈颖，等. 发动机排烟对海洋平台及周围环境影响的数值模拟[J]. 中国造船，2010，51(191)：40-45.

[5] 周伟，朱海山，张明，等. 海上平台原油发电机排烟管布置对直升机起降的影响分析[J]. 中国造船，2013，54(S2)：502-506.

[6] 安明明，宋秦平，谢双蔚. 海上平台大气污染物排放管控方案研究[J]. 广东化工，2022，49(7)：134-135.

[7] 周松，李琤，沈飞翔. 船舶废气洗涤脱硫技术现状及发展趋势[J]. 柴油机，2014，36(5)：1-6.

[8] 周松，李琤，许铁夫. 船舶SO_x排放控制技术研究[J]. 柴油机，2015，37(5)：14-19.

混叠高效激发系统(USM)在地震勘探中的应用

曹新江　杨丽青　张庆良　孙东伟　宋欣欣

(中国石油集团东方地球物理勘探有限责任公司)

摘　要　多年来石油地球物理勘探资料采集一直是可控震源或井炮激发、有线地震仪器采集的传统模式，随着地震勘探技术的发展、油公司及物探公司基于成本的考虑，施工便捷、性能可靠、勘探成本更低的节点采集设备已进入物探领域的历史舞台。USM(Utimate Source Management System)节点采集系统为节点采集设备应运而生，适应国内外地震勘探节点采集项目，能实现对可控震源及井炮的激发，是一套数据通讯稳定可靠、生产简洁高效、质控实时严谨的全新高效混叠激发生产管理系统，能在各种施工地形完成数据稳定传输及当前所有石油地震勘探高效施工模式。USM 系统三年多在地震勘探中的成功应用表明 USM 系统能极大地提高节点采集设备工作效率，为地震勘探提质增效发挥了巨大作用。

关键词　USM 系统；节点采集设备；USM 施工技术；MESH 电台；公网激发

当前随着物探技术的进步，物探行业现状包含以下两个主要方面：首先，近几年各种新型节点采集技术和节点装备正在不断推出，目前全球已经生产近百万道陆上节点采集设备，为陆上地震采集提高作业效率、降低勘探成本、解决复杂地区勘探难题提供了设备保障，受节点采集设备在全球推广应用的影响，我国地震数据采集技术正在逐渐走向成熟。2018 年以来，越来越多的石油勘探项目招标要求提供节点采集技术方案，甚至有的客户在招标时指定特定品牌的节点采集设备；其次，随着高效采集模式应用，施工技术的进步对可控震源无桩号施工、网络化实时质控数据交互等需求日益增多，传统地震勘探采集手段如仪器车加大线采集模式受到了挑战，施工中数据及指令传输经常中断难题一直未得到解决。为推广节点设备采集技术，解决施工中通讯难题，把握全球物探采集市场竞争形势变化，提高物探服务商的市场竞争力，东方地球物理公司研发了 USM 高效激发管理系统。

USM 系统集成了 4G/5G 网络激发控制技术、无线自组网络(MESH)激发控制技术、北斗独立激发技术，支持滑动扫描、动态滑动扫描、超高效混叠采集等多种高效作业方法。在网络通讯条件下，系统提供更加丰富的地震勘探生产实时质量控制内容，支持无桩号施工、远程任务分发、轨迹更新等功能应用，满足了在山地、城区、沙漠等多种复杂地形开展大规模井炮、震源与井震混合勘探的作业需求，实践证明，网络化施工模式打破传统施工模式下的数传壁垒，构建了一个公网、局域网混合的施工网络，最大化的提高了采集效率，其具体优势如下。

(1) 实现可控震源通讯网络化，摆脱电台通讯距离限制。

(2) 实现可控震源震动质量信息网络化传输，解决电台传输回传率低的问题。

(3) 实现炮点和轨迹通过网络向震源分发。

(4) 施工管理、可控震源调配实现实时化、可视化。

(5) USM 系统无需硬件连接传统意义上的编码器，不受采集数传线缆约束，可以布置在施工区域的任意位置。

1　USM 系统组成及模块功能

1.1　USM 系统组成

如图 1 所示，USM 系统由 USM 服务器主机、显示器、授时模块、MESH 电台及 4G/5G 路由器组成，USM 系统激发控制管理的可控震源系统包含 VSC 导航系统(东方地球物理公司自主研发的可控震源导航)、VIBPRO HD 电控箱体或 VE464 电控箱体及东方地球物理公司研发的自主激发控制器，USM 系统激发控制管理的井炮系统由 SSC 控制器、Shotpro 编码器及译码器、模拟电台、Shotpro 爆炸机及手簿组成。

1.2　USM 系统模块功能

USM 系统软件采用 GPS 授时的 WINDOW11 操作系统工业服务器，主要模块及功能包含以下

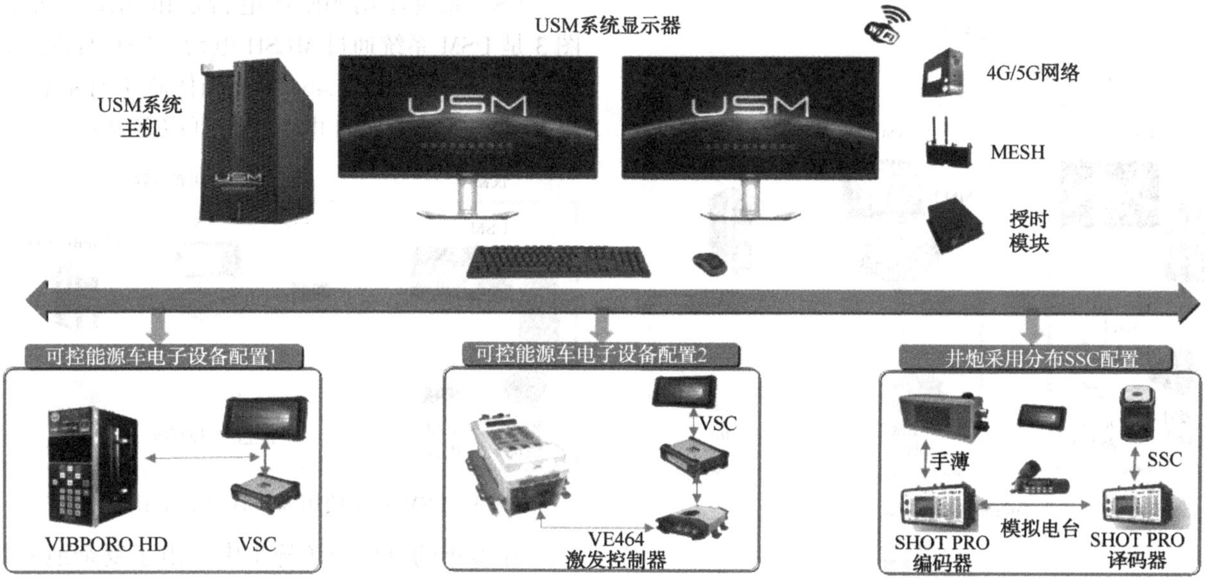

图 1　USM 节点采集系统组成图

几个部分。

(1) 项目管理模块。项目管理模块为野外地震勘探项目建立项目数据工程，主要对项目进行整体管理、坐标转换及连接方式的设置，如施工工区的三参或七参坐标参数设置，USM 与可控震源间的通讯连接方式即串口、局域网、客户端的选择，节点采集设备功能的启用、MESH 电台自组网放炮与 4G/5G 网络放炮管理的选择等。

(2) 可控震源管理模块。可控震源管理模块主要设置可控震源、VIBPRO HD 和 VE464 电控箱体的各项参数如可控震源性能参数、伺服控制参数及扫描参数、TD 规则(time-distance rule)、授时精度、可控震源组合中心、导航参数、可控震源组分配、QC 数据的监控、传输及报警门槛的设置等，模块中设置的参数均能以文件形式保存。

(3) 井炮管理模块。井炮管理模块与可控震源管理模块功能类似，如启用 TD 规则、爆炸机分配、井炮激发、井炮 PFS 报告的实时传输等。

(4) 炮点及图层管理模块。炮点管理包含炮点设计、导入炮点和下发任务等 6 种方式，下发炮点的方式分别有框选发送、点选发送、连线发送、炮线发送、炮排发送和区块发送等多种方式。图层管理包含下载、加载卫星地图，设置预警图层区域、禁止放炮区等多层功能。

2　USM 系统施工技术

USM 系统深度融合了可控震源和井炮炸药两种激发技术，USM 系统与可控震源系统的激发采用 4G/5G 公网云端服务器或 MESH 电台通讯技术，而 USM 系统与井炮系统使用 4G/5G 公网通过云端服务器实现数据及指令的高效率传输。

2.1　4G/5G 公网激发技术

采用公网 4G/5G 激发的 USM 系统通讯不受距离大小的限制，可靠性高，只要 4G/5G 网络覆盖到的工区 USM 系统与可控震源系统、井炮系统之间都能建立通讯，因此，只要有手机网络或者公网的地方都能布设此系统，如图 2 所示，仪器车内的 USM 系统中安装有内置 SIM 卡的 4G/5G 路由器，USM 系统通过云服务器与激发系统建立通讯。图 2(a)中 VSC 导航内置 SIM 卡，USM 系统通过云服务器与 VSC 导航、VIBPRO HD 或 VE464 电控箱体实现可控震源激发，图 2(b)中流动皮卡上安装有 SSC 控制器及内置 SIM 卡的 4G/5G 路由器，USM 系统与 shotpro 编码器通过云服务器实现通讯，编码器与译码器通过模拟电台传输指令控制井炮激发，装载 Shotpro 编码器的流动皮卡根据施工地形可在工区灵活移动，确保编码器与译码器之间数据的高效稳定传输。

USM 系统搭建公网通讯网络在石油地震勘探的应用实现了 USM 系统与激发端之间通讯数据及指令的稳定传输，保证了激发端在村庄密集、人文活动频繁、山区、丛林、城乡结合区等复杂区域的快速、高效作业能力，解决了建筑物

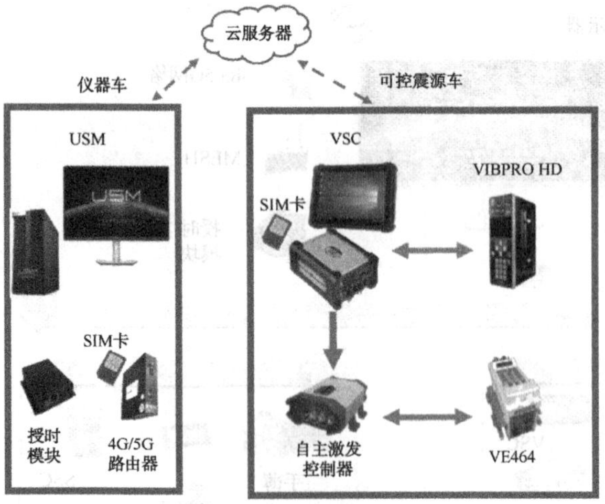

(a)使用4G网络进行震源施工

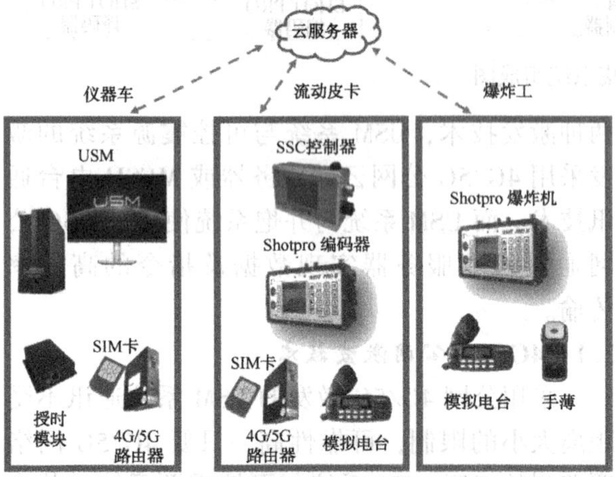

(b)使用4G网络进行井炮施工

图 2　采用公网 4G/5G 激发控制原理图

或从林遮挡及密集电磁干扰而导致无线启动指令或数据回传的困难，实现了可控震源及井炮作业日效大幅度提升。

2.2　MESH 自组网电台激发技术

施工地区不具备公网通讯条件时，USM 系统可使用 MESH 电台实现与可控震源系统或井炮系统的数据传输。MESH 通讯技术是基于一种先进的无线自组网协议，将 USM 系统内所有设备接入同一局域网，实现通讯数据的传输。Mesh 自组网电台使用路由器节点或终端节点，节点之间通过无线电信号进行通信，所有节点都有能力接收、转发和发送数据，且 Mesh 自组网具有强大的自我修复能力和高度的容错性，即使网络中的一个或多个节点失效，整个网络仍然可以继续工作，USM 系统正是采用了 MESH 电台强大的通讯能力实现了与可控震源之间数据传输的高可靠性。

USM 系统使用 MESH 电台通讯如图 3 所示，图 3 是 USM 系统通过 MESH 电台、VSC 导航分别与 VIBPRO HD 或 VE464 电控箱体施工时示意图，USM 系统通过 MESH 电台控制可控震源激发。

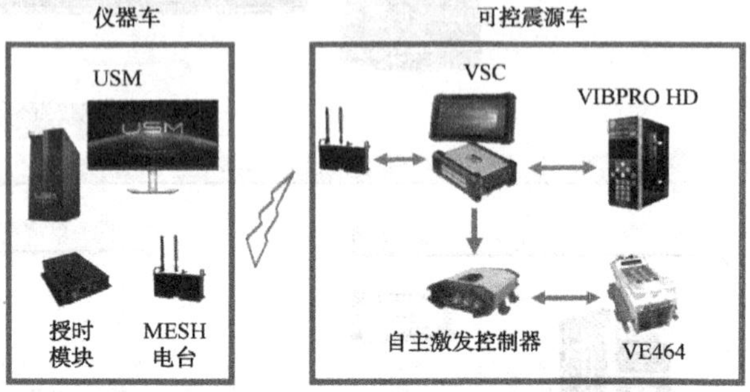

图 3　USM 系统使用 MESH 电台通讯示意图

在多年的可控震源施工中，由于复杂地形如在沙漠较大起伏区、树林密集区、海拔落差较大丘陵等地区导致数据传输中断是地震勘探中常见现象。配置有 MESH 电台的 USM 系统在这些地区的应用解决了一直以来可控震源施工中数据传输故障频发、效率低等问题，石油地震勘探效率成倍增加。

2.3　USM 系统节点施工技术

节点采集设备具有相互独立、工作互不影响的特点，布设至接收点后开始不间断工作，记录检波器采集到的地震信号，同时自集成的定位设备获取精确时间信息同步记录入地震数据中。

为深度融合当前节点采集设备地震勘探的施工特点及需求，USM 系统形成了多种施工模式，对于可控震源系统，USM 系统通过连接 VSC 导航，构建 4G/5G 公网或施工区域 Mesh 自组局域网施工、4G/5G 公网与 Mesh 自组局域网混合施工，对于井炮系统，USM 系统可采用 4G/5G 公网激发方式实现井炮炸药激发，USM 系统也可在 4G/5G 公网模式实现井炮与可控震源混合激发。通常，USM 系统可以与具有卫星授时信息同步记录的有线采集仪器主机作为激发控制系统联合施工。

在 USM 系统施工中，USM 系统通过授时模块在施工中记录工区每个炮点激发时间，与其他可控震源或井炮返回至 USM 系统的数据一并保存，这些数据与从节点采集设备下载的采集数据体进行处理分析，获取地震资料。

3　USM 系统在地震勘探中的应用实例

USM 系统至今已在国内戈壁、沙漠、农田地、丛林等各种地形成功规模化应用3年多，目前国内节点设备采集几乎全部使用USM系统，应用表明USM系统采用的滑动扫描、动态滑动扫描、超高效混叠采集等多种高效作业方法都刷新了国内可控震源高效采集新纪录。

2021年东方地球物理公司长庆物探分公司运作的两个三维项目中首次采用USM高效混叠激发管理系统，项目投入28台EV-56高精度可控震源，5.2万道eSeis节点仪器，创造了最高采集日效6538炮，平均日效同比往年提高23%。针对黄土塬地形塬上、塬下高差大施工环境，通过4G网络和MESH自组网电台混合使用，搭建稳定可靠的数传网络，同时可控震源搭载与USM系统性能适配的VSC导航系统，实现了生产效率大幅提升，重振率比往年降低90%。

2023年吐哈探区某三维勘探项目工区地貌包含戈壁区、丘陵区、胡杨草场区、采油区、农田村庄区五种类型。工区移动网络信号覆盖范围60%，为满足施工区域通讯网络的可靠覆盖，搭建4G网络和MESH自组局域网，将工区划分成不同区块，USM系统安装两台不同频率的MESH电台，使用两种不同频率分别控制对应区块可控震源激发，提高了可控震源的数传网络稳定性及采集效率。该项目可控震源超高效混采实现了国内可控震源日效11000炮的记录。

USM系统的成功应用优化了T-D规则曲线参数，开展了非纵炮点激发，有效证实了变速率扫描和采用T-D规则曲线在超高效混叠采集地震数据的可行性，实现了对可控震源组分块化任务区管理，首次完成了国内可控震源0秒滑动时间激发作业管理，满足了可控震源激发时间随机性需求，降低了高效混采数据分离难度。

4　结束语

经过20年左右的技术研究与发展之后，陆上节点地震数据采集设备已经融入到石油资源勘探环节之中，已成为未来地震采集系统的发展方向。东方地球物理公司自主研发的USM节点采集系统经过3年多在国内长庆、新疆、青海、华北、吐哈等多个探区的规模化应用，证实了USM系统对于节点采集设备在陆上可控震源及井炮高效混采中的可行性，解决了石油地震勘探在沙漠、戈壁、丛林、城镇等所有施工地形一直未解决的通讯难题，实现了当前全球物探行业广泛采用滑动扫描、动态滑动扫描、超高效混叠采集等多种施工方法，填补了国内混叠高效激发空白，USM系统已成为节点采集地震勘探项目的标配，为提高东方地球物理公司的物探市场竞争力具有重要意义。

参　考　文　献

[1] 崔兵. 陆上地震数据采集节点设备现状与发展[J]. 中国石油和化工标准与质量，2021：126-127.

[2] 夏颖，朴金山，刘小峰，等. 提高可控震源高效采集通讯效果方式的探讨[C]. SPG/SEG南京2020年国际地球物理会议，2020：1483-1486.

[3] 张晓刚，李小军，王江，等. 基于无线公网的云服务在地震观测中的应用探索[J]. 华北地震科学，2019，37(1)：72-75.

[4] 梁能等. 卫星通信与无线Mesh自组网在海洋渔业中的融合应用[J]. 长江信息通信，2023，5(1)14-18.

[5] 孙燕国，石锟，周仁达，等. 浅析Mesh自组网在海洋地震勘探中的应用[J]. 物探装备，2021，31(1)64-66.

[6] 夏波，潘国勇，任烨，等. 陆上地震数据采集节点设备现状与发展[J]. 数字技术与应用，2023，41(5)：11-13.

[7] 史子乐，黄艳林，李静，等. 陆上地震数据采集节点设备现状与发展[J]. 石油管材与仪器，2019：15-18.

北斗高精度储油罐沉降监测技术应用研究

谢璐瑶[1]　杨明生[2]

(1. 中石化销售华中分公司；2. 中石化北斗运营服务中心)

摘　要　油气储罐在运营过程中，随着使用年限的增加也面临着因地基沉降带来的罐体形变风险；基于北斗高精度定位的监测预警技术能较好地实时监测储油罐的状态；本文根据国内外油气储罐容许沉降和倾斜的标准，提出了综合预警阈值判决条件，在实际工程应用中效果显著，有效降低了油气储罐安全风险。实际应用中北斗高精定位系统将数据采集、数据传输、数据处理 3 个模块有机结合，确保了监测系统的稳定和监测数据的精度。通过“北斗全时空精准定位技术+数字孪生技术”，三维实景再现进出入油库内本企业员工、管网员工、外来施工人员、访客等四类人员的位置轨迹，实现油库内各类人员的信息管理、定位管理、报警管理、统计分析等功能。通过在油库周边地质结构稳定的区域建立北斗基准站及油罐顶端安装北斗监测一体机，选取投用时间较长，存在沉降风险的大型储油罐开展厘米级的沉降及位移状况监测、预警。

关键词　高精度北斗定位；形变监测；预警阈值

1　研究背景

储油罐作为油库的关键装置，是炼化销售企业的关键组成部分；同时它的安全状态也是整个企业高度关注的重点；随着储油罐使用时间的增加，油罐的安全隐患也逐渐增多。储油罐在竣工投产使用后，由于基础地质构造不均匀、土壤的物理性质不同、大气温度变化、地基的塑性变形、地下水位季节性和周期性的变化及罐体本身的荷载变化，会导致罐体发生不规则沉降、变形、倾斜等现象，也会使储油罐产生附加应力而引起基础裂缝，甚至局部构件断裂，危及储油罐的安全，因此有必要对油罐的形变进行安全监测。

在日常巡检和维护中，微小的沉降和变形均难以用肉眼观察到，只有当失稳变形积累到一定程度、影响正常使用时才会被发现，此时罐体的变形已不可逆转，甚至会发生浮盘倾斜、罐体倾覆等重大事故。

目前国内针对储罐罐体的形变监测方面，基本处于空白状态。即使有部分企业进行了这方面的工作，采用的依然是传统人工测量方法，工作量较大，测出的各项数据存在一定的人为误差，易受天气和现场条件状况的影响，资料整理与分析周期很长，不能及时的发现变形情况，不能做到实时不间断监测。本文就基于高精度北斗监测终端的油气储罐监测预警预报开展阐述和研究。

2　研究方法

2.1　北斗高精度监测系统的部署

基于高精度北斗监测终端的油罐监测系统，可以实时、高效、多维度监测油罐的安全状态，高精度监测终端及安装操作过程均防火防爆，数据传输采用有线线缆接入内网，安全稳定。在建设有北斗地基增强站的条件下，通过对监测终端位置监测数据的事后计算，可以感知毫米级监测终端位移变化，满足储油罐微小形变监测的需求。

(1) 北斗高精度监测终端安装在储油罐顶部，均匀分布，东西南北各安装 1 部，对储油罐的形态进行 4 点实时位移变化监测。

(2) 在 3~5km 范围内，地基稳定的地方安装北斗地基增强站 1 套，保证监测数据可靠、可信。

监测系统分为数据采集系统、数据通讯系统、数据处理系统，数据传输采用线缆通过交换机、防护墙后接入内网，确保数据传输安全稳定(图 1)。

2.2　监测数据的处理与分析

由于卫星信号在传播过程中容易受到电离层的干扰、电磁信号的干扰，采集的数据可能受到

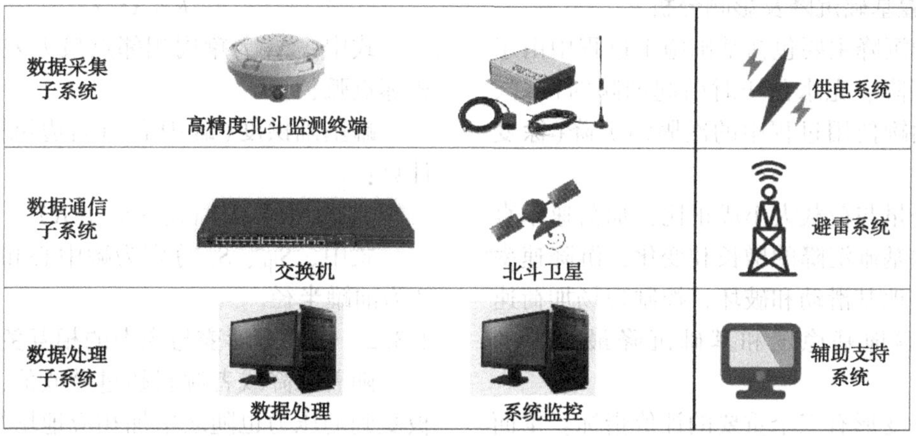

图 1　基于北斗高精度定位的储油罐沉降监测系统示意图

污染而畸形失真，因此在数据回传至系统后需要进行去噪处理，以解决可能出现的伪距差分问题。

目前在通信、导航、制导与控制等多领域得到了较好的应用的为 Kalman 滤波。它采用递归原来的线性滤波，简单易实现，便于编程。因此本系统采用了 Kalman 滤波进行数据处理。

Kalman 滤波是以最小均方误差为准则的最佳线性估计或滤波。与维那滤波相比，Kalman 滤波器不需要全部过去的观测数据，它只是根据前一个估计值和最近一个观测数据来估计信号的当前值，是用状态方程和递推的方法进行估计所得的解，是以估计值的形式给出的。这有利于用计算机进行计算和滤波。但利用 Kalman 滤波器进行滤波时，需要知道系统的状态方程和量测方程。

假设系统的状态方程为：

$$x(k+1)=Ax(k)+Be(k) \tag{1}$$

式中，$x(k)$ 表示一组状态变量组成的多维状态向量(k)是激励信号，A、B 都是由系统的结构确定的矩阵。

当已知初始状态 $x(0)$，可用递推的方法得到它的解 $x(k)$：

$$x(k)=\Phi(k)x(0)+\sum_{j=0}^{k-1}\Phi(k-1-j)Be(j) \tag{2}$$

式中，$\Phi(k)$ 称为状态转移矩阵。当已知 $x(0)$，激励 $e(j)$ 以及 A，B 矩阵，可以利用(2)式求出 $x(k)$ 的解。若 k_0 表示 k 的起始值有：

$$x(k)=\Phi_k,\ k_0x(k_0)+\sum_{j=0}^{k-1}\Phi_k,\ j+1Be(j) \tag{3}$$

由于 $\Phi(0)=A^0=I$，代入(3)式得：

$$x(k)=\Phi_k,\ k-1x(k-1)+\Phi(0)Be(k-1) \tag{4}$$

假设激励源为白噪声，即 $Be(k-1)=w(k-1)$称为系统动态噪声，而系统是时变的，即：

$$\Phi k,\ k-1=A(k) \tag{5}$$

则(4)式可以写为：

$$x(k)=A(k)x(k-1)+w(k-1) \tag{6}$$

为统一把(5)式写为：

$$x(k)=Akxk-1+wk-1 \tag{7}$$

(6)式表明 k 时刻的状态 $x(k)$ 可以由它前一时刻的状态 $x(k-1)$ 求得，故该式又称为递推状态方程。

Kalman 滤波需要依据观测数据对系统状态进行估计，因此，除了要建立系统的状态方程以外，还需要建立一个量测方程。一般假设观测系统是线性的对于离散时间系统的量测方程可以写成：

$$yk=ckxk+vk \tag{8}$$

式中，yk 为观测或量测到的信号矢量序列 vk 为观测噪声序列 ck 是观测矩阵$(m\times n)$，m 为 yk 的维数，n 为 vk 的维数，$ckxk$ 是信号的真值。(8)式表示观测或量测到的信号 yk 包括信号的真值和噪声。

2.3　监测预警阈值判定

系统预警阈值的判定方法，提出采用充水预压一些指标为参考，依据罐体材料、应力等关键因素，参考不同沉降量对罐体应力应变的屈服强度极限，进行综合预警阈值设定。

四级预警预报：根据四级预警的规范，监测预警分为注意、警示、警戒、报警；分期预报：对钢制材料发生形变的罐体可分为安全期、弹塑变形期、受损期、失效期来进行判定；变形值预报：不同沉降量罐体所受压力不同，沉降量越大，罐地板所受压力越大。

2.3.1　储油罐基础沉降及影响分析

油罐基础沉降主要包括基础施工过程中由于自重引起的沉降、充水预压时引起的瞬时沉降、固结沉降及油罐使用过程中的次固结沉降(徐变沉降)。

基础沉降量与荷载大小成正比，加荷速率直接影响到油罐基础沉降的增长和变化，沉降速率过大可能导致地基滑动和破坏，控制现场加荷速率是控制油罐地基稳定和基础沉降最主要的内容。

油罐地基变形有三个重要的评价指标：平面倾斜(油罐整体倾斜)、非平面倾斜(罐周边不均匀沉降)和罐基础拱度(罐中心与周边沉降差)。这三种变形均主要由差异沉降导致对于不同直径、不同罐顶形式的油罐的控制标准不同；

油罐地基平面倾斜值按下式计算：

$$K=D_{max}/D \tag{9}$$

式中，D_{max}为对径点最大差异沉降；D为油罐直径；

油罐地基非平原倾斜值按下式计算：

$$K=\Delta S/L \tag{10}$$

式中，Δs为罐周相邻点最大差异沉降；l为相邻点弧长；

罐基础拱度(罐中心与周边沉降差)按下式计算：

$$K=(S_{中}-S_{边})/R) \tag{11}$$

式中，$S_{中}$、$S_{边}$分别为罐中心和罐周边沉降；R为油罐半径。

2.3.2　储油罐形变与应力的相互关系

随着沉降或者倾斜超过警戒值，储油罐的地板受到的压力也随之增加相应地增加了储油罐本身的不安全状态。一般而言，沉降量和压力呈正相关关系，沉降越大，基础钢板所受的压力、压强越大，因此在进行监测预警时要考虑罐体本身所受屈服应力等参数与沉降量的关系。

在直径为5m的油罐实验中，形变量与压力的关系如图2所示。

如图2所示，当油罐沉降量达到300mm时，地板所售压力超过150MPa，一般而言罐体的屈服强度在235MPa间，处于安全形变范围内。

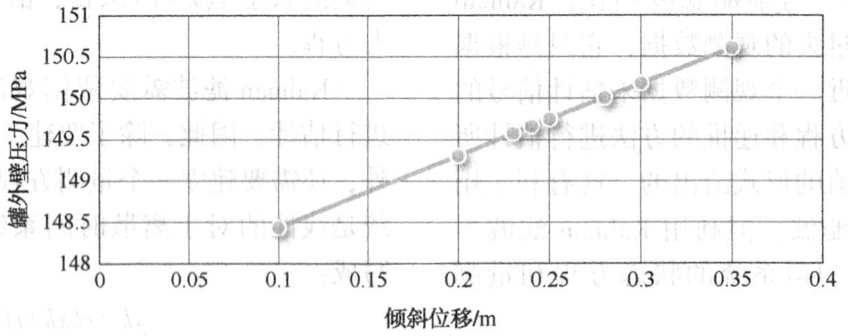

图2　观测所示储油罐与外壁应力关系图

表1　某油罐本身材料强度表

材料牌号	屈服强度/MPa	抗拉强度/MPa	屈强比	(PL, RL+Pb)/MPa	Q/MPa	(Pm≤Sm)/MPa
Q345-R	≥345	510~640	0.68	345	345	212.5(St/2.4)
Q235-B	≥235	375~500	0.6	235	235	156.25(St/2.4)

2.3.3　储油罐形变与观测位置的关系

如图3所示，观测点距离基础越近，观测的沉降值为基础沉降值的比例越高。因此高精度北斗监测终端与罐体的距离应尽量小。据此说明将监测设备安装在储油罐上是可靠合理的。

图中横坐标为测点离罐周的距离(L)与罐直径(D)；纵坐标为边桩沉降占地基边缘沉降的百分比。

3　应用实例

目前已经开发包括储油罐监测的高精度监测预警平台。监测预警充分考虑各项已知条件和行业标准、实践经验和理论成果。系统功能包含监测点概况、设备概况、监测预警、预警阈值判定、预警警情发送等(图4)。

高精度形变监测系统通过实现包括瞬时形变、累计形变、沉降速度、沉降加速度、阈值设定于趋势判断等在内的各项功能。

某单位为了实时监测储油罐整体形变情况，选择在其罐顶安装了 4 部北斗高精度监测终端，进行 24 小时不间断监测，并确保每小时至少有 1 组数据回传(图 5)。

选取 4 月 1 日至 4 月 5 日的监测数据进行分析，垂直方向最大位移相对变化量有 20. 21mm，充分考虑各项阈值参考条件，并进行样本模拟计算，结合现场勘察，判断为安全状态。同时根据实地核查和人工测量，以及应力检测，目前油罐状态安全，与监测结论一致(图 6)。

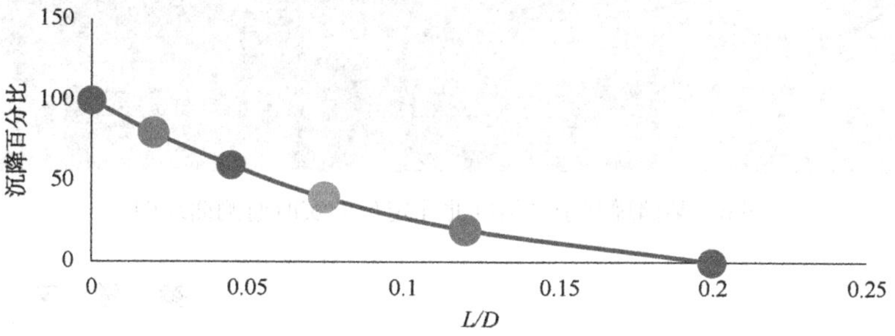

图 3　表土沉降占地基边缘沉降的百分比

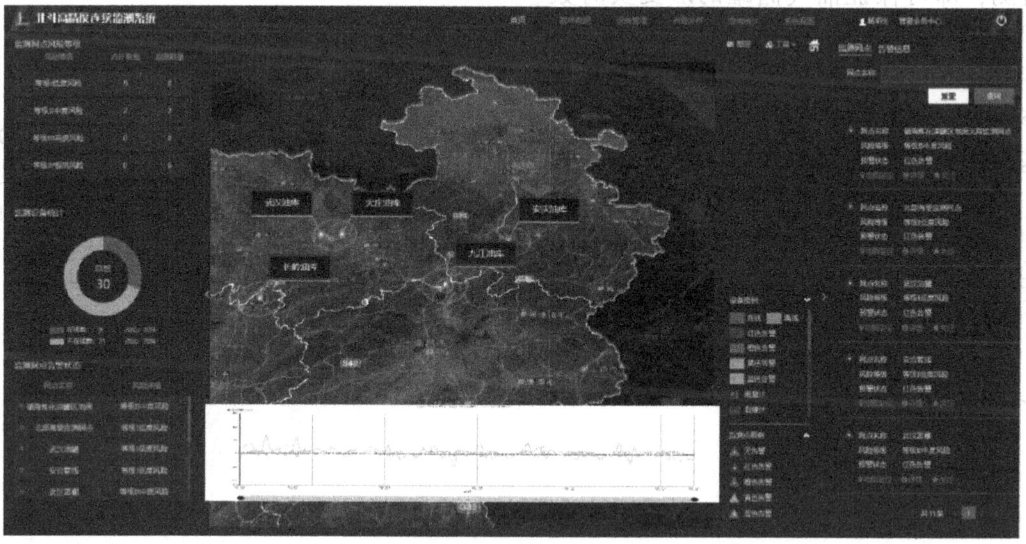

图 4　沉降监测系统页面图

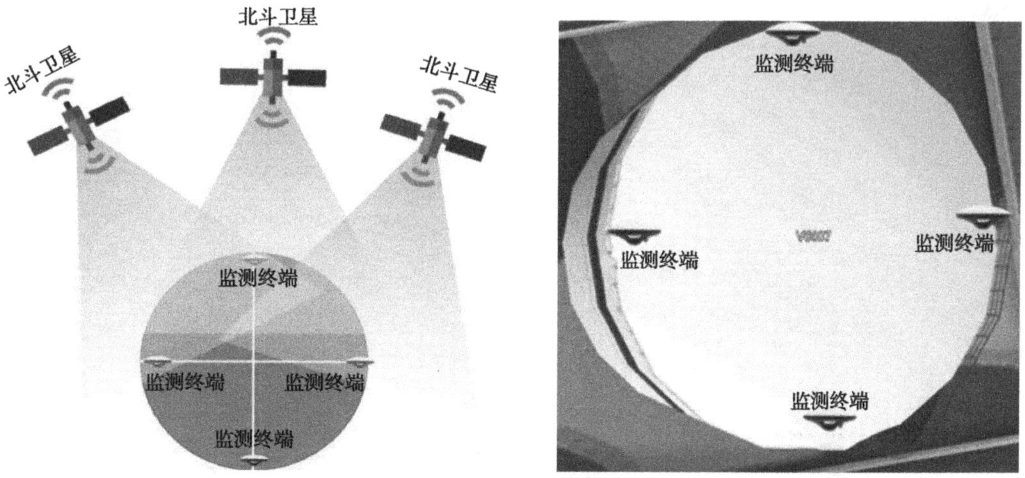

图 5　基于北斗高精度定位的储油罐沉降监测系统的监测设备部署图

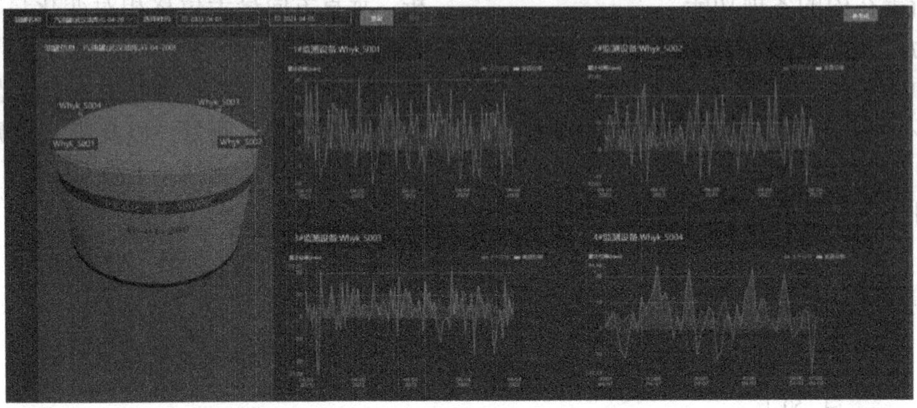

图 6　某储罐基于高精度北斗定位的实时监测曲线图

4　结论

（1）利用北斗高精度定位系统对油气储罐进行形变监测，即可保证油气储罐的形变实时数据，又可保证国家能源数据安全。

（2）根据不同形变条件，本文提出了简化的四级预警阈值判决条件，可以做完油气储罐形变监测的基本阈值，后期根据样本数据进行优化调整。

（3）不同的地基条件对油气储罐的容许沉降值和容许倾斜值不一样，要根据实际情况进行调整应用。

（4）四级预警阈值判决条件在实际应用中取得了良好效果。

参　考　文　献

[1] 贾庆山. 大型油罐软土地基容许倾斜值. 岩土工程学报，1991，13(1)：54-60.

[2] 叶书麟，韩杰，闽泉欣，等. 碎石桩加固油罐地基试验研究. 岩土工程学报，1992，14(6). 50-59.

[3] 李杰，周昌清. 充水预压的油罐锥面沉降和地基变形观测. 水利水运工程学报，2004(2)：59-62.

[4] 赵同顺，周波. 大型油罐地基变形特性的研究. 岩石力学与工程学报，2004，23(6). 1037-1043.

[5] 应宏伟，杨晓刚，卞守中，等. 大型油罐地基现场试验分析. 岩土工程学报，2005，27(2)：157-161.

[6] 宰金氓，梅国雄. 成长曲线在地基沉降预测中的应用. 南京建筑工程学院学报，2000(2)：8-12.

无人机倾斜摄影构建地震仪器车的三维模型的方法

白志宏[1,2] 王一博[1] 孙喜明[1] 孙俊青[1] 刘振亚[1] 高 媛[1] 伊艳青[1] 王明星[1]

（1. 中国石油集团东方地球物理勘探有限责任公司；2. 河北省地震勘探数据采集技术创新中心）

摘 要 随着无人机技术的迅速发展，无人机倾斜摄影测量已成为获取高精度地理空间数据的重要手段，可以提供高效率和高精度的数据收集能力，推动了数字化智能化勘探方法的实施和发展。使用无人机倾斜摄影技术构建地震仪器车三维模型的方法，通过一套完整的工作流程，以提高建模的精度和效率。设计合理的无人机的飞行任务规划，利用无人机搭载的高分辨率相机系统，从多角度捕捉地震仪器车的影像数据，采集地震仪器车的高分辨率倾斜影像，重建出仪器车的三维点云结构，多视角立体匹配算法优化点云质量，经过处理得到连续的表面模型。通过实际使用无人机航拍地震仪器车，通过倾斜摄影处理构建地震仪器车三维模型，测试结果表明结合了无人机航拍技术和视觉算法，实现了对复杂设备如地震仪器车的高效、高精度三维建模。能够实现精细的地震仪器车三维模型构建，为地震采集作业推演提供同类型的基础组件提供了类似的解决方案，为实现下一步的三维地震采集施工场景的可视化推演提供基础。

关键词 无人机；倾斜摄影；地震仪器车；三维模型；多视角立体匹配

随着数字化技术的不断进步，油气行业正迎来数字化转型的新浪潮，其中无人机倾斜摄影三维建模技术成为实现物理资产数字孪生的重要手段，通过从不同角度拍摄高分辨率影像，可以捕捉到目标对象的三维几何信息，为构建复杂物体或地形的精细三维模型提供了可能。相较于传统的航空摄影或垂直摄影，倾斜摄影能够提供更全面的视角，从而显著提高三维重建的质量和精度。在此背景下聚焦于无人机倾斜摄影技术在构建地震仪器车三维模型中的应用，提出一种高效、精确的方法来支持油气勘探的数字化需求。

无人机倾斜摄影以其高效率、高精度和易于操作的特点，为三维建模获取提供了新的解决方案。利用无人机搭载的高性能相机系统，可以从多个角度快速捕捉目标物体的图像，并通过后续数据处理生成准确的三维模型。解祎恬提出针对当前对海相露头页岩表征方法存在的不足，利用无人机倾斜摄影技术结合人工考察，对野外研究区露头数据进行了采集、处理与地质解释，建立了页岩定量地质知识库，田文斌提出针对当前地震勘探施工在复杂地表应用正射影像辅助预案设计，应用无人机倾斜测量在实景三维建模方面高精度、低成本和高效率优势，提出重点区域实施方案。

针对油气勘探领域的特定需求进行优化，构建地震采集野外生产场景，需要对地震仪器车构建三维模型，构建过程包含：无人机拍摄策略、图像处理流程、点云生成与编辑技术以及模型优化策略。通过实际测试验证，规划无人机飞行路径以获取无遮挡的高分辨率影像，经过系列处理技术，构建好的地震仪器车模型，展示该方法的可行性和有效性，为地震采集作业推演提供基础组件，同时可以利用类似的方法构建可控震源车等一系列复杂三维模型，为可视化的地震采集作业推演的应用提供了参考，有助于提升油气勘探的数字化水平。

1 倾斜摄影构建三维模型基本原理

倾斜摄影构建三维模型采用了无人机从多个角度，环绕地震仪器等目标体的采集影像数据，然后处理这些影像数据，生成具有真实纹理的三维模型。首先无人机在飞行过程中按照预设的航线和高度拍摄一系列覆盖作业区域的倾斜影像。这些影像不仅包括垂直向下的照片，还包括各个角度的斜拍照片，以捕捉目标体侧面的信息。其次采集到的影像数据经过质量检查及相应的预处理后，做空中三角计算处理，该过程涉及到影像特征点的提取、匹配等计算，确保了影像之间的精确对齐，并为后续三维建模提供了重要的数据支持。最后使用实景建模软件处理已经对齐好的影像数据，通过多视角影像密集匹配算法，得到目标对象的点云数据，进而构建TIN模型，并将影像中的纹理信息自动映射到三维模型上，完成整个建模过程。

1.1 无人机倾斜摄影

无人机倾斜摄影技术是通过在无人机上安装多个成角度的摄像头，同时获取被拍摄对象的顶部和侧面视图。与传统的直下式航空摄影相比，能够提供更全面的视角，尤其对于结构复杂或不规则的物体，如地震仪器车，可以捕捉到更多的细节信息，从而为三维建模提供了更为丰富的数据基础。

无人机系统一般由飞行平台、稳定云台、多镜头相机系统、控制与导航系统以及数据处理软件组成。这些系统的整合能够快速高效地采集大量高分辨率的影像数据，即便是在难以接近的环境中也能保持高精度和高灵活性。

1.2 影像的预处理

在利用无人机倾斜摄影技术进行三维重建前，通常需要对采集到的影像进行预处理。这一阶段的目的是改善影像质量，为后续处理流程打下良好基础。预处理步骤通常包括以下几个。

去畸变：校正镜头畸变，确保影像中的对象形状准确无误。

对齐和拼接：当需要时，将多个重叠的影像对齐并拼接在一起，形成更大的视角或更高的分辨率。

影像增强处理：调整增强对比度和清晰度，使特征更加明显。

1.3 三维重建技术

运动恢复结构（Structure from Motion，SfM）是三维重建的核心过程，仅从一系列二维影像中恢复出场景的三维结构，根据移动相机拍摄的多角度的图像，计算得到相机姿态参数，恢复场景结构。作为基于图像序列三维重建的典型算法主要划分为三种类型：增量式SfM（Incremental SfM）、全局式SfM（Global SfM）、混合式SfM。

以下是SfM处理流程：

特征提取：首先在各影像中检测出可用于匹配的特征点。

特征匹配：建立不同照片之间相同的特征点互相的对应关系。

估计相机参数：确定每张影像对应的相机的位置和姿态，即每个影像是如何捕捉场景的。

三维重建：根据特征点在多个视角下的对应关系，使用空中三角法计算这些点的三维坐标，生成稀疏点云。

点云加密：通过多视角立体匹配技术增加额外的点，以获得更密集的点云，提高模型的细节水平。

1.4 采用无人机倾斜摄影构建三维模型的优势

与传统的手工测绘或固定翼飞机摄影测量相比，无人机倾斜摄影技术提供了更高的灵活性和精度。它能够在短时间内高效地采集大量高分辨率的影像数据，适用于各种复杂地形和环境条件。更重要的是，这种方法大幅提高了地震仪器车等复杂设备的三维模型质量，为后续的地震采集作业推演的可视化仿真提供了可靠的数据支持。

2 实现方法

采用无人机倾斜摄影技术来构建地震仪器车的高精度三维模型，包括了飞行任务规划、数据采集、点云生成与优化、表面模型网格化以及组件级别建模等多个步骤，以实现对地震仪器车细致结构和复杂组件的精确复现，为地震采集作业推演的模拟施工提供了基础的数据组件。

2.1 构建地震仪器车三维模型的流程

整个流程开始于飞行任务的规划，确保影像数据的全面性和质量。接着进行精心的相机参数设置以及拍摄技巧的应用，以获得最佳的影像结果。随后是点云数据的生成，这包括从影像中提取特征点并利用多视角立体匹配技术重建三维结构。然后进行点云优化和网格化处理，形成连续的三维表面模型。最后，进行特征分析和组件级别的精细建模，以确保模型在细节上的准确度（图1）。

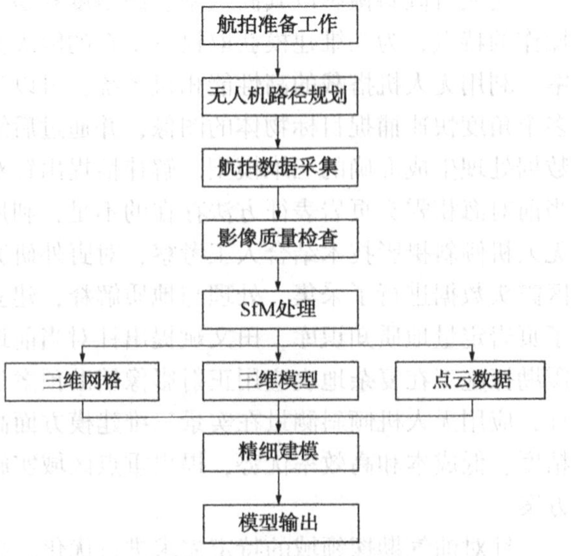

图1 构建地震仪器车三维模型的流程图

2.2 数据采集策略

数据采集的首要步骤是飞行任务规划，这包括确定飞行路线、高度、速度及拍摄重叠率等参数以保证影像质量和模型精度。相机参数设置应保证足够的分辨率和焦距以捕获细节，同时确保镜头的光圈和快门速度适应当前的光照条件。在拍摄技巧方面，应注重影像的清晰度和目标结构的完整捕捉，避免拍摄角度产生的遮挡和阴影影响。图 2 为无人机航飞路径及视角图，图 3 为地震仪器车处理目标范围区域。

图 2　无人机航飞路径及视角图

图 3　地震仪器车处理目标范围区域

2.3 点云和三维表面模型的生成

点云数据的获取是通过多视角立体匹配技术从已采集的影像中提取特征点并恢复其三维坐标来实现的。接下来进行点云优化，包括去除离群点、降噪和平滑处理，以提高点云数据的质量。最后将优化后的点云数据转换为网格模型，以生成具有真实感的连续三维表面模型（图 4）。

3 处理结果及分析

无人机倾斜摄影结合 SfM 技术和点云处理手段，为提供了一种强大而高效的三维建模方法。通过这种方法，可以准确地从多个角度捕获地震仪器车的结构信息，并快速生成其三维模型（图 5）。

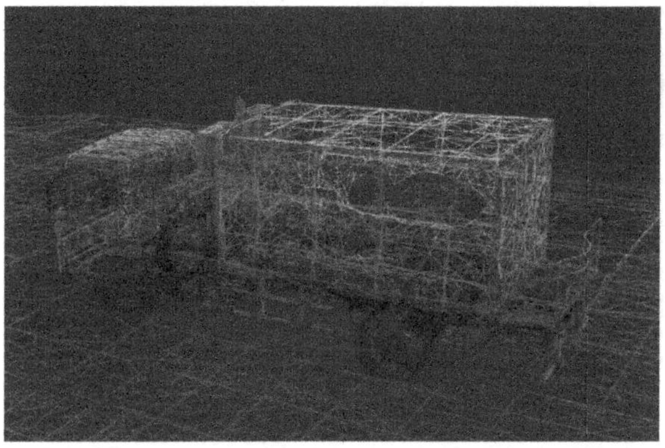

图 4　地震仪器车网格模型

图 5　地震仪器车三维建模

3.1 处理过程及结果

利用无人机倾斜摄影技术对地震仪器车进行了三维建模，所得到的三维模型具有非常清晰和精细的视觉效果。模型展现了地震仪器车在不同角度下的详细特征，模型的纹理映射准确反映了现实世界中的光照和材质效果，增强了模型的真实感（图 6、图 7）。

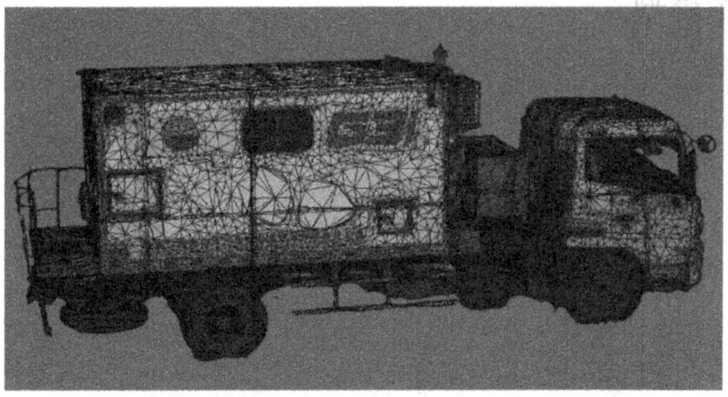

图 6　地震仪器车网格模型纹理映射

3.3 模型评估

对于生成的三维模型，进行了质量和精度的评估。质量评估主要基于模型的完整度和表面连续性，而精度评估则通过与实地测量数据进行比较来完成。结果表明，模型的整体结构与实际地震仪器车高度吻合，满足大部分应用的要求(图 8)。

图 7　处理后的地震仪器车模型

图 8　修复后的地震仪器车模型

3.4　技术难点与解决方案

在研究和实施过程中遇到了难点。其中主要难点是实现高密度和高分辨率点云的生成。为此采用了多视角立体匹配技术和先进的 SfM 软件来优化点云生成过程，并使用了高性能计算资源以处理大规模的影像数据集。另外处理后的三维模型仪器车上带有空洞，后续对模型进行了修补，最终得到高清晰、高精度三维地震仪器车模型。

4　结论

通过实际实现验证了利用无人机倾斜摄影技术构建地震仪器车三维模型的可行性，并提出了一个有效的工作流程。有助于提升油气勘探领域的数字化水平，也为其他领域的三维数据集成和应用提供了参考。未来的工作将进一步优化处理流程，探索集无人机倾斜摄影应用到更多的方面，为地震采集作业推演的三维可视化方案提供基础数据。

参　考　文　献

[1] 解祎恬，印森林，冯凯玥，等. 基于无人机倾斜摄影技术的鄂西地区陡山沱组页岩露头表征[J]. 非常规油气，2022，9(04)：23-31+113.

[2] 田文斌，季志强. 无人机倾斜摄影测量在地震勘探中应用探讨[J]. 物探装备，2023，33(03)：181-184.

[3] 李美燕. 增量式 SfM 方法在航拍图像三维重建中的应用[J]. 中国科技信息，2023(01)：36-38.

[4] 孙进冬，杨红军，庆成，等. 倾斜摄影三维模型优化方法探索[J]. 城市勘测，2024(01)：91-94.

[5] 张巧玲，蒙利，赵燕伶，等. 无人机遥感技术在三维建模中的应用[J]. 山西建筑，2024，50(06)：180-183.

[6] 张应珠. 不同航线规划在建筑物实景建模中的应用对比[J]. 江苏建材，2024(01)：78-80.

[7] 柯元英，沈洋，段云飞，等. 室内外一体化三维建模技术探索与实现[J]. 现代信息科技，2024，8(04)：127-131.

[8] 邢艳艳，蔡佩，娄建新，等. 基于无人机倾斜摄影测量技术的三维虚拟景观系统设计[J]. 自动化与仪器仪表，2024(02)：191-194.

石油石化工控安全体系建设与应用

江　倩　秦玉龙

（昆仑数智科技有限责任公司）

摘　要　当前，石油石化行业正经历着前所未有的变革，随着数字化转型和智能化发展的推进，数字技术与油气全产业链的融合日益加深，这种融合带来了效率的显著提升，改变了传统的生产模式和经营理念，同时也让工业控制系统的安全性面临严峻挑战。工控系统是石油石化企业生产过程中的核心，其安全性直接关系到企业的生产安全和经济效益，提升工控系统的安全防护水平，已成为推动石油石化行业高质量发展的基本保障。本文从国内外工控安全标准体系出发，探讨各自发展特点与趋势，从安全分级、安全要求、安全实施、安全测评四个角度分析国家层面对企业工控安全体系建设的引导方向和监管要求，基于多年石油石化行业工控安全实践研究经验，总结概括了工控安全在管理和技术中的痛点问题，提出了一套完整的工控安全体系建设方法和技术应用实例，从顶层设计、资产管理、威胁处置、主机管控、供应链保障、管理网络组件、人才队伍建设、新技术应用等角度给出了工控安全能力提升思路，最后以典型石化企业为例，给出了管理、技术层面的建设方式，通过防护方案案例研究，总结了工控安全体系建设模型，为行业提供一定的参考，加强工控安全管理和技术应用，以期帮助石油石化企业更好的应对挑战，实现可持续的高质量发展。

关键词　石油石化；工控安全；体系建设

1　引言

数字经济时代，全球工业经济形势深刻变化，工业竞争格局深度调整，是一次重大的时代转型。石油石化行业作为事关国计民生的传统工业产业，为应对产业变革和转型升级，提出坚定实施数字化转型，由于生产过程大量采用高度自动化和信息化的控制系统，其数字化转型必然伴随着数智技术与油气全产业链的融合持续深入，妥善解决日益突出的工控安全问题成为实现高质量发展的基本前提。作为能源安全的重要组成部分，工控安全事关经济运行、社会稳定和国家安全，切实提升工控安全保障能力，就是为工业生产安全和两化融合健康发展撑起“保护伞”，为制造强国和网络强国战略实施筑牢“防护墙”。

2　国内外工控安全标准

2.1　国际工控安全标准

国际上，国际电工委员会制定发布的IEC 62443《工业过程测量、控制和自动化 网络与系统信息安全》系列标准和美国国家标准与技术研究所(NIST)制定发布的SP 800-82《工业控制系统(ICS)安全指南》被广泛认可和借鉴采纳，为工控安全提供了全面的指南和框架。

IEC62443系列标准分析了被防护的工业自动化控制系统面临的威胁，定义了鉴别与授权、访问控制、数据保密性、限制数据流、事件响应、资源可用性作为基本要求，基于工业自动化控制系统全生命周期的建设运行划分不同阶段，设立了目标、设计、达到、能力等类型的安全等级，强调每个阶段的防护能力达标，从而实现总体达标。IEC62443涵盖了资产所有者、系统集成商、组件供应商等所有利益相关方，尽可能实现全方位的安全防护，是工业控制系统信息安全的里程碑。

NIST SP 800-82针对工控安全防护总结了涵盖管理控制、操作控制和技术控制的3个族18个控制项的安全控制措施，对比了工控系统与信息系统的13项差异，指出了SCADA、DCS、PLC三种工业控制系统自身的脆弱性和面临的威胁，提出风险消减措施，结合网络拓扑，对边界工业防火墙的不同部署模式进行利弊分析，针对ICS的边界防护、纵深防御给出了指导建议。

2.2　国内工控安全标准

我国工控系统安全国家标准由全国信息安全

标准化技术委员会归口管理，截至目前，信安标委已立项研制工控安全相关国家标准27项，其中正式发布26项，公开征求意见稿1项，范围涵盖工业控制系统安全分级、安全要求、安全实施、安全测评。四类标准为开展工控安全工作的四个阶段提供指导，依次形成循环，帮助企业提高工业控制系统信息安全保障能力，组成了我国工控安全标准基本体系(图1)。

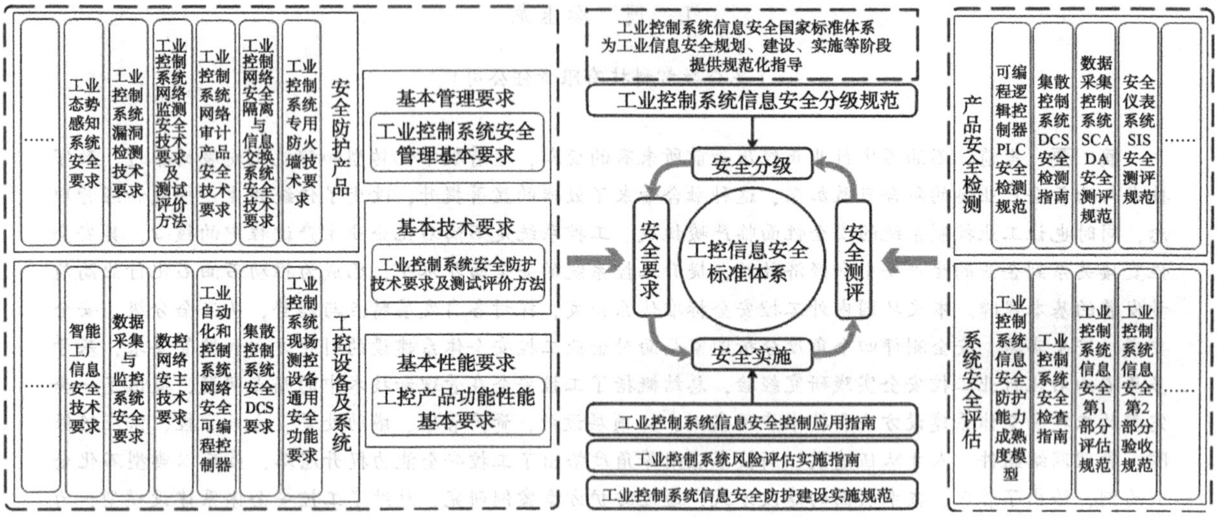

图1 我国工控安全标准体系

2.2.1 安全分级

安全分级类标准在规划阶段提供定级指导。规定了基于风险评估的工业控制系统信息安全等级划分规则和定级方法，提出了等级划分模型和定级要素，包括工业控制系统资产重要程度、存在的潜在风险影响程度和需抵御的信息安全威胁程度，并提出了工业控制系统信息安全四个等级的特征，可为大量工业企业开展工业控制系统安全防护建设特别是等保合规性建设过程中的系统定级提供科学、准确定级方法和指导。

2.2.2 安全要求

安全要求类标准在建设阶段强化了对安全防护产品、工控设备及系统的管理、技术和性能要求。从整体上，结合各行业工业控制系统的共性特点，提出了基本框架和规范性要求，以建设适度、有效的工业控制系统安全防护体系，针对主流安全防护产品分别提出了相关的安全功能要求、自身安全要求、安全保障要求，针对工业控制系统的不同网络层次和组成部分，明确了检测、评估、防护等具体要求，为工业控制系统各层面的使用者和相关方提供了可操作的标准路径。

2.2.3 安全实施

安全实施类标准在实施阶段提供安全指导。从技术上的访问控制、系统和通信保护，管理上的安全评估、规划管理，运维上的事件响应、介质保护等方面给出了工业控制系统安全保障工作指导意见，提供工业控制系统防护建设的规范和指导，引导组织制定适当的防护策略和体系结构设计，覆盖了企业生产运营的全生命周期。一方面可作为工业企业的安全评估规范性文件，另一方面可作为工业企业日常自查时的指导文件。

2.2.4 安全测评

安全测评类标准则是规范工控系统安全评估和产品安全检测的方法和流程。该类标准围绕工业控制系统设备安全及系统安全两方面展开，对主流工业控制设备防护要求、管理要求、评估指南、风险与脆弱性检测要求进行了明确规定，对工业控制系统整体评估、验收、定期检查做出了详细指导，并给出了工业控制系统防护能力成熟度模型，可识别工业控制系统信息安全防护能力现状并分析与核验等级之间的差异，在此基础上制定工业控制系统信息安全防护能力提升计划。而伴随着组织业务的发展变化，组织可定期复核、明确适合的能力成熟度等级，逐步提升工业控制系统信息安全防护能力。

3 石油石化工控安全现状

当前，石油石化行业正面临着全方位的深刻变革，为应对能源结构调整和产业优化升级，数字化转型成为重要支撑和必经之路，工业控制系统作为石油石化行业的核心基础设施，主要分布在油气田、炼化和管道储运领域，在加油站、油库等销售领域和装备制造领域也大量涉及。伴随工业化与信息化日益融合，工控系统暴露面不减反增，防护难度持续增长，一方面攻击手段层出不穷，攻击渠道无孔不入，另一方面管理层面、系统平台、网络架构、监控措施等角度均存在脆弱性，导致工控安全形势愈发严峻。

3.1　管理层面的脆弱性

工控安全结合了生产业务和网络安全，其管理需信息部门和生产部门之间协调配合，现阶段行业内虽大部分企业都明确了责任归属，但跨部门配合存在现实困难。此外，基层对工控安全仍不够重视，自有工业控制系统相关资产不清，环境内的通信关系更是模糊，合格的工控安全人员严重不足，缺乏必要的工控安全技能，应急演练多为桌面推演，难以组织体系化的工控安全意识培训及技术培训。

3.2　系统平台的脆弱性

石油石化行业内存在大量早期建设后长时间运行至今的工业控制系统，不少工业主机中运行的是版本老旧甚至厂商已停止更新补丁的操作系统，操作系统和应用软件大多使用了缺省配置，补丁程序难以进行充分测试，无法及时安装。建设时出于集成方便或业务需要，部分服务器或主机配置了多网卡，这些连接了不同网络的机器给跨网未授权访问埋下了隐患。此外，工业主机未关闭不必要的服务，为方便运维，普遍开放了远程桌面服务，高危端口大量存在。

3.3　网络架构的脆弱性

目前，行业内大量企业未对所属工业控制网络分区分域进行管理，部分工业控制网络与视频网、物联网存在混杂，模糊的安全边界易导致未授权访问的发生，对于此类潜藏的非法流量，缺乏有效的鉴别能力与手段。在运行过程中，为方便生产监视、安全保卫无线网络连接逐步增加，但无线客户端和接入点的认证措施和数据传输保护措施不足，容易成为恶意接入点。

3.4　监控措施的脆弱性

随着工控安全问题的突出，行业内越来越多的企业丰富了技术手段来应对严峻的工控安全形势，但调研发现，仍有一部分企业的工业控制系统处于无防护无监控的状态，已部署的防护设备中，以工业防火墙、工业网闸、工业审计设备最为常见，相当数量的防护设备安全策略配置细粒度较大，甚至未接入网络。技术手段多处于单点防护的阶段，仅有少部分企业建立了安全管理网络，并配合了管理措施严格执行监测发现问题、执行改进问题，缺乏体系化、系统化的管理结构。

4　建设完整的工控安全体系

4.1　工控安全顶层制度建设

石油石化业务板块众多，应建立完整的工业控制系统网络安全管理制度，覆盖工业控制系统的设计开发、建设实施、上线运行、维护保养、报废处理等各个阶段，保障工控系统的全生命周期网络安全。明确工控系统的主责部门，确定工控系统的安全防护总体方针与策略，对各个典型的油气生产业务网络架构进行详细的描述，梳理业务流程，明确工业控制系统网络边界，充分考虑工控系统资源可用性及供应链安全等因素。

4.2　工控系统资产管理

石油石化主要包括 DCS 系统、SIS 系统、CCS 系统、SCADA 系统、PLC、RTU 等工控系统及设备，存在着众多的协议和标准，随着工业网络的愈发开放，工控网络安全管理面临多重考验，通过主动探测、被动监测技术进行资产探测，全面识别工控设备资产，确保对工控网络内的系统资产有明确监测和管理手段，了解生产网内部的工控系统、物联网终端等设备资产情况，实现对工控设备资产的节点、指纹、脆弱性进行全面探测，协助监管单位和工业控制系统用户全维度普查遗落在互联网空间的工控系统，快速定位存在的安全问题，为后续的工控资产安全威胁分析和应急响应提供有效支撑。

4.3　工控安全威胁处置

采集工业流量数据，解析工控专有、私有协议，采集工业系统安全日志以及工控安全系统日志，采集工业主机进程级日志信息。通过人工智能、大数据等新技术的应用，对安全元数据进行汇聚、去重、关联分析进行威胁监测，并通过机器学习进行聚类分析、基线学习，进一步识别异常行为，加强告警自动化分析处置能力，提升威胁分析的全面性及准确性。以协同处置机制、策略为指引，加强告警事件的协同、自动化处置能力。

4.4　工控主机安全管控

为了保证工业控制系统的安全性，可以通过

工业主机配置管理工具对工业控制网络内的每台主机制定相同强度的安全配置，同时操作员站或者工程师站也可以通过工控系统应用程序来限制用户系统资源的访问权限。石油石化行业用户应该对工业主机的基本配置进行标准化，通过对操作系统和应用程序一体化管控的方式，配置加强网络完整性的安全策略，如程序白名单管理、文件路径保护、移动存储设备管理、非 USB 存储类设备管理、注册表保护、进程保护、防病毒等。

4.5 供应链安全保障

在信息安全专用产品销售许可证取消的背景下，落实关键网络安全设备的安全要求，通过制定统一的产品检测标准、组织开展油气行业产品安全测试，为行业用户提供详细的安全测试报告及数据支撑，为行业用户选型提供参考。

4.6 工控系统管理网组建

在各油气生产客户及其二级单位工控生产业务网络组建安全管理专网，专网由日志审计、流量审计、入侵检测、运维管理审计、统一安全管控平台等网络安全防护设备组成，实现安防设备对生产控制大区设备镜像流量和日志数据的采集。同时，在工控生产业务网络主机、服务器、工作站、工控终端部署主机安全防护客户端，实现主机安全防护的统一管控。

4.7 专业人才队伍建设

基于虚拟化技术，结合真实的工控系统及设备，建设工控网络安全靶场仿真环境，建设工控安全从业人员培训课程体系，覆盖标准制度要求、工控系统组态、系统架构、工业协议分析、漏洞挖掘、安全防护技术、分析溯源等内容，组织开展工控网络安全攻防实操培训，组织工控系统网络安全攻防大赛，增加工控安全实战经验。

4.8 新技术应用

持续跟踪工业网络安全防护先进技术趋势，通过科研项目开展新技术应用及自主可控能力提升。开展人工智能技术在工控威胁检测分析、工控态势感知等工作，提升威胁识别和工控网络安全响应效率，实现智能化的安全隐患识别与自动化防御。试点国密算法应用、工业协议加固，基于零信任架构，与身份认证技术结合，构建工控网络信任边界，构建细粒度信任边界，解决工业网络边界接入、访问不受控的问题。开展信创产品替代工作，实现工控安全技术先进性和自主可控。

5 典型石化企业工控安全防护案例研究

5.1 某石化企业现状及痛点

石化企业的工控系统是用于生产过程控制、生产装置安全保护的软硬件系统和平台的集合。当前，该企业在用的现场控制层核心控制系统以国外品牌为主，采用横河、霍尼、艾默生的 DCS 系统，西门子、罗克韦尔、施耐德、三菱的品牌 PLC，Tricon 的 SIS 和机组控制系统等。过程监控层和生产管理层分属生产网和办公网，Buffer 机为边界，通过 OPC DA 协议向生产管理层传输数据，因此终端安全和边界防护成为技术防护重点。

5.2 安全防护方案

依据“纵深防御、横向隔离”原则，结合网络安全等级保护基本要求，考虑该石化企业现有网络基础，设计安全防护方案。在生产装置的控制系统与工控主机之间部署工业防火墙进行安全隔离，在生产网边界部署工控网闸与办公网实现强逻辑隔离；各主机终端部署工控主机防护，实现终端进程的可信管理，将各种访问控制及安全性检测技术综合应用于设备主机系统安全性加固，阻止所有非网络管理员允许的软件或程序运行，从根本上提高工控主机的安全性；在生产网核心交换机镜像口部署工控流量审计与入侵检测系统，负责对网络中的异常流量、违规操作、非法入侵等行为进行实时安全监控与审计，对可能发生的网络入侵行为和恶意代码进行有效检测；部署日志审计系统，实时将工业控制网络中的网络设备、安全设备、服务器、数据库系统的日志信息，进行统一收集、处理和关联分析；部署运维管理审计系统，实现对操作用户、运维用户账号的集中管理，并对日常操作和工程师运维过程进行实时的操作审计，对系统运维操作进行多重身份认证；单独组建安全管理网络，对网络中所有安全设备进行集中管理，并对生产网的安全态势进行集中监控与分析，通过安全管理平台进行统一显示(图 2)。

整体防护体系应以国家和企业工控安全政策标准要求为基础，管理措施做保障，技术措施为支撑。技术防护如上所述，主要包括边界隔离、主机加固、流量审计、入侵检测、日志审计、运维管理、集中管理，实现层与层、域与域之间的隔离防护，达到安全分区、单向隔离的目的。管理层面，制度建设、资产管理、安全检测、队伍建设等工作应贯穿始终，结合企业实际情况构建合理的管理体系，同时积极开展国产化替代工作，以期实现自主安全(图3)。

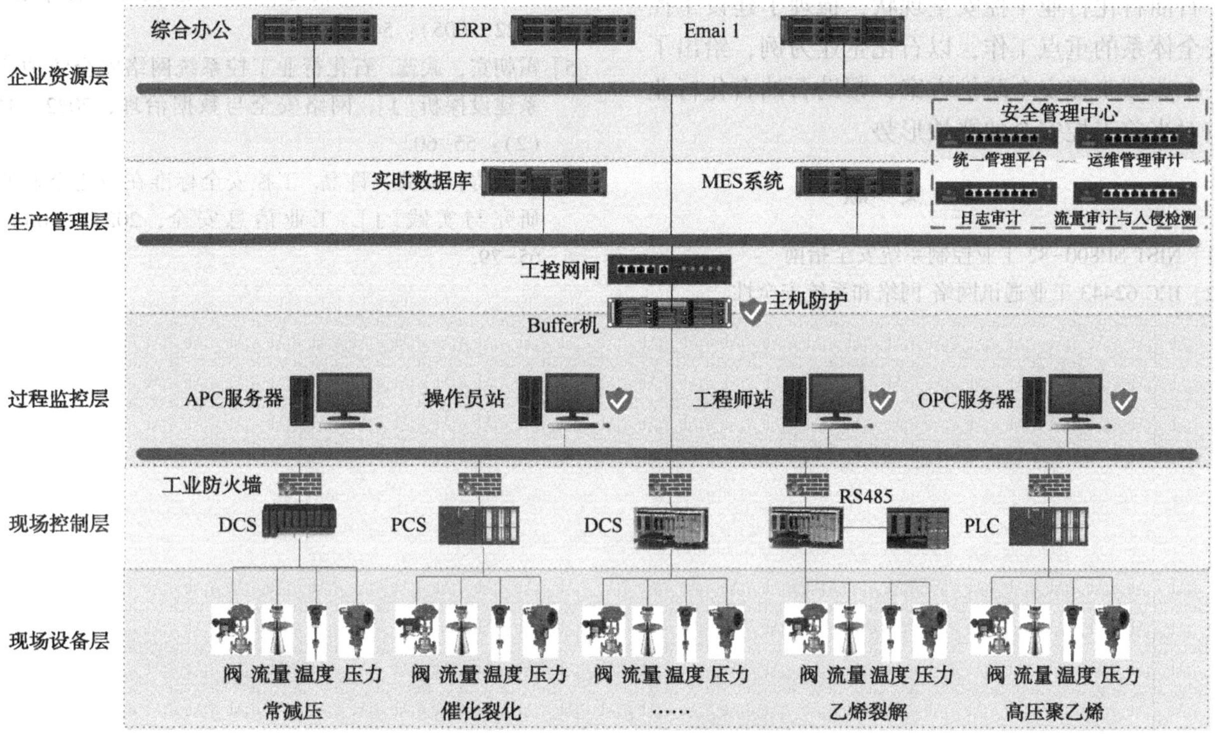

图2　石化企业典型工控系统技术防护架构

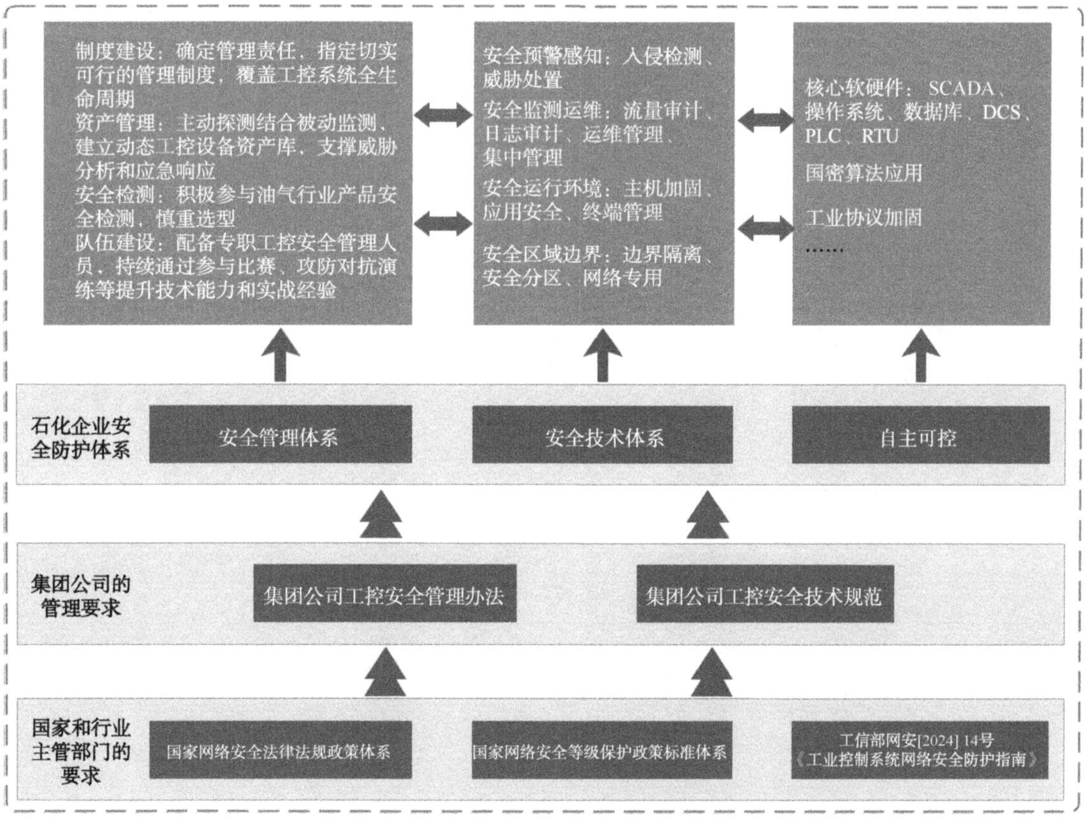

图3　石化企业工控安全防护体系

6 结语

本文对国内外工控安全标准进行了分析，基于石油石化行业工控安全现状，梳理了建设工控安全体系的重点工作，以石化企业为例，给出了一个典型工控安全防护方案，帮助石油石化行业应对当前工控安全的严峻形势。

参 考 文 献

[1] NIST SP800-82 工业控制系统安全指南

[2] IEC 62443 工业通讯网络 网络和系统安全性

[3] GB/T 22239—2019，信息安全技术 网络安全等级保护基本要求[S].

[4] 申永波，王峰，董晶晶，等. 基于标准的工控产品安全检测认证体系构建[J]. 信息技术与标准化，2022，(05)：54-58.

[5] 霍朝宾，武蕊. 石化行业工控系统网络安全防护体系建设探析[J]. 网络安全与数据治理，2022，41(2)：55-60.

[6] 马洪涛，夏冀，许磊. 工控安全标准在石化企业的研究与实践[J]. 工业信息安全，2023，(06)：65-79.

吉林油田网络安全防御体系探索

李默然　石　磊　陈玮松　盛吉堂　宋旭东

（中国石油吉林油田公司数智技术公司）

摘　要　“十四五”时期，国家信息化进入加快数字化发展、建设数字中国的新阶段，石油石化行业也朝着加快“数字化转型、智能化发展”大步向前。吉林油田公司随着近年来对“大数据、物联网、云计算、移动互联、人工智能”等一系列信息技术的探索与应用，深入融合油气生产主营业务领域，对日常办公和安全生产带来了极大的便利。面对新技术的普及和变革，传统的网络安全防护理念和体系已无法适应当前的发展需求与形势要求，本文通过对吉林油田公司网络安全防护体系的探索实践，坚持“以防为主、防治结合”方针，结合油田生产工作中所面临的实际问题，围绕网络安全管理控制与技术防护两个方面，提出网络安全纵深防御、网安联动、诱捕溯源的主动式防护思路，加快构建关键信息基础设施安全保障体系，提升油田公司网络安全整体防护水平，为智能油田发展保驾护航。

关键词　网络安全；主动防御；本质安全；智能油田；两化转型

1　引言

为了引领第四次工业革命，“数字化转型、智能化发展”已经成为油气行业上游发展生态新模式的重要途径，吉林油田公司积极适应数字化发展趋势，通过信息化创新为油田转型升级和可持续发展提供前所未有的机遇。

随着油田企业信息化建设规模的不断壮大，网络安全的建设与运维已经成为信息化建设过程中不可或缺的一部分。如何通过完善网络安全管理制度标准、强化网络安全技防措施，进而推动吉林油田数字化转型，助力高质量发展，已经成为当前阶段网络安全建设方向的重要任务与目标。

2　吉林油田信息化现状

吉林油田公司共建设核心业务机房多个，其中运行中油统建系统多套、自建应用系统近百套，应用系统及数据库服务器共计一百余台，支撑了吉林油田主营业务链80%以上的数字化应用，办公终端万余台（图1）。

中油统建信息系统类别

序号	统建信息系统类别
1	勘探与生产技术数据管理类
2	油气水井生产数据管理类
3	中国石油地理信息类
4	勘探与生产调度指挥类
5	油气生产物联网类

油田自建信息系统类别

序号	自建信息系统类别	数量
1	勘探开发	48
2	生产运行	4
3	经营管理	3
4	安全环保	5
5	日常办公	18
6	其他类	5
合计		83

图1　吉林油田统建、自建信息系统

3 吉林油田网络安全现状

经过“十三五”至“十四五”初期阶段的不懈努力，吉林油田公司围绕国家和集团公司网络安全总体方针要求，坚持“以防为主、防治结合”方针，以“管理为根本、技术为支撑、责任制为主线、风险为核心、考核为抓手”，强化“四网”(办公网、生产网、专网和互联网)管理要求，健全完善“五个体系”(组织、管理、技术、执行和全员防控)，层层签订网络安全责任书，持续开展网络安全等级保护，加强外协队伍及信息项目网络安全源头管理。管技并举，全面梳理网络边界、网络资源及网络接入，推广集团公司网络安全检查平台，逐步提升网络监测、预警、分析和应急处置能力，网络安全通报数量逐年大幅递减，网络安全逐步由被动防御向主动防御转变，由事后控制向事前控制转变，网络安全促进信息管理水平全面提升，为吉林油田“两化”转型提供安全稳定的网络环境(图2)。

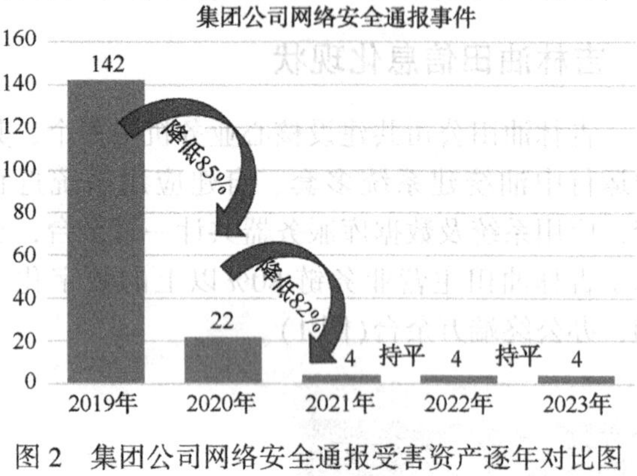

图2 集团公司网络安全通报受害资产逐年对比图

4 网络安全目前面临的形势与挑战

进入新时代，以云计算、物联网、移动互联、大数据为代表的数字革命正深刻改变着经济形态和生活方式，现代社会高度依赖信息技术所构建起来的第五空间—“网络空间”。网络空间安全包括：网络空间中信息自身安全、网络信息系统和网络基础设施安全，以及虚拟自然与社会空间的结构和运行安全，简称为“网络安全”。在数字化转型过程中新技术的应用，导致企业的攻击面不断扩大，传统的网络边界持续瓦解，带来物联网安全、云安全、移动安全、数据安全、安全智能运维等全新的挑战，网络安全已经直接影响财产、生命乃至国家安全。

4.1 国家总体安全态势

网络安全态势严峻，网络空间话语权面临极大压力，国家关键基础设施和重要信息系统成为网络攻击重点目标，传统信息安全问题向工业控制领域延伸，高级持续性威胁(APT)攻击已显冰山一角，敏感数据泄漏现象严重，安全监测和感知能力不足，被动状态获取数据长期存在。

4.2 国家政策法规新要求

国家高度重视网络安全工作，中央成立网络安全和信息化领导小组，习近平总书记亲自担任领导小组组长。近年来国家先后发布《网络安全法》《数据安全法》《个人信息保护法》、《关键信息基础设施安全保护条例》等全面规范网络空间安全管理方面问题的基础性法律，制定了网络安全方面战略和规划，网络安全战略成为国家安全重要组成部分，网络安全等级保护全面进入2.0时代，网络安全法律法规要求进一步增强。

4.3 企业网络安全威胁特点

从威胁目的性看，威胁具有指向性特征，国有企业具有政治敏感性、经济重要性和身份特殊性，极易成为大规模、高级持续性网络攻击的重要目标；从威胁特点看，攻击日趋多样化、产业化、组织化，呈现“来源广泛、目标精准、频次增多、攻击方式多样化”等特点；从威胁严重性看，信息化程度越高，信息资产价值越大，网络安全风险也越大，威胁程度也越高。

4.4 油田公司面临综合挑战

“十三五”以来油田公司坚定不移地实施数字油田工程建设，以云计算、物联网、大数据、移动互联网等新技术为支撑的数字油田建设正在如火如荼地进行，面对新技术的普及和技术变革，传统的网络安全防护理念和体系已无法适应当前的发展需求与网络安全形势要求，一方面要应对现实的网络安全，另一方面要落实合规性要求，同时还要综合考虑业务发展的需求，考虑信息化新技术新应用的发展。为此，“十四五”期间，网络信息安全需要重新审视传统信息安全的思想、方法、技术和体系，构筑全面防护的主动安全体系。

怎样满足国家网络安全合规要求，打造闭环的安全管理体系？怎样防止网络、终端、主机及移动设备泄密，确保敏感信息安全？怎样防止核心数据被未授权的访问、篡改、删除？如何有效保障关键信息系统持续安全运行，不异常中断？

如何防护关键信息基础设施免受黑客全方位攻击？上述五方面的网络安全问题是我们当前需要重点应对与行动的核心。

5　构建网络安全防护体系

结合油田企业数字化转型、智能化发展的使命、目标和行业要求，参考国内外成熟的网络安全管理理论和实践，以国家网络安全等级保护政策法规和标准规范为指导，设计合理的网络安全管理控制与技防策略，与现有业务架构、数据应用紧密结合，满足各类业务应用、数据整合的标准及规范，切实保障信息系统安全稳定运行，建立网络安全长久机制。

5.1　网络安全管理体系

5.1.1　工作依据

明确网络安全管理内容，确定工作标准，工作有依据，管理有准绳。围绕集团公司颁布实施的《中国石油网络安全管理办法》《中国石油网络安全行为规范》等规章制度，制定符合油田公司实际的《网络安全管理办法》《网络安全保密协议》等，从日常办公管理、信息化项目建设、系统运行维护及保密传播控制等方面，约束人和物的安全，提升油田公司整体网络安全管理控制水平(图3)。

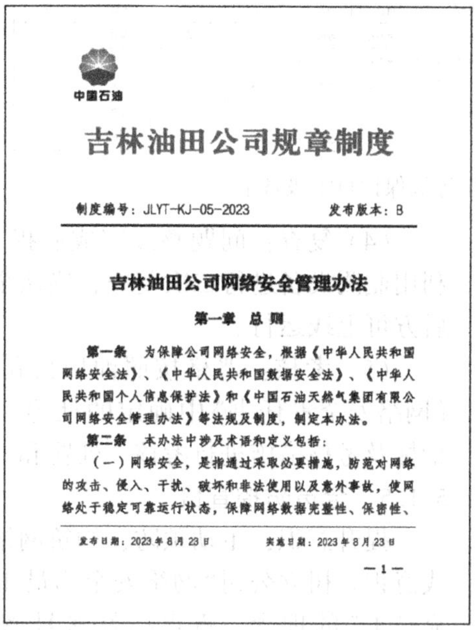
中国石油

吉林油田公司规章制度

制度编号：JLYT-KJ-05-2023　　发布版本：B

吉林油田公司网络安全管理办法

第一章　总则

第一条　为保障公司网络安全，根据《中华人民共和国网络安全法》、《中华人民共和国数据安全法》、《中华人民共和国个人信息保护法》和《中国石油天然气集团有限公司网络安全管理办法》等法规及制度，制定本办法。

第二条　本办法中涉及术语和定义包括：

（一）网络安全，是指通过采取必要措施，防范对网络的攻击、侵入、干扰、破坏和非法使用以及意外事故，使网络处于稳定可靠运行状态，保障网络数据完整性、保密性、

发布日期：2023年8月23日　　实施日期：2023年8月23日

—1—

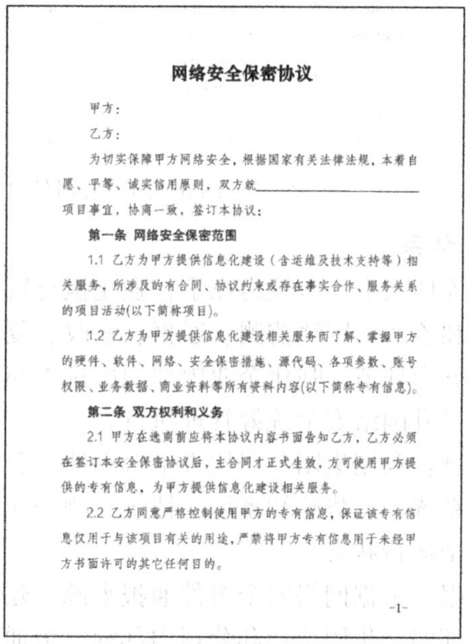
网络安全保密协议

甲方：

乙方：

为切实保障甲方网络安全，根据国家有关法律法规，本着自愿、平等、诚实信用原则，双方就____________项目事宜，协商一致，签订本协议：

第一条 网络安全保密范围

1.1 乙方为甲方提供信息化建设（含运维及技术支持等）相关服务，所涉及的有合同、协议约束或存在事实合作、服务关系的项目活动(以下简称项目)。

1.2 乙方为甲方提供信息化建设相关服务而了解、掌握甲方的硬件、软件、网络、安全保密措施、源代码、各项参数、账号权限、业务数据、商业资料等所有资料内容(以下简称专有信息)。

第二条 双方权利和义务

2.1 甲方在选商前应将本协议内容书面告知乙方，乙方必须在签订本安全保密协议后，主合同才正式生效，方可使用甲方提供的专有信息，为甲方提供信息化建设相关服务。

2.2 乙方同意严格控制使用甲方的专有信息，保证该专有信息仅用于与该项目有关的用途，严禁将甲方专有信息用于未经甲方书面许可的其它任何目的。

-1-

图3　油田公司网络安全管理办法、网络安全保密协议

5.1.2　责任体系

以组织保障为基础，责任制落实为主线，压紧压实防控主体责任。层层签订《网络安全责任书》并开展网络安全绩效考核，明确并压实各级主要领导是网络安全的第一责任人，分管网络安全的领导是直接责任人，最终形成从油田公司决策层、管理层、支持层、执行层的闭环责任主体(图4)。

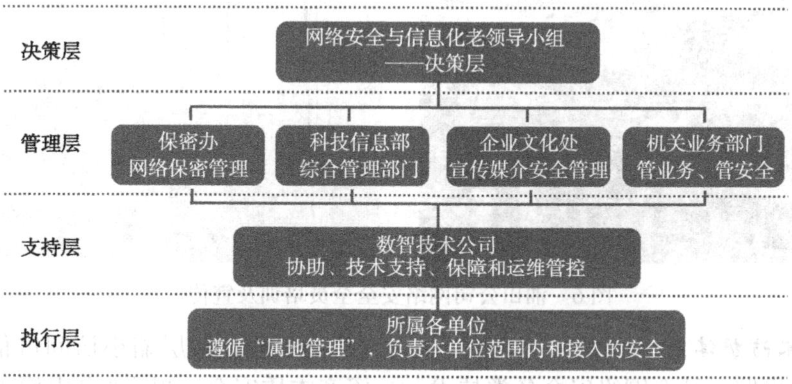

图4　油田公司网络安全责任落实主体

5.1.3　等级保护

根据国家《网络安全法》《信息安全技术网络安全等级保护定级指南》和集团公司《关于开展网络安全等级保护工作通知》的相关要求，陆续完善油田公司等级保护管理流程和定级标准，并开展自建信息系统等级保护定级备案工作(图 5)。

吉林油田公司自建信息系统等级保护定级表

序号	建设单位（部门）	信息系统基本信息								专家评审等级
		信息系统名称	安全等级（预定）	信息系统属性	云计算应用类型	建设类型	系统上线时间（预计）	是否对外提供互联网服务	备案情况	
1	吉林油田信息中心	XXXX数据采集系统	第一级	通用系统	云上应用系统	自建	2011年	否	已备案	第一级
2	吉林油田信息中心	XXXX数据管理系统	第一级	通用系统	云上应用系统	自建	2011年	否	已备案	第一级
3	吉林油田信息中心	XXXX数据管理系统	第一级	通用系统	云上应用系统	自建	2011年	否	已备案	第一级
4	吉林油田信息中心	XXXX数据管理系统	第一级	通用系统	云上应用系统	自建	2010年	否	已备案	第一级
5	吉林油田信息中心	XXXX数据管理系统	第一级	通用系统	非云计算应用	自建	2013年	否	已备案	第一级
6	吉林油田信息中心	油气合作公司XXXX数据采集系统	第一级	通用系统	云上应用系统	自建	2012年	否	已备案	第一级
7	吉林油田信息中心	XXXX正常化实时监控系统	第一级	通用系统	云上应用系统	自建	2019年	否	已备案	第一级
8	吉林油田信息中心	XXXX正常化系统	第一级	通用系统	云上应用系统	自建	2017年	否	已备案	第一级
9	吉林油田信息中心	XXXX成果网络可视化系统	第一级	通用系统	非云计算应用	自建	2013年	否	已备案	第一级
10	吉林油田信息中心	XXXX资料管理系统	第一级	通用系统	非云计算应用	自建	2009年	否	已备案	第一级
11	吉林油田信息中心	XXXX审批系统	第一级	通用系统	云上应用系统	自建	2010年	否	已备案	第一级
12	吉林油田信息中心	XXXX信息化管理工具	第一级	通用系统	云上应用系统	自建	2020年	否	已备案	第一级
13	吉林油田信息中心	XXXX辅助分析系统	第一级	通用系统	云上应用系统	自建	2019年	否	已备案	第一级
14	勘探部	XXXX管理与应用系统	第一级	通用系统	非云计算应用	自建	2019年	否	已备案	第一级
15	新立采油厂	XXXX开发数据管理系统	第一级	通用系统	非云计算应用	自建	2016年	否	已备案	第一级
16	新木采油厂	新木采油厂XXXX管理系统	第一级	通用系统	非云计算应用	自建	2007年	否	已备案	第一级
17	质量安全环保处	大老爷府XXXX管控系统	第一级	通用系统	非云计算应用	自建	2021年	否	已备案	第一级

图 5　油田公司信息系统等级保护自定级备案

5.1.4　执行体系

以风险为切入点，考核为抓手，强化执行管理体系建设和落实。围绕监测、通报、整改、复查、考核共五个环节，强化企业内部隐患排查与快速治理，提升网络安全统筹管理执行力。

(1) 监测：利用集团公司检查平台和油田公司漏洞扫描系统、态势感知系统，持续监测公司总体网络安全运行状态。

(2) 通报：根据网络安全事件通报来源，建立国家监管部门、集团公司和公司内部的三级通报机制。

(3) 整改：明确国家监管部门、集团公司和公司内部三级通报机制网络安全问题隐患的整改期限及工作要求。

(4) 复查：问题整改完成后提交整改报告，利用监测设备进行二次复查，确认全部整改完成后方可上线运行。

(5) 考核：严格按照油田公司各层级签订《网络安全责任书》中确定的杜绝、控制、运营指标及考核措施进行考核、处罚和追责。

5.1.5　全员防控宣贯

提升意识，主动预防，构筑网络安全全员防线意识。树立公司“网络安全为员工，网络安全靠员工”的理念，重点抓好账号密码、钓鱼邮件、木马病毒、电脑安全防护、违规外联、文档传递、敏感信息外发等危害和影响，让员工懂得和掌握最基本网络安全风险防范措施，提升全员网络安全意识和风险防控能力(图 6)。

图 6　油田公司网络安全全员培训及宣传

5.2　网络安全技术防护体系

网络安全技防思路：结合网络安全各类技术手段，依据“零信任”的安全理念，以“外防内控”为手段，层层缩小访问可信边界，确保网络资产本质安全，提高“自内而外”逐层防护能力，力争在“十四五”末期，建成“态势感知、协同联动、主动防御、安全受控”的吉林油田网络安全技术保障体系。

5.2.1　网络安全区域划分

吉林油田本地办公网骨干网络以多核心节点万兆双归属结构组网，广域网依托吉林区域中心A侧电信、B侧网通进行对外数据交互，川南项目部依托西南区域中心进行网络互通。围绕现有的网络架构，分别在对外交互的A、B侧链路、川南侧链路与核心业务系统网络出口部署边界防火墙，通过细粒度的策略配置，在办公网内构建三大网络安全域，并与态势感知系统、终端防护系统进行联动，全方位立体防护体系初具模型。

5.2.2　网络核心区域防护

围绕核心设备本质安全，优化业务系统网络架构，强化核心区域的防护。利用国产品牌数据交换机，在公司核心机房初步搭建数据中心，将所有核心业务网段及业务系统服务器全部迁移至该数据交换机下提供网络服务，为统一集中管理与安全防护奠定基础。

基于核心区域的网络优化调整，在数据交换机前端部署边界防火墙，精细化防范针对核心业务系统的外部攻击与扫描行为，初步实现数据中心级的有效监测与阻断。

5.2.3　合理完善技防措施

结合吉林油田数字化建设的实际，通过对服务器、办公网、应用、数据、终端五个维度的技防保障工作开展，确保网络资产本质安全，提高“自内而外”逐层防护能力，筑牢安全屏障。

(1) 威胁发现系统：通过部署威胁发现系统，及时发现潜藏在其网络中的安全威胁，对威胁的恶意行为实现早期的快速发现，对受害目标及攻击源头进行精准定位，对入侵途径及攻击者背景的研判与溯源，从源头上解决企业网络中的安全问题，尽可能地减少安全威胁对企业带来的损失。

(2) 漏洞扫描系统：通过漏洞扫描系统，实现对核心信息系统及联网终端的不定期检测，发现主流主流操作系统、数据库、中间件、通信协议、应用系统、虚拟化系统、网络设备、安全设备存在的高、中、低危安全漏洞及弱口令，收集服务器业务系统和终端不必要开放的账号、服务、端口，形成整体安全风险报告，并且通过标准安全风险计算方法，对网络系统中多个方面的安全脆弱性统一进行分析和风险评估，给出总体安全状态评价，全面掌握信息系统安全风险。

(3) 源代码审计系统：利用强大的源代码审计规则库，从代码安全漏洞、敏感信息、编写风格、代码合规性等几大方面实现支持Windows、Linux等各类操作系统，覆盖多种编程语言的安全审计，稳步有效开展对老旧系统的审计加固和新开发系统的源代码安全把关，从源头上规避代码安全风险，提升油田公司信息系统的初始健硕性。

(4) 堡垒机系统：根据用户、访问主机、系统账号、访问方式等内容设置细粒度访问策略，保障对系统运维人员的集中单点登录和访问控制，通过访问权限设置，实现运维最小化访问，有效规避运维人员操作风险，通过录像回放方式，实时监控运维人员对操作系统、安全设备、网络设备的各种操作，初步实现了对操作系统、文件传输、数据库增删改查等全程操作的访问控制和行为审计。

(5) 终端安全防护：深化推广集团公司桌面安全管理系统，全员部署统一的杀毒软件，有效筑牢终端节点网络安全基础工作。

(6) 终端保密传输：坚持网络安全与保密管控一体化融合，强化关键岗位敏感信息数据传输、信息共享合规性。全局部署安装计算机终端保密检查系统，公司机关、采油系统、科研院所等关键岗位部署敏感信息审计系统，保障无敏感数据外泄事件发生。

(7) 终端准入控制：推广软件定义网络(SDN)技术应用，并根据业务访问区域划分用户权限，实现对全网复杂网络环境下所有终端设备与用户的集中统一认证管控，提升网络IT资产发现与合规准入控制能力。

5.3　网络安全防御体系探索

随着近年来油田企业网络安全发展形势与攻防演练分析，攻方的水平与手段逐年提升，逐渐呈现出隐秘化、APT化的趋势。吉林油田传统防护、人工分析判断的方式已经难以满足网络安全形式，也无法形成对两化转型新型业务系统的保护，需要构建立体式纵深防护体系来抵御入侵。需要进行多源融合，将相关事件利用算法聚类关联分析，配置自动化(需要逐步实现)处置能力，能够诱敌深入并溯源攻击者身份，逐步实现主动防御体系建设。

5.3.1　纵深防御

参照《等级保护制度条例2.0》相关标准，以"一个中心，三重防御"为指导原则，从安全区域边界、安全计算环境、安全通信网络和安全管理中心等方面落实"安全保护纵深防御"，利用不同区域、不同层面的安全保护措施协同联动，形成有机的安全保护体系。并建立统一的管理平台，保证各个层面的安全功能在统一的策略管控下实现，各安全设备在可控的条件下发挥作用（图7）。

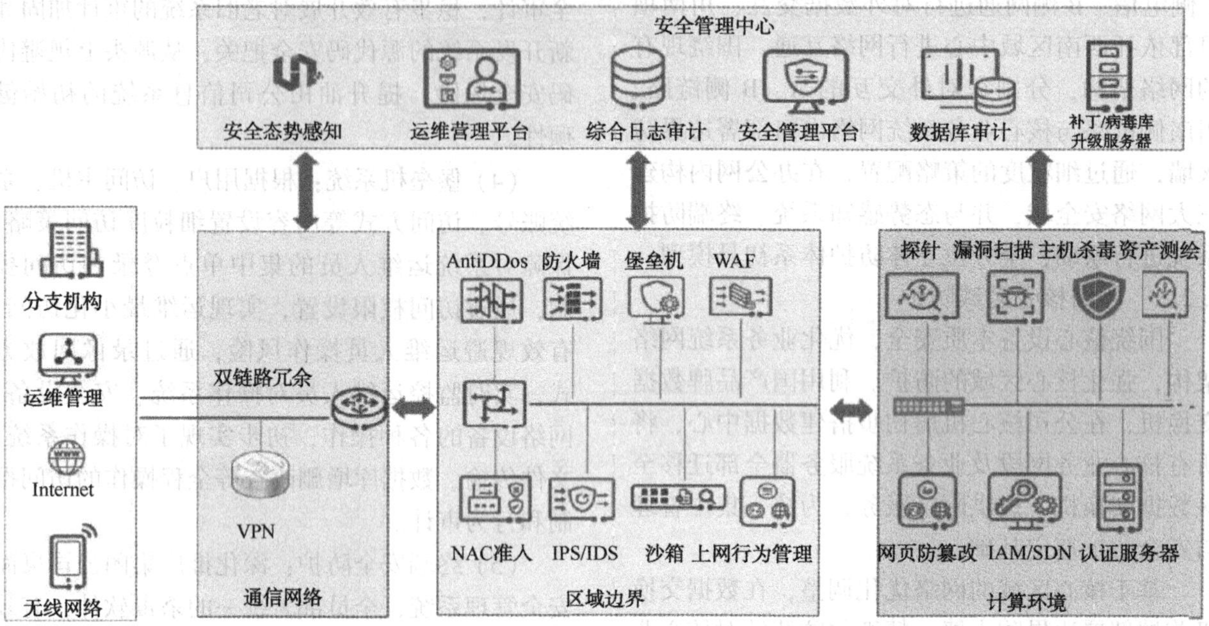

图7　纵深防御逻辑架构图

5.3.2　网安联动

在防护能力基础上，需要快速响应和处置，最大程度的拦截入侵。自动化的处置能力可以有效阻断威胁，防止攻击者进一步入侵探测组网架构（人工分析手动阻断）。同时可以减轻现场运维人力投入，降低企业日常运维成本（图8）。

（1）利用边界防护网关（防火墙）基于指纹特征匹配及时拦截恶意流量入侵。

（2）利用沙箱对文件进行静态和动态深度检测，发现潜在恶意未知威胁。

（3）利用态势感知系统全面感知网络资产状态、网络安全威胁态势，通过日志与全流量综合分析技术实现完整的网络攻击跟踪，同时与防火墙联动下发自动处置策略，自动高效拦截恶意攻击。

5.3.3　诱捕溯源

伴随着僵、木、蠕病毒的传播，系统0day漏洞威胁、APT攻击、社会工程学攻击等攻击手法不断涌现，这些攻击使用传统基于特征匹配的检测防御技术很难有效检测出。所以，在修缮加固自身堡垒的同时，需要由被动防御向主动防御做转变，通过构建欺骗防御系统对攻击者实施诱捕。

（1）部署内网诱捕探针，监控横向扩散流量，部署端点诱捕防护能力感知主机层探测行为，扩大蜜网感知面，提高诱捕成功效率。

（2）部署蜜网系统，构造陷阱混淆黑客攻击目标，延缓攻击者对真实网络的探测，同时结合攻击反制和攻击溯源，精确获取黑客的网络身份和指纹信息，以便对其进行攻击者取证分析。

（3）优化态势感知系统，根据诱捕系统告警信息关联分析，判定、呈现威胁状况，下发决策给控制器，联动防火墙处置闭环（图9）。

6　结束语

油田企业的数字化转型、智能化发展是未来的大势所趋，全新的转型和变革给企业高质量发展注入新动力，而网络安全建设同样任重而道远，保障网络安全需要我们扎实践行全局网络安全观，坚决落实网络安全责任，明确网络安全体系框架、层次结构，找到安全漏洞，做到有的放矢，向主动安全转变，最终成为数字油田巨轮的压舱石。

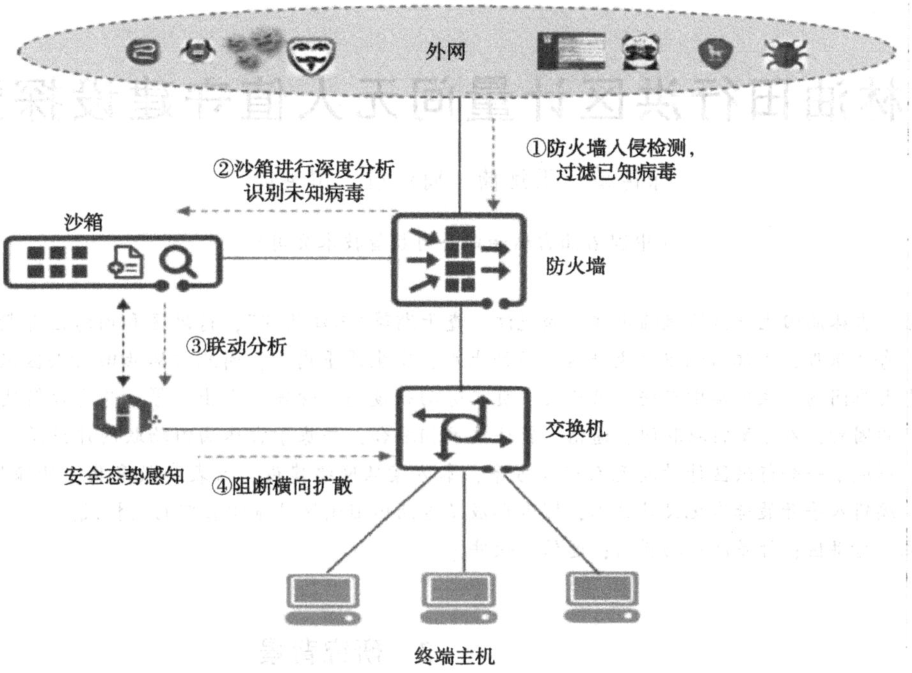

图 8　网安联动逻辑架构图

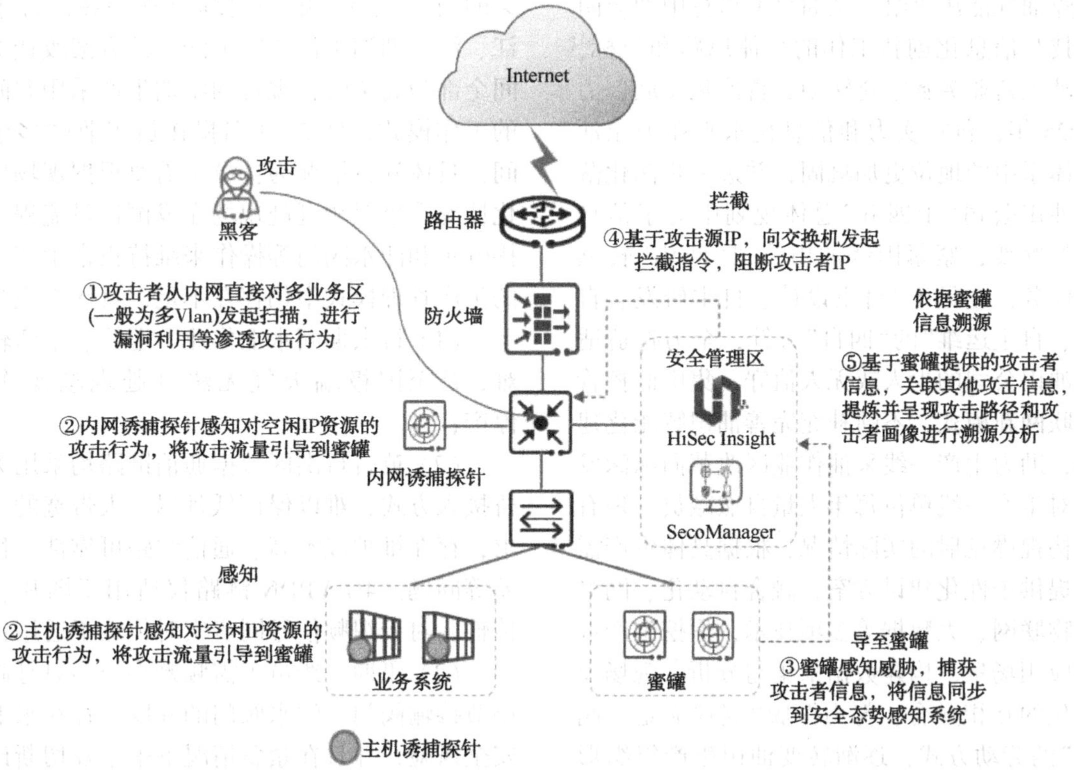

图 9　诱捕溯源逻辑架构图

参 考 文 献

[1] 闫长江，吴东君，熊怡. SDN 原理解析-转控分离的 SDN 架构[M]. 北京：人民邮电出版社，2017.

[2] 克里斯 · 桑德斯(Chris Sanders)，杰森 · 史密斯(Jason Smith). 网络安全监控、检测和分析[M]. 北京：机械工业出版社，2016.

[3] 郭鑫. 信息安全风险评估手册[M]. 北京：机械工业出版社，2017.

吉林油田行洪区计量间无人值守建设探索

徐传鹏　王弼楠　商海航　田英琦

（中国石油吉林油田公司数智技术公司）

摘　要　吉林油田生产区域濒临嫩江、松花江、查干湖等“三江两湖”，行洪区和内涝区井数占总井数的36.7%。每年汛期，沿江沿湖单位生产区域多处上水，发生严重内涝，因此吉林油田行洪区汛期生产管理一直是老大难问题，主要集中在安全风险大、员工劳动强度高、管理费支出多等。为有效解决上述制约行洪区生产的因素，本方案将物联网、通信、软件技术相融合，并基于吉林油田物联网建设总结摸索出的先进经验，形成了一套行洪区计量间无人值守方案，本方案从网络建设、仪表参数采集、传输协议方式、控制器程序编辑入手开展标准化设计施工，探索形成了老油田泄洪区计量间管理的新模式。

关键词　行洪区；计量间；物联网；通信；软件

1　引言

为了牢牢把握国家“十四五”能源发展规划，全力保障油气能源供给，全面贯彻执行中油集团公司科技与信息化创新工作的总体思路和目标，全力推动主营业务数字化转型、智能化发展，力争到2025年，科技实力和信息化水平在国家油气创新体系中的地位更加巩固，并进一步深化落实吉林油田公司“十四五”总体规划中对于信息化发展的纲要，紧紧围绕油田公司“两化”转型的中心任务，立足于“自主设计、自主研发、自主建设、自主运维”的“四自”方针，全力打造适合吉林油田公司的少人或无人值守，集中监控管理的物联网新模式，不断补充完善油田智能化建设内容，助力生产一线采油作业区改革向纵深发展，面对生产一线单位每年大量自然减员，现有人员结构捉襟见肘的实际情况，根据具体生产需求情况提供个性化建设方案，融合自动化、网络通信、物联网、大数据等多项技术，深挖生产数据潜在应用场景，构建数据采集与分析、现场设备自动化的互相融合，努力摆脱“巡检靠走，阀门靠手”的劳动方式，逐渐转变油田生产组织形式向智能化发展。本方案以物联网、自动化、网络通信、大数据为技术框架，充分发挥吉林油田已有的低成本物联网建设及运营模式经验，契合行洪区实际生产情况，进一步构建实时采集、集中监控、自动报警预警的数字化油田生产模型，减轻生产劳动强度，为行洪区生产单位“两化转型”的战略开辟了一条“数字化”新途径。

2　研究背景

该方案针对的生产区域处于江、河、湖泊交叉的河套地带，由于地理位置特殊，每年汛期江、河、湖泊水位持续上涨，该方案改造的计量间全部为高架间，现行的汛期生产采用并间管理的工作模式，即2~3名操作员工兼顾多个计量间，具体施行情况为：员工需要根据现场生产变化情况乘坐船舶赶赴现场完成倒计量流程、调节掺输水和注水阀门等操作来维持正常生产。目前的生产管理模式中仍存在不足，具体表现为：

（1）行洪期间水上作业、巡检、生活较为困难，甚至因极端天气无法赶赴现场操作导致停产；

（2）英台行洪区数据通信链路均采用无线网桥接入方式，难以保证低延迟、大带宽的通信需求，存在维护成本高、通信线路可靠性、稳定性差等问题。4G VPDN链路仅适用于图片、文字传输，对于视频信号同步实时传输不适用；

（3）汛期一线员工需频繁乘坐船只赶赴现场调节掺输阀门、注水阀门的开度，存在水上交通安全风险，并且在紧急情况下来不及切断计量间的生产流程。

（4）缺少生产数据统计、记录、分析系统，对于生产问题缺少“痕迹管理”。

同时，伴随着当前老油田开发运营的成本居高不下、自然减员加剧等问题，急需新一代信息技术手段予以解决，尤其是借助物联网技术的研究与应用推进“两化”深度融合，通过技术创新、管理创新、生产方式创新助推油田可持续发展已经势在必行。

3 总体研究目标、主要研究内容

3.1 总体研究目标

设计一套基于 RTU、触摸屏、组态系统、边缘计算等技术为基础的行洪区计量间数据采集及阀门控制系统，数据采集方面实现对行洪区计量间温度、压力、流量等生产数据的采集，经有线光缆网络将数据传至云中心，利用组态软件按照采油生产数据计算生成报表、分析曲线，同时生产指挥中心读取服务器数据相关工程文件，完成前线和后线 C/S 两级展示。控制功能方面，实现在生产指挥心对 RTU 控制器远程下发指令，RTU 控制器通过 RS485 通信读取阀门驱动，对阀门开度进行实时控制。

3.2 主要研究内容

总体框架：按照吉林油田智能化建设总体部署和要求，对原有的行洪区物联网进行升级改造，将原有网桥通信传输链路升级为光缆通信，降低故障率，提高稳定性，提高传输带宽；掺输、计量、注水流程增加电动阀门，提高流程的自动化，具备应急状态的流程切断功能；升级计量间控制柜功能，添加触摸屏，简化物联网维护内容；将行洪区生产数据全部接入物联网平台，配套相关软件功能，为生产指挥提供有效依据。

（1）硬件及设施研究内容：设计一套功能实用、工况稳定的采集控制系统。

① 开展行洪区计量间数据采集标准体系研究包括：仪器仪表的接口协议、传输方式、通信格式规划等相关技术研究。

② 行洪区计量间施工标准体系研究包括：电源、信号、通信线缆的敷设方式、工业弱电设备布局、隐蔽工程、接地电阻等相关施工标准规范。

③ 应用 C 语言对 RTU 控制器编程技术的研究。

（2）软件内容研究：应用组态软件开发一套集展示、控制、图表、报警功能为一体的系统。

① 基于现场生产工艺流程的图形建模研究。

② 数据编码规则研究。

③ 组态软件系统功能开发研究。

4 技术方案

以网络通信技术、自动化技术、软件技术为技术框架，以吉林油田计量间物联网技术为主体，按照"分析问题现状——技术路线研究——形成技术方案——方案试运行——方案推广应用"的思路，形成行洪区计量间无人值守方案。

4.1 方案总体框架

按照吉林油田智能化建设总体部署和要求，基于数字化建模的信息集成技术、通信技术和自动化技术等三个具体层面，对原有的行洪区计量间进行智能化建设，将原有网桥通信传输链路升级为光缆通信，降低故障率，提高稳定性，提高传输带宽；设计一套采集控制系统，该系统具备计量间温度、压力、流量的数据采集和对智能阀门驱动的控制功能；掺输、计量、注水流程设置电动阀门，提高流程的自动化，具备应急状态的流程切断功能；应用组态软件开发一套软件系统，按照实际工艺流程展示生产数据，配套开发生产数据分析系统，以报表、图形、超限报警为主，并按照智能阀门协议，制作阀门的状态展示和控制界面。进而打造硬件、网络、软件一体化，从安全、质量、技术等多维度全面提升管理效率。

4.2 具体技术方案

（1）硬件技术方案：行洪区计量间的掺输、冷输环和注水环，全部为带有标准 MODBUS 通讯协议的电动阀门如图 1，阀门驱动采用 MODBUS RTU 协议，具备正转、反转、卡死报警等功能。设计并部署机柜，机柜以 RTU 为采集数据和实现控制功能的核心元件，温变、压变数据通过 4～20mA 信号传输给采集 RTU，采集 RTU 读取的温变压变数据与流量计数据通过 RS485 映射传输到触摸屏，触摸屏与阀控 RTU

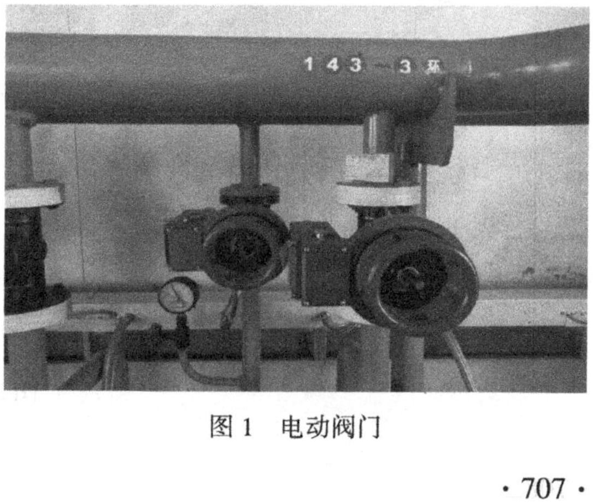

图 1 电动阀门

通过部署的光缆接入专有网络，并依靠 RTU 内部程序如图 2，远程调节现场电动阀门开关状态和开度大小。配套线缆敷设、仪表接线、RTU 控制器、触摸屏程序开发、电动阀门调试等施工内容，同时增设油水间摄像头，实时监控现场情况。

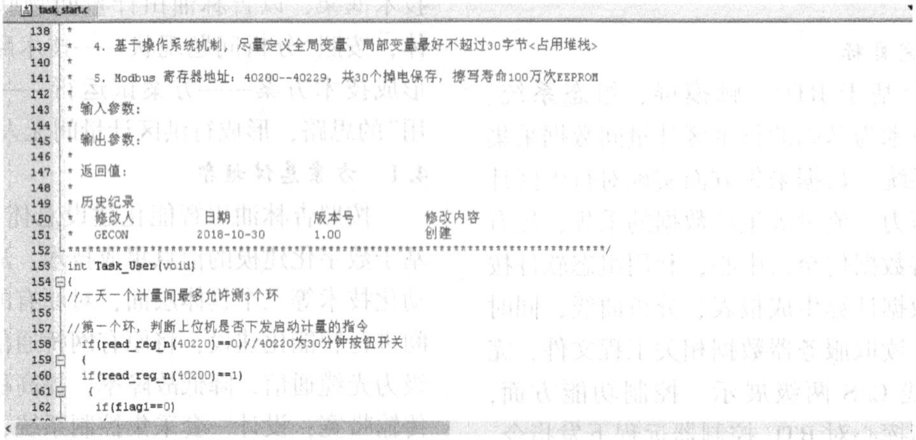

图 2　对 RTU 进行 C 语言程序编辑

（2）软件技术方案：①利用 SCADA 组态软件根据设备的协议进行设备组态、数据组态、图形组态的开发，并根据实际情况绘制地理拓扑图和生产工艺流程图使采集的生产数据按照现场生产工艺状态进行展示；②制作数据超限报警的颜色变换和声音播报；③建立历史数据查询系统，使用者可根据需求自行设置查询起始时间、间隔周期、查询时长，对于发生断电、漏失等生产异常情况，做到有迹可循，为“痕迹化”管理提供有力保障；提供生产数据曲线对比分析系统如图 3，具有实时曲线、历史曲线两种分析模式，可添加多个参数的曲线在同一图表内，方便生产管理人员对生产工况动态分析；根据电动阀驱动协议，具备开度状态、手自动状态、阀门卡死故障状态展示如图 4，图形展示赋予逻辑判断，关到位时阀门颜色展示为红，开到位时阀门颜色展示为绿，阀门出现非正常工况时输出文字“阀门故障”。控制阀门方面，通过操作界面按钮，选择自动模式工况，给定阀门开度，操作指令以数字远程下发给控制柜 RTU，RTU 控制电动阀动作。

项目创新点：项目以生产需求为工作方向，将行洪区油气生产物联网和已有计量间物联网模式求同存异，更新技术方案。

（1）数据采集和自动化控制深度结合，以采集的生产数据为参考依据，远程调控电动阀，为行洪区汛期生产提供智能化保障，同时大幅度削减人力成本，促进劳动组织形式的转变。

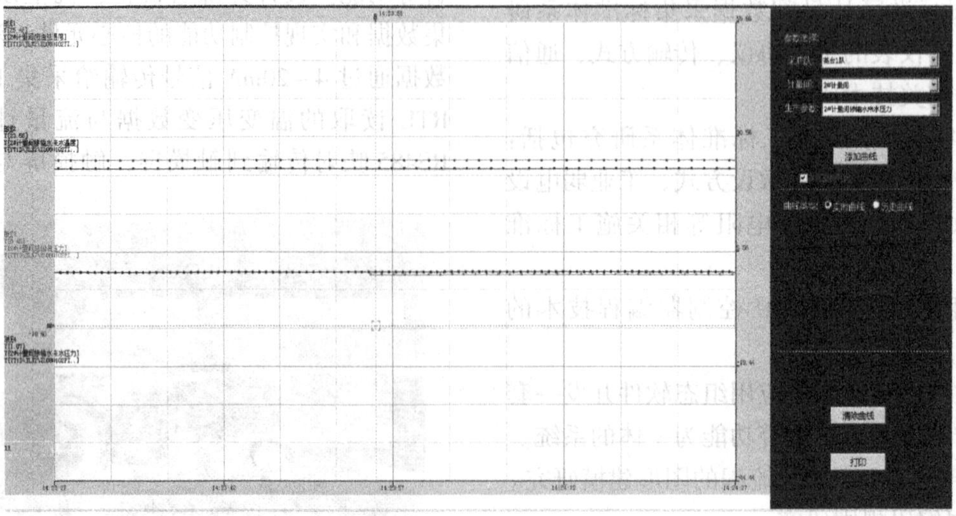

图 3　曲线生成

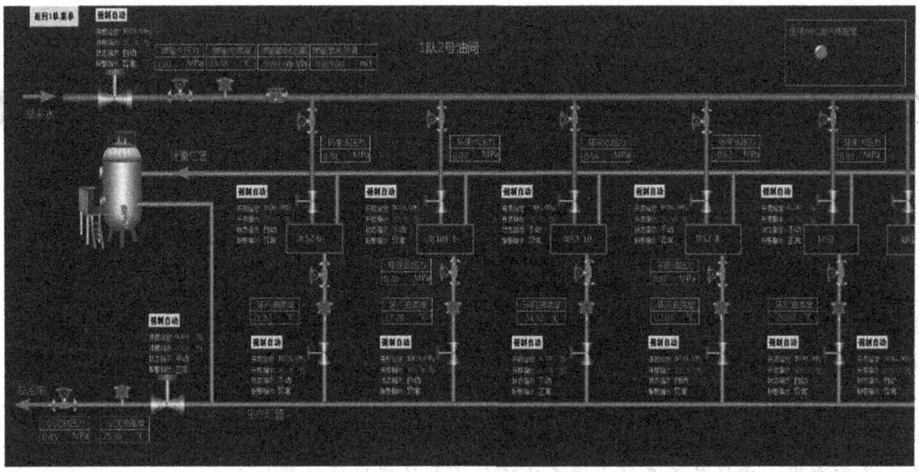

图4　阀门控制及展示

(2) 现场配置触摸屏，更换维修仪表时只需前端人员独立即可完成，省去了以往维护过程中的前端后台频繁沟通的环节，进一步提高生产效率。

(3) 软件开发报表、曲线等配套功能，为生产管理人员提供了更多的个性化管理工具，使数据分析更加简洁、高效。

(4) 项目从软件到硬件、从前端到后台都是自主研发，规划设计、施工、调试、试运行全周期资料自主掌握，为后期项目的运行维护奠定坚实基础。

综上所述，本项目融合网络通信、物联网、自动化技术，可作为解决行洪区汛期油气生产难题的有效路径，为汛期生产的安全、质量、费用等管理提供有力支撑。

5　应用效果及远景前瞻

方案在行洪区16个计量间投入使用，期间各设备运行稳定，网络传输质量好，软件生产管理系统应用频率高，为行洪区生产管理带来极大的便捷，不仅有效杜绝了汛期的安全风险，更是从人员、材料、机械、设备等多项管理费方面节省大量开支，项目运行期间已节省管理费百万元以上。

随着油田的优质资源日益减少，勘探、开发、生产进入深水区，依托物联网技术增提高生产率、保障安全生产、提高经济效益已经是大势所趋，充分发挥大数据、人工智能、物联网的技术优势，深化数据应用和提高自动化程度，使“数字油田”逐渐升级为“智能油田”，并最终发展为“智慧油田”，实现油田动态感知、油田活动自动操控、油田管理持续优化、油田决策虚拟辅助，真正利用信息技术管理油田生产，推动油田领域长期良性发展。

参 考 文 献

[1] 李志红. 基于大数据技术的智慧油田发展现状及思考[J]. 中国管理信息化，2020，23(10)：97-98.

虚拟化服务器技术在 LNG 接收站控制系统的应用

兰奇发　麻荣武　付　蕾

（国家管网集团深圳天然气有限公司）

摘　要　现代计算机技术发展迅速，硬件及软件平台不断更新换代。现在工业控制系统的计算机应用以安全稳定为首要目标，所用控制系统硬件和软件迭代速度较为缓慢；这就导致如下后果：

一是控制系统与同时代计算机软硬件设备兼容性变差，反映在系统软件不断优化升级，但保持相对架构稳定，对计算机硬件需求也相对变化不大，但随着计算机技术发展，控制系统运行在稳定的上一代计算机硬件平台，已渐渐退出市场甚至开始出现无法运行于新的高性能计算机上。

二是计算机厂商不在提供老型号计算机硬件及技术服务，导致控制系统老计算机升级替代后，无法得到最优计算机硬件，导致系统运行于不稳定的新系统上，出现安全生产隐患。

控制系统服务器平台采用虚拟化服务器技术，利用高性能计算机服务器搭建全新虚拟化平台，将现有控制系统通过虚拟化升级，实现虚拟平台和现实设备硬件接口适配兼容，让服务器、操作站、控制单元等各终端用户共享平台资源。提升了资源利用率，减少控制系统对计算机硬件需求依赖，避免了设备失效时因技术迭代引发的技术和安全技术风险。

虚拟化服务器应用技术在接收站控制系统应用后，提升了资源利用率、优化网络性能提升、减少计算机需求，改变了传统设备管理模式。当然，虚拟化服务器技术还处理快速发展阶段，还有风险存在，虚拟化服务器虚拟化发展将成为降低运行成本，以及实现资源整合的必然趋势。

关键词　虚拟化服务器；高可用性；云技术；升级迭代

1　项目背景

1.1　项目控制系统情况

国家管网集团深圳天然气有限公司集散控制系统（简称“控制系统”）于 2015 年调试运行投用，控制系统计算机硬件包括如下系统服务器、安全仪表系统服务器、现场仪表管理服务器、实时数据服务器、操作员站。其中，服务器操作系统为 Windows Server 2008，操作站操作系统为 Windows 7；控制系统为运行在微软系统服务器平台上霍尼韦尔 EPKS。

2015 年控制系统从调试后投入运行，系统服务器高负荷不间断持续运行，由于计算机硬件设备逐渐老化，已多次出现磁盘故障，但配置要求相当的服务器已停产无法采购。

1.2　面临的问题和困难

2021 年，按照控制系统实施运行维护需要，计划更换现有部分服务器和工作站，但市场上已无法采购到符合同等配置的计算机硬件，特别是现型号计算机硬件备件已停产和厂商停止技术支持服务，包括操作系统软件技术支持。无法实现安全性补丁和系统修补性更新，控制系统的平稳运行面临硬件无备件服务、软件无技术支持的状态，存在随时因故障有宕机的技术风险。

此外，服务器和操作站等设备长达 8 年多长时间运行后，计算机设备性能下降，CPU 资源占用率过高，安全性逐渐降低。经调研发现，通常来说，控制系统的应用软软件主要采用经过市场验证安全性和稳定性最好版本，并运行在主流计算机操作系统环境中；随着计算机技术发展，计算机硬件和新版本操作系统不断更新换代，为新计算机应用开发的控制系统软件开发推广还相对滞后，尽管部分企业控制系统全新版本应用也退出，但还在优化升级迭代中，在工业领域全面推广应用范围还比较有限，需要不断完善中。

鉴于以上问题，当前控制系统维护面临既要考虑系统安全性和稳定性，又要解决好当前设备应用限制，并兼顾控制系统长期运行维护经济性，减少系统风险，保障企业安全生产平稳运营。

2　主要目标和实施方案

为了解决控制系统、计算机平台软硬件匹配稳定性和兼容性问题，且控制升级改造应兼顾技术可靠、可行性高和窗口期短的特点，确保升级期间安全生产平稳。经过多次论证研究，结合当前虚拟化成熟应用成果，现有霍尼韦尔控制系统具有虚拟化服务器应用的先天基础条件，有效解决系统软和计算机软硬件技术发展强关联问题，也提供未来更灵活的设备升级方案，节约成本，提高系统安全性。如果采用传统物理机方案，新计算机硬件和控制系统需要同步升级改造，软件和硬件成本高昂，除保留部分利旧设备外，等同于新采购一套新控制系统，依然面临后续二次控制系统设备受制于计算机软、硬件发展不同步的限制。因此，虚拟化服务器方案化解了未来计算机和控制系统之间软件、硬件升级带来的技术匹配风险，还可大幅节省系统运维和投资成本。

将控制系统服务器、操作站采用基于VMware_ESXi软件的高可用性虚拟化服务器系统，将未来控制系统迭代与计算机硬件升级的需求分离。以虚拟化应用平台作为控制系统运行的基础应用平台，后续可以根据需要分别更换计算机服务器平台硬件或控制系统硬件，实现局部按需维护升级，硬件配置简单需求，最优化资源配置应用。

现有控制系统计算机平台采用虚拟化技术，可在虚拟化平台运行的物理计算机终端为包括冗余服务器、操作站、病毒服务器和实时数据库管理系统服务器。而在虚拟化技术应用方案中，现有设计应将也应全部进行升级，确保支持虚拟技术应用接口，所有操作站终端仅提供远程登陆终端，操作站运行应用均由虚拟服务器完成，对操作站计算机硬件配置要求极为简单，具有远程登录功能即可。

3 主要研究内容

3.1 虚拟化的技术背景和解决的问题

传统X86系列计算机硬件是专门为运行单个操作系统和单个应用程序而设计的，物理服务器基本都采用单一服务器运行单一系统的模式，并运行一个或几个应用程序，有些应用程序甚至是以往遗留下来的无用程序。有些应用程序占用了一台物理服务器，却只利用了服务器很少的一部分资源；因此大部分计算机硬件资源利用率不高，导致计算资源严重浪费，但某些计算机服务器却因匹配不当也可能出现瞬间单机资源不足的情景。每个操作系统的授权与硬件绑定，一台服务器只用一个授权，也增加了版权的开销。

基于以上现实情形，传统物理架构的操作系统直接安装在物理硬件上，使得整个IT基础架构极为不灵活，特别是在应用部署、迁移时需要耗费大量的时间和工作量；与此同时，软硬件故障对业务连续性也造成较大影响，需要采用较高成本的安全可靠方案来解决。此外，生产扩建、系统扩容等项目使公司机房的服务器数量不断增加，机房负荷(空间、制冷等)也随之增加，但是大多数服务器工作不饱和，个别服务器的资源利用率甚至低于10%，浪费极大。

服务器虚拟化技术，就是能较好解决上述这些问题的重要方式之一。虚拟化技术最早是上世纪60年代IBM公司在大型机系统应用，通过对硬件系统进行逻辑分区，形成若干独立虚拟机，提高了硬件资源利用率。随着x86平台上虚拟化技术的实现，x86平台可以提供便宜的、高性能和高可靠的服务器，一些用户配置的虚拟化的生产环境，他们采用了新的管理工具，这些管理工具随着虚拟化技术的发展得到不断改进和优化。

3.2 虚拟化技术的基本架构、工作机制和优势

虚拟化是指：计算计元件是在虚拟的基础上而不是真实的物理基础上运行，如：CPU的虚拟化技术可以将单一CPU模拟多个CPU并行，这样让CPU、内存、磁盘、I/O等硬件变成可以动态管理的“资源池”；允许一个平台同时运行多个不同的操作系统，并且各应用程序都可以在相互独立的空间内运行而互不影响；一台服务器变成了几台甚至上百台相互隔离的虚拟服务器，每个虚拟服务器都可以共享同一台物理机的资源。因不同的虚拟服务器可以在同一台物理机上运行不同的操作系统以及多个应用程序，从而显著提高计算机的工作效率。

服务器虚拟化摆脱了传统的一对一体系结构模式，使多个物理服务器组成资源池，多个操作系统以虚拟机方式运行在资源池上，可以使X86服务器释放强大的潜能。虚拟化技术可以扩大硬件的容量、简化软件的重新配置过程，是一个简化管理、优化资源的解决方案。

随着互联网技术阿里云、腾讯云、百度云和华为云等云计算业务不断普及，推动了计算机信息时代革新，这些云技术应用依托于虚拟化服务器技术，将资源进行集中，根据客户需要进行精确分配和科学管理。

3.3 虚拟机、虚拟平台、虚拟基础架构以及虚拟化的工作原理

3.3.1 什么是虚拟机

虚拟机是一种高度隔离的软件容器，它可以运行自己的操作系统和应用程序，它与真实物理计算机性能完全一样，它的行为完全类似于一台物理计算机，它包含自己的虚拟(即基于软件实现的)CPU、RAM 硬盘和网络接口卡。

由于虚拟机与物理机之间没有“软件逻辑”差异，操作系统、应用程序和网络中的其他计算机无法分辨虚拟机与物理机的差异，也没必要分辨；即便虚拟机本身也认为自己是一台“真正的”计算机。

由于虚拟机完全由软件组成，不含任何硬件组件；因此，虚拟机具备物理硬件所没有的很多独特优势，虚拟机为可视为被虚拟化了的应用计算机，结构如图 1 所示。

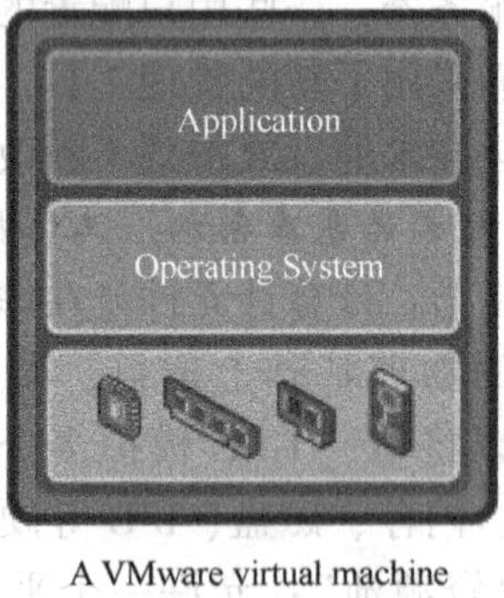

图 1　虚拟机结构

3.3.2 什么是虚拟化平台

虚拟化平台改变了传统计算机硬件和平台应用结构(即硬件、操作系统、应用软件等层次)，把计算机操作系统从硬件中分离出来，在硬件和操作系统之间虚构一层或嵌入一套高度精简应用软件层，被称作 Hypervisor(管理程序)。

Hypervisor(管理程序)是一个具有完整的 X86 平台支持特性，支持一个或多个操作系统，且占用很小系统资源，具有高效配置计算机资源和应用资源能力，因其虚拟存在于硬件和应用间被称作虚拟机，如图 2 所示。

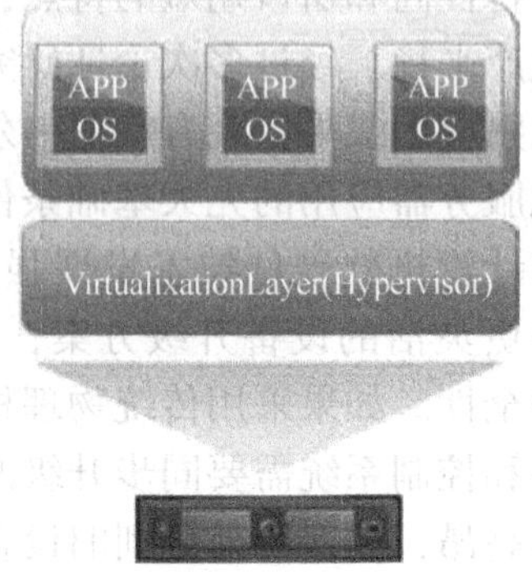

图 2　虚拟化平台

3.3.3 什么是虚拟基础架构

基于前述虚拟技术的基础，可构建一套软硬件虚拟机基础架构，在此架构内实现多台计算机共享物理资源；还可在多台虚拟机之间共享单台物理机的资源以实现最高效率，这样在多个虚拟机和应用程序之间实现资源共享，将基础架构的物理资源动态映射到应用程序的驱动内。

在 X86 服务器架构虚拟应用中，X86 服务器与网络和存储器聚合打造成一个统一的 IT 资源池，供应用程序根据需要随时使用，基础架构模型如图 3 所示。

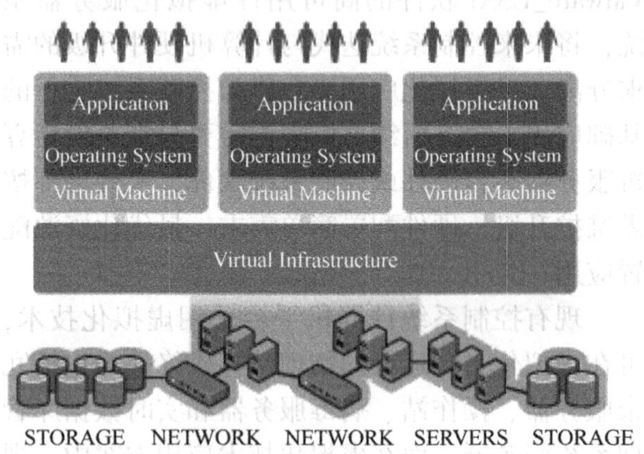

图 3　虚拟基础架构模型

3.3.4 虚拟化的工作原理

3.3.4.1 构建虚拟机

VMware 虚拟化平台是基于成熟应用并具有商业化的体系结构构建的，其中 VMware vSphere 和 VMware ESXi 等软件可对基于 X86 的计算机的硬件资源(包括 CPU、RAM、硬盘和网络控制器)进行转变或“虚拟化”，以创建功能齐全、可像“真实”计算机一样运行其自身操作系统和应用程序的虚拟机。

3.3.4.2 管理虚拟机

每个虚拟机都包含一套完整的操作系统，不存在相互潜在冲突。VMware 虚拟化应用的工作原理是直接在计算机硬件或主机操作系统上面插入一个精简的应用软件层，该软件层包含一个以动态和透明方式分配硬件资源的虚拟机监视器(或称“管理程序”)，多个操作系统可以同时运行在单台物理机建立在虚拟化应用平台，彼此之

间共享硬件资源。

3.3.4.3 运行虚拟机

由于整台计算机(包括CPU、内存、操作系统和网络设备)是被封装起来的，因此虚拟机可与所有标准的X86操作系统、应用程序和设备驱动程序完全兼容，同时在单台计算机上安全运行多个操作系统和应用程序，每个操作系统和应用程序都可以在需要时访问其所需的资源。

3.3.4.4 VMware vSphere

通常情况下，VMware vSphere可将数百台物理机和存储设备互连在一起进行扩展，构建成完整的虚拟基础架构，不需为每个应用程序永久性地分配服务器、存储空间或网络带宽。虚拟架构中平台硬件资源会根据需要在设备云内部动态分配到所需的空间位置。按照优先级高低获得资源，优先级高的应用程序总是能得到所需的资源，其它资源可进行灵活调配用于配置高峰时期偶尔使用的应用。将该设备云连接到公有云以创建一个混合云，提供灵活性、可用性和可扩展性。

3.4 通过虚拟化管理工具可以方便管理虚拟机，和多种应用程序和基础架构服务。VMware不但可以提高服务可用性，同时还能摒弃容易出错的手动任务，可以更有效率、更有成效地实现集中管理，霍尼韦尔控制系统的虚拟化应用与其它厂商虚拟化应用具有一定差异性。

(1) 技术路线。现有成熟虚拟化技术包括服务器虚拟化、存储虚拟化、网络虚拟化、应用虚拟化，知名虚拟化厂商有Citrix、IBM、VMware、微软等。在商用应用服务器虚拟化领域，VMware占有的市场份额最大，旗下vSphere产品占有了服务器站据2/3以上，为各工控技术应用领域提供优质、安全的应用保障。

(2) 控制系统虚拟化应用虚拟化应用方案是将大量计算机的应用程序予以集中管理，以“云”服务的方式为各类精简人机界面提供应用服务。

(3) 控制系统虚拟化服务以“虚拟机服务器”集中管理各类操作站及工程师站的应用程序，以更精简的功能简单瘦客户端取代复杂或高配置的操作站及工程师站，采用HTML/XML技术获取虚拟服务器应用资源。这样做的优势在于减少复杂功能计算机的硬件数量和配置需求；降低操作系统和硬件的快速变化而带来的影响，延长计算机硬件使用期限；简化系统管理；提高可用性和可靠性，以及实现快速灾难恢复能力。

(4) 虚拟化平台对依托于VMware vSphere虚拟化技术，系统硬件资源占用少，实现服务器进行整合，对系统依赖性不强，具有较好平台扩展性和良好兼容性，大大提高服务器资源的使用率。

4 项目应用

霍尼韦尔控制系统EPKS虚拟化平台改造升级项目采用VMware框架下搭建，系统运行于高性能服务器上，实现现有控制系统功能应用提升的同时，提供了全新系统平台内设备管理模式。

4.1 方案介绍

(1) 本项目霍尼韦尔控制系统虚拟化平台升级后，现有EPKS软件版本升级为支持虚拟化应用新版本，并将现有控制系统控制器、IO模块和交换机等支持虚拟化应用插件更新，新版本控制系统组态人机界面更友好，系统组态应用功能更加丰富。EPKS控制系统虚拟化技术，降低访问端计算机硬件的要求，搭载虚拟化平台高性能服务器对虚拟管理软件要求不在苛刻，从而降低Windows操作系统不断升级和计算机硬件升级换代对整个控制系统带来的升级压力，常见架构如图4所示。

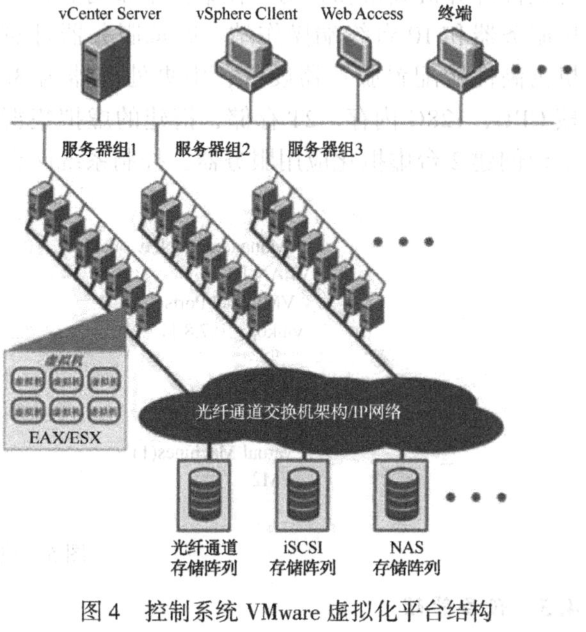

图4 控制系统VMware虚拟化平台结构

(2) 在控制系统控制网主干网上配置冗余应用服务器SVRA/SVRB和管理服务器vCenter；在应用服务器内新建了独立于控制网络主干网的

虚拟化管理网。网络交换机、串口服务器等网络设备也更换为支持虚拟化应用设备，光电转化器等单一物理功能设备除外。

(3) 实时数据库服务器的软件也升级为支持虚拟技术版本，实现控制网管控内外部数据交换，现有网络安全设备布局基于边接防护，不参与系统内部数据应用处理配置不变；防病毒服务器与虚拟化管理服务器共用，采用网络扫描查毒监控与外部网络隔离配置。

(4) 新虚拟服务器硬件均选用机架式安装，利用KVM Switch集中管理，通过带屏蔽功能网络线将控制系统和操作站等终端进行有线连接；新系统选用支持虚拟化平台应用管理型高性能交换机。

(5) 在现有控制网络为容错以太网上更新配置带双屏显示器瘦客户端作为操作站，提供操作员监控所有流程图画面以适应新显示器分辨率。控制系统配置F站(Flex Station)和C站(Console station)，数据采集操作均与原控制系统保持一致，即F站只能从服务器读取数据，C站可以直接和控制器进行数据交换。

(6) 现有控制系统进行虚拟化升级后，组态软件需要进行版本适用性修正和检查。

4.2 虚拟化平台架构

新控制系统虚拟化架构平台集群，优化了现有硬件计算机数量和布局。在集群中布局2台应用服务器和10台终端操作站，虚拟服务器计算机为高性能配置服务器硬件，中央处理器为36核CPU，128G内存，2T存储，搭建的虚拟集群平台创建2台虚拟化应用服务器，控制系统两台冗余服务器由两台不同虚拟化应用服务器承载，实现物理冗余和逻辑冗余双重配置。

4.3 服务器资源利用

虚拟化平台下应用服务器和系统服务器的资源利用率，均得到大幅提升。传统结构冗余服务器的中央处理器CPU运行效率超过60%。虚拟化平台应用服务器分配给冗余系统服务器的中央处理器CPU运行效率降为40%左右，CPU运行内存不大于45%，服务器运行更为稳定和经济。

虚拟化应用服务器平台中央处理器约CPU中央处理器CPU运行效率约为40%左右，CPU运行内存不大于20%，计算机设备运行负荷优化效果明显。

从监控指标对比，虚拟化平台系统在高性能服务器加持下，处理器运行负荷大大降低，既有体现系统资源统一配置下最大化应用，又体现新平台优化后对计算机资源需求有所降低。

4.4 网络管理优化

虚拟服务器分为两层网络结构，管理网络和业务网络；管理网络用于虚拟化平台的集中管理，具备监视虚拟服务器的运行状态，优化虚拟机配置，管理虚拟机网络流量等功能；业务网络仅通行生产数据，数据流更加安全和高效。

管理网络和业务网络在物理层面隔离，通过配置，在虚拟服务器建立不同的上行链路组，并分配至对应的物理网卡，实现业务网络和管理网络的物理隔离。虚拟服务器可以通过Web登录并管理，无需单独安装软件，可在管理网络的电脑进行登录和管理，更加方便管理和维护，典型网络拓扑如下图5所示。

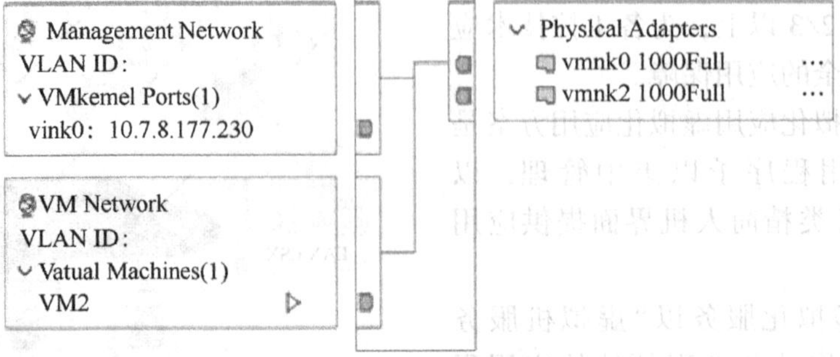

图5　典型网络拓扑图

4.5 设备管理

虚拟服务器硬件型号统一，易于维护和后期升级。服务器具备良好的拓展性，根据生产需要可以针对性升级处理器、存储和内存等硬件设备，极大提升了设备使用周期设备管理灵活性。规避了因系统使用年限过长，导致难以采购物理备件的问题。新服务器均为机架式安装，规格一致便于集中管理。

5 经济效益与社会效益

5.1 经济效益总体分析

由于虚拟化打破了操作系统和硬件的必然联系，不需再担心旧系统的兼容性问题，更不必担心由升级引起的维护和业务中断等一系列问题，后续控制系统软硬件可以不再需要持续升级，现有控制系统应用软件也可以不进行升级，仅需更换部分成本较低的计算机硬件。

虚拟化平台升级改进后，控制系统减少了多台高性能物理计算机的能量消耗，降低了计算机维护工作量和能耗；还可有效降低运营维护成本。

5.2 经济效益分类

5.2.1 设备数量少、减少投资

虚拟化服务可大幅度减少高配置计算机的数量，只需要配置数量较少的高性能计算机，系统和网络的结构也相应简单化了，降低了硬件成本。

通过服务器整合控制和减少物理服务器数量，明显提高了每个物理服务器的资源利用率，从而降低运营和维护成本，同时计算机能耗降低。

5.2.2 运营效率高，可用性好

新服务器和应用的部署，大大降低原型服务器重建和应用加载时间，服务器资源充足，大大加快操作等应用的响应速度，硬件维护和升级更加方便，且维护工作更为简单。在需要系统升级或迁移时，其速度更快，风险更低。不需要象以前那样，硬件维护需要数天/周的管理准备和1-10小时的维护窗口，现在可以进行快速的硬件维护和升级，也简化了变更管理。

这样可以主动地提前规划，对业务和应用的需求响应快速，不再象以前那样需要长时间的技术研讨和数据测试。

5.2.3 集中管理，节约空间

将物理服务器虚拟化为虚拟服务器后将虚拟服务器看成是一个独立运行的软件来维护，通过软件管理虚拟服务器的全部硬件设备，外部终端设备占用安装空间少，不需在不同地方进行维护。

5.3 经济效益计算

控制系统服务器虚拟化升级后，预计未来15年内不需要进行控制系统升级，节省了多次控制系统软硬件升级费用。通过虚拟平台，实现了控制系统软件和计算机硬件之间强关联状态的分离，减少计算机硬件对控制系统的影响，提升控制系统安全性和可靠性。

6 关注虚拟化的风险

控制系统升级采用VMware vSphere虚拟化平台，能够提供一个可靠、高效、灵活的运行平台，但从技术路线选择和实施情况分析也有适用性及风险。

6.1 失效风险

虚拟化的架构中把多个应用放到一到两台服务器上，虽然能实现故障自动监控，且一旦出现重大硬件故障时有自启动保护功能，但也可能会短时间影响到多个应用，这种风险是存在的，化解风险的方案是冗余配置服务器，在虚拟化环境中也要实现双机热备，提高可靠性。备份恢复服务器可对重要系统按照自定义备份计划进行备份，创建镜像，当系统出现问题时可以通过EBR系统快速恢复服务器至正常状态，减少故障时间，保证生产的正常运行。

6.2 兼容性需求高

虚拟化并不能和所有的应用程序或者所有硬件协调工作，比如有些应用要直接访问硬件资源或者特定的硬件加密时，只能采取比较特殊的办法处理，减少一些虚拟化的特性加以解决。

6.3 系统开发难

控制系统虚拟化有一定的技术门槛，虚拟化对软硬件和网络匹配的要求较高，换而言之，不是所有的系统均支持虚拟化，也不是支持虚拟化后就具备稳定运行条件。需要控制系统供应商的软件成熟度达到一定水平，细节匹配技术上有熟练的经验积累，防止出现技术风险叠加，不同LNG接收站控制系统，需要仔细评估虚拟化技术应用的可行性。

7 结束语

Vmware框架中的服务器虚拟化技术能够很好地提高应用服务器的运行效率、稳定性与便捷性，让服务器资源能够有效地分配，实现工业控制技术多台终端对于服务器运行的需求，并最大化降低其维护、运行成本。虚拟化技术是一种新的技术手段，可以帮助企业提高应用服务器资源的有效利用，物理环境虚拟化是未来计算机发展

的趋势，也是计算机控制系统的发展方向。

参考文献

[1] 汪蔓. VMware 服务器虚拟化技术研究[J]. 电脑知识与技术，2014(8).
[2] 秦萍萍. 虚拟化技术在装车自控系统中的应用[J]. 2021(4).
[3] 王钰. 服务器虚拟化安全风险及防范措施[J]. 信息技术与信息化，2019，229(04).
[4] 蒋煌火. 服务器虚拟化技术在企业信息化中的应用[C]//电力行业信息化年会论文集，2016.
[5] 刘孙发. 基于虚拟化技术的服务器端数据整合系统设计研究[J]. 现代电子技术，2020(2).

分层注气井下气嘴结构优化设计

杨树坤　李　越　秦小飞　赵广渊　陈　磊　马俊杰

（中海油田服务股份有限公司）

摘　要　CO_2分层配注可有效避免层间干扰，实现油气储层多层均衡注采。配注气嘴是单管分层注气工具设计的关键，要求具有大通径、强节流特性，以避免CO_2的杂质堵塞气嘴。论文通过数值模拟的方法，研究了锥-平直型、平直型等常见的五种气嘴的流动特性，基于研究结果设计了平直-锥型气嘴，并进行了结构参数优化。结果表明：突缩型气嘴由于流通面积骤然减小，局部损失增大，节流效果明显好于渐收型气嘴；带扩张段的气嘴由于流体的碰撞摩擦以及旋涡的影响，导致更大的动能损失，节流效果更佳。大锥角容易产生强度更大的涡旋，从而增加气体内部的动能和角动量，平直-锥型气嘴节流效果越好。本文设计的平直-锥型气嘴具有大通径、强节流特性，能满足注气井CO_2分层配注需求。

关键词　分层注气；气嘴优化；嘴损；流动特性

CCUS（Carbon dioxide capture utilization and storage）是实现“双碳”目标最有效的途径之一，也是化石能源低碳利用的托底技术。CO_2驱油与埋存是CCUS重要技术之一，近年来在国内外各大油田均得到了推广应用。

大部分油田储层纵向非均质性严重，储层和流体物性差异显著，常规笼统注气方式，会导致CO_2沿高渗层突进、形成气窜，中低渗地层受波及程度低，难以达到预期开采效果。CO_2分层配注通过向不同渗透层有效注入所需CO_2量，维系地层能量，保证油气田长期有效开发，是解决油田层间矛盾，提高气驱采收率的重要手段，常见的技术有单管分注和多管分注技术。多管分注技术虽然无需井下流量测试，但受限于分注层数且缺乏井控保护能力，驱油效果不太理想。单管分注技术利用封隔器完成分注层段分隔，在配注器中安置节流气嘴通过钢丝投捞的方式更改气嘴尺寸与结构，实现调节注入量的需求，达到缓解层间矛盾，抑制吸气不均的问题，在大庆榆林、胜利等油田得到了很好的应用。在进行分注管柱设计中，注气气嘴的结构直接关系到了节流压差的大小，在配注过程中发挥着重要作用。但是注气气嘴面临着易堵塞易冲蚀的难题，因此设计大通径、节流能力强的气嘴结构尤为重要。

本文通过对平直型气嘴、锥型气嘴、双锥型气嘴、亥姆赫兹型气嘴、锥-平直型气嘴进行数值模拟，从压力场、速度场分析气嘴结构对压差的影响规律，并据模拟结果设计平直-锥型气嘴，为现场气嘴使用提供优选。

1　模型建立

1.1　气嘴结构

气嘴结构对节流压差有直接影响，本文选择了五种常见的不同结构气嘴（平直型气嘴、锥型气嘴、双锥型气嘴、亥姆赫兹气嘴、锥-平直型气嘴）进行模拟对比，以期揭示结构对节流压差的影响规律，五种结构气嘴如表1所示。

五种气嘴模型总长度均为10mm，出口直径均为1mm，入口直径则根据气嘴类型确定。对于平直型、亥姆赫兹型气嘴来说，入口段直径较小，一般与出口段直径保持一致；对于锥型、双锥型、锥-平直型来说，由于气嘴壁面与气嘴中轴线有一定的夹角，因此入口直径会偏大，一般大于出口直径，具体尺寸如表1所示。

表1　气嘴结构参数图

序号	名称	入口直径/mm	锥角/(°)	结构示意图
1	平直型	1	/	

续表

序号	名称	入口直径/mm	锥角/(°)	结构示意图
2	锥型	7.12	27	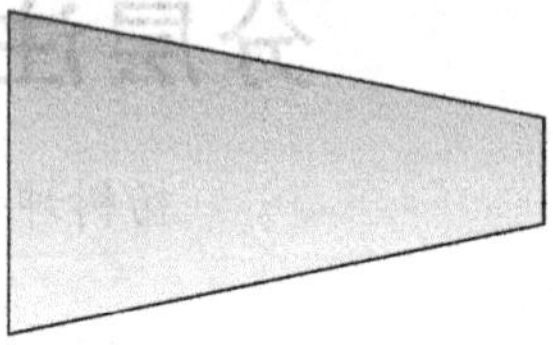
3	双锥型	7.42	28.7	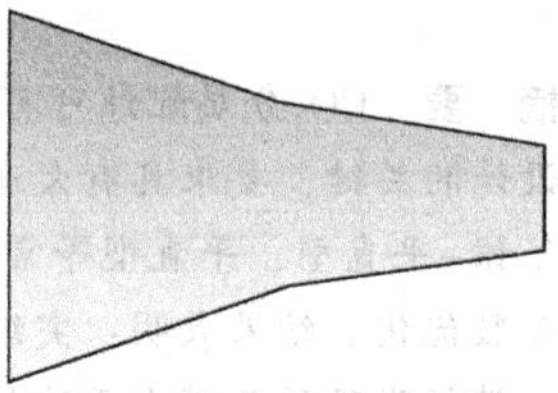
4	亥姆赫兹型	1	74	
5	锥-平直型	5.66	18	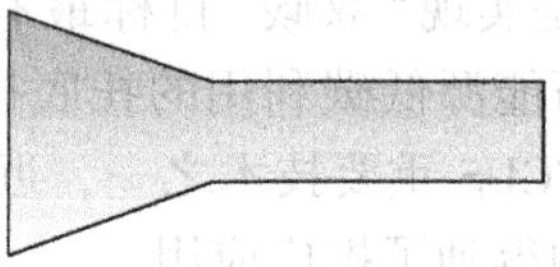

1.2 数学模型

CO_2在井下一般会进入超临界态，具有诸多特殊的物理化学性质，在流经气嘴时需要考虑到传热与压缩性。因此除了求解质量方程和动量方程以外，还须求解能量方程。CO_2射流是流体的高速流动过程，因此模拟时可忽略重力。控制方程表达式如下。

$$\frac{\partial\rho}{\partial t}+\nabla\cdot(\rho u)=0 \tag{1}$$

式中，ρ 是流体密度，kg/m³；$\vec{u}$是速度矢量，m/s。

现有模型都将 CO_2作为牛顿流体来考虑，因此动量方程采用 Navier-Stokes 方程，简化后的表达式如下：

$$\begin{aligned}
&-\frac{\partial p}{\partial x}+\mu\left[\frac{(\partial^2 u_x)}{(\partial x^2)}+\frac{(\partial^2 u_x)}{(\partial y^2)}+\frac{(\partial^2 u_x)}{(\partial z^2)}\right]+\mu\frac{\partial}{\partial x}\left[\frac{(\partial u_x)}{(\partial x)}+\frac{(\partial u_y)}{(\partial y)}+\frac{(\partial u_z)}{(\partial z)}\right]=0\\
&-\frac{\partial p}{\partial y}+\mu\left[\frac{(\partial^2 u_y)}{(\partial x^2)}+\frac{(\partial^2 u_y)}{(\partial y^2)}+\frac{(\partial^2 u_y)}{(\partial z^2)}\right]+\mu\frac{\partial}{\partial y}\left[\frac{(\partial u_x)}{(\partial x)}+\frac{(\partial u_y)}{(\partial y)}+\frac{(\partial u_z)}{(\partial z)}\right]=0\\
&-\frac{\partial p}{\partial z}+\mu\left[\frac{(\partial^2 u_z)}{(\partial x^2)}+\frac{(\partial^2 u_z)}{(\partial y^2)}+\frac{(\partial^2 u_z)}{(\partial z^2)}\right]+\mu\frac{\partial}{\partial z}\left[\frac{(\partial u_x)}{(\partial x)}+\frac{(\partial u_y)}{(\partial y)}+\frac{(\partial u_z)}{(\partial z)}\right]=0
\end{aligned} \tag{2}$$

式中，p 是流体微元体上的压力，Pa；μ 为黏度，Pa·s；u_x、u_y和u_z是速度矢量，$\vec{u}$的分量，m/s。

能量方程表达式为：

$$div(\rho\vec{u}T)=div\left(\frac{k}{C_p}gradT\right)+S_T \tag{3}$$

式中，T 是温度，K；k 是流体的传热系数，W/(m·K)；C_p 是定压比热容，J/(kg·K)；S_T 是黏性耗散项，K·s²/m²。

由于主要研究对象为直射流流场，气嘴内外流场均为高雷诺数区域，该条件下更适用 Standard k-ε 两方程湍流模型。湍动能方程(可压缩流动)为：

$$\frac{\partial(\rho k)}{\partial t}+\frac{\partial(\rho k u_i)}{(\partial x_i)}=\frac{\partial}{(\partial x_j)}\left[\left(\mu+\frac{\mu_i}{\sigma_k}\right)\frac{\partial k}{(\partial x_j)}\right]+G_k+G_b-\rho\varepsilon-Y_M+S_k \tag{4}$$

湍流耗散率方程(可压缩流动)为：

$$\frac{\partial(\rho\varepsilon)}{\partial t}+\frac{\partial(\rho\varepsilon u_i)}{(\partial x_i)}=\frac{\partial}{(\partial x_j)}\left[\left(\mu+\frac{\mu_i}{\sigma_\varepsilon}\right)\frac{\partial\varepsilon}{(\partial x_j)}\right]+\frac{(C_1\varepsilon\varepsilon)}{k}(G_k+C_3\varepsilon G_b)-C_2\varepsilon\rho\varepsilon^2/k+S_\varepsilon \quad (5)$$

式中，k 和 ε 分别为湍动能与湍流耗散率；u_i 为时均速度；μ_t 为湍流黏度；$G_k=u_t\left(\frac{\partial\mu_i}{\partial x_j}+\frac{\partial\mu_i}{\partial x_j}\right)\frac{\partial\mu_i}{\partial x_j}$是 k 因平均速度梯度的引出项；$G_b=\beta g_i\frac{\mu_t}{\mathrm{Pr}_t}\frac{\partial T}{\partial x_i}$是 k 因浮力的引出项；σ_k 和 σ_ε 分别为普朗特数 P_n在 k 与 ε 上的分量；$\beta=-\frac{1}{\rho_f}\frac{\partial\rho_f}{\partial T}$是热扩散系数；$Y_M=2\rho_f\varepsilon M_t^2$ 为可压缩湍流脉动扩张的贡献；$M_t=\sqrt{k/a^2}$ 为马赫数；$a=\sqrt{\gamma RT}$ 为当地声速。

流体物性方面，超临界 CO_2对温度压力非常敏感，各项物性参数随温度压力变化具有强烈的非线性，因此，理想气体状态方程不能用来描述 CO_2密度与温度压力的关系。

二氧化碳物性参数可以通过黑油模型、状态方程或经验公式来计算。黑油模型中，CO_2成分含量较低，若应用于纯的 CO_2，可能会导致较大的误差。CO_2 状态方程包括 Peng-Robinson、Soave-Redlich-Kwong 和 Span & Wagner，Peng-Robinson 方程和 Soave-Redlich-Kwong 方程属于立方型状态方程，能够解析求根，不复杂且有较高精度，但是当 CO_2处于超临界态时，计算误差大于 10%，不够精确。Span 和 Wagner 于 1996 年提出 S-W 方程，该方程虽然结构复杂，求解难度大但是计算精度高(当温度和压力分别小于 523K 和 30MPa 时，密度的相对误差为±0.03%～±0.05%，等压热容量的相对误差为±0.15%～±1.5%)，适用范围广(216.59K < T < 1100K、0.52MPa<P<800MPa)，且更适用于计算高压下的 CO_2热物理性质。

S-W 方程主要是借助辅助 Helmholtz 函数进行 CO_2 参数计算。Helmholtz 是一个无因次量，包括理想部分 ϕ^o和残余部分 ϕ^r：

$$\phi(\delta,\ \tau)=\phi^o(\delta,\ \tau)+\phi^r(\delta,\ \tau) \quad (6)$$

式中，δ 和 τ 计算方法如下：

$$\delta=\frac{\rho_c}{\rho} \qquad \tau=\frac{T_c}{T} \quad (7)$$

ρ_c为临界密度，kg/m³；T_c为临界温度。

$$\Phi^o(\delta,\ \tau)=\ln\delta+a_1^o+a_2^o\tau+a_3^o\ln\tau+\sum_{i=4}^{8}a_i^o\ln(1-e^{-\tau\theta_i^o})$$

$$\Phi^r(\delta,\ \tau)=\sum_{i=4}^{7}n_i\delta^{d_i}\tau^{t_i}+\sum_{i=8}^{34}n_i\delta^{d_i}\tau^{t_i}e^{-\delta^{c_i}}+\sum_{i=35}^{39}n_i\delta^{d_i}\tau^{t_i}e^{[-a_i(\delta-\varepsilon_i)^2-\beta_i(\tau-\gamma_i)^2]} \quad (8)$$

$$\Psi=e^{[-C_i(\delta-1)^2-D_i(\tau-1)^2]}$$

$$\Delta=\{(1-\tau)+A_i[(\delta-1)^2]^{1/(2\beta_i)}\}^2+B_i[(\delta-1)^2]^{a_i} \quad (9)$$

基于此，可得到 CO_2密度的隐式计算式：

$$p(\delta,\ \tau)=\rho RT(1+\delta\Phi_\delta^r) \quad (10)$$

CO_2定压比热容解析解：

$$c_p(\delta,\ \tau)=R\left[-\tau^1(\Phi_{\tau\tau}^o+\Phi_{\tau\tau}^r)+\frac{(1+\delta\Phi_\delta^r-\delta\tau\Phi_{\delta\tau}^r)^2}{1+2\delta\Phi_\delta^r+\delta^2\Phi_{\delta\delta}^r}\right] \quad (11)$$

基于 Vessovic-Fenghour 模型计算 CO_2 输运性质：

$$X(\rho,\ T)=X_0(T)+\Delta X(\rho,\ T)+\Delta_c X(\rho,\ T) \quad (12)$$

式中，$X(\rho,\ T)$是 CO_2的输运性质；$X_0(T)$是零密度极限值；$\Delta_c X(\rho,\ T)$是温度和压力在临界点附近变化时引起的增量；$\Delta X(\rho,\ T)$是其他因素对输运性质的贡献。

CO_2导热系数的表达式：

$$\lambda(\rho,\ T)=\lambda_0(T)+\Delta\lambda(\rho,\ T)+\Delta_c\lambda(\rho,\ T) \quad (13)$$

CO_2黏度的计算式：

$$\mu(\rho,\ T)=\mu_0(T)+\Delta\mu(\rho,\ T)+\Delta_c\mu(\rho,\ T) \quad (14)$$

1.3 几何模型

模拟气嘴均属于轴对称结构，为提高计算效率，将 3D 模型简化为 2D 模型，建立如图所示的二维轴对称混合计算域几何模型。为了避免尺寸效应的影响，在气嘴入口前端增加前腔室段，同时为了确保流量在出口处充分发展，避免流体回流，在气嘴出口处增加后腔室段。因此，几何模型由前井筒段、气嘴段、后腔室段三部分构成。其中前腔室段长度均为 50mm，高度为 60mm，气嘴段长度 10mm，出口直径 1mm，后腔室段高度 41mm，长度 20mm，(其他类型气嘴相同)，构建模型如图 1 所示(以平直型气嘴为例)。

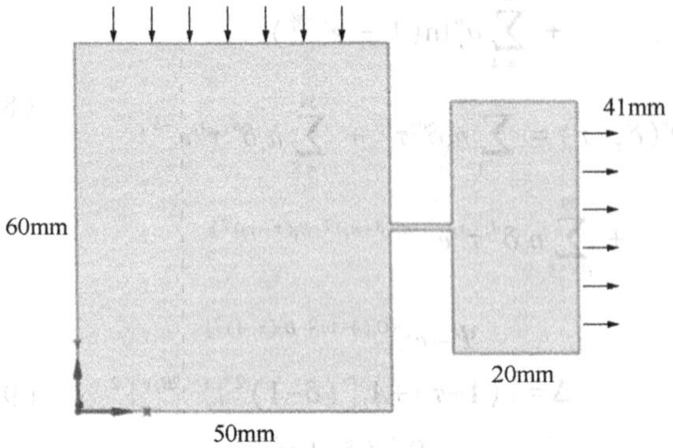

图 1　气嘴模拟结果整体示意图

边界条件是指定义模拟区域边界上的流体和物理参数以模拟油藏中的现象与行为，这直接影响着流体流动与储集特征，因此确定合理的边界条件对提高流域内流动场模拟的准确性至关重要。

入口边界：根据地面注入设备及油藏地层条件，选择速度入口，温度为 50℃，注入方向沿井筒注入。

出口边界：根据油藏地层条件，给定出口压力为 20MPa，温度为 50℃。

壁面：固体壁面条件满足无滑移条件，近壁区采用壁面函数法处理。

因结构化网格具有网格质量好，数据结构简单，容易实现区域边界拟合的优点，对所建模型进行了结构化网格划分。由于整体网格模型较密，局部显示效果不明显，因此对收缩段区域进行局部加密(以平直型为例，如图 2 所示)。

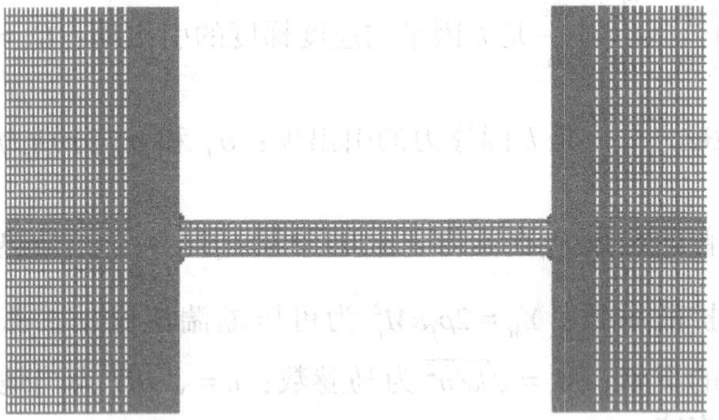

图 2　网格加密示意图

2　模拟结果分析

2.1　气嘴节流特性分析

不同类型气嘴压差与速度模拟结果如图 3 所示，通过固定出口压力，可以根据的入口压力反算出气嘴压差，其中亥姆赫兹型气嘴入口压力最大。

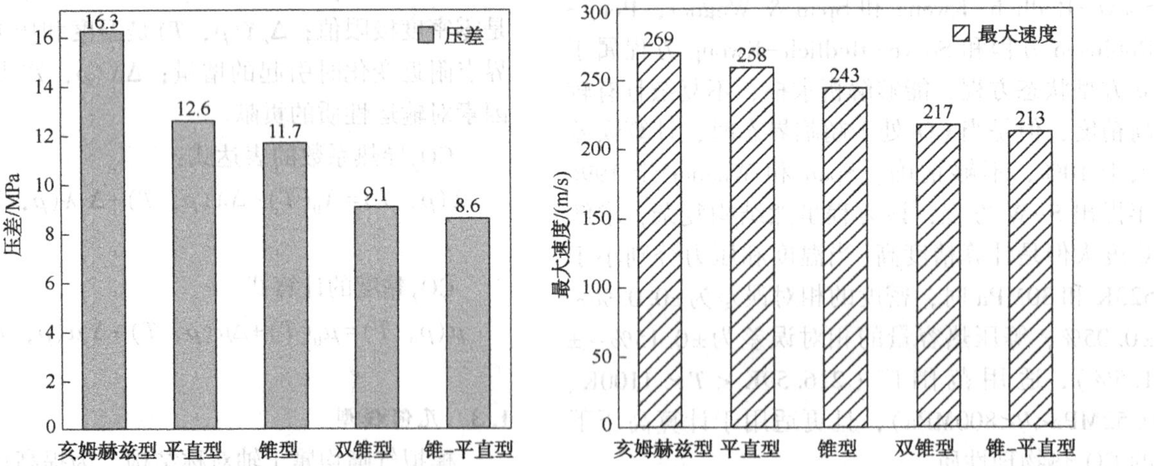

图 3　不同气嘴压差和最大速度

图 4 为中轴线区域的压力分布图，横坐标距离是指离坐标原点的垂直距离，因此 0.05~0.06m 即为气嘴主体区域。从压力分布图中可以看出，锥型和双锥型变化趋势较为类似，从井筒段进入收缩口后随收缩程度的逐渐增大压力缓慢降低，在接近气嘴出口时发生骤变，但与锥型不同的是，由于双锥型气嘴存在 3 个收缩口，因此在气嘴内部压力仍有明显波动。锥-平型气嘴也是首先进入一个逐渐收缩的入口，在气嘴前段距离压力变化与锥/双锥类似，先缓慢降低后接近最终收缩区域发生骤降，进入平直区域后，与平直型气嘴模拟趋势相同，压力无明显变化。与之不同的是平直型气嘴在入口会出现一个低压区域，后才逐渐恢复成出口压力数值并保持稳定。与上述四种气嘴不同的是，亥姆赫兹气嘴内部压力变化较为复杂，它可以理解成由两个平直段加上一个平行梯形状

的发育段共同组成。当气体流入气嘴时，首先经历一个从井筒到气嘴的急速收缩段，流动小段距离后进入平行梯形状的区域，在进入该区域前后压力均会发生明显波动，在进入最后一个平直段后，气嘴内部压力保持稳定，与出口压力一致。

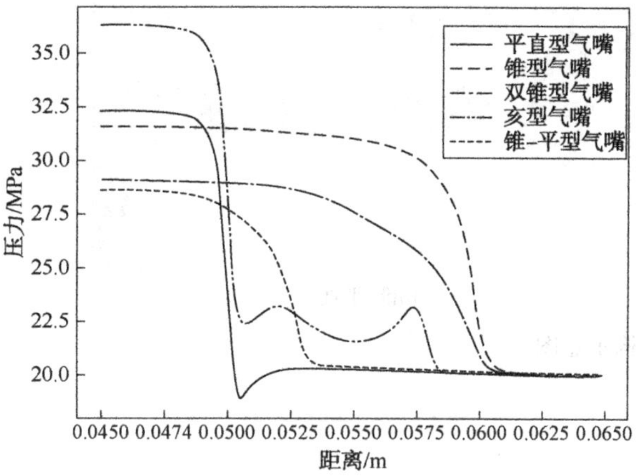

图 4 中轴线区域压力分布

图 5 为中轴线区域速度分布图，从锥型、双锥型、锥-平直型气嘴变化趋势可以发现气体从井筒段进入锥段后，速度会呈现一个近指数状的上升，气体从平直段进入锥段，速度会经历两次先降后升，锥段的收缩或扩张均会导致中间的波动，气体从锥段进入平直段前后，速度已经接近稳定。从平直型、亥姆赫兹型气嘴可以看出，气体从井筒段进入平直段前后，速度会急速上升，后略微下降保持相对稳定的值。

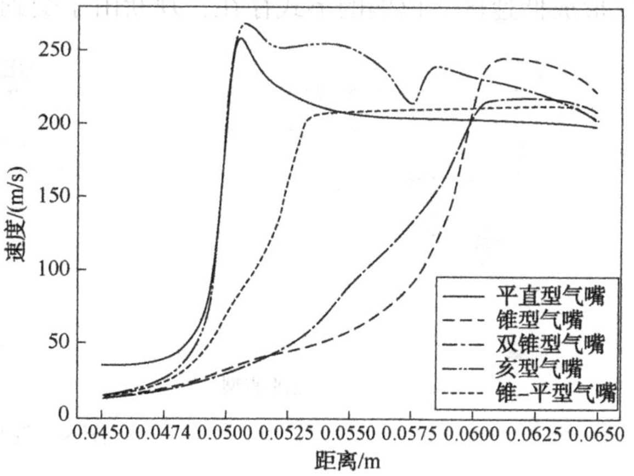

图 5 中轴线区域速度分布

从单气嘴压力场来看，对于平直段来说，入口压力很高，进入缩口时，流通面积骤然减小，压力分布发生突变，基于伯努利方程，局部损失增大，会出现低压或者负压区，进入平直段后整体压力基本不变。而对于锥型气嘴，气嘴入口端由于没有流通面积的骤变，随着收缩段的收缩压力逐渐下降，进入腔室后缺乏边界的束缚，因此压力云图不会发生突变(图 6)。

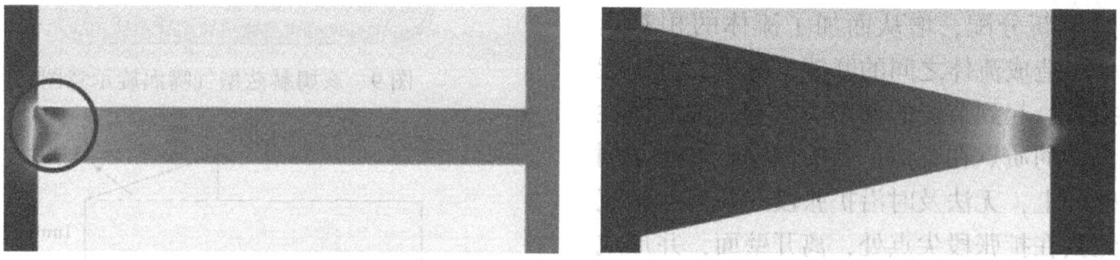

(a)平直型 (b)锥型

图 6 气嘴压力云图

从单气嘴速度场来看，流体进入平直段前，速度会发生剧烈增加，这里可以用流量连续定理解释，因为流通面积变小了，流体需要以更快的速度通过。也可以根据科恩达效应分析，流体贴着外凸壁流动，离心力会使流体压力低于来流压力，流体在自身压力的作用下膨胀，速度超过其本来的速度。流体进入平直段后，由于动能耗散，速度逐渐下降，喷射出气嘴后，流体速度下降明显增快。而对于锥型段来说，流体开始进入收缩段时，受到收缩段斜面的激荡，在转折处形成低速区，但总体上流体在进入收缩结构，速度持续增加(图 7)。

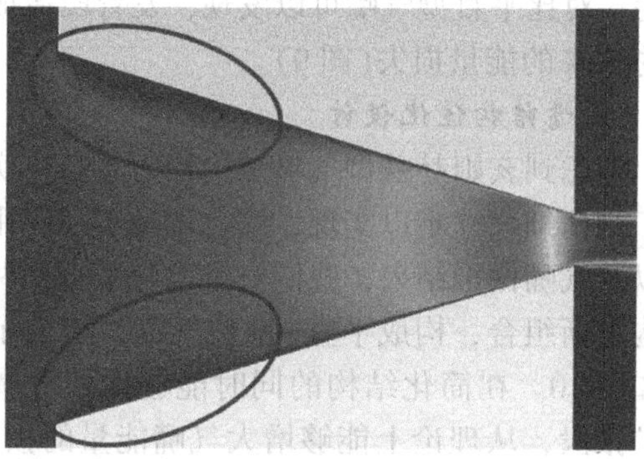

图 7 气嘴速度云图

从气嘴形状特征来说，上述气嘴主要涉及到平直段和锥段，无论是平直段还是锥段，从入口进入时都可视为收缩段。对气嘴内整个流场进行分析，发现在收缩段始端会产生涡结构。流体进入收缩段时由于受到收缩段斜面的激荡，在转折处形成低速区，以涡的形式存在，判断由于受到斜面影响，致使边界层在到达转折处前发生了转捩，由原来的层流转变为湍流。此后边界层再次附着壁面逐渐形成相对稳定的流动，直至末端（图8）。

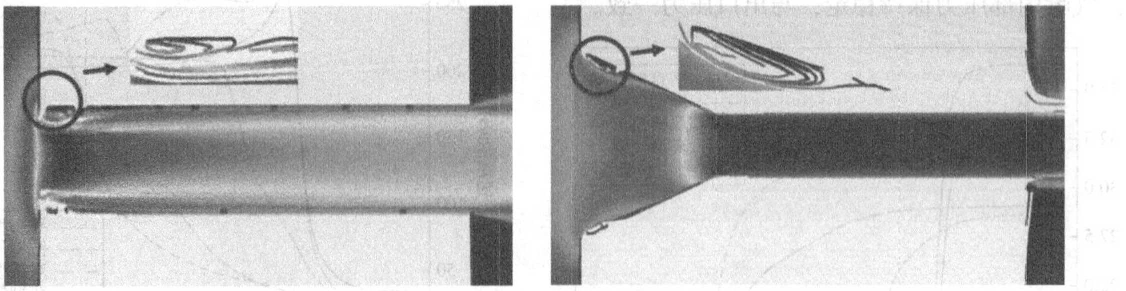

(a)平直型 (b)锥-平直

图8 气嘴涡结构示意图

从模拟结果上来看，突收型气嘴节流压差高渐收型气嘴约7%～47%，带扩张段的气嘴节流效果更佳。由于亥姆赫兹型气嘴存在收缩后突然扩张的结构，流体从小管道突然进入大管道，截面面积突然增大，流速整体上逐渐减慢，后面的高速流体与前面流速较慢的流体发生摩擦、碰撞，使得一部分能量转换成热能消耗掉，从而造成能量损失。同时，随着流体的流动，其截面面积不断扩张，直到流体充满整个扩张段。进入扩张段的流体一定程度上减少了边界的舒服作用并导致流速重新分配，增从而加了流体的相对运动，进一步造成流体之间的摩擦、碰撞，造成能量部分损失，起到节流的作用。由于流体的惯性作用，流体的质点在突然扩张的位置不可能立刻贴附于壁面上，无法及时沿扩张段的几何形状流动，导致其在扩张段尖点处，离开壁面，并形成一系列的旋涡。主流流体传递能量给漩涡使其旋转，这部分能量在流体黏性的影响下以热量形式消耗。对比平直型气嘴可以发现，发育段造成额外约30%的能量损失（图9）。

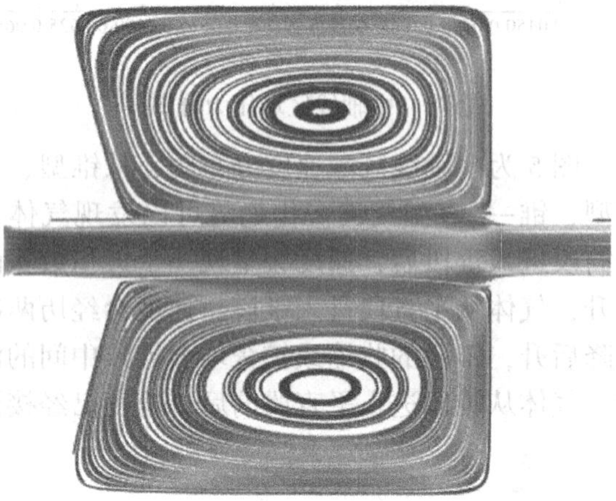

图9 亥姆赫兹型气嘴涡旋示意图

2.2 气嘴结构优化设计

考虑到亥姆赫兹型气嘴结构较为复杂，实际加工时精细尺寸难以实现，综合现场实际应用情况以及气嘴模拟结果，我们对锥型与平直型两种结构重新组合，构成平直-锥型气嘴，结构示意图如图10。在简化结构的同时能够保留气嘴发育扩张段，从理论上能够增大气嘴能量的损耗。为验证平直-锥型气嘴实际节流效果，对该类型气嘴在相同工况下进行气嘴前后压差模拟（图11）。

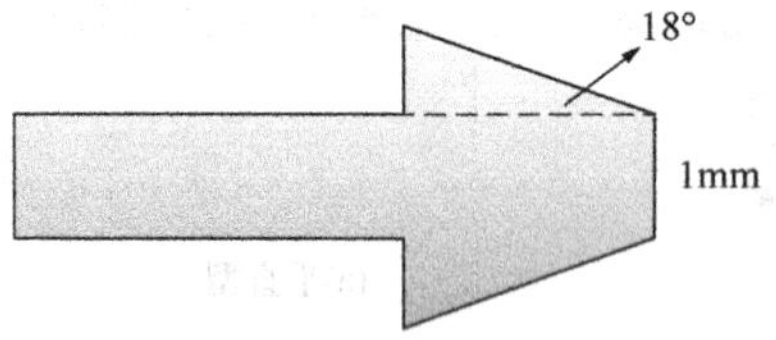

图10 平直-锥型气嘴结构示意图

图11 平直-锥型气嘴涡旋示意图

对平直-锥型气嘴压力进行分析，在前部分平直段中，压力变化与平直型气嘴相似，也是达到一个低压后保持一个相对稳定的压力，但流出平直段进入锥段后，流动空间增大，压力先增大后，气体逐渐流向气嘴出口，导致压力再度减小。平直-锥型气嘴前后压差由于发育段的能量损失明显大于平直型气嘴，且与亥姆赫兹型气嘴差距较小，这可能是涡旋发育程度导致，因此本节针对平直-锥型气嘴进行结构参数的优化。由于产生涡旋并发育的结构处于锥段，接下来针对锥段角度以及平直段长度进行结构优化(图12)。

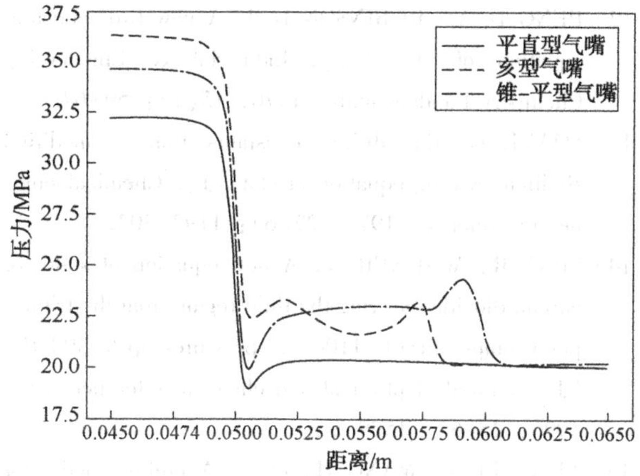

图12　气嘴中轴线压力对比

设置嘴后压力为20MPa，入口；流速为4m/s，温度为323.15K，分别对锥角为9°、18°、27°进行模拟。由图13可以看出，不同锥角情况下平直-锥型气嘴压力变化曲线趋势相同，随着锥角的增大，入口压力会增大，低压区压力会越小，锥角从9°增至27°时，节流效果增强约22.1%。

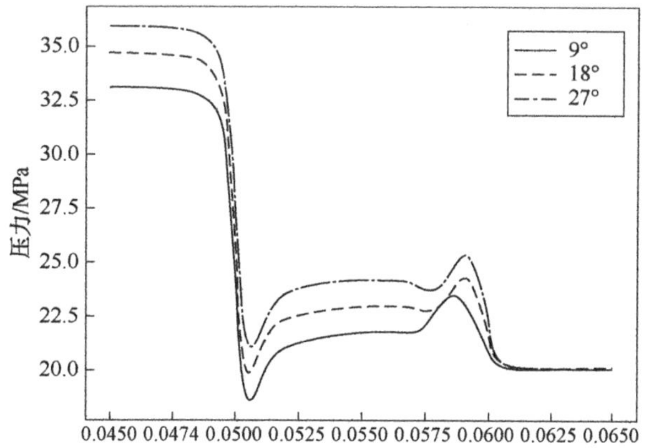

图13　不同锥角对气嘴嘴损的影响

根据上面模拟结果，在相同边界条件下选择27°锥角的平直-锥型气嘴修改平直段长度为3mm、5mm、7mm进行模拟。由图14可以看出，随着平直段距离的增大，气嘴前后压差会增大，从3cm增至7cm时，节流效果增强约7.5%。

针对以上模拟结果可以发现，无论是增大锥段夹角还是缩短平直段距离，本质上都是增大平

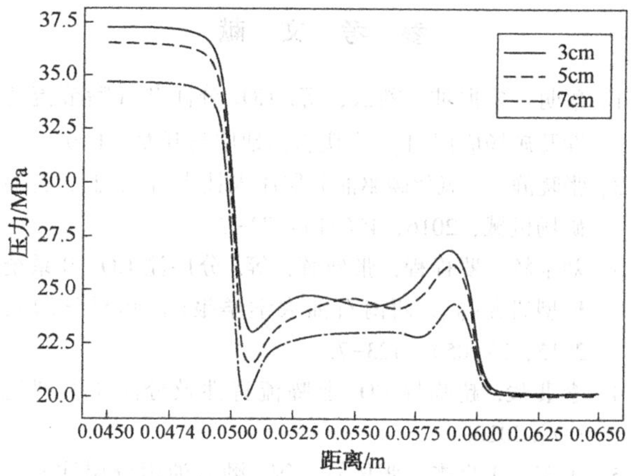

图14　不同平直段长度对气嘴嘴损的影响

直-锥型气嘴锥的大小，流体进入锥段一段距离后，锥段气嘴将流体引导加速，速度的增加使气流在通过锥段时压力梯度较大。根据伯努利方程，气体速度增加时，静压降低。因此，在锥段气嘴后端会形成较低的静压，相比之下，平直型气嘴没有加速作用，气体流速变化小，从而压力变化小。同时与其他锥段连接入口的气嘴相比，锥段连接平直段更容易产生强度更大的涡旋，这些涡旋会增加气体内部的动能和角动量，进一步降低气嘴后端的压力，上述优化的结果也是涡旋增强的原因。

3　结论

本文建立了五种气嘴结构的仿真模型，从压力场、速度场、结构特征方面对比分析了常见气嘴的嘴流特性，并根据初步模拟结果以及工具加工实际设计并优化了平直-锥型气嘴。主要结论如下：

（1）五种气嘴模拟结果表明：亥姆赫兹型气嘴节流效果最好，平直-锥型其次，流体从井筒进入气嘴后速度会明显增加，其中渐收型气嘴速度增加较缓，突变型气嘴速度会急剧增加，突变型气嘴嘴损普遍高于渐收型气嘴；进入到气嘴内部后，存在扩张段的气嘴由于流体的碰撞以及旋涡的干扰，会造成更大的动能损失，节流效果更佳。

（2）设计的平直-锥型气嘴，在保证结构简单的同时，保留了气嘴发育段以增大流体流动时的能量损失。根据优化结果，大锥角容易产生强度更大的涡旋，从而增加气体内部的动能和角动量，平直-锥型气嘴节流效果越好。

参 考 文 献

[1] 蔡萌，朱振坤，刘云，等. CO_2 分注井气嘴节流特性及矿场应用[J]. 大庆石油地质与开发：1-9.

[2] 张晓静. 二氧化碳驱油分层注入技术研究[J]. 石油矿场机械，2016，45(11)：73-7.

[3] 刘永辉，罗程程，张烈辉，等. 分层注 CO_2 井系统模型研究[J]. 西南石油大学学报(自然科学版)，2015，37(05)：123-7.

[4] 李裴晨. 超临界 CO_2 驱嘴流特性及分注工艺研究[D]. 2020.

[5] 王东，王良杰，张凤辉，等. 渤海油田分层注水技术研究现状及发展方向[J]. 中国海上油气，2022，34(02)：125-37.

[6] 赵成琢. 大庆榆树林油田 CO_2 驱分层调整技术应用[J]. 化学工程与装备，2023，(08)：49-50+5.

[7] 杨勇. 胜利油田特低渗透油藏 CO_2 驱技术研究与实践[J]. 油气地质与采收率，2020，27(01)：11-9.

[8] 李海成，刘云，赵骊川，等. 低渗透油藏二氧化碳分注工艺及配套测调技术[J]. 新疆石油天然气，2022，18(02)：26-32.

[9] 王海柱，李根生，郑永，等. 超临界 CO_2 压裂技术现状与展望[J]. 石油学报，2020，41(01)：116-26.

[10] 王福军. 计算流体动力学分析[M]. 北京：清华大学出版社，2004.

[11] OUYANG L-B. New correlations for predicting the density and viscosity of supercritical carbon dioxide under conditions expected in carbon capture and sequestration operations[J]. The Open Petroleum Engineering Journal，2011，4(1).

[12] PENG D-Y，ROBINSON D B. A new two-constant equation of state [J]. Industrial & Engineering Chemistry Fundamentals，1976，15(1)：59-64.

[13] SOAVE G. Equilibrium constants from a modified Redlich-Kwong equation of state[J]. Chemical engineering science，1972，27(6)：1197-203.

[14] SPAN R，WAGNER W. A new equation of state for carbon dioxide covering the fluid region from the triple-point temperature to 1100K at pressures up to 800MPa [J]. Journal of physical and chemical reference data，1996，25(6)：1509-96.

[15] LI X，LI G，WANG H，et al. A unified model for wellbore flow and heat transfer in pure CO2 injection for geological sequestration，EOR and fracturing operations[J]. International Journal of Greenhouse Gas Control，2017，57：102-15.

同源闭式注水流量控制装置与方法

赵广渊[1] 李 越[1,2,3] 杨树坤[1,2,3] 任培培[1,2,3] 蔡洪猛[1,2,3]

（1. 海洋油气高效开发全国重点实验室；2. 天津市海洋石油难动用储量开采重点实验室；
3. 中海油田服务股份有限公司）

摘 要 针对多井共享水源层、闭式注水工艺中的注水流量调节难题，分析了不同控制方式的优缺点，采用液压控制方式研制了多级液控流量装置。开展了多级液控流量控制装置的结构设计，优化了动密封的开启和关闭启动压力，分析定位销钉在换档过程中的受力，设计了换档机构的结构参数，通过高温高压模拟井筒实验验证了流量控制装置的性能，大排量流量调节实验测得该装置流量与压差关系曲线，并配套了多井调配技术。结果表明：多级液控流量控制装置动密封启动压力合理、密封可靠，换档机构可满足高频次井下档位调节、换档灵活，工具在井下高温、高压条件下耐温、耐压、换档性能可靠，满足 $3000m^3/d$ 大排量注水需求和 12 级流量精细调节，配套的多井调配技术满足多井、分层配注要求。现场应用表明，研制的多级液控流量智能装置性能可靠，可实现同源闭式注水的地面调控，为闭式注水实现多井、分层精细注水提供了思路。

关键词 多级流量控制装置；闭式注水；液压控制；水嘴调节

随着我国海上油田开发程度的深入，渤海、南海等油田已步入注水开发阶段。海上油田注水开发常利用平台上布置的人工注水设备，注入水来源为水源井和经过处理后的生产水。部分边底水能量充足的油藏在开发初期主要依靠天然能量，海上采油平台在设计时未布置地面注水设备，当油田进入开发中后期，边底水的能量衰减，无法满足生产井地层能量供给需求。为此，海上油田开展了闭式注水工艺探索及应用。

对于多井共享水源的闭式注水工艺，增压后的注入水依靠井下流量调节装置调控，以满足多井、多层的配注要求。常规的井下流量调节装置需要钢丝或电缆作业调节水嘴，拆装井口防喷设备影响注水时效。根据同源闭式注水工艺特点，本文研制了一种液控多级流量控制装置，对动密封启动压力和档位调节机构开展了优化设计，通过高温高压井筒模拟实验和大排量流量调节实验验证了流量调节装置的可靠性，并制定了多井分层调配方法，为同源闭式注水实现多井、多层精细分层注水提供了方法。

1 同源闭式注水工艺

闭式注水工艺是利用同井水源层的采出水在井筒内由电潜泵增压后注入到其他注水层的注水工艺，采出水不经过地面设备，在井筒内实现采出和注入。该工艺的优点是无需增设地面人工注水设备，节省海上平台有限空间，且采出水在全封闭空间中不会发生物理化学变化而引发与地层的不配伍。特别是当水源层能量充足时，可将部分采出水经过地面流程接入到其他水源层能量不足的注水井中，实现多井同源闭式注水。

同源闭式注水管柱如图 1。P1 井水源井的采出水经过带孔油管进入罐装电潜泵，电潜泵增压后的采出水一部分流经流量控制装置水嘴、经油套管环空、定位旁通的桥式通道注入至 P1 井的注水层，另一部分流经流量控制装置的中心通道，经地面管汇接入到 P2 井，P2 井的注入水通过分层注水管柱各层的配水器调节，定量配注至 P2 井各注水层。

P2 井可采用任意方式的分层注水管柱，例如边测边调分注、电控智能分注、压力载波无缆智能分注等管柱，实现 P2 井的分层配注。若水源层能量充足，地面管汇下游可采用三通连接更多的注水井，实现多井同源闭式注水。

其中，流量控制装置是同源闭式注水工艺中的重要组成之一，起到本井注水层和其他注水井注水量的分配调节作用，是同源闭式注水最上游的流量控制装置。

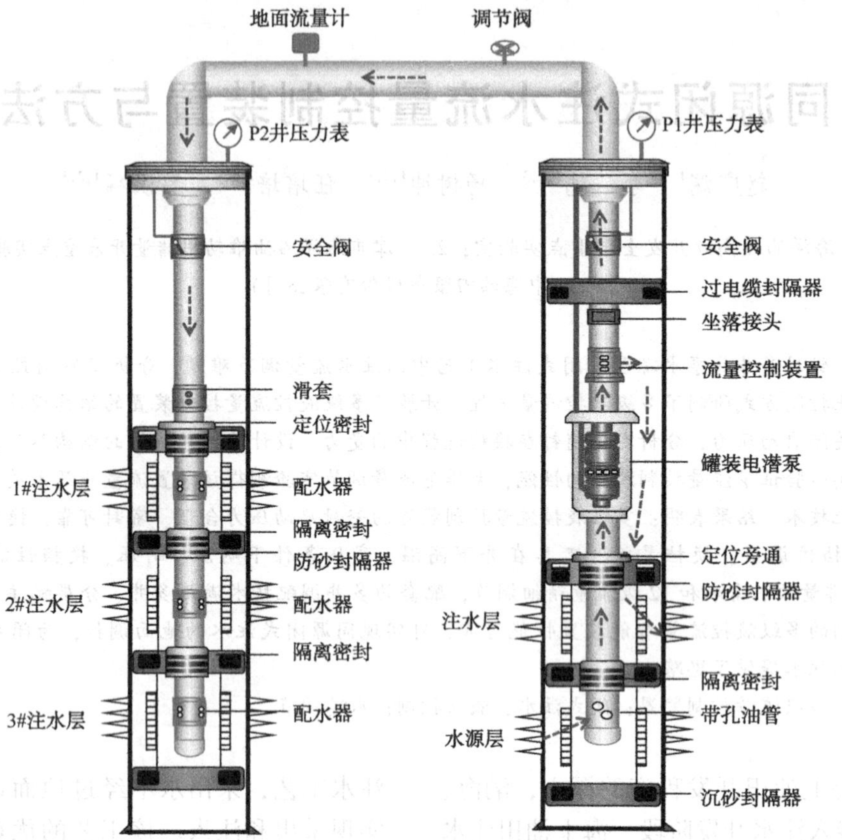

图 1　同源闭式注水管柱示意图

2　流量控制装置设计

2.1　控制方式优选

目前，国内外海上油田常用流量控制方式有电控、液控和无线控制。

（1）电控方式。通过 1 根单芯电缆控制井下微型电机，自动调节水嘴开度。优点是电缆兼具供电和信号传输两大功能，可实时监测井下参数，缺点是井下电子元器件在长期高温工作环境下可靠性较差，目前耐温级别为 120℃，更高耐温级别的电子元器件井下工作可靠性尚需验证。

（2）液控方式。通过 2 根液控管线控制井下流量控制装置的滑套位移，从而调节水嘴开度。优点是液压动力方式可靠性高，缺点是油管外敷液控管线数量相对较多，管柱结构复杂。

（3）无线方式。目前主要是压力波通信方式，通过管柱中流体的注入压力高低脉冲和时长脉宽形成有规律的编码，井下工具接收后，微型电机执行调节水嘴的动作指令。优点是管柱结构简单，缺点是动力来源为井下电池，限制调节频次。

同源闭式注水工艺中的流量控制装置是最上游的流量调节装置，其工作状况关系到下游各井的注水量调节，需要较高可靠性；由于管柱中存在罐装电潜泵系统，压力波无法传递；国内海上油田的水源层采出水温度在 110~130℃，在闭式系统中流动热量损失小，井下温度较高。因此，流量控制装置的控制方式优选为液压控制方式。

2.2　设计思路

结合海上同源闭式注水实际工况，为满足高可靠性能、大排量注水、高调节能力、电泵电缆穿越等需求，采用多级液控流量控制装置，设计思路如下：

（1）档位调节机构采用不同长度的轨道定位不同的开度，定位销钉在轨道槽中滑动，转化为关门套的轴向运动；通过优化轨道空间，增加调节级数。

（2）在流量控制装置中心轴上预制多个不同孔径的水嘴，通过改变关门套的位置调节水嘴大小。

（3）液压腔采用组合密封形式，满足双向滑动、动密封的可靠性。

（4）增大中心通道内径，中心轴上水嘴最大开度当量直径等于中心通道内径，增大工具过液能力。

(5) 流量控制装置本体设计线缆穿越槽及线缆卡扣，满足电潜泵电缆及其他线缆的穿越及固定。

2.3 结构设计

多级液控流量控制装置由开启液压通道、关闭液压通道、防漂移锁、线缆卡扣、定位销钉及滑环、轨道槽、关门套、可调水嘴和下接头构成(图2)。液控管线与开启、关闭液压通道相连，传递液压；定位销钉及滑环、轨道槽、关门套是调节预制在中心管上的可调水嘴机构；防漂移锁起到锁定作用，防止水嘴开度发生漂移；线缆卡扣用于固定线缆槽中的线缆。

2.4 动密封启动压力优化

多级液控流量控制装置的可靠性与液压腔密封性能直接相关，液压腔密封采用“V 型+O 型”组合密封，有效提高双向滑动、动密封的可靠性；O 型密封材质选用改性氢化丁腈，添加一定量的氧化镁、氧化锌，提高密封耐老化性能；V 型密封材质选用聚四氟乙烯和聚醚醚酮，加入二硫化钼等固体润滑剂，降低密封的摩擦系数。其中，动密封的硬度和过盈量是影响密封可靠性的关键因素。

根据多级液控流量控制装置结构和材质特点，密封硬度可选取 85±2RHD、95±2RHD，密封过盈量可选取 0.4mm、0.5mm、0.6mm、0.7mm，设计正交实验方案(表1)。

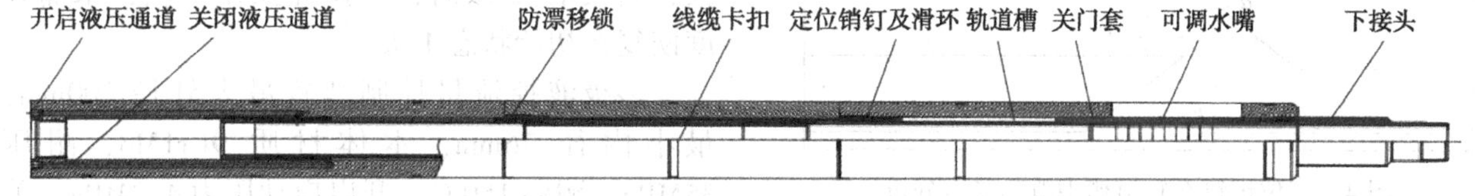

图2 多级液控流量控制装置结构

表1 密封模块性能实验正交设计表

序号	实验1	实验2	实验3	实验4	实验5	实验6	实验7	实验8
硬度/±2RHD	85	85	85	85	95	95	95	95
过盈量/mm	0.4	0.5	0.6	0.7	0.4	0.5	0.6	0.7

海上油田分注井调配频次要求 4 次/年，每次调配流量控制装置平均动作次数为 18 次，液控流量控制装置设计寿命为 5 年，考虑 10 倍安全系数，性能实验动作次数确定为 3600 次。按照实验方案，制作密封模块测试工装，开展 3600 次开关性能实验，测定关门套开启和关闭的启动压力，及密封模块有效工作次数。若开关 3600 次之后，密封模块仍有效工作，则有效工作次数记为 3600 次。开启和关闭的启动压力最低、有效工作次数最多的方案即为最优密封方案(图3)。

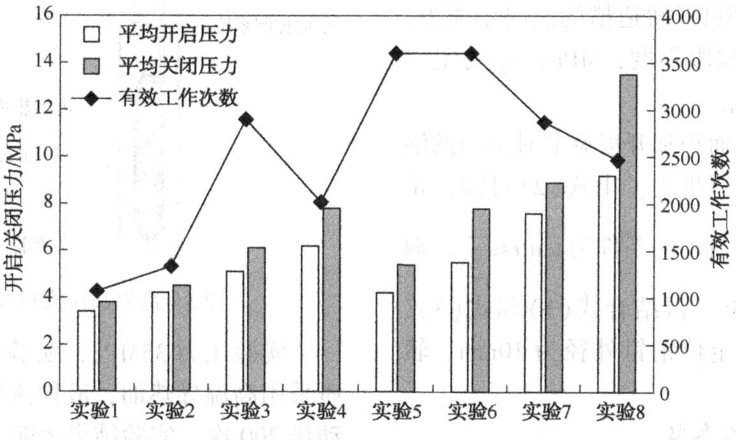

图3 不同密封方案启动压力及有效工作次数对比

由实验结果可知，密封硬度为 95±2RHD，过盈量为 0.4mm 时，平均开启启动压力为 4.2MPa，平均关闭启动压力为 5.4MPa，密封模块有效工作次数达 3600 次，仍有效工作，为最优密封方案。

2.5 档位调节机构设计

对多级液控流量控制装置的导向销钉在轨道槽中运动做受力分析(图4)。轨道槽沿圆周展开后的长度为轨道槽圆周长度[式(1)]。液控管线中的压力是定位销钉在轨道槽中滑动的驱动力，需克服定位销钉与轨道槽之间的摩擦力[式(2)]，且定位销钉的强度需高于滑动时受到的剪切力[式(3)]。

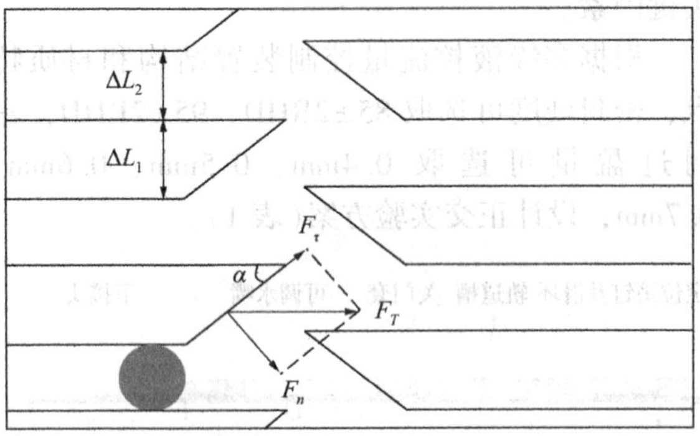

图4 定位销钉在轨道槽中滑动受力分析

$$\Delta L_1+\Delta L_2=\frac{\pi D}{12} \quad (1)$$

$$F_\tau=F_T\cos\alpha\geqslant f\cdot F_n \quad (2)$$

$$F_n=F_T\sin\alpha\leqslant 0.85\sigma\cdot S_{销}=0.85\sigma\cdot\frac{\pi}{4}(\Delta L_2)^2 \quad (3)$$

式(1)、(2)、(3)中，ΔL_1 为轨道槽的轨道间距，mm；ΔL_2 为轨道槽的轨道宽度，等于定位销钉的外径，mm；D 为轨道槽所在芯轴的外径，mm；F_τ 为定位销钉与轨道槽之间的摩擦力，N；F_T 为施加的液压推力，N；α 为换向角，(°)；f 为定位销钉与轨道槽之间的摩擦系数，无因次；F_n 为定位销钉对轨道槽的法向正压力，N；σ 为定位销钉的屈服强度，MPa；$S_{销}$ 为定位销钉的横截面积，mm^2。

根据组合密封截面积和开度调节时施加的液压压力，可计算出液压推力。由式(2)可知，定位销钉能在轨道槽中滑动的条件为 $\tan\alpha\leqslant\frac{1}{f}$，取 $f=0.15$，即 $\alpha\leqslant 81.5°$。再结合式(1)和式(3)，设计换向角为30°，定位销钉外径为10mm，轨道间距为16mm。

2.6 工作原理及技术参数

多级液控流量控制装置的水嘴开度调节是由地面通过2根 ϕ9.525mm 液控管线控制，开启管线连接开启液压通道，关闭管线连接关闭液压通道，通过逐次关闭、开启操作，实现水嘴开度的逐级调节。入井前，2根液控管线分别与多级液控流量控制装置2个液压通道连接，安装好液压管线保护罩后，随着油管下入，液控管线贴附在油管外壁下至设计深度。

调节开度时，由地面加压装置首先向关闭液压通道内泵入液压油，关闭液压通道与开启液压通道之间形成压差，压力升至一定值时，推动定位销钉在轨道槽中下行，带动关门套下行，从而关闭水嘴。此后，关闭液压通道泄压，再向开启液压通道内泵入液压油，开启液压通道与关闭液压通道之间压差升至一定值后，定位销钉在轨道槽中换轨并上行，带动关门套上行，此时水嘴开度增大1级。重复如此操作，水嘴开度逐级增大，增大至12级时，再按此操作1次，水嘴开度恢复至初始状态1级。

多级液控流量控制装置最大外径200mm，最小内径76mm，本体材质9Cr1Mo，耐压35MPa，耐温150℃，开启启动压力4.2MPa、关闭启动压力5.4MPa，水嘴可调节级数为12级。

3 地面性能实验

3.1 高温高压模拟井筒实验

为了检验液控流量控制装置在高温高压条件下的耐温、耐压及工作可靠性，设计高温高压模拟井筒实验流程(图5)，开展了性能实验。

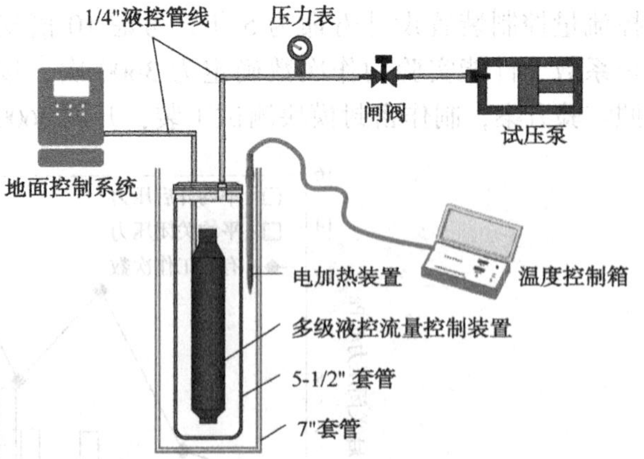

图5 高温高压模拟井筒实验流程

实验压力35MPa，实验温度150℃，加热介质采用高温导热油，液控流量控制装置执行开关动作200次。实验结果表明，液控流量控制装置在实验过程中液压系统密封良好，动密封工作状态良好，平均开启启动压力为4.3MPa，平均关闭启动压力为5.5MPa，上下波动不超过0.3MPa，定位销钉滑动平稳，开度调节正常。

3.2 大排量流量调节实验

为验证液控流量控制装置的流量调节功能，依托中海油服大排量流量标定与测试实验系统，测试了流量与水嘴节流压差的关系，测试结果见图6。

由图6可知，液控流量控制装置在不同开度下流量与水嘴节流压差的平方根近似呈线性关系。在较小开度时，节流压差较大，有利于控制本井注水量；在较大开度时，节流压差较小，满足本井大排量注水要求，可满足最大注水排量为3000m³/d。

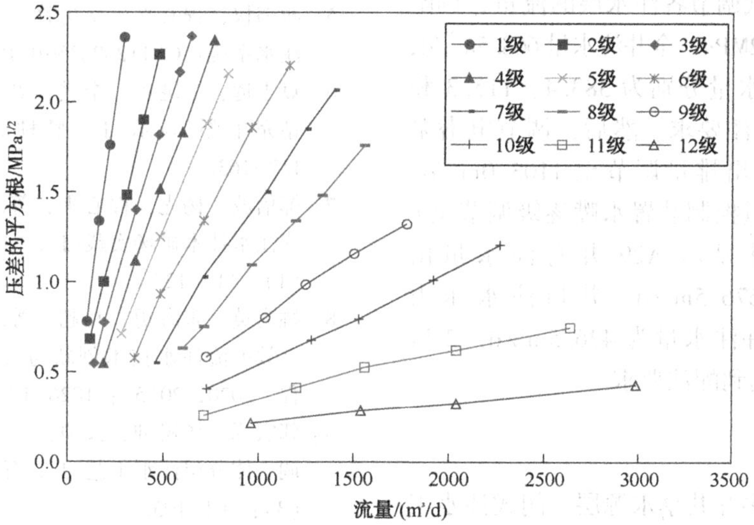

图6　液控流量控制装置流量与压差测试结果

4　同源闭式注水调配技术

同源闭式注水系统中的水源井无井下流量测试装置，水源层产能无法实时计量，需借助地面流程测试获得。

同源闭式注水调配技术的总体思路是先自下游逐井调节各层配水器水嘴，满足各层配注要求，再调节各井的总注入量满足总配注量。以图1为例说明同源闭式注水工艺调配方法。

(1) 关闭多级液控流量控制装置，将P1井井口流程接入计量流程，启动电潜泵，待稳定生产时，测试不同频率对应的输出排量；

(2) 调节电潜泵频率，至输出排量为P2井总配注量；

(3) 根据P2井采用的分层注水工艺，调节各层水嘴至满足分层配注量的目的开度；

(4) 调节电潜泵频率，至输出排量为P1、P2井总配注量；

(5) 逐级打开多级液控流量控制装置，至地面流量计显示P2井注入量接近P2井总配注量(误差≤15%)；

(6) 微调地面调节阀，使地面流量计显示P2井注入量等于P2井总配注量；

(7) 此时，P2井各注水层满足分层配注量，P1井注水层满足P1井配注量。

4　现场应用

南海某油田为三角洲前缘沉积，构造北部存在半开放式水体，主力油藏为强底水油藏，地层天然能量充足，整体方案设计时，无人工注水井，平台也未预留人工注水设备空间。随着开发程度，该油田天然能量不足，部分生产井提液无效。为了补充地层能量，2020至2021年，该油田陆续投产了2口注水井，A15和A29井，均采用闭式注水工艺。

2022年，A29井由于自身水源层能量不足，无法满足注水层的配注需求，拟采用A15井共享水源层支持A15和A29井2口井注水层的注水需求。2口井管柱图如图1所示，P1为A15井，P2为A29井，A15井水源层采水，采出水一部分经过电潜泵增压后，注入该井的注水层，另一部分注入A29井，A29井采用边测边调分层注水工艺，分3层注水。

为了调节控制2口井的注水量，A15井下入多级液控流量控制装置，水嘴12级调节，最小水嘴当量直径为5mm，最大水嘴开度为38.89mm。

下入后，A15 井配注量 400.0m^3/d，A29 井总配注量 680.0m^3/d，1#、2#、3#层配注量分别为 390.0，120.0 和 170m^3/d。

采用同源闭式注水调配技术，A15 井多级液控流量控制装置先处于全关状态，电潜泵频率调节为 53Hz，总输出排量为 668.5m^3/d，A29 井采用一体化测调仪测试调节各注水层的流量，调配后井口注水压力 13.2MPa，全井注水量 668.5m^3/d，1#、2#、3#层的注水量分别为 383.4，115.3 和 169.8m^3/d，满足配注要求。然后，调节电潜泵频率为 58Hz，总输出排量调节至 1103.0m^3/d，A15 井多级液控流量控制装置水嘴逐级调节至 6 级，从地面流量计显示 A29 井总注水量由 1103.0m^3/d 降至 676.5m^3/d，井口注水压力 13.3MPa，则 A15 井注水量为 426.5m^3/d。2 口井、4 个注水层均达到配注要求。

5　结论与建议

（1）针对海上多井共享水源层、闭式注水工艺，研制了多级液控流量控制装置，优化了动密封启动压力，设计了换档机构参数，液压控制可靠性高，档位调节灵活，可满足 3000m^3/d 大排量注水要求，实现 12 级开度精细调节，解决了同源闭式注水工艺多井之间的流量控制难题。

（2）现场应用表明，多级液控流量控制装置应用可靠性高，可实现地面控制调节，且调节精度高，能满足海上油田同源闭式注水分层调配需求。

（3）海上油田注水开发的深入对分层注水工具提出更加智能化的要求，井下流量测试及控制的可靠性是关键，因此要进一步提高井下工具的智能化及可靠性，以满足不同注水工艺的需求。

参 考 文 献

[1] 李汉周，彭太祥，郭振杰，等. 连续薄夹层油藏细分注水技术研究与应用[J]. 特种油气藏，2019，26(2)：168-173.

[2] 刘合，郑立臣，俞佳庆，等. 分层注水井下监测与数据传输技术的发展及展望[J]. 石油勘探与开发，2023，50(1)：1-9.

[3] 张旭，韩新德，林春庆，等. 有缆智能分注技术在华北油田的应用[J]. 石油机械，2019，47(03)：87-92.

[4] 阎洪涛，徐文江，姜维东，等. 海上油田注水水质改善技术研究与应用[J]. 工业水处理，2020，40(12)：114-118.

[5] 熊书权，程心平，李勇锋，等. 自源闭式同井采油注水系统：CN112096356B[P]. 2020-08-26.

[6] 豆志远，王昆剑，李进，等. 渤海油田水平分支井钻完井关键技术[J]. 特种油气藏，2020，27(2)：157-163.

[7] 邹信波，杨光，程心平，等. 海上岩性油藏自源闭式注水技术矿场实践[J]. 中国海上油气，2019，31(1)：119-125.

[8] 姚为英，张海勇，马超，等. 南海东部油田低成本高效助流注水技术创新与实践[J]. 科学技术与工程，2020，20(5)：1826-1832.

[9] 郭宏峰，杨树坤，段凯滨，等. 渤海油田可反洗测调一体分层注水工艺[J]. 石油钻探技术，2020，48(3)：101-105.

[10] 王东，王良杰，张凤辉，等. 渤海油田分层注水技术研究现状及发展方向[J]. 中国海上油气，2022，34(2)：125-137.

[11] 杨玲智，刘延青，胡改星，等. 长庆油田同心验封测调一体化分层注水技术[J]. 石油钻探技术，2020，48(2)：113-117.

[12] 邢洪宪，张俊斌，张庆华，等. 南海 EP18-1 油田同井抽注技术[J]. 海洋石油，2019，39(4)：27-31.

[13] 赵广渊，季公明，苏毅，等. 液控智能注水井下预置水嘴尺寸优化设计研究[J]. 北京石油化工学院学报，2022，30(2)：30-34.

[14] 赵广渊，王天慧，杨树坤，等. 渤海油田液压控制智能分注优化关键技术[J]. 石油钻探技术，2022，50(1)：1-6.

[15] 赵广渊，季公明，杨树坤，等. 液控智能分注工艺调配及分层注水量计算方法[J]. 断块油气田，2021，28(2)：258-261.

[16] 黎伟，夏杨，陈曦. RFID 智能滑套设计与试验研究[J]. 石油钻探技术，2019，47(6)：83-88.

油气管道抢修标准化建设探索与实践

赵　康

（国家管网集团西部管道有限责任公司）

摘　要　随着油气长输管道业务的发展，管道抢修人员面临着越来越复杂的作业条件，亟需一种科学高效的管理模式，抢修标准化体系建设成为解决这一问题的有效途径。油气管道抢修标准化建设，可分为抢修管理标准化、抢修作业标准化及抢修目视形象标准化三个方面的建设内容，每个方面又可具体分为若干个建设方向，最终将油气管道抢修业务涉及到的全部内容均纳入到质量、安全标准化管理体系中。以某维抢修队为例，介绍了抢修标准化的具体应用，该维抢修队的经验表明，推进抢修标准化建设，能够有效促进抢修队伍综合应急能力的提升，切实提高抢修作业的质量和效率。

关键词　油气管道；抢修；标准化；管理模式

当前，油气长输管道已成为陆上油气运输的主要方式，预计到2025年，我国输油气管道总里程将达到24万公里。油气管道作为重要的基础设施，对于保障国家能源安全，促进社会经济发展具有重要意义。由于设计缺陷、材料缺陷、管道本身的腐蚀老化，以及施工破坏、打孔盗油、地质灾害等外力因素，导致管道破裂、泄漏等事故时有发生。油气具有易燃易爆、腐蚀、毒害等危险特性，一旦处置不利，极易引发火灾、爆炸、中毒等严重事故，造成巨大的人身伤亡及财产损失。长输管道应急抢修队伍是处置管道各类突发事件的专业化应急力量，是保障油气管道平稳运行的最后一道防线，因此保证抢修作业安全及作业质量至关重要。

随着管道业务的迅速发展，抢修队伍往往要承担着不同管径、不同运行压力、不同输送介质管道的应急抢修任务，作业条件日益复杂，因此，建立现代高效的油气管道抢修管理体系逐渐成为行业重要而迫切的需求。油气管道抢修标准化是指在总结抢修管理制度、作业规程、实践经验的基础上，提炼和优化抢修管理方法及抢修作业步骤，形成安全、准确、高效的抢修作业程序，对抢修作业的全过程进行规范和指导。在以往的研究中，众多学者对于长输管道运行标准化做了大量工作，但在抢修方面，研究文献较少。相关学者在总结维抢修队伍应急抢修实际问题的基础上，从各自角度提出了应急抢修标准化管理方法，具有一定的实践意义，但并未形成体系，缺乏对该问题的系统性论述。本文在总结西部管道公司抢修标准化工作经验的基础上，为油气管道抢修标准化建设提供系统性方案，以期推动和促进油气管道抢修标准化工作，提升抢修作业安全管理水平，提高抢修作业质量和效率，降低抢修作业成本，实现油气管道抢修业务高质量发展。

1 油气管道抢修标准化建设方案

油气管道抢修标准化应从抢修管理、抢修作业、抢修目视形象三方面进行建设，三者之间相互关联，协调统一。整体建设框架如图1所示。

1.1　抢修管理标准化

1.1.1　抢修队伍管理标准化

油气管道抢修队伍的综合应急能力决定了抢修任务完成的质量和效率，因此，要按照铁军建设要求，强化抢修队伍管理，打造一支纪律严明、业务精干的专业化抢修队伍。抢修队伍管理应从岗位任职资格、队伍能力建设及日常管理等方面进行标准化。岗位任职资格方面，应制定抢修队伍人员准入标准，遴选思想觉悟高、业务能力强的人员加入抢修队伍，保证抢修队伍人员素质的稳定性。队伍能力建设方面，应结合抢修业务实际，制定科学合理的练兵标准，明确不同工种、不同层级人员理论学习、技能训练的内容、方式、频次及效果，从制度上保证抢修队伍应急能力稳步提升。日常管理方面，应制定战备管理、内务管理等标准，保证抢修队伍做好充分准备，随时投入应急抢修战斗。

1.1.2　抢修设备管理标准化

油气管道抢修设备种类多、数量大，且重型

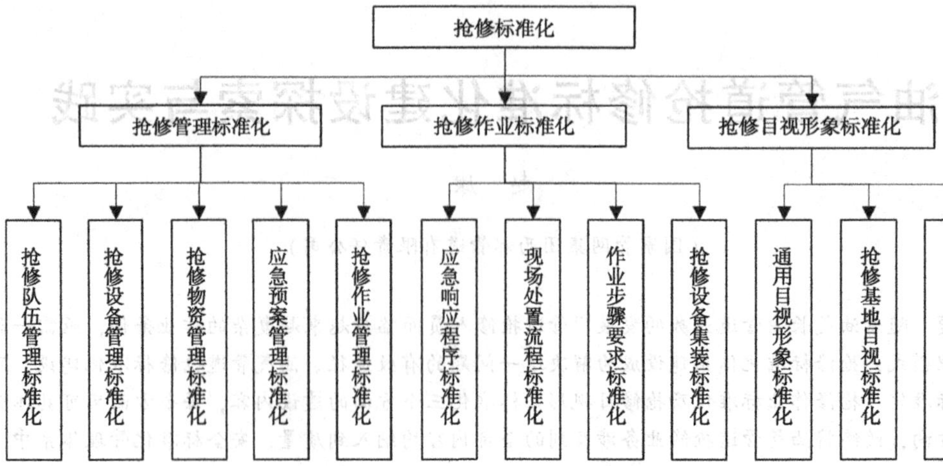

图 1　油气管道抢修标准化建设整体框架

设备、特种设备占比很大，因此在设备机具配置、使用、维护、更新、报废等环节均应建立明确标准，保障抢修设备充足、完好，发挥最大效用。设备配置应结合抢修业务实际，明确规定不同层级抢修队伍应配置设备机具的种类、名称、规格和数量，并结合技术发展，定期进行更新和优化。设备维护保养方面，应以生产厂商提供的保养手册为依据，以分类管理、专人负责为原则，建立明确的维护保养标准，规定设备保养的内容、频次和效果，规范备品备件的储备定额，保证抢修设备始终处于完好备用状态，随调随用。

1.1.3　抢修物资管理标准化

油气管道抢修物资主要包括站场应急物资、管道阀室应急物资、管材及油品回收物资等，在物资储备、保管、调用等方面进行标准化管理，对于保障抢修物资第一时间供应具有重要意义。物资储备方面，应制定标准规范，明确储备物资的种类、名称、规格型号、数量、适用线路及库存地点，并结合业务发展实际，定期进行修订和补充。物资保管方面，应对物资存放、保养、日常检查、质量检验等方面进行规范，确保抢修物资完好备用、随调随用。此外，应制定应急物资调拨、出库、配送等相关标准，确保应急状态下，抢修物资能够快速就位，在关键时刻发挥重要作用。

1.1.4　应急预案管理标准化

应急预案在油气管道突发事件应急处置过程中起到纲领和主导作用，应急预案管理标准化对于迅速、科学、有序处置油气管道突发事件，最大程度减少突发事件带来的损失具有重要意义。应急预案管理标准化包括应急预案编制、修订、培训、演练等方面的标准化。应急预案编制修订方面，应明确应急预案层次体系，规定预案的编制主体、编制方式、评审要求、备案要求及修订周期，确保应急预案的科学性、针对性、实用性和实效性。应急预案培训方面，应明确培训主体、方式、效果及相关记录要求，保证抢修人员熟知应急预案内容及应急职责，掌握应急程序及现场处置方法。应急演练方面，应明确各级单位应急演练的形式、规模、频次、内容以及演练评估、总结等要求，使应急演练真正发挥出检验预案、完善准备、锻炼队伍、磨合机制的重要作用。

1.1.5　抢修作业管理标准化

油气管道抢修作业管理包括作业文件管理、作业过程管理及作业记录管理，是抢修管理的核心和重点。建立抢修作业管理标准化体系，能够从制度上保障抢修作业安全有序进行。作业文件管理方面，应规范现场处置方案、设备操作规程、作业指导书等各类抢修作业文件的编制、审批及修订要求，保障现场作业文件的科学、有效和实用。作业过程管理方面，应明确抢修作业过程 HSE 控制及质量控制要求，对抢修作业中涉及的动火、进入受限空间等特殊作业，应建立管理标准，确保对各类特殊作业形成有效地控制和监管。作业记录管理方面，应明确抢修作业过程应记录的内容及格式，以便有效掌握现场作业过程，为作业监督及优化提供数据基础。

1.2　抢修作业标准化

1.2.1　应急响应程序标准化

应急响应程序是指为应对突发事件而预先制

定的险情汇报及应急处置流程。应急响应程序直接关系到信息送达与应急处置的效率，对于科学决策、果断处置、降低损失具有重要意义。因此，要规范油气管道突发事件应急响应程序，统一标准，明确应急汇报流程、汇报内容、应急响应分级及维抢修中心(队)的应急响应流程。油气管道突发事件应急响应程序如图2所示。

1.2.2 现场处置流程标准化

现场处置流程是针对具体的突发事件类型而制定的应急处置方案，是抢修人员必须熟练掌握的作业准则，对于突发事件发生后，抢修力量迅速反应、正确处置具有重要意义，因此，应科学制定现场处置流程标准，统一规范，明确油气管道各类事故现场处置的“规定动作”，将抢修现场处置的应急状态转化为按部就班的作业过程，切实保障抢修作业质量和安全。图3为某维抢修队输气管道突发事件现场处置流程。

1.2.3 作业步骤要求标准化

抢修作业涉及众多操作步骤，每一步骤的作业质量都会影响到后续作业的安全和效率，进而影响抢修作业的整体效果，因此，应规范抢修作业步骤的安全和质量要求，明确每项作业的危险因素、危害来源、管控措施及关键质量参数，建立量化标准依据，规范作业过程，促进抢修人员把“规定动作”做的准确到位。表1为某作业步骤的标准化要求。

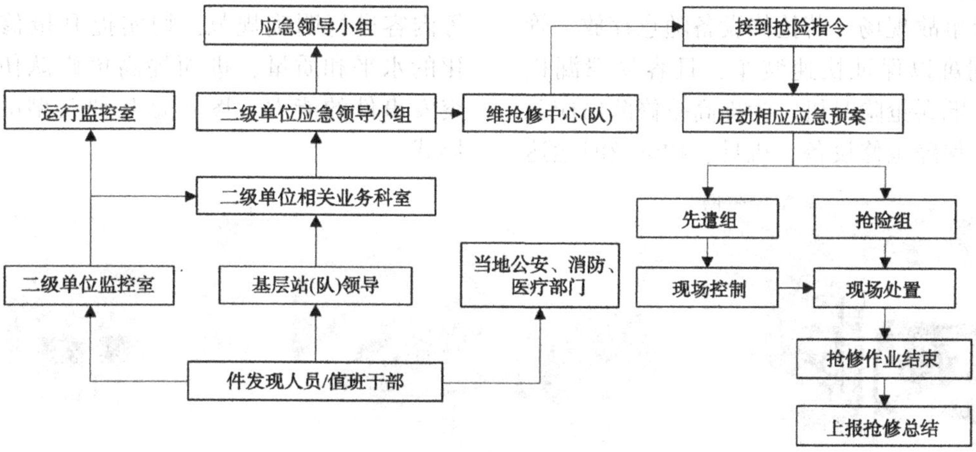

图2 油气管道突发事件应急响应程序

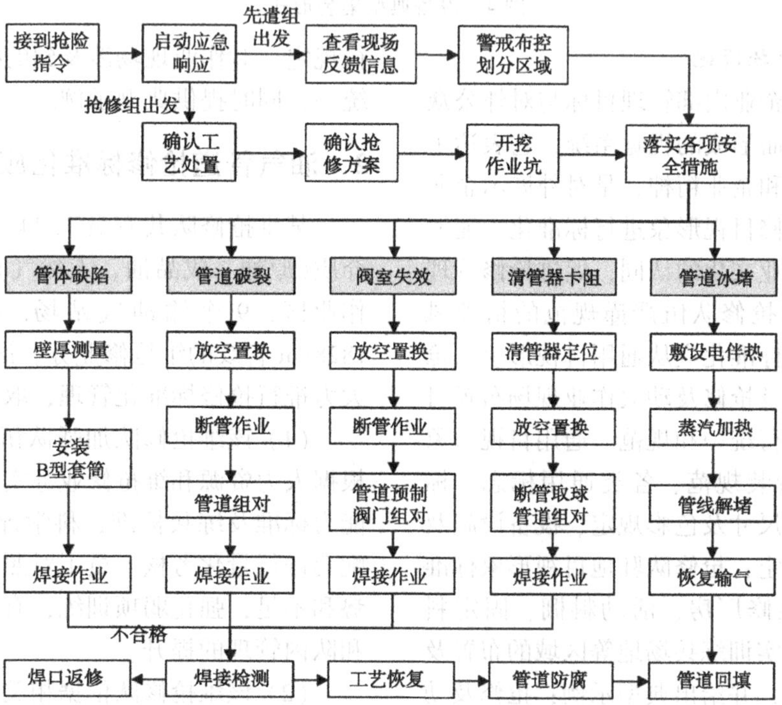

图3 某维抢修队输气管道突发事件现场处置流程

表1　某作业步骤标准化要求

步骤名称	危险因素	危害来源	管控措施	关键质量参数
吊装料管组对作业	1. 机械伤害 2. 高处坠落 3. 起重伤害 4. 滑倒、跌落	1. 管道挤压、人员伤亡； 2. 吊装管道是人员跌入作业坑； 3. 起吊误动作、吊装过程中钢丝绳断裂、物体坠落； 4. 现场作业面混乱	1. 吊装时人员站位合理； 2. 警戒带到位，人员配合拉牵引绳； 3. 作业前对吊装吊耳进行全面安全检查，设备设施必须符合特种设备安全技术规范要求。合理调整起吊角度，严禁吊臂穿越障碍物进行吊装作业； 4. 工序结束时，清理作业面	1. 组对间隙：3.5mm~4.5mm； 2. 错边量不大于1mm，错边量小于等于壁厚的八分之一，且连续50mm范围内局部最大不应大于3mm，错边沿周长应均匀分布，两管口螺旋焊缝或直缝间距错开间距大于或等于100mm

1.2.4　抢修设备集装标准化

油气管道事故具有突发性，抢修队伍在接到抢险命令后，通常需要在极短的时间内做好装车准备，赶赴事故现场。若抢修设备随意存放、管理混乱，则难以保证快速装车，且容易遗漏机具、备件，贻误抢险时机。为提高抢修队伍应急响应速度，保障抢修设备、机具、物资及时运达抢修作业现场，应大力推进抢修设备集装化。建立抢修设备集装标准，对集装物资分类、集装箱结构形式、固定方式、加工制造要求、装箱清单等内容进行明确规范，切实提升抢修设备集装化的水平和质量，进而提高抢修队伍快速响应突发事件的能力。图4是几种典型的设备集装形式。

(a)箱式集装　(b)撬装式结构　(c)框架式结构

图4　设备典型集装形式

1.3　抢修目视形象标准化

目视形象是将企业内部管理目标与对外公众外部形象加以整合而形成的视觉系统，它表达了企业的核心价值观和企业精神，是对外展示企业文化的窗口。对抢修目视形象进行标准化，能够提升抢修队伍对企业文化的认同，促进抢修管理目标的实现，展示抢修队伍严谨规范的精神风貌。抢修目视形象标准化应从通用目视形象、抢修队驻地目视形象及抢修及动火作业现场布置目视形象三大方面进行统一和规范。通用目视形象标准应包括员工着装规范、各类通用标志、标牌、标签、标线的尺寸及色彩规定、设备设施及作业安全标志的规定；抢修队驻地目视形象标准应对各功能间、维修厂房、活动料棚、固定料棚、车库及车辆、实训练兵场地等区域的布置及标识进行统一规范，并给出典型示例；抢修及动火作业现场布置目视形象应对作业现场的布置进行规定，对作业现场涉及到的标识标牌进行规范统一，同时提供典型示例。

2　油气管道抢修标准化应用实践

某维抢修队共有员工34名，主要负责3类介质(原油、成品油、天然气)，5条线路，2个作业区，9个输油气站场，41座阀室，共计1828km管线的维抢修业务。该队从2016年开始大力推行抢修标准化管理，取得了良好的效果。

(1) 该维抢修队加强队伍管理标准化建设，根据人力资源和维抢修业务实际情况，制定岗位能力标准及练兵标准，科学评定作业人员能力，配套进行量化考核。员工对照标准，明确自身优势和不足，强化弱项训练，有效促进了现场作业和队内管理的提升。

(2) 该维抢修队依据相关作业标准，建立抢修作业标准化图集，图集明确了抢修作业各环节、各步骤应达到的标准和要求，并且通过现场实践，不断补充风险管控要求，完善技术细节，使抢修作业有据可依，从而提高了队伍的合规管理水平和员工的标准化意识，对现场作业起到了良好的指导和规范作用。

（3）该维抢修队设备集装化程度达到100%，对各集装箱进行统一编号，同时，在现场处置方案中直接注明所需的集装箱编号和集装箱装车位置，大大缩短了抢修物资装车时间。目前，该队先遣组应急反应时间小于10分钟，抢修组装车时间可缩短至25分钟，达到业内领先水平。

（4）该维抢修队按照公司目视形象标准，对驻地进行了标准化改造，强化了员工对标准化工作的直观认识。现场作业过程中，在保证安全的前提下，加强目视形象管理，标牌、设备、机具严格按照标准布置，保证了作业现场的规范性，展示了抢修铁军的精神风貌。

2019年至2020年上半年，该维抢修队共计完成了7次一级动火作业、2次二级动火作业，动火工作量是过去四年的总和，作业一次合格率达到100%。通过抢修标准化管理，该维抢修队人员的综合能力显著提升，团队配合默契程度显著增强，队伍抢修作业效率和质量得到了明显提高，有效保障了抢修作业安全有序进行。

3 结论

（1）油气管道抢修标准化建设，是适应管道抢修行业发展的必由之路，能够有效保障抢修作业安全，提高抢修作业质量和效率，降低抢修作业成本。

（2）油气管道抢修标准化包括抢修管理标准化、抢修作业标准化、抢修目视形象标准化。抢修管理标准化从抢修队伍管理、抢修设备管理、抢修物资管理、应急预案管理、抢修作业管理等方面进行规范统一；抢修作业标准化从应急响应程序、现场处置流程、作业步骤要求、抢修设备集装等方面进行规定。

（3）以某维抢修队为例，介绍了该队实行抢修标准化建设的方法及取得的效果，实行抢修标准化管理后，该队的作业效率和质量明显提升，能够更好适应日益增长的管道抢修业务需求。

（4）本文介绍的油气管道抢修标准化建设方案具有系统性和实用性，可以为油气管道抢修行业标准化管理提供有益参考。

参 考 文 献

[1] 吕政. 中国长输油气管道集中调控企业发展环境与战略现状[J]. 油气储运，2019，38(12)：1330-1337.

[2] 黄维和，沈鑫，郝迎鹏，等. 中国油气管网与能源互联网发展前景[J]. 北京理工大学学报(社会科学版)，2019，21(01)：1-6.

[3] 肖斌涛. 油气长输管道安全应急救援实训系统研究与探索[J]. 系统仿真技术，2017，35(01)：11-17.

[4] 徐明伟，张玲玲. 油气管道应急抢修标准化管理实践与探索[J]. 建筑工程技术与设计，2016，(8)：1608-1609.

[5] 郑海亮，朱志强. 油气管道管道维抢修管理[J]. 中国化工贸易，2018，(10)：13.

[6] 闫杰，刘寒冰，崔莹莹. 油气管道维抢修队伍应急抢修区域化管理[J]. 油气储运，2012，31(9)：711-713.

[7] 石蕾，郝建斌，郭正虹，等. 美国油气管道维抢修应急响应程序[J]. 油气储运，2010，29(12)：881-884.

[8] 张新法，郝银贵，郭洋. 油气管道企业应急预案体系的构建[J]. 天然气与石油，2017，13(03)：113-117.

[9] 董绍华. 中国油气管道完整性管理20年回顾与发展建议[J]. 油气储运，2020，39(03)：241-261.

[10] 陈朋超，冯文兴，燕冰川. 油气管道全生命周期完整性管理体系的构建[J]. 油气储运，2020，39(01)：40-47.

[11] 吴轩，李竞，胡京民，等. 油气管道重大突发事件应急响应对策[J]. 油气储运，2019，38(12)：1338-1343.

[12] 付立武. 油气长输管道维抢修预警分级响应体系[J]. 油气储运，2012，31(05)：390-393+407.

[13] 郑登锋，徐丽，陈永，等. 基于HSE风险分析的油气管道企业应急预案体系与实践[J]. 油气田环境保护，2018，28(03)：44-48+62.

[14] 李永鑫，肖海峰，赵迎波，等. 维抢修设备集装和模块化管理[J]. 油气储运，2015，34(02)：225-228.

长输油气管道远程自控系统建设实践和应用

马光田　邱姝娟　杨军元　张　晓

（国家管网集团西部管道有限责任公司）

摘　要　随着我国油气管网的发展，远程自控技术在油气管网现代化运营中发挥的作用越来越大，是油气管网实现智能化的基础。为加强对不同建设时间和背景的油气管道的整合和集中管理，西部管道公司结合自身特点，建设了以远程监视、集中监视、数据监控为核心的远程自控系统。将远程自控系统应用于西部管道公司所运营石油天然气管网，结果表明：在远程自控系统的技术支持下，公司优化了调度模式，提高了管网运营效率；削减了人员冗余，提升了专业人才素质；根据实际需要，优化了巡检模式。西部管道公司建设长输油气管道远程自控系统的实践为提升长输油气管网远程自控系统建设水平提供了宝贵的经验。

关键词　远程自控系统；远程监视；集中监视；数据监控；优化

随着国家经济的蓬勃发展，我国油气管网已经进入快速发展阶段，截至2017年底，中国油气管道总里程已达12.38万公里。在此过程中，油气企业在管道建设、施工、设备等诸多领域积累了先进的经验并取得了丰厚的成果，在技术和设备上实现了管道的现代化。在长输油气管道的运行过程中，为了使原油输送过程中的质量保持稳定，保障油气输送能够顺利进行，提高生产的安全性，同时支持多个管道的优化控制和生产管理的实时决策优化，则建立起完善的监控系统和数据管理系统是很有必要的，从而能够实现对生产过程的有效监控和数据采集。为了满足油气输送生产过程现代化和生产管理自动化的需求，必须建立自动化控制下的数据管理系统和监控系统，从而实现长输油气管道的高效运营和自动化生产。

作为西部地区油气管道的运营管理单位，西部管道公司承担着中国西北地区中石油所运营的油气管道的运行、维护和管理等任务。西部管道公司运营的不同管道的建设背景和时间不同，使得不同种类的、不同厂商的、面向不同装置与设备的监控系统分布于整个过程控制网络。这些监控系统只能管理或采集相应装置或设备在运行过程中产生的部分实时数据。因此，建立一个用于支持对多条管网的优化控制和生产管理进行实时的决策优化的完整的、统一的、企业级的实时监控和数据管理平台是非常有必要的。

本文介绍了西部管道公司远程自控系统的建设过程，分析了远程自控技术在西部管道公司的应用效果。结果表明，远程自控系统的建设对管道公司实现高质量、有效益和可持续的发展具有重要的意义。

1　远程自控系统建设

远程自控系统可以确保场站能够及时地发现现场故障并提升处理效率和处理结果，同时能够提高工作效率，减小运行成本和由于人为因素导致的消极影响，确保生产能够平稳可靠运行。

1.1　建立电气远程监视系统

西部管道公司以安全可靠、先进实用、开放与可扩展、可管理易维护、自主创新为原则，建成一套具有完全自主知识产权、满足国家产业发展要求的电气远程监视系统（图1）。

该系统包括：

（1）一体化支撑平台。

基础平台是调控一体化主站系统开发和运行的基础，其主要用于服务不同种类的应用并为其开发、运行和管理提供可靠且有效的技术支撑，为整个系统的集成和高效可靠运行提供保障。具体涵盖了系统运行管理软件、历史数据库管理系统软件、CASE管理软件、计算机网络管理系统软件、实时数据库管理系统软件、用户开发环境、人机界面管理、图模库一体化软件、数据备份与恢复、报表管理、权限管理、告警管理、CIM模型交换等。

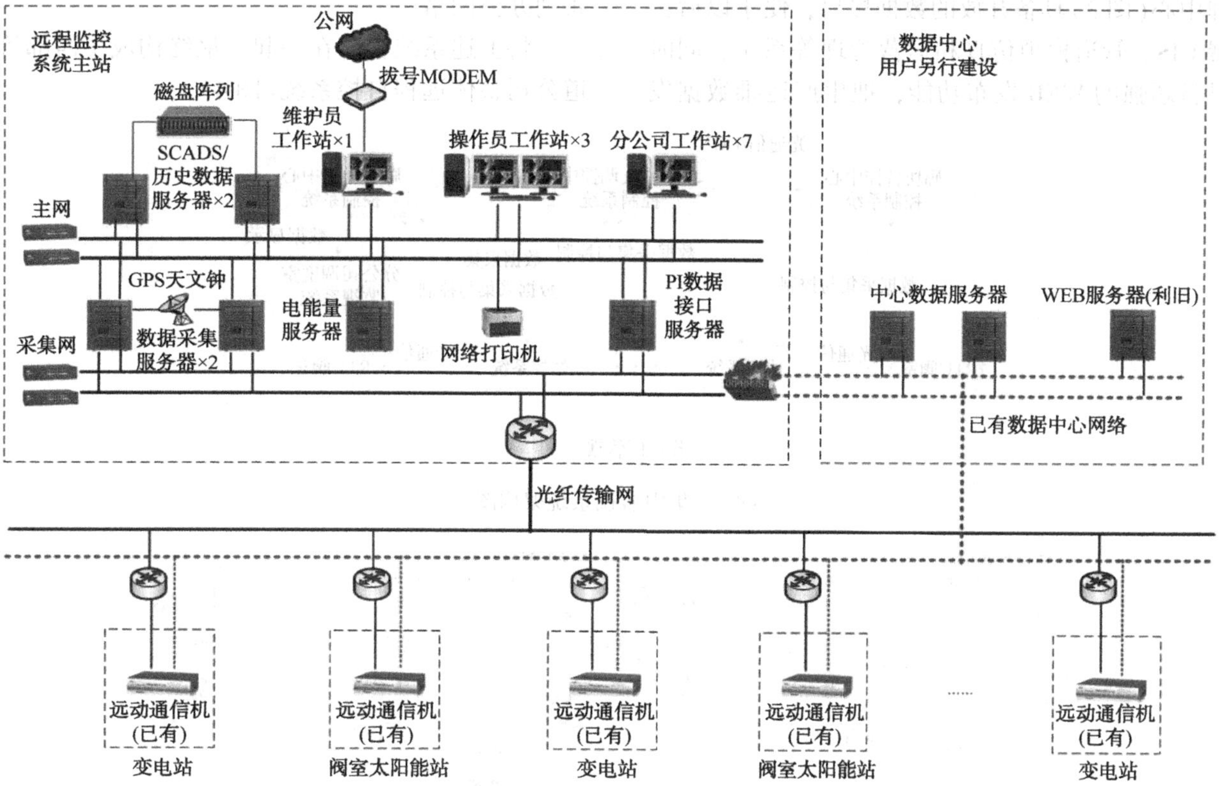

图1　远程监视系统拓扑图

(2) 实时监控与分析类应用。

实时监控和分析类应用是电气网络实时调度业务的技术支撑。主要实现必要的运行监控基本功能和集控一体化运行监视，综合利用一、二次信息实现在线故障诊断与智能报警，实现智能分析、辅助决策和网络分析等应用，为电网安全经济运行提供技术支撑。实时监控与分析类应用主要包括：运行分析与评价、智能分析与辅助决策、调度员培训模拟、实时监控与智能告警和辅助监测等七项。

(3) 调度计划类应用。

调度计划类应用综合考虑电力系统运行的安全性和经济性，为系统安排未来的运行方式提供技术支持。调度计划类应用主要包括电能量计量、检修计划、预测等四个应用。

(4) 其他系统接口。

1.2　建立集中监视系统

集中监视是指在集中巡检的基础上，通过采集现场关键工艺设备的报警数据并上传到生产调度中心，实现站场、调度中心对设备设施异常状态的两级监视，及时发现和处置异常工况。集中巡检是指通过白天联合巡检、夜间重点巡检来提高巡检工作质量，由每天的集中巡检代替站内长期驻守人员。

目前西部管道在建的集中监视系统(图2)与SCADA系统设备远维系统共用一套硬件，集中监视系统软件在VMware虚拟化平台上搭建，该平台由多台虚拟机及虚拟机上的应用程序组成。2018年，西部管道公司针对西二线、西三线、涩宁兰管道及二级调控管道启动了集中监视项目，确立了网络安全设计、自动化技术、通信技术、生产数据中心建设等方案。其中自动化技术方案涉及范围最广，应用技术最复杂，具体包含了系统硬件、软件、数据采集、报警管理、调度台调整、远程监视、时钟同步等多项技术指标。

1.3　建立数据管理系统

西部管道数据管理中心是西部管道公司的维护数据综合管理中心，主要负责远程监视、数据采集和设备远程维护，其中设备远程维护主要包括输油管道远程维护系统和天然气管道远程维护系统。输油管道远程维护系统主要对原油及成品油管道泵机组、质量流量计及关键点位智能仪表远程维护数据进行管理和应用，天然气管道远程维护系统主要对天然气管道压缩机组及关键点位智能仪表远程维护数据进行管理和应用。数据管理中心(图 3)具备开放的数据接口，便于以后扩展 GIS、管道模拟仿真和运营管理等系统，同时具备超强的 WEB 发布功能，把生产运维数据发布到办公网络。

将上述系统整合在一起，最终构成了西部管道公司整体远程自控系统(图 4)。

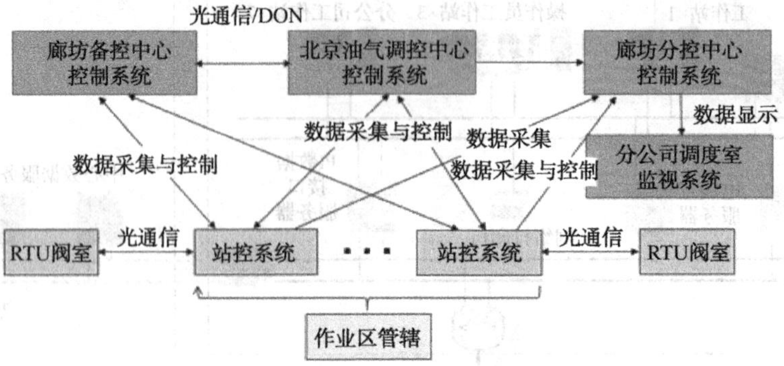

图 2　集中监视系统架构图

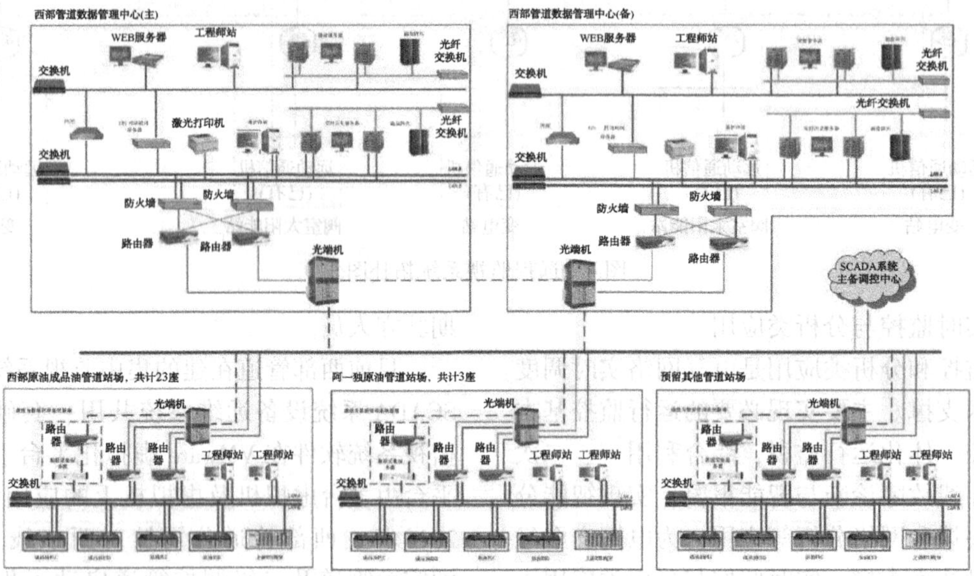

图 3　西部管道数据管理系统结构图

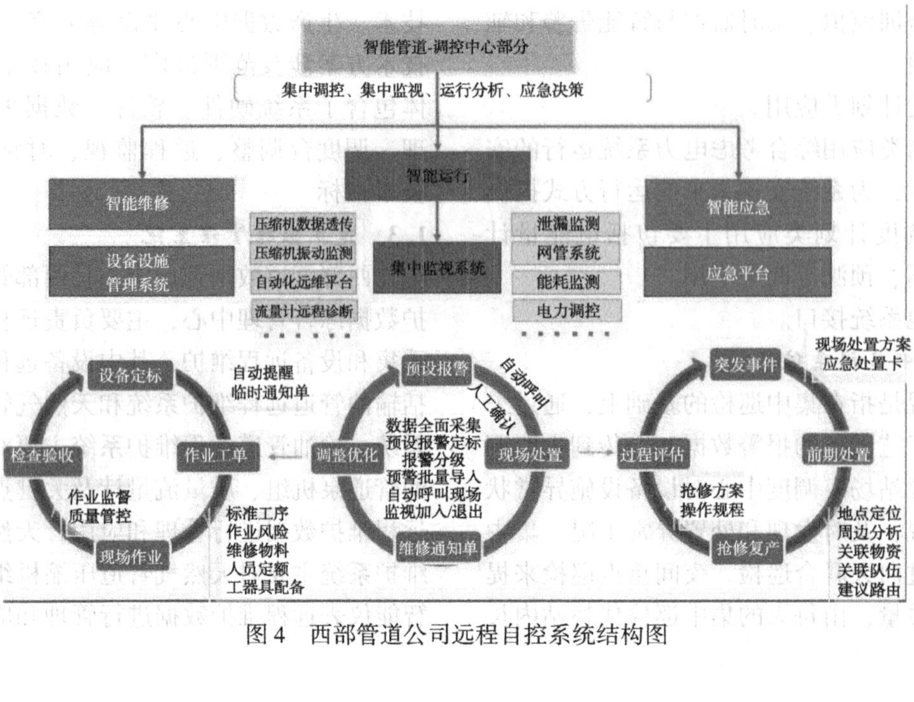

图 4　西部管道公司远程自控系统结构图

2　远程自控系统的应用

通过提高站场和阀室的工艺、仪表、通信以及电力等系统的感知能力，西部管道公司建立了远程监视、集中监视、数据管理等系统，逐步实现调度控制中心对管道进行全权远程的操作与控制。各地区公司集中配备维护人员与相应设备，进行一体化的运检维作业，减少运营人员。

2.1　管道调控模式优化

目前一级调控管道已经实现“北京油气调控中心、乌鲁木齐分控中心调控-作业区监视”的调控模式(图5)，实现管道调控模式优化，为实现资产区域管理奠定基础。通过对二级管道自动化升级改造，西部管道公司实现了二级管道生产运行及关键设备系统化的集中调控。结合现场改造，数据中心采集了现场所有系统的运行参数，通过数据的运算，替代了人员现场巡检。数据中心除对机组关键参数进行监测和诊断外，通过长期对燃机运行负荷、内部气流温度、压力及转速数据分析、实现了燃机性能衰减、热端部件等效运行时间的计算，为未来燃机寿命监测、机组视情维修提供了支持。

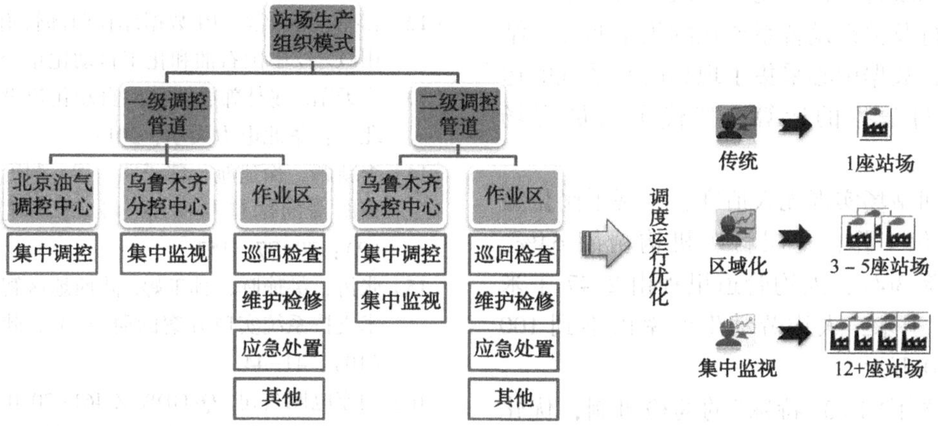

图5　西部管道公司调控模式

2.2　人员结构优化

推行站场区域化运维，中间站场实现无人值守后，作业区由原来侧重运行监护转变为侧重维护检修，工作职责和任职资格要求发生了改变，无人值守中间站的实施使得占站场50%以上的调度人员从岗位解放出来，人力资源解放与岗位需求变化要求必须建立适合区域化运维模式下的岗位建设工作。为了适应管控模式的调整，公司积极推行新型岗位体系，简化基层岗位设置，将作业区、维抢修队专业技术、技能操作等27个岗位，整合为6类作业岗位(图6)。

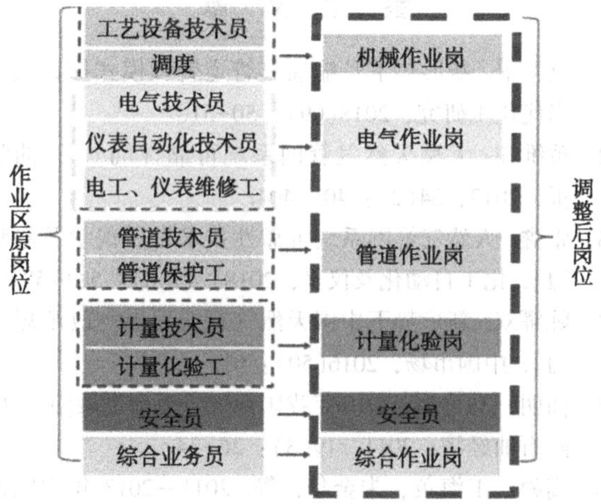

图6　西部管道公司岗位调整结果

随着站场区域化运维及无人值守中间站的实施，岗位整合及定员优化工作的开展，人员大幅减少，基层科级机构精简64%，用工总量下降36%，人均管道里程由2.47千米提高到5.25千米，人均劳动生产率由不到100万元增至550万元。

2.3　巡检模式优化

建立了“1+3+特殊”的巡检机制：

(1) 综合巡检1次：由作业区领导带队，各专业人员参加，重点检查主要生产设备设施情况。

(2) 常规巡检3次：由值班干部组织，重点检查关键设备、要害部位和检修作业情况。

(3) 特殊巡检：根据实际需要进行，重点检查异常灾害天气、工艺变更影响部位情况。

作业区利用站控系统、视频监控系统、周界安防系统等技术手段每2小时进行一次检查，对所辖“无人站”和阀室进行每周 1 次的综合巡检。站场现场检查从原本的 2 小时一次优化为 6 小时一次。

3　结论

西部管道公司通过构建以远程监视、集中监视、数据管理中心为核心的远程自控技术，并将其应用于日常实际生产中。结合运营中出现的问题和矛盾，确立了优化目标，取得了如下成果。

（1）实现了“北京油气调控中心、乌鲁木齐分控中心调控-作业区监视”的管道调控模式优化，通过对二级管道自动化升级改造实现了二级管道生产运行及关键设备系统化的集中调控。结合现场改造，数据中心采集了现场所有系统的运行参数，通过数据的运算，替代了人员现场巡检。

（2）中间站场实现无人值守，开展了岗位整合及定员优化工作，基层科级机构精简 64%，用工总量下降 36%，人均管道里程由 2.47 千米提高到 5.25 千米，人均劳动生产率由不到 100 万元增至 550 万元。

（3）建立了“1+3+特殊”的巡检机制，优化了巡检周期。

参 考 文 献

[1] 冯翠翠. 新形势下长输油气管道管理模式探讨[J]. 当代化工研究，2018(09)：50-51.

[2] 黄维和. 大型天然气管网系统可靠性[J]. 石油学报，2013，34(2)：401-404.

[3] 张鑫. 天然气管网系统可靠性技术发展现状及趋势[J]. 化工自动化及仪表，2018，45(8)：583-587.

[4] 陈耀双. 新形势下中国天然气行业发展与改革思考[J]. 中国市场，2016(50)：61.

[5] 蒲明，马建国. 2010 年我国油气管道新进展[J]. 国际石油经济，2011，19(3)：26-34.

[6] 高鹏，王海英，朱金华，等. 2011—2013 年中国油气管道进展[J]. 国际石油经济，2014，22(6)：57-63.

[7] 高津汉. 天然气管道无人化站场的理念及设计要点[J]. 石化技术，2019，26(01)：176-177.

[8] 张建立. 油气集输工艺和自控系统[J]. 中国石油和化工标准与质量，2012，32(7)：298.

[9] 赵刚，王伟，刘虎. 原油集输生产过程中的安全管理措施[J]. 数字化用户，2017，23(48)：142.

[10] WANG Z，ZHAO L. The development and reform of China’s natural gas industry under the new situation [J]. International Petroleum Economics，2016.

[11] 谭东杰，李柏松，杨晓峥，等. 中国石油油气管道设备国产化现状和展望[J]. 油气储运，2015，34(9)：913-918.

[12] 郭亮，边学文. PI 数据库在西部管道数据中心的应用[C]//中国石油和化工自动化年会，2012.

[13] 徐天阳. 锡林郭勒盟配网自动化建设方案研究[D]. 北京：华北电力大学，2018.

[14] 李新鹏，徐建航，郭子明，等. 调度自动化系统知识图谱的构建与应用[J]. 中国电力，2019，52(2)：70-77，157.

[15] 张涛，吴瑜晖，孙玉婷. 陕西地区智能电网调度技术支持系统实现方案的研究[J]. 陕西电力，2010(10)：41-44.

[16] 国家电网公司. Q/GDW Z 461-2010 地区智能电网调度技术支持系统应用功能规范[M]. 北京：中国电力出版社，2010：13.

[17] 曹晏宁. 阿拉善电网调控一体化系统设计与应用研究[D]. 北京：华北电力大学，2012.

[18] 彭太翀，裴陈兵，王多才. 天然气管道生产运行集中监视管理模式创新[J]. 油气田地面工程，2018，37(02)：75-77.

[19] 高洁，李蛟，梁建青，等. 油气管道地区公司集中监视系统及其应用[J]. 油气储运，2017，36(09)：1099-1102.

[20] 魏文辉，金一丁，赵云军，等. 智能电网调度控制系统调控运行人员培训模拟关键技术及标准[J]. 智能电网，2016，4(6)：626-630.

[21] 张晓. 基层站队劳动组织优化[J]. 石油人力资源，2019(01)：60-64.

IPV6 企业融合应用的设计与实现

李永祥

（中国石油乌鲁木齐石化公司）

摘　要　随着信息化技术的不断发展，互联网协议第六版(IPV6)已成为全球互联网发展的必然趋势。企业作为国家工业的重要组成部分，推动工业互联网发展具有关键作用。本文旨在探讨 IPV6 技术在企业的融合应用实践，为企业部署和推广 IPV6 提供参考和借鉴。

关键词　IPV6；融合应用；SDN 网络

1　IPV6 技术应用背景

随着信息化技术的不断发展，企业对于网络通信的需求也在不断增加，传统网络结构难以匹配业务灵活组网的需求、网络深度覆盖不足，无法有效支撑数字化转型的发展。加快企业生产管理信息系统等内部网络和应用的 IPv6 改造，加快 IPv6 规模部署，形成下一代互联网自主技术体系和产业生态，实现下一代互联网在经济社会各领域深度融合应用，是企业解决当前数字化转型基础设施建设问题的有效途径。IPv6 协议作为新一代互联网协议，可以为企业提供更安全、高效和便捷的网络通信服务。

2　IPV6 的技术优势

更大的地址空间：IPv6 采用 128 位编址，相比 IPv4 的 32 位地址空间，提供了更大的地址空间，能够满足企业对于大量设备连接的需求。

更简洁的包头结构：IPv6 协议包结构更简洁，取消了 IPv4 中的分片、标志位等字段，使得数据包头更加简洁，提高了设备处理效率和传输效率。

更好的安全性：IPv6 协议集成 IPSec 等协议，在网络层安全性上有较大提升，能够更好地保护企业的数据安全。

更强的扩展性：IPv6 协议可以方便地扩展网络规模，能够满足企业不断扩大的网络需求。

更高效的传输：IPv6 数据包可以拥有多路径属性，能实现数据包的高效传输，提高了企业网络传输的效率。

更好的移动性：IPv6 支持主机移动，能够更好地支持企业的移动办公需求。

更灵活的业务部署：IPv6 的灵活的组播方式，能灵活部署大业务，为企业的业务部署提供了更多的选择。

3　IPV6 企业融合应用设计方案

根据实际情况，工业互联网可以采用典型的三层园区网络进行设计，分别为核心层、汇聚层和接入层，建设工业互联网的软件定义网络基础架构，提供 IPv4、IPv6 双栈工业互联网络支持。软件定义网络解决方案的整体架构如图 1 所示。

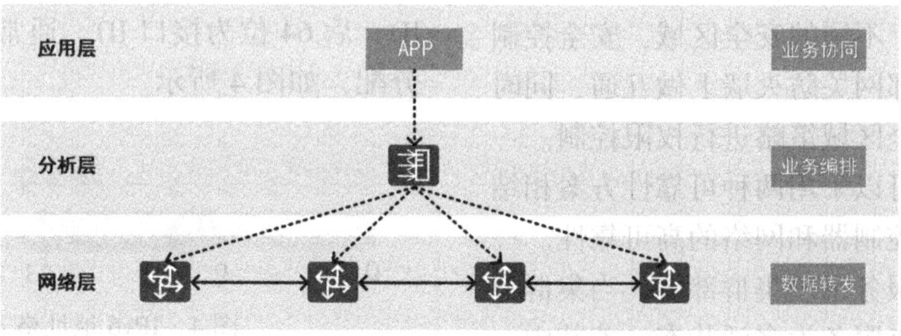

图 1　软件网络解决方案整体架构图

软件定义网络方案总体架构分为三层：应用层、分析层和网络层。应用层基于控制器层的各组件可以提供标准化北向 API 接口，将网络的管理、控制和分析能力开放给第三方应用，使第三方应用可以根据自身业务的需要定制自己所需要的业务应用，快速满足在不同行业领域的业务需求；分析层是软件定义网络的主体部分，通过控制器为网络提供自动化部署、业务管理、用户准入控制、智能运维等能力；网络层通过引入EVPN和VxLAN技术，划分为物理网络和叠加网络两层。其中终端本身不具有虚拟化能力，仅在接入物理网络时，才会映射到对应的叠加网络中，成为叠加网络中的端设备。

SDN网络中所有终端数据在园区内部访问都是通过VxLAN隧道转发，当SDN网络内部需要与外部网络互访时须经过主干出口节点，通过主干出口与外部网络互通。可以设计Overlay中的每个虚拟网络独占一个三层出口，与出口设备互通，不同虚拟网络之间的互访在核心设备上配跨VPN互访静态路由，这样可以大大提高了不同虚拟网络间的安全控制(图2)。

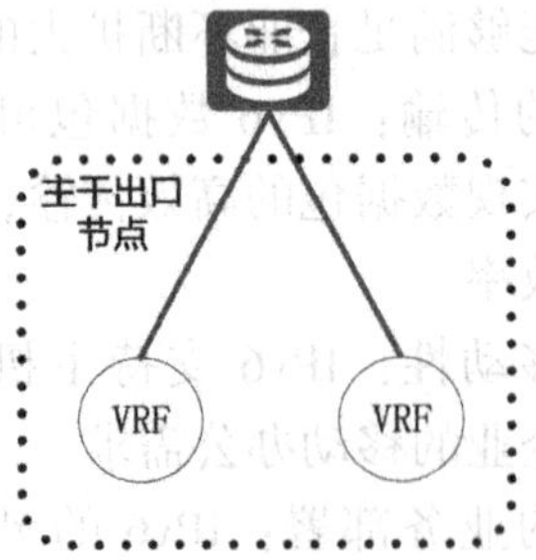

图2　三层独占出口

在网络虚拟化方案中，每个逻辑分区为一个VPN实例，一个逻辑分区中可以包含多个子网，同一逻辑分区内的用户之间默认可以三层互通，逻辑分区之间的用户默认是隔离的。两个逻辑分区如果属于相同的安全区域，可以直接在汇聚层网关上互通，另外可以结合业务随行策略进行权限控制。要实现不同逻辑分区的互通，需要在汇聚层网关上互相引入对方可访问的网段路由。两个逻辑分区如果属于不同的安全区域，安全控制需求高，建议在外部网关防火墙上做互通，同时在防火墙上配置安全区域策略进行权限控制。

软件定义网络可以采用两种可靠性方案相结合的方式，以保证控制器和网络的高可靠性。一是热备方案。应用服务采用集群部署，当集群节点正常运行，各节点服务为多活状态。若其中一个节点的服务进程发生故障并且进程停止时，其他节点将分担这个故障节点的负载能力，继续均衡地提供服务。二是逃生方案。在控制器上定义逃生安全组并设置访问权限，同时关联VLAN/VxLAN资源。当设备到服务器的连接全部中断，设备侧启动逃生机制，对已在线用户保持原有的策略，对新上线用户映射到逃生组中以逃生权限访问网络，确保用户能够正常使用网络(图3)。

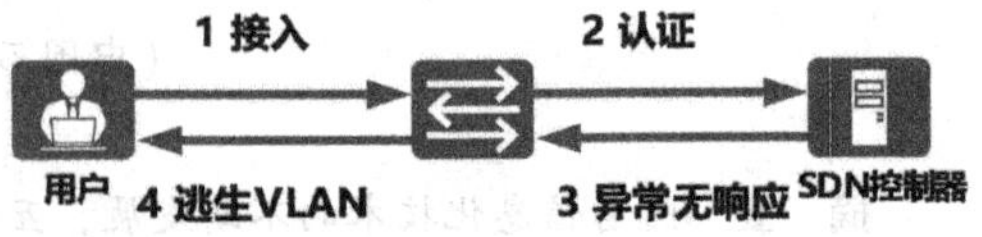

图3　软件定义网络逃生方案

汇聚设备与核心设备之间使用IPv4建立OSPF路由，整个工业互联网都为OSPF area 0，为EVPN建立iBGP邻居关系，提供IGP路由。Underlay网络互通通过OSPF动态路由协议进行互通，所有Underlay网络互通使用OSPF进程1，Route-id使用Loopback 0(管理地址)，区域编号0.0.0.0，区域内发布Underlay网络互联地址(复用Loopback 0)。在工业互联网中，部署EVPN VxLAN对IPv4和IPv6双栈业务进行接入和承载。Underlay为IPv4，Overlay为IPv4/IPv6双栈。业务接入节点设备为EVPN汇聚设备。汇聚设备与核心设备之间建立iBGP EVPN邻居关系，核心设备作为RR反射EVPN路由。Overlay网关在汇聚设备上，为IPv4/IPv6双栈，根据业务类型划分为不同VPN实例。

为了节省网络地址空间，网络地址规划的总体设计思路建议分为两部分，一部分为IPv4地址设计，另外一部分为IPv6地址设计。IPv4原有地址利旧可以不做改变，只需增加SDN网络部分地址即可，新增设备(包括SDN设备)按照原有规划原则做出分配。IPv6按照行政等级划分子网，按照业务具体规划。IPv6和IPv4之间最显著的区别就是IP地址长度从原来的32位升级为128位，前n位为网络前缀，63-n为子网ID，后64位为接口ID，通常不用于地址规划与分配，如图4所示。

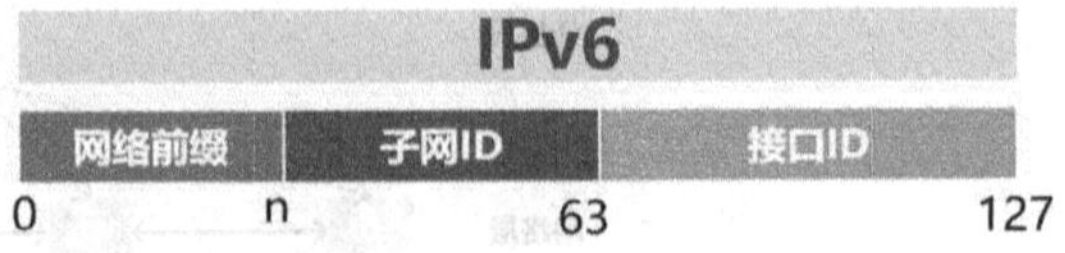

图4　IPv6地址格式流程图

新旧协议互通，采用融合方案结合网络层翻译和应用层转换技术，使IPv6网络与IPv4网络能够互通，兼容已有业务、适配新建业务，最大限度地利用现有资源和服务，实现 IPv6 平滑升级演进。融合方案结合网络层翻译和应用层转换技术的优势，实现 IPv4 和 IPv6 应用的无缝对接，采用在授权 DNS 中增加记录指向的方式，与互通平台的 IPv6 地址进行互通。用户访问时，先从 DNS 获取应用所对应的应用互通网关 IPv6 地址，然后向应用互通平台发出请求。收到用户请求后，再通过 IPv4 转发给相应的应用，当收到应用的回应时，解析应用层内容，把其中涉及 IPv4 协议的内容自动转换成 IPv6 的内容，然后再返回给用户(图 5)。

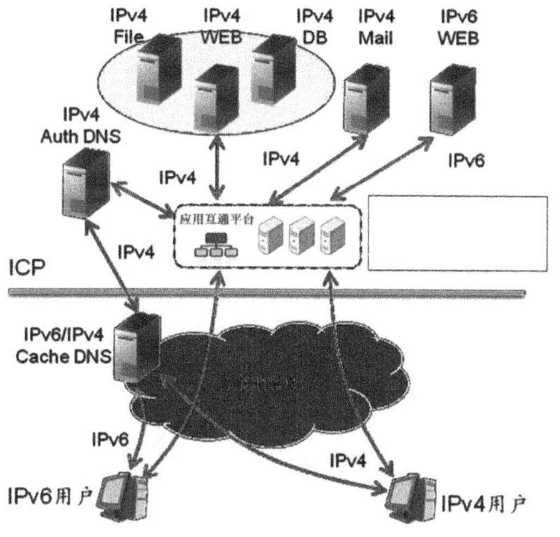

图 5　网络层翻译、应用层转换融合过渡方案

IPv6 应用互通平台采用分层、模块化设计思路，自底向上分为硬件平台层、中间层、协议转换层和应用层(图 6)。

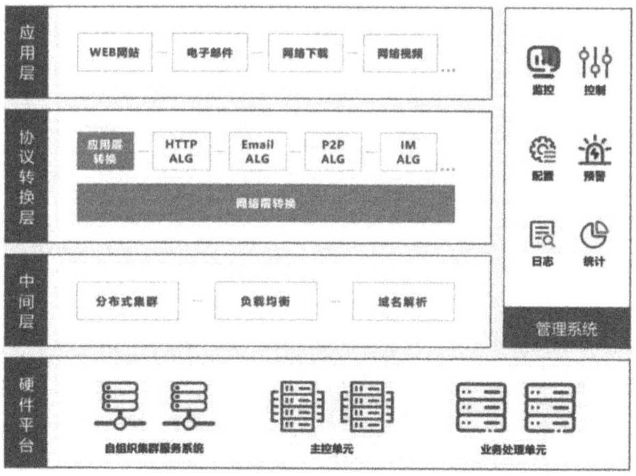

图 6　IPv6 应用互通平台整体架构

硬件平台层主要由承载网络、协议处理等关键设备组成；中间层通过引入分布式集群、负载均衡、域名解析等技术；协议处理层是整个平台的核心，包括网络层转换和应用层转换两大模块，网络层转换在 TCP/IP 协议的网络层对 IPv4/IPv6 流量进行通用的转换处理，应用层转换通过针对不同的应用协议定制不同的应用网关，实现更优的转换效果；应用层提供配套的运行管理系统，提供系统监控、配置、告警、日志、流量统计分析等功能。

准入是 IPV6 改造过程中的重要一环。准入功能架构由准入功能、网络设备、准入对象组成。准入对象层包括尝试接入网络的用户或设备。网络设备层主要起到认证控制和认证准入的功能。认证控制点与 SDN 控制器进行交互，向 SDN 控制器转发认证报文。准入功能层提供准入的能力，判断用户或设备是否合法，同时记录网络用户和设备的认证行为，包括上下线时间，认证失败原因等。准入对象和网络设备之间的交互采用 NAC，控制网络用户和设备的接入方式，确保合法的用户和设备与接入设备建立安全稳定的连接。SDN 控制器利用 Netconf 协议对网络设备进行配置，采用 HTTP2.0 协议和 Radius 协议进行认证。SDN 控制器通过对接入的用户和设备进行认证，实现访问权限的控制(图 7)。

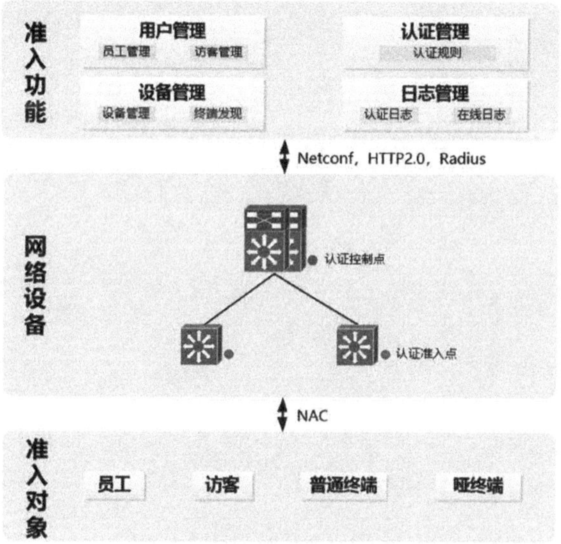

图 7　准入功能架构图

以上仅是工业互联网 IPV6 企业融合应用设计方案部分内容，IPV6 技术的应用可以提高网络应用效率和运维管理效率，同时增强企业信息系统的安全性和稳定性；相对于传统网络技术，IPV6 技术具有很多特有的优势，但在企业中应用 IPV6 技术仍然存在技术难度较大、兼容性问题、安全风险等问题和挑战。因此采取有效的解决方案来应对解决，推动 IPV6 技术在企业的广

泛应用和发展，以适应信息化时代的发展需求。

4　结论

实现 IPV6 企业融合应用企业需要制定合理的信息化规划，为 IPV6 技术的应用提供指导和支持。需要建立专业的技术团队，负责进行 IPV6 技术的的改造和应用，保障企业融合应用的顺利实施。要完善网络安全体系，保障企业信息系统的安全性和可靠性。另外，企业需要加强管理和培训，提高员工的信息素质和技术水平，为企业的融合应用提供人才保障。

总之，IPV6 企业融合应用是一项重要的信息化补强工程，IPv6 企业融合应用不仅是网络技术的迭代更新，更是国家及各行业推进数字化经济建设、实现高质量发展的战略性工程之一。

参考文献

[1] 岳超. 探讨 IPv6 协议的双栈技术研究与应用[J]. 自动化应用，2023，64(04)：13-16.

[2] 张博文，李冬，赵贻竹等. IPv6 地址驱动的云网络内生安全机制研究[J]. 信息网络安全，2024，24(01)：113-120.

[3] 朱立科. IPv4/IPv6 升级改造途径探究[J]. 青岛远洋船员职业学院学报，2022，43(04)：35-38.

"路况"更新　"破障"前行
打开员工数字化思维大门

王　新　李永祥

（中国石油乌鲁木齐石化公司）

摘　要　发展新质生产力是当前企业高质量发展的重要保障。传统产业发展新质生产力要先立后破，重点是发挥"人"这一关键因素。要使劳动力、劳动资料、劳动对象在数字化的驱动下相互促进发挥更大的作用，数字化思维意识尤为重要。

关键词　数字化；新质生产力；高质量发展

2024年《政府工作报告》提出以新质生产力推动高质量发展，这为传统产业高质量发展指明了方向。

新质生产力以劳动者、劳动资料、劳动对象及其优化组合的跃升为基本内涵。更高素质的劳动者是新质生产力的第一要素。发展新质生产力，打造新质生产力相匹配的人才，使更高技术含量的劳动资料成为劳动者的动力源泉，引导更多的劳动对象参与到新质生产力的创造和发展过程中，激发人才的动力是发展新质生产力的首要任务。

作为传统产业，发展新质生产力不是忽视、放弃传统产业，而是坚持先立后破，做好统筹推进的文章，让新兴产业与传统产业相互促进、相得益彰，形成推动高质量发展的合力。传统炼化企业要实现高质量发展，绿色、智能、共享是必由之路。"路况"已更新，如何走好数字化转型的每一步，是当前我们需要思考和解决的重要课题。

当前，数字经济蓬勃发展，已经成为引领经济增长的重要力量，党的二十大报告中强调了加快数字经济发展的重要性，并提出了促进数字经济和实体经济深度融合的目标，中共中央、国务院相继印发了"数据二十条"、《数字中国建设整体布局规划》等政策文件，各行各业迅速贯彻落实，以实际行动融入"数字中国"建设。中国石油集团工作会议指出，未来五年是全面实现高质量发发展、加快建设世界一流企业的关键时期，主要目标任务之一就是初步建成"数智中国石油"，信息化补强工程全面完成，数字化成熟度保持国内领先。戴厚良董事长强调：奋进高质量发展、加快建设世界一流企业，深化改革是关键一招，创新是第一动力，数字化转型、智能化发展是必由之路。

数字化转型是企业提升生产效率、降低成本、优化资源配置的重要手段。作为中国石油的一份子，我们有责任、有义务加快推进数字化转型、智能化发展，进一步丰富"数智中国石油"的建设实践，为助力企业高质量绿色低碳发展贡献力量。

1　当前存在的问题

塑造新质生产力，人是根源。人是生产力中最活跃，最具有决定意义的因素。通过我们对3200多名员工开展的调查问卷分析，我们发现，员工数字化思维能力不高是当前企业数字化转型的重要阻力来源。

主要体现在以下几个方面：

1.1　思维定式与惯性阻力

对数字化的理解和接受程度有限。传统炼化企业的基层操作岗位员工对数字化转型的概念、意义和实施路径了解不够深入，导致他们在面对数字化工具和流程时感到迷茫和抗拒。这种情况主要源于缺乏相关的培训和宣贯，以及员工自身的知识储备和更新速度跟不上数字化的发展步伐。

很多操作岗位员工长期习惯于传统的工作方式和思维模式，52%的调查人员反馈，面对数字化转型时会产生一定的抵触情绪。他们更多的认为现有的工作方式已经足够有效，无需进行大的改变，或者担心数字化转型会对自己的工作产生负面影响。这种思维削弱了他们接受和适应新的数字化工具的意愿。

1.2　缺乏数字化意识与认知

部分员工对数字化的重要性认识不足，对数字化技术的潜力和优势缺乏深入了解。高达62%的调查对象认为数字化转型只是技术层面的事情，与自己关系不大，或者认为数字化转型是管理层的事情，与自己无关。这种缺乏数字化意识与认知的态度限制了企业在数字化转型过程中的创新和进步。

同时，技术人员和管理人员也会对数字化带来的变革心生担忧。数字化转型往往伴随着组织架构、工作流程和职责分配等方面的重大调整，让一些员工感到不安，担心自己的岗位、职业发展乃至工作内容受到冲击和影响，这种担忧也导致他们对数字化转型产生一定的抵触。

1.3　技能短板与知识更新困难

数字化转型要求员工具备一定的数字化技能和知识，然而，许多员工在这方面存在短板。他们可能缺乏必要的数字化工具使用能力，或者对新的数字化技术和流程不熟悉。同时，由于数字化技术的快速发展和更新迭代，员工需要不断学习新知识来适应变化，如大数据分析、人工智能应用、网络安全防护等，这也给他们带来了一定的学习压力和挑战。部分员工缺乏这些方面的能力和经验，导致他们在数字化转型过程中难以胜任新的工作任务。为了克服这些困难，我们需要采取一系列措施来提升员工的数字化思维，帮助企业员工更好地理解和接受数字化转型，提升他们的数字化素养和工作效率，从而推动企业实现数字化转型的目标。

2　着力为企业数字化转型蓄势赋能

解决好人的关键因素，打开员工数字化思维大门，是发展新质生产力，推动企业数字化转型的关键一环。

2.1　打造更高素质的劳动者

在推进数字化转型的过程中，首要任务是对人力资源进行深度挖掘与精准赋能，致力于打造一支拥有卓越数字化素养和前瞻视野的高素质人才队伍。要以“新”为指引，吹响数字化转型的“集结号”。

首先“新”在构建新的人才培养体系。涵盖从基础 IT 技能到前沿数字科技的学习路径，确保员工不仅能娴熟使用各类数字化工具，还能深刻理解和运用数字化思维去解决问题，进行高效的数据分析与决策。通过线上线下相结合的方式，持续跟进最新的数字技术动态，培养员工的自主学习能力和持续创新能力。

其次“新”在构建新的人才激励制度。通过设立多元化的激励机制，包括绩效奖励、职位晋升、创新项目支持等措施，激发员工在数字化领域的潜能和热情，从而在企业文化层面营造一种勇于探索、乐于创新的积极氛围。

第三“新”在建设与时代相适应的人才能力评估模型。这一全新的评估模型，不仅要考量传统的人才技能和经验，更要关注他们在数字化环境下的适应性、学习力、创新能力和跨领域沟通协调能力。这个“新”的人才能力评估模型旨在构建一个既符合企业发展战略，又能激发员工内在潜力，推动企业数字化转型进程的综合评价体系，助力企业在全球数字化竞争中抢占先机，赢得可持续发展的未来。

2.2　发展更高技术含量的劳动资料

在数字化转型的大潮下，劳动资料的内涵也在发生深刻变革，其核心是将传统工具升级为集信息化、智能化于一体的先进设备和技术平台。要以“质”为关键，搭好数字化的“大舞台”。

高品“质”技术应用。加大先进数字化工具的引进和投入力度，尤其是在云计算、大数据、人工智能、物联网等前沿领域布局，以全面提升企业的生产运营效能和管理水平。通过构建云端数据中心，实现数据资源的集中管理和高效利用；借助大数据分析技术洞察市场趋势，指导产品研发和营销策略；利用人工智能，提高生产精度和效率，减少人力成本。同时，对于硬件设施，也需紧跟数字化需求，定期更新迭代，确保整个技术架构的稳定性和兼容性，为企业数字化转型提供坚实的基础保障。

高“质”量的精细化管理流程。企业管理流程的精细化、标准化和智能化对数字化转型尤为重要。通过重构业务流程，使其适应数字化时代的高效、透明、灵活的要求，切实提升企业运营的质量和效率。

高水平的本“质”安全。重视网络安全和数据安全性，保证企业网络的本质安全，提升企业数据的真实、准确、完整，并强化数据保护措施，防止数据泄露，这是数字化转型得以稳固、持久运作的基础。

2.3　激发更广范围的劳动对象的内生动力

在企业数字化转型的宏大工程中，劳动对象不再仅限于传统的实物原材料，而是延伸至产业链上下游的所有环节以及与之相关的海量数据资源。要以“人”为根本，激发数字化转型的主观能动性。

通过搭建全方位、多层次的数字化协同平台，打破内部组织界限，实现跨部门、跨职能的数据共享和业务联动，以此激发各个层级、各个岗位的员工积极参与到创新改进的进程中。同时，倡导“用户中心”理念，利用数字化工具深入了解业务需求，让用户深度参与企业生产经营的全生命周期中，形成双向互动、共创共享的价值循环。另外，通过合理设置竞争与协作机制，鼓励员工在各自职责范围内提出创新解决方案，进一步挖掘和释放劳动对象的潜在价值，共同推动企业数字化转型的稳健前行。

3　具体实践

数字化更多的是辅助人，提升工作效率，离开人的核心要素，数字化就失去了意义和价值，没有绝对的数字化，也没有绝对的无人化，任何无人工厂都是不存在的。面对员工“不愿转”、“不敢转”的状态，只有摸清楚了员工数智化转型的“痛点”，利用数智化转型，为员工减负，使工作效率更高、效率更好，让员工尝到数字化的“甜头”，才能更好地调动全员参与数字化转型的积极性，坚定企业数字化转型的决心。

作为炼化老企业，乌鲁木齐石化公司以“实用、好用、爱用”为落脚点，切实发挥“人”这一核心要素。通过组织、技术和文化等维度，逐步引导和转变员工数字化思维意识的转变，稳步推进企业数字化转型和智能化发展。

3.1　打造更高素质的劳动者方面

强化顶层设计和组织保障。成立公司数字化转型智能化发展领导小组，先后出台了公司《十四五信息化建设规划》《公司数字化转型总体框架方案》《公司数字化转型智能化发展实施方案》《数据管理标准》等制度标准，从体系上为公司数字化转型提供制度保障。围绕转型发展的价值链、产品链、资产链和创新链，分专业制定数字化转型目标。同时，将数字化转型指标纳入专业领导业绩指标，将数字化能力纳入员工履职能力评估体系，有效激发全员、全要素数字化的主动性。在专业管理标准中，设立数字化破解专业管理问题突出的奖励，鼓励员工参与数字化转型的决策和实施过程，自主提出数字化创新想法，为员工提供实现想法的资源和技术支持。

按照操作服务、专业技术、管理人员三个维度，全面培养员工的数字化思维，提升员工数字化技能。

操作人员方面。运用仿真系统提升岗位操作人员数字化思维和能力。完成主要生产装置仿真培训系统开发，构建与装置现场相匹配的仿真离线工厂。为岗位操作人员提供模拟实操平台，精准复现工作实景，使操作人员能在无风险的虚拟环境中反复演练，提升操作技能与应急处理能力；通过仿真过程的数据化反馈和分析，引导操作人员以数据为驱动，形成问题发现、分析、解决的数字化思维模式，有效增强其对复杂系统的理解力和掌控力。

专业技术人员方面。构建离线数字工厂，设立首席流程模拟技术专家，建立近百人的流程模拟团队，按照“无模拟不操作”的原则，推进装置单元、流程及系统优化。一线技术人员通过应用软件进行生产调优和故障诊断，通过模拟流程系统摸索最佳工艺条件，找到工艺参数与经济效益的最佳匹配，避免运行装置优化调整过程造成的工艺波动和产品质量变化，最终实现节能、降耗、增效的目的。

管理人员方面。强化专业精准管控，将管理人员从海量的数据中解脱出来，盯紧关键指标，将管理方式向数字化、自动化、可视化转变。技术管理者驾驶舱紧盯达标对标，实现200余项各级达标对标指标和全厂装置技术分析的动态监控和预警。生产调度管理者驾驶舱以抓早、抓小、抓苗头为目的，强化生产运行异常信息收集、掌握、分析，为生产平稳、月度计划完成提供可靠的研判、预警信息。机动设备管理者驾驶舱为管理层提供的重点装置的机组状态监测、腐蚀监测，并可以对异常关键指标预警和挖掘分析，为装置检维修和日常维护提供依据，装置的健康运行得到更有力的保障。质量管理者驾驶舱实现原材料、馏出口、产品质量的动态管控，根据质量数据随时对工艺操作进行微调，严守公司产品质量关。环保管理者驾驶舱确保环保数据公开、透明，起到了环保监测哨位的作用。自主开发了生产运行关键数据移动端展示平台，各级管理者随时随地可以通过中油即时通中查看 MES 报表。

3.2　发展更高技术含量的劳动资料方面

“工欲善其事，必先利其器”。乌鲁木齐石化以“数字化赋能业务、数字化引领业务、数字化创新业务未来”为目标，以业务需求为驱动，加大先进数字化工具的引进，以用为目的，突出系统的应用效果，以数字化为基层减负为抓手，促进员工提升数字化转型的主动性。

数字化为安全托底。基于“防患于未然、治患于萌芽”的安全管理理念，乌石化抓牢数字化发展契机，将数字化与安全管控深度融合，建立具有炼化特色的安全受控平台，将风险辨识评价工具与平台融合，自动对作业内容进行风险评估，实现作业风险可控。打造了乌石化安全受控现场管家和数字化双重预防机制管理平台，以“智”促“治”，用数字化为安全生产托底，切实保障生产设施长周期安全平稳运行。北斗导航系统利用北斗定位、导航、通信三大功能，实现智能巡检，投用以来，有效提升了各类巡检作业效率，大大降低了人为因素造成的漏检、错检等问题，受到员工好评。

数字化助高效管理。自主开发班组核算系统，与 MES 系统数据进行共享集成，将平稳率、异常偏差率、物料消耗等量化数据纳入班组核算体系，班组小账撬动企业大账，班组效益意识和成本意识不断增强。建设泵群自动监测系统，实现泵群转速、振动等图谱分析，为设备管理、监测、故障诊断、分析提供数据支撑。当发生异常时，自动报警推送至手机，责任人随时随地可以收到预警信息，及时进行响应。建立状态监测知识库，对采集数据进行专家分析，实现泵群设备的预防、预测性维护。建立腐蚀在线监控系统，实现装置设备的腐蚀状态监控，实时展示腐蚀监测数据，定点测厚数据，PH 监测数据。通过部署探针，实时采集腐蚀状态数据，设定腐蚀上下限预警阀值，通过数理模型，进行腐蚀趋势预测，提前消除隐患，有效降低设备运行风险。建设检修多元可视化系统，对检修项目进行全过程动态可视化管控。每日现场作业人员通过手持机随时更新作业进度，监护人员对检查问题随时进行记录，检修各级管理人员随时随地可以掌握检修现状，有针对性的对重点作业进行检查验证。系统在公司大检修中，发挥了重要的作用。联合新疆销售公司、中石油运输公司、新疆生产建设兵团销售公司等企业，打通炼化与销售企业之间的数据壁垒，建设了公司汽车装车台管控一体化平台，实现了炼厂到加油站的直接配送，为销售企业节省了较大的仓储和物流费用，大大降低了油品周转过程中的安全、环保风险。自主开发公司综合销售系统，通过数据集成共享，实现了产供销存协同调度和动态管理，提升了企业对市场的快速反应。开发了“原油光谱快评系统”，将原油及其馏分油快评时间从天缩短到了秒，大幅提高原油快评效率，降低了人工劳动强度，提升了数据质量和准确性。

3.3　激发更广范围的劳动对象的内生动力方面

开展调查研究。近几年，乌鲁木齐石化通过专题座谈访谈、基层走访、问卷调查等多种方式，对公司 22 个管理部门和 7 个生产厂数字化转型、智能化发展情况进行了调研，覆盖 80% 的组织机构和 60% 的员工。通过调查研究发挥全员智慧，收集数字化转型、智能化发展意见、建议和金点子，倾听生产厂部、基层员工在公司安全环保、生产运行、质量管控、提质增效、预防性维修与监测、减人增效、人才培养等方面数智化工具的应用情况和需求建议。从认知、思维、技能等多个维度，量化分析公司数字化转型智能化发展现状，查找原因，制定对策，让数智化理念深度融入公司生产经营的各个领域、各个环节。

强化培训和营造数字化氛围。通过面向不同层级、不同工种，开展系统、有效、针对性强的数字化转型系列培训，帮助员工升级知识结构，更好、更轻松融入数字化工作环境。每年举办 4~5 期公司范围内的数字化思维培养和技能提升培训班，公司管理者亲自授课，引领各级管理者深化数字化认知。开展形式多样的数字化劳动竞赛，传递“每一位员工都是数字化的参与者，有义务当好数字文化的宣贯者、普及者”。

4　思考与展望

数字化转型是一项涉及数据、技术、流程、组织等的复杂系统工程，是艰巨、长期和系统的工程，发展新质生产力，推动企业数字化转型和高质量发展，必须高度重视以下几点：

第一，要将企业数字化转型纳入企业发展战

略。数字化和传统信息化不同，信息化只改变岗位的工作，而数字化对企业的影响是全方位的，同时还是企业智能化发展的基础和前提，从这个意义上说，企业数字化转型仅靠分管领导和信息部门推动是不行的，须是一把手工程，企业应当从战略层面、决策层面高度重视，系统谋划并纳入规划。

第二，要"打好特色牌"，走稳"务实路"。必须始终坚持服务主业，助力主业提质增效，实现高质量发展的正确方向。不能过度的追求"高大上"，不能片面的追求数字化，找准着力点和主攻方向，因地制宜，围绕核心业务开展数字化转型。

第三，要在数据治理和共享上下大力气。充分挖掘并利用好数据的价值，要坚持历史与现实相结合的方针，对于历史形成的数据必须遵循"扬弃"的原则，既不随意丢弃历史数据，又不能照单全收。要以问题为导向，清化历史数据，优化新生数据，切实提高数据质量，发挥数据价值作用。

第四，要以效果为导向，以应用为目的，持续优化企业数字化转型的效果。只有使用才能发挥数据价值，发现数据和系统的短板，不断优化完善。与建设相比应用的难度更大，对于已经完成建设的信息系统，要定期开展效果评估，存在系统应用效果不理想，应用积极性不高的情况，要通过建立行之有效的量化考评机制，充分调动各方积极性，确保各系统在使用应用中发挥最大的功效。数字化不是目的，企业转型升级才是。因此，企业在布局数字化转型时，要搞清自身使命，明确企业发展定位，使数字化转型助力企业提质增效，思考如何选型，如何组织，如何实施。另外，企业数字化转型只有起点，没有终点。所有围绕数字化转型、智能化发展建设所取得的成果必须充分应用，不然就成了"烂尾楼"、"断头路"。

第五，发挥人的关键要素作用。要培养企业员工的数字化意识。企业数字化转型首先要建立数字化认知，数字化认知的核心是建立"科学数据发展观"，形成尊数、爱数，用数的数据文化。要确保企业数字化转型自上而下的参与度，强化上下一盘棋。企业有大量的基础原理、行业知识、应用工具、业务流程以及老专家沉淀在脑子里多年的行业经验，这些宝贵的知识和经验都应通过数字化模型的封装沉淀在数字化平台上，与新技术深度融合才能产生强大的化学作用。这就需要调动全员参与到企业数字化转型当中，使员工成为企业数字化转型的中坚力量。

第六，要营造良好的数字化氛围。数字化不是要取代人、驱逐人，而是帮助人、解放人。企业在数字化转型和智能化发展过程中不仅要循序渐进，而且要广泛吸纳员工参与其中，在化的过程中使员工信息化、数字化素养得以提升，实现企业与员工同成长、共进步。企业要从正面宣传和营造数字化氛围，将部分员工对数字化的恐惧，转变成对数字化的追求和向往，积极参与，主动求变。无论是化的过程还是化的目的都必须坚持以人为本，要以提高生产力、解放生产力为终极目标，唯有如此，才是企业数字化转型、智能化发展的正确方向。

江河奔流春潮涌动，奋楫扬帆向"新"而行。我们要深入贯彻落实习近平总书记关于发展新质生产力的重要论述，从实际出发、从创新入手，先立后破、用新技术改造提升传统产业，积极促进产业高端化、智能化、绿色化，以发展新质生产力的新作为，推动高质量发展取得新成效，推进中国式现代化取得新进展。